Handbuch Literatur & Ökonomie

Handbücher zur
kulturwissenschaftlichen
Philologie

Herausgegeben von Claudia Benthien,
Ethel Matala de Mazza und Uwe Wirth

Band 8

Handbuch
Literatur & Ökonomie

Herausgegeben von
Joseph Vogl und Burkhardt Wolf

unter Mitarbeit von
Alexander Mionskowski

DE GRUYTER

ISBN 978-3-11-113078-1
e-ISBN (PDF) 978-3-11-051682-1
e-ISBN (EPUB) 978-3-11-051538-1
ISSN 2197-1692

Library of Congress Control Number: 2019950565

Bibliografische Information der Deutschen Nationalbibliothek
Die Deutsche Nationalbibliothek verzeichnet diese Publikation in der Deutschen
Nationalbibliografie; detaillierte bibliografische Daten sind im Internet über
http://dnb.dnb.de abrufbar.

© 2022 Walter de Gruyter GmbH, Berlin/Boston
Dieser Band ist text- und seitenidentisch mit der 2019 erschienenen
gebundenen Ausgabe.
Satz: Dörlemann Satz, Lemförde
Druck und Bindung: CPI books GmbH, Leck

www.degruyter.com

Inhaltsverzeichnis

Vorwort —— XI

I. **Theorien und Methoden**

I.1. Marxismus und Kritische Theorie – *Patrick Eiden-Offe* —— 3

I.2. Literatursoziologie – *Till Breyer* —— 18

I.3. New Economic Criticism – *Daniel Cuonz* —— 33

I.4. Semiotik und Dekonstruktion – *Nadja Gernalzick* —— 48

I.5. Medientheorie und Mediengeschichte – *Jochen Hörisch und Burkhardt Wolf* —— 63

I.6. Diskursanalyse und Wissenspoetik – *Fritz Breithaupt* —— 80

II. **Leitkonzepte**

Arbeit, Arbeitslosigkeit – *Elisabeth Rink* —— 93

Armut und Verelendung – *Elke Brüns* —— 97

Aventiure – *Mireille Schnyder* —— 101

Bank, Bankier – *Iuditha Balint* —— 104

Bankrott – *Maximilian Bergengruen, Jill Bühler und Antonia Eder* —— 108

Bettler – *Roman Widder* —— 111

Bürgerliche Gesellschaft – *Roman Widder* —— 115

Charaktermaske – *Heide Volkening* —— 119

Dieb, Diebstahl – *Andreas Gehrlach* —— 122

Eigentum, Erbe, Erbschaft – *Ulrike Vedder* —— 125

Faulheit – *Martin Jörg Schäfer* —— 129

Fiktion, Fiktionalisierung – *Christine Künzel* —— 132

Finanz – *Slaven Waelti* —— 136

Gabe, Gastfreundschaft – *Peter Brandes* —— 140

Geiz – *Helmut Pfeiffer* —— 143

Geld – *Jochen Hörisch* —— 147

Globalisierung, Globalisierungskritik – *Niels Werber* —— 151

Hausierer – *Katharina Krčal* —— 154

Heiratsmarkt – *Alexandra Heimes* —— 157

Homo oeconomicus – *Felix Maschewski* —— 160

Kapital, Kapitalismus – *Burkhardt Wolf* —— 164

Kaufmann, Kaufmannssohn – *Rolf Selbmann* —— 168

Kommune (Sozialismus, Kommunismus) –
Marcus Twellmann —— 171

Konkurrenz, Wettbewerb – *Michael Horvath* —— 175

Kontor – *Iuditha Balint* —— 179

Kreativität – *Jan Niklas Howe* —— 182

Kredit und Schuld(en) –
Maximilian Bergengruen und Jill Bühler —— 185

Krise – *Till Breyer* —— 190

Ladenhüter – *Urs Stäheli* —— 194

Leidenschaften – *Armin Schäfer* —— 198

Luxus – *Joseph Vogl* —— 202

Marke – *Thomas Wegmann* —— 205

Markt, literarischer Markt – *Thomas Wegmann* —— 209

Melancholie – *Timothy Attanucci und Ulrich Breuer* —— 214

Müll, Abfall – *David-Christopher Assmann* —— 218

New Economy –
Felix Maschewski und Anna-Verena Nosthoff —— 221

Oikodizee – *Joseph Vogl* —— 224

Parasit – *Bernhard Siegert* —— 227

Piraten – *Bernhard Siegert* —— **231**

Polizey – *Joel Lande* —— **234**

Produktion – *Till Breyer* —— **237**

Projektemacher – *Markus Krajewski* —— **240**

Proletarier – *Patrick Eiden-Offe* —— **243**

Prostitution – *Maren Lickhardt* —— **246**

Räuber – *Elke Höfler* —— **249**

Rationalität, Rationalisierung – *Burkhardt Wolf* —— **253**

Rohstoff – *Dariya Manova* —— **257**

Schatz – *Bernhard Siegert* —— **260**

Schnorrer – *Lena Kugler* —— **263**

Schreibarbeit, Schreiben als Arbeit – *Sandro Zanetti* —— **266**

Sicherheit und Versicherung – *Benno Wagner* —— **269**

Sklaverei – *Natascha Ueckmann* —— **273**

Sorge und Risiko – *Burkhardt Wolf* —— **277**

Spekulation, Spekulant – *Michael Horvath* —— **281**

Spiel, Wette, Wahrscheinlichkeit – *Peter Schnyder* —— **285**

Straßenhandel – *Gerhard Hommer* —— **289**

Tausch, Täuschung – *Urs Urban* —— **292**

Umwelt, Ökologie – *Achim Küpper* —— **296**

Unsichtbare Hand – *Stefan Andriopoulos* —— **299**

Unternehmer, Unternehmen – *Alexandra Vasa* —— **302**

Urheberrecht – *Tobias Fuchs* —— **305**

Verlagswesen und literarische Produktion – *David Oels* —— **309**

Verschwendung, Verausgabung – *Sven Rücker* —— **313**

Vertrag, Pakt – *Erika Thomalla* —— **317**

Wachstum – *Till Breyer* —— **321**

Ware, Warenfetischismus, Konsum – *Thomas Wegmann* —— 324

Werbung – *Thomas Wegmann* —— 328

Wert, Preis – *Alexander Mionskowski* —— 332

Wirtschaftskriminalität – *Alexander Mionskowski* —— 336

Wucher – *Alexandra Vasa und Burkhardt Wolf* —— 339

Wunsch, Begehren – *Slaven Waelti* —— 343

Zirkulation, Kreislauf – *Gerhard Scharbert und Joseph Vogl* —— 347

III.   Exemplarische Analysen

III.1.	Oikonomia und Chrematistik – *Moritz Hinsch* —— 355	
III.2.	Christliche Ökonomik – *Hans Jürgen Scheuer* —— 371	
III.3.	Der frühneuzeitliche Kapitalismus – *Urs Urban* —— 389	
III.4.	Utopistische Ökonomien der Neuzeit – *Alexander Mionskowski* —— 403	
III.5.	Elisabethanisch-jakobäisches Theater – *Verena Olejniczak Lobsien* —— 420	
III.6.	Kolonialistische Ökonomien – *Nadja Gernalzick* —— 435	
III.7.	Ökonomische Komödien – *Daniel Fulda* —— 446	
III.8.	Bürgerliches Trauerspiel – *Steffen Martus* —— 456	
III.9.	Entwicklungs- und Bildungsroman – *Rolf Selbmann* —— 467	
III.10.	Romantische Ökonomien – *Joseph Vogl* —— 482	
III.11.	Oikos und Ökonomie im Volksstück – *Caroline Forscht* —— 498	
III.12.	Literatur des Frühsozialismus – *Patrick Eiden-Offe* —— 508	
III.13.	Die Entdeckung der Ware – *Franziska Schößler und Bernd Blaschke* —— 523	
III.14.	Geld- und Kreditverhältnisse im Realismus – *Till Breyer und Veronika Thanner* —— 536	

III.15.	Roman und Industrie – *Till Breyer, Patrick Eiden-Offe, Dariya Manova, Annika Nickenig, Thomas Skowronek und Roman Widder* —— 551	
III.16.	Börsen-, Spekulations- und Inflationsroman – *Alexandra Vasa und Philippe Roepstorff-Robiano* —— 566	
III.17.	Modernistische Ökonomien – *Henning Teschke, Alexander Mionskowski, Burkhardt Wolf und Paul Stasi* —— 581	
III.18.	Neue Sachlichkeit und Angestelltenliteratur – *Thomas Wegmann und Erhard Schütz* —— 598	
III.19.	Literarische Produktion in der modernen Arbeitswelt – *Dariya Manova, Burkhardt Wolf, Carsten Gansel und Gábor Palkó* —— 612	
III.20.	Liberalismus und Neo-Liberalismen in der Literatur – *Ulrich Plass* —— 630	
III.21.	Finanz- und postindustrielle Arbeitswelt in der Gegenwartsliteratur – *Felix Maschewski und Nina Peter* —— 642	
IV.	**Gesamtbibliographie** —— 653	
V.	**Register** —— 759	
VI.	**Autorinnen und Autoren** —— 787	

Vorwort

Die Paarung von Literatur *und* Ökonomie ergibt alles andere als eine klare Verhältnisbestimmung. Denn einerseits oszilliert die Semantik des ersten Begriffs zwischen *belles lettres* und *litterae*, zwischen der ‚schönen Literatur' und dem ‚Geschriebenen' allgemein – und das ‚Literarische' im heutigen Verstande wird wohl gerade durch dieses Oszillieren definiert. Andererseits ist der Begriff der Ökonomie ebenso schillernd im Gebrauch. Zunächst meinte er nur die Haushaltungskunst im engeren Sinne, das, was im Altgriechischen *oikonomia* hieß; oder er wurde als allgemeines Ordnungskonzept für alle möglichen irdischen, himmlischen, natürlichen oder rhetorischen Gegenstandsbereiche verwendet, um sich seit der Aufklärung dann – im Sinne einer ‚politischen Ökonomie' – auf wirtschaftliche Sachverhalte im engeren Sinn zu beziehen. Nicht selten aber weitet sich sein Bedeutungsumfang noch einmal derart aus, dass er, über die klassischen Sphären der Produktion, Distribution und Konsumtion hinaus, auch die Effizienz der Lebensführung, die Bewirtschaftung von ‚Humankapital' oder die Mobilisierung kreativer Ressourcen betrifft. Bis heute scheint das ‚Ökonomische' zu einer Wissensform geworden zu sein, die einen privilegierten Status für die Deutung und Darstellung sozialer, kultureller oder gar wissenschaftlicher Formationen reklamiert. Sofern sie diesen Befund nicht einfach als natürliche Begebenheit voraussetzen, begründen ihn die Wirtschaftswissenschaften zumeist mit einem historischen Narrativ: Nach der alteuropäischen Einbettung der *oikonomia* in die Belange der *polis* sei es zu einer zunehmenden Autonomisierung wirtschaftlicher Prozesse gekommen, und aus dieser Art naturwüchsigen Eigengesetzlichkeit von Marktsystemen habe sich schließlich eine universelle Hegemonie ökonomischer Dynamiken, Modelle und Konzepte etabliert.

Doch ist dieses Narrativ, historisch gesehen, nur eines unter vielen, nur ein vereinzeltes Beispiel innerhalb einer ganzen Tradition genetischer Erzählungen, die eine bestimmte Form der Gesellschaft mit einem gewissen ökonomischen Entwicklungsstand korrelieren, ohne die Logik des Markts zwangsläufig als höchste geschichtliche Vernunft zu erkennen. Während etwa Adam Smith von der „commercial society" sprach und Georg Wilhelm Friedrich Hegel von der „bürgerlichen Gesellschaft", beschrieb Karl Marx die „kapitalistische Gesellschaftsformation". Gerade der Begriff des Kapitalismus, dessen Wissenschaftsfähigkeit bis heute umstritten ist, markierte die Emergenz kritischer Positionen, die moderne Wirtschaftsweisen unter Berücksichtigung ihrer sozialen Effekte, ihrer epistemologischen Grundlagen und kulturellen Resonanzen beobachten. Mit ihm war fortan – ganz im Sinne des um 1800 entstandenen Konzepts von ‚Kultur' – eine ‚transdisziplinäre', vergleichende oder gar relativistische Perspektive auf das Ökonomische verknüpft. Denn neben den institutionellen oder soziologischen

Implikaten modernen Wirtschaftens (Privateigentum und Unternehmensform, Markttausch und Wettbewerb; Monopol- und Klassenbildung, Verelendung und Krise) hat die Theorie des ‚Kapitalismus' immer wieder auf kulturelle oder kulturtechnische Aspekte abgestellt: auf gewisse Mentalitäten und Orientierungen, Wissens-, Handlungs- und Lebensformen oder auch auf bestimmte Beobachtungs-, Notations- und Darstellungstechniken.

Als Marx von der unwiderstehlichen Dynamik sprach, mit der die ökonomische Logik sämtliche Lebensbereiche erfasst habe, und diese Dynamik an prägnanten Phänomenen wie dem des Warenfetischismus konkretisierte, als Werner Sombart oder Max Weber das Zusammenspiel moderner Wirtschaftsgesinnungen mit entsprechenden Infrastrukturen und Organisationsformen beschrieben, als Friedrich Nietzsche und Walter Benjamin die Macht der Schuld und des Verschuldens als verborgenen Kern der Wirtschaftsgeschichte entdeckten oder als Luc Boltanski und Ève Chiapello im ‚neuen Geist' des Kapitalismus die ökonomische Besetzung von Ideenwelten wie Autonomie, Spontaneität, Mobilität und Kreativität untersuchten, wurde damit nicht nur das moderne Betriebsgeheimnis des ‚Ökonomischen' gewissermaßen kulturalistisch dechiffriert. Stets wurden damit auch Themen und Motive, Narrative und Szenarien aufgerufen, in denen sich Literatur und Ökonomie begegneten. Die literaturhistorischen Referenzen oder protoliterarischen Darstellungs- und Präsentationsweisen von Smith über Marx und Benjamin bis zur gegenwärtigen Ratgeberliteratur *einerseits*, die Wiederkehr wissenschaftlicher oder protowissenschaftlicher Argumente und Figuren in zahlreichen Erzähl- und Dramentexten *andererseits* – sie alle zeugen davon, wie weitgehend Wirtschaftstheorien und Wirtschaftsfiktionen wechselseitig Anleihen gemacht haben.

Es ist also kaum zu übersehen, dass Ökonomie und Literatur seit Jahrhunderten eine Reihe gemeinsamer Themen aufweisen: seien es die berühmten Robinsonaden in der politischen Ökonomie, über die sich Marx einmal mokierte und die ein narratives Muster in die Analyse der Wertbildung eingeführt haben; sei es die Rolle des Geldes, das etwa im empfindsamen Schauspiel die sichtbaren Verständigungen auf der Bühne um unsichtbare Kommunikationen und Abhängigkeiten ergänzte. Neben evidenten Bezügen solcher Art sind es auch einige weitere Problemstellungen, die den ökonomischen wie den ästhetischen Bereich in einem gemeinsamen Raum ansiedeln und die jeweiligen Darstellungsformen dirigieren. Dazu gehören semiotische Perspektiven, die in der repräsentativen Kraft von Wertzeichen und Wörtern analoge Bildungsstrukturen beobachten wollen; dazu gehört die Sondierung von Bewegungsgesetzen, die sich in ökonomischen wie literarischen Diskursen mit den Fragen nach der Koordination von Ereignissen und Ereignisserien beschäftigt. So wenig die ökonomische Dogmatik ohne Erzählungen, Legenden oder Bildeinfälle ausgekommen ist, so sehr wurden die Literatur und der ästhetische Sinn überhaupt immer wieder von den Mirakeln des Wirtschaftsgeschehens angezogen, von der Magie des Golds, von der Akkumulation unermesslicher Reichtümer, von den Dramen des Kredits und der Schulden, von den Turbulenzen des Börsen- und Finanzgeschäfts. Bei alldem gilt natürlich, dass sich Literatur und Ökonomie, dass sich die verschiedenen Gattungen, Darstellungsformen und Disziplinen nicht auf ein Gleiches reduzieren lassen; es gilt aber ebenso, dass die Mechanismen ihres Zusammenhangs und ihrer Resonanz über die Wirksamkeit von Wissensordnungen entscheiden. Die Verstreuung, die Komplementarität, die Überschneidung, die reziproke Festigung oder wechselseitige Abstoßung von ökonomischen und ästhetischen Reflexionsfiguren markieren ein diskurshistorisches Feld, dessen Wertsetzungen und Phantasmen zuweilen eine mythopoietische Dimension gewonnen haben.

Vor diesem Hintergrund ist das Handbuch *Literatur & Ökonomie* wissensgeschichtlich angelegt und bezieht sich auf ein weder thematisch noch historisch begrenzbares Gegenstands- und Forschungsfeld. Somit kann es nur fallweise zeigen, inwiefern zwischen literaturgeschichtlich und wirtschaftshistorisch wirksamen Texten und Quellen ökonomische Vorstellungen, Begriffe und Kenntnisse zirkulieren. Im Schnittfeld von Literatur und Ökonomie geht es um Elemente einer kulturellen Topik, die Auskunft über die ansteigende Dominanz ökonomischer Wissensformen, aber auch über den Zuschnitt kritischer Interventionen gibt. Systematisch aber soll dieses Projekt (in einer ersten Sektion) aufarbeiten, inwiefern die Fragen nach ökonomischen Themen, Argumenten und Perspektiven zur Ausprägung spezifisch literaturwissenschaftlicher THEORIEN UND METHODEN geführt haben. Bereits Marx und Engels dienten literarische Texte als Seismographen ökonomischer Umbrüche, und wenn Georg Lukács, der historische Materialismus oder die Kritische Theorie ein reflexives Konzept literarischer Form entwickelten, dann um das Verhältnis von Materialität und Geist, Produktion und Ideologie immer wieder neu zu bestimmen. In diesem Zuge haben Antonio Gramsci und die britischen Cultural Studies Literatur und Kultur allgemein als spezifischen Einsatz gegen die Hegemonie des Ökonomischen verstanden, und um jenseits des orthodoxen Schemas von Basis und Überbau Literatursoziologie zu betreiben, wurde bis in die 1980er Jahre eine Vielzahl von Ansätzen ausgearbeitet: rezeptions- und produktionsästhetische, mentalitäts- oder institutionen-, feld- oder systemtheoretische. Das Gros der heutigen Forschung ist indes vier weiteren methodischen und theoretischen Paradigmen verpflichtet, welche sich von ebendieser ‚Sozialgeschichte der Literatur' abzugrenzen versucht haben: dem New Economic Criticism, der sich vor allem auf Homologien zwischen literarischen und ökonomischen Repräsentations- und Zirkulationsweisen konzentriert; der Semiotik und Dekonstruktion, welche die *différance*, die fiktionalen und ökonomischen Zeichensystemen gemeinsame Dynamik und Zeitlichkeit thematisieren; der Medienwissenschaft, die die Ko-Evolution ökonomischer sowie literarischer Produktion, Zirkulation und Konsumtion von ihren Leitmedien und Medienverbünden her beschreibt; schließlich der Diskursanalyse und Wissenspoetik, die auf die wechselseitige Bedingtheit von Handlungs-, Wissens- und Darstellungsformen zielen.

Hieran anknüpfend nähert sich das Handbuch mit seiner zweiten Sektion – den LEITKONZEPTEN – der ‚Ökonomie der Literatur' in einem dreifachen Sinne an. *Erstens* geht es um das Auftauchen ökonomischer Aspekte in der Literatur: Von Phänomenen wie dem der *Arbeit* oder *Armut* reicht der Bogen bis hin zum Konzept der *Zirkulation*, mit dem seit der Neuzeit physiologische Vorgänge ebenso bezeichnet wurden wie der Umlauf ökonomischer oder literarischer Werte. *Zweitens* stehen die ökonomischen Entstehungsbedingungen von Literatur im Zentrum: Für ein ‚Werk' bedarf es schließlich nicht nur der *Schreibarbeit*, die sich zwischen freier Tätigkeit und mühseligem Kraftaufwand, einsamer Schöpfung und organisierter Kooperation ansiedeln kann; ebenso entscheidend ist die materielle Buchproduktion, die Ausstattung mit symbolischem *Kapital*, die *Werbung* und der Vertrieb durch einen *Verlag*, schließlich ein *Markt*, der Geist und Geld vermittelt, indem er mit reproduzierbaren Kulturgütern handelt – mit *Waren*, die unbegrenzt aufzulegen, aber nie ganz zu veräußern sind, weil an ihnen die Autoren stets ein *Urheberrecht* zurückbehalten. *Drittens* geht es um jene Homologien, die zwischen Literatur und Ökonomie in struktureller und prozessualer Hinsicht zu konstatieren sind: Was etwa Marx als *Charaktermaske* bezeichnet hat, die individuelle Erscheinung unter der Maßgabe typenhafter ‚Prägung', oder was Adam Smith als sympathetische Moderation der Affekte und *Leidenschaften* zu beschreiben suchte, findet sich in Erzähl- oder Dramentexten nicht minder als auf dem Feld realen wirtschaftlichen Verkehrs; von literarischer *Produktion*, nicht nur von Nachahmung oder Originalität, ist die Rede, seitdem der Begriff auch den industriellen Take-off der Ökonomie beschreibt; und nicht erst Mitte des 19. Jahrhunderts, da man erstmals von ‚fiktivem Kapital' sprach, sondern bereits in der mittelalterlichen Diskussion um den *Wucher* sah man die Semiosen von Literatur und Ökonomie in ein und derselben Sphäre verwurzelt: der der *Fiktionen* oder möglichen Welten. Diese offene und sicher unabschließbare Liste von Einträgen ist also von multiperspektivischen Annäherungen geprägt, die von begriffsgeschichtlichen Entwicklungen und der literarischen Fassung ökonomischer Stoffe und Motive über literarische und ästhetische Strukturelemente im ökonomischen Wissen bis zu Fragen des literarischen Markts reichen. Dies schließt auch vielfältige Beobachterverhältnisse ein, sei es den Zugriff literarischer Schreibweisen auf die Wechselfälle des Wirtschaftsgeschehens, sei es den ökonomischen Blick auf die Exemplarität literarischer Fiktionen.

Mit seiner dritten Sektion rückt das Handbuch schließlich all diese Aspekte und Zusammenhänge in einen strikt literarhistorischen Horizont: Mittels EXEM-

PLARISCHER ANALYSEN werden sie von epochenspezifischer und gattungstheoretischer Warte aus adressiert, um damit ein ganzes Spektrum ‚ökonomischer Poetiken' abzuschreiten. Komparatistisch ausgerichtet, wenngleich mit einem Akzent auf die deutschsprachige Literatur, setzen die Beiträge bei antiken Thematisierungen von *oikonomia* und Chrematistik an. Sie behandeln die christliche Ökonomik ebenso wie literarische Zeugnisse des frühneuzeitlichen Kapitalismus, Komödien und Trauerspiele ebenso wie Bildungsromane oder romantische Erzählungen, um über die Literatur des Frühsozialismus, des Realismus und Modernismus zu zeitgenössischen Reflexionen des ‚Neoliberalismus', der ‚postindustriellen' Arbeitswelt oder der Finanzwirtschaft zu gelangen. So wie diese Sektion gerade keine erschöpfenden Überblicksartikel liefern soll und kann, sondern idiosynkratisch begründete Zuspitzungen, ist das Handbuch insgesamt nicht einer bestimmten Zugangsweise, Methode oder Theorie verpflichtet. Vielmehr ist es, sachlich motiviert, pluralistisch in dem Sinn, dass jeder konkrete analytische Schnitt durch den Gegenstandsbereich jeweils eigene und eigensinnige methodische, theoretische und begriffliche Konsequenzen nach sich zieht.

Neben den derart vielfach kompetenten Beiträgern danken wir an dieser Stelle dem Verlag De Gruyter, der das Projekt so professionell wie geduldig begleitet oder vielmehr ermöglicht hat. Wir danken Rainer Rutz für sein rasches und zugleich mehr als gründliches Außenlektorat, zudem Stephan Brändle, Laura Forßbohm, Pia Koch und Maximilian Pötzsch für ihren tapferen Kampf gegen die bibliographische Verwahrlosung dieses Großunternehmens. Und wir danken zu guter Letzt Alexander Mionskowski für seine redaktionelle Mitarbeit und seine organisatorische Unermüdlichkeit.

Die Herausgeber

I. Theorien und Methoden

I.1. Marxismus und Kritische Theorie
Patrick Eiden-Offe

Die Geschichte der marxistischen Literatur- und Kulturtheorie kann in verschiedene, scharf voneinander abgesetzte Phasen unterteilt werden: Während Marx und Engels selbst sich immer wieder und zum Teil sehr ausführlich, nie aber systematisch mit Kunst, Literatur und Kultur beschäftigt haben – biographisch und enzyklopädisch aufgearbeitet hat dies Siegbert S. Prawer in seiner Studie *Karl Marx und die Weltliteratur* (1983) –, spielten diese Bereiche im sich konstituierenden Marxismus der Zweiten Internationale keine bedeutende Rolle. Erst im Zusammenhang der Dritten Internationale seit den 1920er Jahren kam es dann zu ernsthaften und systematischen Versuchen, eine marxistische bzw. materialistische Literatur- und Kulturtheorie auszuarbeiten. Hier wurden dann auch im Rahmen der philologischen Beschäftigung mit den Schriften der Klassiker die verschiedenen Passagen, die sich bei Marx und Engels zu diesen Komplexen finden, zum ersten Mal systematisch erschlossen und gesammelt; zentral ist hier die von Michail Lifschitz am Moskauer Marx-Engels-Institut besorgte Zusammenstellung *Marx und Engels. Über Kunst und Literatur* (vgl. Marx und Engels 1953, 10–13).

Die Debatten um die Ausarbeitung einer marxistisch-materialistischen Kunst- und Kulturtheorie in den 1920er und 1930er Jahren hatten den unmittelbar praktischen Anlass, dass es nun in der Sowjetunion eine proletarische Kulturpolitik zu bewerkstelligen galt, für die man bei den Klassikern Anleitung suchte. Im Rahmen der Kommunistischen Internationale (Komintern) waren diese Debatten von Anfang an international bzw. internationalistisch geprägt, während die ‚bürgerliche' Kulturpolitik und Kulturtheorie noch oder gerade verstärkt am nationalen Paradigma orientiert blieb. Zugleich gab es aber auch früh schon innerhalb der kommunistischen Bewegung die Kritik, dass die ‚internationalistische' Politik der Komintern nur den sowjetrussischen Hegemonialanspruch verkleide und damit auf dem Feld der Kulturpolitik spezifisch russische Erscheinungen – wie etwa die starke Dominanz ‚realistischer' Ansätze in der Literatur – verallgemeinert würde (vgl. Stern 2006, 35–45). Marxistische Kulturtheorie ist immer Theorie im Handgemenge: Dies durchgängig politische Moment muss berücksichtigt bleiben, wenn man die großen inner-marxistischen Auseinandersetzungen der 1930er Jahre, etwa um die Durchsetzung der Doktrin des ‚sozialistischen Realismus', rekapituliert (vgl. H.-J. Schmitt und Schramm 1974, 9–17). Die Bindung der marxistischen Kunst- und Kulturpolitik an die konkrete politische Situation in der Sowjetunion und in der Komintern bestimmt negativ auch noch die Sezessionen und Abspaltungen der nächsten Jahrzehnte: Die Genese der ‚Kritischen Theorie' etwa hat sich ebenso in Abgrenzung von der ‚Bolschewisierung' der KPD vollzogen, wie etwa die Genese der britischen *New Left* als Reaktionsbildung auf die Niederschlagung des ungarischen Aufstands 1956 zu sehen ist (vgl. Wiggershaus 1987, 19–48; E. P. Thompson 2014, 37–47); in beiden Fällen wurde Kulturtheorie zu einem privilegierten Feld der Auseinandersetzung mit dem doktrinären Staatssozialismus und Stalinismus. Infolge dieser Wendung ist der gesamte ‚westliche Marxismus' deutlich kulturell und kulturtheoretisch orientiert, ohne dadurch seinen politischen Anspruch aufzugeben (vgl. Merleau-Ponty 1968, 39–72; P. Anderson 1976, 75–94).

Marx und Engels

Am Anfang steht – wenn schon nicht der Chronologie, so doch der Sache nach – ein Reduktionismus. Im Vorwort seiner Schrift *Zur Kritik der Politischen Ökonomie* führt Karl Marx 1859 eine Unterscheidung ein, die sich auch für die späteren marxistischen Debatten über Kultur, Kunst und Literatur als äußerst folgenreich erweisen wird. Nachdem er den Begriff der „Produktionsverhältnisse" sehr generell als „bestimmte, notwendige, von ihrem Willen unabhängige Verhältnisse" definiert hat, die „die Menschen" „[i]n der gesellschaftlichen Produktion ihres Lebens" eingehen, fährt er fort: „Die Gesamtheit dieser Produktionsverhältnisse bildet die ökonomische Struktur der Gesellschaft, die reale Basis, worauf sich ein juristischer und politischer Überbau erhebt und welcher bestimmte gesellschaftliche Bewußtseinsformen entsprechen" (Marx und Engels 1956 ff., Bd. 13, 8). Diese „Bewußtseinsformen" werden wenig später spezifiziert. Genauer: Sie werden erweitert zu „juristischen, politischen, religiösen, künstlerischen oder philosophischen, kurz ideologischen Formen, worin sich die Menschen dieses Konflikts [des Konflikts zwischen neuen, sprengenden Produktivkräften und alten, einengenden Produktionsverhältnissen] bewußt werden und ihn ausfechten". Wenn es hier weiter heißt, dass „[e]s [...] nicht das Bewußtsein der Menschen [ist], das ihr Sein, sondern umgekehrt ihr gesellschaftliches Sein, das ihr Bewußtsein bestimmt" (ebd., Bd. 13, 8–9), dann sind alle Ingredienzien beisammen, die den berühmt-berüchtigten marxistischen ‚Basis-Überbau-Determinismus' ausmachen werden, der die Debatten in den folgenden 150 Jahren bestimmen wird; zugleich aber ist auch der Grund gelegt für andere, dissidente Interpretationen des Verhältnisses von Ökonomie, Literatur und Kultur.

Die mechanistisch anmutende Verkürzung – oder jedenfalls die Gefahr einer solchen –, die in diesem Schematismus zum Ausdruck kommt, mag in der übereilten Fertigstellung der Schrift begründet liegen (vgl. Stedman Jones 2017, 485–495). Die Gegenüberstellung von ‚Basis' und ‚Überbau', von ‚ökonomischen Produktionsbedingungen' und ‚ideologischen (Bewusstseins-)Formen' stellt aber doch auch die adäquate Kristallisation eines Denkens über Kunst und Kultur dar, die sich bei Marx und Engels in den anderthalb Jahrzehnten zuvor in zahlreichen verstreuten Anmerkungen und Reflexionen vorbereitet hat. Dass die Schrift *Zur Kritik der Politischen Ökonomie* auch den Charakter eines Resümees und eines Abschlusses einer abgelaufenen Schaffensphase aufweist, betont Marx im Vorwort ausdrücklich (vgl. Marx und Engels 1956 ff., Bd. 13, 10).

Es war vor allem Engels, der schon früh als Literaturkritiker an die Öffentlichkeit getreten ist (vgl. Demetz 1959, 25–55). Im linkshegelianischen Zentralorgan, den *Deutschen Jahrbüchern für Wissenschaft und Kunst*, publiziert er 1842 eine vernichtende Kritik des Literaturkritikers und -historikers Alexander Jung, die zugleich als Abfertigung der Literatur des ‚Jungen Deutschland' gelesen werden muss (vgl. Marx und Engels 1956 ff., Bd. 1, 433–445). Beides, jungdeutsche Literatur wie Literaturkritik, sind für Engels nur interessant als „verworrener" Ausdruck einer selbst noch unklaren gesellschaftlich-politischen Lage. „Wenn aber", so stellt Engels in Aussicht, „die Elemente sich scheiden, Prinzip gegen Prinzip steht, dann ist es an der Zeit, jenen Unbrauchbaren den Abschied zu geben und sich definitiv mit ihnen ins reine zu setzen" (ebd., Bd. 1, 433). In den folgenden Jahren verlegt sich Engels auf zum Teil ausführliche Polemiken gegen die „wahren Sozialisten" und ihre Literatur (ebd., Bd. 4, 248). Auch hier dient das Feld der Literaturkritik insbesondere dazu, politische Auseinandersetzungen auszufechten. Literatur wird hier als ‚ideologischer' Ausdruck anderweitig bestimmter Verhältnisse herangezogen; in der Vagheit und Verworrenheit der Literatur zeige sich vor allem, dass die Autoren und die politische Richtung, für die sie stehen, die Verhältnisse eben nicht durchdrungen haben; „moralische Entrüstung", so Engels' Urteil, ersetzt bei den „'wahren' Sozialisten" durchgängig die analytische Kritik (ebd., Bd. 4, 213).

Dabei sind noch die gestelzten Darstellungen der deutschen Realität, wie sie etwa der Lyriker Karl Beck produziert, durchaus als deren adäquater Ausdruck zu werten; denn sie bringen für Engels gerade die Zurückgebliebenheit der deutschen Verhältnisse auf den Punkt: „Sein einziges Leiden ist die deutsche Misère, zu deren theoretischen Formen auch der pomphaft-weinerliche Sozialismus und die jungdeutschen Reminiszenzen Becks gehören. Ehe nicht in Deutschland die gesellschaftlichen Gegensätze eine schärfere Form erhalten haben durch eine bestimmtere Sonderung der Klassen und momentane Eroberung der politischen Herrschaft durch [die] Bourgeoisie, ist für einen deutschen Poeten in Deutschland selbst wenig zu hoffen" (vgl. Marx und Engels 1956 ff., Bd. 4, 222). Einziger Ausweg bleibt für die deutschen Poeten einstweilen die Auswanderung „in zivilisierte Länder" (ebd.; vgl. Eiden-Offe 2017, 166–170).

Was umgekehrt geschieht, wenn Literatur aus einem zivilisierten Land nach Deutschland importiert und dort dann typisch deutsch missverstanden wird, demonstriert Marx an Eugène Sue. Wo dieser mit den *Mystères de Paris* die Neugier des Publikums mit literarischem Raffinement kitzeln konnte, da sehen Sues jungdeutsche und linkshegelianische Adepten wirkliche Mysterien, die sie philosophisch überhöhen. Und umkehrt können einem französischen Denker wie Proudhon die philosophischen Feinheiten Hegels wiederum nur als „Mysterien" erscheinen, die er sprachlich nachahmt, aber nicht versteht (Marx und Engels 1956 ff., Bd. 2, 66, 71). Literatur kann bei Marx nur dann als Medium einer auch sozialen Erkenntnis dienen, wenn sie als Literatur gelesen wird – und nicht etwa unvermittelt selbst schon als Sozialtheorie, so wie dies die Linkshegelianer um Bruno Bauer praktizieren. Als Beispiel für eine solche Literatur, die gerade als Literatur „ausgezeichnet [sei] durch die tiefe Auffassung der realen Verhältnisse" (ebd., Bd. 25, 49), dient Marx und Engels immer wieder Balzac; noch beim späten Engels firmiert dieser als größter „Meister des Realismus" (ebd., Bd. 37, 43). Und umgekehrt sollten Theorie oder Philosophie nicht als Literatur gelesen werden, wie dies – so Marx' Vorwurf – bei Proudhon besichtigt werden kann (vgl. Eiden-Offe 2017, 187–194). Literatur soll nur nach eigenen Maßgaben verfahren und nur nach diesen beurteilt werden – diese gewissermaßen klassisch-autonomieästhetischen Vorstellungen geraten bei Marx und Engels immer wieder in Konflikt mit jener anderen, ‚heteronomieästhetischen' Vorannahme, dass Literatur als „ideologische Form" des Bewusstseins von den Bedingungen des ökonomischen Seins bestimmt wird. Der Konflikt wird sich in den marxistischen Debatten der folgenden Jahrzehnte fortsetzen.

Dass die Bestimmungen zum Verhältnis von ökonomischer ‚Basis' und ideologischem ‚Überbau' bei Marx und Engels keineswegs eindeutig sind, wie dies vielleicht die Autoren selbst, jedenfalls aber die spätere marxistische *und* antimarxistische Doxa gleichermaßen annahmen, lässt sich schon an den einschlägigen Textpassagen zeigen: In den Bestimmungen des „Vorworts" der Schrift *Zur Kritik des Politischen Ökonomie* von 1859 etwa werden die „Bewußtseinsformen" des Rechts, der Politik, der Religion, der Philosophie und der Kunst ausdrücklich als jene „ideologischen Formen" bestimmt, „worin sich die Menschen" des entscheidenden „Konflikts bewußt werden und ihn ausfechten" – und nicht etwa als Formen, die diesen Konflikt verschleiern oder unsichtbar machen (Marx und Engels 1956 ff., Bd. 13, 9). In der „Einleitung" zur „Kritik der Hegelschen Rechtsphilosophie" steht die „ideologische Form" der Religion im Zentrum (die hier übrigens als „*Opium* des Volks" firmiert, und nicht etwa als ‚Opium *fürs* Volk', wie instrumentalistisch verkürzt oft kolportiert wird): „Das religiöse Elend", so Marx, „ist in einem *Ausdruck* des wirklichen Elendes und in einem *Protestation* gegen das wirkliche Elend" (ebd., Bd. 1, 378) – keineswegs also bloß dessen Verschleierung oder Verklärung. Und im Kapitel über den „Fetischcharakter der Ware" aus dem *Kapital*, der längsten zusammenhängenden Abhandlung des Ideologieproblems beim späten Marx, heißt es, in den Fetischformen des → WERTS und des → GELDES erschienen den Menschen die realen „gesellschaftlichen Beziehungen ihrer Privatarbeiten als das, was sie sind, d. h. nicht als unmittelbar gesellschaftliche Verhältnisse der Personen in ihren Arbeiten selbst, sondern vielmehr als sachliche Verhältnisse der Personen und gesellschaftliche Verhältnisse der Sachen" (ebd., Bd. 23, 87). Die ideologischen Fetischformen (→ WARE, WARENFETISCHISMUS, KONSUM) verdrehen also nicht die Realität oder stellen sie auf den Kopf, sondern sie zeigen oder offenbaren eine objektiv verdrehte, auf dem Kopf stehende Welt, *so wie sie ist*. Die ‚ideologischen Formen' – also auch die Kunst – werden so zu Erkenntnisformen, zu Formen einer möglichen Erkenntnis von Ideologie.

Um die Verwirrung zu vollenden, wurde nach Marx' Tod noch der Rohentwurf des *Kapital* entdeckt, in dessen „Einleitung" sich eine berühmt gewordene Passage über das *„unegale Verhältnis der Entwicklung der materiellen Produktion z. B. zur künstlerischen"* findet. Stichwortartig fährt Marx fort: „Überhaupt der Begriff des Fortschritts nicht in der gewöhnlichen Abstraktion zu fassen. Moderne Kunst etc. Diese Disproportion noch nicht so wichtig und schwierig zu fassen, als innerhalb praktisch-sozialer Verhältnisse selbst. Z.B. Bildung" (ebd., Bd. 42, 43). In einem wenig später folgenden längeren Absatz schließt Marx dann eine Reflexion darüber an, dass „bestimmte Blütezeiten" der Kunst „keineswegs im Verhältnis zur allgemeinen Entwicklung der Gesellschaft, also auch der materiellen Grundlage, gleichsam des Knochenbaus ihrer Organisation, stehn". Als Beispiele dienen Marx dann Shakespeare und vor allem die Kunst der griechischen Antike (ebd., Bd. 42, 44).

Nach einigen Ausführungen zur historischen Bedingtheit der Kunst durch Mythos und Gattungsvoraussetzungen sowie zur Frage der historischen Medialität (→ I.5. MEDIENTHEORIE UND MEDIENGESCHICHTE) von Kunst („ist Achilles möglich mit Pulver und Blei? Oder überhaupt die Illiade mit der Druckerpresse, und gar Druckmaschine?") spitzt Marx das Problem auf Wertungsfragen zu: „Aber die Schwierigkeit liegt nicht darin zu verstehn, daß griechische Kunst und Epos an gewisse gesellschaftliche Entwicklungsstufen geknüpft sind. Die Schwierigkeit ist, daß sie uns noch Kunstgenuß gewähren und in gewisser Beziehung als Norm und unerreichbare Muster gelten" (ebd., Bd. 42, 44). Die Antwort, die Marx selbst dann kurz skizziert – wir erinnern uns in der Kunst der Griechen der für immer untergegangen „unreifen gesellschaftlichen Bedingungen", der „geschichtlichen Kindheit der Menschheit" und sind dabei genauso gerührt wie der erwachsene Mann, der sich der „Naivität des Kindes" erfreut, ohne zu vergessen, dass er dorthin nicht zurück kann und darf (ebd., Bd. 42, 45) – ist weniger wichtig (und überzeugend), als der Fragehorizont, der hier eröffnet wird.

In der Abkehr von einer marxistischen Literaturwissenschaft, wie sie in den 1970er Jahren – wenigstens mancherorts – diskursbestimmend war, haben sich die Kultur- und Medienwissenschaften seit den 1990er Jahren in ihrem Selbstverständnis immer auch von einer marxistischen ‚Ideologiekritik' distanziert, der Kunst und Literatur – wie alle anderen ideologischen Bewusstseinsformen auch – bloß als Formen ‚falschen Bewusstseins' gegolten hätten, das letztlich aus der Klassenposition des Künstlers abgeleitet und somit aufgeklärt und aufgelöst werden könne (vgl. Blome u. a. 2010, 158–162). Solche ‚harten' Formen eines Basis-Überbaus-Determinismus hat es schon in den Debatten der 1920er und 1930er Jahre gegeben, vor allem von stalinistischer Seite. In den Jahren nach 1968 wurden sie in der westdeutschen Literaturwissenschaft bisweilen als Farce wiederholt; eine Interpretation des „Vorworts" zur *Kritik der politischen Ökonomie* in diesem Geist bietet das ‚Autorenkollektiv sozialistischer Literaturwissenschaftler Westberlin' in der Schrift *Zum Verhältnis von Ökonomie, Politik und Literatur im Klassenkampf. Grundlagen einer historisch-materialistischen Literaturwissenschaft* (Autorenkollektiv 1971, 9–24) sowie die ebenfalls im Oberbaumverlag von Werner Girnus, Helmut Lethen und Friedrich Rothe herausgegebene Sammlung *Von der kritischen zur historisch-materialistischen Literaturwissenschaft* (1971). Diese ‚harten' Formen werden durchaus auch bei Marx und Engels nahelegt und in einzelnen polemischen Auseinandersetzungen ins Extrem zugespitzt; systematisch ausgeführt werden sie bei ihnen nicht. ‚Weichere' Formen der Verhältnisbestimmung von Basis und Überbau, die in den ‚ideologischen Formen' der Kunst einen Ausdruck gesellschaftlicher Produktionsbedingungen, zugleich aber immer auch eine politische Kampfarena um politische Selbstaufklärung und Selbstbestimmung erblickt haben (und eben nicht bloß Reflex oder Verschleierung), haben sich theoriegeschichtlich als flexibler und damit als haltbarer erwiesen (auch wenn sie als Feindbild eines neuen Paradigmas, etwa des kultur- und medienwissenschaftlichen, weniger taugen).

Zentral bleibt indes, dass auch diese ‚weicheren' Positionen, die sich in allen Formen von Neomarxismus und Kritischer Theorie, von Lukács und Gramsci über Benjamin und Adorno bis in die Cultural Studies finden, an einer wie auch immer umschriebenen Polarität von ‚Basis' und ‚Überbau' festhalten müssen. Die These, dass die ‚ideologische Form' der Kunst von der ‚ökonomischen Struktur der Gesellschaft' bedingt bleibt, über der sie sich erhebt, von der sie sich aber nie ganz abheben kann, bleibt gewissermaßen *conditio sine qua non* aller marxistischen Theorien von Kunst und Kultur.

Das Bedingungs- oder Ausdrucksverhältnis von ‚Basis' und ‚Überbau' kann nun verschieden elastisch interpretiert werden, und die Vielzahl der möglichen Interpretationen dieses Verhältnisses macht den dogmatischen Reichtum marxistischer Kunsttheorie(n) aus. Ganz gekappt werden kann dieses Verhältnis nie. Vielmehr wird das Verhältnis oft selbst zum Gegenstand der Theorie: Marxistische Theorien von Kunst und Kultur sind daher nicht selten auch Theorien der Ideologie (vgl. Eagleton 2000, 7–42). Marx und Engels haben das Spiel eröffnet und Begriffe vorgeben, die den Spielraum der künftigen Debatten abgesteckt haben; letzte Entscheidungen über den definitiven Charakter der Beziehung von Basis und Überbau, von ökonomischer Struktur und ideologischem Ausdruck sucht man indes bei den Klassikern vergebens.

Form und Kultur: Zwei Paradigmen

Die marxistische Kunst- und Kulturtheorie geht auf zwei Paradigmen zurück, die mit zwei Gründungsfiguren verbunden werden und vielleicht sogar auf zwei Grundsätze gebracht werden können. Auf der einen Seite steht Georg Lukács mit dem Satz „Das wirklich Soziale aber in der Literatur ist: ihre Form" (Lukács 1962 ff., Bd. 15, 10). Das Form-Paradigma führt von Lukács über Peter Szondi, Peter Bürger und Theodor W. Adorno und wird in Fredric Jamesons *Marxism and Form* reflexiv. Auf der anderen Seite steht Antonio Gramsci mit seiner Losung „Für eine neue Literatur (Kunst) vermittels einer neuen Kultur" (Gramsci 1991 ff., Bd. 4, 813). Das Kultur-Paradigma führt von Gramsci in die britische Sozialgeschichte der *New Left*, zu Raymond Williams und in die Cultural Studies. Beide Paradigmen überschneiden sich nur partiell; sie führen in der Theoriegeschichte des 20. Jh.s vielmehr sehr weitgehend ein Eigenleben und werden allenfalls in eine Fortschrittsbeziehung gebracht: „Von Lukács bis Gramsci" (Eagleton 2000, 111–146).

Gemeinsam ist beiden Traditionen, dass ihre Entstehung direkt in den Debatten der internationalen kommunistischen Bewegung und der Komintern der 1920er und 1930er Jahre verortet werden kann. So war Lukács seit 1918 Mitglied der ungarischen kommunistischen Partei; seit 1930 war er im Moskauer Marx-Engels-Institut tätig und dort an der Erstedition mehrerer spät entdeckter Texte von Marx beteiligt, unter anderem der „Pariser Manuskripte" und der Rohfassung des *Kapital*. Gramsci war italienischer Delegierter im Exekutivkomitee der Kommunistischen Internationale in Moskau; bis zu seiner Verhaftung 1926 war er Vorsitzender der Kommunistischen Partei Italiens. Die Thesen Lukács' und Gramscis und die Paradigmen ‚Form' und ‚Kultur' wenden sich, so viel haben sie noch gemein, gegen eine ‚harte', deterministische Bestimmung von Kunst und Literatur, und sie wenden sich gegen eine Reduktion von Kunst und Literatur auf den unmittelbar zugänglichen ‚Inhalt' (im Sinne von ‚Thema' oder ‚Stoff'), wie sie von staats- und parteioffizieller Seite immer wieder betrieben wurde. Obgleich also aus dem Schoß der Partei stammend, wurden sowohl Lukács' als auch Gramscis Theorien vielfach zum Ausgangspunkt dissidenter Strömungen innerhalb des Marxismus.

Form der Literatur und Warenform

Lukács' Satz von der „Form" als dem „wirklich Soziale[n] [...] in der Literatur" stammt aus seinem ersten Buch, der *Entwicklungsgeschichte des modernen Dramas* von 1909. Bis zu Lukács' ‚Konversion' zum Marxismus wird es noch fast zehn Jahre dauern, aber schon die *Entwicklungsgeschichte* ist in enger Auseinandersetzung mit den Schriften von Marx und explizit gegen die sozialdemokratischen (Kunst-)Theoretiker der Zeit, gegen Franz Mehring und Georgi Plechanow, geschrieben (vgl. Lukács 1962ff., Bd. 15, 569). Im methodologischen Vorwort der Studie legt Lukács deren Fehler bloß: „Die größten Fehler der soziologischen Kunstbetrachtung sind, daß sie in den künstlerischen Schöpfungen die Inhalte sucht und untersucht und zwischen ihnen und bestimmten wirtschaftlichen Verhältnissen eine gerade Linie ziehen will. Das wirklich Soziale aber in der Literatur ist: ihre Form" (ebd., Bd. 15, 10). Die „Form" erst verbürge – als gleichsam vermittelndes und geteiltes Drittes – die künstlerische „Mitteilung" zwischen „Dichter" und „Publikum": „[D]urch diese geformte Mitteilung, durch die Möglichkeit der Wirkung und die tatsächliche entstehende Wirkung" aber werde Literatur „eigentlich erst sozial" (ebd., Bd. 15, 10). An diese kurzen Bemerkungen lassen sich nun einerseits Theorien der Gattung als Ermöglichungsform und als Ergebnis von sozialer Interaktion anschließen (vgl. Michler 2015, 519). Andererseits aber muss gefragt werden, wie „Form" über den selbst noch gewissermaßen kunstimmanenten Wirkungszusammenhang hinaus, der in Lukács' Dramenbuch im Vordergrund steht, als das „wirklich Soziale" der Literatur bestimmt werden kann. Daran arbeitet Lukács dann explizit nach seiner Wendung zum Marxismus.

Der Schlüssel liegt hier in Marx' „Wertformanalyse" aus dem ersten Kapitel des *Kapital*, an die Lukács in den 1920er Jahren mit der eigenen ästhetischen Formemphase seiner vormarxistischen Zeit anschließen kann (vgl. Eiden-Offe 2015, 81–88). In *Geschichte und Klassenbewußtsein* von 1923 arbeitet Lukács die Marx'sche Formanalyse der → WARE zu einer Theorie gesellschaftlicher „Gegenständlichkeitsformen" überhaupt aus: Die Wert- und Warenform determiniert demnach nicht nur Gegenstände und Anschauungsformen im ökonomischen Bereich, sondern bestimmt vielmehr grundsätzlich die Formen, in denen sich Subjektivität und Objektivität im → KAPITALISMUS konstituieren können (Lukács 1923, 94). Gesellschaft erscheint in dieser Perspektive als Formzusammenhang, ihre Kritik als Bergung des ‚Formproblems'; Form und Formbegriff sind dabei selbst historisch-ökonomisch immer schon bestimmt durch die Warenökonomie (vgl. Engster 2014, 161).

Einen Bruch im geschlossenen Immanenzzusammenhang der Warenform kann es für Lukács nur an zwei Stellen geben, die von ihm seltsam strukturanalog, aber nie gemeinsam und in ihrem Zusammenhang bearbeitet werden: Auf der einen Seite kann die Warenform „im Selbstbewusstsein der Ware Arbeitskraft", im proletarischen Klassenbewusstsein, reflexiv und damit durchbrochen werden (Engster und Hoff 2012, 41; vgl. Eiden-Offe 2011, 66–70); auf der anderen Seite ermöglicht die Kunst eine Reflexion der Form auf sich selbst. Demnach wird an den Werken der Kunst durch Zuspitzung jene gesellschaftliche Formbestimmtheit überhaupt wahrnehmbar, die in der sozialen Realität zunächst und zumeist stumm bleibt. Die ästhetischen und poetologischen Modi dieser Zuspitzung sind verschiedene; sie reichen von der spätromantischen Idylle (vgl. Lukács 1962 ff., Bd. 7, 241–248) bis zur hasserfüllt-verzweifelten „Kampfform" der Satire (ebd., Bd. 4, 87). Ein Schwergewicht der Einzeluntersuchungen Lukács' liegt auf der europäischen Erzählliteratur des 19. Jh.s; die relative Heterogenität formkritischer Verfahrensweisen, die er behandelt, hat Lukács selbst – im Einklang mit der Parteidoktrin – auf den Begriff des Realismus gebracht, der somit nicht als Epochen-, sondern als historisch durchaus elastischer Verfahrensbegriff verstanden werden muss (vgl. Gindner 2017, 31–33; Plass 2018, 239–243).

Der Aspekt der Formkritik, in der Marx'sche Wertformanalyse und ästhetische Formreflexion übereinkommen, wird auch die Kulturtheorie der ‚Kritischen Theorie' der nächsten Jahrzehnte bestimmen. Als weitere Quelle neben Lukács wird man hier Alfred Sohn-Rethel nennen müssen, der in der unermüdlichen Rekonstruktion des Zusammenhangs von *Warenform und Denkform* sein Lebensthema gefunden hat (vgl. etwa Sohn-Rethel 1978, 103–134). Zwar behandelt Sohn-Rethel selbst kaum ästhetische oder literarische Gegenstände; seine Attraktivität für die Kulturtheorie liegt aber vielleicht im Charakter seines Werks als „Theoriekunstwerk" (Rothe 2016, 43–45) begründet. Jedenfalls haben in den 1930er Jahren sowohl Theodor W. Adorno als auch Walter Benjamin ausführlich mit Sohn-Rethel diskutiert. Die Diskussionen haben nachweislich Eingang gerade in die kunsttheoretischen Ansätze der beiden Theoretiker gefunden (vgl. Adorno und Sohn-Rethel 1991, 32, 149–154).

Form ist bei Adorno ein Grenzbegriff, der Kunst (bzw. Literatur) von Gesellschaft unterscheidet, der die Kunst aber zugleich auch dialektisch an die Gesellschaft bindet: Im künstlerisch-formalen Abschluss kommt die Gesellschaft als Ganze im Einzelwerk zur Erscheinung bzw. kann gerade und nur durch die mikrologische „Versenkung" ins Einzelwerk zur Erscheinung gebracht werden (Adorno 1970 ff., Bd. 7, 262). So wie Lukács' Formbegriff zwar aus dessen vormarxistischer Phase stammt, aber erst durch die marxistische Kontextualisierung im Rahmen der ‚Wertformanalyse' ganz ausformulierbar wird, stammt auch der Gedanke einer gesellschaftskritischen „Monadologie" der Kunst aus Benjamins vormarxistischer Philosophie (Benjamin 1972 ff., Bd. I.1, 228) und avanciert dann zu einem Kerngedanken formkritischer marxistischer Kunsttheorie (vgl. Adorno 1970 ff., Bd. 7, 385).

Der „Doppelcharakter der Kunst als autonom und als fait social" (Adorno 1970 ff., Bd. 7, 16, 340) eröffnet bei Adorno zugleich eine doppelte Perspektive der Kunsttheorie bzw. -kritik: Die gesellschaftliche Seite der Kunst wird – das Durkheim-Zitat vom „fait social" gleichsam ernst nehmend (vgl. Durkheim 1961, 105–114) – über eine Kunst- und Literatursoziologie (→ I.2. LITERATURSOZIOLOGIE) greifbar, die nicht direkt im Sinne eines Basis-Überbau-Determinismus ableitet, sondern Kunst als Institution ins Zentrum stellt. Diese Seite haben in unmittelbarer Nachfolge Adornos für die Literatur Christa und Peter Bürger ausgeführt (vgl. P. Bürger 2017, 49–74; C. Bürger 1977, 7–14). Die Seite der Autonomie aber – und hier liegt wohl der eigentlich originelle Zug von Adornos Kunst- und besonders Literaturtheorie – lässt sich nur greifen, wenn die Reflexion auf die Differenz markierende Form selbst sich in einer spezifischen Form vollzieht, die in sich das Verhältnis von Basis und Überbau, von gesellschaftlicher Bestimmtheit und Autonomie gleichsam wiederholt: in der Form des Essays. „Der Essay als Form" geht aus von Gegebenem, „kulturell Vorgeformte[m]" (Adorno 1970 ff., Bd. 11, 28), um im selbst künstlerischen, formgebenden Umgang mit diesem Material dessen sozio-historische Formbestimmung zu exponieren und zu verändern. Der Charakter des Versuchs indessen, das „Gewagte, Vorgreifende" des Essays (ebd.) versagt der eigenen Form den Schein des Abgeschlossenen und Endgültigen und eröffnet so die Wahrheit, dass alles Abgeschlossene und Endgültige letztlich bloßer Schein, gesellschaftlich: Ideologie ist. Nur in der Form des Essays kann das „Schweigen" und der „Rätselcharakter" der Werke der modernen Kunst, der Literatur Kafkas oder Becketts etwa (Adorno 1970 ff., Bd. 7, 191–193, 203), überhaupt noch erschlossen und paradox zum Sprechen gebracht werden (vgl. Danilina 2014, 55–65). Auch die kritischen Implikationen des Essays als Form bezieht Adorno aus der vormarxistischen Theoriebildung Lukács', dessen frühen Brief an Leo Popper *Über Wesen und Form des Essays* Adorno zwar vielfach zitiert und kritisiert, aber nirgends wirklich trifft oder gar übertrifft (Lukács 1962 ff., Bd. 4, 7–32; vgl. Adorno 1970 ff., Bd. 11, 11).

Der Essayismus ist bei Adorno theoriekonstitutiv; noch der späte Torso der *Ästhetischen Theorie* ist strukturell (und nicht bloß durch den letztlich kontingenten Fragment-Charakter) ein monumentaler Essay, kein System (vgl. Quent 2014), wie das vom Anspruch eines sich als ‚wissenschaftliche Weltanschauung' verstehenden Marxismus her naheliegen würde und wie es etwa Lukács in der zweiten Hälfte seines Lebens unermüdlich gesucht und mit der späten *Eigenart des Ästhetischen* auch gefunden hat (vgl. Göcht 2017, 33–50).

Kultur und Hegemonie

Die ‚Versenkung' in die Form der Literatur und die theoretische Konzentration auf den Formbegriff führt zu einer ‚Version von marxistischer Hermeneutik' (Jameson 1974, 60), die in ihrer Werkzentriertheit von der in der Nachkriegsphilologie vorherrschenden ‚bürgerlichen' werkimmanenten Interpretation bisweilen nur schwer zu unterscheiden ist (vgl. P. Bürger 1972, 7–21). Was in dieser Version vor allem abwesend ist, ist jeder Bezug auf den Klassencharakter der Gesellschaft, von der sich Kunst qua Form unterscheidet und mit der sie doch gerade dadurch verknüpft bleibt. Es will scheinen, als bleibe die Alternative, die sich schon beim frühen marxistischen Lukács hinsichtlich des Ortes einer möglichen kritischen Reflexion der gesellschaftlichen Formbestimmung findet – das Klassenbewusstsein des Proletariats *oder* die Kunst – unbewusst als Grenze formkritischer marxistischer Kunsttheorie erhalten (vgl. N. Larsen 2011, 81–86).

Hier setzt die Tradition marxistischer Kunst- und Kulturtheorie an, die von Antonio Gramsci begründet wird und zentral auf den Begriff der Kultur abstellt. Hier werden Kunst und Literatur nur als Teilprobleme innerhalb eines übergreifenden Kultur-Komplexes begriffen, der wiederum vor allem als Arena eines Kampfes um Hegemonie erscheint (vgl. Lauggas 2012, 12–14). Kultur, kulturelle Hegemonie und Kampf um Hegemonie bilden bei Gramsci eine notwendige Verknüpfungskette (vgl. Lauggas 2013, 9–21); der Kampf um Hegemonie aber ist Erscheinungs- und Vollzugsform des Klassenkampfs im Feld der Kultur.

Bei Gramsci findet sich keine allgemeine Theorie des Zusammenhangs von Ökonomie, Kultur und Kunst überhaupt. Das hängt mit dem – zum Teil historisch kontingenten – Charakter der Arbeitsweise Gramscis zusammen: mit der Ausarbeitung der Theorie in Zeitschriften, die jeweils in den politischen Tageskampf eingespannt sind (medienhistorisch reflektiert bei Gramsci 1991 ff., Bd. 7, 1514–1516) und der Niederschrift der Theorie im Gefängnis (vgl. Fiori 2013, 323–337; Gramsci 1991 ff., Bd. 1, 21–41); zum Teil ist das ‚Fehlen' einer allgemeinen Theorie der Kultur aber auch selbst theoretisch begründet: Gramsci geht immer von konkreten politisch-kulturellen Komplexen aus, die er analysiert und aus denen er nur vorsichtig allgemeine Begriffe abzieht. So wird bei Gramsci die Durchsetzung der Hegemonie einer partiellen Klassen-Kultur, die sich dann in einem nationalen Rahmen universell setzt, historisch zumeist am Beispiel des politisch und kulturell zerrissenen Italiens des 19. Jh.s demonstriert (vgl. Gramsci 1991 ff., Bd. 6, 1359–1363). Dieser Prozess, der in letzter Instanz auf die Herstellung einer homogenen Nationalkultur hinausläuft, die es in Italien so zuvor nie gegebenen hat, lässt sich nicht nur an der Hochkultur ablesen. Vielmehr spielen die Popularkultur und sogar die ‚Folklore' dabei zentrale und widersprüchliche Rollen: Beide können die Durchsetzung der neuen Hegemonie wirkungsvoll orchestrieren –

Gramscis Beispiel ist hier immer wieder *Der Graf von Monte Christo* (vgl. ebd., Bd. 8, 1829–1832) –, sie können aber auch Reservoir von Widerstand sein. Die italienische Kultur sieht sich in Gramscis Gegenwart – nach der zuvor allererst mühsam und widerspruchsvoll bewerkstelligten nationalen Homogenisierung – nun einem Angriff durch das ökonomisch und kulturell avancierte Modell eines ‚fordistischen Amerikanismus' ausgesetzt, den Gramsci wiederum als widersprüchlich analysiert: Zum einen ist darin ein Angriff des formierten Kapitalismus auf die Kultur der Arbeiterklasse zu erblicken, der zum anderen aber auch letzte Reste eines patriarchalischen Archaismus in der Klasse ausbrennt (ebd., Bd. 9, 2061–2101); an diese Analyse konnte die Kulturkritik etwa Pier Paolo Pasolinis nahtlos anknüpfen (vgl. Pasolini 2016, 47–52; 59–61).

Die bei Marx fundierende – und, wie gezeigt, hoch problematische – epistemische Metapher von ‚Basis' und ‚Überbau' unterzieht Gramsci einer Umschrift: aus ‚Basis' und ‚Überbau' werden ‚Struktur' und ‚Superstruktur' (Gramsci 1991 ff., Bd. 11, 1462). Beides bleibt analytisch getrennt und klar hierarchisiert – ohne (letztlich auch bei Gramsci: ökonomische) Struktur keine Superstruktur; die Vorstellung einer Superstruktur ohne Struktur gibt sich zugleich als leere Abstraktion zu erkennen –, aber die entscheidende Transformation besteht darin, dass beides, Struktur und Superstruktur, bei Gramsci gewissermaßen gleicher (gesellschaftlicher) Natur oder Materialität sind, wodurch der bei ‚Basis' und ‚Überbau' sich aufdrängende Anschluss an alte metaphysische Unterscheidungen wie Grund und Folge oder Materie und Idee von vornherein gekappt wird: Die gesellschaftlichen Superstrukturen bilden eine eigene Materialität aus, als ‚materielle Struktur' aber besitzt jede Superstruktur wieder eigene gesellschaftliche Determinationskräfte in Bezug auf folgende (Super-)Strukturbildungen (vgl. ebd., Bd. 4, 472). Superstrukturen – die beiden wichtigsten sind die „Zivilgesellschaft" und die von Gramsci als „integraler Staat" verstandene „politische Gesellschaft" (F. Becker u. a. 2013, 37) – besitzen keine Identität, die für sich bestimmt werden könnte, sondern müssen als Komplexe von Komplexen, als Verknüpfungen von Verknüpfungen aufgefasst werden. Damit geben sie sich als heuristische Instrumente zu erkennen, die nicht vorrangig auf die Aufstellung einer genuinen *Theorie* der Kultur ausgerichtet sind, sondern auf deren *Analyse*. Schon die Beschaffenheit der begrifflichen Instrumente indes soll bei der Kulturanalyse von vornherein jeden ‚Ökonomismus' ausschließen (vgl. Gramsci 1991 ff., Bd. 13, 1565–1573).

Die fragmentarischen Überlegungen Gramscis werden schließlich in den britischen Cultural Studies seit den 1950er Jahren systematisiert, etwa von Raymond Williams und Stuart Hall (vgl. Lauggas 2013, 109–175; Backhouse 2017, 56–61). Der Titel von Williams' erster Studie, *Culture and Society 1780–1950*, kann hier als programmatisch gelten: Wenigstens die erste Generation der Cultural Studies arbeitet auf einer dezidiert sozialhistorischen Grundlage; sie sucht nach einer historischen Theorie der Moderne, die nicht modernisierungstheoretisch (im Sinne von: modernisierungsbegeistert) imprägniert wäre wie die ‚bürgerliche' Soziologie, aber auch die marxistische Doxa der Nachkriegsjahrzehnte (vgl. Twellmann 2017), und die zudem mit einen umfassenden Kultur-Begriff aufwarten kann, der die populär- und massenkulturellen Phänomene der Gegenwart wie ihre Medienumbrüche einzubegreifen in der Lage wäre. Im Hinblick auf den Einfluss der Massenkultur und des Fernsehens auf die britische *working class culture* der Nachkriegsjahre grundlegend, wenn auch im Abgleich mit späteren Theorieentwicklungen noch bemerkenswert medienskeptisch und vielleicht sogar ‚kulturpessimistisch', ist Richard Hoggarts *The Uses of Literacy* (1957).

Gramscis Interesse an Popularkultur und ‚Folklore' war bei der Entstehung und Fortentwicklung der Cultural Studies ebenso maßgebend wie seine permanente Selbstreflexion der sozialen Positionierung des Intellektuellen. Die eigentliche Pointe von *Culture and Society* besteht nun darin, dass hier eine von Gramsci inspirierte Historisierung des Intellektuellen – Williams stellt in seiner Geschichte exemplarische Intellektuellen-Figuren wie Edmund Burke, William Wordsworth, William Cobbett, William Blake, George Orwell oder Christopher Caudwell ins Zentrum – mit einer radikalen Historisierung des Begriffs und der Vorstellung von ‚Kultur' überhaupt verbunden wird: Kultur ist für Williams nicht bloß ein vorausgesetztes Kampffeld gesellschaftlicher Antagonismen, sondern selbst schon Ergebnis dieser Antagonismen und wiederum Einsatz darin. Demnach gibt es nicht nur verschiedene Klassen-Kulturen in einem übergreifenden, aber neutralen Rahmen von ‚Kultur überhaupt' (*culture as such*), sondern der moderne Begriff von Kultur selbst hat einen Klassenindex, indem er eine ‚Antwort' oder ‚Reaktion' auf den historisch durchgesetzten Siegeszug der „industriellen Gesellschaft" artikuliert (R. Williams 1983, xvi); wie diese ‚Antworten' dann im Einzelnen aussehen, ist freilich wiederum nach Klassen differenziert. ‚Kultur' tritt in den Debatten der Zeit der industriellen Revolution als Widerlager auf, von dem aus Einsprüche gegen den modernen Industriekapitalismus vorgebracht und mit dem diese Einsprüche legitimiert werden können (vgl. Grossberg 2017, 39–41); sie fungiert als „Berufungsinstanz menschlicher Ansprüche", als „court of human appeal" (R. Williams 1972, 19; 1983, xviii). ‚Kultur' dient damit als ästhetische, moralische und politische Ressource des Widerstands gegen eine sich abzeichnende totale Herrschaft der Ökonomie über das Leben; hierin besteht für Williams der bleibende Einsatz der englischen Romantik. In der deutschen Tradition wird dieser Einsatz systematisch erst von frühsozialistischen Autoren wir Georg Weerth und Wilhelm Weitling ausgespielt (vgl. Eiden-Offe 2017, 92–93).

Eine wesentliche Innovation von Williams im Hinblick auf die Entwicklung einer marxistischen Kulturtheorie liegt darin, dass er – so die kuriose, aber zutreffende deutsche Übersetzung von *Culture and Society* – „Gesellschaftstheorie als

Begriffsgeschichte" auffasst und betreibt (R. Williams 1972; vgl. E. Müller und Schmieder 2016, 699–711). Diesen Ansatz fortführend, wird in der britischen Forschungstradition die Untersuchung historischer Formen der Klassengesellschaft oftmals als Untersuchung von Klassensprachen betrieben (vgl. Briggs 1985; Stedman Jones 1988).

Williams systematisiert Überlegungen Gramscis, seine Studien bleiben aber immer historisch situierte Geschichten, die rekonstruiert und erzählt werden, und keine davon abgezogenen allgemeinen Theorien. Das gilt für Williams' zweite große Studie *The Long Revolution* (1961), in der er die Parallelität von demokratischer und industrieller Revolution, aber auch die *Bildungsrevolution* (so Bosse 2012 für den deutschen Sprachraum 1770–1830) der englischen Klassengesellschaft des 19. Jh.s durcharbeitet, oder auch für *The Country and the City* (1973), in der die Funktion der Stadt-Land-Differenz in der literarischen Darstellung von Klassengesellschaften untersucht wird. Erst spät hat Williams auch den theoretisch-systematischen Anspruch aufgenommen, der bei Gramsci im Begriffspaar von Struktur und Superstruktur bereitliegt, und in *Marxism and Literature* (1977) seinen eigenen begriffstheoretischen Ansatz formuliert. Auch Williams geht wieder auf Marx' Vorwort *Zur Kritik der politischen Ökonomie* zurück und wendet sich schließlich mit dem Begriffspaar „Base and Superstructure" (R. Williams 1977, 75–76) gegen jede Form deterministischer Kulturtheorie, wie er sie zeitgenössisch etwa im Strukturalismus verkörpert sieht (R. Williams 1977, 83–89). An diesem Punkt begegnet Williams wiederum E. P. Thompson, der zur gleichen Zeit mit *The Poverty of Theory* eine scharfe Polemik gegen den von Louis Althusser inspirierten Strukturalismus in den Geschichtswissenschaften veröffentlicht (vgl. E. P. Thompson 1980, 133–154; Neuffer 2017a, 83–84).

Übergänge und Ausblicke

Die idealtypische Gegenüberstellung der beiden Theorietraditionen, die sich entlang der Paradigmen ‚Form' und ‚Kultur' entsponnen haben, hat sich natürlich historisch-empirisch nie rein verkörpert. Es gab Zwischen- oder Seitenpositionen, die sich keinem der beiden Paradigmen zuordnen lassen; zu denken wäre hier etwa an einen Theoretiker wie Leo Löwenthal, der institutionell zwar der Frankfurter Schule zugehört, sich aber früh und durchaus ambivalent auch mit Populär- und Massenkultur beschäftigt hat (vgl. Löwenthal 1990, 9–77), oder an Außenseiter wie den in den 1970er Jahren in der undogmatischen Linken viel gelesenen Max Raphael (vgl. Raphael 1989, 7–72). Daneben gab es in beiden Lagern *re-entry*-Effekte: So hat es etwa innerhalb des Form-Lagers, aber teilweise in Opposition zum Form-Paradigma, schon in den 1930er Jahren erbittert geführte Debatten um den Stellenwert populärer, etwa journalistischer, ‚reportagehafter' Schreibweisen oder über die Bedeutung der neuen Massenmedien (→ I.5. MEDIENTHEORIE UND MEDIENGESCHICHTE) gegeben. Die ‚Expressionismusdebatte' innerhalb der linken deutschen Emigration zwischen unter anderem Ernst Bloch, Bertolt Brecht und Georg Lukács wäre von hier aus zu kartieren (vgl. H.-J. Schmitt 1978) oder auch die Auseinandersetzung über das *Kunstwerk im Zeitalter seiner technischen Reproduzierbarkeit,* wie sie zwischen Adorno und Benjamin ausgefochten wurde. Diese selbst schon längst historisch gewordenen Debatten mussten von der Neuen Linken in der BRD in den 1960er und 1970er Jahren als Verhandlung der eigenen und hoch aktuellen Probleme erst wiederentdeckt werden; die Zeitschrift *alternative* etwa veröffentlichte in loser Folge zwischen 1969 (Gegenstand ist hier „Der junge Lukács") und 1975 (nun geht es um Étienne Balibar, Pierre Macherey und die Althusser-Schule) zehn durchnummerierte Themenhefte zur „Materialistischen Literaturtheorie"; unter dem Titel *Marxistische Literaturtheorie* hat Helga Gallas, die langjährige Herausgeberin der *alternative,* 1971 die Geschichte des Bundes proletarisch-revolutionärer Schriftsteller und die der Zeitschrift *Linkskurve* Ende der 1920er, Anfang der 1930er Jahre aufgearbeitet (vgl. Neuffer 2017b, 32–36).

Die Reanimation der alten Kontroversen hat – neben der nötigen Selbstreflexion – vielleicht aber auch die alten Frontstellungen konserviert. Noch in der gegenwärtigen Debatte jedenfalls wird man nicht umhinkommen, eine bleibende Virulenz der Form-Kultur-Dichotomie zu beobachten. Auf der einen Seite wird marxistische Kulturtheorie heute vielfach noch – oder besser: wieder – gleichgesetzt mit der Fortschreibung ‚rein' philosophischer (oder allenthalben noch psychoanalytisch inspirierter) Ansätze, wie sie vor allem in der (Nachfolge der) Althusser-Schule von Alain Badiou oder Slavoj Žižek entwickelt wurden; historische Konkretion – wie etwa das weitläufig und komplex umschriebene ‚Ereignis' zu einer tatsächlichen historischen Revolte sich verdichten könnte – sucht man hier vergebens. Auf der anderen Seite wird eine ‚linke' Kulturtheorie, die aus der Analyse historisch konkret gegebener, vielfältig verflochtener und sich durchschneidender Dominanz- und Ausbeutungsverhältnisse sich ergeben soll, gegen jede marxistische Überformung nachgerade immunisiert, indem die Gleichrangigkeit der Unterdrückungsachsen von *race, class, gender* und *sexuality* ethisch-epistemisch vorausgesetzt und ‚der Marxismus' umgekehrt mit einer Privilegierung von *class* in eins gesetzt wird (vgl. Eiden-Offe 2016, 406–417). Eine Überwindung oder aber wenigstens produktive Irritation dieser Frontstellung ist – zumindest vorerst – wohl eher von historisch verfahrenden und gleichzeitig theoretisch informierten Einzeluntersuchungen zu erwarten als von einem neuen Theorieentwurf, der die disparaten Paradigmen integriert oder gar hegelianisch aufhebt (vgl. Balint 2017; Gindner 2018; Widder 2018).

I.2. Literatursoziologie
Till Breyer

Das Feld literatursoziologischer Ansätze, das bis ins 19. Jh. zurückreicht und sich *avant la lettre* bereits bei Madame de Staël, Hegel, Marx und Engels abzeichnet (→ I.1. MARXISMUS UND KRITISCHE THEORIE), ist mit der Reflexion des Verhältnisses von Literatur und Ökonomie eng verbunden. Diese thematische Affinität ergibt sich schon aus den methodischen Konfigurationen der Literatursoziologie (wenngleich diese seit ihrer Begriffsprägung zu Beginn des 20. Jh.s komplexe Transformationen und Ausdifferenzierungen durchläuft): Das zentrale Erkenntnisinteresse literatursoziologischer Ansätze, das spätestens seit den frühen Studien von Georg Lukács und Franz Mehring explizit reflektiert wird, richtet sich – beinahe selbstredend – auf das Verhältnis von Gesellschaft und Literatur. Wo das dabei aufgerufene soziologische Wissen ökonomische Theoreme impliziert – wie es beim historischen Materialismus oder bei Georg Simmels *Philosophie des Geldes* der Fall ist –, taucht das Verhältnis von Literatur und Ökonomie bereits innerhalb der Prämissen literatursoziologischer Fragestellungen auf. Dabei dominiert die Reduktion von Literatur auf die soziale, ökonomische oder ideologische Position von Autoren keineswegs alle verfügbaren Ansätze. Wie Literatur und Gesellschaft sich zueinander verhalten, anhand welcher Schauplätze und in welcher ‚Richtung' ihr Wechselverhältnis erschlossen werden muss: All diese Fragen insistieren und motivieren gerade als ungeklärte die Vielgestaltigkeit literatursoziologischer Forschung.

Literatursoziologische Arbeiten der ersten Hälfte des 20. Jh.s sind meist mit linkspolitisch-marxistischen Positionen gegenüber einer dominanten ‚Geistesgeschichte' verbunden, die, wie der junge Leo Löwenthal Ende der 1920er Jahre in seiner Dissertation schreibt, statt wissenschaftlicher Analyse eine „metaphysische Verzauberung ihrer Gegenstände" (Löwenthal 1971, 26) betreibe. Diese politische Stoßrichtung bedingt umgekehrt die einstweilige Ausgrenzung der Literatursoziologie aus der deutschen Germanistik der ersten Jahrhunderthälfte (vgl. Voßkamp 1993, 299). Ungebrochen dadurch ist der soziologisch-szientistische Erklärungsanspruch, der die ‚bürgerlichen' Konstruktionen von Literaturgeschichte als seelisch-geistigen Zusammenhang kraft soziologischen Wissens zu überbieten und zu entlarven verspricht. In der zweiten Hälfte des 20. Jh.s lässt sich eine Lockerung von Basis-Überbau-Modellen im Zuge funktions-, mentalitäts- und wirkungsgeschichtlicher Ansätze beobachten, die sich seit Ende der 1960er Jahre im Paradigma der ‚Sozialgeschichte der Literatur' konsolidieren und in den 1970er Jahren zur dominierenden literaturwissenschaftlichen Methode werden. So liest man in einem Vorwort eines 1975 erschienenen Bandes: „[O]hne sozioökonomische Fundierung scheint literaturwissenschaftliches Tun heute zuweilen überhaupt nur noch als vorgestrig bis reaktionär qualifizierbar" (Martens 1975, 11). In diese Zeit fällt auch die Konzeption der Reihe *Hansers Sozialgeschichte der deutschen Literatur* sowie des Parallelprojekts der Verlage Beck und Metzler, das allerdings nicht realisiert wird (vgl. Sauder 2010). Lässt sich das Verhältnis der bundesrepublikanischen Literatursoziologie gegenüber der historisch-materialistischen Tradition als „ein Hin und Her zwischen Abwehr und Beerbung" (Fohrmann 2000, 106) beschreiben, so persistiert in der Methodenreflexion zugleich die Frage, wie die Beziehung von Literatur und Gesellschaft – bei Wegfall teleologischer oder ökonomistischer Prämissen – insgesamt und grundsätzlich zu modellieren sei.

Zwei Linien der Literatursoziologie

Aus diesem Problem der Verhältnisbestimmung lassen sich in der Rückschau zwei dominante Linien von Erkenntnisinteressen ableiten, die sich – mit dem Vorbehalt der heuristischen Vereinfachung – als ‚Frage nach den gesellschaftlichen Bedingungen der Literatur' und ‚Frage nach dem Sozialen *in* der Literatur' durch das 20. Jh. ziehen, kurz: *die Literatur in der Gesellschaft* vs. *das Soziale in der Literatur* (vgl. ähnlich Köhler 1978, 135; Schönert 2007, 110). Die erste Linie, die sich tendenziell an den Terminus ‚Sozialgeschichte der Literatur' knüpft (ohne dass hier von einer stringenten Begriffsverwendung ausgegangen werden kann), beträfe in diesem Verständnis die Erforschung des äußeren Bedingungsgefüges von Literatur. Dazu gehören historische Studien zu Verlagskapital (→ VERLAGSWESEN UND LITERARISCHE PRODUKTION) und Buchmarkt (→ MARKT, LITERARISCHER MARKT), rezeptionsempirische Untersuchungen und bis zu einem gewissen Grad auch institutionengeschichtliche Ansätze im Sinne von Christa und Peter Bürger und Wilhelm Voßkamp. Während für diese erste Linie meist der Begriff der Rezeption eine zentrale Rolle spielt, steht für die zweite Linie der Literatursoziologie die Produktion und ästhetische Gestalt der Texte im Mittelpunkt. Diese zweite Linie durchläuft das heterogene Feld von Studien, die die gesellschaftliche Formation und Dynamik aus der Textanalyse selbst präparieren oder zumindest der ästhetischen Form literarischer Werke eine zentrale Bedeutung als Reflexionsinstanz einräumen. Hier geht es um all jene „Beziehungen zwischen der Kunst und der Gesellschaft […], welche in den Kunstwerken selbst sich kristallisieren" (Adorno 1970 ff., Bd. 10, 371). Entlang von Konzepten der Widerspiegelung, der Ideologie oder der Homologie wird untersucht, wie sich soziale Strukturen auf der Ebene von Stoffen, Motiven und ästhetischer Form niederschlagen.

Die beiden skizzierten ‚Linien' sind nicht als getrennt oder unvereinbar vorzustellen, sondern bewegen sich in unterschiedlichen Abständen, kreuzen sich, streben auseinander und durchlaufen bisweilen ein und dieselbe Studie. Die Ansätze Lucien Goldmanns und Peter V. Zimas etwa stellen Versuche dar, beide Ebenen – die soziale Struktur der Gesellschaft und die Form oder Schreibweise des Romans – theoretisch und historisch zu vermitteln. Die Modelle dieser Vermittlung, in denen heuristische Bestimmungen der jeweils ausschlaggebenden Strukturmomente des Sozialen ebenso mitlaufen wie Prämissen über Sinn und Funktion von Literatur innerhalb einer bestimmten Epoche, haben in der literatursoziologischen Methodenreflexion eine kontinuierliche Produktion von Zwischenbegriffen motiviert, die gleichsam das *tertium comparationis* von Literatur und Gesellschaft greifbar machen sollen: Ideologie, Homologie, Schreibweise, Institution, Feld, System. Literatur wird dementsprechend als „Endpunkt einer verschlungenen Kette von Vermittlungen" begriffen, „die idealiter in jedem einzelnen Fall zu entwirren ist" (Köhler 1978, 135). In diesem Schwellenbereich zwischen Literatur und Gesellschaft, dessen Komplexität die *clôture* des literatursoziologischen Untersuchungsfeldes immer wieder infrage gestellt und aufgeschoben hat, verdichtet sich schließlich auch die literatursoziologische Relevanz des Ökonomischen: Einerseits bedingt die Ökonomie – das zeigt sich bei Lukács und Goldmann ebenso wie bei Pierre Bourdieu – das soziale Phänomen der Literatur und macht es zur Ware, und andererseits ist es ebendieser Prozess, der die Literatur selbst fasziniert und den sie in ihr eigenes Zeichen- und Symbolsystem hineinzieht. Gerade in den literarisch-fiktionalen Ökonomien insistiert die methodologische Frage nach dem Verhältnis von Text und Sozialem.

‚Bürgertum' als Zentralbegriff

Ein Zentralbegriff der Literatursoziologie, der das Verhältnis von Literatur und Gesellschaft gleichsam von außen vermittelt, ist der der → BÜRGERLICHEN GESELLSCHAFT. Er ist bereits frühen Ansätzen zur sozialen Kontextualisierung von Literatur eingeschrieben und lässt sich innerhalb der Literatursoziologie als ein implizites Meta-Konzept verstehen. Schon die geschichtsphilosophischen Überlegungen Hegels zum Bildungsroman (vgl. Hegel 1986, Bd. 14, 219–220) begreifen diesen als paradigmatischen Ausdruck eines spezifisch bürgerlichen Weltverhältnisses, während Marx und Engels die ‚bürgerliche Literatur' von proletarischen Schriftstellern abgrenzen und damit das Bürgertum als spezifischen Klassenstandpunkt fassen. Die bürgerliche Gesellschaft und ihr unheroischer Held, das bürgerliche Individuum, stehen dabei für eine Verfassung der modernen Gesellschaft, die schon im literarischen Realismus (→ III.14. GELD- UND KREDITVERHÄLTNISSE IM REALISMUS) in der Ambivalenz von Stabilität und Glücklosigkeit hervortritt: Der bürgerliche Schriftsteller, dem seine Kunst zur Ware wird, führt „ein gespaltenes, getrenntes, gewissermaßen unorganisches Leben" oder „Doppelleben", wie es in Gottfried Kellers *Der grüne Heinrich* heißt (Keller 1985 ff., Bd. 2, 708).

In der Literatursoziologie des 20. Jh.s gerinnt der Begriff des Bürgerlichen zu einem beinah ubiquitären Beschreibungsinstrument. Demnach verhandelt der Realismus die „Selbstauflösung der bürgerlichen Ideale" (Lukács 1961, 349); bei Goethe lasse sich „die bürgerliche Entsagung", bei Mörike „die gestörte Bürgerlichkeit", bei Keller „die bürgerliche Regression" aufzeigen (Löwenthal 1971, 5); einer spezifischen „Fiktionalität bürgerlicher Kunst" entsprechen „Formen bürgerlicher Aneignung von Kunstwerken" (Winckler 1973, 66); und auch die rückschauende Begriffsprägung ‚bürgerlicher Realismus' dokumentiert die Prämisse jener Erklärungskraft der ‚bürgerlichen Gesellschaft' – eine Prämisse, die bei Lukács wiederum selbstbewusst expliziert wird: „Also jedes [moderne] Drama ist bürgerlich, weil die Kulturformen des heutigen Lebens bürgerliche sind, und weil die Formen jeder Lebensäußerung von heute von dessen Formen bestimmt werden" (Lukács 1961, 285). Blieb dabei auch bisweilen „unklar, was denn ‚Bürgertum' eigentlich ist" (Fohrmann 2000, 108), so lässt sich das bürgerliche Individuum jedenfalls als Protagonist eines literatursoziologischen *grand récit* verstehen, das eine grundsätzliche Projizierbarkeit von ästhetischer und gesellschaftlicher Entwicklung unterstellt und diese gleichsam auf unterschiedlichen Lebensphasen des Bürgertums zu beziehen erlaubt: auf seinen ‚Aufstieg', seine ‚Konsolidierung' und seine ‚Krisen'. Dass diese Korrelation dabei durchaus tragfähig ist, zeigen breit angelegte Studien wie Ian Watts *The Rise of the Novel* (1957), die den ‚Aufstieg des Romans' in detaillierter wirtschafts- und ideengeschichtlicher Rekonstruktion sowohl auf die Entstehung eines bürgerlichen Lesepublikums als auch auf den neuen Subjekttypus des → HOMO OECONOMICUS bezieht (vgl. Watt 1974, 67–105; → III.9. ENTWICKLUNGS- UND BILDUNGSROMAN).

Literaturmarkt und Urheberrecht

Wenn die Semantik des ‚Bürgerlichen' und der ‚bürgerlichen Gesellschaft' die Gegenstandsbereiche der beiden literatursoziologischen Linien gleichsam in Rufweite halten soll, so lässt sich die Untersuchung der Struktur und Dynamik des Literaturmarktgeschehens als klassischer und eigenständiger Gegenstandsbereich jener ersten Linie verstehen, die Literatur als Phänomen *in* gesellschaftlichen Prozessen kontextualisiert. Die Aufmerksamkeit für die rechtsgeschichtlich eingebundenen Einkommensverhältnisse literarischer Autoren beginnt ansatzweise im 19. Jh.: Bereits Wilhelm Scherer bemerkt in einer Vorlesung von 1885, es wäre doch „eine Geschichte der Preise sehr wünschenswerth, d. h. eine Geschichte der Honorare" (Scherer 1977, 85). Die ökonomischen Verhältnisse, die sich unterhalb der Beobachtungsschwelle geistesgeschichtlich-hermeneutischer Philologie entfalten und mit medien- und technikgeschichtlichen Entwicklungen zusammenhängen, werden aber überwiegend erst in der zweiten Hälfte des 20. Jh.s sukzessive rekonstruiert (vgl. Haferkorn 1964; Plumpe 1979; Schwenger 1986). Seit den 1960er Jahren wird in diesem Forschungsfeld das Ökonomische als konstitutive Umgebung von Literaturgeschichte kenntlich gemacht.

Untrennbar verbunden mit den ökonomischen Produktions- und Distributionsprozessen von Literatur sind Fragen des → URHEBERRECHTS, deren Geschichte seit den 1960er Jahren zunehmend sozialgeschichtlich untersucht wird. Die Entwicklung des Begriffs des geistigen Eigentums, die Konflikte um Nachdrucke und das Verhältnis zwischen Verlag und Autor rücken in den Blick (vgl. Haferkorn 1964, 633–650; Ungern-Sternberg 1980, 173–185), wobei zugleich ein Feld alternativer Projekte der ‚Selbsthilfe' durch die Autoren erforscht wird – etwa Autorenbuchhandlungen und Genossenschaften –, dessen Tradition bis ins 20. Jh. hinein verfolgt werden kann (vgl. Martens 1975). In diesem überwiegend historisch-empirisch ausgerichteten Forschungszweig steht in den 1970er und 1980er Jahren die ästhetische Form literarischer Werke weniger im Fokus als die Begriffs- und Imaginationsgeschichte von Kunst und Künstler, mit Blick auf das späte 18. Jh. etwa der Autonomieästhetik und des Geniebegriffs. Beide werden als Reaktion auf eine Kommerzialisierung der Literatur beschrieben, die trotz der Persistenz aristokratisch-ständischer Dichterbilder zu einer Professionalisierung des Schriftstellerberufs führt (vgl. Laurenson und Swingewood 1972, 91–139; Ungern-Sternberg 1980, 158–173; → SCHREIBARBEIT, SCHREIBEN ALS ARBEIT). Dabei wird deutlich, dass seit dem 18. Jh. „die an den marktwirtschaftlichen Erfolgsaussichten orientierten Schaffensmomente nicht mehr aus der literarischen Produktion auszugliedern" sind (Haferkorn 1964, 622). Aus dialektisch-materialistischer Sicht verdichten sich gerade darin die „Antinomien literarischer Marktproduktion" (Fontius 1977, 489). Die hier skizzierten Fragestellungen werden in neueren Studien fortgeschrieben und neu perspektiviert, wobei neben der wirtschaftsempirischen Fragestellung (vgl. Tietzel 1995; Hutter 1991) auch diskursanalytische Verknüpfungen von Rechts- und Formgeschichte in den Blick rücken (vgl. Bosse 1981).

Schauseiten der Ideologie: Mehring, Lukács

Der mit empirischen Distributions- und Rezeptionsstrukturen befasste Forschungszweig verläuft parallel zu synthetisierenden Ansätzen, die insbesondere mit dem Begriff der Ideologie operieren. Eine protosoziologische Dimension kommt dem Ideologiebegriff bereits in den Frühschriften von Marx und Engels (→ I.1. MARXISMUS UND KRITISCHE THEORIE) zu, in denen die Philosophie der Junghegelianer als eine Wahrnehmungsweise kritisiert wird, in der „die Menschen und ihre Verhältnisse wie in einer Camera obscura auf dem Kopf gestellt erscheinen" (Marx und Engels 1956 ff., Bd. 3, 26). Darüber hinaus spielt der Ideologiebegriff allerdings vor der Wende zum 20. Jh. kaum eine Rolle (vgl. Dierse 1982, 157–163). Erst bei dem sozialistischen Publizisten Franz Mehring gewinnt er wieder eine zentrale Bedeutung. Dessen literaturkritische Studie *Die Lessing-Legende* (1893) liefert eine Kritik des „Lessing-Kultus der Bourgeoisie" des Kaiserreichs (Mehring 1960 ff., Bd. 9, 33), die tendenziell eine enge Bindung und Affinität von preußischem Absolutismus und vorklassischer Literatur im 18. Jh. erkennen wollte. Demgegenüber charakterisiert Mehring das Verhältnis des Dichters zum Feudalabsolutismus als Form bürgerlicher Opposition – eine Intervention, die zugleich das tatsächliche Bündnis zwischen nachrevolutionärem Bürgertum und Preußen bzw. Kaiserreich seit 1848 bloßstellt (vgl. Günter 2000). Wenn Mehring damit, wie Löwenthal später schreibt, „zum ersten Male die Anwendung der Gesellschaftstheorie auf die Literatur versucht hat" (Löwenthal 1971, 31), so liegt damit zugleich ein Vorläufer literatursoziologischer Rezeptionsforschung vor: Der Ideologiebegriff, der bei Mehring noch die engere Bedeutung von ‚falschem Bewusstsein' hat, grundiert eine kritische Verhältnisbestimmung von Literatur und Gesellschaft, die die tatsächliche politische Position des „wahren Lessing" ans Licht bringen soll angesichts einer Verzerrung, die freilich ihrerseits „nur der ideologische Überbau einer politisch-ökonomischen Entwicklung" ist (Mehring 1960 ff., Bd. 9, 30, 33).

Die literaturgeschichtlichen Arbeiten Georg Lukács' (→ I.1. MARXISMUS UND KRITISCHE THEORIE) zum Realismus des 19. Jh.s, insbesondere zu Balzac, Stendhal, Tolstoi und Keller, leiten gegenüber Mehring eine doppelte Verschiebung ein. Zum einen richtet sich Lukács' Interesse weniger auf die Rezeptionsgeschichte und die sozialgeschichtlichen Außenbedingungen als auf die inhaltliche und formale Struktur der Werke selbst. Es sind die Figurenkonstellationen, die literarische Typenbildung und die Gattungsform etwa der Balzac'schen *Comédie humaine*, in der das Verhältnis der Literatur zum Sozialen sich konkretisiert. Darin liegt die erste Verschiebung. Die zweite betrifft die spezifische Modellierung dieses Verhältnisses: Literatur ist weniger Ausdruck oder Resultat materieller Gegebenheiten als vielmehr selbst eine valide Instanz ihrer Reflexion.

Die Ökonomisierung gesellschaftlicher Verhältnisse, und selbst die der Literatur, wird nicht nur *anhand* der Literatur, sondern *von* ihr selbst aufgezeigt. „Thema dieses Romans", so schreibt Lukács 1935 über Balzacs *Illusions perdues*, sei das „Zur-Ware-Werden der Literatur (und mit ihr jeder Ideologie)", und gerade deshalb sei das „letztlich zusammenhaltende Prinzip dieses Romans der gesellschaftliche Prozeß selbst" (Lukács 1961, 351, 355). Dabei wird der Ideologiebegriff verallgemeinert und von dem Befund des ‚falschen Bewusstseins' entkoppelt, so dass er Anschauungs- und Darstellungsformen (z. B. Bildungsroman, Realismus, Naturalismus usw.) gleichermaßen umfassen kann. Das Verhältnis von Literatur und Gesellschaft erscheint damit als ein potentiell epistemisches, das die Romane Balzacs oder Kellers der literatursoziologischen Beobachtungsebene selbst annähert.

Im Verhältnis von Mehrings Lessing-Buch und Lukács' marxistischen Schriften zur Literatur ist zugleich die Spannung von rezeptions- und produktionsästhetischen Ansätzen erkennbar: Untersucht Mehring Literatur als Kulturgut, an dem sich ideologische Zurichtungen gleichsam kristallisieren, so versteht Lukács Literatur als künstlerisch-kritische Perspektive, die auf das sozial bedingte, aber doch auch individuell-originelle Bewusstsein eines Autorsubjekts verweist. Mehring beobachtet die Lessing-Rezeption und betreibt damit eine Beobachtung zweiter Ordnung, während Lukács eher *durch* die Erzählweise realistischer Autorinnen und Autoren beobachtet. Noch im Jahr 1971 schreibt der Herausgeber der frühen Arbeiten Leo Löwenthals, diese mögen „die Lücke [füllen], die auch heute noch zwischen Franz Mehring und Georg Lukács besteht" (Tubach 1971, 13).

Homologien: Goldmann, Simmel, Zima

Diese „Lücke" (Tubach 1971, 13) zwischen rezeptionsorientierter Ideologiekritik und literatursoziologischer Werkanalyse markiert die Spannung zwischen den beiden Linien der Literatursoziologie und wirft die Frage danach auf, wie sich die soziale, ökonomische und ideologische Struktur einer gegebenen Gesellschaft bzw. Gesellschaftsgruppe zur ästhetischen Struktur literarischer Werke, d. h. zu ihrer inhaltlichen und formalen Gestaltung verhält. Diese Frage stellt der ‚genetische Strukturalismus' des französischen Literaturwissenschaftlers Lucien Goldmann besonders nachdrücklich, indem er zu verstehen versucht, wie differente Sinnstrukturen historisch auseinander hervorgehen. Dabei schließt Goldmann an die makrohistorische Konstellierung von Kunstformen und Subjekttypen an, die Lukács in seiner vormarxistischen Zeit in der *Theorie des Romans* (1916) vorgeführt hatte, wobei er den geschichtsphilosophischen Ansatz in einen sozialgeschichtlichen wendet und methodisch den Begriff der Homologie ins Zentrum rückt.

Die Ausrichtung der Goldmann'schen Homologiethese macht zwischen seiner früheren, stärker philosophiegeschichtlichen Studie *Der verborgene Gott* (*Le Dieu caché*, 1955) und der literaturwissenschaftlichen *Soziologie des modernen Romans* (*Pour une sociologie du roman*, 1964) eine methodische Justierung durch. In der früheren Arbeit, die eine sozialgeschichtliche Erklärung der Werke Blaise Pascals und Jean Racines unternimmt, dient der Begriff der ‚Weltanschauung' als Vermittlungsbegriff zwischen Gesellschaft und Philosophie bzw. Literatur. Die ‚tragische Weltanschauung' (*vision tragique du monde*), die im Kern durch die Erfahrung des *deus absconditus* (des verborgenen Gotts) charakterisiert sei, wird als Ausdruck einer ‚Sinnstruktur' (*structure significative*) begriffen, die dem französischen jansenistischen Amtsadel des mittleren 17. Jh.s zuzuordnen sei. Im theoretischen Rückgriff auf Marx und Lukács nimmt Goldmann „die Rückwirkung des wechselnden Klassengleichgewichts auf das theologische und philosophische Denken sowie auf die literarische Schöpfung" in den Blick, um die konkreten Werke aus einer milieuspezifischen „Sinnstruktur [...] genetisch zu erklären" (Goldmann 1985, 149, 151). Demgegenüber nimmt die *Soziologie des modernen Romans* sowohl eine systematische als auch eine historische Verallgemeinerung vor: systematisch, insofern die Struktur literarischer Werke nicht mehr dem Bewusstsein einer bestimmten sozialen Gruppe, sondern der Struktur der warenproduzierenden Gesellschaft selbst homolog sein soll. Es bestehe *„zwischen der Struktur der Romanform, die wir soeben beschrieben haben, und der Struktur des Warentausches in der liberalen Marktwirtschaft, so wie sie von den klassischen Nationalökonomen beschrieben wurde, eine strenge Homologie"* (Goldmann 1970, 26). Der gesellschaftliche Kontext von Literatur erscheint somit als ökonomisch-ideologische Totalität, die auf Lukács' Konzept der Verdinglichung zurückverweist. Mit dieser Entkopplung vom Begriff einer gruppenspezifischen ‚Weltanschauung' korrespondiert eine historische Verallgemeinerung, die die literaturgeschichtliche Abfolge von Romantypen an die sukzessive Transformation des → KAPITALISMUS bindet: Im 19. Jh. – so lassen sich Goldmanns Thesen resümieren – reflektiere sich der liberalistische Kapitalismus in der Form des Bildungs- und Desillusionsromans, im frühen 20. Jh. der Monopolkapitalismus in der Zerstörung des Individuums (beginnend mit Kafka), nach 1945 der organisierte Kapitalismus in den subjektlosen Ding-Welten des *Nouveau roman*.

Goldmanns ‚genetischer Strukturalismus', der ob seiner abstrakten und schematisierenden Argumentation in jüngeren Arbeiten auf brüske Ablehnung stößt (z. B. Blaschke 2004, 54–56), wurde in der zeitgenössischen Diskussion durchaus als methodische Option wahrgenommen, über geistesgeschichtliche Konstruktions- und immanente Interpretationsroutinen hinauszugelangen (vgl.

Demetz 1971; R. Werner 2003). Das Ausloten von Homologien, die gerade nicht auf den Inhalt, sondern auf die Form künstlerischer Darstellung zielen, schreibt dabei – das sei hier nur angemerkt – eine klassische soziologische Fragestellung fort, die auf Georg Simmel zurückverweist. Als Lehrer des jungen Lukács an der Berliner Universität hat Simmel implizit an der Genealogie der Goldmann'schen Konzeptionen Anteil. Insbesondere die *Philosophie des Geldes* (1900), in der Simmel die psychologischen, kulturellen und ästhetischen Implikationen des modernen Geldwesens untersucht, stellt eine zwar wertungsneutrale, aber nicht weniger spekulative Sondierung sozioökonomisch-formästhetischer Homologien dar. Dabei ist es die ästhetische Betrachtung sozialer Phänomene anhand von Begriffen wie Lebensstil, Rhythmus, Symbol oder Intensität (vgl. Lichtblau 1998), die Simmels Beschreibung der Moderne in kunstsoziologische Befunde transponierbar macht: Wenn etwa der Geldverkehr eine „Distanzierung [...] gegen die Sachgehalte des Lebens" und zugleich – umgekehrt – den Bezug auf Entferntes „in perspektivischer Verkürzung" befördert, so korrespondiert diese ökonomisch-kulturelle Doppelbewegung mit der Form der jeweils vorherrschenden Kunststile, deren „innere Bedeutsamkeit [...] sich als eine Folge der verschiedenen Distanz auslegen [lässt], die sie zwischen uns und den Dingen herstellen" (Simmel 1989 ff., Bd. 6, 665, 667, 658). Eine profilierte kunst- oder literatursoziologische Methode stellen die verstreuten Überlegungen und Einzeltexte (z. B. ebd., Bd. 17, 26–28) freilich nicht dar. In der Engführung einer Ästhetik der Gesellschaft mit einer geldphilosophischen Grundierung künstlerischer Phänomene gelingt Simmel jedoch eine Verflechtung von soziologischer und ästhetischer Betrachtung, die in der systematischen Literatursoziologie das zentrale Konstruktionsproblem der Theorie bleiben wird.

In diesem Sinne setzt auch das von Peter Václav Zima vorgeschlagene Modell der ‚Textsoziologie' beim Desiderat einer textnäheren Literatursoziologie an. Zima zufolge setzen sowohl Lukács als auch Goldmann eine Übertragbarkeit des literarischen Textes in sozialtheoretische Begriffe voraus, die die ästhetische Form der Literatur letztlich verfehle. Dagegen projektiert Zima, unter anderem an Michail Bachtin, Algirdas J. Greimas und Julia Kristeva anschließend, eine „Soziologie der Schreibweise", die aufzuzeigen beansprucht, dass Literatur „mit konkreten Interessen" verknüpft ist, *„die die Gestalt von Texten annehmen* und dadurch in einer bestimmten Phase der historischen Entwicklung eine *sozio-linguistische Situation* hervorbringen" (Zima 1978, 10–12). Zu ihrer Analyse sollen spezifische ‚Soziolekte' analysiert und zur Geltung von Ideologien (Religionen, Gesellschaftsmodellen usw.) ins Verhältnis gesetzt werden. Ohne sie fallenzulassen, wird dabei die Goldmann'sche Homologie-These im semiotischen Analyseinstrument der ‚Schreibweise' gleichsam gebrochen. Die damit zu einer ‚Textsoziologie' gebündelten Aspekte rücken ein literarisch-gesellschaftliches Spektrum in den Blick, das von ökonomischen Strukturen über die soziale Funktion von Literatur bis hin zur ästhetischen Ebene der Schreibweise reicht; darin korrespondiert diese Methode mit der zeitgleich in Frankreich entwickelten *sociocritique* (vgl. Lefebvre 1985). Zimas literaturgeschichtliche Studie *Roman und Ideologie* (1986) entwickelt dementsprechend eine Geschichte des modernen Romans (→ III.17. MODERNISTISCHE ÖKONOMIEN) von Jane Austen über Robert Musil und Alain Robbe-Grillet bis zur Gegenwart, die die Reflexe ökonomischer Prozesse auf der Ebene der literarischen Texte selbst in den Blick nimmt und dabei eine Abfolge dominanter Schreibweisen konstatiert, die in den Begriffen Ambiguität, Ambivalenz und Indifferenz gefasst werden. In ihnen schlage sich – und darin zeigt sich womöglich Zimas eigene ‚große Erzählung' (vgl. Link-Heer 1989, 211) – eine fortschreitende Entwertung aller Ideologien und Diskurse durch die semiotische Logik des Tauschwerts nieder, der letztlich die Form des Romans in seine eigene Unmöglichkeit treibe.

Institutionen der Literatur

Zeitlich parallel zu Zimas Projekt einer ‚Textsoziologie' wird in den späten 1970er Jahren im Feld rezeptionsgeschichtlicher Forschung der Begriff der Institution ins Spiel gebracht. Der Institutionenbegriff stellt neben bereits angesprochenen Begriffen wie Ideologie, Homologie oder Schreibweise ein weiteres Vermittlungskonzept dar, das das Verhältnis von Literatur und Gesellschaft historisch erklären soll. Als Ausgangspunkt der Institutionentheorie benennen Christa und Peter Bürger die bisherige Unvereinbarkeit von empirischer Rezeptionsforschung, wie sie prominent von Alphons Silbermann vertreten wurde (vgl. Silbermann 1973), und der dialektischen und werkzentrierten Kunstbetrachtung, für die Adornos Essays zur Literatur stehen. Ziel sei es, eine „Vermittlungsebene" zu konzipieren, „die erlaubt, den Zusammenhang von gesellschaftlichen Anforderungen an die Kunst, materiellen Bedingungen der Kunstproduktion und epochalen Rezeptionshaltungen als Rahmenbedingungen [...] zu erfassen. Eine solche Vermittlungsebene stellt der [...] Begriff der Institution Kunst dar" (C. Bürger 1977, 9). Die Funktion spezifischer Kunstwerke innerhalb des Institutionalisierungsprozesses von ‚Kunst' am Ende des 18. Jh.s wird entlang einer Auswertung historischer Rezeptionsdokumente und Selbstzeugnisse rekonstruiert. Reale Erwartungshaltungen des Publikums spielen dabei ebenso eine Rolle wie die Frage nach der ‚Trägerschicht' künstlerischer Strömungen und ihrem Bewusstsein.

In unserem Modell ließe sich der Bürger'sche institutionensoziologische Ansatz also der ersten Linie zurechnen: Nicht vom Sozialen im literarischen Text her wird der historische Zusammenhang erschlossen; vielmehr geht es um die gesamtgesellschaftlichen, kulturellen und materiellen Bedingungen dafür, dass ein autonomer Verhandlungsraum ‚Literatur' überhaupt eine funktionale Bestimmung annehmen konnte. Gleichwohl spielt die zweite Linie – das Soziale im Text – mit hinein, impliziert doch der hier vorgeschlagene Institutionenbegriff im Unterschied zu einem rein empirischen Verständnis (Verlage, Theater, Museen usw.) bereits einen ästhetischen Bereich, in dem die Werke selbst sich verorten und historisch interpretieren lassen. Im Gegenlicht der Kunstautonomie rückt schließlich auch die Dimension des Ökonomischen in den Blick: als Warenform (→ WARE, WARENFETISCHISMUS, KONSUM) einer Literatur, die ihrem ökonomischen Marktwert mit einer Dichotomisierung des Ästhetischen, d. h. mit einer Trennung von ‚hoher' (Elite-)Literatur und ‚niederer' (Trivial-)Literatur begegnet und darin wiederum in die Reproduktion gesellschaftlicher Schichten eingebunden ist (vgl. P. Bürger 1982; → WERT, PREIS).

Dieser Begriff von Literatur als einer sozialen Institution (vgl. Voßkamp 1977) öffnet den Blick auch für deren Funktionsweise in anderen Gesellschaftsformen, etwa die Funktion des *divertissement* im höfisch-mäzenatischen Kontext (vgl. C. Bürger 1977, 10–14) oder die praktisch-unterweisende der frühneuzeitlichen Hausväterliteratur, in der sich die ökonomisch-landwirtschaftliche Belehrung mit der religiösen Legitimation patriarchaler Hierarchien verbindet (vgl. H. Brandes 1999). Damit ist auch die Verflechtung der Literatur in andere gesellschaftliche Institutionen angesprochen. So lässt sich das Verhältnis von Literatur und Ökonomie mit Bezug auf die soziale Topik des *oikos* (→ III.1. OIKONOMIA UND CHREMATISTIK) und der Familie analysieren, in der sich stets auch grundlegende Operationen des Ökonomischen – Arbeit, Reproduktion, Vererbung – vollziehen, die in der ‚Institution Literatur' zueinander ins Verhältnis gesetzt werden (vgl. Koschorke u. a. 2010; Ghanbari 2011; Twellmann 2013).

Feld und System: Bourdieu, Luhmann

Der literatursoziologische Ansatz des Soziologen Pierre Bourdieu, den dieser in seinem 1992 erschienenen Buch *Les règles de l'art* in einer zugleich systematischen und exemplarischen Studie entfaltet, erhebt den Anspruch, die methodische Alternative von ‚interner' und ‚externer' Analyse – von ästhetischem Gehalt und äußerer Determination also – zu überwinden. Die Ansätze von Lukács und Goldmann seien „mehr oder weniger raffinierten Formen der Theorie der ‚Widerspiegelung'" erlegen, „die sich nie ganz als solche einbekennt" (Bourdieu 1999, 324). Die Vermittlung von ästhetischem Gehalt und Sozialgeschichte leistet bei Bourdieu die soziologische Rekonstruktion des ‚literarischen Felds'. Der Feldbegriff, den

Bourdieu schon früher auf Literatur bezieht (vgl. Bourdieu 1966), bezeichnet die vorgegebene Struktur von Subjektpositionen und ihren wechselseitigen Relationen innerhalb eines bestimmten gesellschaftlichen Interessenbereichs, etwa der Religion, der Wissenschaft, der Politik oder der Kunst. Felder sind dabei stets historisch. In ihnen spielen sich soziale Kämpfe um Machtpositionen sowie um die Grenzen und das Regelwerk des jeweiligen Feldes selbst ab. In einem Feld (z. B. dem ‚literarischen Feld' des Zweiten Kaiserreichs), in dem sich die empirischen Akteure (z. B. Gustave Flaubert) bewegen und ihre auf die Literatur bezogenen Entscheidungen treffen, sind die Machtressourcen – die Bourdieu in den Begriffen ‚ökonomisches', ‚soziales', ‚symbolisches' und ‚kulturelles Kapital' fasst – ungleich verteilt, so dass sich eine dynamisch-strategische Situation ergibt. In diesem Feld kommt der Entwicklung und Stilisierung einer innovativen Schreibweise wie der Flauberts, die später als ‚realistisch' bezeichnet wird, die Qualität einer strategischen Positionierung zu, die innerhalb des literarischen Feldes verortet werden kann (vgl. Bourdieu 1999, 83–186).

Das Soziale bildet feldtheoretisch betrachtet keine Gesamtstruktur, sondern besteht aus einer Pluralität von Feldern und Subfeldern, die neben- und übereinander gelagert sind. Mit Blick auf die Literatur kann deshalb eine bestimmte Macht- oder Klassenposition nicht *direkt* in ein literarisches Werk eingehen. Vielmehr bricht sie sich zunächst an der relativ autonomen Struktur der jeweiligen Felder und den zentralen Kategorien (z. B. ‚ästhetische Qualität'), die dort im Spiel sind. Auf diese Weise wird das Goldmann'sche Homologiekonzept neu ausgerichtet: Nicht Werk und Bewusstsein bzw. Werk und Sozialstruktur, sondern die einzelnen sozialen Felder sind es, die untereinander funktionelle oder strukturelle Homologien aufweisen (vgl. Bourdieu 1999, 259–270). Die Parallelität zur Bürger'schen Konzeption der Institution liegt auf der Hand: Auch Bourdieu hat die Autonomie der Literatur, ihre Eigengesetzlichkeit und zugleich deren konkrete soziale Genese im Blick. Allerdings betont Bourdieu gegenüber dem Institutionenansatz, der auch in der französischen Literatursoziologie der Zeit virulent ist, dieser überschätze den Institutionalisierungsgrad des Feldes und unterschätze dessen dynamisch-konflikthaften Charakter (vgl. Jurt 1995, 85–88).

Für Bourdieus Literaturbegriff spielt das Ökonomische eine mehrfache Rolle: als ökonomisches Feld, das durchaus auch die konkreten finanziellen Ressourcen der Akteure in Betracht zieht; als Phänomenbereich jener bereits erwähnten pluralen Kapitalformen, die auch soziale Beziehungen, symbolische Praktiken und die für Bourdieu so zentrale Ebene des ‚Habitus' umfassen; und schließlich als die „verkehrte ökonomische Welt" (Bourdieu 1999, 134) des literarischen Feldes selbst, das gerade darin seine neue Autonomie begründe, dass es seinen „Markt der symbolischen Güter" sowohl als direkte Nachfrageorientierung als auch als „anti-‚ökonomische' Ökonomie der reinen Kunst" zu bespielen erlaubt (ebd.,

227–229). In dem Maße, in dem Bourdieu den Ökonomiebegriff von seiner buchstäblichen Bedeutung löst und in eine „allgemeine Theorie der Ökonomie der Praktiken" (ebd., 293) einspeist, wird die klassische literatursoziologische Frage nach dem Ökonomischen an die ästhetische Gestaltung der Texte herangetragen. Die detaillierte, wenngleich überwiegend inhaltsbezogene Lektüre, die Bourdieu an Flauberts *L'Éducation sentimentale* vorführt, entdeckt dabei im Medium der Erzählung eine strukturelle Homologie mit der Positionsstruktur des soeben entstehenden literarischen Feldes selbst (vgl. ebd., 19–69). Allerdings wurde die Frage aufgeworfen, ob Bourdieu nicht gerade dort, wo er die fiktive Welt des Romans und die literarische Feldstruktur des Zweiten Kaiserreichs überblendet, „einem mimetischen Kurzschluß erliegt" (Ort 2000, 128).

Im Gegensatz zu Bourdieus Feld-Begriff geht der System-Begriff nach Niklas Luhmann nicht von der historischen Konstitution von Kräfteverhältnissen und Wahlmöglichkeiten, sondern von der historisch-evolutiven Ausdifferenzierung in sich geschlossener sozialer Systeme aus. Dabei lässt sich die systemtheoretische Kunsttheorie und ihre literaturwissenschaftliche Rezeption nicht ganz ungebrochen der ‚Literatursoziologie' zurechnen, reagieren diese doch vielmehr auf ein „Ungenügen des die letzten zwei Jahrzehnte bestimmenden Leitkonzepts der ‚Sozialgeschichte', in dem ein konsistenter Begriff von ‚Literatur' in fast beliebige Facetten zerspellt worden ist" (Plumpe und Werber 1995, 9). Gleichwohl zielt auch der systemtheoretische Ansatz auf eine historische Perspektivierung von Literatur entlang sozialtheoretischer Begriffe. Für Luhmann selbst ist ‚Kunst' (hier als Überbegriff auch von ‚Literatur' verstanden) nur ein System der Gesellschaft unter anderen, das sich – darin dem Bürger'schen Befund näher als Bourdieu – im 18. Jh. ausdifferenziere: Kunst werde von politischen und didaktischen Funktionen (und den darin sich ebenfalls ausdifferenzierenden Systemen der Politik, des Erziehungssystems usw.) entkoppelt, um eine spezifische soziale Funktion anzunehmen. Diese besteht darin, Wahrnehmung zugleich wahrnehmbar und kommunizierbar zu machen. Die Form dieser Kommunikation sind die Kunstwerke selbst (vgl. Luhmann 1995, 88, 227).

Das für literatursoziologische Perspektiven so zentrale Verhältnis der Literatur zur Ökonomie taucht hier als reguläre Intersystembeziehung, d. h. als ‚strukturelle Kopplung' von Kunst und Markt (→ Markt, literarischer Markt) auf: „Der Zugang zu diesem Markt hängt […] von der durchgesetzten Reputation ab, an deren Entwicklung der Markt selbst beteiligt ist. Die Irritationen, die von da aus auf die Kunstproduktion selbst zurückwirken, dürfen aber nicht überschätzt werden. Gerade das Gebot, original zu sein, verhindert, daß der Künstler sich nach dem Markt richtet" (Luhmann 1995, 391). Das Soziale an und in der Kunst wäre demnach nicht eine Form der Heteronomie, sondern gerade ihre Selbstorganisation zu einem autonomen Kommunikationssystem (vgl. S. J. Schmidt

1989). Aus dem Tiefenverhältnis der Literatur zu Klassen und Weltanschauungen wird im systemtheoretischen Modell eine Pluralität von Kopplungen *zwischen* Systemen (vgl. Werber 1995). Von hier aus lässt sich die „Geschichte der Literatur als *Umwelt* anderer sozialer Kommunikationssysteme" konzipieren (Plumpe und Werber 1995, 9), während Letztere umgekehrt potentielle ‚Umwelten' der Literatur bilden. Das wiederum mache, so Gerhard Plumpe und Niels Werber, andere Systeme nicht nur zu potentiellen ‚Stoffen' der Literatur; Letztere beobachte vielmehr die Art und Weise, wie andere Systeme beobachten, und das gilt gerade auch für die Ökonomie. So lässt sich am Verhältnis von Dichtung und → Geld die Dynamik einer Beobachtung konkurrierender Weltcodierungen aufzeigen (vgl. Hörisch 1996).

Aktuelle Ansätze

In der Einleitung des 2000 erschienenen Bandes *Nach der Sozialgeschichte* heißt es von dieser, sie gelte „allgemein als erschöpft" (Huber und Lauer 2000, 1), und damit auch ihre zentrale Ambition, nämlich „daß sie ein Kommunikationsmodell der Literatur mit einem Versprechen auf Ableitungsmöglichkeiten koppelt" (Fohrmann 2000, 105). Bereits vier Jahre zuvor erscheint in der Reihe *Hansers Sozialgeschichte* der Band zu ‚Bürgerlicher Realismus und Gründerzeit' mit einem fast melancholischen Vorwort, demzufolge „die folgende Beschreibung [...] zu einer Zeit konzipiert [wurde], als das Paradigma der Sozialgeschichte noch in voller Blüte stand" (Plumpe 1996, 14; vgl. Bruck u. a. 1999). Mit diesem vorläufigen ‚Ende' der Sozialgeschichte sind sowohl starke Strukturhomologie-Thesen als auch solche Perspektiven in den Hintergrund getreten, die Literatur im Hinblick auf ökonomische Strukturen, auf Klassenverhältnisse und damit korrespondierende Ideologien zu kontextualisieren versuchen. Womöglich erklärt sich der Renommeeverlust der Literatursoziologie auch aus dem Umstand, dass „die Verbindung von Literaturwissenschaft – Soziologie – Politischer Ökonomie [...] an Plausibilität verloren hatte" (Bogdal 2016).

Dagegen lassen sich in den letzten Jahren Wiederanknüpfungen an das Feld der Kunst- und Literatursoziologie beobachten (vgl. Reckwitz 2008, 283–300; Danko 2012) sowie Ansätze, die das Verhältnis von Literatur und Ökonomie stärker auf sozialgeschichtliche Prozesse beziehen. Verlängert man hypothetisch das Modell der ‚zwei Linien der Literatursoziologie' in die gegenwärtige Forschung zu Literatur und Ökonomie, so lässt sich vorsichtig eine Engführung beider Fragerichtungen konstatieren. So wird – um nur wenige Beispiele zu nennen – das Verhältnis von Literatur zum Phänomen der Armut sowie zum Eigentumsbegriff untersucht (vgl. Brüns 2008; Hermand 2015), wobei sich etwa Bourdieus Habitus-Begriff als fruchtbares Analyseinstrument erweist (vgl. Unger 2004). Andernorts tritt die frühneuzeitliche Geschichte des ‚Pöbels' im Spannungsfeld von Theaterästhetik und sozialen Kämpfen hervor (vgl. Widder 2018). Die praxeologische Verortung romantischer Gesellschaftskonzeptionen weist auf literatursoziologische Ansätze zurück (vgl. Büttner 2015). In Studien zum 19. Jh. wird die Vormärz-Literatur als Medium der sozialgeschichtlichen (Selbst-)Konzeption einer ‚proletarischen Klasse' (vgl. Eiden-Offe 2017; → PROLETARIER), der literarische Realismus als Teil einer Geschichte politökonomischer Problemstellungen untersucht (vgl. Breyer 2019). Auch der Begriff des ‚Bürgertums' wird neuerlich aufgegriffen und als ebenso ästhetische wie ökonomische Konfiguration entfaltet (vgl. Moretti 2014). Wenn sich damit eine gewisse Resonanz literatursoziologischer Fragen abzeichnet, so speist sich diese womöglich nicht nur aus den fachübergreifenden und gesellschaftspolitischen Krisenbefunden der Gegenwart (vgl. Bachmann-Medick 2017, 106), sondern auch aus einer zwischenzeitlichen Lockerung des Anspruchs, Literaturanalysen an die Prämissen einer strikten oder robusten Theorie zu binden.

I.3. New Economic Criticism
Daniel Cuonz

Im Jahr 1991 organisierten Martha Woodmansee und Mark Osteen auf der Jahrestagung der Midwestern Modern Language Association ein Podium, das der Diskussion eines im Verlauf der 1980er Jahre in den nordamerikanischen Kulturwissenschaften hervorgetretenen Phänomens gewidmet war: dem zunehmenden Interesse an den zahlreichen Beziehungsformen zwischen Literatur und Ökonomie. Sie gaben diesem damals erst in Entstehung begriffenen, aber schnell wachsenden Forschungsfeld den Namen ‚The New Economic Criticism'. Im Jahr 1999 erschien unter diesem Titel dann jener viel beachtete Sammelband, in dessen Einleitung Woodmansee und Osteen ausführlich darlegen, welche Art von vorliegender Forschung sie damit bezeichnen und welche Anschluss- und Transferüberlegungen sie sich davon erhoffen.

Im Rückblick auf die Einführung des Begriffs bemerken dessen Erfinder gleich zu Beginn: „[W]e were naming a phenomenon that we weren't entirely sure existed" (Woodmansee und Osteen 1999, 3). Dieser Hinweis ist wörtlich zu nehmen. Denn weder gab es jemals eine homogene Bewegung, die sich selbst als ‚New Economic Criticism' bezeichnet hätte, noch gibt es eine klar eingrenzbare gleichnamige Theorie oder eine umstandslos anwendbare gleichnamige Methode. Der New Economic Criticism ist ein Such- und Sammelbegriff. Als Sammelbegriff bezeichnet er eine Reihe von Fragestellungen und Forschungsmethoden zur Untersuchung der Beziehung von Literatur und Ökonomie, die in den 1980er und 1990er Jahren im Anschluss an die Cultural Studies in Nordamerika entstanden sind und deren Gemeinsamkeit darin besteht, dass sie sowohl an historischen Kontexten als auch an Darstellungsfragen interessiert sind, sich aber sowohl von sozialhistorischen Methoden als auch von der Dekonstruktion abgrenzen. Als Suchbegriff fragt er nach den historischen Voraussetzungen, der interdisziplinären Reichweite und dem gesellschaftlichen Anspruch der wissenschaftlichen Auseinandersetzung mit den Wechselbeziehungen zwischen Literatur und Ökonomie.

Diese doppelte Perspektive entfalten Woodmansee und Osteen unter dem Titel „Taking Account of the New Economic Criticism" in der Einleitung bis ins Einzelne und machen dabei die Fragestellung sichtbar, die als eigentlicher Initialimpuls für die Entstehung des damit bezeichneten Forschungsfelds gelten darf: Warum stehen sich Literatur und Ökonomie in derart strikter Unvereinbarkeit gegenüber? Wie konnte es zu ihrer Trennung kommen? Und inwiefern ist die Überwindung dieser Trennung denk- und wünschbar? Woodmansee und Osteen verleihen diesen Fragen durch eine vergleichsweise dramatisch gewählte Metapher den gebührenden Nachdruck. Wiederholt sprechen sie von der „divorce of the economic from the literary" (Woodmansee und Osteen 1999, 4). Treffend wurde vor diesem Hintergrund gesagt, dass der New Economic Criticism auf nichts Geringeres als eine kulturwissenschaftlich vermittelte „remarriage" (Hewitt 2009, 618) von Literatur und Ökonomie angelegt war. Im Folgenden gilt es, die wichtigsten Szenarien vorzustellen, die in Bezug auf diesen diskurstheoretischen und wissenschaftspolitischen *remarriage plot* im Lauf der letzten 40 Jahre erwogen wurden.

Aspekte einer Entzweiung

Rund zehn Jahre bevor der New Economic Criticism aus der Taufe gehoben wurde, erschienen die beiden Bücher, denen er seine theoretischen Grundlagen verdankt: Marc Shells *The Economy of Literature* (1978) und Kurt Heinzelmans *The Economics of the Imagination* (1980). Shells zentrale These lautet, dass ökonomische Sachverhalte nicht nur in Bezug auf den Inhalt oder den Entstehungskontext literarischer Texte eine Rolle spielen können, sondern dass das literarische Schreiben selbst genuin ökonomisch strukturiert ist. Was es mit dem Verhältnis von Literatur und Ökonomie auf sich hat, zeigt sich Shell zufolge vor allem im Hinblick auf die „formal similarities between metaphorization (which characterizes all language and literature) and economic representation and exchange" (Shell 1978, 3). Heinzelman nimmt Shells Thesen zur ökonomischen Form der Literatur auf und erweitert sie um die Frage nach der literarischen Form der ökonomischen Theorie. Er unterscheidet in diesem Sinne zwischen „imaginative economics", d.h. „the way in which economic systems are structured, by means of imagination, upon what are essentially fictive concepts", und „poetic economics", d.h. „the way in which literary writers use this fictive economic discourse [...] as an ordering principle in their work" (Heinzelman 1980, 11–12).

Die Wegbereiter des New Economic Criticism mögen im Einzelnen unterschiedliche Schwerpunkte setzen, gemeinsam ist ihnen, dass ihre Thesen auf die Überbrückung einer Kluft zwischen dem ökonomischen und dem literarischen Diskurs angelegt sind, die sie mehr oder weniger umstandslos voraussetzen. Zu den wichtigsten Fragen, die im Anschluss an die Studien von Shell und Heinzelman zum Forschungsfeld des New Economic Criticism gebündelt wurden, gehört folglich auch diejenige, wie es zu dieser Kluft überhaupt kommen konnte. Am Anfang steht dabei die Beobachtung, dass zwischen den Geltungsbereichen von Literatur und Ökonomie zwar einerseits eine strikte Opposition, wenn nicht sogar eine „Feindschaft" (Hörisch 1996, 91) besteht, dass es andererseits aber zwischen dem literarischen Schreiben und dem ökonomischen Denken eine augenfällige Vielzahl von Beziehungen gibt, die man fast schon als eine wechselseitige Obsession bezeichnen kann. Untrennbar verbunden mit der Einführung und der späteren Verwendung des Begriffs New Economic Criticism ist daher die Voraussetzung, dass es sich bei der Beziehung zwischen Literatur und Ökonomie nicht um ein genuines Gegeneinander, sondern um ein verlorenes und verdrängtes Miteinander handelt.

Während die Frage nach den diskursgeschichtlichen Umständen der Entzweiung von Literatur und Ökonomie bei Shell eine untergeordnete Rolle spielt, bringt Heinzelman sie an einer Stelle explizit zur Sprache. Seiner Ansicht nach kommt es zum entscheidenden Bruch im Jahr 1871. Denn in diesem Jahr erscheint mit William Stanley Jevons' *The Theory of Political Economy* das Hauptwerk desjenigen Ökonomen, der als Mitbegründer der Grenznutzenschule dem Durchbruch mathematischer Methoden zur Darstellung von ökonomischen Sachverhalten entscheidenden Vorschub geleistet hat (vgl. Heinzelman 1980, 85–87). Woodmansee und Osteen favorisieren eine andere Sichtweise. Sie folgen einer These David Kaufmanns, wonach die Entzweiung von Literatur und Ökonomie gut hundert Jahre früher stattfindet: „[T]he rapid growth and institutional consolidation of commercial capitalism in the eighteenth century created a demand for new descriptions of and apologies for the economy, the state, morality, and citizenship, a demand that was taken up by [...] both the field of political economies and the novel" (Kaufmann 1995, 165).

Während Heinzelman mit dem methodischen Paradigmenwechsel der Ökonomik im 19. Jh. so etwas wie den Vollzug der endgültigen Scheidung zwischen Literatur und Ökonomie ausmacht, beschreibt Kaufmann die Anfänge der dieser Scheidung zugrunde liegenden Entfremdung durch die parallele Ausbildung einer neuen wissenschaftlichen Disziplin und einer neuen literarischen Form im 18. Jh. Das heißt aber auch, dass sich die beiden Thesen keineswegs ausschließen müssen. Man kann die Geschichte des Verhältnisses von Literatur und Ökonomie auch als einen Trennungsprozess in mehreren voneinander unterscheidbaren Phasen beschreiben.

Für diese Sichtweise spricht unter anderem der Umstand, dass sie es ermöglicht, die historischen Voraussetzungen des New Economic Criticism auch im engeren Sinn des Wortes fassbar zu machen, d. h. nicht nur mit Blick auf die Anfangsgründe eines Problemzusammenhangs, sondern auch mit Blick auf die Umstände, die dessen systematische Erforschung allererst herausforderten. Denn dass die Entzweiung von Literatur und Ökonomie überhaupt zum Gegenstand kulturwissenschaftlicher Forschung geworden ist, hat ohne Zweifel auch mit den politischen Verhältnissen der 1980er Jahre zu tun. Der Durchbruch des Neoliberalismus in der Reagan-Ära erfolgte auf dem historisch gewachsenen Fundament der Trennung von ökonomischen und ästhetischen Ansprüchen auf gesellschaftliche Deutungshoheit, zu deren Neubeurteilung die Wegbereiter des New Economic Criticism angetreten waren. Und es spricht Vieles dafür, dass es zumindest einigen von ihnen dabei auch und gerade darum ging, ein Unbehagen an der gesellschaftlichen Dominanz marktradikaler Ideen wissenschaftlich zu fundieren und auf dieser Grundlage Alternativen zum vorherrschenden ökonomischen Denken zu entwerfen. Das Forschungsfeld des New Economic Criticism ist nur dann hinlänglich in den Blick zu bekommen, wenn man in Betracht zieht, dass es in exakt dem Zeitraum entstanden ist, in dem die realpolitischen Konsequenzen jener schrittweisen Abspaltung kultureller Geltungsansprüche von der Darstellung und Beurteilung ökonomischer Sachverhalte zum ersten Mal allgemein sichtbar wurden.

Sondierung eines Forschungsfelds

Vor diesem Hintergrund erklärt sich die ambitionierte Anlage des von Martha Woodmansee und Mark Osteen herausgegebenen Sammelbandes, in dem der New Economic Criticism seinen Namen erhalten hat. Das umfassende Forschungsfeld, das die Beiträge des Bandes abstecken, lässt sich aus heutiger Sicht zwar kaum noch mit theoriegeschichtlichem Distinktionsgewinn auf diesen Begriff bringen. Wohl aber vermittelt der Band einen anschaulichen Eindruck davon, was unter diesem Begriff an wissenschaftlicher und wissenschaftspolitischer Sondierungsarbeit geleistet wurde.

Unter den dabei angestellten Überlegungen gilt es, eine besonders hervorzuheben – obwohl oder gerade weil sie mit einem Desiderat verknüpft war, das bis heute nicht als eingelöst gelten darf: der Forderung nach einem institutionalisierten wissenschaftlichen Austausch entlang jener interdisziplinären Spiegelachse, die schon Kurt Heinzelman durch das Begriffspaar ‚poetic economics' und ‚imaginative economics' sichtbar zu machen versuchte. Woodmansee und Osteen weisen mit Nachdruck darauf hin, dass seit den 1980er Jahren nicht nur in den Kulturwissenschaften ein verstärktes Interesse an ökonomischen Themen zu beobachten ist, sondern dass parallel dazu auch in den Wirtschaftswissenschaften eine Forschungsrichtung entstanden ist, die eine an Poetik und Rhetorik geschulte Lesart von kanonischen Texten der Ökonomik propagiert und praktiziert. Gemeint sind damit vor allem die Arbeiten von Deirdre (früher Donald) McCloskey. In ihrem Buch *The Rhetoric of Economics* (1985) entwickelt McCloskey die methodischen Grundlagen einer wissenschaftlichen Perspektive auf die rhetorischen Mechanismen der ökonomischen Theoriebildung. In späteren Studien ergänzt sie ihren Begriff der sprachlichen Verfasstheit der Ökonomik um eine narrative (vgl. McCloskey 1990) und um eine performative Dimension (vgl. McCloskey 1994). Willie Henderson hat diese von Heinzelman angeregte und von McCloskey in ihren wesentlichen Zügen ausgeprägte Forschungsrichtung schließlich auf den eingängigen Begriff der „literary economics" (Henderson 1995, 14) gebracht.

Allerdings, so monieren Woodmansee und Osteen zu Recht, scheinen der „economic criticism" und die „literary economics", trotz der offensichtlichen Komplementarität ihrer Erkenntnisinteressen, noch Mitte der 1990er Jahre wenig bis gar nichts voneinander zu wissen. In diesem Sinne zielte der Begriff des New Economic Criticism auch auf den ganz konkreten wissenschaftspolitischen Anspruch, zusammenzuführen, was aus Sicht seiner Erfinder zusammengehört: „What can economists glean from literary and cultural studies? What can literary and cultural critics learn from economists? How will such critical exchanges enrich both disciplines?" (Woodmansee und Osteen 1999, 4)

Dieses Interesse ist bis heute jedoch vergleichsweise einseitig geblieben. Die Mainstream-Ökonomie ist nach wie vor weit davon entfernt, sich für die kulturellen Grundlagen ihres Gegenstands, die rhetorische Verfasstheit ihrer Denkfiguren oder die narrativen Grundstrukturen ihrer Modelle zu interessieren. Das Forschungsfeld des New Economic Criticism hat sich – anders als es sich seine Namensgeber gewünscht haben – nicht entlang der Leitdifferenz „economy *of* literature" / „economics *as* Literature" ausgebildet. Nach wie vor hilfreich ist hingegen das Begriffsraster, das Woodmansee und Osteen (1999, 35–39) im Rahmen ihrer Sondierung von Fragestellungen zum Verhältnis von Literatur und Ökonomie ausgearbeitet haben. Die Typologie umfasst die folgenden vier Punkte:

(1) *Production* (→ Produktion), d. h. die Erforschung der spezifisch ökonomischen Faktoren des sozialen und kulturellen Kontexts, aus dem bestimmte literarische Werke hervorgegangen sind, also beispielsweise die finanziellen Verhältnisse des jeweiligen Autors, seine Ansichten und Erfahrungen in ökonomischen Angelegenheiten oder die Gesetze des zum Zeitpunkt der Entstehung eines bestimmten Werks vorzufindenden Markts für Literatur und Kunst (→ I.1. Marxismus und Kritische Theorie, → I.2. Literatursoziologie; → Markt, literarischer Markt).

(2) *Internal circulation* (→ Zirkulation, Kreislauf), d. h. die Beschreibung all dessen, was man im Sinne eines doppelten Genitivs als die ‚Ökonomie der Literatur' bezeichnen kann, zum einen also die inhaltliche Präsenz von ökonomischen Themen oder Denkfiguren in literarischen Texten und zum andern die formalen Aspekte eines bestimmten Textes, einer literarischen Gattung oder des literarischen Schreiben im Allgemeinen, die durch ökonomische Begriffe beschreibbar sind oder durch ökonomisches Denken ausgeprägt wurden.

(3) *External circulation and consumption* (→ ZIRKULATION, KREISLAUF), d. h. die Entwicklung von Begriffen für die Marktlogik der Kanonisierung oder anders gesagt: die Erforschung all dessen, was im konkreten Sinn mit dem Verkauf und der Verkäuflichkeit von Literatur und Kunst zu tun hat, insbesondere die Schnittstellen von ästhetischen und ökonomischen Wertebegriffen, aber auch all das, was Mark Osteen im übertragenen Sinn als „intertextual economy" (Osteen 1995, 203) bezeichnet, also all die Gaben und Verbindlichkeiten, die den Austausch und die Zirkulation von Themen und Ideen zwischen Autoren, ihren Lesern und ihren Texten bestimmen.

(4) *Metatheoretical*, d. h. die kritische Beobachtung und die aktive Mitgestaltung des Forschungsfelds New Economic Criticism; dazu gehört etwa die Aufmerksamkeit für den inflationären Gebrauch bestimmter ökonomischer Metaphern oder die unterkomplexe Appropriation bestimmter ökonomischer Begriffe und Theorien sowie die konzeptuelle und institutionelle Einflussnahme auf die Entwicklung von Forschungsschwerpunkten und interdisziplinärer Verständigung.

Bei allem heuristischen Wert, den diese Typologie aufweist, ist ihr jedoch sogleich hinzuzufügen, dass sich diese vier Fragetypen in der Praxis selten in Reinform, sondern meist in den unterschiedlichsten Mischverhältnissen präsentieren. Man könnte sogar sagen, dass die Einsicht in die Notwendigkeit einer ständigen Neuvermischung von textuellen und kontextuellen Fragestellungen zur Erforschung des Verhältnisses von Literatur und Ökonomie die theoriegeschichtlich entscheidende Innovation des New Economic Criticism darstellt. Als signifikantes Beispiel für einen wegweisenden Beitrag dieser Art wäre Mark Osteens umfangreiche Joyce-Studie *The Economy of Ulysses* (1995) zu nennen. Osteen demonstriert in exemplarischer Weise, wie sich *close reading* und historischer Kommentar gerade mit Blick auf komplexe Texte sinnfällig ergänzen können. Man lernt aus diesem Buch ebenso viel über die ökonomischen und mentalitätsgeschichtlichen Verhältnisse im Irland zur Zeit der vorletzten Jahrhundertwende wie über die literarischen Verfahrensweisen, durch die Joyce (→ III.17. MODERNISTISCHE ÖKONOMIEN) die mit diesen Verhältnissen verbundene Ambivalenz von strenger Beschränkung und lustvoller → VERSCHWENDUNG ästhetisch erfahrbar macht. Vor allem aber wird dabei deutlich, dass und warum diese beiden Sichtweisen untrennbar zusammengehören.

Damit ist aber auch gesagt, dass der innere Kreis oder das diskursive Zentrum des in seiner Gänze inzwischen kaum noch überschaubaren Forschungsfelds New Economic Criticism von einer übersichtlichen Anzahl von Studien gebildet wird, die diese Art von Zusammenschau theoretisch entwickeln und begrifflich fundieren. Die Autoren dieser Studien sind, wenn auch nicht ausschließlich, so doch vorwiegend mit Thesen zum Verhältnis von Sprache und Geld bekannt geworden. In der Art und Weise, wie sie dieses Verhältnis systematisch bestimmen und historisch einordnen, legen sie allererst die Grundlagen zu einer kulturwissenschaftlichen Auseinandersetzung mit ökonomischen Sachverhalten, die sich nicht auf Ideologiekritik beschränkt und trotzdem oder gerade deshalb die Hegemonie des ökonomischen Denkens über den Geltungsbereich von Kunst, Kultur und Sprache infrage stellen. Die in diesem Sinne wichtigsten theoretischen Impulsgeber des New Economic Criticism gilt es im Folgenden ausführlicher vorzustellen.

Ökonomie der Literatur (Marc Shell)

Der einflussreichste Wegbereiter des New Economic Criticism ist ohne Zweifel der in Harvard lehrende kanadische Komparatist Marc Shell. Seine materialreichen Aufsatzbände *The Economy of Literature* (1978) und *Money, Language and Thought* (1982) entwickeln die wesentlichen Züge jener Perspektive, unter der in den beiden nachfolgenden Jahrzehnten das Verhältnis von Literatur und Ökonomie neu bedacht wird. Shells wichtigste These kommt bereits im Titel seines ersten Buches zum Ausdruck: Von Interesse ist nicht (oder nicht in erster Linie) die Thematisierung von Ökonomie *in der* Literatur, sondern der Nachweis einer Ökonomie *der* Literatur. Den Ausgangspunkt dazu bildet die Feststellung, dass ein entscheidendes Wesensmerkmal des literarischen Schreibens durch die ökonomische Grundform des Tauschs strukturiert ist: „Literary works are composed of small tropic exchanges or metaphors, some of which can be analyzed in terms of signified economic content and all of which can be analyzed in terms of economic form" (Shell 1978, 7).

Shells These basiert auf der bis in die Antike zurückreichenden Tradition des Vergleichs von → GELD und Sprache, geht aber über das bloße Aufzeigen von diesbezüglichen Parallelen einen entscheidenden Schritt hinaus. Geld, so Shell, ist nämlich nicht bloß ein außersprachlicher Bezugsbereich für sprachliche Selbstreflexion, sondern erweist sich gerade mit Blick auf die historische Langzeitperspektive als ein „,internal participant' in the logical or semiological organization of language" (Shell 1982, 3). Geld und Sprache stehen also nicht nur in einem Verhältnis der Analogie, das in literarischen oder philosophischen Texten von Fall zu Fall neu herausgestellt wurde. Vielmehr haben sich bestimmte Formen des literarischen Schreibens und des logischen Denkens strukturhomolog zur Erfindung des ökonomischen Tauschmediums Geld ausgebildet: „Whether or not a writer mentioned money or was aware of its potentially subversive role in his thinking, the new forms of metaphorization or exchanges of meaning that accompanied the new forms of economic symbolization and production were changing the meaning of meaning itself" (ebd., 3–4).

Die Attraktivität dieser Perspektive für die kulturwissenschaftliche Auseinandersetzung mit ökonomischen Zusammenhängen liegt auf der Hand: Wenn sich nachweisen lässt, dass „aesthetic and commercial economies" aus den gleichen „semiotic necessities" (Heinzelman 1980, 11) heraus entstanden sind, ja dass sie vielleicht sogar durch eine „common anthropogenic root" (Woodmansee und Osteen 1999, 15) verbunden sind, dann hat die Kritik an der Hegemonie ökonomischer Denk- und Darstellungsformen eine vergleichsweise solide Grundlage. Die Aufgabe der „economy of literature [...] to understand the relationship between literary exchanges and the exchanges that constitute a political economy" (Shell 1978, 152) richtet sich in diesem Sinne also nicht darauf, das Eindringen präexistenter ökonomischer Muster in außerökonomische Denkformen und Darstellungspraktiken in defensiver Absicht nachzuweisen, sondern vielmehr in offensiver Absicht, den Symptomen der Verdrängung ihrer Gleichursprünglichkeit entgegenzuarbeiten (vgl. Shell 1982, 186–187).

Aus dem umfassenden Anspruch dieser These erklärt sich die historische Reichweite der Beispiele, die Shell in seinen Büchern präsentiert. Der Aufsatz „The Ring of Gyges", der als eine Exposition zu Shells Arbeiten über das Verhältnis von Literatur und Ökonomie gelten darf, ist auf den Nachweis einer „,constitutional' relationship between the origin of money and the origin of philosophy itself" (Shell 1978, 11) angelegt. Shell deutet die unterschiedlichen Versionen des antiken Gyges-Mythos als Reaktionen auf den kulturgeschichtlichen Schock der Erfindung des Münzgeldes. Im Mittelpunkt steht dabei die ambivalente Position Platons. Einerseits will er in seiner Kritik an den Sophisten Geld und Denken strikt getrennt halten, andererseits wird die Form des sokratischen Argumentierens allererst ermöglicht durch eine Internalisierung der Form des Geldes in den Prozess des Denkens, deren gedankliche Dynamik Shell an dem Begriffspaar „Hypothesis and Hypothecation" (ebd., 45) festmacht. Die damit verbundene These der Gleichursprünglichkeit von Geld und abstraktem Denken gewinnt an zusätzlicher Kontur, indem sie zum heraklitischen Denken des Wandels und des Austauschs in Bezug gesetzt und damit um eine genuin literarische Dimension ergänzt wird. Bei Heraklit geht es um „the activity of metaphorization itself". Sein Denken erweist sich damit als „that critical money of the mind that Plato incorporated into his own thought and over which he tried, unsuccessfully if not unwisely, to leap" (ebd., 51).

Im nachfolgenden Kapitel „The Language of Character" unternimmt Shell einen Rückblick auf die Anfänge der Kulturgeschichte der Münzprägung und legt damit die numismatischen Wurzeln des literarischen Schreibens frei. Im dritten Kapitel geht es um die begriffliche Vorgeschichte der „Economy in Literary

Theory". Diese Ausführungen sind mit Blick auf das von Shell errichtete Theoriegebäude als Ganzes auch insofern von Interesse, als sie die Grundlagen für den Poetik-Begriff nachliefern, der in der Einleitung des ersten Buches in etwas verkürzter Weise entworfen wird: „Poetics is about production (*poiesis*). There can be no analysis of the form or content of production without a theory of labor. Labor, like language, is symbolically mediated interaction" (Shell 1978, 9). Mit der Schlusswendung seiner diesen Befund präzisierenden Aristoteles-Lektüre präfiguriert Shell zugleich den Übergang von seinem ersten zu seinem zweiten Buch: „The theory of Aristotle gives way, but it also points the way toward a modern and equally political economy of literature. This modern theory must overcome the Aristotelian distinction between chrematistics and economy, between the golden fleece and the voice of the shuttle" (ebd., 112).

In *Money, Language, and Thought* finden sich, vereinfacht gesagt, zwei Arten von Beiträgen. Die einen unternehmen eine theoretische Vertiefung oder historische Erweiterung von Ausführungen aus dem ersten Buch. Ein Aufsatz über Kant und Hegel schließt unter dem Titel „Money of the Mind" an die Ausführungen zum begrifflichen Verhältnis zwischen Hypothese und Hypothek bei Platon an; ein Aufsatz über Lessings Epigrammatik unternimmt die Fortschreibung der „Poetics of Monetary Inscription" in der Moderne. In einer zweiten Gruppe von Aufsätzen erweitert Shell seinen Begriff der „economy of literature" um eine Darstellungsfrage, die im ersten Band noch eine untergeordnete Rolle gespielt hat. Sie kommt zur Sprache in einem wegweisenden Aufsatz zur Papiergeld-Szene in Goethes *Faust*, in Ausführungen über den Zusammenhang zwischen mittelalterlichen Gralserzählungen und der Symbolik des Abendmahls und vor allem in einem kaum zufällig an den Anfang des Buches gestellten Kapitel über den Zusammenhang zwischen monetären und ästhetischen Repräsentationspraktiken im Amerika des 19. und 20. Jh.s. Was diese auf den ersten Blick weit auseinanderliegenden Fragestellungen verbindet, fasst Shell wie folgt zusammen: „Credit or belief involves the very ground of aesthetic experience, and the same medium that seems to confer belief in fiduciary money (bank notes) and in scriptural money (created by the process of bookkeeping) also seems to confer it in literature. That medium is writing" (Shell 1982, 7).

Die Tendenz zur Erweiterung seines Begriffs der „economy of literature" von einer vergleichsweise spezifischen Kategorie der Poetik zu einer vergleichsweise umfassenden Kategorie der Ästhetik bestätigt Shell mit einem thematisch einschlägigen dritten Buch (Shell 1995), in dem es nicht mehr um Literatur, sondern um das Verhältnis von Geld und bildender Kunst geht. Es ist Shells Verdienst, die darstellungstheoretischen Implikationen der quasi-religiösen Angewiesenheit des Geldsystems auf Glaube und Vertrauen damit im buchstäblichen Sinne sichtbar gemacht zu haben. Als hinlänglich erforscht dürfen sie im Rahmen seines eigenen Werks jedoch nicht gelten. Vertieft worden sind sie später zum einen in medientheoretischer Hinsicht (vgl. Hörisch 1996) und zum anderen im Zuge der Ausbildung einer historisch spezialisierten Forschungsrichtung in der amerikanischen Literaturwissenschaft, deren Vertreter ihrerseits zu wichtigen Impulsgebern des New Economic Criticism geworden sind.

Goldstandard und Realismus
(John Vernon und Walter Benn Michaels)

Die Erforschung von Homologien zwischen literarischen und ökonomischen Repräsentationspraktiken – und damit das vielleicht wichtigste methodische Element des New Economic Criticism überhaupt – ist untrennbar verbunden mit dem historischen Fokus auf den literarischen Realismus (→ III.14. GELD- UND KREDITVERHÄLTNISSE IM REALISMUS) des 19. und des frühen 20. Jh.s. In seiner Studie *Money and Fiction* (1984) hat John Vernon die erste maßgebliche Auslegeordnung dieses Zusammenhangs vorgelegt. Seine wichtigste These lautet: Nicht nur in thematischer Hinsicht erweisen sich Geldangelegenheiten als die „most habituable obsession" (Vernon 1984, 9) der Literatur des bürgerlichen Zeitalters, auch auf der Ebene der Form, namentlich des realistischen Romans, manifestieren sich zentrale Aspekte der zeitgenössischen Gelddiskussion. Allerdings sieht Vernon dabei eine tiefenstrukturelle Gegenläufigkeit am Werk: „The transit from metal currency to paper money indicates a more general cultural shift that submitted immediate reality to a kind of semantic coding [...]. As money was becoming more fictional, fiction was becoming [...] more mediated, more representational, more omniscient – in a word, more realistic" (ebd., 17). Die Form des Romans erhält so gesehen im 19. Jh. gleichsam den Status eines ästhetischen Ersatz-Goldstandards, der die allgemeine Mitvollziehbarkeit einer tiefgreifenden Veränderung der politisch-ökonomischen Verhältnisse sicherzustellen hat. Allgemeiner gesprochen bestünde die Leistung der realistischen Literatur damit in der Kompensation eines durch die Emission von Papiergeld ausgelösten und auf alle Gesellschaftsbereiche ausstrahlenden Verlusts von Sicherheit im Umgang mit Wertzuordnungen.

Auf der Inhaltsebene der von Vernon besprochenen realistischen Romane zeigt sich das disruptive Nebeneinander von Goldgeld und Papiergeld (→ GELD) bemerkenswert oft durch den Auftritt von Extremvertretern zweier konkurrierender mentalitätsgeschichtlicher Positionen: Der Geizige (→ GEIZ) hortet das Gold, an dessen gesichertem Wert er sich festhält, während der Verschwender (→ VERSCHWENDUNG, VERAUSGABUNG) mit Papiergeld um sich wirft, dessen abstrakter

Wert über den Augenblick der erfolgten Zahlung hinaus für ihn keine Bedeutung hat (vgl. Vernon 1984, 27–41). An der Gegenüberstellung dieser Figurentypen zeigt sich exemplarisch, dass bei dem Anspruch einer ästhetischen Kompensation von geldwirtschaftlich verursachten Ängsten und Wünschen auch psychologisch einiges auf dem Spiel steht. Die Thematisierung des Geldes im realistischen Roman „stands for both larger economic forces [...] and ‚smaller' psychological ones: desire, need, ambition" (ebd., 22).

Gerade in dieser Hinsicht aber schöpfen Vernons Argumente den durch die Hauptthese des Buches eröffneten analytischen Spielraum nicht aus. Gewiss ist es richtig, dass im Roman des 19. Jh.s der Besitz, der Gebrauch, der Erwerb, das Fehlen oder der Verlust von Geld die disparaten Handlungsmotivationen einzelner Figuren und deren narrative Verbindung zu einem begreifbaren Handlungsganzen allererst erklärbar machen. Und es lässt sich auch nicht von der Hand weisen, dass dies im Roman des frühen 20. Jh.s, wie Vernon in einem Epilog in kurzen Zügen ausführt, anders sein wird: „In the nineteenth century money flares up as a force in itself, an autonomous power with its own inscrutable will; but in the twentieth century it becomes absorbed into the material flow of life with which it is so often confused" (Vernon 1984, 8; vgl. ebd., 194–207). Unterkomplex bleiben Vernons Ausführungen in ihrer Orientierung an dieser etwas zu pauschalen Opposition damit vor allem mit Blick auf den historischen Rand ihres Gegenstandsbereichs. Dass namentlich in den Romanen des amerikanischen Naturalismus vor dem Hintergrund der ökonomischen und gesellschaftlichen Verhältnisse des ausgehenden 19. Jh.s jene psychologischen Motive ans Licht gezogen werden, die im Roman des 20. Jh.s die Darstellung der Abgründe des menschlichen Einzelbewusstseins allererst ermöglichen, wird damit allenfalls angedeutet.

Ausführlich untersucht finden sich diese Zusammenhänge in Walter Benn Michaels' *The Gold Standard and the Logic of Naturalism* (1987). Das Buch ist angelegt auf die Herausstellung eines inneren Zusammenhangs zwischen dem Darstellungsanspruch des Naturalismus, der zeitgenössischen Diskussion um die Widerstände gegenüber der Einführung des Papiergelds und der Ausbildung von Subjektivität unter den Bedingungen des Kapitalismus (→ KAPITAL, KAPITALISMUS). Was Michaels als die ‚Logik des Naturalismus' bezeichnet, manifestiert sich in einer Darstellung von Realität unter dem Vorbehalt des Bewusstseins um die irreduzible Diskrepanz zwischen Materialität und Repräsentation. Deshalb ist der naturalistische Roman auch thematisch geradezu „obsessed with manifestations of internal difference" (Michaels 1987, 22). Das gilt vor allem für die inneren Widersprüche, die mit den rigideren Formen des Festhaltens an der Logik des Goldstandards aus Verunsicherung durch die Abstraktionszumutung des Papiergelds verbunden sind. Die im Roman des amerikanischen Naturalismus wiederholt ausgebreitete Argumentation der sogenannten *goldbugs*, dass das

Gold so etwas wie eine natürliche Form des Geldes darstellt, verfängt sich Michaels zufolge in der strukturellen Negation der Geldökonomie überhaupt: „[M]etals never do become money; they always were; hence they never are" (ebd., 169). Die Suche nach der verlorenen Unschuld des Geldes erweist sich damit als „failed attempt to escape from the money economy, failed because in a money economy, the power of money to buy can never be denied" (ebd., 144).

Die vielleicht wichtigste Beobachtung, die Michaels zur ‚Logik des Naturalismus' anstellt, besteht aber darin, dass in den amerikanischen Romanen aus der Zeit der vorletzten Jahrhundertwende nicht nur Figuren auftreten, deren Leben durch diese ökonomisch begründeten Konflikte objektiv bestimmt sind, sondern auch und gerade solche, die die Logik dieser Konflikte subjektiv verinnerlicht haben. Michaels veranschaulicht dies anhand einer exemplarischen Szene aus Theodore Dreisers Roman *Sister Carrie*. Die weibliche Hauptfigur ist angetan davon, wie ein männliches Gegenüber die Natürlichkeit ihres Aussehens beschreibt und verspürt dabei das paradoxe Verlangen, ein inneres Gefühl auszubilden, das dieser Beschreibung entspricht. „[Her] longing", sagt Michaels, „marks what Dreiser appears to think of as a constitutive discrepancy within the self [...]. The desire to live up to the look on your face (to become what is written on your face) is the desire to be equal to oneself (to transform that writing into marks)" (Michaels 1987, 22).

Der Nachweis, dass das, was Marc Shell die ‚economy of literature' nennt, im amerikanischen Naturalismus die historische Tiefenschärfe einer „economy of desire" (Michaels 1987, 48) erhält, schließt zwar an die Methoden und Fragestellungen der Wegbereiter des New Economic Criticism an, setzt aber zugleich einen neuen Impuls, der für die Vertreter einer zweiten Generation des New Economic Criticism von entscheidender Bedeutung sein wird (vgl. Woodmansee und Osteen 1999, 19–21). Ganz offensichtlich produziert die naturalistische Literatur in geradezu obsessiver Weise Subjekte, deren Identität durch die Differenz zwischen dem, was sie sind, und dem, was sie nicht sind, oder anders: zwischen dem, was ihnen zu eigen ist, und dem, was sie sich aneignen möchten, bestimmt ist. Das heißt Michaels zufolge aber nichts anderes, als dass eine naturalistische Darstellung *des* Kapitalismus in letzter Konsequenz nur die Partizipation *am* Kapitalismus bedeuten kann.

Kritik der symbolischen Monopole (Jean-Joseph Goux)

Dass den Grundfragen des New Economic Criticism der kritische Stachel nicht so umstandslos zu ziehen ist, wie deren neo-pragmatistische Reformulierung durch

Walter Benn Michaels nahelegt, zeigt mit anhaltender Schlagkraft (und spätestens seit der Finanzkrise von 2008 auch mit erneuerter Dringlichkeit) das Werk des französischen Kulturtheoretikers Jean-Joseph Goux, dessen erste Arbeiten im Umfeld der *Tel-Quel*-Gruppe entstanden sind und der seit 1980 in den USA lehrt. Auch Goux' bekannteste These baut auf der Herausstellung einer Homologie zwischen monetärer und ästhetischer Repräsentation auf. Nicht umsonst aber setzt er in seinem Buch *Les monnayeurs du langage* (1984) historisch gerade dort an, wo die Studien von Vernon und Michaels aussetzen: „Ist es ein Zufall, wenn die Krise des Realismus im Roman und in der bildenden Kunst in Europa mit dem Ende des Goldgeldes zusammenfällt? [...] Kommt es damit, beim Geld ebenso wie in der Sprache, nicht zu einem Verlust von Garantien und zu einem Zusammenbruch der Bezugsysteme, zu einem Bruch (rupture) zwischen dem Zeichen und der Sache, der die Repräsentation zerstört und ein Zeitalter der flottierenden Signifikanten eröffnet?" (Goux 1984, 9; eigene Übers.)

Diese allgemeine Beobachtung hat Goux anhand einer berühmt gewordenen Deutung von André Gides *Les faux-monnayeurs* vertieft. Gides Roman stellt in der Lesart Goux' eine Gesellschaft dar, die im Begriff ist, sich von ihrer Fundierung durch verbindlich repräsentierte Werte im umfassenden Sinn zu lösen. Der Roman präsentiert sich über weite Strecken als Reflexion darüber, warum ein junger Schriftsteller daran scheitert, einen realistischen Roman unter dem Titel *Les faux-monnayeuers* zu schreiben. Durch diese Struktur der *mise en abyme* wird er auf der Ebene seiner Darstellung selbst zu dem Falschgeld, von dem sein Protagonist so fasziniert ist.

Allerdings bleiben sowohl die grundsätzliche Beobachtung einer Homologie zwischen der Krise des Realismus und der Aufhebung des Goldstandards als auch die zu deren Exemplifikation vorgelegten Lektüren unterschätzt, wenn man sie nicht in dem größeren kulturtheoretischen Zusammenhang betrachtet, den Goux bereits ein gutes Jahrzehnt zuvor unter dem Titel *Freud, Marx. Économie et symbolique* (1973) dargelegt hat. Dort entwickelt er in mehreren Anläufen die ebenso ambitionierte wie originelle These, dass sich das Konzept des allgemeinen Äquivalents aus der marxistischen Werttheorie auf alle Bereiche der Kultur übertragen lasse, in denen ein symbolischer Austausch stattfindet, der durch die hierarchische Privilegierung einer zentralen Autorität bestimmt ist. Goux identifiziert vier maßgebliche symbolische Register, auf die dieser Befund zutrifft: Das allgemeine Äquivalent im Bereich der Ökonomie ist das → Geld, im Bereich der Subjekte ist es der Vater, im Bereich des Trieblebens der Phallus und im Bereich der Zeichen die Sprache. Was in diesen symbolischen Ökonomien von Bedeutung und von Wert ist, bemisst sich einzig und allein am Verhältnis zwischen dem sie bestimmenden idealisierten Allgemeinen und den diesem unterworfenen partikularen Objekten.

Wichtig ist dabei vor allem der Hinweis darauf, wie diese Idealisierung funktioniert. Ein allgemeines Äquivalent unterwirft sich eine bestimmte symbolische Ökonomie Goux zufolge nämlich gerade dadurch, dass es sich von ihr „als leeres und allmächtiges Zentrum ausschließt" (Goux 1975, 96). Die Errichtung und die Festigung symbolischer Monopole vollzieht sich also in einem historisch fortlaufenden „Abstraktionsprozeß" (ebd., 117). Damit ist aber auch gesagt, dass diese symbolischen Monopole immer dann kritisierbar werden, wenn die transhistorische Dynamik einer fortlaufenden Entreferentialisierung der allgemeinen Äquivalente in einem bestimmten symbolischen Register exemplarisch sinnfällig wird.

Aus diesem Zusammenhang erklärt sich Goux' Interesse an der Krise des Realismus in der Kunst der Moderne im Allgemeinen und an André Gides Roman *Les faux-monnayeurs* im Speziellen, in dem er die ontologische und epistemologische Verunsicherung durch die absehbare Aufhebung des Goldstandards exemplarisch ausgestaltet sieht. Es geht Goux dabei aber – anders als ihm gelegentlich unterstellt wird – gerade nicht um die Etablierung eines „rhetorical gold standard in which the money form acts as universal equivalent both within its own system and between itself and other systems" (Woodmansee und Osteen 1999, 17–18). Die semiotischen Verschiebungen in der Codierung des Geldwerts haben im transhistorischen Prozess der Ausbildung symbolischer Monopole keine kausale Priorität. Wohl aber sind sie dessen sinnfälligste Manifestation: „Die Geldform wirft ihr Licht auf alle Zentrismen. Auf die Bildung des Zentrums, den Prozeß der Zentralisierung" (Goux 1975, 96).

Umgekehrt gilt aber auch, dass der kritischen Betrachtung des Geldsystems aus der Perspektive einer breit abgestützten Theorie der fortschreitenden Abstraktion aller kulturell maßgeblichen symbolischen Register aus heutiger Sicht eine Relevanz zukommt, die bei der Etablierung ihrer theoretischen Grundlagen noch nicht absehbar war. Schon in einem viel beachteten Aufsatz aus den 1990er Jahren, in dem Goux anhand der aus dem Alltag des Zahlungsverkehrs gegriffenen Frage „Cash, Check, or Charge?" die damals jüngsten Entwicklungen im Prozess der zunehmenden Abstraktion des Geldes vorführt, stellt er eine erschreckend hellsichtige Prognose: „And what if this mutation of the sign and this mourning of representation were only the prelude to a still unkown ascendancy: the total bankerization of existence, by the combined powers of finance and computers?" (Goux 1999, 115) Neuere Arbeiten sind in diesem Sinne unter anderem jenen „fatalen Spekulationen" gewidmet, die zu der Finanzkrise von 2008 geführt haben, in der Goux ganz im Sinne seiner früheren Arbeiten „eine allgemeinere Krise" erblickt, eine Krise „der Grundlage (*fondement*) und der Begründung (*fondation*)" (Goux 2014, 219; eigene Übers.) von Repräsentation überhaupt. Und auch in Bezug auf die allerjüngsten Auswüchse der „ruinöse[n] Entreferenzialisierung" (Vogl 2011, 79) des Geldsystems, wie der Frage nach der Wertbestimmung der

Kryptowährung Bitcoin, ist Goux (2017) fast ein halbes Jahrhundert nach der Entstehung seines theoretischen Systems ein gefragter Auskunftgeber.

Bei aller zeitdiagnostischen Variationsfähigkeit modelliert Goux seine zahlreichen Studien in erkennbarer Weise als Teile eines kulturwissenschaftlichen Langzeitprojekts, dessen Programm er bei mehreren Gelegenheiten explizit formuliert hat: durch eine „Anamnese" (Goux 1975, 118) der Geschichte symbolischer Ökonomien die Entstehung von Bedeutungsmonopolen kritisierbar zu machen und damit alternative oder verdrängte Wertbegriffe zu mobilisieren. Man kann vielleicht sogar sagen, dass sich damit das bleibende Verdienst des New Economic Criticism insgesamt auf den Begriff bringen lässt. Ganz sicher aber ist Goux derjenige Theoretiker, der dieses Forschungsfeld an die drängenden Fragen des noch jungen 21. Jh.s anschlussfähig gemacht hat.

I.4. Semiotik und Dekonstruktion
Nadja Gernalzick

„Die Semiotik befaßt sich [...] mit Systemen konventioneller Zeichen, durch die Bedeutung gebildet, übertragen und verändert wird" (S. E. Larsen 1998, 2046). In der Semiotik des Ökonomischen erstreckt sich der Zeichenbegriff historisch zunächst auf das Geld, später auf die → WARE, den → WERT und den Preis; heute werden verschiedene Bereiche der Wirtschaft – Markt, Bilanzierung, Vertrag, Konsumentenverhalten – semiotisch betrachtet. Mit der Entwicklung einer speziellen Wirtschaftssemiotik seit den 1990er Jahren (vgl. Kliemt 2003) treten zusehends Verbindungen zwischen Ökonomik und Semiotik und damit zwischen Wirtschaft und Literatur hervor. Wie die Literatur partizipiert die Wirtschaft an der Semiose, der allgemeinen Zeichengenerierung, und stellt mit ihrem besonderen Zeichensystem einen Teil des Kulturschaffens.

Wirtschaftssemiotik zwischen Natur- und Kulturwissenschaft

Die Wirtschaftssemiotik teilt die Sicht der Wirtschaft als Kultur nicht durchweg, sondern versteht Wirtschaftswissenschaft als Erforschung von Naturgesetzen und naturgesetzlich bedingten Verhaltensformen (vgl. Kliemt 2003, 2907), so dass sie methodologisch und epistemologisch eher naturwissenschaftlich denn kulturwissenschaftlich konzipiert wird. Arbeit wird noch gesehen als „what transforms nature into artefact. In every single working process, the materials from which one starts are assumed as something natural insofar as they are *given* to us: the product, that *for which* we must work, will be nonnatural" (Rossi-Landi 1992, 190; vgl. auch Andersen und Holmqvist 2004, 3371–3372). Dem bis auf Aristoteles zurückgehenden Spektrum von Letztbegründungen des Wirtschaftens zwischen Natur und Kultur wird mit unterschiedlichen semiotischen Theorierichtungen entsprochen, von verhaltenstheoretischer Zeichentheorie nach Charles W. Morris (vgl. Kliemt 2003) über die Semiotik nach Charles Sanders Peirce (vgl. Perinbanayagam 2011; Wennerlind 2001), den Strukturalismus nach Ferdinand de Saussure und den Poststrukturalismus nach Jean Baudrillard und Jean-Joseph Goux bis zur Dekonstruktion nach Jacques Derrida mit Verbindungen zur Systemtheorie. Solche methodologischen Divergenzen dürften sich bei weiterer Entwicklung einer Wirtschaftssemiotik künftig zusammenführen lassen. Wirtschaften, Handel und Kommunikation gelten heute denn auch als „Teil eines umfassenden ökologischen Systems, das sich in Abstimmung mit der natürlichen und der von

Menschen konstruierten Umwelt entwickelt" (U. Werner 2004, 3422) – und nicht länger als bloße Umwandlung von Natur in Produkte des Marktes zur menschlichen Bedürfnisbefriedigung. Eine Veränderung epistemologischer Prämissen, auch zur Erleichterung einer Verbindung von Semiotik und Ökonomik, darf von der Aufhebung des Natur-Kultur-Gegensatzes und einer Neudefinition der Arbeit durch den systemtheoretisch und grammatologisch informierten Posthumanismus (vgl. C. Wolfe 2010), den *ecocriticism* und die Anthropozänstudien erwartet werden.

Das kulturwissenschaftliche Fiktionalitätsparadigma nach dem *linguistic turn* (vgl. Rorty 1967) – in der Grammatologie, Technikphilosophie und Semiotik ausgeweitet zu einem materialistischen Fiktizitätsparadigma, im Sinne des Gewerktseins, der Gemachtheit, Gestalt und Gestaltungsmacht der Technologien, Medien und Zeichensysteme – ermöglicht die Koordination von Recht, Sprache und Geld oder Finanzmarkt als Fiktionen im Sinne von konventionellen Systemen. Elemente der Wirtschaft und ihrer Theorie wie Märkte, Bilanzierung, Vertrag, Eigentum und Geld sind gesetzlich geregelt und schaffen „durch rechtliche und soziale Konventionen definierte Symbole" (Kliemt 2003, 2908), die als Zeichen semiotisch relevant und analysiert werden. Zur Unternehmensumwelt gehören „ethische, rechtliche, technische, wirtschafts- und sozialpolitische Vorgaben" (U. Werner 2004, 3424) mit ihren jeweiligen Semiotiken und Semantiken. Semiotische Aspekte des Geschäftslebens finden sich in der Unterscheidung von Gütern in „materielle Güter und Dienstleistungen, Geld oder Informationen", in *business communication*, „Konstruktion von Unternehmensimages", „Entwicklung von Unternehmenspersönlichkeiten", Unternehmenskultur, verschiedenen Geschmackskulturen sowie Produkt- und Distributionspolitik samt Interpretations- und Kommunikationsprozessen (ebd., 3423, 3422). Wirtschaftstheorie, Semiotik und Kommunikationstheorie ergänzen sich mit der Entscheidungs- und Spieltheorie (Kliemt 2003, 2905), der Theorie der Arbeitssprache (vgl. Andersen und Holmqvist 2004), der Transaktionskostentheorie (vgl. Schumann 1994, 189) und der Marketingtheorie (vgl. U. Werner 2004) unter Einschluss der Bild- und Filmtheorie. Die Arbeitssprache als linguistische Varietät (vgl. Andersen und Holmqvist 2004, 3372) und ihre Fachterminologien werden hinsichtlich situativer Kontextualisierung, Perspektivierung, „symbolic and non-symbolic elements" (Andersen und Holmqvist 2004, 3376) und Narrativierung oder *storytelling* untersucht. Insbesondere die Werbung in verschiedenen Medien, die Techniken der Glaubhaftmachung durch Marketing, das Wissen um Konsumsysteme und das strukturierte System der Produkte und Produktimages, schließlich der Wandel der → WERBUNG zu einer Sparte der Kunst und zu einem „Angebot zur Entwicklung medialer Kompetenz" (U. Werner 2004, 3430) stellen seit den 1990er Jahren Untersuchungsfelder dar, in denen spezifisch semiotische und kommunikationstheoretische Forschungsverfahren relevant sind und angewendet werden (vgl. ebd.,

3433). Auch der Preis wird mittels Peirce'scher Kategorien semiotisch beschrieben: Als „Index" hat der Preis „einen kausalen Bezug zu den Herstellungskosten, zur Verfügbarkeit und zur Nachfrage des Gutes"; als „Symbol" wird der „konkrete Bezug überlagert von konventionellen Wertzuweisungen, die dann wiederum als Index für den angestrebten Status der Produktverwender dienen" (ebd., 3429; vgl. Mick 1988, 539).

Vergleich von Sprache und Geld

Der protosemiotische Vergleich von Sprache und Geld- oder Warenwirtschaft, mit dem die semiotischen Aspekte der Wirtschaft implizit anerkannt werden, reicht bis in die Antike zurück (vgl. Shell 1982; Gray 1996). In der Neuzeit beschreibt Karl Marx die Ware, das Geld und den Preis mit Wörtern und Metaphern aus dem semantischen Feld der Sprache und der Zeichen (Marx und Engels 1956 ff., Bd. 42, 96). So gilt er als „Semiologe [...] erster Güte", der „den Sprachcharakter der Warenwelt erkannt" und „die Warenwelt selbst, ja mit der Thematisierung des Geldes den ganzen Bereich der ökonomischen Interaktion, zum Gegenstand [...] zeichentheoretischer Überlegungen gemacht" habe (Scheffczyk 1998, 1456), auch wenn das arbeitswerttheoretische Fundament der Marx'schen Theorie inzwischen revidiert worden ist. Eine Annäherung von sprachlichen und ökonomischen Zeichen findet schließlich seit den 1960er Jahren insbesondere im Poststrukturalismus und in der Dekonstruktion statt; der Strukturalismus nach Saussure ist beiden Entwicklungen vorgängig. „Das sprachliche Zeichen ist [...] lediglich als Sonderfall jedes Zeichens zu betrachten, und daher sind auch die sprachlichen Zeichensysteme stets in ihrem Verhältnis zu anderen Typen von Zeichen [...] zu sehen"; „zur Verwirklichung des Saussureschen Programms" gilt es, „eine Semiotik zu entwickeln, innerhalb derer die Linguistik als Teildisziplin ihren Platz findet" (S. E. Larsen 1998, 2064; vgl. Wunderli 1976). Um 1900 wird die Semiotik als wissenschaftliche Disziplin durch den Strukturalismus – unter Saussures Bezeichnung ‚Semiologie' – gleichzeitig mit Peirces allgemeiner Zeichenlehre transatlantisch begründet. Unter den Erweiterungen semiotischer Forschung bis heute – etwa durch Kultursemiotik (Barthes 1957, 1964b und 1967), Filmsemiotik (Metz 1972, nach Saussure; Deleuze 1983 und 1985, nach Peirce) oder Dekonstruktion – stellt die Wirtschaftssemiotik einen der jüngeren Entwicklungszweige dar.

Strukturalismus: Relativität und Arbitrarität im System und der Wertbegriff

Während das Geld und die Wirtschaft bei Peirce zeichentheoretisch nicht explizit diskutiert werden (vgl. Kevelson 1987, 83–96), verläuft die Korrelation von Sprach- und Wirtschaftstheorie in Saussures Entwurf über den Wertbegriff. Wie die Nationalökonomie, getrennt in analytische Wirtschaftslehre und Wirtschaftsgeschichte, sei auch die Linguistik als Lehre von der Bedeutung der sprachlichen Zeichen wegen des „Einfluss[es] der Zeit [...] vor zwei vollständig auseinandergehende Wege" (Saussure 1967, 93) gestellt. Die Behauptung dieser „Zweiheit" (ebd., 94) bezieht sich auf den sogenannten Methodenstreit um die Ablösung der analytischen von der historischen Wirtschaftswissenschaft seit etwa 1880. Indem man nach dem Muster der Nationalökonomie die wissenschaftliche Disziplin in eine historische und eine analytische Richtung teile, „gehorcht man [...] einer inneren Notwendigkeit", denn in der Linguistik „spielt [...] wie bei der Nationalökonomie der Begriff des Wertes eine Rolle" (ebd., 94). Der Wertbegriff dient bei Saussure schließlich der systemimmanenten, synchronen Notation der Relationen zwischen arbiträren Zeichen. Dieser Zeichen- und Systembegriff, entstanden im Kontext der intensiven, transdisziplinären axiologischen Diskussion zum Ende des 19. Jh.s, ist semiotisch „aus der Linguistik auf andere, nicht-linguistische Gebiete übertragen worden" (S. E. Larsen 1998, 2061).

In der Forschung besteht Uneinigkeit darüber, ob die Assoziation des Zeichenbegriffs mit dem Wertbegriff bei Saussure auf einen direkten Einfluss der analytischen Wirtschaftswissenschaften nach der Grenznutzentheorie der Lausanner Schule zurückgeht (vgl. Engler 1967, 176–178; Piaget 1968, 65; Pariente 1969, 20; den Kommentar von Mauro zur historisch-kritischen Ausgabe Saussure 1972; Rossi-Landi 1977; L. Bauer 1998, 1739). Die Korrelationen mit Begriffen im Werk von Vilfredo Pareto erweisen sich jedoch als beträchtlich (vgl. Gernalzick 2000, 102–112). Als Vertreter der Mathematisierung der Wirtschaftswissenschaften und Vorreiter der Preistheorie erklärt Pareto den motivierten Wertbegriff der Arbeitswertlehre oder der Nutzenwertlehre für überflüssig (vgl. Pareto 1966, 243). Nach Pareto entspricht der Wert dem Preis (ebd., 207) als einem Verhältnis; der Wert scheidet aus der ökonomischen Analyse aus (→ WERT, PREIS). Indem man vom Wert „die nebulösen Vorstellungen, mit denen ihn die literarischen Ökonomen umgeben", entferne, trete der Preisbegriff hervor, und zwar „dank der Anwendung der Mathematik [...] ohne die Beteiligung irgendeiner metaphysischen Wesenheit" (Pareto 1966, 208, 160; eigene Übers.), die der Arbeitswertlehre, auch nach Marx, vorgeworfen wird: „Über den Wert zu schwätzen, zu untersuchen, wann und wie man sagen kann, ‚ein Ding hat Wert', ist viel weniger schwer, als die Gesetze des volkswirtschaftlichen Gleichgewichts zu studieren und zu verstehen" (Pareto

1962, 62). Der Nutzenbegriff der subjektiven Werttheorie bei Pareto weist nur noch auf Relationen zwischen quantitativen Einheiten; die Messung und Zuordnung des Werts zum Nutzen ist willkürlich (vgl. Pareto 1966, 159). Die Messbarkeit einer Einheit oder eines Werts im System – mit Paretos Worten: der Elemente oder Moleküle des Systems – beruht allein auf einem Gleichgewichtszustand. Die Marginalanalyse kann durch mathematische Abstraktion auf Wertbegründung verzichten und unter anderem mit statistischen Methoden die Preise auf dem Markt beschreiben und vorherzusagen suchen. Die Entwicklung zur Preistheorie zeigt sich darin, dass „Begriffslexika – z.B. das Handwörterbuch der Wirtschaftswissenschaft von 1981 [...] – den Wert als eigene Kategorie nicht mehr behandeln und das Geld sowie die Preisbildung ohne Bezug auf den Wert zu erklären versuchen" (Schwarz 1990, 801). Der Wertbegriff wird bei Saussure nicht im Sinne des motivierten Wertbegriffs nach der Arbeits- oder Nutzentheorie des Werts in der Geschichte der Wirtschaftstheorie oder gar im Sinne eines moralischen Werts verwendet, sondern im Sinne des Preises nach der mathematisierenden Abstraktion der Grenznutzenschule. Da Saussure jedoch den Terminus ‚Wert' beibehält (vgl. Engler 1968, 52–53), kommt es in der Rezeption im 20. Jh.s zu Widersprüchen und Vagheiten, in Fortsetzung verschiedener Stränge der Axiologie und der wirtschaftswissenschaftlichen Werttheorie, die weiterhin mit Motiviertheit und Vorstellungen von Wertsubstanz argumentieren.

Semiotisierung des Geldes

Ein Gut, eine Ware oder eine Arbeitsleistung sind so viel wert, wie dafür gezahlt wird; der in Geld notierte und gerechnete Preis eines Gutes ist sein Wert. Die Relativierung des Werts durch mathematische Formalisierung und Preistheorie, parallel zur strukturalistischen Neukonzeption der Sprache, führt zur Abkehr vom klassischen Repräsentationsschema zur Erklärung der Sprache und Werte seit dem 17. Jh. (vgl. Foucault 1974; L. Bauer 1998). Der Grenznutzenschule wird zwar mangels differenzierter Theorien zu Medium, Zeichensystem und Wert oder Sinn vorgeworfen, die Bedürfnisse auf Zahlen reduzieren zu wollen, da der Nutzenbegriff des Theoretikers „rein formalen Charakter" (Schumpeter 1965, Bd. 2, 1284) habe und die Nutzentheorie eher „als eine Logik denn als eine Psychologie der Werte bezeichnet werden" müsse (ebd., Bd. 2, 1285). Somit verweist jedoch die Marginalanalyse auf eine Semiotik als eine Lehre von der ‚Logik der Zeichen'. Als ein Beispiel für die „Affinität von Ökonomik und Semiotik" (L. Bauer 1998, 1739) ist die mathematisierte Preistheorie als Informations- und Datenanalyse von einer Begründung durch Produktion oder Konsumtion abgekoppelt. Auch

Sprache und Geld werden nicht länger unter produktionistischen und tauschtheoretischen, sondern unter zeichentheoretischen Gesichtspunkten analysiert. Saussures Sprachtheorie und die Wirtschaftstheorie kommen in relativistischen Einklang. Mit der Preistheorie und dem Strukturalismus wird die Überwindung der auf Aristoteles' Trennung von Ökonomie und Chrematistik (→ III.1. OIKONOMIA UND CHREMATISTIK) zurückgehenden Abgrenzung der ‚Realanalyse' von der monetären Analyse möglich (vgl. Schumpeter 1965; Kath 1995, 177; Riese 1995, 46); initiiert durch John Maynard Keynes beginnt die Wirtschaftstheorie, dem → GELD nicht nur repräsentative und sekundäre Funktionen als Tauschmittel oder ‚Wertaufbewahrungsmittel' zuzubilligen und die Definition des Geldes als Warengeld abzulegen.

Aristoteles erklärt das Geld als Tauschmittel und führt das Wirtschaften auf einen ursprünglichen Naturaltausch vor Erfindung des Geldes zurück; folglich beschreibt die aristotelische Tradition das Geld als sekundäre wirtschaftliche Kategorie. Sein Gebrauch gilt als gefährliche Dekadenz von einer unmittelbaren Präsenz von Gütern und Tauschenden in der Gemeinschaft. Adam Smith führt „die Tauschneigung als Grundprinzip [...] des gesamten Wirtschaftssystems auf ein Kommunikationsbedürfnis zurück, das eigentlich Gegenstand der Rhetorik ist, nämlich den Wunsch zu überzeugen" (L. Bauer 1998, 1736): „The offering of a shilling, which to us appears to have so plain and simple a meaning, is in reality offering an argument to persuade one to do so and so as it is for his interest. [...] And in this manner every one is practising oratory on others thro the whole of his life" (Smith 1975 ff., Bd. 5, 352). Noch Georg Simmel gründet Wirtschaft und Geld auf den Tausch, den er „als Lebensform und als Bedingung des wirtschaftlichen Wertes, als primäre wirtschaftliche Tatsache" (Simmel 1989 ff., Bd. 6, S. 15) ansieht. Mit der Herleitung des Geldes von einem unmittelbaren, äquivalenten Tausch geht die Geldtheorie zuallererst aus von einer statischen „Soforttauschwirtschaft [...], in deren Haupttransaktion die Zeit stillstehe und deshalb ein Bedürfnis nach Geld nicht verspürt werde" (Heinsohn 1995, 241). Das Geld tritt zwar als nonverbales Informations- und Kommunikationsmittel und somit als potentieller Gegenstand einer Semiotik hervor (vgl. L. Bauer 1998, 1739, 1741); jedoch kann das Tauschparadigma, auch wenn es kommunikationstheoretisch verwendbar scheint, der jüngeren Geldtheorie wie auch der Semiotik des Geldes nicht genügen, denn wenn theoretisch eine prinzipielle Gleichheit von Tausch- und Geldwirtschaft angenommen wird, stört das unbegriffene Geld im analytischen Gebäude; seine Wirkungen in Kredit und Zins können vor dem Hintergrund einer idealisierten Naturaltauschwirtschaft nicht erklärt werden (vgl. Schumpeter 1965, Bd. 1, 719).

Die Beschreibung des Wirtschaftens unter Bezug auf eine autarke, geldlose Robinsonwirtschaft hat ihr Gegenbild in der arbeitsteiligen, komplexen, offenen und dynamischen Geldwirtschaft, in deren Modellierung das Geld als Vertrag über die Zeit und als Verzeitlichungstechnologie erklärt wird. „Money, in its significant attributes is, above all, a subtle device for linking the present to the future; and we cannot even begin to discuss the effect of changing expectations on current activities except in monetary terms. We cannot get rid of money even by abolishing gold and silver and legal tender instruments" (Keynes 1973, 293–294). Die Vertragstheorie des Geldes nach Keynes erlaubt auch die Aufgabe der klassischen Erklärung des Zinses durch Konsumverzicht. Mit Keynes gilt als unübersehbar, dass „jemand, der nur auf den Konsum eines ihm verfügbaren Vermögens oder eines Geldbestandes verzichtet, indem er es in seinem Haushalt hält und keiner Verwendung zuführt, keinen Zins" erhält; „[e]inen Zins realisiert nur, wer anderen Verfügungsrechte auf sein Vermögen oder ihm bereits verfügbares Geld einräumt" (Stadermann 1995, 161). Das Geld ist nach dieser Erklärung nicht länger eine Ware im Tausch, sondern ein Pfand im Rechts- und Vertragswesen, womit Verzeitlichung und Dynamik in der und durch die Geldwirtschaft kohärent konzipierbar werden. Auch die Konventionalität des nominalistischen Geldes, das keinen Materialwert hat, kann erfasst werden, und die wirtschaftliche Rolle des Geldes muss im analytischen Apparat als konstitutiv, nicht als konsekutiv oder sekundär veranschlagt werden. Das Geld und die Preise „erscheinen nicht mehr als Ausdrücke [...] von [...] Austauschrelationen", sondern „erlangen eigenes Leben und eigene Bedeutung, und man muß sich der Tatsache bewußt sein, daß wesentliche Eigenschaften der kapitalistischen Wirtschaft von diesem ‚Schleier' abhängen können" (Schumpeter 1965, Bd. 1, 355). Das Geld re-präsentiert nicht, weder eine Ware, noch einen Wert im Tausch, sondern es schafft Werte. Die wirtschaftstheoretische Durchsetzung der Erklärung des Geldes durch die Vertrags- und Verzeitlichungstheorie im 20. Jh. geht aus dem Ausbau der Preistheorie als Theorie des relativen, arbiträren Werts im System durch die Grenznutzenschule und aus der Semiotisierung des Geldes hervor.

Dekonstruktion: Semiose durch Geld und Schrift als Verzeitlichung

Durch die Dekonstruktion wird Keynes' Beschreibung des verzeitlichenden Geldes in einer Fort- und Umschreibung des Strukturalismus nach Saussure in die allgemeine Semiotik überführt. Saussure hatte zunächst die synchrone von der diachronen Seite des Sprachsystems isoliert, um seinen Ansatz von der historischen Sprachwissenschaft des 19. Jh.s abzusetzen. Die heuristische Reduktion des Systembegriffs, auch in anderen Disziplinen, auf eine statische Struktur der

Gleichzeitigkeit wird spätestens mit der Dekonstruktion radikal problematisiert; sie setzt erkenntnistheoretisch am Problem der Integration der Verzeitlichung in das semiotische System an, wenn Derrida semiotische Ansätze aus dem Strukturalismus mit einer Kritik der Philosophie der Zeit bei Henri Bergson, Edmund Husserl und Martin Heidegger verbindet. Mit den Begriffen der *différance*, der Dekonstruktion, und der allgemeinen und materiellen Textualität ermöglicht Derrida das Denken der Zeitlichkeit, Konventionalität und Fiktizität als Attribute aller materiellen Markierungen, aller Zeichen, im Prozess der Semiose. Die Distanz der Dekonstruktion zur Tauschtheorie und zu Wertideologien der Arbeitsproduktivität wird von Derridas mit verschiedenen Poststrukturalisten geteilter Kritik an Claude Lévi-Strauss' anthropologischen Versionen des Strukturalismus als *„tauschorientiert"* (*échangistes*) (Derrida 1993, 103) und an dem Begriff der Produktion angezeigt: „Der Begriff und das Wort ‚Produktion' werfen enorme Probleme auf" (Derrida 2001a, 228). Eine Verzeitlichungstechnologie – statt der Arbeitskraft – als Motor der Wirtschaft (vgl. Derrida 1992, 387) und Ursache der Akkumulation lässt sich nach Keynes und mit Derrida oder Heinsohn und Steiger (2008) durch das semiotisch begriffene Geld und seine Funktion im Leih- und Zinsvertrag (→ KREDIT UND SCHULD[EN]) über → EIGENTUM und somit durch vom Menschen rechtlich garantierte Setzung erklären.

Die materielle Markierung ist grundsätzlich differ*a*ntiell oder gleitend – nicht identitär oder fest – wegen des Effekts der *différance* als des Prinzips „der Temporisation-Temporalisation" (oder: des Aufschubs, des Hinhaltens und der Verzeitlichung) (Derrida 2009, 161, Anm. 44). Bereits 1967 beschreibt Derrida die *différance*, seinen Beitrag zur philosophischen Terminologie, als ein ökonomisches – im Sinne von geldwirtschaftliches – Prinzip und erklärt: „Die kritische Beschreibung des Geldes liefert die getreue Reflexion des Diskurses über die Schrift" (Derrida 1974, 515). Auch das Geld gehört „zur unbegrenzbaren Ordnung der Sprache oder der Inschrift – der Markierung" (Derrida 1992, 392; eigene Übers.). Nach der Theorie der Dekonstruktion „korrespondiert" die „analytische Abstraktionsbewegung in der Zirkulation der arbiträren Zeichen [...] mit jener anderen Bewegung, in der das Geld sich konstituiert" (Derrida 1974, 515). So wie in der Theorie des arbiträren Zeichens die Sprache – wie jede Form der Semiose – als realitätskonstitutiv, konstruktiv und generativ angesehen wird, ist auch das Geld konstitutiv und differ*a*ntiell oder verzeitlichend, im Sinne des Konzepts der *différance*. Die Analyse der Zeichen kann nicht mehr als Aufgabe einer regionalen Einzelwissenschaft gesehen werden, denn sowohl Linguistik als auch Ökonomik behandeln Signifikanten (vgl. Derrida 1972, 257). Geldtheorie und Schrifttheorie, Ökonomik und Sprachwissenschaft werden in der Grammatologie zu einer Disziplin.

Antrieb des Wirtschaftens ist Geld nicht, weil Zeit Geld sei – „*[t]ime is money*" (Benjamin Franklin, zit. in: Derrida 1992, 394) –, sondern weil das Geld wie jedes

Zeichen verzeitlicht, im Sinne von „l'argent, c'est du temps" [das Geld ist Zeit] (ebd., 395). Mit dem Geld schaffen wir Verzeitlichung und einen Maßstab, den wir ‚Zeit' nennen, auch wenn es für diese selbst keinen Maßstab gibt und sie nicht endgültig kalkuliert werden kann: Mit dem posthumanistischen „uns fehlt das Maß für das Maß" interpretiert Derrida unter Bezug auf Heidegger die Formel „*[t]he time is out of joint*" aus Shakespeares *Hamlet* (Derrida 2004, 111) als Beschreibung der nicht abschließend formalisierbaren Zeitlichkeit, wie von der *différance* gemeint. Ohne die von der *différance* gegebene Unmöglichkeit, die Verzeitlichung als Effekt der Semiose zu kontrollieren, gäbe es „weder Ereignis noch Geschichte, noch das Versprechen von Gerechtigkeit" (ebd., 232) als diejenigen Momente, die der Kalkulation entgehen, womit der von Aristoteles für die Wirtschaft gesetzte Kontext der Theorie der Gerechtigkeit auch von der Dekonstruktion eingeholt wäre. Als Quantifizierung und Technik der „Ökonomie der Zeit" ist das Geld „die gewonnene Zeit, die bewirtschaftete Zeit" (Derrida 1992, 395; eigene Übers.). Wie andere Markierungen und Zeichen wirkt das Geld zugleich disseminierend und kalkulierend, in verschiedenen Zeitlichkeiten: „Temporalisierung der Zeit (Gedächtnis, Gegenwart, Antizipation; Retention; Protention oder nahe Zukunft; Zeitekstasen usw.)" (Derrida 1993, 25). Zins, Kredit und Spekulation erklären sich als generativer Effekt der *différance*; sie sind wegen der Fälligkeitstermine kalkulierte und kalkulierbare Zeit (ebd., 56). Alle im Werk Derridas zur Definition der *différance* verwendeten Begriffe – Aufschub, Vorrat, Spur – verweisen auf Kredit und Zins als Elemente der Ökonomie, wenn sie als Geldwirtschaft verstanden wird. Die Pluralität der Währungen bedeutet auch eine Pluralität von Zeitlichkeiten, vergleichbar verschiedenen Zeitregistern wie denen der grammatischen Tempora oder der metrischen Zeiten der Uhren und Kalendarien. Auf dieser Grundlage ist heute die weitere Differenzierung von Zeichensystemen eine fortlaufende Aufgabe in Semiotik und Medienwissenschaft.

Die Ablehnung der Schrift durch Platon, im Interesse der idealistischen Philosophie, des korporatistischen Staatsideals und gegen die sophistische Rhetorik und die Demokratie entspricht der Ablehnung des Geldes bei Aristoteles zugunsten der naturalisierten Hierarchie und Autarkie des *oikos*. Der Nachordnung der Schrift unter die Sprache in der Tradition der idealistischen Philosophie entspricht die aristotelische Vorstellung von der Geldwirtschaft als derivativ (vgl. Gernalzick 2000, 137–189), wie Derrida kritisiert. Er verlangt stattdessen eine Integration von aristotelischer Ökonomik und Chrematistik. „[U]naushaltbar" (Derrida 1993, 205), wenn auch „beruhigend", „teils naiv, teils eigenmächtig" sind Unterscheidungen wie diejenige zwischen Ökonomik und Chrematistik, „zwischen dem Natürlichen und dem Künstlichen, dem Echten und dem Unechten, dem Ursprünglichen und dem Abgeleiteten oder Entlehnten" (Derrida 1993, 95; Übers. korr.). Für Aristoteles handelt es sich bei der Unterscheidung von Ökonomik und Chrematistik – wie für

Marx oder noch Marc Shell (vgl. ebd., 202, Anm. 40) – „um eine ideale und wünschenswerte Grenze, um eine Grenze zwischen dem Begrenzten und dem Unbegrenzten, zwischen dem wahrhaften und begrenzten Gut (dem Ökonomischen) und dem illusorischen und unbestimmten Gut (dem Chrematistischen)" und „zwischen der unterstellten Endlichkeit des Bedürfnisses und der angeblichen Unendlichkeit des Verlangens" (ebd., 202; → III.1. OIKONOMIA UND CHREMATISTIK). Diese Grenze ist nach der Theorie der *différance* und des *mise en abyme* der Saussure'schen Signifikantenkette nicht zu halten, denn ihre Überschreitung durch Fiktionalität – im Sinne von allgemeiner Fiktizität und Zeichensystemen – „affiziert *a priori* das familiale Gut" (ebd., 202). Nach Aristoteles bedroht die Chrematistik als geldwirtschaftliche Technik die Grenze des ‚guten Lebens', des *oikos* als des familiären Hofguts, und den geregelten Bezug zwischen Produktion und Konsum auf dem Markt. Diese Grenze ist jedoch schon überschritten, seit es das erste Zeichen eines Bedürfnisses gibt. „Sobald es Geldzeichen und zunächst Zeichen gibt, das heißt Differenz und Kredit, ist der *oikos* offen und kann nicht über seine Grenze herrschen" (ebd., 203; ähnlich Hamacher 1994). Dieser „ursprüngliche Verfall" der Familie ist ihre Öffnung als „die Chance für all die Gastfreundschaften"; erst durch chrematistische Offenheit gibt es Ereignisse und Akkumulation; „nichts [kann] ohne irgendwelche Chrematistik passieren" (Derrida 1993, 203). Die *différance* an der Markierung ist „die Chance für die Gabe selbst: die Chance des Ereignisses" (ebd., 203; → GABE, GASTFREUNDSCHAFT), des von der Kalkulation nicht Erfassten, nicht Berechneten, Überschüssigen, das der Wahrnehmung und Kalkulation des Menschen als Differenz gegeben wird und erst ‚bewertet' – semiotisiert und damit verzeitlicht – werden muss. So lässt „sich der Zeichenprozeß [...] nie zugunsten absoluter Erkenntnis auf ein transzendentales Signifikat reduzieren [...]. Jede Erkenntnis ist [...] an die Bedingung geknüpft, daß der Zeichenprozeß [...] fortgesetzt wird" (S. E. Larsen 1998, 2063–2064).

Handel, Kredit und Lektüre oder Kommunikation implizieren den stabilisierenden Vertrag. Dekonstruktion, die permanente Umstrukturierung und Bewegung der Systematizität unter der Semiose, verschiebt die Relationen zwischen materiellen Markierungen und verändert Verträge, Konventionen oder Regeln (zu den Affinitäten zum *shifting equilibrium* nach Keynes oder zur kreativen Zerstörung nach Schumpeter vgl. Gernalzick 2005). Literatur wie Geld erlauben das Verstehen und Einüben der Wertungs- und Verantwortungsprozesse, die ethisch relevant und expliziert werden (vgl. Wetzel und Rabaté 1993; Gernalzick 2000, 176–181). Wahrheit, Wert und Bedeutung werden den Elementen der Semiose angesichts der notwendigen Entscheidung über den Sinn der Ereignisse durch Übereinkunft zugewiesen, „in a manner that is not only theoretical, but practical and performative" (Derrida 1988, 136), und sind in Kontexten relativ stabil. Zwar muss es „a certain play" geben, dies jedoch nicht als Unbestimmtheit, sondern

„*différance* or [...] nonidentity [...] in the very process of determination" (ebd., 149). Auch zwischen Geld und Falschgeld kann ohne weitere Regelung nicht unterschieden werden, da Falschgeld „nur insofern ist, was es ist, nämlich falsch und nachgemacht, als man dies nicht weiß, das heißt sofern es zirkuliert, aussieht und funktioniert *wie richtiges Geld und gutes Geld*" (Derrida 1993, 81–82). Anhand der Lektüre von Charles Baudelaires Kurzgeschichte *La fausse monnaie* („Falschgeld") legt Derrida nicht nur die differ*a*ntielle Logik des (Falsch-)Geldes, sondern auch der Literatur, der → FIKTION und der Lektüre dar. „Alles ist ein Glaubensakt, ein Phänomen von Kredit und Vertrauen", in der Literatur wie der Geldwirtschaft und damit „auch an die Politik" (Derrida 1993, 129) gebunden. „[L]aws, constitutions, the declaration of the rights of man, grammar, or the penal code" sind nicht dasselbe wie Romane, jedoch sind diese Codes und konventionellen Zeichensysteme keine naturwüchsigen Tatsachen; „they depend upon the same structural power that allows novelesque fictions or mendacious inventions and the like to take place" (Derrida 1988, 134).

Schrift und Geld stehen in Allianz mit dem Recht und der Demokratisierung. Nur die semiotische, abstrahierende Neutralisierung erlaubt durch Äquivalenzsetzung einen Zugang zur Würde, das heißt dazu, dass jeder so viel Wert sei, wie die andere, jenseits des Werts, „sans-prix" [preislos] (Derrida 1992). „Die Ablehnung des Geldes oder seines Prinzips der abstrakten Indifferenz, die Verachtung des Kalküls kann sich im heimlichen Einverständnis mit der Zerstörung der Moral und des Rechts befinden – und [...] der Demokratie der Wähler, die mit ‚Stimmen' rechnet" (Derrida 1992, 399; eigene Übers.). Die Beschreibung der Wirkung der Schrift oder des Geldes nach der Theorie der Dekonstruktion stimmt mit wirtschaftswissenschaftlichen und soziologischen Erklärungen der Demokratisierung und Überwindung der Gewaltherrschaft durch die Geldwirtschaft überein (vgl. Luhmann 1996a, 253; [Anon.] 1993, 2065). Bereits Max Weber formuliert, dass „das Pragma der Gewaltsamkeit [...] dem Geist der Wirtschaft [...] sehr stark entgegengesetzt" ist (Weber 1972, 32).

Der Geldbegriff und das Ökonomiekonzept der Dekonstruktion erweitern zeitgenössische wirtschaftswissenschaftliche Forschungsbereiche wie die Transaktionskostentheorie betreffend Informationstransparenz und Kooperation beim Abschluss und bei der Ausführung und Kontrolle von Verträgen (vgl. Schumann 1994, 189). Dekonstruktion und die heutige Geldtheorie konvergieren. Derridas Schriften halten sich dem wirtschaftswissenschaftlichen Kontext mit Bedacht offen (vgl. Gernalzick 2000) und weisen, gegen Gayatri Spivaks Zweifel, keine „mistakes" (vgl. Spivak 1995, 71–72). hinsichtlich wirtschaftswissenschaftlicher Prämissen in der semiotischen Korrelation von Wirtschafts- und Sprachtheorie auf. In Texten aus dem Poststrukturalismus oder New Economic Criticism (→ I.3. NEW ECONOMIC CRITICISM), die den Ökonomiebegriff produktionistisch und arbeitswerttheoretisch rezipieren, wird stattdessen die zeitgenössische Konvergenz von Sprach- und Geldtheorie oft anachronistisch auf tauschtheoretische Gesichtspunkte und Analogien verkürzt, ohne begriffliche Integration von Verzeitlichung.

Ökonomietheoretische Vorläufer der dekonstruktionistischen Semiotik

Derrida entwickelt seine Semiotik des Ökonomischen unter anderem am Begriff der systemischen Verausgabung in den Werken Georges Batailles (vgl. Bataille 1970 ff., Bd. 7, 7–16; Derrida 1967), die wiederum von Keynes' Theorie des wirtschaftlichen Ungleichgewichts (vgl. Bataille 1970 ff., Bd. 7, 22) und von Marcel Mauss' Anthropologie der rituellen → VERSCHWENDUNG (vgl. Mauss 1990) beeinflusst sind. Gemeinsamer Nenner der Ansätze ist der Versuch, ein offenes System zu konzipieren und mit der Wirtschaftstheorie zu integrieren, auch wenn sich die Theorien hinsichtlich Wert- und Geldbegriff unterscheiden oder sogar widersprechen. Bataille setzt einer beschränkten Ökonomie des Kalküls eine allgemeine Ökonomie der Verausgabung und Maßlosigkeit entgegen (vgl. Derrida 1981, 3) und zeigt, dass Kalkulation nie vollständig oder erschöpfend erfolgen und Ökonomie also offenbleiben muss. Batailles Werk bietet mit der Anlehnung an die Wirtschaftstheorie der Grenznutzenschule, der Beschreibung einer produktiven Überflussökonomie nach Alexandre Kojève – worin sich bereits der Einfluss der französischen Hegel-Renaissance auf den Poststrukturalismus abzeichnet – und der Verschwendung nach Mauss Ansatzpunkte für eine entwickelte Geldtheorie, bleibt aber durch den am Arbeitswert der Marx'schen Ökonomik ausgerichteten Geldbegriff hinter ihr zurück. Bataille geht nicht auf Fragen der Geld- und Zinstheorie ein, so dass die Verzeitlichung in der Wirtschaft nicht adäquat berücksichtigt wird.

Poststrukturalistische Zeichenökonomien

Anders als in den visionären Konzeptionen Batailles oder den Analysen von Mauss dienen die Ökonomiebegriffe in den Werken poststrukturalistischer Autoren wie Jean Baudrillard oder Jean-Joseph Goux als Metaphern für Strukturalität, wie ähnlich auch in der libidinösen Ökonomie nach Sigmund Freud, die Jean-François Lyotard entwickelt (vgl. Lyotard 1974). Diese Metaphorisierungen bewirken auch heute noch fortwirkende, auratisierende Verwendungen („auratic borrowing" nach Spivak 1993, 122) des Ökonomiebegriffs in der Kultur- und Literaturwissenschaft (vgl. Gernalzick 2000, 14–52; 2005, 55–56). Problematisch an den poststrukturalistischen Annäherungen von strukturalistischer Linguistik und Wirtschaftswissenschaft in den 1960er und 1970er Jahren sind die weitgehende Beschränkung auf Marx'sche Wirtschafts- und Werttheorie und entsprechend das in die Arbeitswerttheorie eingebundene Ausgehen von Definitionen von Gebrauchs- und Tauschwert, was wiederum zu einer Vernachlässigung oder sogar Verurteilung der Geld- und Zinstheorie führt, so dass auch die Verzeitlichung im Wirtschaftssystem nicht adäquat beschrieben wird. Die Marx'schen Begriffe dienen als Brücke zur Erweiterung des Zeichenwertbegriffs aus dem *Cours de linguistique générale*, und ihre Unterscheidungen gehen in den poststrukturalistischen Wertesystementwürfen auf. Baudrillards frühe Schriften setzen ausgehend von der Marx'schen Werttheorie zu einer Zusammenführung von Marxismus und Zeichenökonomie an (vgl. Baudrillard 1972), um schließlich jedoch in *L'échange symbolique et la mort* (1976) dem Marxismus eine Absage zu erteilen. In Baudrillards Entwurf einer negativen universellen Axiologie kann nur der symbolische – äquivalente – Tausch die Zwänge des Systems überwinden. Einzig bei Goux (→ I.3. NEW ECONOMIC CRITICISM) findet sich eine konkrete Betrachtung der wirtschaftswissenschaftlichen Nutzen- statt der Arbeitswerttheorie im Verhältnis zur strukturalistischen Linguistik (vgl. Goux 1978). Goux nimmt die Preistheorie jedoch zur Kenntnis, um sich von ihr abzusetzen, weil er Lust als intrinsische Substanz eines Werts betrachtet (ähnlich Guattari o. J. [1976]), die nicht in eine formale Notation überführt werden könne und dürfe; er bezieht damit Stellung gegen Lyotards *Économie libidinale* (1974). Die Poststrukturalisten oder Postmodernen greifen verschiedene Elemente der Wert- und Preistheorie der Wirtschaftswissenschaften auf, ohne dass in ihren Studien die Integration der Verzeitlichung in die Wirtschafts-, Geld- und Zeichentheorie, wie anders in der Dekonstruktion, erreicht würde (vgl. Gernalzick 2000, 190–234).

Wenn der *Cours de linguistique générale* im Kontext der Marx'schen Arbeitswerttheorie rezipiert wird, widerspricht gerade eine solche Zusammenführung seiner Argumentation und wirkt verzerrend, indem die bei Saussure angelegte Tendenz auf die Dynamik der *différance*, als Radikalisierung der Relativität und Arbitrarität des Werts, übergangen wird (vergleichbar problematisch Vief 1991; medientheoretisch gewendet McLuhan 1964 oder Winkler 2004; kritisch dazu Gernalzick 2006). Baudrillard und Goux stützen ihre Assoziation des Wertbegriffs im Strukturalismus mit der Marx'schen Arbeitswerttheorie jeweils auf eine Passage im *Cours de linguistique générale*, in der die Gleichsetzung von Arbeit mit dem Signifikat und von Lohn mit dem Signifikanten beschrieben wird: „[W]ie bei der Nationalökonomie [spielt] der Begriff des Wertes eine Rolle [...]; in beiden Wissenschaften handelt es sich um ein *System von Gleichwertigkeiten zwischen Dingen verschiedener Ordnung*: in der einen eine Arbeit und ein Lohn, in der andern ein Bezeichnetes und ein Bezeichnendes" (Saussure 1967, 94). Anlässlich dieser einzigen Stelle, an der im *Cours de linguistique générale* vage → ARBEIT erwähnt wird, erfolgt in poststrukturalistischen Lektüren die Gleichsetzung der Zeichentheorie Saussures mit der Arbeitswertlehre nach Marx. Dessen ungeachtet, ob die Arbeit bei Pareto ebenfalls eines unter anderen Elementen des Wirtschaftssystems darstellt, also mit derselben Berechtigung eine nicht-marxistische Wirtschafts- und Werttheorie anlässlich des Vergleichs mit der Arbeit herangezogen werden könnte, stammen die zitierten Zeilen nach den Ergebnissen von Mauros Forschung am Manuskript des *Cours de linguistique générale* nicht von Saussure, sondern von den ersten Herausgebern: „Der zweite Teil des Satzes (‚in beiden Wissenschaften ... Bezeichnendes') ist eine Ergänzung der Herausgeber und entsprechend beliebig ist der Vergleich, den er enthält" (Mauro in: Saussure 1972, 451, Anm. 166; eigene Übers.). Zutreffend ist, dass die Semiotik Saussures und das Denken der Arbitrarität mit der marginalanalytischen Nutzentheorie des Werts und letztlich der Preistheorie, nicht jedoch mit der Arbeitstheorie des Werts konvergieren (vgl. Gernalzick 2000).

Die analogisierende Verkürzung in Annäherungen von Linguistik und Ökonomik wie bei Baudrillard oder Goux (vgl. S. E. Larsen 1998, 2060) setzt den Signifikanten mit dem Tauschwert und das Signifikat mit dem Gebrauchswert sowie Zeichen und Ware gleich (vgl. L. Bauer 1998, 1733; Rossi-Landi 1972; Guattari o. J. [1976]; Ponzio 1988), während seit der Grenznutzenschule die Trennung in Gebrauchs- und Tauschwert wirtschaftstheoretisch überholt ist. So führt der Vergleich von Sprache und Geldwirtschaft in einigen poststrukturalistischen Theorien und bei ihren Anwendern auch bis in das 21. Jh., oft noch im Duktus der Marx'schen metaphorischen Gegensätze von geisterhaftem Schein und Wesenhaftigkeit, in der Tat in ein „konjekturale[s] Phantasma" (L. Bauer 1998, 1733). Problematisch ist vor allem die Fortsetzung der Dämonisierung des fiduziären, konventionellen, nominalistischen Geldes nach Aristoteles, so wenn Baudrillard die revolutionäre Abkehr vom als ‚entfremdend' charakterisierten Geld fordert (vgl. Baudrillard 1976; ähnlich Kurz 2004). Die poststrukturalistischen Theorien haben trotz Kritik am Tauschparadigma meist kein oder ein nur ungenügend rezipiertes Konzept der *différance* und verfehlen die Integration der Zeitlichkeit in ihre Beschreibung von Struktur. Die Utopie der gesellschaftlichen Befreiung durch Abschaffung des Geldes (→ III.4. UTOPISTISCHE ÖKONOMIEN DER NEUZEIT) wird dann als Regression bestimmt werden können, wenn Orthodoxien des arbeitswert- und tauschtheoretischen Diskurses aufgegeben werden. Von den verkürzenden Verfahren der poststrukturalistischen Analogien zwischen Semiotik und Ökonomik und Sprach- und Geldbegriff ist die Dekonstruktion nach Derrida mit Nachdruck auszunehmen.

Auch für den New Economic Criticism (→ I.3. NEW ECONOMIC CRITICISM) wird eine Entwicklung über klassische Wirtschaftstheorie, Produktionismus, Konsumtheorie, Arbeits- oder Nutzentheorie des Werts, metallistische oder materialistische Geldtheorie und Tauschtheorie hinaus nötig, was wiederum eine Entwicklung über Smith, Marx oder auch Keynes hinaus verlangt. Bei manchen Projektionen im Poststrukturalismus oder New Economic Criticism handelt es sich um eine Ökonomisierung der Semantik statt um semiotische Analyse der Wirtschaft, der Wirtschaftswissenschaft oder der Literatur. Umgekehrt muss zumindest bis etwa 2000 gelten, dass „[s]elbst innerhalb von ökonomischen Spezialdisziplinen mit sachlicher Affinität zur Semiotik wie Informations- und Medienökonomik [...] semiotische Ansätze noch so gut wie keine Rolle [...] spielen" (L. Bauer 1998, 1732).

I.5. Medientheorie und Mediengeschichte
Jochen Hörisch und Burkhardt Wolf

Wer dem Wort ‚Medium' in Texten der Antike oder aus der Zeit um 1200, 1500, 1800 und 1900 begegnet, wird mit unserem heutigen Medien-Verständnis nicht weit kommen. Schließlich kann der Begriff dort synonym sein mit ‚Element' (Wasser, Feuer, Erde, Luft), er kann das Mittlere und Vermittelnde in jedem Wortsinne meinen, er kann als Zentralbegriff des Spiritismus verstanden werden, er kann einen Modus des Verbs im Altgriechischen zwischen Aktiv und Passiv bezeichnen etc., und noch um 1800 oder 1900 wird man ihn nur in raren Ausnahmefällen als Überbegriff für Sprache, Bücher, Zeitschriften, Drucke, Konzerte, Briefe, Telegramme oder dergleichen finden – kurzum: der Wortgebrauch ‚Medium/Medien' im heute üblichen Sinne ist verblüffend jung (vgl. S. Hoffmann 2002). Und doch erschließt der Begriff zahlreiche Aspekte auch der alten und ältesten Literatur. Denn als doppelter Genetiv verstanden, umfassen die ‚Medien der Literatur' nicht nur das, was literarische Texte und Werke als Elemente, Spiritisten usw. thematisieren, sondern auch jene „Operatoren, welche die Texte und Werke, die sie speichern oder distribuieren, zugleich konstitutiv mit hervorbringen" (Binczek u. a. 2013, 1).

Zu diesen Operatoren mag man neben der Sprache, die dem ‚Letztmedium Sinn' Form verleiht, unterschiedliche ‚Textmedien' (wie Stimm- und Schreibwerkzeuge, Beschreibstoffe, Typen, Layouts und Reproduktionstechniken) sowie diverse ‚Werkmedien' (vom Buch und seinen editorischen Gestalten bis hin zu ‚nicht-biblionomen' Formen wie Zeitschriften, Lesungen, Aufführungen und Adaptionen) rechnen (vgl. Binczek u. a. 2013). Dann versteht sich als ‚Medium', was Literatur allererst ermöglicht. Strikt medienwissenschaftlich könnte man aber auch sagen: Es gibt keine Medien. Zwar mag man mediale Effekte in unterschiedlichsten Bereichen registrieren, mit Blick etwa auf das Licht, das Wasser und die Luft, auf Bauten, Dinge und Lebewesen oder auch auf diverse Speicher-, Verarbeitungs- und Übertragungstechniken. Doch befasst sich die Medienwissenschaft letztlich weniger mit materiellen oder technischen Gegenständen als damit, wie diese – in Gestalt einer Infrastruktur oder eines Dispositivs – Kommunikation, Handlung oder Wissen ermöglichen und formatieren. Als solche ‚existieren' Medien nicht, solange sie „nur an der Kontingenz der Formbildungen erkennbar sind, die sie ermöglichen" (Luhmann 1995, 168). Systemtheoretisch gesprochen bilden ‚Medien' lose Kopplungen, ein Netzwerk potentieller Vermittlungen, von denen bestimmte aktualisiert und als beständigere Formen verstetigt werden können. Medien sind immer schon im ‚Werden', und das, worin sie sich manifestieren, sind weder Gegenstände noch feste Strukturen, sondern vielmehr ‚Ereignisse' (vgl. Vogl 2001b, 122–123).

Mediengeschichte ist in dem Sinne Ereignisgeschichte, als sie, ausgehend von der Einführung bestimmter Medien, die Emergenz bestimmter Kommunikations- oder Wahrnehmungs-, Handlungs- oder Erkenntnisformen untersucht. Dies erklärt ihre Bedeutung für die Literatur- und Ökonomiegeschichte, werden doch beide von der Einführung prominenter Medien (wie Papier oder Buchdruck) skandiert. Und mehr noch: Was zu einem gewissen Zeitpunkt überhaupt als ‚Literatur' und was als ‚Ökonomie' gelten kann, definiert sich oftmals erst durch ihre Leitmedien. Eine orale ‚Literatur' ist von der verschrifteten ebenso zu unterscheiden wie eine ‚Gabenwirtschaft' von der ‚Finanzökonomie'. Hinzu kommt, dass man Literatur wie Ökonomie selbst als ‚Medien' auffassen kann: zum einen als eine lose Kopplung sprachlicher Elemente, die mit einem bestimmten Text- oder Aufführungsereignis nicht nur ereignishaft Form gewinnt, sondern sich (etwa durch dessen ‚revolutionäre' Wirkung) ihrerseits verändert; zum anderen als ein Netzwerk potentieller Transaktionen, das von einigen der ‚realisierten' Geschäfte (etwa von fatalen Börsenspekulationen) nachhaltig geprägt werden kann. Mediengeschichte hat unter diesen Vorzeichen wenig gemein mit einer ‚Ereignisgeschichte' im historiographischen Sinne: Was sie untersucht, sind nicht primär außerordentliche Geschehnisse oder folgenreiche *res gestae*, sondern ‚konjunkturelle' Wirkungen, die mit dem Aufkommen bestimmter Medien einhergehen.

Medien-Konjunkturen

Diese Perspektive vereint die Mediengeschichte letztlich mit jenem Forschungsprogramm, das die französische Annales-Schule (seit den 1910er Jahren und ausgehend von den Arbeiten Lucien Febvres und Marc Blochs) als ‚Historiographie der Totalität' propagiert hat. Schon bald ging man in dieser *nouvelle histoire* davon aus, dass historische ‚Totalität' nur „durch die Ökonomie sichtbar" wird (Ariès 1990, 140). Deshalb setzte man, um die Ökonomie nicht nur in ihrer synchronen und statischen Gestalt beschreiben, sondern sie ‚seriell', in ihrer diachronen und dynamischen Wirkung analysieren zu können, über der Ebene der „Ereignisgeschichte" eine solche der „Konjunkturgeschichte mit ihren relativ kurzen Wellen" und eine solche der längerfristigen „Strukturgeschichte" an (Braudel 1992, 127). Und deshalb hielt sich diese „historische Ökonomie", um „eine möglichst differenzierte Untersuchung der Diskontinuität" innerhalb der Großstrukturen zu ermöglichen, bevorzugt an jene ökonomischen Medien (wie Papier, Doppik, Verwaltung, Warenhaus, Schiff), die innerhalb eines spezifischen Milieus (natürlicher Einflüsse und allgemeiner Mentalitäten) wirksam geworden waren (ebd., 122, 130). Auf der Ebene von Zyklen und Konjunkturen, also exakt zwischen der traditionellen Ereignisgeschichte und der *longue durée*, operiert nicht nur die Mediengeschichte (der Ökonomie und anderer Bereiche). Auch jene ‚materialistische' Literaturgeschichte, die Franco Moretti zuletzt im Sinne eines „distant" oder „serial reading" (Moretti 2013a, 44) konzipiert und die für etliche literaturwissenschaftliche Analysen der Digital Humanities Vorbildcharakter gewonnen hat, stützt sich auf das annalistische Konzept einer mittleren zyklisch-konjunkturellen Ebene, um literarische Gattungs- und Formentwicklungen mit ökonomischen Parametern zu korrelieren (vgl. Moretti 2009, 22–25).

Die Ökonomie lässt sich in dieser Perspektive ebenso als ein Medium der Literatur begreifen wie die Literatur als ein Medium der Ökonomie: Beispielsweise war die perfektionierte Medientechnik Druckerpresse und die Entstehung eines deregulierten Markts, auf dem Bücher als Massenware gehandelt wurden, die Voraussetzung für jenen Diskurs, der die Instanz des ‚Autors' schuf, diesem die Verfügungsgewalt über sein ‚geistiges Eigentum' zusprach und damit das moderne Konzept eines literarischen ‚Werks' und einer ‚Werkökonomie' etablierte, in der der Autorname den zugleich monetären und geistigen „Wert von Drucksachen [...] deckt und verbürgt" (Wegmann 2002, 154). Erst das Buch ermöglichte es, Geist und → GELD, literarischen und ökonomischen → WERT in der paradoxen Einheit ihrer Unterscheidung zu vermitteln. Und erst als ‚unverkäufliche' → WARE wurde die Literatur zu einem (vermeintlich) funktionslos exzentrischen Medium, das die Ökonomie ‚von außen', nämlich auf ‚interesselose' und ‚kritische' Weise zu beobachten und an ihr dennoch stillschweigend teilzuhaben vermag. Es war also eine spezifische ökonomische Situation, die der Kunst (aufgrund eines früher entstandenen Kunstmarkts zunächst der Malerei und dann der Literatur) den Status eines ‚symbolisch generalisierten Kommunikationsmediums' verschafft hat. Niklas Luhmann zufolge dient ein solches Medium nicht nur (wie Schrift, Buchdruck oder Computer) der ‚Verbreitung' von Kommunikation. Es koppelt auch heterogenste Kommunikationsereignisse und überführt dadurch (ganz wie es die ‚Medien' Wahrheit und Liebe, Macht und Geld tun) unwahrscheinliche Kommunikation in wahrscheinliche (vgl. Luhmann 1995, 202–205). Und mehr noch: So wie der Markt durch seine Preise beobachtet, wie Kunst- und Literaturkenner bestimmte Werke beobachten und bewerten, reflektieren und kritisieren Kunst und Literatur in einer ‚Beobachtung zweiter Ordnung', wie das Funktionssystem Wirtschaft funktioniert oder eben nicht funktioniert (vgl. ebd., 107, 135, 142–145).

Schrift

Bislang konnte sich keine Forschung etablieren, die das Verhältnis von Literatur und Ökonomie konsequent medienhistorisch untersucht hätte. Statt eines kohärenten Gegenstands haben sich allenfalls einige Arbeitsfelder abgezeichnet, die im Folgenden knapp umrissen werden sollen: *erstens* die Geschichte der Schrift, ihrer ästhetischen und ökonomischen Dimensionen; *zweitens* die Entwicklung von Kalkülen mit spezifischen mentalitäts- und literaturhistorischen Wirkungen; *drittens* Medien und Kommunikationssysteme, von denen ausgehend man – *viertens* – ökonomisch bedingte Umbrüche in der Kunstproduktion und -rezeption, zugleich aber – *fünftens* – die ästhetischen Aspekte neuer Warenmärkte beschrieben hat. Als man unter einer allgemein ‚medienarchäologischen' Perspektive danach fragte, ob es in der Mediengeschichte von Literatur und Ökonomie einen gemeinsamen Ausgangspunkt gegeben haben könnte, verfiel man, wenig überraschend, zunächst auf die Schrift. Besteht deren Wirkung „in der räumlichen und zeitlichen Entkopplung von Mitteilung und Verstehen und in der gewaltigen Explosion von Anschlußmöglichkeiten" (Luhmann 1995, 266), dann eröffnet sie der Wirtschaft ebenso wie der Dichtung einen völlig neuen Kommunikationsspielraum. Weil es Vokale anschreibt und die Buchstaben des Alphabets zugleich als Zahlzeichen versteht, hat Friedrich Kittler mit dem altgriechischen Alphabet (9./8. Jh. v. Chr.) die ersten Zeugnisse eines ‚poetischen' und ‚rekursiven' Sprachgebrauchs verbunden; während im Zweistromland und bei den Phöniziern die Schrift vornehmlich zur Notation ökonomischer Belange gedient habe, sei es im antiken Griechenland zum epochalen Take-off von Dichtung und Wissenschaft gekommen (vgl. Kittler 2006, 207–208, 218–219).

Die noch weitaus älteren Ursprünge der sumerischen Keilschrift (ca. 3500 v. Chr.) hatte die Altorientalistik zunächst noch in der Abstraktion von Piktogrammen vermutet, ehe sie die Archäologin Denise Schmandt-Besserat (1978 und 1992) auf – aus Ton gebrannte und geometrisch geformte – Zahlsteine zurückführte: Mit diesen *tokens* seien, um der Handelsregistratur willen, verschiedene Waren differenziert bezeichnet und zählbar symbolisiert worden; hatte man die Steine zunächst noch in Tonhüllen versiegelt und ihren Abdruck auf deren Oberfläche hinterlassen, verzichtete man schließlich auf die dreidimensionalen Objekte und ihre Aufbewahrung – und reduzierte die Zahlsteine und Tonhüllen somit zu guter Letzt auf Zahl*zeichen* und Ton*tafeln*. Musste also die Schrift, um sie fortan für „imaginative creations" gebrauchen zu können, allererst von ihren „concrete significations attached" abgelöst werden (Ong 2012, 85), so besorgte dies im Alten Orient der ökonomisch-administrative Zeichengebrauch. Es war besonders die (später so genannte) Toronto School of Communication, in deren Umkreis man die epochalen Konsequenzen der Schriftsysteme von zweierlei

Richtungen her erforschte: zum einen philologisch und geistesgeschichtlich (u. a. Eric A. Havelock und Jack Goody), zum anderen wirtschaftsgeschichtlich und (medien-)anthropologisch. Harold A. Innis, der sich seit den 1920er Jahren für den Zusammenhang zwischen elementaren Gütern und Infrastrukturen einerseits und spezifischen Sozialsystem sowie Handlungs-, Beziehungs- und Mentalitätsmustern andererseits interessiert hatte, entwickelte die programmatische These, dass soziale Systeme zu ihrem Zusammenhalt einer übergreifenden ‚Mediation' bedürfen und dass „die Zivilisation in ihren verschiedenen Stadien von unterschiedlichen Kommunikationsmedien beherrscht worden ist" (Innis 1997, 234). Unterschied Innis noch grundsätzlich zeitgebundene Gesellschaften, die mittels oraler Überlieferung kollektiven Zusammenhalt und praktisches Wissen favorisieren, von raumgebundenen Gesellschaften, die mittels Schrift, Papier oder technischen Medien das abstrakte Wissen und die Individualisierung fördern, setzte sein Schüler Marshall McLuhan andere Epochenzäsuren: Die Einführung des phonetischen Alphabets habe die oralen Kulturen der Antike verdrängt und an die Stelle des ‚alphabetischen Menschen' sei mit dem Buchdruck der ‚typographische', von Standardisierung, Linearität, Rationalität geprägte getreten, ehe elektrische Medien die menschlichen Sinne aufgetrennt und zugleich neu verschaltet hätten (vgl. McLuhan 1995).

Kalkül

Die Schrift mag ihren Ursprung im ökonomisch-administrativen Zeichengebrauch des Alten Orients haben. Doch verarbeiteten dessen erste ‚Aufschreibesysteme' nur Zeichen, keine Sätze. Die Schreibfläche nutzten sie für Listen und Formulare – und nicht dazu, ein „lineares Zeitkontinuum" (wie das der griechischen Rede und Poesie) festzuhalten. Solche „Schrift speichert Mengen und Beziehungen zwischen Mengen, die sich in Zahlen ausdrücken lassen" (Siegert 2003, 39). Oder anders gesagt: In der Zeit um 3000 v. Chr. spaltet sich die *graphē* in Schrift einerseits, Kalkül andererseits. Der Begriff ‚Kalkül' geht auf die lateinische Bezeichnung *calculi* für jene Rechensteine zurück, die man auf den antiken Rechentafeln (griechisch *abax*, lateinisch *abacus*) benutzt hat. Er wurde bald auf Tabellen und ihre Rechenoperationen übertragen, später auch auf Algorithmen allgemein, auf das regelgeleitete Operieren mit interpretationsfreien Zeichen oder auf Leibniz' Entwurf einer *Characteristica universalis* (vgl. Krämer 1988, 60, 104). Von diesem Entwurf und von der Ratio (→ RATIONALITÄT, RATIONALISIERUNG) des „Merkantilismus, des Neo-Merkantilismus und der romantischen Wirtschaftstheorie" ausgehend, hat man untersucht, wie für die Sprach- und Geldtheorie des 18. Jh.s (und, darauf aufbauend, für das zeitgenössische Literaturverständnis) Werte und Worte, Komputation und Kommunikation in ein und derselben Zeichenkonzeption zusammenkamen (Achermann 1997, 308; vgl. Vogl 2004a, 118–119). Zudem hat man das „Regierungswissen" dieser Zeit als eine Funktion ökonomischer „Aufschreibeverfahren" (wie dem des Buchhaltungskalküls) rekonstruiert (Vogl 2004b, 71). Wenn mit deren Gebrauch die ältere Statistik „dynamisiert und der Staat selbst als ein Unternehmer in Aussicht gestellt" wurde (ebd.), lag dem Regieren „als hauptsächliche Form des Wissens die politische Ökonomie" (T. Lemke 1997, 144) und als leitendes Steuerungsmodell dasjenige geschlossener Regelkreise zugrunde, wie sie bereits bei Adam Smith, aber auch noch in der romantischen Wirtschaftslehre gedacht wurden (→ III.10. ROMANTISCHE ÖKONOMIEN). Doch waren derlei protokybernetische Ablaufschemata um 1800 nicht nur eine Sache der Ökonomie. Wie Bernhard Dotzlers *Versuch über COMMUNICATION & CONTROL in Literatur und Technik* (1996) gezeigt hat, prägten sie auch die Dichtung, ihre „Papiermaschinen" und ihre Kommunikationsanordnung etwa im Entwicklungs- und Bildungsroman (→ III.9. ENTWICKLUNGS- UND BILDUNGSROMAN).

Eine für die Geschichte der Ökonomie entscheidende Zäsur hat man im Kalkül der doppelten Buchführung gesehen. Dem → KAUFMANN nämlich erlaubte die Doppik seit ihrer Einführung im 14. Jh., seine Geschäfte an Agenten zu delegieren und sie, vom → KONTOR aus, vermittelst Schreib- und Buchungsroutinen zu dirigieren. Mit der doppelten Buchführung löste sich die „Erwerbsidee [...] von allen naturalen Zwecken der Unterhaltsfürsorge" und bekam das Wirtschaftsleben eine „Tendenz zur allgemeinen Rechenhaftigkeit"; erst sie gewährleistete „den lückenlosen Kreislauf des Kapitals", und erst sie brachte, mit Werner Sombarts Ausdruck, den ‚Geist des → KAPITALISMUS' voll zur Geltung (Sombart 1969, Bd. 2.1, 114, 119–120). Schließlich ist die Kategorie des ‚Kapitals' nichts anderes als „das mit der doppelten Buchführung erfaßte Erwerbsvermögen" (ebd., Bd. 2.1, 120). Stellt der Kaufmann – in einer allerersten Buchungsoperation – dem Unternehmen eine Geldsumme zur Verfügung, wird diese zum Kapital (und zugleich zur Schuld) des Unternehmens. „Jedes durch die Buchführung erfaßte Vermögen ist demnach eine Schuld und jede Schuld ein Vermögen" (Baecker 1993, 267). Insofern aber die „Einheit des Vermögens als Differenz von Soll und Haben" begriffen und dieses Schema auf sämtliche Geschäftsvorfälle bezogen wird, „entsteht ein Möglichkeitenraum kontingenter Folgeereignisse, der mit einem Blick in die Bücher erfaßt werden kann" (ebd., 266–267).

So wie hier sämtliche Daten „ihr eigenes Verfallsdatum implizieren" (Siegert 2003, 33) und daher sämtliche Grapheme immerzu ausgestrichen und überschrieben werden, versetzt die Doppik sämtliche Güter und Kapitalien, die im Inventar zunächst noch ‚festgehalten' worden sind, in dauernde Transaktion. Die Welt wird nicht mehr von ihrer Substantialität, sondern von ihrer Beweglichkeit her erfasst. Und auch die Zahlzeichen verlieren ihren referentiellen Halt und verweisen nur noch auf die Schreibfläche. Vor diesem Hintergrund hat man die doppelte Buchführung mit der Einführung der Null in Verbindung gebracht, diesem ‚Meta-Zeichen', das die Abwesenheit oder den Stellenwert anderer Zahlzeichen anzeigt, sowie die Null mit dem Papiergeld und der Zentralperspektive (vgl. Rotman 2000, 27, 32). Für die Literatur wichtig geworden ist die Doppik zunächst durch ihre ‚entortende' Wirkung (die etwa im *Fortunatus* von 1509 ein mysteriöser Zauberhut besitzt), längerfristig aber als Struktur- und Verlaufsformat narrativer Ereignisse: Über seine Doppelexistenz als *homo religiosus* und → HOMO OECONOMICUS gibt sich Defoes Robinson dadurch Rechenschaft, dass er sein *Journal*, nach dem Muster des doppischen *Giornale*, als dauernde Kapital- und Schuldrechnung führt; und noch in Bildungsromanen wie Goethes *Wilhelm Meister* oder in ‚Hausromanen' wie Gustav Freytags *Soll und Haben* bestimmt die doppelte Buchführung den Erzählgang – als so disziplinierende wie motivierende Selbst-, Verwaltungs- und Regierungstechnik (→ III.9. ENTWICKLUNGS- UND BILDUNGSROMAN, → III.14. OIKOS UND ÖKONOMIE IM VOLKSSTÜCK).

Kommunikationssysteme

Der Schwerpunkt ökonomischer und literarischer Zeichenpraktiken mag einerseits auf der Domäne des Rechnens, andererseits im Bereich des Schreibens liegen. Kommunizieren können beide Seiten aber über ein gemeinsames Drittes, denn: „Zwischen Kalkül und Schrift insistiert das Reich der Datenverarbeitung und ihrer Medien" (Siegert 2003, 39), und dies nicht erst, seitdem kybernetische Organisationsmodelle die ‚zwei Kulturen' zusammenbringen. Beispielsweise verbürgten – für die Ökonomie und auch für die Literatur – ‚schwere Medien' wie Tontafeln, Stein oder Pergament eine bestandsfeste Überlieferung und damit diachrone Kommunikation, während es ‚leichte Medien' wie Papyrus oder Papier ermöglichten, horizontal zu kommunizieren und große Territorien oder Adressatenkreise abzudecken (vgl. L. Müller 2014, 97–98). Das Speicher- und Zirkulationsmedium Papier wurde nicht erst für den Buchdruck (und damit für die literarische Kommunikation) unabdingbar; schon bald nach seiner Einführung im hochmittelalterlichen Europa erwies es sich als entscheidend für die *rivoluzione commerciale*. Denn erstens war es ein wichtiges Handelsgut norditalienischer Kaufleute, zweitens das Medium ihres Zahlungs- und Briefverkehrs (vgl. ebd. 64, 69) und drittens, zusammen mit den indisch-arabischen Zahlen, die Voraussetzung dafür, dass sich die doppelte Buchführung etablierte.

Natürlich lassen sich noch etliche andere Medien anführen, die im neuzeitlichen Kapitalismus Ökonomie und Literatur verkoppelten. Der Buchdruck etwa war nicht nur für die Entstehung eines neuzeitlichen Literatursystems entscheidend, sondern auch für die endgültige Etablierung des kaufmännischen Kalküls (vor allem durch die Publikation von Luca Paciolis *Summa de arithmetica, geometria, proportioni et proportionalità*, 1494; vgl. Crosby 1997, 212). Und mehr noch: War der Buchdruck von Anbeginn als religiöses *und* wirtschaftliches Projekt verstanden worden (vgl. Eisenstein 1979, 410), bestätigte sich diese Auffassung bald auf unvermutete Weise. Sogar die christliche Heilsökonomie wurde mit ihm umgewälzt, denn erst durch massenhaft gedruckte Ablassbriefe vermochte die Kirche, Schuld(en) massenhaft zu kapitalisieren, und erst mit der Druckerpresse führte die „Propaganda für und gegen den Ablaßhandel" (Giesecke 1991, 237) zu jener Eskalation, die den Protestantismus und damit, Max Weber zufolge, eine kapitalismusaffine Mentalität entstehen ließ. Zu guter Letzt beförderte nicht bloß der Buchdruck die ‚horizontale' Kommunikation im Sinne eines ‚entortenden' Handels. Bereits lange vor dem Aufkommen elektrischer Medien wie der Telegraphie, die zur „Nichtung von Raum- und Zeitbindung" (Siegert 1993, 115) führten, diente die Post zur berechenbaren, weil periodischen und geregelt tarifierten Beförderung von Waren und Personen, Geld und Nachrichten. Die Post ist ein Medium, insofern man wie McLuhan jede Kommunikation als Transport und jeden Transport als Kommunikation auffasst, die „den Absender, den Empfänger und die Botschaft" verändert (McLuhan 1995, 142). Aus der postalischen Logistik (der Sammlung und Filterung kursierender Nachrichten) entstand an der Wende zum 17. Jh. das Massenmedium Zeitung und damit eine neue Ökonomie der Publizistik. Aus dieser Infrastruktur hervor gingen aber auch zahllose „Befehle, Adressierungen, Datierungen, Speicherungen und Rückkopplungen, kurz, der postalische Diskurs, der kaum einer ist und dennoch das Geschick der Literatur regelt" (Siegert 1993, 25; vgl. Koschorke 2003, 170, 195).

Aus kommunikativen Netzwerken wie der Post kann man den Waren- und Geld-, den Personen- und Schriftverkehr und damit die Verfassung des sozialen Systems überhaupt rekonstruieren. Man kann aber auch die Netzwerke selbst als Gesellschaften und, neben deren menschlichen Akteuren, ebenso die relevanten Medien als ökonomische und literarische ‚Aktanten' auffassen. Welches mediale „Schreibzeug" an welchen „Gedanken" und Texten auf welche Weise mitgearbeitet hat (vgl. Nietzsche 1986 ff., Bd. 6, 172), untersucht seit den 1990er Jahren eine medienhistorisch orientierte Literaturwissenschaft in der Nachfolge Friedrich Kittlers (vgl. R. Campe 1991; Stingelin 2004; Zanetti 2012). Welche Medien wiederum den ‚Kapitalismus' samt seiner Macht ermöglicht haben, unterschiedlichste Dinge zu erfassen und ineinander zu konvertieren, untersucht seit den 1980er Jahren der Soziologe und Wissenschaftstheoretiker Bruno Latour. Für die

„präzise materielle" Analyse hat sich besonders Latours Konzept der *immutable mobiles* (der „unveränderlich mobilen Elemente") bewährt: Selbst transportabel, erlauben die *immutable mobiles*, unterschiedlichste (statische oder mobile) Dinge visuell „zusammenzuziehen"; ihre „Inskriptionen", ihre Codes oder Darstellungen sind maßstabsgetreu und damit, bei ihrer Reproduktion und sogar bei ihrer Transformation in Schrift oder abstrakte Diagramme, unveränderlich; zu guter Letzt sind ihre Elemente rekombinierbar und lassen sich mit den Elementen anderer Inskriptionen überlagern (Latour 2006, 259, 285–286, 300). Als exemplarische *immutable mobiles* beschreibt Latour nicht umsonst Papier und Druckerpresse, die doppelte Buchführung und das Geld – handelt es sich doch um ökonomische Medien, die in ihrem Verbund den Kapitalismus als ein komplexes Akteur-Netzwerk ausgebildet haben.

Medienverbünde der ‚Kulturindustrie'

Die ersten Netzwerk-Analysen, die die ökonomische Wirksamkeit von Medien betreffen, gehen wohl auf das 19. Jh. zurück: auf die frühsozialistischen Utopisten (→ III.4. UTOPISTISCHE ÖKONOMIEN DER NEUZEIT), auf Marx und Engels (vgl. Schröter u. a. 2006) sowie auf frühe Medientheoretiker wie Ernst Kapp. Inwiefern hochinvestive Medienverbünde den Bereich von Kunst und Kultur grundlegend umwälzen, haben erst technisch informierte Neomarxisten (→ I.1. MARXISMUS UND KRITISCHE THEORIE) eingehender untersucht. Bertolt Brecht, der für seine eigenen Theater- und Opernproduktionen bereits auf Publikumsbefragungen mit den Mitteln der frühen Konsumentenforschung setzte und seit den späten 1920er Jahren die ‚Umfunktionierung' des Rundfunks erprobte (→ III.19. LITERARISCHE PRODUKTION IN DER MODERNEN ARBEITSWELT), beschrieb in seinem Großessay *Der Dreigroschenprozess* (1931/1932) ‚Kultur' als einen „riesigen ideologischen Komplex[ ]" (Brecht 1988 ff., Bd. 21, 448), der Wirklichkeit ebenso produziere, wie er von der Wirklichkeit produziert werde. Diesen ideo- oder vielmehr autologischen Realismus konterkariere nur ein „soziologisches Experiment", das – wie Brecht mit seinem Prozess gegen die Filmindustrie – „die Realität" an ihren Widersprüchen greifbar und sie als Funktion eines kulturell-industriellen Komplexes aus „Rechtsmaschinerie", Großkapital und neuer Produktionstechnik sichtbar macht (ebd., Bd. 21, 503, 508). Nicht mehr auf materielle Ausbeutung baue dieser Komplex, sondern auf die „Einbeutung" (ebd., Bd. 21, 476) gewisser Wahrnehmungsschemata, zudem auf die Substitution alter Werkformen durch neue Warenformen, auf die Missachtung geistigen Eigentums und die gleichzeitige Auratisierung von ‚Kultur' und ‚Kunstgenuss' (vgl. ebd., Bd. 21, 509).

Walter Benjamin hat 1935 in seinem Aufsatz *Das Kunstwerk im Zeitalter seiner technischen Reproduzierbarkeit* Brechts Überlegungen zur veränderten Autorschaft und Werkstruktur sowie zum Verlust von Originalität und Aura vertieft, mit der nun – vor allem durch das Filmmedium – fälligen massenhaften Kunstrezeption aber statt privater ‚Einbeutung' eher kollektive Emanzipation verbunden. Max Horkheimer und Theodor W. Adorno folgten dagegen in ihrer *Dialektik der Aufklärung* (1944) wieder stärker Brechts Polemik gegen die ‚Kulturindustrie' und analysierten jenen „Zirkel von Manipulation und rückwirkendem Bedürfnis", den der herrschende Verbund von „ideologischen Medien" (wie Film, Radio, Presse und Werbung) unablässig herstelle (Horkheimer und Adorno 2006, 129, 171). Zu einem vorläufigen – durch die jüngere Medientheorie dann besiegelten – Abschluss gekommen ist diese Debatte mit Hans Magnus Enzensbergers *Baukasten zu einer Theorie der Medien* (1970): Im Zeitalter elektronischer Medien, heißt es hier, sei statt der ‚Kulturindustrie' nun „die Bewußtseinsindustrie zum Schrittmacher der sozio-ökonomischen Entwicklung spätindustrieller Gesellschaften geworden" (Enzensberger 2004, 264). Dass sich der neue „Kommunikationszusammenhang" im Zuge unablässiger Komplexitätssteigerung systemisch geschlossen habe, mache die alte „Manipulations-These" obsolet, die (wie es bereits Brecht nannte) ‚Umfunktionierung' der neuen Medien und die „Organisation" ihrer ‚Nutzer' als Produktionsgemeinschaft aber umso dringlicher (ebd., 266, 268, 275).

Ästhetische Medienökonomie

Enzensbergers Essay steht bereits im Zeichen der – seit den 1960er Jahren ausgearbeiteten – Medien- und Systemtheorien, die beide auch das zeitgenössische Verhältnis von Ästhetik und Ökonomie thematisieren. McLuhans *Understanding Media* (1964) verbindet mit dem Wechsel von der *Gutenberg-* zur *Marconi-Galaxy* die Sukzession unterschiedlicher Menschen- und Wirtschaftstypen: Wo einst das autonome, aber normalisierte Individuum einem rationalen, aber mechanischen Produktionsmodell understand, geht der Mensch nun auf in einem elektronisch-kybernetischen *environment*, das Energie mit Information kurzschließt und dessen instantane sowie polyvoke Verknüpfungen ältere Dichotomien wie Kunst und Handel, Wissenschaft und Marketing, Arbeit und Freizeit oder Ware und Konsum einfach kollabieren lassen (vgl. McLuhan 1995, 520–526). Auch Luhmann reagierte mit seiner Theorie sozialer Systeme und ‚symbolisch generalisierter Kommunikationssysteme' auf die Einführung informatorischer Systeme in unterschiedliche Organisations- und Wirtschaftsbereiche. Wenn seine (spätere) Konzeption des Kunstsystems die ästhetische Leitunterscheidung von Original und Kopie und deren Funktion problematisiert, „Knappheit und damit Preise sicherzustellen" (Luhmann 1995, 265), greift er damit Befunde jener Disziplin auf, die seit den 1980er Jahren als ‚Medienökonomie' den Status von ‚Mediengütern' (wie Büchern, Ton- und Bildträgern oder zuletzt Download- und Streamingdiensten) untersucht. Diese Mediengüter charakterisiert weniger eine materielle Trägersubstanz als ein informatorischer Kern, dessen Herstellungskosten hauptsächlich mit der ersten Produktionseinheit anfallen, kaum aber noch mit den Kopien oder der digitalen Bereitstellung. Gewinn ist erst bei hoher Auflage und Verbreitung zu erwarten. Derlei Besonderheiten medialer Güter übergehen marxistische, klassische oder neoklassische Wirtschaftstheorien ebenso wie die partizipative Rolle von ‚Konsumenten', welche die ‚Medienökonomik' als Produzenten von (ihrerseits verwertbaren) Bedürfnis- und Zielgruppenprofilen und damit als Ko-Produzenten allseits distribuierter Novität begreift (vgl. J.-O. Hesse 2014; Hutter 2006).

Dass sich die Herstellung und Konsumtion von Gütern allgemein nicht nur von materiellen Bedingungen, sondern auch von den Wertzeichen und Tauschvollzügen traditioneller Ökonomien gelöst habe, hatte bereits seit den 1970er Jahren Jean Baudrillard festgestellt: „Von allen Zwecksetzungen und *Affekten* der Produktion gereinigt, wird das Geld Spekulationsgeld. [...] Von einem gewissen Punkt der Abkopplung an ist es nicht mehr ein Medium, ein Mittel zur Warenzirkulation, es ist *die Zirkulation selbst*, d. h. die vollendete Form des Systems in seiner zirkulierenden Abstraktion" (Baudrillard 1991, 41–42). Wie das Geld zum vollends referenzlosen Simulakrum, das sich nur mehr mit sich selbst austauscht, seien Mode und Werbung zum universalen Zeichensystem und „Massenmedium" geworden, das „Konsumtotalität simuliert und die Konsumenten im Sinne McLuhans ‚retribalisiert'" (Baudrillard 2015, 183). Aufmerksamkeit erscheint als die neue Währung der „capitalist consumer economy" (Crary 2001, 33). Oder mit Georg Franck gesagt: In seiner medienunterstützten oder ‚quartären' Informationsökonomie verkoppelt der „mentale Kapitalismus" das „Medium" der „Beachtlichkeit" mit der Geldökonomie (Franck 1998, 130, 149–150). Als eine – gerade durch ihre Inhomogenität und Knappheit – produktive Ressource, die das ‚soziale' und ‚kulturelle Kapital' (Pierre Bourdieu) allererst mobilisiert, bestimmt die Aufmerksamkeit besonders im Wissenschafts- und Kulturbetrieb das Einkommen und die Klassenzugehörigkeit. Schließlich bildet hier die „getrennte Rechnung nach eingenommenem Geld und eingenommener Beachtung [...] die Geschäftsgrundlage für den zweckfreien Dienst am Wahren und Schönen" (ebd., 56).

Geld als Medium der Literatur

Dass das Zweckfreie, ehe es preislich bewertet wird, primär Aufmerksamkeit zu kapitalisieren hat, spricht dafür, dass zwischen Geist und Geld nunmehr die Medien verstärkt am Werke sind. Oder sollte man sogar behaupten, dass in informatorischen Ökonomien das Geld selbst zum Medium aller Medien geworden ist? Alfred Sohn-Rethel hat das Geld einmal als die „bare Münze des Apriori" (Sohn-Rethel 1990) bezeichnet, weil es Denkformen unweigerlich an Warenformen bindet. Spätestens in der Episteme des 18. Jh.s bestand eine „systematische Parallele zwischen dem Geld und den Wörtern" (Foucault 1974, 112), von der ausgehend dann die Semiotik und Dekonstruktion des 19. und 20. Jh.s (→ I.4. SEMIOTIK UND DEKONSTRUKTION) die zeichenlogische Rolle dieses Zahlungsmittels analysierte; und spätestens um 1800 kam ihm in den diskursiven und medialen Netzwerken eine exponierte Rolle zu, sei es als ‚symbolisch generalisiertes Kommunikationsmedium', sei es als ‚hyperreales Simulakrum' älterer Ökonomien. Vor diesem Hintergrund wurde seit den 1980er Jahren an einer medienwissenschaftlich informierten Literaturgeschichte geschrieben, die das Geld als Dreh- und Angelpunkt zwischen Dichten, Denken und Handeln untersucht (vgl. Hörisch 1983, 1989, 1992a und 1996). Geld avanciert hier, wie abschließend zu zeigen ist, zum ‚Leitmedium' zwischen Literatur und Ökonomie.

In Bram Stokers 1897 erschienenem *Dracula*, der ja (mit seinen Telegrammen, Telefonaten, Schreibmaschinen, Diktiergeräten und Fotos) ein Medienroman *sui generis* ist (vgl. Kittler 1993), kommt das Wort ‚Medium' nur selten vor – etwa als Charakterisierung eines Kruzifix oder in der Wendung „the medium of his blood" (Stoker 1966, 210). Eine Passage verdient jedoch besondere Aufmerksamkeit, weil sie Geld und Medien eng aneinanderkoppelt. In ihr ist von „the medium of the currency of the realm" (ebd., 204) die Rede, als es darum geht, diejenigen zu belohnen, die eine schmutzige Arbeit erledigt haben – mit dem in ihrer Sphäre zirkulierendem Geldmedium (*currency*) oder, ihren Sitten (gleichfalls *currency*) entsprechend, mit durststillender Flüssigkeit. Stokers Roman ist ein Ausnahmefall, weil er vom *Medium* Geld, nicht aber, weil er von Geld überhaupt handelt. Wer die sogenannte Höhenkammliteratur auf das Schlüsselwort ‚Geld' (oder verwandte Begriffe wie: Taler, Kreuzer, Schulden, Zins, Schatz) abtastet, merkt rasch, wie breit das Wort- und Motivfeld vertreten, ja dass → GELD seit dem Beginn schriftlich fixierter Literatur eines ihrer eminenten Themen ist. Seine Probleme sind sehr früh literaturtauglich, und sie gewinnen zunehmend an Gewicht und Geltung: Probleme um Liquidität und Schatzhortung, Schuld und Schulden, vorteilhaften und unvorteilhaften Tausch, ererbtes und selbst erworbenes Vermögen, soziale Kälte und gönnerhafte Großzügigkeit, gerechte und ungerechte Vermögensverteilung, Diebstahl und Raub, Falschgeld und Geldwechsel, Zins und Zinseszins.

Umso eigenartiger ist es, dass weder früher noch heute, also in Zeiten der Hochkonjunktur von ‚Medien', die Begriffe ‚Geld' und ‚Medium' eng aneinandergekoppelt sind. Schließlich muss Geld medial erscheinen, um beglaubigt zu werden und so seine Geltung zu entfalten. Mehr noch: Geld ist nicht nur wie komplexe Gedanken, wie Kommunikation, Gefühle etc. auf mediale Repräsentanz bzw. Präsenz angewiesen, Geld ist vielmehr selbst ein zentrales Medium. Das hat schon der Soziologe Georg Simmel erkannt, in dessen 1896 erschienenem Essay *Das Geld in der modernen Kultur* es heißt: „Indem sein [des Geldes] Wert als *Mittel* steigt, steigt sein *Wert* als Mittel, und zwar so hoch, daß es als Wert schlechthin gilt und das Zweckbewußtsein an ihm definitiv haltmacht" (Simmel 1989ff., Bd. 6, 298). In Anschluss an Simmel, McLuhan und Luhmann lassen sich nicht-triviale Mediendefinitionen in so prägnanter Weise auf das Geld beziehen, dass es als das neuzeitliche Leitmedium schlechthin verstanden werden kann.

Geld als Leitmedium

Unter ‚Leitmedium' ist ein nur um den Preis weitreichender Sanktionen zu vermeidendes und für ‚alle' verbindliches Massenmedium zu verstehen (Hörisch 2012b, 62–80; 2004). In vorreformatorischen christlichen Sphären ist die Heilige Kommunion ein solches verbindliches Leitmedium; wer die Teilnahme verweigert bzw. wem sie verweigert wird, ist in jedem Wortsinne exkommuniziert. Erst mit der Einführung der Schulpflicht wird Schrift ein solches Leitmedium; wer nicht alphabetisiert ist, erfährt sich ebenfalls als exkommuniziert und deklassiert. Gleiches gilt in neuzeitlich-modernen Sphären vom Leitmedium Geld: Man kann es kritisieren, aber nicht bzw. nur um den Preis erheblicher Nachteile vermeiden. Medien und Leitmedien zumal sind nach der berühmten Definition von McLuhan *extensions of man*, eine Bestimmung, die sich unschwer auf die Eucharistie und eben auch auf Geld beziehen lässt. Medien geben zudem dem Unwahrscheinlichen eine starke Durchsetzungschance – dass jemand mir seine wertvollen Güter kampflos überlässt, ist unwahrscheinlich, aber Geldzahlungen (und die mit ihnen verknüpften Rechtsmittel) sorgen dafür. Medien sind Absenz-Überbrücker: Geld sorgt dafür, dass begehrte abwesende Güter in meine Hand gelangen, und mit Geld-Investments kann ich in entfernten Weltecken engagiert sein. Medien sind aber auch Interaktionskoordinatoren: Geld koordiniert systematisch das Tun von Käufern und Verkäufern, es bringt Angebot und Nachfrage zusammen. Kurzum: Geld ist ein bemerkenswert leistungsfähiges, aber eben auch und gerade in liberalen Zeiten teilnahmepflichtiges Leitmedium.

Zu den verborgenen und eben deshalb wirkungsmächtigsten Effekten des Mediums Geld gehört es, die Grundstruktur von Rationalität zu formieren: Geld veranlasst uns, nicht-triviale Identitäten zu ergründen. Wer nämlich monetäre Gleichungen vollzieht, und das tun wir bei jedem Kontakt mit dem Medium Geld quasi-automatisch, vollzieht in der Terminologie Sohn-Rethels eine Denkabstraktion, aber eben auch eine Realabstraktion, setzt er doch Realien wertgleich (vgl. Sohn-Rethel 1972). Weil dies auch die von Kant analysierten Transzendentalsubjekte tun, lautet Sohn-Rethels provokante Pointe: Das mit sich selbst identische Transzendentalsubjekt, das die Fülle seiner Apperzeptionen synthetisiert, ist in der Geldform versteckt und mit dem Geldmedium gegeben (vgl. Hörisch 2011, 29–34). Entsprechend heißt es in Gottfried Kellers großartigem Geld-Roman *Der grüne Heinrich* (1854/1855): „Also ist das Geheimnis und die Lösung dieser ganzen Identitätsherrlichkeit doch nur das Gold, und zwar das gemünzte?" (Keller 1985ff., Bd. 2, 776) Doch gibt Geld als solches keinen letzten Rückhalt: Geld selbst muss Akzeptanz in dem präzisen Sinne finden, dass ein anderer bereit ist, mir für dieses Geldzeichen Waren zu überlassen oder Dienstleistungen zu gewähren. Und das setzt geteiltes Vertrauen voraus (vgl. Luhmann 1973): *Ego* muss glauben, dass *Alter* ebenso wie er selbst darauf vertraut, dass auch andere dem Geld vertrauen und es als Wert anerkennen. Der prekäre Beglaubigungsstatus des Geldwertes wird wirtschaftswissenschaftlich als ‚Geldillusion' (*money illusion*) gefasst. Um zu pointieren: Eine enge Nähe von Literatur und Geld ist schon deshalb gegeben, weil beide Medien mit Illusionen arbeiten, Literatur dies aber anders als Geld völlig transparent tut. Geld funktioniert hingegen dann besonders gut, wenn intransparent bleibt, was an ihm Illusion ist. Sich allzu viele Gedanken über den Wert und die Deckung von Geld(-Zeichen) zu machen, heißt an der Dekonstruktion des Mediums zu arbeiten, an das alle, Gläubige wie Ungläubige, glauben müssen, wenn sie nicht dran glauben wollen (vgl. Hörisch 2013). Deshalb hat die populäre Vorstellung, Geld sei durch Gold gedeckt, ihren guten Sinn. Dies gilt besonders seit 1971, als US-Präsident Nixon das sogenannte Goldfenster schloss, bzw. seit 1973, als die amerikanische Zentralbank kühl erklärte, dass das Versprechen, für 35 Dollar eine Feinunze Gold herauszurücken, nicht mehr gelte, und das Abkommen von Bretton Woods auch formell für beendet erklärt wurde. Damit war das Ende der Golddeckungsillusion auch für die weltweit mächtigste Währung erklärt. Geld also bleibt weiterhin durch (den Glauben an bzw. das Vertrauen in) Geld gedeckt: *in money we trust.*

Mediengeschichte des Geldes

Die frühesten Formen des Geldes noch vor der Münzprägung waren schriftlich auf Tontafeln festgehaltene oder in Stein gemeißelte Schuldverhältnisse; Steuer- und Tributverpflichtungen sind in Babylonien schon für ca. 1800 v. Chr. belegt (vgl. H. Werner 2015; North 2009). Der berühmte Codex Hammurabi entstand in dieser Zeit, er schrieb solche Schuldverhältnisse fest und ist ein starkes Indiz für die These, dass → SCHULDEN (inklusive Zinsen) die früheste Geldform noch vor der Tauschfunktion darstellen (vgl. Graeber 2012). Die Tilgung von Schuld(gefühl)en gegenüber der Gottheit und den Göttern ist die Grundform des Geldes; erste Metallanhäufungen finden sich in Tempeln, wo sie als Substitute für Opfertiere galten; in den alltäglichen Umlauf kam dieses (noch nicht gemünzte) Metall nicht. Als Tauschmedium wurde geprägtes Münzgeld im 7. Jh. v. Chr. in Ionien oder Lydien gebräuchlich. Zusammen mit der griechischen Alphabetschrift initiierte und manifestierte es einen ungeheuren Abstraktionsschub, der nicht nur beim Tausch von Dingen oder Dienstleistungen wirksam wurde, sondern die die damalige Lebenswelt insgesamt neu strukturierte (vgl. M. Braun 2001). Dies wohl nicht zuletzt wegen einer Eigenart des Mediums Geld: Es ist gleichgültig gegenüber den getauschten Sachen, den tauschenden Personen und dem Zeitpunkt des Tauschs (vgl. Luhmann 1996a, 230–232). Diese kühle Indifferenz des Geldes wird häufig als unheimlich bis pervers empfunden – und ist eben deshalb ein besonders literaturtaugliches Motiv (wie z. B. die Erzählungen über steinerne und kalte Herzen belegen; vgl. M. Frank 2005; → III.10. ROMANTISCHE ÖKONOMIEN).

Das schließt nicht aus, sondern offenbar ein, dass das Geld als ein faszinierendes Medium mit magischen Kräften erfahren wird. Neben der quasi-religiösen Wandlungskraft des Geldes – „dies Metall läßt sich in alles wandeln", heißt es in Goethes *Faust II* (Goethe 1985 ff., Bd. 7.1, 240) – ist auch die deutlich sexuell konnotierte Vorstellung seiner Fruchtbarkeit zu nennen (→ WUCHER; → III.1. OIKONOMIA UND CHREMATISTIK). Die bis heute anhaltende Faszinationskraft des mittlerweile fast dreitausend Jahre alten Münzgeldes verdankt sich dabei auch der Suggestion, dass es einen Wert nicht bloß repräsentiert, sondern selbst inkarniert. Der Stoff, aus dem Kupfer-, Silber- und Goldmünzen gemacht sind, ist im Vergleich etwa zu Papier knapp, wertvoll, teuer und extrem haltbar. Geld ist aber kein Naturprodukt, sondern das künstlich geschaffene Medium schlechthin. Begleitet wird das Münzgeld schließlich seit seinen Anfängen durch Schuldverschreibungen, Verträge, Frühformen des Wechsels, der Zahlungsanweisung etc. Noch einmal: Solche Formen des Buchgeldes im weiteren Sinne sind logisch wie chronologisch früher als das geprägte Münzgeld, aber sie treten nicht so augenfällig-alltäglich wie dieses in Erscheinung. Eine markante Etappe in der Mediengeschichte des Geldes ist deshalb die Emergenz des Papiergeldes. Marco Polo berichtet schon im 13. Jh. erstaunt, dass er in China Papiergeld kennengelernt habe – mitsamt der damit verbundenen Vertrauens- und Inflationsprobleme. Frühformen des Papiergeldes im neuzeitlichen Europa sind vielfach belegt; Banken nahmen etwa größere Münzmengen in Verwahrung und stellten dafür Quittungen aus, die gehandelt und getauscht werden konnten. Im kollektiven Gedächtnis geblieben sind die Inflations- und Akzeptanzkrisen, die Frankreich 1718–1720 erlebte, nachdem John Law, ein zum Finanzminister avancierter Bilderbuch-Abenteurer, Papiergeld emittiert hatte, ebenso wie der Zusammenbruch der französischen Finanzsphäre nach 1791, als die Revolutionäre Assignaten in Umlauf gebracht hatten – die Vorlage für Goethes Ausgestaltung von Papiergeld-Problemen in *Faust II* (→ III.10. ROMANTISCHE ÖKONOMIEN).

Medien der Börse und elektronisches Geld

Die weitere Mediengeschichte des Geldes weist eine klare Entwicklungstendenz auf: schwindende Materialität. Mit einer ambivalenten Ausnahme: Aktien. Auch sie sind zwar nur ein Stück Papier, aber eines, das Teilhabe an einem gemeinsamen Vermögen garantiert. Aktien haben eine lange Vorgeschichte; in der uns heute vertrauten Form gehen sie auf die 1602 in Amsterdam gegründete Vereinigte Ostindische Kompanie zurück, die Firmenanteile an der Börse handelte; die East India Company firmierte in London ab 1613 ausdrücklich als Aktiengesellschaft. Das Eigentümliche und Faszinierende an Aktien erschließt sich schnell: Sie sind anders als Geld plausibel durch klar zurechenbare realökonomische Werte (wie die Immobilien, Maschinen, Produkte, Patente einer Firma) gedeckt – und eben deshalb hochgradig volatil. Geld muss Wertkonstanz sowie Risikoneutralität suggerieren und steht doch immer unter Inflationsverdacht; bei Aktien ist hingegen transparent, dass ihr Wert hochgradig schwanken kann – und sei es, wie in Frankreich 1836 aufgedeckt (und in Alexandre Dumas' *Graf von Monte Christo* von 1844 gleich aufgenommen), als Manipulation der medialen (hier telegraphischen) Infrastruktur der Spekulation. Wenn die Literatur seit dem mittleren 19. Jh. Koppelungen von Geld und medial vermittelten Informationen thematisiert, schreibt sie wie nebenbei an jener Mediengeschichte der Börse, die die des Geldes ergänzt (→ III.16. BÖRSEN-, SPEKULATIONS- UND INFLATIONSROMAN). Geld ist schließlich „gleichzeitig der Ermöglicher des Wertpapierhandels wie dessen Antagonist" (Wegmann 2011, 317), insofern man hier die Liquidation der Papiere durch immer weitere Transaktionen aufzuschieben sucht. Um dieser ‚autopoietischen' Schließung willen werden an der modernen Börse allerlei symbolische und technische Medien mobilisiert: Telegraphen und Börsenticker, diagrammatische und formale

Darstellungen finanzökonomischer Daten, Kurven und Krisen, dann – nach einer Zwischenzeit der Lochkartenanwendungen – elektronische Handelssysteme und Plattformen, mit denen nicht nur die (im ‚Hochfrequenzhandel' bereits unwahrnehmbare) Zeit der Börsengeschäfte, sondern überhaupt „die Wirklichkeit der Finanzmärkte" und ihre „gesamte ökonomische und epistemologische Welt" geschaffen wird (Knorr Cetina 2012, 38, 43; vgl. Reichert 2009; Balke u. a. 2017). Unter diesen technischen Bedingungen ist gerade auf Finanzmärkten Information über Geld wichtiger als Geld selbst geworden, der Geldstandard einem Informationsstandard gewichen.

Geld kann (ab ca. 1900) Kreditkartengeld und als solches ein letztes Mal ein *immutable mobile* sein (vgl. Gießmann 2017, 56), es kann telegraphisch überwiesen und zu *electronic money* werden. Klassisches handfestes Münz- und Papiergeld, das buchstäblich von Hand zu Hand wandert, verschwindet in vielen modernen Gesellschaften zusehends. Doch erweist sich in Zeiten von Negativzinsen Bargeld als Antidot zur Deflation; man kann es, ohne Verlust in Kauf nehmen zu müssen, horten und speichern. Zudem bleibt Bargeld das bevorzugte Zahlungsmittel der – *nomen est omen* – lichtscheuen Schattenwirtschaft (→ WIRTSCHAFTSKRIMINALITÄT); wer Steuern vermeiden will, zahlt schwarz; wer bestechen will, hat kein Interesse an Bankbelegen. Bargeld hinterlässt anders als Buchgeld kaum Spuren. Wenn aber Geld zu immateriell und abstrakt wird, droht ihm ein Vertrauensverlust. Zwar kann auch klassisches Geld gefälscht werden, aber das ist mit handfesten handwerklichen Risiken verbunden; elektronisches Geld kann in gänzlich anderen Größenordnungen fehlgeleitet und gehackt werden. Deshalb sind – seit William Gaddis' Roman *JR* (1975) – medial stimulierte Manipulationen von Börsenwerten ein Standardmotiv der amerikanischen Gegenwartsliteratur. Mit der Erfindung der Bitcoin-Internet-Währung im Jahr 2009 hat die mediale Entwicklung des Geldes dann wohl ihren Höhepunkt erreicht. Handelt es sich dabei doch um eine nicht-staatliche reine Rechnungs- und Rechnerwährung, die auf computerkontrollierter wechselseitiger Akzeptanz beruht und auf (fast) jedes materielle Deckungsversprechen verzichtet. Fast: Als Computerwährung ist sie, und diese medienmaterialistische Trivialität wird heute häufig ausgeblendet, auf Stromversorgung, störungsfreien Zugang zum Internet und zum nicht-überlasteten Bitcoin-Server angewiesen. Gerade die Bitcoin-Währung ist zudem, auch wenn sie autark zu sein verspricht, auf Konversionsmöglichkeiten in klassische Währungen angewiesen. Auch für sie gilt also, dass Geld (nur) durch Geld gedeckt ist.

I.6. Diskursanalyse und Wissenspoetik
Fritz Breithaupt

Die Kernfrage der Diskursanalyse kann wie folgt benannt werden: Wie und als was erzeugen Zeichenoperationen, Benennungen, Klassifizierungen, Inszenierungen und andere Repräsentationen ihren Gegenstand? Wie durchdringen einander die Gegenstände des Wissens, die Wissensformen und ihre Darstellungen bzw. Repräsentationsarten? Und welches Handlungspotential ergibt sich aus dieser wechselseitigen Durchdringung (vgl. zur allgemeinen Übersicht und Einführung Link 1999; Schmitz-Emans 2008; Vogl 2018)?

Eine der Stärken der Diskursanalyse im Allgemeinen besteht darin, dem Gegenständlichen nicht *a priori* ein Primat zuzugestehen, sondern verstärkte Aufmerksamkeit auf die Verfahren zu richten, die dessen Hervorbringung dirigieren. Michel Foucault, dem wir die Diskursanalyse maßgeblich verdanken, betont entsprechend, dass Zeichenmaterien und die mit ihnen verbundenen regelhaften Operationen Sachverhalte nicht abbilden, sondern als diskursives Phänomen erschaffen. Natürlich hatten bereits die meisten ernsthaften Theorien auf die eine oder andere Art und Weise das Abbildverhältnis durch Sprache infrage gestellt, etwa indem sie die Ideologie hinter dem Dargestellten betonten. Doch indem Foucault die Darstellungs- und Repräsentationsweisen, von denen das Sprachliche nur eine Form ist, direkt als produktiv beschreibt – und nicht etwa eine Ideologie ‚hinter' den Repräsentationsweisen oder ‚hinter' dem Sprachlichen –, bietet er mit der theoretischen Einsicht unmittelbar ein Analyseverfahren an: nämlich die genaue Beobachtung der zeichenhaften Klassifizierungen, der diagrammatischen Organisationen von Wissen und ihrer zahlreichen Verflechtungen.

Mit den Klassifizierungen rückt die Diskursanalyse regelmäßig Regulierungs- und Kontrollmechanismen ins Zentrum der Aufmerksamkeit: Der Gegenstand wird durch Benennung und Klassifizierung zumindest in einem gewissen Grade bestimmt; er existiert in der Diskursanalyse als ein reglementierter und beherrschter. Entsprechend haben viele diskursanalytische und wissenspoetologische Arbeiten Fragen der Regulierung und Beherrschung in ihre Arbeit einbezogen, wo sie diese nicht zum impliziten Zentrum erklärt haben. Dabei wird nicht angenommen, dass diese Regulierungsmacht von menschlichen Subjekten gezielt kontrolliert wird, auch wenn einige Akteure davon zu profitieren wissen.

Dies prägt auch den Zugang der Diskursanalyse zur Ökonomie. Unterschiedliche diskurstheoretische Untersuchungen beobachten nicht nur wirtschaftliche Praktiken, sondern auch die Art und Weise, wie sich ökonomische Objekte und Kategorien über verschiedene Wissensgebiete, Disziplinen und Diskursarten hinweg konstituieren. Dabei geht es nicht um eine Verknüpfung getrennter Bereiche, sondern vielmehr um das Aufspannen eines Wissensbereichs, in dem das, was wir gewohnheitsmäßig ‚das Ökonomische' nennen, mit anderen Wissensfeldern untrennbar verwoben ist. Entsprechend können auch scheinbar nichtökonomische Diskurspraktiken wie eben auch die Literatur Rückwirkungen im Ökonomischen haben. Nicht zuletzt geht es dabei um die Fassung von Ordnungswissen, mithin um die Frage, auf welche Weise ökonomisches Wissen Aktionsweisen und Interventionsformen programmiert. Die Stärke der Foucault'schen Diskursanalyse, angefangen mit Foucaults *Les mots et les choses* (1966; dt. *Die Ordnung der Dinge*), nämlich ihre verschärfte Aufmerksamkeit auf Repräsentationsstrukturen und die Steuerung von Aktionsmustern, wird dabei gewissermaßen erkauft durch die Annahme, dass Wissensformen und Diskurse nicht ohne die Wirksamkeit von Machtstrukturen gegeben seien. Ob diese dabei in der Tat je aus einem Diskurs hervorgehen oder ob sie vom Diskursanalytiker mit in die Untersuchung eingeführt werden, kann sich dabei als blinder Fleck mancher diskursanalytischer Studien erweisen.

Mit leichter Verschiebung gilt die grundsätzliche Frage der Diskursanalyse auch für die Wissenspoetik bzw. Wissenspoetologie als deren Variante. Der Ausgangspunkt der Wissenspoetik besteht ebenfalls in der Annahme einer sachlichen und strukturellen Verflechtung von Darstellung und Wissen, dergestalt, dass die Repräsentationsformen als Teil der Voraussetzungen von Wissen verstanden werden, die dieses erst hervorbringen; die Darstellung etabliert, stabilisiert, legitimiert, limitiert oder unterminiert Wissen. Umgekehrt prägen auch bestimmte Wissensformen die Verfahren der Repräsentation. Damit nehmen die wissenspoetologischen Untersuchungen die Foucault'sche Betonung der Produktivkraft des Diskursiven auf und akzentuieren insbesondere auch die poetische, literarische und narrative Dimension der Diskursivierung (vgl. Vogl 2004a).

Eine der leitenden Fragen der Wissenspoetik lässt sich dabei wie folgt artikulieren: Welches Wissen gewinnen wir durch die poetische Darstellung von einem Gegenstand, und wie verhält sich die Darstellung zum Wissen? Einen etwas anderen Akzent als Foucault setzen manche wissenspoetologische Arbeiten, indem sie weder die Einheit von Wissen und Darstellung (oder Wissen und Artikulation des Wissens) setzen noch die Verschiedenheit. Daher können sie bisweilen auch Spannungen zwischen Wissen und Darstellung beobachten. Die wissenspoetologischen Studien stehen damit weniger unter dem Zwang, Verhältnisse der diskursiven Beherrschung und Limitierung aufweisen zu müssen, und können stattdessen auch die Spielräume von Verhaltensweisen erkennen, die durch die jeweilige Darstellung von Verhältnissen aufgetan werden. Dies ermöglicht Analysen von Literatur, die einerseits diskursive Begrenzungen, andererseits aber etwa narrative Freiräume aufzeigen können (vgl. z. B. Stäheli 2007; Cuonz 2018).

Die Konzeption der Wissenspoetik ist in Deutschland nahe an Foucault maßgeblich von Joseph Vogl (1997a und 2004a) entwickelt worden. Verwandte Ansätze, die sich ebenfalls auf Foucault beziehen, finden sich in den früheren und parallelen Arbeiten von Friedrich Kittler und Jochen Hörisch. Kittler prägte das Konzept des ‚Aufschreibesystems', welches nicht nur die Verfahren der Darstellung im Allgemeinen, sondern vor allem auch die technischen Medien der Darstellung für die Strukturierung von Wissen für verantwortlich erklärt (vgl. Kittler 1987). Hörischs medienhistorisches Modell des ‚Wissens der Literatur' zielt dabei auf die Erkenntnisgewinne über einen Gegenstandsbereich mittels literarischer Darstellungen wie etwa die Verknüpfung von Begehren und Ökonomie; im Zentrum steht dabei die Beobachtung, dass Begehren durch Währungen gemessen wird und alles, was als Maßstab von Begehren dient, damit als ökonomisch beschrieben werden kann (vgl. Hörisch 1996; M. Frank 1989; → I.5. MEDIENTHEORIE UND MEDIENGESCHICHTE).

Insofern die Stärke von Diskursanalyse und Wissenspoetik darin besteht, unterschiedliche Wissensformen und Darstellungssysteme zu unterscheiden, soll im Folgenden anhand einiger einflussreicher Studien exemplarisch eine Übersicht über die Wissensformen unterschiedlicher Epochen geliefert werden. Im historischen Kontrast werden dabei die Verschiebungen der diskursiven Systeme deutlich. Es soll damit aber nicht behauptet werden, dass Diskursanalyse und Wissenspoetik ihren Gegenstand einzig in historischen Untersuchungen finden. Doch einige der maßgeblichen Erkenntnisse, die wir Foucault und Vogl verdanken, sind in Kontrastierung historischer Diskurse und Wissensformationen entstanden.

Ökonomisches Wissen vom 16. bis zum 19. Jahrhundert (Foucault)

Michel Foucault hat in *Les mots et les choses* gezeigt, dass sich nicht nur der Inhalt ökonomischer Theorien gewandelt, sondern dass sich der gesamte Gegenstands- und Wissensbereich vom 16. zum 19. Jh. derart verschoben hat, dass viele moderne ökonomische Fragestellungen an dem Wissen früherer Jahrhunderte schlicht abperlen und keine Resonanz finden.

Das Wissen des späten 16. Jh.s war wesentlich Reichtumswissen, also ein technisches Wissen zur Kultivierung von Reichtum. Damit einher ging eine Theorie des Wertmaßstabs, der dem Silber und Gold inhärent Wert zugestand. Der Merkantilismus des 17. Jh.s hält zwar am Reichtumswissen fest, verschiebt aber nun den Schwerpunkt des Wertmaßstabs der Edelmetalle auf ihren Tauschwert. Sie haben keinen inhärenten → WERT, gewinnen Wert vielmehr im Kreislauf von Tauschoperationen. „Zirkulation wird [...] eine der fundamentalen Kategorien der Analyse" (Foucault 1974, 227; → ZIRKULATION, KREISLAUF). Diese Betonung des Tauschs wiederum verschiebt auch das Zentrum der Reichtumswissenschaft. Reichtum wird prinzipiell als dynamisch verstanden, d. h. als instabil, durchlässig für Veränderung und insofern als gefährdet.

Bereits das 17. Jh. reagiert auf die Gefahr der Destabilisierung durch Tausch und Veränderung, indem es den Blick vom (instabilen) Reichtum des Einzelnen auf das (stabilere) Ganze der wirtschaftlichen und gesellschaftlichen Zusammenhänge wirft. Das Ökonomische hört zunehmend auf, Reichtumswissen zu sein und wird in soziales, gesellschaftliches Wissen transformiert, das die Zusammenhänge der Menschen betrifft. Ausdruck findet dieses neue Wissen in der populären Darstellungsform der Enzyklopädie, die vielfältige Wissensgebiete (nicht selten alphabetisch) nebeneinanderstellt. Prominent werden das Tableau und die Tabelle, in denen Klassifikationen von allen Wissensgegenständen vorgenommen werden (vgl. Foucault 1974; Poovey 1998). Diese Darstellungsform etabliert zugleich neue und überraschende Analogien zwischen dem ökonomischen Gesellschaftswissen und anderen Wissensbereichen wie etwa, qua Zirkulation von Zeichen, mit der Sprachphilosophie (vgl. Gray 2008, 23–47).

Mit dem Tausch werden diverse Abhängigkeiten sichtbar. Nationale Prosperität ist kein Zustand mehr, sondern ein dynamisches Zusammenspiel von Arbeitskräften, Zahlungsmitteln, Boden und Industrie. Geld wird immer weniger als immanent wertvoll verstanden, sondern als Pfand, als ein „aufgeschobener Tausch" (Foucault 1974, 230). Damit einhergehend bezieht sich das ökonomische Wissen des 18. Jh.s vor allem auf jene Faktoren, die als Limitationen des Anwachsens von Reichtum auftreten. Dazu gehört der Boden als Grenze des möglichen Konsums, wie die Physiokraten betonen („Aller Reichtum entsteht aus dem Boden"; ebd., 251). Und es treten die allgemeinen Bedingungen hervor, die den Tausch begünstigen und beschleunigen: die Nützlichkeit der Dinge ebenso wie die Voraussetzungen, die Bedürfnisse und das Begehren der Menschen, der Konsum und der Luxus (vgl. Erlin 2014, 24–52; → LUXUS).

Ende des 18. Jh.s vollzieht sich dann, so Foucault, ein fundamentaler Wandel, der darin besteht, dass der Tausch als das alles erklärende und alles verbindende Element ökonomischen Denkens durch die Produktion ersetzt wird. Die Konsequenzen dieser Umstellung sind äußerst weitreichend. Anhand von David Ricardo stellt Foucault dar, wie die alte Ordnung des Tausches auf Überfluss begründet war, der das Tauschen erlaubte, während die neue Ordnung Ricardos die Ökonomie auf Knappheit umstellt: „Der homo oeconomicus ist nicht derjenige, der sich seine eigenen Bedürfnisse und die Gegenstände, die sie mildern können, repräsentiert. Er ist derjenige, der sein Leben verbringt, verbraucht und verliert, indem er versucht, der Drohung des Todes zu entgehen" (Foucault 1974, 315). Zusammen mit der neuen Kategorie der Arbeit führt die Ökonomie der Knappheit Foucault zu Marx, den er als historisch gebundene, optimistischere Variante von Ricardo auffasst. Mit der Umstellung auf Produktion und Knappheit ist der zentrale Paradigmenwechsel volkswirtschaftlichen Denkens eingeleitet, der das 19 Jh. beherrscht, auch ohne dass Foucault eine explizite Analyse der parallelen Entdeckung des Grenznutzens (Marginalismus) durch William Stanley Jevons, Léon Walras und Carl Menger um 1871 unternimmt.

Die neue Ökonomie der Knappheit gründet nicht mehr auf der Darstellungsform des Tableaus mit seinem organisatorischen Nebeneinander von kausal Unzusammenhängendem. Das Wissen ordnet sich nun neu zur Erfassung einer „dunklen Vertikalität" (Foucault 1974, 308), die auch historische Formen mitdenkt. Umgestellt wird auf unterschiedliche Verfahren der Ausleuchtung der angenommenen tieferen Zusammenhänge.

Mit diesen Ansätzen liefert Foucault auch die Stichpunkte zur Beschreibung der Veränderungen der Subjekttypen und Romanfiguren, die von den diskursiven Regimen geprägt werden. Die Ordnung des Tausches, die sich auf Tableau, Taxonomie und Repräsentation als Anordnung in Gleichzeitigkeit gründete, beschreibt Foucault anhand der Beginn- und Endpunkte der Epoche durch Cervantes' *Don Quijote* (1605/1615) und Sades *Justine* (1791). Don Quijote erliegt dem Spiel der Ähnlichkeit, wenn er immer wieder Verwechselungen aufsitzt, und verfällt damit dem Bereich, den Foucault Repräsentation nennt (vgl. Foucault 1974, 262). Sade dagegen zeigt den Endpunkt dieser Ordnung, insofern in seinen Werken das (unsichtbare, tiefe, dunkle) Verlangen auf sein Recht pocht (vgl. ebd., 264; → WUNSCH, BEGEHREN). Während das Verlangen bereits der neuen Ordnung der Knappheit entspringe, die im 19. Jh. aufzieht, gehöre Sade insofern noch der Ordnung des Tableaus an, als dieses Verlangen sich in strikt regulierten Verhaltensformen erotischer Praxis manifestiert. Den Kulminationspunkt der neuen Ökonomie der Knappheit entdeckt Foucault schließlich in den Werken von Nietzsche, der mit dem Tod Gottes die Leere der neuen Ordnung bezeichnet, die nur Knappheit, Abwesenheit, Endlichkeit und entleerte Historizität denken kann (vgl. Foucault 1974, 321).

Hybrides Wissen vom Staat, Menschen und Ökonomischen (Vogl)

Joseph Vogl hat auf den Ansätzen Foucaults aufgebaut und sie unter anderem in drei Punkten erweitert, nämlich in Hinsicht auf Machtstrukturen, Subjektkonstellationen und die parallelen Entwicklungen in der Literatur. Im Mittelpunkt stehen dabei die Zusammenhänge von Wissen und Darstellungsformen. Dabei handelt es sich einerseits darum, wie ökonomisches Wissen selbst unmittelbar an Darstellungsformen geknüpft ist (z. B. Buchführung, Tableau), andererseits darum, wie es sich in literarischen Formen manifestiert (etwa im Theater, in Robinsonaden oder im Entwicklungs- und Bildungsroman; → III.4. UTOPISTISCHE ÖKONOMIEN DER NEUZEIT; → III.9. ENTWICKLUNGS- UND BILDUNGSROMAN).

Vogl spricht in sachlicher Nähe zu Foucault von einer „Regierungsmentalität", die sich im 17. und 18. Jh. im ökonomischen Wissen manifestiert: „Mit diagrammatischer Darstellung, enzyklopädischer Ordnung, polizeilicher Intervention und einem globalen Begriff von Reichtum formiert sich das ‚Ökonomische' nicht bloß als ein eigenes Gegenstandsfeld, sondern als eine Regierungsmentalität, in der sich Regierungswissen und politische Steuerung zu einer neuen Einheit fügen" (Vogl 2004a, 85).

Vogls These zur Karriere des Ökonomie-Gedankens lautet dann auch, dass die Ökonomie eben in dem Moment zur Leitdisziplin werden kann und darin zunehmend die politische Theorie ergänzt und sogar ablöst, in dem das politische Herrschaftswissen in seinem Versuch der Klärung gesellschaftlicher Machtverhältnisse scheitert. Dazu kommt es im 18. Jh., wenn jene unsichtbaren Kräfte ins Zentrum der Aufmerksamkeit rücken, die angenommen werden müssen, um das Zusammenspiel der zunehmend als komplex beschriebenen Gesellschaft zu erfassen. Inbegriff solcher Kräfte ist die „unsichtbare Hand", die Adam Smith als Garanten der ökonomischen Ordnung ins Feld führt. Das neue ökonomische Wissen verspricht, auch die versteckten Kräfte der Gesellschaft zu integrieren und damit beherrschbar zu machen (Vogl 2004a, 248).

Die Beschreibung des Unsichtbaren wird dem Ökonomischen bereits durch Einführung der doppelten Buchführung Programm, da diese mit dem Anspruch auftritt, komplexe diachrone Prozesse zu bündeln und zu beherrschen. Mary Poovey hat allerdings dargelegt, wie die Praxis der doppelten Buchführung bis tief ins 18. Jh. hinein wenig dazu geeignet war, tatsächliche Steuerung zu gewähren; etwa wurden Fehlbeträge und Überträge schlicht durch ‚imaginäre Zahlen' ausgeglichen. Stattdessen ging es in der doppelten Buchführung und den vier Büchern der Handelshäuser eher um die Illusion von Ehrbarkeit und Kontrolle als um tatsächliches Wissen (vgl. Poovey 1998).

Die Dominanz ökonomischen Wissens manifestiert sich auch in einer moralphilosophischen Aufwertung von Leidenschaften und Interessen sowie in der Beobachtung weitläufiger sozialer Interdependenzen, die sich – von der Sympathielehre Adam Smiths bis zur Lessing'schen Mitleidspoetik – durch eine Wechselseitigkeit von sozialtheoretischer Reflexion und ästhetischer bzw. poetischer Darstellungspraxis auszeichnen und in deren Fluchtpunkt die Ansprüche, die Verkehrsweisen und die affektive Beweglichkeit eines neuen, ‚bürgerlichen'

Subjekts, des → HOMO OECONOMICUS stehen (Vogl 2004a, 83–138). Verwandte Positionen konstatieren etwa eine Geburt des ‚ökonomischen Unbewussten' in den aufkommenden Sprachwissenschaften, in der Ästhetik und vor allem in der Literatur von Johann Heinrich Jung-Stilling bis zu Adelbert von Chamisso (Gray 2008) oder einen „Ich-Effekt" des Geldes ab 1770 (Breithaupt 2008).

Man kann die Differenz von Vogls wissenspoetischem Ansatz zur traditionellen Ideengeschichte anhand eines Vergleichs zu Albert O. Hirschmans einflussreicher Studie *The Passions and the Interests: Political Arguments for Capitalism before Its Triumph* (1977, dt. *Leidenschaften und Interessen. Politische Begründungen des Kapitalismus vor seinem Sieg*, 1987) darstellen, auf die der Titel von Vogls Studie anzuspielen scheint. Hirschman argumentiert ideengeschichtlich, dass sich im Konflikt zwischen den zwei Erklärungsmodellen von Handlung aus emotionalen oder rationalen Beweggründen seit Ende des 16. Jh.s die neue und dritte Kategorie des Interesses und speziell die des Eigennutzes (*self-interest*) durchsetzt. Vogls wissenspoetische Analyse beobachtet dabei, durchaus in Nähe zu Hirschman, wie → LEIDENSCHAFTEN (*passions*), Rationalität und Interessen miteinander koordiniert werden. Anders aber als Hirschman bezieht Vogl in seine Deutung nicht nur explizite theoretische Expertisen, sondern auch literarische Darstellungen ein. Und anders als Hirschman, der die ‚Lösung' der Frage von Handlungsmotivation in dem erblickt, was von den Denkern der Zeit als Lösung unmittelbar benannt wird, verdichtet Vogl seine Beobachtungen der Darstellungsverfahren zu einer neuen Konzeption von ökonomischer Rationalität, die zentral auf Konzeptionen von Sympathie, Mitleid und Affizierbarkeit aufbaut, auch wenn diese so nicht benannt wird. Der neue Mensch des 18. Jh.s hat nicht nur Leidenschaften, sondern wird auch von den Leidenschaften anderer bewegt. Diese Affizierbarkeit führt dazu, dass die Subjekte Experten darin werden, „den Grund und Grad ihrer Übereinstimmung" (Vogl 2004a, 100) mit anderen Menschen zu eruieren. Übereinstimmung und Ähnlichkeit wird nicht mehr vorausgesetzt, sondern als unwahrscheinliche Möglichkeit gesetzt. Und eben hier liegt der Kern der neuen ökonomischen Rationalität, nämlich Übereinstimmung und Diskrepanzen von Interessen und Leidenschaften aufzuspüren und Tauschverhältnisse nicht schlicht von Waren und Werten zu etablieren, sondern auch von den menschlichen Dispositionen. Exemplarisch zeigt Vogl, wie etwa in George Lillos *The London Merchant* (1731) der neue Personentypus zwischen Leidenschaft und Kälte und dem Aufdecken oder Verbergen der Interessen entsteht. Diese Aufrechenbarkeit der Interessen etabliert die Interessen noch nicht als das Begehren, welches Freud als Libido später zur psychischen Währung erheben wird (vgl. Goux 1975), doch gewährt sie einen Standard, mittels dessen Menschen real und imaginär in den Zustand der Vergleich- und Substituierbarkeit gestellt werden.

I.6. Diskursanalyse und Wissenspoetik — 87

Vogl beobachtet, wie die komplexen Beziehungen zwischen Subjekten mit ihren Leidenschaften und Interessen den klassischen politischen Theorien der hierarchischen Staatsführung zu entgleiten drohen. Weil die politischen Theorien der Epoche sich zunehmend schwertun, die unsichtbaren Kräfte dieser komplexen Subjektivität zu kontrollieren, kann das ökonomische Denken einspringen und sich als Leitdisziplin zur Beschreibung sozialer Kräfte anbieten. Kurz: Die Ökonomie und das ökonomische Denken versprechen die Beherrschung bzw. Regulierung komplexer sozialer Kräfteverhältnisse. Ökonomisches Wissen ist seit dem 18. Jh. denn auch ein Wissen, das Geldzirkulation, Macht und Subjektproduktion verbindet. Vogl stellt in diesem Sinne etwa dar, wie am Beispiel der Turmgesellschaft in Goethes *Wilhelm Meisters Lehrjahre* (1795/1796), aber auch in den *Wahlverwandtschaften* (1809) Fragen nach der Lenkung und Koordination von Zufallsereignissen, nach der Steuerung von Individuen, Leidenschaften und materiellen Lebensverhältnissen, nach der Darstellung verschiedener Ordnungsversuche und ihren Symbolismen aufgeworfen werden, die allesamt an einen erhöhten Ort appellieren, von dem aus deren Funktionsweise überschaubar und zu einem Gegenstand des (narrativen) Wissens werden kann (vgl. Vogl 1999).

Ein weiterer Akzent wird mit der Geschichte von Markttheorien und ökonomischen Institutionen gesetzt, die unter anderem den Zusammenhang zwischen Finanzierungsweisen, Verschuldung und öffentlichem Kredit bzw. Kreditgeld in den Mittelpunkt rücken (vgl. Vogl 2011 und 2015). Dadurch geraten nicht zuletzt Schauplätze in den Blick, in denen die Dynamik von Finanz- und Schuldenkrisen unmittelbaren Anlass zu zeichentheoretischen Reflexionen über den Zusammenhang von Wert- und Bedeutungssubstraten bieten. Solche Korrespondenzen prägen etwa die Spielart des Spekulationsromans (→ SPEKULATION, SPEKULANT; → III.16. BÖRSEN-, SPEKULATIONS- UND INFLATIONSROMAN; vgl. Vogl 2011, 9–21); aber schon die finanzökonomischen Experimente des ausgehenden 18. Jh.s – die Ausgabe französischer Assignaten oder englischer Banknoten in den 1790er Jahren – haben zu umfangreichen Auseinandersetzungen über die ästhetischen, semiotischen und rhetorischen Dimensionen von Kreditgeld geführt (vgl. Matala de Mazza 1999, 333–336; Vogl 2004a, 270–288): Während die inflationären Kursverluste der französischen Assignaten durch Vertrauenskrisen in die politische Führung der Revolution ausgelöst wurden (vgl. Spang 2015), hat die zeitgleiche Befestigung des Notengeldes durch die Bank of England im Bank Restriction Act (1797), wie Mary Poovey dargelegt hat, das System des Sichtbaren und Unsichtbaren nachhaltig erschüttert und etwa in Jane Austens *Pride and Prejudice* (1813) in einer neuen Ästhetik indirekter Gesten seinen Ausdruck gefunden (vgl. Poovey 2008, 357; → III.10. ROMANTISCHE ÖKONOMIEN).

Homo oeconomicus, Ich-Effekte, homo debitor

Diskursanalytische Perspektiven und Wissenspoetik sowie ihnen verwandte Ansätze haben sich neben der Diskussion der Verflechtungen von Wissensstrukturen (Foucault 1974; Vogl 1997a; Gray 2008), der Effekte von Geldpolitik (Poovey 2008; Vogl 2015) und der Formen des Begehrens (Hörisch 1996; Blaschke 2004) auch besonders produktiv in der Erörterung von Krisen (Künzel und Hempel 2011; Vogl 2015), ökonomischen Charaktertypen (Lynch 1998) und hyperbolischen Überschätzungen des Ökonomischen (Stäheli 2007; Vogl 2011) erwiesen.

Eine Reihe von wissenspoetologischen Studien verdichtet die Thesen von Foucault und Vogl in Bezug auf Subjektstrukturen. Die gemeinsame Perspektive solcher Ansätze liegt darin, dass sie Subjektivität und Individuation nicht als Gegebenes annehmen, sondern untersuchen, wie die Darstellungen von ökonomischen Zusammenhängen und dem Selbstverständnis von Menschen eine Art Amalgam eingehen, das Subjektivität und menschliche Identität als Effekt erst entlässt. Anders gesagt, in der Diskursanalyse erscheint der Mensch regelmäßig als ein von ökonomischen Strukturen determiniertes Wesen.

Dazu gehört die Studie *Der Ich-Effekt des Geldes. Zur Geschichte einer Legitimationsfigur* (Breithaupt 2008), die sich auf Zusammenhänge zwischen der Konjunktur des ökonomischen Wissens seit dem Ende des 18. Jh.s und der Stärkung eines labilen ‚Ich'-Begriffs bezieht. Individualität wird im 18. Jh. einerseits massiv aufgewertet und etwa in der freien Berufswahl erforderlich (vgl. Luhmann 1989, 158–161), bleibt aber andererseits radikal unterdeterminiert, da niemand weiß, wer oder was er ist. Entsprechend besteht Individualität nicht als psychisch gegebene Instanz, als Substanz oder schlicht vorausgesetzte Größe, sondern als ein Zwang, dieses Ich zu entdecken, zu manifestieren oder zu entwickeln. Das Individuum steht unter Ich-Zwang; seine Aufgabe besteht in der Erzeugung eines ‚Ichs'. Individualität erscheint als eine performative Größe, die unter dem Regime von wissenspoetologisch beschreibbaren Repräsentationsformen steht.

Vor allem im ökonomischen Denken (aber auch in der Kunst; vgl. Luhmann 1996b) werden dem unter Ich-Zwang stehenden Individuum Strategien zur Stabilisierung aufgewiesen. Gerade weil das Ich nicht gegeben ist, wird Geld benötigt, um Ich-Substrate etwa als Besitzer, als Unternehmer, als Spekulant oder Konsument zu etablieren. Umgekehrt benötigt auch die moderne Ökonomie seit dem 18. Jh. Individuen, die sich mittels wirtschaftlicher Kräfte etwa durch Konsum und Unternehmertum verwirklichen wollen. Beobachtet wird dabei, wie sich in den Krisenmomenten von 1770, 1797, 1848, 1871, 1900, 1923 und 1955 Geld- und Ich-Diskurs wechselweise verändern (vgl. Breithaupt 2008). Solche Veränderungen lassen sich in Novellen der Romantik und zahlreichen Bildungsromanen, in Kaufmannsromanen wie Gottfried Kellers *Der grüne Heinrich* (1854/1855; 1880), Gustav

Freytags *Soll und Haben* (1855) und Thomas Manns *Die Buddenbrooks* (1901) nachweisen (→ Kaufmann, Kaufmannssohn; → III.9. Entwicklungs- und Bildungsroman; → III.14. Geld- und Kreditverhältnisse im Realismus), ebenso aber auch in zentralen Neubegründungen der Wirtschaftswissenschaften wie in der Entdeckung des Grenznutzens 1871 mit dem einhergehenden Versuch, die Wirtschaftswissenschaften mit einer mathematischen Fassung von Begehrensstrukturen zu fundieren (zum → homo oeconomicus in der Literatur um 1900 vgl. Blaschke 2004).

Eine radikale Form von Ich-Effekt besteht in der Verschuldung. Der verschuldete Mensch ist nicht nur ein Mensch, der etwas geborgt hat, sondern ein Mensch, der von seinen Schulden strukturiert wird und sich mit seinen Schulden identifiziert. Die Vergangenheit, Gegenwart und Zukunft eines Menschen kann ausgehend von seinen Schulden erzählt und dargestellt werden. In Auseinandersetzung mit Maurizio Lazzaratos *Die Fabrik des verschuldeten Menschen. Ein Essay über das neoliberale Leben* (2011) analysiert Daniel Cuonz die „Ausformung von Subjektivität und Intersubjektivität unter den Bedingungen der Verschuldung" anhand der Literatur seit der Frühen Neuzeit (Cuonz 2018, 14). Cuonz argumentiert, dass die Form von Subjektivität im Roman und im Theater der Neuzeit durch eine Struktur des Defizits gekennzeichnet ist: Gemeinsam ist den Helden der Romane, „was ihnen fehlt, es verbindet sie, was sie verfehlen. Deshalb ist die Theorie des Romans [...] auch eine Theorie der Schuld" (ebd., 83). Die Gemeinsamkeit von Romanfiguren wie Kellers grünem Heinrich, Flauberts Madame Bovary oder Dostojewskis Raskolnikow besteht darin, dass sie im Spannungsfeld von ökonomischer Schuld und moralischer Schuld leben. „Der Held des Romans ist der Mensch, der in exemplarischer Weise vor einem genuin modernen Dilemma steht, das Hans Blumenberg im Anschluss an Simmel auf die prägnante Formel ‚Geld oder Leben' gebracht hat. Was auch immer dieser Mensch tut, wie auch immer er sich entscheidet, er generiert Werte im Bereich des einen um den Preis von Defiziten im Bereich des andern. Er lädt entweder Schuld oder Schulden auf sich – und verlernt deshalb im Verlauf seines Lebens, sie voneinander zu unterscheiden" (ebd., 58). Cuonz verortet den Beitrag spezifisch literarischen Wissens denn auch darin, dass Literatur die Ausweitung ökonomischen Denkens und seine „begriffliche Verallgemeinerung" zu begrenzen versucht, gerade indem sie die Verflechtungen und Grenzverwischungen von ökonomischer und moralischer Schuld aufweist (ebd., 92). An diesem Punkt zeigt sich, dass literarische Autoren ein implizites Wissen um die diskursive Kraft des Ökonomischen haben, auf das sie mit Mitteln der Literatur antworten. Das Literarische ist einerseits diskursiven Formationen unterworfen, reagiert aber andererseits auf ebendiese diskursiven Verhältnisse und misst – mit Abwandlungen und Alternativen – deren Spielräume aus.

II. Leitkonzepte

Arbeit, Arbeitslosigkeit
Elisabeth Rink

In den modernen westlichen Gesellschaften gilt Arbeit als ein Schlüsselkonzept zur Selbstdefinition des Menschen: zum einen durch ihre Qualität und Quantität, zum anderen durch die gesellschaftliche Trennung in Arbeitende und Arbeitslose (vgl. Hermanns 1993, 44–46). Werden ‚Arbeit' und ‚Arbeitslosigkeit' im Spiegel der Literatur betrachtet, eröffnen sich Perspektiven auf ihre Bedeutung in der jeweiligen gesellschaftlichen Gemengelage. Untersucht man den literarischen Mikrokosmos der 1840er Jahre, zeigt sich, dass unser heutiges Verständnis von Arbeit und Arbeitslosigkeit das Ergebnis eines Begriffsbildungsprozesses ist, der im langen 19. Jh. (vgl. F. J. Bauer 2004) stattfindet, und zwar im Wechselspiel mit der Literatur; ihr wird hierauf großer Einfluss zugeschrieben (vgl. Schütz 2007, 15). Die industrielle Revolution löst Veränderungen aus, die für die Vorstellungen von ‚Arbeit' und ‚Arbeitslosigkeit' bis heute grundlegend sind. Die Literatur beeinflusst die Herausbildung der Begriffe im 19. Jh. mit dem Jahr 1848 als Zäsur, so dass man von einem Wechselspiel zwischen Literatur und Begriff, zum Teil sogar von einer Vorwegnahme der Begriffsbildung in der Literatur sprechen kann.

‚Arbeit' gehört „in allen Sprachen zu den wichtigsten und zuerst gebrauchten Wörtern" (H. J. Krüger 2007, 480). Aber sie ist nicht abstrakt, sondern nur im soziokulturell-historischen Kontext zu sehen: „Weil Arbeit sich in unzähligen Verrichtungen und Verhältnissen findet, ist es viel schwerer, etwas Allgemeines über sie zu sagen als über höher organisierte Systeme [...]. Eine Geschichte der Arbeit kann nur die ihrer typischen Umstände sein" (Osterhammel 2009, 958). In den meisten alteuropäischen Sprachen tragen Bezeichnungen für ‚Arbeit' das „Mühsame der Tätigkeit, die harte Anstrengung" (H. J. Krüger 2007, 481) in sich. Bereits zur Zeit der Karolinger wird sie zum Gesellschaft definierenden und auch teilenden Faktor: „‚[L]aboratores' wird [...] die Bezeichnung für alle, die sich hart plagen müssen" (ebd.). In der Neuzeit wird die körperliche Arbeit aufgewertet durch die „Integration von geistiger Arbeit in den Produktionsprozeß" (ebd., 482) und die Konzentration „auf Schaffung eines produktions- und sozialisationsfördernden Arbeits-Ethos" (ebd.). Arbeitsethische Fragen tauchen in der Literatur z. B. in den Robinsonaden des 18. Jh.s und später in der bürgerlichen Literatur des 19. Jh.s auf. Zentral für die Veränderung des Arbeitsbegriffs im 19. Jh. ist das Verständnis von Arbeit als wertschöpfender Tätigkeit nach John Locke (vgl. ebd., 484). Eine nennenswerte literarische Auseinandersetzung mit Arbeit beginnt erst im 18. Jh. (vgl. Grimm und Hermand 1979; Balint 2017), allerdings geht es hier vor allem um die Abgrenzung zu Bildung und Kunst. Generell „läßt sich eine seltsame Scheu feststellen, die alltägliche Arbeit realistisch zu gestalten" (Berghahn und Müller 1979, 51).

Mit der Industrialisierung markiert das 19. Jh. eine Wende: *A posteriori* verorten wir die Veränderung von ‚Arbeit' oft mit der Wahrnehmung des Proletariats als neuem gesellschaftlichen Teil – festgehalten 1867 von Karl Marx in *Das Kapital*. Seine Zusammenführung von Arbeit und Warenwert und seine Definition des bei der Arbeit entstehenden Mehrwerts (wobei Marx' Arbeitswertlehre auf David Ricardo zurückgeht) führen ‚Arbeit' zu unserem heutigen Verständnis, nämlich zu einem für den Einzelnen wie auch für Gruppen identitätsstiftendem ökonomischen Konzept: „Alle Arbeit ist einerseits Verausgabung menschlicher Arbeitskraft im physiologischen Sinn, und in dieser Eigenschaft gleicher menschlicher oder abstrakt menschlicher Arbeit bildet sie den Warenwert. Alle Arbeit ist andrerseits Verausgabung menschlicher Arbeitskraft in besonderer zweckbestimmter Form, und in dieser Eigenschaft konkreter nützlicher Arbeit produziert sie Gebrauchswerte" (Marx und Engels 1956 ff., Bd. 23, 61). ‚Arbeit' an sich ändert sich, „indem die Maschine nicht den Arbeiter von der Arbeit befreit, sondern seine Arbeit vom Inhalt" (ebd., Bd. 23, 445–446). Der moderne, im 19. Jh. entstandene Arbeitsbegriff ist also ein Konglomerat aus anthropologischen, ökonomischen, physiologischen und physikalischen Elementen (vgl. Rabinbach 1992).

Bemerkenswert ist, dass die geistesgeschichtliche Begriffsbildung schon vorher in der Literatur spürbar wird. Bereits vor 1848 beginnt gesamteuropäisch die literarische Auseinandersetzung mit der Thematik in Romanen, z. B. in *Die Epigonen* von Karl Leberecht Immermann oder *Les Mystères de Paris* von Eugène Sue, und in der Lyrik, z. B. bei Ferdinand Freiligrath. Nach 1848 verdichtet sich diesbezüglich im Realismus und Naturalismus das literarische Feld mit dem Romanzyklus *Les Rougon-Macquart* von Émile Zola, hier vor allem *L'Assommoir* und *Germinal*, den Romanen von Charles Dickens, insbesondere *Great Expectations*, bis hin zu Gerhart Hauptmanns *Die Weber* von 1892. Besonders deutlich wird dies aber in den 1840er Jahren im deutschen ‚sozialen Roman' (vgl. Adler 1998, 195), vor allem im Fabrikroman (→ III.16. BÖRSEN-, SPEKULATIONS- UND INFLATIONSROMAN). Aus dem überschaubaren relevanten literarischen Feld (vgl. dazu Rink 2014, 65–80) werden hier drei Romane des Zeitraums 1840–1848 ausgewählt, die den Begriffsbildungsprozess zeigen.

Ernst Willkomm zeigt in *Eisen, Gold und Geist* (1843) anhand der Stickerin Elise, die zwischen Kleinbürgertum und Proletariat steht, Aspekte der neuen Arbeit (vgl. Rink 2014, 173–183), nämlich das Arbeitsergebnis als physisches Produkt, die gedankliche Loslösung davon und den Aspekt des Broterwerbs: „Dich erfreut Deine Arbeit, denn sie erblüht unter Deinen Händen, während Du mit den Gedanken frei durch die ganze Welt segeln kannst. Und bist Du fertig, dann sagt Dir der klingende Lohn, daß Dein Bemühen kein vergebliches gewesen ist!" (Willkomm 1843, 92) Diese zeigen sich auch in der Fabrik: Bei der Eisenverarbeitung werden die Mittel der Industrialisierung unter schweren Arbeitsbedingungen mit dem Ziel der Kapitalerhöhung eingesetzt. Die Arbeiterfiguren erkennen, dass die Verschlechterung ihrer Arbeits- und Lebenssituation mit dem Streben nach Gewinn direkt zusammenhängt und so der Aspekt der Ökonomisierung der Arbeit hervortritt.

In *Schloß und Fabrik* (1846) von Louise Otto-Peters wird Arbeit vor allem über ihre Auswirkungen gezeigt (vgl. Rink 2014, 264–273). Deutlich wird dies an der Figur des Fabrikbesitzers, „dessen Reichtum Tausende von Menschen, denen er Arbeit und Elend zugleich gab, zu weißen Sklaven erniedrigte" (Otto-Peters 1996, 71). Kinderarbeit, Kinderausbeutung und inhumane Arbeitsbedingungen sind Folgen der veränderten Arbeit. Die Arbeiterfiguren arbeiten zum Broterwerb: „Ich und mein Mann, wir sind beide gesund [...], wenn man auch wenig verdient, wenn man nur arbeiten kann und gesund ist, da ist unsereins schon zufrieden, aber wie ist nun die lange Lise selber elend geworden, und wie sahen die Kinder jammervoll aus, [...] halten's einmal nicht aus und muß doch froh sein, wenn sie nur arbeiten dürfen" (ebd., 151). Man ist froh und dankbar, Arbeit zu haben, es muss also auch den Zustand der Nicht-Arbeit, der Arbeitslosigkeit, geben. Gerade deswegen sind die 1840er Jahre so wichtig, weil sich ein Verständnis des Begriffs ‚Arbeitslosigkeit' manifestiert, lange bevor er tatsächlich zur Anwendung kommt: ‚Arbeitslosigkeit' findet sich erst ab 1890 in Wörterbüchern, etwa seit Beginn des 19. Jh.s wird ‚arbeitslos sein' verwendet (vgl. Zimmermann 2006, 29–44). Die begriffliche Klärung von ‚Arbeitslosigkeit' dauert indes bis Ende der 1920er Jahre (vgl. ebd., 18). Konnte zuvor also der Zustand der Nicht-Arbeit als Müßiggang verstanden und Adel und Bürgertum zugeschrieben werden, entsteht mit dem Aufkommen des Proletariats und dessen Werktätigkeit ein Gegenbegriff zur Arbeit, der Zustand der Arbeitslosigkeit, der von nun an das Leben in Zeiten mit und ohne Arbeit einteilt: Der Begriff der Arbeitslosigkeit kann sich erst entwickeln, wenn er lebensweltlich relevant wird.

In Georg Weerths posthum erschienenem *Fragment eines Romans* (entstanden 1846/1847) ist der Zusammenhang von Arbeit und (kollektiver) Identität zentral (vgl. Rink 2014, 316–322). Frauen und Kinder arbeiten in der Fabrik und sind „[e]ntnervt schon und zerfoltert von der Arbeit, ohne Fleisch auf den Lippen, ohne Blut in den Adern, ohne Gehirn im Kopfe" (Weerth 1965, 110). Er betrachtet das Kollektiv: Die Auswirkungen der Arbeit einen die Arbeiter zu einer Leidensgemeinschaft und werden so zum identitätsstiftenden Element (vgl. Rink 2014, 318). Am Ende steht der Arbeitskampf einer Gruppe, deren gemeinsame Identität „sich mit der Arbeit als kleinstem gemeinsamen Nenner der Arbeiterschaft" (ebd.) verfestigt.

Diese Romane zeigen für Arbeit und Arbeitslosigkeit bis heute konstituierende Aspekte: Arbeit ist vor allem Lohnarbeit; sie kann erfüllend sein. Am Ende steht meist ein physisches Arbeitsprodukt. Technische Neuerungen im Produktionsprozess dienen der Gewinnmaximierung und verschlechtern die Arbeitsbedingungen direkt. Das Leiden an den Arbeitsbedingungen eint die Arbeiter, fördert die Bildung einer kollektiven Identität und führt so zur Bewusstwerdung als Proletariat. Die Lebenszeit ist nun in Zeiten mit und Zeiten ohne Arbeit geteilt, d.h. Freizeit entsteht und Arbeitslosigkeit tritt auf. Dabei ist weniger die Darstellung von faktischer Arbeit als die Frage nach der Arbeit entscheidend für die Verhandlung der Begriffe (vgl. ebd. 337–342). Diese Begriffsverhandlung schiebt schließlich weitere literarische Bearbeitungen an, so dass sich die „Unerzählbarkeit der Arbeit" (ebd., 359) allmählich auflöst.

Wie wirkt sich schließlich das mutmaßliche Ende der Arbeit (vgl. Rifkin 1995) auf literarische Darstellungen aus? In der Literatur der *New Economy* wird unter anderem die Bedeutung der Arbeit für den Einzelnen und die Frage, ob man ihr überhaupt entkommen kann, zentral. Der Roman *99 francs* von Frédéric Beigbeder etwa zeigt, „wie die Kunst auf die Ästhetisierung des Kapitalismus mit ihrer Kapitalisierung der Ästhetik antwortet" (Nonnenmacher 2016, 202). Die Literatur der finanz- und postindustriellen Arbeitswelt (→ III.21. FINANZ- UND POSTINDUSTRIELLE ARBEITSWELT IN DER GEGENWARTSLITERATUR) greift dies auf und zeigt die Verabschiedung von der (Arbeits-)Produktivität im eigentlichen Sinne. Wenn sich unsere Arbeit in den Finanz- und Dienstleistungssektor verschiebt, ändern sich auch ‚Arbeit' und ‚Arbeitslosigkeit': Die Literatur des 21. Jh.s wird zeigen, inwieweit sie relevante literarische Themen bleiben.

Armut und Verelendung
Elke Brüns

Armut ist kein literarisches Sujet wie andere. Häufig steht das Schreiben über Armut unter dem Beglaubigungsdruck autobiographischer Erfahrungen oder es wird aufgrund seiner skandalisierenden und appellierenden Konnotationen als Verstoß gegen die Wertfreiheit und Autonomie des Kunstwerkes verstanden. Eine weitere Besonderheit ist das Verhältnis von Sujet, Produzenten und Rezipienten: „Das Leben der infamen Menschen" wurde, wie Michel Foucault schrieb, lange nur deshalb tradiert, weil es der „Blitz der Macht" beleuchtete (Foucault 2003, 315–316) – als Gegenstand krimineller, devianter Handlungen. In historischer Perspektive sind Armutsrepräsentationen generell nicht selten Imaginationen des Abweichenden und Bedrohlichen. Paradigmatisch zeigt sich dies im Naturalismus, dessen Autoren dem Elend der Unterschichten in einer Mischung aus Mitleid, Faszination und Abwehr begegnen (vgl. Bogdal 1978). Dort, wo aus biographischer Perspektive von Armut erzählt wird, zeigt sich die Erlebnisarmut als Erzählproblem, wie exemplarisch in den literarischen Autobiographien von Ulrich Bräker und Karl Philipp Moritz (vgl. Brüns 2008, 7–21). Armut muss allerdings nicht *expressis verbis* genannt werden, um Gegenstand eines literarischen Werkes zu sein: Sie findet ihre Thematisierungen etwa in der Geld- oder Geschlechterkritik, in ökonomischen Vorgängen oder philosophischen und poetologischen Reflexionen.

,Armut' ist ein tradierter alltagssprachlicher Begriff, der einerseits selbstverständlich anmutet, andererseits aber kaum definitorisch ,festgestellt' werden kann. Was als Armut gilt, variiert historisch und kulturell und ist zudem allzeit umstritten (vgl. Mollat 1984; Geremek 1998b). Dies gilt nicht nur für die kulturhistorischen Wandlungen des Begriffs etwa im Kontext religiöser Nächstenliebe, der *caritas*, sondern auch im wissenschaftlichen Diskurs, in dem sich seitens der Sozialwissenschaften verschiedene ressourcen-, lebenslagen-, *capability*-orientierte und jüngst auch wieder kulturalistische Ansätze etabliert haben (Überblicke bei Butterwegge 2009; Huster u. a. 2008; zur Verdrängung des Begriffs der Armut durch den der Exklusion vgl. T. Wagner 2007; Kronauer 2010). Gegenüber naturalisierenden, kulturalistischen oder positivistischen Ansätzen muss ein kulturwissenschaftlicher Armutsbegriff darauf abheben, den konstruktiven Charakter einer jeden Definition von Armut kenntlich zu machen und damit Analysen zum Selbstdeutungshorizont der Gesellschaft zu liefern. Hier kommt der Literatur als einem Leitmedium kultureller Selbstverständigung eine prominente Rolle zu, da sie in erheblichem Maße beeinflusst hat und weiterhin beeinflusst, welche sozialen Phänomene und Lagen überhaupt als ,Armut' wahrgenommen werden und welche nicht.

Literarische Armutsrepräsentationen und -diskurse stehen dabei nicht nur in einem spezifischen Verhältnis zu den sozioökonomischen Gegebenheiten der Zeit, sondern ebenso zu deren ästhetischen Leitbildern. Ob und wie eine – wie auch immer verstandene – Armut zum literarischen Sujet werden kann, beantwortet sich damit immer auch im Spannungsfeld zwischen sozialen, ökonomischen und ästhetischen Normen. Armut ist eine Störerfahrung, die in Konjunkturen symbolischer Auf- und Abwertungen eingebunden ist und durch gouvernementale sowie alltägliche Praktiken geformt wird. Die Zäsuren der Armutsgeschichte verlaufen dabei teils asynchron zu historiographisch etablierten Epochenschwellen. Von Anbeginn fungiert Armut in der abendländischen Kultur aber auch als Reflexionsfigur. Hier zeigen sich signifikante Konstellationen, in denen das soziale Phänomen Armut eine literarische Einschreibung und Problematisierung erfährt.

In der griechischen und römischen Antike werden Arme nicht selten verachtet – so es sich nicht um Oberschichtsangehörige oder Dichter handelt (vgl. Prell 1997). Doch finden sich auch andere Perspektiven: Sokrates zufolge hat die vom Göttermahl ausgeschlossene Göttin der Armut, Penia, mit Poros, dem Gott des Reichtums, draußen im Garten Eros gezeugt. Eros verkörpere deshalb Mangel und Fülle und die Suche nach Auswegen. Neben dieser produktionsästhetischen Figuration wird Armut bereits in der Antike zu einer Reflexionsfigur für Fragen von An- und Abwesenheit, Macht, Souveränität und Sprache (vgl. Osten 2008).

Eine grundlegende Wendung vollzieht sich durch das Christentum, das mit der postulierten Gottesebenbildlichkeit des Menschen auch eine neue Würde des Armen begründet (vgl. Flood und Hillerdal 1979; Schlageter 1993). Arme und Reiche begegnen sich in der Jenseitsökonomie: Gebete fungieren als Gegenleistung für milde Gaben. Neben der Bedeutung von Armut als materiellem Mangel unterscheidet das Mittelalter vor allem zwischen *pauper* (abhängig, schwach) und *potens* (stark, mächtig, frei) und betont damit den rechtlichen, weniger den ökonomischen Status (vgl. Oexle 1986 und 1992; Felten 2004; Raff 2004). Daneben avancieren Askese und Armut in der Nachfolge Christi zum Ideal, das vor allem die im 13. Jh. gegründeten Bettelorden – prominent: Franziskus von Assisi – vorleben. Doch stehen soziale Realität und symbolische Deutung in scharfem Kontrast: „Obwohl der Arme zum Abbild Christi sublimiert wurde, blieb er im Alltag ein Vergessener" (Mollat 1984, 106). Auch die Literatur thematisiert Armut jenseits ihrer allegorischen Darstellung nur dann, wenn sie als Störung des Weltgefüges den ‚edlen armen' betraf (vgl. Kartschoke 2004).

Die Pest von 1348 markiert einen weiteren Einschnitt: Die Bettelei wird suspekt, es entsteht die Figur des ‚starken' → BETTLERS, der arbeitsfähig und damit der Unterstützung nicht würdig sei (vgl. Jütte 1988 und 1994). Exemplarische Bilder des supponierten Betruges finden sich in Sebastian Brants *Narrenschiff* und gesamteuropäisch im Schelmenroman (vgl. Real Ramos 1988; Cordie 2001;

Sachße und Tennstedt 1983; → III.3. DER FRÜHNEUZEITLICHE KAPITALISMUS). Die Einführung der Bettelordnungen – zuerst 1370 in Nürnberg – zeigt einen neuen, normativ geprägten Umgang mit den Armen (vgl. A. Wagner 2006). Im Zuge der Reformation wird Armut zum Negativ eines theologisch neu legitimierten, protokapitalistischen Begriffs der Arbeit (vgl. Pankoke 1990). Zudem basiert die seit dem 16. Jh. systematisch organisierte Armenfürsorge auf dem Heimatprinzip, das die Unterstützung den würdigen Armen der eigenen Gemeinde vorbehält. Der abgewiesene, fremde und heimatlose Arme findet seine Figurationen im *pícaro* bzw. im Landstörzer (so bei Grimmelshausen) und Vaganten – eine Figur, die in der Romantik und den Avantgardebewegungen um 1900 zur antibürgerlichen Figur verklärt wird (vgl. Brittnacher und Klaue 2008; Fähnders 2012; Widder 2018).

Zu einer gänzlichen neuen Form der Armut – dem Pauperismus – führen zunächst die Ausweitung abhängiger Lohnarbeit nach den Schüben ‚ursprünglicher Akkumulation' (Marx), dann die fortschreitende industrielle Revolution um und nach 1800 (vgl. Widder 2018). Mit den *working poor* wird Verelendung zum Massenschicksal: Es sind nicht mehr diejenigen arm, die keiner Arbeit nachgehen (können), sondern die Arbeitenden (vgl. Castel 2008, 192–204). Damit erweitert sich der Diskurs um Armut und Fürsorgepflichten: Bis weit in das 19. Jh. hatten naturrechtliche Lehren – und damit die zum *ius publicum universale* gehörende Staatszwecklehre – den Rahmen armutstheoretischer Diskussionen gebildet (vgl. Wohlrab 1995), die nun im Zentrum ökonomischer Diskurse stehen (vgl. Bohlender 2007). Diese analysieren die Armut als genuinen Bestandteil moderner Gesellschaften – als Preis der Freiheit und als gesellschaftlich nützlich: Die Reichen „sind die Pensionäre der Armen und werden aus ihrem Überfluss alimentiert" (Burke 1793, zit. nach Bohlender 2007, 154) und, so Jeremy Bentham: „Wie Arbeit die Quelle des Reichtums ist, so ist Armut die Quelle der Arbeit. Verbanne die Armut und du verbannst den Reichtum" (Bentham 1796, zit. nach Bohlender 2007, 199).

Anders im großen Feld der eigentlich philanthropisch gemeinten Pauperismusliteratur der Zeit, die sich weitestgehend in einem *blaming the victim* ergeht – Arme sind arm, weil dem Alkohol verfallen, schmutzig und liederlich – und damit kaum zur Lösung der sozialen Frage beitragen kann (vgl. Dilcher 1957). Die Verelendung wird zudem zum Gegenstand eines voyeuristischen Interesses, exemplarisch etwa in deutschen England-Reiseberichten (vgl. T. Fischer 2004), die sich auch schauerromantischer Elemente bedienen. Hier setzt sich die spätmittelalterliche bevölkerungspolitische Konstruktion eines ‚gefährlichen Milieus der Nacht' (Rexroth 1999) und einer ‚debilitated race' (Schülting 2006) fort. Dieses Milieu bestimmt in der Mitte des 19. Jh.s auch Teile des sozialen Romans in Europa, der sich in der Nachfolge von Eugène Sues *Les Mystères de Paris* (1842) bei heute vergessenen Autoren wie Rudolf Lubarsch (*Mysterien von Berlin*, 1844/1845) bis hin zur Kolportage steigert (vgl. Adler 1990; Bachleitner 1999).

Die Einweisung Bedürftiger und Bettler in Armen- bzw. Arbeitshäuser wurde seit der frühen Neuzeit als probates Mittel der Armutsbekämpfung verstanden (vgl. Sachße und Tennstedt 1998; Rheinheimer 2002; Castel 2008). Als ‚soziale Frage' wird diese immer enger an Lohnarbeit gekoppelt und in sozialstaatliche Systeme eingebunden (vgl. Castel 2008). Zugleich wird Armut in ihrer Figuration als ‚soziale Frage' literaturfähig. In Deutschland ist sie – nach einem Vorläufer wie *Woyzeck* von Georg Büchner – Gegenstand vor allem des naturalistischen Dramas, während englische, französische und russische Autoren wie Charles Dickens, Fjodor Dostojewski, Victor Hugo und Émile Zola weite gesellschaftliche Panoramen zeichnen. In den Avantgardebewegungen und der philosophischen Theorie um 1900 wird Armut erneut in politischen Konzepten um Macht und Sprache produktiv (vgl. Greaney 2008) wie auch in ästhetisierenden Vorstellungen von Besitz- und Bedürfnislosigkeit (vgl. Fülleborn 1995). Das Spektrum reicht hier von Walter Benjamins ‚Erfahrungsarmut' als Paradigma der Moderne bis hin zu Rainer Maria Rilkes resakralisierender Lyrik im *Stundenbuch* (1905), die Armut als ‚großen Glanz von Innen' verklärt. Durch das 20. Jh. hindurch lassen sich so bis in die Gegenwart Formen skandalisierender sozialkritischer Armutsrepräsentationen wie deren Gegenteil – die symbolische Inanspruchnahme der Armut im Kontext philosophischer und politischer Reflexionen sowie als ästhetisches Mittel – beobachten.

Gegenwärtig führen nicht nur Transformationen des sozialstaatlichen Arrangements – in Deutschland etwa die sogenannte Hartz-IV-Gesetzgebung – und Prekarisierungsprozesse der Arbeitswelt, sondern auch transnationale Prozesse im Zeichen der Globalisierung und des Klimawandels zu neuen Armutsphänomenen. Literarisch wird Ersteres zum Gegenstand in Romanen wie *Und was machen Sie beruflich?* von Rolf Dobelli (2004), *Gehwegschäden* von Helmut Kuhn (2012), *3000 Euro* von Thomas Melle (2014) oder *Vernon Subutex* von Virginie Despentes (2015). Letzteres findet seinen Niederschlag etwa in der Umschrift von Charles Baudelaires Prosagedicht *Assommons les pauvres!* von 1869 zum titelgleichen Roman der indisch-französischen Autorin Shumona Sinha, die 2011 Armut als massenhafte Fluchtursache thematisiert.

Aventiure

Mireille Schnyder

Die *âventiure*, Ende des 12. Jh.s im Kontext höfischen Erzählens aus dem Französischen in den deutschen Wortschatz aufgenommen, ist von Anfang an ein literarischer Kernbegriff (vgl. Wegera 2002, 233). Er trägt jedoch auch die juridisch-ökonomische Bedeutungsdimension von ‚Ertrag', ‚Gewinn', bis hin zu ‚Beute' in sich (vgl. Nerlich 1977, 82–83; 1997, 263–264). Im Rahmen des Artusromans konturiert sich seine komplexe Semantik, in der sich Kontingenz und Providenz, Ereignis und Erzählung, aber auch Zufälliges und Gewolltes überlagern (vgl. Ehrismann 1995, 23; Wegera 2002; Lebsanft 2006). Der Ritter zieht aus *ûf âventiure wân* (in der vagen Hoffnung auf *âventiure*) und begibt sich damit auf die Suche nach einer unbekannten Herausforderung. Die Erzählung der Bewältigung derselben bringt ihm am Artushof dann sozialen Wert und nachhaltigen Ruhm ein; gleichzeitig konstituiert sich der Artushof über diese Erfolgsgeschichten seiner Mitglieder (vgl. Strohschneider 2006, 378).

Das bewusste Suchen von *âventiure* (*âventiure suochen*) nähert die unbekannte Gefahr einerseits dem willentlich eingegangenen Risiko an (vgl. A. Hahn 1998), andererseits setzt sich der Ritter mit der Suche seiner *âventiure* auch der göttlichen Providenz aus. Denn die *âventiure* findet und bewältigt nur der, für den sie, als glückliches Spiel (*sælic spil*, Hartmann von Aue, *Erec*, V. 8538) bestimmt ist. Im Begriff der *âventiure* greifen so Schicksal und Selbstbestimmung ineinander, und die *âventiure*-Erzählung ist die Einschließung der Kontingenz in die Realisierung providentiellen Sinns. So ist der Gewinn einer gelingenden *âventiure* für den Protagonisten nicht materieller Art, sondern liegt im sozialen Prestige und der Selbstverortung in der Gesellschaft. Mit der Vervielfältigung der in den arturischen Erzählungen gebotenen Geschickmöglichkeiten im 13. und 14. Jh. löst sich die providentiell für den einzelnen Ritter vorgesehene *âventiure* immer mehr von dem einzelnen Protagonisten. Dieser kommt nicht mehr in eine unbekannte Wildnis, sondern in eine Welt der dicht vernetzten *âventiuren* als schon erzählten Geschichten (Johann von Würzburg, *Wilhelm von Österreich*; vgl. Ridder 1998, 30; M. Schnyder 2006, 372–373). Damit wird der mythische Wald des Artusromans zum Wald der Texte, und in der hier zu bestehenden *âventiure* schließen sich Leser und Protagonist zusammen: *âventiuræere* (Abenteurer) ist der, der sich in eine Welt ambiger und polyvalenter Zeichen begibt (vgl. M. Schnyder 2002, 270–271; 2006, 374).

Dass diese keinen Rückbezug auf eine Wirklichkeit haben müssen, zeigt sich darin, dass seit dem 15. und 16. Jh. der Abenteurer mit dem *spilman* gleichgesetzt ist und mit Täuschung, Betrug und Gaukelei assoziiert wird (vgl. Welzig 1969, 442).

„Es war ein Abentůrer, ein Gauckôlman", heißt es in *Schimpf und Ernst* (Pauli 1924 [1522], 1, 8, 15). *Aventiure* knüpft sich so eng an (literarische) Imagination und Fiktionalität wie auch an Praktiken der Illusion an. Es sind die wundersamen Erzählungen, die im 15. Jh. im Gegensatz stehen zur *historia*, als dem in die Welt eingebundenen Tatsachenbericht. *Melusine* (1465) ist ein „abenteürlich bůch", in dem nicht nur die „hÿstorÿ", sondern auch „kunst vnd abenteẅr" zu schätzen seien (Thüring von Ringoltingen 1990, 11, 1; 11, 12; 12, 26–27). Die *Historia von D. Johann Fausten* (1587) erzählt zwar sein Leben, aber eben auch die teuflisch bedingten „seltzamen Abentheuwer" dieses „Zauberers und Schwartzkünstlers" ([Anon.] 1990, 831 [Titelblatt]). Und im *Reisebericht* von Bernhard von Breydenbach (1486) heißt es von Mohammed, dass er „vil abenthuer und zaubery" beherrschte (Breydenbach 2010, 338, 90v).

Mit dem Aufkommen der Geldgeschäfte, der → SPEKULATIONEN und auf imaginäre Werte (→ WERT, PREIS) setzenden Investitionen im 13. und 14 Jh. (vgl. Le Goff 2011, 120–125, 134–137) überträgt sich der Begriff von der sprachlichen Imagination, der fiktionalen Erlebniswelt, in die Welt der Ökonomie. So ist der Begriff seit dem 13. und 14. Jh. in Verträgen des Seehandels belegt im Sinne des Risikos (→ SORGE UND RISIKO), das genauso Verlust wie Gewinn bringen kann (vgl. Kuske 1949, 547–578; Nerlich 1977, 89), und der → KAUFMANN, vor allem der Seekaufmann, wurde mit seinem auf den ungewissen Ausgang setzenden Handeln nicht nur zum Analogon des Spielers, sondern seit dem 14. Jh. zum *aventurier* oder *adventurer* (vgl. Welzig 1969, 440; Nerlich 1977, 89–93.; Carus-Wilson 1954, xif., xxvif., 143f.; Kuske 1949, 550). Fortunatus ist in diesem Sinn ein „abentheürer" ([Anon.] 1996, 148). *Âventiure*-Handel wurden die riskanten, auf Profit setzenden Geldgeschäfte (Wechsel, Darlehen) und die Überschussproduktion in der Hoffnung auf sich steigernden Absatz genannt (vgl. Nerlich 1977, 90–91; 1997, 276; B. Wolf 2013, 89–90; Kuske 1949, 549). Aus dem Risiko dieser Geschäfte ergab sich eine legitimierende (versicherungs-)technische Begründung für den → WUCHER, und durch die Einbindung der als Wucher religiös inkriminierten Geldgeschäfte in das semantische Feld der arturischen *âventiure* konnte implizit dem Handelsgewinn eine schicksalshafte Notwendigkeit zugeschrieben werden (vgl. Nerlich 1997, 305–308; Le Goff 2011, 120–121; B. Wolf 2013, 113).

Das soziale Prestige des Artusritters wird dabei regelrecht umgemünzt in den erhofften Gewinn. Gleichzeitig kann das Ideal des *âventiure* suchenden Artusritters den Kaufmannsstand adeln. Das zeigt sich unter anderem an den als Versammlungsort für (Fern-)Kaufleute dienenden ‚Artushöfen' in einzelnen Hansestädten (vgl. H. Kugler 2010, 343–344, 347–348). Dabei erhält sich im Begriff noch die Ambivalenz von Gottvertrauen und Selbstverantwortlichkeit, von Vorsehung und subjektiver Entscheidung. Im sozialpolitischen Diskurs wird jedoch im Kontext einer seit dem 15. und 16. Jh. zunehmenden Ökonomisierung des

Glücks – im Sinne einer eigenverantwortlichen Erwerbbarkeit und sozialen Verwertbarkeit – die Ziellosigkeit, die dem *âventiure* suchenden Artusritter als latentes Providenzvertrauen zugeschrieben wird, zum Zeichen einer moralischen und ethischen Schwäche. Herausgefallen aus dem Heilsrahmen, wird der Zufall zur bloßen Gabe der Fortuna; wer sich dieser anvertraut, ist entweder Spieler, Spötter, Wanderhandwerker oder heilloser Vagant (vgl. Welzig 1969, 442–443; Kuske 1949, 550). Nur da, wo *âventiure* im Bereich des Imaginären zum merkantilen Hoffnungsspiel wird, provoziert sie, eingebunden in soziale Ordnungen, die sich gerade über diese *âventiuren* festigen, ein enges Netz des Vertrauens: Die seit dem 15. Jh. im Zusammenhang mit dem Überseehandel entstehenden Gesellschaften wie die Merchant Adventurers Company, die Fellowship of Adventurers (Carus-Wilson 1954, xxvi) dienten den Investoren auch zur Relativierung des einzelnen Risikos in einer strikt geregelten Gesellschaft, die sich ihrerseits über den Erfolg der einzelnen *adventurers* generierte, legitimierte und alimentierte (vgl. Nerlich 1977, 91–93; 1997, 307–371; Le Goff 2011, 161–162; Carus-Wilson 1954, xiii–xiv, 145, 151, 154, 167, 171).

Erhält sich der Begriff der *âventiure* im Kontext der spekulativen Hoffnung auf Gewinn und dem damit einhergehenden Risiko, wird er da, wo es um die reale Ausfahrt geht, den physischen Weg in die Fremde, im 16. Jh. durch den Begriff der ‚Erfahrung' abgelöst (vgl. J.-D. Müller 1984, 258–259). Diese wird aber nicht gesucht, sondern gemacht; Erfahrung bezeichnet so das Instrument einer subjektiven Welterschließung, die aus dem providentiellen Narrativ herausfällt, das der Begriff der *âventiure* mittransportiert. *Âventiure*, vom Ende her definiert, verliert dann ihre Bedeutung, wo eine Möglichkeitenvielfalt den providentiellen Sinn zersetzt und die Wahrscheinlichkeitsrechnung den Zufall von Anfang an in Rechnung stellt. Wenn aber neuzeitliche Abenteuergeschichten aufs Meer führen, wird, an den Rändern eines in Vertragsnetzen gefangenen Risikos immer neu *âventiure*, als vereinzelnde, das Subjekt konstituierende Erfahrung gesucht (vgl. B. Wolf 2013, 113–117). Indem in jüngster Zeit das *venture capital* sich in engen Netzen des Vertrauens, der gemeinsamen Zukunftshoffnung und der gesellschaftskonstituierenden Ertragsorientierung definiert, wird über den Begriff auch eine Ökonomie aufgerufen, die den literarischen Kernbegriff der arturischen *âventiure* assoziiert.

Bank, Bankier
Iuditha Balint

Etymologisch leitet sich ‚Bank' von der Bank (d. h. auch vom Tisch) des Wechslers bzw. des Glücksspielers ab; letzterer Ursprung erklärt zumindest teils die negativen Konnotationen von Banken, Bankwesen und Bankiers in und außerhalb der Literatur. Banken weisen gegenständliche, wirtschaftsjuristische und räumliche Bedeutungen auf: Sie sind Objekt (Wechseltisch), Finanzinstitution und Gebäude. Der Begriff wird aus dem Italienischen (*banco*) ins Französische (*banque*) und Deutsche übernommen, in Deutschland ist lange Zeit der italienische Begriff geläufig, da die Bank als Institution „eine Italiänische Erfindung ist" (Adelung 1793 ff., Bd. 1, 217; Grimm und Grimm 1854 ff., Bd. 1, 1009). Der Bankier wird stets als ein → KAUFMANN bezeichnet, der in der Bank die Geldgeschäfte bzw. den Handel mit Staats- und anderen Wertpapieren besorgt (vgl. [Brockhaus] 1837 ff., Bd. 1, 179; [Herder] 1854 ff., Bd. 1, 401; [Pierer] 1857, Bd. 2, 296–297; [Meyer] 1905, Bd. 2, 351). Der Begriff stammt vom italienischen *banchiere* ab (der, der seine Geldgeschäfte auf einer Bank abwickelt). Als *banchieri* wurde auch die Familie der Medici in der Renaissance bezeichnet, deren finanzieller Erfolg ihre enorme politische Macht ermöglichte und den Einfluss von Kaufmannsbankiers auf das Staatswesen verdeutlicht; als außergewöhnlich gilt dabei die geringe Risikoanfälligkeit ihrer Geschäfte, zumal sie sowohl Devisenhandel als auch Kreditgeschäfte betrieben (vgl. N. Ferguson 2011, 40, 45).

Begriffsgeschichtlich nehmen die Einträge zum Lemma ‚Bank' in den gängigen Wörterbüchern und Lexika verschiedene Klassifikationen vor und werden von Adelung bis Pierer immer ausdifferenzierter. Die bei Adelung zum Wechseltisch und der Institution gemachten Angaben sind kaum zehn Sätze lang; verschiedene Klassen von Banken werden dabei lediglich aufgezählt und gesondert unter ebenso kurz gehaltenen Lemmata behandelt: Giro-, Leih-, Wechsel- und Zettelbank (vgl. Adelung 1793 ff., Bd. 1, 217). Zwischen Privat- und Staatsbanken wird hier noch nicht unterschieden. Über diese Klassifizierung hinaus setzt das *Brockhaus Conversations-Lexikon* Bankwesen und → KAPITALISMUS in Verbindung und weiß auch darüber zu informieren, dass das Anlegen von (Geld-)Werten „theils Sicherheits, theils Bequemlichkeits wegen [geschieht]", und dass auch „noch andere Vortheile dabei beabsichtigt" werden. Zudem geht der Eintrag auf den positiven Einfluss des Bankwesens auf die Regulierung der Märkte und Zinswerte ein ([Brockhaus] 1809, Bd. 1, 116–117). Spätere Ausgaben des *Brockhaus* und von *Herders Conversations-Lexikon* liefern dann nähere Informationen zur Geschichte des Bankwesens und zur Klassifikation verschiedener Bankarten. Der *Brockhaus* spricht von zwei, der *Herder* von fünf Hauptklassen: Giro- und

Zettelbanken einerseits (vgl. [Brockhaus] 1837 ff., Bd. 1, 178–179), Giro, Depositen-, Leih-, Disconto- und Zettelbanken andererseits (vgl. [Herder] 1854 ff., Bd. 1, 399–401). *Pierer's Universal-Lexikon* identifiziert drei Klassen von Banken: Giro-, Disconto- und Zettelbanken, und macht zu jeder Klasse umfangreiche statistische und geschichtliche Angaben über einzelne europäische und außereuropäische Banken (vgl. [Pierer] 1857, Bd. 2, 275–295). Ähnlich verfährt auch *Meyers Großes Konversations-Lexikon*, wenn es zwischen Giro-, Depositen-, Zettel-, Disconto-, Leih-, Hypotheken- und Mobiliarbanken unterscheidet und eine (statistische) Übersicht über die wichtigsten Banken im historischen Prozess gibt (vgl. [Meyer] 1905, Bd. 2, 334–350)

Diese unterschiedlichen Klassifizierungsversuche spiegeln die Geschichte und Ausdifferenzierung des Bankwesens wider. Im antiken Griechenland standen sich *credo* und *credit* nahe, boten doch einzelne Tempel bankähnliche Dienste an; das alte Rom kannte bereits Privatbanken, öffentliche entstehen erst im Italien des 12. Jh.s. Im 14. Jh. hatten bereits die meisten Vermögenden ein Konto bei einem Wechsler, was Letzterem hohen sozialen Rang und großen Einfluss ermöglichte (vgl. Le Goff 1993, 39). Die erste Girobank entsteht wohl 1171 in Venedig, die erste Zettelbank (als Vorläuferin der Notenbanken) 1407 in Genua; diese dienen als Vorbilder für die 1609 in Amsterdam, 1619 in Hamburg, 1656 in Stockholm und 1694 in London errichteten Wechsel-, Leih- und Zentralbanken (vgl. [Pierer] 1857, Bd. 2, 275; N. Ferguson 2011, 46–47; abweichende Jahresangaben enthalten [Herder] 1854 ff., Bd. 1, 400–401, und [Brockhaus] 1837 ff., Bd. 1, 179). Deutlich werden hierdurch die Bemühungen seit dem 17. Jh. um eine „vernünftige Bankpolitik" (A. Smith 2013 [1776], 264), denn mit der Zunahme der Handelsgeschäfte und der dadurch erzielten Einnahmen werden Banken zum „Bedürfniß" ([Brockhaus] 1837 ff., Bd. 1, 178). Die rasante Entwicklung des Bankwesens im 18. Jh. zeigt sich an der Gründung zahlreicher Handelsakademien, an der Vielzahl der dazu erscheinenden wissenschaftlichen Abhandlungen (Marperger 1723; Wentz 1748; Ludovici 1768; A. Smith 2013 [1776]; Büsch 1770 und 1801), aber auch daran, dass Mitte des 19. Jh.s über die Existenz von Nationalbanken in allen „bedeutenden" europäischen Staaten berichtet wird ([Herder] 1854 ff., Bd. 1, 401). Im 20. Jh. entstehen dann Institutionen, die über nationale Grenzen hinweg zur Stärkung der transnationalen wirtschaftlichen Stabilität bzw. zum Wachstum der Weltwirtschaft beitragen sollen, so etwa 1944 die Weltbank, 1954 der Internationale Währungsfonds, 1994 die Europäische Währungsunion, 1998 schließlich die Europäische Zentralbank. Diese sich seit dem 17. Jh. allmählich vollziehende Verknüpfung von „Macht und Markt" ergibt eine „Grauzone" zwischen Politik und Finanzwelt, die vor allem in demokratischen Kontexten eine „Ökonomisierung des Regierens" ermöglicht, die Etablierung einer „seigniorale[n] Macht" der Kreditinstitute als „vierte Gewalt" (Vogl 2015, 7–8, 69, 83, 143).

Ob bei Shakespeare, E. T. A. Hoffmann, Schiller, Jean Paul, Thackeray, Tolstoi, Zola, Balzac, Flaubert, Weerth, Kafka, Brecht, Martin Walser oder Jonas Lüscher, die Liste könnte lange weitergeführt werden – in literarischen Werken sind Bankgeschäfte, Banken und Bankiers semantisch ambivalent aufgeladen, meist negativ konnotiert und für Kriminalisierungen und Pathologisierungen aus vielerlei Gründen anfällig. Nicht nur, weil sie sich als Wirtschaftsakteure per se für die Ausübung von Kapitalismuskritik eignen, sondern etwa aufgrund der Semantiken des → SPIELS und (Glücks-)Spielers, also der Unseriosität und → VERSCHWENDUNG; wegen der Konnotation von → GELD und Gold als kalte (vgl. Hörisch 2012a, 279), „schlechte[ ] Metall[e]", die, aus dem „Eingeweide der Erde" stammend, zu Laster verführen (Ovid 1994, V. 127, 138; Agricola 1977, 1–21); dann weil Geldwirtschaft häufig mit Chrematismus assoziiert wird (vgl. Aristoteles, pol. 1256b–1258a; → III.1. OIKONOMIA UND CHREMATISTIK) und die abstrakten Abläufe in der Finanzsphäre als Gegensatz zu den Tätigkeiten „des redlich arbeitenden Volkes" (M. Weber 1984 ff., Bd. 5.1, 135) wahrgenommen werden; oder weil das Bankwesen ein Stück weit auf das Vertrauen der Kunden setzt und aus Vertrauen schöpft; schließlich weil zwischen (spekulativer) Geldvermehrung und Judentum ausgesprochen antisemitische Verknüpfungen hergestellt werden (vgl. Sombart 1911, Kap. 6; H. Rosenberg 1976, 88–117). Biographische Verbindungen zum Bankwesen ergeben sich bei Schriftstellern wie Boccaccio (dessen Vater Bankier war und der selbst eine Bankiersausbildung begonnen hatte) oder Gustav Meyrink (selbst Bankier in Prag). Als Vorlagen für fiktive Gestalten dienten in der Literaturgeschichte etliche Bankiers, so etwa James Rothschild für den Bankier Nuncien in Balzacs *César Birotteau* (1838) und für Zolas Figur Gundermann in *L'Argent* (1891); oder Gerson Bleichröder für die Figur des Ebenezer Rubehn in Fontanes *L'Adultera* (1880), dem in mancher Figurenkonstellation judenfeindlich begegnet wird, der jedoch durch seine Treue und Abneigung gegen Obszönität und Arroganz positiv charakterisiert ist; eventuell ist Bleichröder auch für Türkheimer in Heinrich Manns *Im Schlaraffenland* (1900) die Vorlage (vgl. Hohl 1988, 59; Jasper 1992, 86; Schößler 2009, 91).

Als autoritäre, familien-, erzähl- und phantasiefeindliche Institution, Inbegriff des irrationalen Rationalen, fungiert die Bank als Arbeitgeber des Vaters in Pamela Lynwood Travers' Kinderbuch *Mary Poppins* (1934). Henrik Ibsens Antikapitalismus-Drama *John Gabriel Borkman* (1896) führt den dürftigen Familiensinn, moralische Skrupellosigkeit und → WIRTSCHAFTSKRIMINALITÄT in Gestalt der titelgebenden Bankiersfigur zusammen. Verleumderische und stigmatisierende Assoziationen von Bankiers mit Judentum, „Spekulation, Amoralität und Ausbeutung" (Schößler 2009, 91) machen sich in Heinrich Manns *Im Schlaraffenland* bemerkbar, aber auch in Frank Wedekinds *Die Büchse der Pandora* (1902), dort mit einem diabolisch anmutenden philosophischen Weitblick gepaart. Ausgesprochen häufig kommen Bankiers in den Werken Kurt Tucholskys vor, meist in Verbindung mit Wirtschaftskriminalität und Lasterhaftigkeit, so etwa im Gedicht *Betriebsunfall* (1931), dessen dritte Zeile die Frage stellt: „Hat ein Bankier je betrogen?" (Tucholsky 1931, 795), oder im Essay *Handelsteil*, das den juristischen Umgang mit dem kriminellen bzw. fehlerhaften Handeln von Bankiers im Vergleich mit dem der „kleinen Leute" (Tucholsky 1929, 603) thematisiert und danach fragt, was Verantwortung in beruflichen Kontexten noch zu bedeuten vermag. Ein ähnliches Bild liefert auch Bertolt Brechts *Dreigroschenoper*, wo vor dem Hintergrund der Frage „Was ist ein Einbruch in eine Bank gegen die Gründung einer Bank?" (Brecht 1988 ff., Bd. 2, 305) der Raub als akzeptablere Form kriminellen Handelns eingestuft wird denn institutionalisierte Finanzoperationen. Bret Easton Ellis' *American Psycho* (1991) beginnt mit der Beschreibung eines an die Chemical Bank geschmierten Graffitos, das Dantes *Göttliche Komödie* (Dante 2010 ff., Bd. 1, 42) zitiert und den Eingang zum Inferno markiert: „Abandon all hope ye who enter here" (Ellis 1991, 3). Die Kriminalisierung des Bankwesens findet sich auch in Georg M. Oswalds Roman *Alles was zählt* (2000) wieder, verknüpft mit der Diskriminierung des Anderen, das dort jedoch nicht in Gestalt jüdischer, sondern ausländischer Figuren auftritt. Das Handeln mit Geldkapital, seine Subjekte und ihre literarischen Darstellungen erweisen sich als eng mit Tendenzen zur Stigmatisierung, Diskriminierung, Kriminalisierung und überhaupt Ausgrenzung und Abwertung des Anderen verknüpft.

Bankrott
Maximilian Bergengruen, Jill Bühler und Antonia Eder

Der Bankrott (ital. *banco rotto*, *banca rotta*; franz. *banquerout*; engl. *bancrupt*) schreibt sich begriffsgeschichtlich von den zerbrochenen Tischen ruinierter Geldwechsler her (vgl. Neumeyer 1891, 26) und bezeichnet die juridisch festgestellte „Unvermögenheit eines Handelsmannes, seine Schulden zu bezahlen, und de[n] öffentliche[n] Ausbruch dieses Zustandes" (Adelung 1811, Bd. 1, 718). In einer engeren Bedeutung wird als „bankbrüchig" (J. H. Campe 1807, 376) bezeichnet, wer „muthwillig" und in „boshafter" und „betrüglicher" Weise die Gläubiger nicht auszahlt (Krünitz 1773 ff., Bd. 3, 516). Die damit erzielte Unterscheidung gegenüber der – oft ‚Falliment' genannten – unverschuldeten Zahlungsunfähigkeit kennt bereits das frühneuzeitliche Strafrecht (vgl. Schroeder 2000, § 112; 170), wenn es nur eine verschuldensabhängige „Behandlung des Schuldners" als verfolgungswürdig erachtet (vgl. Hager 2007, 26, 38, 49, 66).

Im Zuge dieser Verrechtlichung des Umgangs mit Zahlungsunfähigkeit in der Frühen Neuzeit sind es mehr und mehr staatliche Institutionen, die im Falle eines, sei es betrügerischen, sei es unverschuldeten, Bankrotts tätig werden (vgl. Spann 2004; P. Fischer 2013). Dieser Prozess ist bereits im Barock weit fortgeschritten, wie die „Falliments-Sachen" in Grimmelshausens *Simplicissimus Teutsch* (1668/1669) belegen. Simplicius, der einem „Kauffmann", der „Bancquerot gespielt / und außgerissen" ist, sein Hab und Gut anvertraut hat, kann darauf setzen, dass dieses „Obrigkeitlich petschirt", also versiegelt wird. Grimmelshausens Protagonist greift mithilfe eines „Notarius" in dieses Verfahren ein, das bereits im Rahmen eines rechtlich geordneten Prozesses verläuft (Grimmelshausen 1989, 336–337).

Der Bankrott bedeutet für den Schuldner Vermögens- und Ehrverlust und bedroht zugleich die Existenz des oder der Gläubiger. Diesem Umstand sind bereits Bemühungen des Römischen Rechts geschuldet, den Bankrott unter den Prämissen von Kreditoren- und Debitorenschutz verträglich zu gestalten: Statt zur Bankrotterklärung strafrechtlich gezwungen zu werden (Verlust der Bürgerrechte), konnte der Schuldner z. B. durch eine frühzeitige und freiwillige Selbstanzeige seine Strafe mildern, da hierdurch ökonomische wie soziale Kollateralschäden vermieden und den Gläubigern ein kontrolliertes Verfahren bei der Verteilung des restlichen Vermögens („*cessio bonorum*", Gai. 3, 78; Cod. Theod. 4, 20) garantiert werden konnte (vgl. Hager 2007, 14).

In der Neuzeit verschiebt sich der Fokus rechtlichen Schutzes zunehmend vom Einzelnen (Schuldnerschutz) auf die Allgemeinheit (Gläubigerschutz), insbesondere um den betrügerischen Bankrott einzuhegen: Von frühen flandrischen und englischen Kodifikationen (z. B. *acte againste suche persones as doo make*

Bankrupte, 1542/1543) über regionale Mandate und Edikte (z. B. *Mandat der vereinigten Teutschen Hanse-Städte wider die muthwilligen Falliten und Banquerottirer*, 1620) bis zum StGB, das den Bankrott unter die Insolvenzstraftaten subsumiert, wird in Strafmaß und Tatbestand mit Bezug auf den Schutz der Gläubiger argumentiert (StGB § 283a–d).

Die zwei Perspektiven des Schuldner- und Gläubigerschutzes machen den Bankrotteur im 18. Jh. zu einer theatralen Kippfigur, bietet er doch sowohl die Möglichkeit, ihn als ehrlichen, aber finanziell scheiternden Unschuldigen (so – vor dem Hintergrund der Wirtschafts- und Finanzkrise von 1763 – in Lessings *Minna von Barnhelm*, 1767, oder in Kotzebues *Der Opfertod*, 1796) als auch als betrügerischen Gauner darzustellen (*Die Hausfranzösin* der Gottschedin, 1745, Johann Jakob Duschs *Der Bankerot*, 1763) (vgl. Lehmann 2020).

Ab dem mittleren 19. Jh. tritt der Bankrotteur verstärkt in der Rolle des Spekulanten in Erscheinung. In dieser Figur (vgl. Hempel 2009) werden die als bedrohlich wahrgenommenen Veränderungen im → KREDIT- und Handelswesen in der Literatur reflektiert und sichtbar gemacht – und zwar in Form eines Bankrotts auf ganzer, also finanzieller, moralischer und letaler Linie, ganz so, als ob es die oben geschilderten Rechtsabsicherungen nicht gäbe. Der „Spekulant" Heinrich Carstens beispielsweise, der in Storms Novelle *Carsten Curator* (1878) beschrieben wird, ist ein risikoreich agierender Geschäftsmann, der an seinen „halbreife[n] Pläne[n]" und dem Fehlen einer „sachkundige[n] Hand" scheitert. Am Ende ist er „bankerott" (Storm 1987 ff., Bd. 2, 507, 515) und reißt damit sich, der selbst mutmaßlich Selbstmord begeht, seinen nicht ganz unschuldigen Vater und das Familienvermögen in den Abgrund (vgl. Bergengruen 2013).

Auch der im 19. Jh. in Deutschland beginnende Handel mit Wertpapieren an Effektenbörsen wurde mit der Figur des Bankrotteurs, in der Rolle als Spekulant und Spieler (vgl. Stäheli 2007, 37–88; → SPEKULATION), in Verbindung gebracht. Die großen Börsenromane des ausgehenden 19. und frühen 20. Jh.s führen das Thema des – auch in diesem Falle als total verstandenen – Bankrotts als die geradezu notwendige Begleitgeschichte des Aktienhandels mit sich (→ III.16. BÖRSEN-, SPEKULATIONS- UND INFLATIONSROMAN). In Heinrich Manns *Im Schlaraffenland* von 1900 führt beispielsweise der entscheidende Börsencoup Türkheimers, die Lancierung zweier Zeitungsnachrichten zu einer Aktie mit dem Namen ‚Gold Mounts', dazu, dass sein Gegenspieler Schmeerbauch nicht nur zahlungsunfähig wird, sondern seine gesamte Existenz vernichtet sieht und sich umbringt (vgl. P. Schnyder 2011).

Der bei Storm und Mann – später auch in Pierre Bosts Roman *Faillite* (1928) – beschriebene Bankrott auf allen Ebenen wird schließlich auch in Rainald Goetz' *Johann Holtrop. Abriss der Gesellschaft* aus dem Jahr 2012 verhandelt. Im Bankrottfall Holtrops, eines Prototypen des New-Economy-Aufsteigers der 2000er Jahre (vgl. Rutka 2015), greifen keine finanzrechtlichen Schutzmechanismen, wie sie in der Geschichte der Neuzeit entwickelt wurden: Ein Bankrott im Rahmen der neuesten Entwicklungen des Finanzwesens scheint den Menschen also paradoxerweise zurück in die Vormoderne zu katapultieren.

Dass auch Staaten an ihren Schulden bankrottgehen können, zeigen nicht zuletzt die napoleonischen Kriege. Diese sind für alle beteiligten Parteien sehr kostenintensiv; in Österreich ist gar ein Staatsbankrott die Folge (vgl. Brandt 2000). Preußen hatte im Jahre 1797 bereits Schulden in Höhe von 48 Millionen Reichstalern; 1806 kommt es zu einer Ausgabe von Staatspapiergeld in Form von Tresorscheinen, was aber als Mittel nicht ausreicht, um den Bankrott abzuwenden (vgl. Winter 2006, 10, 19, 49). Schließlich kommt es zu einer erneuten Kreditaufnahme, in diesem Falle mit Anleihen in den Niederlanden und einer inländischen Zwangsanleihe bei Wohlhabenden (vgl. Wandel 1998, 6–7; Pohl 1993, 200–209).

Es ist vor diesem Hintergrund alles andere als ein Zufall, dass Ludwig Tieck in seinem *Fortunat* von 1815/1816 das Thema des drohenden Staatsbankrotts thematisiert: Wenn der englische König seine Tochter bittet, ihm Fortunats Glückssäckel zu verschaffen – „Das Wohl des Landes, meines ganzen Volks! / Kannst du mir nicht auf wen'ge Tage nur / Den Säckel für das allgemeine Beste / Vertrauen?" (Tieck 1985 ff., Bd. 6, 1024) –, dann aus keinem anderen Grunde, weil ebendieser Staat – wie so oft in Wirklichkeit – kurz vor der Zahlungsunfähigkeit steht und das Glücksäckel Hoffnung auf einen rettenden und nie endenden Nationalkredit verspricht (vgl. Bergengruen 2019; → III.10. ROMANTISCHE ÖKONOMIEN).

Ganz ähnlich lässt Johann Wolfgang von Goethe im ersten Akt von *Faust II* Mephisto und Faust „Zauber-Blätter" (Goethe 1985 ff., Bd. 7.1, 252) in Form von Papiergeld in Umlauf bringen, deren Deckung einer Art von immer wieder aufzuschiebenden Kredit in die Zukunft darstellt. Die Rede ist von dem Versprechen auf Hebung imaginärer Schätze (→ SCHATZ): „Das Übermaß der Schätze, das, erstarrt, / In Deinen Landen tief im Boden harrt" (Goethe 1985 ff., Bd. 7.1, 251; vgl. Hamacher 1994; J. Schmidt 2010). Ob Glücksäckel oder Zauberblätter: Fest steht, dass der Glaube an die Zahlungsfähigkeit des Staates nicht ohne Anleihe aus dem Bereich des Wunderbaren auskommt.

Bettler
Roman Widder

Für die christliche Heilsökonomie und das Armutsideal (→ ARMUT UND VERELENDUNG) der *caritas* war das Almosen eine wesentliche Institution: Da die Gebete des Bettlers dem Gebenden sein Seelenheil sichern sollten, fungierte der Bettler lange Zeit als privilegiertes Medium zu Gott. Dass ‚betteln' als idiomatische Iterativbildung von ‚bitten' auch zur selben Wortgruppe wie ‚beten' gehört (vgl. [Anon.] 1993a, 128), erschließt sich als Konsequenz jenes moraltheologisch verbürgten Tauschverhältnisses. Orientiert am Leitbild der freiwilligen Armut gründeten sich seit dem 13. Jh. Bettelorden (vgl. Sachße und Tennstedt 1998, 23–84; W. Fischer 1982, 10–56), die nicht nur die *vita apostolica* institutionalisierten, sondern mithin selbst auch als Institutionen der Armenfürsorge operierten. Literaturhistorisch wurde diese veredelte, aristokratische Form der Armut in den Figuren des Mönchs, des Einsiedlers und des Pilgers äußerst wirkmächtig, über romantische Einsiedelei-Motive hinaus besonders um 1900, wie in Rainer Maria Rilkes *Stunden-Buch* (1899–1903), Franz Kafkas *Ein Hungerkünstler* (1922) oder Reinhard Sorges Künstlerdrama *Der Bettler. Eine dramatische Sendung* (1912).

Der eigentlichen Bedürftigkeit war die freiwillige Armut als eigene Lebensform (vgl. Agamben 2012) jedoch enthoben. Sieht man von der spiritualistischen Verkehrung der Not in Askese ab, so bleibt als literaturgeschichtlich wirkungsmächtiges Paradigma zunächst die biblische Figur des armen Lazarus. Denn die kirchliche Doktrin unterschied schon früh die freiwillige, klerikale Armut (*pauperes cum petro*) von der unfreiwilligen, weltlichen Armut (*pauperes cum Lazaro*) (vgl. Geremek 1988, 35; Jütte 2000, 131–209), und zwar im Rückbezug auf das Gleichnis vom reichen Mann und armen Lazarus im Lukas-Evangelium (Lk 16,19–31). Lazarus wurde damit zum Prototyp der lebensweltlich wahrscheinlicheren Form von Armut. Insgesamt zehn Bearbeitungen verliehen dem Stoff insbesondere im Drama der Reformation literarische Popularität (vgl. Wailes 1997; Washof 2007). Die moralische Tendenz der Dramen, deren Anfänge noch in der Zeit der deutschen Bauernkriege liegen und als deren Höhepunkt Georg Rollenhagens *Spiel vom reichen Manne und armen Lazaro* (1590) gelten kann, bewegt sich zwischen der Verurteilung des Reichtums und der polizeilichen Problematisierung von Bettelei. Während Lazarus auf der Erde mit dem ihm die Wunden leckenden Hund vor den Türen des reichen Mannes kauert, hält dieser ein Festmahl, zu dem er Gaukler und Spieler – also Inkarnationen des falschen Bettlers – lädt. In ihrer lutheranischen Dogmatik beharren die Lazarus-Dramen darauf, dass die Anhäufung privater Reichtümer für das Gemeinwesen genauso schädlich ist wie für das Seelenheil des Einzelnen, und durch ein Nachspiel im Himmel bleibt dabei die transzendentale Umkehrung der Rollen gewahrt. Insofern sie zunehmend den reichen Mann in den Fokus apologetischer Bemühungen rücken, lässt sich in den Lazarus-Dramen jedoch bereits die Aufwertung des Eigennutzes beobachten, die parallel in Leonhard Fronspergers *Von dem Lob des Eigen Nutzen* (1564) theoretische Gestalt annimmt (vgl. W. Schulze 1986).

Werden die Armen dabei mit dem reformatorischen Verweis auf die ‚gute → POLIZEY' dazu ermahnt, keine Unruhe zu stiften, so zeigen sich die Lazarus-Dramen als Element jener Arbeitsdisziplinierung (vgl. Pfeisinger 2006), als deren sozialhistorischer Kontext der breite Diskurs verstanden werden muss, der in der Frühen Neuzeit die falschen Bettler anklagt und verfolgt. Das *Liber vagatorum* (1510), ein anonymes Volksbuch, welches das Leben der Vaganten in satirischem Detailreichtum beschreibt, bildet einen wichtigen Ausgangspunkt dieses Diskurses. Martin Luther hilft in der Neuauflage von 1528 mit einem gegen Vaganten gerichteten Vorwort, seine enorme Popularität zu begründen (vgl. Althammer und Gerstenmayer 2013, 29–79). In diesem Kontext entfaltete sich ein Armutsdiskurs, der treffend als „Entstehung der Unbarmherzigkeit" (Schindler 1992, 258–314) bezeichnet wurde. Die neue Sozialpolitik war gekennzeichnet durch das Verbot sowohl der Bettelei als auch der privaten Almosenvergabe. Armut wurde von einem ethischen Ideal zu einem Verbrechen, Arbeit hingegen zum Heilmittel gegen Armut, der Bettler blieb aber gerade so die omnipräsente Schattenseite des Arbeiters (vgl. Bräuer 2010, 111–127). Die theoretische Grundlage dieses neuen Paradigmas der Armenfürsorge lieferte die Abhandlung *De subventione pauperum* (1526) des spanischen Humanisten Juan Luis Vives (1492–1540).

In der Frühen Neuzeit initiierte die Verfolgung der falschen Bettler eine polizeiliche Logik des Verdachts, die auf das Problem der Simulation stieß. Weil Bettelei (*mendicitas*) und Verlogenheit (*mendacitas*) auch in den Vagantengesetzen nun systematisch zusammenfielen (vgl. Pugliatti 2003), gehörte das Problem der fingierten Armut zu den Urszenen der modernen Literatur (vgl. Real Ramos 1988). Das gilt für den Theatralitätsdiskurs (vgl. Henke 2015; Fulda 2005, 39–47; → TAUSCH, TÄUSCHUNG), eine literarische Reaktion auf die Verpolizeilichung der Armut bildet aber insbesondere der Pikaroroman (vgl. Cruz 1999), wobei der Pikaro sich aus der Passivität des Fürsorge-Schemas emanzipiert, indem er einen aktiv-unternehmerischen Umgang mit der eigenen Armut als einzige Möglichkeit des arbeitslosen Bettlers darstellt. Der *Lazarillo de Tormes* (ca. 1554) beobachtet die Vertreibung aller fremden Bettler aus Toledo selbst mit Furcht, weshalb er von einem bestimmten Zeitpunkt an „nicht mehr wagte, ungehorsam zu sein und zu betteln" ([Anon.] 2006, 109; → III.3. DER FRÜHNEUZEITLICHE KAPITALISMUS). Der populäre Schelmenroman changiert in seiner pseudoautobiographischen Ich-Perspektive zwischen einer Apologie jener Verstellungspraktiken, die vom Bettler kaum vermieden werden können, und der Parodie der falschen, teilweise reich gewordenen Bettler, deren Innenansicht er liefert. Höhepunkt der Bettelsatire ist die Darstellung einer römischen Bettelbruderschaft in Mateo Alemáns *Guzmán de Alfarache* (1599/1604; vgl. Alemán 1964, 312–313). Hans Jakob Christoffel von Grimmelshausens Simplicianischer Zyklus zeigt sich durch die Figur des Einsiedels, die er aus der *Guzmán*-Übersetzung des Aegidius Albertinus übernimmt (vgl. Rötzer 1972, 94–127), zu Beginn des *Simplicissimus Teutsch* (1668) und im Zuge der schließlichen Bekehrung des Protagonisten in der *Continuatio* (1669) um eine Umschrift der Pikarofigur in die petrinische oder apostolische Armut des Pilgers bemüht, der spiritualistischen Konkurrenzfigur des Pikaro in der Frühen Neuzeit (vgl. Ehrlicher 2010). Das siebte Buch des Zyklus jedoch, *Der seltzame Springinsfeld* (1670), kehrt wieder zum lazzaronischen Modell unfreiwilliger Armut zurück und konterkariert mehrfach die *imitatio Christi* des Simplicissimus. Der Musikant und Bettler Springinsfeld ist mit seinem Holzbein ein Prototyp unfreiwilliger Armut, woran auch das Titelkupfer erinnert (vgl. Schade 1987) sowie die Sentenz „Junge Soldaten / alte Bettler" (Grimmelshausen 1989, 320) aus dem *Simplicissimus Teutsch*, die der *Springinsfeld* auserzählt. Die im Pikaroroman kritisch reflektierte, zugleich aber marktförmig wiederaufbereitete Stereotypisierung der Verbindung von Armut und Verbrechen bildete auch noch die Grundlage der musikdramatischen Stoffbehandlung, die sich von John Gays *Beggars Opera* (1728) bis zu Bertolt Brechts *Dreigroschenoper* (1928) erstreckte.

Die moderne politische Ökonomie begegnet dem Problem der Bedürftigkeit mit derselben Ratlosigkeit wie die Polizeigesetze der Frühen Neuzeit, war die in der Figur des Bettlers erst zur Darstellung kommende strukturelle Armut für sie doch mehr denn je die Voraussetzung. Zur Debatte stehen im 18. Jh. insgesamt zwei wenig elegante Varianten derselben Überzeugung, dass alle Armut im Grunde freiwillige Armut, d.h. Mangel am Willen zur Arbeit ist. In der aktivierenden Variante wird die Diskriminierung des Bettelns unmittelbar zu einem Plädoyer für Zwangsarbeit verwendet. Für Johann Heinrich Gottlob von Justi etwa sind Bettler „unnütze Mitglieder des gemeinen Wesens", sie haben „niederträchtige Seelen", denn das Betteln gefalle ihnen „unendlich besser, als das Arbeiten". Von einer „Almosencasse" oder „Armenhäusern" rät Justi dementsprechend ab, denn „nicht zu arbeiten, ist eben dasjenige, was sie suchen und wünschen." Stattdessen sollen die Landesherren von Arbeitshäusern, die im Kern aus „Fabriken und Manufacturen" bestehen, keine Kosten, sondern sogar „noch ansehnliche Einkünfte ziehen" (Justi 1761a, 227–231). Auf die andere, passive Option verweist Hegel: Weil jede Form von Versorgung nur die Trägheit vermehre, empfiehlt er, um „dem Übermaße der Armut und der Erzeugung des Pöbels zu steuern [...], die Armen ihrem Schicksal zu überlassen und sie auf den öffentlichen Bettel anzuweisen" (Hegel 1986, Bd. 7, 390–391).

Für eine voraussetzungslose Inklusion aller Armen hat auch die moderne Literatur keine Sprache finden können. Die Ambivalenz zwischen disziplinierender Anklage und apologetischer Rede prägt selbst die einschlägigen Beiträge subalterner Autoren wie Ulrich Bräkers *Rede über den Gassenbettel* (1789). In Bräkers *Lebensgeschichte und Natürliche Ebentheuer des Armen Mannes im Tockenburg* (1789) wird schließlich deutlich, dass für den modernen Diskurs über das Betteln die Differenz von schamhaften Armen und schamlosen Bettlern von zunehmender Bedeutung ist, muss der Erzähler doch bei seinen Hilfegesuchen stets „den blossen Schein, die Zahl dieser Unverschämten zu mehren, vermeiden" (Bräker 2000, 508). Der moralische Diskurs um die Armut verdichtet sich auch hier in dem Paradox, dass nur jenem gegeben wird, der nicht fragt. Die Unterscheidung von schamhaften und schamlosen Armen (→ SCHNORRER) garantiert dabei die Erkenntlichkeit der Klassenzugehörigkeit des Armen (vgl. Geremek 1988, 34), verringert die Sichtbarkeit von Armut und wirkt so ihrer Politisierung entgegen.

Für eine politische Perspektive auf das Betteln bleibt deshalb jene offensive Militanz unausweichlich, die ihm stets vorgeworfen wurde und die unter einem ihrer umgangssprachlichen Synonyme als ‚fechten' firmiert – ein Zusammenhang, den auch Bräker noch kannte (vgl. Bräker 2000, 466) und an den in der Frühzeit der Arbeiterbewegung Wilhelm Weitling erinnerte. Mit dem Ausdruck aus der Walzsprache, den Weitling mit „sich durchfechten durch die Widerwärtigkeiten des Lebens" (Weitling 1841, 21) definiert, wendet er sich ideologiekritisch gegen die Verzerrung des Bittens zum Betteln (vgl. Eiden-Offe 2017, 80–84). Aus der Perspektive des zum ‚Fechten' gezwungenen Gesellen kommt damit zugleich die strukturelle Gewalt jener als natürlich verklärten Sozialordnung zum Vorschein, der jeder ‚Bettler' mit Entschiedenheit begegnen muss, will er in ihr überleben.

Bürgerliche Gesellschaft

Roman Widder

Rhetorisch betrachtet ist die bürgerliche Gesellschaft eine zwischen Anonymität und Universalität schwebenden Synekdoche. Die Bourgeoisie, so bereits Roland Barthes, ist „die soziale Klasse, die nicht benannt werden will". Ihre Anonymität, die als Resultat einer kontinuierlichen „Operation der *Ent-Nennung*" zu begreifen sei, gehe jedoch mit ihrer Naturalisierung und Universalisierung als Menschheit einher: „Wenn es nur noch eine einzige, ein und dieselbe menschliche Natur gibt, kann sich die Bourgeoisie ungehindert entnennen." Der grammatische Ort dieser Entnennung der Bourgeoisie in der bürgerlichen Gesellschaft sei dabei ihre systematische Adjektivierung – „widerstandslos" könne sie das bürgerliche Trauerspiel, den bürgerlichen Roman, den bürgerlichen Realismus „unter ihre ewigen Analogien subsumieren" (Barthes 1964a, 124–126; vgl. Moretti 2013b). Kritiker der bürgerlichen Gesellschaft haben ihre Aufmerksamkeit deshalb stets auf die fehlende politische Realisierung ihrer normativen Ansprüche verwendet, darauf also, dass sie ihr eigenes Maß verfehlt. Ihre Wiederentdeckung als ‚Zivilgesellschaft' (vgl. Markner 1995, 380) aus dem Geist der Totalitarismuskritik hingegen hat im 20. Jh. umgekehrt den Abstand zwischen Staat und Gesellschaft zum Einsatzpunkt eines liberalen Diskurses gemacht. Gerade in der Ambivalenz von legitimatorischer Selbstbeschreibung und noch zu entwickelnder Norm ist die bürgerliche Gesellschaft also ein wichtiges Maß geblieben. Insofern ist Hegels Auffassung noch immer aktuell: „Die Schöpfung der bürgerlichen Gesellschaft gehört übrigens der modernen Welt an" (Hegel 1986, Bd. 7, 339).

Die semantische Achse, an der sich die moderne Modellierung des Bürgers gegenüber der antiken absetzt, findet sich im Begriff der → ARBEIT. Während das Bürgerrecht in der griechischen *koinōnia politika* genauso wie in der römischen *societas civilis* nur Grundherren gegeben war, die von der Notwendigkeit der Arbeit entbunden waren, gründeten sich im mittelalterlichen Europa aus Kaufleuten und Handwerkern genossenschaftliche Verbände von Bürgern, die der Grundherrschaft gegenüberstanden. Die Souveränitätstheorie (Jean Bodin, Thomas Hobbes, Samuel von Pufendorf) stellte diesem Stadtbürger (*bourgeois*) und Hausvater (*pater familias*) den politischen Staatsbürger (*citoyen*) und Untertan (*subditus*) zur Seite und begründete damit die für die Moderne charakteristische Doppelung des Begriffs (vgl. Riedel 1972, 676). Insofern der moderne Staat die „geschlossene Summe seiner Bürger" (Fichte 1845–1846, Bd. 7, 145–146) darstellt, bleiben Staat und bürgerliche Gesellschaft in der Souveränitätstheorie noch synonym. Zu dem Preis ihrer politischen Unterwerfung stellt der Staat parallel zur ständischen Ordnung zwischen den einzelnen Bürgern dabei eine abstrakte Gleichheit her. Im

Rahmen von Naturrecht und Anthropologie macht das 18. Jh. nun den Menschen zur Klammer von Privat- und Staatsbürger. War der Bürgerstatus einst das Privileg oder Vorrecht einiger weniger, so wird er nun langsam zum Menschenrecht und die moderne bürgerliche Gesellschaft damit zum Synonym für einen Anspruch auf Universalität und Inklusion, sie versteht sich als „Experiment einer nicht nur formellen Inklusion aller gesellschaftlichen Individuen als Bürger in die gesellschaftliche Gemeinschaft" (E. Koenen 2001, 99). Bekanntester Ausdruck dieser Bewegung sind die Verfassungserklärungen der Vereinigten Staaten (1776) und der Französischen Revolution (1789).

Allerdings lag der Überblendung von Bürger- und Menschenrecht von Anfang an ein unklares Verhältnis von ökonomischer und politischer Begrifflichkeit zugrunde. Fundament der modernen Neuausrichtung war mit John Lockes Eigentumstheorie (*Second Treatise of Government*, 1689) ein ökonomisches Paradigma, das nicht mehr Krieg, Raub und Eroberung, sondern Arbeit als alleinige Quelle von → EIGENTUM setzte (vgl. Brocker 1992, 125–196). Es ist diese Umorientierung der Eigentumstheorie, die auf die Urszenen des sogenannten bürgerlichen Romans wirkt, etwa auf Daniel Defoe, dessen *Robinson Crusoe* (1719) zwar auch noch ältere, naturrechtliche Konzeptionen aufruft, der in seiner inneren „Unruhe" aber bereits ein Prototyp des → HOMO OECONOMICUS und zugleich „ein rechter Lockianer" ist (Watt 1974, 72–73). Die Verbindung von Arbeit und Eigentum vollzieht sich im 18. Jh. jenseits der Fiktion des Naturzustands, wobei die bürgerliche Gesellschaft zur „historisch-natürlichen Konstante" (Foucault 2004b, 408) wird. Auch die Literatur orientierte sich vermehrt an einem Experimentalwissen von der menschlichen Natur (vgl. Pethes 2007), und bereits Jean-Jacques Rousseaus *Discours sur l'inégalité* (1755) rekurriert auf die Frage nach der Entstehung des Eigentums nur ironisch: „Der erste, der ein Stück Land eingezäunt hatte und es sich einfallen ließ zu sagen: *dies ist mein* und der Leute fand, die einfältig genug waren, ihm zu glauben, war der wahre Gründer der bürgerlichen Gesellschaft" (Rousseau 1990, 172–173). Adam Fergusons epochaler *Essay on the History of Civil Society* (1767), der noch für Hegel und Marx wichtiger Bezugspunkt war (vgl. Markner 1995, 383), nimmt gleich zu Beginn Abstand von allen Spekulation über den Naturzustand, indem er den „Charakter des Menschen, wie er jetzt ist" (A. Ferguson 1988, 99), zum Ausgangspunkt seiner naturhistorischen Betrachtung macht: Dieser offenbart sich ihm jedoch unmittelbar als das „tätige Wesen", das eine instinktive „Wertschätzung für den Begriff des Eigentums" (ebd., 105, 110) besitzt.

Dabei ist der ökonomische Begriff der bürgerlichen Gesellschaft – der die Mehrheit der Eigentumslosen aus seinem Definitionsbereich ausschließt (vgl. Macpherson 1990) – nicht zuletzt das Resultat eines Schutzbedürfnisses gegen die Willkür absolutistischer Herrschaft. Denn die ‚natürliche' wirtschaftliche

Expansion sei, so Ferguson, ein Bollwerk gegen alle Formen von Willkürherrschaft. Nichtsdestotrotz offenbaren sich bereits Ferguson die Grenzen und Widersprüche einer allein auf dem Eigentum beruhenden Gesellschaft. Da das soziale Band der atomistischen bürgerlichen Gesellschaft allein in der gemeinsamen Furcht vor dem Verlust des Reichtums besteht, ist sie anfällig für „Zufall und Korruption" (Ferguson 1988, 268). Gerade die Angst der Bürger vor dem Verlust von Vermögen prädisponiert eine ökonomisierte Gesellschaft zur Tyrannei (vgl. Hirschman 1987, 125–137). Trotz dieser konstitutiven Instabilität erlaubt Fergusons Essay der politischen Ökonomie von Adam Smith, als deren sozialtheoretische Fundierung und Ergänzung er gelten kann, den Begriff der *civil society* hinter dem der *civilized society* verschwinden zu lassen. Mit Hegels Rechtsphilosophie wird die bürgerliche Gesellschaft schließlich als ökonomische Vermittlungsebene und zugleich notwendige „Differenz" (Hegel 1986, Bd. 7, 339) zwischen Familie und Staat lesbar. „Der homo oeconomicus und die bürgerliche Gesellschaft sind zwei unzertrennliche Elemente", so Michel Foucault, der das „konkrete Ganze" der bürgerlichen Gesellschaft, die von den „abstrakten Punkten" ökonomischer Individuen bevölkert wird, in diesem Sinne als „Transaktionsrealität" moderner Regierungskunst beschrieben hat, die sich der Aufgabe gegenüber sieht, ökonomische und juristische Strukturen miteinander zu verzahnen (Foucault 2004b, 406–407).

Im gleichen Zwischenraum von Inklusionsversprechen, Eigentumstheorie und einem zunehmend omnipräsentem Bildungsdiskurs fand im 18. Jh. auch die literarische Reflexion der bürgerlichen Gesellschaft statt. Insbesondere die Theatertheorie hat sich dabei als eine theoretische Werkstatt erwiesen. Schon die Komödien des 17. Jh.s haben innerhalb eines gemeinsamen Milieus der Theatralität von Personen als Vertragspartnern die Entstehung der Marktgesellschaft reflektiert (vgl. Fulda 2005, 39–47). Das bürgerliche Trauerspiel bemühte sich hingegen seit Mitte des 18. Jh.s um das Erscheinen des Menschen im Bürger und hat das Bürgerliche in diesem Sinne gegenüber der Vorbildlichkeit aristokratischer Repräsentationskultur in Stellung gebracht (vgl. Szondi 1973, 17–20, 155; Guthke 2006, 18–19). Noch für Schiller ist klar, dass „der Bürgerliche arbeitet und der Adelige repräsentiert" (Schiller 1988 ff., Bd. 8, 695). Die Entwürfe und Experimente eines alle Standesunterschiede aufhebenden Nationaltheaters haben schließlich Repräsentationsgedanken, Bildungsbegriff und Inklusionsanspruch zusammengeführt. Da die Begriffe der Nation und der bürgerlichen Gesellschaft dabei lange noch deckungsgleich blieben (vgl. Bosse 2012, 11; Foucault 2004b, 414), konnten sie das Theater als Stätte der Selbstbegegnung der bürgerlichen Gesellschaft, als Schauplatz der „Wiederholung und Erinnerung des fundamentalen Gesellschaftsvertrags" (Vogl 2004a, 138) konzipieren. Im Umfeld jener Sympathietheorien, die Adams Smiths Begründung der politischen Ökonomie zuarbeiteten, liefert die avancierteste Fassung dieses Modells Gotthold Ephraim Lessing in der *Hamburgischen Dramaturgie* (1767–1769) mit seiner Mitleidspoetik, die am Gegenstand des Verhältnisses von Bühne und Zuschauerraum um die „affektive Kohäsion" (Vogl 2004a, 89) der bürgerlichen Gesellschaft kreist.

In dieser aus Anthropologie und Theatertheorie zusammengesetzten Poetik der bürgerlichen Gesellschaft substituieren neuhumanistische Konzepte der Bildung zunehmend das ökonomische Moment der Arbeit. Die ‚Bourgeoisie' oder ‚Mittelklasse' setzt sich schließlich, wie später Lorenz von Stein bemerkte, aus Kapitalassoziationen und Bildungsvereinen zusammen (vgl. Stein 1856, 334). Gerade der Bildungsroman hat die dadurch weiter verstärkte Diffusion von normativem und empirischem Gehalt des Begriffs allerdings, in enger Anbindung an das Theaterthema, von Anfang an reflektiert und auch deshalb stets eine desillusionistische Schlagseite gehabt. So kritisiert schon der optimistische Archetyp der Gattung, Johann Wolfgang von Goethes *Wilhelm Meisters Lehrjahre* (1795/1796), die ökonomische Eindimensionalität des bürgerlichen Subjektbegriffs: „Er darf nicht fragen: ‚was bist du?' sondern nur: ‚was hast du? welche Einsicht, welche Kenntnis, welche Fähigkeit, wieviel Vermögen?' Wenn ein Edelmann durch die Darstellung seiner Person alles gibt, so gibt der Bürger durch seine Persönlichkeit nichts, und soll nichts geben" (Goethe 1985 ff., Bd. 9, 658). Im 19. Jh. wurde diese Kritik an der stillschweigenden Überformung des Bildungs- und Erwerbsbürgertums zur Menschheit insbesondere von Karl Marx ausgearbeitet. Doch bereits die restaurativen Gegner der Menschenrechte des 18. Jh.s haben in ihrer Fortschrittsskepsis oft treffend argumentiert und wussten darum, dass sich die soziale Ungleichheit der bürgerlichen Gesellschaft nicht zuletzt als ‚Versicherungsgesellschaft' (→ SICHERHEIT UND VERSICHERUNG) institutionalisieren würde. Ein Bürger, demystifiziert Justus Möser den Begriff, sei nichts anderes als ein „Aktionist", Eigentümer von Land oder Geld, der Knecht dagegen ein „Mensch ohne Aktie im Staat" (Möser 2001).

Charaktermaske

Heide Volkening

Der Begriff der Charaktermaske wird von Karl Marx eingeführt, um eine Form menschlicher Individualität zu bezeichnen, die durch die Handlungsrationalität des → KAPITALISMUS geprägt wird. Eine explizierte Definition der Charaktermaske gibt es nicht, eine pointierte Konturierung findet sich in *Das Kapital*: „Wir werden überhaupt im Fortgang der Entwicklung finden, daß die ökonomischen Charaktermasken der Personen nur die Personifikationen der ökonomischen Verhältnisse sind, als deren Träger sie sich gegenübertreten" (Marx und Engels 1956 ff., Bd. 23, 100). Die gedankliche Grundfigur dieser Erläuterung betont die konstitutive Abhängigkeit menschlicher Akteure vom Prozess der Warenzirkulation. Die Charaktermaske ist demnach als Effekt ökonomischer Tauschprozesse zu verstehen. An anderer Stelle betont Marx die historische Variabilität dieser Beziehung, wenn er Käufer und Verkäufer, also historisch spezifische Charaktermasken, als „notwendige Darstellung der Individualität auf Grundlage einer bestimmten Stufe des gesellschaftlichen Produktionsprozesses" verstanden wissen will, die weder „ewig" geltend noch als „Aufhebung der Individualität zu beträuen" seien (ebd., Bd. 13, 76).

In der Rezeptionsgeschichte der Charaktermaske lassen sich zwei Pole ausmachen. Die eine Seite legt den Akzent auf die Determinierung der individuellen Person, die andere auf den potentiellen Wechsel von Rollen und deren Mobilisierung. Exemplarisch sei hier für die erste Lesart auf Georg Lukács verwiesen, der im Begriff der Charaktermaske die These formuliert findet, dass der Mensch im Kapitalismus „nicht handelt, sondern gehandelt wird" (Lukács 1962 ff., Bd. 2, 156). Menschliches Handeln realisiere die naturgesetzliche Dimension der Kapitalentwicklung zwangsläufig. Auf der anderen Seite betont etwa Wolfgang Haug die Flexibilität und Variation der Charaktermaske im Prozess der Geschichte des Kapitalismus, in der – wie sich an der Figur Eulenspiegel zeige – „freie Subjektivität" als Effekt von Tauschprozessen in Erscheinung trete (Haug 1976, 18). Diese einander entgegenstehenden Auffassungen der Charaktermaske verdanken sich einer grundlegenden Polysemie, die bei Marx selbst nicht aufgelöst, sondern gezielt eingesetzt wird. So wird das Kompositum aus ‚Charakter' und ‚Maske' sowohl im Sinne von Personifikation oder Darstellung als auch von Verstellung gebraucht (vgl. Marx und Engels 1956 ff., Bd. 8, 149), bisweilen wird es durch Maske oder Charakter ersetzt. Insgesamt lässt sich festhalten, dass Marx insbesondere im ersten Band des *Kapitals* die Ambivalenzen des Kompositums Charaktermaske ausschöpft und dabei sowohl mit der Semantik von ‚Charakter' und ‚Maske' wie auch mit den Definitionselementen ‚Person' und ‚Personifikation' spielt, ohne den Begriff terminologisch festzulegen.

Die historischen Quellen der Charaktermaske liegen im Bereich der Ästhetik. Das Wort ‚Charaktermaske' lässt sich nach Jochen Hörisch bis zu Jean Pauls *Vorschule der Ästhetik* zurückverfolgen (vgl. Hörisch 1979), wo es als ‚Charakter-Maske' den äußerlich im Gesicht wahrnehmbaren inneren Kern einer Person bezeichnet. Nach Rudolf Münz bildet die „Theatermetapher" den Rahmen für alle Verwendungen der Charaktermaske bei Marx (Münz 1979, 45). Der Terminus selbst sei Heinrich Theodor Rötschers *Die Kunst der dramatischen Darstellung* (1841) entnommen. Rötschers Schauspiellehre leitet an zur Verkörperung einer literarischen Figur mithilfe der eigenen Physiognomie. Jean Pauls und Rötschers Verwendungen von Charaktermaske ist also gemeinsam, dass sie einen Prozess der Darstellung (eines inneren oder imaginierten Wesens) benennen.

Dargestellt oder personifiziert werden nach Marx aber weder innere Individualität noch imaginierte Figur, sondern gesellschaftliche Positionen, die sich aus dem Akt des Tausches und der damit verbundenen Abstraktion im Wert ergeben. Die Warenform impliziere das Zugleich „von Personifizierung der Sache und Versachlichung der Personen" (Marx und Engels 1956 ff., Bd. 23, 128). Unter ‚Personifikation' kann in diesem Zusammenhang also nicht die rhetorische Prosopopoiie als Figur der Belebung, sondern nur die (barocke) Form allegorischer Personendarstellung im Drama verstanden werden, wie Heinz Schlaffer unter Verweis auf die Nähe des *Kapitals* zu den allegorischen Figuren der Mummenschanz-Szene von *Faust II* gezeigt hat (vgl. Schlaffer 1981). Louis Althusser sieht im Begriff der Darstellung eine protostrukturalistische Kategorie, die eine „ihren Wirkungen immanente Ursache" formulierbar mache – und zwar sowohl in der Analyse menschlicher Akteure als auch in der Werttheorie (Althusser 1972, 254). Mit der noch nicht Begriff gewordenen ‚Darstellung' umschreibe Marx ein Theater, „dessen Zuschauer nur gelegentlich Zuschauer sein können, weil sie zunächst gezwungenermaßen Schauspieler sind, Gefangene von Texten und Rollen, deren Autoren sie nicht sein können", denn dieses Theater sei ein *„Theater ohne Autor"* (ebd., 260–261).

Die kulturwissenschaftliche Forschung zur Kategorie der Charaktermaske hat bisher dem zweiten Teil des Kompositums, nämlich der Maske, größere Aufmerksamkeit gewidmet (vgl. Weihe 2004, Schürmann 2009). Übersetzungen des *Kapitals* verzichten in der Regel ganz auf den Charakter und verkürzen den Terminus entsprechend zu „masques", „parts" oder „roles" (Haug 1995, 436). Dies ist umso problematischer, als Marx sowohl in *Zur Kritik der Politischen Ökonomie* als auch in *Das Kapital* nicht durchgängig nur von Charaktermasken, sondern an strukturell äquivalenten Positionen über ‚soziale Charaktere' oder auch nur von ‚Charakteren' spricht. Obwohl also die Charaktermaske in begriffsgeschichtlicher

Kontinuität zur Verwendung von Masken (lat. *persona*) im griechischen Theater und insbesondere zur satirischen Posse steht, ist die auffällige Kopplung von ‚Charakter' und ‚Maske' bei Marx signifikant und nicht tautologisch.

Mit der Semantik des ‚Charakters' verbindet sich für Marx eine doppelte Funktion. Zum einen wird seine terminologische Nähe zu den *dramatis personae* im Rahmen der zentralen Metapher des Marktes genutzt. Waren und Dinge treten auf wie auf einer Bühne, Kapitalisten und Arbeiter agieren, wie man auf Englisch formulieren kann, *in character*. Als ästhetische Kategorie der Figuralität bewegt sich ‚Charakter' seit der Antike „im Spannungsfeld zwischen singulärer Individualität und überindividueller Typisierung" (Bremer 2000, 772). Zum anderen nutzt Marx die Semantik des Charakters auch in der Werttheorie, indem er an dessen Etymologie – griech. χαράσσειν (*charassein*), ‚ritzen, verwunden, einprägen' – anschließt. „Die allgemeine relative Wertform der Warenwelt drückt der von ihr ausgeschlossenen Äquivalentware, der Leinwand, den Charakter des allgemeinen Äquivalents auf" (Marx und Engels 1956ff., Bd. 23, 81). Dieser „Aufdruck" wird von Marx auch als „Prägung" und „Stempel" – herkommend von χαρακτήρ (*charaktēr*), ‚Prägestempel' – beschrieben (ebd., Bd. 23, 82), damit den historischen Gebrauch des Verbs zur Bezeichnung der Münzprägung aufnehmend.

Der gemeinsame Nenner der beiden Prozesse, Wertprägung und Darstellung von Personalität, der Berührungspunkt von Personalitäts- und Werttheorie liegt in der Formgebung, für deren Benennung Marx also im doppelten Sinn auf den Charakter zurückgreift. Mit der spezifischen Ambivalenz von ‚Charakter' und der erweiterten Semantik der Charaktermaske kann Marx daher sowohl das historische „Naturgesetz" des Kapitalismus, d. h. „das ökonomische Bewegungsgesetz der modernen Gesellschaft" offenlegen (Marx und Engels 1956ff., Bd. 23, 15–16), als auch den Handlungsraum von Individuen innerhalb dieser gesetzmäßig verlaufenden Prozesse artikulieren. ‚Charakter' wird zum Knotenpunkt von Gesellschaftsanalyse und Werttheorie, die Charaktermaske changiert zwischen Determinierung und Mobilisierung.

Dieb, Diebstahl

Andreas Gehrlach

Seit Prometheus den griechischen Göttern das Feuer entwendete und Eva die verbotene Frucht ergriff, ist der Diebstahl eines der zentralen Anfangsnarrative der westlichen Kultur. Ökonomisch ist der Diebstahl der → GABE verwandt: „Der Diebstahl ist das Gegenteil der Gabe. Aber hinter der Gabe und dem Diebstahl steht dieselbe Logik" (Godelier 1999, 186). Deshalb taucht der Diebstahl in fast allen einschlägigen Texten zur Gabe auf (vgl. Mauss 1990, 33–34, 105, 127–128, 143; Deleuze und Guattari 1974, 238; Derrida 1993, 108), wird dort jedoch bis auf wenige Ausnahmen (Derrida 1989, 259–301) nur marginal behandelt. Obwohl ökonomisch verwandt, ist der Diebstahl motivisch das Gegenteil der Gabe: Er ist eine dezidert illegitime Aneignung, wo die Gabe die Legitimierung des Gabenempfangens und der hinter der Struktur des Gebens und Empfangens stehenden Eigentumsdifferenzen ist. Daher taucht der Diebstahl gehäuft in „Krisen der Ökonomie der Gabe" auf, „die die Logik des symbolischen Austauschs zusammenbrechen" lassen (Bourdieu 2001, 256). Gestohlen wird, wenn die Eigentumsverteilung in eine solche Schieflage gerät, dass der gesellschaftliche Austauschmodus nicht mehr jedem ein sicheres Auskommen ermöglicht. Der Diebstahl ist dabei dezidiert vom gewaltsamen Raub zu unterscheiden, der unter Gewaltanwendung oder -androhung geschieht und eine ganz andere Subjektivität und Handlungsweise bedingt als der Diebstahl. Sobald Gewalt angewendet wird, kippt der Diebstahl in ein Raubgeschehen, das von einem wesentlich souveräneren Subjekt ausgeübt wird, als der Dieb es ist (→ RÄUBER). Daher sind literarische und mythische Darstellungen des Diebstahls immer Beschreibungen einer Prekarität und des Versuchs, ihr zu entkommen, um als ein initiatives und geschicktes Subjekt zu erscheinen, das sich gegen die gesellschaftlichen Bedingungen zu behaupten weiß.

Die weiteste Verbreitung erfuhr der Diebstahl als autofiktionales Narrativ der Feststellung eigener Handlungsfähigkeit: Augustinus, Franziskus, Rousseau, Darwin, Casanova, Luther, Derrida, Mark Twain, Karl May und Salomon Maimon berichten von intensiv erlebten und zu intensivem Nachdenken anregenden Jugenddiebstählen (vgl. Gehrlach 2016, 253–327). Entsprechend hat der Diebstahl in der autobiographischen Literatur eine vielfältige Reflexion erlebt, die von einem Nachdenken über die Natur der Erinnerung bei Augustinus bis zur Frage nach Strafe und Gesellschaft bei Rousseau reicht. Die autobiographischen Berichte rekurrieren dabei immer wieder motivisch wie strukturell auf den Eva-Mythos der Genesis. Insbesondere über den gestohlenen Gegenstand, der meist als ein Genussmittel von geringem materiellem Wert auftaucht, ist diese Verbindung gegeben, und nicht selten folgen auf den Diebstahl die Vertreibung aus dem

Paradies kindlicher Unschuld und die Notwendigkeit, sich in einer Welt zurechtzufinden, die nicht auf das Begehren des Subjekts ausgerichtet ist.

Dadurch, dass der Diebstahl eine Tat der Selbstbehauptung innerhalb einer prekären Welt ist, wird auch seine zweite relevante Motivik neben der Parallelität zur Gabe klar: Er ist ein „Gründungsverbrechen" (Koschorke 2004, 40), das den Beginn von Kulturen oder Individualitäten anzeigt. Darin zeigt der Diebstahl eine Verwandtschaft mit dem Vatermord und dem Frauenraub (vgl. Meillassoux 1976). Von diesen ikonischen Gründungsverbrechen unterscheidet den Diebstahl allerdings seine Gewaltfreiheit (vgl. Gehrlach 2016, 53–58) und damit zusammenhängend die Tatsache, dass er unbemerkt geschehen muss, um erfolgreich zu sein. Dies resultiert in einer charakteristischen Individualisierung des Diebes, der heimlich, vorsichtig und listig vorgehen muss – und der vor allem aus einer Position der Unterlegenheit agiert. Dadurch ähnelt der Dieb dem Schelm, der die Mächtigen und Saturierten genau dort zu treffen weiß, wo sie am empfindlichsten sind: in der Sicherheit ihres Verfügenkönnens über die Dinge der Welt (vgl. z. B. *Lazarillo de Tormes*, [Anon.] 2006 [1554]).

Der Diebstahl stellt ein historisch konstantes Problem der Eigentumsphilosophie dar: Die früheste radikale Problematisierung des → EIGENTUMS aus der Perspektive des Diebstahls stammt von Diodor, der berichtet, dass amtlich registrierte Diebe im alten Ägypten selbst dann einen Anspruch auf einen Anteil ihrer Beute behielten, wenn der Eigentümer den Diebstahl bemerkte und ihn zur Anzeige brachte (vgl. Diodor 1992, 113). In der Folge tauchen Legitimierungen des Diebstahls vorrangig in der Gattung der Utopie auf, besonders prominent in Thomas Morus' *Utopia*, wo der harschen englischen Diebstahlsgesetzgebung widersprochen wird (vgl. Gehrlach 2018; → III.4. UTOPISTISCHE ÖKONOMIEN DER NEUZEIT). Noch 1722 werden die Diebstähle der Protagonistin aus Daniel Defoes *Moll Flanders* mit der Todesstrafe geahndet. Juristisch ist der Diebstahl ein Grenzphänomen, das zwischen nicht strafbarem Mundraub und höchstem Gottesfrevel schwankt. Diese extreme Härte der Bestrafung der Diebe ist in fast allen klassischen Gesetzestexten wie dem Codex Hammurabi, dem Talmud und dem Sachsenspiegel belegt, die dazu in einem deutlichen Kontrast stehende Verzeihlichkeit des Mundraubs ist eine Erfindung der Moderne. Größere Relevanz für den politischer werdenden Diskurs der Eigentumskritik erhält der Diebstahl deshalb im Verlauf des 18. Jh.s: „Diebstahl und Betrug verdrängen Mord, Körperverletzung und Handgreiflichkeiten. Die diffuse, als ‚Gelegenheitsarbeit' aber häufig betriebene Delinquenz der ärmsten Schichten wird von einer begrenzten und anspruchsvolleren Delinquenz abgelöst. Die Kriminellen des [...] 18. Jahrhunderts [sind] ‚Schlaumeier, Schlawiner, gerissene Rechner – Außenseiter'" (Foucault 1977, 96).

Hinter dieser Verlagerung der Kriminalität von einer ländlichen, unter territorialem Anspruch agierenden Handlungsform (→ RÄUBER), für die Schillers Karl

Moor und Kleists Michael Kohlhaas die literarisch schlagendsten Beispiele sind, hin zu einer urbaneren, individualisierten, heimlicheren Kriminalität, die sich auf mobile Eigentumsformen wie Geld, Schmuck oder Waren richtete und gegen die die modernen Polizeiinstitutionen errichtet wurden, liegt eine Veränderung der gesellschaftlichen Ökonomie, die ebenfalls mobiler wurde (vgl. R. Habermas 2008, 27–90). Einerseits wird der Diebstahl also ein Thema der juristischen Literatur, andererseits erhält der Diebstahl mit Karl Marx' *Debatten über das Holzdiebstahlsgesetz* (1842) eine erste Behandlung in der politökonomischen Philosophie (mit einem literarischen Reflex übrigens in Droste-Hülshoffs *Die Judenbuche*, 1842), und mit Émile Zolas *Au bonheur des dames* (1883) wird dem Diebstahl zum ersten Mal eine psychologische Lektüre gegeben, die die ersten Stichworte für seine Pathologisierung als Kleptomanie und als besonders ‚weibliche' Form der Kriminalität liefert (zum Ladendiebstahl vgl. Shteir 2011; für das Fehlen der Behandlung des Diebstahls in der politischen Theorie bis Marx vgl. Thumfart 2018). Die bekanntesten literarischen Vertreter dieser Diebe und ‚Schlawiner' sind Maurice Leblancs Arsène Lupin, der Gentleman-Einbrecher und Gegenspieler von Sherlock Holmes, und Jean Genet, der sich im *Tagebuch eines Diebes* als genau der Außenseiter stilisierte, den Foucault meinte. Zu diesen berühmten Diebstahlserzählungen gehört auch Edgar Allan Poes *Der entwendete Brief*, in dem Auguste Dupin als der erste literarische Detektiv auftritt. Poes ‚gestohlene Letter' wurde zum Zentrum einer umfangreichen Theoriedebatte zwischen Lacan und Derrida. Bemerkenswert an dieser Debatte ist, dass keiner der beiden postmodernen Großtheoretiker die Handlungsform des Stehlens als solche fruchtbar machte, sondern eine unterschiedlich gelagerte, aber immense Betonung der Herrschaft der Sprache über das Subjekt herausstellte. Es ist, als würde der Dieb sich sogar aus diesem Diskurs herausstehlen können und sich eben dadurch als jener Gott der Sprache und des Diebstahls zeigen, der Hermes schon war.

Eigentum, Erbe, Erbschaft
Ulrike Vedder

Das Eigentum und seine erbliche Übertragung sind von zentraler Bedeutung sowohl in individuellen und kollektiven Ökonomien wie auch in jenen „Institutionen von der Sprache [bis] zum Recht, in denen der Mensch sich seiner selbst vergewissert und sich in seinen Fiktionen oder Faktionen seines natürlichen Ursprungs entschlägt" (Stierle 2001, 412). In den damit einhergehenden Prozessen der Konstitution, Konsolidierung und Transformation von gesellschaftlichen, ökonomischen und kulturellen Ordnungen geht es nicht nur um materielle Güter, sondern auch um Praktiken und Wissen, die in ihrer Gesamtheit ein Dispositiv bilden. Allerdings stellen Eigentum und erblicher Transfer prekäre Phänomene dar, sind sie doch durch paradoxe Konzepte der Aneignung, Sicherung und Weitergabe bestimmt. Es ist diese – durchaus bedrohliche – Unwahrscheinlichkeit, die zum einen ihren fiktionalen Charakter und ihre sprachliche Verfasstheit kennzeichnet und zum anderen die ausdauernde Thematisierung von Erbe und Eigentum in der Literatur begründet.

Im *Discours sur l'origine et les fondemens de l'inégalité parmi les hommes* (1755) spitzt Jean-Jacques Rousseau die Rolle des Eigentums als „sprachgeborene Wirklichkeit" (Stierle 2001, 412) zu, wenn es in seiner Ursprungserzählung heißt: „Le premier qui ayant enclos un terrain, s'avisa de dire, *ceci est à moi*, et trouva des gens assés simples pour le croire, fut le vrai fondateur de la société civile" („Der erste, der ein Stück Land eingezäunt hatte und es sich einfallen ließ zu sagen: *dies ist mein* und der Leute fand, die einfältig genug waren, ihm zu glauben, war der wahre Gründer der bürgerlichen Gesellschaft"; Rousseau 1990, 172–173; → BÜRGERLICHE GESELLSCHAFT). Eigentum, mit Rousseaus Formulierung verstanden als „Differenzbegriff" (*dies ist mein, dies ist nicht dein*), fungiert als Grundlage und dynamischer Faktor für „die Legitimation des Rechts" (Luhmann 1989, 9). Das gilt auch für das Erbrecht, das eine Figur des Eigentümers privilegiert, die sich durch gesetzlich garantierte Willens- und Verfügungsfreiheit auszeichnet. Darin folgt das bürgerliche Recht, wie es um 1800 kodifiziert wird, der antiken römischen Vorstellung einer umfassenden Souveränität des testierenden *pater familias*, auch wenn die römische Idee einer Universalsukzession und eines postmortalen ‚Fortlebens' des Erblassers in seinen Erben nicht ungebrochen fortbesteht.

Dass das bürgerliche Sein durch das Haben, mithin durch Privateigentum bestimmt ist, artikuliert Hegels rechtsphilosophische Formulierung vom „Eigentum als dem *Dasein* der Persönlichkeit" (Hegel 1986, Bd. 7, 114). Dies gilt auch in normativer Hinsicht: Der prominenteste Agent des *Code civil* von 1804, dieses Inbegriffs „privatautonomer Gestaltungsfreiheit" (Dölemeyer 2001, 1096), ist der

Eigentümer, dem 1.700 der insgesamt knapp 2.300 Artikel gewidmet sind: Jeder (männliche) Bürger besitzt die volle Verfügungsfreiheit über sein Privateigentum (vgl. etwa Code civil, Art. 544). Das bürgerliche Ideal einer individuellen Verfügungsfreiheit richtet sich gegen ein auf unterschiedliche Weise kollektiv gedachtes Eigentum, ob Familien- oder Geschlechtereigentum, ob Gemeingut, kulturelles Erbe oder Staatserbrecht.

Dabei geht es auch um den schwierigen Umgang mit dem Tod als Ende eines Eigentums- und Vermögensverhältnisses, d. h. um die juristisch, politisch, sozial und kulturell heikle Frage, wie ein durch den Tod herrenlos gewordenes Vermögen „dem gesammten Rechtsorganismus [...] ununterbrochen erhalten" (Savigny 1840, 381) werden kann. Dies könne, so Friedrich Carl von Savigny, entweder durch die mit dem Tod des Eigentümers eintretende Verwandlung bisherigen Privatvermögens in Staatsvermögen geschehen – was politisch bis heute nicht durchsetzbar ist – oder durch die Fortdauer als (zu vererbendes) Privatvermögen, „indem durch eine Art von Fiction der Verstorbene als über seinen Tod hinaus fortwirkend angesehen wird" (ebd.), setzt er doch seinen ‚letzten Willen' postmortal durch. Allerdings bleibt das Individuum, ob lebendig oder tot, auf eine kollektive Garantie bzw. eine allgemein anerkannte Institution der Exekutive zur Durchsetzung seiner Ansprüche angewiesen. Wie konfliktträchtig die Vorstellung eines fortwährenden Willens und anderer Rechtsfiktionen ist, wird in den zeitgenössischen Debatten um die Testierfreiheit deutlich: Darin steht die römisch gedachte Autonomie des souveränen Eigentümers bzw. Erblassers im Gegensatz zur (nach-)aufklärerischen Entmachtung feudaler bzw. väterlicher Herrschaft, aber auch zum neuen bürgerlichen Familienkonzept nach 1800 mitsamt autoritär-liebendem Vater. Aus diesen Auseinandersetzungen bezieht die Literatur ihre produktive Spannung. Sie thematisiert die gleichursprüngliche Krisenhaftigkeit der neuen bürgerlichen Besitz-, Familien- und Geschlechterordnungen und ist folglich voller Eigentums- und Erbschaftskonflikte, so dass die für das 19. Jh. postulierte „systemstabilisierende Funktion von Eigentum und Erbrecht" (R. Schröder 1987, 291) in der Literatur problematisiert und in Form von Störfallgeschichten angegriffen wird.

Zwar reflektieren auch frühneuzeitliche Texte die Eigentums- und Erbschaftskrisen ihrer Epoche; man denke an François Villons satirische *Testaments* oder an William Shakespeares Königsdramen voller verheerender Erbfolgekämpfe, Bastardkonflikte und Erbteilungen als kritische Interventionen in die (jenseits-) ökonomischen, religiösen und kulturellen Umbrüche ihrer Zeit. Doch es ist insbesondere die Literatur des langen 19. Jh.s, die immer wieder thematisiert, welche Regeln und Fiktionen für die Durchsetzung, Persistenz und Praktikabilität von Eigentums- und Erbekonzepten sorgen und welche Unwahrscheinlichkeiten damit verdeckt werden. Zudem gilt das Interesse der Literatur neben der Konstitution auch der Destruktion dieser Konzepte, etwa durch das Entwerfen von Alternativen bzw. Gegennarrativen mithilfe alltäglicher oder spektakulärer Störungen von Eigentums- und Erbeverhältnissen.

Die Produktivität solcher Auseinandersetzungen in der Literatur lässt sich in verschiedenen Hinsichten verfolgen. Zunächst ist es die Figuren- und Handlungsebene, die durch Eigentumskonflikte und Erbschaftsdramen gekennzeichnet ist. Diese sind in sämtlichen sozialen Klassen vom Adel bis zum Proletariat angesiedelt: Der Niedergang des freiherrlichen Geschlechts in E. T. A. Hoffmanns Erzählung *Das Majorat* (1817) wird durch die Erbregelung des Majorats beschleunigt, die das Geschlecht auf ewig sichern sollte, jedoch zum Familienkrieg führt; der bäuerliche Holzdiebstahl aus den gutsherrlichen Wäldern in Annette von Droste-Hülshoffs *Die Judenbuche* (1842) treibt die sozialen Verwerfungen unter den westfälischen Dörflern voran; in Charles Dickens' *Oliver Twist* (1838) bestimmen großstädtische lumpenproletarische Diebesbanden den Plot und die Figurenentwicklung; Erbschaftskonflikte spiegeln den ökonomischen und physiologischen Verfall der großbürgerlichen Buddenbrooks in Thomas Manns gleichnamigem Roman (1901). Hier ließe sich eine literarische Figurentypologie der Eigentumsbedrohung – mit folgenreichen Geschlechtercodierungen – entfalten: von E. T. A. Hoffmanns Raubmörder in der Kriminalnovelle *Das Fräulein von Scuderi* (1819) über all die Erbschleicher und Hochstapler in Johann Nestroys Possen und Honoré de Balzacs *Comédie humaine* (1842) bis hin zu Henry James' Heiratsschwindler vom *Washington Square* (1881) und Émile Zolas Warenhaus-Kleptomaninnen (in *Au bonheur des dames*, 1883; → DIEB, DIEBSTAHL). Solche Angriffe auf fremdes Eigentum – und daraus resultiert ihr literarischer Reiz wie ihr Erkenntniswert – sind durch eine Ambivalenz aus Verführbarkeit und kritischem Wissen von Kapitalismus (→ KAPITAL, KAPITALISMUS) und Klassengesellschaft gekennzeichnet.

Darüber hinaus bildet die Literatur die Eigentumslogik im Lichte der zeitgenössischen „Genea-Logik" (Weigel 2006) ab, insofern sie die konkurrierenden und komplementären Leitdiskurse der Ökonomie, des Rechts und der Biologie mit ihren Wissensbeständen zu Eigentum und Erbe aufnimmt sowie deren wechselseitige Transfers und Transformationen inszeniert (vgl. Willer u. a. 2013). Auch die Textstrukturen sind durch diese Logiken bestimmt. So folgen Prosatexte wie Adalbert Stifters *Die Narrenburg* (1842), die auf das Nichtabreißen der Erbschafts- und Generationenkette zielen, oder Romanserien wie Zolas *Les Rougon-Macquart* (1871–1893), mit ihren Bezügen auf die Vererbungsdiskurse der Epoche, sowohl auf der Ebene der Handlung als auch in ihrer kausal-konsekutiven Erzählweise einem „genealogical imperative" (Tobin 1978), und naturalistische Stücke sind der Vererbungslogik nicht nur in ihren Figurenschicksalen, sondern auch in ihrer dramatischen Form verpflichtet, so etwa im Einakter als Ausdruck der „Epoche des Determinismus" (Szondi 1978, 85). Die Bezugnahme auf Eigentums- und Erbdiskurse zeigt sich zudem auf der Ebene der Erzählstrategien, wenn beispielsweise Verfahren der Intertextualität in den Texten durch Aneignungserzählungen, Erbe-Semantik und Übergabe-Handlungen kommentiert werden, wie es etwa bei Stifter zu beobachten ist (vgl. Blasberg 1998).

Das damit angesprochene Problemfeld des geistigen Eigentums mit seiner juristischen, ökonomischen und kulturellen Formatierung wird in literarischen Erbetexten häufig poetologisch reflektiert, bestimmt aber auch die Testamente und Erbschaften von Autoren und Autorinnen, die im 19. Jh. den Konflikt zwischen individuell, familial, kulturell und national gedachtem Erbe sowie den juristischen und politischen Streit um das Ausmaß der Erblichkeit des Urheberrechts sichtbar machen (zu Schiller, Droste-Hülshoff, Heine, Keller, Fontane vgl. Vedder 2011, 162–181).

Auch die Literatur des 20. Jh.s und der Gegenwart thematisiert in ihren Familien- und Generationserzählungen wie in ihren Dramen um Besitzverhältnisse und deren Infragestellung – wie konventionell oder avantgardistisch auch immer – die Problematik um Erbe und Eigentum, für die eine Persistenz beispielsweise erbrechtlicher Vorstellungen zu konstatieren ist (vgl. Breitschmid 2005), allen Umbrüchen ökonomischer oder vererbungsbiologischer Leitkonzepte und Praktiken zum Trotz. Es sind also nach wie vor grundlegende konzeptionelle wie auch sozial, kulturell und subjektiv auszutragende Spannungen, die die Produktivität einer Literatur provozieren, in der Eigentums- und Erbevorstellungen reflektiert, ja zerstört, und Interventionen inszeniert werden. Die Literatur erweist sich so als ein unhintergehbares Element dieses Dispositivs.

Faulheit
Martin Jörg Schäfer

Im Begriff der Faulheit finden sich Literatur und Ökonomie in der neuzeitlichen westlichen Tradition miteinander verschränkt: Faulheit gilt als der Sphäre der Ökonomie gegenüber widerständig oder ihr höchstens parasitär verbunden (vgl. Asholt und Fähnders 1991; Schäfer 2013). Die freie Zeit, welche die Faulen dem produktiven Wirtschaften abtrotzen, aufgrund von Privilegien entgegensetzen können oder zu der sie schlicht ‚verdammt' sind, vertreiben sie sich mit Tagträumerei oder dem Erzählen von Geschichten. Diese solipsistischen Phantasiegespinste oder sozial-geschwätzigen Erzählungen sind ihrerseits gerne weitschweifig und damit unökonomisch organisiert; so heißt es bereits von den Symptomen der später zur Faulheit säkularisierten Todsünde der Trägheit, die man als besonders ‚literarisches' Laster adressieren wollte (vgl. Wenzel 1967, 186; Pynchon 1993). Laut diesem Narrativ ermöglicht die Faulheit gegen alle Zwänge des ökonomischen Kalküls die Geburt von Literatur schlechthin: Faulheit steht für den Überfluss der Literatur ebenso ein wie für deren aus ökonomischer Perspektive gerne konstatierte Überflüssigkeit. Poetologisch reflektiert findet sich dies in unterschiedlichsten literarischen Heldenfiguren, von den Picaros bis hin zu Prousts nach der verlorenen Zeit suchendem Ich-Erzähler.

Faulheit ist etymologisch mit der Fäulnis verbunden. Obst kann ebenso faul sein wie aus ökonomischer Sicht Kredite. Bei der Faulheit handelt es sich jedoch um einen vorwiegend anthropologisch verwendeten Negativbegriff: Seit dem 18. Jh. wird sie zum Gegenbild einer Befähigung zur Arbeit, durch die sich wie selbstverständlich ‚der Mensch' definiert findet (vgl. Arendt 2002, 105; → ARBEIT, ARBEITSLOSIGKEIT). Als Kategorie bleibt Faulheit dabei ebenso uneindeutig: Ist es doch zunächst eine Sache von kulturellen Kontexten, subjektiven Befindlichkeiten und (sprachlichen) Zuschreibungen, welche Tätigkeit als arbeitsam gilt, welche als faul und wo das blanke Nichtstun beginnt. Aus Sicht des Bürgertums sind die Adeligen faul, aus Sicht von Marx' Arbeiterklasse die bürgerlichen Kapitalisten, welche ihr Geld spekulativ für sich arbeiten lassen. Literarische Faulpelze wie Eichendorffs ‚Taugenichts' scheinen selbst für solche Zuschreibungsarbeit nicht fleißig genug und übernehmen passiv die an sie herangetragene Kategorisierung (vgl. Eichendorff 1985, 446).

Die Fiktion vom Menschen als einem arbeitenden Wesen ist biopolitischer Art; nicht zuletzt hat sie disziplinierenden Charakter: Legitimiert werden können so Kulturtechniken, welche Menschen als arbeitende Subjekte hervorbringen, Devianz maßregeln (vgl. Foucault 1977, 199–201) und verschiedene Schübe der ‚Verfleißigung' (vgl. Helmstetter 2002) neuzeitlicher westlicher Gesellschaften charakterisieren. Faulheit wird zu demjenigen, wovor es das Subjekt zu bewahren und gegen das es auf moralischer und gesetzlicher Ebene vorzugehen gilt. Die protestantische Arbeitsethik sieht in der Faulheit ihren ärgsten Gegner und in den Faulen Schmarotzer am von den Arbeitsamen Erwirtschafteten. „Müßiggang ist aller Laster Anfang", weil in der ohne Selbstdisziplin verbrachten Zeit auch sämtlichen anderen Sünden Tür und Tor geöffnet wird (M. Weber 2000, 128). Ökonomische → Parasiten sind ab dem 19. Jh. auch beliebte literarische Figuren, denen eine produktive Funktion (vgl. Serres 1987) meist abgesprochen wird. Es mag an der strukturellen Nähe von Literatur und Faulheit liegen, dass literarische Evokationen einer bedrohlichen Faulheit nicht selten einer Faszination der Faulheit erliegen und sie wie in der Figur des russischen Landadeligen Oblomows mit einem irgendwo zwischen antiken Göttern, christlichem Paradies und Schlaraffenland verorteten glücklichen Müßiggang assoziieren (vgl. Gontscharow 1961). Als Gegenentwurf zur Arbeitsethik lässt sich seit dem späten 18. Jh. der Nichtarbeit ein widerständiger Charakter zuschreiben (vgl. Foucault 1969, 91), man spricht deshalb z. B. von einer „heroische[n] Faulheit" (vgl. Marx und Engels 1956 ff., Bd. 6, 107). In dieser Entdeckung des Nichtarbeitens finden sich zahlreiche divergierende Traditionen und kulturelle Praktiken über einen Kamm geschoren: Vom Glück der Muße (*scholē*) des antiken Sklavenhalters (Aristoteles, pol. 1337b) über den Rückzug des römischen Bürgers von den öffentlichen Angelegenheiten (*otium*, vgl. Schalk 1991) bis zur dandyhaften, demonstrativen → Verschwendung von Zeit (→ Luxus) oder bis hin zur Verweigerung von Teilhabe überhaupt wie im „I'd prefer not to" der Bartleby-Figur (Melville 1987) reichen einerseits Praktiken des Nichtstuns. Andererseits mündet ein spielerischer romantischer Müßiggang im Exzess einer Produktivität, die sich als derjenigen der Arbeit überlegen imaginieren lässt (vgl. Bataille 1985). Vorgestellt wird eine solche andere Produktivität nach dem Modell der Kunst, die sich spätestens seit Friedrich Schlegels „Idylle über den Müßiggang" von 1799 gerne in ein Protestverhältnis zur Ökonomie gesetzt findet (vgl. Schlegel 1958 ff., Bd. 5, 29; H. Hesse 1973).

Der widerständige Charakter des Nichtarbeitens orientiert sich an den wechselnden kulturellen Bildern von Ökonomie: Der Ausschluss von ökonomischer Teilhabe kann zu einer melancholischen Figur des Protests (z. B. in Büchners *Woyzeck*) oder Parodie des Versprechens auf das bessere Leben werden (z. B. in *Leonce und Lena*). Im literarischen Dandyismus von Benjamins Baudelaire gibt sich auch eine kritische Reflexion der Bildproduktion einer frühen Konsumgesellschaft zu lesen (vgl. Benjamin 1972 ff, Bd. I.2, 509–690). Im satirischen „Recht auf Faulheit" Paul Lafargues findet sich eine exzessive Faulheit anstelle der Arbeit zur neuen Insignie des Menschlichen angesichts der höheren Produktivität der Maschinen ausgerufen (vgl. Lafargue 1991).

Mit dem Aufkommen der Dienstleistungsgesellschaften und der Deregulierung der Arbeitswelt seit den 1960er Jahren verändert sich der Status des Nichtarbeitens: Widerständig sollte zuvor die Passivität des als ‚aktiv' imaginierten Mannes sein (vgl. Dischner 2009); nun werden vormals ‚weiblicher Passivität' zugeschriebene Arbeitsformen dominant. Diese sollen sich nicht mehr ins Korsett der disziplinierten Arbeit einsperren lassen, sondern ihre neue Flexibilität ist an jener selbstbestimmten → KREATIVITÄT orientiert, die im romantischen Müßiggang noch als Protest galt. Entsprechend verschwimmt die Trennung zwischen Arbeit und Freizeit; die der Nichtarbeit zugeschriebene Verwirklichung je individueller Potentiale soll nun für die Arbeitswelt abgeschöpft werden: Die Langsamkeit der Faulheit ermöglicht langfristig kreatives, produktiveres und nachhaltigeres Arbeiten (vgl. Reheis 2008). Die Geschwätzigkeit der Faulheit wird Rohstoff der Kommunikationsindustrie (vgl. Virno 2005). Der ‚Müßiggang' kehrt als beglückende Immersion in die auszuübenden Tätigkeiten wieder, ist als ‚Flow' ökonomisch verwertbar und kann über Lebensratgeberliteratur erlernt werden (vgl. Csíkszentmihályi 2004). Die Fiktion eines Gegenentwurfs zur Sphäre der Ökonomie, in der Literatur und Faulheit sich in der Neuzeit verbinden, findet sich am Anfang des 21. Jh.s wieder von der Ökonomie eingesogen. Hoffnung auf einen Ausweg sehen viele höchstens noch im ebenfalls dem Arsenal der Faulheit entstammenden Gestus der kompletten Verweigerung (vgl. Lazzarato 2012, 134–138; Fuest 2008). Andererseits wird auch stets die Erinnerung an das Versprechen einer „Ökonomie des Glücks" (Gemmel und Löschner 2014; vgl. Hodgkinson 2005) aufrechterhalten, das der Nichtarbeit in all ihren Facetten die westliche Kulturgeschichte hindurch innewohnt.

Fiktion, Fiktionalisierung
Christine Künzel

Bezugspunkte des Bedeutungsspektrums bilden die lateinischen Begriffe *fictio* und *fictum* sowie das Verb *fingere* (vgl. Zinsmaier 1996, 342; Gabriel 1997, 595; Japp 1995, 47; Stierle 2001, 381). In der Forschung werden insgesamt drei Bedeutungskomplexe von Fiktion genannt, die auch im Kontext des interdisziplinären Literatur-und-Ökonomie-Diskurses von Bedeutung sind: „Bildung und Darstellung, Annahme bzw. Hypothese, Erfindung und Lüge" (Schabacher 2007, 42). In der Alltagssprache wird ‚Fiktion' bis heute im Allgemeinen mit Schein, Lüge und Betrug assoziiert und als Gegensatz zum Faktualen betrachtet. So wurde die Bedeutung von Fiktionen zur Bildung von Vorstellungen und Hypothesen in einem erkenntnistheoretischen Sinne (vgl. Iser 1983, 137) lange Zeit unterschätzt. Dabei spielt das Konzept der Fiktion bereits seit der Antike eine zentrale Rolle im juristischen Diskurs (vgl. Meurer 1973). Im deutschsprachigen Raum ist *fictio* als Konzept zwar seit Ende des 17. Jh.s im juristischen und philosophischen Kontext bekannt und findet (wenn auch selten) bereits im Rahmen der Dichtungstheorie des 18. Jh.s Verwendung, doch avanciert der Begriff der Fiktion erst in der zweiten Hälfte des 20. Jh.s zu einem zentralen Terminus der Literaturtheorie (vgl. Schabacher 2007, 46). Schnittstellen zwischen literarischer und ökonomischer Fiktion ergeben sich spätestens um 1700 im Zuge einer Aufwertung des Konzeptes der Wahrscheinlichkeit und der Entstehung mathematischer Theorien der Probabilität, die sich in der Ästhetik des Romans spiegeln (vgl. ebd., 45).

Bereits im 18. Jh. werden bestimmte Aspekte der Geld- und Kreditwirtschaft wie etwa Papiergeld als ‚fiktiv' bezeichnet (vgl. Vogl 2011, 71–72), und der Begriff des ‚fiktiven Kapitals' entwickelt sich nachfolgend zu einem zentralen Topos im kapitalismuskritischen Diskurs. Der mit Marx und Engels befreundete Autor Georg Weerth spricht 1848 mit Blick auf die Getreidespekulation von „fiktiven Metamorphosen [...] auf dem Papiere"; das einzig „Nichtfiktive, das Reelle" sei dabei der „Gewinn" (Weerth 1848, 1–2). „Kredit und fiktives Kapital" lautet die Überschrift eines Kapitels in Karl Marx' *Das Kapital* (Bd. 3, 5. Abschn., 25. Kap.). Hier heißt es: „Die Bildung des fiktiven Kapitals nennt man kapitalisieren" (Marx und Engels 1956 ff., Bd. 25, 484). Marx betrachtet die Entstehung fiktiven Kapitals als Grundlage der Entwicklung des Kapitalismus. Ganz in diesem Sinne ist für Marx der „größte Teil" des „Geldkapitals [...] rein fiktiv" (ebd., Bd. 25, 488). Die einfachste Form fiktiven Kapitals besteht in der Zahlungsverpflichtung aus einem Bankkredit (→ KREDIT UND SCHULD[EN]). Fiktiv ist dieses Kapital insofern, als es nur durch den Gläubiger, also in dessen Vorstellung, als Zahlungsversprechen in der Zukunft existiert, aber vorab schon gehandelt wird.

In Zeiten von Wirtschafts- und Finanzkrisen wird der Begriff des fiktiven Kapitals reaktiviert, um eine fortschreitende Fiktionalisierung der Finanzmärkte und -produkte zu markieren, zuletzt etwa im Zuge der Globalisierung und der Digitalisierung von Finanzmärkten und der daraus entstehenden (Finanz-)Krisen (vgl. Künzel 2011). Durch die technisch ermöglichte Entkoppelung der Geldzirkulation von den Dimensionen Zeit und Raum (vgl. Schnaas 2010, 122) wird es zunehmend schwieriger, ‚reale' von ‚fiktiven' Transaktionen zu unterscheiden und den (realen) gegenwärtigen Wert eines bestimmten Finanzproduktes zu bestimmen. Die Symbiose zwischen Geldwirtschaft und Börsentechnologie hat der amerikanische Autor Don DeLillo eindrucksvoll in seinem Roman *Cosmopolis* (2003) beschrieben. Dieser Aspekt wurde auch in zahlreichen deutschsprachigen Romanen thematisiert, die im Kontext der letzten globalen Finanzkrise (ab 2007) erschienen sind (vgl. u. a. Divjak 2007, 13, 21; Magnusson 2011, 110, 175, 178).

Die Wirtschaftswissenschaften sehen sich nicht allein dem Vorwurf ausgesetzt, unfähig zu sein, „ihre eigenen Fiktionen auch als solche zu erkennen" (Esposito 2007, 88). Der Wirtschaftssoziologe Jens Beckert konstatiert gar, dass der Begriff ‚Fiktion' dem ökonomischen Diskurs bis heute völlig fremd sei (vgl. Beckert 2011, 5). Diese Feststellung ist allerdings nur bedingt zutreffend, da zumindest der Begriff des fiktiven Kapitals seit dem 19. Jh. existiert. Im Laufe des 20. Jh.s führte allerdings das Bestreben, die Ökonomik von ihren geistes- und sozialwissenschaftlichen Wurzeln zu lösen und sich als quasi mathematisch-naturwissenschaftliche Disziplin zu etablieren, zu einer weitgehenden Ausblendung bzw. Leugnung fiktionaler Aspekte (vgl. G. Rist 2011, 25–30). Was die Funktion von Fiktionen in ökonomischen Diskursen betrifft, ist zu unterscheiden zwischen Akten des Fingierens auf der Mikroebene, sprich: ökonomischen Transaktionen (vgl. Beckert 2011, 11), und sogenannten Super-Fiktionen („superior fiction[s]"; Heinzelman 1980, 178) – allen voran das Geld, aber auch Wertpapiere, das Kreditwesen, Märkte und Marktmodelle zählen dazu. Joseph Vogl spricht in diesem Zusammenhang von der „Effizienz von Fiktionen, die das Selbstverständnis von Gesellschaften instruieren, soziale und symbolische Praxen ausrichten und intuitiv gerechtfertigte Bilder oder Evidenzen für Funktionsbegriffe und Handlungsoptionen bereitstellen" (Vogl 2011, 55).

Als ökonomische Ur-Fiktion, gilt die sogenannte „*Geldfiktion*" (Schnaas 2010, 16), die darin besteht, dass sich die Bedeutung des Geldes – insbesondere des Papiergeldes bzw. der Banknote – allein aus dem Versprechen bzw. Glauben an eine Einlösung in der Zukunft ergibt. Zu den Paradoxien der Geldfiktion zählt allerdings die Prämisse, dass die Fiktion nur dadurch aufrechterhalten werden kann, dass auf eine vollständige Realisierung verzichtet wird (vgl. Bonus 1990, 160). Damit entspricht die Funktionsweise der Geld- bzw. Goldfiktion eben jener der fiktionalen Rede als einer nicht-behauptenden Rede, die keinen Anspruch auf Referentialisierbarkeit oder auf Erfülltheit erhebt (vgl. Gabriel 1975, 28), und bietet ein weiteres Argument für die in der literatur- und kulturwissenschaftlichen Forschung vertretene These, dass „[a]lles, was über Geld gesagt wird, [...] auch über die Literatur gesagt werden" könne (Gernalzick 2000, 153).

Ohne sich explizit auf literaturtheoretische Konzepte zu beziehen, knüpft der Wirtschaftswissenschaftler Holger Bonus an das Fiktionsmodell von Wolfgang Iser an, wenn er von einer „latenten Unwirklichkeit" bzw. einer „bedingten Realität" von Geld, Gold und Wertpapieren spricht (Bonus 1990, 8). Nach Iser fungiert das Fiktive als ein Bearbeitungsmodus, der dem Imaginären seine Bestimmtheit gibt und es damit zugleich an die Realität heranführt (vgl. Iser 1983, 122–124). Fiktionen erweisen sich daher nicht zuletzt als Bedingungen für das Herstellen von Welten, deren Realitätscharakter wiederum nicht zu bezweifeln ist: „Fiktion [...] ist etwas anderes als reine Phantasie, weil sie eine eigene Realität entwirft und die fiktive Realität reale Auswirkungen hat" (Esposito 2007, 120). Ähnlich wie schon der Börsenspekulant in Zolas *L'Argent* „Dichter der Million" genannt wurde (Zola 1983a, 166; vgl. Zola 1960 ff., Bd. 5, 219), behauptet der Protagonist in Don DeLillos Roman *Cosmopolis*: „The things I imagine become facts. They have the time and space of facts" (DeLillo 2004, 192); und Marlene Streeruwitz lässt die Hauptfigur ihres Romans *Kreuzungen* „Romane machen": „Er musste nicht schreiben. Er machte. Er tat. Die Fehler waren dann eben auch Wirklichkeit" (Streeruwitz 2010, 62).

Es überrascht nicht, dass die Verwandtschaft zwischen ökonomischen und literarischen Fiktionen insbesondere in literarischen Werken herausgearbeitet wird. Die schöpferische Kraft, die hier thematisiert wird, ist *poiesis*, das Vermögen, (fiktionale) Welten zu schaffen. Dabei besteht die Besonderheit ökonomischer Fiktionen darin, dass sie darauf ausgerichtet sind, den Status der Potentialität – den sie mit literarischen Fiktionen teilen – zu überschreiten und Realitäten in der Zukunft zu schaffen, indem „Geschäftsvisionen, Träume und Phantasien als morgen schon herbeigewirtschaftete Realität" (Goetz 2012, 108) verkauft werden. Anders als literarische Fiktionen, die im Modus des „Als-Ob" (Iser 1983, 139), des Möglichen, operieren, sind ökonomische Fiktionen darauf angelegt, imaginierte in „wahrscheinliche Zukünfte" (Vogl 2011, 25) zu überführen, sprich: Erwartungen und Wünsche so zu behandeln, als sei es gewiss, dass diese Realität werden – obwohl nicht einmal „eine korrekt berechnete Wahrscheinlichkeit auf die Zukunft eine Sicherheit bietet" (Esposito 2007, 10). In diesem Punkt scheint sich das ökonomische Prinzip einer *„gegenwärtig-reale[n] (Zukunfts-)Illusion"* (Schnaas 2010, 59) mit dem Anspruch der literarischen Gattung des Märchens zu decken, „eine mächtigere, wesentlichere Wirklichkeit darzustellen" (Lüthi 2004, 118).

All dies deutet darauf hin, dass ökonomischen Narrativen eine besondere Form des „Fiktionsvertrag[es]" (Eco 1994, 103) zugrunde liegt. Während fiktionalliterarische Texte als „vorbildliche Diskursform" gelten, da „sie ihre Fiktionalität offen legen und nicht verschleiern" (Zipfel 2001, 69; vgl. Iser 1983, 135), versuchen sich ökonomische Fiktionen selbst zu beglaubigen, indem sie auf die selbstreferentielle Funktion von Fiktionssignalen verzichten. Birger Priddat spricht in diesem Zusammenhang von „economics of persuasion" (Priddat 2014, 159). Diese bewirken nicht nur, dass der fiktionale Status des Dargestellten verschleiert wird, sondern dass zuweilen nicht einmal überdeutliche Fiktionssignale – wie Merkmale des Wunderbaren bzw. Märchenhaften – als solche wahrgenommen werden. Dies führt unter anderem dazu, dass Szenarien, die in anderen Kontexten dezidiert als unrealistisch oder als Lüge abgetan würden, in bestimmten ökonomischen Kontexten geglaubt werden (vgl. Künzel 2017). Möglicherweise liegt in diesem Fall eine Übererfüllung des Fiktionsvertrages bzw. ein Ernstnehmen von Fiktionen vor (vgl. Hutter 2015, 24–27, der „Kunst und Wirtschaft als ernste Spiele" betrachtet).

Inzwischen ist die Bedeutung des Fingierens als Kulturtechnik „im Dienst der Erkenntnis und Lebenspraxis" (Fulda 2011, 182) für andere Bereiche außerhalb der (fiktionalen) Literatur erkannt worden, so auch für die Ökonomie (vgl. Künzel 2014). Beckert hat die zentrale Rolle der Fiktionalität für ökonomische Transaktionen untersucht (vgl. Beckert 2016). Seine These lautet, „dass Entscheidungen intentional rationaler Akteure in Fiktionen verankert sind" (Beckert 2011, iii). Fiktionalität definiert Beckert in diesem Kontext als „the inhabitation in the mind of an imagined future state of the world" (ebd., 1). Akte des Fingierens setzen laut Beckert dort an, wo trotz der mit den Mitteln rationaler Wahrscheinlichkeitsrechnung gewonnenen Erkenntnisse Unsicherheiten bzw. Erkenntnislücken in Bezug auf Ereignisse in der Zukunft bestehen (vgl. ebd., 6). Fiktionen sind insofern als Medien zur Verarbeitung von Unsicherheitsmomenten besonders geeignet, da sie bei aller Unsicherheit und bei allem Risikobewusstsein Handlungsfähigkeit gewährleisten.

Finanz

Slaven Waelti

‚Finanz' steht im Deutschen meistens im Plural oder wird als Teil von Komposita (Finanzpolitik, Finanzkrise, Finanzmarkt usw.) verwendet. Im Singular wird die Finanz zu einem allgemeinen Begriff: dem Geldwesen, das – um es mit Heidegger zu sagen – die Art und Weise bezeichnet, wie Geld „west" (Heidegger 1976, 55). Dieses ‚Wesen' treibt sie in Schriften und Papieren. Es basiert somit auf demselben Medium wie die Literatur. Niklas Luhmann zufolge wurde das griechische Alphabet im 9./8. Jh. v. Chr. vor allem entwickelt, um ökonomische Verhältnisse zu notieren, diente aber auch bald dem Zweck „mündlich vorgetragene Epen in Schriftfassung verfügbar zu machen" (Luhmann 1997, 263). Darüber hinaus liegt der „Effekt der Schrift in der räumlichen und zeitlichen Entkoppelung von Mitteilung und Verstehen" (ebd., 266): Sie kann zu einem späteren Zeitpunkt an einem anderen Ort gelesen werden, als sie geschrieben wurde, und zwar meist mit hermeneutischem Profit. Dies gilt auch für die Finanz: Eine Bezahlung wird hinausgezögert, um an einem anderen Ort mit Gewinn getätigt zu werden. Bekanntlich stammt ‚Finanz' von *finare* (lat. ‚endigen, zu Ende kommen'), d. h. von der Fälligkeit von Papieren, Schriften oder Zahlungen, und bezog sich zunächst auf Staatseinkünfte, auf die Bezahlung fester Abgaben an öffentliche Kassen. Allgemeiner lässt sie sich dann als eine „besondere Austauschbeziehung [...] bestimmen, in der die Zeit eine Rolle spielt" (Aglietta und Orléan 1998, 21; eigene Übers.).

Das Geldwesen hängt ursprünglich eng mit dem ‚Rechnungswesen' oder der ‚Buchhaltung' zusammen. In der spätmittelalterlichen Form der doppelten Buchführung ermöglichte die Eintragung von Schriften in Kolumnen des ‚Solls' und des ‚Habens' die „Projektion eines wohl ausgedachten Geschäftsplans in die Zukunft" (Sombart 1902, 394). Zugleich galt für das gesamte Mittelalter das kirchliche Verbot des → WUCHERS; das erste Auftauchen von „Finantien" in einem deutschen Text von 1341 war mit dem Verweis auf „Geldgeschäft[e] im üblen Sinn, Wucher" verbunden (F. Kluge 1967, 198). Um den Kreditbedürfnissen der Kaufleute dennoch nachzukommen, entwickelte sich daher ab dem 13. Jh. auf den wichtigsten Handelsplätzen Europas die Praxis des Wechselvertrages und -briefes. Die Besonderheit solcher Verträge lag darin, dass die Rückzahlung des geliehenen Geldes erst zu einem späteren Termin, an einem anderen Ort und in einer anderen Währung getätigt werden musste. Somit galt ausgeliehenes Geld nicht als Kredit, sondern als Wechseltransaktion, wodurch die Zinsen im Wechselkurs getarnt wurden (vgl. Roover 1953, 32). Während des Mittelalters diente der meist in Form eines Rückzahlungsversprechens handgeschriebene Brief ausschließlich als Befehl zur Ausführung eines Wechselvertrages zwischen zwei Geschäftspartnern.

Die fundamentale Neuerung, die die Finanz in die Neuzeit beförderte, bestand in der Loslösung des Wechselbriefes vom Vertrag (vgl. Roover 1953, 119): Ab dem 16. Jh. wurden vermehrt Wechselbriefe unabhängig an Dritte zur sofortigen Verschaffung von Liquidität diskontiert. Von diesem Moment an sind – zumindest theoretisch – Finanzgeschäfte auf Basis reiner Schriften möglich (vgl. Vogl 2015, 96–100).

Die Lockerung des Zinsverbots Mitte des 15. Jh.s fällt in dieselbe Zeit wie die Erfindung des Buchdruckes. In den protestantischen Ländern verbreitete sich der ‚Geist des Kapitalismus' (M. Weber) zügig und führte Anfang des 17. Jh.s zur Gründung der ersten Börsen, deren historisches Medium die gedruckte Aktie ist. Zeitgleich entwickelte sich europaweit eine andere Form des Drucks, deren Wert ebenfalls von der Zeit abhängt: die Zeitung. In England wurde im Zuge der *Glorious Revolution* (1688/1689) mit dem Widerruf des Licensing Act sowohl die Freiheit der Presse erkämpft, als auch eine gründliche Reform der Finanzgesetze (*Financial Revolution*) durchgeführt, die neue Institutionen wie die Bank von England ins Leben rief. An der Schnittstelle zwischen Journalismus und Literatur entstanden neue literarische Formen, wie die von Joseph Addison und Richard Steele gegründete Zeitung *The Spectator*, in der 1711 unter anderem die besagte Bank allegorisch als Jungfrau auf einem goldenen Thron geschildert wurde (vgl. Addison 1965, 14–17). Nicht zuletzt war es die Verschaltung von Publizistik und Finanzgeschäften, durch die sich – unter Mithilfe von Autoren wie Daniel Defoe oder Jonathan Swift – eine einflussreiche Londoner ‚Finanzmarktöffentlichkeit' entwickelte (vgl. Vogl 2015, 130–136). In Frankreich reflektierte nach dem Krach der königlichen Bank von John Law im Jahr 1720 seinerseits der Dramaturg Marivaux in seiner Zeitung *Le cabinet du philosophe* über die Willkür der Göttin Fortuna, die sich weigert, „les belles-lettres" [Belletristik] mit „lettres de change" [Wechselbriefen] zu decken (Marivaux 2010, 206). Schließlich bezeichnet sich der aus England in seinen *Lettres philosophiques* berichtende Voltaire als „*merchant of a nobler Kind*" (Voltaire 1728, iii), der also Ideen in Brief- und Zeitungsform auf dem ‚großen Markt der menschlichen Angelegenheiten' (Valéry 1988, 211) aushandelt. Das Finanzwesen hat schließlich nicht nur eigene Genres wie den Börsen-, Spekulations- und Inflationsroman hervorgebracht (→ III.16. BÖRSEN-, SPEKULATIONS- UND INFLATIONSROMAN), sondern mit Crashs und Bankenskandalen ein attraktives literarisches Ereignisformat geliefert – von Lessings *Minna von Barnhelm* (1767) bis zu den Romanen von John Lanchester (2012), Guðmundur Óskarsson (2011), Jonas Lüscher (2013) oder Martin Suter (2015) (→ BANK, BANKIER).

Einen ersten literarischen Höhepunkt findet die Verschränkung von Journalismus, Finanz und Literatur jedoch erst im ersten Drittel des 19. Jh.s im Werk Honoré de Balzacs. Im Roman *La Maison Nucingen* (1837) wird der Börsencoup nach Waterloo (vgl. N. Ferguson 1998, 25) eines elsässischen Financiers namens Nucingen erzählt, der an Nathan Rothschild erinnert. Formal dringt die Erzählung erst durch die dreifache Verschachtelung der Erzähler zum Leser vor und setzt sich aus Fragmenten zusammen, die sich erst peu à peu zu einer Geschichte zusammenfügen. Auf diese Weise spiegelt die Erzählform sowohl das Handeln des Financiers selbst wider, der scheinbar unzusammenhängende Ereignisse und Schicksale im Netz seiner Finanz fängt, als auch dasjenige Balzacs, der seine Romane zum Geflecht einer *Comédie humaine* zusammenwebt. Etymologisch ist der ‚Text' mit dem ‚Textil' verwandt und bietet sich also an für die Beschreibung des Tuns eines allmächtigen fiktiven Financiers und eines nicht weniger allmächtigen realen Autors, der wortwörtlich ‚das Werk Gottes vollbringt' – wie dies auch Lloyd Blankfein, CEO von Goldman Sachs, der *Times* am 8. November 2009 offenbarte.

Der europäische „hundertjährige Frieden" (Polanyi 1990, 19) vom Ende der napoleonischen Kriege bis zum Ersten Weltkrieg beruhte auf ineinander verstrickten finanziellen Interessen der Großmächte und internationalen Finanzdynastien. Dieser liberalen Finanzordnung bereiteten im 20. Jh. der Faschismus und die Nachkriegsfinanzabkommen von Bretton Woods ein vorläufiges Ende. Ihre liberale Vormachtstellung erlangte die Finanz jedoch in den 1980er Jahren wieder. Der Londoner „Big Bang" der Börsen (Orléan 1999, 38) am 27. Oktober 1986 gilt hierfür als Meilenstein. An diesem Tag wurden einerseits die Finanzmärkte dereguliert und wurde andererseits das digitale Notationssystem eingeführt. Seitdem funktionieren die globalisierten Märkte wie eine weltweite elektronische Maschine zur Verschaffung von Liquidität. Dabei kann das virtuell gewordene Geld umso leichter auf Märkten vermehrt werden, als ihre Zeichen nur noch auf Zeichen verweisen – „ohne den Umweg über ein Signifikat" (C. v. Braun 2012, 224), sprich: über reale Waren. In Zeiten des Finanzmarktkapitalismus werden Preise nicht mehr durch eine Analyse der ‚Fundamentalien' (Orléan 1999, 124) eines Unternehmens oder eines Staates, sondern als Erwartungen von Durchschnittserwartungen von Marktakteuren selbst ermittelt. Paradigmatisch für diesen Evaluierungsmodus steht der Begriff der ‚autoreferentiellen Finanz' (ebd., 57). Dass in diesem Prozess die Information das entscheidende Bewertungskriterium ist, wird symbolisch von der Tatsache unterstrichen, dass Goldmann Sachs International ihren Londoner Sitz im ehemaligen Gebäude des *Daily Express* auf der Fleet Street hat – auch „Street of Ink" genannt. Auf Informationen basieren schließlich Zukunftsszenarien, die in letzter Konsequenz die Differenz zwischen → FIKTION und Realität ebenso aufheben wie die viel beschworene Entkoppelung einer reinen Finanzsphäre von der sogenannten Realökonomie. Die Finanzökonomie durchdringt „die Zirkulation des Kapitals in ihrer Gesamtheit; jede produktive Tätigkeit und jeder Konsumakt sind direkt oder indirekt an die Finanzsphäre gebunden" (Marazzi 2011, 108; → ZIRKULATION, KREISLAUF).

Anfang des 21. Jh.s ist die Finanz strukturell geworden. Anders als zur Zeit Balzacs werden die neuen Akteure der globalen Finanz nicht mehr in dreifach verschachtelten Erzählungen dargestellt: Nun berichten (meist gefallene) Financiers wie etwa Jordan Belfort oder Jérôme Kerviel direkt. Während Ersterer die Welt der Finanz mit grotesk-komischen Figuren bevölkert (vgl. Belfort 2007), erzählt der Zweite die Tragödie der menschlichen Hybris. In seinen *Memoiren eines Traders* vergleicht er sich mit der Figur des Ikarus (vgl. Kerviel 2010, 219). Die ‚paradoxen Befehle' (ebd., 122) seiner Hierarchie wirken wie Sphinxrätsel, und die Ereignisse selbst werden als eine ausweglose Verkettung (*engrenage*) dargestellt, deren Enthüllung die Form eines ‚Orkans' (ebd., 63) annimmt. Die Finanzmärkte werden dabei zu Subjekten, die aus eigenem Antrieb handeln und von Mächten bewohnt werden, die mit den kleinsten An- oder Abstiegsbewegungen über das Schicksal eines Traders entscheiden können. Wenn die Erzählung über die Finanzwelt also von mythischen Elementen durchdrungen wird, werden somit auch die Grenzen zwischen Fiktion und Realität porös. In *Götzen-Dämmerung* hatte Nietzsche gefragt, was passiert, wenn wir die Differenz zwischen einer „wahren Welt" und einer „scheinbaren Welt" (Nietzsche 1980 ff., Bd. 12, 81) auflösen. 1957 antwortete Pierre Klossowski: „Mit der wahren Welt haben wir auch die scheinbare Welt abgeschafft; [...] die Welt wird zur Fabel". Und er fügt an: „Fabel, *fabula*, stammt aus dem lateinischen Verb *fari*, was zugleich vorhersagen und faseln bedeutet, das Schicksal vorhersagen und faseln, denn *fatum*, das Schicksal, ist auch Partizip Perfekt von *fari*" (Klossowski 2003, 31–32). Dieses Fatum entspricht einer Welt von Göttern und Mächten. Es ist der Raum der epischen Dichtung, deren Wiederkehr Joseph Vogl in Don DeLillos *Cosmopolis* entdeckte. Finanzmärkte führen „in eine Welt von Begebenheiten, die sich nur lose und episodisch verknüpfen, sich als äußere Mächte und Beschwernisse manifestieren, verhängnisvoll werden und mit ihrer Vernetzung ins Schicksalhafte eskalieren" (Vogl 2011, 15). Finanzmärkte wie epische Dichtung bilden somit eine Zone, die von ‚Unwettern' und ‚Stürmen' heimgesucht und von Mächten bewohnt wird, die keine ökonomische Theorie vollständig zu bändigen vermag.

Gabe, Gastfreundschaft
Peter Brandes

Der Begriff der Gabe stellt im diskursiven Feld des ökonomischen Wissens einen Sonderfall dar. Die Gabe ist in den kulturellen Praktiken und literarischen Texten zugleich innerhalb und außerhalb ökonomischer Strukturen situiert. Als soziale Praktik, die jeweils bestimmten kulturellen Normen und Ritualen folgt, basiert die Gabe auf Freiwilligkeit (vgl. Godelier 1999, 21) und ist nicht durch explizite Rechtsformen (Kaufvertrag) reglementiert. Im Unterschied zum Tausch zeichnet sich die Gabe oftmals durch ein Moment der Freigebigkeit (*largesse*) aus (vgl. Starobinski 1994, 17–18). Gleichzeitig wird der Gabenakt als gesellschaftliches Ereignis zumeist mit ökonomischen Begriffen (→ TAUSCH, Reziprozität, Verpflichtung, → KREDIT) beschrieben und damit eine Strukturanalogie von Ökonomie und Gabentausch herausgestellt (vgl. Mauss 1990, 36–37; Derrida 1993, 16–17). Der Gabentausch weist mithin ökonomische Strukturen auf, die aber „in nicht-ökonomische Institutionen" (Vogl 2004a, 10) wie Feste und Zeremonien eingebettet sind. Diese ambivalente Figur einer Ökonomie des Gabentausches beschäftigte schon die ethnologische Forschung des frühen 20. Jh.s (vgl. Malinowski 1979; Mauss 1990), die den Gabentausch sogenannter archaischer Gesellschaften vor dem Hintergrund des ökonomischen Wissens des 19. Jh.s analysierte (vgl. Weiner 1992, 2).

Die literatur- und kulturwissenschaftliche Auseinandersetzung mit der Gabe geht wesentlich auf Marcel Mauss' wegweisenden *Essai sur le don* (1923/1924) zurück, in dem Mauss den Gabentausch der ‚archaischen Gesellschaften' im Gegensatz zur politischen Ökonomie der Industriegesellschaften als die moralisch überlegene Wirtschaftsform hervorhebt. Von Mauss wurde in Anlehnung an die Arbeiten von Bronisław Malinowski insbesondere die zirkuläre Struktur des Gabentausches hervorgehoben, die durch ein wechselseitiges Geben und Nehmen von Gastgeschenken und ein agonales Moment (*Potlatsch*) bestimmt sei. Der hierin sich zeigende Konnex von Gabentausch und Gastrecht ist bereits bei Homer und im Alten Testament als zentrales Motiv präsent (vgl. Derrida 2001b; Hiltbrunner 2005). Das Wort *xenia* bezeichnet im Griechischen die Gastfreundschaft, *xeinion* das dieser gesellschaftlichen Praxis inhärente Gastgeschenk (vgl. Wagner-Hasel 2000, 81). Als besonders relevant für das Verständnis des Gabentausches wurde der ebenfalls von Mauss betonte Aspekt des zeitlichen Aufschubs, der zwischen Gabe und Rückgabe notwendig gegeben sein muss, angesehen (vgl. Bourdieu 1993; Derrida 1993). In die Kritik geriet in der zweiten Hälfte des 20. Jh.s Mauss' Applikation von ökonomischen Konzepten und Kategorien seiner Zeit (Reziprozität, Vertrag) auf die Form des Gabentausches in den von ihm untersuchten Gesellschaftsformen (vgl. Sahlins 1972; Weiner 1992) sowie sein Umgang mit den religiösen Narrativen der jeweiligen Kulturen (vgl. Lévi-Strauss 1989; Sahlins 1972). Als zentrales Charakteristikum der Gabe wurde verschiedentlich herausgestellt, dass der Gabentausch sich im Unterschied zum Warentausch durch einen „bonding value" (Carlà und Gori 2014, 23) auszeichne, also sozial codiert sei (vgl. Godbout 1998, 23–25). Jacques Derrida hat gegenüber Mauss den Widerspruch zwischen reiner – nicht verpflichtender – Gabe und Gabentausch betont, auf dem Paradox eines anökonomischen Moments der Gabe insistiert (vgl. Derrida 1993, 17) und eine Korrelation zwischen dem Exzess der Gabe und der Überschüssigkeit des ästhetischen Objekts nahegelegt. Für Jean Starobinski stellt dagegen die Gabe „ein universales anthropologisches Faktum" dar (Starobinski 1994, 10). Dementsprechend seien es nicht nur ökonomische Aspekte, die den Gabentausch bestimmen, sondern auch Fragen der religiösen Überzeugung und der emotionalen Disposition. Die Gabe werfe daher immer auch die Frage auf, ob es sich um eine gute oder um eine böse Gabe handelt. Starobinski betont die sich darin zeigende Ambivalenz der Gabe, wie sie auch in der Ambiguität des Wortes *Gift* als Geschenk (im Englischen *gift*) und als tödliche Dosis zum Ausdruck kommt (vgl. Ecker 2008, 12–13).

In der Literatur- und Kulturgeschichte hat sich die Gabe einerseits als prominentes und wirkmächtiges Motiv niedergeschlagen und andererseits die auf Reziprozität beruhende Diskursform Literatur als soziale Praktik entscheidend geprägt. Bei Hesiod (Ἔργα καὶ ἡμέραι, dt. *Werke und Tage*) wird – mit der Figur der Pandora – nicht nur die Ambivalenz der Gabe akzentuiert, sondern auch der ethische und von Zeus beglaubigte Wert der Gastfreundschaft und des Gebens betont. Im homerischen Epos kommt den *xeinia* in der Form von Mahlzeiten eine zentrale erzählerische Funktion zu. Die Gastmahlzeiten, die Telemachos und Odysseus gewährt werden, fungieren als Handlungsauslöser bzw. als Erzählanlass. Die vermutlich bekannteste literarische Szene rückhaltloser Gastfreundschaft ist die Erzählung von Philemon und Baucis aus Ovids *Metamorphosen*, in der Jupiter und Merkur in der ärmlichen Hütte des alten Ehepaars bewirtet werden (eine Vorlage auch für die Enklave, die am Ende von Goethes *Faust II* dem faustischen Unternehmergeist zum Opfer fällt). Eine explizite semantische Verknüpfung von Gastrecht, Gabentausch und Poetik vollziehen Goethe und Schiller, die mit ihren *Xenien*-Dichtungen ein eigenes literarisches Genre des agonalen Gabentausches etablierten.

Als ein wichtiges Motiv und Requisit fungiert die Gabe oftmals in der Märchenliteratur, in der gegebene Dinge (Ringe, Waffen, Nahrung, Geld etc.) abhängig vom Geber gute oder schlechte Gabeneffekte zeitigen können (vgl. Lüthi 2004). Unheil stiftende bzw. Gewalt auslösende Gaben spielen auch schon in der mittelalterlichen Erzählliteratur eine bedeutende Rolle (vgl. M. Oswald 2004). Für die

Dramen Shakespeares hat Stephen Greenblatt die Bedeutung eines kollektiven auf kulturellem Austausch beruhenden Schöpfungsprozesses herausgestellt und dafür den Begriff der Zirkulation sozialer Energie geprägt (vgl. Greenblatt 1993). Gabe wird dann nicht als Motiv, sondern als Strukturmerkmal eines Zusammenwirkens von literarischen, theatralen, theologischen und politischen Diskursen aufgefasst. Bei Shakespeare (*The Merchant of Venice*) lassen sich jedoch auch Aspekte des Gabentausches beobachten, die im Sinne Derridas auf ein „Moment des Un-Ökonomischen" (Weigel 1996, 119) verweisen. In Texten aus den kolonialen und postkolonialen Diskursen ist oftmals eine Verquickung von immanenten und diskursiven Thematisierungen des Gabentausches beobachtbar (vgl. Greenblatt 1994, 87–132; Haselstein 2000, 41–150). In den Literaturen um 1800 wird die literarische Rezeption der Gabe-Thematik zunehmend durchlässig für die Diskurse der politischen Ökonomie, etwa bei Goethe (vgl. Hamacher 1994; Hörisch 1996, 184–189; Vogl 2004a, 310–346; P. Brandes 2003a) oder Balzac (vgl. Ecker 2008, 93–113). Dabei wird auch der von Georges Bataille beschriebene Aspekt der Verausgabung (vgl. Bataille 1985, 7–31; → Verschwendung, Verausgabung) im literarischen Diskurs beobachtbar (vgl. P. Brandes 2003a, 235–242). Die der Gabe inhärenten Ambivalenzen treten in modernen und postmodernen Texten des 19. und 20. Jh.s vermehrt in den Blickpunkt. Bei Texten von Autoren wie Charles Baudelaire (vgl. Derrida 1993), Paul Celan (vgl. P. Brandes 2003b), Heinrich Böll, Primo Levi, George Tabori (vgl. Ecker 2008) wird auf unterschiedliche Weise die ethische Ambiguität der Gabe verhandelt – in der Form von Falschgeld (Baudelaire), in der Reflexion auf das christliche Weihnachtsfest (Celan), in Bezug auf das Motiv des Brotes (Böll, Levi, Tabori). Im Hinblick auf den Konnex von Literatur und Ökonomie erweist sich dabei das Wissen des Gabentausches stets auch als Subversion der (sprach-)politischen Ökonomie.

Geiz

Helmut Pfeiffer

Heute in der Bedeutung übertriebener Sparsamkeit gebräuchlich, bedeutet Geiz, auch in den älteren Formen *gît* oder *geit*, wie das Grimm'sche Wörterbuch belegt, zunächst Gier oder Habgier. Die semantische Reichweite geht von sinnlichem Verlangen, z. B. als Heißhunger, bis zu übertragenen Bedeutungen wie in *Ehrgeiz*. Die Konzentration auf Geld, Gut und Besitz bildet sich erst allmählich heraus, mit Betonung auf der Vermeidung des Geldausgebens oder des Festhaltens am (Geld-)Besitz. Konzeptuell hat der Geiz seinen Ort zunächst nicht in der Ökonomie als Lehre von der Hauswirtschaft, sondern in der Ethik. Im vierten Buch der *Nikomachischen Ethik* handelt Aristoteles von der Freigebigkeit als einer Tugend der Mitte in Bezug auf die „Vermögensobjekte". Gemeint sind damit all jene Gegenstände, deren „Wert durch Geld bemessen wird" (Aristoteles, eth. Nic. 1119b). Durch Übermaß oder Mangel kippt die Tugend der Freigebigkeit in die Laster der Verschwendung und des Geizes. Letzterer (*aneleutheria*) bezeichnet ein Verhalten, das sich mehr um Geld und Gut bemüht, als recht ist. Geiz ist ein ethisches Defizit der menschlichen Natur, die meisten Menschen haben nach Aristoteles mehr Freude am Gelderwerb als am Geben, auch wenn sie sich damit selbst schädigen.

Literarisch wird das ethische Thema des Geizes in den *Charakteren* des Theophrast, einem Schüler des Aristoteles, greifbar. Das Genre der *Charaktere* porträtiert typische Fehler und Schwächen, welche die ethische Norm verfehlen und dadurch lächerlich werden. Von den 30 Theophrast zugeschriebenen, ins Register des Komischen fallenden Charakterporträts betreffen immerhin drei das Phänomen des Geizes, der *mikrologos* (‚Knicker'), der *aneleutheros* (‚Knauser') und der *aischrokerdes* (‚Schmutzige'). Sie decken ein Spektrum ethischer Verfehlungen ab, das von der Vermeidung von Ausgaben über die Verletzung gesellschaftlicher Verpflichtungen bis zu betrügerischen Manövern gesteigerten Gewinnstrebens reichen (→ CHARAKTERMASKE). Für die Komödientradition ist insbesondere die um 200 v. Chr. entstandene *Aulularia* (*Der Goldtopf*) des Plautus bedeutsam. Das unvollendete Stück wird seit Giovanni Battista Gellis *La Sporta* (1543, dt. *Der Korb*) in der Frühen Neuzeit mehrfach aufgegriffen und umgeschrieben. Als *pantalone* hat der Geiz einen Posten in der Commedia dell'Arte gefunden.

Die christliche Patristik zeichnet die Habsucht (*avaritia*) als eine der sieben Todsünden (*peccatum mortale*) aus. Die zentrale Referenz ist der erste Timotheusbrief des Paulus, in dem die Habgier (*cupiditas* in der Vulgata, in der Luther-Übersetzung ist von „Geiz" die Rede) als Wurzel allen Übels bezeichnet wird (1 Tim 6,10). Augustinus rückt anschließend zwei Themen ins Zentrum: In *De genesi ad litteram* (11, 15) unterscheidet er eine besondere von einer allgemeinen

Bedeutung der *avaritia*. Erstere (*specialis avaritia*) ist das Verlangen nach Geld (*amor pecuniae*), letztere als umfassende Habsucht die Wurzel allen Übels (*radix omnium malorum*). In *De libero arbitrio* (III, 17, 48) wird die Habgier auf den verdorbenen Willen (*inproba voluntas*) zurückgeführt und als Schädigung der Natur apostrophiert. Thomas von Aquin greift in *De malo* diese Vorgaben auf. Dabei wird einerseits die *superbia*, die mit der *avaritia* um den Titel der Wurzel des Übels konkurriert, selbst als „appetitus inordinatus excellentiae" (Thomas von Aquin, De malo, q. 13 a. 1 arg. 2) zum Teil der *avaritia*. Andererseits entfaltet Thomas eine elaborierte Kasuistik im Hinblick auf die Frage der Habsucht als Todsünde. Dazu kommt es, wenn sie nicht mehr nur Mittel ist, sondern zum Zweck wird, wie im Fall des → WUCHERS (→ III.2. CHRISTLICHE ÖKONOMIK).

Die Literatur thematisiert die patristische Verwerfung des Geizes vor allem in den allegorisch-didaktischen Gattungen. Bereits in der *Psychomachia* (um 400 n. Chr.) des Prudentius steht beim Kampf der Tugenden und Laster um die Seele die *avaritia* im Gegensatz zur Mildtätigkeit. Im *Roman de la Rose* (um 1230/1240) von Guillaume de Lorris und Jean de Meung findet sich auf der die Grenze der allegorischen Traumwelt markierenden Mauer eine bildhafte Darstellung der ausgegrenzten Laster, wobei die *avarice* als hässlich, schmutzig und elend beschrieben wird (Guillaume de Lorris und Jean de Meung 1974, V. 197–200). Aristotelische Ethik und patristische Theologie werden in Dantes *Commedia* (um 1310/1320) ästhetisch zusammengeführt. Im vierten Kreis der Hölle befindet sich die anonyme Masse der Geizigen und Verschwender, deren vernunftloses Wesen (*sconoscente vita*) sie zur Unkenntlichkeit entstellt hat. Durch ihr maßloses Geben und Nehmen („Mal dare e mal tenere"; Dante 2010 ff., Bd. 1, 108–109) sind sie der Fortuna als Herrscherin über die irdischen Glücksgüter (*splendor mondani*) ausgeliefert. Die theologische Ambivalenz der Habsucht bildet Dante dadurch ab, dass er Geizige und Verschwender auch im *Purgatorio* (19. und 20. Gesang) auftreten lässt. Anders als die namenlosen Sünder des *Inferno* stehen nun kirchliche (Papst Hadrian V.) und weltliche (Hugo Capet) Würdenträger im Zeichen heilsbringender Reue.

Zwischen der Renaissance und der Aufklärung bleibt der Geiz ein Thema der praktischen Philosophie. Seine ethische, ökonomische und politische Relevanz wird oft im Anschluss an Cicero verfolgt, der in *De officiis* den Konflikt von Geiz und Habsucht mit den Pflichten des Gemeinwesens thematisiert. Der Humanismus und Antihumanismus der Renaissance faltet diese Thematik aus: Poggio Bracciolini lässt in seinem Dialog *De avaritia* (um 1430), der auf die Predigten Bernardino da Sienas und ihre Verurteilung sündhafter Habsucht zurückgreift, zwar am Ende die christliche Moral triumphieren, sieht sich aber genötigt, gegen das augustinische Verdikt die Natürlichkeit von Geiz und Habsucht zu unterstreichen. Leon Battista Alberti diskutiert im dritten Buch von *Della famiglia*

(1430/1440) die Haushaltskunst (*masserizia*). Dabei tritt die Habsucht in einen Gegensatz zum Ruhm (*fama*) und zur Anmut (*grazia*). Machiavelli thematisiert sowohl in lyrischen Gelegenheitstexten (so im *capitolo Dell'ingratitudine*) wie in seinen politischen Hauptwerken (*Il Principe, Discorsi sopra la prima deca di Tito Livio*) die Opportunität von Geiz und Habsucht im politischen Handeln; auch er hebt hervor, dass die *avarizia* zur ‚Infamie' (*infame*) führt. Im 18. Jh. hingegen, prominent in Bernard Mandevilles *Fable of the Bees, or Private Vices, Publick Benefits*, kann das private Laster des Geizes zum öffentlichen Nutzen werden: „Avarice, nothwithstanding it is the occasion of so many Evils, is yet very necessary to the Society, to glean and gather what has been dropt and scatter'd by the contrary vice" (Mandeville 1729, 68).

Die komische Literatur der Frühen Neuzeit ist reich an Figuren des Geizes. Molières Charakterkomödie *L'Avare* (1668) ist eine hypertextuelle Transformation der *Aulularia*, die zugleich die Tradition des geizigen Alten (*vecchio avaro*) der Commedia dell'Arte aufgreift, und das satirische Genre (Francesco Maria Vialardi, *Della famosissima compagnia della lesina*, 1598) wie den komischen Roman ausbeutet. Molière verschärft das überkommene Repertoire durch die Steigerung des komischen Selbstwiderspruchs des Geizigen und die Engführung einer gegennatürlichen Rivalität von Vater und Sohn mit der Thematik des Wuchers. Die Topik des Geizhalses wird durch die im 17. Jh. in theologischen Kontexten (Blaise Pascal, *Les Provinciales*, 1656/1657, 8) geführte Kontroverse der Legitimität des Zinses angereichert, die im Kontext der höfischen Norm der *liberalitas* virulent ist. Deutlich wird dabei, dass der Charakter des Geizigen seine ethische Typizität durch Historisierung einbüßt. La Bruyère, der Übersetzer Theophrasts und Autor der *Caractères. Mœurs de ce siècle* (1688), liefert keine Porträts der Typen des Geizigen mehr, sondern macht ihn zum Thema moralistischer Aphorismen.

Die Literatur des 19. Jh.s bringt noch einmal exemplarische Figurationen des Geizigen hervor. Das klassische Junktim von Männlichkeit, Alter und Geiz bleibt dabei meist gewahrt. Während in der Mummenschanz-Szene von Goethes *Faust II* (1832) der als Geiz verkleidete Mephisto eine anachronistische Allegorie der Schatzbildung verkörpert, differieren in der realistischen Erzählliteratur die Paradigmen in der Frage der Korrekturfähigkeit des Geizes. Charles Dickens lässt in seiner frühen Erzählung *A Christmas Carol* (1843) den Geldverleiher Ebenezer Scrooge durch die über Geistererscheinungen vermittelte Konfrontation mit der sozialen Realität der Großstadt London seine Verfehlung erkennen und korrigieren (eine späte Wiedergeburt erhielt er in Scrooge McDuck, dt. Dagobert Duck). Honoré de Balzacs Félix Grandet (in *Eugénie Grandet*, 1834) verkörpert hingegen einen Geizigen, dessen Leidenschaft alle Lebensbereiche, von der Haushaltsführung bis zur Familie, umfasst und der inmitten seines akkumulierten Vermögens einen unversöhnten Tod stirbt. Die prägnanteste Verkörperung des Habsüchtigen findet sich in Balzacs Erzählung *Gobseck* (1830), dessen holländisch-jüdische Titelfigur Geiziger (*avare*), Wucherer (*usurier*) und Kapitalist (*capitaliste*) in einem ist. Im Gegensatz zur traditionellen Negativierung der Figur des Geizigen verkörpert die Figur eine Doppelseitigkeit von Sparsamkeit und Philosophie, deren ökonomisches Kalkül zugleich lebenspraktische Askese bedeutet und die so das vitalistische Mythologem einer Ökonomie der Lebensenergie (*mouvement vital*) verkörpern kann. Der Geizige, der sich der sozialen Welt und den anderen → LEIDENSCHAFTEN verweigert, ist zugleich der distanzierte Beobachter des Räderwerks der Gesellschaft („les ressorts qui font mouvoir l'Humanité"; Balzac 1976 ff., Bd. 2, 970), für den das Gold die einzige Konstante darstellt.

Die im literarischen Realismus sichtbar werdende Psychologisierung des Geizigen findet zu Beginn des 20. Jh.s ihre tiefenpsychologische Transformation. Sigmund Freud arbeitet in *Charakter und Analerotik* (1908) eine analerotische Genese des Geizes und der Sparsamkeit heraus, die sie auf einen Prozess der Sublimierung zurückführt. Die fiktionale Produktivität des Geizes und seine literarische Dämonisierung scheinen allerdings an ihr Ende gekommen zu sein. Werbepsychologisches Marketing („Geiz ist geil" etc.) arbeitet demgegenüber an seiner verkaufsstrategischen Positivierung.

Geld

Jochen Hörisch

Es gibt Worte, die uns rundum vertraut sind, die auch hochgradig Vertrautes anzeigen und die doch sofort für Irritationen sorgen, wenn man explizit danach fragt, was mit ihnen eigentlich gemeint und ausgesagt wird. ‚Zeit', ‚Sein' und ‚Welt' sind solche (im Deutschen zumeist einsilbigen) Worte und Begriffe. Wir alle wissen oder glauben zu wissen, welche Bedeutung diese Worte haben; sie funktionieren im alltäglichen Sprachgebrauch einigermaßen verlässlich, dennoch haben sie ein erhebliches Verunsicherungspotential. Und dies schon deshalb, weil es sich bei ‚Zeit', ‚Sein' und ‚Welt' ersichtlich nicht um bestimmte und präzis bestimmbare Dinge oder Sachverhalte handelt – aber worum dann? Auch das Wort ‚Geld' gehört zu diesen eigentümlichen Begriffen, obwohl es anders als die zuvor genannten Begriffe nicht aus der Sphäre des Tiefsinns stammt, sondern zumeist profane Assoziationen weckt.

Die Herkunft des deutschen Wortes ‚Geld' lässt sich schnell erschließen. Es ist nächstverwandt mit dem Wort ‚Geltung' oder ‚Vergeltung' und meint, worauf das Grimm'sche Wörterbuch hinweist, in seiner althochdeutschen Frühzeit auch die Abgabe, das Opfer und die (Gegen-)Leistung. Das englische Wort *money* und das französische *monnaie* lassen sich ebenso plausibel vom lateinischen *moneta* (Geld) herleiten; Moneta war der Beiname der Göttin Juno, die für die Münzprägung zuständig war. Unabhängig von solchen etymologischen Betrachtungen glauben wir alle zu wissen, was mit ‚Geld' gemeint ist und wie Geld alltäglich funktioniert. Was aber Geld überhaupt ist und bedeutet, erschließt sich nicht sofort. Was Münzen und Geldscheine sind, lässt sich einigermaßen problemlos beschreiben und angeben. Um seiner ein wenig zu offensichtlichen Selbstverständlichkeit willen entzieht sich hingegen Geld der schnellen Analyse.

Gerade deshalb ist es nicht verwunderlich, dass die Literatur seit ihren Anfängen – und die alphabetische Schrift entsteht gleichzeitig mit der Münzprägung im 7. Jh. v. Chr. im ionischen Kulturraum (vgl. H. Werner 2015; C. v. Braun 2012) – dem Thema, Phänomen und Problem Geld eine bemerkenswert hohe Aufmerksamkeit widmet. Ist Literatur doch anders als Theorie ein Beobachtungs- und Kommentarsystem, das nicht auf Reduktion, sondern auf Steigerung von Komplexität setzt. Literatur kreist, wenn sie, was bemerkenswert häufig der Fall ist, Geld thematisiert und problematisiert, um seine zwischen Rationalität und Irrationalität oszillierenden Qualitäten. Um nur drei hochliterarische Beispiele zu nennen: In Shakespeares *The Merchant of Venice* (1600) geht es um die ungeheuer erotisch und religiös aufgeladene Spannung, die sich im Geld(-Verleih) inkarniert; in Goethes *Faust II* wird die Erfindung des modernen Papiergeldes systematisch mit astrologischen und alchemistischen Prozeduren verglichen; und in Dostojewskis *Igrok* (1866, dt. *Der Spieler*) haben Vernunft und Wahnsinn, Kalkül und Leidenschaft (vgl. Vogl 2004a) stets erneut ihr verrücktes Rendezvous.

Die heute in wirtschaftswissenschaftlichen Sphären allgemein verbreitete Definition von Geld verweist auf seine drei Grundfunktionen: Geld ist erstens ein Tauschmedium, zweitens ein Wertaufbewahrungsmedium und drittens ein Kalkulations- bzw. Rechenmedium (→ I.5. MEDIENTHEORIE UND MEDIENGESCHICHTE). Der Literatur fällt bei dieser funktional plausiblen Analyse der Widerspruch auf, dass ein und dasselbe Geld diese doch sehr unterschiedlichen Aufgaben in sich vereint – es gibt ja nicht drei Gelder, sondern nur ein und dasselbe Geld, das so unterschiedlichen Zwecken dient. Extrem literaturtauglich ist Geld deshalb, weil Literatur dieser funktionalen Überlastung des Geldes nachfragt und dabei immer mehr irritierende bzw. faszinierende Qualitäten des Geldes entdeckt. Sie konstellieren sich um einen Problemkern, der sich klar benennen lässt: Geld ist ein zugleich hochgradig rationales und irrationales Medium – also der Stoff, aus dem die großen Geschichten gewebt sind. Geld bringt Zählen und Erzählen zusammen: Kopf oder Zahl bzw. vielmehr Kopf und Zahl (vgl. Hörisch 1996). Das gilt auch im außerliterarischen Bereich: Wer ein Start-up-Unternehmen an die Börse bringen will, muss über eine vielversprechende Story verfügen; ob es einen Bankenkrach gibt oder nicht (etwa im Umfeld der Lehman-Brothers-Pleite von 2008), hängt nicht zuletzt vom Erfolg der beschwichtigenden politischen Reden ab, die Bankenkrisen begleiten (→ BANK, BANKIER). Geld ist das Medium des Rechnens, Berechnens und Kalkulierens. Geld ist aber zugleich elementar auf große Erzählungen angewiesen. Glaubwürdig und akzeptabel ist es nur dann, wenn es verlässlich von Botschaften begleitet wird, die glaubhaft seine Deckung versichern. Die klassischen Erscheinungsformen des Geldes, nämlich Münzen und Zahlen, bringen denn auch stets Ziffern und Sprachzeichen zusammen. Im Namen einer höheren bzw. höchsten Autorität („In God we trust" ist bekanntlich auf der Dollar-Note zu lesen) garantiert Geld sprachlich, wirklich die Geltung zu haben, die die Ziffern anzeigen.

Rational und irrational zugleich ist Geld insbesondere in drei Hinsichten: nämlich aufgrund seiner – erstens – religiösen, – zweitens – erotischen Qualitäten und –drittens – als Medium der Gleichsetzung des Nichtgleichen. Geld entstammt der sakralen Sphäre (vgl. Laum 1924); geprägt und ursprünglich eingesetzt (nämlich als Äquivalent für lebendige Opfergaben) wurde es in Tempelbezirken. Viele (im Deutschen fast alle) Begriffe der Geldsphäre sind religiös konnotiert (vgl. Hörisch 2013): Kredit, *obolos* bzw. *pecunia* (griech. bzw. lat. für ‚Opfervieh'), Schuldner, Gläubiger, Erlös(ung), Wertschöpfung, Messe, Wirtschaftswunder, Offenbarungseid, *fiat money*. Der Einwand, dies sei nur assoziatives Wortgeklingel, sticht nicht. Denn ersichtlich ist Geld wie Gott und die

Götter auf Beglaubigung angewiesen, um zu funktionieren (vgl. Luhmann 1996a). Geldsymbole bewähren sich nur dann, wenn sie sich in ihr Anderes verwandeln lassen, nämlich in ‚reale' Güter und Dienstleistungen. Und dies ist nur dann der Fall, wenn der, der Geld entgegennimmt und dafür einem Anderen ein wertvolles Gut überlässt, seinerseits daran glaubt, dass ein wiederum Anderer ebenso an die transsubstantiative Kraft des Geldes glaubt wie er – ein Prozess, der die Bedingung für die „belebende[ ] Wirkung des Geldes" (Brecht 1988 ff., Bd. 14, 209) darstellt.

Geldvertrauen (→ KREDIT UND SCHULD[EN]) ist die ökonomische Entsprechung zum religiösen Gottvertrauen. Der Schöpfergott findet im Geld, das wie er beglaubigungsbedürftig ist, einen seltsamen Doppelgänger. Gott musste nicht Geld investieren oder gar Kredite aufnehmen, als er die Welt schuf; sein genuines Schöpfer-Medium war die Kraft der Sprache. Geld ist als evolutionäres Spätprodukt in vielen Kulturen satanisch konnotiert. Es kommt in seiner klassischen Münzgestalt aus dem Metalle bergenden Erdinneren, ist also der plutonischen Höhle oder der Hölle assoziiert. Ein Motiv, das die Hochliteratur begleitet. Goethes Mephisto ist ein begnadeter Finanzmanager, Chamissos Schlemihl veräußert dem Teufel seinen Schatten, Hauffs Peter Munk verkauft dem Bösen sein warmes Herz und tauscht es gegen ein steinernes ein (vgl. M. Frank 2005; → VERTRAG, PAKT). Komplementär zur literarischen Kritik an der Kälte (vgl. Lethen 1994), die in geldgesteuerten Gesellschaften und Kulturen herrscht (ein Standardmotiv u. a. bei Dickens, Hugo, Zola, Brecht), findet sich jedoch auch das Motiv, dass erst kapitalistische Gesellschaften Emanzipationen von hergebrachten Normen und damit romantische Lebens- und Liebesformen ermöglichen. Vormoderne Gesellschaften kennen die arrangierte Ehe, den Brautpreis und die Macht der kalkulierenden Vernunft gerade in Liebesangelegenheiten, von denen die kapitalistische „Verdampfung" (Marx und Engels 1956 ff., Bd. 4, 465) alles Hergebrachten zu (er-) lösen vermag.

Womit schon das zweite große Feld literarischer Geldmotive angezeigt ist, das ebenso wie das religiöse durch Spannungen zwischen rationalem Kalkül und irrationaler Leidenschaft (→ RATIONALITÄT, RATIONALISIERUNG; → LEIDENSCHAFTEN) geprägt ist: das erotische. Geld ist sexy; starke Indizien für die erotisch-irrationalen Qualitäten des Geldes liefert wiederum die es umgebende Begrifflichkeit (vgl. Bornemann 1973). Ein Unternehmen ist potent, einem Schuldner gelingt es, seine Gläubiger zu befriedigen, wenn er eine Stange Geld besitzt, er über eine Finanzspritze verfügt und die Bilanz nicht einknickt, so dass es wieder aufwärtsgeht. Besonders deutlich wird die heikle Sexualität des Geldes in der hartnäckigen Diskussion um Zins und Zinseszins: Kann Geld sich aus sich heraus vermehren, kann es Kinder und Kindeskinder bzw. Zinsen und Zinseszinsen schaffen (das altgriechische Wort *tokos* meint den Zins wie die Kindsgeburt; → WUCHER; → III.1.

OIKONOMIA UND CHREMATISTIK). Dass ein alter, aber reicher Mann attraktiver sein kann als ein armer junger, ist ein literarischer Topos. Um Geld, Potenz und Sexualität kreisen unter anderem viele Geschichten des *Decamerone*, Shakespeares *The Merchant of Venice* und Thomas Manns Roman *Buddenbrooks*, der zurückgehende familiäre Fruchtbarkeit und nachlassende finanzielle Potenz strikt analogisiert. Schon Goethe hat in *Faust II* souverän mit den erotischen Assoziationen gespielt, die die Geldsphäre grundieren. Er begreift – besonders deutlich wird das in der berühmten Mütter-Szene, die den ersten Akt beschließt – das Geld als den *logos spermaticos*, der der Realökonomie, der Materie, der *mater* begegnen muss, auf dass sich wirkliche Wertschöpfung und Produktivität einstellt (→ WUNSCH, BEGEHREN).

Die von der Literatur alternativ zu den Wirtschaftswissenschaften fokussierte ir/rationale Dimension des Geldes bezieht sich – drittens – auf seine Kraft, das Nichtgleiche gleichzusetzen. Gänzlich unterschiedliche Waren und Dienstleistungen im Hinblick auf ihren Wert gleichzusetzen (dieses Essen, dieser Pullover, diese Arbeitsleistung ist je 50 Euro wert), ist eine ungemein abstrakte und insofern für die Ausbildung von Rationalität ausschlaggebende Leistung. Wer im geldvermittelten Tausch Unterschiedliches äquivalent (gleichwertig, gleichgültig) setzt, verfährt rational – und irrational zugleich. Denn die gleich gesetzten Dinge sind ja gerade nicht gleich, sie werden nur gleichgesetzt. Die religiösen, erotischen und mentalen Irrationalismen, die dem Geld innewohnen, bilden den Stoff, aus denen weite Passagen gerade der Hochliteratur geformt sind.

Globalisierung, Globalisierungskritik
Niels Werber

Das Wort ‚Globalisierung' ist erst in der zweiten Hälfte des 20. Jh.s nachweisbar (vgl. Bach 2013, 56), doch wird das vom Begriff bezeichnete Problem – die potentiell weltweite und tendenziell ‚restlose' (Krajewski 2006) Verknüpfbarkeit von lokalen Punkten durch Kommunikations-, Verkehrs-, Austausch- und Handelsverbindungen aller Art – bereits im 19. Jh. beschrieben und theoretisch reflektiert, im deutschsprachigen Raum vor allem unter der Überschrift „Weltverkehr", in realistischer Literatur als „Weltbeziehungen" oder „Weltverbindungen" (Fontane 1959 ff, Bd. 8, 124, 251), in späteren Analysen zur Genese des neuzeitlichen → KAPITALISMUS unter dem Titel des ‚Weltsystems' (Wallerstein 1974 ff.). Auch in der ‚schönen' Literatur wird bereits um 1850 die globale Dimension menschlicher Handlungs- und Kommunikationsmöglichkeiten registriert und problematisiert. Wenn Globalisierung literarisch in den Blick genommen wird, dann nicht ohne Kritik, die zum einen – fortschrittsoptimistisch – das zu geringe Tempo oder die zu zögerliche Umsetzung der Globalisierung betreffen und zum anderen ihre negativen Folgen oder Kollateralschäden perspektivieren kann (vgl. Werber 2010 und 2015). Semantikgeschichtlich wird dieser Zusammenhang in der zweiten Hälfte des 19. Jh.s virulent, nachdem die technischen Voraussetzungen (Dampfschiff, Eisenbahn, Telegraphie) gegeben sind und regionale Rückkopplungseffekte und Begleiterscheinungen globaler Vernetzung beobachtbar werden.

„La terre a diminué, puisqu'on la parcourt maintenant dix fois plus vite qu'il y a cent ans" [Die Erde ist geschrumpft, weil man jetzt zehnmal rascher als vor hundert Jahren um sie herum reisen kann] (Verne [1873], 20–21), lautet ein seither zum Topos avanciertes Bonmot der durch den beschleunigten Verkehr klein gewordenen Welt. Eisenbahn- und Dampfschifffahrtsverbindungen verknüpfen und durchziehen die Kontinente. Im Vertrauen auf die weltweite Funktionalität dieser Vernetzung bricht Phileas Fogg zu seiner Reise um die Welt in 80 Tagen auf, auf die er nicht mehr mitnimmt als Banknoten und *„Bradshaw's continental railway steam transit and general guide*, qui devait lui fournir toutes les indications nécessaires à son voyage" [*Bradshaw's Continents-Eisenbahn- und Dampfboot-Reiseführer*, woraus er alle für seine Reise nötigen Angaben schöpfen konnte] (ebd., 29). Wer Geld genug hat, kann sich einfach auf den Weg um die Welt machen, von einem Punkt des Netzes zum nächsten. „La chaîne de communications", Kommunikationskette (ebd., 34), nennt Jules Verne 1873 diese Verknüpfung der Stationen und Häfen, Hotels und Banken. Allerdings machen die dem *Bradshaw* beiliegenden Karten auch beobachtbar, wie viele Orte *nicht* angeschlossen sind und wie groß die Lücken und Leerstellen in manchen Regionen ausfallen, die von Nachrichten- und Verkehrsmitteln vollkommen unerschlossen zu sein scheinen. Das Weltverkehrsnetz zeichnet sich nicht nur durch ein Prinzip der „Konnektivität" aus, sondern erzeugt auch (zwischen den Knoten und Verbindungen) eine „Leere", die dazu auffordert, „die letzten Reste des Nichts zum Verschwinden zu bringen" (Krajewski 2006, 30, 55).

Neben das im 19. Jh. imperialistische wie fortschrittliche Projekt, die sprichwörtlichen ‚weißen Flächen' auf der Landkarte aufzufüllen und jede Region der Welt an die Funktionssysteme der Moderne anzuschließen (vgl. Luhmann 1991; Stichweh 2000), tritt die Sehnsucht nach Orten, die sich ihrer Vernetzung entziehen. Ein Beispiel dafür liefert ein Roman, der 1851 die Erschließung der Welt für Verkehr und Handel genau beobachtet: Herman Melvilles *Moby-Dick* (vgl. Melville 2002, 107). Nichts lässt sich die Moderne auf dem „great globe" (Melville 2002, 310) entgehen, so scheint es, doch zugleich wird Queequegs Kokovoko, „an island far away to the West and South", gerade dafür gelobt, dass niemand weiß, wo es sich befindet und sich der Globalisierung grundsätzlich entzieht: „It is not down in any map; true places never are" (ebd., 12). Vor kolonialer und kapitalistischer Erschließung ist Kokovoko sicher, freilich werden aber auch die Kannibalen auf der Insel ihre Ernährungsweise beibehalten können, solange sie unentdeckt im Dazwischen der globalen Verkehrsnetze verbleibt. Umgekehrt werden – wie in Joseph Conrads *Heart of Darkness* (1899) – koloniale Peripherie und kapitalistische Akkumulationszentren miteinander verschränkt. Diese Ambivalenz der Globalisierung haben bereits Marx und Engels festgehalten: „Dampfschiffahrt, Eisenbahnen, elektrische Telegraphen, Urbarmachung ganzer Weltteile, Schiffbarmachung der Flüsse" zerschlagen die feudalen Ordnungen und erschließen zugleich die „ganze Erdkugel" dem kapitalistischen Bourgeois (Marx und Engels 1956 ff., Bd. 4, 465–467).

Aus der Perspektive dieser Autoren des 19. Jh.s lässt sich die Janusköpfigkeit der Globalisierungssemantik exemplarisch vorführen: *Einerseits* impliziert Globalisierung stets den Hinweis auf die Unabgeschlossenheit des Prozesses. Immer noch gibt es leere Räume zwischen den Knoten und Verbindungen, immer noch warten Orte auf ihre Verknüpfung. *Andererseits* zerstört die Totalerschließung des Erdballs alle „true places". Kulturkritik ist der Globalisierungssemantik inhärent. Zugleich ist diese ‚westliche' Semantik zutiefst davon überzeugt, dass Lücken im globalen Netzwerk Ungleichzeitigkeiten stabilisieren, also feudale oder ‚barbarische' Systeme erhalten, die sich im Falle eines Anschlusses an den Weltverkehr nicht halten würden, weil dieser in den Bevölkerungen „eine gewisse Nivellierung der Lebensgestaltung und Sitten" und so letztlich *eine* Weltzivilisation hervorbrächte (Geistbeck 1895, 541), die freilich, wie Kritiker wie Thomas Mann in seinen *Betrachtungen eines Unpolitischen* entgegnet haben, mit der kulturellen Identität der Völker bezahlt werde (vgl. Mann 1974 ff., Bd. 12, 233–234). Entweder bleibt

Kokovoko *uncharted* und kannibalisch, oder die Insel wird ‚vernetzt' und zivilisiert, also den westlich definierten Standards unterworfen und ihrer Identität beraubt. Dass Globalisierung, selbst wenn sie auf ökonomischen Tausch reduziert wird, nicht konfliktfrei verläuft, ist bereits Marx und Melville klar.

Übrigens zeichnen sich in *Moby-Dick* bereits Fragen nach den ökologischen Kosten ab: Eine Fangflotte, die auf allen Meeren jährlich Zehntausende von Pottwalen erlegt, um den Bedarf an Tran zu stillen, könnte womöglich die Verbreitung der Spezies drastisch reduzieren: „[W]ill he [the whale] perish?" (Melville 2002, 351–354) Wie die Globalisierung zur Voraussetzung katastrophaler Umweltzerstörung, aber auch verschärfter sozialer Segregation oder kriegerischer Auseinandersetzung werden könne, erzählt die Literatur lange vor den Wissenschaften (vgl. Werber 1999; Horn 2014). In allen Texten, in denen der gesamte Erdball zum Medium und Objekt einer verkehrstechnischen und ökonomischen Erschließung wird, sind globalisierungskritische Dimensionen nachweisbar, ob nun die mangelnde Konnektivität und Fluidität der Gegenwart kritisiert und im Namen von Zivilisation oder Effizienz noch umfassenderer oder schnellerer Anschluss gefordert, oder bereits die nivellierenden oder zerstörerischen Globalisierungsfolgen diagnostiziert werden, die zu einem *Clash of Civilizations* (Huntington 1998) oder dem *Ende der Welt, wie wir sie kannten* (Leggewie und Welzer 2010) führten. Diese Problemlage, die die Literatur bereits vor 1900 verdichtet, ist noch die unsere.

Hausierer
Katharina Krčal

Der Hausierhandel, d. h. der Verkauf von Waren von Haus zu Haus, entwickelte sich in Westeuropa im Spätmittelalter (vgl. Fontaine 1996, 9–11) und spielte bis weit ins 20. Jh. hinein eine bedeutende Rolle für die Versorgung der Landbevölkerung mit Konsumgütern (vgl. Lehnert 2012, 148). Der sesshafte Handel betrachtete die Hausierer allerdings häufig als illegitime Konkurrenz (vgl. Reininghaus 1993, 40). Behördlicherseits wurde der mobile Handel oft als Sicherheits- und Ordnungsrisiko eingestuft (vgl. Wadauer 2013, 105). Viele der Händler stammten aus den ärmeren Bevölkerungsschichten (vgl. Reininghaus, 1993, 36) und nicht selten aus marginalisierten Bevölkerungsgruppen wie denen der Jenische, Juden oder ‚Zigeuner' (vgl. Kramer 2016, 63). Beredtes Zeugnis davon, dass der Hausierhandel schon früh als bloßer Deckmantel für Bettelei, Schmuggel und Diebstahl verschrien war (vgl. Tatarinov 2015, 118), legt eine prominente literarische Darstellung eines ‚falschen Hausierers' ab: Im vierten Akt von William Shakespeares *The Winter's Tale* (Erstaufführung 1611) tritt der Schurke (*rogue*) Autolycus als Hausierer verkleidet auf, um seiner Kundschaft auf einem Volksfest die Geldbeutel zu entwenden.

Während sich vor 1800 nur vereinzelt Darstellungen von Hausierern in der deutschsprachigen Literatur finden, mehren sich diese im 19. Jh. zeitgleich mit der Expansion des öffentlichen Diskurses um Nutzen und Schaden des Hausierwesens. In der kanonisierten Literatur treten Hausierer aber nach wie vor bestenfalls als Rand- und Nebenfiguren auf. Um eine Ausnahme handelt es sich wohl bei der undurchsichtigen Figur des Wetterglashändlers Coppola, die in E. T. A. Hoffmanns Erzählung *Der Sandmann* (1816) plötzlich in der Stube des Protagonisten auftaucht, um ihm seine Waren aufzudrängen. Barometer und optische Geräte waren typische – von eigener Hand hergestellte – Waren norditalienischer Hausierer, die Deutschland im 18. Jh. durchstreiften (vgl. Augel 1971, 75–78).

Im englischen Sprachraum ist die Verkleidung als Hausierer in Spionage- und Historienromanen sehr verbreitet – etwa in den Werken Walter Scotts und James Coopers. An diese Tradition knüpft Otto Ruppius an, wenn er zwei seiner in Amerika angesiedelten Abenteuerromane einem solchen ‚falschen Hausierer' widmet (*Der Pedlar*, 1857; *Das Vermächtnis des Pedlars*, 1859). Leibhaftige Hausierer treten dagegen häufig in der Kalendergeschichte und anderen ‚volkstümlichen' Genres auf, die Wanderhändler in ihrer dörflichen Umwelt in Interaktion mit der ländlichen Bevölkerung zeigen, wie in Ludwig Anzengrubers *Treff-Aß* (1877) und *Hartingers alte Sixtin* (1880). Johann Peter Hebels *Einträglicher Rätselhandel* (1810) und *Glimpf geht über Schimpf* (1813) erzählen davon, wie jüdische Hausierer durch überlegenen Witz ihre christlichen Peiniger zum Besten halten.

In der deutsch-jüdischen Literatur entsteht um den jüdischen Hausierer eine eigene Tradition. Ab den 1850er Jahren – als in West- und Mitteleuropa kaum noch jüdische Hausierer unterwegs waren (vgl. Richarz 2012, 556) – treten diese als literarische Figuren im Genre der Ghettoliteratur auf (Leopold Kompert, *Der Dorfgeher*, 1851; Aaron Bernstein, *Mendel Gibbor*, 1858; Karl Emil Franzos, *Nach dem höheren Gesetz*, 1877; Salomon Kohn, *Die beiden Lastenträger*, 1886; Nathan Samuely, *Der Packenträger*, 1892). Zumeist von assimilierten Juden verfasst, lassen diese Texte die alte räumliche Segregation zwischen Juden und Christen wiederaufleben, indem sie den Blick in die Vergangenheit oder auf die Shtetl Osteuropas lenken (vgl. Theisohn 2004, 180–181). Die Erzählungen streichen die bittere Armut, die schwere körperliche Arbeit der Hausierer hervor und schildern Diskriminierungen durch die christliche Kundschaft. Die literarische Figur des Hausierers ist dabei Teil einer (innerjüdischen) Auseinandersetzung mit Assimilationsmodellen und traditionellen jüdischen Identitätsentwürfen.

Ab 1880 migrierten osteuropäische Juden auf der Flucht vor Pogromen und Armut nach Westeuropa (vgl. Aschheim 1982, 82). Der Hausierhandel, so Joseph Roth in seinem Essay *Juden auf Wanderschaft* (1927), wurde geradezu zu einem unentrinnbaren Schicksal für diese Flüchtlinge. Der ‚ostjüdische' Hausierer diente neben dem → SCHNORRER bald als bekanntes antisemitisches Diffamierungssujet. Das Stereotyp der ‚jüdischen Unproduktivität' (vgl. Rohrbacher und Schmidt 1991, 67) traf die Hausierer in besonderem Maße und brachte die ‚fahrenden Händler' wiederum mit dem Feindbild des ‚jüdischen Spekulanten' (→ SPEKULATION, SPEKULANT) und seinem ‚beweglichen Kapital' in Zusammenhang (vgl. Falter und Stachowitsch 2017, 103). Auch die Sozialdemokratie sah in den Hausierern nur „unproduktive Elemente", wogegen Roth einwandte: „Ein Hausierer ist ein Proletarier, wenn er nicht mit den Händen arbeitet, so schafft er mit den Füßen" (Roth 1990, 865).

Der Zionismus übernimmt die negative Bewertung des Hausierwesens. Die Vorbildfigur in Herzls utopischem Roman *Altneuland* ist der Sohn eines galizischen Hausierers, der in jungen Jahren nach Palästina auswandert. Dort wird er Präsident der ‚Neuen Gesellschaft für die Kolonisierung Palästinas', die sich bemüht, die „Seele und den Leib unserer kleinen Leute von gewissen alten, unwirtschaftlichen und schädlichen Formen des Handels [zu] heilen" (1902, 112).

Im beginnenden 20. Jh. taucht der jüdische Hausierer als Mahnung zur Rückbesinnung auf das Judentum im historischen Roman bzw. Drama auf, so in Lion Feuchtwangers *Jud Süß* (1925) und in Else Lasker-Schülers *Arthur Aronymus und seine Väter* (1936). Auch in die Shoah-Literatur fand die Figur Eingang, insbesondere in Nelly Sachs' szenische Dichtungen (vgl. Rapisarda 1997). Die beruflichen Handlungen des Hausierers werden hier ins Symbolische und Religiöse gewendet, etwa in Sachs' Gedicht *Der Hausierer [G.F.]* (1943): „Deine Hände, die

die Münze nahmen / Starben wie zwei Beter mit dem Amen" (Sachs 2010, 26). In Albert Drachs fiktionalisierter Autobiographie „Z.Z." *das ist die Zwischenzeit* (1968) tritt der Hausierer wiederum in seiner Funktion als Mahner angesichts der Entfernung des Protagonisten vom Judentum auf. Und in George Taboris Farce *Mein Kampf* (1987) trifft der jüdische Hausierer Schlomo im Männerasyl in Wien auf den jungen Adolf Hitler. Schlomos Waren – er handelt in erster Linie mit Bibeln – verweisen im Kontext dieses „theologischen Schwank[s]" (Tabori) vielleicht darauf, dass er mit Feindesliebe an falscher Stelle hausieren geht. Denn Schlomos „Liebes- und Aufklärungsangebot" (Berghahn 2003, 11) kann nicht verhindern, dass Hitler sich zum radikalen Antisemiten wandelt.

Abgesehen von dieser Tradition in der deutsch-jüdischen Literatur finden sich die bekanntesten Hausiererfiguren im 20. Jh. in zwei Anti- bzw. Metakriminalromanen. In Friedrich Dürrenmatts *Das Versprechen* (1958) ist der Hausierer Zeuge und Verdächtiger, und in Peter Handkes experimentellem Roman *Der Hausierer* fungiert er als detektivische Instanz. Schließlich hat die ‚Mordgeschichte' laut Handke ihren Ausgangspunkt stets in einer Figur, „die immer nur dazukommt und nie dazugehört" (Handke 1967, 8).

Heiratsmarkt

Alexandra Heimes

Dass Ehepartner einander in Liebe zugetan sind, ist für die Hausväterliteratur – dem bis ins 18. Jh. verbreiteten Organ einer häuslichen Sitten- und Anstandslehre – nur als jene treue Anhänglichkeit denkbar, die dem Betrieb des ‚ganzen Hauses' zuträglich ist (vgl. Hoffmann 1959, 114–125). In der höfischen Aristokratie wiederum werden Liebe und Ehe strikt gesondert, nicht aber Liebe und Ökonomie. Beide Register überlagern sich im Code der galanten Anbahnung von Affären: Denn „Herzen sind in der Galanterie das Geld" (Lenclos 1751, 240), und zwar Geld, das verschwendet werden will – und muss (vgl. Sombart 1922, 82–83; Koschorke 2003, 17–20). Seinen Einsatz bei diesem Tauschhandel zu verweigern, heißt nicht nur, sich des erotischen Geizes oder gar → BANKROTTS verdächtig zu machen; man macht sich regelrecht schuldig gegenüber den Verbindlichkeiten eines Standes, der sich die *liaisons* seiner Akteure nicht zum bloßen Vergnügen leistet. Laclos' Skandalerfolg der *Liaisons dangereuses* (1782) hat den Regeln dieser exklusiven, aber modellbildenden Sphäre wenige Jahre vor der Französischen Revolution ein Denkmal gesetzt (vgl. Vinken 1991, 128–173). Dabei sind es verschiedene Regeln, die den Hedonismus des galanten Lebens einerseits organisieren und andererseits die Systeme des Heiratens. Eher politischen als ökonomischen Motiven verpflichtet, dienen Letztere der Bildung von Allianzen, die Reichtümer und Macht verwandtschaftlich absichern und so die Reproduktion der Klasse gewährleisten (vgl. Foucault 1983, 128–138).

Die Herausbildung des Heiratsmarktes in einem engeren Sinn, die sich im Laufe des 18. Jh.s vollzieht, steht im Zeichen des sozialen und ökonomischen Aufstiegs des Bürgertums und seiner Rivalität zur feudalaristokratischen Lebensform (vgl. Luhmann 1999, 123–136; Werber 2003, 265–277). In Komödien und Lustspielen wird die von Liebe und Geld gesegnete Heirat – das wohl prominenteste Schlusstableau – zum Emblem eines versöhnten bürgerlichen Gemeinwesens (vgl. Pape 1988, 61–63; Fulda 2005, 327–335), während das Trauerspiel die Konstellation der beteiligten Akteure agonal zuspitzt (→ III.8. BÜRGERLICHES TRAUERSPIEL). Nicht zufällig ist es ein Aristokrat des alten Schlags – der Prinz von Guastalla –, der die Hochzeit von Emilia Galotti und Graf Appiani noch in letzter Minute verhindert. Jeden Preis würde der Prinz für Emilia zahlen, und lieber noch die Tauschregeln ganz kollabieren lassen: „Am liebsten kauft' ich dich, Zauberin, von dir selbst!" (Lessing 1996 ff., Bd. 2, 135; vgl. Kittler 1991, 35) Doch weiß er sich nicht anders zu helfen als durch eine höfische, tödlich endende Intrige.

Zugleich entsteht eher unterschwellig eine andere und modernisierte Form des Heiratsmarktes in den Kreisen des empfindsamen Bürgertums und geläuterten Adels. Die Machenschaften eines unlauteren Profitstrebens, welche die Ehe zum „elenden Contract des Eigennutzes" (Gellert 1988 ff., Bd. 6, 266) degradieren, will dieser Markt ebenso von sich fernhalten wie die frivole Verschwendungssucht der Verführung. Stattdessen bildet er das Pendant eines Eheideals, das allererst auf Liebe und Freundschaft, Tugend und Beständigkeit gründen soll – und das sich insofern als zutiefst solidarisch mit den Markttheorien der Zeit erweist. Denn wenn das 18. Jh. eine Neucodierung des Sozialen dadurch bewirkt, dass es die sozialen Verkehrsformen mit den Gesetzmäßigkeiten einer sich herausbildenden politischen Ökonomie korreliert (vgl. Vogl 2011, 31–44; Wegmann 2002, 18–27), strukturiert sich auch und gerade das Feld der amourösen Anbahnungen grundlegend neu. Zeichen, Affekte und Interessen – die kurrente Währung der Liebeskommunikation – treten in die Kraftfelder der Zirkulation und des Tausches ein, um unter eben diesen Konditionen zu ihrer verbindlichen Form zu finden. Dazu bedarf es des Mitgefühls und der Sympathie, d. h. der Fähigkeit, sich in die Lage des anderen zu versetzen und seine Empfindungen „nachzufühlen" (A. Smith 1994, 23) – Eigenschaften also, die im 18. Jh. eine diskursive Schnittmenge der Theaterpoetik, Moralphilosophie und Ökonomik bilden (vgl. Koschorke 2003, 68–69; Vogl 2004a, 87–118).

Seit jeher freilich hat der bürgerliche Heiratsmarkt mit der Crux zu ringen, einerseits an die singuläre Individualität seiner Akteure zu appellieren, andererseits in jedes Verhältnis das Gesetz der symbolischen Äquivalenz und mithin Austauschbarkeit der Partner einzuschreiben (vgl. Kittler 1991, 24–25; Hörisch 1992b, 21–23). Während der romantische Gegenentwurf darauf abhebt, seine Liebe „frei und unabhängig" zu leben (Schlegel 1958 ff., Bd. 5, 53), konsolidiert sich die Heirat in der Literatur des späteren 19. Jh.s – der Blütezeit der „marriage plots" (vgl. Psomiades 2010, 53–56) – als ein wesentlicher Bezugspunkt der gesellschaftlichen Ordnung (vgl. Borscheid 1983, 127–134; Susteck 2007, 63–67). Standesrücksichten, finanzielle Ressourcen, Fragen der Mitgift und die „rules of the social game" (F. Ferguson 2000, 174) stecken das Interaktionsfeld ab, aus dem zärtliche Bande ebenso hervorgehen wie lieblose Arrangements. Vornehmlich gilt das Interesse dabei der Aufrechterhaltung sozialer Endogamie. Bei aller Beharrlichkeit dieser Regel mehren sich nach und nach die Möglichkeiten, soziale Gefälle zu überbrücken oder strategische Heiraten zum Zwecke des sozialen Aufstiegs einzugehen. Der Weg einer offenkundigen ‚Karriereehe' eröffnet sich für männliche Protagonisten, ohne dass der Ruf Schaden nähme, erst in der Nachkriegszeit (vgl. Westphal 2015, 89–91).

Eine Verlagerung und „Ausweitung der Kampfzone" (Houellebecq 1999) bahnt sich im 19. Jh. mit den Angeboten einer neuen Konsum- und Freizeitsphäre an (vgl. Illouz 2003, 52–101; 2018, 13–30). Deren Strahlkraft beflügelt das amouröse Imaginäre so unterschiedlicher Figuren wie Denise (vgl. Zola 1960 ff., Bd. 3, 387–803) und Gilgi (vgl. Keun 2003) oder Paula und Brigitte in der steiermärkischen Provinz (vgl. Jelinek 1975). Parallel dazu werden vor-eheliche Rituale mehr und mehr durch „das Freizeitverhältnis zum boy-friend" abgelöst (Horkheimer und Adorno 2006, 115). Im Rahmen des mittlerweile vorherrschenden Online-Datings lebt der Urgedanke des Heiratsmarktes – größtmögliches Angebot, perfektes Match – in algorithmisch optimierter Form wieder auf. Online-Dating „rationalizes and gamifies the process of finding a mate" (Boesel 2013, 41) und findet seinen literarischen Niederschlag bislang vor allem in Blogs und digitalaffinen Formaten (vgl. A. Brown 2013; Mackinnon 2016, 7–9).

Nicht zuletzt ist die „Beziehungsqualität des Geldes" (Vogl 2011, 127) stets auch ein Fall für die notorischen Falschspieler und Betrüger. Eine populäre Variante stellt im 20. Jh. der versierte Gauner dar, der durch „[p]lumpes Denken" zum Erfolg kommt und sich dabei im Einklang mit den „Großen" weiß (Brecht 1988 ff., Bd. 16, 173). Für das Personal in Brechts *Dreigroschenroman* besteht denn auch keinerlei Widerspruch zwischen dem gern angestimmten Loblied auf Ehe und Familie und dem anhaltenden Gerangel um Pollys Heirat als einer Geschäftsfrage ersten Ranges. Gänzlich im Niemandsland der Korruption agiert der Zuhälter am Beginn des 21. Jh.s, der sein Geschäft auf Scheinehen, Schmuggelware und den Verkauf von Visa an der EU-Außengrenze ausdehnt. „Hör zu", wird der unbedarfte Abnehmer belehrt, „wir verkaufen sie dir nicht einfach so, wir verheiraten euch [...], dann tragen wir euch als jüdische Familie aus Witebsk ein, ihr kommt über die Grenze, in Bundes hilfst du ihr, die Partie japanischer Fernseher ohne Bildröhren zu verticken und läßt dich scheiden" (Zhadan 2009, 134).

Homo oeconomicus
Felix Maschewski

Der französische Ethnologe Marcel Mauss schreibt in *Le don*: „Erst unsere westlichen Gesellschaften haben, vor relativ kurzer Zeit, den Menschen zu einem ‚ökonomischen Tier' gemacht. [...] Der Homo oeconomicus steht nicht hinter uns, sondern vor uns". Für Mauss repräsentiert der ökonomische Mensch eine „Rechenmaschine" (Mauss 1990, 173), ein normatives Rollenmodell, das traditionelle Sichtweisen auf den Menschen als *zoon politikon*, religiöses oder soziales Wesen ablöst und durch einen Typus ersetzt, der eigennützig und rational entscheidet. Doch diese ökonomische → CHARAKTERMASKE, die die „Welt nicht nach wahr und falsch, gut und böse, gerecht und ungerecht sortiert, sondern nach den Kriterien von Gewinn und Verlust verfährt" (Vogl 2009, 20), bestimmt kein kohärentes Menschenbild. Der *homo oeconomicus* ist stets im Werden begriffen – schließlich ist er eine „höchst umstrittene Erscheinung" (M. Bauer 2016, 26), die sich wandlungsfähig und widersprüchlich in der Geschichte bewegt.

Obwohl die „genaue Geburtsstunde des homo oeconomicus [...] nicht zu ermitteln [ist]" (Tietzel 1981, 115), lässt sich die doppelte Buchführung, die sich seit dem 13. Jh. in italienischen Handelsstädten etabliert, als seine methodische Grundlage markieren. Die Buchhaltungstechniken dienen der Verwaltung von Inventar, Raum und Zeit, und so akzentuiert die planerische Systematisierung der Ereignisse das Ökonomische als Bilanz-Subjekt, als kalkulierende Wesensform, die das Dasein nach Soll und Haben listet, qua kontinuierlicher Kontrolle rationale Ordnung sowohl in Warenverkehr als auch in den Lebenslauf bringt (vgl. Vogl 2009, 23). Einen weiteren Aspekt der Buchführung bildet das durch sie reformierte Verhältnis – literarisch unter anderem im *Fortunatus* (1509) erfasst – zum Zufall. Sie übersetzt Vorgänge nicht nur in Ausgaben oder Erträge, sondern Gefahren in Risiken (→ SORGE UND RISIKO), das Schicksalhafte in einen Versicherungsposten (→ SICHERHEIT UND VERSICHERUNG). War die kommerziell-riskante Tätigkeit im europäischen Mittelalter noch sündhaft konnotiert, wird sie im 16. Jh. sukzessive umsemantisiert (vgl. Volkmann 2005, 30–31). Sie gilt zunehmend, wie in Shakespeares *The Merchant of Venice* (1600) dargestellt, als kontrollierbar – die Welt als machbar.

Zugleich ist der ökonomische Mensch ein bipolares Wesen, das stets zwischen buchhalterischer Nüchternheit und irrationalem Überschwang pendelt. In Daniel Defoes *Robinson Crusoe* (1719) wird diese Kontroverse besonders signifikant: Die ruhelose Abenteurermentalität (→ AVENTIURE) der Hauptfigur, Unternehmer und Sklavenhändler, wird mit einer – analog der These Max Webers von einer Wahlverwandtschaft zwischen Calvinismus und → KAPITALISMUS – durchaus religiös motivierten Nutzbarmachung von Zeit, Natur und Menschen kombiniert (vgl. Volkmann 2003, 560), und so ist es gerade der strukturelle Widerspruch, der die Durchsetzungs- und Anpassungsfähigkeit des ökonomischen Agenten ausmacht. Ein zweiter Schlüsseltext in der frühbürgerlichen Modellierung des *homo oeconomicus*, Bernard Mandevilles *The Fable of The Bees* (1706), unterminiert jeglichen moralischen oder rationalen Quellcode, lässt die akkumulative Produktivität nicht aus asketischer Ausdauer, sondern, gemäß dem Motto „Private Vices, Publick Benefits", aus Eitelkeit, Gier oder Genusssucht erwachsen (→ LEIDENSCHAFTEN). Der Mensch sei, so Mandeville, von Lastern durchzogen, doch diese balancierten sich en gros aus, so dass der gemeinschaftliche Zusammenhang individueller Begierden eine dynamische Ordnung schafft. Seit dem 17. Jh. ist dabei der Begriff des Interesses zu einem wesentlichen Katalysator solcher Dynamiken geworden (vgl. Hirschman 1987).

Den Fluchtpunkt dieser qualitativen Inkonsistenzen bildet das Standardwerk *Wealth of Nations* (1776) von Adam Smith, in dem das „Selbst-Interesse" als ein Hybrid aus oder Mittler zwischen Kalkül und Leidenschaft beschrieben wird: „Nicht vom Wohlwollen des Metzgers, Brauers oder Bäckers erwarten wir das, was wir zum Essen brauchen, sondern davon, dass sie ihre eigenen Interessen wahrnehmen. Wir wenden uns nicht an ihre Menschen- sondern an ihre Eigenliebe, und wir erwähnen nicht die eignen Bedürfnisse, sondern sprechen von ihrem Vorteil" (Smith 2013, 17). Das egoistisch grundierte Handeln erscheint als „kategorischer ökonomischer Imperativ" (M. Bauer 2016, 31) und geht mit einer dialektischen – Johann Wolfgang von Goethe beschrieb sie als mephistophelische (vgl. Goethe 1985 ff., Bd. 7.1, 64–65) – Logik einher, in der Smith das dem Gemeinwohl dienliche Wirken einer → UNSICHTBAREN HAND erkennt: Wenn der Einzelne das „eigene Interesse verfolgt, fördert er häufig das der Gesellschaft nachhaltiger, als wenn er wirklich beabsichtigt, es zu tun" (Smith 2013, 371). Der *homo oeconomicus* ist damit kein Wesen, das die Metaperspektive anstrebt oder sich Zusammenhänge erklärt. Sein konzentrierter Blick gilt allein dem, was ihm nützlich ist.

In Smiths Untersuchung wird außerdem deutlich, wie der ökonomische Mensch als Leitmotiv der → BÜRGERLICHEN GESELLSCHAFT reüssiert, wie er erst in ihr und durch sie wirken kann (vgl. Moretti 2014). Zugleich markiert die Studie eine Veränderung des ökonomischen Wissens um 1800, die Verschiebung von den physiokratischen Kreislaufmodellen hin zu Prozessen der Selbstregulierung. Nicht Ausgleich, geschlossene → ZIRKULATION oder die Quantitätstheoreme des Geldes, sondern sein Umlauf, seine erratischen Bewegungen und entgrenzende Produktivität stehen nun im Fokus ökonomischer Betrachtung (vgl. Vogl 2004a, 252–255). Ebendies reflektiert die Gestalt des *homo oeconomicus*: Denn wie das Geld kein angemessenes Maß kennt, scheint auch dem Wirtschaftssubjekt ein ungedecktes Begehren inhärent, das eine produktive Unruhe, das Gewinnstreben, verstetigt. Während Goethe in *Wilhelm Meisters Lehrjahre* (1795/1796) den *homo oeconomicus* noch über Disziplin und Askese charakterisiert, wandelt er sich, etwa im *Faust* (1808/1832), zu einem Typus, der „im Mangel die Bedingung seines Wünschens erfährt und die Kunst des Verfehlens beherrscht: nämlich im unendlichen Streben endliche Güter zu wollen" (Vogl 2002, 32).

In Thomas Robert Malthus' *An Essay on the Principle of Population* (1798) werden die Konsequenzen dieser ‚Mangelerscheinungen' ausgearbeitet, d. h. nachgezeichnet, wie Diskontinuitäten und Ungleichgewichte konstitutiv für den ökonomischen Verkehr sind. Malthus macht eine Pendelbewegung zwischen Bevölkerungsüberschuss und dem Preisverfall (für Arbeit) und Nahrungsüberschuss und dem Preisanstieg (für Arbeit) aus, entwickelt daraus eine ökonomische Systemlogik, die sich über Verausgabungen und Knappheiten reguliert, über Krisen optimiert (vgl. Vogl 2002, 28 f.). Anders als bei den Physiokraten ist → ARBEIT in diesem Theorem nicht mehr teleologisch ausgerichtet, sondern ein zirkulärer Kraftaufwand, der sich beständig in weitere Kraftaufwände übersetzt. Dieses Prinzip der (thermodynamischen) Energieumwandlung erweitert den Arbeitsbegriff radikal und forciert in einer Epoche, in der die „Ökonomie als Leitinstanz" (Breithaupt 2003, 85) fungiert, die Idee des natürlichen Körpers als industrieller Maschine (vgl. Helmholtz 1871, 125). Analog dazu beschreiben Karl Marx und Friedrich Engels die Wirtschaft als Stoffwechsel, als Identität von Produktion und Konsumtion (vgl. Marx und Engels 1956 ff., Bd. 23, 198), so dass der *homo oeconomicus* in der Gestalt des Kapitalisten als „Maschine zur Verwandlung" (ebd., Bd. 23, 621) figuriert; als Typus, der sich im Verzehr selbst produziert (vgl. Vogl 2002, 31–32). Die Literatur erfasst diese Logik – jenseits der lange vorherrschenden Deutungsmuster ökonomischer Idyllik (Gustav Freytag, *Soll und Haben*, 1855) – in Darstellungen voranschreitender Industrialisierung (Elizabeth Gaskell, *Mary Barton*, 1848), der Exzess-Ökonomien der Börse (Émile Zola, *L'Argent*, 1891) oder des Kaufhauses (Zola, *Au bonheur des dames*, 1883), und zeigt im kontinuierlichen Problematisch-Werden der Wirtschaftssubjekte (Thomas Mann, *Buddenbrooks*, 1901) an, wie sich der *homo oeconomicus* als „human motor" (Rabinbach 1992) und ‚schöpferischer Zerstörer', als Wesen beständigen Wandels systematisiert (→ III.16. BÖRSEN-, SPEKULATIONS- UND INFLATIONSROMAN).

Im 20. Jh. unterliegt der ökonomische Mensch einer zwiespältigen Entwicklung: Mit der Mathematisierung der Wirtschaftswissenschaften seit dem Ende des 19. Jh.s entwickelt er sich einerseits zu einem abstrakten, theoretischen Konstrukt, das, von anthropologischen Ansprüchen entkleidet, ökonomisches Entscheiden – wie beispielsweise im Rational-Choice-Ansatz – unter der Annahme vollständiger Information und egoistischem Nutzenkalkül formallogisch berechenbar macht (vgl. Kirchgässner 1991, 13–14). Andererseits erfasst diese fiktionale Modellfigur im Rahmen von Gary S. Beckers Humankapitaltheorie den ganzen Menschen, indem jede Interaktion als ökonomisch motivierte Investitionshandlung beschrieben werden kann (vgl. Becker 1982). Im Kontext dieser Totalerfassung menschlichen Verhaltens analysiert Michel Foucault eine „Verallgemeinerung der Unternehmensform innerhalb des sozialen Körpers" (Foucault 2004b, 333) und damit die neoliberale Transformation des ökonomischen Menschen, der nun weniger als Smith'scher Tauschpartner, denn als „Unternehmer seiner selbst" (ebd., 314) konzipiert ist. Im Anschluss daran bestimmen die Gouvernementalitätsstudien diese neue Variante als hegemoniale Subjektivierungsform (vgl. Bröckling 2007), die an emanzipative Werte (Eigeninitiative, → KREATIVITÄT etc.) appelliert, um feste Strukturen, wie im Fordismus, in einem fortwährenden Experimentieren (vgl. Miller und Rose 1990, 14) zu liquidieren und durch das „Wechselspiel von Konditionierung und Selbstkonditionierung" (Hutter und Teubner 1994, 118–119) zu ersetzen. Der *homo oeconomicus* gleicht nun einem „flexiblen Menschen" (Sennett 1998), avanciert zum gesellschaftlichen Idealtypus einer „Kunst des Anderswerdens" (Vogl 2011, 138); er wird zu einem Testfall für die Verhaltensökonomik und zu einem maßgebenden Paradigma einer bio- und psychopolitischen (Selbst-)Mobilisierung. Die Gegenwartsliteratur reflektiert diese Entwicklung in meist kritischen Darstellungen instabiler Selbstentwürfe und von Dynamiken systematischer Entdifferenzierung (z. B. Kathrin Röggla, *wir schlafen nicht*, 2004), zeichnet dabei nach, wie der *homo oeconomicus* in seinem permanenten Verhandlungsprozess zwischen rationalem Kalkül und leidenschaftlichen Begehren fortschreitet (→ III.21. FINANZ- UND POSTINDUSTRIELLE ARBEITSWELT IN DER GEGENWARTSLITERATUR) und wie er sich nicht trotz, sondern wegen dieser charakteristischen Uneindeutigkeit als zeitgenössisches Leitmotiv generalisiert.

Kapital, Kapitalismus
Burkhardt Wolf

Capitale bezeichnete in spätrömischer Zeit einen nach Köpfen (*capita*) gezählten Viehbestand. Insofern das Vieh (*pecus*) damals zur Wertaufbewahrung ebenso gedient hat wie als Tauschobjekt und Wertmesser (vgl. Hilger 1982, 402–403), übernahm es die Funktionen des → GELDES (*pecunia*). Dass sich Geld nach der Art von Lebewesen zu vermehren vermag, war ein Topos der antiken, vor allem im Mittelalter wieder aufgeflammten Diskussion um den → WUCHER. Vor diesem Hintergrund nannte man im italienischen Spätmittelalter eine weder konsumierte noch gehortete, sondern zins- oder gewinnbringend eingesetzte Geldsumme *capitale*. Deren Inhaber oder Investor hieß im Deutschen des späten 17. Jh.s „Eigenthums-Herr" oder ‚Kapitalist' (ebd., 433). Zum klassentheoretischen Schlüsselbegriff wurde ‚Kapitalist' dann spätestens bei David Ricardo, Henri de Saint-Simon, Charles Fourier und vor allem bei Karl Marx. Als ‚Kapital' definierte Marx den sich selbst verwertenden → WERT, der die Formen des → GELDS und der → WARE annimmt; der ‚Mehrwert' verdanke sich aber letztlich nur der intensivierten Ausbeutung von Arbeitskraft (vgl. Marx und Engels 1956 ff., Bd. 25, 822–823). Die auf der Formel G–W–G basierte „kapitalistische Produktionsweise" (ebd., Bd. 25, 41) charakterisierte Marx unter anderem durch einen (begrenzt expansiven) Markt, der sämtliche Ressourcen, Produkte und Tätigkeiten koordiniert und ‚kommodifiziert', der überdies, angetrieben von Konkurrenz und technisch-sozialem ‚Fortschritt', unbegrenzte Akkumulation ermöglichen soll, letztlich aber zu Absatzkrisen und, durch zusehends verschärfte Klassengegensätze, zu sozialen → KRISEN führt.

Erst im Zeitalter der Großindustrie und massenhaften Lohnarbeit sah Marx dieses Produktionssystem zur vollen Ausprägung gekommen; zuvor hätten sich allenfalls Ansätze herausgebildet. Tatsächlich wurde das Profitstreben von den antiken Oberschichten gering geschätzt und Geld folglich eher gehortet als investiert. Der Reichtum des *Imperium Romanum* basierte auf → SKLAVEREI und der Ausplünderung eroberter Provinzen, doch etablierten sich hier durchaus lokale Märkte, protoindustrielle Produktionszentren sowie ein begrenztes Geld- und Kreditwesen. Zudem hatten bereits die Phönizier und kleinasiatischen Griechen beständige Handelsverbindungen eingerichtet (vgl. Leidinger 2008, 34). Unter diesen Vorzeichen hat man die antike Philosophie und Dichtung mit einer ‚protokapitalistischen' Denk- und Wirtschaftsweise in Verbindung gebracht: Die vorsokratische Lehrdichtung dokumentiere die Anfänge einer rationalisierten Natur- und Wertauffassung, die griechische Tragödie (etwa Sophokles, Ant., V. 295–301) die sakralen Ursprünge der Geldwirtschaft sowie die ethische Kritik ihrer Säkularisierung (vgl. Türcke 2015). Wie deutlich in Petronius' *Satyricon* (vor 200) war Vergils *auri sacra fames* – der Antrieb, Reichtum zu schaffen – durch Roms Ständeordnung und Sklavenwirtschaft noch stark beschränkt (vgl. Kippenberg 1977; Veyne 1961). Erst in den norditalienischen Handelsstädten des Spätmittelalters kam es, getragen von der Expansion des Kreditwesens und der Einführung der doppelten Buchführung, zu einem Aufschwung kapitalbasierten Wirtschaftens. Dieser hat sich nicht erst in Giovanni Boccaccios Novellen (um 1350) und ihren kaufmännischen Motiven niedergeschlagen; bereits mit Dante Alighieris (1321 vollendeter) *Commedia* und deren allegorischer Jenseits-Topographie wird der Siegeszug des Kapitals, die damit verknüpfte Neubewertung von Arbeit sowie die prekäre Rolle des Wucherzinses ausbuchstabiert.

Weil im Mittelalter die Edelmetalle knapp, die Märkte zersplittert und die Handelspraktiken kirchenrechtlich beschränkt waren (vgl. Le Goff 2011, 243), neigt die Forschung dazu, den Take-off des Kaufmannskapitalismus auf die Zeit um 1500 zu datieren: Erst der iberische, dann britische und niederländische Kolonialismus, erst der wissenschaftlich-technische Aufschwung sowie die Entstehung von Handelsgesellschaften und Aktienmärkten hätten ein kapitalistisches ‚Weltsystem' geschaffen (vgl. Wallerstein 1998, 6–7, 51). Die Literaturgeschichte stützt diesen Befund: 1509 erschien in Augsburg, dem Zentrum des Fugger'schen Handelskapitalismus, mit dem *Fortunatus* der erste deutsche Prosaroman, dessen eigentlicher Protagonist das sich (in einem ‚Glückssäckel') mysteriös selbstvermehrende Geld ist. Nicht nur befreit es von allen feudalen Fesseln und kirchenrechtlichen Verboten; in ihm vermittelt sich auch die Tat- und Lebenskraft seines Besitzers; und allein seiner Zirkulation und Mehrung ist es zu verdanken, dass sich der Raum des Erfahr- und Erzählbaren zuletzt ins Unabsehbare ausweiten kann (→ III.2. CHRISTLICHE ÖKONOMIK, → III.3. DER FRÜHNEUZEITLICHE KAPITALISMUS). Das Kapital also ist es, das sämtliche Ereignisse und Akteure verknüpft und den gewinnbringenden Gang der Handlung garantiert – und dies nicht nur im *Fortunatus*, sondern auch noch in etlichen Romanen des 18. Jh.s, vor allem deutlich in Christian Fürchtegott Gellerts *Leben der Schwedischen Gräfin von G**** von 1747/1748 (vgl. Vogl 2004a, 182–184). Maßgeblich wurden kapitalistische Geographien und Dynamiken, Akteure und Handlungsprogramme sicherlich auch für kleinere Erzählformen (vgl. M. Frank 1995; B. Wolf 2010) oder etwa für die Entwicklung der Dramatik, am prominentesten im elisabethanischen Theater (→ III.5. ELISABETHANISCH-JAKOBÄISCHES THEATER) oder in Goethes *Faust II*. Mit dem Aufstieg des Kapitalismus verknüpft hat man indes vor allem den Aufstieg der großen Prosaform schlechthin: des Romans (vgl. Goldmann 1970; Lukács 1962ff., Bd. 4; Watt 1974).

Was der Roman der modernen Gesellschaft ermöglicht, sind „Latenzbeobachtungen" ihrer selbst (Luhmann 1995, 142). Das mag seine Affinität zum ‚Kapitalismus' erklären. Denn seit seinem Aufkommen im 19. Jh. zielte dieser Begriff auf die bislang latenten Bedingungen und Effekte moderner Wirtschaftsweisen: auf ihre epistemologischen Grundlagen, die in ihnen wirksamen Mentalitäten und die mit ihnen einhergehenden sozialen Folgen. Hatte man seit der Aufklärung politisch-gesellschaftliche Sachverhalte mehr und mehr in ökonomischen Begriffen gedeutet, rückte mit dem Konzept ‚Kapitalismus', neben seiner philosophisch-anthropologischen Kritik, nun die kulturelle Dimension des Wirtschaftens in den Vordergrund. Bereits Marx, der selbst noch nicht von ‚Kapitalismus' sprach, lieferte etliche kulturtheoretische Analysen (und dies mit wiederholtem Bezug auf literarische Texte von Dante über Defoe und Goethe bis zu Heine und Balzac; → I.1. MARXISMUS UND KRITISCHE THEORIE). So griff er das ethnologische Konzept des ‚Fetischismus' auf, um die → WARE als „gesellschaftliche Hieroglyphe" (Marx und Engels 1956 ff., Bd. 23, 88) zu entziffern, als eine verehrens- und begehrenswerte Mystifikation der kapitalistischen Wertform, deren phantasmagorische Erscheinung soziale Beziehungen zugleich verdinglicht und verklärt. Marx' Warenästhetik hat sich für die moderne Romanpoetik (→ III.13. DIE ENTDECKUNG DER WARE, → III.14. GELD- UND KREDITVERHÄLTNISSE IM REALISMUS) als ebenso aufschlussreich erwiesen wie sein Begriff der → CHARAKTERMASKE. Denn dass die kapitalistische Wirtschaft jede Person zur Verkörperung jener sozialen Verhältnisse macht, in denen sie steht, ihr aber gerade darin einen eigentümlichen Charakter zubilligt, in die Maskerade ökonomischer Rollen (vom ehrenwerten Kaufmann bis zum Spekulanten und Kapitalisten) einzutreten, ist ein Leitmotiv und das Strukturprinzip etlicher Romane von Defoes *Robinson* (1719) über Herman Melvilles *Confidence-Man* (1857) bis hin zu Ayn Rands *Atlas Shrugged* (1957).

Werner Sombart, dessen monumentales Werk *Der moderne Kapitalismus* (1902) den Terminus wissenschaftlich etablierte, leitete die kapitalistische Wirtschaftsform vom höfischen → LUXUS, von dessen Ästhetik und verschwenderischem Konsum ab (vgl. Sombart 1922), woran spätere Theorien der Konsumökonomie (Thorstein Veblen, Georges Bataille, Jean Baudrillard) anschließen konnten. Den Aufstieg des Kapitalismus sah er mit der Vitalität heroischer Vorkämpfer (vgl. Sombart 1969, Bd. 1.2, 836–840), seinen Siegeszug aber mit jener „Rechenhaftigkeit" (ebd., Bd. 2.1, 120) verbunden, die sich rechtlich in der Unternehmensform, ökonomisch im Kredit und medial (→ I.5. MEDIENTHEORIE UND MEDIENGESCHICHTE) in der doppelten Buchführung auskristallisiert habe. Hatte Luca Pacioli bereits 1494 das Kapitalkonto (*cavedal*) als letztes Hauptbuchkonto bestimmt, führte Sombart nun den „lückenlosen Kreislauf des Kapitals" (ebd., Bd. 2.1, 114) auf diese Kulturtechnik zurück. „Man kann schlechthin Kapitalismus ohne doppelte Buchhaltung nicht denken: sie verhalten sich wie Form und Inhalt zueinander" (ebd., 118). Kulturhistorisch erweitert wurde Sombarts Entwurf durch Max Webers Konzept okzidentaler → RATIONALISIERUNG, das den Kapitalismus mit einem Prozess umgreifender Bürokratisierung verkoppelt und seine Wirksamkeit innerhalb zahlreicher nicht-ökonomischer Lebensbereiche beschreibt. Seine mentalitätsgeschichtliche Ableitung der kapitalistischen Ratio aus der calvinistischen Ethik plausibilisierte Weber durch paradigmatische Analysen der Erzähltexte John Bunyans und Daniel Defoes (vgl. Weber 1988, 96–97, 197).

Marx' Fetischismus-Konzept griff Walter Benjamin in seinen Baudelaire-Studien auf, um die Warenästhetik des „Hochkapitalismus" im Bereich von Städtebau und Werbung, von Konsum und Literatur zu beschreiben (Benjamin 1972 ff., Bd. I.2, 509). Seine Deutung des „Kapitalismus als Religion" (ebd., Bd. 6, 100–103; vgl. Baecker 2003) bzw. als ausgreifenden, Bewusstsein wie Persönlichkeit erfassenden Kult der Verschuldung wurde in neueren Studien konkretisiert, die das Betriebsgeheimnis des Kapitalismus in der lebensweltlichen Universalisierung kreditförmiger Verpflichtungsstrukturen sehen (→ KREDIT UND SCHULD[EN]; vgl. Graeber 2012). Hieran anknüpfend hat man den „verschuldeten Menschen" (Lazzarato 2012) als eine zentrale Figur neuzeitlicher Romane und Dramen interpretiert (vgl. Cuonz 2018; Bergengruen u. a. 2020), wie überhaupt neuere Akzente der Kapitalismustheorie zu entsprechenden Neuorientierungen in den Literatur- und Kulturwissenschaften geführt haben – seien es Arbeiten zur Wirkungsweise unterschiedlicher Kapitalsorten (vgl. Bourdieu 1986; Franck 1998), seien es Theorien zur Instabilität des Kapitalismus (vgl. Minsky 2011) oder zu seiner fortgesetzten Finanzialisierung (vgl. Marazzi 2012; Vogl 2015). Der ‚neue Geist des Kapitalismus' (Boltanski und Chiapello 2003) hat nicht nur Arbeitsmärkte nach dem Modell von Künstlerarbeitsmärkten transformiert; vielmehr steht mit der ‚neoliberalen' Erschließung materieller und immaterieller Ressourcen die Ausbeutung kreativer bzw. imaginärer Restbestände auf dem Spiel: Dass der Finanzsektor die ‚Realwirtschaft' weitgehend degradiert, dass die → NEW ECONOMY die unausgesetzte Bewirtschaftung von ‚Humankapital' zur Alltagsrealität und der Kapitalismus des 21. Jh.s insgesamt die Krise zum (profitablen) Normalzustand gemacht hat, führt an einen kritischen Punkt heran, an dem noch unklar ist, ob sich bereits eine ‚postkapitalistische' Ordnung abzeichnet (vgl. Mason 2016) oder das Ende des Kapitalismus gänzlich aus dem Horizont des Vorstellbaren gerückt ist (vgl. Jameson 1994, 17–18). Während die angelsächsische Kultur- und Literaturwissenschaft die konsum-, roman- und filmästhetischen Konsequenzen dieses (vorgeblich ‚ideologiefreien') *capitalist realism* untersucht (vgl. Fisher 2009; Shonkwiler und La Berge 2014), bemüht sich die deutschsprachige Forschung eher darum, die „Erfindung" (vgl. Eiden-Offe 2017) des Konzepts ‚Kapitalismus' in wissenspoetologischer und wissenshistorischer Perspektive zu rekonstruieren.

Kaufmann, Kaufmannssohn
Rolf Selbmann

„Hat nicht der Dichter wirklich vom Kaufmann mehr als man wahr haben will?", fragte Walter Benjamin 1926 in einer Rezension (Benjamin 1972ff., Bd. III, 47). Benjamin zielte dabei auf die Funktion des Autors in der modernen Wirtschaftsgesellschaft, Texte nicht nur herzustellen, sondern als Produkte auch an den Mann zu bringen. Trotz dieser ideologischen Nähe zu den Marktmechanismen sind Autoren selten Kaufleute, ihre Figuren dagegen häufig. Abgesehen davon, dass alle literarische Gestalten irgendeinen Beruf brauchen (vgl. M. Walser 1997), versprüht die Tätigkeit des Kaufmanns offenbar in besonderem Maße das Odium des im Alltag Verwurzelten, bürgerliche Normalität eben. In einer Geschichte literarischer Berufstätigkeiten nimmt diejenige des Kaufmanns zweifellos den breitesten Raum ein. Dies gilt schon für vorbürgerliche Verhältnisse, war aber nicht immer so. Platon und Aristoteles hatten noch Vorbehalte gegen Handel und Spekulation, der Kirchenvater Chrysostomos sah einen Widerspruch zwischen Christsein und Kaufmannsberuf. Diese Einschätzung des Mittelalters, der Kaufmannsberuf sei mit Wucher, Zinsbetrug, Übertölpelung der Kunden identisch, speiste die spätmittelalterliche Predigtliteratur und setzte sich bis zu Sebastian Brants *Narrenschiff* (1499) und Erasmus von Rotterdam, Martin Luther und Sebastian Franck fort und ging mit Hans Sachs (*Der Krämer mit dem Affen*; *Mercurius, ein Gott der Kaufleute*) in die populäre Literatur ein.

Auf der anderen Seite bedeutete Kaufmannschaft, die Erzählungen von *Tausendundeine Nacht* gelten hier paradigmatisch, immer schon Weltläufigkeit durch weitverzweigte Handelbeziehungen. In mittelalterlichen Epen stellten Kaufleute die einzige Gesellschaftsgruppe dar, die annähernd in Konkurrenz zur Lebensweise der Ritter und des Adels treten konnte (vgl. Konrad von Würzburgs *Partonopier und Meliur*, Wolfram von Eschenbachs *Willehalm* oder Gottfried von Straßburgs *Tristan und Isolde*). In Rudolf von Ems' gleichnamigem Versepos trat der guote Gêrhard als das Urbild des reichen und weit gereisten mittelalterlichen Kaufmanns auf. Giovanni Boccaccio, selbst übrigens Kaufmanns- bzw. Bankierssohn, erzählt in seinem *Decamerone* ausführlich vom Leben der Kaufleute und ihren Handelsgepflogenheiten, und in den ersten Traktaten zur doppelten Buchführung erscheint der Kaufmann als stets waches, argusäugiges Sorgensubjekt (vgl. Pacioli 2009), das sich auch in der Welt des frühneuhochdeutschen *Fortunatus* (1509) wiederfindet (vgl. Vogl 2004a; Hörisch 1996; → III.2. CHRISTLICHE ÖKONOMIK, → III.3. DER FRÜHNEUZEITLICHE KAPITALISMUS).

Mit Shakespeares *The Merchant of Venice* (1600) steht zum ersten Mal ein Kaufmann im Mittelpunkt einer Tragödie; Robinson Crusoe, der Titelheld des englischen Erfolgsromans von Daniel Defoe (1719), ist Kaufmannssohn – ein unterschwelliges Zeichen für die jetzt zweifellose gesellschaftliche Wertschätzung dieses Berufstands. Aus England stammt auch die Gattung des bürgerlichen Trauerspiels, bei der der Beruf des Kaufmanns in der Figur des Vaters der jeweiligen Titelheldin geradezu programmatisch zur dramaturgischen Konfliktzelle ausgebaut wurde (George Lillo, *The London Merchant*, 1731; → III.8. BÜRGERLICHES TRAUERSPIEL). Der Kaufmann Thorowgood gibt schon durch seinen sprechenden Namen die hohe soziale Wertschätzung des aufstrebenden Berufstands kund, lange bevor Adam Smith den *Wealth of Nations* (1776) mit dem Verhalten des Einzelnen kurzgeschlossen und damit die Kaufmannstätigkeit auch theoretisch legitimiert hatte. In dasselbe Horn stieß Lessings Adaption des bürgerlichen Trauerspiels *Miß Sara Sampson* (1755) bis hin zu seinem Schauspiel *Nathan der Weise* (1783), das zwar kein bürgerliches Trauerspiel ist, dessen Titelheld aber als Großkaufmann auftritt. Mit seinem Gedicht *Der Kaufmann* (1798) hatte Friedrich Schiller den Berufsstand dann sogar heroisiert.

In Goethes *Wilhelm Meisters Lehrjahre* (1795/1796), wird der Kaufmannsberuf geradezu gattungsprägend. Sowohl der Aufbruch des Helden in die Theaterwelt als auch seine Einpassung in einen Kreis gebildeter Adeliger geschieht in programmatischem Kontrast zu kaufmännischem Leistungs-, Nützlichkeits- und Profitstreben (→ III.9. ENTWICKLUNGS- UND BILDUNGSROMAN). Noch in Novalis' Roman *Heinrich von Ofterdingen* (1800), der ein romantisches Mittelalter imaginiert, stehen Kaufleute für Welterfahrung (→ III.10. ROMANTISCHE ÖKONOMIEN). Karl Immermanns Roman *Die Epigonen* (1836) verschwistert das kaufmännische Denken mit der aufkommenden Industrie, setzt sich kritisch mit der Macht des Geldes auseinander und widmet sich den ersten Auswüchsen der sozialen Frage. Spätestens jetzt haben sich der Kaufmann und das kaufmännische Gebaren im literarischen Feld fest etabliert.

Die Bedeutung des evangelischen Pfarrhauses für die deutsche Literaturgeschichte ist längst beschrieben (vgl. Minder 1977), diejenige der Kaufmannsherkunft aber noch nicht. Dichtende Kaufmannssöhne wie Clemens Brentano, Heinrich Heine, Ludwig Börne, Heinrich Hoffmann von Fallersleben, Georg Ebers, Gustav Falke, Johannes Schlaf, Thomas und Heinrich Mann, Franz Kafka, Bertolt Brecht oder Hugo von Hofmannsthal sind keine Ausnahmefälle. Seit der Mitte des 19. Jh.s gibt es sogar eine eigene Gattung des Kaufmannsromans, vorgebildet durch Berthold Auerbachs *Dichter und Kaufmann* (1840), beginnend mit Friedrich Wilhelm Hackländers *Handel und Wandel* (1850), im Publikumserfolg gipfelnd in Gustav Freytags *Soll und Haben* (1855), fortgesetzt in Conrad Albertis) *Schröter & Co* (1893), Max Kretzers *Die Buchhalterin* (1894), Theodor Duimchens *Bruch* (1904), Werner von Schulenburgs *Don Juan im Frack* (1912) oder in den Romanen von Ernst Willkomm und Otto Müller;

auch Thomas Manns *Die Buddenbrooks* (1901) darf man als Kaufmannsroman lesen.

Bei den großen europäischen Erzählern des 19. Jh.s sind Figur und Milieu des Kaufmanns zentral. Das gilt nicht nur für das England Charles Dickens' oder William Thackerays (*Vanity Fair*, 1847/1748), sondern erst recht für die französischen Gesellschaftsromane von Honoré de Balzac (*César Birotteau*, 1835), Gustave Flaubert (*Éducation sentimentale*, 1869), Alphonse Daudet (*Fromont jun. & Risler sen.*, 1875) bis Émile Zola (*Au bonheur des dames*, 1883; *L'Argent*, 1891). Sogar ein so sehr gegen den Zeitgeist geschriebener Roman wie Adalbert Stifters *Der Nachsommer* (1857) wird eröffnet mit dem Bekenntnis des Ich-Erzählers zu seinem merkantilen Herkommen. In Wilhelm Raabes Romanwelt tummeln sich, ebenso wie bei Friedrich Spielhagen oder Paul Heyse, die Kaufleute. Theodor Fontanes Berliner Gesellschaftsromane (*L'Adultera*, *Frau Jenny Treibel*) spielen im Kaufmannsmilieu oder haben es wenigstens als Hintergrund. Hugo von Hofmannsthals *Märchen der 672. Nacht* (1895) und Thomas Manns frühe Novellen bis hin zum Großroman *Der Zauberberg* (1924), dessen Protagonist Hans Castorp ebenso aus einer Kaufmannsfamilie stammt wie die Titelfigur seines Schelmenromans *Felix Krull* (1922/1954), ziehen diese Linie aus.

Das Theater hat die Figur des Kaufmanns meist in kritischer Beleuchtung auf die Bühne gebracht, in Frankreich durch Eugène Scribes *Bertrand et Raton, ou l'art de conspirer* (1833, dt. *Minister und Seidenhändler*) oder als kleinbürgerliche Witzfigur wie in Johann Nestroys Lustspielen (*Einen Jux will er sich machen*, 1842; → III.11. Oikos und Ökonomie im Volksstück). Dem Kaufmann als Spekulanten begegnet man in Bjørnstjerne Bjørnsons *Ein Fallissement* (1874) und in Henrik Ibsens *Samfundets Støtter* (1877, dt. *Stützen der Gesellschaft*); Anklage gegen die Ausbeutung der abhängig Beschäftigten erheben Hermann Sudermanns *Ehre* (1889) oder Gerhart Hauptmanns Sozialdrama *Die Weber* (1892).

Die Romane des 20. Jh.s, etwa Upton Sinclairs sozialkritische Romane *Der Dschungel* (1906), *Der Industriebaron* (1906), *Metropolis* (1908) und *Die Börsenspieler* (1908), zeigen den Kaufmann nur mehr in fragwürdigem Licht; oder man lässt ihn – wie verschiedene Protagonisten aus Kafkas Erzählungen – im Existenzial der Sorge überleben: „Mein kleines Geschäft erfüllt mich mit Sorgen" (Kafka 1994, 21).

Kommune (Sozialismus, Kommunismus)

Marcus Twellmann

„Oft ist es komisch", so Karl Marx, „wie das Wort ‚communio' ganz in derselben Weise angeschimpft wird wie der Kommunismus heutzutage. So schreibt zum Beispiel der Pfaffe Guilbert von Noyon: ‚Communio novum ac pessimum nomen'" (Marx und Engels 1956 ff., Bd. 28, 384). Als ‚neu und auch höchst schlecht' erachtete der Benediktiner Guibert de Nogent das Wort wie die Sache. Das 11. Jh. sah in Italien und in Nordfrankreich die Entstehung der Stadt-Kommune als beeidete Verschwörung. „Bei originärer Entstehung war der Bürgerverband", so Max Weber, „das Ergebnis einer politischen Vergesellschaftung der Bürger trotz der und *gegen* die ‚legitimen' Gewalten" (Weber 1972, 749). Indes ist die Kommune kein primär städtisches Phänomen. In dem vermutlich zwischen 1160 und 1174 entstandenen *Roman de Rou* berichtet der Kanoniker Wace in 144 Versen über eine *cumune* aufständischer Bauern der Normandie im Jahr 997 (vgl. [Anon.] 1970, 191–196). Das *nomen novum* für eine bald zweihundert Jahre zurückliegende Sache verwendend, begründet Wace eine Tradition widerstreitender Rückprojektionen und Aneignungen. Die aufständische Kommune wurde für lange Zeit allenfalls im Rahmen einer Geschichte der Sieger bezeugt, bevor sie im 19. Jh. vermehrt positive und idealisierende Darstellungen fand. Dem dichtenden und geschichtsschreibenden Bürgertum dienen sie für Zwecke der Identitätsbildung und Legitimierung.

So hat man Thomas Müntzer, der geistliche und weltliche Gemeinde nicht voneinander unterschied, die Idealvorstellung einer Gütergemeinschaft zugeschrieben (vgl. Bloch 1921, 134). Im Täuferreich zu Münster (1534–1535) sei der Kommunismus erstmals als „selbständige, herrschende, revolutionäre Macht" (Kautsky 1976, 264) hervorgetreten. Davon handeln nicht weniger als 48 Dramen, Romane und Opern (vgl. Dülmen 1974, 300–302). Begegnet die Kommune in diesen Zusammenhängen noch als autokephale Schwurverbrüderung, die sich im Widerstand gegen Herrschaft formiert, so hatte sie sich im Zuge der Territorialisierung als herrschaftlich sanktionierte Bürgergemeinde etabliert. Die Staatsbildung ließ sie zur untersten Verwaltungseinheit werden. Indessen blieb die „Rücknahme der Staatsgewalt durch die Volksmassen selbst" (Marx und Engels 1956 ff., Bd. 17, 543) dauerhaft eine Möglichkeit, deren im weiten Sinne literarische Zeugnisse eine weltweite Verbreitung finden sollten. Durch Übersetzung und andere Weisen der kreativen Aneignung konnten dieses und andere Modelle kommunistischer Praxis lokal unterschiedlichen Situationen angepasst werden. Eine Literaturgeschichte des Kommunismus müsste von diesen Translationen handeln, das ist hier nur beispielhaft aufzuzeigen.

Während der Französischen Revolution wurde *commune* zum Kampfbegriff des aufständischen Pariser Sansculottismus, der das kommissarische Modell souveräner Gewalt gegen das Organ der politischen Repräsentation, die Nationalversammlung, ausspielte (vgl. Meyzaud 2012, 16–17, 377–380). Die romantische Geschichtsschreibung, geschult an den Romanen François-René de Chateaubriands und Sir Walter Scotts, bezog diesen Vorgang auf die *révolution communale* des Mittelalters zurück. In der Revolution, so Augustin Thierry, sei ein mit jener Kommunebewegung anhebendes, jahrhundertelanges Freiheitsstreben des dritten Standes zur Erfüllung gelangt. Auf dieser Grundlage befasste Marx sich mit städtischen wie dörflichen Kommunen gleichermaßen, weit weniger dagegen mit solchen, wie sie von Frühsozialisten entworfen und teils auch gegründet worden waren. Charles Fouriers Konzeption einer landwirtschaftlichen oder industriellen Produktions- und Wohngenossenschaft (→ III.4. Utopistische Ökonomien der Neuzeit) wurde, durch Victor Considerant in *Destinée sociale* (1834/1838/1844) popularisiert, auch in Russland rezipiert, wo Nikolai Tschernyschewski die Helden seines außerordentlich wirkmächtigen Romans *Tschto djelat?* (1863, dt. *Was tun?*) eine Arbeits- und Lebensgenossenschaft nach jenem Modell bilden ließ.

In Nordamerika, wo seit 1735 in ungebrochener Kontinuität Kommunen existieren (vgl. Oved 1988), wurden in den 1820er Jahren die Ideen Robert Owens wirksam. Die Mitglieder von New Harmony, 1825 gegründet, schafften das Privateigentum ab (→ Eigentum, Erbe, Erbschaft). In einigen Fällen wollten kleine Gemeinschaften dieser Art eine gesamtgesellschaftliche Transformation anstoßen. Doch sind sie von solchen Kommunen zu unterscheiden, die sich im Zuge einer bewaffneten Revolution bildeten oder nach einer solchen teils unter Anwendung von Zwangsgewalt eingerichtet wurden. In den USA entstanden verschiedenste, meist kurzlebige *communities* der ersteren Art und kamen literarisch zur Darstellung. So berichtet Louisa Alcott in ihrem Roman *Transcendental Wild Oats* (1875) von Fruitlands, 1845 gegründet in Harvard, Massachusetts. Solche Texte wurden ihrerseits leitend für die weitere Praxis. Gemeinschaftsgründungen der Jahrhundertwende waren teils von Edward Bellamys Roman *Looking Backward* (1888) inspiriert.

Als Modell einer revolutionären Organisation wird bis in die Gegenwart die Pariser Kommune wahrgenommen. Friedrich Engels wollte in ihr die „Diktatur des Proletariats" (Marx und Engels 1956 ff., Bd. 17, 625) realisiert sehen. Marx notierte: „Das ist also die *Kommune – die politische Form der sozialen Emanzipation*" (ebd., Bd. 17, 545). Auch künstlerisch wurden die Ereignisse des Frühjahrs 1871 in verschiedenen Formen verarbeitet. Stellvertretend genannt seien Arthur Rimbauds noch während des Aufstands verfasstes Gedicht *Chant de guerre parisien*, der dritte Teil von Émile Zolas Roman *La débâcle* (1892) sowie Nordahl Griegs Drama *Nederlaget* (1937, dt. *Die Niederlage*), das Bertolt Brecht zu seinem Stück *Die Tage der Commune* (1949) anregte.

Die Entwicklung im Russland des 19. Jh.s betreffend kam der bäuerlichen Landgemeinde (russ. *obschtschina*) eine besondere Bedeutung zu. Den Auftakt zu ihrer literarischen Thematisierung machte Dmitri Grigorowitsch mit der Erzählung *Derewnja* (1846; dt. *Das Dorf*). Der französisch erzogene Sohn einer landbesitzenden Familie kannte vermutlich Honoré de Balzacs Roman *Les Paysans* (1844) wie auch Berthold Auerbachs *Schwarzwälder Dorfgeschichten* (1843 ff.), die ab 1848 ins Russische übersetzt wurden.

Das Erzählen vom Dorf stand zunächst im Zusammenhang einer Debatte zwischen westlich Orientierten und Slawophilen. Letztere, allen voran Konstantin Aksakow, rückten die bäuerliche Gemeinde in den Mittelpunkt ihrer politischen Überlegungen und verbreiteten in ihren Publikationen einen Mythos, der für die folgende Gelehrtendiskussion grundlegend sein sollte. In August von Haxthausens Bericht über seine 1843 angetretene Russlandreise findet sich die ‚Umteilungsgemeinde' erstmals ausführlich beschrieben. Im Sinne der romantischen Volksgeistlehre deutet der preußische Agronom die „Gütergemeinschaft" als „Urprincip des Volks" (Haxthausen 1847, 138). Auch Michail Bakunin gelangte 1849 zu der Überzeugung, „die Natur der russischen Revolution als einer *sozialen*" liege „im ganzen Charakter des Volkes, in seiner Gemeindeverfassung" (Bakunin 1996, 71). Alexander Herzen sah in der *obschtschina* ein Bollwerk gegen Prozesse der Industrialisierung und Proletarisierung, wie er sie in London und Paris hatte beobachten können. In ihrer egalitären Struktur mit dem Grundrecht auf Boden, darin sollten Populisten wie Tschernyschewski ihm folgen, glaubte er eine Keimzelle des Sozialismus zu erkennen. So konnte er die Rückständigkeit der russischen Gesellschaft als einen Vorsprung deuten (vgl. Herzen 1949, 510). Marx erklärte 1882 in der Vorrede zur russischen Ausgabe des *Manifests*, „das jetzige russische Gemeineigentum am Boden" könne unter bestimmten Voraussetzungen „zum Ausgangspunkt einer kommunistischen Entwicklung dienen" (Marx und Engels 1956 ff., Bd. 4, 576). Mit diesem Diskussionsstand hatte sich Wladimir Iljitsch Uljanow, genannt Lenin, auseinanderzusetzen, der in den 1890er Jahren als Theoretiker hervortrat, und zwar als Kritiker der Narodniki, der im zaristischen Russland jener Zeit stärksten Opposition: Das Bauerntum sei keine einheitliche Klasse, sondern von Klassengegensätzen durchzogen. Dementsprechend sah die Revolutionsstrategie der Kommunistischen Partei vor, den „Klassenkampf [...] in das Dorf hinein[zu]tragen" (Lenin 1959, 141).

Mit *Podnjataja zelina* (1932, dt. *Neuland unterm Pflug*) verfasste Michail Scholochow einen Musterroman über die Kollektivierung im dörflichen Raum, der in anderen Ländern, die ebenfalls eine Neuverteilung oder Kollektivierung des Bodens betrieben, vielfach adaptiert wurde. Von Otto Gotsche, der 1949 *Tiefe Furchen. Roman des deutschen Dorfes* erscheinen ließ, wurde Scholochow ebenso als ein zu imitierendes Vorbild angesehen wie von Ding Ling, deren Roman über die Bodenreform im chinesischen Dorf *Taiyang zhao zai Sanggan he shang* (dt. *Die Sonne strahlt über dem Sanggan-Fluss*) im Vorjahr erschienen war. Eine neuartige Bedeutung kam der Dorfgeschichte in dekolonisierten Ländern zu, die auf agrarökonomischer Grundlage einen sozialistischen Entwicklungspfad einschlugen. Dabei kam es zu vielfältigen Anverwandlungen sozialistischer Theorie, die teils Ähnlichkeiten mit dem älteren Populismus aufweisen. So entwirft der vom tansanischen Staatspräsidenten Julius K. Nyerere erdachte *African Socialism* im Rückgriff auf Volkstraditionen eine dörfliche Form kollektiver Landwirtschaft, die es ohne Klassenkampf zu erreichen galt. Von der Implementierung dieses Entwicklungsprogramms handelt Gabriel Ruhumbikas Roman *Village in Uhuru* (1969).

Zur gleichen Zeit erinnerte die städtische Arbeiterschaft Chinas an die Pariser Ereignisse des Jahres 1871. Im Zuge des Großen Sprungs (1958–1961) waren Volkskommunen auf dem Lande eingerichtet worden. Als Anfang Februar 1967 in Shanghai eine Kommune gegründet wurde, nahm man ausdrücklich auf das französische Vorbild Bezug, so auch 1980 bei dem Aufstand im südkoreanischen Gwangju wie 1989 in Beijing (Katsiaficas 2013, 392). Das chinesische wie das französische Modell wurde vonseiten der westdeutschen Kommunebewegung der Jahre 1967 bis 1969 zur Kenntnis genommen (vgl. U. Enzensberger 2004, 77); man wusste auch von Owen und Fourier (vgl. Kunzelmann 1998, 48). Tatsächlich ist der Versuch, das bürgerliche Individuum im Rahmen kleiner Gemeinschaften, hier: Wohngemeinschaften, zu revolutionieren, mehr dem amerikanischen Kommunismus verwandt. Die Landkommune Twin Oaks, ihre Gründung im Jahr 1967 war durch Burrhus F. Skinners Roman *Walden Two* (1948) inspiriert, ist heute ein Ökodorf.

Konkurrenz, Wettbewerb

Michael Horvath

Neben der ‚Kooperation' als dem gemeinschaftlichen Zusammenwirken gilt ‚Konkurrenz', also das wettbewerbliche Verhalten, als zweites fundamentales Prinzip sozialer Interaktion. Wettbewerb entsteht, sobald mindestens zwei Parteien um etwas konkurrieren, das nicht in ausreichender Menge zur Verfügung steht, mit anderen Worten: sobald Knappheit herrscht. Die politische Ideengeschichte sieht in der agonalen Kultur der griechischen Antike mit ihrer Prägung durch kompetitive Werte, dem Streben nach Bestleistung und dem zivilisatorischen Umgang mit Rivalität gar den Nukleus westlicher Kultur (vgl. Ottmann 2001 ff.). Im Zuge der Ausdifferenzierung der Wissensgebiete beschreibt Adam Smiths epochemachende Schrift *Wealth of Nations* (1776) den Wettbewerb als grundlegendes gesellschaftliches Ordnungsprinzip und begründet damit zugleich die moderne Wirtschaftswissenschaft (vgl. Sheehan und Wahrman 2015).

Aus ökonomischer Sicht bezeichnet Wettbewerb ein Verhalten miteinander rivalisierender Wirtschaftsakteure, im individuellen Interesse ein wirtschaftliches Ziel anzustreben, wobei mit dem jeweils höheren Grad der eigenen Zielverwirklichung die Schlechterstellung des Konkurrenten verbunden ist. Als Leistungswettbewerb ist er das zentrale Ordnungs- und Organisationsprinzip der Marktwirtschaft: Jeder Anbieter sucht möglichst vorteilhaft (bestens) wirtschaftliche Leistungen zu verkaufen, jeder Nachfrager möglichst vorteilhaft (billigst) zu kaufen. Abstimmung und Ausgleich von Angebot und Nachfrage finden auf dem Markt statt, der im Idealfall mittels des Preises zugleich Anreiz (Produktinnovation, Rationalisierung, technischer Fortschritt) und Verteilung nach Leistung bewirken soll (vgl. Geigant u. a. 1994, 1023–1024).

Gegenüber dieser abstrakt-systemischen Betrachtungsweise, in der Markt und Wettbewerb eine effiziente Informationsverteilung gewährleisten und als Mechanismus spontaner Ordnung dienen (vgl. Hayek 1968), nimmt die Literatur die Perspektive des Konkreten ein und macht die komplexen Wechselwirkungen von Ökonomie, Gesellschaft und Individuum am Einzelfall anschaulich. Sie schildert, wie Menschen sich in Markt und Wettbewerb zu bewähren haben, und fragt nach Wesen, Bedingungen und Folgen des Wettbewerbs, aber auch nach Grenzen und Alternativen. Ihr Thema sind die komplexen und vielfach undurchsichtigen Mechanismen, denen sich das Individuum in der Gesellschaft gegenübersieht. Indem die Literatur Geschichten erzählt und Wettbewerbssituationen kontextualisiert, lässt sie gesellschaftliche Konflikte, soziale Missstände oder moralische Dilemmasituationen umso deutlicher hervortreten. Aus der individuellen Perspektive resultiert häufig ein sozialkritischer Anspruch, der fundamentale Kritik am Wirtschaftssystem als Ganzem oder auch an einzelnen Phänomenen äußert: sei es Entfremdung durch Arbeit, Erosion der Werte, Zerstörung der Familie, Armut und Verelendung der Massen, Klassenkampf oder die generellen Exzesse von Industrialisierung und Globalisierung, von Banken und Börsen. Damit besitzt die literarische Gestaltung in ihrer Darstellung der Mechanismen von Ökonomie und Wettbewerb und ihrer breiten Einbettung in politisch-gesellschaftliche Handlungszusammenhänge ganz eigenen heuristischen Wert. In einer ökonomisch reflektierten Lektüre gilt es, solche Bezüge in ihrer Genese zu rekonstruieren, einzuordnen und kritisch zu überprüfen.

Insbesondere die französische und englische Literatur, in der Wirtschafts- und Finanzthemen zum einschlägigen Repertoire gehören, zeichnet ein vielschichtiges Bild von Konkurrenz und Wettbewerb. Bereits in der ersten Hälfte des 19. Jh.s zeigt Balzacs *Comédie humaine* ökonomische Aufsteigerfiguren in allen Variationen, wie sie im Verdrängungswettbewerb des frühindustriellen Frankreichs reüssieren oder scheitern. Die sozialkritischen Romane von Dickens und Zola nehmen sodann die verheerende Situation der Arbeiter im entfesselten Kapitalismus in den Blick und erzählen von den zerstörerischen Folgen des Wettbewerbs, von Hunger, Armut und Verzweiflung. Die deutsche Literatur, in der die industriekapitalistischen Verhältnisse eine geringere Rolle spielen, betont demgegenüber das Idealbild rechtschaffener Unternehmer und ehrbarer Kaufleute, geprägt von Tugend und Moral, von Bürgersinn und Solidität. Romane wie Gustav Freytags *Soll und Haben* (1855), Gottfried Kellers *Martin Salander* (1886) und Thomas Manns *Buddenbrooks* (1901) geben davon – ein nicht ungebrochenes – Zeugnis (vgl. S. Richter 2012). Es sind die grundlegenden Transformationsprozesse des 19. Jh.s in Gestalt von Industrialisierung, Bürokratisierung und Technisierung (→ Rationalität, Rationalisierung), die die moderne Wettbewerbsgesellschaft etablieren und gravierende Veränderungen für die Lebens- und Arbeitswelt mit sich bringen. Ausbeuterische Lohnarbeit, Entfremdung in der Fabrikproduktion oder der Überlebenskampf der Arbeiterklasse stehen daher vielfach im Zentrum der Literatur des Vormärz, Realismus, Naturalismus oder Expressionismus (vgl. Grimm und Hermand 1979; Heimburger 2010; Unger 2004; → III.12. Literatur des Frühsozialismus, → III.14. Geld- und Kreditverhältnisse im Realismus). Das Spektrum reicht hier vom diagnostisch-subtilen Nachspüren des gesellschaftlichen Wandels (etwa bei Fontane) über die flammende Kritik an Armut und Unterdrückung (etwa bei Hauptmann) bis zur theoretischen Analyse gesellschaftlicher Machtstrukturen (etwa bei Brecht).

Ein literarischer Text, der sich in beispielloser Intensität den gesellschaftlichen Umwälzungen vom 19. zum 20. Jh. widmet, ist Georg Kaisers *Von morgens bis mitternachts* (1912). Das Stück äußert nicht nur generelle Kritik an Geld und Geldwirtschaft sowie an einer einzig nach funktionalen Prinzipien strukturierten

Gesellschaftsordnung, sondern leistet auch eine hellsichtige Analyse der Mechanismen von Wettbewerbsgesellschaft und Markt. In immer neuen Versuchsanordnungen erprobt das Stück unterschiedliche Konstellationen von Individuum, Markt und Gesellschaft und reflektiert das Marktgeschehen auf den drei relevanten Ebenen: erstens gesellschaftlich in der Marktsoziologie, zweitens strukturell in Geldwirtschaft und Wettbewerbstheorie und drittens individuell innerhalb der Wettbewerbssituation (vgl. Horvath 2016). In seinem analytischen Anspruch zeigt es, wie die gesellschaftsweite Einübung und Etablierung funktionalistischen Denkens auch den Raum des Privaten erfasst, korrumpiert und zerstört. Nicht nur in der entfremdeten modernen Gesellschaft, auch im zwischenmenschlichen und familiären Umfeld lebt der im Stück exemplarisch dargestellte moderne Mensch in bedrückender Vereinzelung. In der Markt- und Konsumgesellschaft reduzieren sich Beziehungen auf den rein funktionalen Tauschzusammenhang mit einem anonymen Gegenüber, in der durch und durch kommerzialisierten, allein von Geld und Interessen regierten Großstadt kann sich nur der neue Sozialtypus des konkurrenzorientierten Egoisten durchsetzen.

Als klassisches Stationendrama konzipiert, schildert Kaisers Stück den entscheidenden Tag im Leben eines Menschen auf der Suche nach Sinn. Die Hauptfigur, der Kassierer, ist als Jedermann gezeichnet. Am Ende des Tages muss er feststellen, dass die Suche unerfüllt bleibt. Zuvor schlüpft er in verschiedene Rollen, in denen er mögliche Auswege vermutet: morgens als „erprobter Beamter" (Kaiser 2008, 26) und biederer Familienvater, mittags als „durchtriebener Halunke" (ebd.), abends als Weltmann, der bei einem Großereignis die Massen manipuliert, Liebe als Freier kauft und zuletzt Spiritualität sucht. In den Szenen des Sportpalastes, des Ballhauses und der Heilsarmee erprobt er die Möglichkeiten des Geldes, doch bemerkt er schnell, dass alle seine Kaufakte nichts zutage fördern, was „vor letzten Prüfungen besteht" (ebd., 35): Die Ekstase im Sportpalast stellt sich als leer heraus, die Befriedigung im Bordell (→ PROSTITUTION) ist nur maskenhaft möglich, Spiritualität und Zuneigung entpuppen sich als Mittel zum bloßen Gelderwerb. Erneuerung und Erlösung – „das Echte" (ebd., 66) – bleiben der Logik des monetären Tauschwerts enthoben. Doch nicht nur Geld und Geldwirtschaft, nicht nur Entfremdung und Funktionalisierung der modernen Wettbewerbsgesellschaft werden in Kaisers Stück analysiert und problematisiert, vielmehr rückt Wettbewerb und Konkurrenz auch auf individueller Ebene ins Zentrum der Aufmerksamkeit. Entfaltet und vor Augen geführt wird dies vor der Folie des Sports. Die Szene des Sechstagerennens zeigt in höchster allegorischer Verdichtung die moderne Wettbewerbsordnung in all der Komplexität ihrer Dilemmastrukturen: Die Radrennfahrer werden gezielt in ein Leistungsturnier, also eine Wettbewerbssituation par excellence, gebracht, so dass im Ergebnis eine eindeutige Rangfolge der individuellen Leistung erstellt werden kann. Durch immer höhere Preisgelder kommt es zu einer Eskalation des Wettbewerbs – völlige Verausgabung, Erschöpfung und Zusammenbrüche sind die Folge. Letztlich müssen die Opfer – ausgebrannte, frühverrentete Fahrer – in all ihrer physischen und psychischen Gebrochenheit von der Solidargemeinschaft – hier in Form der Heilsarmee – aufgefangen werden.

In der modelltheoretisch ausformulierten, idealtypischen Form mag Wettbewerb zu einer optimalen Allokation der Ressourcen als dem wünschenswerten kollektiven Ergebnis mit der maximalen Wohlfahrt führen, doch weicht die reale Welt durch Marktunvollkommenheiten oder Staatsversagen von diesem theoretischen Zielbild mehr oder minder stark ab. Die Diskussionen über neoklassische Verkürzungen oder das Rationalitätsparadigma nehmen in der Fachwissenschaft breiten Raum ein (vgl. Horvath und Weizsäcker 2014; Kirchgässner 1991). Demgegenüber schildert die Literatur die Kollateralschäden eines dysfunktionalen Wettbewerbs anhand des konkreten Einzelfalls. Für die Ökonomik als auch die regulierende Ordnungs- und Wettbewerbspolitik hält sie damit wertvolle Einsichten bereit: Mittels ihres überreichen Anschauungsmaterials gesellschaftlich-kultureller Praxis ergänzt die Literatur nicht nur den ökonomisch-philosophischen Diskurs über die Marktvergesellschaftung (vgl. Herzog und Honneth 2014), sie besitzt auch eine ganz eigenständige Kapazität der Problemreflexion und Problemlösung. Komplexe theoretische Zusammenhänge werden anschaulich vermittelt, abstrakte Probleme im politisch-gesellschaftlichen Kontext allererst greifbar. Der Analyse der sozialen Frage, dem Protest an den herrschenden Verhältnissen sowie der Suche nach Utopien (→ III.4. UTOPISTISCHE ÖKONOMIEN DER NEUZEIT) und Gegenentwürfen gibt die Literatur – auch und gerade die politisch engagierte – einen Ort eigenen Rechts, ohne den wissenschaftlichen Diskursregeln unterworfen zu sein (vgl. Horvath 2016).

Kontor
Iuditha Balint

Das Kontor (lat. *computare*, berechnen, ital. *contoro*, frz. *comptoir*) gilt als Vorform des Büros. Der Begriff hat juristische, gegenständliche und topographische Konnotationen, er bezeichnet die Privilegien bzw. Rechte des jeweiligen Handelsbetriebes, aber auch ein Möbelstück bzw. einen Raum: den Rechentisch der Kaufleute; einen Schrank, in dem wertvolle Unterlagen aufbewahrt werden; ein (privates) Zimmer, in dem vertrauliche Dokumente gesammelt werden; die Schreibstube des Kaufmanns; die Faktoreien, d. h. die Zweigstellen der Handelsbetriebe im Ausland (vgl. Grimm und Grimm 1854 ff., Bd. 5, 1743–1744; [Herder] 1854 ff., Bd. 2, 203; [Meyer] 1905, 11: 443). Das Wort wird aus dem Italienischen übernommen, erstmals nachgewiesen ist es für 1395 (vgl. Jahnke 2014, 132). Hintergrund sind die ökonomischen Impulse aus Italien und das Sesshaftwerden der Kaufleute: Sobald zur Ausführung der kaufmännischen Geschäfte Angestellte, Faktoren und gegebenenfalls weitere Gesellschafter notwendig werden, bedarf es zur Koordination spezifischer Orte (vgl. Hansmann 1962, 7–8). Kontore führen eigene Siegel bzw. Wappen, sind also eigenständige Rechtspersonen; im 15. und 16. Jh. bedeutet dies für den Kaufmann rechtlichen Schutz in der Fremde, Privilegien bezüglich der Abgaben, des Zolls und der Steuern, die Festlegung der Kaufmannspflichten und die Möglichkeit der Institutionalisierung der Kontore, also etwa der Bestallung von Beamten wie Sekretären (vgl. Schubert 2002, 1–5).

Mit der Verbesserung der Verkehrs- und der Transportverhältnisse wird im 17. und 18. Jh. auf kostenintensive Faktoreien allmählich verzichtet; dem Schriftverkehr kommt eine immer größere Rolle zu. Dies und die Ausdifferenzierung des Kaufmannsberufs führen zur Spezialisierung der Pflichten des Kontorpersonals: ‚Correspondenten' übernehmen den Schriftwechsel, ‚Cassierer' die Verwaltung der Geldgeschäfte, Buchhalter die Buchführung, und Laden-, Gewölb- bzw. ‚Waarendiener' die Annahme, Lagerung und Verschickung der Güter; ‚Contoristen' sind für einfachere Schreib- und Verwaltungsaufgaben zuständig (vgl. Hansmann 1962, 71; Jung 1785, 42). Deutlich wird hierbei, dass die Kontore weitgehend eine Männergemeinschaft waren (vgl. Schubert 2002, 35), wenn auch die Kaufmannsfrauen bisweilen in die Führung der Geschäfte involviert sind. Dies gilt zumindest bis zur sogenannten Feminisierung des Büros in den 1860er Jahren, als – im Zeichen neuer Technologie: der Schreibmaschine – zur Verrichtung des Schriftverkehrs nun auch Sekretärinnen angestellt werden.

Konnte das Kontor im späten Mittelalter noch in Form einer Schreibecke existieren, in der der Kaufmann oder ein Angestellter die täglichen Geschäfte verrichtete, so veränderte sich mit der Zeit auch das räumliche Bild des Kontors. Zunächst erfolgt eine Trennung von Gewölbe (d. h. Warenlager) und Schreibstube. Später wächst auch die Schreibstube zu einem größeren Raum an, der an die Schreibstube des Kaufmanns angrenzt, in der er seine Arbeit in Ruhe verrichten und seine Besuche ungestört empfangen kann. In größeren Manufakturen können Kontor, Verkaufslager und Produktionsstätte in verschiedenen Gebäuden untergebracht sein. Kontore bestehen nun aus drei Raum- oder Gebäudeeinheiten, bei der Einrichtung der Schreibstube des Prinzipals, also des Kaufmanns, achtet man bis in alle Einzelheiten auf das prunkvolle Erscheinungsbild. Auch der großen Schreibstube kommt neben der Nützlichkeits- eine gewisse Repräsentationsfunktion zu. Bei der Anordnung der Schreibtische wird auf günstige Lichtverhältnisse geachtet, und auch das Mobiliar verändert sich, die Angestellten besitzen nun eigene Schreibtische. Schreibpulte mit einem oder mehreren Arbeitsplätzen ergänzen die herkömmlichen Tische, auf denen schräge Schreibunterlagen aufgestellt werden (vgl. Hansmann 1962, 81–82). Die fortschreitende Industrialisierung und Technisierung verändert im 19. Jh. auch das Erscheinungsbild der Kontore, erste Schreib- und Rechenmaschinen halten darin Einzug, die Büroausstattung wird zunehmend nach Rationalitätskriterien eingerichtet. Ebenfalls bröckelt im Laufe des späten 18. und 19. Jh.s die Identität von Haushalt und Kontor, es vollzieht sich eine zunehmende Trennung der Wohn- und Geschäftsräume, was zur Zementierung der gesellschaftlich verbreiteten Genderrollen beiträgt, insofern die Ehefrauen seltener in die Geschäfte der Kaufmänner einbezogen werden (vgl. Funder 2011, 10; Niehoff 2006, 44).

In der Literatur – z. B. bei William Shakespeare, Friedrich Wilhelm Hackländer, Lew Tolstoi, Fjodor Dostojewski, Joseph Conrad, Herman Melville, Franz Kafka oder Émile Zola – sind die Semantiken des Kontors vielfältig. Kontore treten dort als Ordnungsmodelle in Erscheinung, als intergenerationelle und dienstliche Begegnungsorte, Dreh- und Angelpunkte der Kolonialisierung, des Exotismus bzw. der Internationalisierung, aber auch als Orte für Schreibszenen. In Jörg Wickrams Prosaroman *Von guten und bösen Nachbarn* (1556) fungiert das Kontor als großzügiges Geschenk im Rahmen von Gastlichkeits-, Freundschafts- und Erbdiskursen, als Materialisierung einer moralischen und ökonomischen Generationen- und Schutzgemeinschaft. In Barthold Heinrich Brockes' Gedicht *Die Welt* wird das Kontor zur Darstellung der berufsbedingt eingeschränkten Perspektive des Kaufmanns auf die Welt angeführt (vgl. Brockes 1970, 490). In Conrads *Heart of Darkness* (1899) ist das Kontor letzter Vorposten der Zivilisation am Kongo. Heine hebt Parallelen zwischen Ökonomie und Religion hervor, wenn er das Kontor in seinen *Briefen aus Berlin* am 16. März 1822 als „Kirche" des Kaufmanns bezeichnet und hinzufügt, „sein Schreibpult ist sein Betstuhl, sein Memorial ist seine Bibel, sein Warenlager ist sein Allerheiligstes" (Heine 1968 ff., Bd. 2, 36). Diese Analogie ziehen auch Georg Weerths *Humoristische Skizzen aus dem deutschen Handelsleben* (1847–1848), wenn dort das Kopierbuch als „das Evangelium des Comptoirs" (Weerth 1967, 13) betrachtet wird; Semantiken des Kontors changieren dabei zwischen den Polen der Ruhe und der Geschäftigkeit und zeigen die Arbeit im Kontor als „nur scheinbar besser und menschenwürdiger als die des Proletariats" (M. Bauer 2015, 47). Generationen- bzw. Erinnerungsort, als nahezu chronotopisches und anachronistisches Medium der „Distanzierung von der zeitgenössischen Wirklichkeit" (Hnilica 2012, 80–81) ist das Kontor in Gustav Freytags *Soll und Haben* (1855); es wird aber auch zur Heroisierung bürgerlicher Figuren herangezogen, so etwa im Ausdruck „Helden des Comtoirs" (Freytag 1977, 422; → III.9. Entwicklungs- und Bildungsroman, → III.14. Geld- und Kreditverhältnisse im Realismus). Auch in Thomas Manns *Buddenbrooks* (1901) ist das Kontor im Familienhaus angesiedelt, die konkrete Arbeit ist hier aber weniger an die Privatsphäre und die familiale Erinnerungskultur gekoppelt. Vielmehr wird mit der Figur Christians die Opposition Kontor vs. Theater aufgemacht, die als Orte kaufmännischer vs. künstlerischer (Nicht-)Arbeit fungieren. Auch hier tritt die Analogie zwischen Ökonomie und Religion ans Licht, wenn bemerkt wird, dass das Gartenzimmer, in dem die Konsulin ihre Sonntagsschule abhält, früher eines der Kontore gewesen ist. In Josef Kasteins Roman *Melchior* (1927) wird das Privatkontor schließlich zum Schauplatz des entfesselten kapitalistischen Wirtschaftens der neuen Generation. Wirtschafts- wie literaturgeschichtlich wird das Kontor seit dem 19. Jh. von anderen Arbeitsplatz- und Organisationsformen abgelöst, so etwa dem Büro oder der Agentur.

Kreativität

Jan Niklas Howe

Kreativität ist ein ökonomischer Leitbegriff ästhetischer Provenienz. Abgeleitet vom lateinischen *creare* (‚erschaffen', ‚hervorbringen'), bezeichnet Kreativität das menschliche Vermögen, durch Handeln und Denken Neues hervorzubringen (→ PRODUKTION). Über diese Minimaldefinition hinaus besteht wenig Konsens: weder mit Blick auf die Verortung des bezeichneten Vermögens (als Zuschreibung an eine Person, ein Produkt oder einen Prozess) noch mit Blick auf seine Eigenschaften, die meist annäherungsweise über verwandte und ähnlich unterbestimmte Konzepte wie Originalität, Erfindungsgabe, Phantasie, Begabung, praktische Intelligenz, Innovation oder Inspiration eingegrenzt werden. Einigkeit besteht dagegen darin, dass es sich um eines der wichtigsten psychologischen Forschungsparadigmen des 20. Jh.s handelt und zugleich um eines der aktuell einflussreichsten ökonomischen Konzepte.

Das Verhältnis von Literatur und Ökonomie ist, mit Blick auf das Paradigma des schöpferischen Menschen, das heutigen Kreativitätsbegriffen zugrunde liegt, eines der Sukzession: Der schöpferische Mensch ist zentraler Gegenstand von poetischer und poetologischer Reflexion im Aufklärungsjahrhundert, und er ist rund zweihundert Jahre später zentrale Ressource im ‚ästhetischen Kapitalismus' (Boltanski und Chiapello 2003, 419). Das Paradigma des schöpferischen Menschen lässt sich also literaturgeschichtlich mindestens auf die historische Genieästhetik zurückdatieren. Die Frage nach menschlichen schöpferischen Fähigkeiten wird traditionell als Frage nach den Grenzen dieses Vermögens gestellt, seit der Demütigung des Rhapsoden *Ion* im gleichnamigen platonischen Dialog und der Verschaltung der Begriffe *poiesis* und *mimesis* in der aristotelischen *Poetik*. Entgrenzte schöpferische Subjektivitäten begegnet erstmals in der Genieästhetik des 18. Jh.s, als Naturkraft bei Edward Young, als Mysterium bei Johann Georg Hamann, als Frage des Verhältnisses von Regel und Ausnahme bei Kant oder als Problemfall der Gesellschaftsordnung bei Diderot. Literarisch verhandelt wird der schöpferische Mensch zunächst in der Empfindsamkeit und im Sturm und Drang, gattungsgeschichtlich zunächst in der Ode und Hymne als Formen der emphatischen Anrufung des Genies, später wird der Künstlerroman bzw. die Künstlernovelle zum Ort seiner problematisierenden Darstellung. Allerdings greift in der Literatur der Moderne die selbstreferentielle Reflexion über literarisches Schreiben gattungsübergreifend immer wieder das Motiv des schöpferischen Menschen auf.

Vermittelt werden die Genieästhetik des 18. Jh.s und das Kreativitätsdispositiv des späten 20. Jh.s durch das Konzept des *creative genius*, das um 1950 plötzlich und massiv in die psychologische Forschung einbricht (unter anderem bei Ellis Paul Torrance und Joy Paul Guilford). Kreativität wird zunächst vor allem gegen die Dominanz der Intelligenzforschung in Stellung gebracht, findet aber schnell Eingang in die *humanistic psychology*, Reformpädagogik und Arbeitspsychologie. An die Seite der zentralen psychologischen und pädagogischen Frage der 1950er Jahre nach der Identifikation und Förderung kreativer Potentiale treten in den Folgejahrzehnten die biologische Frage nach genetischen Grundlagen und die neurowissenschaftliche Frage nach kognitiven Grundlagen von Kreativität, die soziologische Frage nach gesellschaftlichen Bedingungen ihres Auftauchens und die ökonomische Frage nach deren Verwertbarkeit. Seit der Jahrtausendwende treten hinzu die sozialpsychologische Frage nach den Folgen des Kreativitätsimperativs für das Individuum (vgl. Menke und Rebentisch 2012) und die philosophisch-sozialkritische nach der Legitimität dieses Imperativs (vgl. Reckwitz 2012). Außerhalb der im engeren Sinne wissenschaftlichen Forschung existiert eine umfangreiche Ratgeberliteratur, die prinzipiell die gleichen Fragen adressiert, mit deutlichem Schwerpunkt auf Kreativität als individueller Ressource, die es zu entdecken, zu fördern und zu nutzen gilt.

Kreativität ist, infolge der Inflationierung des Begriffs, als Selbstzuschreibung im aktuellen Kunstbetrieb selten (jenseits bereits institutionalisierter Vokabeln wie *creative writing* oder *creative flow*), ebenso als Gegenstand von Gegenwartsliteratur, die sich eher der Verhandlung von *creative industries* zuwendet (etwa in Tom McCarthys *Satin Island* und Frédéric Beigbeders *99 francs*). Zugleich hat Kreativität in Konzepten wie dem der *creative class* und *creative city* als ökonomischer Standortfaktor ähnliche Bedeutung gewonnen wie geographische Lage, Rohstoffe, Verkehrsanbindung (vgl. Florida 2002, 2004 und 2007). Seit den 1990er Jahren ist Kreativität Teil wirtschaftspolitischer Programme, zunächst in Australien und unter der Blair-Regierung in Großbritannien, dann ausgreifend auf die übrige westliche Welt, wobei Deutschland mit seinem Nebeneinander von subventionierter Kulturwirtschaft und rentabler Kreativwirtschaft (→ WERBUNG) einen Sonderfall darstellt (vgl. Raunig und Wuggenigg 2007). Staatlich koordinierte Programme unter anderem in China, Taiwan und Südostasien belegen den Charakter von Kreativität als globalisierter Ressource.

Die Transformation des ästhetischen Superlativs ‚Genie' – in der Ästhetik des 18. Jh.s reserviert für die poetische, dann allgemeiner für die künstlerische Produktion – in einen ökonomischen Leitbegriff scheint damit zunächst abgeschlossen. Wenn es sich dennoch nicht um einen schlichten Vorgang der Kommodifizierung handelt, so deshalb, weil die Trivialisierung des Begriffs auch in der Kreativwirtschaft nie vollständig wird. Schöpferisches Potential weist in seinen beiden historischen Formulierungen von Genie und Kreativität einen markanten Widerspruch auf: Es beschreibt jeweils sowohl einen Superlativ außergewöhnlicher, singulärer Individualität als auch eine allgemein verfügbare Ressource. Erstaunlicherweise handelt es sich gerade nicht um eine historische Abfolge von Singularisierung und Banalisierung, sondern um eine interne Spannung in den Begriffen ‚Genie' und ‚Kreativität' selbst: In beiden Konzepten sind Alleinstellung und Universalisierung jeweils mitgedacht. Beide Modelle funktionieren über eine fast identische Dialektik von Singularisierung und Universalisierung schöpferischer Potentiale. Das Genie trennt von der Kreativität nur scheinbar sein superlativer Charakter. An die Sonderstellung des schöpferischen Menschen knüpft sich schon Mitte des 18. Jh.s die Hoffnung auf die Möglichkeit seiner Verallgemeinerung. Umgekehrt speist sich der kollektive Kreativitätswunsch der Spätmoderne aus einem ungebrochen intakten Versprechen singulärer, exzeptioneller, schöpferischer Individualität.

Kredit und Schuld(en)

Maximilian Bergengruen und Jill Bühler

„Eine Geschichte der Schulden ist [...] zwangsläufig eine Geschichte des Geldes", schreibt David Graeber und betont damit einen Primat von Kredit und Schulden vor Geld und Tauschhandel (Graeber 2012, 27; vgl. ebd., 52–53). Er bezieht sich dabei auf die Kredittheorie von Alfred Mitchell-Innes (1914), die besagt, dass die einzige Funktion von Geld darin besteht, Schulden zu quantifizieren („measure in terms of credit and debt"). Die folgenden Ausführungen zur (Literatur-)Geschichte des Kredits und der Schulden sind dementsprechend auch als (systematische, nicht historische) Vorgeschichte des → GELDES in der Neuzeit zu lesen.

Der Begriff des Kredits findet über den Umweg des Französischen und Italienischen aus dem Lateinischen Eingang in den deutschen Sprachgebrauch. *Creditum* ist das Partizip Perfekt Passiv von lateinisch *credere*. Der ‚Kredit' meint demzufolge nicht nur die vom Gläubiger oder *Creditor* überlassenen Geldmittel, sondern immer auch die Vertrauenswürdigkeit des Schuldners als Voraussetzung dieses Kredits. Dieser Umstand wird an der in diesem Zusammenhang gebrauchten Formel „gebaut auf Treu und Glauben" (G. M. v. Weber 1819, 5) deutlich. So heißt es auch im *In allen Vorfällen vorsichtigen Banquier* von 1733: „[D]er Mann stehet, oder hat guten Credit, das ist, man glaubet, daß man ihme in Handlung viel und sicher vertrauen könne" (Anon. 1733, 482). Beim Kredit handelt es sich also um den guten Ruf des Bürgers, der mit den aufgenommenen Geldmitteln gerade nicht identisch ist, also entweder seine Voraussetzung (im Sinne von „Leihwürdigkeit"; Schirmer 1911, 112) oder sogar ein über das Finanzielle hinausgehendes Vertrauen in ihn beschreibt.

Der moralische Kredit, der beim finanziellen immer mitläuft, wird in der europäischen Literatur von ihren neuzeitlichen Anfängen an vor allem in seiner negativen Form manifest: In Rabelais' *Gargantua et Pantagruel* (1532 ff.) etwa und vor dem Hintergrund der Staatsschuldenkrisen unter Franz I. wird Panurge zu einem geradezu blasphemischen Sprachrohr einer ‚chrematistischen', frühkapitalistischen „Lobred auf die Schuldner und Gläubiger" (Rabelais 1913 ff., Bd. 5, 42–50; vgl. Hausmann 1981, 38–45; G. Schröder 2013, 129–131; Cuonz 2018, 86–88; → III.3. DER FRÜHNEUZEITLICHE KAPITALISMUS). Und in der *Historia von D. Johann Fausten* aus dem Jahr 1587 wird z. B. ausgeführt, wie sich Faustus' Verschreibung gegenüber dem Teufel noch einmal dupliziert, wenn er „Gelt von einem Jüden entlehnet", der im Sinne des zeitgenössischen lutherischen Antijudaismus als ein „Christen feind" ([Anon.] 1990, 932–933) beschrieben wird. Die moralische oder theologische Schuld, die sich Faustus mit dem Teufelspakt einhandelt, findet ihr irdisches Pendant in den Schulden, die er beim jüdischen Christenfeind aufnimmt. Wenn Faustus dann versucht, seiner Schuld aus dem Teufelspakt zu entkommen (→ VERTRAG, PAKT), so sinnt er in dieser Episode nach Mitteln, sich von der Schulden-Verschreibung zu befreien (vgl. Bergengruen 2016b). Mit der genannten Doppeldeutigkeit spielt noch Chamissos *Peter Schlemihl* (1813/1814), der ebenfalls von einem nicht zuletzt ökonomisch geprägten Teufelspakt handelt. Bei näherem Hinsehen lässt sich dementsprechend Schlemihls Schattenlosigkeit nicht anders als eine fehlende, irdische wie himmlische, Kreditfähigkeit (in der genannten weiten Semantik) lesen (vgl. Bergengruen 2016a). Diese semantische Verbindung lässt sich, zumindest im Deutschen, auch etymologisch einholen, worauf von Friedrich Nietzsche bis zum Investor George Soros (vgl. Rexer 2013) immer wieder aufmerksam gemacht wurde. Die Rede ist von der sprachlichen Ableitung des (metaphysischen) Begriffs ‚Schuld‘ von dem (ökonomischen) der ‚Schulden‘, wobei Nietzsche – und darauf bezieht sich wiederum Graeber (2012, 82–86) – unter einem ursprünglichen Gläubiger/Schuldner-Verhältnis das abschätzend-abschätzige Verhältnis der „Macht" gegenüber einem „Machtlosen" versteht (Nietzsche 1980 ff., Bd. 5, 297, 299; vgl. Flores 1974, 578).

Treu und Glauben spielen aber auch im engeren Sinne bei der vormodernen Kreditvergabe eine zentrale Rolle. Wenn Privatleute, Handwerker oder Händler in der Frühen Neuzeit Mittel aufnehmen, dann tun sie dies nicht bei einer Bank, sondern nutzen das, was in der jüngeren historischen Forschung als ‚Kreditnetzwerk‘ bezeichnet wird: Sie verschulden sich qua Schuldschein oder Wechsel bei ihren Nachbarn im engeren und weiteren Sinne. Anders als beim eher anonymisierten Bankkredit handelt es sich bei dieser Form von Geldbeschaffung um eine sehr konkrete und vor allem personalisierte soziale Praxis (vgl. Schlumbohm 2007; Clemens 2008). Es liegt auf der Hand, dass bei dieser Art von nicht-institutionalisierter Mittelvergabe Treu und Glauben im Mittelpunkt stehen, wiewohl die notarielle Beglaubigung im 18. und 19. Jh. mehr und mehr rechtliche Absicherung bietet. Die genannten Begriffe haben auch noch im Geschäft der privaten Bankiers im Frankfurt oder Berlin des ausgehenden 18. und frühen 19. Jh.s eine wichtige Bedeutung (vgl. Liedtke 2006, 15–18; Pohl und Jachmich 1993, 15). Im Gegensatz zu den später aufkommenden Aktienbanken handelt der Privatbankier, wenn er einen Kredit vergibt, auf der Basis persönlichen Vertrauens, weil er vollständig persönlich haftet (vgl. Wandel 1998, 2). In der Mitte des 19. Jh.s steigen jedoch die Aktienbanken vermehrt in das Kreditgeschäft für Privatleute ein – ungefähr zeitgleich mit der Umstrukturierung deutscher Handelsplätze zu Effektenbörsen, an der nunmehr nicht nur Devisen, sondern auch Wertpapiere gehandelt werden (vgl. Gömmel 1992; Wandel 1998, 8). Es ist vor allem dieser neue Typus von → BANKEN, der das Kreditwesen mehr und mehr monopolisiert. Während im ausgehenden 18. und beginnenden 19. Jh. Großunternehmer ihre Investitionen schwerpunktmäßig aus eigenen Mitteln bestreiten, wird ihr Finanzbedarf im Laufe des 19. Jh.s so groß, dass Aktienbanken wie die Deutsche oder die Dresdner Bank notwendig sind, um ihren Kapitalbedarf (und den des Großbürgertums) zu befriedigen (vgl. Wandel 1998, 2–14).

Sehr anschaulich wird der Paradigmenwechsel von den Kreditnetzwerken zum Einsatz der Banken im 19. Jh. in den beiden Vorreden zu Gottfried Kellers *Die Leute von Seldwyla*. Die Seldwyler, schreibt Keller in der ersten Vorrede von 1855/1856, „lassen, so lange es geht, fremde Leute für sich arbeiten und benutzen ihre Profession zur Betreibung eines trefflichen Schuldenverkehres", der grob gesprochen so aussieht, dass sich jeder bei jedem etwas leiht. Die Folge dieser bis zum Exzess getriebenen Kreditverzweigungen ist in Seldwyla eine Lähmung des Geschäftsverkehrs, mit dem Effekt, dass beinahe jeder → BANKROTT macht und mithin als ein „aus dem Paradies des Kredites Verstoßener" gelten muss (Keller 1985ff., Bd. 4, 11–12). Diese Situation hat sich bei Abfassung der Vorrede zum zweiten Band von 1873/1874 anscheinend geändert: „Statt der ehemaligen dicken Brieftasche mit zerknitterten Schuldscheinen und Bagatellwechseln" haben die Seldwyler „nun elegante kleine Notizbücher, in welchen die Aufträge in Aktien, Obligationen, Baumwolle oder Seide kurz notiert werden" (ebd., Bd. 4, 284). Der Erzähler macht deutlich, dass der nun erfolgte Einsatz der Seldwyler an der Börse, inklusive der damit verbundenen Kreditaufnahme bei einer Bank, nur einen Wechsel der Mittel, nicht aber einen wirklichen Strategiewechsel darstellt: „[S]tatt der früheren plebejisch-gemütlichen Konkurse […], die sie unter einander abspielten, gibt es jetzt vornehme Accommodements mit stattlichen auswärtigen Gläubigern" (ebd., 284–285). Die Seldwyler haben sich also – Louis Wohlwend wird in Kellers spätem Roman *Martin Salander* (1886) dieses Prinzip auf die Spitze treiben – in die neue Welt von Kredit und Börse gut eingefunden und ihren alten Hang zur überhöhten Verschuldung und Bankrott in eine neue Form gegossen; eine neue Form freilich, die, zumindest jenseits von Seldwyla, nicht weniger als eine kleine Revolution darstellt.

Zur gleichen Zeit wird jedoch auf dem Land weiter im Rahmen der privaten Kreditvergabe gearbeitet. In Theodor Fontanes *Unterm Birnbaum* (1885) etwa (die Handlung spielt freilich 1820) begeht Hradscheck einen Mord, weil er einen „Kredit" der Firma ‚Olszewski-Goldschmidt & Sohn' nicht bedienen kann, sondern sich damit begnügen muss, „die hochaufgelaufene Schuldsumme" nur vorläufig mit einer „Baarzahlung", die wiederum illegal den „Feuerkassengelder[n]" entnommen und durch einen „kleinen Wechsel" komplettiert wird, zu begleichen (Fontane 1959ff., Bd. 3, 335–337).

Während Adam Müller noch in seinem *Versuche einer neuen Theorie des Geldes* aus dem Jahre 1816 im „Nationalcredit" und mithin im „Papiergeld" den „Glauben an den Staat", repräsentiert durch die „Personalität" einer Nationalbank (wie der „Bank von England"), ausgedrückt sieht (A. Müller 1816a, 87, 163,

255–256; vgl. Vogl 2004a, 277–282; → III.10. ROMANTISCHE ÖKONOMIEN), betont er 1819 im *Versuch über den Kredit* (vgl. Koehler 1980, 200–206; Hartmann 2002, 167–358) stärker die Differenz zwischen monetärem Kredit und der Realität im Glauben: Er stellt fest, dass sich der vom einzelnen Bürger aufgenommene „hypothekarisch[e] Kredit" und der „*Nationalkredit*" in einem intrikaten Verhältnis befinden, bei dem man nicht weiß, wer für wen die Sicherheit darstellt: „[D]er Staatskredit hat uns an den Grundkredit, als seine eigentliche Basis, und letztere wieder an den ersteren gewiesen, und so sind wir, wie der betrogene Gläubiger in jenem Schwindelgeschäfte, welches man Wechselreiterey zu nennen pflegt, herüber und hinübergeschickt und zuletzt nur davon überzeugt worden, daß überall nur Schein, nirgends Realität sey" (A. Müller 1839, 174–179).

Schuld an diesem (be-)trügerischen Szenario ist – diesem Topos schließt sich Müller mittlerweile an – Adam Smith bzw. der Zeitgeist, der von vielen Deutschen mit dem Namen Adam Smith belegt wird (vgl. D. Raphael 1991, 100–105; Priddat 1998, 65–78, 111–132, 283–320; zu Müllers Smith-Kritik vgl. Langner 1975, 41–50). Müller sieht um sich herum eine „Gemeinschaft der Privatwillkühr, der Privatdenkfreyheit und des Privatnutzens" am Werke, die mit der „Wunderkraft des Geldes" die göttlichen Wunder aus der Welt geschafft hat. Dementsprechend schlägt er vor, im Umgang mit der Kreditwürdigkeit des Menschen und des Staates zwei Faktoren wieder zu berücksichtigen, die es, in seinen Augen, allein vermögen, finanziellen Geschäften wieder ihre ursprüngliche „Wirklichkeit" zu geben. Diese beiden Größen bestehen einerseits in der „religiösen Gesinnung" bzw. der „Glaubensgemeinschaft" der Kirche als dem eigentlichen Ort des Glaubens, andererseits in einem Staat, der gerade nicht nur theoretisches Konstrukt oder „wesenlose[r] Staatsbegriff" ist, sondern durch die gewachsenen Gesetze und durch seine realen Repräsentanten und deren reale Herrschaft seinerseits Realität gewinnen kann, so dass man ihm „wirklichen Kredit" beimessen kann (A. Müller 1839).

Spätestens seit Mitte des 20. Jh.s hat sich jedoch die romantische Hoffnung auf eine wie auch immer geartete Wirklichkeit des Kredits jenseits ihrer Papierform endgültig zerschlagen. Vielmehr ist eine globale Kreditwirtschaft mit endlos zirkulierenden Schulden Wirklichkeit geworden. Friedrich Dürrenmatt thematisiert in *Romulus der Große* (1947) und *Frank der Fünfte. Oper einer Privatbank* (1959) die Finanzkrise seiner Zeit; und Ayad Akhtars *Junk. A Play* (2017) führt mit dem Coup eines Investmentbankers in die goldene Zeit der Schuldenökonomie der 1980er Jahre zurück. Schwerpunktmäßig kreisen diese Auseinandersetzungen um das Thema der Schuld(en) und um die sich angesichts eines Weltbankrotts aufdrängende Frage, wer denn nun eigentlich bankrott sei. Dürrenmatt entwickelt anhand des Themenkomplexes der verschieden gelagerten, moralischen sowie ökonomischen, Schuldverhältnisse innerhalb des modernen Geldmarkts, in dem „Kunden" „nur am Rande" (Dürrenmatt 1980, 12) eine Rolle spielen, einen komödiantischen – und dezidiert nicht-dramatischen – Modus, der sich der Gesetzmäßigkeiten des Marktes in literarischer Form bemächtigt. Die ohnehin dramatische Disposition des Finanzmarktes wird in dieser ‚Marktdramaturgie' als solche ausgestellt (vgl. Cuonz 2018, 305–306, 322). Anscheinend ist die Komödie die bestmögliche Form, unendlich wuchernden Verschuldungsprozessen dramatisch beizukommen und dabei deren Unwirklichkeit, ja Nichtigkeiten herauszuarbeiten: In Peter Hacks' *Der Geldgott* (1993) sind Kredit und Schuld zu einem Komödienstoff nach Aristophanes geworden; und Elfriede Jelineks *Kontrakte des Kaufmanns* (2009), die die Finanzkrise von 2007 thematisieren, werden im Untertitel als „Wirtschaftskomödie" bezeichnet – eine Textform, die, wie die in ihr verhandelten Schulden im Zeitalter des Lehmann-Crashs, um das kreist, was am Ende endlich auch ausgesprochen wird: „[D]ann gehört Ihnen nicht, nichts mehr, nichts mehr. Gar nichts mehr. Nichts" (Jelinek 2009, 208, 210, 348).

Krise
Till Breyer

Der Begriff der Krise, der entlang theologischer, juridischer und medizinischer Semantiken bis in die Antike zurückführt, ist als Bezeichnung eines entscheidenden Umschlagpunkts mit kulturellen und künstlerischen Ereignis- und Handlungskonstruktionen verbunden (vgl. C. Meyer u. a. 2013; Grunwald und Pfister 2007). Der spezifisch ökonomische Krisenbegriff verdankt sich dabei zum einen der allgemeineren Übertragung der Krisensemantik auf politisch-soziale Bereiche im 17. und 18. Jh., zum anderen der Durchsetzung des Krisenbegriffs als ökonomischen Standardterminus gegenüber alternativen Bezeichnungen wie Panik, Störung, Stockung, *distress*, *glut* u. a. seit den 1830er Jahren (vgl. Koselleck 1982, 620–633; Besomi 2012, 78–80). Im Licht der Krisensemantik werden wirtschaftliche Störungen – etwa Absatzprobleme, Schwankungen der Währung, rasches Fallen oder Steigen bestimmter Preise oder Finanzierungsausfälle nach einer Phase intensiver Spekulation – entweder als kritischer Ereignisraum mit unbestimmtem Ausgang konzipiert oder im Sinne der medizinischen Metaphorik als objektiver Beobachtungsgegenstand, dessen weitere Entwicklung z. B. von systemimmanenten ‚Heilungskräften' abhängt. Während für die klassische Ökonomik (Adam Smith, Jean-Baptiste Say, David Ricardo) nur ausnahmsweise Störungen eines notwendigen Gleichgewichts denkbar waren (→ OIKODIZEE; → UNSICHTBARE HAND), erscheinen ökonomische Krisen etwa seit dem zweiten Drittel des 19. Jh.s zunehmend als strukturelles Problem der modernen, industriellen Gesellschaft, um das herum sich ein spezifisch historisch-ökonomisches Erkenntnisinteresse und seit der Jahrhundertmitte allmählich das Feld der theoretischen und empirisch-statistischen Krisenforschung ausdifferenziert (vgl. Kromphardt 1989; Besomi 2010; Breyer 2019, 219–286). Die Konturierung der Krise als Gegenstand des Wissens und der Darstellung ist dabei nicht von einschneidenden wirtschaftlichen Krisenerfahrungen zu trennen, die im 19. und frühen 20. Jh. unter anderem die Wirtschafts- und Nahrungsmittelkrise der Jahre 1847/1848, die Weltwirtschaftskrise von 1857, den ‚Gründerkrach' von 1873 und die Weltwirtschaftskrise seit 1929 umfassen, die sowohl soziale und materielle als auch spekulations- und finanzökonomische Krisen waren.

Aus der diskurs- und literaturgeschichtlichen Textur wirtschaftlicher Krisen seit dem 19. Jh. lassen sich drei zentrale Problemfelder herausschälen. Zunächst wird die Erfahrung wirtschaftlicher Krisen, die seit der Jahrhundertmitte verstärkt unter dem Aspekt ihrer periodischen Wiederkehr betrachtet werden (Konjunkturzyklen), im Laufe des 19. Jh.s als spezifischer Schauplatz der zeitgenössischen Gesellschaftsform und ihr zugeordneter sozialer, politischer und institutioneller

Problemlagen perspektiviert. In Wirtschaftskrisen zeigen sich deshalb immer auch kritische Momente, die über den wirtschaftlichen Bereich hinausweisen. Die Balzac'sche *Comédie humaine* etwa entfaltet die instabile Dynamik finanzökonomischer Spekulation als Manifestation einer übergeordneten politischen Krise, in der sich der Übergang von der ständisch-absolutistischen hin zur bürgerlich-republikanischen Gesellschaft vollzieht (vgl. R. Butler 1981). Reflektiert sich darin Balzacs Auffassung einer kapitalgetriebenen und zugleich krisenhaften Auflösung der vorrevolutionären Sozialordnung, so taucht die Wirtschaftskrise im englischen Realismus als Signatur einer neuen, klassenförmigen Gliederung der industriellen Gesellschaft auf. Bei Autoren wie George Eliot, Benjamin Disraeli oder Elizabeth Gaskell wird die Wirtschaftskrise zum Schauplatz der ‚sozialen Frage' und der „condition of England" (Thomas Carlyle), deren literarische Erschließung sich auf die ungleichen Konsequenzen richtet, die die Krise für die bürgerliche und die proletarische Gesellschaftsschicht mit sich bringen. Die ökonomische Krise tritt hier als gesellschaftlich-politisch hervor und entlädt sich aufseiten der Arbeiter, wie in Dickens' *Hard Times*, in Streiks oder, wie in Gaskells *Mary Barton*, in kriminellen oder umstürzlerischen Handlungsdispositionen (→ III.15. ROMAN UND INDUSTRIE). Soziale und lebensweltliche Auswirkungen von Wirtschaftskrisen und Arbeitslosigkeit (→ ARBEIT, ARBEITSLOSIGKEIT) beschäftigen auch den naturalistischen Roman, etwa Zolas *Germinal* und *L'Argent*, sowie später den Roman der Neuen Sachlichkeit, etwa bei Irmgard Keun, Erich Kästner, Hans Fallada und Bertolt Brecht.

Neben dieser spezifisch sozialen Verhandlung ökonomischer Krisen läuft eine zweite krisensemantische Tradition, die sich auf die Konsistenz ökonomischer Zeichen richtet, das semantische Feld der → FIKTION heranzieht und meist die Frage der Gelddeckung aufwirft. Darin liegt eine Problematisierungstradition, die auf die Geschichte frühneuzeitlicher Finanz- und Währungskrisen, etwa das Law'sche Papiergeldexperiment um 1720, zurückweist und bis heute ein wichtiges Interpretament von Wirtschaftskrisen geblieben ist (vgl. Künzel und Hempel 2011). So wird in Lessings *Minna von Barnhelm* die Wirtschafts- und Finanzkrise von 1763 ästhetisch als Krise des gegebenen Worts dramatisiert. Später wird Goethes *Faust* die schockierende Aufhebung der Währungskonvertibilität nochmals ästhetisch vollziehen, die 1797 die Bank von England offiziell von der Auszahlungspflicht entbunden hatte (vgl. Vogl 2004a, 107–138, 310–346). Im Laufe des 19. Jh.s wird die Konzeption fiktiver oder trügerischer Zeichen zu einem zentralen Bestandteil des kulturellen Krisenbewusstseins, in dessen Rahmen die Krise selbst als Aufhebung einer Täuschung und Einbruch des Wirklichen erscheint (vgl. Breyer 2016). Lässt sich der Balzac'sche Realismus noch als poetischer Resonanzbereich eines ökonomischen Denkens lesen, dem in letzter Instanz das Gold die repräsentative Kraft der Zeichen sichert (vgl. Goux 2000a, 87–103), so werden bei Autoren wie Gottfried

Keller (*Die Leute von Seldwyla, Martin Salander*), Friedrich Spielhagen (*Sturmflut*) und Émile Zola (*L'Argent*) Verschränkungen von Immobilien- und Finanzspekulation vorgeführt, in denen eine Zirkulation ungedeckter Zeichen hervortritt (→ SPEKULATION, SPEKULANT; → ZIRKULATION, KREISLAUF). Diese Interpretation ökonomischer Zeichen – von der Geldwährung selbst über Schuldscheine bis hin zu Aktien und anderen Wertpapieren – als Fiktionen, → TÄUSCHUNGEN oder entreferentialisierte Zeichen, die sich vornehmlich auf die ökonomischen und sozialen Prozesse der Finanzmärkte richtet, geht mit den Krisentopoi einer Entkopplung des Geldes von Arbeit und → PRODUKTION, von den ‚wahren' Bedürfnissen oder auch von ‚ehrlicher' Geschäftstätigkeit im Allgemeinen einher (vgl. Schößler 2009, 39–226; Rakow 2013, 231–325; Stäheli 2007). Auf der anderen Seite tritt etwa bei Zola und der zeitgenössischen Krisenforschung die instabile Medialität sozialer Prozesse hervor (vgl. Breyer 2017). Publizistische, wissenschaftliche oder literarische Krisendarstellungen greifen dabei immer wieder auf bestimmte Erklärungs- und Kontextualisierungstypen zurück: die Moralisierung der Krise, ihre Naturalisierung als Naturkatastrophe oder ihre anthropologische oder (sozial-)psychologische Deutung entlang von Konzepten wie Gier, Trieb, Panik und Massenwahn (vgl. Mackay 1958; Eiden 2008; Galke-Janzen 2016; Blaschke 2014). Ein postrealistischer Roman wie André Gides *Les faux-monnayeurs* radikalisiert dann den Entzug der Referenz entlang der Semantik des Falschgeldes (vgl. Goux 1984; → I.3. NEW ECONOMIC CRITICISM, → III.17. MODERNISTISCHE ÖKONOMIEN). Diese Engführung von Poetik, Geld und Fiktionalität taucht in späteren, postmodernen Verhandlungen der Krisenthematik wieder auf, etwa in William Gaddis' *J.R.* und Don DeLillos *Cosmopolis* (vgl. Vogl 2011, 9–21).

Ein dritter Aspekt liegt im engen Verhältnis von Krisendiskursen zu Formen der Kritik. Lässt sich in aufklärerischen Kritikformen der Frühen Neuzeit die intellektuelle Herstellung einer politischen Legitimitätskrise nachzeichnen (vgl. Koselleck 1959), so lässt sich auch die deskriptive Rede von der Krise, ganz zu schweigen von ihrer näheren Erklärung oder Interpretation, nicht von der Kritik an verursachenden Institutionen, Strukturen, Akteuren oder Gruppen trennen. Die Thematisierung und Modellierung dramatischer Umschlags- und Entscheidungssituationen eröffnet sowohl in wissenschaftlichen und publizistischen als auch in literarischen Kontexten bestimmte Optionen von Hermeneutik und Verdacht, von Anklage und Urteil, die bereits in die Darstellungs- und Fokussierungsentscheidungen eingehen und oft bestimmte Varianten von Kapitalismuskritik implizieren (vgl. Mattern und Rouget 2016). Von hier her motiviert sich auch die wirtschafts- und geschichtstheoretische Zentralstellung des Krisenbegriffs im Marxismus, der bei Marx weder als Störung noch bloß als unvermeidliches Übel, sondern als „die reale Zusammenfassung und gewaltsame Ausgleichung aller Widersprüche der bürgerlichen Ökonomie" (Marx und Engels 1956 ff., Bd. 13,

510–511) bestimmt wird. Als ‚Kritik der politischen Ökonomie' fundiert sich die Marx'sche Gesellschaftstheorie im Postulat der objektiven Krisendynamik (vgl. J. Habermas 1978, 245–252). Das Phänomen der zyklischen Krise und die Erwartung ihrer kontinuierlichen Verschärfung fungiert dabei in der weiteren marxistischen Tradition zum einen als wesentliche legitimatorische Stütze der revolutionären politischen Perspektive; zum anderen soll sich an die kollektive Erfahrung wirtschaftlicher Krisen die Bildung eines proletarischen Selbstbewusstseins knüpfen, so dass Krisen das subjektive Moment der Kritik nicht nur legitimieren, sondern auch produzieren (vgl. Lichtblau 1999, 139–146; Steil 1993, 163–183). Die wirtschaftstheoretische Integration des Krisenbegriffs in die Konjunkturtheorie am Beginn des 20. Jh.s hat die theoretische Zentralstellung des Krisenbegriffs in der nicht-marxistischen Wirtschaftstheorie zwar zugunsten der Langzeitperspektive wirtschaftlichen → WACHSTUMS abgeschwächt (vgl. Kromphardt 1989). Doch lässt sich in Phasen eines wahrgenommenen Erklärungsmangels orthodoxen wirtschaftswissenschaftlichen Wissens, der etwa die Finanz- und Staatsschuldenkrise von 2008 ff. kennzeichnet, beobachten, dass die Motivation von Kritik aus dem Befund der Krise in Literatur, Theater und Film aktualisiert und neu ausgelotet wird (vgl. Peter 2011; Künzel 2016). So kontrastiert die krisentheoretische Abstinenz der Wirtschaftswissenschaften mit einer intensiven und schier unüberschaubaren kulturellen Verhandlung der letzten Finanzkrise, die in unterschiedlichen Graden und Genres gesellschaftskritische Akzente setzt und von Romanen wie John Lanchesters *Capital* (2012) und Ulrich Fritschs *Der Tanz der Heuschrecken* (2015) über Elfriede Jelineks Theaterstück *Die Kontrakte des Kaufmanns* (2009), Andres Veiels Theaterprojekte *Das Himbeerreich* (2012) und *Let them Eat Money – Welche Zukunft?!* (2018), Jonas Lüschers Novelle *Frühling der Barbaren* (2013), Yanis Varoufakis' politische Autobiographie *Die ganze Geschichte* (2017) oder Günter Grass' Gedicht *Europas Schande* (2012, zur Griechenlandkrise) bis hin zu rezenten TV-Serien wie *Billions* oder *Bad Banks* reicht.

Ladenhüter

Urs Stäheli

Die Figur des Ladenhüters ist untrennbar an die moderne Warenökonomie geknüpft, setzt diese doch einen Überfluss an Waren voraus, mit der erst die Freiheit des Konsumenten geschaffen wird. Ein Ladenhüter ist eine → WARE, die über lange Zeit keinen Käufer findet und dennoch in einem Ladengeschäft auf einen Käufer wartet. Das unbewegliche Warten des Ladenhüters kommt in der englischen Übersetzung besonders deutlich zum Ausdruck. Er wird als *shelf warmer* bezeichnet, wodurch seine ebenso unscheinbare wie unnütze Aktivität des Regalwärmens hervorgehoben wird; und als *sticker* verschmilzt er geradezu mit dem Inventar. Für jede moderne Ökonomie ist die schnelle und effiziente Bewegung von Waren wesentlich. Der Ladenhüter dagegen gilt als „the item that persistently refuses to move" (Slyke 1911, 180). Hatten diese Begriffe noch eine nutzlose und unscheinbare Aktivität hervorgehoben, so stellt der Ausdruck *dead article* sogar dies infrage. Während in Marx' Konzeption des Warenfetisches die Waren selbst lebendig wurden (vgl. Marx und Engels 1956 ff., Bd. 23, 85–98), so droht sich beim Ladenhüter durch seine Wertlosigkeit gerade diese Lebendigkeit zu erschöpfen.

In seinem Roman *4321* erzählt Paul Auster die Geschichte dieses Zwischenzustands zwischen Tod und Lebendigkeit. Die beiden Schuhe Hank und Frank warten in einem Schuhgeschäft an der Madison Avenue in New York darauf, verkauft zu werden: „That is their destiny – to be sold, to be de-boxed by a man with size eleven feet and led away from the back room of that store forever – and Hank and Frank are impatient to begin their lives" (Auster 2017, 251). Allerdings müssen die Schuhe lange darauf warten, einen Käufer zu finden, sie werden immer ungewisser, „when and how they will rescued, if indeed they will be rescued at all" (ebd.). Mit der Zeit ergreift sie die Angst, zum Ladenhüter zu werden: „Hank and Frank begin to wonder if they aren't doomed to remain on the shelf forever – unwanted, out of style, forgotten" (ebd., 254). Auch wenn die kleine Episode glücklich endet, entwirft sie auf eindrückliche Weise die ungewisse Zeitlichkeit des Wartens, die für jeden Ladenhüter charakteristisch ist. Mit einer solchen *alien phenomenology* (Bogost 2012), welche die Perspektive des Dings einnimmt, entfaltet Auster das fiktionale, geradezu melodramatische Potential des Ladenhüters. Die Aufmerksamkeit für diese ängstliche Zeitlichkeit des Ladenhüters prägt auch frühe Marketingtexte, die zuweilen dessen Perspektive einnehmen: „Who am I? I am the sticker, the shelf-warmer, the leftover – the nameless merchandise that the public does not want" ([Anon.] 1916, 10).

Die Existenz von Ladenhütern ist ein zwar erwartbares, aber dennoch dysfunktionales Moment kapitalistischer Überproduktion. Niemand plant die Produktion von Ladenhütern; in jedes produzierte Gut ist die Erwartung eingeschrieben, dass es verkauft und konsumiert werden wird. Als *dead article*, der aber eigentlich eine lebendige Ware sein könnte, fungiert der Ladenhüter als Hybrid zwischen Leben und Tod, ja als unscheinbarer Zombie inmitten der kapitalistischen Ökonomie. Gerade dadurch wird er zur ebenso banalen wie auch renitenten Verkörperung der Nutzlosigkeit: „Sie [die Ladenhüter] bieten Konsumenten keinen Nutzen, schon gar keinen Zusatznutzen und auf gar keinen Fall einen Gewinn" (Grubor 2015, 102). Diese kalten Worte wissen nichts von der Ungewissheit der Ladenhüter – sie sind aus der Perspektive des Verkäufers geschrieben, für den deren nutzlose Gegenwart nur eine Provokation sein kann. Zwar sind ökonomische Kalkulationen immer mit der Gefahr konfrontiert, dass sie fehlerhaft sein könnten; der Ladenhüter führt aber deren Fehlschlagen durch seine materielle Dinghaftigkeit vor Augen. Er verschwindet nicht einfach nach der Fehlkalkulation; er ist nicht bloß eine negative Bilanzsumme oder ein Spekulationsverlust, sondern er verharrt nutzlos an seinem Ort. Auf diese Weise erinnert er an die vergangenen Hoffnungen und versperrt, selbst zunehmend verstaubt, den Platz für möglicherweise viel erfolgreichere Produkte.

Was die Provokation durch den Ladenhüter weiter steigert, ist die Tatsache, dass er sich äußerlich (in seiner Erscheinungsform) kaum von anderen Waren unterscheidet. Es handelt sich buchstäblich um einen *sleeper*, der nicht einmal mit den „feinsten Meßinstrumenten" (Steiner 1971, 102) aussortiert werden kann. Die Marketing- und Logistikliteratur findet letztlich nur ein zeitliches Kriterium: So wurde in den 1970er Jahren ein Produkt als Ladenhüter klassifiziert, wenn es innerhalb von zwölf Monaten nicht verkauft worden ist (heute hat sich diese Frist wesentlich verkürzt). Diese Ungewissheit darüber, ob ein Produkt ein Ladenhüter ist, prägt auch die Einstellung der Konsumenten: „Auf den technischen Fortschritt antwortet der trotzig borniert Wunsch, nur ja keinen Ladenhüter zu kaufen" (Adorno 1970 ff., Bd. 4, 134). Wegen seiner Unerkennbarkeit ruft der Ladenhüter eine Logik des Verdachts hervor: Der moderne Konsument ist von der Angst geprägt, eine nicht mehr aktuelle Ware zu kaufen, wobei sich die Aktualität an der arbiträren Zeitlichkeit des Ladenhüters bemisst.

Die Nutzlosigkeit des Ladenhüters wird in kapitalistischen Ökonomien aber nicht einfach hingenommen, sondern führt zur Entwicklung von unterschiedlichen ökonomischen Gegenstrategien. Die einfachste Strategie besteht in einem verbesserten Marketing (→ WERBUNG), wobei gerade diese Bemühung den Verdacht beim Kunden bestärken mag, dass ihm ein Ladenhüter angedreht werden soll. Der Buchmarkt des 18. Jh.s ist bereits von einem tiefen Misstrauen gegenüber einer solchen Wiedereingliederung von Ladenhütern geprägt. So wird häufig über die oberflächliche Erneuerung von unverkäuflichen Büchern geklagt, wenn z.B. nur ein neues Titelblatt eingefügt wird (vgl. Jefcoate 2015, 105). Seit den Anfängen des Buchmarktes sind nicht nur Verleger, sondern auch Autoren von der Angst geprägt, Ladenhüter zu produzieren (→ VERLAGSWESEN UND LITERARISCHE PRODUKTION). Die Einstufung als Ladenhüter ist aber nicht nur eine rein ökonomische Kategorisierung. Kritiker greifen schnell zum Vorwurf, dass Autoren, die den Publikumsgeschmack verfehlen, bloße Ladenhüter sind.

Gleichzeitig übt der Ladenhüter aber gerade im Bereich kultureller Güter (von der Mode über die Musik bis hin zur Literatur) eine eigentümliche Faszination aus. Manchmal kann die Unverkäuflichkeit sogar zum Qualitätskriterium werden – übersehene Meisterwerke, die nur auf den kompetenten Blick des Kenners und des Sammlers warten. So entwickelt das Publikum Strategien der Wiederentdeckung von Ladenhütern, womit nicht zuletzt das eigene kulturelle Kapital vergrößert werden kann (ähnlich in der Popkultur; vgl. Stäheli 2016). Es wäre aber verkürzt, diese Faszination durch die Ladenhüter nur als Distinktionsgewinn zu lesen. Was den Ladenhüter gerade als ästhetisches Produkt so interessant macht, ist seine Beziehung zur Nutzlosigkeit – und dies rückt ihn in eine überraschende Nähe zur Kunst. Zahlreiche moderne Ästhetiken bestimmen Kunst und Literatur denn auch über ihre Zweck- und Nutzlosigkeit. Mit dem Ladenhüter potenziert sich diese Nutzlosigkeit: Während das Kunstwerk als Materialisierung ästhetischer Nutzlosigkeit widerstrebend zur Ware werden muss, so sollte der Ladenhüter zur Ware werden und transformiert sich in seinem Scheitern zur materialisierten Nutzlosigkeit.

Es mag an dieser Potenzierung der Nutzlosigkeit liegen, dass eine weitere Strategie im Umgang mit Ladenhütern – insbesondere im Bereich der Literatur – zwar von großer ökonomischer Bedeutung, gleichzeitig aber nahezu unsichtbar und verdrängt ist. Die Bücher, die weder durch Marketing noch durch Kennertum oder Verramschung einen Käufer finden können, müssen schließlich die Regale räumen. Sie werden nun doch noch in Bewegung gesetzt, aber nicht um konsumiert, sondern um remittiert oder vernichtet zu werden (vgl. Hirschi und Spoerhase 2013). Der französische Schriftsteller Pierre Jourde (2008) beschreibt im Stil einer dramatischen Reportage, wie allein in Frankreich jährlich 100 Millionen Bücher im Buchschredder vernichtet werden (→ MÜLL, ABFALL). Auch wenn die Vernichtung von Ladenhütern in anderen Bereichen wie der Mode regelmäßig skandalisiert wird, so nimmt die pathetische Klage über einen ‚Librizid' oder ‚Bibliozid' eine andere Qualität an. Nicht nur erinnert die Vernichtung von Ladenhütern an politische Bücherverbrennungen, sie wird auch ohne Zensurintention als Angriff auf das kulturelle Gedächtnis verstanden. Zwar hat sich der Ladenhüter dadurch ausgezeichnet, dass er auf kein Interesse gestoßen ist, ja, dass er nicht einmal als Diebesgut interessant war. Dennoch übte seine bloße Existenz, nicht zuletzt in der Buchhandlung, eine eigentümliche Faszinationskraft aus. Literarische Erzählungen über Buchhandlungen erwähnen denn auch immer wieder den Topos des ‚staubigen Ladenhüters' – der zwar versteckt aufgestellt ist, meist aus Lyrik und Philosophie bestehend, aber dennoch zur idealtypischen Buchhandlung gehört (z. B. Penelope Fitzgerald, *Die Buchhandlung*, 2010). Aber gerade durch diese schon fast unmerkliche Existenz erhält seine Nutzlosigkeit einen eigenen Platz. Während in Modeboutiquen befürchtet wird, dass Ladenhüter die Atmosphäre des Ladens stören und Zweifel über die Aktualität der anderen Produkte verströmen könnten, ist das unverkäufliche Buch an der Schaffung der spezifischen Atmosphären einer Buchhandlung beteiligt. Gerade das Buch als Ladenhüter markiert das Problem des Buchs als Ware: einerseits die Notwendigkeit, ständig Novitäten auf den Markt bringen zu müssen (→ MARKT, LITERARISCHER MARKT), andererseits der Anspruch, mehr als ein bloßes schnell vergängliches Produkt zu sein. Mit der Vernichtung überflüssiger Bücher droht sich diese Ambivalenz ganz zugunsten der Ökonomizität des Buches aufzulösen. Manche Kritiker wie Jourde schauen hier sogar hoffnungsvoll auf die digitale Ökonomie, die letztlich vom Traum einer Welt ohne Ladenhüter lebt. Die Theorie des *Long Tails* (C. Anderson 2006) verspricht, in digitalen Ökonomien sogar Ladenhüter profitabel zu machen, da deren elektronische Lagerung und Distribution nur wenig Kosten verursacht. Allerdings droht so auch der Ladenhüter – nicht zuletzt seine angestaubte, schon fast mit dem Inventar verschmelzende Materialität – aus dem öffentlichen Blick zu entschwinden. Der Ladenhüter als Mischwesen zwischen der Hoffnung, doch noch einen Nutzen zu finden, und der resignativen Einsicht in seine Nutzlosigkeit müsste seiner perfektionierten Bewirtschaftung zum Opfer fallen – und damit auch die zweckfreie Ausstellung seiner Nutzlosigkeit.

Leidenschaften
Armin Schäfer

In Antike und Christentum spielen die Affekte bei der Analyse, Modellierung und Bewertung ökonomischer Sachverhalte und insbesondere des Reichtums eine wichtige Rolle. Der Affekt ist nicht nur das Objekt einer Sorge und der ethischen Bewertung, sondern auch wesentliche Triebkraft ökonomischen Handelns. So wie es für den Affekt ein richtiges und natürliches Maß gibt, so kann aus den menschlichen Bedürfnissen auch ein richtiges Maß für ökonomisches Handeln und Reichtum abgeleitet werden. Aristoteles unterscheidet in der *Politik* zwischen der Ökonomik, die Haushaltungslehre und natürliche Erwerbsweise umfasst, und der Chrematistik, die eine Kunst des Gelderwerbs oder der Bereicherung ist (Aristoteles, pol. 1256b–1258b; → III.1. Oikonomia und Chrematistik). Diese Erwerbskunst hat „keine Begrenzung" (ebd., 1256b 24) und wird „nicht entsprechend der Natur ausgeübt" (ebd., 1258b 2). Die „Gewinnsucht" (ebd., 1302b 6) zerstört das Band der Gemeinschaft und ist „Ursache[ ] politischer Auseinandersetzungen" (ebd.) im Staat. Das unbeschränkte Wachstum des Kapitals ist Symptom einer Desorganisation der Affekte, die ohne Orientierung an einem richtigen Maß nach einem grenzenlosen, naturwidrigen Reichtum streben. Das Christentum wertet die Begierde nach Geld und Besitz als Sünde. Das Neue Testament formuliert das Gebot der Mäßigung (vgl. Lk 12,15–21); die Theologie rechnet die *avaritia* – → Geiz und Habgier – unter die sieben Hauptsünden. Seit dem frühen 18. Jh. kommt es in der ökonomischen Theorie zu einer neuen Bewertung der Rolle und Funktion der Affekte, die ihrerseits mit einer neuen Thematisierung und Darstellung des Zusammenhangs von Ökonomie und Affekt korrespondiert.

In Literatur und ökonomischer Theorie gehen nun die Funktionen der ‚Leidenschaft' – von Kant als „die zur bleibenden Neigung gewordene sinnliche Begierde" definiert (Kant 1956 ff., Bd. 4, 540) – über die eines anthropologischen Faktors hinaus, der in die Ökonomie hineinwirkt bzw. in der Literatur eine weitere Darstellung erfährt. Einerseits verfügt eine Literatur, die ihren angestammten Gegenstandsbereich der Affekte, Begierden und Gefühle als Leidenschaften konzipiert, über eine ebenso stabile wie flexible Codierung für die Elemente einer Subjektivität. In diesem Code treten an die Stelle von Charakteren wie dem Geizigen oder Habgierigen, die einen mehr oder minder gleichbleibenden spezifischen Affekt in wechselnden Situationen verkörpern, Wechselwirkungen von Leidenschaften und Situationen; an die Stelle von intermittierenden Affekten, die das Subjekt punktuell beherrschen, dauernde Seelenzustände, in denen das passive Erleiden eines Affekts, der dem Willen entzogen ist, demjenigen Handlungsspielraum begegnet, den eine Disposition lässt; und an die Stelle einer mimetischen

Darstellung und rhetorischen Codierung des Affekts fallweise Beschreibung und Einfühlung. Andererseits löst die ökonomische Theorie den Affekt ein Stück weit aus seiner angestammten Rolle heraus, in der er vermeintliche Bedürfnisse des Menschen ausdrückt und dem Tausch eine ursprüngliche Motivation liefert, um stattdessen in den Leidenschaften ein Funktionsmodell für systemische Effekte zu entdecken.

Der Affekt ist zum einen einer rationalen Analyse zugänglich, weil in ihm Restbestände von Interessen stecken. Bernard Mandeville behauptet in *The Fable of the Bees* (1714), dass der Geiz, der einst als sündig abgewertet wurde, durch „das geschickte Vorgehen eines tüchtigen Politikers in öffentliche Vorteile umgewandelt werden können" (Mandeville 2014, 400; vgl. ebd., 148–149). Der konvertierte Affekt streift seine destruktive Komponente ab und wird nicht zuletzt durch den Markt geläutert. Zum anderen folgt das Zusammenspiel der Affekte insgesamt Regeln, die rationalisierbar sind und auf ökonomische Sachverhalte übertragen werden. So wie im Subjekt Affekte auf Affekte wirken, ohne dass sein Wille auf ihre Wechselwirkung regieren kann, so funktioniere auch die Ökonomie auf unpersönliche und systemische Weise (vgl. Hirschman 1987, 39–51). Das *tertium comparationis* liegt in der Paradoxie, dass unbeabsichtigte Handlungen, zufällige Konstellationen und indirekte Wirkungen im Subjekt den Effekt einer Temperierung der Affektivität hervorbringen, die erwünscht ist und als ein Ausweis von Rationalität gilt. Was im Subjekt als rationale Mäßigung erscheint, erweckt in seiner Übertragung auf die Ökonomie den Anschein eines rationalen Systemverhaltens. Die Beobachtung, die von Affekten auf Leidenschaften schwenkt, nimmt einen in sich verschobenen, gespaltenen und verdoppelten Gegenstandsbereich in den Blick: Sie setzt am Affekt an, um zu fragen, welches Bedürfnis er artikuliert und wie er auf andere Affekte wirkt, nimmt aber mit den Dispositionen auch die Wirkungsweisen in den Blick. Jedenfalls ist mittels einer Beobachtung einzelner Akteure und ihrer Leidenschaften noch nicht zu erkennen, wie das ökonomische System funktioniert. Allenfalls kann eine anonyme und unwillkürliche Funktionslogik des Ökonomischen nachträglich den Personen zugerechnet werden.

Sympathielehre und Ökonomie sind zwei Seiten desselben Sozialzusammenhangs. Adam Smith liefert eine moralische Begründung ökonomischer Funktionssysteme. Er fasst die Wirkung der spezifischen Disposition zum Mitleid (*compassion*) als das Gefühl der Sympathie (vgl. Smith 1994, 1–9). Sympathie ist ein Zustand, der die „Fähigkeit des Perspektivenwechsels, die Fähigkeit zur Erwartung der Erwartungen anderer, die Fähigkeit des Beobachtens der Beobachtungen anderer" (Luhmann 1989, 411) erfordert. Die ökonomische Theorie, die nach Übergängen von anthropologischen Gesetzmäßigkeiten zur Funktionsweise des ökonomischen Systems sucht, findet in der Sympathie einen Mechanismus, der irrationale Wirkungen in rationale Wirkungsweisen umwandelt. Sympathie ist an die Rolle des Zuschauers und die Fähigkeit geknüpft, sich in die Lage des anderen hineinzuversetzen. Weil aber die Gefühle von Dritten nicht unmittelbar zugänglich sind, muss der Zuschauer in ein Dispositiv eintreten, das ihn zuallererst in den Zustand der Sympathie versetzt und Züge eines Theaters trägt (vgl. Marshall 1984, 595–598). Insofern „steht im Innern von Smiths *Theory [of Moral Sentiments]* eine Theatertheorie ganz eigener Art" (Vogl 2004a, 92). Umgekehrt kann Sympathie in szenischen Anordnungen repräsentiert werden (vgl. Koschorke 2003, 105, 111). Ihr *modus operandi* „stellt eine Poetik bürgerlichen Schauspiels im weitesten Sinne [...] in Aussicht" (Vogl 2004a, 93). Während die Sympathie ein soziales Band der Akteure knüpft, kommt im Zusammenspiel der „private passions" der Subjekte eine „proportion" zustande, „which is most agreeable to the interest of the whole society" (Smith 1975 ff., Bd. 2.2, 630). Am besten ist der Mechanismus an der Ökonomie der Kolonien (→ III.6. KOLONIALISTISCHE ÖKONOMIEN) zu studieren: „So veranlassen also private Interessen und Präferenzen [*passions*] den einzelnen ganz von selbst, daß er sein Kapital dort einsetzt, wo es gewöhnlich dem Land den größten Vorteil bringt. [...] Ohne jeden staatlichen Eingriff führen daher private Interessen und Neigungen [*passions*] die Menschen ganz von selbst dazu, das Kapital eines Landes so in allen vorhandenen Wirtschaftszweigen zu investieren, daß die Verteilung soweit wie möglich dem Interesse seiner Bevölkerung entsprechen wird" (Smith 2013, 531).

Die Poetik des Dramas, die fragt, wie Theateraufführungen wirken, entdeckt, dass Mitleiden und Einfühlung ihrerseits Effekte eines Zusammenspiels der Situation des Zuschauens mit Stücken sind, die auf eine spezifische Weise beschaffen sein müssen. In George Lillos Drama *The London Merchant, or, The History of George Barnwell* (1731), das zum bürgerlichen Trauerspiel hinführt, steht den „Maximen puritanischer Lebensführung" (Szondi 1973, 71) und der Forderung nach innerweltlicher Askese die tatsächliche Handlungsweise eines Kaufmanns gegenüber, der sich in den anderen einfühlt und Affekte und Leidenschaften nicht einfach nur unterdrückt, sondern mittels ihrer Moderation versucht, das Geschehen zu lenken (vgl. Vogl 2004a, 96–100). Die Poetik des bürgerlichen Trauerspiels korreliert die Effekte, welche die Einfühlung der dramatischen Personen zeitigt, mit der Wirkung des Theaters auf den Zuschauer. Insofern der Zuschauer die Position eines reflektierenden Beobachters einnimmt, der Distanz zum affektiven Geschehen wahrt, vermag er im Schauspieler auf der Bühne einen Stellvertreter seiner selbst erkennen, in den er sich einfühlen kann. Der Schritt von einer einseitigen Perspektivübernahme zur wechselseitigen, die zuallererst das Band der Sympathie knüpft, erfordert die Imagination einer szenischen Anordnung, in der auf beiden Seiten die Nachempfindung zur Reflexion auf die Lage des anderen zwingt und die Reflexion auf die Lage des anderen zur Nachempfindung. Diese Verschränkung von Empfindung und Reflexion soll erklären, warum die Stücke im Theater eine spezifische Wirksamkeit entfalten. Die Trauerspiele selbst präsentieren Affekte, die auf Affekte wirken, als einen Mechanismus, der auf ebenso indirekte und systemische Weise funktioniert wie der des Marktes. Lessings *Minna von Barnhelm* demonstriert die Relevanz wechselseitiger Einfühlung für die Verflüssigung affektiver Stockungen und die Lösung wirtschaftlicher Schwierigkeiten: So übernimmt das Mitleid in der dramatischen Handlung nicht nur die Funktion, die umnebelte Seele des Majors von Tellheim für die Leidenschaften wieder zu öffnen, sondern auch – indirekt – seine „Verkehrsfähigkeit" (Vogl 2004a, 115; → III.8. BÜRGERLICHES TRAUERSPIEL) wiederherzustellen. Die ökonomische Funktionslogik macht vor den Leidenschaften nicht halt, die selbst einen Preis haben und auf einem Markt getauscht werden.

Im 20. Jh. formuliert Bertolt Brecht im Rahmen seiner Theorie des epischen Theaters (→ III.19. LITERARISCHE PRODUKTION IN DER MODERNEN ARBEITSWELT) eine Kritik der „Einfühlung in das Individuum des Hochkapitalismus" (Brecht 1988 ff., Bd. 22, 172). Die Einfühlung beschwichtige den Zuschauer, der in diesem Modus der Rezeption zu keiner Analyse komplexer ökonomischer Zusammenhänge in der Lage ist. In Stücken wie *Die heilige Johanna der Schlachthöfe* (1931) oder *Der gute Mensch von Sezuan* (1943) sind Affekte und Verhaltensweisen der Figuren durch und durch vom Kapitalismus diktiert, dessen Funktionslogik jedoch nicht mehr mittels des anthropomorphen Modells eines Affektgeschehens zu erschließen ist, sondern eine Kritik der politischen Ökonomie herausfordert. Seit dem späten 20. Jh. ist der Nexus von Gier und Ökonomie zu einem Topos in der Literatur geworden, der eine zweideutige Funktion ausübt. So verleihen Figuren wie der gierige Wirtschaftsmanager oder Banker, etwa in *The Bonfire of the Vanities* (1987) von Tom Wolfe oder *American Psycho* (1991) von Bret Easton Ellis, der Komplexität des Wirtschafts- und Finanzsystems ein Antlitz, auf das psychologische und psychopathologische Theoreme projiziert werden können. Die literarische Figur eröffnet eine Perspektive auf das Wirtschafts- und Finanzsystem, die einerseits Analysen von dessen unpersönlicher Logik blockiert, aber in der andererseits, wie in Rainald Goetz' *Johann Holtrop* (2012) oder in Ingo Schulzes Schelmenroman *Peter Holtz* (2017), Rollen und Funktionen des Subjekts im ökonomischen System in den Blick geraten.

Luxus

Joseph Vogl

Seit der Antike weist der Luxusbegriff – seine Ableitung vom lateinischen *luxus* (‚verrenkt') und griechischen λοξός (‚schief', ‚schräg') ist nicht geklärt – ein Zusammenspiel von moralischen, ökonomischen, politischen, diätetischen und ästhetischen Aspekten auf und zeigt jeweils spezifische Gewichtungen und Transformation von Normsystemen an. Er wird in Zusammenhang mit höfischer Prachtentfaltung, mit Statusfragen, mit privater und öffentlicher Repräsentation diskutiert, verweist auf Probleme von Wertbildung und Reichtum und kann als Leitfaden für eine Geschichte des begehrenden Subjekts dienen (→ WUNSCH, BEGEHREN). Während Platon und Aristoteles dem Luxus eine Abweichung vom Gebot der Mäßigung und eine auflösende Kraft hinsichtlich der Gemeinschaften von *polis* und *oikos* zugeschrieben hatten (vgl. Platon, rep. 372c–373d; Aristoteles, pol. 1257a–1258b), steht er in den Konzepten der griechisch-römischen Stoa für eine Desorganisation der Begierden, die eine Kritik der Lebensführung verlangt und sowohl moralische wie medizinische Implikationen besitzt (vgl. Seneca, epist. 95, 15–27; 122, 13–14). Zudem durchdringt die Frage des Luxus alle Bereiche des individuellen und öffentlichen Lebens und führt etwa in Rom zu den ersten Debatten über den Zusammenhang von Luxus, Aufwandgesetzen und öffentlicher Ordnung. Sofern dieser ‚Luxus' auch demonstrativen Konsum und Prunk umschließt, korrespondiert er mit der Bedeutung von *luxuria* in Rhetorik und Poetik: als gezierte oder obszöne Rede, als übermäßig ausgeschmückter Stil oder verlorene Einfachheit in der Versform (vgl. Seneca, epist. 114; Cicero, de or. 2, 23,96; Horaz, ars 214–217). Seit der Patristik tritt die neutestamentliche Verurteilung von Ausschweifung und ‚üppigem' Leben hinzu und markiert eine Verschiebung des Bedeutungsakzents. Die Gegenstände von Luxus und *luxuria* können nun für die Weltlichkeit der Welt selbst einstehen und als Quelle für alle Laster des Willens zu einem systematischen Posten christlicher Morallehre werden: als Ursache des Sündenfalls, Versuchung des Fleisches und Todsünde (vgl. Augustinus, civ. 1, 30; 4, 3; 14, 2; Thomas, summa theol. 1–2, q. 6–89; 2–2, q. 153–154; Studemund 1898, 21–23; Sekora 1977, 41–46; Grugel-Pannier 1996, 107–112).

Auch wenn scholastische Fassungen des Luxus in die Neuzeit vermittelt werden, lassen sich seit dem 16. Jh. neue Referenzbereiche verzeichnen. In der europäischen Rechtsgeschichte betrifft dies einerseits ein Ensemble von Luxusverordnungen und Polizeyregeln (→ POLIZEY), mit denen soziale Distinktionen markiert und ökonomisch ruinöse Verschwendung begrenzt werden sollten (während für die höfische Repräsentation ein ‚Zwang zum Luxus' galt; vgl. Stolleis 1983, 9–18). Anderseits wird der Luxus in Fürstenspiegeln und Regierungshandbüchern, in politischer Theorie wie in der Literatur als Störung politisch-rationaler Ordnung und vernunftwidriges Sozialverhalten disqualifiziert (vgl. Morus 1960, 69). Spätestens im 17. Jh. löst sich der Luxusbegriff aus dem Geltungsbereich von Tugendlehren und *luxuria* wird im Umkreis eines entstehenden politökonomischen Wissens zum Objekt wirtschaftspolitischer Intervention, mit dem Fragen von Überfluss und Mangel, natürlichen und monetären Ressourcen, Luxuspatenten, Steuern und Zöllen verhandelt werden (vgl. Seckendorff 1685, 234; Petty 1963, 23; Marperger 1710, 52; Pallach 1987).

Vor diesem Hintergrund hat sich im 18. Jh. eine weitläufige Luxusdebatte entwickelt, die ihren Brennpunkt im ökonomischen und politischen Diskurs findet, auf assoziierte Gebiete übergreift, die Reflexion von semiotischen, ästhetischen und anthropologischen Fragen einschließt und ihren Ausgang wohl mit Bernard Mandevilles *The Fable of the Bees* (1714) nimmt. Dabei ist ‚Luxus' zu einem ökonomischen Funktionsbegriff geworden, der zwei komplementäre, aber gegensätzliche Blickwinkel eröffnet. Als Exponent des Überflüssigen stellt er etwa bei Mandeville, Jean-François Melon, Voltaire oder Jean-François de Saint-Lambert die Bedingung für Handel, Austausch, die Zirkulation von Reichtümern und den Fortschritt des Menschengeschlechts überhaupt dar: „Le superflu, chose très nécessaire" [Der Überfluss, eine sehr notwendige Sache] (Voltaire 1877, 84; vgl. ebd., 90–93; Mandeville 1729, 325–326; Melon 1754; Saint-Lambert 1765, 763). Umgekehrt muss er aus der Perspektive von Bedarf und Notwendigkeit als Abdrift vom natürlichen Maß erscheinen; als ‚frivoler Luxus' (Turgot 1970, 67) bezeichnet er diejenigen Reichtümer, die ihre Referenz nicht in der Stillung von Bedürfnissen finden, repräsentiert durch nutzlose Güter und leere Signifikanten (vgl. Condillac 1948, 112). Rousseau situiert den Luxus darum als Ursache von Ungleichheit überhaupt und stellt ihm die ländliche Bedürfnisökonomie Wolmars aus der *Nouvelle Héloïse* gegenüber (vgl. Rousseau 1990, 314; 1959 ff., Bd. 2, 602–611). Eine ähnliche Ambiguität prägt auch die anthropologische und ästhetische Dimension des Luxus. Während er einerseits für die notorische These steht, dass private Laster und das Streben nach *luxury* Gemeinwohl erzeugen (vgl. Adam Smith 1975 ff., Bd. 2.1, 183–184), so ist damit andererseits eine Entgrenzung angezeigt, die dem Luxus eine exponierte Position in der Pathographie des 18. Jh.s zuweist. Von der Schwächung der physischen und psychischen Konstitution über ‚literarischen Luxus' und Lesesucht bis hin zu einer ‚luxurierenden' Einbildungskraft reicht eine Linie, die medizinische, psychologische und pädagogische Aspekte verknüpft (vgl. Jung-Stilling 1826, 225; Shaftesbury 1900, 327; J. H. Campe 1785; Beyer 1794/1795), die Rede von einer „semiotischen Ökonomie des Luxus" nahelegt und in die Diskussion des Ästhetischen hinüberführt (Vogl 2001a, 702; Weder und Bergengruen 2011). Während der Luxus die Entwicklung bzw. Verfeinerung von Künsten und Geschmack motiviert (vgl. Hume 1994), wird mit ihm zugleich die

Schwelle zur „Schwelgerei" (Kant 1956 ff., Bd. 6, 578–579), zu Trugbildern, zum „Schwulst" (Sulzer 1794, 350) und „mauvais goût" bzw. schlechtem Geschmack (Rousseau 1959 ff., Bd. 4, 673), zur „Üppigkeit der Künste" und deren „Verfall" (Wieland 1794 ff., Bd. 7, 260) überschritten. Schließlich markiert das Erscheinen des *Journal des Luxus und der Moden* im Jahr 1787 einen Moment, an dem sich ein Ende der Luxusdebatten abzeichnet und der Begriff selbst sich auf die ‚Annehmlichkeiten' einer bürgerlichen Alltagskultur hin öffnet.

Während der Luxus – wie bei Sade – als Schaubild monströser Libertinage des Ancien Régime überlebt (vgl. Hénaff 1978, 165–208), ist der Begriff für die politische Ökonomie des 19. Jh.s weitgehend obsolet geworden und seiner Historisierung und Soziologisierung gewichen. Mit ihm werden nun Gesellschaftsformen differenziert, kulturhistorische Materialsammlungen angelegt (vgl. Rau 1817; Roscher 1878; Baudrillart 1878) oder ein Zusammenhang von Lebensführung, Begehrensstruktur und Wirtschaftssystem verfolgt, mit dem etwa Sombart die Entstehung einer kapitalistischen Kultur erklärt (vgl. Sombart 1922). Parallel dazu verfolgt die entstehende Soziologie Phänomene, die – wie Prestige, Ostentation, Mode, *conspicuous consumption* – nicht unter die Prinzipien ökonomischer Vernunft subsumierbar sind (vgl. Tarde 1890, 241–251, 354–379; M. Weber 1972, 651; Veblen 1899, 35–37, 68–101; Simmel 1989 ff., Bd. 6, 327, 332) und ihre Zuspitzung in Theorien der → GABE, des Opfers und der anökonomischen Verausgabung finden (→ VERSCHWENDUNG, VERAUSGABUNG; vgl. Mauss 1950; Bataille 1970 ff., Bd. 7, 38–46; Baudrillard 1976; Derrida 1991). Das Pendant liegt in literarischen und kunsttheoretischen Programmen, die sich einem paradoxen Genießen des Tauschwerts (etwa in Baudelaires *Rêve parisien*, 1857), einem „Luxus von Zerstörung" (Nietzsche 1980 ff., Bd. 3, 620), ästhetischer Distinktion oder dem Dandyismus (vgl. Huysmans 1884; Wilde 1982) verschreiben. In dem Maße allerdings, wie sich der Luxus im 20. Jh. mit dem Komfort, der „leicht über den Rahmen schwellenden Polsterung des Daseins" (Musil 1978 ff., Bd. 4, 1064) verbündet oder zum Synonym für die „Industrialisierung von Genuß" (H. Müller 1991, 65) geworden ist, kann er nun seine Vorzeichen wechseln, sich vom „Überflüssigen" verabschieden und nach dem Erhalt knapper Ressourcen, nach dem „Notwendigen" (H. M. Enzensberger 1996, 117) streben.

Marke

Thomas Wegmann

Eine Marke dient dazu, Waren und Dienstleistungen instantan wiedererkennbar zu machen und mit einem intendierten Set (positiver) Assoziationen zu verknüpfen. Alle Bemühungen um eine exakte Definition von Markenartikeln können dabei nicht verdecken, dass der Markenbegriff in doppelter Hinsicht dynamisch ist: Zum einen unterliegt er historischen Veränderungen, zum anderen wird er nicht diktiert, sondern kommunikativ immer wieder austariert. Etymologisch leitet sich der Terminus erstens vom mittelhochdeutschen *marc* mit der Bedeutung ‚Grenze, Grenzmarkierung' ab und zweitens vom französischen *marque*, einem auf einer Ware angebrachten Zeichen. In diesem Sinne allmählich eingedeutscht, grenzt die Marke ein Produkt von anderen, vor allem von ähnlichen Produkten ab, wie schon das *Deutsche Wörterbuch* mit Verweis auf eine Belegstelle aus dem Jahr 1866 konstatierte: „waaren haben jetzt eine *schutzmarke* zur verhütung der fälschung. von dieser *waarenmarke* her erlangt *marke* auch den begriff der qualität" (Grimm und Grimm 1854 ff., Bd. 4, 1637). Damit ist angedeutet, dass moderne Marken, wie sie im deutschen Sprachraum seit dem letzten Drittel des 19. Jh.s entstehen, nicht nur über eine besitzanzeigende, sondern auch über eine Qualität suggerierende Funktion verfügen. Vor allem die durch neue Technologien seriell gefertigten Güter sollten durch das Konzept der Marke mit dem Nimbus des Besonderen ausgestattet werden. Die Firma Dr. Oetker etwa versprach 1900 in der *Feder*, der *Halbmonatsschrift für die deutschen Schriftsteller und Journalisten*, 1.000 Mark für eine „ausführbare Idee, um die Hausfrauen zu veranlassen, daß dieselben beim Einkauf nicht einfach Backpulver wünschen, sondern Dr. Oetker Backpulver verlangen" (zit. nach Wegmann 2011, 183). Zum einen kompensiert die Etablierung von Markenartikeln fehlende Face-to-Face-Kommunikation zwischen Produzent bzw. Händler und Kunde in industriellen Produktionsverhältnissen. Das ‚Personenvertrauen', das lange Zeit Verkaufsgespräche wie Tauschverhältnisse dominierte, wird dabei abgelöst durch die medial konstituierte ‚Markenpersönlichkeit'. Zum anderen suggeriert die Versprechenssemantik von Marken, nicht nur ein Produkt zu erwerben, sondern auch die damit verbundenen und werblich konstruierten Fiktionen bzw. Distinktionen wie etwa Reinheit bei Hygieneprodukten oder Sicherheit bei motorisierten Fahrzeugen: So verheißt Odol 1929 qua Werbung „frisch-duftenden Atem" und Mercedes-Benz im selben Jahr „das beglückende Gefühl der Sicherheit und des Behagens".

Marken medialisieren Produkte mit dem Ziel, die Prüfung eines jeden Einzelfalles überflüssig zu machen, indem sie für einen bestimmten Artikel gleichbleibende Qualität suggerieren. Hans Domizlaff, einer der ersten namhaften deutschen Markentechniker, bestimmte ‚Marke' schon 1939 als eine markierte Fertigware, die durch einen konstanten Auftritt und einen gleichen Preis innerhalb eines größeren Distributionsraumes Kaufsicherheit und Vertrauen anbietet. Mit diesem Versprechen einer zeit- und ortsunabhängigen Qualität marginalisieren Marken Empfehlungen und Garantien seitens des Händlers und liefern eine neue Form des Orientierungswissens. Dazu verfügen sie über einen möglichst unverwechselbaren Eigennamen, dem stets besonderes Augenmerk galt und gilt. Zunächst griff man häufig auf vorhandene Namen zurück, etwa auf den eines Philosophen (Leibniz Keks), eines Ortes (Kölnisch Wasser) oder des Herstellers selbst (Liebig's Fleisch-Extrakt); später wurden synthetische Namen entwickelt: ‚Persil' etwa setzt sich aus den Namen der Chemikalien *Per*borat und *Si*licat zusammen, ‚Odol' aus *Od*ous und *Ol*eum, ‚Aral' aus *A*romaten und *Al*iphaten. Avisiert war in allen Fällen Identisches, nämlich den „Ruf der Marke" als das „wertvollste Eigentum der Markenartikelfabrik" (Findeisen 1924, 80) zu etablieren. Ergänzt wird der Name in der Regel durch ein Firmen- oder Markenlogo, das dem gültigen Markengesetz zufolge aus Zeichen besteht, die im geschäftlichen Verkehr innerhalb beteiligter Verkehrskreise Verkehrsgeltung erworben haben (§ 4 Nr. 2 MarkenG) und zunehmend vor einem internationalen Publikum bestehen müssen. Als Kennzeichen und substantieller Teil der Marke ist die Verpackung zwar ebenfalls gesetzlich geschützt; dennoch besteht das Besondere einer Marke nur zum Teil aus ihrem Gebrauchswert bzw. dem Produkt selbst, das potentiell – zumal bei seriell Gefertigtem – annähernd gleich nachgebaut, -gebacken oder -gebildet, kurz: kopiert werden kann, sondern aus ihrem ‚Ruf' bzw. ‚Image'. Folglich ist Markenschutz Kopierschutz und nicht Herstellungsverbot. Und das Unverkennbare einer Marke liegt denn auch tautologisch in ihrer gesetzlich geschützten Unverkennbarkeit, die wiederum etabliert und kommuniziert wird durch Marketing und Werbung und weniger aus Produkten als vielmehr aus Zeichen besteht: „Trademark protection is yet another form of intellectual property" (McMillan 2002, 106). Insofern verfolgen Markengesetz und Urheberrecht ähnliche Anliegen, wenn sie spezifische Formen geistigen Eigentums (→ URHEBERRECHT) zu schützen versprechen. Entsprechend war die Verquickung von Literatur und Marke für die ökonomische Beobachtungskultur schon in den 1920er Jahren wenig zweifelhaft: „Auch das Buch ist ein Markenartikel, da der geistige Inhalt des Buches die Hauptsache ist, nicht die äußere Form, das Papier und die Schriftzeichen. Der geistige Inhalt charakterisiert so die Ware, welche aus Papier und Schriftzeichen besteht und macht diese zu einem Markenartikel, dessen Produzent kenntlich gemacht ist und der allein das Recht besitzt den ‚Buchmarkenartikel' herzustellen" (Findeisen 1924, 32). Dieser Befund lässt sich gleichermaßen für Verlags- wie Autorenseite exemplifizieren: Der Verlag Philipp Reclam jun. aus Leipzig etwa, bekannt geworden durch die preisgünstige Universal-Bibliothek deutscher Klassiker, folgte schon früh dem Prinzip der Markenführung bzw. des Brandings und setzte konsequent auf Reihenbildung, besonders auffällig und mit bildgestützten Methoden bei der 1927 gestarteten Prosareihe *Junge Deutsche*. Und auch wenn das literarische Feld eine eigene Ökonomie und die Literatursoziologie eine eigene Terminologie herausgebildet haben, kann ein Autorname de facto als Markenname fungieren und einen Stil, eine Erzählweise, eine Vorliebe für Themen, Settings und Plots, aber auch bestimmte Inszenierungspraktiken einer Künstlerpersönlichkeit *in nuce* markieren (was sich auch in alltäglichen Redewendungen wie ‚der neue Walser' niederschlägt) – und in manchen Fällen sogar einem Markennamen analog gebildet werden: So wählte Alfred Henschke für seine literarischen Arbeiten von Beginn an das Pseudonym ‚Klabund', eine Zusammensetzung aus *Kla*bautermann und Vaga*bund*, womit er einem gängigen Verfahren bei der Kreation von Markennamen folgt, nämlich der künstlichen Zusammensetzung von Präfix und Suffix zweier verschiedener Worte, wie sie sich beispielsweise bei ‚Osram' (*Os*mium + Wol*fram*) oder eben ‚Persil' (*Per*borat + *Sili*cat) findet. Darüber hinaus können Marken auch in literarischen Texten selbstsignifikante Rollen übernehmen, verfügen diese doch über ein zeitgenössische Erfahrungen und Biographeme bündelndes Potential – und das nicht erst, seit Moritz Baßler 2002 in einer viel beachteten Studie die Gegenwartsliteratur in Texte mit und ohne Markennamen separierte, sondern auf kennzeichnende Weise bereits bei Theodor Fontane und dann vor allem in der Neuen Sachlichkeit, in Romanen von Irmgard Keun, Erich Kästner oder Martin Kessel (vgl. Wegmann 2011, 326–398; → III.18. NEUE SACHLICHKEIT UND ANGESTELLTENLITERATUR). Lässt man die pathologische Akzentuierung des Begriffs außer Acht, können Marken durchaus als Fetische firmieren, insofern mit ihnen Erfahrungen und zeitgenössisches Wissen assoziiert sind, die über die rein dinglichen Qualitäten der jeweiligen Waren hinausgehen – ein Aspekt, der vor allem in literarischen Texten sinnfällig wird, wenn etwa Otto Jägersberg in seinem Gedicht *Nivea* (1985) das haptisch ‚Schmierige' dieses Markenartikels zur kaum verhohlenen Chiffre und zum unausgesprochenen Reimwort für das ‚Schwierige' deutscher Geschichte werden lässt: Vom Kaiser über Hitler und Adenauer bis zur Mutter und zur Frau des lyrischen Ichs – alle schmierten und schmieren sie mit dem ‚Massenweiß' Nivea.

Mittlerweile bestimmt das Markenkonzept auch die medialen Inszenierungen von Subjektivität: Das Ich kann tendenziell zur Marke werden (vgl. Seidl und Beutelmeyer 1999), seitdem mit dem Web 2.0 eine Medienkultur der Selbstpraktiken entstand, die vielfach die Form von experimentellem Selbstverhältnis und Selbstinszenierung als gleichermaßen ästhetische wie werbliche Praxis annimmt. Es geht dabei um Techniken des Selbstmanagements auf den gegenwärtigen Aufmerksamkeitsmärkten, auf denen soziale Netzwerke als normative Systeme fungieren, die ihre Mitglieder anweisen, sich am Prozess der Selbstthematisierung zu beteiligen und „mit Hilfe der erlernten Medienkompetenz an einer vorteilhaften Selbstdarstellung zu ‚basteln'. Der Begriff der → KREATIVITÄT hat für die Subjektkonstitution weitreichende Folgen, denn er suggeriert die Möglichkeit einer permanenten Selbsterfindung des Subjekts mittels der neuen Medien" (Reichert 2008, 43). Wenn mit und seit Foucault die Technologien des Selbst Praktiken bezeichnen, mit denen Menschen auf sich und ihre Lebensumstände einwirken, auf dass ihr Leben gewissen (ästhetischen) Vorstellungen zu entsprechen beginne, sind diese Praktiken inzwischen häufig am Konzept eines kreativen Brandings orientiert, wofür symptomatisch ein Sammelband mit dem programmatischen Titel *Der Mensch als Marke. Konzepte – Beispiele – Experteninterviews* (2003) steht. Aus der metaphorischen Markenpersönlichkeit wird dabei eine ebenso metaphorische Persönlichkeitsmarke.

Markt, literarischer Markt

Thomas Wegmann

Für den Umschlag und damit die Zirkulation von Waren bedarf es bestimmter Plätze, deren historisch älteste Variante Märkte bilden. Der Markt (von lat. *mercatus*, ‚Handel', zu *merx*, ‚Ware') steht zum einen für eine regelmäßige, zeitlich begrenzte Veranstaltung, während der unterschiedlichste Waren ge- und verkauft werden, die dabei wiederum der Inszenierung bedürfen, um als käufliche Dinge identifizierbar zu sein; sie werden von Marktschreiern als solche deklariert, zudem aus- und zur Schau gestellt. Gerade in Zeiten, da sich die Wirtschaft moderner Gesellschaften zunehmend spezialisiert und in ihren Strukturen und Abläufen – zumindest für Nicht-Ökonomen – auch abstrakter erscheint, kommt der Marktplatz wieder zu Ehren als ein Ort, an dem sich das Verhältnis von Anthropologischem und Sozialem, Ökonomischem und Ästhetischem verdichtet und verdichten lässt. So fand und erfand Peter Handke in seiner viel geschmähten *Winterlichen Reise* im vom Krieg gebeutelten Serbien und fern der amerikanisierten Marken- und Medienwelt mit „truthahngroßen Suppenhühnern" und „märchendicken Flußfischen" die urtümlichen bis urigen Reize des Marktes wieder (Handke 1996, 71). Während mithin der globale Markt etwa im Internet Tauschvorgänge virtualisiert, werden auf Marktplätzen und Bazaren bis heute Handel und Wandel nicht nur sprichwörtlich, sondern bisweilen berückend konkret – und zauberhaft ‚eigentlich'. In diesem Sinne sind Märkte Vereinfachungen für geschäftliche Transaktionen.

Zum anderen fungiert der Markt als ein symbolisch abgeleiteter Begriff für ein komplexes, im weitesten Sinne selbst organisiertes Wirtschaftsgeschehen als Koordination von Angebot und Nachfrage, das durch Anonymität zwischen Produzent und Konsument sowie eine diffus unterstellte Gleichzeitigkeit von Instrumentalisier- und Unkontrollierbarkeit auch gespenstisch wirken kann. Das liegt daran, dass der wirtschaftswissenschaftliche ‚Markt' überall zu sein scheint, auch wenn er längst nicht überall ist: „It is a market economy because even these non-market transactions [those inside households, firms, and government] take place within the context of market" (McMillan 2002, 7). Beide Aspekte des Marktes fanden zusammen in der liberalistischen Legende, moderne Marktwirtschaften seien einst aus einfachen, bedarfsorientierten Wirtschaftsweisen hervorgegangen. Demgegenüber weiß die Wirtschaftsgeschichte, dass Märkte im kommerziellen Sinn meist am Rande der Städte und oft in Zusammenhang mit Feldzügen, mit kriegerischen oder räuberischen Aktionen und den damit verbundenen Risiken entstanden sind (vgl. Pirenne 1992, 34–37).

Mit dem gedruckten Buch kam Mitte des 15. Jh.s erstmals ein Produkt auf den Markt, das seriell, ergo in absolut identischen Exemplaren, schnell und tendenziell massenhaft produziert werden konnte und für das sehr bald auch schon Reklame betrieben wurde – genauer: per Titelreim warb das Buch für sich selbst: „So kauf mich frei und lese mich / Das wird gereuen nimmer dich" (zit. nach Giesecke 1991, 645). Darüber hinaus gehörten Buchhändler, die ihre in den Zentren der Buchproduktion hergestellten Waren auf Wochen- und Jahrmärkten anboten, zu den ersten, die auch durch Reklamezettel auf ihre Produkte aufmerksam machten. Dabei war das Buch als Handelsgut auf seinen Korpus beschränkt und unterstand dem Römischen Sachenrecht: Ein einmal veräußertes Manuskript etwa war der Sachherrschaft seines Verfassers dauerhaft entzogen.

Ein literarischer Markt im heutigen Sinn entsteht in nennenswertem Ausmaß erst in der zweiten Hälfte des 18. Jh.s als komplexes Zusammenspiel von Veränderungen auf juristischem, ökonomischem und ästhetischem Gebiet, die sich um einen allmählich herausgebildeten Begriff von ‚geistigem Eigentum' gruppieren (vgl. Bosse 1981). Denn dass Symbolisches bzw. Immaterielles zu einem ökonomischen Gut und damit zu einer markt- und eigentumsfähigen Ware werden kann, war lange Zeit undenkbar, juristisch und volkswirtschaftlich jedenfalls ohne Relevanz. Die für diese Veränderung entscheidende Argumentation setzt ein mit der Behauptung, dass der Verleger, der ein Buch verkauft, nicht alles verkauft, sondern ein Recht am Buch zurückbehält (→ URHEBERRECHT). Eingedämmt werden sollten damit zunächst die unerlaubten Nachdrucke. Doch im Verlauf der Diskussion wird das Prinzip der unvollständigen Veräußerung auf den Autor übertragen. Dabei verbleibt das → EIGENTUM an der Form der Gedanken unveräußerlich aufseiten des Autors, was auch immer mit dem konkreten Manuskript geschieht. Folglich wird der Verleger durch den Kontrakt mit dem Autor nicht länger zum Eigentümer der Werke, sondern erwirbt lediglich eine vertraglich festgelegte Lizenz zum Drucken, Vertreiben und Verkaufen.

Gleichzeitig werden von nun an vor allem Autoren mit Kunstanspruch eine Organisationsform ambivalent bewerten, die sie zwar tentativ aus mäzenatischer Abhängigkeit und gelehrtenrepublikanischer Überschaubarkeit entlassen hat, aber offenbar keineswegs in eine selbstbestimmte, sondern in eine gegenüber dem Markt im doppelten Sinne immer wieder zu behauptende Autonomie. Auf der einen Seite war Friedrich Gottlieb Klopstock einer der ersten Autoren der jüngeren Generation, der „sich für die Heiligkeit und die Wirtschaftlichkeit der Poesie gleichermaßen" (Bosse 1981, 81) engagierte. Sein Aufruf zur Subskription der *Deutschen Gelehrtenrepublik* signalisierte 1773 den neuen Anspruch der Autoren, an den Gewinnen des literarischen Marktes stärker partizipieren zu wollen und diese nicht allein den Verlegern zu überlassen. Auf der anderen Seite verurteilte Johann Gottfried Herder 1781 in seiner Preisschrift *Von der Würkung der Dichtkunst in neueren Zeiten* die Kommerzialisierung und Professionalisierung der Literatur aufs Schärfste. In jener Phase, in der sich Literatur mit Kunstanspruch über den

Markt potentiell an alle und nicht mehr nur an einen kleinen Kreis von Gelehrten oder Gönnern wendet, beginnt sie auch, den Markt zu pejorisieren und sich von der damit verbundenen Warenförmigkeit zu distanzieren.

Diese ambivalente Stellung findet sich auch, wenn der Markt selbst zum Topos in literarischen Texten wird, wobei Literatur immer weniger in der Lage ist, Märkte und Marktgeschehen teilnahmslos zu beobachten oder allgemein als Allegorie auf die Wechselfälle und Eitelkeiten menschlichen Lebens zu bedichten, wie dies noch im Barock mit dem Topos des Jahrmarkts geschah. In nuce lässt sich das an einer Gelegenheitsdichtung des jungen Goethe ablesen: Die erste Fassung, 1774 unter dem Titel *Das Jahrmarkts-Fest zu Plundersweilern* erschienen, mehr noch die spätere, 1781 unter dem Titel *Das Neueste von Plundersweilern* erarbeitete Fassung greifen das tradierte Jahrmarktmotiv zwar auf, wandeln es aber nicht von ungefähr zu einer Satire auf den zeitgenössischen Literaturbetrieb ab. Die allgemeinen Eitelkeiten des Jahrmarkts werden so – was die zweite Fassung im Vergleich zur ersten noch deutlicher macht – zu einem ganz speziellen Jahrmarkt der Eitelkeiten, nämlich dem der Literatur und des Literaturbetriebs (vgl. Wegmann 2011, 38–47). Dabei wird der Markt zwar nicht mit dem Literaturbetrieb in eins gesetzt, doch dient er diesem immer häufiger als Zerrspiegel oder mahnende Abgrenzungsgröße. Literatur beobachtet den Markt – und ist selbst Teil des Marktes geworden, wie auch in E. T. A. Hoffmanns Erzählung *Des Vetters Eckfenster* (1822), die ihre Poetik nicht zufällig anhand der Zufälle eines Marktgeschehens entwickelt, wenn auch nicht ohne ironisches Bedauern ob jener merkantilen Verhältnisse, die den Verleger in den Vorder- und den Autor in den Hintergrund rücken, wie bei der Begegnung mit einer lesenden Blumenverkäuferin deutlich wird: Sie kennt zwar den Verleger ihrer Lektüre, verkennt aber die Rolle des Autors gründlich.

Auch der (modernen) Diversifizierung des Marktes in spezialisierte Teilmärkte wie Immobilien- oder Kapitalmärkte tragen literarische Texte Rechnung: Vor allem Émile Zola hat sich diesen in einigen Romanen seines Zyklus *Les Rougon-Macquart. Histoire naturelle et sociale d'une famille sous le Second Empire* verschrieben, wenn er etwa in *Le ventre de Paris* (1873) die berühmten Markthallen von Paris, in *Au bonheur des dames* (1883) ein modernes Warenhaus und in *L'Argent* (1891) die Pariser Börse und Finanzwelt auf eine Weise als Schauplatz wählt, die Figuren und Handlungsstränge mit dem jeweiligen Milieu der unterschiedliches Verhalten provozierenden Märkten, ihren spezifischen Inszenierungen und Transaktionen kurzschließt. Im deutschsprachigen Raum blieb es Gottfried Keller – der in *Die mißbrauchten Liebesbriefe* (1860) ebenfalls eine Satire auf den zeitgenössischen Literaturbetrieb lieferte – vorbehalten, in seinem letzten Roman *Martin Salander* (1886) mit einer der ersten Immobilienblasen der Literaturgeschichte aufzuwarten: Während sich auf der einen Seite die

Kleinbauern „zur Verbesserung ihrer Kreditverhältnisse" zu Genossenschaften zusammenschließen, fließt auf der anderen Seite in großem Umfang frisches Geld in den Immobilienmarkt, da „viele Kapitalisten ihr in Aktienunternehmungen angelegtes Geld nicht mehr sicher" sehen und „gern wieder nach dem Grundbesitz" als Anlagemöglichkeit greifen – mit desaströsen Folgen (Keller 1985 ff., Bd. 6, 651). Bret Easton Ellis schließlich lotet die Abgründe moderner Teilmärkte aus, wenn er in *American Psycho* (1991) vorführt, wie man tagsüber an der Wall Street spekulieren, wohlerzogen serialisierte Produkte konsumieren (bzw. tragen) und komplementär dazu (nicht konträr) des Nachts zum Serienmörder werden kann; als vollendete Dystopie haben sich Märkte und Marktmacht in Reinhard Jirgls Zukunftsroman *Nichts von euch auf Erden* (2013) präsentiert.

Bei all dem muss sich Kunst, will sie als solche bestehen, doppelt unterscheiden, nämlich extern und intern: zum einen von allen anderen Waren, zum anderen von allen anderen (Kunst-)Werken. Erst das konstituiert ein relativ unabhängiges künstlerisches bzw. literarisches Feld: „Je größer die Autonomie und je günstiger das symbolische Kräfteverhältnis der von der Nachfrage unabhängigen Produzenten ist, desto deutlicher der Schnitt zwischen den beiden Polen des Feldes, nämlich dem *Subfeld der eingeschränkten Produktion*, deren Produzenten nur andere Produzenten, und damit ihre unmittelbaren Konkurrenten, beliefern, und dem *Subfeld der Massenproduktion*, das sich *symbolisch* ausgeschlossen und diskreditiert findet" (Bourdieu 1999, 344). Damit ist keineswegs auf ein Konzept von Ökonomie im literarischen Feld verzichtet, im Gegenteil: Während die Massenproduktion in erster Linie an der kurzfristigen Verkäuflichkeit literarischer Texte und damit *nolens volens* an den Lektüreerwartungen eines größeren Publikums orientiert ist, treten im Subfeld der eingeschränkten Produktion tendenziell Konsekration und langfristige Kanonisierung an die Stelle des raschen kommerziellen Erfolgs. Gerade das Subfeld der eingeschränkten Produktion entwickelt somit einen eigenen Markt, der durch eine immaterielle Ökonomie der Aufmerksamkeit (vgl. Franck 1998), durch soziales und kulturelles Kapital gekennzeichnet ist, auf dem es um Konsekration (etwa in Form von Literaturpreisen und ähnlichen Auszeichnungen) geht, um Beachtung und Prämierung durch Konkurrenten, Institutionen und Sachverständige.

Der Buchmarkt ist somit keineswegs frei von wirtschaftlichem Kalkül (→ VERLAGSWESEN UND LITERARISCHE PRODUKTION); zugleich ist in ihm in seiner Eigenschaft als Segment des literarischen Feldes dessen antiökonomischer Legitimationstyp wirksam. Der Buchmarkt ist im Kräftegefüge des literarischen Feldes mithin einerseits ein Faktor heteronomer Hierarchisierung, indem er die literarische Produktion dem (feldexternen) ökonomischen Prinzip der Profitmaximierung unterwirft. Andererseits aber werden auf ihm mit Büchern nicht nur ökonomische, sondern in besonderer Weise auch symbolische Werte verhandelt, weshalb die symbolische Legitimation eine zur ökonomischen Wertschöpfung gegenläufige Logik entfaltet. Dieser Hiatus des Buches zwischen Kulturgut und Warenförmigkeit manifestiert sich auch in der Buchpreisbindung, die in einigen europäischen Ländern als Instrument der Marktregulierung fungiert und in Deutschland 1888 durch den Börsenverein der Deutschen Buchhändler eingeführt wurde, zunächst rein vereinsrechtlich, ab 1927 auch mit einer vertragsrechtlichen Komponente. Die Ware Buch wird durch die Buchpreisbindung als Kulturgut definiert, bleibt so vor dem freien Spiel der Marktmechanismen zumindest partiell geschützt und wird zudem mit einem ermäßigten Umsatzsteuersatz belegt. Es ist letztlich diese Janusköpfigkeit, auf die sich die Spezifika des literarischen Marktes zurückführen lassen und welche zumindest zurzeit auch noch unter den Bedingungen der Digitalisierung gilt, die sich indes anschickt, den Buchmarkt mit seinen medienspezifischen Rechts- und Wirtschaftsverhältnissen, seiner (Re-)Produktions- und Rezeptionskultur nachhaltig zu verändern.

Melancholie
Timothy Attanucci und Ulrich Breuer

Dass die Melancholie zur Poetik der Ökonomie gehört, ist keineswegs selbstverständlich. In der umfangreichen Forschung zur Bedeutung der Melancholie für die Literatur dominieren vielmehr ästhetische Fragestellungen (vgl. Goebel 2003). Die These, dass es sich bei der Melancholie um ein poetogenes Leitkonzept auch des ökonomischen Wissens handelt, kann sich dagegen schon auf antike Quellen berufen. Denn zwischen dem seltenen Fall des von Natur zum Übermaß neigenden Melancholikers, der eben darum zu herausragenden kulturellen Leistungen befähigt ist (vgl. Aristoteles, probl. 953a–955b), und dem von Natur auf die maßvolle Befriedigung der Bedürfnisse des eigenen Haushalts verpflichteten ‚Oikonomen', der durch die Eigendynamik seines Besitzes jederzeit zu einem vom Übermaß des Reichtums verführten Chrematisten werden kann (vgl. Aristoteles, pol. 1256a–1258b), besteht eine strukturelle Analogie (→ III.1. OIKONOMIA UND CHREMATISTIK). Sie verknüpft das Genie mit dem Reichtum und macht es dadurch zum Kandidaten für jede Art von Herrschaft. Zugleich wird der souveräne, zur Akkumulation von Macht und Kapital prädestinierte Ausnahmekönner und Kulturschöpfer durch Traurigkeit, Schwermut und Depression, aber auch durch manische Attacken bis hin zum Suizid bedroht. Melancholie ist der Grund und die ‚andere Seite' des maßlosen Ausgriffs aufs große Ganze.

Illustrieren lässt sich die Extremfigur des ökonomisch aktiven Melancholikers durch den Planetengott Saturn. Er ist eine Erfindung der Spätantike und des Frühen Mittelalters. Hier werden die Attribute des entmannten und entthronten Titanenanführers Kronos, des orphischen Zeitgottes Chronos und des Flur- und Saatengottes Saturn mit den Eigenschaften des fernen und langsamen Planeten Saturn verbunden und mit den Attributen der Melancholie koordiniert. Das Resultat ist unter anderem in ökonomischer Perspektive signifikant: Der Melancholiker gilt als Geizhals (→ GEIZ; vgl. Klibansky u. a. 1990, 228), er besitzt Land und Vermögen, zählt und rechnet gern und agiert ebenso listig wie verschlagen, wobei er auch unerlaubte Mittel einsetzt; als ‚Soziopath' gönnt er anderen nichts Gutes und zieht der Geselligkeit die Einsamkeit vor (vgl. ebd., 207–209). Ökonomischer Reichtum und Macht bzw. Gewalt des Planetengottes gehen zurück auf die Auffassung Saturns als Schatzmeister (→ SCHATZ) und Erfinder des Münzgeldes (→ GELD) sowie als Herrscher des Goldenen Zeitalters; im Tempel des ‚mammonistischen' Saturns am Fuß des Kapitols wurde der römische Staatsschatz aufbewahrt.

Ikonographisch werden Reichtum, Geiz und Habgier des Melancholikers durch einen der Figur zugeordneten Geldkasten oder einen Beutel dargestellt, während seine Macht durch Schlüssel symbolisiert wird (vgl. Klibansky u. a. 1990, 408). In einer Skizze zu seinem Kupferstich *Melencolia I* (1514), der die antiken und mittelalterlichen Traditionsstränge zum enigmatischen Denkbild bündelt, hat Albrecht Dürer festgehalten: „Schlüssel bedeutt Gewalt, Beutel bedeutt Reichthum" (zit. nach ebd., 406). Die Forschung hat den Beutel, den die Melancholiefigur auf Dürers Kupferstich bei sich führt, als „Gefahr belastenden Reichtums" und Hindernis für den genialischen Aufschwung gedeutet (Schuster 1991, 255). Dürer gehe es um einen „interesselosen Besitz" (ebd., 256), da nur dieser dem Mäßigkeitsideal des Weisen und einer diesem Ideal verpflichteten Kunstübung entspreche.

Der Geldbeutel findet sich auch auf dem Titelblatt des *Fortunatus* (1509), das den Protagonisten als reichen und mächtigen Melancholiker darstellt (Breuer 1994, 107; → III.3. DER FRÜHNEUZEITLICHE KAPITALISMUS). Der anonym in der Fuggerstadt Augsburg erschienene Prosaroman setzt den Geldbeutel aber nicht nur visuell, sondern auch literarisch als Handlungsmotiv ein. Nach mehreren Schicksalsschlägen begegnet der mittellose Fortunatus der „junckfraw des glücks" ([Anon.] 1996, 46). Der unerschöpfliche Geldbeutel, den er von ihr erhält, schützt ihn aber nicht vor melancholischem Verdruss (vgl. ebd., 98). Trotz aller Ablenkungen kann er nicht zur Ruhe kommen. Auf einer großen Reise wird er von einem magischen Wunschhut unterstützt, mit dem er sich an jeden beliebigen Ort versetzen kann. Geldbeutel und Hut stehen dabei für den aufkommenden internationalen Wechselverkehr bzw. die Technik der Buchhaltung (vgl. Wiemann 1970, 225–244). Beides kann freilich die im astrologischen Subtext angelegte saturnische Schwere (vgl. Haberkamm 2010) nicht abmildern. Der Erzähler weist seine Leser daher abschließend darauf hin, dass Fortunatus es versäumt habe, statt des Reichtums die Weisheit zu wählen. Aus ökonomischer Perspektive lässt sich die Alternative zwischen Reichtum und Weisheit jedoch auch als Komplementärverhältnis deuten, denn Fortunatus lernt im Handlungsverlauf, dass zum effektiven Einsatz von Geld immer auch Klugheit und Erfahrungswissen gehören. Dazu passt das Prinzip einer ‚narrativen Ökonomie', in welcher der Reichtum zum Medium der Verknüpfung und Reflexion von Ereignissen wird (vgl. Vogl 2004a, 177–185). Die Komplementarität von Reichtum und Weisheit dient dazu, den neuen Typus des ökonomischen Menschen (→ HOMO OECONOMICUS) mit Werten wie Vorsicht und Geiz auszustatten, die der Melancholie-Tradition entlehnt sind.

Verstärkt taucht der neue Typus des ökonomischen Menschen in der Reformation auf. Gegen melancholische Anfechtungen der Glaubensgewissheiten propagiert sie die „religiöse Überhöhung der Erwerbsarbeit über den unmittelbaren Zweck der Bedürfnisbefriedigung hinaus" (W. Weber 1990, 163–164). Damit verliert die aristotelische Existenz- und Handlungsform des ‚Oikonomen' ihre normative Geltung, und der Chrematist hat freies Spiel. Mit dem Absolutismus ändert sich auch die politische Ordnung. Das deutsche Trauerspiel des 17. Jh.s führt den Souverän paradigmatisch als saturnischen Melancholiker vor. Trotz aller Zerstreuungen bei Hofe droht er, an seiner Herzensträgheit, die ihn langsam und unentschlossen macht, zugrunde zu gehen (vgl. Benjamin 1972 ff., Bd. I.1, 333). Die Gefährdung des Machtzentrums bedroht aber auch die religiös befeuerte Ökonomie.

Man kann die Aufklärung und ihren Nutzenkalkül als eine Antwort auf die Gefährdung des Machtzentrums verstehen. Melancholie und Ökonomie müssen dafür zunächst getrennt verhandelt werden. Während die Melancholie ins Genieparadigma eingeht (vgl. Schings 1977, 265–292), bezeichnet die Ökonomie „das Andere der Kunst" (Schößler 2013b, 101). Allenfalls therapeutisch werden beide Seiten im Sinne der Nützlichkeitsideologie verbunden. Das zeigt sich etwa an den Figuren von Goethes Roman *Wilhelm Meisters Lehrjahre* (1795/1796), die – ähnlich wie ihr Autor – Melancholie durch planmäßige Tätigkeit zu vertreiben suchen (vgl. Valk 2002, 191–195; → III.9. ENTWICKLUNGS- UND BILDUNGSROMAN). Am historischen Fall des Fürsten Friedrich Carl zu Wied-Neuwied, der wegen angeblicher „Imbecillität" (Troßbach 1994, 99) als regierungsunfähig angeklagt wurde, wird auf der Ebene der Symptomatik jedoch ein tiefer gehender Nexus von Melancholie und Ökonomie sichtbar. Einerseits passt der Fürst mit seiner Hypochondrie und seinen religiösen Skrupeln, zudem mit seiner sexuellen Libertinage (→ LEIDENSCHAFTEN), ganz ins frühneuzeitliche Bild des melancholischen Souveräns. Wenn der melancholische Wahn Wied-Neuwieds ihn aber schließlich zu äußerst gewagten wirtschaftlichen Unternehmungen und Entwürfen inspiriert – dokumentiert etwa in seinem *Ackerbau-Catechismus* (1789) –, wird er andererseits auf den aufklärerisch-kameralistischen Typus des → PROJEKTEMACHERS hin transparent. Seinen wohl markantesten Ausdruck findet dieser Typus in Goethes *Faust*, in dem sich ein melancholischer Gelehrter verjüngen lässt und sich schließlich in ökonomische Großprojekte stürzt (vgl. Binswanger 1985; Brodbeck 2014). Der entfesselten Begierde entspricht eine inflationäre, am Ende von → SORGE und Verblendung heimgesuchte Ökonomie (vgl. J. Schmidt 2001, 278–281; Vogl 2004a, 331–335).

Inwiefern sich die Verflechtungen und Verwerfungen von Melancholie und Ökonomie auch zu einer neuen, alsbald massenhaft kursierenden Form des kreativen Künstlers verdichten, lässt sich an Eduard Mörikes Novelle *Mozart auf der Reise nach Prag* (1855) demonstrieren. Die Novelle ist zunächst darauf angelegt, das Motto des Erstdrucks zu bestätigen: Hätte Mozart als „Philister" auf jede Form verschwenderischen Lebens und Komponierens verzichtet (→ VERSCHWENDUNG, VERAUSGABUNG), so „hätte man wohl keinen Don Juan erwarten dürfen, ein so vortrefflicher Familienvater er auch gewesen wäre" (Mörike 1967 ff., Bd. 6.2, 237). Mozarts ‚bipolare' Stimmungsschwankungen, die vom regelmäßig wiederkehrenden „Zustand von Schwermuth" (ebd., Bd. 6.1, 231) bis zur geselligen Heiterkeit, vom Trübsinn bis zum schöpferischen Enthusiasmus reichen, erweisen sich als notwendige Bedingung der Gaben (→ GABE, GASTFREUNDSCHAFT) des Genies. Dessen seelischer Haushalt (*oeconomia interior*) hat zwar verheerende Folgen für die Familienkasse (vgl. Braungart 1990), weist aber auch strukturelle Analogien sowohl zur Gelegenheitsökonomie feudaler Kunstpatronage als auch zur marktkapitalistischen Risikoökonomie des ‚freischaffenden' Künstlers auf. Nicht zuletzt prozessiert die Novelle ihre eigene Erzählökonomie, indem sie Ereignisse des Verschuldens durch Erzählungen bzw. ästhetische Produktionen überschüssig kompensiert.

Die in der Mozart-Künstlernovelle sich abzeichnende Pathologisierung der Melancholie setzt sich in der Psychologie unter dem Zeichen der ‚Depression' fort. Nicht von ungefähr definiert der Begriff zugleich den katastrophalen Ausnahmezustand im kapitalistischen Wachstumsmodell (→ WACHSTUM). Hatte der Melancholie-Diskurs schon in der Frühen Neuzeit die Funktion, neu entstehende Subjektpositionen effektiv zu bündeln und zu stabilisieren (vgl. W. Weber 1990, 174), so wird er dort wiederaufgenommen, wo Kategorien wie Beruf, Arbeit, Freizeit und Familie erneut zur Verhandlung stehen. Delegiert werden solche Verhandlungen an das unter Kreativitätszwang gestellte Individuum (→ KREATIVITÄT). In ihm wird die Extremfigur des produktiven Melancholikers zum burnout-gefährdeten Jedermann. Wie wir damit ‚zurechtkommen', zeigt uns das Kino. Der Faszinationstyp des melancholischen Tycoons erscheint emblematisch schon in Orson Welles' Biopic *Citizen Kane* (1941) und weist aktuell zahlreiche Varianten auf: vom manischen Fondsmanager Eric Packer in Don DeLillos Roman *Cosmopolis* (2003; Verfilmung 2012) über die undurchsichtige Werbebranchenkoryphäe Don Draper in der Serie *Mad Men* (2007–2015) bis zur labilen Unternehmensberaterin und ihrem grotesk-melancholischen ‚Life Coach' in Maren Ades Geniestreich *Toni Erdmann* (2016).

Müll, Abfall
David-Christopher Assmann

Die Lexeme ‚Müll' und ‚Abfall' bezeichnen eine als unbrauchbarer Rest eingestufte und zur Beseitigung bestimmte undifferenzierte Menge an Dingen, Stoffen und Substanzen. Die Einordnung eines Objekts in den Müll oder Abfall basiert nicht auf essentiellen Qualitäten des jeweiligen Materials, sondern ist das Ergebnis einer beobachterabhängigen Zuschreibung. Müll und Abfall sind dynamische Kategorien: „Anything and everything can become waste" (Kennedy 2007, 1). Als Beobachtungsdirektiven dienen ‚Müll' und ‚Abfall' der Organisation und Stabilisierung symbolisch-diskursiver und räumlich-materieller Ordnungen. Umgekehrt sind es die Ordnungs-, Reinigungs- und Sortierungsbemühungen, die Müll bzw. Abfall *ex negativo* erst generieren und als störend ausweisen.

Als sich unwillkürlich einstellendes Ergebnis von Praktiken der Produktion und des Gebrauchs von Dingen ist das materiell ‚Übrig-Gebliebene' (vgl. Lewe u. a. 2016) unmittelbar auf ökonomische Prozesse bezogen. Die „undesired joint products" (Bisson und Proops 2002, 3), die „leftovers of creation" (Scanlan 2005, 62) bilden deren gar nicht zu vermeidende, gleichwohl gewöhnlich verdeckte ‚Kehrseite' (vgl. Windmüller 2004). In sozialgeschichtlicher Perspektive ist denn auch darauf hinzuweisen, dass es Müll und Abfall immer schon gegeben hat (vgl. Hösel 1987). Aber erst im Zuge sozialstruktureller Transformationen des 19. Jh.s, für die die Schlagworte Industrialisierung und Urbanisierung stehen, und damit verbundener gewandelter Lebensstile, Massenkonsumpraktiken und produzierter Materialien werden Müll und Abfall als hygienisches Problem gesehen (vgl. C. Lindemann 1992). Es ist dieser Zeitraum, in dem die Semantik des Mülls an die Seite des deutlich älteren, bis ins 18. Jh. hinein jedoch vor allem mit religiös-politischer Konnotation gebrauchten Abfalls tritt (vgl. Kuchenbuch 1988).

Auch die Unterscheidung zwischen Müll und Abfall selbst bleibt stets abhängig von diskursiven Zusammenhängen. Gewöhnlich ist sie jedoch verbunden mit der Annahme, zwei Aggregatzustände materiell-physischer Reste differenzieren zu können: So wird unterschieden zwischen solchen Stoffen, „die in jeder Hinsicht als unbrauchbar bestimmt sind" (Hauser 2001, 24), und solchen, die das „Endstadium totaler Zersetzung" (Douglas 1985, 209) noch nicht erreicht haben, bei denen mithin noch nicht entschieden ist, ob sie völlig unbrauchbar oder möglicherweise noch dazu geeignet sind, wiederverwendet zu werden. An diesem Punkt setzt das seit den 1970er Jahren als Kernidee ökologischer Reformprojekte geltende Konzept des Recyclings an. Mit ‚Recycling' werden Praktiken bezeichnet, „by which previously used objects and materials are converted into something else" (Alexander und Reno 2012, 1). Ziel ist es, dieses Andere in einen idealtypisch als geschlossen unterstellten Kreislauf der Dingnutzung wieder einzuspeisen.

Während der Müll der realen Realität als „sinnlose Stofflichkeit" (Giesen 2010, 192), als „sheer materiality" (A. Assmann 2002, 72) jenseits symbolischer Ordnungen verortet wird, stellen Müll und Abfall in der Literatur semiotische Zeichen dar. Sei es die industrielle Flussverschmutzung in Wilhelm Raabes *Pfisters Mühle* (1884), das vermüllte Hafenviertel Marseilles in Walter Hasenclevers Feuilletons (1924–1928) oder die Mülltonne in Italo Calvinos *La strada di San Giovanni* (1990); sei es die vermüllte Unterseite des urbanen Kapitalismus in *Underworld* von Don DeLillo (1997) oder die toxische Chemie auf der Deponie in Dea Lohers gleichnamigem dramatischem Text (2002): Müll in der Literatur stinkt nicht, staubt nicht, ist nicht umweltschädlich oder gesundheitsgefährdend. Entsprechend kann oder muss der Leser weder E. T. A. Hoffmanns *Kater Murr* (1819/1821), der aus Makulaturblättern besteht, beseitigen oder die Mülltonne in Samuel Becketts *Endgame* (1956) sortieren, noch Rainald Goetz' *Abfall für alle* (1999) recyclen.

So sehr die Differenz zwischen unbrauchbaren Dingen in der Literatur und dem realen Müll einleuchten mag, eine literatur- und kulturwissenschaftliche Auseinandersetzung mit Müll zielt auf die Problematisierung dieser Unterscheidung. Sie möchte zeigen, dass diese Differenz nicht selbstverständlich ist, und profiliert einen „Doppelblick auf die kulturelle Produktion von Abfall und auf den Abfall als Kulturproduzenten" (Thums 2007, 80). So wie sich in jeder als Müll inszenierten Dinglichkeit eines literarischen Textes Reste einer übrig gebliebenen Materialität finden, so lassen sich an jedem realen Müllhaufen Anzeichen des literarisch-kulturell als unbrauchbarer Rest in Szene Gesetzten ablesen. Diese Wechselverhältnisse zeichnet die kultur- und literaturwissenschaftliche Untersuchung von Müll nach und reichert sie mit Komplexität an.

Dabei hat sich die Forschung erst seit Kurzem der Bedeutung von Müll in der Literatur systematischer zugewandt (vgl. D.-C. Assmann u. a. 2014; Gee 2010; Hansen u. a. 2018; S. S. Morrison 2015; C. Schmidt 2014). Zuvor konzentrierte man sich auf bestimmte literarische Programme (z. B. Naturalismus, Magischer Realismus), Genres (etwa Großstadtlyrik), einzelne Motivreihen (des Hässlichen, des Ekels etc.) oder ästhetische Programme, die vom Weggeworfenen ausgehen (etwa die Figur des ,Lumpensammlers' bei Baudelaire und Benjamin). Gegenüber diesem traditionellen Zugriff zielen neuere Studien erstens auf ein deutlich erweitertes Textkorpus. Zweitens fragen sie nach unbrauchbaren Dingen nicht nur auf der Ebene der *histoire*, sondern auch des *discours*, untersuchen Müll also als Textverfahren. Und drittens problematisieren sie unter Verweis auf literarische „Theorie[n] des Abfalls" (C. Moser 2005, 318) die bis dahin gültigen Voraussetzungen des Verhältnisses von materiellem Müll und symbolischen Ordnungen. So hinterfragt die Forschung in kulturtheoretischer Perspektive nicht nur die traditionellen Gegensätze von Mensch und Objekt sowie Natur und Kultur. Auch die Oppositionen von Sammlung und Rest (A. Becker u. a. 2005; Thums und Werberger 2009; S. Schmidt 2016), Materialität und Text (Iovino und Oppermann 2014) sowie Archiv und Deponie (A. Assmann 1999) stehen zur Disposition.

Die Revision des mit diesen Oppositionen aufgerufenen Feldes ist das Projekt der Waste Studies oder Discard Studies. Wichtige Referenztheorien des kulturwissenschaftlichen Strangs dieses interdisziplinär ausgerichteten, gleichwohl sehr lockeren Forschungsverbunds sind, neben Mary Douglas' *Purity and Danger* (1966, dt. 1985) und Michael Thompsons *Rubbish Theory* (2003), das Konzept der *Abjection* Julia Kristevas (1982), die Theorie des kulturellen Gedächtnisses von Aleida Assmann (1999), die Akteur-Netzwerk-Theorie (vgl. Latour 2007) sowie das heterogene Konglomerat neuerer Ansätze des Ecocriticism (vgl. Bühler 2016; vgl. Dürbeck und Stobbe 2015; → UMWELT, ÖKOLOGIE). Die Literaturwissenschaft des Mülls und Abfalls kann an diese Ansätze anknüpfen, um einerseits zu verdeutlichen, dass unklar bleibt, was Müll eigentlich ist, und andererseits, wie stark die materielle Kultur Teil (literarischer) Darstellungsordnungen ist.

New Economy
Felix Maschewski und Anna-Verena Nosthoff

Der Begriff ‚New Economy' kennzeichnet neue Wirtschaftszweige, deren Produktivität und Wertschöpfung nicht mehr – wie in der Old Economy – auf industriellen, physischen Arbeitsprozessen basiert, sondern auf der Produktion und Verarbeitung von Informationen. Zentrale Bedeutung für die New Economy hat dabei die seit den 1990er Jahren voranschreitende Etablierung des Internets und der Informations- und Kommunikationstechnologien (IKT), die den globalen Wettbewerb für Produkte und Dienstleistungen ausweitet. Als Schlüsselbranchen gelten, neben den IKTs, die Bereiche Finanzen, Marketing und Medien, die auf die Produktion immaterieller Werte zielen und mit der Konzeption von Ideen, Inhalten, Images und Innovationen kognitive Fähigkeiten in das Zentrum des Wirtschaftssystems stellen (vgl. Castells 2001, 34). Parallel zu dieser Entwicklung verändert sich der Charakter der → ARBEIT (→ III.21. FINANZ- UND POSTINDUSTRIELLE ARBEITSWELT IN DER GEGENWARTSLITERATUR) und der Arbeitsmärkte, die am Künstlerarbeitsmarkt Maß nehmen (vgl. Boltanski und Chiapello 2003; Menger 2006). Neben Leistung und Effizienz treten nun die Werte → KREATIVITÄT, Autonomie und Flexibilität, und so charakterisiert sich die New Economy durch ein neues Arbeitssubjekt – in Deutschland kondensiert im Begriff der Ich-AG. In diesem Konnex werden die körperliche, routinemäßige Arbeitsweise der Massenproduktion und ihre Hierarchiemodelle sukzessive durch mobilere, kundenbezogene Formen und symbolanalytische Dienste ersetzt (vgl. Reich 1993, 198–199), so dass Arbeit im Nexus individueller Freiheitsdiskurse verstärkt mit dem Anspruch der Selbstverwirklichung korreliert (vgl. Bröckling 2007, 108–109). In dieser Bewegung akzentuiert sich auch die Grundidee der New Economy als Amalgamierung von → ARBEIT und Freizeit, → MARKE und Ich, Wirtschaft und Kultur. Die neue Ökonomie steht damit für eine Fusion von Spaß- und Leistungsgesellschaft (vgl. Meschnig 2003, 28–29) – eine Verbindung, in der sich neoliberale Ideale mit einer linksalternativen Entfremdungskritik assoziieren.

    Vor diesem Hintergrund prägte die New Economy ab Mitte der 1990er Jahre eine kurze Boomphase. Hohes Wachstum, niedrige Inflation und eine hohe Beschäftigungsquote wurden zur Grundlage einer Periode, in der eine prosperierende Internetwirtschaft zu einer Vielzahl von Unternehmensgründungen (Start-ups), Börsengängen (IPOs) und Kursrallyes auf dem Neuen Markt (NEMAX) führte. Mit dem Zusammenbruch der Dotcom-Blase im Frühjahr 2001 fand diese Entwicklung ein Ende, doch die euphorische Phase begründet eine „Art Megatrend der Ökonomie" (Stuhr 2003, 169), der sich in den Stichworten der Digitalisierung, des Informations- und Plattformkapitalismus weiter fortschreibt.

Die Literatur begleitet die Entwicklungen der New Economy von Beginn an und erkennt in den immateriellen Arbeitsprozessen und ihren disruptiven Potentialen ertragreiche Sujets. Die Orte des Geschehens sind vornehmlich Werbeagenturen (vgl. Beigbeder 2001; Bessing 2001; Merkel 2001), die Finanzbranche (vgl. DeLillo 2004 [2003]; Jelinek 2009) und Unternehmensberatungen (Widmer 2000; Düffel 2001), in denen sich die zumeist gut ausgebildeten, vernetzten und wettbewerblich ambitionierten Protagonisten als Angehörige der ‚creative class' (Florida 2002) nach dem normativen Leitbild des ‚flexiblen Menschen' (Sennett 1998) profilieren. Während sich die Darstellungen der New Economy in der Pop-Literatur häufig durch eine „mimetische Angleichung an die kapitalistische Warenwelt" (Baßler 2002, 15) auszeichnen, die hedonistischen Qualitäten der ‚projektbasierten Polis' (vgl. Boltanski und Chiapello 2003) betonen oder ironisch reflektieren (vgl. Bessing u. a. 1999), fokussieren literarische Texte nach der Jahrtausendwende die abgründigen Ambivalenzen einer verabsolutierten Ökonomisierung. Wiederkehrende Topoi bilden folglich prekäre → Arbeit oder Arbeitslosigkeit, die Entdifferenzierung von Erwerbs- und Privatleben, die kurzfristigen Engagements in der Gig Economy, die zunehmende Entmaterialisierung bzw. Fiktionalisierung ökonomischer Prozesse sowie die Auflösung stabiler Identitäten und Institutionen (vgl. Streeruwitz 2004; F. Richter 2005; Zelter 2006; Eggers 2012; Despentes 2015ff.; H. Butler 2019). In der New Economy, so suggerieren die Autoren in zumeist „nüchterne[n] Bestandsaufnahme[n]" (Chilese 2008, 295), transformiert sich eine Wirtschafts- zur Lebensform, so dass die literarischen Texte den Eindruck einer ‚systematischen' Alternativlosigkeit entwickeln (vgl. Matthies und Preisinger 2013, 150).

Anders als in der Arbeitsliteratur der 1970er und 1980er Jahre stehen dabei nicht mehr ideologische Anliegen, sondern die ästhetischen Dimensionen der Arbeit, die Konzepte der Information und Kommunikation im Vordergrund (vgl. Biendarra 2011, 70–71). Ein Leitmotiv bildet in der Darstellung informationeller Arbeitsweisen der Rückbezug auf den Körper, da dieser sowohl als Projektionsfläche sozialer Verhaltens- und Wahrnehmungsformen dient, als auch eine Entwicklung reflektiert, in der das „Arbeitssubjekt selbst zur Aufgabe eines offenen Produktionsprozesses" (Bähr 2012, 9) wird. Der Körper öffnet die Perspektive auf normative Optimierungs- oder Kontrollpraktiken (vgl. Düffel 2001), kurz: Machtverhältnisse, und so sind in zahlreichen Texten im- oder explizite Bezugnahmen auf Gesellschafts- oder Gouvernementalitätstheorien – im Fokus stehen Michel Foucaults *Surveiller et punir* (dt. *Überwachen und Strafen*, 1977) sowie *Naissance de la biopolitique* (dt. *Die Geburt der Biopolitik*, 2004b) – nachweisbar (vgl. Emmanuel 2000; Merkel 2001; Händler 2002).

Einen weiteren Fixpunkt bildet die Frage, inwiefern sich die finanz- und postindustriellen Arbeitsprozesse in eine literarische Form übertragen lassen. Ernst-

Wilhelm Händler übersetzt – exemplarisch – in dem Roman *Wenn wir sterben* (2002) finanzökonomische Prozeduren in eine korrespondierende Erzählstrategie, so dass sich die ökonomische Logik des allvergleichenden Geldes in der literarischen Stilvielfalt des Romans spiegelt (vgl. Deupmann 2008, 161). Angereichert durch eine Vielzahl intertextueller Bezüge, Zitate und Genres, inszeniert die romaneske Collage eine informationelle Überforderung (des Lesers wie auch der Protagonisten), die der strukturellen Überforderung des Einzelnen in der New Economy gleicht (vgl. Lutz 2011, 262–263). Auch Kathrin Rögglas *wir schlafen nicht* (2004) verdichtet das Überwältigungsvermögen neuer Ökonomien über ein artifizielles Erzählverfahren und stellt über das Netzwerk von Sprache (BWL-Phraseologie), Denken (Wachstumsideologie) und Textebene (Kleinschreibung) eine Verallgemeinerung der Marktform und damit einhergehende „Effekte der Entwirklichung" (Vedder 2017, 67) dar.

Obgleich eine dezidierte Kritik an den Verhältnissen in den meisten Texten ausbleibt und sie – vom satirischen (vgl. Oswald 2000) bis zum dokumentarisch-realistisch erzählten Roman (vgl. Röggla 2004) – das Primat der Ökonomie vielfach narrativ beglaubigen, dekonstruieren die literarischen Darstellungen über die Thematik oder die Prinzipien der Formgebung die euphorischen Versprechungen der New Economy. In Rainald Goetz' Roman *Johann Holtrop* (2012) heißt es programmatisch: „Wirtschaft war endlich Kunst geworden, der schönste und größte Weltfreiraum für alle wirklich abenteuerlich gesinnten Menschen, der Kapitalismus leuchtete, hell und wild wie noch nie. Der Absturz war bitter" (Goetz 2012, 108).

Oikodizee

Joseph Vogl

Mit dem neuzeitlichen Neologismus einer ‚politischen Ökonomie' (vgl. Montchrestien 1930; Rousseau 1977) wurden nicht nur Ordnungskonzepte antiker *oikonomia* wie gute Haushaltsführung und sorgfältige Verwaltung (vgl. Xenophons *Oikonomikos*) auf politische Körperschaften übertragen. Vielmehr schuf gerade die christliche Adaption des Ökonomiebegriffs im Sinne einer *oeconomia divina* eine wesentliche Voraussetzung dafür, dass deren Bedeutungsaspekte – Verwirklichung eines göttlichen Heilsplans, angemessene Verteilung von Heilsgütern und providentielle Weltregierung – in den säkularen Einsatz des Ökonomischen und dessen Bezug auf ein Ordnungsbegehren für natürliche, soziale oder politische Sachgebiete einwandern konnten (vgl. Agamben 2010, 72–173). Diese theologisch-ökonomische Einheitsfigur manifestierte sich zunächst in den aufklärerischen Versuchen der Theodizee. Dabei ging es nicht allein um die Frage, wie die innerweltlichen Übel als Begleiteffekte, als Kollateralschäden oder zufällige Wirkungen einer insgesamt weisen „Struktur und Ökonomie des Universums" (Leibniz 1996, 558) gerechtfertigt werden können. Wenn sich, wie bei Leibniz, die verschiedensten Weltereignisse tatsächlich als Dokumente einer prästabilierten Harmonie und somit der Vorsehung herausstellen sollen, so hat sich das Universum insgesamt als Lösung eines universellen Ordnungsproblems zu präsentieren. Die Verwirklichung der Welt folgt einer „bewundernswerte[n] Ökonomie" (ebd., 571) und somit dem Doppelsinn des *efficere*: als ein Realisieren, das die Kräfte der Vorsehung mit dem Format einer rationalen Ordnung verknüpft (vgl. Legendre 1988, 101–103). Im Kern dieser Theodizee, die die Rechtfertigung der Rationalität Gottes angesichts scheinbarer Pannen und Unglücksfälle verfolgt, wird das theologische Argument ökonomisch ratifiziert. Sie gewinnt den Status einer *Oikodizee* (vgl. Vogl 2011, 25–61; 2015, 42–46), in der die göttliche Ökonomie die Konsistenz und die verborgenen Gesetzmäßigkeiten der Erscheinungswelt diktiert.

Diese providentielle Ausrichtung einer allgemeinen Ökonomie hat auch die neuzeitliche und moderne Ökonomie im Besonderen geprägt. So hat sich die „ökonomische Wissenschaft" der Physiokraten als eine Lehre begriffen, die jene „natürliche, unwandelbare, wesentliche" Weltordnung, „die von Gott eingerichtet wurde", auf die Regierung der Gesellschaft überträgt und in Fragen von Güterverteilung und Wohlstand gleichsam ein Naturgesetz und die Voraussicht einer „natürlichen Ordnung" wirken sieht (Le Trosne 1777, 302–303). Auch der entstehende Liberalismus hat – wie bei Adam Smith – die Vorbildlichkeit einer allgemeinen „Ökonomie der Natur" im sozialen und moralischen Leben behauptet, die als Instanz einer „alles regelnde[n] Vorsehung" fungiert und schließlich ein

„schöne[s]" und großartige[s] System" sowie die „Glückseligkeit der Menschen" bewirkt (Smith 1994, 47–48, 113–114, 317–320). Gerade in der Konzeption von Marktgesetzen oder im providentiellen Wirken der → UNSICHTBAREN HAND konnte man die Fortsetzung einer natürlichen oder deistischen Theologie verfolgen und damit dokumentieren, wie die politische Ökonomie der Neuzeit als Oikodizee, als Vorsehungsparadigma auf die Welt kam (vgl. Rüstow 2002; Viner 1971, 55–85; Kondylis 1981, 244–247; Hill 2003; Oslington 2011 und 2012).

Sofern mit der Oikodizee also ein ‚ökonomisches' Ordnungswissen gemeint ist, das aus dem theologischen Bereich in den politischen übertragen wurde und sich als providentielle Regierungsmaschine begreift, sind mit ihr Darstellungsfragen verbunden, welche die Koordination von Ereignissen, mithin die Erzählbarkeit von Welt bestimmen. Dies ergab im 18. Jh. mehrfache Überschneidungen von narrativer Ökonomie und ökonomischer Narration. Im Musterbeispiel des *Robinson Crusoe* etwa wird der Erzählprozess selbst als Verfahren ausgewiesen, in dem der Protagonist auf seiner einsamen Insel nicht nur ein ökonomisches Praktikum absolviert, sondern mit der schriftlichen Rekapitulation seiner Verirrungen auch die glückliche Wirkung von „Vorsehung" und „himmlischer Hand" entziffert (vgl. Defoe 1719, 16). Ähnliches geschieht auch in Johann Gottfried Schnabels Roman *Wunderliche Fata einiger Seefahrer*, wo sich das ‚irdische Paradies' der Insel Felsenburg als Wirtschaftsraum erwiesen hat, von dem aus eine heterogene Ereignismasse aus Unfällen und Intrigen, Vergehen und Verfolgungen eine innere Ratio und rückblickend eine providentielle Wendung gewonnen haben (Schnabel 1997; → III.4. UTOPISTISCHE ÖKONOMIEN DER NEUZEIT). Auf der einen Seite hat dieser Zusammenhang von ökonomischer und narrativer Ordnung eine Erzählweise strukturiert, in der sich – wie in Gellerts *Die Schwedische Gräfin von G**** – der narrative Gang auf den „wunderbaren Wegen der Vorsehung" in einem unaufhaltsamen Kapitalzuwachs spiegelt und in dieser besten aller Wirtschaftswelten jedes Unglück zum Glücksfall bzw. Profit verwandelt (Gellert 1988 ff., Bd. 4, 33–34, 46). Andererseits folgt etwa die Entwicklung des titelgebenden Helden in Wielands Roman *Geschichte des Agathon* einem politökonomischen Bildungsweg, der in einen Überblick über die „ganze Ökonomie der Menschheit" mündet, einen harmonischer Ausgleich von Leidenschaften und Interessen, von privatem „Wohlstand" und „allgemeine[m] Beste[n]" anstrebt und „in der Regierung der moralischen Welt einen unveränderlichen Plan" offenbart (Wieland 1794 ff., Bd. 3, 181–193, 422–424; vgl. Frick 1988; Vogl 2004a, 182–222; → III.9. ENTWICKLUNGS- UND BILDUNGSROMAN). Abgesehen davon, dass sich auch im bürgerlichen Schauspiel des 18. Jh.s eine Nähe zu liberalen Marktmodellen erkennen lässt, die eine Koinzidenz von Providenzvertrauen und Gewinnstreben motivierte und die Rede von einer „Ökonomodizee" rechtfertigt (Fulda 2005, 457; → III.7. ÖKONOMISCHE KOMÖDIEN; → III.8. BÜRGERLICHES TRAUERSPIEL), sind damit schließlich Handlungsmuster präfiguriert, in denen widerstrebende Subjekte – etwa in *Wilhelm Meisters Lehrjahre* – auf ungewollte Zweckreihen ausgerichtet werden: Wie schon in der „Ökonomie" des Herrnhuter Bekehrungssystems eine „unsichtbare Hand" die Seele auf providentielle Bahnen lenkt, so betreiben auch „die geheimnisvollen Mächte des Turms" ein Vorsehungsprogramm, das Entscheidungen korrigiert, Leidenschaften aussteuert, haltbare Allianzen stiftet und „zufällige Ereignisse" in einen verborgenen „Zusammenhang" transformiert (Goethe 1985 ff., Bd. 9, 759–765, 872, 927; → III.9. ENTWICKLUNGS- UND BILDUNGSROMAN).

Während die Versuche einer Theodizee und die Hoffnung auf irdische Providenz nach dem Erdbeben von Lissabon 1755 allenfalls satirisch überlebten (vgl. Voltaires *Candide ou l'optimisme*, 1759), hat sich die Figur einer „prästabilierten Harmonie der Dinge" oder „allpfiffigen Vorsehung" (Marx und Engels 1956 ff., Bd. 23, 189) auf ökonomischem Gebiet konserviert und die Gleichgewichtsmodelle neoklassischer Markttheorien geprägt – bis hin zu jüngeren Konzepten des Wettbewerbs oder den Varianten einer *efficient market hypothesis* in der Finanzökonomie (vgl. Hayek 1968; Fama und Miller 1972). Es verwundert daher nicht, dass nach den Finanz- und Wirtschaftskrisen seit 2007 panglossische Gedankenexperimente noch einmal in marktfrommer und neoliberaler Brechung wiederkehren: in Jonas Lüschers Roman *Kraft* etwa, dessen Titelheld am Leitfaden der Frage nach dem „Optimism for a Young Millenium / *Why whatever is, is right and why we still can improve it*" – und gut ausgestattet mit den Überresten der Oikodizee, mit „der neoklassischen Theorie und des Marktliberalismus", mit „Unsichtbare[r] Hand, Selbstregulierung der Marktkräfte [...] etcetera und so weiter" (Lüscher 2017, 7, 179) – einer intellektuellen Auszehrung mit tödlichem Ausgang entgegentreibt.

Parasit

Bernhard Siegert

Der Parasit ist eine Figur, die wie kaum eine andere die Grundwerte und -überzeugungen der abendländischen Kultur herausfordert. Er betreibt eine asymmetrische bzw. nicht-reziproke Ökonomie. Wenn die ganze Ambivalenz, die das Verhältnis zwischen Wirt und Gast bestimmt, darin begründet ist, dass die sozialen Rollen des Wirtes und des Gastes reziprok sind, dann ist solche Reziprozität im Fall des Parasiten ausgeschlossen. Darin gründet der schlechte Ruf, den der Parasit genießt, von der Zeit der griechischen Komödie bis zu seinem Abstieg in die Tierwelt und endlich in die *twilight zone* der Viren.

Diese nicht-reziproke Ökonomie ist zugleich mit verantwortlich dafür, dass der Parasit zur Figur des Unselbständigen *kat'exochen* werden konnte, zur Figur des Supplements, des Nicht-Ursprünglichen, des Uneigentlichen. Primär ist der Tausch, primär ist die Kommunikation, primär sind die Beziehungen zwischen Wirt und Gast, Produzent und Verbraucher, Sender und Empfänger. Die Beziehungen, die der Parasit unterhält, sind dagegen den primären, den eigentlichen Beziehungen aufgepfropft. Der Parasit ist die Figur des Dritten.

Dieser philosophische Diskurs von der Vorgängigkeit der reziproken Ökonomie wird jedoch konterkariert durch ein historisches Gegennarrativ, das ebenso alt ist wie das voraussetzbare Urteil über die Ursprünglichkeit der symmetrischen (Tausch-)Beziehung. Das ist ein Narrativ, in dem nicht Tausch, sondern Raub am Beginn aller Zivilisation steht. Diesem Narrativ zufolge ist der → Pirat dem → Kaufmann vorausgegangen und hat sich die zivilisierte Gesellschaft aus der Barbarei erhoben (wobei die Zivilisation ihren barbarischen Ursprung als ihr dunkles Erbe mitschleppt).

Wenn die Epoche der abendländischen Metaphysik, die im Glauben an das logische, moralische, kulturtheoretische und ökonomische Primat der Reziprozität gründet, mehr oder weniger genau zusammenfällt mit der Definition des Parasiten als einen supplementären Agenten einer nicht-reziproken Ökonomie, dann kann man konstatieren, dass der Parasit diese Epoche rahmt, da Beginn und Ende dieser Epoche diese Definition außer Kraft setzen. Nicht umsonst ist es erst im Denken der Dekonstruktion (→ I.4. Semiotik und Dekonstruktion) dazu gekommen, dass das Parasitäre zum Attribut einer Logik des Supplements wurde, einer ursprünglichen Kontamination. In der *Grammatologie* ist es das Nicht-Eigenständige der Schrift, das Derrida dazu bringt, die Frage nach dem Parasiten zu stellen: „Und was ist ein Parasit? Wenn nun gerade die Schrift uns zwingen würde, unser Urteil über das Nicht-Eigenständige, Parasitäre zu überprüfen?" (Derrida 1974, 94)

Eine spiegelbildliche Entsprechung zur dekonstruktivistischen Umwertung des Parasitären findet man in der archaischen Institution des Parasiten. Im Unterschied zur verbreiteten Meinung (vgl. Krapp 1995, 46; Weingart 1999, 207) bezeichnet der *parasitos* ursprünglich nicht den Tischgast, ob nun den gebetenen oder den ungebetenen. Vielmehr ist das Amt des Parasiten eine der ältesten Institutionen der indogermanischen Zivilisation. In der klassischen Zeit der griechischen Antike erinnerte man sich bereits nur noch dank schriftlicher Aufzeichnungen an die ursprüngliche Bedeutung des *parasitos*. So weiß Athenaios unter Bezug auf Polemo und Crates, dass in den alten Tagen der Begriff des Parasiten etwas Heiliges bezeichnete und dass es Aufgabe der Parasiten war, das heilige Getreide für die Opfergaben einzusammeln (vgl. Athenaeus 1854, Bd. 1, 370–372 [B VI. 26–27]). Der Parasit ist der Verwalter, der im Hause des ‚Königs', d. h. des *pater familias*, die Opferdienste zu koordinieren hatte (weshalb Derrida irrt, wenn er meint, dass es sich beim *parasitos* ursprünglich um einen Hilfspriester gehandelt habe; vgl. Derrida 1995, 32). So wie jeder freie Bedienstete des Hauses gemeinsam mit dem Hausherrn das Mahl einnahm, nahm der Parasit das Mahl gemeinsam mit *seinem* Hausherrn, dem Gott, ein. Er ist also derjenige, der nahe (= ‚para') dem heiligen Getreide (= ‚sitos') war, d. h. dem Essen des Gottes, und als solcher hatte er den Gott bei Laune zu halten, wofür er mit Essen von der Tafel des Gottes entschädigt wurde (vgl. Hassl 2005, 3). Daher ist der Parasit Künstler und die Parasitik gewissermaßen die Ur-Kunst schlechthin. Jedenfalls ist Diodorus von Sinope zufolge keine Kunst höher zu achten als die Kunst der Parasitik, denn sie ist die einzige Kunst, die göttlichen Ursprungs ist (vgl. Athenaeus 1854, Bd. 1, 376 f. [B VI. 36]).

In der *polis* der klassischen Antike wandelte sich der Parasit vom Gottesdiener zum säkularen, auf öffentliche Kosten im Stadthaus (Prytaneion) speisenden Ehrengast. Im Zuge der Ausdifferenzierung zwischen privatem Gottesdienst und öffentlichen Verwaltungsaufgaben wurde der Parasit jedoch zunehmend privatisiert und nach und nach von allen öffentlichen Verwaltungsbefugnissen entkleidet. Damit begann sein Abstieg zu immer niederen Lebensformen. Er verkam zum Possenreißer und Schmeichler des Hausherrn, von dessen Geneigtheit er nun völlig abhängig war (vgl. Hassl 2005, 4). In dieser Rolle wurde er von Epicharm in die attische Komödie eingeführt (vgl. Athenaeus 1854, Bd. 1, 372 [B VI. 28]), ehe Eupolis in seiner Komödie Κόλακες (= Die Schmarotzer) einen ganzen Chor von Parasiten auftreten ließ (vgl. Kaibel 1907, Sp. 1233). Rabelais' Panurge oder Diderots *Le Neveu de Rameau* mögen als spätere Fortsetzung diese Abstammungslinie angesehen werden.

Auf noch niedere Lebewesen wurde der Begriff Parasit zum ersten Mal in Thomas Brownes *Pseudodoxia epidemica* von 1646 angewendet, wo Moose und Tüpfelfarne „parasitische Pflanzen" genannt werden, weil sie angeblich auf Kosten anderer Lebewesen existierten (vgl. Hassl 2005, 5). Als Begründer der

Parasitologie gilt der Arzt Francesco Redi, der 1684 Tieren, die in anderen Tieren leben (insbesondere Spulwürmern) ein eigenes Buch widmete (vgl. Redi 1684). Allerdings konnte die Frage, wie Parasiten entstehen, erst im 19. Jh. durch die Entdeckung des Generationswechsels bei Egeln durch den dänischen Zoologen Johann Japetus Steenstrup beantwortet werden (vgl. Zimmer 2001, 24–25). Ende des 19. Jh.s schließlich erschien der Parasit in Gestalt der ultimativen Grenzform des Lebens, nämlich in der des Virus. Viren sind Parasiten, die Wirtszellen zur Vermehrung brauchen, weil sie keine Proteinsynthese haben (vgl. Mölling 2015, 21) und allenfalls als ‚dem Leben nahe stehend' gelten, also in einem ähnlichen Sinne *para* sind wie der archaische Parasit, der ‚nahe' dem heiligen Getreide war. Retroviren sowie Bakteriophagen bauen ihr Erbgut in das der Wirtszelle ein, so dass es mitvererbt werden kann. Inzwischen hat in der Mikrobiologie eine „Umkehrung unseres Denkens" (ebd., 13) über die parasitäre Beziehung zwischen Virus und Zelle eingesetzt. Zellen wurden nach neuesten Vorstellungen der Paläovirologie von Viren aufgebaut, nicht umgekehrt (vgl. ebd., 28). Am Anfang allen Lebens war der Parasit.

In den Kulturwissenschaften setzte die ‚Umkehrung des Denkens' hinsichtlich des Parasiten schon lange vor den Naturwissenschaften ein. In den frühen 1960er Jahren führte der Mathematiker, Philosoph und Wissenschaftshistoriker Michel Serres ein Modell ein, das die Abzweigung ins Zentrum der Ökonomie rückte. Im 1980 erschienenen Buch *Le parasite* hat Serres diesen Ansatz verallgemeinert. Da ‚Parasit' im Französischen nicht nur den Schmarotzer meint, sondern auch die technische Störung, das Rauschen im Kanal, konnte Serres Ökonomietheorie und Medientheorie mittels der Figur des Parasiten engführen.

Das Serre'sche Konzept des Parasiten übt Kritik an der abendländischen Philosophie, Kommunikationstheorie und Ökonomietheorie, insofern man in diesen Theorien im Prinzip nie über zweiwertige Schemata hinausgekommen ist: Subjekt – Objekt, Sender – Empfänger, Produzent – Verbraucher, wobei diese zweiwertigen Beziehungen stets als reziproke Beziehungen gedacht wurden. Serres erweiterte dieses Schema zu einem grundsätzlich dreiwertigen Schema. Gegeben sind zwei Stationen und ein Kanal, der beide verbindet. Der Parasit, der sich dem Fluss der Relation aufpfropft, ist in der Position des Dritten (vgl. Serres 1987, 84–85). Das wäre an sich noch nichts Besonderes. Aber im Unterschied zur Tradition ist für Serres nicht erst die Beziehung da und dann, supplementär, ihre Beeinträchtigung oder Unterbrechung. Es ist nicht erst die Sache da, „wie sie wirklich ist", und dann das schadhafte Bild, das sich unsere Sinne und unser Verstand davon machen. „Die Abweichung gehört zur Sache selbst, und vielleicht bringt sie diese erst hervor" (ebd., 28).

Ursprünglich ist nicht der ungehinderte Tausch (von Gedanken oder Gütern oder Bits), sondern der Parasit. Die Störung geht der Beziehung voraus, sie ist der

Grund der Beziehung. Das Dritte geht dem Zweiten voraus. Das ist der Anfang aller Medientheorie (→ I.5. MEDIENTHEORIE UND MEDIENGESCHICHTE): „Es gibt ein Drittes vor dem Zweiten; es gibt einen Dritten vor dem anderen. [...] Es gibt stets ein Medium, eine Mitte, ein Vermittelndes" (Serres 1987, 97). Die Vertreter der kommunikativen Vernunft haben eingewendet, dass der Parasit schon aus logischen Gründen eine nicht-parasitäre Beziehung des Gebens und Nehmens voraussetzt, also ein aus Gast und Wirt bestehendes System, in dem sich der Parasit einnistet. Dabei lässt sich mühelos ein Modell konstruieren, das nur aus parasitären Beziehungen besteht, wenn man berücksichtigt, dass die Rollen des Wirtes und Gastes selbst nur relativ sind, dass also derjenige, der Wirt in einer Beziehung ist, selbst Parasit in einer anderen Beziehung ist. Das Postulat, dass die parasitäre Ökonomie, wie sie von Serres entworfen wurde, „einmal mehr" nur „die Unhintergehbarkeit der Gabe" bezeuge (Därmann 2010, 137), manifestiert wohl eher den Wunsch, eine ethische Norm metaphysisch zu begründen, als historisch-empirische Lagen.

Solche Lagen hatte der Wirtschaftshistoriker William H. McNeill im Sinn, als er fast gleichzeitig mit Serres eine Globalgeschichtsschreibung vorschlug, die auf dem Konzept des Parasiten basiert. McNeill unterschied Mikroparasitismus und Makroparasitismus als ‚Zwillingsvariabeln', die das menschliche Leben fundamental beeinflussen (McNeill 1980, 6). Während Mikroparasitismus sich auf winzige Organismen bezieht, die in den menschlichen Körper eindringen, um hier Energie abzuzapfen, meint Makroparasitismus jede Art von raubökonomischem Verhalten (von Räubern bis zu Steuereinnehmern) zwischen menschlichen Gruppen. Wie auf diese Weise Global- und Lokalgeschichte ineinandergreifen, hat McNeill in *Plagues and Peoples* zu zeigen versucht (vgl. McNeill 1978). Wesentlich ist allerdings bei McNeill wie bei Serres nicht die Frage nach dem Ursprung, sondern die Gestalt der Geschichte als Rückkopplung von Mikro- und Makroparasiten, wodurch Phasen miteinander abwechseln, in denen die Konfiskation den Markt oder das Rauschen das Signal in den Hintergrund drängt und *vice versa*.

Piraten

Bernhard Siegert

Handel ist rechtmäßiger Raub, Seehandel rechtmäßige Piraterie: Diese paradoxe Gründungsfigur ist ein verbreiteter Topos der älteren Wirtschafts- und Rechtsgeschichte. Ihr zufolge kennzeichnet es die archaische Zeit der Menschheitsgeschichte, dass sie den Unterschied zwischen Seehandel, Seekrieg und Seeräuberei nicht kannte (so auch noch Hinz 2006, 47). Schon Thukydides behauptete im ersten Buch seines *Peloponnesischen Krieges*, dass Piraterie ein allgemein anerkanntes Handwerk bei den ältesten Hellenen gewesen sei, das keineswegs als schändlich, sondern sogar als ehrenvoll gegolten hätte (vgl. Thukydides 2002, 9). „Les premiers Grecs étaient tous pirates" [Die ersten Griechen waren allesamt Piraten], schrieb Montesquieu entsprechend 1748 in seinem *De l'esprit des lois* (Montesquieu 1845, 291). „Ich müsste keine Schiffahrt kennen: / Krieg, Handel und Piraterie, / Dreieinig sind sie, nicht zu trennen", sagt Mephisto im zweiten Teil von Goethes *Faust* (Goethe 1985 ff., Bd. 7.1, 432). Die Unterscheidung zwischen Piraterie und Seehandel markiert geradezu den Beginn der Zivilisation (vgl. Heller-Roazen 2010, 36–46). Eine Parallele hat diese Gründungsfigur im Anfangsparadox des Rechts, auf das man zum Beispiel gleich zu Beginn von Jean Bodins *Six livres de la République* von 1576 stößt, wo Bodin die Piratenbande vom Staatswesen hinsichtlich ihrer Fähigkeit zur Vertragstreue unterscheidet, insofern Piraten ausgeschlossen werden von jedem Akt, der solche voraussetzt: von Bündnissen, Kriegserklärungen und Friedensverhandlungen. Die menschlichen Gesetze „haben immer die Briganten und Korsaren unterschieden von denen, die wir gerechte Feinde nennen" (Bodin 1579, 1; eigene Übers.). Bodins Unterscheidung zwischen Piraten und gerechten Feinden geht zurück auf Ciceros *De officiis*, in dem der Pirat *per definitionem* ausgenommen wird von der „Zahl der Kriegsgegner", da er „der Feind aller" ist, mit dem weder ein Treueverhältnis noch ein Eid eine Gemeinschaft stiften kann (vgl. Heller-Roazen 2010, 17–24). Für den Piraten muss also eine eigene Feindschaftskategorie geschaffen werden, die ihn vom politischen Feind, mit dem man rechtliche und wirtschaftliche Beziehungen unterhalten kann, unterscheidet: die Kategorie des „ennemi du genre humain" (Bodin 1579, 2). Wenn jeder Verbrecher für sich das Recht in Anspruch nehmen kann, dass nur der Staat ihm den Prozess machen darf, auf dessen Territorium er sein Verbrechen begangen hat, so gilt dies nicht für den ‚Feind des Menschengeschlechts': Piraten dürfen, wo immer sie angetroffen werden, verurteilt und ihrer Strafe zugeführt werden.

Allerdings ist diese Unterscheidung nicht durchzuhalten. Da ist zum einen das Problem, dass Piraten durchaus in der Lage sind, Gemeinschaften zu gründen, aus denen sich mehr oder weniger unabhängige Staaten entwickeln können. So vertraten sowohl Hugo Grotius als auch Matthew Tindal die Auffassung, dass alle großen Reiche früher Räuber- oder Piratenbanden gewesen seien, dass also rechtförmige Gewalt aus rechtloser Gewalt hervorgegangen sei (vgl. Kempe 2010, 235–236). Speziell ist hierbei an die Barbareskenstaaten zu denken, die im politischen Diskurs der christlichen Nationen meist als bloße Seeräuberbanden gehandelt wurden, wiewohl Engländer, Franzosen und Niederländer mit ihnen Verträge über Waffenstillstände und Gewährung freier Passage abschlossen und diplomatische Vertretungen in Algier, Tunis und Tripolis unterhielten (vgl. ebd., 253–257). Und zum anderen ist zu berücksichtigen, dass der Begriff des Piraten in der Antike und im Mittelalter eine andere Bedeutung besaß als der naturrechtlich begründete Begriff des Piraten, wie er sich in der Zeit Bodins und Grotius' herausbildete. Die Griechen verwendeten den Ausdruck *peiraton* für kleine kriegerische Gemeinschaften, mit denen man Allianzen eingehen und die man als Bundesgenossen für Kriege gewinnen konnte. Während des 1. Jh.s v. Chr. hatten diese ‚Piraten' ihre Hochburg in Kilikien in Kleinasien. Plutarch zufolge stellten ihr barbarisches Verhalten und ihre Geiselnahmen zwar eine Blamage für die römische Hegemonie dar (vgl. Plutarch 1964 ff., Bd. 4, 200–201), doch deutet nichts an Plutarchs Beschreibung darauf hin, dass Rom in den Praktiken dieser Piraten die Verletzung irgendeines Gesetzes gesehen hätte (vgl. Rubin 1998, 18).

In England wurde noch im 12. Jh. nicht zwischen Freibeutern und Piraten unterschieden, so dass der englische Abt Johannes Brompton Mitte des 15. Jh.s (ab-)schreiben konnte, dass die „Engländer wahre Piraten [seien], denen der König den Schutz der Meere anvertraut habe" (Brompton 1652, Sp. 985–986; eigene Übers.). Der vom Korsaren und Kaufmann klar unterscheidbare Pirat geht also nicht der Herstellung einer Rechtsordnung voraus, sondern gewinnt erst mit dieser Einrichtung Kontur (vgl. Heller-Roazen 2010, 45). Allerdings behält die Figur des Piraten als ein eingeschlossenes Ausgeschlossenes nur solange und soweit ihre deutliche Kontur, wie es der politischen Ordnung gelingt, die See zu territorialisieren. Während die eindeutige Unterscheidung zwischen Korsaren und Piraten zu den territorialen Parametern der Souveränität gehört, unterlaufen kommerzielle Interessen eher die Versuche, Territorialität auf das Meer auszudehnen: „Water submerges the territorial parameters of sovereignty" (Sohmer Tai 2007, 205).

Anders als der Abt Brompton im 15. Jh. unterschieden sowohl Venedig als auch Genua spätestens seit dem 13. Jh. Piraten von Korsaren. Korsaren agierten als Agenten für politische Ansprüche auf Teile des Mittelmeeres, wobei allerdings die Kaperung von Schiffen des Feindes, aber auch von Schiffen, die unter der Flagge des Staates fuhren, in deren Auftrag sie die See kontrollierten, oftmals die Grenze zwischen Korsarentum und Piraterie überschritten (vgl. Sohmer Tai 2007, 211).

Allerdings braucht die Kaperei *interfaces*, Umschlagplätze, an denen der Pirat einerseits sicher vor Verfolgung ist, an denen andererseits geraubte Waren und Personen in die Zirkulation eingespeist werden können: Algier, Livorno, La Valetta u. a. So gesehen spricht einiges dafür, Piraterie nicht als parasitäres Phänomen wirtschaftlicher Beziehungen zu sehen, sondern als Teil dieser selbst (vgl. Kempe 2010, 199). Die Kaperei im Mittelmeer des 16. Jh.s ist „eine Form des erzwungenen Warenaustauschs" (Braudel 1990, Bd. 2, 720), die die Funktion hat, Kommunen Güter und Dienste zu verschaffen, die diese aufgrund der Strukturschwäche legaler Märkte anders nicht bekommen können (vgl. Starkey 2001, 115).

Die Figur des Piraten als Feind des Menschengeschlechts, der von der Staatengemeinschaft ausgeschlossen ist und der seiner Strafe zugeführt werden kann, wo immer er aufgebracht wird, dekonturiert sich im selben Maße, wie staatlich sanktionierte Praktiken vernetzt sind mit dem allgegenwärtigen Korsarentum, dessen Übergang zur Piraterie üblich ist auf dem Meer, „l'usanza del mare" (vgl. Braudel 1990, Bd. 2, 701). Zu allen Zeiten haben staatliche Autoritäten es auf allen Ebenen in ihrem Interesse gesehen, Akte der Piraterie stillschweigend zuzulassen oder sogar verdeckt zu begünstigen. In Malta hält diese Tradition offenbar bis heute an. Die aus Mangel an politischem Willen zur Bekämpfung von Piraterie hervorgehende Lizensierung privater Gewalt zur Wiederaneignung (*reprisal, sylvan*) geraubter Güter geht dann ihrerseits nahtlos in reine Piraterie über (vgl. J. L. Anderson 2001, 83). Die Figur des Piraten als das Jenseits des Staates und der internationalen Staatengemeinschaft steht also nicht an einem mythischen Ursprung der Zivilisation; vielmehr bilden die Beziehungen zwischen territorialer Souveränität und Piraterie eine variable Figur-Grund-Differenz, die die Figur des Staates an den Grund eines empirischen Naturzustands in Form eines „primitiven Krieges" (Foucault 1999, 56) bindet. In dem Maße, in dem die Konturen des Piraten als Feind des Menschengeschlechts, mit dem keinerlei rechtliche Beziehungen möglich sind, auftauchen oder verschwimmen, bringt der glatte Raum des Meeres je nachdem die Differenzen zwischen Raub, Kaperei, Beschlagnahme von Konterbande, gesetzlicher Konfiszierung, Eintreibung von Zöllen und Besteuerung zum Vorschein oder zum Verschwinden.

Während an dem einen Pol dieser Figur-Grund-Beziehung der Gouverneur von Santo Domingo, Jean Ducasse, beim Überfall auf Cartagena 1697 höchstpersönlich das in der Mehrheit aus *flibustiers* bestehende Expeditionskorps (oder die Seeräuberbande) anführte, müssen am anderen Pol Korsaren zu Piraten transmutiert werden, um internationale Staatengemeinschaften zu konstruieren: „Empire needs pirates" (Simpson 2006, 87). Osama bin Laden war, bevor er zum Feind des Menschengeschlechts deklariert wurde, ein von den USA lizenzierter *privateer*, so wie einstmals Woodes Rogers in den Diensten der britischen Admiralität gestanden hatte. So gesehen war und ist die Zukunft des internationalen Rechts die Piraterie.

Polizey
Joel Lande

Vom Spätmittelalter bis ins 19. Jh. konstituierte sich in beinahe allen europäischen Staaten eine Wissensform, die der deutschen ‚Polizey' bzw. ‚Policey' entsprach (vgl. Stolleis 1996). Im Gegensatz zu seinem modernen Gebrauch bezieht sich dieser weniger geläufige Terminus nicht auf ein Exekutivorgan, sondern auf ein heterogenes Bündel von Ver- und Geboten, mittels derer die Bevölkerung – als elementarer ökonomischer Faktor – verwaltet und reguliert werden soll. In dieser Traditionslinie entsteht im deutschsprachigen Raum des 17. und vor allem des 18. Jh.s eine beachtliche Zahl von Traktaten, die die Polizey zum theoretischen Diskursgegenstand, sogar zur wissenschaftlichen Disziplin (Polizeywissenschaft) erheben (vgl. H. Maier 1966; Tribe 1988). Obwohl sich die Begriffsbedeutung im 19. Jh. – davon zeugt der seit 1848 einflussreiche Diskurs über den ‚Polizei-Staat' – auf Sicherheit verengt, bleiben die Belange des frühmodernen polizeylichen Wissens in vielerlei Hinsicht für die Pastoralherrschaft des modernen liberalen Staats wesentlich (vgl. Foucault 2005).

Die Polizey regulierte die Bevölkerung durch ein Inventar von Maßnahmen zur sittlichen Disziplinierung, d. h. durch Eingriffe in die elementarsten Aktivitäten des arbeitenden Menschen: seine Arbeits- und Ruhezeiten, seine Nahrungsaufnahme und Körperhygiene. Für die Polizey ließ sich das städtische und staatliche Gemeinwohl nicht von der Physis des Bürgers trennen (vgl. Vogl 2004a, 73–82). Dies zeigte sich im steten Interesse an öffentlichen Lustbarkeiten, die als Facetten des städtischen Zusammenlebens aufgefasst wurden und die für den gemeinschaftlichen Nutzen verfügbar zu machen waren. Neben den aufklärerischen Gemeinplätzen vom Theater als moralischer Anstalt und als Prophylaxe gegen ein Übermaß der Affekte führen polizeyliche Schriften einen weiteren Legitimationsgrund des Theaters ins Feld: Öffentliche Unterhaltung sei ein Mittel, um den arbeitsmüden Körper und Geist, vor allem den des gemeinen Mannes, wiederzubeleben, individuellem Verdruss und zwischenmenschlichen Spannungen vorzubeugen und auf diese Weise die Produktionskraft des Sozialkörpers zu steigern. Besondere Aufmerksamkeit wurde in diesem Zusammenhang der wohl kontroversesten Theaterfigur des 18. Jh.s, der sogenannten Lustigen Person, geschenkt. Während der Jurist und *homme de lettres* Justus Möser in seiner einflussreichen Apologie des Harlekin polizeyliche Argumente heranzieht, führt der bedeutendste Professor für Polizeywissenschaft in Wien, Joseph von Sonnenfels, einen erbitterten Kampf gegen den volkstümlichen Humor des beliebten Hanswurst (vgl. Hafner 2007, 237–381; Möser 1968; Sonnenfels 1988; Lande 2018; → III.8. BÜRGERLICHES TRAUERSPIEL).

Den Theaterdebatten des 18. Jh.s ging eine begriffsgeschichtliche Entwicklung voraus, die mit der Übersetzung des lateinischen Lexems *polītīa* begann, das wiederum für das altgriechische πολιτεία verwendet wurde. Dieser Etymologie entspricht ein Hauptaugenmerk der Polizey: die auch für die antike praktische Philosophie zentrale Frage nach dem guten Leben (ευ ζην; vgl. Iseli 2009, 14–16). Polizey wird zunächst als Begriff für ein nur vage definiertes Konglomerat von Regelungen zur Beförderung der allgemeinen Wohlfahrt gebraucht, und seit dem 14. Jh. bildeten Polizeyordnungen in beinahe allen europäischen Ländern Mosaike aus Interventionen in den diversen Bereichen des städtischen Lebens, darunter Religion, Sitten, Sauberkeit, Landwirtschaft, Straßenbau, Armenwesen, Kleidung oder Lärmschutz. Um sowohl den binnenpolitischen Frieden als auch die sittliche Integrität der Bevölkerung zu gewährleisten, griff die städtische bzw. staatliche Obrigkeit vorsorglich in die alltäglichste Lebensführung ihrer Subjekte ein.

Der Aufschwung polizeylichen Wissens im 18. Jh. setzte mit der Etablierung des ersten Lehrstuhls für ‚Oeconomie, Polizey und Cammer-Sachen' an der Universität Halle im Jahr 1727 ein. Damit begann sich zugleich die Bedeutung von ‚Polizey' zu verschieben: von einem Sammelbegriff für Regelungen, die soziale Ordnung stiften sollten, zu einem für das politische und ökonomische Wissen des 18. Jh.s zentralen Bereich (vgl. Stichweh 1991, 93–102). Polizey wurde nämlich eine Teildisziplin der Kameralwissenschaft, die – nach einer Welle von Neugründungen in den folgenden Jahrzehnten – an nahezu jeder deutschen Universität vertreten war. In diesem Kontext entstand eine Vielzahl von oftmals kaum voneinander abweichenden Polizeytexten, die für den universitären Vorlesungsgebrauch vorgesehen waren. Mit der Publikation enzyklopädischer Traktate verfolgte die institutionalisierte ‚Polizeywissenschaft'– wie Johann Heinrich Gottlob von Justi das Fach nannte und wie sie auch von Autoren wie Johann Heinrich Jung-Stilling vertreten wurde – nun ausdrücklich ein dreifaches Ziel: Sie beschrieb Vorgaben zur Erhaltung des innerstaatlichen Friedens, zum Avancement der Glückseligkeit seiner Bürger und zur Stärkung physischer und moralischer Kräfte. Anders als die Kameralistik, die die Verwaltung der Organe des staatlichen Haushalts behandelte, konzentrierte sich das polizeyliche Wissen auf Strategien, die darauf abzielten, die Produktivität und so den Reichtum des Staates zu maximieren, zum einen qua Bevölkerungszuwachs, zum anderen qua Verbesserung der allgemeinen Gesundheit.

In die kantische Philosophie findet ‚Polizey' als Remedium gegen den „negative(n) Geschmack" Eingang, d.h. gegen öffentliche „Verletzungen des moralischen Sinnes" (Kant 1956 ff., Bd. 4, 445). Fichte identifiziert die Polizey als „ein besonderes Verbindungsmittel zwischen der exekutiven Gewalt und den Untertanen", die eine „fortdauernde Wechselwirkung zwischen beiden erst möglich macht" (Fichte 1845–1846, Bd. 3, 291–292). In einer verwandten Formulierung betraut Hegel die Polizey in seinen *Grundlinien der Philosophie des Rechts* mit der prominenten Aufgabe der „Vorsorge" für „das besondere Wohl" jedes Einzelnen, das durch „eine äußere Ordnung" gewährleistet werden soll (Hegel 1986, Bd. 7, 382–393; → SORGE UND RISIKO).

In der Literatur manifestiert sich polizeyliches Wissen als eine externe sowie internalisierte Regulierungsform. Schon angedeutet in den Utopien von Thomas Morus und bis über Johann Gottfried Schnabels *Insel Felsenburg* hinaus (→ III.4. UTOPISTISCHE ÖKONOMIEN DER NEUZEIT), aber auch in verschiedenen Variationen von „Staatsbelletristik" (Ungern-Sternberg 1999, 89) wie in Justis *Psammitichus* (1759–1760) oder in Jung-Stillings pietistischer „Ethographie" *Das Heimweh* (Jung-Stilling 1826, 132) verschaltet die Romangattung im epochemachenden Bildungsbegriff die Formierung natürlicher Anlagen und Wunschvorstellungen der Gesellschaftsgestaltung (vgl. B. Wolf 2004a, 185–222). Goethes Romane entwickeln ein Wechselverhältnis zwischen der Steuerung der inneren Triebfeder und der Herstellung ästhetischer sowie gemeinschaftlicher Ordnung (vgl. Goethe 1985 ff., Bd. 8, 317, 366; Bd. 9, 420, 522, 701–703; Bd. 10, 573, 688, 706). Im idealen Staat des Frühromantikers Novalis hingegen wird die Polizey in die zentralstaatliche Steuerung des Königs, in deren Dienst er auch die Poesie stellt, eingespeist (vgl. Gamper 2007, 229–231). Ein Übergang von der Wohlfahrts- zur Sicherheitspolizey bilden Friedrich Schillers Skizzen zum Theaterstück *Die Polizey* (vgl. Vogl 2000). In Vorwegnahme von Franz Kafkas polizeistaatlicher Unübersichtlichkeit wird hier die Großstadt Paris von verstreuten Beobachtungsinstanzen besetzt, die sich auch in der Kriminalliteratur des 19. Jh.s nach dem Muster von E. T. A. Hoffmanns *Das Fräulein von Scuderi* verbreiten.

Produktion

Till Breyer

Der Begriff der Produktion lässt sich als Schlüsselbegriff moderner Beobachtungsweisen von Gesellschaft und Literatur spätestens seit dem 18. Jh. verstehen. Er bezeichnet den Prozess der Herstellung von Gütern, Werken oder Wirklichkeiten im Allgemeinen, wobei die Bestimmung dessen, was als ‚Produkt' begriffen wird, historischen Veränderungen unterliegt. Produziert werden – abhängig vom zugrunde liegenden Produktionsbegriff – materielle Gegenstände und Formen wirtschaftlichen Reichtums, aber auch, wie bereits Marx und Engels formulieren, bestimmte Denkweisen, Praktiken oder auch soziale Zustände. Der Produktionsbegriff impliziert jenseits seiner primären Referenzen etwa auf industrielle Fertigungsprozesse immer auch einen historisch variablen Beobachtungsmodus, in dessen Rahmen kulturelle Codierungen vorgenommen werden können, die etwa die Produktion gegenüber der → ZIRKULATION normativ aufwerten (vgl. Burkhardt 1974; Gallagher 2006, 64–65) oder, wie in der klassischen Ökonomik, die Produktions- gegenüber der Verteilungsebene epistemologisch privilegieren (vgl. Foucault 1974, 310–322). Die zunehmende gesellschaftliche und ökonomische Bedeutung neuer Produktionstechniken sowie deren Präsenz im öffentlichen Diskurs seit Beginn der europäischen Industrialisierungen ist darüber hinaus mit Fragen der Darstellung verbunden, die das Verhältnis gegebener Dinge oder Wirklichkeiten zu den Formen und Prozessen ihrer Herstellung betreffen. Diese Fragen treten auf einer thematischen Ebene innerhalb literarischer Texte, aber auch auf der Ebene ihrer Beobachtung und Kritik seit Beginn des 19. Jh.s sukzessive in den Vordergrund und stehen mit gesellschaftlich-ökonomischen Produktionsbegriffen und -metaphoriken in Beziehung (vgl. Breyer 2019, 23–86). Diese historische Gemengelage lässt sich auf zwei Ebenen ausführen: zum einen auf der Ebene der Integration von Produktionskonzeptionen in die Poetik literarischer Texte; zum anderen auf der Ebene der Fremd- oder Selbstreflexion von Literatur als spezifisches Produkt im Kontext von sozialen Verhältnissen.

Eine wichtige Voraussetzung moderner Produktionssemantiken lässt sich in der frühneuzeitlichen Relativierung zweier poetologisch relevanter Grundannahmen erkennen, die auf Aristoteles zurückgehen: der Nachahmungspoetik sowie der Kopplung von Produktions- und Naturbegriff. Erst die Umbesetzung im Verhältnis von Dichtung und Natur, in deren Zuge die Poetik der Nachahmung in das kulturelle Selbstverständnis eines ‚schöpferischen Menschen' (vgl. Blumenberg 2001, 9–46) überführt wird, eröffnet spätestens seit dem 17. Jh. in Literatur und Wissenschaft eine Konzeption ‚möglicher Welten', die um 1800 auch in ein politökonomisches Wissen eingeht, das die Bedingungen der „Produktion des Wirklichen" anzugeben beansprucht (Vogl 2004a, 346; vgl. ebd., 139–222). Begriffsgeschichtlich lässt sich hier eine entsprechende Entwicklung erkennen: Der Produktionsbegriff, der auf die altgriechischen Wörter *poiēsis* (,Bewirken', ,Verrichten' sowie ,Dichtung') und *parergo* (,vorführen') verweist und sich vom lateinischen *producere* („hervor führen") herleitet, wird in seiner deutschsprachigen Verwendung erst seit etwa 1720 durch die Bedeutung des ,Erzeugens' erweitert, wobei diese bis zum späten 18. Jh. noch primär den Naturprozessen zugeschrieben wird (vgl. Hentschel 1984, 2–5; Zill 2003, 53–55). Dieser Primat wird bei Kant in eine Aufwertung künstlerischer → KREATIVITÄT umgewendet, wenn in der *Kritik der Urteilskraft* die Produktivität des Genies als Nachahmung nicht gegebener Naturdinge, sondern des schöpferischen Prinzips der Natur selbst (*natura naturans*) konzipiert wird (vgl. Derrida 1975). Von hier an zeichnet sich eine wissensgeschichtliche Recodierung der Produktionssemantik ab: Nimmt Adam Smith im *Wealth of Nations* (1776) eine Verschiebung des ökonomischen Produktionsbegriffs von der Landwirtschaft hin zur industriellen Arbeit vor, so verdichtet sich die Frage nach der künstlerischen Produktivität des modernen Menschen etwa beim frühen Goethe und später bei Percy Bysshe Shelley in der Figur des Prometheus, anhand derer sowohl die überlegene Produktivität des aufstrebenden Bürgertums als auch neue Strukturen der Arbeitsteilung reflektiert werden (vgl. Metscher 1998, 155–169). Im realistischen Erzählen seit den 1840er Jahren rückt der Zusammenhang von Roman und Industrie in den Vordergrund und führt zu konzeptuellen Konvergenzen von Produktion und Poetik (→ III.15. ROMAN UND INDUSTRIE), die sich etwa in der von Julian Schmidt stammenden und von Gustav Freytag aufgenommenen Forderung niederschlägt, im zeitgenössischen Roman „das deutsche Volk [...] bei seiner Arbeit" darzustellen (Freytag 1977, 6). In den Romanen von Balzac, Dickens und Raabe geht darüber hinaus mit der thematischen Prominenz von Produktionsprozessen eine bestimmte Wirklichkeitsauffassung einher, die Gegenstände als Produkte und die erzählte Wirklichkeit nicht mehr als (gott- bzw. natur-)gegebene, sondern als hergestellte kenntlich macht (vgl. Breyer 2019, 45–86). So erscheinen soziale Typen als „véritable produit anthropomorphe" [echtes menschenförmiges Produkt] einer Herrschaft des Geldes (Balzac 1976ff., Bd. 10, 345) und verweisen begriffsgeschichtlich auf eine Prozessualisierung des Produktionsbegriffs, die auch die Geschichtskonzeption des historischen Materialismus kennzeichnet. Zugleich lässt sich seit der Jahrhundertmitte eine wissens- und kulturgeschichtliche Recodierung des Produktionsbegriffs nach Maßgabe der thermodynamischen Physik beobachten (vgl. Rabinbach 1992; Schäfer und Vogl 2004), die im literarischen Realismus mit den flüchtigen Signifikanten der Dampfmaschine – Feuer und Flamme, Ruß und Rauch – korrespondiert (vgl. Breyer 2019, 23–86, 270–278).

Eine zweite Ebene betrifft den Produktionsbegriff als Medium literarischer, insbesondere produktionsästhetischer Selbst- und Fremdreflexion, wenn unter anderem bei Flaubert das literarische Werk als Produkt, der künstlerische Prozess als Handwerk reflektiert wird (vgl. Barthes 2006, 52–54) oder wenn Wilhelm Scherer sein Poetikverständnis entlang ökonomischer Termini formuliert (vgl. Agethen 2016). Damit wird eine Analogie aktualisiert, die mitunter bereits in der Romantik anklingt: „Man glaubt Autoren oft durch Vergleichungen mit dem Fabrikwesen zu schmähen. Aber soll der wahre Autor nicht auch Fabrikant sein?" (Schlegel 1958 ff., Bd. 2.1, 232) Die kunst- und sozialtheoretischen Konsequenzen aus dem Produktcharakter von Literatur treten dann im frühen 20. Jh. in den Vordergrund. So entwerfen sowjetische Literaturtheoretiker wie Sergei Tretjakow und Boris Arwatow seit Mitte der 1920er Jahre das Programm einer ‚proletarischen Produktionskunst', die nicht mit der Abbildung, sondern mit der Neugestaltung der sozialen Wirklichkeit befasst sein und den Unterschied von Arbeit und ‚Schöpfertum' hinter sich lassen müsse (vgl. Arvatov 1972). Während Brecht die Widersprüche der spezifisch kapitalistischen Warenproduktion thematisiert und zugleich die Produktionsbedingungen des Theaters selbst inszenatorisch sichtbar macht (→ III.19. LITERARISCHE PRODUKTION IN DER MODERNEN ARBEITSWELT), entwickelt Walter Benjamin den Begriff einer Literatur, die den Topos individuell-autonomen Künstlertums durch einen ‚Autor als Produzent' ersetzen müsse, der den medialen „Produktionsapparat [...] im Sinne des Sozialismus zu verändern" vermag (Benjamin 1972 ff., Bd. II.2, 691). Wird damit ein bereits im Realismus des 19. Jh.s auftauchendes Bewusstsein für die Produziertheit des Wirklichen in die Perspektive einer ästhetischen und politischen Formbarkeit der Produktionsprozesse selbst gewendet, so eröffnet sich methodengeschichtlich zugleich ein literatursoziologischer Blickwinkel (→ I.2. LITERATURSOZIOLOGIE), der Literatur nicht jenseits, sondern innerhalb gesellschaftlicher Produktionsprozesse verortet (vgl. Macherey 1974).

Projektemacher

Markus Krajewski

Projekte sind Versprechen auf die Zukunft. Wie eine Wette oder komplizierte Finanzprodukte arbeiten sie in einem Modus Operandi, der vorzugsweise dem Noch-Nicht, dem Als-Ob oder dem Könnte-Sein verpflichtet ist. Entworfen, initiiert und angepriesen werden Projekte heutzutage häufig von allgemein als ‚Team' bezeichneten Gruppen oder einzelnen Personen, die sich sodann nicht ohne Stolz ‚Unternehmer' (→ UNTERNEHMER, UNTERNEHMEN) oder ‚Berater', ‚Entrepreneur' oder ‚Visionär' nennen. Bereits im 17. Jh. war allerdings ein derartiger Typus von planvoller Zukunftsgestaltung aus ökonomischen Zusammenhängen bekannt, wobei man hier für die treibende Kraft des Vorhabens den Begriff ‚Projektemacher' prägte. Als paradigmatisch für diese Figur mag John Law gelten, der mit seinem berühmten ‚Mississippi Scheme' 1719 nicht nur als Papiergeldprotagonist anzusehen ist, sondern ebenso als grandios scheiternder Pläneschmied einer Spekulationsblase (nicht zuletzt Quelle für das Papiergeldprojekt in der Mummenschanz-Szene von Goethes *Faust II*).

Das Projektemachen ist das Gegenmodell zur Festanstellung, auch wenn nicht wenige Protagonisten sich mit ihren Projekten in ebendiese Positionen hineinzubegeben trachten. Der Projektemacher tritt als Klinkenputzer auf (→ HAUSIERER), er klopft an Türen, hinter denen Personen sitzen, denen er sich notwendigerweise als Geschäftspartner anzudienen gedenkt. Unablässiges Antichambrieren gehört zum Kernbereich seiner Tätigkeit. Doch ist der Projektemacher nicht bloß eine Interimsfigur, kein verhinderter Beamter, niemand, der sich in der Warteschleife für seine Anstellung auf Lebenszeit befindet. Sein eigentlicher Ort ist das Prekariat, und zwar nicht allein aus Verlegenheit, sondern ebenso aus Kalkül. Die Position am Rande ermöglicht dem Projektemacher eine spezifische Freiheit von Verantwortlichkeit, die bei geregelten Arbeitsverhältnissen nicht zu haben wäre. Er nutzt diese Möglichkeit zum Bau von Luftschlössern und zum Skizzieren von Entwicklungsplänen für Groß- und Kleinbaustellen. Der Projektemacher kommt zwar ohne die Patronage seiner Geldgeber, Mäzene oder Gönner nicht aus, nutzt dieses Abhängigkeitsverhältnis aber zu seiner eigenen, weitestgehenden Handlungsfreiheit. Um über sein Vorhaben dennoch Rechenschaft abzulegen, nutzt er (früher) die Schrift oder (heute) eine (PowerPoint-)Präsentation. Sie läuft über wohlfeile Worte, mit denen der Pläneschmied seine Luftnummern und Versprechen festhalten muss. Während auch Utopien auf die Schriftform setzen (→ III.4. UTOPISTISCHE ÖKONOMIEN DER NEUZEIT), liegt das Besondere der Projektpapiere und -reden darin, dass sie ein engeres Verhältnis zur Wirklichkeit behaupten und pflegen. Früher oder später jedoch muss noch die glänzendste Projektierungsprosa in praktische Handlung übersetzt werden: Ein Projekt gilt es durchzuführen. Dabei wird es durch die Umsetzung seiner Ursprungsform, dem Fiktionalen, entzogen und – in welcher Form auch immer – materialisiert. Das Mittel der Ausführung bildet der Plan, in dem die Exekutionsverfahren des Projekts ausdrücklich zu benennen sind. ‚Ich rette die Welt bis nächsten Februar' wäre demnach noch kein Plan. Erst mit einem Hinweis, auf welche Weise das Ganze technisch und praktisch zu verwirklichen sei – also z. B. durch eine vollständige Abschaffung der „schmeichlerischen Einbildung unserer Eigenliebe" (Justi 1761b, 259) –, erhält das Vorhaben seinen Projektstatus. Wichtig bleibt dabei auch die Terminierung des Projekts: Die Antizipation von Schwierigkeiten sowie die Festlegung ihres Endes sind konstitutiv für den temporalen Charakter dieser Form von Erkenntnisfindung.

Denn nicht zuletzt kommt den Projekten und ihren Triebkräften jenseits aller Fiktionalisierungstendenzen und ökonomischen Idealisierungsstrategien eine kaum zu unterschätzende erkenntnistheoretische Komponente zu (vgl. Swift 1995, Kap. 2.5 und 2.7; Weiße 1783). Der Projektemacher arbeitet nicht nur mit hohem Risiko in finanzieller Hinsicht, sondern bewegt sich ebenso im Bereich hochgradiger epistemologischer Unentschiedenheit. Man könnte den Projektemacher demzufolge als eine Art Hebel beschreiben, der im Augenblick der Erschütterung, im Moment des unsicheren Wissens, der herkömmlichen Episteme zu Brüchen verhilft. Man könnte ihn allgemein als Strategen einer Krisenerzeugung *und* -überwindung fassen (→ KRISE), der die Grenzen der Erkenntnis gleichermaßen sondiert, wie er sie durch sein Scheitern sichtbar und damit operabel werden lässt. In dem Maße, wie sich die durch den Plan skizzierte Absicht einer neuen Erkenntnis annähert, scheint dem Projektemacher der Durchbruch zu einer neuen Erfindung oder Errungenschaft in greifbare Nähe zu rücken, so dass sich die vorherige Unsicherheit in den Status eines gesicherten Wissens überführen lässt – so wie ein auf den richtigen Kurs gelotstes Schiff in seinen Bestimmungshafen einlaufen kann. Doch vermag der Projektemacher damit seine bisweilen abenteuerlich anmutenden Pläne einzureihen in die große Geschichte des Fortschritts der menschlichen Erkenntnis? Oder erweist sich sein Vorhaben letztlich doch als nicht realisierbar, bleibt der Anspruch der Idee zu groß oder nur aus der Luft gegriffen? Bleibt am Ende nichts, als den Plan als gescheitert zu bilanzieren?

So wie der Projektemacher als eine schillernde Figur zu Beginn der Moderne auftritt (vgl. Defoe 1999; Stanitzek 1987; Hennis 2000; Krajewski 2004), als ein Antiakademiker, der sich gegen die Institutionen des Wissens stellt, um abseits und als Außenseiter bzw. Abenteurer noch unkodifizierter Wissensformen seinen eigenen versponnenen Plänen nachzugehen, muss man fragen, welchen Ort er heute einzunehmen versteht, um seine Ideen in Anschlag zu bringen. In welcher Relation oder Position befindet er sich gegenwärtig zum gesicherten Wissen?

Inwiefern bleibt also Projektemacherei nicht bloß eine historische Episode zu Beginn der Moderne? Die Tendenz, Projekte zu entwerfen, hat schließlich an Aktualität nichts eingebüßt; mehr noch, es scheint, dass inzwischen jede unvollkommene Überlegung sofort als Projekt deklariert wird. Insofern lässt sich fragen, ob das Phänomen der Projektemacherei überhaupt generalisierbar und auf andere Zeiten übertragbar ist, ohne an begrifflicher Schärfe einzubüßen.

Heute bewegt sich der Projektemacher wohl kaum in den Forschungs- und Entwicklungsabteilungen der Konzerne, auch wenn sich Unternehmen wie die Daimler AG eigene Labors und Projektschmieden leisten, in denen vor allem ‚unkonventionelle' Dinge gedacht oder entwickelt werden sollen, die mithin dazu dienen, avantgardistische Entwicklungen einzukaufen oder sich ihnen mimetisch anzunähern. Ebenso wenig bekleidet er für gewöhnlich bestallte Positionen oder Ämter innerhalb der Institutionen der Macht und des Wissens. Ein staatlich gestütztes Forschungsinstitut ist nicht zwangsweise der Ort, an dem grundsätzlich neue Erkenntnisse geboren werden. Und schließlich sind die Akademien und Universitäten – trotz der überhandnehmenden Projektprosa und Start-up-Mentalität – keineswegs der bevorzugte Sammlungsraum gegenwärtiger Projektemacherei, zumindest nicht auf der Ebene der wissenschaftlichen Angestellten. Vielleicht bleibt nur noch das echte Prekariat, etwa im Kontext der Kunst oder in Form des immer schon befristeten Werkvertrags, der den Projektemacher wie einst zwischen Fürstenhöfen nunmehr von einem öffentlichen Topf zum nächsten, von einer Subvention zur nächsten Nische ziehen lässt. Ein Projekt dient nicht nur als kühner Entwurf künftiger Welten, als Verwaltungsordnung der mittelbaren Zukunft, sondern ein Projekt fragt, insbesondere in Krisenzeiten, letztlich auch nach der Stabilität des gegenwärtigen Zustands. Demzufolge findet man den Projektemacher heute, da ‚Krise' ein Dauerzustand geworden ist, längst dort, wo er am wenigsten ausrichten kann.

Proletarier
Patrick Eiden-Offe

In Ferdinand Freiligraths Ballade *Von unten auf!* von 1846 hat ein namenloser Dampfschiffheizer seinen denkwürdigen Auftritt: Nachdem in den ersten drei Strophen die feierliche Fahrt eines „Dämpfer[s]" zur königlichen „Rheinburg" Stolzenfels beschrieben wird – „Die Dielen blitzten frisch gebohnt, und auf den schmalen her und hin, / Vergnügten Auges wandelten der König und die Königin!" – wendet sich der beschreibende Blick in Strophe 3 nach unten: „Doch unter all der Nettigkeit und unter all der schwimmenden Pracht, / Da frißt und flammt das Element, das sie von dannen schießen macht; / Da schafft in Ruß und Feuersgluth, der dieses Glanzes Seele ist; / Da steht und schürt und ordnet er – der Proletarier-Maschinist!" (Freiligrath 1846, 24–25)

Freiligraths „Proletarier-Maschinist" markiert den Übergang „[v]om Barbaren zum Prometheus" (G. Koenen 2017, 274), vom erbarmungswürdigen Pauper zum weltenschaffenden Heros, vom Pöbel (vgl. Widder 2018) zum klassenbewussten Arbeiter (→ ARBEIT, ARBEITSLOSIGKEIT). Der „Proletarier-Maschinist" als „moderne[r] Prometheus" – im Gedicht angesprochen als „Titan" – verdankt seine Stellung bei Freiligrath dabei einem kühnen „historischen Vorgriff" (G. Koenen 2017, 277), denn sowohl sozialhistorisch wie imaginär hatte das „Proletariat" – „Wir sind die Kraft! Wir hämmern jung das alte morsche Ding, den Staat, / Die wir von Gottes Zorne sind bis jetzt das Proletariat!" (Freiligrath 1846, 28) – noch längst nicht die bestimmende Rolle eingenommen, wie das in den folgenden Jahrzehnten geschehen wird. Gerade in dieser Antizipation wird man eine der Ursachen für die Faszinationskraft von Freiligraths Figur suchen dürfen.

Gleichermaßen faszinierend aber ist ein anderer Anachronismus: Der Proletarier erhebt sich in Freiligraths Gedicht nicht etwa gegen den ‚Bourgeois' – Freiligraths Genossen Marx und Engels werden diesen im *Kommunistischen Manifest* wenig später zum einzigen und wahren Feind der Proletarier erklären (vgl. Marx und Engels 1956 ff., Bd. 4, 462) –, sondern gegen den preußischen König Friedrich Wilhelm IV., den sprichwörtlichen ‚Romantiker auf dem Thron', und gegen die politische Romantik überhaupt, die im Gedicht über das Novalis-Zitat vom „König und [der] Königin" aufgerufen wird (Freiligrath 1846, 24). In dieser Feinderklärung wird man einerseits einen Reflex auf den realen Anachronismus der politischen Verhältnisse in Deutschland sehen können: dass hier nämlich die ökonomische Industrialisierung mit einer rückwärtsgewandten Politik verbunden blieb, für die im Vormärz Friedrich Wilhelm nachgerade zur Allegorie avancierte (vgl. Eiden-Offe 2014, 278–282). Man kann in Freiligraths Kampfansage aber auch eine Wendung gerade gegen die progressiven Tendenzen einer *sozial*politischen

Romantik erkennen: So wie „[d]er König und die Königin" bei Novalis als Gegengift gegen die fabrikmäßige, „maschinistische" Einrichtung des Staates aufgeboten werden – „Kein Staat ist mehr als Fabrik verwaltet worden, als Preußen" (Novalis 1977 ff., Bd. 2, 494) –, so wird Friedrich Wilhelm IV. in den 1840er Jahren von Bettina von Arnim bis Lorenz von Stein immer wieder als Streiter gegen die fabrikmäßige Durchdringung der ganzen Gesellschaft und gegen die damit verbundene Verelendung des Volks angerufen (vgl. Eiden-Offe 2017, 346–350). Indem Freiligraths „Proletarier-Maschinist" gegen die sozialpolitische Romantik rebelliert, versagt er sich zugleich seiner reformistischen Integration: Für ihn kann nur eine Revolution ‚von unten auf' helfen, die das Unterste zuoberst kehrt und ‚die da oben' hinwegfegt. In diesem radikal antiromantischen Impuls aber hängt der Proletarier, wenigstens seiner poetisch-imaginären Konstitution nach, noch gleichsam parasitär an jener Romantik, die er bekämpft: als „halbernackt[er]" Schmied an seiner „Esse", als „Riese" „[m]it der gewölbten, haar'gen Brust", als „grollende[r] Cyklop", als „neuer Sankt Christophorus" schließlich, der „den Christ der neuen Zeit" auf seinen Schultern trägt, wird er selbst zu einem romantisch-antiromantischen Mythos (Freiligrath 1846, 25–26, 28–29).

Der moderne Begriff des Proletariats entsteht im Kontext der sozialrevolutionären Verschärfung der Französischen Revolution in den 1790er Jahren in Babeufs Geheimbund *Conjuration des Égaux* (dt. *Verschwörung der Gleichen*) und entwickelt sich in den frühsozialistischen Bewegungen der Saint-Simonisten und Fourieristen; detailliert aufgearbeitet ist dies in Rudolf Herrnstadts begriffshistorischem Standardwerk *Die Entdeckung der Klassen* (1965). Der moderne Sprachgebrauch greift auf einen antiken zurück: In der Verfassung des Servius Tullius aus dem 5. Jh. v. Chr. bezeichnen *proletarii* die „Angehörigen der 6. Klasse, d. h. die Besitzlosen und damit Unbewaffneten", die „infolge ihrer Armut keinen (militärischen) Beitrag für das Gemeinwesen zu leisten imstande waren" (Conze 1984, 27); der *proletarius* hat seinen Namen von den *proles*, den Nachkommen, die das Einzige sind, was er zum Erhalt der *patria* beitragen konnte.

Auch in der Moderne sind die Proletarier jene Menschen, die keine Mittel zu ihrem Subsistenzerhalt besitzen und die diese daher verdienen müssen – mit der Etablierung der Arbeitsgesellschaft immer ausschließlicher durch Lohnarbeit. Lange noch steht die Mittellosigkeit des Proletariers im Zentrum: „Proletarisierung" wird als Beraubung und „Zerstörung" bestimmt (Lenhardt und Offe 1977, 101); welcher Art die Lohnarbeit war, die diesen negativen Zustand behebt, wurde hingegen lange als sekundär angesehen. Daher wird das Proletariat bis tief ins 19. Jh. weit und inklusiv gefasst; selbstverständlich gehörten auch ‚freie', mittellose Intellektuelle zu dieser Kategorie, wie wiederum Freiligrath in seinem Gedicht *Requiescat!* bestätigt, wo es vom Journalisten, Dichter und Lehrer, kurz: von jedem „Tagelöhner mit dem Geiste" heißt: „Er auch ist ein Proletar!" (Freiligrath 1847, 410–411) Wilhelm Heinrich Riehl stellt in seiner *Bürgerlichen Gesellschaft* neben die „Proletarier der materiellen Arbeit" noch ein „aristokratisches Proletariat" und die „Proletarier der Geistesarbeit" (Riehl 1866, 312–349), und selbst in Thomas Manns Erzählung *Unordnung und frühes Leid* werden die Familienmitglieder des Ordinarius für frühneuzeitliche Geschichte Abel Cornelius in der Inflationszeit nach dem Ersten Weltkrieg als „Villenproletarier" bezeichnet (Mann 1974 ff., Bd. 8, 621). In der Zwischenkriegszeit erlebt der Proletarier im ‚Proletkult', im Bund proletarisch-revolutionärer Schriftsteller und im ‚Proletarischen Theater' Erwin Piscators eine letzte kulturelle Hochblüte; spätestens danach aber wird er immer ausschließlicher mit dem Industrielohnarbeiter identifiziert. Als solcher verliert er seinen inklusiv-universalistischen Reiz; er findet schließlich sowohl in Ost- wie in Westdeutschland nach dem Zweiten Weltkrieg seine letzten Reservate in der Arbeiterliteratur etwa des ‚Bitterfelder Weges' oder der ‚Dortmunder Gruppe 61'. Darüber hinaus aber ist mit der identifikatorischen Verengung und Vereindeutigung auch schon wieder sein Verschwinden aus der politischen, sozialen und vor allem literarischen Sprache besiegelt. In der Literatur der Gegenwart spielt der Proletarier als Name und Begriff wohl keine Rolle mehr; der Sache nach hinterlässt er eine Leerstelle, die sich nicht zuletzt angesichts einer allumfassenden Prekarisierung der Arbeitsverhältnisse (vgl. Eribon 2009; Louis 2018) umso dringender bemerkbar macht.

Prostitution
Maren Lickhardt

Das Rad der Fortuna waltet in der Pikareske in der Zirkulation von Körpern, Waren und Geld. Zwar betrifft das auch die Pícaros, jedoch spielt Sexualität nur für die Pícaras eine Rolle. Grimmelshausens *Courasche* erhält ihren Namen von einem Liebhaber, der ihr Geschlechtsteil als ‚Kursche', d. h. als Pelz bezeichnet, aber letztlich damit ihre Person adressiert. Die Erzählerin möchte im Überlebenskampf des Dreißigjährigen Krieges zwar lieber ihre kriegerische Courage einsetzen als ihren Körper, weiß aber auch Letzteren zu ihrem Vorteil zu nutzen. Eheschließungen und Prostitution werden dabei insofern gleichgesetzt, als beides gleichermaßen sowohl der ökonomischen Absicherung als auch der sexuellen Befriedigung dient, wodurch Courasche moralisch-sittliche Erwartungen an ihr Geschlecht überschreitet. Irmgard Keuns *kunstseidenes Mädchen* Doris erlebt im Berlin der frühen1930er Jahre ein pikareskes Auf und Ab, das am finanziellen Status gemessen wird und von Männerbegegnungen abhängt. Sowohl Beziehungen als auch Affären sind ökonomisch motiviert. Aber es geht nicht nur ums Überleben, sondern auch um lustvollen Konsum, und gegen alle Moralisten stellt Doris klar, dass sie dies durch Prostitution nicht nur sicherstellen muss, sondern auch kann, und zwar „[o]hne Achtstundentag" (Keun 2005, 171). Prostitution ist in der Pikareske jenseits doppelmoralischer Zuschreibungen angesiedelt und wird oft mit Ehe, Beziehungen und anderen Tätigkeiten gleichgesetzt, wobei sich Sexarbeit zwar kurzfristig als lukrativ erweist, aber nicht zu nachhaltiger ökonomischer Etablierung führt.

In der Literatur wird nicht selten die Frage aufgeworfen, was überhaupt unter Prostitution zu verstehen ist. Die Preisgabe des Körpers als Sexarbeit aus Not oder Mangel an Alternativen in einem Wettbewerbsszenario gehört zum herkömmlichsten Verständnis von Prostitution (Brechts *Aufstieg und Fall der Stadt Mahagonny*, Döblins *Berlin Alexanderplatz*, Zilles *Hurengespräche*). Obwohl der Körper hier als Kapital eingesetzt wird, wird dies nicht selten in einem Atemzug mit Diebstahl und Bettelei genannt (vgl. Marx und Engels 1956 ff., Bd. 1, 465; ebd., Bd. 23, 210; vgl. etwa das Geschick der Protagonistin als Diebin und Prostituierte in Defoes *Moll Flanders* von 1722). Friedrich Engels deklariert die Ehe, insbesondere die bürgerliche Konvenienzehe, als „krasseste Prostitution" (Marx und Engels 1956 ff., Bd. 2, 69; vgl. auch Simmel 1989 ff., Bd. 6, 520). In der Literaturgeschichte sind Eheverhältnisse tatsächlich nicht selten durch ökonomisches Kalkül geprägt. Vor allem in der ‚Trivialliteratur' wird Männlichkeit an ökonomische Potenz geknüpft; der Traummann ist selten arm (vgl. Schulte-Sasse 2001, 575). Da der Einsatz bei beiden Geschlechtern in der Wirtschaftsgemeinschaft einer Ehe ein höherer ist als in einem klassischen Prostitutionsverhältnis, kann erst recht von einer Preisgabe des Selbst gesprochen werden (vgl. Bebel 1910). Auch in des Dienstmädchens Aufgabenspektrum können sexuelle Leistungen fallen, wobei dies vielleicht nicht eigens erwähnenswert ist, weil ein hoher Einsatz und niedriger Lohn prinzipiell als Prostitution bezeichnet werden können. „Die Prostitution ist nur ein *besondrer* Ausdruck der *allgemeinen* Prostitution des Arbeiters" (Marx und Engels 1956 ff., Bd. 40, 538). Einmal mehr muss Prostitution nicht Sexarbeit sein bzw. wird sie als Metapher für die allgemeine menschliche Verdinglichung in ökonomischen Prozessen eingesetzt. So heißt es in Robert Musils *Mann ohne Eigenschaften* in der Verschränkung von eigentlichem und uneigentlichem Sprachgebrauch: „Freilich, wenn man es durchaus Prostitution nennen will, wenn ein Mensch nicht, wie es üblich ist, seine ganze Person hergibt, sondern nur seinen Körper, so betrieb Leona gelegentlich Prostitution" (Musil 1978 ff., Bd. 3, 23). Ironisch wird im Verlauf des Zitats darauf verwiesen, dass die Einschätzung der Prostitution eine Frage der Perspektive sei, dass Sex und dessen Bewertung von den Sexarbeiterinnen gegenüber ökonomischen Aspekten hintangestellt wird, wohingegen die Zuschreibungen von außen eher unter moralisierenden Gesichtspunkten den Sexualakt fokussieren. In Thomas Manns Novelle *Gefallen* findet ein Mann enttäuscht Geldscheine auf dem Nachttisch seiner Angebeteten. Während die Schauspielerin ihren Nebenerwerb mit Ausgaben für „Toiletten" (Mann 1974 ff., Bd. 8, 40) zu legitimieren versucht, ordnet das männliche Fazit in der Rahmenerzählung das ökonomische Kalkül einem moralischen Urteil unter: „Wenn eine Frau heute aus *Liebe* fällt, so fällt sie morgen um *Geld*" (ebd., Bd. 8, 42). Die künstlerische Tätigkeit geht nicht selten mit Prostitution einher (Goethes Marianne in *Wilhelm Meister*) oder sie wird, wie bei Charles Baudelaire, direkt mit dieser gleichgesetzt: „Qu'est-ce que l'art? Prostitution" [Was ist Kunst? Prostitution] (Baudelaire 1975–1976, Bd. 1, 649). Indem Baudelaire Kunst als Prostitution bezeichnet, macht er auf die keineswegs interesselosen Aspekte der Veräußerlichung und des Konsums von Kunst aufmerksam (vgl. Picht 1986).

Insgesamt ist Prostitution als Sexarbeit hinsichtlich aller Implikationen – Gender, Körper, Pornographie, Medizin, Initiationsrituale, Moral, Erotik, gesellschaftlicher Status etc. – ein weites Feld (Dumas' *La dame aux camélias*, Zolas *Nana*, Wedekinds *Erdgeist*, Schnitzlers *Der Reigen*; vgl. Barberán Reinares 2015; H. Wagner 2007). Mit Blick auf ökonomische Aspekte (vgl. C. v. Braun 2006), wenn also Prostitution als Verschränkung von „Sexual- und Tauschverkehr" (Benjamin 1972 ff., Bd. II.1, 353; vgl. D. Schmidt 2016) betrachtet wird, ist sie für Walter Benjamin zwar umso dämonischer, denn, wie Georg Simmel ausführt, die Unpersönlichkeit und Indifferenz des Geldes und eine entpersönlichte Sexualität spiegeln sich im Prostitutionsverhältnis: Die „Treulosigkeit, mit der es [das Geld] sich von jedem Subjekt löst", die Unverbindlichkeit, die sich einstellt, weil man durch monetäre Bezahlung „mit jeder Sache am gründlichsten fertig" ist, lässt Sexualität in diesem Spiegelungsverhältnis unheimlich erscheinen (Simmel 1989 ff., Bd. 6, 514, 595). Allerdings gestaltet sich das komplexe Tauschverhältnis in der Literatur im Grunde ganz einfach: Die – zumeist – Frau reicht vom Luxusartikel bis zur Massenware und wird entsprechend eingeordnet und bezahlt. Stefan Zweig pointiert dies in *Die Welt von gestern*: „In jeder Preislage und zu jeder Stunde war damals weibliche Ware offen angeboten, und es kostete einen Mann eigentlich ebenso wenig Zeit und Mühe, sich eine Frau [...] zu kaufen wie ein Paket Zigaretten" (Zweig 1952, 84). Von John Clelands *Fanny Hill* über Sade bis zu Alain Robbe-Grillets *La Reprise* oder Michel Houellebecqs *Plateforme* sind auch die Schauplätze der Prostitution wie Boudoirs, Bordelle oder die Zonen des Sextourismus zum Gegenstand literarischer Fiktionen geworden (vgl. Sauer-Kretschmer 2015); und wo Nachfrage wie Ware massenhaft zur Verfügung steht und kommerziell durchrationalisiert wird, wird es nach Jelinek in der *Klavierspielerin* richtig billig: „Zehn kleine Pumpwerke sind unter Volldampf in Betrieb. Manche melken draußen schon heimlich vor, damit es weniger Geldes bedarf, bis es endlich herausschießt. Die jeweilige Dame leistet dabei Gesellschaft" (Jelinek 2006, 57). Insgesamt taucht Prostitution in der Literatur hinsichtlich ihrer ökonomischen Aspekte als Broterwerb oder Zubrot auf; sie reicht manchmal nur zum Überleben und wird aus größter Not betrieben, manchmal ist sie eine freiwillig gewählte Tätigkeit, die zu mehr oder weniger anhaltendem Wohlstand führt, mal bezeichnet sie Sexarbeit, mal gilt sie als Synonym für die Ehe, nicht selten fungiert sie als Metapher für Kunst oder Lohnarbeit.

Räuber
Elke Höfler

Die Räuberfigur wird in der Literatur mitunter in bürgerlich-romantischen Bildern in verklärter Weise dargestellt, die von der historischen Wirklichkeit abweicht. Auch wird die begriffliche Ebene nicht immer klar abgegrenzt: So ist Robin Hood im Englischen der *prince of thieves*, hat aber das literarische Räuberbild wie kein anderer geprägt; *robber* im Englischen, *brigant* im Französischen und manchmal auch *Bandit* und *Brigant* werden in der Literatur unter Aufgabe der vorhandenen Bedeutungsnuancen beinahe synonym verwendet.

Die literarische Ausformung der Räuberfigur lässt sich nur vor dem Hintergrund wirtschafts-, sozial- und rechtsgeschichtlicher Entwicklungen fassen. Eine vor diesem Hintergrund entstandene Typologie der Räuberfigur verdankt die Forschung dem Historiker Eric J. Hobsbawm, der jedoch dafür kritisiert wurde, literarische und historische Quellen nicht getrennt zu haben (vgl. Seidenspinner 1998). Hobsbawm unterscheidet zwei Grundtypen: den Sozialbanditen und den gemeinen Verbrecher. Das Sozialbanditentum als internationales Phänomen erlebt seine europäische Blüte zwischen dem 16. und 19. Jh. und gilt heutzutage – mit kleinen Ausnahmen – als ausgestorben. Mit der zunehmenden Kontrolle der Grenzen, der Entwicklung einer effektiven → Polizey und einer Konsolidierung der staatlichen Ordnung im 19. Jh. wird die Bewegungsfreiheit eingeschränkt. Durch die Industrialisierung kommt es zudem zur Landflucht und Veränderung der Besitzverhältnisse: Besitztümer werden in Banken oder versperrten städtischen Wohnungen verwahrt, die Abgeschiedenheit der bäuerlichen Höfe von einem Nebeneinander mehrerer Nachbarn aufgegeben. Gleichzeitig wird ein Teil der Bevölkerung durch das Auflösen der Allmendegüter in Armutsverhältnisse getrieben (vgl. Heim 2014, 289), es kommt zu einer Privilegierung von Privateigentum und einer Verschärfung von Sanktionen bei Eigentumsdelikten. Die ländliche Ausprägung des Räubertums geht allmählich zurück (vgl. G. W. Pfeiffer 1828); Einbruch und Diebstahl nehmen zu (→ Dieb, Diebstahl).

Nach Hobsbawm agieren Sozialbanditen als Rebellen gegen die Obrigkeit; sie erheben sich, um ein System zu bekämpfen, das in ihren Augen vor allem den bäuerlichen Stand, dem sie selbst angehören, sozial wie ökonomisch benachteiligt, und kämpfen gegen die Unterdrücker der bäuerlichen Gesellschaft: faule Mönche, Geldverleiher, Händler, Prälaten. Als ideologisches Programm der Sozialbanditen ist das Wiedergutmachen erlittenen Unrechts zu nennen; der ökonomische Aspekt im Sinne eines individuellen Profits spielt eine untergeordnete Rolle.

Drei Formen des Sozialbanditen lassen sich unterscheiden: der ‚edle' Räuber, der Heiduke und der Rächer (vgl. Hobsbawn 2007, 59–76). Der ‚edle' Räuber wird von Robin Hood beinahe prototypisch verkörpert. Er findet sich seltener in der Realität als in Balladen, Liedern und literarischen Werken. Dabei werden diese ‚edlen' Räuber – wie im Falle des Räubers Schinderhannes in Curt Elwenspoeks Roman *Schinderhannes. Der rheinische Rebell* (1925) – erst durch Verklärung als solche konstruiert.

Während der ‚edle' Räuber primär Reiche bestiehlt, um den Armen die Beute zu geben – nicht selten als ‚Dank' für Verpflegung, Herberge und Solidarität –, berauben kriminelle Räuber undifferenziert, um den Gewinn in Freuden- und Wirtshäusern zur Befriedigung eigener Bedürfnisse einzusetzen. Einziges Ziel des gemeinen Räubers ist eine ertragreiche Beute, politische Intentionen sind nicht zu erkennen (vgl. Danker 2001, 15). Diese beiden Typen stellt Friedrich Schiller in seinem Drama *Die Räuber* (1781) mit den Figuren des ‚edlen' Karl Moor und des ‚gemeinen' Spiegelberg einander gegenüber. Dass das Rächen eines persönlich erlittenen Schicksals Raub nicht rechtfertigt, problematisieren Jakob Friedrich Abels *Lebensgeschichte Friedrich Schwahns* (1787), dessen literarische Bearbeitung durch Friedrich Schiller *Der Verbrecher aus verlorener Ehre* (1786/1792) oder auch Heinrich von Kleists Novelle *Michael Kohlhaas* (1810), wobei gerade Kleist und Schiller literarisierte Bearbeitungen grundsätzlicher rechts- und normtheoretischer Fragen durch novellistisches Aufgreifen rechtshistorischer Fälle vornehmen und sich in weitestem Sinn in die allgemein an Kriminalgeschichten orientierte Pitaval-Tradition einschreiben (vgl. Dainat 1996).

Als „große Zeit der Räuberbanden" (Danker 2001, 78), die noch in prominenten Kriminalerzählungen wie Annette Droste-Hülshoffs *Die Judenbuche* (1842) nachwirken, werden nicht nur von Hobsbawm (2007, 28) das 18. und frühe 19. Jh. bezeichnet. In (mündlich wie schriftlich tradierten) Märchen und Sagen haben Räuberfiguren eine lange Tradition als „düstere Existenz in Gesellschaft von Zauberern, Drachen und Riesen, stilistisch[es] Kontrastmittel zum strahlenden Helden, der ihn dann auch im Zuge der Wiederherstellung des Weltbildes erledigt" (Edlinger 1967, 9). Ökonomische Beweggründe fehlen zumeist. Eine frühe literarische bzw. literarisierte Darstellung der antiken Räuberwelt findet sich in Apuleius' *Metamorphosen*, auch bekannt unter dem Titel *Der goldene Esel*, aus dem 2. Jh., in denen die Trennung von Realität und Fiktion schwerfällt (vgl. Riess 2001). Die in den Märchen und Sagen vorzufindende Typisierung des Räubers als Gegenspieler des Helden fehlt dem Werk. Die mittelalterliche Novellentradition rund um Giovanni Boccaccios *Decamerone* und die mittelalterliche Gaunerpoesie eines François Villon und deren Aufnahme durch das Publikum zeugen vom anhaltenden Interesse an Verbrechen, Räubern und Gaunern. In Achim von Arnims und Clemens Brentanos Sammlung *Des Knaben Wunderhorn* schließlich findet sich mit *Vom vornehmen Räuber* ein mündlich tradiertes Volkslied über einen Edelmann, der sich mit seinem Knecht als Straßenräuber verdingt.

Erst an der Wende vom 18. zum 19. Jh., synchron zum Anstieg des realen Räubertums, wird der Räuber zur Hauptfigur. Die Tradition des Raubritters, der das Rechtsverständnis einer nicht mehr aktuellen Gesellschaftsordnung verteidigt, aus hehren Zielen raubt und sich in eine lange Tradition von zu Räubern gewordenen Rittern einschreibt (vgl. Appell 1859; Müller-Fraureuth 1894), lebt etwa mit Goethes *Götz von Berlichingen* (1773) wieder auf. Nicht der ökonomische Aspekt jedoch steht im Raubritterroman im Vordergrund, sondern persönlich erlittenes oder aus verletzter Familienehre resultierendes Unrecht bzw. allgemeine Rechtskonflikte führen ins Räuberdasein.

Auch in der Schelmenliteratur treten Räuberfiguren auf, etwa Roque Guinart in Cervantes' *Don Quijote*, die Merode-Brüder in Grimmelshausens *Simplicissimus*, die die Armee begleiten und die Bevölkerung ausrauben, oder die Räuberbande in Lesages *Histoire de Gil Blas de Santillane*. Diese Räuber üben eine wichtige handlungstreibende Funktion aus: Sie sind keine Hauptfiguren, sondern sorgen primär dafür, dass der Protagonist, der sein finanzielles Glück gefunden hat, dieses – meist durch Betrüger oder Straßenräuber – wieder verliert und erneut zu Abenteuern aufbrechen muss. Das verlorene Vermögen führt zur notwendigen Fortsetzung der Geschichte und eröffnet zusätzliche Möglichkeiten, die Gesellschaft in ihrer Korrumpiertheit zu analysieren (vgl. Widder 2018).

Auch historische Vorlagen geben der literarischen Bearbeitung Impulse, werden durch Strategien der Literarisierung und Romantisierung aber stark verfremdet. Der Räuber wird in der vor allem in Deutschland entstehenden äußerst beliebten Räuberliteratur (vgl. Dainat 1996) zunehmend zum literarischen Typus. Wie verklärt die Darstellung ausfallen kann, verdeutlichen Heinrich Zschokkes Drama *Aballino der große Bandit* (1795), Christian August Vulpius' dreibändiger Roman *Rinaldo Rinaldini, der Räuber Hauptmann. Eine romantische Geschichte unsers Jahrhunderts* (1799) und Charles Nodiers Roman *Jean Sbogar* (1818). Raub als gewalttätige Aneignung von Besitz spielt inhaltlich eine untergeordnete Rolle, das verklärte Räuberleben und der Räuber als sensibles, nachdenkliches Wesen stehen im Vordergrund.

Mitte des 19. Jh.s markiert Edgar Allen Poes *The Murders in the Rue Morgue* (1841) einen Wendepunkt, tritt doch der Räuber in den beim Publikum beliebten Detektivgeschichten zunächst hinter andere Verbrechertypen, unter anderem den → DIEB, den Einbrecher, den Mörder, zurück, und die ermittelnde Person rückt in den Fokus. Einen zweiten Höhepunkt, z. B. aus Gründen einer Historisierung, Trivialisierung oder auch kulturindustriellen Popularisierung, erlebt der Räuber im 20. Jh. in Film und Fernsehen, wo sich das Robin-Hood-Motiv großer Beliebtheit erfreut; exemplarisch zu nennen sind *The Adventures of Robin Hood* (1938), Walt Disneys Zeichentrickfilm *Robin Hood* (1971), *Robin Hood. Prince of Thieves* (1991) und Mel Brooks' Parodie *Robin Hood – Men in Tights* (1993). Im deutschen

Heimatfilm werden Räuberbiographien des 18. und 19. Jh.s filmisch bearbeitet, z. B. in *Das Wirtshaus im Spessart* (1957), *Und ewig knallen die Räuber* (1962) und in der gleichnamigen Verfilmung (1958) von Carl Zuckmayers 1927 entstandenem Schauspiel *Schinderhannes*. Der Räuber wird als Figur zwar wiederbelebt, der Raub als ökonomisch motiviertes Delikt tritt in diesen Verfilmungen hinter die meist tragische, jedenfalls verklärte und in idyllischen Landschaften angesiedelte Liebesgeschichte zurück.

In der Kinderliteratur sind Ottfried Preußlers *Räuber Hotzenplotz* (1962) oder Astrid Lindgrens *Ronja Räubertochter* (1981) als Vertreter zu nennen. Einen poetologisch besonderen Stellenwert hat die Aufnahme des Räubers durch Robert Walser in seinem in den 1920er Jahren geschriebenen Roman *Der Räuber* (1972 und 1986 posthum veröffentlicht). Nicht der Räuber als ökonomisch orientiertes Individuum wird hier thematisiert, vielmehr spielt der Autor mit einzelnen Versatzstücken der für die Räuberliteratur typisch gewordenen Räuberfigur, unter anderem der gesellschaftlichen Rand- oder Außenseiterposition. Er sieht den Räuber als Chiffre für einen von der Gesellschaft durch seine Kindlichkeit (vgl. Schildmann 2019) als Nichtsnutz bezeichneten mittellosen Außenseiter, der sich nicht integrieren kann und eine Marginalisierung und Stigmatisierung erlebt.

Rationalität, Rationalisierung
Burkhardt Wolf

Ratio hat sich seit Cicero als lateinische Übersetzung des griechischen λόγος etabliert, um spätestens bei den Patristen zu *rationalitas* und *rationalis* fortgebildet zu werden. Eher auf die Tradition antiker Prudentia-Lehren stützt sich *ratio* in der Bedeutung von ‚Rechnung'. Zudem wurde nach der frühneuzeitlichen Rezeption Euklids die Dimension des Formalen, Funktionalen und Kalkulatorischen betont, während im deutschen Sprachraum nach 1800 der ältere Wortsinn von *ratio* durch Hegels Konzept der ‚Vernunft' okkupiert war. Das ökonomische Konzept der ‚Rationierung' impliziert eine grundsätzliche Knappheit der Güter, deretwegen mit dem Verfügbaren ‚vernünftig' zu haushalten und ‚vorsorgend' zu planen sei (→ SORGE UND RISIKO). Eine Rationalität, die die günstigste Relation zwischen Mitteln (Arbeit, Produktionsmittel) und Zwecken (Profit, Genuss) erstrebt, bestimmt John Stuart Mill als Wesensmerkmal des → HOMO OECONOMICUS (vgl. Mill 1967, 326).

Gegen den Ansatz der neueren Wirtschaftswissenschaften, Rational-Choice-Akteure mit egoistischem Nutzenkalkül vorauszusetzen, wurde der Vorwurf einer reduzierten, weil ‚instrumentellen' oder bloß zweckgebundenen Rationalität erhoben. Nicht minder kritisch hat Herbert A. Simon in organisations- und informationstheoretischer Perspektive von einer unweigerlich ‚beschränkten Rationalität' (*bounded rationality*) gesprochen (vgl. Simon 1983, 19–23, 95–96), ehe vor allem Niklas Luhmann auf die letztlich unzurechenbare Komplexität systemischer Rationalität hinwies. Michel Foucault zufolge sind Rationalität und Rationalisierung – in Gestalt von Kalkülen und Steuerungsmaßnahmen, Denk- und Regierungsweisen – als wesentliche Bestandteile moderner ‚Gouvernementalität' zu verstehen (vgl. Foucault 2004a, 152–154; 2004b, 29–40).

Den kulturtechnischen Zusammenhang zwischen → KAPITALISMUS und Kalkulation hat insbesondere Werner Sombart herausgearbeitet: Mit der doppelten Buchführung seien wirtschaftliche Vorgänge quantitativ erfassbar und sei psychogenetisch eine allgemeine ‚Rechenhaftigkeit' dominant geworden (vgl. Sombart 1969, Bd. 2.1, 118–125). Tatsächlich hat die Doppik, nach Einführung des Papiers und der indisch-arabischen Zahlen, in den norditalienischen Stadtstaaten des 14. Jh.s zu einer *rivoluzione commerciale* geführt, mit der sich nicht nur der (vom Kontor aus kontrollierte) Fernhandel, sondern auch kapitalträchtige Geschäftsformen wie die Partnerschaft etablierten. Die nach Soll und Haben auszubalancierende *raggio* ist ein Entscheidungs- und Kontrollinstrument, das für die Kaufleute (→ KAUFMANN, KAUFMANNSSOHN) eine gleichsam fiktionale ‚zweite Realität' stiftet: die der Dinge im Stande ihrer dauernden Transaktion. Gerade, dass die Doppik mit ihren drei Büchern (Quaderno, Memoriale, Giornale) in der fortlaufenden Konversion von Ereignissen in Rechnungsposten besteht, hat sie für die Erzählliteratur interessant gemacht (→ I.5. MEDIENTHEORIE UND MEDIENGESCHICHTE).

Das Volksbuch *Fortunatus* (1509) verarbeitet neben zeitgenössischen Itineraren auch kaufmännische Lehrbücher, so dass die Welt hier, ehe erfahren, zuvorderst „erschriben" ([Anon.] 1996, 80) wird; und die Doppik, die man ob ihrer panoptischen Qualitäten als magischen Spiegel bezeichnet hat (vgl. Crosby 1997, 203), wird in Form eines Zauberhütleins mystifiziert, das es dem Helden nach Art eines Kontoristen erlaubt, sich an alle Handels- und Handlungsschauplätze zu versetzen (→ III.2. CHRISTLICHE ÖKONOMIK, → III.3. DER FRÜHNEUZEITLICHE KAPITALISMUS). In Daniel Defoes *Robinson Crusoe* (1719) ist es die penible Buchhaltung über sämtliche Begebenheiten, die hinter den Kontingenzen der Strandung zuletzt Gottes Providenz sichtbar macht. „Im Namen Gottes und des Gewinns" – als stünde Robinsons *Journal* unter diesem Motto frühneuzeitlicher Kaufleute, erfasst es nicht nur die Güter ‚seiner' Insel; es erschafft sie allererst als eine verwaltungsfähige Ordnung der Dinge; es nötigt den Protokapitalisten zur ruhelosen und vorausschauenden Kontrolle; und es gibt den Lesern des frühen 18. Jh.s eine Lebensbilanz an die Hand, an der sie den Erzählgang – nach Art einer Buchprüfung – auf seine ‚Fiktionalität' und ‚Faktualität' hin kontrollieren können (vgl. Kott 1970).

An einer übersichtlichen Disposition und pragmatischen Organisation ihrer eigenen → SCHREIBARBEIT (etwa durch Exzerpier- und Registratursysteme) waren bereits die Gelehrten der Frühneuzeit interessiert; Georg Christoph Lichtenberg sprach später von seiner doppelten Buchführung, Jean Paul von den Zinsen, die für seine exzerpierten, d. h. geliehenen Zitate anfallen müssten. Das → KONTOR, das Büro und beider Rationalisierung dienten der neuzeitlichen Literatur mithin als metapoetische Metaphern, zusehends aber auch als Gegenstände kritischer Beobachtung. Nachdem Ludwig XV. Mitte des 18. Jh.s einen Großteil seiner Entscheidungsmacht an einen Apparat beamteter Schreiber abgegeben hatte, prägte Vincent de Gournay den Begriff der *bureaucratie*.

Während diese vermeintliche Rationalisierung des Regierens von Alexis de Tocqueville erstmals zu einem theoriewürdigen Thema erhoben wurde, schilderte Honoré de Balzac in seiner *Comédie humaine* die Staatsbürokratie als selbstbezügliches System der Ämtervergabe und Papierverschwendung. Anhand des Lohnschreibers Bartleby, der sich der Rationalisierung geschäftlicher Verwaltung verweigert, formulierte hingegen Herman Melville 1853 ein bürokratiekritisches Programm moderner Literatur. Besonders mit Blick auf die Fachbürokratie und den „*Betrieb*skapitalismus mit seiner rationalen Organisation *der freien Arbeit*" sollte dann Max Weber (1988, 10) seine Theorie westlicher Rationalisierung herausarbeiten: Begünstigt durch mentalitäts-, rechts-, wirtschafts- und staatshistorische Entwicklungen habe sich dieses Prinzip zur Herstellung von Präzision, Effizienz und Berechenbarkeit universalisiert, selbstverstärkt und zuletzt in einem „ehernen Gehäuse der Hörigkeit" (Weber 1984 ff., Bd. 10, 269) auskristallisiert.

Als solch ein ‚Gehäuse' hat man die Fabrik verstanden, seitdem sie entsprechend Frederick W. Taylors *Scientific Management* (1911) eingerichtet wurde, man hier die Produktionsabläufe vermaß und sie, vermittelt über eine präzise Betriebsverwaltung, fortwährend optimierte. Taylors Organisationskonzept war allerdings weniger eine revolutionäre Neuerung, als dass es die seit Ende des 19. Jh.s verschiedentlich eingeführten Maßnahmen zusammenfasste. Und wie an Henry Fords Hochlohnpolitik deutlich wurde, die den Arbeitern den Kauf ihrer eigenen Erzeugnisse ermöglichte und somit Massenproduktion mit Massenkonsum rückkoppelte, ging es bei der modernen ‚Rationalisierung' nicht nur um eine Analyse und effiziente Rekombination manuell-maschineller Fertigungsschritte. Neben die Disziplinierung und Kontrolle der Produzenten traten ihre Motivation und Selbstregierung.

Seit den 1910er Jahren untersuchten Frank Bunker und Lillian Moller Gilbreth in systematischen ‚Bewegungsstudien' die für den ‚Motor Mensch' (Rabinbach 1992) schadlose Arbeitsintensität und das angemessene Design der Arbeitsumgebung; Psychotechniker wie Hugo Münsterberg entwarfen Eignungstests und Sozialpsychologen wie Kurt Lewin bald auch die ersten *assessment center*; die deutsche Arbeitswissenschaft entwickelte das Konzept des ‚Lebensraums' im Verhältnis zur organisatorischen Effizienz und ökonomischen Effektivität; und schließlich betonte (nach Elton Mayos Langzeitstudie in den Hawthorne-Werken) der Human-Relations-Ansatz die Bedeutung des ‚Betriebsklimas' und seines Managements.

Besonders intensiv reflektierte die deutschsprachige Erzählliteratur der 1930er Jahre die Rationalisierung in Gestalt des „Fordschritts" (Brecht 1988 ff., Bd. 11, 176): Angesichts des umfassenden Prozesses sachlicher *und* geistiger Rationalisierung sah sich die Neue Sachlichkeit, wie in Erik Regers *Union der festen Hand* (1931), als epochenadäquate Stilhaltung bestätigt; nachdem Siegfried Kracauer in seinen Reportagen die Geburt der Angestelltenkultur aus dem Geist der Rationalisierung beschrieben hatte, entstanden Angestelltenromane, die wie Martin Kessels *Herrn Brechers Fiasko* (1932) die zwischenmenschlichen Dynamiken moderner ‚Büro-Familien' studierten; und vor dem Hintergrund des hoch technisierten Weltkriegs, weltweiter Trustbildungen sowie der Wirtschaftskrise beschrieb Rudolf Brunngraber, ein Schüler Otto Neuraths, in *Karl und das zwanzigste Jahrhundert* (1932) die Folgen der Rationalisierungsdynamik: einerseits anhand von globalen Statistiken, andererseits anhand der fatalen Lebensbilanz seines Protagonisten.

Robert Musils *Mann ohne Eigenschaften* (seit 1930; → III.17. MODERNISTISCHE ÖKONOMIEN) ist ein ausgreifendes Erzählexperiment, in dem die Rationalisierbarkeit des Geistes- und Gesellschaftslebens (mit Leitfiguren wie dem Bankdirektor Fischel) erkundet, zugleich aber die Ausschöpfung menschlicher Leistungspotentiale von der Gestalt des ‚potentiellen' oder ‚Möglichkeitsmenschen' unterschieden wird. Was seit Mitte des 20. Jh.s unter Titeln wie *Human Capital* (Gary Becker) und *Human Resource Management* firmieren wird, sieht der Roman – historisch stimmig (vgl. Uhl 2014, 96, 160, 350) – bereits in den 1910er Jahren angelegt: eine Verquickung von Rationalisierung und Humanisierung, die als *management by objectives* (Peter F. Drucker) auf die Eigenmotivation der Arbeiter setzt. Endgültig bewähren sollte sich diese kybernetische Betriebsorganisation, der informelle Netzwerke der ‚Unternehmens-' und ‚Verwaltungskulturen' zur Seite treten, dann mit Einführung des Verwaltungsmediums Computer (vgl. Luhmann 2000, 240).

Wenn sich Arbeitende aus eigener Initiative um ihr ‚Humankapital' und die ‚Qualität' ihrer Leistung sorgen, hat sich die Unternehmensform als eine universelle Subjektivierungstechnik etabliert, in der Selbstsein immer schon „Selbstkontrolle, Selbstökonomisierung und Selbstrationalisierung" voraussetzt (Bröckling 2007, 49). Im Zuge dieses *self-management* wird zuletzt deutlich, wie sehr sich die ‚Rationalität' des *homo oeconomicus* der Kontrolle, Modellierung und Nutzbarmachung seiner Begierden, Leidenschaften und Affekte verdankt (vgl. Hirschman 1987; Hochschild 1983). Und so wie das *emotional management* ist zuletzt auch die Handhabung von → KREATIVITÄT und Devianz zur Ratio der Rationalisierung geworden: Der ‚neue Geist des Kapitalismus' (Boltanski und Chiapello 2003) schöpft aus jenen kulturellen Milieus, die sich traditionell durch ihre Abgrenzung von ökonomischer Rationalität definieren. Unter diesen Vorzeichen dreht sich das zeitgenössische Erzählen um Konstellationen, in denen sich – wie beim *Storytelling Management* oder *Creative Writing* (vgl. Schönthaler 2016, 49, 76, 123) – Rationalität und Kreativität, ökonomische Agentschaft und literarische Autorschaft über alle Unterschiede hinweg verschränken.

Rohstoff
Dariya Manova

Als ‚Rohstoffe' bezeichnet man seit dem 19. Jh. Materialien, die durch manuelle oder chemische Verarbeitung zu Gebrauchsgegenständen transformiert werden (vgl. [Brockhaus] 1892 ff., Bd. 13, 927). Der Begriff markiert eine fortgeschrittene Technisierung und Industrialisierung, die eine massenhafte Weiterverarbeitung von Naturprodukten zulässt. Dabei wurden Rohstoffe immer in Abgrenzung zu anderen Begriffen definiert: Während die Rohstoffe im Arbeitsprozess selbst zum verarbeiteten Endprodukt werden, begreift man als ‚Hilfsstoffe' jene Materialien, die im Endprodukt nur eine geringe Rolle spielen oder im Produktionsprozess z. B. durch Verbrennung Energie abgeben (‚Betriebsstoffe'). Die ‚Rohheit' der betreffenden Stoffe unterscheidet diese nicht nur von den bereits verarbeiteten Waren und Produkten, sondern deutet auch darauf hin, dass sie einen hohen Gebrauchswert besitzen und im Gegensatz zu → MÜLL nützlich sind.

Was zum Rohstoff taugt, was von einer undefinierten Materie zu einem phänomenologisch abgegrenzten Material wird, hat sich in der Industriegeschichte und Energiewirtschaft immer wieder geändert und wurde gar als Kriterium für Zivilisationsentwicklung verstanden (vgl. Mumford 1934). Gleichzeitig wurde das Verständnis von ‚Roh'-Stoffen als natürlichen Erzeugnissen fragwürdig, denn spätestens in den 1920er Jahren weckten erste Patente das weltweite Interesse für synthetische Rohstoffe. Die Begeisterung für synthetische Alternativen zu den begehrten Rohstoffen Erdöl, Baumwolle und Kautschuk war Teil des nationalsozialistischen Propagandanarrativs (vgl. Soentgen 2014) und prägte auch die Themenwahl deutschsprachiger Sachbücher und Industrieromane der Zeit (vgl. Anton Zischkas *Wissenschaft bricht Monopole*, 1936, Karl Aloys Schenzingers *Anilin*, 1936, oder Hans Dominiks *Vistra*, 1936; → III.15. ROMAN UND INDUSTRIE).

Das Phantasma einer unerschöpflichen Energiequelle stand zudem im Zentrum zahlreicher zeitgenössischer Zukunftsromane (vgl. Lovis Stevenhagens *Atomfeuer*, 1927, Paul Eugen Siegs *Detatom*, 1936, oder Dominiks *Die Macht der Drei*, 1922, und *Atomgewicht 500*, 1935). Die industriellen Stätten der Rohstoffförderung boten eine geeignete Kulisse für die Darstellung von Arbeit und Arbeitsheroisierung, aber auch und vor allem von Arbeitsunfällen und Ausbeutung, so bei Émile Zola, Upton Sinclair, Georges Arnaud, Georg Kaiser und B. Traven, aber auch in der sogenannten Ruhrgebietsliteratur. Ein mythisch-geheimnisvolles Potential haben jedoch bereits die Romantiker den fossilen Rohstoffen zugeschrieben (vgl. Hoffmanns *Die Bergwerke zu Falun*, 1819), oder aber sie wurden als Wissensspeicher der Natur verstanden (vgl. die Figur Montan in Goethes *Wilhelm Meisters Wanderjahre*, 1829). Eine starke nationale Prägung erhielten natürliche und synthetische Rohstoffe indes erst in der Literatur des 20. Jh.s (vgl. Manova 2017; M. Wagner 2001a und 2001b). Im Zeitalter des Anthropozäns werden Rohstoffe für die Literatur auch aus einer ökologischen Perspektive relevant (vgl. Bayer und Seel 2016).

Doch nicht nur auf der inhaltlichen Ebene haben sich literarische Texte mit (Roh-)Stofflichkeit auseinandergesetzt. Bertolt Brecht, Rudolf Brunngraber, Erwin Piscator, Sergei Tretjakow und Maxim Gorki haben nicht nur das Schreiben über Rohstoffe immer wieder als aktuell und notwendig beschrieben, auf einer metapoetischen Ebene wurde das Recherchieren oder gar Schreiben selbst mit Rohstoffförderung verglichen. Dieser poetologische Rohstoffdiskurs macht sich vor allem im Zuge der Entstehung und Etablierung neuer dokumentarischer Gattungen wie der Biographie, des Sachbuchs und der Reportage bemerkbar (vgl. Kreuzer 1983; R. Lindner 1990). Der Anspruch, nur zu berichten und die gesellschaftliche Wirklichkeit zu spiegeln, statt sich mit den psychisch-emotionalen Krisen eines fiktiven Helden zu beschäftigen, behauptet nicht nur eine objektiv wahrnehmbare und reale Welt, sondern auch ein bestimmtes Verhältnis zwischen Literatur und Wirklichkeit, in dem nicht so sehr die virtuose Beherrschung der Sprache, sondern vielmehr die Wahl des Gegenstands – des ‚Stoffs' – für die Qualität des Geschriebenen bürgt. Dieser Anspruch auf authentische Darstellung blieb auch nach dem Krieg und bis in die 1970er Jahre aktuell, dort über den Umweg von Drogenerfahrungen und Cut-up-Verfahren. Rohstoff bedeutete hier Rauschgift einerseits, durch den Zufall geordnetes Material andererseits (vgl. Jörg Fausers *Tophane*, 1972, und *Rohstoff*, 1984, sowie *Gasolin 23*, 1971–1986). In der Gegenwartsliteratur und im Rahmen ‚biophilologischer' Schreibweisen (vgl. Wladimir Sorokins *Der himmelblaue Speck*, 1999, und *Telluria*, 2013), werden Rohstoffe aber auch zu Instrumenten, die die Probleme und Fragen des Literarischen überhaupt sichtbar machen sollen (vgl. Strätling 2016).

Die Suche nach (Roh-)Stoffen und ihr Sammeln für die Literatur erstreckt sich jedoch über die Grenzen stilisierter Schreibszenen und metapoetischer Reflexionen hinaus. Der Begriff ‚Stoff', der im 17. Jh. aus dem Italienischen und Niederländischen ins Deutsche gelangte, bezeichnete zunächst zwar nur Seidengewebe, doch wurde der Begriff bald als deutsche Entsprechung zum lateinischen *materia*, zu ‚Substanz' in der Philosophie und zum ‚Material' in den bildenden Künsten verwendet. Seit dem 18. Jh. bekommt ‚Stoff' auch eine bildliche Bedeutung als Sujet oder Thema, aber auch als Anlass und Ursache (vgl. Krünitz 1773 ff., Bd. 174, 459–460; Grimm und Grimm 1854 ff., Bd. 19, 150). In der Literaturwissenschaft der 1930er und 1940er Jahre wird der Begriff auch als analytische Kategorie verwendet (vgl. Petsch 1940) und erlebt eine Blütezeit in den Studien der ehemaligen Mitarbeiterin der NS-Parteiuniversität Elisabeth Frenzel (1962, 1963 und 1966), in denen er nicht nur im Kontrast zum Formbegriff, sondern auch zur Motiveinheit definiert wird. Das Besondere des literarischen Stoffs im Gegensatz zu Begriffen wie Thema oder Plot ist, dass er laut Frenzel im Außerhalb, also in der realen Welt bereits geformt wurde und in die Literatur durch die Wahl des Schreibenden importiert wird. Er ist ein Rohstoff, mit dem die Realität den Autor versorgt, etwas, das eine Verarbeitung durch das Dichtergenie benötigt. Denn das „Einmalige" eines Werkes liegt nie im Stofflichen, sondern immer und nur in seiner „genialischen" Formung (Frenzel 1966, 36). Dass Stoff jedoch nur in und durch Formung wahrnehmbar ist, genauso wie die Form selbst immer stofflich ist, macht die hierarchische Verbindung zwischen den beiden Begriffen intrikat (vgl. Ruchatz 2002).

Ein erneutes Interesse seitens der Literaturwissenschaft für Materialität und Materialien erfolgte im Kontext des *cultural turn* und des *material turn* sowie der Entstehung der Medienwissenschaften. Doch beschäftigte sich die Forschung zunächst hauptsächlich mit den Dingwelten der Literatur oder mit den materiellen Voraussetzungen ihrer Entstehung sowie der selbstreflexiven Thematisierung literarischer Produktion im literarischen Werk selbst. Nach erneuten Plädoyers dafür, sich statt der unbestimmten Materialität dem konkreten Material zuzuwenden (vgl. Ingold 2007), dem für die Eigenschaften des Dings verantwortlichen Stoff statt dem Ding selbst (vgl. Hahn und Soentgen 2011), setzen sich Geschichts-, Kultur- und Literaturwissenschaft immer häufiger mit einzelnen Stoffen oder Ressourcen (wie es seit den 1960er Jahren allgemeiner heißt) auseinander (vgl. Banita 2012; S. Beckert 2014; Freese 2003; Macdonald 2013; LeMenager 2014; Diamanti und Bellamy 2016; Manova 2017). Was an den Ressourcen zunehmend interessiert, ist ihre Rolle in einer bestimmten Epoche, in einem kulturellen oder literarischen Narrativ.

Schatz

Bernhard Siegert

Darauf versessen sein, einen Schatz anzusammeln und eifersüchtig zu bewachen – dafür gibt es im Deutschen ein besonderes Wort: horten. Ein Hort ist etymologisch „das ins Versteck gesetzte" (F. Kluge 1967, 384); Schätze sind also *per definitionem* versteckt. Der Schatz im neuzeitlichen Sinne ist ein Hort, während ‚Schatz' im alten Wortsinn bloß ein anderes Wort für Geld und Vieh ist, eine Bedeutung, die in Amtsbezeichnungen wie ‚Schatzmeister' oder ‚Schatzamt' noch überlebt. Der Schatzmeister ist ein Kassenwart; er hortet keine Schätze.

Was also den Schatz zu dem macht, was er ist, ist das Horten. Aber nicht nur, weil das mittelalterliche Wort lange verloren war und erst nach Entdeckung des Nibelungenliedes in den deutschen ‚Sprachschatz' zurückgekehrt ist, ist das Horten und der dadurch gebildete Hort ein Phänomen, das dem Zeitalter der Aufklärung als unverkennbares Merkmal für Unvernunft, Vormodernität und Verbohrtheit galt. Nur Drachen, Dagobert Duck und Piraten lieben Schätze, meint man, also monomane Riesenechsen aus dem Reich der Sage, fetischistische Kapitalisten und von der menschlichen Gesellschaft Ausgeschlossene, die allesamt einen irrationalen Hang zum Hort haben.

Verständnis für Hort-Besessenheit geht den Modernen grundsätzlich ab. So herrscht weitgehend Konsens darüber, dass der moderne Kunstbegriff erst möglich wurde, als sich der Wert künstlerischer Arbeit (→ WERT, PREIS; → ARBEIT, ARBEITSLOSIGKEIT; → SCHREIBARBEIT, SCHREIBEN ALS ARBEIT) vom Wert ihrer Materialien emanzipiert (vgl. Felfe 2010, 198). Wer Geld des Goldes und des Silbers wegen aufhäuft, bildet totes Kapital, er hat noch nicht einmal verstanden, was Geld ist. Dennoch verurteilt Marx Schatzbildung nicht pauschal als unvernünftig. Marx unterscheidet zwei Arten von Schätzen, je nachdem, ob Geld in seiner dritten Bestimmung als Selbstzweck realisiert ist oder nur seiner ersten oder zweiten Bestimmung (als Maß oder als Tauschmittel) nach. Im ersten Fall, wenn Geld noch nicht als Ware und Tauschmittel vorhanden ist, handelt es sich um bloßes Aufhäufen von Gold und Silber, im zweiten Fall um das Aufhäufen von Geld. In der zweiten Funktion ist Geld universeller materieller Repräsentant des Reichtums schlechthin. Als solcher steht der Schatz zwar der Zirkulation selbständig gegenüber, aber nur, weil er aus der Zirkulation kommt und wieder in sie eingeht. Mit anderen Worten, die Selbständigkeit des Geld-Schatzes (im Unterschied zum Goldschatz), „ist nicht Aufhören der Beziehung zur Zirkulation, sondern negative Beziehung zu ihr" (Marx und Engels 1956 ff., Bd. 42, 146). Als Geld-Schatz wird der Schatz Gott; er ist nicht mehr Knecht, sofern er als bloßes Zirkulationsmittel dient, sondern er wird „Herrscher und

Gott in der Welt der Waren"; er stellt die „himmlische Existenz der Waren" dar (ebd., Bd. 42, 148).

Aus kulturtechnischer Sicht ist das, was über die Existenz des Schatzes entscheidet, nicht ein großer Berg aus Gold und Edelsteinen, sondern die Praktiken und Medien der Schatzsuche. Da ein Hort *a priori* versteckt ist, ist seine Existenz immer schon eine durch Medien vermittelte. Ein Versteck ist ein epistemologisch konstruiertes Faktum; weshalb ein Schatz nicht unabhängig von einem Netzwerk aus einem Schatznarrativ, Dokumenten (Schatzkarte), einer lückenlosen Überlieferungskette derselben, einer realen Topographie und diversen Bergungstechniken existiert. Unabdingbar ist dabei vor allem das Schatznarrativ, das sich bereits im frühen 18. Jh. herausbildet und offenbar von Beginn an den Schatz mit dem Piraten assoziiert und umgekehrt. Benjamin Franklin berichtet 1729, also kurz nach dem Ende des ‚Goldenen Zeitalters der Piraterie', von „great Numbers of honest Artificers and labouring People, who fed with a vain Hope of growing suddenly rich [...] and voluntarily endure abundance of Fatigue in a fruitless Search after Imaginary hidden Treasure" – einem Schatz, „which was buried by Pyrates [...], who were never like to come for it" (Franklin 1978, 113). In *The Pirates' Own Book* von 1837 wird das Schatznarrativ wie folgt zusammengefasst: „And as it is his [the pirate's] invariable practice to secrete and bury his booty, and from the perilous life he leads, being often killed or captured, he can never revisit the spot again, therefore immense sums remain buried in those places and are irrevocably lost" (zit. nach Paine 1911, 3). Nach diesem Narrativ verfuhr schon James Coopers *The Sea Lions* von 1849, und wie man den Abenteuern Tom Sawyers entnehmen kann, war es um 1875 bereits zu einem Ritual für jugendliche Mimesis geworden: „There comes a time in every rightly constructed boy's life when he has a raging desire to go somewhere and dig for hidden treasure" (Twain 1876, 191–192). Vielleicht konnte sich gerade dadurch eine Verschränkung von Schatz und Erzählform ergeben: sei es durch die Besiegelung guter Enden mit märchenhaften ‚Sterntalern', sei es im Thesaurus der Insel Felsenburg aus Johann Gottfried Schnabels gleichnamigen Roman, auf der geglückte Lebensgeschichten und angespülte Schätze gleichermaßen verwahrt werden; sei es der verborgene Schatz des Grafen von Monte Christo, der den resoluten Fortgang der Erzählereignisse in Alexandre Dumas' Roman finanziert.

„Buccaneers and buried gold" (Stevenson 1895) wurden also nicht erst durch Robert Louis Stevensons *Treasure Island* vereinigt. Sowohl *Treasure Island* als auch Irving Washingtons *Wolfert Webber* und Edgar Allan Poes *Gold-Bug* gehen vielmehr auf eine gemeinsame Quelle zurück, und zwar auf die Legende von Captain Kidd (vgl. Paine 1911, 27–33), wobei es bemerkenswert ist, dass gerade dieser halbherzige, 1701 hingerichtete Pirat zum Ursprung aller Geschichten von vergrabenen Piratenschätzen wurde. Denn diese notorische Assoziation ist aus

Sicht des → PIRATEN geradezu tragisch zu nennen. Schätze sind Sackgassen der Piraterie, ein Symptom ihres Niedergangs. Dafür steht Henry Averys (von Daniel Defoe verfasste) Lebensbeichte, die von den Dilemmata zeugt, in denen eine Piratencrew, die einen großen Schatz besitzt, steckt: Zum einen könnten sie nicht zusammenbleiben, wenn sie an Land gingen, weil sie dann sofort den Behörden auffielen, die ihren Schatz konfiszieren würden; zum anderen könnten sie sich aber auch nicht trennen, um sich einzeln ins Privatleben zurückzuziehen, denn das wäre nur möglich „if we were sure none of us would be false one to another" (Defoe 1905, 26). Nichts anderes, als dass jeder jeden verraten wird, hält die piratische Gemeinschaft zusammen. Auf Madagaskar, wo Avery eine Art Privatkönigreich gründete, sind die Piraten zwar einigermaßen sicher vor der Welt und dem Verrat durch ihresgleichen, können aber andererseits auch nichts mit all ihrem Gold anfangen. Sobald man sich aus dem Kreis der Nationen ausgeschlossen und sein Geld der Warenzirkulation entzogen hat, hört der unermessliche Reichtum, den Avery und seine Leute besitzen, auf, Kapital zu sein, und verkommt zum toten Schatz. Nicht einmal verprassen kann man sein Geld, denn auf Madagaskar gibt es nichts außer ein paar Kokosnüssen. Zwischen der Scylla des Hobbes'schen und der Charybdis des Rousseau'schen Naturzustands feststeckend, hat man weder die Möglichkeit, das erworbene Kapital zu investieren, noch es zu konsumieren. Folglich ist man dazu verdammt, seine Schätze zu horten. Weil der Piratenschatz nicht das Aufhören der Beziehung zur Zirkulation ist, sondern negative Beziehung zu ihr (Marx), beginnt der Pirat, am Schatz zu verzweifeln. Schätze zu vergraben, ist keine Leidenschaft von Piraten, sondern Konsequenz der historischen Sackgasse, in der sie im 18. Jh. gelandet sind.

Schnorrer

Lena Kugler

Mit dem Schnorrer als Figur einer unverschämten Armut lässt sich die Ökonomiegeschichte der Gabe vom Nehmen her denken. Von einer anökonomischen Interesselosigkeit oder Reinheit kann bei der vom Schnorrer eingeforderten Gabe nicht die Rede sein. Vielmehr stellt sie sich recht unbekümmert als Tauschgeschäft dar – allerdings als eines, das in unterschiedlichen ökonomischen Registern operiert, da konstitutiv unklar ist, wer überhaupt mehr zu geben und zu nehmen hat (vgl. L. Kugler 2018). Dabei geht es mit dem Schnorrer, lange Zeit Synonym für einen von Haus zu Haus ziehenden jüdischen Bettler und Wanderarmen, weniger um ‚gute Gaben' und Almosen als Ausdruck der Barmherzigkeit der Geber, als vielmehr um Ansprüche und Anrechte der Nehmer. In seiner Auseinandersetzung mit der → GABE als universellem sozialen Phänomen geht Marcel Mauss nur am Rande auf das jüdische Almosen ein, deutet hier aber zum ersten und einzigen Mal an, dass die Gabe noch in ihrer Universalität entscheidende historische Transformationen durchgemacht haben könnte (vgl. Silber 2000, 117): „Das arabische *sadaqua* bedeutet ursprünglich, so wie das hebräische *zedaqa*, ausschließlich ‚Gerechtigkeit' und bekam später die Bedeutung von Almosen. Mit der mischnaischen Epoche, dem Sieg der ‚Armen' in Jerusalem, läßt sich sogar der Zeitpunkt angeben, da die Doktrin der Nächstenliebe und des Almosens entstanden ist, die dann mit dem Christentum und dem Islam um die Welt wanderte. In dieser Zeit erfuhr das Wort *zedaqa* einen Bedeutungswandel, denn in der Bibel hieß es noch nicht Almosen" (Mauss 1990, 47).

Mit dieser Wanderung um die Welt hebt nicht nur die Geschichte des Almosens als „alte Moral der zum Gerechtigkeitsprinzip gewordenen Gabe" (Mauss 1990, 47) an, sondern auch die des jüdischen Bettlers, der der Thora noch unbekannt war (vgl. Jastrow und Malter 1901): Von Haus zu Haus ziehende Bettler und die Frage nach dem angemessenen Umgang mit ihnen haben nicht in der schriftlichen, sondern der mündlichen Thora ihren Auftritt. Immer wieder wird hier die Bedeutung der *Tzedakah* hervorgehoben, die so wichtig wie alle Ge- und Verbote zusammen sei. Erst der „Sieg der ‚Armen'" in der Epoche *nach* der Zerstörung des zweiten Tempels, dem Ende der Opfer und dem Beginn der Diaspora war demnach die Geburtsstunde des jüdischen Bettlers. Mit Jacques Derrida gesprochen begegnet man deshalb nicht nur dem → BETTLER an sich, sondern insbesondere dem Schnorrer nicht „zufällig", wie auch das mehr oder minder unverschämt eingeforderte Almosen „weder grundlos noch gnadenreich" ist und schon deshalb keine „reine Gabe" sein kann (Derrida 1993, 177–178).

Mitte des 19. Jh.s wurde der Schnorrer zu einer populären Figur jüdischer Selbstbeschreibung, mit der verschiedene politische Ökonomien der Teilhabe verhandelt wurden. In seinem Text *Die Schnorrer* (1846) führt Leopold Kompert aus, inwiefern es dem Deutschen gut anstehen würde, das eine oder andere jiddische Wort wie „Schnorrer" aufzunehmen, das er nicht von ungefähr von der „Schnurre", der kurzen, humoristischen Erzählung ableitet (das Wort wird auch von der ‚Schnarre', einem Instrument von Bettelmusikanten, abgeleitet). Denn nach Kompert sagt es mit Blick auf die zeitgenössische Massenarmut in unschlagbarer Freigiebigkeit „Alles und noch mehr, als in dem ganzen Pauperismus liegt; es hat sogar die deutschen Endlaute für sich und ließe sich bei den Zeitumständen vortrefflich einbürgern" (Kompert 1846, 149). Darüber hinaus erklärt Kompert den Schnorrer bei aller Anmaßung und Undankbarkeit zum eigentlichen Geber, schenke er doch dem jüdischen Volk eine der glänzendsten „Nazionaltugend[en]" (ebd., 154). Deren Bezeichnung mit „Mildthätigkeit" (und nicht Gerechtigkeit) ist allerdings selbst eine gleichzeitig geschnorrte wie auch umgehend zurückerstattete, richtete sich Komperts Einbürgerungsempfehlung im Zeichen des Schnorrers doch insbesondere an eine nicht-jüdische Leserschaft.

In seiner satirischen Retrofiktion *King of Schnorrers* (1894) nahm Israel Zangwill dagegen vor allem die innerjüdischen Ungleichheiten zwischen alteingesessenen sephardischen und neuangekommenen aschkenasischen Juden in den Blick und legte dar, warum der Schnorrer als der eigentliche Wohltäter zu gelten hat: Erst er gewährt dem Geber die Möglichkeit, seiner Verpflichtung zur *Tzedakah* nachzukommen, ohne ihn kann niemand „zur Gerechtigkeit gelangen" (Zangwill 2006, 18). Als eigentlicher Agent der Gabe unterbricht Zangwills Schnorrer noch in seinem auf die Spitze getriebenen Eigennutz nicht wie der → Parasit den Austausch (vgl. Serres 1987), sondern ermöglicht erst die im Roman geschilderten Vermittlungs- und Tauschgeschäfte zwischen den unterschiedlichen religiösen, libidinösen und sozial-politischen Ökonomien. Bisweilen aus demselben Witzrepertoire wie Zangwill schöpfend kam auch Sigmund Freud wiederholt auf den Schnorrer zu sprechen (vgl. Oring 1984, 13–26). Obwohl er in *Der Witz und seine Beziehung zum Unbewußten* von der „Witzarbeit" schreibt und sie mit der Geschäftsökonomie eines Unternehmens vergleicht (Freud 1969 ff., Bd. 4, 147; vgl. Wegener 2016), stellt der Schnorrer eine besonders prominente Figur in seinem Witzdiskurs dar. So wie der Witz mit seinen Techniken der Verschiebung, Verknappung und Verstellung das Realitätsprinzip zugleich beachtet wie umgeht und damit „der Sprache Lust ab[schnorrt]" (Tuschling 2012, 167), wird der Schnorrer bei Freud zum Doppelagenten von Gerechtigkeits- und Lustprinzip.

Spätestens mit Beginn des 20. Jh.s lässt sich ein spannungsvoller Doppeleinsatz in der Rede vom Schnorrer ausmachen. Auf der einen Seite als gewitzte Figur jüdischer Verbundenheit stilisiert, wurde er auf der anderen Seite immer öfter als

Produkt einer überkommenen Fürsorgepraxis diffamiert. Während der Schnorrer in antisemitischen Medien als Zerrbild des ostjüdischen Flüchtlings und Einwanderers beschworen wurde, intensivierte die zunehmend minutiös organisierte jüdische Wohltätigkeit ihren Kampf gegen das ‚Schnorrertum' (vgl. Bornstein 2013). Als direkte Folge konstatierte Sammy Gronemann: „Der echte Schnorrer – wie ihn Zangwill schildert – stirbt immer mehr aus" (Gronemann 1998, 207). In ihrem im New Yorker Exil entstandenen Essay *Die verborgene Tradition* hob Hannah Arendt allerdings den Schnorrer als nach wie vor „wesentliche Konzeption des Paria als einer jüdischen Volksfigur" hervor (Arendt 1976, 48), auch wenn sie ihm nun explizit die Würde absprach. Dabei leugnet Arendt, die im Pariser Exil ihren Lebensunterhalt eine Zeit lang damit bestritten hatte, „die Spenden der Baronin Rothschild an jüdische Wohltätigkeitseinrichtungen zu überwachen" (Young-Bruehl 2013, 181), keineswegs das gegenseitige Abhängigkeitsverhältnis von Schnorrer und Wohltäter. Vielmehr macht sie es dem Schnorrer zum Vorwurf, daran fest- und es somit aufrechtzuerhalten. In ihrem ein Jahr zuvor in der ersten Person Plural verfassten Text *Wir Flüchtlinge* hatte sie dagegen das vertrackte Verhältnis des Flüchtlings zum Schnorrer als folgenreiche „Begriffsstutzigkeit" analysiert: So wie man früher nicht verstanden habe, „dass der ‚Schnorrer' für das gesamte jüdische Schicksal stand und nicht einfach ein ‚Schlemihl' war", so halte man sich nun nicht für berechtigt, jüdische Solidarität in Anspruch zu nehmen, und begreife nicht, „daß es dabei weniger um uns als einzelne geht, sondern um das ganze jüdische Volk" (Arendt 1989, 13). Was darauf folgt, ist aber eine (keineswegs harmlose) „kleine hübsche Anekdote" (ebd., 14), mit anderen Worten: eine Schnurre.

Schreibarbeit, Schreiben als Arbeit
Sandro Zanetti

Wer schreibt, tut etwas. Wer schreibt, hinterlässt Spuren, Schrift. Doch ist dieses Tun → ARBEIT? Die romanischen Sprachen kennen einen Unterschied zwischen einer ‚freien' Arbeit, die der entsprechenden Vorstellung zufolge selbstgewählt und selbstbestimmt erfolgt, und einer Arbeit, die Pflicht und Mühe ist und stets dem Gesetz eines Anderen unterstellt ist: Lohnarbeit, Dienst für andere, ökonomische Notwendigkeit, Handwerk, allenfalls von monetärem Reiz. Die ‚freie' Arbeit wird vom lateinischen *opus* her als *opera*, *obra* oder *œuvre* bezeichnet, wobei letzteres teilweise kongruent mit dem deutschen ‚Werk' ist. Die mit Mühe assoziierten Formen von Arbeit werden dagegen mit *labor*, *lavoro*, *trabalho* oder *travail* wiedergegeben (vgl. Serres 1994, 121). Das Englische kennt den vergleichbaren Unterschied zwischen *labour* und *work*. Doch auf welche Seite gehört das literarische Schreiben?

Antike Inspirationslehre und goethezeitliche Genievorstellungen drängten über lange Zeit die Einsicht in den Hintergrund, dass literarisches Schreiben auch Arbeit sein könnte: mühsam, mit handwerklichen Komponenten, nicht zuletzt für Geld betrieben. Wer Geniales schafft, genügt sich selbst, eine Thesaurierung erfolgt allenfalls durch späteren Ruhm oder durch besondere Teilhabe am Geist einer Epoche. So die Ideologie, die sich im deutschsprachigen Raum an der Karriere des Wortes ‚Werk' nachvollziehen lässt: Genieästhetisch bis hin zur Blütezeit der Hermeneutik meint ‚Werk' eine rein geistige Einheit, für die es irrelevant sein soll, auf welchen Trägern sie zirkuliert oder wie sie gar produziert worden ist.

Die andere Assoziation, die man seit dem 19. Jh. vom ‚Werk' haben kann, das Industriegebäude, wäre ein mögliches Gegenmodell zum emphatischen Werkbegriff, der spätestens mit den europäischen Avantgarden zu Beginn des 20. Jh.s eine grundlegende Kritik erfährt. Deutlich wird nun: Auch das geistige Werk, diese Form von Arbeit, ist nicht allein das Produkt einer Wirkungsgeschichte sowie einer Rezeption, die in der Lage ist, geistige Substrate zu erkennen. Ein Werk kann auch in einem ganz basalen Sinne Arbeit sein, so dass die oben erwähnte Unterscheidung einer ‚freien' von einer ‚unfreien' Arbeit problematisch wird. Das englische *work* impliziert diese weite Bedeutung stärker als das deutsche ‚Werk'. Allerdings bedeutete ‚Werk' im Deutschen anfänglich auch bloß ‚Tun' (vgl. Grimm und Grimm 1854 ff., Bd. 29, 328). Damit war das Werk zunächst ebenso primär ein *Prozess* und nicht immer schon ein *Produkt*.

Die etymologischen Zusammenhänge können dabei helfen, die spezifische Verengung eines bestimmten Verständnisses von Literatur in Form von ‚Werken' als abgeschlossenen Einheiten infrage zu stellen (vgl. Pudelek 2010, 540). Denn ein solches Verständnis ist irreführend, wenn es darum geht, literarische Schreibprozesse in ihren vielfältigen technischen, medialen, gestischen, institutionellen, ökonomischen und diskursiv-semantischen Ermöglichungsbedingungen zu untersuchen, so wie dies in den letzten Jahrzehnten vermehrt geschehen ist (vgl. R. Campe 1991; Stingelin 2004; Zanetti 2012). Die Skepsis gegenüber einem engen, vergeistigten und auf Abgeschlossenheit zielenden Werkbegriff dürfte mitverantwortlich dafür gewesen sein, warum man im Sinne einer Rückübersetzung des englischen *work* auch im Deutschen vermehrt von literarischen oder (mehr noch) künstlerischen ‚Arbeiten' spricht.

Analog zum Arbeitsbegriff in der Physik kann die Arbeit des Schreibens in einer ersten Bedeutung schlicht die aufgewandte körperliche Mühe bedeuten, die zu einer Zustandsveränderung des Schriftträgers führt. Seit Ende des 18. Jh.s lassen sich die unterschiedlichsten Tätigkeiten – auf den Feldern, in Bergwerken, in Schreibstuben – zudem auf den gemeinsamen Nenner eines physiologisch messbaren Kraftaufwands beziehen (vgl. Vatin 1998). Auch wenn diese Verausgabung etwa im Straßenbau unvergleichlich erschöpfender wirkt, ist sie gleichwohl ein elementarer Bestandteil eines jeden Schreibprozesses. Gelegentlich mit einschneidenden Folgen für den Produktionsprozess. So erhielt Friedrich Dürrenmatt nach seinem Herzinfarkt 1969 ein ärztliches Verbot, mit der Schreibmaschine zu arbeiten – zu groß sei die körperliche Aufregung, die mit dem Tippen einhergehe. Handschriftliches Schreiben war ihm hingegen weiterhin erlaubt. Dürrenmatts (wechselnde) Sekretärin fertigte jeweils in der Nacht von den schwer leserlichen Vorlagen Typoskripte an, die er wiederum handschriftlich korrigierte und ergänzte (vgl. U. Weber und Probst 2007, 168–169). An diesem Beispiel wird deutlich: Viel häufiger und grundsätzlicher, als man aufgrund des notorisch ‚einsamen' Schreibvorgangs meinen könnte, ist Schreiben ein kooperativer Prozess. Für die ‚geniale' Komponente ist der Autor zuständig. Und Autoren sind seit der Einführung des Urheberrechtes und also des Prinzips Autorschaft diejenigen, die Geld für ihr Schreiben erhalten. Sekretärinnen erhalten für ihr Tippen auch Geld, aber meistens weniger: für die ‚handwerkliche' Arbeit. Autorschaft als „Werkherrschaft" (Bosse 1981) bedeutet hier auch: Arbeitsherrschaft.

Kooperation, also Mitarbeit, kann beim Schreiben auf verschiedene Weisen stattfinden. Nur selten arbeiten zwei oder mehrere Personen in einem strikten Sinne *gleichzeitig* an einem Text. Das ist selbst beim elektronischen Schreiben kaum der Fall. Hingegen gibt es bereits auf einer ganz technischen Ebene eine Art von Kooperation – mit dem Schreibzeug. Einschlägig sind in diesem Zusammenhang die Worte geworden, die Friedrich Nietzsche 1882 auf einer der ersten Schreibmaschinen in einem Brief an Peter Gast tippte: „SIE HABEN RECHT – UNSER SCHREIBZEUG ARBEITET MIT AN UNSEREN GEDANKEN" (Nietzsche 1986 ff., Bd. 6, 172). Kooperation beim Schreiben kann all jene menschlichen und nichtmenschlichen ‚Akteure' oder ‚Aktanten' (vgl. Latour 2001, 103–110) umfassen, die an einem Schreibprojekt mitarbeiten: Partnerinnen und Partner, Mitglieder eines Netzwerkes, Lektoren, Verleger, technische Geräte, Schreibmaterialien.

Die Entlohnung des (literarischen) Schreibens als Arbeit hat ihre eigene Geschichte. Wer kann es sich aufgrund vorhandenen Vermögens leisten, für sein Schreiben *nicht* bezahlt zu werden? Das antike Ideal der Kunst als ein Bereich der ‚Muße' und ‚Nichtarbeit' (vgl. Lemke und Weinstock 2014) ist bis heute im Umlauf. Gleichzeitig steht fest, dass die ökonomischen Bedingungen von Kunst und somit auch des literarischen Schreibens bis weit über das Mittelalter hinaus mehrheitlich durch Abhängigkeitsverhältnisse gegenüber Herrschern oder klerikalen Institutionen bestimmt sind. Mit der Etablierung eines modernen Buchmarktes (→ MARKT, LITERARISCHER MARKT) und der damit korrelierenden Erfindung des → URHEBERRECHTS werden im Bereich der Literatur aus Schreibern Autoren, deren Schreiben durch Vorschüsse bzw. Beteiligungen am Verkaufserlös Geld einbringt. Schon im Barock, etwa bei Grimmelshausen, führte das im Verlagswesen übliche Bogenhonorar eine Art ‚Zeitlohn' in die literarische Arbeit ein, verknüpfte Textumfang und Arbeitslohn und näherte die neue, freie Autorschaft dem Charakter der Lohnarbeit an (vgl. Widder 2018, 225–232). Durch die im 19. Jh. aufkommende Feuilletonkultur kann literarische Schreibarbeit – einschließlich der in Serienproduktion entstandenen Feuilletonromane (z. B. das Schreibbüro von A. Dumas d. Ä. mit mehreren Angestellten) – auch die Form einer regelmäßigen, dem Takt der Presse unterworfenen Lohnarbeit annehmen.

Professionelles literarisches Schreiben erfolgt heutzutage meist in Abhängigkeit von Literaturagenten, Verlagslektoren, Stipendien, staatlichen und nichtstaatlichen Institutionen und Betrieben sowie öffentlichen Lesungen und Auftritten (vgl. Childress 2017). Das gilt größtenteils auch für das schmale Feld der Bestsellerautoren. Dabei ist das „unternehmerische Selbst" (Bröckling 2007) auch für das ‚freie' Schreiben bestimmend geworden – oder richtiger: Was ehemals als ein Schreiben ‚frei' von den Taktungen regelmäßiger Lohnarbeit gepriesen werden konnte, hat sich unter dem Eindruck kapitalistischer Flexibilisierungsgebote sogar längst als unverhofft vorbildlich für Tätigkeiten auch jenseits der Literatur erwiesen.

Sicherheit und Versicherung

Benno Wagner

Der Begriff der Sicherheit oszilliert zwischen verschiedenen Disziplinen wie Ingenieurwissenschaft, Politikwissenschaft, Ökonomie, Recht, Soziologie, Kriminologie und Psychologie (vgl. Lipschutz 1995; Daase 2009). Dabei ist das Begriffsfeld von einer grundlegenden Dichotomie gezeichnet, die auf prägnante Weise in Paul Krugmans geflügeltem Wort von der US-Regierung als „giant insurance company with an army" erfasst wird (Krugman 2011). Das Zitat weist zurück auf die Verdoppelung des Staatskörpers im Laufe des 17. Jh.s: Neben den repräsentativen oder symbolischen Körper des Souveräns, der die Aufgabe der Sicherung des Fürsten und seines Territoriums stellt, tritt der empirische Körper der Bevölkerung, der die Sicherung der → ZIRKULATION von Menschen, Gütern und Informationen erfordert (vgl. Foucault 2004a, 100–101; Vogl 2004a, 83–84). Zeitgleich mit dem ‚Westfälischen System' und seiner Theodizee des Staates, dessen Gewaltmonopol im Inneren und militärische Fähigkeit zur Verteidigung und Kontrolle seiner Grenzen nach außen die Sicherheit von Leib und Leben seiner Bürger garantiert, bildet sich eine Serie von an die Regierung der Städte gebundenen Sicherheitsmechanismen, die sich nicht mehr auf eine durch Unterwerfungsvertrag als Volk konstituierte Menge von Individuen richtet, sondern auf eine statistisch konstituierte Bevölkerung (vgl. Dix 1994, 134; Foucault 2004a, 41, 70–73). An die Stelle des die Sicherheit gefährdenden Ausnahmefalls tritt hier der probabilistische Begriff des Falls und des Differentialrisikos, an die Stelle der Kontrolle territorialer Grenzen das Management statistischer Grenzwerte (vgl. Bigo 2008, 105–106).

In diesem Bereich ist es die Versicherung, die das Thema der Sicherheit wiederaufnimmt und transformiert. Indem sie jedes Ereignis von einer Begebenheit in ein statistisches Risiko (→ SORGE UND RISIKO) verwandelt und damit monetarisierbar macht, ist die Versicherungstechnik in der Lage, Hindernisse in Möglichkeiten, Übel in Kapital zu verwandeln (vgl. Ewald 1991, 199–200). Während im Rahmen dieser ‚Versicherungsgesellschaft' das „Imaginäre der Versicherung" (Ewald 1993, 208) über den Gegenstand und Zuschnitt politisch zweckmäßig und ökonomisch profitabler Risiken entscheidet, bedroht in den Diagnosen nach der Jahrtausendwende die Dynamik der ‚flüssigen Moderne' (Zygmunt Bauman) jene räumlichen und zeitlichen Grenzziehungen, die für die probabilistische Kalkulation und Mutualisierung der Risiken unabdingbar ist: „The worst-case scenario does not respond to the mutualisation of risk and the working out of a series of events. It has no limit other than the political imagination of those who express it" (Bigo 2008, 112).

Wenn das Imaginäre der Versicherung vom Imaginären der Katastrophe überschwemmt, die probabilistisch errechnete „Zukunft des Staates" (M. Schneider 1994) durch ein „quasi-astrological assessment of the future" (Bigo 2008, 113) überschrieben wird, dann scheint dies zunächst die an Hobbes anschließende ‚realistische' Theorie des Politischen diskurs- und medientheoretisch fortzuschreiben. In diesem Verständnis fassen die Autoren der Kopenhagener Schule unter dem Konzept der Versicherheitlichung (*securitization*) solche politischen Entscheidungs- und Handlungsprozesse zusammen, deren Bezugsprobleme im Rahmen des ‚normalen' Politikbetriebs nicht zu handhaben sind (vgl. Buzan u. a. 1998, 29). Es tritt ein versicherheitlichender Akteur auf den Plan, der seine Wahrnehmung einer „existentiellen", auf einen „point of no return" zulaufenden Bedrohung artikuliert und „außerordentliche Maßnahmen" zu ihrer rechtzeitigen Abwendung fordert (S. Fischer u. a. 2014, 15–16). Unter diesen Bedingungen produziert Sicherheit Unsicherheit, indem sie marginale Zonen oder Gruppen designiert, deren ‚Anormalität' eine ständige Bedrohung für die ‚normale' Mehrheit darstellt. Didier Bigo und Anastassia Tsoukala haben diesen „exceptionalism inside liberalism" unter dem Begriff des „ban-opticon dispositif" analysiert, verwerfen aber die klassischen Elemente des zu bekämpfenden Feindes, des dominanten, Entscheidungen fällenden Akteurs und der Agenda eines Überlebenskampfes. Die innerstaatliche ‚Alltagspolitik' und die internationale Politik des Ausnahmezustandes seien im Hinblick auf Versicherheitlichung nicht voneinander abzugrenzen, sondern wie in einem Möbiusband miteinander verschlungen (Bigo und Tsoukala 2008, 2, 4–5).

Die deutsche Literaturgeschichte lässt sich als Archiv und zugleich als Supplement des skizzierten Diskursfeldes lesen. Bereits an der Turmgesellschaft von Goethes *Wilhelm Meister* konnte man eine Verwandlung vom Geheimbund zu einem internationalen Konzern mit dem Aufgabengebiet einer Assekuranzanstalt bemerken (vgl. Mahl 1982, 88; Hörisch 1983, 100–103); und der bis 1900 „gelesenste aller deutschen Romane" (Franz Mehring, zit. nach B. Wagner 2005, 15), Gustav Freytags *Soll und Haben*, entfaltet das volle Szenario einer Proto-Ver(un)sicherheitlichung. Die Kopplungen der Landwirtschaft an die Börse und des merkantilen Handels an den Weltwarenverkehr fungieren hier als riskante Zirkulationsdynamiken, und Statistik und Probabilistik gehören als korruptes Wissen auf die Seite des Problems, während die einzig sichere Lösung in deutscher Arbeit und deutschem Charakter liegt. Lebensbedrohlich werden diese Dynamiken immer dann, wenn sie sich mit dem bedrohlichen Anderen des deutschen Charakters, der ‚fieberhaften Gier' der Juden und den ‚arbeitsscheuen' und ‚aufsässigen' Slawen, verbinden. Der deutsche Landadel verliert Hab und Gut an betrügerische Juden, ein Handelskontor seine Waren an polnische Räuber im unsicheren Grenzgebiet, und beide werden durch die deutsche Tüchtigkeit des Helden Anton

Wohlfart gerettet. Der bei Freytag ausgearbeitete deutsche Antisemitismus fungiert hier schon vor seinem Begriff als für die nationale Identität konstitutive und zugleich paradoxe, die Regulierungsdispositive selbst an die Stelle der tödlichen Bedrohung setzende Ver(un)sicherheitlichung (vgl. B. Wagner 2005 und 2002).

Eine dezidierte Gegenstellung zu den Sicherheits- und Versicherungsdispositiven des entstehenden Wohlfahrtsstaates bezieht die Lebensphilosophie Friedrich Nietzsches. Hinter der von ihm als „Gefahr der Gefahren" (Nietzsche 1980 ff., Bd. 1, 19) bezeichneten christlichen Moral verbirgt sich vor allem das Solidaritäts- und Mutualitätsprinzip der Sozialversicherung (vgl. B. Wagner 2008, 262). Deren moderne Grundlage, der „jetzige Durchschnittsmensch", ist folglich Nietzsches „größter Feind" (Nietzsche 1980 ff., Bd. 10, 553), und die „constitutive Kraft" seines Dienstherrn, des „sogenannten nationalen Staates", steht „diesem tiefsten modernen Hange, einzustürzen oder zu explodieren", keineswegs entgegen, sondern bewirkt „nur eine Vermehrung der allgemeinen Unsicherheit und Bedrohlichkeit" (ebd., Bd. 1, 367). Nietzsches programmatische Regression von der Versicherungsstatistik zum gefährlichen Glücksspiel („Das ist die Hingebung des Grössten, dass es Wagniss ist und Gefahr und um den Tod ein Würfelspielen"; ebd., Bd. 4, 148) bildet zugleich einen konstitutiven Reizpunkt für das literarische Werk Franz Kafkas. Als staatlicher Beauftragter für die böhmische Unfallschutzagenda, Leiter der Beschwerdeabteilung im Rahmen der statistischen Gefahrenklassifikation der Industrie- und Handwerksbetriebe und De-facto-Pressesprecher der Arbeiter-Unfallversicherung war er mit sämtlichen hier skizzierten Aspekten von Sicherheit und Versicherung konfrontiert: von der Disziplinierung der Arbeiter über die statistische Erfassung der Arbeitsunfälle und die probabilistische Berechnung der künftig zu erwartenden Schadenskosten bis hin zur Zerstörung nicht nur dieses komplexen Regulierungsdispositivs, sondern des ganzen Staatgebildes durch den Ersten Weltkrieg (vgl. B. Wagner 2007).

Seine „Poetik des Unfalls" (B. Wagner 2009) bildet daher einen ausgezeichneten Gegenstand für die wissenspoetologische Rekonstruktion eines historischen Sicherheitsdiskurses, in dem Wissenschaft, Sozialpolitik, Technologie, Statistik und Poesie nicht nur „gleichermaßen", sondern überhaupt erst in ihrer ‚nichtmodernen' Verknüpfung „Wissen" sind (Vogl 2004a, 15). Zeitgenössische Sicherheits- und Versicherungsdiskurse werden somit nicht einfach reflektiert und kritisiert, vielmehr werden deren Schwachstellen und blinde Flecken in ihrer Regulierungsfunktion supplementiert. 1917, am Angelpunkt der sicherheitspolitischen ‚Ur-Katastrophe' des 20. Jh.s, entsteht im *Bericht für eine Akademie* eine parodistische Abrechnung des Durchschnittsmenschen mit Nietzsches Übermenschen, in *Die Brücke* eine sicherheitstechnische Inspektion des von Zarathustra beschworenen Untergang-Übergangs des Menschen zum Übermenschen und schließlich in der Doppelerzählung *Beim Bau der Chinesischen Mauer* und *Ein altes Blatt* die erzähltechnische Ausgestaltung und Überwindung des Widerstreits zwischen dem liberal-versicherungstechnischen Pol souverän-territorialen Denkens und dem des Sicherheitsdiskurses der Armee. In der ersten Erzählung reflektiert ein am Mauerbau beteiligter „unterer Führer" die Lückenhaftigkeit der Mauer im Hinblick auf ihre sicherheitstechnische Unbedenklichkeit und die schwache Ausbildung der kaiserlichen Souveränität als den „Boden auf dem wir leben" (Kafka 1993, 356). In der zweiten Erzählung schildert ein Unfallopfer die Verheerungen, die die barbarischen Nomaden in der ungeschützten chinesischen Hauptstadt anrichten, und exponiert die Absurdität einer Schadenskasse für Fleischlieferungen an die blutrünstigen Besatzer. Die poetische Struktur der beiden Texte schlägt eine Brücke zwischen den beiden Sicherheitsterrains.

Da der nicht-serialisierbare und nicht-mutualisierbare Ereignistyp des interethnischen oder internationalen Konflikts sich der versicherungstechnischen Regulierung entzieht, verwendet Kafka die polyvok-allusive Bündelungsfunktion des poetischen Textes, um jede Partei des innerhabsburgischen wie des europäischen Konflikts virtuell auf beiden Seiten der Distinktion zwischen Chinesen und Nomaden, Zivilisierten und Barbaren erscheinen zu lassen. Diese Verkehrung einer dissoziativen in eine assoziative Zeichenfunktion schafft somit eine virtuelle Mutualisierung scheinbar existentieller Konfliktstellungen: die Grundlage einer „Kulturversicherung", deren semiotische Ausgleichungsverfahren jenseits der Reichweite der statistischen Verfahren der Sozialversicherung operieren (vgl. B. Wagner 2010, 257–258). Etwa hundert Jahre später allerdings führen die unter *securitization* (Versicherheitlichung, Verbriefung) oder *hedging* (Kursabsicherung) subsumierten Kapitalgeschäfte zu einer finanzökonomischen ‚Entsicherung', die sich in Krisen und Crashs manifestiert und in Spekulations- und Finanzromanen (→ SPEKULATION, SPEKULANT; → III.16. BÖRSEN-, SPEKULATIONS- UND INFLATIONSROMAN) auch als neue Welt einer intrazivilisatorischen Wildnis präsentiert (etwa DeLillo 2004).

Sklaverei

Natascha Ueckmann

Honoré de Balzacs Romanheld Vautrin träumt in *Le Père Goriot* (1835, dt. *Vater Goriot*) unverhohlen davon, auf einer Plantage in ‚Übersee' als Sklavenhalter Erfolg zu haben. So wundert es nicht, dass Thomas Piketty in *Le capital au XXIe siècle* (2013, dt. *Das Kapital im 21. Jahrhunder*) maßgeblich entlang Balzacs *La comédie humaine* (dt. *Die menschliche Komödie*) die Tiefenstrukturen des Kapitalismus erläutert. Auch Françoise Vergès zeigt in ihrer Studie *L'homme prédateur* (2011, dt. *Der räuberische Mensch*), was uns die Sklaverei über unsere Gegenwart lehrt.

Gerade die transatlantische Sklaverei dokumentiert, wie stark die europäische Aufklärung mit Kolonialisierung, Eroberung, Ausbeutung von Menschen und Ressourcen, Gewalt und Unterdrückung verbunden war (→ III.6. KOLONIALISTISCHE ÖKONOMIEN). Paul Gilroy prägte den Begriff des *Black Atlantic* (1993) und bot damit ein Konzept an, das die heutige Zusammensetzung der Weltbevölkerung aus dem transatlantischen Dreieckshandel und der erzwungenen Massenmigration afrikanischer Menschen herleitet. Der Begriff impliziert eine transkulturelle Perspektive auf ökonomisch, politisch und kulturell motivierte Bewegungen über den Atlantik, von der *Middle Passage* des Sklavenhandels zu den Migrationen des 20. und 21. Jh.s (vgl. Bandau u. a. 2018). Identität gilt hier als ein Prozess, der sich eher über *routes* als über das homophone *roots* fassen lässt.

So stellt Édouard Glissant Zitate zweier karibischer Schriftsteller epigraphisch seiner *Poétique de la relation* (1990, dt. *Poetik der Beziehung*) voran: „The Sea is History" von Derek Walcott und „The Unity is Submarine" von Edward K. Brathwaite. Der *Black Atlantic* repräsentiere „a Counterculture of Modernity" (Gilroy 1993, 1; vgl. Baucom 2005; C. L. Miller 2008; Linebaugh und Rediker 2008; Zeuske 2015). Modernität ist demnach nichts Unschuldiges, im Gegenteil: Die Sklaverei als ein früher ‚transnationaler Arbeitsmarkt', als Motor ‚freier Märkte' eines atlantischen Wirtschaftssystems (vgl. Morgan 2000) ist Anfangspunkt der Moderne. Erst mit der Ausbeutung Amerikas rückte Europa ins Zentrum des *modern world system* (vgl. Wallerstein 1974 ff.; → GLOBALISIERUNG, GLOBALISIERUNGSKRITIK). Nicht nur Wirtschaftsformen, sondern auch Wissenschaften mit ihren eurozentrischen Denk- und Argumentationsformen wurden im Zuge der Kolonialisierung weltweit etabliert. Walter Mignolo fordert daher eine Neufassung des Begriffs der Modernität, um ihren wesentlichen Bezugspunkt in Kolonialismus, Sklaverei und Hegemonie zu erkennen (vgl. Mignolo 1995). *Modernidad* und *Colonialidad* sind für ihn – in Anlehnung an den Soziologen Aníbal Quijano – zwei Seiten derselben Medaille (vgl. Mignolo 2012, 52). Der koloniale Expansionsprozess sei kein für die

‚europäische Moderne' untergeordneter Nebenschauplatz eines ansonsten innereuropäischen Erfolgsprozesses (vgl. Sieber 2005, 63), sondern der „Gegendiskurs der Moderne" (Dussel 2013).

Die eigene Geschichte erzählen und überliefern zu können, ist keine Selbstverständlichkeit. Denn die Geschichtsschreibung über die Sklaverei ist in weiten Teilen geprägt von hegemonialen Diskursen der Weißen. Noch der Abolutionismus – exemplarisch sei hier auf Harriet Beecher Stowes Bestseller *Uncle Tom's Cabin* (1852) verwiesen – liefert meist die Erzählung von Schwarzen als Objekten der Weltgeschichte, die maßgeblich von weißen Akteuren bestimmt wird (zum frühen abolitionistischen Denken vgl. die ‚Anti-Sklaverei-Bestseller' von Abbé Raynal 2001 [1770 ff.] und von Condorcet 2003 [1781]). Nichtsdestotrotz rief das Aufeinandertreffen von weißer Gewalt und schwarzer Gegengewalt eine tiefe Erschütterung europäischer Selbstgewissheit hervor. Sie zeigt sich ab Ende des 18. Jh.s in verschiedenen literarischen Gattungen: So entstehen deutschsprachige Dramen wie Friedrich Döhners *Des Aufruhrs schreckliche Folge, oder Die Neger* (1792) oder August von Kotzebues *Die Negersklaven* (1796), aber auch in Heinrich von Kleists Novelle *Die Verlobung in St. Domingo* (1811) und noch in Herman Melvilles Erzählung *Benito Cereno* (1855) zeigt sich die Verunsicherung. Kleist verarbeitet die traumatische Erfahrung aufseiten der Kolonisatoren, ausgelöst durch die ‚undenkbare' Haitianische Revolution 1804, ein Ereignis, das als Reaktion auf die Ausbeutung einer umfassenden Zäsur in der Kolonialgeschichte gleichkam. Melville entwirft am Vorabend des Amerikanischen Bürgerkriegs eine Gegenfigur zum christlich motivierten, versöhnlichen Onkel Tom. Melvilles Babo, der klug und grausam agierende Anführer einer erfolgreichen Revolte auf einem spanischen Sklavenschiff, ähnelt keineswegs mehr dem ‚gutmütigen Sklaven' Tom, der mit der Bibel in der Hand auf Veränderung hofft. Beide Erzählungen weisen, gerade angesichts der Handlungsfähigkeit der schwarzen und ‚mulattischen' Figuren, ein hohes Irritationspotential auf.

Irritierend sind auch zwei frühere Erzählungen aus der Zeit der französischen Aufklärung, die die Figur des ‚noblen Sklaven', eines Sklavenanführers von adeliger Herkunft, entwerfen: Abbé Prévosts *Le discours de Moses Bom-Saam, chef des nègres révoltés* (1735) und Jean-François Saint-Lamberts *Ziméo, le chef des nègres marrons* (1769). Beide Texte nehmen zwar eine radikale Position gegenüber der Sklaverei ein, schlagen aber zugleich ein gemäßigtes Vorgehen der Selbstbefreiung vor. Diese Erzählungen plädieren für eine humane Haltung gegenüber den Schwarzen, um Aufstände zu vermeiden und so den Bestand der Kolonien zu gewährleisten. Sie zielen nicht auf Revolution, sondern auf Konsens und sentimentale Bande zwischen Herren und Sklaven. So kommt in *Ziméo* der afrikanische Sklave nur vermittelt durch die Stimme eines aufgeklärten Erzählers zu Wort. Pierre-Victor Malouet, königlicher Beamter in den Kolonien, verbindet in seiner *Mémoire sur l'esclavage des nègres* (1788) gar die Argumente des Société des Amis des Noirs mit der Forderung der Koloniallobby nach Aufrechterhaltung der Sklaverei bzw. ihrer Überführung in ‚Lohnsklaverei'. Victor Hugos Frühwerk *Bug-Jargal* (1826) – auch als Replik auf Jean-Baptiste Picquenards *Adonis, ou le bon nègre, anecdote coloniale* (1798) lesbar – inszeniert mittels einer schwarzweißen Männerfreundschaft das Thema der Brüderlichkeit in revolutionären und rassifizierten Zeiten. Der Schwarze Bug-Jargal kommt wie Moses Bom-Saam oder Ziméo als Ausnahmefigur daher, als ‚nobler Sklave'. Er ist sowohl den anderen schwarzen Figuren als auch den Weißen moralisch weit überlegen, dennoch verbleibt die Führungsposition in den Händen der Weißen.

Schon 1688 hatte die englische Autorin Aphra Behn mit *Oroonoko, or, The Royal Slave. A True History* die Figur des ‚königlichen Sklaven' entworfen. Ein feministisch-abolitionistischer Diskurs liegt etwa mit Olympe de Gouges' Theaterstück *Zamore et Mirza, ou l'heureux naufrage* (1783; Neuausgabe unter dem Titel *L'esclavage des Noirs, ou l'heureux naufrage*, 1792), Madame de Staëls romantischer Erzählung *Mirza ou Lettre d'un voyageur* (1795) oder Claire de Duras' Roman *Ourika* (1823) vor. Auch in dem kubanischen, als *novela sentimental* klassifizierten Roman *Sab* (1841) von Gertrudis Gómez de Avellaneda tritt die Titelfigur Sab als ‚edler Wilder' und nicht als Anführer eines Sklavenaufstandes auf, der die ethnischen und sozialen Grenzen aufzubrechen versucht. Europäische Inszenierungen von Sklaven, insbesondere des *marron* (des entlaufenen, revoltierenden Sklaven), zeigen deutlich die Grenzen der nachvollziehbaren, erzählbaren kolonialen Welt und die Bruchstellen des aufgeklärten Diskurses (vgl. Bandau 2015, 267; Moussa 2010). Inwiefern ein kolonialer Diskurs überhaupt eine kolonialismuskritische Lesart liefern und rassistische Muster ins Wanken bringen kann, ist fraglich.

Zur literarischen Geschichte der Sklaverei gehören wesentlich die Selbstrepräsentationen von revolutionärer Befreiung und Überlebensstrategien einer heterogenen und vom Verschleppungs- und Versklavungstrauma gekennzeichneten Bevölkerung (vgl. Ueckmann und Weiershausen 2019). Im englischsprachigen Raum setzte sich seit dem 18. Jh. das Genre der *slave narratives* durch; berühmtes Beispiel ist die Trilogie *Narrative of the Life of Frederick Douglass, an American Slave* (1845), *My Bondage and My Freedom* (1855) sowie *Life and Times of Frederick Douglass* (1881/1892). Aus dem spanischsprachigen Raum liegt die *Autobiografía del esclavo poeta* (1835/1840; dt. *Autobiographie des dichtenden Sklaven*) des Kubaners Juan Francisco Manzano vor. In die Tradition eines „as-if-testimony" (Broeck 2005, 100) reiht sich im 20. Jh. der Welterfolg *Beloved* (1987) der ersten schwarzen Nobelpreisträgerin Toni Morrison ein. Jüngst wurden zwei Romane preisgekrönt, die die Geschichte der Sklaverei aus Sicht der Afroamerikaner erzählen: Colson Whiteheads *Underground Railroad* (2016), der das weitverzweigte Netzwerk, welches Sklaven im 19. Jh. zur Flucht in den Norden verhalf, allegorisch illustriert, sowie Yaa Gyasis Roman *Homegoing* (2016), der acht Generationen (Post-) Sklavereigeschichte von Ghana bis in die USA nachzeichnet.

Doch auch hinsichtlich der literarischen Selbstrepräsentation bleibt zu fragen, wie angesichts der massiven Gewaltanwendung eine Narrativierung der Sklaverei- und Kolonialgeschichte stattfinden kann, in der die Opfer zu Wort kommen. Die afroamerikanischen und afrokaribischen Gesellschaften verfügen über keine verbürgte Geschichte, stattdessen gibt es ein Geflecht von tradierten Erzählungen und vielfältige *histoires* (vgl. Glissant 1997, 230), in welcher der Literatur als Medium mehrstimmigen Sprechens besonderes Gewicht zukommt. Nicht zufällig kamen wesentliche Impulse der Postcolonial Studies von Literaturwissenschaftlern wie Edward Said, Homi K. Bhabha oder Gayatri C. Spivak.

Eine Möglichkeit, mittels Literatur an einer *counterhistory* mitzuwirken, zeigt das Werk des karibischen Schriftstellers Édouard Glissant. In seinen Romanen dominieren Wiederholungen, Verweise, transtemporelle und transgenerationelle Überschneidungen von Ereignissen und Figuren, in denen sich eine verausgabende, unabschließbare Anamnese des historisch Verdrängten manifestiert. Seine Literatur ist eine Reflexion über die eigene *community*, über die besondere Relation von Sklaven und *marrons* und deren Leidens- und Widerstandsgeschichten, bei weitgehender Ausblendung des *maître*. Eine andere Möglichkeit, literarisch zu intervenieren, sind Relektüren kanonisierter Texte. Das postkoloniale *writing back* dient der Revision und damit einem Eingriff in unser kulturelles Gedächtnis (vgl. Gymnich 2006; Febel 2012). Ein Meilenstein ist Jean Rhys' Roman *Wide Sargasso Sea* (1966). Rhys erzählt die dem Referenzwerk – Charlotte Brontës *Jane Eyre* (1847) – zeitlich vorgelagerte Handlung, nämlich die Lebensgeschichte einer jungen kreolischen Frau in der westindischen Post-Sklavenhaltergesellschaft. Wegweisend ist auch Aimé Césaires Adaption von Shakespeares Drama *The Tempest* (1611). Caliban ist in Césaires Stück *Une tempête* (1969, dt. *Ein Sturm*) kein ‚Wilder', sondern Anführer der US-amerikanischen Bürgerrechtsbewegung, Malcolm X. Diese Beispiele aus dem 20. Jh. zeigen, dass die Strukturen früherer Formen der Sklaverei nach deren nomineller Abschaffung sich in ökonomischen Abhängigkeiten fortsetzten.

Sorge und Risiko

Burkhardt Wolf

Der Begriff der Sorge ist doppeldeutig: ‚Für etwas oder jemanden zu sorgen' (griech. ἐπιμέλεια, lat. *cura*) umfasst er ebenso wie das ‚Besorgtsein' (griech. μέριμνα, lat. *sollicitudo*). In der Antike war vor allem für die Stoiker und Epikureer die Überwindung der μέριμναι zentral. Die ἐπιμέλεια wiederum wurde – maßgeblich bei Xenophon, mit Spätwirkungen noch in der frühneuzeitlichen Hausväterliteratur – als Beaufsichtigung und Führung des eigenen Hauswesens oder im Sinne jener ‚Selbstsorge' (*cura sui*) thematisiert, deren ethische, ästhetische und medizinische Dimensionen und deren Verwurzelung in (autobiographischen) Schreibpraktiken der späte Michel Foucault (1989 und 2004c) herausgearbeitet hat.

Wie es in einer Fabel des Hyginus (1. Jh.) heißt, nimmt die *cura* wesentlichen Anteil am Dasein des Menschen: Ihr ist er zu Lebzeiten unterworfen, erst nach dem Tode fällt sein Geist Jupiter, sein Leib Tellus zu (vgl. Blumenberg 1987, 197–200; Hamilton 2013, 3–6). Bis dahin ist ihm perfekte *securitas*, d. h. ein Zustand vollendeter → SICHERHEIT und ohne Sorge (*se-cura*) nicht gegeben. Unweigerlich drängt ihn die *cura* zur Wachsamkeit und Vorsorge. Erweitert um den Aspekt christlicher ‚Seelsorge' wurde das Thema auch von der Patristik und späteren Homiletik aufgegriffen, zuweilen personifiziert in Gestalt der ‚Frau Sorge', zuweilen (wie noch bei Sebastian Brant) als Narrenschelte, die irdische Sorglosigkeit ebenso anprangert wie die übermäßige Sorge um äußere Güter (vgl. Brant 1998, Kap. 24 und 70).

Mittelalterliche Herrschaftspraktiken und frühneuzeitliche Souveränitätsdoktrinen, die zwischen den ‚zwei Körpern' des Fürsten unterschieden, sorgten sich um dessen Physis, damit die symbolische Integrität des *corpus politicum* gewährleistet sei. Insofern die repräsentativen Belange der ‚Zeremonialwissenschaften' von der Kameralistik um die Ökonomie (zunächst der Hofhaltung, bald der Staatsführung) erweitert wurden, ehe sie die Polizeywissenschaften (→ POLIZEY) in ein allgemeines Regierungsprogramm überführten, betraf diese Sorge zuletzt die ‚zwei Körper des Staates' (vgl. Vogl 1996): seine juristische Fassung (die souveräne Herrschaft über ein Territorium) und biopolitische Verfassung (die Gesundheit und Produktivität der ‚Bevölkerung'). Und während das elisabethanische Königsdrama, die *tragédie classique* und das deutsche Trauerspiel sich unterschiedlichen Traditionen der Sorge um den Herrscher annahmen, reflektierten die Erzähltexte der Epoche (höfisch-historische Romane, Utopien und Robinsonaden) spezifische Programme polizeylicher und sozialstatistischer Vorsorge (vgl. B. Wolf 2004a, 79–141).

Den hierfür später einschlägigen Begriff des Risikos hat man etymologisch vom griechischen *ρίζα* (,Wurzel', ,Klippe') oder arabischen *rizq-* (,von Gottes Gnaden', ,vom Geschick abhängig') abgeleitet. Sachlich geht er auf den mediterranen Seehandel des Hochmittelalters zurück: Dort war seit Mitte des 12. Jh.s von *resicum* oder *risicum* die Rede, sobald eine Gefahr (*periculum*) nicht nur von außen (der ,Umwelt', hier vor allem vom Meer) drohte, sondern vom oft unkontrollierbaren Verhalten beteiligter Agenten und Partner. Auf Entscheidungen und Handlungen zurechenbar wurden ,Risiken' mithin erstmals durch die Geschäftsform der *commenda* (vgl. Scheller 2016). Zunächst im Rahmen des Seedarlehens, seit dem 14. Jh. dann der Seeversicherung (*assecuratio*) wurde das Risiko bald zu einem festen Posten in der Buchhaltung.

Nachdem die Praktik, das Risiko ,in Kauf zu nehmen', das kanonische Verbot des → Wuchers gelockert hatte, übertrug man das Konzept auf Wirtschaftsvorgänge generell. Von ,Risiken' konnte man nun bereits bei Krediten oder Wechseln sprechen, systematisch aber beim Bankengeschäft und Börsenhandel (vgl. Baecker 2008; Esposito 2007). Im Gegensatz zur völligen ,Ungewissheit' (vgl. Knight 1921) handelt es sich beim Risiko um ein – durch Kommunikationsmedien – spezifiziertes Nicht-Wissen, das Wirklichkeit nicht abbildet, sondern dieselbe vielmehr als Kontingenzraum beobachtbar macht (vgl. Luhmann 1996a, 269–271). Unter diesen Vorzeichen hat sich vor allem das elisabethanische Theater als Beobachtungsraum für etliche Dramen ökonomischen Handelns etabliert (→ III.5. Elisabethanisch-jakobäisches Theater). Und lange vor dem Börsenroman (→ III.16. Börsen-, Spekulations- und Inflationsroman) wurde die ,doppelte Kontingenz' der Risikoschöpfung zum Thema von Börsentraktaten (wie Joseph de la Vegas *Confusión de confusiones*, 1668) oder von Erzählungen, die die Abenteuer (*adventures*) des Entdecker- und Inselromans mit riskanten Unternehmensformen (*ventures*) verquickten (vgl. B. Wolf 2013, 89–132).

Vorsorge betreibt die Versicherung durch die Deckung eines im Einzelfall ungewissen, insgesamt aber kalkulierbaren Mittelbedarfs, indem sie Risiken im Kollektiv und in der Zeit ausgleicht. Allerdings ist hierfür wirkliche Sorge vonnöten, d. h. zumindest ein vermögenswertes Interesse am versicherten Gegenstand, auf dem vor allem Gegenseitigkeitsversicherungen, nicht aber sogenannte Wettversicherungen basieren. Vor diesem Hintergrund ist der Versicherungsbetrug (etwa bei Henrik Ibsen, Joseph Conrad oder B. Traven) zu einem literarischen Thema der Moderne geworden.

Weil im Seeverkehr unmessbare Unsicherheiten dominieren, kalkulierten die ersten (maritimen) Versicherungen entsprechend des Erfahrungswissens und der Marktpreisbildung. Wirklich probabilistische Risikokalkulationen wurden erst auf massenstatistischer Basis, etwa bei Renten- und Lebensversicherungen, möglich. Der ,Vorsorgestaat', in dem sich die Massengesellschaft ihrer Bürger durch die Sozialversicherung versichert, ist laut François Ewald (1993) im Zuge der Industrialisierung und Biopolitik des späten 19. Jh.s entstanden. Den Staat nach Art eines Versicherungsbetriebs zu führen, um den Souverän von seiner *immensa cura* zu entlasten, haben indes bereits um 1700 Universalgelehrte wie Gottfried Wilhelm Leibniz und → PROJEKTEMACHER wie Daniel Defoe gefordert (vgl. Leibniz 1986, 424, 428; Defoe 1999, 8–9, 46, 49, 153).

Prägnant zusammengeführt wird modernes Risikohandeln mit älteren Sorge-Konzeptionen in Goethes *Faust*. Das diabolische Begehren, das hier Mephisto weckt, ist Risikoaffinität. Fausts Teufelspakt hat die Konturen eines riskanten Konditionalvertrags, und sein strebendes Bemühen führt nicht nur zu waghalsigen Kriegsabenteuern, sondern auch zu dem Versuch, ins Herz der Macht den Risikohandel einzupflanzen: Am Kaiserhof will er eine Ökonomie des Kreditgelds ohne Realdeckungen (nach dem Muster John Laws oder der Revolutionsassignaten) installieren (vgl. Blaschke 2013). Dabei haben Fausts Großunternehmungen (wie das der Landgewinnung) die offene Verlaufsform eines Projekts. Besitz erlebt er immer schon als Mangel, den Mangel als Besitzanreiz. Und Fausts Wille, seine Neigungen und Triebe unterstehen einer fundamentalen Sorgestruktur, ganz wie sie Goethes Zeitgenosse Arthur Schopenhauer herausgearbeitet hat. Was die Allegorie der ‚Sorge' am Ende von *Faust II* ankündigt, ist eine neue, von beständigen Substanzen abgelöste Ökonomie: Wert hängt an Arbeitskraft, diese an Lebenskraft und diese an einer Sorge um sich, die Genießen wie Tod gleichermaßen aufzuschieben hat (vgl. Vogl 2004a, 331–339).

Ehe ‚Frau Sorge' in der Literatur, etwa in Hermann Sudermanns gleichnamigem Roman (1887), als nur mehr gespenstische Allegorie lebensfeindlicher Besitzmehrung verabschiedet wurde, kennzeichnete Søren Kierkegaard die ‚irdische und weltliche' Besorgnis als heilsvergessene und daseinshemmende Befindlichkeit. Hieran sowie an Hyginus und Goethe anschließend, bestimmte dann Martin Heidegger die Sorge als eine ontologische Struktur, die jeder Haltung und jedem Verhalten, die dem sachlichen ‚Besorgen', der ‚Fürsorge' für andere oder der sozialstaatlichen „Massen-Daseinsvorsorge" (C. Schmitt 2011, 54) zugrunde liegt. ‚Selbstsorge' ist in dieser Perspektive nur eine Tautologie, wie überhaupt die Existenz nicht aus einer ‚zuhandenen' Realität oder Substanz begriffen werden kann, sondern allein aus dem ekstatischen „Sich-vorweg-schon-sein-in-(der-Welt-) als Sein-bei (innerweltlich begegnendem Seienden)" (Heidegger 1993, 192). Was, über die Sicherung ‚innerweltlicher', etwa ökonomischer Belange hinaus, zur eigentlichen Sorge um das Sein des Daseins führt, ist nicht das Besorgtsein im Modus der Furcht, sondern die Angst.

Die Kritik moderner ‚Sorgekulturen' – Walter Benjamin etwa sah die Sorge als „eine Geisteskrankheit, die der kapitalistischen Epoche eignet" (Benjamin 1972ff., Bd. VI, 102) – ist nach 1900 zu einem Leitthema auch der Literatur geworden, bei

Ernst Jünger etwa verbunden mit dem Phantasma eines heroisch ‚gefährlichen Lebens', bei einem Autor wie Franz Kafka jedoch verknüpft mit sozialpolitischer und versicherungstechnischer Expertise. Am konsequentesten beschreibt wohl Kafkas *Bau*-Fragment jene allbeherrschende Sorgestruktur „mühselige[r] Rechnungen" und „allerschwerster Arbeit", die, sobald als solches festgestellt, das „Risiko des Lebens" nach sich zieht (Kafka 1992, 577, 580; vgl. B. Wolf 2019b). Aus der endlosen Aufgabe, zu der das Werk der Sicherung rasch wird, und aus der paranoischen Verunsicherung, die das unersättliche Sicherheitsbegehren zeitigt, führt weder planende Vernunft noch furchtsame Besorgnis. Subjektiv gewendet und – wie in der *Sorge des Hausvaters* auf ein Sich-Entziehendes bezogen – bietet der Sorgenfall einen Ausweg allenfalls im ‚existentiellen' Affekt der Angst.

Seit der Nachkriegszeit erfährt der Diskurskomplex von Sorge und Risiko vor allem zweierlei Verschiebungen. Zum einen ist man, seit Einführung von Technologien wie der Kernkraft und Gentechnik und seit der Ausweitung der Finanzmärkte, mit unversicherbaren ökologischen und Systemrisiken konfrontiert; das Risk Assessment reagiert darauf, indem es neben technischen zusehends auch psychische und soziale Risiken in Rechnung stellt. Zum anderen befindet sich der moderne Vorsorgestaat insofern in Auflösung, als staatliche Leistungs- und Sicherungssysteme zugunsten einer privatwirtschaftlichen Risikorationalität abgebaut werden; appelliert wird nunmehr an eine ‚Selbstsorge', die dem eigenen ‚Humankapital', den Risiken der eigenen Lebensführung und dem Management der eigenen Besorgnisse gilt. Genau diese doppelte Transformation beobachtet die zeitgenössische Literatur: Vor dem Hintergrund der jüngsten Weltfinanzkrise zeichnet etwa Thomas von Steinaeckers *Das Jahr, in dem ich aufhörte, mir Sorgen zu machen, und anfing zu träumen* (2012) jene Risikokommunikation nach, die zwischen Versicherungswirtschaft und neoliberaler Selbstsorge zirkuliert. Gerade aus ihr motiviert sich das Erzählen – und sei es nur als ein Akt autobiographischer Selbstversicherung.

Spekulation, Spekulant
Michael Horvath

Aus wirtschaftswissenschaftlicher Sicht lassen sich Spekulation und Investition nicht trennscharf unterscheiden. Beiden liegt eine Erwartung über zukünftige Entwicklungen zugrunde, um entsprechende Handlungen in der Gegenwart zu begründen. Beide Entscheidungen werden von rationalen Akteuren unter Bedingungen der Unsicherheit getroffen, um ihren Gegenwartswert zu maximieren. Beider Folgen können für ein Gemeinwesen wünschenswert, höchst umstritten oder desaströs sein. Was analytisch kaum zu trennen ist, unterscheidet der allgemeine Sprachgebrauch in aller Deutlichkeit: Der investierende Kaufmann handelt sorgsam unternehmerisch und denkt in Generationen, der Spekulant ist nur auf schnellen Gewinn aus; hier Identifikation und gewachsenes Verständnis, dort Austauschbarkeit und Beliebigkeit; hier Verlässlichkeit, Berechenbarkeit und soziale Einbettung des wirtschaftlichen Handelns, dort pflichtvergessenes Hasardieren, das auch unter Inkaufnahme enormer gesellschaftlicher Risiken einzig den eigenen Vorteil sucht; hier also der abwägende und verantwortungsvolle Investor in Gestalt des ehrbaren Kaufmanns, dort der risiko- und abenteuerliebende Spekulant als Spieler oder Zocker (zur bilderreichen Artenvielfalt der Sozialfigur vgl. Stäheli 2010).

Damit ist das Feld umrissen, innerhalb dessen von jeher über Wesen, Folgen und Funktion der Spekulation diskutiert wird – mit der Literatur als wesentlichem Reflexionsraum. In den Wirtschaftswissenschaften wird unter Spekulation (herkommend von lat. *speculari*, ‚spähen‘, ‚auskundschaften‘) jede durch Gewinnstreben motivierte Ausnutzung erwarteter zeitlicher Preisunterschiede für ein konkretes Gut auf einem bestimmten Markt verstanden. Um verschiedene Abgrenzungsprobleme zu vermeiden – insbesondere zu den wesensähnlichen, aber doch in Intention und Wirkung grundverschiedenen Arbitrage- oder Versicherungsgeschäften –, spricht die Fachwissenschaft von Spekulation in einem engeren Sinne, wenn Waren, Wertpapiere, Währungen, Immobilien etc. einzig und allein in der Absicht gekauft (bzw. verkauft) werden, um sie zu einem späteren Zeitpunkt wieder zu verkaufen (bzw. zu kaufen). Solche Transaktionen werden also nur in Erwartung von Preisänderungen vorgenommen, nicht aber, um daraus einen eigenständigen Nutzen zu ziehen (etwa in der Wertpapieranlage oder dem Bodenbesitz), die Waren umzugestalten (etwa durch Veredelung in einem weiterverarbeitenden Schritt) oder in andere Märkte zu transferieren (insbesondere durch Handel). Als entscheidendes Merkmal spekulativer Tätigkeit gilt damit die Risikonahme im Zeitablauf, die in der möglichen Abweichung zwischen erwartetem und später realisiertem Preis auch die ökonomische Grundlage für die

Gewinnerzielung darstellt. Die Chance hierzu ergibt sich, wenn andere Marktteilnehmer bereit sind, einen Preis für die Weitergabe der aus der Unsicherheit der Zukunft entstehenden Risiken zu bezahlen. Ein Spekulant ist somit derjenige, der unter Inkaufnahme von Preisrisiken aus zeitlichen Preisunterschieden Gewinne zu erzielen sucht (vgl. Hochgesand 1988).

Die europäische Wirtschaftsgeschichte kennt groß angelegte Spekulationen samt ihrer gesamtgesellschaftlichen Verwerfungen seit der Frühen Neuzeit: Die Tulpenmanie in Holland (1636), die ‚South Sea Bubble' in England (1720) und die Geldexperimente von John Law (ebenfalls um 1720) markieren den Anfang (vgl. Garber 2000; Kindleberger und Aliber 2011). Die Literatur interessiert sich schon früh für den Typus des Spekulanten in seiner spezifischen Motiv- und Interessenlage und charakterlichen Prägung. Insbesondere die französische, englische und russische Literatur, in der Wirtschafts- und Finanzthemen zum einschlägigen Repertoire gehören, zeichnet ein vielschichtiges Bild und führt Verräter und Betrüger, Intriganten und Opfer, Aufstieg und Untergang des Spekulanten vor (vgl. O'Gorman 2007; Parks 1996).

Im Zuge von Industrialisierung und Gründerzeit erfassen Finanzgeschäfte und Börsenhandel ganze Gesellschaftsschichten: Spekulationen in Infrastruktur wie Kanäle, Straßen oder Brücken, ja in ganze Industrien wie Eisenbahn oder Bergbau rücken ins Zentrum der Aufmerksamkeit. Werke von Honoré de Balzac, Friedrich Spielhagen, Émile Zola, Charles Dickens oder Nikolai Gogol erzählen anschaulich von Spiel, Spekulation und sagenhaftem Gewinn, oft genug gefolgt von → BANKROTT, gerichtlicher Auseinandersetzung und Selbstmord (vgl. Roper 1991, 55–72). In der deutschen Literatur stehen dem Idealbild rechtschaffener Unternehmer und ehrbarer Kaufleute Spielernaturen, Spekulanten und Gesetzesbrecher gegenüber, die – zuweilen mit antisemitischen Einschlägen (vgl. Gustav Freytags *Soll und Haben*, 1855) – in ihrem rücksichtslosen Streben nach schnellem Geld Sitte und Anstand verletzen, die Normen der bürgerlichen Gesellschaft missachten und sich selbst und andere in den Ruin treiben (vgl. Hempel 2009; M. Bauer 2016; Rakow 2013; Schößler 2009). Als Folge der jüngsten Finanz- und Wirtschaftskrise findet der Spekulant – gerade in seiner heutigen Ausprägung als Technokrat und Spezialist im automatisierten, von Algorithmen geprägten Handel – neuerdings verstärkt Eingang in die Gegenwartsliteratur (vgl. etwa Nesselhauf 2014; → III.21. FINANZ- UND POSTINDUSTRIELLE ARBEITSWELT IN DER GEGENWARTSLITERATUR).

Wie die Spekulation und der Spekulant in der Literatur an der Schnittstelle von Gesellschaft, ökonomischer Systemlogik und individuellem Handlungsmotiv verortet werden, sei anhand dreier klassischer Beispiele illustriert. Eine der literarischen Urszenen der Spekulation findet sich im zweiten Teil von Goethes *Faust* (1832; → III.10. ROMANTISCHE ÖKONOMIEN), wo Mephisto am Kaiserhof das

Papiergeld erfindet, also wertloses Papier in wertvolles Geld verwandelt: „Zu wissen sei es jedem, ders begehrt: / Der Zettel hier ist tausend Kronen wert. / Ihm liegt gesichert als gewisses Pfand / Unzahl vergrabnen Guts im Kaiserland. / Nun ist gesorgt damit der reiche Schatz, / Sogleich gehoben, diene zum Ersatz" (Goethe 1985 ff., Bd. 7.1, 249). Kennzeichen dieser Spekulation ist erstens die zeitliche Differenz: Das geschöpfte Geld ist nicht durch heute sichere und tangible Werte gedeckt, sondern durch noch unentdeckte und ungehobene Bodenschätze (vermeintlich) abgesichert. Hinzu kommt zweitens ihr alchimistischer Charakter: Scheinbar mühelos wird Geld aus dem Nichts geschöpft, mit welchem sich Staatsschulden tilgen sowie Konsum und Produktion ankurbeln lassen. Der solchermaßen befeuerte Aufschwung entpuppt sich freilich als Trugbild, die Inflation folgt auf dem Fuß und zerstört das Geldwesen. Die spekulative Wertsetzung in Form einer ungedeckten staatlichen Währungsordnung, hier gekleidet in ein alchimistisches Experiment, ist zum Scheitern verurteilt (vgl. Binswanger 1985; Hamacher 1994; Vogl 2004a).

Als Reaktion auf die Krisenerfahrungen und Transformationsprozesse des 19. Jh.s entsteht der Unternehmer- und Kaufmannsroman, der in Thomas Manns *Buddenbrooks* (1901) gipfelt. In diesem Generationenroman, der vom Niedergang einer traditionsreichen Handelsdynastie erzählt, markiert eine missglückte Spekulation in Form eines Warentermingeschäfts eine Schlüsselstelle: Als Thomas Buddenbrook die Getreideernte eines ganzen Jahren zum halben Preis und „auf dem Halm" (Mann 1974 ff., Bd. 1, 473), also noch vor der Ernte kauft, möchte er es der enteilten Konkurrenz gleichtun und die eigene Geschäftstüchtigkeit mit einem solchen „Coup" (ebd.) unter Beweis stellen – allerdings um den Preis, die von alters her überlieferten Werte von Pflichterfüllung, Tüchtigkeit und Solidität des ehrbaren Kaufmanns zu verraten. Moralische Bedenken derartiger „Manöver" (ebd., Bd. 1, 455) letztlich in den Wind schlagend, wendet sich das falsch eingeschätzte (und nicht versicherte) Risiko gegen ihn. Ein schwerer Hagelsturm vernichtet die Ernte auf dem Feld: Statt des erhofften geschäftlichen Coups schlägt ein schwerer Verlust zu Buche, der den Niedergang weiter beschleunigt. Modernen Geschäftspraktiken kann die Firma Buddenbrook nichts entgegensetzen, Thomas ist dem neuen Spiel aus Spekulation, Vitalität und Erfolg nicht gewachsen. Ein „lebhafter Konkurrent" äußert vielsagend, dass der Senator an der Börse „eigentlich nur noch dekorativ wirke" (ebd., Bd. 1, 611; vgl. Kuschel und Assmann 2011; Holbeche 1988).

Bertolt Brechts *Heilige Johanna der Schlachthöfe* (1931; → III.19. Literarische Produktion in der modernen Arbeitswelt) nimmt den Zusammenbruch der Aktienbörsen im Zuge der Weltwirtschaftskrise Ende der 1920er Jahre ins Visier: Im allgemeinen Börsenfieber waren die Kurse durch kreditfinanzierte Massenspekulation auf nie gekannte Höhen gestiegen, bis es im Oktober 1929 zu einem vernichtenden Börsencrash kam, der zu Massenarmut und Verelendung ganzer Bevölkerungsschichten führte. Brechts Stück nimmt die zugrunde liegenden Marktmechanismen von Monopolbildung und Marktmanipulation sowie von Überproduktion, Preisverfall und Angebotsverknappung in den Blick: ökonomische Gesetzmäßigkeiten, die die Spekulanten skrupellos für sich zu nutzen wissen. Sein Versuch einer Lösung, durch gewerkschaftliche Organisation diesen Kreis des Machtmissbrauchs zu durchbrechen und die Arbeiter aus den Interessen des finanzindustriellen Komplexes zu befreien, ist sicher zeitgebunden, unterstreicht aber den analytischen Anspruch einer systemischen Betrachtungsweise und die aufklärerische Intention des Stückes (vgl. Knopf 1986; B. Lindner 2001).

Die Wirtschaftswissenschaft mag darüber streiten, ob Spekulation als notwendiges Übel hinzunehmen sei, ob sie wegen ihres antizyklischen Charakters gar positive Stabilisierungswirkungen habe oder insgesamt doch eher destabilisierend wirke. Die Literatur hingegen nimmt die Perspektive des Konkreten ein und macht die komplexen Wechselwirkungen von Ökonomie, Gesellschaft und Individuum am Einzelfall anschaulich. Sie entwickelt im Börsen- und Spekulationsroman (von Zolas *L'Argent* bis Don DeLillos *Cosmopolis*; → III.16. BÖRSEN-, SPEKULATIONS- UND INFLATIONSROMAN) auch ein typologisches Interesse und entwirft am Beispiel des Spekulanten ein breites Spektrum, das von gefährlichen → CHARAKTERMASKEN des Finanzkapitals bis zu zölibatären Dandy- und Künstlerfiguren reicht (vgl. Vogl 2011, 11–12). Als Schauplätze der Spekulation werden insbesondere Börsen als Heterotopien vorgeführt; ökonomische bzw. soziologische Erklärungsversuche von Krise und Crash – in ihrem Zentrum häufig der Spekulant – reichen von der „Verwirrung der Verwirrungen" (Vega 1919 [1688]) über die „Madness of Crowds" (Mackay 1958) und die „Animal Spirits" (Keynes 1973) bis zur „Irrational Exuberance" (Shiller 2000). Auch durch Introspektion in Charakter, Handlungslogik und moralische Disposition des Spekulanten bietet die Literatur Beispiele einer gesellschaftlich-kulturellen Praxis, um die Diskussion über die Verfasstheit des globalen Wirtschaftssystems, die Macht von Börsen und Banken und die Verantwortung des Individuums zu ergänzen und zu verdichten (vgl. Horvath 2016).

Spiel, Wette, Wahrscheinlichkeit
Peter Schnyder

Es liegt auf der Hand, dass das Glücksspiel eine ökonomische Dimension hat: Das Hasardspiel kann, wie es im Artikel „Jeu" der *Encyclopédie* lapidar heißt, zuweilen auch den „Verlust des ganzen Vermögens" zur Folge haben (Diderot und d'Alembert 1751 ff., Bd. 8, 884), und es findet sich von der Antike bis in die Neuzeit eine Fülle von Texten, in denen von den ökonomischen Gefahren des Glücksspiels die Rede ist; sei es bei Tacitus, der in spöttischem Ton berichtet, wie die Germanen zuweilen all ihr Hab und Gut – und ihre Freiheit – verspielten (Tacitus 1999, 37), sei es bei den Kirchenvätern, die das Spiel als Erfindung des Teufels brandmarken, oder sei es in den unzähligen späteren Spieltraktaten und Spielergeschichten, in denen in immer neuen Varianten vom Ruin einzelner Spieler und ganzer Familien erzählt wird.

Was für den Einzelnen eine Gefahr ist, kann freilich für Kollektive und Institutionen zu einer ökonomischen Chance werden: Insbesondere über die Durchführung von Lotterien konnten Kirche und Staat bedeutende Gewinne generieren, und auch über die Besteuerung des Glücksspiels ließ sich eine einträgliche Einnahmequelle erschließen. Diese Chance wollten sich oft auch Politiker nicht entgehen lassen, die die Lotterien und Glücksspiele aus moralischen Gründen verwerflich fanden. So lehnte zum Beispiel Louis-Sébastien Mercier in seinem vorrevolutionären *Tableau de Paris* (1781/1788) alle Hasardspiele ab, doch als Mitglied des Nationalkonvents plädierte er 1796 mit Verve dafür, die „Spielpassion der Franzosen" zur Aufbesserung der Staatsfinanzen zu nutzen (Mercier 1796, 4); eine Haltung, die in ihrer spannungsvollen Widersprüchlichkeit den politischen und volkswirtschaftlichen Umgang mit dem Glücksspiel letztlich bis heute prägt.

Die ökonomische Bedeutung des Hasardspiels erschöpft sich allerdings nicht darin, dass es ein Geldspiel ist, das zudem besteuert werden kann. Viel grundlegender noch für den Zusammenhang von Spiel und Ökonomie ist der Umstand, dass die Wahrscheinlichkeitstheorie, deren Relevanz für das moderne ökonomische Denken kaum überschätzt werden kann, im 17. Jh. im Zusammenhang mit Untersuchungen zur Chancenverteilung in Glücksspielen entwickelt wurde (vgl. Hacking 2006). Damit ergab sich eine überraschende Verbindung zwischen zwei einander vermeintlich ganz fremden Welten: zwischen jener der strengen Wissenschaft, die den Zufall ausschloss, und jener des Hasardspiels, wo die im eigentlichen Sinne unberechenbare Fortuna scheinbar unumschränkt herrschte. Das Irritierende dieser Verbindung wurde denn auch von Blaise Pascal explizit thematisiert, als er in den 1650er Jahren seine ersten Arbeiten zur Glücksspielrechnung präsentierte: „[D]ie Strenge des wissenschaftlichen Beweises mit der

Unsicherheit des Zufalls verbindend und vermeintlich Gegensätzliches versöhnend, nimmt diese Kunst ihren Namen von beiden Seiten her und beansprucht mit Recht den erstaunlichen Namen: *Geometrie des Zufalls*" („stupendum hunc titulum jure sibi arrogat: *Aleae geometria*"; Pascal 1998, Bd. 1, 172; eigene Übers.).

Zunächst blieb die mathematische ‚Zähmung des Zufalls' (Hacking 1990) noch auf den Sonderfall des Spiels beschränkt, wo sich alle möglichen Spielverläufe *a priori* überblicken lassen. Doch schon bald kam der Gedanke auf, dass diese ‚Zähmung' auch auf viele andere Phänomene des menschlichen Lebens angewandt werden könnte. Und es war schließlich Jakob Bernoulli, der in seiner *Ars conjectandi* (1713) zeigte, wie der neue Zweig der Mathematik auch in bürgerlichen, gesellschaftlichen und ökonomischen Zusammenhängen („in civilibus, moralibus & oeconomicis"; Bernoulli 1975, 239) fruchtbar gemacht werden konnte.

Damit war für das 18. Jh. das weite Feld einer quantifizierenden Statistik und eines mathematisch unterfütterten Versicherungswesens zumindest potentiell erschlossen. Und auch für den Umgang mit den Risiken im Aktienhandel, der seit seinem Aufkommen im späten 17. Jh. oft mit einem Glücksspiel verglichen wurde (vgl. Kavanagh 1993, 67–104), erhoffte man sich vom Wahrscheinlichkeitskalkül einiges. Bis zur tatsächlichen praktischen Umsetzung der neuen theoretischen Erkenntnisse dauerte es dann zwar oft noch Jahrzehnte (vgl. Daston 1988, 36–37). Doch für viele Aufklärer zeichnete sich bereits ab, welcher Nutzen aus der Anwendung der Glücksspielrechnung auf alle möglichen Lebenszusammenhänge gezogen werden konnte, und zu Beginn des 19. Jh.s schließlich bemerkte Pierre-Simon Laplace: „Es ist staunenswert, daß eine Wissenschaft, die mit der Betrachtung der Spiele begann, sich zu den wichtigsten Gegenständen der menschlichen Erkenntnis erhoben hat" (Laplace 1996, 170). Alles konnte im Zeichen der neuen Rechnungsmethode wie in einem Hasardspiel nach seiner quantifizierbaren Ereigniswahrscheinlichkeit geordnet werden, womit das Paradigma des Spiels prägenden Einfluss gewann auf das moderne Leben allgemein und die moderne Ökonomie im Besonderen; ein Umstand, den, wie so oft, niemand deutlicher erkannte, als die Gegner dieser Entwicklung. So meinte beispielsweise Edmund Burke schon im Kontext der Französischen Revolution, mit dem Konzept des quantifizierbaren Risikos in der Ökonomie hätten „the spirit and symbols of gambling" alle Lebensbereiche durchdrungen (Burke 1986, 310).

Im Lichte der geschilderten Entwicklung wird deutlich, wie das Modell und die Metapher des Glücksspiels das Wissen in der Moderne prägen, und zudem zeigt die glücksspielförmige Zurichtung immer weiterer Lebensbereiche beispielhaft, wie jede epistemologische Klärung mit einer ästhetischen Entscheidung verknüpft ist (vgl. Vogl 2004a, 13). Denn gerade für die Pioniere der Wahrscheinlichkeitsrechnung, die alle streng deterministisch dachten, war die Betrachtung bestimmter Lebensprozesse als Spiel bloß eine Hilfskonstruktion, die die Orientierung unter den Bedingungen eines (vorläufigen) Nicht-Wissens ermöglichen sollte; eine Hilfskonstruktion freilich, die die betrachteten Objekte entscheidend mitformte.

Geht man nun davon aus, dass in literarischen Texten die zentralen Metaphern und Modelle einer bestimmten Wissenskultur in verdichteter Form verhandelt werden, so ist der Umgang mit Spiel und Wette im Feld der Literatur von besonderem Interesse (vgl. Kavanagh 1993 und 2005; R. Campe 2002; P. Schnyder 2009a). Dabei kommt, auf einer ersten Ebene, das Spiel als literarisches Motiv in den Blick (vgl. Frenzel 1992, 656–666). Darüber hinaus rückt aber auch, auf einer zweiten Ebene, die Metapher des Glücksspiels in den Fokus, wobei der Übergang vom Motiv zur Metapher ein fließender sein kann: So beschwört zum Beispiel Charles Baudelaire in seinem Gedicht *Le Jeu* eine Spielszene herauf, die zugleich von eminenter metaphorischer Bedeutung ist (vgl. Baudelaire 1975–1976, Bd. 1, 96). Darauf hat prominent Walter Benjamin hingewiesen: Für ihn kommen in Baudelaires Gestaltung des Motivs verschiedene Charakteristika des modernen Lebens paradigmatisch zum Ausdruck, denn so, wie das Geschehen am Spieltisch in voneinander unabhängige „Coups" fragmentiert sei, stehe auch das Leben in der Moderne ganz im Zeichen eines „Immer-wieder-von-vorn-anfangen[s]", das bloß noch „Erlebnisse" und keine wahren „Erfahrungen" mehr ermögliche; kurz, in der bürgerlich-kapitalistischen Welt der Moderne habe alles den Charakter einer „Wette" angenommen (Benjamin 1972 ff., Bd. I.2, 632–636).

Diese glücksspielförmige Zurichtung der Welt hat nun aber – auf einer dritten Ebene – auch Auswirkungen auf die Arbeit der Literaturproduzenten, die das moderne Leben beobachten. So hat bereits Lessings *Minna von Barnhelm* mit dem doppelten ‚Spiel' von Glücksspiel und Betrug, Theaterspiel und Täuschung eine Steuerung dramatischer Ereignisse durchgespielt; und besonders explizit wurden solche selbstreflexiven Wendungen in Benjamins Baudelaire-Lektüre angesprochen. Denn dort heißt es über das Ich, das in *Le Jeu* die Spieler beobachtet: „Er [der Dichter] steht in seiner Ecke; nicht glücklicher als sie, die Spielenden. Er ist auch ein um seine Erfahrung betrogener Mann, ein Moderner" (Benjamin 1972 ff., Bd. I.2, 636).

In dieser pessimistischen Perspektive erscheint der moderne Dichter als ein Spieler, der im Leerlauf eines ‚Immer-wieder-von-vorn-Anfangens' mithin in den Strukturen und Wiederholungszwängen einer nach dem Modell des Spiels und der Wette durchorganisierten Welt gefangen ist. Freilich konnte die Identifikation des Schriftstellers mit dem Glücksspieler auch ganz anders gedacht und inszeniert werden (vgl. P. Schnyder 2013). Der Spieler, der sich ohne Rücksicht auf statistische Durchschnittswerte auf das Spiel einlässt, konnte auch zum positiv verstandenen anti-normalistischen Rebellen werden: Er agiert nicht nach den Regeln der ökonomischen Vernunft, sondern frönt einer Ökonomie der → VERAUS-

GABUNG (vgl. Bataille 1985). Er kümmert sich nicht um langfristige Entwicklungen, sondern lebt ganz in der rauschhaften Intensität des je nächsten Einzelmoments, und gerade als solch dionysischer Anti-Normalist kann er zur Identifikationsfigur für Dichter und schreibende Protagonisten literarischer Werke werden.

Das lässt sich spätestens seit der Romantik beobachten, wobei wahrscheinlich Dostojewskis *Igrok* (1866, dt. *Der Spieler*) das berühmteste Beispiel ist: Dessen Protagonist, der Spieler Alexej Iwanowitsch, ist zugleich der fiktive Verfasser des Romans – womit die Verbindung von Spiel und Literatur ganz explizit gegeben ist –, und er hat nur beißenden Hohn und Spott übrig für die normalistischen Maximen langfristiger Planung. Deshalb lässt er sich bedingungslos auf das Glücksspiel ein: „Mag es lächerlich aussehen, daß ich für mich so viel vom Roulett[e] erwarte, noch lächerlicher kommt es mir vor, das zu meinen, was alle meinen: es sei dumm und sinnlos, etwas vom Spiel zu erwarten. Warum wäre das Spiel schlechter als eine beliebige andere Art des Gelderwerbs, zum Beispiel der Handel? Es stimmt schon, von hundert gewinnt einer. Doch was geht mich das an?" (Dostojewski 1990, 360) In diesem „Doch was geht mich das an?" erscheint die Absage an das Diktat des Durchschnitts in größter Verdichtung. Dieser schreibende Spieler und spielende Schreiber weigert sich entschieden, das Spiel des Lebens ‚vernünftig' zu spielen – auch wenn er dabei zugrunde geht. Er erweist sich dabei als älterer und entfernter Verwandter jener Exemplare, die sich auf den Schauplätzen dessen, was manche ‚Casino-Kapitalismus' nennen (Strange 1986; → SPEKULATION, SPEKULANT), als Spieler *und* Epistemologen des Zufalls verstehen (vgl. Taleb 2001 und 2007).

Straßenhandel

Gerhard Hommer

Der Straßenhandel ist ein genuin städtisches und historisch ein so junges wie kurzlebiges Phänomen (vgl. Spiekermann 1999, 202–217; Zierenberg 2008, 61–84). Während seiner Hochphase in Deutschland im ersten Drittel des 20. Jh.s bevölkern ambulante Gewerbetreibende in einer heute nicht mehr vorstellbaren Anzahl und Vielfalt die großstädtischen Straßen: 1925 sind in Berliner Hausier- und Straßenhandelsbetrieben insgesamt 20.885 Beschäftigte registriert, was einem Anteil von 15 % am kleinbetrieblichen Handelsgewerbe entspricht (vgl. Zierenberg 2008, 69). Zeitgenössisch definiert als die „gewerbsmäßige, aber nicht marktmäßige Ausübung von Kleinhandel auf öffentlichen Straßen und Plätzen" (Ingenkamp 1928, 10), „ohne oder nur mit geringfügigen, leicht transportablen Verkaufseinrichtungen" (Nahnsen 1922, 16) ausgestattet, verkörpert der Straßenhandel die Schnelligkeit des Lebens in der Großstadt und die Flexibilität des marktwirtschaftlichen Systems, macht aber umgekehrt auch dessen soziale Verwerfungen und Kehrseite sichtbar (vgl. Spiekermann 1999, 202–203). „[B]ei der Verteilung vieler Konsumgüter an die letzten Verbraucher ein wichtiges Glied in der Volkswirtschaft geworden" (Ingenkamp 1928, 1), inspiriert insbesondere der Berliner Straßenhandel während der Weimarer Republik sozial- und wirtschaftswissenschaftliche (vgl. Nahnsen 1922; Ingenkamp 1928; Kohut 1930) ebenso wie literarische Darstellungen.

Ästhetisch gesehen ist der Straßenhandel bestimmt durch die sinnliche Evidenz des Verkaufsgeschehens in der Öffentlichkeit. Das „Streben zum Konsumenten" vollzieht sich im Gegensatz zur „abwartende[n] Haltung" im Ladenhandel vor aller Augen und Ohren (Ingenkamp 1928, 5). Eine öffentliche Attraktion sind Karrenhändler, Bauchladenmänner, Blumenfrauen und Zeitungsverkäufer insbesondere ihres Ausrufens wegen: „Die Tausende und aber Tausende, die diese grellen oder heiseren Schreie in den Trubel der Straße schleudern", heißt es 1932 in Hans Ostwalds Kulturgeschichte des Berlinerischen, „sie sind das Wahrzeichen dieser Stadt" (Ostwald 1932, 176). Das Faszinosum der dialektal-populären Mündlichkeit befördert eine historische Genealogiebildung der Figuren des öffentlichen Verkaufsgeschehens, der zufolge die Straßenhändler auf die langsam aussterbenden Marktfrauen folgen (vgl. Ostwald 1921; Benjamin 2017). Dem ökonomischen Hörbild ist dabei ein sozialsprachliches Gefälle zwischen den Straßenhändlern und dem bürgerlichen Besucher der Straße eingeschrieben, der die Stimmen der Händler quasidokumentarisch aufzeichnet und sich deren ‚kreative' Vertriebssprache zunutze macht. Mit der kompilierenden Dokumentation der „Straßentöne" (Ostwald 1932, 176–185), wie sie etwa Walter Benjamin in Alfred

Döblins *Berlin Alexanderplatz* (1929) erkennt (vgl. Benjamin 2017, 183), vollzieht sich ein Medienwechsel, wird die orale Verkaufskultur in Schrift- und Buchform überführt.

Das theatrale Moment der ambulatorischen Ökonomie hat Walter Benjamin in einem Rundfunkvortrag zu einer modellhaften Verkaufsszene ausgestaltet. Der Kauf wird im Straßenhandel zum finalen Akt einer öffentlichen Aufführung vor Publikum, wobei nicht die Attraktivität der Ware, sondern die „Attraktion, etwas aufzuführen, eine Rolle zu spielen, gesehn zu werden, ein Hauptanreiz zum Kaufen ist" (Benjamin 2017, 192). Benjamins Verkaufstheater hat seinen historischen Reiz darin, nicht in der Verfallsgeschichte des öffentlichen Lebens aufzugehen, zu der in Richard Sennetts Darstellung die Verdrängung des Theatralen in der neuen Warenöffentlichkeit gehört (vgl. Sennett 1990, 186–195). Nachdem der ladengebundene Einzelhandel schon seit Ende des 19. Jh.s in der stufentheoretischen Nationalökonomie als der moderne Standard der Warenvermittlung gegolten hatte, setzte sich mittelfristig die Tendenz zur Stationierung des Handels auch in der Praxis durch, wodurch der Straßenhandel in einem auch politisch ausgetragenen Konkurrenzkampf mit dem sesshaften Handel, dann auch als Verkehrshindernis verdrängt wurde (vgl. Spiekermann 1999, 207–216; Zierenberg 2008, 65–68; Loberg 2013, 381–385). Dagegen hintertreibt Benjamins idealisierter Darstellung zufolge die soziale Verkaufsdramaturgie den Fetischcharakter der Ware und die Passivierung des Käufers zum stummen Konsumenten.

Die sozialpolitische Dimension des Straßenhandels führt Döblins *Berlin Alexanderplatz* vor, dessen Protagonist Franz Biberkopf sich nach der Haftentlassung im ambulanten Gewerbe resozialisiert. In der Weimarer Republik als arbeitspolitisches Instrument verstanden (vgl. Loberg 2013, 383), wird der Straßenhandel zugleich „zu einer mindergeachteten Erwerbsform herab[ge]drückt" (Ingenkamp 1928, 6): Die bürgerliche Imagination vermutet ein soziokulturelles Kontinuum zu Lokalen zweifelhaften Rufs und zur → Prostitution, die sie wiederum zur Kriminalität hin durchlässig glaubt, wohingegen die bürokratische Zulassungspraxis überwiegend dessen ‚Anständigkeit' (Ingenkamp 1928, 8) gewährleistet, wozu unter anderem eine mehrjährige Sperrfrist nach Haftstrafen gehört. Während er den Straßenhandel einerseits realitätsnah schildert, trägt andererseits Döblins *Berlin Alexanderplatz* ebenso wie Erich Kästners *Pünktchen und Anton* (1931) kolportageartige Züge insofern, als die Romane das Straßengewerbe zum für das Publikum ideologisch stimmigen Ausgangspunkt einer fließend-zwingenden Abstiegserzählung bzw. einer wundersamen Entwicklung vom Streichholzverkäufer zum Fabrikantenstiefsohn erklären.

Besonders prominente Berliner Typen (vgl. Fritzsche 2008, 206–208) und Figuren von herausragender kultur- und mentalitätsgeschichtlicher Bedeutung sind die Zeitungs- und Zeitschriftenhändler. Sie bilden die Infrastruktur der Großstadtpresse, die aufgrund ihrer Distribution und Erscheinungsweise „die ideale Synchronisation urbaner Verkehrs-, Wahrnehmungs- und Verhaltensformen dar[stellt]" (R. Lindner 1990, 21). Der Lektüre „in der Klausur der häuslichen Privatsphäre", nach Jürgen Habermas Voraussetzung für „die Kommunikation des kulturell räsonierenden Publikums" (Habermas 1990, 251), steht mit Vertrieb und Lektüre auf der Straße das Medienmodell eines nicht-privaten, kulturkonsumierenden Sofortgebrauchs entgegen. Dass die bürgerliche Aversion gegen die Massenpresse das Produkt selbst ebenso betrifft wie dessen „kongeniale Mittler" (R. Lindner 1990, 19) und soziale Gebrauchsweisen, lässt sich historisch auch am Beispiel der Jugendschriftkritik zeigen. Mit der symbiotischen Beziehung der Straße mit der sogenannten Schundliteratur (vgl. Wietschorke 2013, 319; 2015, 21) ist die literatursoziologische Frage aufgeworfen, welche Verwendungspraktiken von Literatur jeweils als legitim gelten dürfen: Was heißt es und wie wird bewertet, dass auf der Straße Literatur zirkuliert? Eine praxeologisch orientierte Sozialgeschichte wird sich entsprechend für die für den Straßenhandel charakteristischen Distributions- und Rezeptionsweisen und die von diesen ausgehenden Herausforderungen der bürgerlichen Institution Literatur interessieren.

Tausch, Täuschung
Urs Urban

Der Tausch bezieht Gabe und Wiedergabe funktional aufeinander: „Jeder, der einem anderen irgendeinen Tausch anbietet, schlägt vor: Gib mir, was ich wünsche, und du bekommst, was du benötigst" (A. Smith 2013, 17). Der Ausgleich der im Tausch aufs Spiel gesetzten Interessen setzt eine Reziprozität voraus, die ausschließen soll, dass einer der Tauschenden den anderen im eigenen Interesse täuscht – etwa über die eigene Identität, über die Eigentumsverhältnisse oder über den Wert des feilgebotenen Gegenstandes. Dieser hängt von ‚Wunsch' und ‚Bedürfnis' der Tauschenden ab; ökonomisch kommt er, als Tauschwert, im Preis zum Ausdruck. Der rechte Preis (*pretium iustum*) einer Ware (ein zentrales Thema der frühneuzeitlichen Ökonomietheorie) bemisst sich nach der in ihre Produktion investierten Arbeit und einem Mehrwert, der demjenigen, der die Ware in den Tausch einbringt, die Reproduktion seiner Lebensbedingungen ermöglichen soll – ‚billig' ist, was eben dies nicht übersteigt.

Die Homöostase des Tauschverhältnisses indes, wie sie von den „Robinsonaden" der politischen Ökonomie (Marx und Engels 1956 ff., Bd. 23, 90), d. h. von den liberalen Legenden über die Herkunft der Marktwirtschaft reklamiert wurde, ist hochgradig störanfällig: Sie sieht sich beständig der Gefahr ausgesetzt, dass beim Tausch eben nicht jeder auf seine Kosten kommt, sondern der eine sein Interesse auf Kosten des anderen durchsetzt – etwa wenn die Not oder schlicht das (vom „Fetischcharakter" der Ware induzierte) Begehren (ebd., Bd. 23, 85–98) auf der einen Seite, wenn also die *Nachfrage* besonders groß ist. Daher rät Luther: „[D]ein Verkaufen [...] soll [...] so [...] verfasset seyn, daß du es uebest ohne Schaden und Nachtheil deines Naechsten. [...] Darum mußt du dir vorsetzen, nichts denn deine ziemliche Nahrung zu suchen in solchem Handel, darnach Kost, Muehe [und] Arbeit [...] rechnen [...], und also denn die Waare selbst setzen [...], daß du solcher [...] Muehe Lohn davon habest" (Luther 2009, 12, 14). Und daher wird sprachlich im Deutschen lange auch nicht zwischen Tausch und Täuschung unterschieden – wie sich unter dem Lemma „Tausch" dem Grimm'schen Wörterbuch entnehmen lässt: „[D]as [...] mhd. tûsch [...] hat [...] nur die bedeutung von spass, schelmerei, betrug, täuschung, ist also ursprünglich wol ein [...] taschenspieler- [oder] gauklerkunststück, durch das gegenstände verwechselt wurden, woraus sich [...] der begriff des betrügerischen austausches und handels, endlich [...] des tauschhandels überhaupt entwickelt haben kann" (Grimm und Grimm 1854 ff., Bd. 21, 208–209). Tausch setzt hier mithin eine Täuschungsabsicht voraus – und ein spektakuläres Dispositiv, ein ‚Taschenspieler- oder Gauklerkunststück', das es ermöglicht, die Täuschung auf dem und für den Markt zu inszenieren.

Wer tauscht, täuscht – das gilt nicht nur wortgeschichtlich bis zum Beginn der Frühen Neuzeit, sondern auch in der Literatur. Hier bleibt der Tausch, auch nachdem er diesseits der Literatur unabhängig von der Täuschung denk- und sagbar zu werden begonnen hatte, dem Täuschungsverdacht ausgesetzt, und ein daraus abgeleiteter generell kritischer Gestus prägt letztlich das literarische Wissen vom Ökonomischen bis heute. Denn wo das Eigeninteresse sich von unsichtbarer Hand in Gemeinwohl übersetzen lässt und also mit diesem (scheinbar) nicht länger konfligiert, da tritt ihm der (ästhetisch, pädagogisch, moralisch begründete) Anspruch entgegen, die wahren Werte allein aus einem ‚interesselosen Wohlgefallen' (Kant) des Menschen an seiner (natürlichen und sozialen) Umwelt abzuleiten – die Literatur also vor dem „Eindringen des Evangeliums der Ökonomie" (Novalis 1977 ff., Bd. 3, 647) zu bewahren. Allein vor diesem Hintergrund lässt sich die Literatur da, wo sie nicht länger kommuniziert und also selbst nichts mehr vermittelt, auch als das privilegierte Medium einer antiökonomischen Hingabe begreifen, durch das es (wieder) möglich wird, in ein symbolisches, d.h. verbindendes Austauschverhältnis mit dem Tod einzutreten (vgl. Baudrillard 1976).

Die Täuschung ist eines der ältesten literarischen Motive überhaupt – obschon sie zunächst nicht mit dem Tausch korreliert und also nicht ökonomisch motiviert ist. Sie figuriert bereits zu Beginn der abendländischen Literaturgeschichte als eine Kulturtechnik, die das literarische Subjekt zur Durchsetzung eigener Interessen befähigt: Der listenreiche Odysseus täuscht seine Gegenspieler, um so die Widerständigkeit der Welt, in die er sich eingelassen sieht, zu neutralisieren und (wie das Geld) einen ‚glatten' Raum herzustellen, in dem er seine Reise ungehindert fortsetzen kann. In der Folge wird dieses Modell wiederholt reproduziert und zwar literaturgeschichtlich prominent schon, bevor sich die ritterlichen Helden der höfischen Literatur auf den Weg durch die Welt machen, um sich tätig in und an ihr zu bewähren (→ AVENTIURE): so in Apuleius' *Metamorphosen* aus der Mitte des 2. Jh.s, auf die sich dann die satirische Literatur der Folgezeit berufen sollte (vgl. Bachtin 1986). Hier ist der Weg durch die Welt nun jedoch anders, nämlich von ‚niederen' Beweggründen motiviert – setzt doch das literarische Subjekt sich allein deshalb in Bewegung, um ganz vitale Bedürfnisse zu befriedigen. Die pikareske Literatur schließt da an und entsendet ihre Protagonisten in eine Welt, in der ihnen von Beginn an eine äußerst prekäre gesellschaftliche Stellung eingeräumt ist. Um sich in diesem Gesellschaftszusammenhang behaupten zu können, sehen die Pikaros sich gezwungen, die eigenen Interessen auf Kosten anderer durchzusetzen – etwa indem sie eben jene ‚Taschenspieler- und Gauklerkunststücke' praktizieren, die den Tausch an die Täuschung rückbinden und mithin im weiteren Sinne ökonomisch erfolgreiches Handeln aus einer besonderen performativen Kompetenz ableiten. Schon Eulenspiegel hatte „Geld verdient mit allerlei Gaukelspiel" (Bote 1981, 94) – und so verfahren auch der *Lazarillo de Tormes* (1554) und alle anderen *pícaros*, *gueux*, Schelme und *trickster*, die in der europäischen Erzählliteratur der Frühen Neuzeit so zahlreich vertreten sind (Urban 2014; → III.3. Der frühneuzeitliche Kapitalismus; selten sind die umgekehrten Fälle, wo – wie in *Hans im Glück* der Brüder Grimm – schlechter Tausch zur glücklichen Täuschung wird).

Hier ist im Übrigen häufig auch die erotische Kommunikation in ökonomischen Begriffen codiert, wobei der Interessensausgleich in der Regel dadurch erzielt wird, dass der eine sich dem jeweils anderen selbst mit Leib und Seele hingibt. Kommt es zu einem Interessenskonflikt, weil ungleiche Interessen auf dem Spiel stehen bzw. unterschiedliche Erwartungen einen erfolgreichen Tauschvorgang unwahrscheinlich machen, so werden diese entweder durch Geld gleich gültig gemacht (→ Prostitution) oder durch Täuschungspraktiken ausgeglichen: Ein junger Adeliger wie Francion etwa zögert nicht, sich zu verkleiden und zu verstellen, um sein libidinöses Interesse durchzusetzen, und nimmt dabei in Kauf, die begehrte Bauerstochter mit Blick auf künftige Liebeshändel nachhaltig zu diskreditieren (vgl. Sorel 1996). Um solches von vornherein auszuschließen, kann eine → Gabe, etwa die Gabe eines Ringes, für die Glaubwürdigkeit des Prätendenten bürgen: Die Gabe suggeriert Interesselosigkeit des Gebenden und unterläuft die Tauschlogik, weil sie die Wiedergabe aufschiebt und den Beschenkten dem Schenkenden so dauerhaft verpflichtet; wenn das Gegebene dennoch in einen Tauschvorgang eingespeist wird (wie die Ringe im *Merchant of Venice* oder in Lessings *Minna von Barnhelm*, wo sie zwischen Tausch und Täuschung, Zeichen der Liebe, Versatzstück und Tauschobjekt changieren; vgl. Vogl 2004a, 107–138), verliert es den Status des Unverwechselbaren und wird seinerseits gleichgültig (Hörisch 1996, 193–214).

Eine besondere Funktion für die Verschränkung von Tausch und Täuschung kommt dem Theater zu. Hier verdichtet sich die Tendenz zur „Theatralisierung des Lebens", die als Signum der spanischen Gesellschaft an der Wende vom 16. zum 17. Jh. gelten kann und sich als ein Phänomen der kollektiven Leugnung einer ökonomisch, politisch und militärisch induzierten Krise deuten lässt (Gumbrecht 1990, 356). Die Theatralisierung, Sinngenerator einer von der Unterscheidung zwischen *engaño* (Täuschung) und *desengaño* (Ent-Täuschung) strukturierten Gesellschaft, affiziert die kulturellen Praktiken und die habituelle Einstellung der gesamten Bevölkerung und macht die Etablierung des Theaters als zentraler Institution einer regelrechten Unterhaltungsindustrie allererst möglich. Obschon zwischen Alltags- und Theaterpraxis noch nicht eindeutig unterschieden werden kann, weil der Alltag ins Theater hineinragt und dieses seinerseits mit dem Raum diesseits des Theaters kommuniziert, wird doch der Ausstellung von Täuschungspraktiken im Theater ein eigener Ort (und eine eigene Zeit) eingeräumt. Dieser besondere Stellenwert trägt nicht nur zur Ausdifferenzierung eines Subsystems literarischer Kommunikation bei, sondern gewinnt diesem zugleich einen handfesten ökonomischen Mehrwert ab: Hier lässt sich Täuschung unmittelbar in Gewinne übersetzen, denn das Theater ist ein äußerst lukratives Geschäft, von dem, wenn nicht die Schauspieler selbst, so doch die Verfasser der Stücke und vor allem die Theater-Unternehmer, die *autores*, und letztlich, über Abgaben vermittelt, die politische Gemeinschaft profitieren (vgl. Tietz 2014). Aus dem Theater bezieht auch der Pikaro in vielen Fällen seine performative Kompetenz – so er sein Handwerk nicht, wie Guzmán de Alfarache oder Rinconete und Cortadillo (vgl. Cervantes 2006), in einer der eigens der Ausbildung des Lumpenproletariats gewidmeten Bruderschaften (*cofradías*) erlernt – wie wir sie später in John Gays *Beggar's Opera* (1728) und Brechts *Dreigroschenoper* (1928) wiederfinden. So wird etwa Guzmán ein erfahrener Bettler zur Seite gestellt, der ihn in der Kunst der Rezitation unterweist und auf diese Weise dazu befähigt, „den Reichen und den Frommen" durch überzeugendes Schauspiel „das Geld zu entreißen" (Alemán 2006, 386–387) – und also selbst für seinen Lebensunterhalt aufzukommen.

Bis heute reagiert die Literatur kritisch auf das Täuschungspotential des Tausch-Handelns. Dabei geht es nicht selten gerade darum, durch die Diskreditierung *bestimmter* Akteure und Praktiken die Grundidee eines auf Tausch basierten → KAPITALISMUS zu legitimieren. Geht man davon aus, dass das Tausch-Handeln zwangsläufig die wahren Werte pervertiert, so täuscht, wer glaubt, Tausch sei ohne Täuschung zu haben, sich und andere allerdings besonders gründlich.

Umwelt, Ökologie

Achim Küpper

‚Ökonomie' und ‚Ökologie' (beide von griech. *oikos*, ‚Haus', ‚Haushaltung') stehen in vielfältigen historischen Beziehungen zueinander. Es ist offensichtlich, dass die großen wirtschaftlichen Revolutionen der Neuzeit, so die Industrialisierung vor allem im Europa des 19. Jh.s, weitreichende Folgen für die betroffenen Ökosysteme haben. Umgekehrt sind Umweltbedingungen entscheidende Voraussetzungen der wirtschaftlichen Nutzung, werden natürliche Rohstoffe und Bodenschätze zu wichtigen ökonomischen Ressourcen, ohne die eine moderne wirtschaftliche Entwicklung kaum zu denken wäre. Weniger offensichtlich scheint dagegen der literarhistorische Zusammenhang.

Ökologisches Denken ist ein verhältnismäßig junges Phänomen. Der Begriff „Oecologie" wird 1866 von Ernst Haeckel eingeführt (Haeckel 1866, Bd. 2, 286). Wissenschaftlich begründet wird die Ökologie Anfang des 20. Jh.s maßgeblich durch Johann Jakob von Uexküll (vgl. Uexküll 1909). Politisches oder aktivistisches Umweltbewusstsein im heutigen Ökologieverständnis existiert im Grunde erst seit einigen Jahrzehnten und gewinnt nicht vor der späteren zweiten Hälfte des 20. Jh.s an Bedeutung. Als entscheidende Eckdaten für die Verbindung ökonomischer und ökologischer Fragestellungen können die Gründung des Club of Rome 1968 und die Publikation der grundlegenden Studie *The Limits to Growth* (Meadows u. a. 1972) angesehen werden.

In der Literatur lassen sich indessen historische Vorformen eines Umweltdenkens identifizieren, das mit Aspekten ökonomischen Wissens in Verbindung steht. Dieses Umweltdenken kann als ein quasi-mythisches, vorbegriffliches bzw. präökologisches bezeichnet werden, insofern es sich auf Wissenshorizonte vor der Einführung des Begriffs bzw. vor den späteren ökologischen Bewegungen etwa der 1970er oder 1980er Jahre bezieht. Im Folgenden soll zwischen einem ökologischen und einem ökomythischen Umweltwissen unterschieden werden, wobei die neuere Literaturgeschichte tendenziell als eine allmähliche, allerdings nicht bruch- oder regressionslose Transition vom Ökomythischen (*oikomythos*) zum Ökologischen (*oikologos*) verstanden werden kann.

Die Rekonstruktion eines solchen ökomythischen Umweltwissens in der Literatur kann versuchsweise mit den Anfängen der industriellen Revolution einsetzen. Für den Atmosphärenchemiker Paul Crutzen beginnt das so genannte Anthropozän als neue, maßgeblich durch menschliche Eingriffe geprägte erdgeschichtliche Epoche (zum Begriff vgl. Dürbeck 2015) mit der Erfindung der Dampfmaschine 1784 (vgl. Crutzen 2002). Mit Entwicklungen wie der Industrialisierung oder Urbanisierung interagiert die Literatur teils in expliziter, teils in impliziter Weise. Exemplarisch lassen sich vier historische Konjunkturräume andeuten: Romantik, Realismus, konservative Kulturkritik und Gegenwartsliteratur.

In der deutschen Romantik kehrt der Topos des verlorenen oder zerrissenen Zusammenhangs zwischen Mensch und Natur in vielfältigen Variationen wieder. In einigen Texten aus den frühesten Tagen der europäischen Industrialisierung spiegelt sich die menschliche Entfremdung von der Umwelt in einer wenngleich unbestimmten Entfremdung durch das Geld. E. T. A. Hoffmanns „Märchen aus der neuen Zeit" *Der goldene Topf* (1814) verlagert das Märchengeschehen vom Land in die Stadt und evoziert als eines der ersten Utensilien den „kleinen nicht eben besonders gefüllten Geldbeutel" des rastlos getriebenen Anselmus (Hoffmann 1985 ff., Bd. 2.1, 229). Durch die Entzauberung der Zahlungsmittel und die Urbanisierung des Märchenraums werden ökonomische und stadtlandschaftliche Aspekte zumindest ansatzweise enggeführt. Reichtum und Vermögen bewirken auch in verschiedenen Texten Ludwig Tiecks, unter anderem in seiner Märchenerzählung *Der blonde Eckbert* (1797), Unruhe und Entzweiung, wobei sie gleichzeitig eine Kluft zwischen Mensch und Natur treiben (vgl. Stobbe 2015, 153–154).

Einen Übergang von der französischen Romantik zum Realismus stellt exemplarisch Victor Hugo mit seinem Roman *Les Misérables* (1862) her, der bereits auf spätere literarische Erkundungen von Wirtschaft bzw. Industrie und Umwelt wie die naturalistischen Milieustudien eines Émile Zola hinführt (→ III.15. ROMAN UND INDUSTRIE). Industrielle Anlagen dringen bisweilen selbst noch in die heimatlichen Erzählwelten Theodor Storms ein, so etwa das Fabrikgebäude in die ansonsten so idyllisch scheinende Naturlandschaft der Novelle *Immensee* (1849). Im Vergleich etwa zu Adalbert Stifters Erzählung *Zwei Schwestern* (1846) geht es in Gottfried Kellers Erzählzyklus *Die Leute von Seldwyla* (1856) und der darin beschriebenen Geldwirtschaft eines spekulativen „Schuldenverkehres" (Keller 1985 ff., Bd. 4, 11) aus kulturökologischer Sicht „um die natürlichen Voraussetzungen einer von der materiellen Produktion zusehends entfremdeten Wirtschaft" und um „ein gestörtes ökologisches System" (Lampart 2017, 343; zu ‚proto-ökologischen' Aspekten bei Stifter vgl. Attanucci 2012). Schon nicht mehr vorbegrifflich im Sinne des ökologischen Wissens ist Wilhelm Raabes im weiteren Kontext von Natur und Industrialisierung verschiedentlich besprochene Erzählung *Pfisters Mühle* (1884), welche die Umweltverschmutzung durch und ihre Folgen für den Menschen zum Gegenstand macht (vgl. dazu etwa G. Kaiser 1991, 81–110; Breyer 2019, 62–86; → MÜLL, ABFALL; → WIRTSCHAFTSKRIMINALITÄT).

An die erste, romantische Konjunktur knüpft in verschobener Weise wiederum die dritte an: die konservative Kulturkritik des frühen 20. Jh.s. Um 1900 entstehen in Deutschland erste Umweltbewegungen. 1899 wird der ‚Bund für Vogelschutz' gegründet, 1901 der Verein ‚Wandervogel'; 1933 werden auch die deutschen Naturschutzverbände gleichgeschaltet. Hierin liegt zugleich „das belastete Erbe eines durch die Blut- und Bodenideologie besetzten Naturgefühls" im deutschsprachigen Raum (Goodbody 2015, 124). Kontrovers in exemplarischer Weise ist der konservative Kulturkritiker Ludwig Klages mit seiner Schrift *Mensch und Erde* (1913), die man „als das erste ökologische Manifest in deutscher Sprache" ansehen kann (J. R. Weber 2013, 50). Klages beruft sich darin explizit auf die „Romantiker" (Klages 2013, 32). Aufgrund von Industrialisierung, Technisierung und Urbanisierung diagnostiziert er eine Trennung „zwischen Menschenschöpfung und Erde" (ebd., 16): „Die meisten leben nicht, sondern *existieren* nur mehr, sei es als Sklaven des ‚Berufs', die sich maschinenhaft im Dienste großer Betriebe verbrauchen, sei es als Sklaven des Geldes, besinnungslos anheimgegeben dem Zahlendelirium der Aktien und Gründungen, sei es endlich als Sklaven großstädtischen Zerstreuungstaumels" (ebd., 22).

Offensichtlicher wird der Zusammenhang zwischen Ökonomie und Ökologie in der Gegenwartsliteratur. Hier lässt sich im vollen Sinn von einem ökologischen Umweltwissen sprechen. In Raoul Schrotts literarischem Essay *Die Namen der Wüste* beispielsweise sorgen „die reichsten Erdölvorkommen" in der libyschen Wüste für gravierende ökologische Probleme (Schrott 2002, 34–35). Insbesondere im Zusammenhang des anthropogenen Klimawandels entstehen zugleich neue umweltliterarische, ökokritische bzw. kulturökologische Wissensformen, etwa in Beziehung zur Wissens- und Literaturgeschichte der Hitze (vgl. Küpper 2017), zum Ecocriticism allgemein (vgl. Dürbeck und Stobbe 2015; Küpper 2016; Dürbeck u. a. 2016), zu Literatur und Ökologie (vgl. C. Schmitt und Solte-Gresser 2017) oder zur Kulturökologie (vgl. Zapf 2008 und 2016).

Unsichtbare Hand
Stefan Andriopoulos

Vor dem Hintergrund zahlreicher Vorkommen der ‚unsichtbaren Hand' in der Diskursgeschichte seit dem 18. Jh. hat dieses Bild seine bekannteste ökonomische Ausformulierung in Adam Smiths *Wealth of Nations* (1776) erhalten: „Tatsächlich fördert er [der Händler] in der Regel nicht bewußt das Allgemeinwohl, noch weiß er, wie hoch der eigene Beitrag ist. Wenn er es vorzieht, die nationale Wirtschaft anstatt die ausländische zu unterstützen, denkt er eigentlich nur an die eigene Sicherheit [...] [und] eigene[n] Gewinn. Und er wird in diesem wie auch in vielen anderen Fällen von einer unsichtbaren Hand geleitet, um einen Zweck zu fördern, den zu erfüllen er in keiner Weise beabsichtigt hat. [...] [G]erade dadurch, daß er das eigene Interesse verfolgt, fördert er häufig das der Gesellschaft nachhaltiger, als wenn er wirklich beabsichtigt, es zu tun. Alle, die jemals vorgaben, ihre Geschäfte dienten dem Wohl der Allgemeinheit, haben meines Wissens niemals etwas Gutes getan" (Smith 2013, 371). In der klassischen, liberalen und neoliberalen Interpretation dieser Metonymie einer „unsichtbaren Hand" ist die kapitalistische Wirtschaft aufgrund ihrer Selbstregulation auf einen Gleichgewichtszustand ausgerichtet. Voneinander unabhängige, rationale Akteure verfolgen ihr Ziel individueller Profitmaximierung. Doch hinter dem Rücken der Handelnden entstehe ein Equilibrium, das allen zugutekomme: „The profoundest observation of Smith was that the system works behind the backs of the participants" (Arrow 1986, 391). Diese auf den ersten Blick säkular und rational wirkende Annahme hat jedoch einen gespenstischen und übernatürlichen Subtext, der für den Glauben an die wunderbare Selbstregulation des Marktes und die Zurückweisung staatlicher Regulation konstitutiv ist.

Dass Smiths Figur der ‚unsichtbaren Hand' auf einen übernatürlichen Akteur verweist, zeigt sich in einem Aufsatz über die Geschichte der Astronomie, in dem Smith noch vor der Veröffentlichung seiner *Theory of Moral Sentiments* (1759) die Figur zum ersten Mal verwendet. Dort erklärt Smith, warum im Polytheismus außergewöhnliche Ereignisse wie Kometen, Blitz oder Donnerschlag der „unsichtbaren Hand Jupiters" zugeschrieben würden (Smith 1975 ff., Bd. 3, 49). Die gleiche Figur taucht zudem in der Gothic Novel auf: So bringt in Horace Walpoles *The Castle of Otranto* (1764) und Clara Reeves *The Old English Baron* (1778) der übernatürliche Eingriff einer unsichtbaren Hand unentdeckte Verbrechen der Vergangenheit ans Licht und verkehrt die selbstsüchtigen Intentionen der Romanschurken in ihr Gegenteil (vgl. Walpole 1993, 23; Reeve 1967, 13; dazu Andriopoulos 1999). Die unsichtbare Hand stellt so eine korrekte Erbfolge wieder her und wirkt wie die „Hand der Vorsehung" (Walpole 1993, 80; Reeve 1967, 153). Im Unterschied zur unsichtbaren Hand im *Wealth of Nations* zeigt sich damit eine unüberbrückbare Kluft zwischen Gemeinwohl und individueller Selbstsucht im Schauerroman. Doch während beim Händler individuelles und allgemeines Interesse auf wunderbare Art und Weise in eins fallen, beschreibt Smith im *Wealth of Nations* und in der *Theory of Moral Sentiments* (Smith 1994, 316) eine ähnliche Unterminierung individueller Selbstsucht durch eine unsichtbare Macht als Ursache für den Niedergang des Adels. Nach Smith begehren die feudalen Lehnsherren teure und exotische Luxusgüter, wobei „der stille und unmerkliche Einfluß des Außenhandels und des Gewerbes" sie dazu verführt, „ihre ganze Macht und Autorität gegen die kindischsten, minderwertigsten und schmutzigsten Nichtigkeiten" einzutauschen (Smith 2013, 338). In der Gothic Novel wie auch bei Adam Smith werden demnach die beabsichtigen Handlungsfolgen durch den heimlichen Eingriff einer unsichtbaren Hand zum Wohl der Allgemeinheit korrigiert oder sogar in ihr Gegenteil verwandelt.

Der Zusammenhang zwischen dem Glauben an das Wirken einer unsichtbaren Hand und religiösen Vorstellungen von der Hand göttlicher Vorsehung prägt auch die Temporalisierung der Theodizee (→ OIKODIZEE) in der idealistischen Geschichtsphilosophie. In seinen *Vorlesungen über die Philosophie der Geschichte* beschreibt Georg Wilhelm Friedrich Hegel, die Einsicht in die Herrschaft der Vernunft über die Weltgeschichte als eine durchgeführte „Theodizee" (Hegel 1986, Bd. 12, 28). Grundlegend hierfür ist die „List der Vernunft", welche vermeintliche Kontingenz zum Teil eines zielgerichteten, teleologischen Prozesses macht. Nach Hegel manipuliert die Vernunft die Leidenschaften des „weltgeschichtlichen", zum Untergang bestimmten Individuums, um ihren eigenen Fortschritt zu verwirklichen: „Nicht die allgemeine Idee ist es, welche sich in Gegensatz und Kampf, welche sich in Gefahr begibt; sie hält sich unangegriffen und unbeschädigt im Hintergrund. Das ist die *List der Vernunft* zu nennen, daß sie die Leidenschaften für sich wirken läßt, wobei das, durch was sie sich in Existenz setzt, einbüßt und Schaden leidet" (ebd., Bd. 12, 49). Hegels List der Vernunft ähnelt damit dem Smith'schen „stille[n] und unmerkliche[n] Einfluß des Außenhandels und des Gewerbes", welcher die Leidenschaften der Lehnsherren zu deren Nachteil manipuliert.

Eine unsichtbare Hand, die sich hinter vermeintlicher Kontingenz verbirgt und so auf die Hand der Vorsehung verweist, wird auch am Anfang von Carl Friedrich August Grosses Schauerroman *Der Genius* (1791–1795) beschworen: „Aus allen Verwicklungen von scheinbaren Zufällen blickt eine unsichtbare Hand hervor, welche vielleicht über manchen unter uns schwebt, ihn im Dunkeln beherrscht, und den Faden, den er in sorgloser Freiheit selbst zu weben vermeint, oft schon lange diesem Gedanken vorausgesponnen haben mag" (Grosse 1982, 7). In Friedrich Schillers *Der Geisterseher* (1787–1789) wird die Figur verschwörungstheoretisch gewendet, um das Handeln eines im Verborgenen operierenden und scheinbar allgegenwärtigen Geheimbundes zu beschreiben: „Eine unsichtbare Hand, die sich mir erst lange nachher entdeckte, hatte Mittel gefunden, meine Angelegenheiten dort zu verwirren, und Gerüchte von mir auszubreiten, die ich eilen musste, durch meine persönliche Gegenwart zu widerlegen" (Schiller 1988 ff., Bd. 7, 655). Der Roman betont damit die funktionale Äquivalenz einer Verschwörung mit jenen abstrakten und unsichtbaren Kräften, die den vermeintlich teleologischen Verlauf von komplexen sozialen und historischen Prozessen lenken. Anders gewendet wird die Figur in Goethes *Wilhelm Meisters Lehrjahre* (1795/1796): Wie „schöne" Seelen im Herrnhuter Bekehrungssystem durch eine „unsichtbare Hand" auf providentielle Bahnen gebracht werden (Goethe 1985 ff., Bd. 9, 764), so betreiben auch im System der Turmgesellschaft unsichtbare Agenten eine Vorsehung, die die Entscheidungen des Protagonisten, seine Wünsche und Leidenschaften hinter dessen Rücken steuert und lenkt; und noch am Beispiel der *Wahlverwandtschaften* stellte Goethe die Frage, wie und ob das Spiel von Zufällen und Leidenschaften nur durch die Intervention einer „höhere[n] Hand" aufzulösen sei (ebd., Bd. 8, 974).

Karl Marx vergleicht in *Die deutsche Ideologie* Smiths ‚unsichtbare Hand' des Handels mit der unerbittlichen Herrschaft des „antiken Schicksals", welches Reiche aufbaut und zerstört (Marx und Engels 1956 ff., Bd. 3, 35). In *Das Kapital* greift Marx selbst auf übernatürliche Figuren zurück, um die phantasmagorische Form der → WARE zu beschreiben, die als „ein sinnlich übersinnliches Ding" (ebd., Bd. 23, 85) fungiert. Im Rahmen seiner Warenkritik schreibt damit auch Marx jene gespenstische Rhetorik fort, welche für die Gothic Novel, die politische Ökonomie und den deutschen Idealismus grundlegend ist (vgl. Andriopoulos 2018). Die ‚unsichtbare Hand' war stets ein umstrittenes ökonomisches Begriffsbild, doch seit 2007 haben die Turbulenzen auf den Finanzmärkten erneut zu einer grundlegenden Auseinandersetzung mit den damit verknüpften Regulationsideen geführt: Sie ist für viele zu einem unzuverlässigen, ‚zitternden' Organ geworden (vgl. Brian 2009).

Unternehmer, Unternehmen
Alexandra Vasa

Der Begriff des Unternehmers etablierte sich im 18. Jh., die Wortschöpfung ist eine Lehnübersetzung des englischen *undertaker*, die wiederum auf die französische Bezeichnung des *entrepreneur* zurückweist. Verwandt, aber nicht deckungsgleich mit dem Unternehmer sind Bezeichnungen wie → KAUFMANN, Kapitalist (→ CHARAKTERMASKE), Wirtschaftsführer, Fabrikant, → SPEKULANT, Unternehmensleiter oder Manager (vgl. Jaeger 1990, 707; Kirzner 1978, 24–25). Obwohl innerhalb der Wirtschaftswissenschaften keine einheitliche Definition existiert, lassen die Bemühungen um Zuschreibungskriterien dennoch einige Merkmale erkennen, die sich, unterschiedlich bewertet und gewichtet, zu einem Cluster unternehmerischer Eigenschaften zusammenfügen: Risikobereitschaft (→ SORGE UND RISIKO), Kombinationsgabe, visionärer Weitblick und Tatendrang; auf der Gegenseite gehören zerstörerisches Potential, Zufall oder Glück ebenso zu den Attributen wie die Frage, ob der Unternehmer über eigenes Kapital verfüge und ob subversive Tätigkeiten als unternehmerisch zu bewerten seien.

Richard Cantillon war wohl der erste, der versucht hat, den Unternehmer innerhalb des sozioökonomischen Gefüges zu definieren. Neben dem Adeligen und dem Grundeigentümer unterscheidet er zwischen Lohnempfänger und Entrepreneur, wobei Letzteren die prinzipielle Unsicherheit über Möglichkeit und Höhe eines realisierbaren Einkommens auszeichne (vgl. Cantillon 1931, 36). Auch → BETTLER und → DIEBE rechnete Cantillon zu dieser Gruppe, die Disponibilität eigener Geldmittel hingegen sei kein Kriterium des Entrepreneurships (vgl. ebd.). Im Unterschied zu dieser französischen Auslegung ist die Verfügbarkeit von Kapital für Adam Smith die Voraussetzung dafür, als Unternehmer (*undertaker*) tätig zu werden (vgl. Smith 1975 ff., Bd. 2.1, 66). Gleichzeitig jedoch skizziert Smith eine eigene Traditionslinie, die sich fortschreibt, wenn er von einer sich neu formierenden Menschenklasse spricht (*philosophers, men of speculation*), deren Fähigkeit in einer Beobachtungs- und Kombinationsgabe liege, die die entferntesten Dinge zusammenbringe (ebd., Bd. 2.1, 21).

Seit dem 19. Jh. setzt man sich in Deutschland ebenfalls intensiv mit der Rolle des Unternehmers auseinander. Werner Sombart konstatiert, „Geistesgegenwart" und „Entschlossenheit" seien notwendige Eigenschaften dieses Typus (Sombart 1913, 75), der zugleich als „Eroberer", „Organisator" und „Händler" fungieren müsse (ebd., 70), dessen Antrieb vordergründig jedoch interessengeleitet und nicht profitorientiert sei (vgl. ebd., 217). Ob der Unternehmer mit Eigen- oder Fremdkapital operiere, sei unwichtig (vgl. ebd., 87). Zugleich erkennt Sombart einen Wendepunkt in der Bedeutung und Rolle des Unternehmers, die einstige

Marktlenkung durch diesen verkehre sich seit Beginn des Hochkapitalismus, die Wirtschaftsform selbst bestimme nun zunehmend das Unternehmertum (vgl. ebd., 250).

Joseph Schumpeter betont die zentrale Rolle des Unternehmers für das kapitalistische Wirtschaftssystem. Als „Träger des wirtschaftlichen Fortschritts" (Schumpeter 1929, 6) und somit als Agent der „schöpferischen Zerstörung" (Schumpeter 1946, 138) setze er technische und kommerzielle Neuerungen durch, und der (ungewisse) Erfolg sichere demjenigen, dessen Innovation sich bewähre, zeitweise hohe Gewinne (vgl. Schumpeter 1929, 6). Eine oft optimistische Fehleinschätzung von Gewinnerwartungen führe dazu, dass der Unternehmer seine Leistungen teils unter Wert anbiete (vgl. Schumpeter 1985, 164). Wie zuvor Sombart diagnostiziert auch Schumpeter eine systematische Veränderung, denn mit zunehmender „Vertrustung" (Schumpeter 1929, 7) verringere sich die Zahl der benötigten Führungspersönlichkeiten. Dennoch sei eine Steigerung des Wohlstands nur über ein privates Unternehmertum zu erreichen, eine Abkehr hiervon durch alternative „Experiment[e]" schade dem Wachstum (ebd., 8).

Ludwig von Mises weist auf eine doppelte Verwendung des Unternehmerbegriffs in der Nationalökonomie hin. Einerseits fungiere der Unternehmer als „Gedankenbild der funktionell gegliederten Marktwirtschaft", andererseits beziehe man sich auf eine Untergruppe, die als ‚unternehmerischer Wirt' in gesteigertem Maße von Marktveränderungen profitiere und höhere Gewinne als andere Marktteilnehmer generiere könne (Mises 1940, 248). Anlehnend an Mises' Arbeiten spricht sich Israel M. Kirzner explizit für die Existenz eines „Unternehmerelement[s]" aus, welches sich einer strikten Subsumierung unter die Kategorien des „Ökonomisierens, des Maximierens oder der Effizienzkriterien" entziehe, obwohl es zugleich essentiell für „ökonomisierende Aktivitäten" stehe (Kirzner 1978, 25). Dieses spezifische „Wissen" des Unternehmers, seine „Findigkeit" (*alertness*) bestehe vor allem darin, bisher ungenutzte Ressourcen aufzuspüren und produktiv zu nutzen, was sich stabilisierend auf das wirtschaftliche Gleichgewicht auswirke (ebd., 55; → RATIONALITÄT, RATIONALISIERUNG). Schließlich bündeln sich die verschiedensten im → KAPITALISMUS positiv ausgedeuteten Eigenschaften der unternehmerischen Handlungsweisen wie Flexibilität, Weitsicht, Engagement, ständige Bereitschaft und die Fähigkeit, sich auf neue Situationen einzustellen, zur Forderung nach jenem ‚Intrapreneurship', das Menschen als ‚Ich-AGs' und als ‚Shareholder' ihres ‚individuellen Humankapitals' ansieht (vgl. Bröckling 2004, 271–272).

Sowohl Balzac als auch Zola setzen sich in ihren literarischen Großprojekten immer wieder mit dem Unternehmertum und seinen Protagonisten auseinander. Im Übergang zum 20. Jh. und unter dem Einfluss einer verstärkt monopolistisch ausgerichteten Wirtschaft publizieren Autoren wie Sinclair Lewis, John Dos

Passos, Theodore Dreiser oder Upton Sinclair Texte, die auch als *muckraker literature* (Literatur der ‚Nestbeschmutzer') bezeichnet wurden, weil sie sich kritisch mit dem Unternehmertum auseinandersetzen. Der literarische Prototyp des deutschen Unternehmers ist Goethes Faust (vgl. Sombart 1913, 75; Negt 2006, 9). Er ist der Repräsentant schöpferischer Zerstörung (vgl. Negt 2006, 9) sowie ihrer erbarmungslosen Begleiterscheinungen, sein Interesse an Reichtümern ist jedoch marginal (vgl. Weißinger 2016, 21). Zu den ersten deutschsprachigen Unternehmerromanen im Industriemilieu zählt Karl Immermanns *Epigonen* von 1836 (vgl. Rarisch 1977, 16). Auch Georg Weerth nimmt sich mit seinem posthum veröffentlichten *Fragment eines Romans* (1843–1847) dieser Thematik an. Mit seinem Text knüpft Weerth, der wie Friedrich Engels die Textilfabriken und die Arbeitsbedingungen Liverpools kannte, an die englische Schreibtradition an, die den Reichtum der *cotton lords* als Resultat unmenschlicher Ausbeutung ansah. In seinem Roman *Hammer und Amboss* (1869) erzählt Friedrich Spielhagen die Aufstiegsgeschichte eines Arbeiters zum Unternehmer; mit einer Beteiligung der Arbeiterschaft an der Fabrik endet diese Erzählung. Thomas Manns Roman *Buddenbrooks* (1901) wiederum gilt als exemplarisches Beispiel für den Verfall einer Unternehmerdynastie.

Die Bedeutung des Unternehmers als zentrale literarische Figur nimmt im 21. Jh. ab. Auch wenn sich Autoren wie Günter Grass, Martin Walser oder Peter Handke dieser zuwenden, zeichnet sich ein Prozess ab, der den Protagonisten zunehmend marginalisiert und stattdessen die Bedeutung unternehmerischer Strukturen sowie das ‚unternehmerische Selbst' in den Vordergrund treten lässt (vgl. Konstantinović 2000, 369, 372). Das Interesse an Unternehmerbiographien scheint indes ungebrochen, davon zeugen die jüngsten Veröffentlichungen erfolgreicher Gründer wie Elon Musk, Jeff Bezos oder Steve Jobs.

Urheberrecht

Tobias Fuchs

Das Urheberrecht (engl. *copyright*, frz. *droit d'auteur*) prägt die moderne Vorstellung literarischer Autorschaft. Für das seit 1965 in der Bundesrepublik geltende Urheberrechtsgesetz (UrhG) gelten „Sprachwerke" als „persönliche geistige Schöpfungen". Aus diesen erwachsen Persönlichkeits- und Verwertungsrechte, mithin das, was als „Werkherrschaft" (Bosse 1981) auch in den Literaturwissenschaften zum geläufigen Begriff geworden ist. Das Urheberrecht konditioniert das Schreiben und Publizieren von Texten nicht zuletzt in ökonomischer Hinsicht. Zwischen seinen Regelungen und den Medien der Literatur besteht ein stetes Verhältnis wechselseitiger Anpassung (vgl. Dommann 2014b). In der Öffentlichkeit dominiert in Bezug auf das Urheberrecht die Denkfigur des ‚geistigen Eigentums', obwohl der deutsche Gesetzestext ohne diese Figur operiert.

Als die früheste Kodifikation eines Urheberrechts gilt das 1710 vom britischen Parlament verabschiedete ‚Statute of Anne', welches Autoren für einen begrenzten Zeitraum das alleinige Recht und die Freiheit zum Druck ihrer Texte zusicherte. Es begründete die angloamerikanische Rechtstradition des *Copyright*. Historisch entwickelt sich aus den diskursiven Formationen des 18. Jh.s, das Gerhard Lauer als „Jahrhundert des Urheberrechts" (Lauer 2004, 461) würdigt, das ‚juristische Autorenmodell' der Gegenwart (vgl. Jannidis u. a. 1999, 7). Die Propertisierung von Autorschaft ist für die Entwicklung dieses Modells von grundlegender Bedeutung. Hannes Siegrist begreift geistiges Eigentum „als ein Bündel sozialer, kultureller und rechtlicher Handlungsregeln und Handlungsrechte, wodurch Rollen, Beziehungen und Praxisformen des kulturellen und wissenschaftlichen Feldes bestimmt sind" (Siegrist 2006, 64).

Im Mittelpunkt der Rechtsentwicklung im deutschsprachigen Raum stehen bis ins 19. Jh. klar Bücher als Artefakte – nicht als Medien geistiger Produktivität. Um 1800 geht die Propertisierung von Autorschaft von einer einfachen Frage aus: Besteht das Wesentliche eines Buches in der Materialität des Artefakts oder in dessen Medialität? Johann Gottlieb Fichte unterscheidet das Körperliche, „das bedruckte Papier", vom Geistigen eines Buches. Das Geistige differenziert Fichte weiter aus in das Materielle, den Inhalt, und dessen Form: die „eigenen Worte eines Schriftstellers" (Fichte 1845–1846, Bd. 8, 225, 229). Fichte zeigt exemplarisch, wie John Lockes naturrechtliche Eigentumslehre (vgl. Locke 1988, 287 ff.) an der Schwelle zum 19. Jh. vergeistigt wird, um Autoren ein immaterielles Eigentum zuzuschreiben.

Angetrieben wird die Theoriebildung zum geistigen Eigentum durch den in der zweiten Hälfte des 18. Jh.s grassierenden ‚Raubdruck' (vgl. Darnton 2003). Im

Mittelpunkt einer Jahrzehnte andauernden Nachdruckdebatte steht das Recht auf die typographische Vervielfältigung von Texten. Gegen das unautorisierte Nachdrucken existiert bis weit ins 19. Jh. nur ein einziger, räumlich wie zeitlich als unzureichend angesehener Schutz: das Druckprivileg, ein hoheitlicher Gnadenakt (vgl. Wadle 2003). Die Propertisierung von Autorschaft verbindet juridische, ökonomische, philosophische und produktionsästhetische Überlegungen. Bedeutsam für die literarische Autorschaft ist insbesondere der Geniegedanke (vgl. J. Schmidt 2004). Edward Young beschreibt das Genie in Abgrenzung zu den iterativen Wissenspraktiken der Gelehrsamkeit. Was das Genie hervorbringt, seien „Original-Werke": „Seine Werke werden stets ein unterscheidendes Merkmal an sich tragen! Ihm allein wird das Eigenthum darüber zugehören; und nur dieses Eigenthum kann allein den edeln Titul des Autors uns geben" (Young 1977, 48–49). Der Geniegedanke trägt im letzten Drittel des 18. Jh.s entscheidend zur Autonomisierung und Professionalisierung der Künste bei. Geistiges Eigentum steht für den Anspruch, eine „Investition von Individualität" (Plumpe 1979, 183) über eine soziale Anerkennung hinausgehend verwertbar zu machen. Autorschaft soll soziales und ökonomisches Kapital erzeugen (vgl. Bourdieu 1983). Die urheberrechtliche Theoriebildung konzentriert sich durch die Denkfigur des geistigen Eigentums auf eine vermögensrechtliche Zuordnung, die im 19. Jh. um eine persönlichkeitsrechtliche Komponente erweitert werden wird (vgl. Wadle 1999, 258).

Die Propertisierung von Autorschaft steht im größeren Kontext einer bürgerlichen Vergesellschaftung, für welche die gesetzliche Anerkennung privaten Eigentums elementar ist (→ BÜRGERLICHE GESELLSCHAFT). Ein geistiges Eigentum einzufordern, gestaltet sich ausgerechnet aus diesem Grund schwierig. Nicht allein, dass gemäß römischer Rechtstradition ein Eigentum nur an körperlichen Gegenständen bestehen kann. Darüber hinaus erfordert die literarische Kommunikation mehrere, in diesem Sinne eigentumsfähige Objekte. So wird im 18. Jh. ein „ewiges Verlagsrecht" durchaus an die Materialität des angebotenen Manuskripts gebunden, auch wenn ein Verfasser zwecks Publikation einen Vertrag abschließt (Steiner 1998, 63–65). Deshalb garantiert das Badische Landrecht von 1809 den Autoren ein „Schrifteigenthum", das sich nicht nur auf die Handschrift, sondern auch auf deren Inhalt erstrecke ([Anon.] 1809, 161, § 577db.). Daneben gibt es das im Auflagendruck produzierte Buchartefakt. Kant fasst die Problemlage zusammen: „Der Autor und der Eigenthümer des Exemplars können beide mit gleichem Rechte von demselben sagen: es ist mein Buch! aber in verschiedenem Sinne" (Kant 1969, 86). Um 1800 werden Bücher einerseits als Medien angesehen, deren Materialität transzendiert wird durch den Geist eines Verfassers, andererseits als veräußerbare Artefakte. Autoren haben an der Finanzierung, Produktion und Distribution ihrer Bücher nur begrenzten Anteil. Zwar handeln sie Honorare ebenso aus wie Auflagenhöhen und Ausstattungsmerkmale, doch letztlich bleiben sie am Verlagsgeschäft nur mittelbar Beteiligte. Somit erweisen sich ausgerechnet die Bücher als Hindernis in der Begründung eines geistigen Eigentums, weshalb Klopstock 1773 den Selbstverlag propagiert, damit Autoren auch „Eigenthümer ihrer Schriften" sein und mehr ökonomischen Nutzen aus diesen ziehen können (Klopstock 1998, 41). Die Herausforderung an den Ursprüngen des Urheberrechts besteht also darin, einem Autor vermittels des geistigen Eigentums eine Verfügung über etwas zuzuschreiben, das als materielles Objekt niemals seines, sondern stets und uneingeschränkt Eigentum eines anderen ist. Als Kardinalproblem erweist sich, was Ursula Rautenberg als „materiell definierte Differenz zwischen Text und Buch – oder zwischen geistigem Erzeugnis und gehandeltem Artefakt –" beschreibt (Rautenberg und Wetzel 2001, 42).

Das 1837 in Preußen verabschiedete ‚Gesetz zum Schutze des Eigenthums an Werken der Wissenschaft und Kunst in Nachdruck und Nachbildung' stellt einen Meilenstein auf dem Weg zum modernen Urheberrecht im deutschsprachigen Raum dar. Nach der Reichsgründung 1871 gibt es Kodifikationen für das gesamte Territorium. Eine Internationalisierung erfährt das Urheberrecht ab 1886 durch die Berner Konvention. Zu Beginn des 20. Jh.s treten im Deutschen Reich neue Regelungen in Kraft: 1901 zunächst das ‚Gesetz betreffend das Urheberrecht an Werken der Literatur und der Tonkunst', sechs Jahre später das sogenannte Kunsturhebergesetz, das Bildkünste und Fotografie betrifft. Weitgehend abgelöst werden diese Gesetze durch das UrhG von 1965. Die Typographie fungiert bis zum Ende des 19. Jh.s als Leitmedium des Urheberrechts. Dies gilt für die Literatur, aber auch für die Musik, in welcher der Notendruck für den Urheberschutz maßgeblich ist. Monika Dommann hat dargelegt, wie der Phonograph in der Tonkunst zu einem neuen Konzept der Vervielfältigung führt. Der Nachdruck verliert dadurch an Bedeutung. Dommann zufolge wird Vervielfältigung nun mit Verwertung gleichgesetzt, was „die immateriellen Güter einem immer breiter gefassten Schutz" unterwerfe (Dommann 2014b, 287). Dies betrifft auch Kunstformen wie die Literatur. Heute regelt das Urheberrecht neben den Verwertungsrechten in großem Umfang die aus diesen ableitbaren Nutzungsrechte (Lizenzen), deren Einräumung sich monetarisieren lässt.

In den vergangenen Jahren kreisten Urheberrechtsdebatten im Kontext der Literatur zum einen um Zitat und Plagiat (vgl. Reulecke 2006; Theisohn 2009). 2000 befasste sich das Bundesverfassungsgericht mit Brecht-Zitaten in Heiner Müllers Theaterstück *Germania 3*, wobei es die Kunstfreiheit höher gewichtete als das Urheberrecht (1 BvR 825/98). Eine engagiert geführte Debatte entstand 2010 um Helene Hegemanns Roman *Axolotl Roadkill*, der zunächst nicht nachgewiesene Textpassagen aus dem Buch *Strobo* des Bloggers Airen enthält (vgl. Reulecke 2016, 409–428). Zur Verteidigung von Hegemann wurden literaturtheoretische Konzepte wie das der Intertextualität und ästhetische Verfahren der Popkultur wie das *mashup* (vgl. Gehlen 2011) ins Feld geführt. Zum anderen drehen sich die Debatten der Gegenwart um die Nutzung und Verwertung literarischer Texte angesichts einer fortschreitenden Digitalisierung. Hier geht es um Probleme der Retro-Digitalisierung, etwa die Dauer von Schutzfristen und den Umgang mit verwaisten Werken (*orphan works*). Breiter diskutiert werden die Geschäftsmodelle des Literaturbetriebs im Medienwandel sowie grundlegende Fragen der Urheberschaft, insbesondere im Zusammenhang mit der digitalen Kultur des Teilens (*sharing culture*). Bereits 2002 hat Michael Giesecke die Auffassung vertreten, dass sich im Internet mit dem Autorkonzept auf Dauer nicht arbeiten lasse, weil der Versuch personaler Zurechnung von Daten die Möglichkeiten vernetzten Arbeitens unnötig einschränke (vgl. Giesecke 2002, 247). Aufgrund der Verwobenheit dieses Konzeptes mit dem Urheberrecht eignet sich diese Prognose, um aufzuzeigen, mit welcher Problemlage sich nicht nur der Gesetzgeber im 21. Jh. konfrontiert sieht. Langfristig dürfte es um die Frage gehen, ob bzw. wie das durch die Digitalisierung im steten Wandel begriffene Urheberrecht weiterhin die ökonomische Grundlage der Literatur wird bilden können.

Verlagswesen und literarische Produktion
David Oels

Verlage sind Institutionen, die Geld oder → ROHSTOFFE vorlegen, um eine → PRODUKTION zu ermöglichen, deren Ergebnis anschließend gewinnbringend verkauft werden soll. Der Begriff stammt ursprünglich aus dem handwerklichen Bereich, wird aber seit dem 17. Jh. zunehmend exklusiv auf das Buchwesen bezogen. Zunächst war der Verleger vor allem Drucker und Buchhändler, der sich der literarischen Produktion insofern zuwendete, als er Rohstoffe für seine Druckerpresse und Waren für sein Sortiment benötigte. Mit der Industrialisierung der Buchproduktion und der flächendeckenden Alphabetisierung im 19. Jh. differenzierte sich das Verlagswesen jedoch aus, und es entwickelten sich Verlage im heutigen Sinne, die die materielle Produktion der Bücher zunehmend auslagerten und deren Vertrieb über ein Netz von Groß- und Zwischenhändlern organisierten oder organisieren ließen (vgl. Wittmann 2011, 295–328; Estermann und Jäger 2001 und 2010; G. Jäger 2001; P. Neumann 2001). Im Kern blieben dem Verlag damit die Auswahl von Autoren und Werken, deren Lektorat, die Gestaltung und das Marketing. An der Wende vom 19. zum 20. Jh. entstand insbesondere in Deutschland das Konzept des Kulturverlegers. Die Kulturverleger (z. B. Samuel Fischer, Eugen Diederichs, Kurt Wolff oder später Ernst Rowohlt) und ihre Verlage beanspruchten für sich, weniger Spekulanten und Verkäufer als Literaturvermittler mit einer eigenen kulturellen Mission zu sein (vgl. U. Schneider 2004). Von diesen Kulturverlegern, obgleich sie stets nur einen sehr kleinen Anteil des Verlagswesens repräsentierten, schreiben sich das Selbstverständnis und auch die öffentliche Wahrnehmung von Verlagen, zumal literarischen, bis in die Gegenwart fort. Dazu gehört auch das vielfach dokumentierte und erforschte Verhältnis von Autorinnen und Autoren zu ‚ihrem' Verlag, der die literarische Produktion unterstützt und materiell ermöglicht – oder in den Augen der kulturellen Öffentlichkeit versagt (vgl. Bylow 1992; S. Fischer und Fischer 1989; Münch und Siebeck 2013; Unseld 1985). Ist das Verlagswesen also einerseits ein Wirtschaftszweig, der mit seinen Investitionen eine Rendite erzielen muss und dafür auf eine kostengünstige Produktion und einen effektiven Verkauf angewiesen ist, wird andererseits intern und extern das Image einer Institution gefordert und kommuniziert, die vor allem kulturelle Ziele verfolgt. Verlage können damit als → MARKEN gelten, die zwar von der breiten Öffentlichkeit nicht immer als solche wahrgenommen werden, innerhalb des literarischen → MARKTES jedoch eine kaum zu überschätzende Rolle bei der Zuweisung literarischen Werts spielen. Mit Pierre Bourdieus Theorie des literarischen Feldes formuliert, ist das Verlagswesen und mit ihm die literarische Produktion angewiesen auf die wechselseitige Konvertierung und Akkumulation ökonomischen, kulturellen und symbolischen Kapitals (vgl. Bourdieu 1983 und 2001).

Diese eigentümliche Wechselwirkung zwischen Verlagswesen und literarischer Produktion wird auch an der Entwicklung des → URHEBERRECHTS deutlich. War es bis zur Mitte des 18. Jh.s auf den Buchmessen üblich, im Changehandel Bogen gegen Bogen zu ‚verstechen', also bedrucktes Papier ohne Ansehen des Inhalts zu tauschen, so änderte sich dies, als Verlage eine stärker an den Marktbedingungen orientierte Literatur zu verlegen begannen. Philipp Erasmus Reich, Verleger junger, erfolgreicher Autoren wie Wieland, Gellert oder Lavater, erklärte 1764, dass er die Frankfurter Buchmesse und den dort praktizierten Tauschhandel fortan boykottieren und seine Bücher nur noch in Leipzig gegen Barzahlung verkaufen werde. Erfolgreich war Reich mit seiner Entscheidung, der mehrere Verleger aus dem protestantischen Norden Deutschlands folgten, da er begehrte und gut verkäufliche belletristische Bücher im Angebot hatte und die Produktion dieser auf Innovation, Unverwechselbarkeit und Novitäten setzenden Literatur förderte (vgl. Wittmann 2011, 121–130). Auf diese Weise trugen das Verlagswesen und die dort erfolgreichen Geschäftsmodelle zur Herausbildung der Überbietungslogik bei, die die literarische Produktion seit 1800 und bis weit ins 20. Jh. hinein prägt (vgl. Koschorke 2000). Nachhaltig gelingen konnte dies jedoch nur, wenn die Originalverleger vor dem Nachdruck ihrer Werke geschützt waren und sicher sein konnten, dass ihre Investitionen sich langfristig auszahlen würden.

Während Autoren am Urheberrecht zunächst in der Regel nur mäßiges Interesse hatten, konnten sie ihre Produktion doch gegebenenfalls mehrfach an Verleger verkaufen und über Nachdrucke zumindest an Bekanntheit und Ansehen gewinnen, also symbolisches Kapital akkumulieren, war der Nettohandel auf ein zumindest mittelfristiges Monopol auf einzelne Werke oder gar die gesamte literarische Produktion eines Autors angewiesen. Diese ökonomischen Interessen durch ein allgemeines Urheberrecht sichern zu lassen, setzte jedoch voraus, öffentlich die kulturelle Bedeutung des Verlagswesens hervorzuheben. Dies geschah beispielhaft in der Programmschrift des Verlegers Friedrich Christoph Perthes *Der deutsche Buchhandel als Bedingung des Daseyns einer deutschen Literatur* (1816). Darin leitete Perthes aus der Bedeutung für die Produktion und Verbreitung von Büchern – und deren politische Relevanz für eine nur kulturell als solche bestehende deutsche Nation – das Anrecht des Verlagswesens auf staatlichen Schutz gegen den Raubdruck ab. Eine Argumentationsstrategie, die sich bis ins 21. Jh. bei Diskussionen um Anpassungen des Urheberrechts, die Buchpreisbindung oder den reduzierten Mehrwertsteuersatz wiederholt.

Die Wechselwirkungen zwischen Ökonomie und Kultur erschöpfen sich für die literarische Produktion ebenfalls nicht in Beratung und Finanzierung (oder eben deren Verweigerung) durch Verlage. Denn mit dem Wandel des Buchhandels von einem Verkäufer- zu einem Käufermarkt im 19. Jh. muss Literatur ihr Qualitätsversprechen durch Begleitkommunikation verbreiten, um als solche überhaupt wahrgenommen zu werden. Dies geschieht – neben dem sich etablierenden Rezensionswesen – zunehmend über die Positionierung in einem Verlagsprogramm, das wiederum angewiesen ist auf die Einlösung des Qualitätsversprechens durch entsprechende Produkte und deren öffentliche Wahrnehmung. Neben die Ermöglichung literarischer Produktion überhaupt tritt also immer stärker die Selektionsfunktion des Verlagswesens, die auch in der Gegenwart im Zusammenhang mit dem sich verbreitenden Selfpublishing in Literatur und Wissenschaft hervorgehoben wird. Bislang ist das Verlagswesen – insbesondere für Neuankömmlinge im literarischen Feld – immer noch die entscheidende Instanz, die symbolisches Kapital (Ruhm, Anerkennung) als eine Art Kredit vergibt und auf diese Weise einerseits literarischen Erfolg (die erfolgreiche Positionierung) überhaupt erst ermöglichen und andererseits ökonomische Erfolge legitimieren kann, so dass damit kein Verlust an Anerkennung verbunden ist (vgl. Bourdieu 1999, 241). Diese doppelte Abhängigkeit der Autoren vom Verlag oder der literarischen Produktion vom Verlagswesen ist seit dem 19. Jh. auch Gegenstand der Literatur selbst (vgl. etwa Jean Pauls *Leben Fibels* von 1812 oder Balzacs *Illusions perdues* von 1837–1843, bis hin zur Darstellung des Zuschussverlags in Ecos *Il pendolo di Foucault* von 1988).

Das stets prekär bleibende Verhältnis von Verlagswesen und literarischer Produktion, das widerstreitende Interessen in Einklang bringen und die genannten Kapitalsorten möglichst verlustfrei konvertieren muss, hat man verschiedentlich theoretisch zu fassen versucht. Während Bourdieus bereits erwähnte Theorie den Bereich der literarischen Produktion in den Blick nimmt und die Funktion von Verlagen insbesondere im Hinblick auf die ‚Regeln der Kunst' untersucht, sind in der buchwissenschaftlichen Forschung einige Arbeiten entstanden, die den Fokus auf das Verlagswesen legen. An systemtheoretischen Ansätzen orientiert sich Georg Jäger (2005), der versucht, so die Zusammenfassung von Axel Kuhn, die „Verflechtungen der ökonomischen und kulturellen Dimension der Verlagsorganisation" zu beschreiben, und im Verlag die „Schnittstelle zwischen" oder eher die Überlagerung von „zwei unterschiedlichen Funktionssystemen, Wirtschaft und Kultur", erkennt, „welche in der gleichen Organisation [...] verbunden werden" (Kuhn 2012, 118). Diese Verbindung zu modellieren, gelingt Jäger über den Mechanismus der Interpenetration, bei dem Operationen des Systems Kultur an Operationen des Systems Wirtschaft angeschlossen werden und umgekehrt. Das Ergebnis dieser Operationen lasse sich, so Jäger, im Verlagsprogramm ablesen (vgl. Jäger 2005, 14–15).

Axel Kuhn bemängelt, dass diese Modellierung die Innenperspektive des Verlags in den Blick nehme und kaum erklären könne, inwiefern Verlage auf die

Kultur zurückwirken. Er schlägt stattdessen vor, Verlage mit Niklas Luhmann als Organisationen im System der Massenmedien zu verstehen, die andere Gesellschaftsbereiche als Themen aufgreifen und Entscheidungen im Hinblick auf die Unterscheidung mitzuteilende Information/nicht mitzuteilende Information treffen (vgl. Luhmann 2017). In dieser Perspektive wird die Dichotomie Wirtschaft vs. Kultur oder Kunst vs. Kommerz, die nicht zuletzt immer eine strategische Opposition war, aufgelöst zugunsten einer Untersuchung der Buchkommunikation im sich wandelnden System der Massenmedien, das Kultur (mit) erzeugt, ohne dass die Systemoperationen mit Kultur (oder Wirtschaft) je deckungsgleich sein könnten (oder sollten). Dass ein solcher Ansatz künftig fruchtbar sein dürfte, zeigen nicht zuletzt die sich stark wandelnden Verhältnisse insbesondere in der literarischen Produktion. So betreten neue Akteure das literarische Feld oder gewinnen an Bedeutung, z. B. Agenturen, ohne deren Beteiligung kaum noch Titel mittlerer und hoher Reichweite entstehen, und gleichzeitig werden traditionelle Strukturen abgelöst, indem Autoren über digitale Kanäle ihre Leser unmittelbar erreichen (Selfpublishing).

Verschwendung, Verausgabung
Sven Rücker

Die gängige Rekonstruktion ökonomischer Prozesse lässt sich auf die Formel der Knappheit der Güter bringen. Nur weil Güter knapp sind, kommt es überhaupt zu einer Tauschwirtschaft (→ TAUSCH, TÄUSCHUNG); zugleich werden die Menschen zu einem vorsorgenden, rationalen (im Sinne von rationierendem; → RATIONALISIERUNG) Verhalten gezwungen. Diese Ökonomie der Knappheit bestimmt in den bürgerlichen Gesellschaften nicht nur die Ökonomie im engeren Sinne, also den Warenverkehr. Sie zeigt sich auch in einer Ökonomie der Affekte (bzw. ihrem sparsamen Gebrauch; → LEIDENSCHAFTEN) sowie der Sexualität (Masturbation als ‚Verschwendung der Zeugungskraft'). Mittels der ihr eigenen Normativität werden Ökonomie und Moral verknüpft. Der Verschwendende handelt nicht nur irrational, er handelt auch unmoralisch. So wird in dem berühmten, von Max Weber zitierten Mutterschwein-Beispiel Benjamin Franklins derjenige, der Geld unmittelbar ausgibt, anstatt es zu sparen, mit demjenigen verglichen, der ein Schwein tötet, anstatt es Nachkommen zeugen zu lassen und seinen Gewinn zu maximieren (vgl. Weber 1988, 31–33, 167). Dem alten Tieropfer – das dann später von den modernen Kunstreligionen der Verausgabung wiederentdeckt wird – setzt Franklin die neue Form des Opfers, nämlich den Verzicht auf unmittelbare Befriedigung, entgegen. Dadurch wird der Verschwender selbst, entsprechend der oben angesprochenen ökonomischen Anthropologie, wieder zum Schwein. Weil er sich der (Vor-)Sorge (→ SORGE UND RISIKO), die den Menschen erst zum Menschen macht, verweigert, fällt er wieder auf die Stufe des Tiers zurück, das nur die unmittelbare Konsumtion kennt. Auf diese Weise wird ‚Verschwendung' zu einem rein pejorativen Begriff, zum ökonomischen Sündenfall.

Die Ökonomie der Knappheit entwickelt sich in Abgrenzung zu der den bürgerlichen Gesellschaften vorausgehenden Adelskultur. Erscheint in Ersterer Verschwendung als Verlust jeglicher Souveränität (Ruin, Konkurs; aber auch affektökonomisch als ‚Unbeherrschtheit'), so war sie in Letzterer gerade das zentrale Merkmal von Souveränität. Michel Foucault hat in *Surveiller et punir* (1975, dt. *Überwachen und Strafen*) gezeigt, wie in vorbürgerlichen Gesellschaften die Strafe nicht als Äquivalent zum Vergehen gedacht wird, sondern als ein Mehr an Gewalt und Grausamkeit (vgl. Foucault 1977, 44–90). Die öffentliche Inszenierung von Macht verlangt den verschwenderischen Gebrauch der Machtmittel.

Ein weiteres Beispiel – erhellender als das oft bemühte Beispiel des Potlatschs – ist die Praxis des Euergetismus im Römischen Reich, nach der derjenige ein öffentliches Amt zugesprochen bekam, der am meisten Geld zugunsten des Volkes ausgab. Nur dem, der sich beinahe vollständig ruinierte und verausgabte, wurde Macht zugesprochen. Auch hier zeigt sich Souveränität in und als Verschwendung. Das Ruinöse der euergetistischen Verschwendung (die im Römischen Reich allerdings durch den Nepotismus der Amtsinhaber wieder ausgeglichen wurde) schwankt zwischen Heroismus und Lächerlichkeit und wurde dementsprechend oft parodiert. Die Liste dieser Parodien reicht von Petronius bis zu Shakespeare: Sein Timon von Athen verschenkt ebenfalls all sein Hab und Gut, verbessert seine Machtposition aber nicht, sondern endet im Wald; dort entdeckt er zu allem Überfluss in einer Höhle einen großen Goldschatz (→ SCHATZ), so dass der Euergetismus, der auf einer Gabe ohne (sofortige) Gegengabe beruht, doch wieder an eine äquivalente Tauschstruktur wider Willen zurückgebunden wird.

Nur zögerlich entwickelten sich aus der Dominanz des pejorativen Gebrauchs von ‚Verschwendung' innerhalb der bürgerlichen Gesellschaften – Verschwendung als Stigma des Aristokratischen (wie noch in Ferdinand Raimunds „Original-Zaubermärchen" *Der Verschwender*, 1834; → LUXUS) – wieder positivere Vorstellungen. Bezeichnenderweise basieren sie alle auf einer Ablehnung des bürgerlichen Ökonomismus. Zu nennen ist hier insbesondere Charles Baudelaire, der zwischen einer vorbürgerlichen Simulation des aristokratischen Habitus und einer nachbürgerlichen Glorifizierung der Revolte schwankt, aber auch Honoré de Balzac. Herman Melville konfrontiert in seinem *Moby-Dick* beide Formen der Ökonomie: Der am Profit orientierte Walfang wird in all seinen Schritten einer restlosen Verwertung akribisch geschildert. Dem steht mit der Jagd Ahabs eine manische, exzessive und ‚nutzlose' Verausgabung gegenüber, die im Schiffbruch endet. Im 19. Jh. gewinnt der Gedanke der Verschwendung – abgesehen von der Auseinandersetzung mit den ökonomischen und sozialen Dimensionen ‚demonstrativer Verschwendung' (Veblen 1899) – philosophische Relevanz bei Friedrich Nietzsche und seinem Überfließen des Schaffenden, der wie in *Ecce homo* oder *Zarathustra* die Welt der Zwecke und des Nutzenkalküls verlässt (vgl. Rücker 2013, 345–350), sowie bei Max Stirner, dessen „Einziger" „sich selbst verzehrt" und vergeudet (Stirner 2016, 323). Was in diesen zunächst beinahe klandestinen Werken der zweiten Hälfte des 19. Jh.s theoretisch vorbereitet wurde, sollte dann erst zu einer säkularen Kunstreligion werden, in deren Zentrum das Opfer stand (Richard Wagner, Stefan George), um später in den Jugendkulturen des 20. Jh.s zu einer Massenpraxis zu werden. Mit Slogans wie ‚live fast – die young' oder ‚Verschwende deine Jugend' wurde die Verausgabung nun auch von breiten gesellschaftlichen Strömungen wieder positiv besetzt (vgl. Teipel 2001).

Die prononcierteste Gegenposition zur bürgerlichen Ökonomie der Knappheit entwickelte aber Georges Bataille. Bataille knüpft an die ethnologischen Untersuchungen von Marcel Mauss an. Während Mauss die Gabenstruktur der Tauschgesellschaft aufdeckt, die aber dem Äquivalenzprinzip von → GABE und Gegengabe verpflichtet bleibt und trotz reichen ethnologischen Materials den

Fixpunkt des Ökonomischen immer noch in der liberalen Gesellschaft ausmacht („[e]rst unsere westlichen Gesellschaften haben, vor relativ kurzer Zeit, den Menschen zu einem ‚ökonomischen Tier' gemacht"; Mauss 1990, 135), glaubt Bataille, eine *andere* und zugleich universellere Ökonomie entdeckt zu haben, die sich gerade nicht dem Tauschprinzip verschreibt. Seine „allgemeine Ökonomie", von ihm auf den Nenner einer „part maudite", eines verfemten Teils, gebracht, ist keine Ökonomie der Knappheit, sondern der Fülle (vgl. Bataille 1976, Bd. 7, 38–46). Obwohl sie im Zeichen der Sonne steht (des transgressiven Gestirns, das seine Energie grenzenlos verausgabt), führt sie auf die Nachtseite der taghellen bürgerlichen Ökonomie. Es wird, so Batailles zentrale These, immer mehr produziert als konsumiert werden kann. Mit diesen Überschüssen kann auf zweierlei Weise verfahren werden: Sie können in die Entwicklung neuer Produktionsmittel investiert werden (Ökonomie des → WACHSTUMS), oder aber sie können nutzlos verschwendet werden. Letzterer Variante gilt Batailles ganzes Interesse. Die Verschwendung wird als ein transgressiver Akt gedeutet, der die ‚Sphäre der Produktion, des Sinns und des Subjekts' als ganze hinter sich lässt. Auch im Zentrum von Batailles Denken – nicht ohne Grund war er auch der Gründervater einer atheistischen Sekte – steht das Opfer. Und auch bei Bataille wird dieses bereits als ein produktives Selbstopfer verstanden: Die Verausgabung führt in das Nichts des reinen Selbstverlusts, und rein ist dieser Selbstverlust, weil er nicht Teil einer Gewinn- und Verlustrechnung ist.

Das bürgerliche Beharren auf Identität wird durch das Freiwerden von Intensitäten ersetzt, die sich sowohl im sanften „Überfließen" als auch in der gewaltsamen Sprengung äußern können: „Ich bin Dynamit" (Nietzsche, 1980 ff., Bd. 6, 365). Darum werden diese auch in der europäischen Literatur oftmals an die Peripherien versetzt: in die Grenzräume der europäischen Kolonisation, wo im Unterschied zu den Mutterländern Überschreitungen noch möglich sind. Antonin Artaud konfrontiert Identität und Intensität anhand der historischen Figuren von Cortés und Montezuma (Artaud, *La conquête du Mexique*, 1932). Joseph Conrad inszeniert die gewaltsame Sprengung der Identität, die transgressive Entgrenzung, als Reise nach Schwarzafrika, ins *Heart of Darkness*. Dort, auf der Nachtseite der bürgerlichen Ökonomie, wartet der frühere Elfenbeinhändler Kurtz. Der Filmemacher Werner Herzog wird seine eigene Version der Conrad-Erzählung später mit einem direkten Bataille-Zitat beschreiben: *Fitzcarraldo oder Die Eroberung des Nutzlosen*. Das Herz der Finsternis pumpt die Vorstellung der Verschwendung aber aus den kolonialen Peripherien durch die Venen und Arterien der Handelswege zurück in die europäischen Mutterländer. Spätestens im 20. Jh. sollte die gewaltsame Transgression Europa heimsuchen.

Die Literatur unterhält zur Verschwendung ein zwiespältiges Verhältnis. *Einerseits* wird der Autor in der Neuzeit zum Nachfolger einer göttlichen *natura naturans*, die aus dem Nichts der eigenen Schaffenskraft Werke zeugt. Er erscheint als Demiurg einer säkularen Kunstreligion (z. B. Hugo von Hofmannsthal) und Sinnbild vor- oder antibürgerlicher Verausgabung. Als ‚geistige Arbeit', die keinen unmittelbaren Nutzen zeitigt und nicht direkt verwertbar ist (→ WERT, PREIS), ist die Literatur, wie alle Künste, ohnehin in der Nähe der Verschwendung angesiedelt, programmatisch und zugespitzt formuliert etwa in Goethes *Faust II*: „Bin die Verschwendung, bin die Poesie" (Goethe 1985 ff., Bd. 7.1, 234). Anders als andere Formen der Lohnarbeit verlangt sie Selbstverausgabung (→ SCHREIBARBEIT, SCHREIBEN ALS ARBEIT), ja, das Selbstopfer – dessen ökonomische Kehrseite dann wiederum die ‚Selbstausbeutung' in prekären Arbeitsverhältnissen ist. *Andererseits* muss sich die Literatur einer bestimmten Ökonomie der Zeichen, einer Logik des Sinns und der Verstehbarkeit unterwerfen. Das Archiv und die Bibliothek sind (sofern sie sich, wie Jorge Luis Borges' *Bibliothek von Babel*, nicht wieder von innen entgrenzen; vgl. Borges 1974, 56) die institutionellen Gegenstücke zu Batailles restloser ‚Immolation'.

Verschwendung in der Literatur äußert sich nicht im vordergründig ‚verschwenderischen' Gebrauch von Zeichen (vgl. Bataille 1985, 15). Die Länge eines Textes entscheidet nicht über sein Verhältnis zur Verschwendung. Folgt man Batailles Lesart, nach der die Verschwendung vor allem das Gegenteil von Identität, von einem geschlossenen Zeichenkosmos ist, dann zeigt sich eine literarische Form der Verschwendung vielmehr im ‚offenen Werk', das sich einem Abschluss verweigert. Literatur im Zeichen der Verschwendung hat darum oft die Form des Fragmentarischen oder Aphoristischen (z. B. in Robert Musils *Nachlaß zu Lebzeiten* (1936), Nietzsches Aphoristik, Hans Henny Jahnns *Fluß ohne Ufer*). Hypertexte, wie sie das Internet mittlerweile ermöglicht, wären ebenfalls Beispiele für eine formale Signatur der Verschwendung. Diese trachtet danach, das Werden zu verewigen. Der Feind der Verschwendung ist das Wort ‚vorbei', das den Fluss der Zeichen zum Erliegen bringt.

Vertrag, Pakt
Erika Thomalla

Verträge beruhen idealtypisch auf einer Ökonomie der Gegenseitigkeit und des Quidproquo: Sie setzen ein angemessenes Verhältnis von → GABE und Gegengabe voraus, unterstellen die Gleichheit der Vertragspartner sowie die Reziprozität ihrer Interessen (vgl. Mayer-Maly 1998, 842). Theorien des Kontrakts betreffen daher grundlegend die Relation von Personen und Dingen sowie deren sprachliche Repräsentation. Es handelt sich um Sprechakte mit einer riskanten Zeitlichkeit, die darauf setzen, dass das Zugesicherte zu einem späteren Zeitpunkt gegenständlich greifbar wird. Verträge rühren nicht nur an Kernthemen des Rechts, der Theologie (Gottes- und Teufelsbund), der Politik (Gesellschaftsvertrag) und der Ökonomie (Handelspakt und Schuldverschreibung), sondern auch an Fragen der richtigen Auslegung und somit an den Begriff des Literarischen selbst.

Das römische Recht, das den Ursprung der juristischen Vertragslehre bildet, kennt zwei Vertragstypen: Das auf einseitiger Haftung beruhende Schuldverhältnis (*contractus*) und die formlose Übereinkunft (*pactum*), die nur durch festgelegte Formeln (*stipulatio*) rechtliche Verbindlichkeit erlangt (vgl. W. Schröder u. a. 2001, 965–966). Die Einhaltung solcher formlosen Verträge ist bis in die Frühe Neuzeit an die Ehre des ‚guten Mannes' gebunden: Gleiche Vertragsbedingungen gelten nur unter Standesgleichen. Fortunatus, der Held des gleichnamigen Volksbuchs, der kein „geborner edelman" ist und auf wundersame Weise zu einem „seckel" Geld kommt ([Anon.] 1996, 50), lernt diese Lektion, als er den Waldgrafen beim Kauf von drei Pferden überbietet. Er wird verhaftet und muss Geld und Pferde an den Grafen abtreten. Die feudale Ordnung sticht das Prinzip der Tauschfreiheit aus. Nur mit Ebenbürtigen darf Fortunatus Verträge schließen und in Konkurrenz treten (vgl. Kremer und Wegmann 1985, 170–171).

Dieser Konflikt zwischen der ungleichen Verteilung ständischer Privilegien und der Gleichheit von Handelspartnern – zwischen Verteilungs- und Tauschgerechtigkeit (vgl. Aristoteles, eth. Nic. 1130b–1131a) – ist in der Vertragstheorie formell behoben, wenn der Kontrakt zur allgemeinen sozialen Gründungsfigur wird. In der Logik des Gesellschaftsvertrags werden die Einzelnen, die sich durch den Souverän vertreten lassen, zu Bürgern mit gleichen Interessen und Rechten. Damit sind Verträge keine Frage der Hierarchie mehr, sondern ein allgemeines Prinzip der Repräsentation, in dem nicht nur jeder durch jeden vertreten werden, sondern auch jeder mit jedem Verträge schließen kann. Die Verbindlichkeit dieser Verträge wird durch den Souverän garantiert.

Die Theatralität sowie die neuen Inklusions- und Exklusionsmechanismen eines vertraglich geregelten Gemeinwesens führt Shakespeares *Merchant of*

Venice (1600) vor Augen. Die Komödie konfrontiert zwei Vertragskonzepte und zugleich „zwei Arten des Zugangs zum Gesetz" in der jüdischen und christlichen Tradition miteinander (Legendre 2010, 175). Der Handelspakt zwischen dem Juden Shylock und dem Christen Antonio über das Pfund Fleisch beruht auf einer archaischen Form der „Personalexecution" (Kohler 1883, 72), die mutmaßlich auf die römischen Zwölftafelgesetze zurückgeht und in der Epoche Shakespeares höchstens symbolischen Wert besaß (vgl. Haverkamp 2012, 69). Daraus entsteht der Konflikt: Antonio begreift das fleischliche Pfand nur als ein rhetorisches, Shylock beharrt auf der Buchstäblichkeit des Vertrags: „I have sworn an oath that I will have my bond" (Shakespeare 1993, 179). Im Prozess wird diese buchstäbliche Lesart gegen den Kläger gewendet, wenn die als Anwältin verkleidete Portia Shylock das Fleisch zuerkennt, ihm aber untersagt, Blut zu vergießen. Ihr Appell an die Gnade erweist sich als bloßes Theater, wenn sie Shylock zur Enteignung und Zwangstaufe verurteilt (vgl. Haverkamp 2012, 74). Die zweite Paktszene, in der Antonio sein Seelenheil auf die eheliche Treue Bassanios verwettet, bestätigt diese Theatralität. In der repräsentativen Ordnung des 16. Jh.s können Verträge geschlossen werden, die nie eingelöst, sondern nur durch neue Verträge substituiert werden. Wer diese Rhetorik beherrscht, kann Teil des politischen Körpers sein; wer leibliches Fleisch für seinen Pakt erhalten möchte, wird ausgeschlossen oder zwangsintegriert.

Im Drama des 17. Jh.s werden Verträge unter anderem als Frage der Staatsräson thematisiert. Für die Figuren in Lohensteins Trauerspielen erweist sich die Fähigkeit, Leidenschaften zu verbergen und Scheinbündnisse einzugehen, als zentrales Instrument der Regierungskunst. Die in höfischen Klugheitslehren formulierte Forderung, dass ein „Herrscher [...] sein Wort nicht halten" darf (Machiavelli 1990, 87), wird vor allem von den politischen Ratgebern an die Herrscherfiguren herangetragen – und bringt sie in Konflikte mit allgemein geltenden Normen. So entscheidet sich Lohensteins Cleopatra im gleichnamigen Trauerspiel angesichts der Zwangslage, dass entweder „Eh' oder Thron [...] brächen und vergehen" muss, für Ersteres (Lohenstein 1680, 26). Auch Augustus macht die Staatsräson für seinen Eidbruch verantwortlich. Cleopatras Freitod, ein ultimativer Akt politischer Klugheit, hebt diesen Konflikt nur scheinbar auf (vgl. Spellerberg 1983, 394).

Gegen dieses machiavellistische Ausnahmerecht setzt das Naturrecht des 17. und 18. Jh.s ein allgemeines Prinzip sozialer Verbindlichkeit. Die Gesellschaft soll nicht nur aus „lauter freywillige[n] Unterthanen" bestehen, sondern auch aus Bürgern, die jedes Versprechen als Kontrakt begreifen ([Meier und Lange] 1748, 5). Dass es dennoch Abhängigkeiten gibt, die vertragsförmige Beziehungen unvorhersehbar unterlaufen, zeigt Lessings Komödie *Minna von Barnhelm*. Die Stabilität der sozialen Ordnung wird darin durch ökonomische und politische Unwägbarkeiten erschüttert: Der Wirt wirft den zahlungsunfähigen Tellheim, der „Jahr und Tag bei ihm gewohnt" hat, aus dem Zimmer (Lessing 1996 ff., Bd. 1, 609); das Eheversprechen zwischen Tellheim und Minna scheint durch den Bestechungsvorwurf gegen Tellheim aufgehoben, da er durch seinen Ehrverlust nicht mehr kontraktfähig ist (vgl. Fick 2016, 269). Dass die Ringe des Paars gleichermaßen als Symbole einer „Ordnung der Gegenseitigkeit" wie auch als ökonomische „Tauschobjekte" fungieren, ist Ausdruck dieser Problematik. Wie das durch die Kriegswirtschaft entwertete Geld stellen die Ringe durch ihren doppelten Einsatz die repräsentative Kraft der Zeichen infrage (Vogl 2004a, 117–118).

Noch umfassender wird das Verhältnis von Zeichen und ihrem vertraglichen Wert in Goethes *Faust*-Dramen verunsichert. Pakte sind darin nicht mehr in materielle Substanzen übersetzbar, sondern Teil einer generalisierten Ökonomie der Schuld. Der Teufelspakt zwischen Faust und Mephisto ist im Gegensatz zu älteren Teufelsbündnissen kein einfacher Dienstvertrag (vgl. A. Neumann 1997, 123–250), sondern ein „aleatorischer Vertrag" (Landsberg und Kohler 1999, 72) mit ungewissem Ausgang. Faust stellt die Möglichkeit des Teufelspakts selbst infrage: „Was willst du armer Teufel geben?" (Goethe 1985 ff., Bd. 7.1, 75) Verlangt der Teufel einen schriftlichen Vertrag, so sind geschriebene Pakte für Faust nichts als „Gespenster" (ebd., Bd. 7.1, 77). Die Schrift – auch die Heilige – hat für ihn keine Autorität mehr und hält der Auslegung nicht stand (vgl. Kittler 1987, 21). Daher kann Faust nur eine Wette auf seine eigene Unbeständigkeit abschließen: „Rast nicht die Welt in allen Strömen fort [...]? / [...] Das Wort erstirbt schon in der Feder" (Goethe 1985 ff., Bd. 7.1, 77). Dass Mephisto unter solchen Bedingungen nichts gewinnen wird, deutet sich schon im Prolog an, wo Gott ihm bloß die irdische Gewalt über Faust erteilt (vgl. ebd., Bd. 7.1, 27). Während Faust lediglich auf sein Misstrauen in Pakte wetten will, schließt Gott nur Verträge ab, die bereits Geltendes affirmieren (vgl. Vogl 2004a, 316).

Im zweiten Teil des Dramas wollen Faust und Mephisto am Hof des Kaisers den Staatsbankrott und den Zerfall des Landes durch die Einführung von Papiergeld stoppen. Auch hier steht das Verhältnis von Zeichen und ihrer materiellen Referenz auf dem Spiel. Den Gegenwert der Scheine soll „eine Unzahl vergrabnen Guts" bilden (Goethe 1985 ff., Bd. 7.1, 249). Doch diese Wertsubstanz ist reine Fiktion. Dies bestätigt auch der Akt, mit dem das neue Geld autorisiert werden soll: Nach dem nächtlichen Maskenspiel kann sich der Regent nicht erinnern, das Dekret unterzeichnet zu haben. Ebenso wie die Signatur, die die Äquivalenz von Gütern und Papier garantieren soll, sind auch die kursierenden Scheine Zeichen ohne Referenten (vgl. Hamacher 1994, 140). Auf unterschiedlichen Ebenen spielt Goethes Drama damit die Antinomien der modernen Vertragsökonomie durch. Als Inbegriff einer Repräsentationslogik, in der Zeichen für eine manifeste Wertsubstanz stehen, können Pakte im *Faust* nur noch ihre Nichterfüllbarkeit thematisieren.

Im 19. Jh. wird von verschiedenen Seiten aus eine Kritik an der Vertragsökonomie artikuliert, die einer Kritik der modernen Gesellschaft gleichkommt (W. Schröder u. a. 2001, 973). In radikaler Weise stellt Nietzsche den Gesellschaftsvertrag infrage. Die Idee, dass der Staat auf einer freiwilligen Übereinkunft beruht, ist für ihn ein Götzenglaube, der die Menschen dem Zwang des Gehorsams und der Moral unterwirft. Der Gesellschaftsvertrag ist „die Einfügung einer bisher ungehemmten [...] Bevölkerung in eine feste Form" (Nietzsche 1980 ff., Bd. 5, 324). Das Versprechen bezeichnet er als Akt der Schwäche, der berechenbar und machtlos macht. In der Genealogie des Vertrags ist der Versprechende der Schuldner, dessen Ohnmacht dem Gläubiger ein „Wohlgefühl" bereitet – Nietzsche erinnert dabei auch an die alte Praxis, dem Schuldner Glieder abzuschneiden (ebd., Bd. 5, 299). Positiv besetzt ist das Versprechen nur als autonomer Willensakt, der sich allen Unwägbarkeiten entgegensetzt.

In der ersten Hälfte des 20. Jh.s erlangt der Teufelspakt in der Literatur neue Popularität. Die Frage, wie die humanistischen Leitideen der deutschen Kultur in den Ereignissen des Nationalsozialismus münden konnten, wird in mehreren Romanen anhand des Teufelsbundstoffs bearbeitet – etwa in Alfred Döblins *November 1918*, Elisabeth Langgässers *Das unauslöschliche Siegel* und in Thomas Manns *Doktor Faustus* (vgl. M. E. Müller 2001). In der Welt von Manns Exilroman ist Gutes und Böses untrennbar miteinander verstrickt – auch der Protagonist trägt Gottes- und Teufelsattribute (vgl. ebd., 150). Das Prinzip von Gabe und Gegengabe ist aufgehoben: Nicht nur ist unklar, ob die Begegnung mit dem Teufel real war oder nur in der Imagination stattgefunden hat. Vor allem gibt es gar keine Paktszene, weil der Vertrag aus Sicht des Teufels längst besteht: „Wir sind im Vertrage und im Geschäft [...] – dieser mein Besuch gilt nur der Konfirmation" (Mann 1974 ff., Bd. 6, 331). Leverkühn entfaltet nur einen Gegensatz, der bereits in ihm angelegt war.

Wachstum
Till Breyer

‚Wirtschaftswachstum' im engeren Sinne ist ein relativ junges Konzept, dessen Zentralstellung in der amerikanischen und europäischen Wirtschaftspolitik sich erst seit den 1940er Jahren entwickelt hat. Dem gehen kulturgeschichtlich Analogiebildungen zwischen natürlichen und politischen Prozessen voraus, in deren Rahmen ökonomische Vermehrungs- oder Steigerungsraten sowohl wissenschaftlich als auch literarisch reflektiert werden. Der begriffsgeschichtlichen Herkunft aus dem Bereich der Naturgeschichte entsprechend (vgl. Westermann und Dehli 2004), geht die Semantik des Wachstums immer wieder mit Konnotationen des Organischen, Natürlichen und Fruchtbaren einher. Dadurch konnte die Wachstumssemantik zu einem schillernden Interpretament gesellschaftlicher Zeitlichkeit werden.

Die Vermehrung des Reichtums wird bereits bei Aristoteles in der Gegenüberstellung von *oikonomia* (Haushaltskunst) und Chrematistik (Erwerbskunst) verhandelt und noch in der Frühen Neuzeit unter Rückbezug auf diese Topoi diskutiert (vgl. Burkhardt u. a. 1992, 544–562; → III.1. OIKONOMIA UND CHREMATISTIK). Sollte sowohl bei Aristoteles als auch bei Thomas von Aquin die Metaphorisierung des Zinses als ‚Nachkommen' gerade die Widernatürlichkeit des Zinses anzeigen (→ WUCHER), so wird diese Metaphorik in der Frühen Neuzeit, etwa im Volksbuch *Fortunatus* (1509) oder in Benjamin Franklins Ratgeber *Advice to a Young Tradesman* (1748), in Form einer positiv gewendeten Naturalisierung monetären Profits konzipiert (vgl. Vogl 2004a, 177–182; S. Weber 2009, 7–22).

Wie der allgemeinere Begriff der ‚Entwicklung' seit dem späten 18. Jh. geschichtstheoretisch profiliert wird (vgl. Cesana 1988, 160–183), so tritt auch der Wachstumsbegriff seit Adam Smith, Thomas Robert Malthus und David Ricardo als Bezeichnung einer gesamtwirtschaftlichen Bewegung in den Vordergrund, auch wenn hier im Kontext makrowirtschaftlicher Prozesse fast nie von *growth*, sondern von *increase of wealth* die Rede ist. Dabei tritt die *political economy* im Übergang zum 19. Jh. zum einen aus dem konzeptuellen Rahmen einer *oeconomia naturae* von Werden und Vergehen heraus, der für die Kameralisten und die Physiokraten des 18. Jh.s maßgeblich war, und der auch in Goethes politischen Schriften und Gedichten erkennbar ist (vgl. Eppers 2013). Zum anderen findet am Ende des 18. Jh.s eine Übertragung des Wachstumsbegriffs vom Wissensgegenstand der Bevölkerung auf den abstrakteren des Wohlstands statt. In der Philosophie und Statistik des 18. Jh.s galt eine stetig anwachsende Bevölkerung noch als sicherer Beleg eines gedeihlichen Staatswesens. Erst in Malthus' *Essay on the Principle of Population* (1798) kippt die Vorstellung vom Bevölkerungswachstum in ein Krisenszenario, dessen Imagination im 19. Jh. fortgeschrieben wird (vgl. Sieferle 1990, 81–169). Die positive, fortschrittsoptimistische Konnotation des Wachstums geht auf eine ökonomisch-materielle Prosperität über, die dann spätestens seit John Stuart Mill als „growth of capital" bezeichnet wird (Mill 1965, Bd. 2, 74). In diesem Zusammenhang lässt sich der zweite Teil von Goethes *Faust* (1832) als Reflexion einer neuen Wirtschaftsdynamik lesen, der eine Konzeption der grenzenlosen Produktivität zugrunde liegt (vgl. Binswanger 1985; Vogl 2004a, 310–346; Gray 2008, 346–400).

Gegenüber der aristotelischen Kritik der Chrematistik als widernatürlicher Fortzeugung bietet die Metaphorik des Wachstums im 19. Jh. die Option einer positiv konnotierten Semantisierung der Wirtschaft, die in den romantischen Ökonomien etwa bei Adam Müller, aber auch bei Friedrich List auf ein Wachstum nationaler ‚Kräfte' bezogen wird, das gerade durch die unendliche Zirkulation von Schuld und Knappheit in Gang gehalten wird (vgl. Vogl 2004a, 279–282; → III.10. ROMANTISCHE ÖKONOMIEN). Diese Semantik geht auch in den nationalökonomischen Topos einer ‚Fruchtbarkeit des Kapitals' ein (vgl. Breyer 2019, 141–156). Bei Marx hingegen erscheint das „Wachsthum des Reichthums […] identisch mit dem Wachsthum des Elends und der Sklaverei" (Marx und Engels 1956 ff., Bd. 40, 40–41). Zudem ist für Marx die makrogesellschaftliche Bewegung der Kapitalakkumulation mit der Tendenz einer fallenden Profitrate gekoppelt, so dass die Naturmetaphorik des Wachstums krisentheoretisch demontiert wird (vgl. ebd., Bd. 25, 221–241). Auf der anderen Seite steht freilich das fortschrittsoptimistische Bild eines stetigen Wachstums der ‚Produktivkräfte', die schließlich der kommunistischen Gesellschaft zur Verfügung stehen sollen. In der liberalen Wirtschaftstheorie herrscht dagegen die Erwartung eines zukünftigen ‚stationären Zustands' (*stationary state*) vor, in dem keine Produktivitätssteigerungen und Profite mehr möglich sein werden (vgl. Dale 2013).

In der deutschsprachigen Literatur des 19. Jh.s wird die Wachstumssemantik im bereits von Goethes *Wilhelm Meisters Lehrjahre* (1795/1796) konstituierten Bezugsfeld von Ökonomie und Bildung verhandelt. So scheitert der Held in Gottfried Kellers *Der grüne Heinrich* (1854/1855) am kapitalistischen Erwerbsleben und dessen subtiler Gewalt, während in der Motivstruktur des Romans die Bildlichkeit organischen Wachstums auf vorkapitalistische Räume einer ‚Mutter Natur' zurückgeschoben wird (vgl. G. Kaiser 1981, 211–231). Als Gegenstand einer eigentümlichen Verwaltung tritt die Logik des Wachstums in Adalbert Stifters *Nachsommer* (1857) hervor, wenn sich dort ein Wissen um organische Prozesse mit Techniken der Naturbeherrschung verschränkt (vgl. Mohnkern 2014). Gustav Freytags *Soll und Haben* (1855) dagegen überblendet naturhaft-landwirtschaftliche und ökonomisch-kaufmännische Motive des Wachstums, um diese im semantischen Raum eines ‚deutschen' Erwerbslebens von ‚sterilem Adel' und 'jüdischer Spekulation' abgrenzen zu können (→ SPEKULATION, SPEKULANT). Diese Verklärungs- und Naturalisierungsfunktion, die dem Wachstumsbegriff in Bezug auf kapitalistische oder industrielle Verhältnisse zukommt, kehrt dann in Émile Zolas spätem utopistischen Gesellschaftsroman *Fécondité* (1899) wieder, in dem die biologische und politische Expansion einer naturhaften ‚Lebenskraft' zelebriert wird (Baguley 1973 ; Breyer 2019, 189–218).

Erst mit der Endphase des Zweiten Weltkriegs gewinnt der Wachstumsbegriff seine heutige politische Bedeutung, indem er mit der volkswirtschaftlichen Größe des Bruttosozialprodukts verknüpft werden kann, deren Berechnung seit den 1940er Jahren systematisch betrieben wird (vgl. P. Lepenies 2013; Schmelzer 2016). Damit ergibt sich einerseits ein entmetaphorisierter, rein quantitativer Gebrauch des Wachstumsbegriffs; andererseits sind die impliziten Erwartungen an das Wachstum des Bruttosozialprodukts kulturgeschichtlich eng mit Imaginations- und Legitimationsprozessen verwoben, die sich in der Metapher des ‚Wirtschaftswunders' verdichten (vgl. P. Lepenies 2013, 170–186) und eine Nähe von Wirtschafts- und Märchensemantik dokumentieren (vgl. Künzel 2017). Bei Gisela Elsner und Martin Walser werden die legitimatorischen, aber auch geschichtsverdrängenden Aspekte einer deutschen Mentalität des Wirtschaftswunders kritisiert (vgl. Künzel 2009; Scholz 1987), während auf der anderen Seite die Orientierung am Wachstum des Bruttoinlandsprodukts spätestens mit dem Bericht des *Club of Rome* über die Grenzen des Wachstums (vgl. Meadows u. a. 1972) in eine bis heute anhaltende Krise gerät.

Ware, Warenfetischismus, Konsum
Thomas Wegmann

Zu Waren werden Dinge transformiert, wenn sie untereinander getauscht bzw. mehr noch: über das Äquivalenzprinzip Geld veräußert werden und dabei von vornherein – und das ist in modernen Wirtschaften die Regel – für den Verkauf produziert wurden: „Das Wesentliche auf wirtschaftspsychologischem Gebiet ist hier, daß in primitiven Verhältnissen für den Kunden produziert wird, der die Ware bestellt, so daß Produzent und Abnehmer sich gegenseitig kennen. Die moderne Großstadt aber nährt sich fast vollständig von der Produktion für den Markt, d. h. für völlig unbekannte, nie in den Gesichtskreis des eigentlichen Produzenten tretende Abnehmer" (Simmel 1989 ff., Bd. 7, 118). Während die klassische Ökonomie wie die modernen Wirtschaftswissenschaften zumeist den Terminus ‚Güter' (engl. *goods*) präferiert, erhielt der Warenbegriff bei Karl Marx und im Marxismus grundlegende Bedeutung als Schlüssel für die Analyse kapitalistischer Produktionsverhältnisse (vgl. Iber und Lohmann 2005, 320). Konstitutiv ist dabei der doppelte Wert der Ware, die über einen ‚Gebrauchswert', welcher der Befriedigung bestimmter, mit den sachlichen Eigenschaften der Ware begründbarer Bedürfnisse dient, und über einen ‚Tauschwert' verfügt. Letzterer verweist auf die komplexen Regularien, wonach Dinge untereinander bzw. gegen das Äquivalenzprinzip → GELD getauscht werden, bezeichnet also den ökonomischen Wert in engerem Sinne. Bei der Produktion von Waren unter kapitalistischen Bedingungen werden außerdem auch die menschlichen Arbeitsvermögen als Ware Arbeitskraft (Lohnarbeit) produziert und getauscht (Lohnarbeitsvertrag), wodurch sich am Ende der „Doppelcharakter der in den Waren dargestellten Arbeit" ergibt (Marx und Engels 1956 ff., Bd. 23, 56).

Mit dem Begriff des ‚Warenfetischismus' hat Marx zudem das Konzept des Fetischs bzw. Fetischismus aus seinem ursprünglich religiösen bzw. ethnologischen Kontext in den ökonomischen Diskurs überführt: „Eine Ware scheint auf den ersten Blick ein selbstverständliches, triviales Ding. Ihre Analyse ergibt, daß sie ein sehr vertracktes Ding ist, voll metaphysischer Spitzfindigkeiten und theologischer Mucken" (Marx und Engels 1956 ff., Bd. 23, 85). Was Marx hier und im weiteren Verlauf seiner Argumentation, die das Vertrackte der Ware ihrer doppelten Funktion als Gebrauchs- und Wertgegenstand zuschreibt, letztlich erwirkt, ist ein Reentry von religiösen Formen in die moderne kapitalistische Ökonomie (vgl. Böhme 2006, 311–315) Damit wiederum ist nicht nur ein Zusammenhang zwischen vermeintlich archaisch-religiösen und aufgeklärt-modernen Gesellschaften etabliert, sondern auch die Kohäsion von Waren und Subjekten, die bei Marx als verselbständigte, „automatische Subjekte" (Marx und Engels 1956 ff., Bd. 23, 169) figurieren, erstmals dezidiert zur analytischen Disposition gestellt. Im Konzept des Warenfetischismus wird somit jener Mechanismus erkennbar, der alltäglichen Gebrauchsgegenständen bei ihrer Performance auf dem Markt, also in Schaufenstern, Anzeigen und auf Plakaten, die Aura von Wunscherfüllung verleiht, sie mit anderen Worten begehrenswert macht (→ WERBUNG). Denn als Fetische verfügen Waren und Dinge über Eigenschaften, über die sie nicht per se bzw. primär verfügen, sondern die ihnen erst in einem projektiven Akt hinzugefügt werden. Entsprechend erweist sich der Warenfetischismus „als Antriebskraft [...], bei der die Bereitschaft zu zahlen nicht von der Rationalität begrenzt wird, *nicht zahlen zu können*, sondern vom Wunsch und Begehren, mit der Versprechenssemantik der Ware zu verschmelzen – und dafür *zahlen zu wollen*" (Böhme 2006, 287). Im weiteren Verlauf der Begriffsgeschichte diente das Fetischkonzept jedoch nicht nur – wie bei Marx – der Kritik an kapitalistischen Produktionsweisen, sondern wurde auch von der gegen Ende des 19. Jh.s sich in Deutschland etablierenden und allmählich ausdifferenzierenden Werbebranche dazu genutzt, um eine eigene Faszinationsgeschichte der Markenartikel zu schreiben: „Im kaufmännischen Leben unserer Zeit", so Hans Domizlaff, einer der ersten namhaften deutschen Markentechniker, „wird der Begriff eines Fetisches oder eines Kristallisationspunktes der Gläubigkeit durch den Begriff einer Marke mit allen Variationen der Firmenmarken, Handelsmarken und Markenartikel ersetzt" (Domizlaff 2005, 3; → MARKE).

Darin impliziert ist eine wirtschafts- wie kulturgeschichtlich gestiegene Bedeutung des Konsums, der kürzlich als „gelerntes Mehr-Wollen" bestimmt wurde und, basierend auf dem Wunsch, „sich anderweitig geleistete Arbeit zunutze zu machen", einer spezifisch modernen Steigerungslogik folge (G. Schulze 2003, 49–61). In großen Teilen der sozial- und kulturgeschichtlichen Forschung wurde dem Konsum indes lange Zeit keine eigene Sphäre zuerkannt, sondern wurde er *grosso modo* der seit Marx vorherrschenden Schlüsseldifferenz von Kapital und Arbeit subsumiert. Demnach ließ sich Konsum umstandslos der Kapitalsphäre zuschlagen und „als List des Kapitalisten interpretieren, der den Fabrikterror durch den Konsumterror ersetzt, um seine Profite zu retten" (Luhmann 1996a, 166). Gegen Ende des 20. Jh.s konstituierte sich dann – ausgehend vom anglo- und frankophonem Raum – eine transdisziplinär ausgerichtete Konsumforschung, die den Konsum weder dämonisiert noch glorifiziert, sondern auch und gerade seine illusorischen Momente als konstitutiv für seinen kulturökonomischen Stellenwert untersucht (vgl. Wegmann 2011, 339–342). Ausgehend von einer Ästhetisierung der Waren wurde zudem betont, dass und wie Konsumenten Güter als Teil ihrer Identität betrachten, wobei auch jene weitverbreiteten und auf das 19. Jh. zurückgehenden Diskurse in den Blick genommen wurden, die den modernen Verbraucher vor allem als ein antidemokratisches, grundlegend irrationales, von Begierden bestimmtes und leicht manipulierbares Subjekt konstituieren – mit genderspezifischer Schlagseite: „Nationalökonomie, Medizin, Kriminologie und Geschlechterdiskurs [arbeiteten] eng zusammen, um den weiblichen Kaufrausch ebenso zu beschwören wie zu kontrollieren" (Schößler 2009, 277–278).

Indes findet sich der divers bewertete Befund, dass (weiblicher) Konsum mehr sein kann als nüchternes Kaufen, Gebrauchen oder Verzehren von Waren, bereits in Gustave Flauberts 1856 erschienenem Roman *Madame Bovary* oder in Émile Zolas *Au bonheur des dames* (1883), im deutschsprachigen Raum dann vor allem in literarischen Texten der Neuen Sachlichkeit, am prominentesten wie provokantestem wohl in Irmgard Keuns Roman *Das kunstseidene Mädchen* (1932). Darin erweist sich die Protagonistin als Konsumentin in doppelter Hinsicht: zum einen als Käuferin, die faktisch etwas erwirbt; zum anderen als Illusionistin, die davon träumt, bestimmte Waren zu erwerben. In beiden Fällen indes sind die Konsumgüter von bestimmten Images überlagert, die sie überhaupt erst begehrenswert machen und die in wachsendem Maße von einer expandierenden Industrie prozessiert werden, zu der bestimmte Magazine und Filme ebenso zählen wie Werbung. Denn wie die Prominenz der Prominenten sich technischen Medien verdankt, an die auch ihre realen Auftritte stets gekoppelt bleiben, ist auch Doris' Variante von Glanz vor allem ein Abglanz, der sich dem medial verbreiteten Status von bestimmten Konsumgütern verdankt: „Ich will so ein Glanz werden, der oben ist. Mit weißem Auto und Badewasser, das nach Parfüm riecht, und alles wie Paris" (Keun 2005, 44). Solche Interieurs kennt Doris in erster Linie aus Magazinen, die sie identifikatorisch rezipiert, indem sie die feine Umgebung der anderen zumindest in der Phantasie als eigene adaptiert.

Eine derartige Verknüpfung von Konsumtion, Rezeption und Imagination, wie sie Irmgard Keun ihrer Protagonistin zuschreibt, ist in Europa nicht ohne Tradition: „Emma Bovary, vielleicht die berüchtigtste europäische Verbraucherin um 1850, steht für einen solchen Fall" (Kroen 2003, 541–542). Mit der gleichen Hingabe vermag sich Madame Bovary in sentimentale Liebesromane wie in Versandhauskataloge zu versenken, bestellt Kleider und Möbel. Was ihren Mann zunächst zu einem Objekt nachbarschaftlichen Neids macht, lässt ihn am Ende als betrogenen und finanziell ruinierten Ehemann zurück. Für Emma Bovary hingegen bieten Luxus und Lektüre im Ennui ihres provinziellen Lebens (Schau-)Fenster zu einer anderen Welt, und ihre Verknüpfung von Konsum und Romantik, die Flaubert noch entlarvend sezierte, sollte zu einem einflussreichen Muster europäischer Literatur- und Kulturgeschichte werden – und das nicht nur mit Blick auf die Entwicklung des modernen Romans (vgl. McKendrick 1997, 80–81; → III.13. DIE ENTDECKUNG DER WARE). Den Einfluss wiederum, den der demonstrative und luxusorientierte Konsum ökonomischer Eliten (*conspicuous consumption*) auf die Begehrlichkeiten und das Kaufverhalten benachbarter, aber in abgeschwächter Weise auch auf andere Sozialschichten ausübt, hat der amerikanische Ökonom und Soziologe Thorstein Veblen in seiner *Theory of the Leisure Class* (1899) als Nachahmungsverbrauch bezeichnet und die „Zurschaustellung von Gütern" nachhaltig als „Dreh- und Angelpunkt in der neuen Arena der Image-Gestaltung" (Veblen 1899, 102; → VERSCHWENDUNG, VERAUSGABUNG) ausgewiesen. Der aus soziologischer Perspektive zentralen Rolle der Nachahmung für gesellschaftliche Reproduktion ist fast zur selben Zeit auch Gabriel Tarde in seiner (erst 2008 auf Deutsch erschienenen) Studie *Les lois de l'imitation* (1890, dt. *Die Gesetze der Nachahmung*) so ausführlich wie prägnant nachgegangen, nicht zuletzt anhand von Mode und (politischer) Ökonomie.

Werbung

Thomas Wegmann

In den Wirtschaftswissenschaften wird Werbung bestimmt als „kommunikativer Beeinflussungsprozess mit Hilfe von (Massen-)Kommunikationsmitteln in verschiedenen Medien, der das Ziel hat, beim Adressaten marktrelevante Einstellungen und Verhaltensweisen im Sinne der Unternehmensziele zu verändern" (Schweiger und Schrattenecker 2013, 9). Auch wenn andere Definitionen leicht andere Akzente setzen, bleibt im Kern das durch Kommunikation angestrebte Ziel der Persuasion, der Manipulation bzw. Beeinflussung – ein Befund, der auch in der Soziologie weitgehend geteilt wird. Niklas Luhmann etwa betont die Paradoxie der Werbung: „Die Werbung sucht zu manipulieren, sie arbeitet unaufrichtig und setzt [aber] voraus, dass das vorausgesetzt wird" (Luhmann 2017, 60). Ähnlich beschreibt Gerhard Schulze die Bedingungen in einer mit Werbung konfrontierten ‚Erlebnisgesellschaft': „Beide Akteure [Anbieter und Konsument] arbeiten zusammen; Suggestion gehört zum Service. Unbrauchbar sind die Begriffe von Lüge und Wahrheit, wo es im Einvernehmen aller Marktteilnehmer primär darum geht, dem Endverbraucher gewünschte psychophysische Prozesse zu verschaffen" (Schulze 1993, 26–27).

Für das heutige Verständnis des Begriffs wurden im deutschsprachigen Raum bis in die 1930er Jahre mehrheitlich die Vokabeln ‚Reklame' und ‚Propaganda' verwandt. Erstere leitet sich vom französischen *réclame* (lat. *reclamare* und frz. *réclamer*, ‚ausrufen', ‚anpreisen') ab und verweist auf die kulturgeschichtlichen Anfänge von Werbung, auf das Anpreisen von Waren auf Märkten, nicht zuletzt durch den seit dem Mittelalter notorisch gewordenen Marktschreier, der noch in Goethes Singspiel *Das Jahrmarkts-Fest zu Plundersweilern* (1774/1778) eine tragende, wenn auch zweifelhafte Rolle übernimmt. ‚Propaganda' wiederum geht zurück auf die päpstliche Gründung der *sacra congregatio de propaganda fide* im Jahr 1622, mit der im Zuge der Gegenreformation die Kommunikationspraxis der römisch-katholischen Kirche professionalisiert werden sollte. Um 1900 begann der Terminus auch in der Wirtschaftswerbung Fuß zu fassen – Martin Kessels Roman *Herrn Brechers Fiasko* (1932) etwa ist in der „Propagandaabteilung" eines großen Unternehmens angesiedelt –, bis die Nationalsozialisten 1933 den Propagandabegriff für die eigenen Aktivitäten reservierten, genau wie sie auch die angeblich ‚jüdische Reklame' der Weimarer Republik durch eine ‚deutsche Werbung' zu ersetzen versuchten.

Die Genese moderner Reklame ist nicht zuletzt ökonomischen, sozialen und politischen Veränderungen geschuldet, zu denen auch neue Produktions- und Kommunikationstechnologien zählen, die ein Agieren auf überregionalen

Märkten gleichermaßen erlaubten wie erforderten und werbliche Face-to-Face-Kommunikation durch die gesteigerte Reichweite von Druckerzeugnissen substituierten oder zumindest entscheidend ergänzten, wie ein zeitgenössisches Standardwerk resümierte: „Der öffentliche Ausruf zu Zwecken der Bekanntmachung und Kundenanwerbung hat an Bedeutung wesentlich einbüßen müssen, der Straßenlärm von heutzutage erstickt ihn, andere Ankündigungsmittel haben ihm den Rang abgelaufen" (Mataja 1910, 49). Dazu zählt maßgeblich die Litfaßsäule, die 1855 den Auftakt für eine professionelle und für manche auch profitable Beschriftung und Bebilderung der Städte bildete, begleitet bzw. gefolgt von Plakaten auf Hauswänden, Verkehrsreklame etc. Mit der Aufhebung des durch den Intelligenzzwang verkörperten staatlichen Anzeigenmonopols und einer tendenziellen Pressefreiheit in Preußen 1849 expandierten zudem Geschäftsanzeigen (,Annoncen') und wurden Annoncen-Expeditionen gegründet, die Vorläufer von Werbeagenturen. Und obwohl es bei distinguierten Häusern, aber auch bei großen Unternehmen zunächst Vorbehalte gegenüber aktiver Verkaufsförderung gab, füllte Reklame so unaufhaltsam wie unumkehrbar ein kommunikatives und soziales Vakuum. Denn die nachhaltige Umstellung von Subsistenz- bzw. Zunftwirtschaft auf Marktwirtschaft mit entsprechender Industrialisierung der Herstellung führte unter anderem zu einer Anonymisierung und Abstrahierung der Beziehung von Verkäufern bzw. Produzenten und Käufern bzw. Konsumenten. Immer seltener traten Käufer und Produzent in persönlichen Kontakt, immer häufiger war der Verkäufer nicht der Produzent seiner Tauschobjekte. Entsprechend auffällig suchte die sich in die Printmedien verlagernde Reklame in ihren Anfängen noch, mündliche Face-to-Face-Kommunikation zu imitieren: Zahlreiche Anzeigen wirken bis in die 1880er Jahre in ihrer Gestaltung – etwa durch das deiktische Motiv der Hände, die auf wichtige Passagen des Anzeigentextes hinweisen – wie eine graphische Umsetzung des Verkaufsgesprächs auf dem Marktplatz oder im Ladenlokal.

Zwar betätigten sich einzelne Literaten schon früh in der Werbebranche – Frank Wedekind etwa verfasste für die Firma Maggi in den 1880er Jahren zahlreiche Reklamen –, doch galt Reklame vielen Intellektuellen und Schriftstellern als Synonym für Manipulation und Trug, als störendes, Gedanken-, Gefühls- und Spaziergänge unterbrechendes sowie Stadt und Land durch Plakate verunstaltendes Element. Entsprechend wird sie seit dem frühen 20. Jh. von einer intensiven Diskussion begleitet, in die sich auch der Soziologe und Wirtschaftshistoriker Werner Sombart einschaltete: „Die Reklame ist jene Erscheinung der modernen Kultur, an der auch beim besten Willen nichts als Widerwärtiges gefunden werden kann. [...] Sie erinnert uns jeden Augenblick an all den Dreck, den wir ja nun mal zu unseres Leibes Nahrung und Notdurft brauchen, aber den wir doch nicht eigens noch über Bedarf immer unter die Nase gehalten haben möchten" (Sombart 1908,

284–285). Dagegen affirmiert der als Illustrator, Plakatgestalter, Schriftsteller und Filmregisseur multitalentierte Edmund Edel ostentativ alles Moderne und damit explizit auch Werbeplakate, die dem Straßenbild „eine neue ästhetische Note" verliehen. Entsprechend wenig kann er mit Sombarts Idiosynkrasien gegenüber Großstädten anfangen: „Darf ich mir erlauben, den Kopf zu schütteln und zu fragen, welche Kulturen das platte Land hervorbringt, abgesehen von den Kartoffel- und Rübenkulturen, zu denen wir nur digerierende Beziehungen haben" (Edel 1908, 603).

Zwar wird die Reklame zwischenzeitlich, namentlich in den 1920er Jahren unter Beteiligung zahlreicher Autoren, zum Gegenstand einer teilweise subtil geführten Diskussion über den zeitgenössischen Literaturbetrieb, in der es nicht nur um Fragen der Autonomie und Heteronomie, um das Verhältnis von werblichen und literarischen Texten, sondern ganz zentral um die Funktion (bzw. Dysfunktion) von Reklame für Literatur und Literaten und die Aufmerksamkeitsökonomie von Autorschaft geht (auch der Werbeagent und Anzeigenaquisiteur Leopold Bloom mag in Joyces *Ulysses*, 1922, den Blick auf solche Korrespondenzen lenken); doch bleiben grundlegende Vorbehalte gegenüber Werbung auch nach den Zweiten Weltkrieg bestehen. Vance Packards Essay *The Hidden Persuaders* (1957, dt. *Die geheimen Verführer*), in dem der amerikanische Publizist den „Griff nach dem Unbewußten in jedermann" – so der deutsche Untertitel – durch psychologische Motiv- und Marktforscher am Beispiel der Werbe- und PR-Industrie dokumentierte, trug maßgeblich zur Popularisierung der Kritik an werblichen Manipulationsstrategien bei. Auch im literarischen Feld dominierte in dieser Zeit ein Moralkodex, demzufolge Dichter entschieden Distanz gegenüber Reklame zu wahren und schon gar nicht bezahlte Elogen auf Markenartikel zu verfassen hatten, wie das unter anderem Kasimir Edschmid, Frank Thiess und Irmgard Keun 1954/1955 für die Zigarettenmarke Lord der Firma Brinkmann taten. Die Kampagne stieß eine breite und heftig geführte Debatte nicht etwa über die Risiken des Rauchens, sondern über die Rolle von Autoren in der sich formierenden Gesellschaft der Nachkriegszeit an. Das fundamentalste und zugleich mit wissenschaftlichem Anspruch formulierte Verdikt werblicher Manipulation findet sich dann in Wolfgang Fritz Haugs bis heute viel rezipierter und diskutierter *Kritik der Warenästhetik* (1971). In expliziter Anlehnung an und Erweiterung von Marx' Überlegungen zur Warenzirkulation wird den Waren im Spätkapitalismus ihr Nutzen bzw. ihr Gebrauchswert abgesprochen; stattdessen, so Haug, reduzierten sie sich für den Verkäufer auf ihren Tauschwert und für den Käufer auf ihr Gebrauchswertversprechen: „Schein wird für den Vollzug des Kaufakts so wichtig – und faktisch wichtiger als Sein" (Haug 1983, 16–17).

Ungeachtet dessen und nicht zuletzt angesichts digitaler Kommunikationstechnologien, die nicht nur im Kulturbetrieb virales Marketing und Crowdfunding befördern, sind die Mittel, Wege und Trägermedien gegenwärtiger Werbung – als dichter Verschränkung zwischen betriebswirtschaftlichen Strategien und Ästhetik – beinahe grenzenlos. Und zumindest divers sind auch die Möglichkeiten im Umgang mit Werbung für literarische Autorinnen und Autoren: Sie kann in Einzelfällen als (vorübergehendes) Betätigungsfeld wie bei Wolf Haas oder als Gegenstand literarischer Produktion und kritischer Reflexion dienen, wie in Ingeborg Bachmanns bis heute schulnotorischem Gedicht *Reklame* (1956) oder in Rainer Merkels Roman *Das Jahr der Wunder* (2001), der von einer Werbeagentur handelt. Sie kann buchstäblich als Material für Cut-up-Lyrik wie in Rolf Dieter Brinkmanns Gedichtband *godzilla* (1968) oder als provokante Inszenierung von Autorschaft fungieren, wenn, wie 1999 geschehen, Christian Kracht und Benjamin von Stuckrad-Barre als Models in Anzeigen für das Bekleidungshaus Peek & Cloppenburg in Erscheinung treten. Alludiert sind dabei stets die Ambivalenzen von Sache und Zeichen, Schein und Sein. Und die Regularien eines ‚mentalen Kapitalismus' (vgl. Franck 2005), der Aufmerksamkeit zu einer kapitalfähigen Ressource werden lässt und zu dessen Mitinitiatoren wie omnipräsenten Bestandteilen auch Werbung gehört.

Wert, Preis
Alexander Mionskowski

Die Scheidung von Werthaltigem (→ TAUSCH, TÄUSCHUNG; → WARE, WARENFETISCHISMUS, KONSUM) und Wertlosem (→ MÜLL, ABFALL) gehört zu den basalen Codes der Kulturgeschichte. Weil aber die Herausbildung normativer Ordnungen zugleich eine Tradition abweichender Wertzumessungen begründete, eröffnete die so entstehende Grauzone zwischen gerechtem (→ III.2. CHRISTLICHE ÖKONOMIK; → III.3. DER FRÜHNEUZEITLICHE KAPITALISMUS) subjektiven Wertempfinden und ‚objektiver' Preisbildung kontingente Räume der → SPEKULATION, die über das Faszinosum der Knappheit nicht erst seit dem holländischen Tulpenfieber (1637) immer wieder eine Latenz zur Manie realisiert hat. Diese alltäglich begegnenden Diskrepanzen können also Störpotential für das klassisch-liberale Ideal eines Equilibriums der Wert-Preis-Relationen auf dem Markt entfalten (→ KRISE), werden aber durch Akzeptanz des in → GELD transponierten Tauschwerts und die darin nur ungleichmäßig verbuchten Produktionskosten (Arbeitsaufwand) im Normalfall hingenommen. Der analytische Wert des Begriffs ‚Wert' ($\alpha\chi i\alpha$) ist daher aufgrund der unausweichlich individuellen, metaphorischen oder metaphysischen Färbung insgesamt in Zweifel gezogen worden (vgl. Lichtblau 2007, 590; Steinbrenner 2010, 616). Doch auch im Preis ($\tau\iota\pi i$) ist aufgrund seiner Propension zum Imaginären und der Möglichkeit übertriebenen Gewinnstrebens (→ WUCHER) keineswegs Objektivität verbürgt (vgl. Luhmann 1996a).

Die Spanne zwischen individueller Schätzung und sozialer Fixierung des Wertcharakters (*pretium*) an zentralen Gütern des gesellschaftlichen Lebens (oder diesem selbst) für ihre Epoche stets aufs Neue auszuloten, unternimmt die Literatur von Beginn an und tritt damit in zum Teil offene Konkurrenz mit dem wirtschaftlichen Denken. Sie nimmt hierdurch an kollektiven Wertungsprozessen Teil und gewinnt in Behauptung ästhetischer Maßstäbe (Autonomie) nicht zuletzt ihren Eigenwert (vgl. Bartl und Famula 2016), der ihr als kritischer zudem qua Objektivierung jener gesellschaftlichen Entscheidungsgrundlagen zuwächst, die, als ‚objektiv' annonciert, eine Legitimität von Werturteilen und die Authentizität des leitenden Weltbilds verheißen – tatsächlich aber (letzthin theologisch rückversicherte) Setzungen der herrschenden Autorität sind (vgl. M. Weber 1988, 35; vgl. Agamben 2010, 332–342). Sie kann dem entgegen UTOPISTISCHE ÖKONOMIEN (→ III.4.) veranschaulichen oder alternative Wertkonzepte, wie etwa Jakob Wassermanns Erzählung *Das Gold von Caxamalca* (1923). Für die Inkas beschränkte sich aus einem vollkommenen Überfluss an Gold heraus der Wert des in Europa so knappen Metalls auf einen rein materiellen Gebrauch. Ihr ungewusster Reichtum wird ihnen zum Verhängnis, da sich die instrumentelle Ratio (→ RATIONA-

LITÄT, RATIONALISIERUNG) der Eroberer angesichts solcher → VERSCHWENDUNG zu bestialischer Gier steigert: Die Aneignung des Goldes, dem in Europa seit der Antike Funktion und Potenz des Tauschmittels schlechthin zukommt, endet im Massenmord an dessen staunenden Besitzern.

Die klassische Werttheorie sah hier ein Paradoxon: Luft und Wasser als Güter von existentiellem Nutzen und höchstem Gebrauchswert würden nur einen Bruchteil des Preises von Diamanten oder Gold erzielen (vgl. A. Smith 1975 ff., Bd. 2.1, 44–45; Ricardo 1959, 9, 80–81). Während noch Karl Marx auf der Spur David Ricardos das für reproduzierbare → WAREN aufgewendete (und in ihr verkörperte) „Quantum" Arbeit zur „wertbildende[n] Substanz" erklärte, die allerdings, im „beständigen Wechsel der Formen von Geld und Ware" zu Mehrwert gerinnend, die „okkulte Qualität" erhalte, sich selbst zu setzen (Marx und Engels 1956 ff., 23: 53, 169), hielt die Grenznutzenschule (Friedrich von Wieser, Carl Menger, Eugen von Böhm-Bawerk, gefolgt von Ludwig von Mises) vor allem die Mechanismen von Angebot und Nachfrage, also letztlich das subjektive Interesse für entscheidend (Kolb 2017, 55–62). Damit wurde der Preis von der Rückbindung an die Arbeitsleistung als substantiellem Kostenfaktor entkoppelt und seine Differenz zum Wert kassiert (so bei Vilfredo Pareto; vgl. Gernalzick 2006, 90).

Auch für die Literatur selbst ist dies immer wieder festgestellt worden, etwa in E. T. A Hoffmanns Markt-Erzählung *Des Vetters Eckfenster* (1822). Nach Kontakt mit einer jungen Leserin beklagt der Vetter, dass die Produktionskosten des Dichters (vor allem Zeit und Verzicht auf alternativen Verdienst) sich niemals rentieren würden, weil der Verleger nicht nur den Großteil des erzielten Preises für sich behalte, sondern auch das weniger profane symbolische Kapital des Ruhms (vgl. Hoffmann 1985 ff., Bd. 6, 480–481). Vor einer Perspektive strikt materieller Rationalität hat der Autor dagegen die Marktgängigkeit und den Nutzen seines Produkts stets aufs Neue zu beweisen. Der ebenfalls nicht sehr marktaffine Friedrich Nietzsche hatte für solchen Funktionalismus der „Utilitarier" nur Spott übrig: „[Z]uletzt müßten wir erst wissen, was nützlich ist: auch hier geht ihr Blick nur fünf Schritt weit ... Sie haben keinen Begriff von der großen Ökonomie, die des Übels nicht zu entraten weiß" (Nietzsche 1980 ff., Bd. 13, 164).

An der Frage, ob nicht auch Literatur Pharmakon und notwendiges Übel zugleich sein kann (also Nutzen und Nachteil), wird die ideelle Ausrichtung des Begriffs ‚Wert' greifbar, mit der oft eine explizite Abwendung von der Marktlogik des Gebrauchs und eine formaffine, kulturästhetisch und sakral überhöhte ‚Gegenwertbildung' einhergeht (so bei Stefan George). Auf Nietzsches Wertrelativismus (vgl. Nietzsche 1980 ff., Bd. 6, 330) folgt Georg Simmels Darstellung des → GELDS als Katalysator einer vollständigen Nivellierung aller Werte, welche zu „Epigone[n] des Preises" würden (Simmel 1989 ff., Bd. 6, 81). Als Medium des beständigen Tauschs wird es hier in Analogie zum *tertium comparationis* der

Metapher gedacht. Die Funktion einer relativistischen „Umsetzung in andere Werte" schien Simmel so entscheidend, dass er darin sogar den neuen Endzweck der durchmonetarisierten Moderne sah, charakterisiert durch einen Übergang vom Substanz- zum Funktionswert (ebd., Bd. 6, 12, 303).

Für eine diesen Endzweck bekämpfende, sich selbst zum Umschlagplatz aller immateriellen Güter setzende Literatur sind es daher Formen von „mystische[m] Charakter" (Marx und Engels 1956 ff., Bd. 23, 85), die sie über profane Fragen nach Gebrauchs- und Tauschwert erheben, und Gestalten wie ein Franz von Assisi von höchstem Interesse – bedeuten sie doch radikale Ausnahmen im System ökonomischer Zurechenbarkeit. Eine prägnante gegenmoderne Variante bietet Rilkes *Stunden-Buch* (1905) mit Franz von Assisi als sich im Schöpfungsakt opfernde Mythengestalt des Dichters, der sich in wertzeugenden Symbolen in die Welt ergießt. Die moderne Figur des weltfremden Asketen ist in vielleicht reinster Form in Herman Melvilles Bartleby (*Bartleby, the Scrivener*, 1853) verkörpert, der nach und nach jeden Leistungsanspruch durch die konsequente Umwertung protestantischer Arbeitsethik in eine Ökonomie der Enthaltung ad absurdum führt.

Dass die Taxierung von Werten im Preis eine Konsequenz von Deutungsmacht ist, die als heimliche autoritäre Setzung Konsumverhalten beeinflussen kann, ist oftmals literarisch transparent gemacht worden (→ WERBUNG). Phänomene wie die Fetischisierung (→ WARE, WARENFETISCHISMUS, KONSUM) bzw. der → LUXUS, also die künstliche Verknappung und Aufladung von Objekten mit unbegrenztem (Inszenierungs-)Wert und instantaner Preisexplosion wie auch gegenläufige Prozesse der Obsoleszenz schließen hier an; sie sind in den Künsten als solche der Sakralisierung oder Profanierung virulent (Avantgarde vs. Tradition; vgl. Bourdieu 1999, 135–136, 198). Georg Lukács' „große[r] Wertbestimmer der Ästhetik" tritt daher in offene Konkurrenz zum ‚Diktat des Ökonomischen' (Lukács 1911, 35). Auch Walter Benjamins berühmte These von der Inflation der Aura durch technische Reproduktion des Kunstwerks (1935) ruht werttheoretischen Überlegungen auf, die vor allem das darin verkörperte Arbeitsquantum betreffen. Seine Kritik richtet sich gegen die Marktlogik, Kunst zur Ware, Literatur zur Meinung bzw. Zeitung herabzusetzen (vgl. Benjamin 1972 ff., Bd. II.1, 686–688). Ganz entsprechend wird im frühen 20. Jh. das Faktum der Auflagenstärke zunehmend zu einem Kriterium für die schnell auf den → MARKT geworfene, seichte Unterhaltungsliteratur der Massen, während die Literatur des sogenannten Höhenkamms sich eher an die einsamen Wanderer eines langsam ersterbenden Bildungsbegriffs im Zeitalter untergehender Humanität richtet und sich in der (oft nachfragebedingten) Knappheit trotzig ihrer Qualität versichert (so z. B. Rudolf Borchardt).

Eine antimonetäre Beschwörung all jener menschlichen Werte, die sich nicht auf einen geldmäßigen Begriff bringen lassen, leisten auch anarchistisch inspirierte Gestaltungen eines ‚homo anti-oeconomicus' – etwa in Ludwig Rubiners

Die Gewaltlosen (1919) oder in Ernst Tollers *Maschinenstürmer* (1922), während Bertolt Brechts kontingenz-adaptive Figurationen Erfahrungswissen über die entwertenden Mechanismen der Preisbildung vermitteln sollen (*Die heilige Johanna der Schlachthöfe*, 1931). Hermann Brochs Essay über den Wertezerfall im dritten Teil der *Schlafwandler* (1932) ist ein wertkonservatives Beispiel der Kritik am Vordringen ökonomischer Logik in alle Bereiche der Gesellschaft – die Hauptfigur Hugenau ist Vertreter einer neuen Zeit, in der sämtliche sozialen Interaktionen kapitalisiert werden und die sich einer Sprache bedient, die bereits „durch die Schmach des Tauschs verwüstet" ist (Adorno 1970 ff., Bd. 11, 537). Wert behält vor dieser ratioiden Perspektive nur, was oder wer sich als dauerhaft unverfügbar erweist und einen „jedem rationalen Bemühen ewig unzugänglichen Kern des wahrhaft Lebendigen" behaupten kann, der „den kalten Skeletthänden rationaler Ordnungen" und „der Stumpfheit des Alltages" entzogen bleibt (M. Weber 1988, 560–561). Die Dichtung des 20. Jh.s hat dies über die Tendenz zur Hermetik versucht.

Der Frage nach ihrem (funktional auf einen Endzweck bezogenen) gesellschaftlichen (Grenz-)Nutzen hat sie sich so aber nicht entziehen können. Bildung, Kompensation, „Wert für die Nation" (Gervinus 1962, 5) oder Wissensvermittlung lauten die Antworten verstrichener Epochen. Vielmehr hat diese Infragestellung auch den angeschlossenen Gesamtbereich der Geisteswissenschaften erfasst, der seither von jenen „Wertgespenstern" heimgesucht wird, die aus den Spekulationen einer schrankenlos operierenden → FINANZ um Preise, die sich aus der „Erwartung künftiger Preise" ableiten, emergieren (Vogl 2011, 94, 157, 152). Damit ist eine Korrespondenz zwischen Ästhetik und Bewertungsprozessen auf den Finanzmärkten herausgefordert: Nach Keynes funktioniert die Preisbildung dort nach der Logik von Geschmacksurteilen, die sich – wie in Schönheitswettbewerben – an Normalideen und also daran orientieren, wie nach durchschnittlicher Meinung die Durchschnittsmeinung anderer ausfallen könnte (vgl. Keynes 1973, 156). So wird die von Marx für den Wert festgestellte Form okkulter Autopoiesis bei der gesellschaftlichen Einpreisung ideeller Güter wiederholt und sozial fixiert.

Wirtschaftskriminalität
Alexander Mionskowski

Was einer Zeit als besonders erstrebenswert gilt, lässt sich an ihren ökonomisch motivierten Verbrechen ablesen. Denn deren Praktiken bilden oft weniger das Revers als den kreativen Unterbau bzw. die avantgardistische Übertreibung jener Strategien, die gesellschaftlichen Erfolg verheißen. Sie weisen durch ihren unklaren Status zwischen Regelbruch und gerade noch legaler Regelauslegung in mehrfacher Hinsicht über die sittlich-normative Verfassung der Epoche hinaus. So kann Literatur die Gesellschaft im juristischen Schwellenphänomen ökonomisch motivierter Delinquenz spiegeln. Interessant ist die Figur des Kriminellen daher allemal (→ DIEB, DIEBSTAHL; → PIRATEN; → RÄUBER; vgl. auch Schönert 1991; Rammstedt 2004); die explizite Legierung mit dem Ökonomischen zum Terminus ‚Wirtschaftskriminalität' ist dagegen (mit Ausnahme des auf Chrematistik beruhenden → WUCHERS) neueren Datums. Sie reagiert auf die komplexe Entwicklung einer wechselseitigen Durchdringung von Staat und Markt vor allem im Typus einer ‚seignioralen Macht', mit welcher ein nur noch bedingt regulierbarer Kapitalismus im Modus globaler Finanzialisierung in den supralegalen Raum der Souveränität vorgedrungen ist (vgl. Vogl 2015, 196–199, 236–237). Dieser vermag „eigene Risiken in Gefahren für andere zu verwandeln" (ebd., 248) und bedingt spätestens seit der Jahrtausendwende eine zunehmende Ununterscheidbarkeit der Selbstschöpfungen internationalen Privatrechts (vgl. ebd., 225–233) von den Geschäftsformen der nun auch virtuell organisierten Kriminalität bzw. ‚Schattenwirtschaft' (vgl. Müller-Dietz 2007, 66).

Die Genealogie des westlichen Legalitätssystems (das zwischen Wirtschaftsrecht, Wirtschaftsstrafrecht und Strafrecht unterscheidet) verdankt sich daher nicht zuletzt einer fortlaufenden Selektion, welche Praktiken des Geschäftslebens zulässig (eventuell auch: zuträglich) waren und welche nicht. Seit der Einhegung von Allmendegütern durch souveräne Interessengruppen im 17. Jh. lösten Eigentumsdelikte die Straftaten physischer Gewaltsamkeit der Zahl nach ab, die vernichtende Gewalt gegen den anderen wurde nun gleichsam ökonomisch sublimiert und richterlich vollzogen (vgl. Foucault 1977, 96; Morus 1960, 23–28). Insofern lässt sich sagen, dass Wirtschaftskriminalität ihren prekären Ursprüngen nach eine von der fortschreitenden Normativität der → BÜRGERLICHEN GESELLSCHAFT bedingte (bzw. auch erzeugte) Form der Delinquenz ist, die fortan mit großer Härte verfolgt wurde, wo sie sich gegen das Eigentum der besitzenden Schichten oder staatliche Ansprüche richtete. Gleichzeitig gehörte aber die Selbsthilfe zu den Existenzbedingungen des einfachen Volkes und konnte etwa im Schleichhandel auch ihrerseits wirtschaftliche Wachstumsimpulse setzen (vgl. Foucault

1977, 96–107). Die definitive Scheidung von der ‚profaneren' Straßenkriminalität des einfachen Volkes ist eine Folge der Industrialisierung, in deren Folge auch die Ausbeutung der eigenen Belegschaft als Form der Wirtschaftskriminalität in den Blick gerät (vgl. schon Ernst Willkomms *Weisse Sclaven oder die Leiden des Volkes*, 1845). Neben und mit der sozialistisch inspirierten Literatur entwickelte auch der Realismus diesbezüglich eine Sensibilität (z. B. Wilhelm Raabes *Pfisters Mühle*, 1884), die nicht zuletzt in Umweltfragen der juristischen Wissensbildung vorausging; auch Émile Zolas *L'Argent* (1891) spiegelt im Erfolg betrügerischer Spekulationen und schließlichen → BANKROTT der ‚Banque Universelle' vor allem die Unzulänglichkeiten des zeitgenössischen Wirtschaftsrechts. In den USA geriet erst über 80 Jahre nach Herman Melvilles *Confidence-Man* (1857) mit Edwin H. Sutherlands Studie *White-Collar Criminality* eine Gruppe höhergestellter und höchstangesehener Personen in den Fokus der Kriminologie, die ihre Delikte nicht aus ‚Gründen' der Armut, sozialen und biologischen Herkunft oder psychopathologischen Neigung, sondern zum Wohle des Unternehmens begingen (*corporate crime*). Sutherlands Beispiele waren vor allem Bestechung, Steuerflucht und illegale Preisabsprachen (vgl. Sutherland 1940).

Wirtschaftskriminalität ist auch seither begrifflich nicht klar umrissen. Im Unterschied zu *corporate crime*, das auch von außen gegen ein Unternehmen begangene Straftaten umfasst (z. B. Wirtschaftsspionage), wird *occupational crime* (Berufskriminalität) von Mitarbeitern gegen das eigene Unternehmen begangen. Häufig liegen allerdings mittels Abfindungen, Honoraren oder Boni Mischformen vor, die mitunter deutlich zugunsten der Angestellten ausschlagen. Ein Kriterium der Wirtschaftskriminalität, deren Sonderstatus in Deutschland § 74c des Gerichtsverfassungsgesetzes (GVG) in Verbindung mit den §§ 263–265 StGB sowie dem Wirtschaftsstrafgesetz von 1954 regelt (die Anfänge reichen in die Zeit der Weltwirtschaftskrise), ist es folglich, dass sich Delikte oft nicht auf die Ebene konkreter Schädigung natürlicher Personen beschränken. Der Terminus zeigt vielmehr eine zunehmend abstrakte Dimension des jeweiligen Fehlverhaltens an, das sich gegen eine sehr große oder sogar unbestimmte Zahl Betroffener auswirken kann, wie etwa Manipulationen des Libor-Zinses durch Großbanken. Wirtschaftskriminalität erreicht damit je nach Umfang eine Dimension von virulenter politischer Relevanz – umso mehr, als etliche der in § 74 GVG aufgeführten Verstöße entsprechende Verbindungen in die Politik voraussetzen (etwa Subventionsbetrug oder Vorteilsgewährung). Diese Unübersichtlichkeit hat dazu geführt, dass Wirtschaftskriminalität vor allem dort literarische Resonanzen fand, wo sie personell rückgebunden und fokalisiert werden kann – Fälle von organisierter Kriminalität (Mafia) oder Wirtschaftsspionage begegnen in zahllosen Kriminalromanen (vgl. Boltanski 2013, 399–449; Gradinari 2011, 217–279; Sauermann 2010). Doch wo im Akt ‚profaner Kriminalität' oft der Körper des Opfers zum Ziel und die Aufklärung zur Aufgabe des Detektivs wird, der die bürgerliche Ordnung wiederherstellen soll, kann Wirtschaftskriminalität in ihren Effekten auf Kollektive zu einem systemischen Legitimationsrisiko der liberalen Wirtschaftsordnung werden (vgl. Heinz 1993, 592).

Insiderhandel, Konkursverschleppung, Unterschlagung – die Liste ökonomisch informierter, engagierter literarischer Darstellungen dieser Makroebene ist mit Bert Brechts *Dreigroschenroman* (1933; → SPEKULATION, SPEKULANT; → III.19. LITERARISCHE PRODUKTION IN DER MODERNEN ARBEITSWELT), Uwe Timms *Kopfjäger* (1991; Warentermingeschäfte) und Rainald Goetz' *Holtrop* (2012; *occupational crime*; → III.21. FINANZ- UND POSTINDUSTRIELLE ARBEITSWELT IN DER GEGENWARTSLITERATUR) als Beispielen für Top-down-Modelle der Wirtschaftskriminalität auch für den deutschsprachigen Raum allenfalls anzudeuten. Don DeLillo gebührt das Verdienst, mit seinem Roman *Cosmopolis* (2003) Profitstrategien jenseits von Legalität und Legitimität wie *carry trade* und *leveraged buyout* erzählbar und kommensurabel gemacht zu haben. Die illegitime Dimension der Wirtschaftskriminalität hat immer wieder Anlass zu politisierender Darstellung gegeben, etwa in Adam Scharrers inflationskritischem Roman *Der große Betrug* (1931) über die qua staatlicher Geldvermehrung erzielte Lohnsenkung in der Weimarer Republik zur Zeit der Ruhrbesetzung.

Auf der Mikroebene dominieren kleinkriminelle Figuren wie die Schieber in Alfred Döblins *Berlin Alexanderplatz* (1929), deren Heroismus im alltäglichen Überleben besteht, und diverse Formen des Betrugs (selbstreflexiv etwa in Thomas Manns *Felix Krull*, 1922/1954) – liegt doch die Erweckung eines falschen Anscheins zum eigenen Vorteil (→ TAUSCH, TÄUSCHUNG) ganz in der Fluchtlinie der Autorenkrankheit *pseudologia phantastica*, für die so mancher haften musste: Karl May (Betrug, Diebstahl, Fälschung) und Georg Kaiser (Unterschlagung, Betrug) verbüßten Haftstrafen, der junge Rudolf Borchardt (Vorwürfe: Betrug, Heiratsschwindel) entging dem nur knapp. Und gerade bei Plagiaten und Fälschungen (vgl. Reulecke 2016), die einen Verstoß gegen das → URHEBERRECHT bedeuten und mithin sehr literaturnahe Fälle von Wirtschaftskriminalität darstellen, sind die Grenzen zwischen Legalität und Kriminalität im konkreten Fall oft nur schwer zu ermitteln. Für Paul de Man waren Tropen generell „Schmuggler von gestohlenen Gütern" (De Man 1985, 421).

Ein Sonderstatus kommt den inzwischen oft gut aufgearbeiteten wirtschaftlich motivierten Verbrechen im Rahmen der Abwicklung der DDR-Wirtschaft durch die Treuhandgesellschaft zu (vgl. Bischoff 2016; See 2014; Boers u. a. 2010), deren Chef Detlev Rohwedder wie in einem schlechten Wirtschaftskrimi ermordet wurde (mit durchaus dubioser ‚Aufklärung' des Falls). Die große Aufmerksamkeit verdankt sich wohl nicht zuletzt auch Günter Grass' einflussreichen Roman *Ein weites Feld* (1995), der sich damit in die Tradition von Karl Kraus' Fehde gegen Imre Békessy und Johann Schober (vgl. Djassemy 2002, 269–270) stellte.

Wucher
Alexandra Vasa und Burkhardt Wolf

In der Bedeutung ‚Frucht, Ertrag, Zuwachs' wurde bereits das althochdeutsche *wuochar*, mehr noch aber das mittelhochdeutsche *wuocher* auf den Bereich des Handels übertragen. Der geldwirtschaftliche Hintergrund dieses Sprachgebrauchs ist in Aristoteles' Πολιτικά auf klassische Weise rekonstruiert (vgl. Aristoteles, pol. 1258a–1258b): Während die *oikonomikē* die Kunst der Haushaltsführung und die Produktion eines naturgemäß beschränkten Reichtums umfasst, betrifft die *chrēmatistikē* die Kunst des Gelderwerbs und damit eine letztlich grenzenlose Sphäre der Bereicherung, zu deren extremstem Auswuchs es im Gewerbe des Wuchers kommt. Dieses sei „mit vollstem Rechte eigentlich verhaßt, weil es aus dem Gelde selbst Gewinn zieht und nicht aus dem, wofür das Geld doch allein erfunden ist. Das Geld ist für den Umtausch aufgekommen, der Zins aber weist ihm die Bestimmung an, sich durch sich selbst zu vermehren. Daher hat er auch bei uns den Namen *tokos* (Junges) bekommen; denn das Geborene (*tiktomenon*) ist seinen Erzeugern ähnlich, der Zins aber stammt als Geld vom Gelde. Daher widerstreitet auch diese Erwerbsweise unter allen am meisten dem Naturrecht" (ebd., 1258b 1–8; → III.1. OIKONOMIA UND CHREMATISTIK). Dass ein ‚Wucher' und *tokos* entsprechender Begriff auch in etlichen anderen antiken Sprachen nachweisbar ist (etwa *máš* in Sumerischen, *foenus* im Lateinischen), hat man als Indiz dafür aufgefasst, dass es im Altertum allerorts zu drängenden Schuldenkrisen gekommen sein muss (vgl. A. Douglas 2016, 37–38).

Nominell, d. h. ungeachtet der Gläubigerrolle zahlreicher Klöster und der Kreditvergaben durch den Heiligen Stuhl oder die Monti di Pietà, wurde im christlichen Europa – in den Kirchenkonzilen sowie mit Berufung auf die Bibel und die patristischen Schriften – die (übermäßige) Zinsnahme verdammt. Der Wucher galt als verpönt, weil er gegen das Gebot der Nächstenliebe verstieß, die Arbeit herabwürdigte und der wahren Fruchtbarkeit widersprach. Ein Zins, der nicht einmal dem Tausch von Sachgütern diente, geschweige denn solche produzierte und überdies den ‚gerechten Preis' missachtete, zeugte von sündiger Habgier. Mit dem Eigentum eines anderen – womöglich gegen dessen Willen – zu handeln, war naturrechtlich gesehen nichts als Diebstahl (→ DIEB, DIEBSTAHL). Und insofern sich das Zinsgeschäft auf Fristen stützte, beging es zu guter Letzt Diebstahl an dem, was keinem Menschen, sondern allein Gott gehört: an der Zeit (vgl. Le Goff 1988, 24, 40–41). Diese christliche Doktrin entwickelte sich weitgehend selbständig. Eher zu ihrer Untermauerung als zu ihrer Begründung diente die Geldtheorie des Aristoteles nach dessen Wiederentdeckung. Rückblickend kann man die scholastische Doktrin des Wuchers auch als eine erste Theorie des → KAPITA-

LISMUS auffassen, denn bereits Petrus Johannis Olivi hat im 13. Jh. dem *capitale* einen ihm inhärenten wahrscheinlichen Gewinn und damit einen latenten ‚Mehrwert' zugesprochen (vgl. Kaye 2014, 71–72). Unter dem Druck des seit dem Spätmittelalter steigenden Finanzierungsbedarfs veränderte sich nicht nur der imaginäre kirchliche Strafenkatalog, so dass bußfertige Wucherer nun vom Purgatorium ihre Entsühnung erhoffen konnten (vgl. ebd., 112–113, 122); auch wurden bestehende Zinsverbote mehr und mehr durch verdeckte Kreditgeschäfte, etwa durch Wechselbriefe, umgangen, wogegen sich später vor allem Martin Luthers *Sermon von dem Wucher* (1519/1520) richtete.

Zu den neuzeitlichen Befürwortern eines (relativ) flexiblen Zinsfußes zählten sowohl die englischen Wirtschaftsliberalisten John Stuart Mill, John Locke, Adam Smith und David Hume als auch französische Physiokraten wie Turgot (vgl. Hohendorf 1982, 47). In seiner *Verteidigung des Wuchers* (1787) plädierte Jeremy Bentham für einen hohen Zinsfuß, insofern es gewissenhafte → PROJEKTEMACHER waren, die den Kredit benötigten (vgl. Bentham 1788, 89). Gemäß einem Beschluss des Heiligen Offiziums von 1830 waren Beichtende nicht mehr danach zu befragen, ob sie Geld gegen Zinsen verleihen. Eine annähernd dreitausend Jahre gültige wirtschaftsethische Maxime wurde so erstmals gelockert (und im Jahr 1917 dann gänzlich aufgehoben; vgl. Wiemeyer 2014, 95, 99). Konsequenterweise sollten Marx und Engels das Wucherparadigma als Betriebsgeheimnis der modernen, auf Kapital und Lohnarbeit gegründeten Produktionsverhältnisse begreifen (vgl. Pahl 2008, 199, 229, 332). Das moderne Verständnis der Finanzmärkte als „ideale funktionierende und wettbewerbsintensive Märkte" könnte ein Grund dafür sein, dass Wucherzinsen in der zeitgenössischen Fachliteratur kaum mehr problematisiert werden (Wiemeyer 2014, 102). Doch obwohl der Wucher heute, etwa in § 138 des BGB, als sittenwidriges Rechtsgeschäft gilt, bietet er gerade Menschen mit geringem Einkommen und niedriger Bonität zumeist die einzige Gelegenheit zur Kreditnahme.

In der antiken Dichtung wurde der Wucher eher indirekt thematisch, zumeist über satirische Darstellungen des Geizes (→ GEIZ) und der Habgier (etwa bei Horaz und Juvenal), im christlichen Mittelalter dann in der Spruch- und Lehrdichtung oder im Schwank. Dantes *Inferno* versetzt die Wucherer in den siebten Höllenkreis und dort in unmittelbare Nachbarschaft zu den Gotteslästerern und Sodomiten. Mit ihnen vereint ihn die Sünde des unfruchtbaren und widernatürlichen Handelns. Indem er nämlich seine „Hoffnung" auf den Zinsgewinn richtet, wandelt er einen „anderen", unnatürlichen Weg und „missachtet er die Natur als solche und ihre Nachahmerin": die Dichtung, deren Wiedergeburt ja Dantes *Commedia* (nach 1300) verpflichtet ist (Dante 2010 ff., Bd. 1, 175). Dante begreift den Wucher als prototypischen Missbrauch von Zeichen und Sprache, der die Leistung aller Poesie, Gottes lebendiges Schöpfungswerk nachzuahmen, pervertiert und der

Ununterscheidbarkeit von eigentlicher (naturgerechter) und uneigentlicher (vollends künstlicher) Bezeichnung Vorschub leistet. Der Wucher erzeugt ein heilloses Trugbild von Natur.

Wurde die Dynamik des Geldverkehrs noch bis weit ins 15. Jh. – etwa in Sebastian Brants *Narrenschiff* (1494) – als scheinhafte Produktivität und als Vergehen am Gemeinsinn gedeutet, erweckte sie im 16. Jh., mit der Etablierung eines überseeisch tätigen Kapitalismus, neues Interesse. Die mysteriöse Selbstvermehrungskraft des Kapitals fasst etwa der erste deutsche Prosaroman *Fortunatus* (1509) im phallischen Motiv eines Geldsäckels, dessen märchenhafte Unerschöpflichkeit die ruhelose Expansionstätigkeit der Kaufleute und zugleich eine neue Welthaltigkeit des Erzählens bedingt (vgl. Vogl 2004a, 177–182). Das elisabethanische Drama wiederum übersetzt die im Bankengeschäft zusehends entpersönlichte Geldzirkulation zurück in den konkreten Interaktionsraum des Schauspiels. Auch wenn sie bis heute als „literarische Chiffre für den reichen Juden" (W. Benz 2002, 16) gilt, variiert in Shakespeares *Merchant of Venice* (1600) die Figur des Shylock weniger den antisemitischen Topos des gnadenlosen jüdischen Wucherers, als dass sie die veränderten Bedingungen der modernen Kreditpraxis durchdekliniert: Zinsen sind dann legitim, wenn das Leihgeschäft als zinsloses Darlehen nebst einer angemessenen Risikozulage (für die Übernahme von Gefahren wie der des See- und allgemein des Geldverkehrs) verstanden und wenn zwischen Kapital und Arbeit ein ‚partnerschaftlicher' Ausgleich von Gewinn- und Verlustchancen hergestellt wird (vgl. B. Wolf 2013, 96–119).

Unter den Vorzeichen seiner Entdramatisierung und Entkriminalisierung ist der Begriff des Wuchers tendenziell gegenstandslos geworden und dient der Wucherer nicht mehr mit der alten Selbstverständlichkeit als moraldidaktisch relevante Figur. Wohl aber bleibt das Thema in ökonomischen Fertilitätssemantiken präsent, die unterschiedliche Bewertungen erfahren: Vom *Fortunatus* über Benjamin Franklins Autobiographie bis hin zu John Galsworthys *Forsyte Saga* wird Geldvermehrung mit Zeugungskraft assoziiert; bei Gustav Freytag, Honoré de Balzac oder Émile Zola hingegen führt die Geldvermehrung zu Unfruchtbarkeit, Degeneration und bloßem Junggesellentum (vgl. Vogl 2011, 127–130, 138–140). Im bürgerlichen Trauerspiel des 18. Jh.s werden zwar etliche Figuren durch ihre Genusssucht und ihren Geldmangel dazu getrieben, Verträge mit Wucherkonditionen abzuschließen, ihre Gläubiger zeigen jedoch nicht mehr die Dämonie des alten Wucherers (vgl. Fiederer 2002, 105). Im Vergleich zur englischen Erzähltradition, in der (wie bei Daniel Defoe oder Henry Fielding) der Handel und seine Finanzierung durch *trader-usurer* eine zentrale Position einnehmen, ist der Wucher für das russische Erzählen weniger prägend. Nikolai Gogol beispielsweise entwirft in seinem Roman *Taras Bulba* (1835) ein mittelalterliches Szenario, in dem jedweder Handel als Wucher gilt und als solcher mit den herrschenden christlich-ritterlichen Idealen unvereinbar ist (vgl. Rosenshield 2008, 42–43). Fjodor Dostojewskis fiktionale Welten sind von akuter Geldnot durchdrungen, weshalb Unternehmer, Kaufleute und Geldverleiher zum immer wiederkehrenden Personal seiner Erzählungen gehören (vgl. Christa 2002, 100). Balzac wiederum setzt sich in seiner *Comédie humaine*, beispielsweise in dem ihr zugehörigen Roman *Gobseck* (1830), gezielt mit der Figur des Wucherers auseinander. Mangelnde Bildung, parvenühaftes Auftreten und erotomanische Züge gehören dabei ebenso zu ihren Eigenschaften wie körperliche Deformationen. Nicht selten manifestiert sich die exorbitante Zinsnahme in der körperlichen Erscheinung des Wucherers, exemplarisch bei Charles Dickens' Protagonist Daniel Quilp aus *The Old Curiosity Shop* (1840), der groteske oder gar monströse Züge aufweist.

Im 19. Jh. ist der Wucher in der deutschsprachigen Literatur zumeist Teil einer (zuletzt oft fatalen) Aufstiegsgeschichte vorwiegend aus dem Osten stammender Juden. Diese betätigen sich zeitweise als Geldverleiher und machen gelegentlich auch Karriere als Bankier (→ BANK, BANKIER) oder Spekulant (vgl. W. Benz 2002, 21; → SPEKULATION, SPEKULANT). Zu den prominentesten Texten dieser Epoche gehört Freytags Roman *Soll und Haben* (1855), der für die antisemitische Zeichnung der Geldverleiher Veitel Itzig und Hirsch Ehrenthal notorisch geworden ist, die vermeintliche Stereotypie seiner Charaktere aber auf mehreren Ebenen, etwa der einer soliden bürgerlichen *oikonomia* und der einer expansiv geopolitischen Dynamik, funktionalisiert (vgl. Werber 2007, 151–169; Twellmann 2013). Auch das Porträt eines etablierten Bankiers in Heinrich Manns *Im Schlaraffenland* (1900) steht noch in der Tradition des betrügerischen Kreditgebers. Im 20. Jh. aber hat, wie Jacques Le Goff sagt, keiner die „grauenvolle Faszination dieser vielgestaltigen Bestie" (Le Goff 1988, 15) adäquater gefasst als Ezra Pound. Seine *Usura-Cantos* (XLV, LI, Addendum für Canto C) gelten jenen wucherischen Praktiken, die zum „Ausverkauf aller Lebensgrundlagen" beigetragen haben (vgl. Hesse 1985a, 74; → III.17. MODERNISTISCHE ÖKONOMIEN). Und kritisch zielen sie nicht nur auf einen Kapitalismus, dessen Wucherung mit Werten und Waren einen Statusverlust der Kunst nach sich ziehen muss; sie stellen auch die Frage, ob unter diesen Bedingungen die Entstehung von Kunst überhaupt noch möglich ist (vgl. E. Hesse 1985b, 118).

Wunsch, Begehren

Slaven Waelti

Was Wunsch und Begehren sind, fragt man nicht nur die Philosophie und die lyrische Dichtung, sondern seit Sigmund Freud und seit der Neoklassischen Wirtschaftstheorie auch die Psychoanalyse und die Ökonomie. Während durch Erstere eine psychische Ökonomie des Wunsches offengelegt wurde, rückte in der Letzteren das Begehren ins Zentrum der ökonomischen Analyse. Dieses chiastische Verhältnis gilt es zu untersuchen.

In der Freud'schen Psychoanalyse stellt die Ökonomik neben der Topik und der Dynamik eine der drei metapsychologischen Darstellungsformen des Haushalts der Psyche dar. In Bewegung gesetzt wird diese Ökonomie durch „Triebe", die der Polarität von „Lust-Unlust" unterstehen und die in der Auslöschung des Reizes, der sie hervorgebracht hatte, ihre Befriedigung finden (Freud 1969 ff., Bd. 3, 84–85). In der *Traumdeutung* (1900) zeichnet Freud nach, wie dieser Befriedigungsprozess im Traum funktioniert: Im Laufe des Tages wird das Individuum von vielen unterschiedlichen Gedanken heimgesucht; nachts wird einer dieser Gedanken „die Rolle des *Unternehmers*" für den Traum spielen. Obzwar der → UNTERNEHMER die Idee zum Traum liefert, kann er sie nicht „ohne Kapital" umsetzen und braucht deshalb den „Kapitalisten", der „den psychischen Aufwand für den Traum beistellt." Und dieser Kapitalist ist „alle Male und unweigerlich, was immer der Tagesgedanke sein mag, *ein Wunsch aus dem Unbewußten*" (ebd., Bd. 2, 534–535). Der Wunsch deckt bei Freud also die Spannweite von Lebensbedürfnissen bis hin zu lustvollen Begierden ab, deren genauer Zusammenhang jedoch nie geklärt wird (vgl. Baudrillard 1991, 341).

Die im selben Jahr wie die *Traumdeutung* erschienene *Philosophie des Geldes* (1900), in der Georg Simmel weniger die Ökonomie der Psyche als vielmehr die Ökonomie vom Standpunkt der Psychologie darzustellen sucht, geht auf genau diesen Zusammenhang ein. Der Unterschied zwischen Bedürfnissen und Begierden liegt zwischen den Trieben, die durch ein Tun befriedigt werden (trinken befriedigt den Durst), und Trieben, die erst im „Erfolg, den das Tun hervorruft" (Simmel 1989 ff., Bd. 6, 254), ihre Erfüllung finden (beispielsweise in der Lustempfindung bei einer Weinverkostung). In diesem zweiten Fall wird das Tun zu einem „Zweck geleitete[n] Wollen" (ebd., Bd. 6, 255), das eine Beziehung zwischen Empfindung und Objekt herstellt, wodurch das Subjekt erst zum Subjekt wird. Mit Baudrillard gesagt: „[D]er Wunsch ‚profitiert' von der physiologischen Bedürfnisbefriedigung, um dann diese oder jene Köperzone libidinös zu besetzen: Er verwandelt die schlichte und einfache Funktion (die organische Logik) in eine Wunscherfüllung" (Baudrillard 1991, 341).

Jacques Lacan unterscheidet hingegen im Bereich des Freud'schen ‚Wunsches' zwischen einem sprachlich artikulierbaren Wunsch (Lacan 2013, 51), dem Wunsch im engeren Sinne und dem Begehren, das das unerfüllbare „Wesen des Menschen" (ebd., 16) ausmacht. In diesem Sinne ist das Begehren, weil es immer „Begehren des Anderen" (Lacan 1973, 220) ist, ein von keinem bestimmten Objekt zu erfüllender Freud'scher „Wunsch des Unbewussten" (Freud 1969 ff., Bd. 2, 535) oder auch ein „unzerstörbarer Wunsch" (ebd., Bd. 2, 588) im weitesten Sinne. Soziohistorisch betrachtet fällt zwischen Freud und Lacan die Demokratisierung des Konsumkapitalismus, der sich Baudrillard zufolge dadurch auszeichnet, dass sich das Begehren in die Waren selbst verlagert, von wo es nun seine Liebe zum Konsumenten verkündet (vgl. Baudrillard 2007, 211). Jenseits der strukturalistischen Semiotik und des Freudomarxismus der 1960er Jahre steht der französische Poststrukturalismus anschließend für ein Denken, das Identitäten in Intensitäten auflöst und die Ökonomie des Begehrens mit einer politischen Ökonomie der Kapital- und Libidoströme kurzschließt (vgl. Deleuze und Guattari 1974; Lyotard 1974).

In der klassischen ökonomischen Analyse in der ersten Hälfte des 19. Jh.s spielte das Begehren als Kategorie für die Wertbildung noch kaum eine Rolle: Bei Adam Smith, Karl Marx und David Ricardo entsprechen „die Tauschwerte der Waren *proportional* den in ihnen enthaltenen oder verkörperten Arbeitsmengen" (Schumpeter 1965, Bd. 1, 723). Dieses objektive Verständnis des Wertes etabliert sich zeitgleich zur industriellen Revolution, zum Heraufkommen des Bürgertums und zur Durchsetzung einer neuen Ästhetik, die spätestens seit der 1857 erschienenen Aufsatzsammlung Champfleurys als ‚Realismus' (vgl. Champfleury 1857) bezeichnet wurde. Mit der getreuen Darstellung der sozialen Wirklichkeit und der Arbeitsverhältnisse nimmt auch das Geld eine zentrale Stellung im Roman des Realismus ein. In einem der ersten Bände von Balzacs *Comédie humaine* ist der titelgebende Protagonist *Gobseck* (1830) ein Wucherer (→ Wucher). Gestützt auf den Glauben an den objektiven Wert des Goldes, werden Geldgeschäfte zum zentralen Dreh- und Angelpunkt, von dem aus es Balzac möglich wurde, die Gesamtheit des Romanzyklus ins Auge zu fassen (vgl. Goux 2000a, 90). Allerdings wird in den ersten Theorien öffentlichen Kredits um 1800 eine Dynamik beschrieben, mit der sich im umlaufenden Kreditgeld eine Korrespondenz zwischen „unendliche[m] Verlangen" und „unendliche[m] Versagen", mithin ein stets ungestilltes Begehren einstellt (A. Müller 1816a, 18, 107–108); und in diesem Umkreis wäre auch ein faustisches, d. h. unternehmerisches Streben zu nennen, das sich – „unbefriedigt jeden Augenblick" (Goethe 1985 ff., Bd. 7.1, 442) – einem unbehebbaren Seinsmangel verschreibt.

Um 1870 erfuhr die ökonomische Analyse in den voneinander unabhängigen, aber dennoch verwandten Arbeiten von Carl Menger, William Stanley Jevons und

Léon Walras eine entscheidende Umformung, die als ‚Neoklassische Theorie' bekannt geworden ist. Für diese Ökonomen wird der Wert weniger von der Produktion selbst her gedacht als vielmehr vom Verbrauch und von der Nützlichkeit bzw. von der Lustempfindung, die sich ein Kunde von einer → WARE verspricht. Die Neoklassische Theorie zeichnet sich dabei insbesondere durch ihre Suche nach dem mathematischen Grenzwert der Sättigung aus. Demnach nimmt der Wert der Waren mit der Intensität der vom Objekt ausgelösten Lustempfindung ab, so dass Jevons soweit ging, von der „ökonomischen Theorie als ‚Lust-Leid Kalkül'" (Schumpeter 1965, Bd. 2, 1283) zu sprechen. Dieses Kalkül des Nutzens ist entscheidend, da es als Grenze des letzten noch zu befriedigenden Wunsches den Tauschwert auf dem Markt oder an der Börse festlegt (daher auch die Bezeichnung „Grenznutzenschule"; ebd., Bd. 2, 1283).

Damit ist der Bruch zwischen Klassischer und Neoklassischer Theorie vollzogen: Werte sind nicht mehr als Arbeitsmengen in Waren verkörpert. Mit Friedrich Nietzsche gesagt, unterliegen sie nun einer „perspektivische[n] Schätzung" durch das Leben selbst (Nietzsche 1980 ff., Bd. 12, 114). Die Umformung der ökonomischen Analyse findet also im antiplatonischen Denken Nietzsches – wie sein Plädoyer für eine ‚Umwertung aller Werte' im Bereich der Moralphilosophie – ein historisches Pendant. Für die Künste hingegen forderte Stéphane Mallarmé, dass nicht mehr ein Objekt, sondern seine Wirkung zur Darstellung gebracht wird (vgl. Mallarmé 1998 ff., Bd. 1, 663), was sich die Impressionisten schließlich zum Programm gemacht haben.

Das Begehren, um das die Psyche und die Ökonomie nun kreisen, findet ein Echo in der Philosophie, der Ästhetik, aber auch in der Literatur. Große Romanprojekte wie Zolas *Rougon-Macquart* führen in eine von Trieben beherrschte Familien- und Gesellschaftsstruktur ein; und für eine modernistische Form der Darstellung des Begehrens in der Literatur um 1900 sei auf André Gide verwiesen (→ III.17. MODERNISTISCHE ÖKONOMIEN). Der 1869 geborene Schriftsteller war mit dem Neoklassischen Paradigma insofern vertraut, als sein Onkel Charles Gide zu dessen Hauptvertretern in Frankreich gehörte. Dieser hatte in seiner Theorie den Begriff der ‚Nützlichkeit' durch den der „désirabilité" [Begehrtheit] (C. Gide 1931, 91) ersetzt und die ökonomische Wertzuschreibung „als Abspiegelung des Lichtstrahles unseres Begehrens" auf die Dinge (ebd., 100; eigene Übers.) beschrieben. In André Gides frühem lyrischen Text *Die Früchte der Erde* (1897) findet dieses Prinzip seine literarische Umsetzung. Befreit von jeglichem irdischen Besitz nach Verkauf seiner Kunstsammlung, lebt der Protagonist von der totalen Verfügbarkeit seines Kapitals, das er zur Befriedigung jedes Wunsches einsetzen kann. Dabei ist kein konkretes Objekt mehr imstande, den „Rundgang aller [s]einer Begierde" (Gide 1999, 123) zu befriedigen: Die Erzählung wird zu einem ‚Hohelied' der Lustintensität, wobei das zur Inbrunst gesteigerte Begehren sich an seiner Sättigung selbst entflammt. Dabei erweist sich das Prosimetrum als einzig angemessene literarische Form für die Entfesselung des Begehrens, das weder die feste Metrik noch die lineare Erzählprosa hätte befriedigen können. Zugleich überführt Gides Ethik der Lustmaximierung die Neoklassische Theorie des Begehrens selbst in eine ‚Paradoxie' (Goux 2000b, 60), da das Begehren mit jeder Befriedigung nicht abnimmt, sondern bis ins Göttliche gesteigert wird.

In den *Früchten der Erde* wird die Existenz als „Wahl des Konsumenten" in einem „Garten der Genüsse" (Goux 2000b, 47; eigene Übers.) besungen. Ab den 1960er Jahren – mit der nun durchgesetzten Demokratisierung des Konsums, der Ästhetisierung der Waren und dem allgegenwärtigen Werbespektakel – wird dieser poetische ‚Garten' zu einem prosaischen Supermarkt (wie etwa in Don DeLillos *White Noise*, 1985). Der Konsumkapitalismus als Versprechen jeglicher Wunschbefriedigung entfaltet Michel Houellebecq zufolge neue „Technologie[n] der Anziehung" (Houellebecq 2016, 45), deren Ziel es ist, jedes Begehren vorwegzunehmen. Das Subjekt, das um sein eigenes Vermögen zu begehren gebracht wird, verfällt der Gleichgültigkeit (etwa in Georges Perecs *Les Choses*, 1965, dt. *Die Dinge*) oder der Depression (in Houellebecqs *Extension du domaine de la lutte*, 1994, dt. *Ausweitung der Kampfzone*); es ruft zur Revolte auf (Jean-Marie Gustave Le Clézios *Les Géants*, 1973, dt. *Die Riesen*), oder es reflektiert den Konsumalltag in Form von Tagebucheinträgen (Annie Ernaux' *Regarde les lumières mon amour*, 2014, dt. *Schau, die Lichter, meine Liebe*). Auf unterschiedliche Art und Weise wird der Versuch unternommen, sich dem „modernen Märchen" (Muray 2000, 26) infantilisierender Slogans und Verführungen zu widersetzen. Dem Literaturkritiker Philippe Muray zufolge hatte Balzac um 1830 seine realistischen Romane ausgerechnet gegen die (romantische) Poesie durchgesetzt. Ähnlich besteht heute die Aufgabe des Romans darin, die Prosa der Realität gegen die Poesie der Werbung (→ WERBUNG) aufrechtzuerhalten. Allgemein gefasst wird Schreiben zu einem Akt des Widerstandes gegen das vom Konsumkapitalismus manipulierte Begehren; es wird zum Versuch, dem „unfassbare[n] Gefühl des Warenüberflusses" (Ernaux 2016, 69) wieder einen Sinn für den „Existenzwert" (ebd., 88) der Objekte, der Individuen und der Mechanismen abzutrotzen.

Zirkulation, Kreislauf

Gerhard Scharbert und Joseph Vogl

Abgeleitet vom lateinischen *circulus*, ‚Kreis' und dem althochdeutschen *Kreiz* (vermutlich von *krizzōn*, ‚einritzen', ‚einen Kampfplatz abgrenzen') sind Zirkulation und Kreislauf zentrale Begriffe der Nationalökonomie und Wirtschaftslehre, nach denen Unternehmungen und Haushalte auf Gütermärkten (wo Haushalte Käufer und Unternehmungen Verkäufer sind) und Faktormärkten (wo es sich reziprok verhält) durch Input- und Output-Ströme sowie durch Geldflüsse in regelmäßigen und ausgleichenden Handelskontakt treten (vgl. Mankiw und Taylor 2012, 28–29). Der Begriff hat seinen Ursprung in der griechischen Antike. Ausgehend von den philosophischen Vorstellungen des Kreises als einer idealen geometrischen Figur ohne Anfangs- und Endpunkt wird sie zunächst ganz buchstäblich für zyklisch gedachte Bewegungen, z. B. der Himmelskörper, verwendet. Bei Empedokles (Mansfeld und Primavesi 2011, 413–563) lässt sich bereits die Übertragung auf biologische Zeit- und Entwicklungseinheiten feststellen (vgl. Primavesi 2017), die die weitere Begriffsgeschichte auf lange Zeit hin bestimmt. Dazu kommen spätere Bedeutungsfelder wie Lebens- und Jahreszeiten, Geschichte insgesamt und schließlich der Waren- und Geldverkehr.

Bei Aristoteles wird der Warenaustausch im untergeordneten Sinne als Hauswirtschaftsaspekt betrachtet, wobei bemerkenswerterweise gerade die Geld- und Zinswirtschaft den naturgemäßen Kreislauf von Erwerb und Verbrauch auflöst (Aristoteles, pol. 1258a–b; → III.1. OIKONOMIA UND CHREMATISTIK).

Umso bedeutender sind schon bei Aristoteles die Korrespondenzen zwischen den geometrischen Implikationen des Kreises und der Kreisbewegung im biologisch-medizinischen Kontext (Aristoteles, phys. 223b12 ff., 265a13 ff.; metaph. 1052a28; an. 415a; gen. an. 731b, 732a). Die Zirkulation ist hier die ursprüngliche und vornehmste Form der Bewegung überhaupt, durch Geburt und Tod hat auch der Mensch Teil am unaufhörlichen Kreislauf des Lebens und der Natur. Noch in der Renaissance werden beide Aspekte – allerdings unter veränderten Wissensbedingungen – gemeinsam verhandelt. Im Anschluss an die Entdeckungen des Kopernikus und in Widerspruch zur aristotelischen Himmelslehre stellte Giordano Brunos Dialog *De l'infinito, universo e mondi* (1584, dt. *Vom Unendlichen, dem All und den Weltkörpern*) Analogien zwischen den Kreisbahnen der (Himmels-)Körper, dem Wasserkreislauf und den zyklischen Bewegungen der Säfte in den Lebewesen her (Bruno 1957, 138; vgl. Toepfer 2011, 303). Die Weltbewegung bestand demnach aus unendlich vielen zyklischen Systemen.

Während die Vorherrschaft der galenischen Medizin die Entwicklung eines physiologischen Kreislaufbegriffs bis in die Neuzeit blockierte, ist die Zirkulation nach William Harveys Beschreibung des doppelten Blutkreislaufs (1628) sehr schnell zu einem Gemeinplatz der Medizin im Zeitalter der Aufklärung geworden. Damit waren nicht nur grundlegende Veränderungen im Körpermodell (als Gefäßsystem; vgl. Koschorke 2003, 54–55) oder in therapeutischen Ideen verbunden. Spätestens seit dem 18. Jh. lassen sich Konzepte der Zirkulation (von Liquiden und Stoffen) in den unterschiedlichsten Bereichen der Naturgeschichte verzeichnen und bestimmen dort die Prinzipien einer *oeconomia naturae* (vgl. Vogl 1994). Zirkulationsprozesse prägen Überlegungen zum Umlauf von Ideen, zur Gestaltung von Verkehrssystemen oder städteplanerische Unternehmungen (vgl. H. Schmidt und Sandl 2002; Vogl 2005); vor allem aber sind sie zu einer fundamentalen Kategorie ökonomischer Analyse geworden. Seit dem von Harvey gelieferten Modell werden Physiologie wie Ökonomie als geschlossene Kreisläufe gedacht, und bei Hobbes, Rousseau oder deutschen Kameralisten erscheint die Mechanik des Geldumlaufs als notwendiger Zusammenschluss von arterieller und venöser Bewegung.

Die notorischen Vergleiche zwischen Blutzirkulation, Wasserkreislauf, Handel und Geldumlauf werden durch funktionale Äquivalenzen garantiert, die den politischen und den natürlichen Körper über die Konformität von (hydrodynamischen) Gesetzen zusammenbringen. Es geht um ein Geflecht aus kommunizierenden Gefäßen, die die „beständige Zirkulation der Reichtümer in sämtlichen Röhren des Staats-Körpers" aufrechterhalten (J. F. v. Pfeiffer 1777 ff., Bd. 2, 1). Systematisch wurden ökonomische Zyklen im *Tableau économique* (1758; vgl. Gilibert 1989, 124) dargestellt, mit dem François Quesnay, Leibarzt von Ludwig XV., die Lehre der Physiokraten in einem doppelten Kreislaufgeschehen zusammenfasste. Demnach hat sich ein kleiner Kreislauf zwischen der sogenannten „produktiven" Klasse (den Bauern), den Grundbesitzern und der Erde installiert, in dem die Vorschüsse der Grundbesitzer zur periodischen Produktion von Überschüssen durch die Ackerbauern führen. Diese Überschüsse treten sodann in einen zweiten Kreislauf ein und zirkulieren als „Nettoprodukt" in einem großen Kreis, der nun alle anderen gesellschaftlichen Klassen und insbesondere den Austausch mit der „sterilen" Klasse, den Handwerkern und Manufakturen, d. h. die Zirkulation von Dienstleistungen und industriellen Erzeugnissen umfasst (Quesnay 1971; vgl. Denis 1897): eine Repräsentation des Wirtschaftskreislaufs, die noch für Karl Marx als „höchst genialer Einfall, unstreitig der genialste, dessen sich die politische Ökonomie bisher schuldig gemacht hat" (Marx und Engels 1956 ff., Bd. 26.1, 319), galt. Über die unterschiedlichen Schulen hinweg orientiert sich der ökonomische Diskurs nun an einer Norm, welche die Deteriorierung an zwei Extremen lokalisiert: in der Störung des Kreislaufs, wie sie sich in verfehlten Zöllen, Edikten, Privilegien oder Einfuhr- und Ausfuhrverboten realisiert; und in der bloßen Thesaurierung und Akkumulation von Überschüssen, die auf der einen Seite → Luxus, auf der anderen aber Notstand und → Armut erzeugen.

Vor diesem wissensgeschichtlichen Hintergrund wird in der Literatur etwa das Handlungsgeschehen ‚ökonomischer Komödien' durch die Zirkulation von Wertsachen, Geld, Wechselbriefen oder Lotterielosen in Atem gehalten (→ III.7. Ökonomische Komödien) oder geraten Zirkulationskrisen, wie zu Beginn von Goethes *Faust II*, selbst auf die Bühne; und nicht selten werden die verschiedensten Zirkulationssphären erzählerisch korreliert. Die schlechte Regierung etwa, die Wieland im *Goldnen Spiegel* mit Blick auf das Volk der „Scheschianer" kolportiert (→ III.4. Utopistische Ökonomien der Neuzeit), charakterisiert sich durch die enge Verflechtung dieser Momente: Zunächst ist es die Pracht des Königshofs, die die Reichtümer in einen „belebenden Umlauf" bringt; dann fließen die „Ströme von Gold und Silber" in die Hauptstadt, aber nicht mehr in die Provinzen zurück, was den „Kreislauf der Lebenssäfte" im Staat unterbricht; die Gewerbe produzieren nur noch Nutzloses, die Künste nur noch Phantasiegebilde; fortan kommt es zur Verödung der Provinzen nach Art einer Erschlaffung der Körper und Nerven; schließlich sind die Gesetze der Natur ebenso misshandelt wie die „Bande der Gesellschaft" aufgelöst – der „Luxus hatte die ganze Masse dieses unglücklichen Reiches mit einem so wirksamen Gift angesteckt, daß der Kopf und das Herz, der Geschmack und die Sitten, die Leiber und die Seelen seiner Einwohner, gleich ungesund" geworden waren (Wieland 1794 ff., Bd. 6, 69, 231; Bd. 7, 68–78). Ähnlich hat sich Tristram Shandys Vater mit seinen ökonomischen Lieblingsthemen auf neueste Erkenntnisse bezogen und wirtschaftliche Kreislaufprobleme mit medizinischen verknüpft. So kann ein „heftige[r] Zustrom" in den Adern zum Untergang des physischen wie politischen Körpers führen, zum Schlaganfall wie zur Staatsapoplexie: „[E]s wäre ein und dasselbe im Staats- und im Menschenkörper. Würden das Blut und die Lebensgeister schneller nach dem Kopf zu getrieben, als sie nachher ihren Weg nach abwärts fänden, so müsse notwendigerweise eine Zirkulationsstörung erfolgen, die im einen und im anderen Falle den Tod nach sich zöge" (Sterne 1964, 45).

Mit dem Aufkommen einer industriellen Waren- und Geldwirtschaft und seit Adam Smith, David Ricardo und Jean-Baptiste Say bildet die Zirkulation zusammen mit Produktion und Konsumtion die grundlegende theoretische Trias der klassischen Nationalökonomie. Dabei rücken Fragen nach Preisdynamiken, nach dem Verhältnis von Angebot und Nachfrage (Say'sches Theorem) und nicht zuletzt nach autoregulativen Prozessen in den Blick (vgl. Vogl 1997b; Bergengruen 2015; → Oikodizee; → III.10. Romantische Ökonomien). Einerseits werden vor diesem Hintergrund insbesondere in der Erzählliteratur des 19. Jh.s verschiedene Dimensionen der kapitalistischen Zirkulationssphäre – Konsum, Kreditwirtschaft, Börsengeschehen, Bankwesen, Finanz, Spekulation, Warenverkehr – in ihren ebenso sozialdeterminierenden wie krisenhaften Momenten verhandelt (→ III.14. Geld- und Kreditverhältnisse im Realismus; → III.16. Börsen-, Spekulations- und Inflationsroman). Andererseits lässt sich die Karriere des Zirkulationsbegriffs auch an einem für die Literatur höchst bedeutsamen Vorgang illustrieren, den Heinrich Stephani in seinen *Grundlinien der Rechtswissenschaft* beschrieb: „Auch unsere Gedanken sind Produkte, und können insoferne als Tauschwaare betrachtet werden. [...] So wie dem Menschen überhaupt das Recht zum Tausche zusteht, so steht ihm auch dieser Handelszweig, der Gedankenkommerz frei" (Stephani 1797, 125; → Urheberrecht). In dem Maße schließlich, wie der → Markt zur Bedingung literarischer Produktion geworden war, verschrieben sich Texte von Honoré de Balzac, Émile Zola, Gustave Flaubert, Adalbert Stifter, Jeremias Gotthelf, Gustav Freytag, Gottfried Keller u. a. einer genauen Beobachtung des Verhältnisses von Marktgeschehen, → Ware und Kunst (→ III.13. Die Entdeckung der Ware).

Unter dem Blickwinkel eines entwickelten → Kapitalismus verwandelte sich schon für Marx, wie er in einem Brief an Engels vom 6. Juli 1863 bemerkte, die Zirkulation in eine eskalierende Spiralbewegung, die vielleicht nicht ohne Grund in der informationstheoretisch begründeten ökonomischen Theorie von John von Neumann und Oskar Morgenstern wiederkehrt (vgl. Neumann und Morgenstern 1944; Gilibert 1989, 127). Schließlich musste man mit dem Take-off der Finanzindustrie und der Finanzialisierung der Weltwirtschaft seit den 1980er Jahren eine beträchtliche Ausweitung und Beschleunigung in der Zirkulation von Geld und Finanzprodukten verzeichnen, die sich als Ausbruch des Finanzkapitals aus seiner wohlfahrtsstaatlichen Hegung manifestierte und zu weitläufigen Diskussionen über die (In-)Stabilität von Finanzmärkten, über die Risiken des Hochfrequenzhandels, über die Wirksamkeit von Steuerungsinstrumenten, über das Verhältnis von Finanz- und Realwirtschaft, über die Spreizung von Lohneinkommen und Vermögensgewinnen, über die Besetzung sozialer und politischer Felder durch die Themen der Finanzsphäre führte. Die Zyklen der globalen Kapitalzirkulation haben neue – politische, ökonomische und soziale – Abhängigkeitsverhältnisse geschaffen (vgl. Vogl 2015, 199–248), die spätestens seit den 1990er Jahren, vor allem aber nach dem Dotcom-Crash von 2001 und der Finanzkrise 2007 ff. zum Gegenstand von Romanen, Dramen und literarischen Experimenten geworden sind (→ III.20. Liberalismus und Neo-Liberalismen in der Literatur, → III.21. Finanz- und postindustrielle Arbeitswelt in der Gegenwartsliteratur). Zugleich hat sich unter jüngsten – elektronischen, digitalen – Medienbedingungen die Zirkulation literarischer Produkte in einigen Grundelementen verändert und restrukturiert (vgl. McLuhan 1968, 224). Die Netzkommunikation über Plattformen und Kurznachrichtendienste hat nicht nur schnelle Verteilungsrhythmen und Genres wie Blogs, Hypertexte oder neue ‚kleine' Formen hervorgebracht, sondern auch eine anhaltende Debatte über Fragen des ‚geistigen → EIGENTUMS' und Copyrights ausgelöst (→ URHEBERRECHT; → VERLAGSWESEN UND LITERARISCHE PRODUKTION).

III. Exemplarische Analysen

III.1. *Oikonomia* und Chrematistik
Moritz Hinsch

Die Erforschung der antiken Ökonomik

Xenophons *Oikonomikos* und das erste Buch von Aristoteles' *Politik*, die hier exemplarisch zur antiken Auseinandersetzung mit Haushaltsführung und Gelderwerb – Ökonomik und Chrematistik – analysiert werden, haben eine lange Forschungsgeschichte. Im 19. Jh. warf die Entstehung der Ökonomie als eigenständiger Wissenschaft die Frage nach den Ursprüngen des Fachs auf. Angesichts des Selbstbewusstseins, mit dem viele Ökonomen verkündeten, theoretisches Neuland zu betreten, war diese Suche nach den Ursprüngen häufig zugleich eine Ehrenrettung der antiken Klassiker. Albert Trever etwa erklärte es zum Ziel seiner *History of Greek Economic Thought* festzustellen, wieweit „the Greek thinkers grasped the principles of the orthodox economy of Ricardo and Mill" (Trever 1916, 7–8; vgl. Gelesnoff 1923, 1–2).

Einer derartigen Traditionspflege setzte Joseph Schumpeters *History of Economic Analysis* ein vorläufiges Ende. Die antiken Griechen hätten zwar in vielen Wissenschaften die Grundlagen gelegt, doch „their economics failed to attain independent status or even a distinctive label". Die Ökonomik habe bloß „the practical wisdom of household management" bezeichnet und Aristoteles' Chrematistik hauptsächlich „the pecuniary aspects of business activity" (Schumpeter 1994, 53–54). Anders als die Etymologie von ,Ökonomie', *economy*, *économie* und *economia* suggeriert, bezogen sich die antiken Wörter *oikonomia* und *oikonomikē* (ein substantiviertes Adjektiv) nicht auf die Wirtschaft als Gesamtheit von Produktion, Distribution und Konsumtion von Waren und Dienstleistungen, sondern auf die Kunst der Haushaltsführung, d. h. die väterliche Herrschaft über Menschen und Besitz im Haus.

Die Bestimmung der antiken Ökonomik als spezifisch vormodern ging einher mit einer Neubewertung der antiken Wirtschaft, die besonders durch Moses Finley an Einfluss gewann (vgl. Finley 1993). Finley bezeichnete die antike Ökonomik als „Hausvaterliteratur [sic!]" (Finley 1970, 22), um ihr geringes analytisches Potential gegenüber der modernen Ökonomie zu charakterisieren. Andere hingegen übernahmen die von Otto Brunner (1980) für die frühe Neuzeit popularisierte Genrebezeichnung als Analysekategorie, um die Ökonomik als Lehre vom ,ganzen Haus' zu verstehen und ihre Ursprünge und Besonderheiten herauszuarbeiten (vgl. Koslowski 1993; Spahn 1984; Descat 1988; Roscalla 1992; Faraguna 1994; Zoepffel 2006). Bereits 1958 hatte Kurt Singer viele Einsichten der späteren Forschung vorweggenommen und die seit Rousseaus *Encyclopédie*-Artikel zur „Économie politique" irrtümliche Etymologie des Worts *oikonomia* korrigiert. Es setzt sich aus *oikos*, ‚Haus', ‚Haushalt', und *nemein*, ‚verteilen', ‚ordnen', ‚leiten', zusammen, nicht aus *oikos* und *nomos*, ‚Gesetz', wie Rousseau meinte.

Die ältere Frage nach dem ökonomischen Denken wurde allerdings, von Anachronismen befreit, gewinnbringend weiterverfolgt (vgl. Lowry 1987; Meikle 1995; Figueira 2012; Föllinger und Stoll 2018), und die Beiträge, die von Ökonomik im Sinne Brunners sprechen, fokussieren ebenfalls meist auf den wirtschaftlichen Aspekt der Haushaltsführung. Das ist kein Zufall: Schon die antiken Autoren schenkten diesem Aspekt besondere Aufmerksamkeit. Ein Blick auf den historischen Entstehungskontext der literarischen Ökonomik hilft zu verstehen, warum.

Die Entstehung der Ökonomik

Die Ökonomik entstand als literarisches Genre in Auseinandersetzung mit den wirtschaftlichen und gesellschaftlichen Entwicklungen in der griechischen Welt seit der zweiten Hälfte des 5. Jh.s v. Chr. Die Verdichtung von Verkehr und Handel wurde durch die Entstehung des von Athen beherrschten Seereichs beschleunigt (vgl. Eich 2006; Davies 2007). Menschen, Waren und Ideen zirkulierten schneller denn je, und Athen war das Zentrum dieser Bewegungen. Hier sammelten sich auch die Gelehrten, die der Jugend aus reichem Haus anboten, sie in Vortrefflichkeit (*aretē*) zu unterrichten und auf die Führung von Haus und Stadt vorzubereiten (vgl. Soverini 1998; Spahn 2003).

Die Zeitgenossen bewerteten das Anwachsen des Geldreichtums nicht unbedingt positiv. In einer Gesellschaft ohne verbriefte Adelsprivilegien bedeutete neuer Reichtum den Aufstieg neuer Leute. Ihr ostentativer Konsum zwang die etablierten Familien mitzuziehen oder abzusteigen. Diese kostspielige Statuskonkurrenz erforderte die Rationalisierung von Haushaltsführung und Erwerb, was wiederum einen verschärften Reichtumsdiskurs anstieß. Diese Problematisierung des Reichtums verkörperte in Athen besonders Sokrates (um 470–399 v. Chr.; vgl. Schaps 2003). Sein Schüler Platon (427–347 v. Chr.) führte dessen Reichtumskritik literarisch fort (vgl. Helmer 2010; Schriefl 2013). Platons Zeitgenosse Diogenes von Sinope, selbst Sohn eines Geldwechslers, lebte sein asketisches, antimaterialistisches Ideal bewusst schockierend vor (vgl. Döring 1995). Die Schüler dieser Prediger der Askese waren allerdings dieselben Personen, denen Sokrates laut Platon vorhielt, zu sehr mit Geldgeschäften (*chrēmatismos*) und Haushaltsführung (*oikonomia*) beschäftigt zu sein (vgl. Platon, apol. 36b). Weil Gelderwerb eine *notwendige* Voraussetzung eines standesgemäßen Lebens war, verachtete man ihn und war zugleich lebhaft an ihm interessiert. Die Ökonomik bediente dieses widersprüchliche Doppelinteresse.

Insofern die literarische Ökonomik Teil des philosophischen Reichtumsdiskurses war, ist die in den Handbüchern übliche Einordnung in das in dieser Zeit entstehende Genre des Fachlehrbuchs (vgl. Lesky 1971, 695–696; Dihle 1991, 247; Föllinger 2014) sehr zu relativieren. Ökonomik war keine Fachkunst wie die Medizin, sondern sollte prinzipiell von jedem freien Mann beherrscht werden. Die Praxis von Haushaltung und Erwerb galt überdies als alltäglich und moralisch fragwürdig. Deshalb war sie als Thema der gehobenen literarischen Kommunikation ungeeignet. Wenn man zur Ökonomik schrieb, dann als normative Reflexion und zum Ausweis der eigenen Bildung (*paideia*). Renate Zoepffel (2006) erinnert zu Recht daran, dass die Entstehung der Ökonomik auch wesentlich die Folge der Ausdifferenzierung der Prosaliteratur war, während inhaltlich viele Kontinuitäten bestanden. Um diese Kontinuitäten zu erkennen und umgekehrt die Innovationen der literarischen Ökonomik des 4. Jh.s v. Chr. genauer zu erfassen, empfiehlt sich ein kurzer Blick zurück in die archaische Zeit.

Die traditionelle Ökonomik: Hesiod

Bereits bei Homer ist der *oikos* ein prominentes Thema (vgl. Spahn 1984, 307). In der *Odyssee* steht Odysseus' ‚ganzes Haus' sogar im Zentrum der Handlung. Dementsprechend nahmen auch noch die Ausführungen zur Haushaltsführung in klassischer Zeit auf die Epen Bezug. Als eigentlicher Gründervater der Hausväterliteratur galt jedoch bereits in der Antike Hesiod mit seinen *Werken und Tagen*. Diese in Hexametern gedichtete Mahnrede (Paränese) entstand wie die homerischen Epen um 700 v. Chr. Gerichtet ist sie an Perses, den Bruder des Dichters, der zu Gerechtigkeit (*dikē*, zugleich eine Göttin) und Fleiß gemahnt wird, Tugenden, die dem Erhalt des eigenen Hauses dienen. Auf allgemeine Ausführungen folgt eine Art Bauernkalender (Hesiod, op. V. 383–827), der die rechte Zeit für jedes Werk *(ergon)* festlegt: das richtige Lebensalter zum Heiraten, die richtige Jahreszeit für die Ernte, der richtige Tag, um einen Vorratstrog zu öffnen.

Trotz dieser praktischen Ratschläge sind die *Werke und Tage* keine eigenständige Ökonomik. Reflexionen über das gerechte Zusammenleben in der menschlichen Gemeinschaft und zu den mythischen Ursprüngen der *conditio humana* machen fast die Hälfte des Gedichts aus. Die *Werke und Tage* tragen Züge einer für frühe Schriftkulturen typischen ‚Weisheitsliteratur', die praktische Ratschläge und moralische Allgemeinplätze in loser Ordnung vereint (vgl. M. L. West 1978, 3–25). Sie folgen zwar bereits literarischen Gestaltungsprinzipien und thematischen Leitlinien (vgl. Clay 2009; Canevaro 2015). Aber die *Werke und Tage* ahmen die traditionelle mündliche Belehrung noch nach und spiegeln wie diese die häuslichen Autoritätsverhältnisse wider (vgl. W. Schmitz 2004, 42–52). Hesiod geriert sich als Autorität, die Wahrheiten verkündet (Hesiod, op. V. 10), welche sich der Bruder „zu Herzen nehmen soll" (ἐνικάτθεο θυμῷ, V. 26), der barsch „als großer Narr Perses" (μέγα νήπιε Πέρση; V. 286, 396, 633) angesprochen und damit an seine kindliche Unreife erinnert wird (vgl. Tilg 2003). Nicht die argumentative Begründung des Wissens oder gar neue Erkenntnisse werden angestrebt, sondern die Beherzigung alter und anerkannter Normen und Praktiken. Der besseren Einprägung dienen die Mittel der Wiederholung (Parallelismen, Anapher), Kontrastierung (Antithesen, Chiasmen) und Veranschaulichung (Gleichnis, Fabel, bildhafte Erzählung). Typisch für die volkstümliche Wissensvermittlung ist auch der Gebrauch von Denksprüchen (*gnōmai*), die entweder ältere Sprichwörter wiedergeben oder diesen gleichen („Wer einer Frau traut, der traut einem Dieb"; ὅς δὲ γυναικὶ πέποιθε, πέποιθ' ὅ γε φηλήτῃσιν; Hesiod, op. V. 375).

Die literarische Adaption der traditionellen Ökonomik: Xenophon

Zwischen Xenophons *Oikonomikos* und Hesiods *Werken und Tagen* liegen mehr als drei Jahrhunderte. Einige Dichterfragmente lassen Kontinuitätslinien erkennen. So etwa die Warnung des Solon von Athen (Anfang des 6. Jh.s v. Chr.), dass ungerechter Gewinn das eigene Haus zerstören wird (M. L. West 1989, Fr. 13). Oder der sogenannte Weiberjambus des Semonides von Samos (Mitte des 7. Jh.s v. Chr.), der einen Tierkatalog weiblicher Eigenschaften aufstellt und nur die fleißige Biene als Ehefrau empfiehlt (Diehl 1954, Fr. 7; vgl. Phokylides von Milet, Diehl 1954, Fr. 2; dazu Seelentag 2014). Der augenfälligste Unterschied zu dieser Tradition ist die Prosaform des *Oikonomikos*. Xenophon (ca. 425–355 v. Chr.) schreibt einen sokratischen Dialog. Sokrates spricht mit Kritobulos, einem jungen und reichen Athener, über die Kunst der Haushaltsführung und die Aufgaben des Hausvorstands. Dann berichtet er ihm von einem früheren Gespräch mit einem gewissen Ischomachos, dem personifizierten Ideal des athenischen Edelmanns (*kalos kagathos*). Der Text lässt sich nur ungefähr in das zweite Viertel des 4. Jh.s v. Chr. datieren (vgl. hierzu originell Delebecque 1951; abgewogen Pomeroy 1997, 1–8). Sein fiktives Datum liegt im letzten Drittel des 5. Jh.s, zu Lebzeiten der historisch verbürgten Dialogfiguren. Für Xenophons Publikum waren sie Teil der goldenen Generation vor Athens Niederlage im Peloponnesischen Krieg und dem folgenden oligarchischen Regime 404/403 v. Chr.

Diese literarischen Figuren haben allerdings die gleichen praktischen und ethischen Probleme wie Xenophons Zeitgenossen. Besonders drückt der Geldbedarf. Er steht dementsprechend am Anfang der Abhandlung. Um ihn zu decken, müssen die jungen Athener aus gutem Haus, die sich aus falschem Adelsstolz nur dem ostentativen Konsum widmen, der Kunst der *oikonomia* zuwenden (Xenophon, oik. 1.16–22). Sokrates bringt Kritobulos mithilfe einer scheinbaren Paradoxie zu dieser Einsicht. Er selbst sei „reich genug" (ἱκανῶς πλουτεῖν), doch Kritobulos sei, gerade weil er hundertmal mehr besitze als Sokrates, „ärmer" (πένεσθαι) als dieser (oik. 2.1–4). Kritobulos reagiert amüsiert ungläubig und Sokrates erläutert den Sachverhalt. In Athen seien den Reichen gegenüber der Stadtgemeinde (*polis*), den Göttern und den Freunden viele kostspielige Pflichten auferlegt. Für diese Ausgaben reiche selbst Kritobulos' Vermögen aktuell nicht aus (oik. 2.4–9). Xenophon entwickelt hier spielerisch eine Definition von relativem Reichtum, wie sie zuerst in den Fragmenten des Universalgelehrten Demokritos von Abdera (ca. 470/460–370 v. Chr.) erscheint (Diels und Kranz 1952, Bd. 2, 204, Fr. B 283). Reichtum und Armut sind eine Frage des Bedarfs. Derart überzeugt ist Kritobulos nun begierig, alles über die Haushaltsführung zu lernen. Sokrates verspricht, ihn zu einem „ungeheuren Erwerbsmann" (δεινὸς χρηματιστής) zu machen (oik. 2.18), indem er ihm Leute (nämlich Ischomachos) zeigt, welche die effiziente Hauswirtschaft beherrschen (vgl. oik. 3). Hier wie auch sonst bleibt kein Zweifel daran, dass das Ziel der beschriebenen Ökonomik die Bewahrung und Vergrößerung eines geldwerten Vermögens ist (vgl. Föllinger und Stoll 2018).

Der Dialog beginnt mit der Feststellung, *oikonomia* sei der „Name einer Wissenschaft" (ἐπιστήμης τινὸς ὄνομά ἐστιν), genau wie Heilkunst, Bronzegießkunst oder Zimmermannskunst. Wie jede Fachkunst (*technē*) diene sie einem spezifischen Werk (*ergon*): Ein guter *oikonomos* ist, wer sein Haus gut verwaltet (οἰκονόμου ἀγαθοῦ εἶναι εὖ οἰκεῖν τὸν ἑαυτοῦ οἶκον; oik. 1.1–2). Ihm gelingt es, nicht nur die notwendigen Ausgaben zu begleichen, sondern sogar den *oikos* „durch Erzielung eines Überschusses zu vergrößern" (περιουσίαν ποιῶν αὔξειν τὸν οἶκον; oik. 1.4). Mithilfe der Mehrdeutigkeit des Worts *oikos* drückt Xenophon die wechselseitige Bedingtheit der Hauswirtschaft aus: Die Hausgenossen dienen der Vergrößerung des Vermögens, das Vermögen dient der Bedarfsdeckung der Hausgenossen.

Anschließend heißt es, unter *oikos* sei nicht bloß das Wohnhaus (*oikia*) zu verstehen, sondern „alles, was ein Mann besitzt" (πάντα τοῦ οἴκου εἶναι ὅσα τις κέκτηται), gleich ob „innerhalb oder außerhalb des Territoriums seiner Stadt" (oik. 1.5). Sokrates verfeinert diese Definition, wieder mithilfe von Wortspielereien. Der *oikos* bestehe nicht aus *ktēmata* (Besitztümern), sondern nur aus *chrēmata* (Vermögen, Geld, Waren). Ein Mann „besitze" (κέκτηνται) ja auch Feinde, die man schwerlich als Teil seines Vermögens bezeichnen könne (oik. 1.6). Also zählen nur Besitztümer zum *oikos*, die „nützlich" (ὠφέλιμα) sind, anstatt zu schaden: Nur was man zu „gebrauchen" (χρῆσθαι) verstehe, solle man als *chrēmata* ansehen, wobei unter den Begriff des Gebrauchs auch der gewinnbringende Verkauf fällt (oik. 1.7–12). Das Spiel mit Wortbedeutungen vermittelt eine ökonomische Einsicht: Es geht nicht um Besitz als Rechtsanspruch, sondern um Besitz als potentiell produktives Kapital.

Im Laufe des Dialogs evoziert Xenophon mehrfach Bilder, die seiner *oikonomia* geradezu kommerzielle Züge verleihen. Die Ehefrau wird als „Vermögenspartnerin" (χρημάτων κοινωνός) bezeichnet, die ihre Mitgift als Kapital in die Partnerschaft einbringt, mit dem der Mann anschließend wirtschaftet (oik. 7.13). Deshalb soll sie auf künstlichen Schmuck wie Schminke verzichten, weil man auch einem Geschäftspartner nicht traue, der gefälschte Ware vorzeigt (oik. 10.3). Vorbild für die Ordnung des Hausrats sind die geordneten Waren auf einem phönizischen Handelsschiff, die „um des Gewinns willen" (κέρδους ἕνεκα) transportiert werden (oik. 8.12). Und wenn Ischomachos gegen Ende des Dialogs seinen Vater pathetisch den „ackerbauliebendsten" (φιλογεωργότατος) Athener seiner Zeit nennt, weil er verwahrloste Grundstücke kaufte, durch Investitionen im Wert steigerte und gewinnbringend weiterverkaufte, entgegnet Sokrates ironisch, dann seien die „Fernhändler" (ἔμποροι) offenbar die „Getreideliebendsten" zu nennen, weil sie ihr Getreide nur dort verkauften, wo es den höchsten Preis erziele. Ischomachos reagiert gelassen: „Du scherzt [παίζεις], Sokrates, aber tatsächlich glaube ich, dass jeder das liebt, was ihm *Nutzen bringt* [ὠφελεῖσθαι]" (oik. 20.22–29).

Angesichts dieses Fokus auf gewinnorientierte Hauswirtschaft waren moderne Forscher von der äußeren Form des sokratischen Dialogs irritiert. Ein solcher Dialog erschien für ein praktisches Lehrbuch ebenso ungeeignet wie Sokrates als Lehrer der Hauswirtschaft. Gerade jüngere Erklärungsversuche vermuten eine Differenz von Gesagtem und Gemeinten, wobei die Deutungen von der Annahme eines Gedankenspiels über „an economics which is about to become pure chrematistics" (Strauss 1998, 203–204), einer Selbstkritik am eigenen, unphilosophischen Lebensstil Xenophons (vgl. Danzig 2003, 73–76; anders akzentuiert Natali 2001, 287–288) bis hin zur Idee einer Satire von Ischomachos' Materialismus reichen (vgl. Kronenberg 2009, 37–72).

Diese Deutungen sind letztlich nicht überzeugend (vgl. Hobden 2017, 162–164). Die vermutete Differenz von Gesagtem und Gemeinten wäre so subtil, dass sie in der gesamten Antike nie bemerkt wurde. Xenophons ‚Sokrates' war überdies für praktische Ratschläge sehr viel aufgeschlossener als derjenige Platons. Im zweiten Buch der *Memorabilien* gibt er hauswirtschaftliche Ratschläge im Geiste des *Oikonomikos* (vgl. Dorion 2008, 255–267). In der *Kyrupädie*, einem Erziehungsroman, der den Perserkönig Kyros den Großen als idealen Herrscher darstellt, wird dieser wie im *Oikonomikos* (4.4–25) als Vorbild des Hausvaters empfohlen (vgl. S. Günther 2012). Xenophon ist die erfolgreiche Hauswirtschaft also durchaus ein ernstzunehmendes Anliegen. Warum aber Dialogizität und Witz? Die Dialogform erlaubt die Vermittlung praktischen Wissens, ohne als pedantischer Lehrmeister aufzutreten (vgl. Föllinger 2005). Sie ermöglicht eine spielerische Gliederung des Stoffs. Der Kritobulos-Dialog (oik. 1–6) dient als Einleitung, die Gegenstand, Relevanz und Adressaten der Abhandlung festlegt und die Themen des folgenden Ischomachos-Dialogs (oik. 7–21) ankündigt. Der Ischomachos-Dialog, streng genommen nur eine lange Erzählung innerhalb des Kritobulos-Dialogs, umfasst wiederum mehrere erzählte frühere Dialoge, die sich jeweils einem Unterthema widmen: So dient etwa die Wiedergabe eines Gesprächs mit der jungen Ehefrau der Darstellung ihrer hausmütterlichen Pflichten (vgl. oik. 7.10–10.13).

Die Verschachtelung mehrerer Dialoge simuliert zugleich die mündliche Weitergabe hauswirtschaftlichen Wissens durch eine ältere Autorität. Von Ischomachos' Vater über Ischomachos, Sokrates, Kritobulos bis zu Xenophons Rezipienten, denen Xenophon im allerersten Satz ankündigt, er werde berichten, was er einst „gehört habe" (ἤκουσα), wird eine fiktive Kontinuität über fünf Generationen hinweg erzeugt. Die Dialogform erlaubt die für die hausväterliche Mahnrede typische Anrede in der zweiten Person wie bei Hesiod, ohne dass sich Xenophon gegenüber seinen Standesgenossen wirklich väterliche Autorität anmaßt. Schließlich schafft die Dialogform Distanz zwischen dem Autor und den Standpunkten seiner Dialogfiguren. Xenophon und seine Leser waren interessiert an der geschäftstüchtigen, rationalisierten Haus- und Landwirtschaft, die Ischomachos verkörpert. Aber Hauswirtschaft und Gewinnstreben waren moralisch anrüchig und zu alltäglich. Die Dialogform erlaubt es, Ischomachos' Lehren zu vermitteln und sich von ihrer nutzenmaximierenden Grundhaltung zugleich zu distanzieren.

Witz und Humor haben dieselbe Wirkung (vgl. Diederich 2013 für die römischen Agrarschriftsteller). Gerade Kernaussagen werden mit Übertreibungen und Ironisierungen abgeschlossen, so wie die oben zitierte gewinnbringende ‚Liebe zur Landwirtschaft' von Ischomachos' Vater. Um keine Zweifel aufkommen zu lassen, markiert Xenophon den Einsatz von Humor semantisch: Leo Strauss (1998, 191, Anm. 6) zählt insgesamt 18 Ausdrücke des Lachens und Scherzens. Aber diese Scherze heben die intendierten Aussagen nie auf. Sie schaffen lediglich immunisierende Distanz und mildern den belehrenden Ton ab, in dem sie eine zwanglose Unterredung simulieren. Xenophon greift Elemente der traditionellen Belehrung spielerisch auf, etwa rhetorische Fragen und parallel konstruierte schroffe Antithesen von ‚nützlichem' und ‚schädlichem' Verhalten. Er zitiert das offenbar verbreitete Sprichwort, dass das „Auge des Herrn" (δεσπότου ὀφθαλμός) das Pferd nährt (oik. 12.20), erweitert es allerdings zur Anekdote und belässt es bei einem beispielhaften Sprichwort aus einem größeren Fundus (vgl. dazu Victor 1983, 183–184). Ähnlich greift er sich aus dem Katalog der Tier-Frau-Vergleiche nur das Bild der Ehefrau als Biene heraus und erweitert diese Metapher zur Allegorie des gut geordneten Bienenkorbs (oik. 7.17, 32–39; 17.14–15).

Ähnlich wie bei den sprachlichen Mitteln verschmilzt der *Oikonomikos* auch inhaltlich Altes mit Neuem. Die konventionelle Sorge um das eigene Hauswesen wird mit der von den ‚Sophisten' und Sokratikern entwickelten Herrschaftstheorie verknüpft. Dieses Unterfangen lässt sich an drei zentralen Begriffen festmachen: Nutzen, Fürsorge/Aufsicht, Herrschaft.

Der Nutzen (*ōpheleia*), den etwas für die Hauswirtschaft hat, ist sein Wert. Gut ist, was nützlich (*ophelos*) ist. Das gilt für Sachen und Menschen gleichermaßen: Pferde (oik. 3.9; 5.6), Ehefrau (oik. 7.18–43; 10.15–19), unfreie Aufseher (oik.14.2), *jegliches* Gewerbe, das einträglich ist (oik. 20.29): Aus allem soll man Nutzen ziehen (*ōpheleisthai*). Dass dieser wirtschaftlich geprägte Begriff des Nutzens, häufig geradezu ein Synonym von ‚Gewinn', dem Alltagsdenken entspricht, zeigt der Vergleich mit Gerichtsreden und Orakelanfragen. Er entspricht gleichwohl nicht dem Nutzenbegriff der modernen ökonomischen Analyse. Er ist nicht individualistisch-hedonistisch, sondern normativ und kollektivistisch. Nicht den Nutzen eines Individuums gilt es zu maximieren, sondern den des ‚ganzen Hauses'. Hetären, Weintrinken und Würfelspiel werden dementsprechend als nutzlos und schädlich verurteilt (oik. 1.13, 20–23). Zugleich wird immer auch ein sozialer Nutzen angestrebt, so insbesondere in Bezug auf die Landwirtschaft, die nicht nur einträglich, sondern auch edel ist (oik. 6.5–11; 15.4). Schließlich ist die Vermögensvermehrung kein Selbstzweck, sondern dient der sozialen Reproduktion des Hauses als Teil der städtischen Führungsschicht.

Die wichtigste Fähigkeit und Tätigkeit, um diese soziale Reproduktion zu gewährleisten, wird mit *epimeleia* bezeichnet, was zugleich ‚Fürsorge' und ‚Aufsicht' meint. Für dieses wichtigste Schlagwort des Textes – es wird, Ableitungen eingeschlossen, einhundertundelfmal verwendet (vgl. K. Meyer 1975, 104; Breitenbach 1967, Sp. 1870) – fehlt im heutigen Deutsch ein Synonym. Die Hausväterliteratur der Frühen Neuzeit bietet mit ‚Sorge' und ‚Hussorge' [sic!] hingegen ein exaktes Synonym, was einmal mehr die Parallelen der Genres belegt (→ Sorge und Risiko). *Epimeleia*, ständiges und sichtbares Sorgetragen, ist die erste Pflicht des Hausvaters (oik. 12.16; 13.9–12; 14.5–10), aber auch seiner Stellvertreter, der Ehefrau und des unfreien Aufsehers/Verwalters (*epitropos*), dessen Auswahl und Erziehung Xenophon besonders ausführlich behandelt (oik. 12–14). Der Begriff beinhaltet auch das Gebot paternalistischer Fürsorge. Die kranken Sklaven werden gesund gepflegt (oik. 7.37), die fleißigen und treuen mit Verpflegung und Anerkennung belohnt. Dabei kommt nie ein Zweifel daran auf, dass all dies dem Nutzen des Hauses zu dienen hat.

Am Ende des Ischomachos-Dialogs steht die Einsicht, dass die Kunst der Haushaltsführung (*oikonomikē*) eine „anleitende Herrschaftstätigkeit" (τὸ ἀρχικόν) sei, genau wie die Landwirtschaft, die Regierung einer Stadt, die Führung eines Heers, einer Kriegsgaleere oder eines Theaterchors (oik. 21.2). Der Anführer soll durch seine Anweisungen, seine Kontrolle und sein Vorbild für Ordnung (*taxis*) sorgen und seine Untergebenen motivieren. Wem es gelingt, über „Willige" (ἐθέλοντες) zu herrschen, der kann mit denselben Mitteln mehr erreichen als die, denen die Herrschaftsfähigkeit fehlt (oik. 21.3–12; vgl. oik. 3.2–10). Effizienzsteigerung, das Hauptziel der Ökonomik Xenophons, bedeutet Intensivierung von Herrschaft. Dabei betont der griechische Ausdruck *archē* anders als das deutsche Wort ‚Herrschaft' weniger den Aspekt persönlich ausgeübter Macht als die funktionale Rolle des ‚Führens/Regierens'. In dem großen Haushalt, den Xenophon entwirft, delegiert der Hausherr die Verwaltungstätigkeit an Stellvertreter wie Ehefrau und Aufseher. Zur Sicherung effizienter Kooperation reicht es daher nicht, sich auf sein Herrschaftsrecht zu berufen: Man muss Führungsqualitäten beweisen, um nicht zu sagen, *Management*-Fähigkeiten (vgl. Figueira 2012). Die Gleichstellung des *oikonomos* mit dem König und Feldherrn ist insofern eine Adelung seiner Tätigkeit und zugleich eine Mahnung an ihn, die *oikonomia* mit größtem Ernst zu betreiben.

Die philosophische Problematisierung der Ökonomik: Aristoteles

Aristoteles (384–322 v. Chr.) setzt bei dieser von Sokratikern und Sophisten vertretenen Gleichsetzung von Haushaltsführung und Regierung an, um seine normative Theorie von *oikonomia* im ersten Buch der *Politik* zu entwickeln. Die achtbändige Abhandlung entstand wohl in den 330er und 320er Jahren v. Chr. für den Unterricht im Lykaion in Athen (vgl. Flashar 2013, 107). Sie beginnt mit der Feststellung, alle menschlichen Gemeinschaften *(koinōniai)* bestünden für einen bestimmten Zweck (*telos*), die höchste Gemeinschaft, die alle anderen umfasst, demgemäß für den höchsten Zweck (Aristoteles, pol. 1252a 1–6). Diese vollendete (*teleios*) Gemeinschaft ist die Stadtgemeinde (*polis*), und ihr Zweck das „gute Leben" (εὖ ζῆν; pol. 1252b 27–29). „Diejenigen, die meinen, ‚politisch', ‚königlich', ‚haushälterisch' und ‚despotisch' bedeuteten dasselbe, legen die Sache nicht gut dar" (οὐ καλῶς λέγουσιν; pol. 1252a 7–9). Denn Haus und Stadt unterschieden sich nicht nur nach ihrer Größe, sondern auch nach der Art ihrer konstitutiven Herrschaftsbeziehungen (pol. 1252a 9–16). Damit grenzt sich Aristoteles inhaltlich von seinem Lehrer Platon ab, folgt ihm aber methodisch. Wie dieser ist er an begrifflicher Systematik und theoretischer Abstraktion interessiert, nicht an pragmatischen Maximen wie Xenophon. Sein Hauptinteresse gilt der städtischen Gemeinschaft der *polis*, sein Interesse am Haus und seiner Wirtschaft ist davon nur abgeleitet: Um ein zusammengesetztes Ganzes zu verstehen, muss man zuerst dessen kleinsten Teile betrachten (pol. 1252a 18–23). Aristoteles schenkt den innerhäuslichen Beziehungen und den Zwecken der *oikonomia* dennoch deutlich mehr Aufmerksamkeit als Platon. Während der den Haushalt in der Utopie der *Politeia* ganz auflöste, integriert Aristoteles die innerhäuslichen Sozialbeziehungen und Handlungsweisen in seine normative Theorie der städtischen Gesellschaft.

Dabei wahrt er wie Xenophon sorgfältig Distanz zum Thema, indem er den *theoretischen* Charakter seiner Behandlung betont. Dem praktischen Wissen von Ökonomik und Chrematistik widmet Aristoteles von 13 Kapiteln nur eines (Kap. 11), dem er, um keine Missverständnisse aufkommen zu lassen, eine Erklärung voranstellt. „In all diesen Dingen ist die *Betrachtung* zwar eine *freiheitliche* Sache, die *Erfahrung* dagegen eine *notwendige*" (πάντα δὲ τὰ τοιαῦτα τὴν μὲν θεωρίαν ἐλευθέραν ἔχει, τὴν δ' ἐμπειρίαν ἀναγκαίαν; pol. 1258b 9–11). Und später heißt es, „eine detaillierte Behandlung Teil für Teil" (τὸ κατὰ μέρος ἀκριβολογεῖσθαι) zur Erwerbskunst sei zwar „nützlich für (Erwerbs-)Tätigkeiten" (χρήσιμον πρὸς τὰς ἐργασίας), aber „mühselig" (φορτικόν; pol. 1258b 33–35). Die beiden Attribute ‚freiheitlich' und ‚mühselig' transportieren fein nuancierte Wertungen. Freiheitlich ist, was einem Mann angemessen ist, der nicht nur rechtlich ungebunden ist, sondern auch ein dieser Freiheit würdiges Leben führt. Dass eine Detaildarstellung ‚mühselig' sei, ist keine regelrechte moralische Verdammung, aber doch eine Abwertung im Sinne von ‚vulgär'. Aristoteles entwirft also eine moralische und zugleich soziale Hierarchie von Wissensstufen, genau wie in seiner *Metaphysik* (980b 28–982a 2). Und er verwendet noch zwei weitere Schlagwörter im zitierten Abschnitt aus der *Politik*, die aufschlussreich für seine Theorie der Hauswirtschaft sind. Manche Dinge zu tun / zu wissen ist, bei allem Mangel an Freiheitlichkeit, praktisch *notwendig* (*anankaios*), weil es *nützlich* (*chrēsimos*) ist.

Die intertextuellen Referenzen unterstreichen den theoretischen Charakter der Ökonomik. Am häufigsten zitiert Aristoteles Homer, daneben auch Hesiods *Werke und Tage*, Solons Elegien und attische Tragödien. Fast alle Referenzen verweisen auf gedichtete und überwiegend sehr alte Texte. Das entspricht Aristoteles' Wertschätzung der Dichtung als Medium einer höheren Wahrheit in der *Poetik* (1451b 5–11) und des Zitierens alter Dichter als besonders wirksames Autoritätsargument in der *Rhetorik* (1375b 26–1376a 16). Mit dem Wechsel von der *theōria* zur *empeiria* ändern sich auch Leitfragen, Sprachmittel und Referenzen schlagartig. Für die praktische Erwerbskunst müsse man wissen, *welche* Böden und Tierarten *wo* und *wie* verwendet die *höchsten Erträge* einbrächten (ποῖα λυσιτελέστατα καὶ ποῦ καὶ πῶς; pol. 1258b 13–20). Was – wo – wie: Hier erscheint das typische Frageschema einer Fachkunst. Für weitergehende Auseinandersetzungen verweist Aristoteles auf zwei Fachbücher, die sich mit der Landwirtschaft (*geōrgia*) befasst hätten, und zwar sowohl mit dem Feldbau als auch mit der Baumzucht, was auf thematisch gegliederte Lehrbücher hindeutet (pol. 1258b 39–1259a 3).

Theōria erfordert Abstraktion und Argumentation, empeiria die Sammlung exemplarischen Einzelwissens. Aristoteles empfiehlt das „Zusammentragen" (συλλέγειν) „der verstreuten Berichte" (τὰ λεγόμενα σποράδην) über erfolgreiche Geldgeschäfte, weil dies „nützlich" (ὠφέλιμα) sei (pol. 1259a 3–6). Zwei solcher Anekdoten, in denen findige Individuen Monopole erringen, berichtet er selbst. Eine handelt davon, wie Thales von Milet seinen Spöttern bewies, dass ein Philosoph reich werden könne – wenn er nur wolle. Mithilfe seines astronomischen Wissens sah er eine gute Olivenernte voraus und verschaffte sich ein Monopol (monopōlia) über die verfügbaren Olivenpressen der Gegend, was ihm bei der folgenden Ernte viel Gewinn einbrachte (pol. 1259a 14–21). Die Anekdoten sind in der Sprache der zeitgenössischen Verkehrswirtschaft wiedergegeben und bar jeder theoretischen Abstraktion. Sie sind Exempel anhand der Schilderung denkwürdiger Begebenheiten, ihre kausalen Zusammenhänge bleiben implizit. Der Maßstab des Erfolgs ist nun nicht mehr das gute Leben und der Gemeinnutzen, sondern Geldgewinn und Eigennutz. Aristoteles war also gut vertraut mit der kommerzialisierten Verkehrswirtschaft, seine Ablehnung ihrer Behandlung in der Politik war eine bewusste Entscheidung. Die Thales-Legende ist insofern ein Symbol für Aristoteles' eigenen Umgang mit der Erwerbskunst.

Wirtschaft und Erwerb reizen bei Aristoteles ebenso das Interesse wie bei Xenophon, nur unter verkehrten Vorzeichen. Die Erwerbskunst wird in vier der dreizehn Kapitel (8–11) diskutiert (Analysen in: Shellens 1952; Pellegrin 1982; Natali 1990), nachfolgend summarisch auch die familiären Beziehungen (Kap. 12–13). Und auch die ausführliche Behandlung der Sklaven setzt sich zwar vor allem mit dem ethischen Problem einer naturrechtlichen Begründung der Sklaverei auseinander, beginnt jedoch mit der bemerkenswert ökonomischen Definition, der Sklave sei Besitzteil (ktēma) und „beseeltes Werkzeug" (ὀργάνον ἔμψυχον) und diene als solches der oikonomia (pol. 1253b 23–33).

Die Auseinandersetzung mit der Erwerbskunst beginnt mit der definitorischen Frage nach dem Verhältnis der chrēmatistikē zur oikonomikē. Aristoteles schlägt drei mögliche Antworten vor: Die Chrematistik könnte mit der Ökonomik identisch sein, sie könnte ein Teil von dieser sein oder ihr untergeordnet (pol. 1255b 40–1256a 10). Die erste Möglichkeit schließt Aristoteles gleich aus: Die Erwerbskunst habe es mit „der Beschaffung" (τὸ πορίσασθαι) von „Vermögen und Besitz" (χρήματα καὶ κτῆσις) zu tun, die Haushaltskunst mit deren „Verwendung" (τὸ χρήσασθαι; pol. 1256a 10–14). Zur Klärung der zweiten und dritten Frage führt Aristoteles die Unterscheidung von naturgemäßer und widernatürlicher Erwerbskunst (ktētikē kata physin – para physin) ein. Erstere beschaffe „einen Schatz an Vermögensgütern [θησαυρισμὸς χρημάτων], die zum Leben notwendig und für die Gemeinschaft der Stadt und des Hauses nützlich sind" und deshalb als „wahrhaftiger Reichtum" (ἀληθινὸς πλοῦτος) gelten könnten (pol. 1256b 27–31). Diese Erwerbskunst ist Teil der Ökonomik, weil sie ihren teleologischen Zweck erfüllt.

Es gebe jedoch noch eine „andere Art der Erwerbskunst" (γένος ἄλλο κτητικῆς), die „meistens und mit Recht" als *chrēmatistikē* bezeichnet würde, weil sie keine „Grenze" (πέρας) des Reichtums zu kennen scheine. Viele hielten sie wegen ihrer „Nachbarschaft" (γειτνίασις) für identisch mit der naturgemäßen Form der Erwerbskunst (pol. 1256b 40–1257a 2). Dem widerspricht Aristoteles mit der Unterscheidung von zwei Verwendungsweisen jeder Sache, einer eigentlichen und einer uneigentlichen. So könne man einen Schuh oder einen Mantel als Bekleidungsstück verwenden – dies sei sein eigentlicher Zweck – oder als Handelsware. Diese Passage ist keine Vorwegnahme der Marx'schen Kategorien ‚Gebrauchswert' und ‚Tauschwert' (vgl. Meikle 1979; 1995). Marx rezipierte zwar Aristoteles, schuf dabei jedoch eine genuin neue Wertlehre (vgl. Marx und Engels 1956 ff., Bd. 23, Kap. 1–2). Aristoteles selbst spricht nicht von zwei Formen des Werts, sondern des *Gebrauchs*. Der Wert einer Sache ist, wie bei Xenophon, dessen Nützlichkeit im Gebrauch bezogen auf den subjektiven Bedarf. Zu Geldgewinn (‚Mehrwert') kommt es nicht durch Warenzirkulation und Kredit (wie bei Marx), sondern durch Asymmetrien im wechselseitigen Bedarf der Tauschpartner (vgl. Aristoteles, eth. Nic. 1132b 31–1133b 16; 1163a 9–21; 1171b 18–26).

Quasi-historisch erzählt Aristoteles die Entstehung der widernatürlichen Erwerbskunst (pol. 1257a 13–b 7). „Anfänglich" (ἀρξαμένη τὸ πρῶτον) zwang mangelnde Selbstgenügsamkeit die Menschen dazu, ihren Bedarf (*chreia*) an fehlenden Gütern durch den Eintausch ihrer Überschüsse zu decken. Dieser Tausch von Waren gegen Waren (W – W) war naturgemäß, weil er *autarkeia* herstellte. Dann erfand man „logischerweise" (κατὰ λόγον) das Geld als Tauschmedium zur Vereinfachung des Handels (W – G – W), das bald zum Münzgeld mit ‚gesetztem' Wert wurde (*nomisma*), um sich das Wiegen zu sparen. Daraus entstand „zwangsläufig" (ἐκ τῆς ἀναγκαίας) die letzte Form der Chrematistik, die „Krämerkunst" (τὸ καπηλικόν), die zunehmend „fachmännischer" (τεχνικώτερον) wurde. Bei ihr dient das Geld nicht mehr dem Erwerb lebensnotwendiger Waren, vielmehr dienen diese dem Erwerb von Geld (G – W – G). Die natürliche Reihenfolge (W – W, W – G – W) ist verkehrt worden (G – W – G).

Die letzte und übelste Entwicklungsstufe ist die „Wucherkunst" (→ Wucher), ὀβολοστατική, die „aus gutem Grund gehasst wird" (εὐλογώτατα μισεῖται; pol. 1258a 39–b 7). Denn bei ihr fallen echte Waren ganz weg und der Zins gebiert widernatürlich Geld aus Geld (G – G: τόκος γίνεται νόμισμα ἐκ νομίσματος). Aristoteles spielt hier mit der Doppelbedeutung des Wortes *tokos*, das sowohl den Nachwuchs beim Vieh als auch den Geldzins bezeichnet, um so die Unnatürlichkeit einer sich selbst befruchteten und vermehrenden Form des Reichtums zu unterstreichen.

Schon zuvor hat Aristoteles diese zweite Form der Gelderwerbskunst insgesamt für widernatürlich erklärt, weil sie entweder der Genusssucht diene oder den Geldgewinn sogar zum Selbstzweck mache, was beides nicht dem guten Leben diene. Aristoteles illustriert dies an der mythischen Figur des Königs Midas, der sich wünschte, dass alles, was er berühre, zu Gold werde (pol. 1257b 15–17). Die Erfüllung dieses Wunsches habe ihm grenzenlosen Reichtum gebracht, doch zugleich den Tod durch Verhungern.

Diese Passage hat für endlose Diskussionen gesorgt. Einerseits verurteilt Aristoteles weder das Geld noch den Handel per se und betont sogar, dass Handel ‚naturgemäß' sei, weil er die *autarkeia* der Stadt gewährleiste (vgl. Meikle 1979, 61–64). Aristoteles kritisiert nicht die ‚Marktwirtschaft' (oder den ‚Kapitalismus'), sondern eine individuelle ethische Verfehlung. Andererseits lässt sein teleologisch zwangsläufiger Entwicklungsablauf für eine legitime Gelderwerbskunst keinen Platz (vgl. Schütrumpf 1991, 323–325). Die Widersprüchlichkeit entsteht daraus, dass Aristoteles ein Dilemma entwirft: Handel ist *notwendig*, um den Bedarf zu decken, aber er führt *zwangsläufig* zur Entwicklung der verfehlten Geldgewinnkunst. Wie in Platons *Politeia* (369b–372a; vgl. Schofield 1993) ermöglicht erst wirtschaftliche Spezialisierung und wirtschaftlicher Austausch die städtische Zivilisation, führt aber zugleich zu Luxus und grenzenlosem Gewinnstreben. Die Entstehung der *polis* als höchste Gemeinschaft und der Geldgewinnsucht als tiefste Verfehlung sind zwei Seiten des Prozesses der Zivilisation: jene die Licht-, diese die Schattenseite.

Die widernatürliche Gelderwerbskunst erscheint fast als Gegenteil der auf das Gemeinwesen ausgerichteten politischen Tugend (*politikē aretē*), die Aristoteles in späteren Büchern der *Politik* als Grundlage eines idealen Gemeinwesens definieren wird, und sie erinnert an die Habsucht (*pleonexia*) als Gegenteil der Gerechtigkeit, an der Platon die *polis* scheitern lässt. Deshalb ließe sich vermuten, dass Aristoteles die Gelderwerbskunst besonders deshalb ablehnte, weil sie in seiner Sicht das politische Gemeinwesen bedrohte (so etwa Koslowski 1979, 65–66). Tatsächlich ist Aristoteles' Beurteilung jedoch ambivalenter. Im fünften und sechsten Buch, in dem er sich mit den Gründen der Desintegration städtischer Gemeinwesen auseinandersetzt, nennt er neben dem Streben nach Zugewinn (*kerdos*) auch das Streben nach Ehrenstellung (*timē*) und kritisiert Platons allzu materialistische Analyse sozialer Konflikte (Aristoteles, pol. 1302a 38–b 2; vgl. ebd., 1316b 21–22 und 1266b 37–1267a 41). Noch bemerkenswerter ist, dass Aristoteles zur Lösung solcher Konflikte sogar empfiehlt, man solle aus öffentlichen Mitteln den ärmeren Bürgern Kapital bereitstellen, damit diese aus Landwirtschaft, Handel oder Handwerk ein Auskommen hätten (pol. 1320a 17–b 14). Diese Passagen (in denen nie von *chrēmatistikē* die Rede ist) unterstreichen, welche für seine Zeit durchaus originellen Zugeständnisse Aristoteles an die Erfordernisse der praktischen Empirie zu machen bereit war. An seiner theoretischen Verdammung des reinen Geldgewinnstrebens ändert dies jedoch nichts.

Nun waren einige Schüler und Zuhörer Platons und Aristoteles' selbst Söhne kommerziell erfolgreicher Aufsteiger. Empfanden sie Aristoteles' harsches Urteil nicht als Affront? Es ist im Gegenteil anzunehmen, dass es ihnen ein rhetorisches Muster bot, um angemessen über diese Geldgeschäfte zu kommunizieren. Paradoxerweise nimmt Aristoteles an, dass die meisten Zeitgenossen *zugleich* Geldbesitz fälschlicherweise für Reichtum halten und seine eigene Ablehnung des grenzlosen Strebens nach solchem Reichtum teilen. Diese Dissonanz lässt sich mit Verweis auf den eingangs umrissenen historischen Kontext erklären. Statuskonkurrenz erforderte Bargeld, und um dessen Erwerb musste man sich in einer Stadtrepublik ohne königliche Pfründen selbst kümmern. Deshalb galt der Gelderwerb als leider *notwendige* Bedingung für edle und gute Tätigkeiten wie Politik und Philosophie.

Genau diese Differenz zwischen dem Notwendigen und dem Guten entwickelt Aristoteles mit Raffinesse. Ackerbau, Viehzucht und Jagd sind zwar die ‚natürlichsten' Formen des Erwerbs (pol. 1256b 6–30), doch zu wenig edlen Tätigkeiten wie Bergbau oder Handel besteht bloß ein gradueller Unterschied mit vielen denkbaren Zwischenstufen (pol. 1258b 19–30). Wichtiger als der Ursprung des Reichtums ist der ihm zugedachte Zweck: erst die Versorgung des eigenen Hauses, dann das gute Leben als Teil der Stadtgesellschaft. Dass der dafür *notwendige* Reichtum in Geld besteht und weit jenseits des Subsistenzminimums liegt, weiß Aristoteles. Deshalb hält er die Kenntnis der Chrematistik für Politiker für ebenso „nützlich" (χρήσιμον) wie für Hausherren, weil Städte an „Gelderwerb und derlei Einkünften" (χρηματισμοῦ καὶ τοιούτων πόρων) noch größeren Bedarf hätten als Haushalte (pol. 1259a 32–35).

Aristoteles' Verdammung des Erwerbsstrebens ist theoretisch eindeutig und zugleich empirisch flexibel. Nimmt man ihn beim Wort, ist sein totaler Chrematist lebensunfähig, weil sein grenzloses Gewinnstreben ihn selbst vernichtet wie König Midas. Er ist eine tragikomische Figur. Dem entspricht, dass die Figur des Midas zuerst in der 50 Jahre älteren Komödie *Plutos* (388 v. Chr.) von Aristophanes erwähnt wird, einem Stück, dass inhaltlich vieles von Aristoteles' Auseinandersetzung mit dem Geldreichtum vorwegnimmt (vgl. David 1984, 38–43). Der Plot des Stücks ist die Heilung des Gottes *Plutos*, des personifizierten Reichtums, von seiner Blindheit. Fortan werden die Gerechten reich sein, die Ungerechten, die vorher reich waren, hingegen arm. Den sich plagenden Landwirten Attikas wird versprochen, sie würden allesamt zu Midassen (Aristophanes, Plut. V. 287). Doch dann tritt die personifizierte Armut (*Penia*) auf und offenbart die paradoxe

Konsequenz dieses Segens: Wenn alle reich sind, dann arbeitet niemand mehr, um Reichtum zu erwerben, und dann müssen die reich gewordenen Landwirte wieder selbst als Subsistenzbauern schuften wie Arme, um nicht zu verhungern (ebd., V. 509–534). Aristophanes stellt wie Aristoteles den Fehlglauben bloß, dass wahrer Reichtum in Geldbesitz bestehe.

Noch in anderer Hinsicht teilt sich Aristoteles ein begriffliches Repertoire mit der Komödie. Er bezeichnet die zwei äußersten Formen der Chrematistik als Krämer- (*kapelikē*) und Wucherkunst (*obolostatikē*). Diese Worte sind gelehrte Neologismen, ihre Wortstämme hingegen nicht. *Kapēlos* bezeichnet den Krämer vom Markt oder die Schankwirtin von der Ecke (vgl. Ehrenberg 1968, 122–124). Der *obolostatēs* ('Obolen-Wieger') ist der sprichwörtliche Pfennigfuchser, der den Notleidenden tageweise Geld zu Wucherzinsen leiht (vgl. Millett 1991, 182–186; Shellens 1952, 429–431). Aristoteles verwendet hier also keine neutralen Ausdrücke für Handel und Geldverleih (etwa *emporia* und *daneismos*), wie er es an anderer Stelle tut, sondern bewusst solche mit ausgeprägt negativen sozialen Konnotationen. In Komödien und Gerichtsreden treten Krämer und Wucherer geradezu als Personifizierungen kleinlicher und unehrlicher Gewinnsucht auf, zusammen mit Zuhältern und Zöllnern. In der *Nikomachischen Ethik* (1121b 31–1122a 13) beschränkt auch Aristoteles seine Verurteilung wegen „schändlicher Gewinnsucht" (αἰσχροκέρδεια) auf diese konventionell verachteten Gruppen, wobei der Ausdruck die Vorstellung eines nicht-schändlichen Gewinnstrebens voraussetzt. Die Gleichsetzung der Erwerbskunst mit ihrer verachtenswertesten und geringfügigsten Form in der *Politik* ist demnach eine *reductio ad absurdum*, die sich mit ihrer Wortwahl auch als solche zu verstehen gibt.

Diese *reductio* erlaubte es Aristoteles' Rezipienten, sich trotz etwaiger Geldgeschäfte ihres Hauses nicht mit dem Krämer und dem kleinen Wucherer identifizieren zu müssen, sondern diese so zu verachten, wie es sich für einen echten Philosophen gehörte. Das war umso einfacher, als diese Gewerbetreibenden einer unterlegenen Gesellschaftsschicht angehörten. Dabei formulierte der Begriff der widernatürlichen Chrematistik zugleich eine Warnung: Selbst wenn sich der eigene Gelderwerb als ‚notwendig' rechtfertigen ließ, durfte man nicht als grenzenlos gieriger Erwerbsmann *erscheinen*, um die Verspottung als Krämer und Wucherer zu vermeiden. In diesem Sinne ähneln sich Xenophons *Oikonomikos* und Aristoteles' *Politik I*. Beide Texte reflektieren die Grundbegriffe und -prinzipien der Ökonomik, was den ‚richtigen' Erwerb mit einschloss. Mehr als über die Praxis von Erwerb und Haushaltung belehren sie darüber, *wie* über diese Themen angemessen zu kommunizieren sei, und führten diese Regeln des Diskurses exemplarisch vor. Zugleich boten sie Rechtfertigungsmodelle des eigenen Gelderwerbs und Haushaltens als Tätigkeiten, welche die notwendigen Grundlagen für das gute Leben in der städtischen Gesellschaft bereitstellen.

Ausblick: Die Ökonomik in Hellenismus und Kaiserzeit

Die Reflexion über Ökonomik brach nach Aristoteles nicht ab. Am Übergang vom 4. zum 3. Jh. v. Chr. steht eine als pseudo-aristotelische *Oikonomika* bekannte Sammlung von drei heterogenen Texten. Am meisten Aufmerksamkeit hat das zweite Buch, das einem Schüler des Aristoteles zugeschrieben wird, für seine interessante Verwendung des Worts *oikonomia* erfahren. Es reduziert die Wortbedeutung auf den Aspekt der Verwaltung von Einkünften und Ausgaben und dehnt die Wortverwendung in diesem reduzierten Umfang auf alle Formen der Finanzverwaltung aus: die königliche, die statthalterische, die städtische, die private (*basilikē, satrapikē, politikē, idiōtikē*; Pseudo-Aristoteles, oec. 1345b 11–13). Auf eine kurze Benennung der Eigenheiten jeder dieser *oikonomiai* (1345b 14–21) folgt ein Katalog anekdotischer Exempel über Stadtregierungen, Statthalter oder Alleinherrscher, die sich findig und skrupellos aus ihrer Geldnot befreiten.

Dass nicht einmal ein Schüler des Aristoteles' dessen diffizile Unterscheidungen von *oikonomikē* und *chrēmatistikē* sowie naturgemäßer und widernatürlicher Erwerbskunst berücksichtigte, zeigt, dass Aristoteles' normativer Begriff der Chrematistik nicht allgemein üblich war (vgl. Natali 1990). Hinter der Bezeichnung von Finanzverwaltung als *oikonomia* steht keine Fahrlässigkeit, wie Renate Zoepffel meint, die das zweite Buch der *Oikonomika* einen „Entwurf zu einem ‚Lehrbuch der Finanzwissenschaft', antik gesagt zu einer *Chrematistik*" nennt (Zoepffel 2006, 227, 331). Denn einen etablierten antiken Begriff der ‚Chrematistik' gab es nicht, ebenso wenig wie eine strikte Trennung von konsumtiver Haus- und produktiver Betriebswirtschaft, wie sie erst in der Moderne auf das Begriffspaar Ökonomik – Chrematistik projiziert wurde. Das belegen etliche literarische und inschriftliche Belege für die Bezeichnung der öffentlichen Finanzverwaltung als *oikonomia* (vgl. Ampolo 1979, 123–124; Natali 1995, 97–99). Die Stoiker unterschieden zwar *oikonomikē* und *chrēmatistikē*, aber weder im alltäglichen noch im aristotelischen Sinne (Arnim 1903, Fr. 623; vgl. Natali 2003, 76–78). Aristoteles' Begriff der Chrematistik blieb eine intellektuelle Sonderleistung.

Die Gelehrten in Hellenismus und Kaiserzeit setzten sich weiter mit Haushaltung und Erwerb auseinander, ohne grundstürzend Neues zu wagen (vgl. Natali 1995 und 2003; Audring und Brodersen 2008, 176–239). Während sich mit der Agronomik eine umfangreiche Fachliteratur mit Praxisbezug entwickelte, die die Landwirtschaft als edelste Erwerbskunst sah, blieb die Ökonomik ein Thema des philosophischen Diskurses. Auf diesem Weg fand sie Eingang in die alteuropäische Tradition und diente als Vorlage der nachantiken Hausväterliteratur, die dann ihre eigenen Wege ging.

III.2. Christliche Ökonomik
Hans Jürgen Scheuer

Der christliche Gott als Hausvater seiner Schöpfung

Οἰκονομικὴ τέχνη bezeichnet ein praktisches Wissen, mit dessen Hilfe sich häusliche Angelegenheiten klug aufteilen (*distribuere*), anordnen (*disponere*), einrichten (*dispensare*) und steuern lassen (*gubernare*). Von jenem technischen Grundverständnis aus kann der Begriff auf analog gedachte, nächstgrößere, ja allumfassende Ordnungen übertragen werden: auf die Ausstattung eines Schiffes wie auf das Heerwesen (Xenophon), auf die zwischen gut disponierten Wörtern (λέξις) und in der Stoffgliederung (τάξις) wirkenden Kräfte der Rede (Quintilian; vgl. Cardauns 1985) oder auf die im Mikro- und Makrokosmos waltenden Kräfte der Natur und des Schicksals (Chrysipp nach Plutarch). Nach Aristoteles gelingt Ökonomik grundsätzlich da am besten, wo sie in den Händen eines einzelnen Steuerers liegt. Die *οἰκονομία* findet im vormodernen Denken deshalb ihre wirksamste Umsetzung in der *μοναρχία* (Aristoteles, pol. 1255b 19). Sie wird exemplarisch ausgeübt als Macht des Hausvaters über Frau und Kinder sowie über die erweiterte *familia*, die mit Verwandten, Sklaven und Gesinde zusammen den Hausstand (*rei domesticae status*) bilden und seine wirtschaftlichen Grundlagen besorgen (*cura rerum familiarium*). In der peripatetischen Dreigliederung der Lehre vom richtigen Leben nimmt die Ökonomik (als ‚Hauslehre') damit die mittlere Position ein zwischen Ethik (*ethica / monastica* als ‚Sorge um sich' oder Selbstpraktik) und Politik (*politica* als Praktik des Gemeinwesens). Eine christliche Wendung erhält der antike Begriff *οἰκονομία*, wenn das *Vor*walten einer weisen Einrichtung des Hauses und das kluge *Ver*walten der häuslichen Lebenswelt als Modelle für diejenige Ordnung betrachtet werden, die Gott mit *Vor*aussicht (*sapienter / providenter*) dem Werk seiner Schöpfung mitgegeben hat bzw. nach der er die Weltläufte mit *Um*sicht (*prudenter*) selbst lenkt oder durch exekutive Stellvertreter lenken lässt. Sein subtilstes und fragilstes Geschöpf, der Mensch, vermag jene doppelte Ordnung des Seins und der Praxis sowohl aus dem Buch der Natur herauszulesen als auch im Mysterium der Inkarnation, im Dogma der Trinität oder im messianisch sich Bahn brechenden Geschichtsverlauf zu erkennen bzw. sie in seinen eigenen sozialen und politischen Formationen habituell und operativ nachzubilden, sofern er durch die Offenbarung an der Herrlichkeit des christlichen Gottes teilhat.

Neutestamentliche Grundlegung: *οἰκονομία / οἰκονόμος* in den Evangelien und apostolischen Briefen

Die begriffliche Verknüpfung von ‚Haus' (*οἶκος*) und dem zweckmäßigen Zuteilen (*νέμειν*) von Geld, Besitz oder Erbschaft erscheint in den Evangelien des Neuen Testaments vereinzelt bei Lukas (vgl. Lk 16,1–4 im Sinne der Hausverwaltung). Zugleich entfalten die Evangelisten die Implikationen des Konzepts in einer Fülle von Gleichnissen. Darin beziehen sie ökonomisches Handeln auf das Reich Gottes, dessen Herrschaft und Herrlichkeit sie am Beispiel der Frage nach Lohn und Rechtfertigung des Menschen vor Augen führen (vgl. Mt 20,1–16: Die Arbeiter im Weinberg; Mt 21,33–46, Mk 12,1–12, Lk 20,9–19: Von den bösen Weingärtnern; Mt 24,42–44, Lk 12,39: Wachsamkeit des Hausverwalters; Mt 24,45–51, Lk 12,41–46: Vom treuen und vom bösen Knecht; Mt 25,14–30, Lk 19,12–27: Von den anvertrauten Talenten; Lk 12,16–21: Der reiche Kornbauer; Lk 16,1–9: Vom unehrlichen Verwalter). Die Ökonomie jener Gleichnisreden Jesu bewegt sich um zwei *foci*, die das ‚Meta-Gleichnis' vom Sämann (Mt 13,1–23; vgl. Mk 4,1–20, Lk 8,4–15) auf die gültige Formel bringt: „Wer da hat, dem wird gegeben, daß er die Fülle habe; wer aber nicht hat, dem wird auch das genommen, was er hat" (Mt 13,12; vgl. Mk 4,25, Lk 8,18). Auf der einen Seite prognostiziert sie das überschießende Wachstum des Ertrags, der sich aus der Investition des Glaubens ergibt; auf der anderen Seite konstatiert sie dessen völligen Ausfall bei denen, die sich der Offenbarung Gottvaters in seinem Sohn Jesus Christus verschließen. Zwischen beiden Extremen handelt Gott so, dass er das Lohnprinzip jederzeit aufkündigen kann, indem er die „gewöhnliche Entsprechung von Arbeitszeit und Entgelt außer Kraft" setzt (U. Meyer 1998, 68): Unabhängig von der Messbarkeit des Geleisteten erhalten daher alle von ihrem Herrn die gleiche Entlohnung (Mt 20,13–16). Denn Gott demonstriert und bekräftigt seine hausväterliche Souveränität gegenüber den Menschen dadurch, dass er deren wirtschaftliche Rationalität zu unterbrechen und durch eine andersartige, ungeahnte Verteilungsgerechtigkeit zu ersetzen vermag: „So werden die Letzten die Ersten und die Ersten die Letzten sein" (Mt 20,16). Umgekehrt sind die Gottesknechte ihrem Herrn gegenüber zur Loyalität verpflichtet. Dazu gehört, dass sie mit den ihnen überlassenen Talenten wuchern: Wer die verliehenen Gaben brachliegen lässt und nicht gewinnbringend einsetzt, vernichtet ihren Wert vor Gott.

Hinzu tritt ein spezieller Aufmerksamkeitstyp, der, apokalyptisch ausgerichtet, weiß, dass Gottes Reich kommt wie der Dieb in der Nacht (vgl. 1 Thess 5,2; 2 Petr 3,10; Offb 16,15). Auf diesen Augenblick vorbereitet zu sein, schließt einerseits die Erwartung der Krise, sprich: des jederzeit möglichen Zusammenbruchs aller ökonomischen Vorsicht, ein. Andererseits demonstriert das Gleichnis von den fünf törichten und den fünf klugen Jungfrauen (Mt 25,1–13), dass die Vorsorge der einen für die nächtliche Ankunft des überfälligen Bräutigams sie an dessen Hochzeit teilhaben lässt, bei der Gottes unerschöpfliche Ressourcen verteilt werden, während die Torheit der anderen, die im entscheidenden Augenblick keinen Ölvorrat für ihre Lampen angelegt haben, sie von der einbrechenden messianischen Gegenwart ausschließt. Das bedeutet wiederum nicht, dass die Gnade des himmlischen Herrschers analog zur Vorratshaltung kalkulierbar wäre. Das Gleichnis vom verlorenen Sohn (Lk 15,11–32) zeigt vielmehr, dass Gott gerade um des gescheiterten Verschwenders (→ VERSCHWENDUNG, VERAUSGABUNG) willen bereit ist, das Freudenfest ungeachtet der Schuld des ungehorsamen Sohnes zu eröffnen, sobald er reumütig zum Hausvater zurückkehrt. Auf die Ökonomie jenes sorgenden Gottes zielt ebenfalls das Gleichnis von der verlorenen Drachme (Lk 15,8–10). Es bildet das Pendant zum Gleichnis vom guten Hirten (Lk 15,1–7), der über das wiedergefundene Schaf größere Freude empfindet als über die 99 ortstreuen Tiere seiner Herde. Um das eine verloren gegangene von zehn Geldstücken wiederzugewinnen, wälzt die Hausfrau die gesamte häusliche Ordnung von Grund auf um (Lk 15,8–9: *domum evertit*) und meldet ihren Freundinnen den glücklichen Fund, um sie an ihrer Freude teilhaben zu lassen wie Gott die Engel an seiner Freude um den einen Büßer. Zur Sorge (→ SORGE UND RISIKO) des Hausvaters fügt sich hier ein anderer Akzent mit Folgen für die Struktur der Machtverhältnisse: der Umsturz der herrschenden Hausordnung um der kleinen Münze willen, deren Rettung größeren Aufwand erfordert als das Bewahren des neunmal größeren Reichtums. In der Ökonomie der neutestamentlichen Gleichnisse entspricht so jeder Ellipse menschlicher Planungsrationalität eine Hyperbel göttlicher Überbietung oder Unterbietung des Status quo: Vor Gott behält nichts den Wert, der ihm in der Welt zugemessen wurde.

Theologisch dezidiert verwendet im Neuen Testament Paulus die Begriffe οἰκονομία und οἰκονόμος (1 Kor 9,17; Kol 1,25; Eph 3,2 und 3,9; 1 Tim 1,4). Weil er sich als Vermittler von Offenbarungswissen versteht, nennt er sich selbst einen Menschen, der zu den „οἰκονόμοι μυστηρίων θεοῦ" – zu den „Verwaltern der Geheimnisse Gottes" – gezählt werden möchte (1 Kor 4,1). Er verknüpft die Vorstellung der göttlichen Ordnung mit dem Amtsverständnis eines Kämmerers (vgl. zum Gebrauch des Amtstitels Röm 16,23), der in höherem Auftrag seiner Gemeinde dient, indem er sie etwa durch die Erstellung von Hausordnungen instruiert (vgl. die sogenannten Haustafeln Eph 5,21–6,9; Kol 3,18–4,1). Mit dem entsprechenden apostolischen Charisma ausgestattet, sollen – wie es, angelehnt an Paulus, im ersten Petrusbrief heißt – die Christen insgesamt zu „καλοὶ οἰκονόμοι ποικίλης χάριτος θεοῦ" (1 Petr 4,10) werden: zu „guten Spendern der bunten Gnade Gottes" (Vulgata: *boni dispensatores multiformis gratiae Dei*). Wie die wortgeschichtlichen Untersuchungen Gerhard Richters (2005) und Giorgio Agambens (2010) belegen, bleibt jenes Verständnis von οἰκονομία im Sinne eines verliehenen Amtes durch alle exegetischen Abstraktionen hindurch deutlich vernehmbar. Von der Vorstellung des gut geführten Haushalts gehen daher historisch lang andauernde, vielgestaltige Institutionalisierungsprozesse aus, die gleichermaßen die Kirche (*ecclesia*) wie das politische Gemeinwesen (*res publica*) betreffen. Sie spalten sich nach Agambens Archäologie der christlichen Ökonomik in zwei Paradigmen auf: in die politische Theologie (als Ursprung der modernen politischen Philosophie und ihrer Theorie der souveränen Herrschaft, die sich am ruhenden Schöpfergott orientiert) und in die theologische Ökonomie (als Ursprung der modernen Biopolitik und Theorie der Regierung bzw. Gouvernementalität, die den eingreifenden Verwaltergott und seinen Helferapparat in den Blick nimmt).

Oeconomia patrum

Im Anschluss an Paulus entwickeln die griechischen und lateinischen Kirchenväter zwischen dem 2. und 5. Jh. die *οἰκονομία* zu einem dogmatischen Konzept (vgl. Lillge 1955). Die sogenannte *Oeconomia patrum* (Ribov 1748) setzt an der Formulierung aus Eph 3,9 an, wo Paulus von seinem Auftrag spricht, die Einsicht in die Sendung Christi an die Heiden als Miterben und Hausgenossen der Offenbarung kraft der ihm enthüllten und anvertrauten *οἰκονομία τοῦ μυστηρίου* (Vulgata: *dispensatio sacramenti*) mitzuteilen und weiterzugeben. Jenes pragmatische Amtsverständnis schlägt erst in dem Augenblick in theologische Dogmatik um, als Tertullian (nach 150 – nach 220) und Hippolyt (um 170–235) die paulinische Formel zur Rede vom *μυστήριον τῆς οἰκονομίας* verkehren, um das Geheimnis der Trinität als Einheit der Dreifaltigkeit in der Auseinandersetzung mit den Anhängern eines strengen Monotheismus geltend zu machen. Auch hier geht es zwar noch um eine Verwaltungspraxis, aber nun um eine der inneren Selbstorganisation Gottes in seinen drei Wesenheiten Vater – Sohn – Heiliger Geist. Dadurch wird *οἰκονομία*, was sie nicht schon von Anfang an war: Attribut des *Mysteriums* der göttlichen Verwaltung der Welt. Agamben sieht darin einen entschiedenen diskurspolitischen Gewinn sowohl gegenüber dem steilen Monotheismus als auch gegenüber der gnostischen Spaltung der Gottheit in einen seienden (weltentrückten) Gott und einen innerweltlich wirkenden (weltverstrickten) Demiurgen: Das sich parallel zur christlichen Ökonomik entwickelnde Trinitätsdenken ermögliche allererst, eine „Reihe von nur schwer zu vereinbarenden Ebenen: Weltfremdheit und Regierung der Welt, Einheit des Seins und Vielfalt des Wirkens, Ontologie und Geschichte in einer einzigen semantischen Sphäre zusammenzuführen – ebender des Wortes ‚oikonomia'" (Agamben 2010, 70). An jene Widerspruchsspannungen schließen hoch differenzierte theologische Modelle zum Verhältnis von Herrschaft und Regierung, Providenz und Heilsgeschichte, zum göttlichen und irdischen Hofstaat (in Form von Angelologie und Bürokratie) sowie der Repräsentation und Legitimation von Macht und Ordnung an. Während das jeweils erste Glied jener Doppelformeln dem ‚unbewegten Beweger' gilt, bezieht sich das zweite Glied auf den tätigen Gott. Nach Augustinus (354–430) zielt sein Eingreifen auf einen *ordo*, der „jedem Teil de[n] ihm angemessene[n] Platz im Gefüge des Ganzen" zumesse (Augustinus, civ. 19,13: *ordo est parium dispariumque rerum sua cuique loca tribuens dispositio*; vgl. U. Meyer 1998, 36).

Monastische Ökonomien: Askese und kynische Tradition

Zusätzliche Fluchtlinien christlicher Ökonomik lassen sich abseits amtlicher Hierarchie und Institutionalisierung verfolgen. Sie führen zur eremitischen Anachorese bzw. zur *imitatio Christi* in monastischen Gemeinschaften, die sich selbst als ‚Häuser' einer *vita communis* (Koinobion) verstehen. Zwar sind die Mönchsorden ebenfalls dem Gehorsam gegenüber ihrem Abt verpflichtet, verfügen aber unter seiner Aufsicht über Regeln, deren Anwendung an Ort und Stelle, von Fall zu Fall verhandelbar ist. So entwickeln sie auf der Grundlage des praktischen, ‚gelebten' Exempels Ökonomien eigener Art, wie sie sich beispielhaft in den Reformorden und in der Armutsbewegung des 12. und 13. Jh.s ausbilden.

In der Sicht monastischer Gründungslegenden schließt strenge Askese einen hervorgehobenen Bezug zum Geldwesen nicht aus. Seine Präsenz in der asketischen Praxis des Christentums knüpft an das Vorbild des Kynismus an. So berichten die *Vitaspatrum* von Paulus Eremita, dem ersten Wüstenvater, dass er auf der Suche nach einer anderen Bekenntnisform als der des Martyriums sich in eine abgelegene Höhle zurückgezogen habe, wo er sich mit den Blättern eines Palmbaums bekleidet und sich allein von dessen Früchten ernährt habe. Zugleich hält die alemannische *Vitaspatrum*-Übersetzung fest: „Er vant och noch me maniger hande wonunge in dem berge, wan als die meister von Egypto schribent, da sazen inne hie vor solich lute die valsche pfennige schlugen, wan es da also heinlich was vnd also verre von den luten" (U. Williams 1996, 5). Damit schlägt die Legende eine motivische Verbindung zu den Kyniker-Viten des Diogenes Laertios. Sie zeichnen sich dadurch aus, dass sie Wort und Münze zu einem Topos verschränken, der beide als Vehikel des νόμισμα versteht: der Sitte, des Brauchs, der Währung, des Gesetzes, der Verfassung, kurz: all dessen, was Geltung beansprucht. Jenem νόμος gegenüber verhält sich der Protoeremit Paulus nicht anders als Diogenes von Sinope, der paradigmatische Kyniker, der seine philosophische Sendung darin sah, die gängige Münze ungültig zu machen (παραχαράξαι τὸ νόμισμα; Diog. Laert. VI, 20). Durch die Radikalität ihrer Lebenswahl werden beide zu ‚Umwertern aller Werte' (vgl. Niehues-Pröbsting 1979, 43–77).

Der anachoretische Impuls der Weltflucht kann so stark ausfallen, dass er in der Imitation Christi seinen Umwertungsfuror gegen den Haushalt der Wertattribute richtet, die innerweltlich Gott zugedacht werden. So greift der syrische Eremit Isaak von Ninive im 7. Jh. die göttliche Gerechtigkeit im Namen eines radikalen Verständnisses von Barmherzigkeit an, die jede Zuteilung von Strafe, auch wenn sie gerechtfertigt erscheint, suspendiere: „Nach Isaak ist sogar Gott selbst nicht gerecht, [...] weil seine Gerechtigkeit durch Barmherzigkeit und Liebe überboten wird" (Bumazhnov 2016, 178), so dass – wie in den Ökonomik-Parabeln Jesu das Verhältnis zwischen Leistung und Lohn – die Äquivalenz von Schuld und Vergeltung notwendig aus dem Gleichgewicht gerät, da die Größe der Liebe jede Angemessenheit überwiegen muss. In dem Maße, in dem die Radikalität solcher *imitatio Christi* Jünger anzieht, wird es unumgänglich, das Zusammenleben in einer weltabgewandten Gemeinschaft zu regulieren (vgl. Luhmann und Fuchs 1989). Anders als Gesetzbücher zielen jene *regulae* auf eine Art der Ökonomie, die vor aller fixierten Norm Leben und Regel in der Praxis einer Lebensform konvergieren lässt (vgl. Agamben 2012).

Mystische Anökonomie

Im Vergleich dazu erweist sich ein dritter Modus, der teils aus den neuen Orden kommt (wie im Falle des Dominikaners Eckhart), teils an deren Rändern praktiziert wird (etwa von Beginen wie Mechthild von Magdeburg), als radikal anökonomisch: die *via negationis* des mystischen Denkens und seiner Andachtsformen. Sie negieren jede Berechenbarkeit des Göttlichen und meditieren über die Unerschöpflichkeit der göttlichen Gnade, ja, führen in ihren radikalsten Ausprägungen – wie in Meister Eckharts (um 1260–1328) sogenannter Armutspredigt (Meister Eckhart 1993, Bd. 1, 550–563 [Predigt 52]) – zur Verneinung jeglicher *dispensatio*: Das „nichts wollen, nichts wissen, nichts haben" (Hasebrink 2007, 48) umfasst in letzter Konsequenz auch den Verzicht auf ein Wollen, Wissen, Haben Gottes. Die brautmystische Variante Mechthilds (um 1207–1282) beschreibt ihren Aufstieg zur *unio mystica* mit Gott als „hovereise" zum himmlischen Fest. Die Vereinigung der menschlichen Seele als Braut mit ihrem göttlichen Bräutigam setzt eine vollständige Entkleidung von allen irdischen Banden der äußeren Sinne und die Darbringung aller „cleinœter" der „herzen lust" voraus (Mechthild von Magdeburg 1990, 26–35 [*Das fließende Licht der Gottheit*, I, 39–46]). Der höchste Gewinn liegt in der restlosen Verausgabung (→ VERSCHWENDUNG, VERAUSGABUNG) all dessen, was die Seele besitzt. Das abschließende VII. Buch imaginiert die Fusion von irdischem und himmlischem Paradies in einem gemeinsamen Haushalt: „Swenne alles ertrich zergat und das irdenische paradys nit gestat, als got sin gerihte hat getan, so sol das himmelsce paradys ovch zergan; is sol alles in dem gemeinen huse wonen, das zuo gotte will komen" (Mechthild von Magdeburg 1990, 304 [*Das fließende Licht*, VII, 57]).

Christliche Ökonomik als Folie literarischer Formen im Mittelalter: Predigt und Schwank

Zu den genannten Tendenzen von Amtskirche, Mönchtum und Mystik finden sich an vierter Stelle vielstimmige Echos in der vernakulären Literatur des Mittelalters. Sie ist ohne Verstrebungen mit geistlich geprägten Denkformen der spätantiken patristischen Tradition nicht angemessen zu verstehen. Denn sie holt ein ums andere Mal Ökonomien des Sakralen topisch, rhetorisch und poetisch ein. So fasst die am Ende des 12. Jh.s entstandene Sammlung der *Zürcher Predigten* (Zürich, Zentralbibl., Ms. C 58) im *Sermo de Ascensione Domini* das thematische Feld der christlichen Ökonomik in eine Vision des Himmlischen Jerusalem: „Daz ist div wnne. div schonheit. der richtvom. div frovdo. div geselleschat. div gienoschpat. div chvnneschat. div trvtscaph. div herscaph. div wirtscapht. div bechennvnge. div mandvnge. div volle wonvnge. die der herre dauid sach, als in eineme spigele. oder in enir tvncheli. so uil so er es chiesin mähte" (Sermo II, in: Wackernagel 1876, 7). Im Rahmen des visionären Einblicks in die Herrlichkeit erscheint „wirtscapht" als Element eines Begriffsfeldes, das sich aus dem Blickwinkel des paradigmatischen Königs David ebenso gut auf dessen weltliche Hofhaltung (mit allen Aspekten affektiver, ästhetischer, familiärer, politischer und religiöser Gemeinschaftsbildung) wie gleichnishaft auf die „herscaph" Gottes beziehen kann.

Wirkmächtige Grundlage solcher Schau herrscherlicher Machtentfaltung durch die wechselseitige Spiegelung von himmlischer und irdischer Ordnung ist das Modell der Himmelshierarchien, das Gregor der Große (um 540–604) in seinen *Homiliae in Evangelia* 34 zu Lk 15,8–10 aus dem Gleichnis von der verlorenen Drachme entwickelt: Die Zahl 10 stehe dabei für die den Thron Gottes umgebenden neun Engelschöre der *seraphim, cherubim, throni, dominationes, principatus, potestates, virtutes, archangeli* und *angeli*, deren äußerster zehnter Kreis nach dem Sturz des Lichtengels Lucifer vakant ist. Die durch seinen Verlust gerissene Lücke wird dank der Erschaffung Adams und seiner Ansiedlung im Paradies, dem „poumgarte der wirtschefte" (Priester Konrad 1971, 17,15; vgl. Vulgata: *paradisus voluptatum*), wieder geschlossen. Durch den Paradiesverlust der Protoplasten Adam und Eva und den Eintritt des Menschengeschlechts in den Zyklus der Arbeit und des Todes eröffnet sich ein Schauplatz neuartiger kompensatorischer Ökonomien der Schuldtilgung. In der historischen Entwicklung der Bußpraktiken (vgl. A. Hahn 1982) nimmt sie konsequent Form und Verfahren quantifizierender Notation und Kompensation an (vgl. Angenendt u. a. 1995) – bis hin zur Praxis des Ablasshandels und der Ablasspredigt, deren literarische Echos sich etwa in Strickers *Pfaffen Âmis* oder in Geoffrey Chaucers *Pardoner's Tale* (aus den *Canterbury Tales*, entstanden zwischen 1387 und 1400) finden.

Autoren wie der Stricker und Chaucer verweisen zugleich auf die Kehrseite der Predigtexempla. Im Schwank betrachten sie die *wirtschaft* sowohl aus der Perspektive des Begehrens (→ WUNSCH, BEGEHREN) als auch aus derjenigen der Tauschverhältnisse (vgl. Reichlin 2009). Mit Vorliebe stellen sie dabei die Erschütterung des *oikos* durch Ehe- und Vertragsbruch dar und führen vor, wie fragil Urteilsfähigkeit und Wertzuschreibungen der Menschen auf der Basis ihres uneindeutigen Sprechens erscheinen. In Heinrich Kaufringers *Suche nach dem glücklichen Ehepaar* (um 1400) wird das an der Verwendung des Wortes ‚karg' demonstriert. Vor dem Hintergrund des paradigmatischen ersten Paares, von dem es nach Gen 2,24 heißt, dass Mann und Frau „zwuo sel und ainen leib / süllen mit ainander haun" (V. 4–5, in: Grubmüller 1996, 768), begibt sich ein glücklich verheirateter reicher Bürger auf „aubentüre" (→ AVENTIURE), weil er an seiner Gattin eines auszusetzen hat: ihre „karkhait", die er als Geiz interpretiert, weil sie ihm seine verschwenderische Freigiebigkeit verübelt. Die beiden scheinbar idealen Paare, auf die er während seiner Reise stößt, erweisen sich jedoch bei genauerem Hinsehen als dramatisch defizient: Der erste Ehemann zwingt seine Frau, zur Buße jeden Tag aus dem Cranium ihres Liebhabers zu trinken, den er eigenhändig erschlagen habe; der zweite Ehemann hält in einem unterirdischen Verlies einen wilden Bauern gefangen, damit seine Frau dort insgeheim ihre hemmungslose Unkeuschheit ausleben kann. Wie der Bürger erkennen muss, beruht die perfekte Ausgeglichenheit beider Paare zuinnerst auf heilloser Gewalt und Zwanghaftigkeit; erst nachdem er die Haushaltung seiner Gastgeber gleichsam vom Oberstübchen (der „hirenschal", in: ebd., V. 229) bis hinunter in den Keller durchforscht hat, begreift er die Qualität seiner Frau: Ihre „karkhait" bedeutet den ökonomisch klugen Umgang mit Mangel und Verschuldung unter den Bedingungen der postlapsarischen Existenz.

Gralsroman

Die irdische Simulation gelingender Entschuldung findet ihr utopisches Modell in der „grôzen wirtschaft" des höfischen Festes, allen voran in der „wirtschaft von dem grâl", wie der *Parzivâl* Wolframs von Eschenbach (um 1160/1180 – nach 1220) sie als Verschmelzung von Eucharistiefeier und Bankett schildert (Wolfram von Eschenbach 2003, 439,7 und 486,20). Deren Beschreibung erfolgt – wie im Modell der Engelschöre – um eine charakteristische Deckungslücke herum: Die Stelle des patrilinearen Gralserben ist aufgrund der Traumatisierung des zeugungsunfähigen Herrschers Anfortas unbesetzt und wartet auf einen von außen kommenden Erwählten, der aber im entscheidenden Augenblick versagt: Nachdem die Reliquien der Leidensgeschichte Jesu Christi – erst die blutende Longinus-Lanze, dann der Gral (als Reminiszenz ans Letzte Abendmahl) – unter Klagerufen der Festgemeinschaft präsentiert worden sind, folgt die Speisung der Erlösungsbereiten im Zeichen der Hostie. So kehrt der Ablauf der Gralsprozession die Passionsgeschichte antitypisch um – erst die Kreuzigung, dann das Abendmahl –, ohne dass freilich Parzivâl die erlösende Frage nach dem Befinden des versehrten Fischerkönigs stellt. Die Rettung bleibt daher aus, der Hof auf Munsalvæsche verödet weiterhin, das schon zum Greifen nahe eschatologische Fest wird auf unabsehbare Zeit aufgeschoben. Insofern verkörpert der durch seine Wunde handlungsunfähige König – im *Conte du Graal* Chrétiens de Troyes (um 1140 – um 1190) der „roi mehaigniez" (vgl. Chrétien de Troyes 1991, V. 3510, 3587), der sich nicht mehr zu Pferde, nur mehr im Boot fortbewegen kann – „ein genuin politisches Mythologem [...]. Der König ist ja [...] seiner Machtbefugnisse entledigt, seiner Geschäfte enthoben und zur Impotenz verdammt, allerdings ohne dass dies seiner Legitimität und Heiligkeit Abbruch tun würde" (Agamben 2010, 90). Seine Herrschaft und die Aufgabe seines Hauses, den Gral zu hüten und nach strengen, stets gefährdeten Regeln in der Welt weiterzuvererben, versteht Wolfram von Eschenbach in der Nachfolge jener neutralen Engel, die nach dem Zerwürfnis von Trinitas (dem dreifaltigen Gott) und Lucifer weder dem Himmel noch der Hölle, sondern der Erde zugewiesen wurden. Der Lückenbüßer Parzivâl befindet sich in einer analogen schwankenden Position: der des prototypischen Adamskindes, angesiedelt auf dem äußersten Kreis der göttlichen Ordnung als fehlbares, aber zugleich für Gottes Gnade empfängliches Geschöpf, agierend in einer Ökonomie zwischen Mangel und Erfüllung, Verteufelung und Seelenheil.

Epische Ökonomie des höfischen Festes

Der Stricker, ein Epiker und Exempeldichter der ersten Hälfte des 13. Jh.s, hat in zwei Werken aus jenem Modell die Spielregeln der Tafelrunde und die Bedingungen einer Ökonomie des höfischen als Typus des himmlischen Festes abgeleitet: zum einen in seiner zwischen Trickster- und Heiligenvita changierenden Erzählung *Der Pfaffe Âmis*, zum anderen im Prolog seines Artusromans *Daniel von dem Blühenden Tal*. Der Protagonist der erstgenannten Dichtung verfolgt ein Programm des maximalen Erwerbs von *guot*. Als mittelloser englischer Landgeistlicher muss er dafür zur List greifen: zum „liegen und triegen", das er als erster in die Welt eingeführt haben soll. Ziel seiner Unternehmungen ist die sofortige Verausgabung alles Gewonnenen im Rahmen eines Festes, das in seiner Pfarre allen offensteht und nach dem Muster der arturischen *hôchgezît* und der dort waltenden *milte* kein Ende finden soll. Deren transzendentes Vorbild ist die οἰκονομία θεοῦ, die Haushaltung Gottes, die typologisch in der Organisation der Tafelrunde sowie in der Verlässlichkeit des königlichen Wortes manifest wird. Artus' „stæte" vergleicht der Stricker mit der Wertbeständigkeit jener unerschöpflichen Gaben, die der Heilige Geist aus dem „hort /der iemer und iemer weren mac" (Der Stricker 1995, V. 62–63), getrieben von göttlicher Gnade, in der Welt verteilt. Dadurch bekommt die Klugheit des Pfaffen Âmis eine spirituelle Qualität: In einer höfischen Welt, in der alle ursprünglichen Werte pervertiert erscheinen, dienen gerade seine Operationen forcierten Verkehrens – eben das „liegen und triegen" – dazu, eine Ahnung dessen zu erzeugen, wie eben diese Welt dem *intellectus* ihres Schöpfers vorkommen muss: Vor dessen geistigem Auge steht sie Kopf. Und folglich ist es die verkehrte Welt des Schwanks, an der Âmis durch potenzierte Verkehrung einen Vorschein des Richtigen und Gerechten im Falschen evident macht.

Ähnlich verhält sich die Gegenwärtigkeit Gottes zur narrativen Ökonomie des Stricker'schen Artusromans *Daniel von dem Blühenden Tal*, deren Ziel die Steigerung der Ehre des Artushofes ist: „des wart sîn êre alle tac / breiter denne si wære" (Der Stricker 1995, V. 138–139). Sie soll ganz aus dem Inneren des Systems ‚Tafelrunde' erwachsen: Aus *willigem muot* folgt die Tatkraft, die Ehrgewinn ermöglicht. Er zeigt sich am Erwerb von *guot*, das wiederum zur Quelle höfischer *milte* werden soll und als Instrument feudaler Umverteilung von Gaben neue Ritter und damit nicht zuletzt *niuwe mære* anzuziehen vermag. Jene neuen Geschichten treiben allererst die arturische Haushaltung an, wo strenge Konsum- und Kommunikationsregeln gelten: Solange kein Abenteuer durch einen Neuankömmling bei Hofe vorgetragen wird, fastet der König und seine Tafel bleibt geschlossen – in letzter Konsequenz bis zur Hungersnot der Versammlung. Zugleich ist es jedem siegreichen Mitglied der Tafelrunde verboten, selbst über seine Exzellenz zu sprechen; Niederlagen dagegen müssen öffentlich bekannt werden. Wer umgekehrt die Fehler eines anderen verbreitet und im Gegenzug nur seine eigene Qualität herausstreicht, gilt als Störenfried wie der Truchsess Keie. Denn er pervertiert die Grundlage des Hofes als einer Gemeinschaft der Gleichen, wenn er durch üble Nachrede die Ehre der anderen schmälert oder sie durch Ruhmredigkeit ganz in den Schatten der eigenen stellt. Gleichwohl ist er als Umwerter aller Werte in die sorgsam ausbalancierte Ökonomie des Modellhofes integriert, als schütze gerade seine exaltierte Narrheit dessen Wertschöpfungskalkül in der Position ihres Verwalters. Die Akkumulation neuer *mæren* von außen bietet die einzige Möglichkeit, den Glanz der Tafelrunde wachsen zu lassen und ihn in der Währung der Worte zu thesaurieren. Die Herrschertugenden des Artus und die Vollkommenheit des arturischen Hoflebens sind mithin nicht einfach im Sinne eines moralisierenden Fürstenspiegels zu verstehen. Sie operieren vielmehr auf Basis eines ökonomisch-politischen Plans der Wertsteigerung, wodurch Gottes Haushaltung gleichnishaft im Bild des Herrschers sichtbar wird.

Ein weiterer, groß angelegter Versuch, die Artuswelt mit der οἰκονομία θεοῦ zu verknüpfen, liegt im *Apollonius von Tyrland* Heinrichs von Neustadt (urkundlich nachgewiesen 1312) vor, einem Roman, der seine spätantike Vorlage zur Vorgeschichte der Tafelrunde umschreibt: „Appolonius, das ist war, / Was vor im [Artus] wol zway hundert jar" (Heinrich von Neustadt 1906, 299). Im stationenreichen Durcharbeiten einer in die Form des Rätsels gefassten entfernten Inzesterinnerung bereist Apollonius inkognito in den verschiedensten Rollen – darunter auch der eines Kaufmanns – die gesamte bewohnte, in ihrer (genealogisch interpretierten) Ordnung zutiefst gestörte Welt, die er in ein globales Netzwerk von Verwandtschaften und durch politische Heiraten gefestigten Bündnissen verwandelt. Als Vorläufer des Artus und in der Nachfolge der Abendmahlsgemeinschaft macht Apollonius die οἰκουμένη zum Spiegelbild des οἶκος. Indem er den initialen Bruch des Inzesttabus durch den König Antiochius von Antiochia am eigenen Leib und in der eigenen Familie (mit seiner Tochter Tarsia aus Tarsis) nachvollzieht und sühnt, wird er literarisch zu einer Schlüsselfigur der *oeconomia patrum* stilisiert.

Hortkapital, Gabentausch und Poetik der Intensität

In den Erzählwelten der Heldenepik, der *Chanson de geste* und des höfischen Romans (als Bearbeitung antiker, keltischer oder dynastischer Stoffkreise) schlägt die Gleichnishaftigkeit christlicher Ökonomik in dreierlei Weise zu Buche: als Hortkapital (zur Demonstration von Einheit und substantiellem Wert charismatischer Herrschaft), im Gabentausch (zur Ermittlung und Herstellung von Äquivalenz in Herrschaftsverbünden) und in Form einer Poetik der Intensität (zur Bemessung und Distribution feiner Unterschiede innerhalb einer Gemeinschaft der Gleichen). Auch wenn in jenen Dichtungen Werte in Heller, Pfennig oder Mark angegeben werden können, gilt dennoch grundsätzlich: „[B]ezahlt [...] wird [...] nicht. Es wird geschenkt, [...] nicht aber gehandelt" (A. Schneider 2017, 180). Darin bestätigt die mittelalterliche Epik, was Wilhelm Gerloff in *Über die Entstehung des Geldes und die Anfänge des Geldwesens* auf die prägnante Formel gebracht hat: „Geld ist ursprünglich überhaupt keine ökonomische Kategorie" (Gerloff 1940, 30). Sein Wert entfaltet sich anfangs nämlich nicht in der Zirkulation; sein Sinn liegt nicht darin, den Tausch von Gütern und Waren zu vereinfachen und zu beschleunigen. Geld will vielmehr stillgelegt, aufgehäuft, getürmt und in Schatzhäuser eingemauert sein in der Absicht, die thesaurierte Menge auszustellen, ihre Fülle bei festlichen Gelegenheiten als unerschöpflich vorzuführen und ihr von Zeit zu Zeit Kleinodien zu entnehmen, damit der Herr des → SCHATZES nach Bedarf und Notwendigkeit Opfer bringen (vgl. Laum 1924; C. v. Braun 2012), Loyalität belohnen, Wechselseitigkeit herstellen und Ausgleich schaffen kann. Geltung und Entgeltung heißen daher die wesentlichen monetären Funktionen innerhalb der epischen Ökonomie (vgl. Stock 2005).

Als Anhäufung von Wertsachen (Gold, Edelsteine, Waffen, Schmuckstücke, magische Objekte, Münzen) stellt der Hort eine Größe (*magnitudo*) dar, die immer wachsen kann, ohne ihre Qualität zu ändern. Sie bleibt umgekehrt auch dann intakt, wenn ihr Umfang sich dramatisch reduziert, wie im Falle des Hortkomplexes im *Nibelungenlied* (Beginn des 13. Jh.s): Durch Erbteilung, Entfernung der Tarnkappe, Dislokation des Schatzes an den Rhein, räumlich limitierte Deponierung, anschließende Entwendung und Versenkung im Fluss sowie Verausgabung des Restkapitals für die Totenmemoria schrumpft seine ursprüngliche Unerschöpflichkeit kontinuierlich, bis nur noch das Schwert Balmunc übrig ist. Darin freilich erhält sich die Kraft des Horteroberers Sîvrit: Der Schatz wird so zur Extension der heroischen Substanz seines Besitzers über dessen Tod hinaus, indem er das mythisch-heroische Charisma des gemeuchelten Helden derart verdichtet, dass Balmunc am Ende durch Kriemhilts Hand den tödlichen Streich des Ermordeten gegen seinen Mörder Hagen von Tronje ausführen kann. Durch Hagens Tod wird zwar das Gedächtnis über den Verbleib des Hortes ausgelöscht, nicht aber der Schatz selbst. Er existiert in der Latenz des literarischen Sagengedächtnisses unter dem Namen des Nibelungenhortes unangetastet weiter, verbunden mit dem Wissen, dass sein Besitz den Untergang des Besitzers nach sich zieht.

Dagegen entwickelt die mittelalterliche Epik Formen der Anerkennung und Gewaltlimitation durch die Ökonomie des Gabentauschs (→ GABE, GASTFREUNDSCHAFT). Die Werte, die dazu gegeneinander aufgewogen werden, zielen auf die demonstrative Ausstellung von Reziprozität und Äquivalenz (vgl. M. Oswald

2004). Gaben können dabei zugleich hyperbolisch eingesetzt werden: sei es durch ihre unüberbietbare, unersetzliche Einzigartigkeit, wenn etwa in der *Eneit* Heinrichs von Veldeke (in zwei Zügen vor 1150 und nach 1190 entstanden) König Evander Eneas seinen Sohn und einzigen Erben Pallas zum Gastgeschenk macht, um die frühere Gabe von Eneas' Vater Anchises an Evander – seine Ausstattung mit erlesenen Jagdwaffen – zu übertreffen; sei es durch ihre symbolische Aufladung zu vieldeutigen Dingrätseln, mit deren Hilfe Herrscher miteinander kommunizieren, Ansprüche gegenüber dem anderen anmelden oder einander an Verschlüsselungs- und Umdeutungsmacht zu überbieten versuchen wie etwa in Lamprechts *Alexanderlied* (2. Hälfte des 12. Jh.s), wo die schwarze Königin Candacia den Makedonenkönig über eine Serie von Gaben in ihr Schloss lockt und den Überlisteten mit seinen menschlichen Grenzen konfrontiert.

Schließlich bilden die sozialen Werte *êre* und *minne* die Grundeinheiten höfischer Ökonomik, wenn es darum geht, den Status einer Figur bei Hofe zu bestimmen. Messbar und verwaltbar werden sie als numerisch diskrete Mannigfaltigkeiten (*multitudines*) durch das Anwachsen bzw. Schrumpfen, das sie als korrelierte Werte einander wechselseitig zufügen, „wenn allzu große *minne* – wie im Falle von Êrecs *verligen* – *êre* zu schmälern beginnt oder – wie im umgekehrten Falle von Iweins *versitzen* – ein Auswuchs an *êre* die *minne* zum Verschwinden bringt" (Scheuer 2003, 126). Hartmann von Aue (um 1160 – nach 1210) entwickelt dafür eine Poetik, die Intensitäten aus den graduellen Bewegungen zwischen Mehrung und Minderung sozialer Qualitäten (*intensio vel remissio formarum*; vgl. A. Maier 1939) verzeichnet. Bei der Herstellung von Bilanzen und Balancen zwischen den schwankenden Werten greift er zur Allegorie des Geldgeschäfts, das freilich jeden Kaufmann ruinieren müsse, weil die investierte Leistung nach dem Prinzip ausgezahlt werde: Je größer die Verausgabung der materiellen Ressourcen (hier: Schwerthiebe und Speerwürfe), desto höher der Gewinn an immaterieller Ehre, wie der Zweikampf zwischen Iwein und Gawein zeigt: „dehein koufman hete ir site, / ern verdurbe dâ mite: / dâ wurden sî rîche abe. / Si entlihen nieman ir habe, / in enwaere leit, galt er in. / nû sehent ir wie selch gewin / ieman gerîchen mege. / dâ entlihen sî stiche und slege / beide mit swerten und mit spern: / desn moht sî nieman gewern / vol unz an das halbe teil: / des wuohs ir êre und ir heil" (Hartmann von Aue 2004b, V. 7197–7208). Unter solchen Bedingungen dient die ritterliche *âventiure* als Instrument einer paradoxen Wertschöpfung durch Zurückweisung merkantiler Gewinnkalkulation.

Chrematistische Intervention 1: Wucherzins

Gleichwohl gewährt die Allegorie des Geldwechsels auch dem kynischen Umwertungstopos einen neuen, konkret chrematistischen, auf das Ummünzen von Werten gerichteten Spielraum: Als sich Gâwân im siebten Buch des *Parzivâl* vor der Burg Bêârosche inkognito, nur mit unbemalten Kramschilden ausgerüstet sehen lässt, identifiziert ihn seine Beobachterin Obîe erst mit einem Kaufmann, dann mit einem Geldwechsler, schließlich mit einem Falschmünzer. Der Champion der Tafelrunde wird so zum Träger der widerstreitenden Strebungen seines eigenen Hofes, weil er über das ökonomische Paradigma der Hausverwaltung hinaus mit pekuniären Verfahren künstlicher Wertschöpfung in Verbindung gebracht wird. Sie entgrenzen das natürliche Bedürfnis nach Gütern, entsakralisieren die innerweltliche Utopie der arturischen *hochgezît* und füttern stattdessen die monströse Gier nach unbeschränkter Triebbefriedigung, wie sie in der Literatur des 13. Jh.s mit Vorliebe an der chimärischen Figur des ‚perfekten Artusritters' und *rapist knight* Gâwân vorgeführt wird. In ihm treffen maßvolle Ökonomie und jene andere „Art der Erwerbskunst" unvermittelt aufeinander, von der Aristoteles schreibt: „[I]m Hinblick auf sie scheint keine Grenze des Reichtums und des Erwerbs zu bestehen", insofern sie „aus dem Geld selbst den Erwerb zieht und nicht aus dem, wofür das Geld da ist. [...] Diese Art des Gelderwerbs ist also am meisten gegen die Natur" (Aristoteles, pol. 1257a; → III.1. Oikonomia und Chrematistik).

Die Wertschöpfung durch das Erheben von Zinsen und Abgaben bildet einen literarischen Topos (*ze zinse und ze zol*), der sich in zwei Richtungen deuten lässt. Einerseits kann Hugo von Trimberg (um 1230 – nach 1313) in seiner moraldidaktischen Summe *Der Renner* das Opfer Christi als „hoehsten zins" bezeichnen, insofern der Kreuzestod des Messias das Lösegeld für den Freikauf des Menschen von der Erbsünde entrichtet: „Daz er dir koufte daz êwige leben!" (Hugo von Trimberg 1970, V. 18898–18900) Andererseits widmet Hugo die zweite *distinctio* seines Lehrgedichts der „gîtikeit", der Todsünde *avaritia* – also Geiz *und* Habsucht –, die ausdrücklich die „Münzer, krâmer, wehseler" (ebd., V. 4393) in ihrem totentanzartigen Reigen mit sich führt. Ganz in der Kontinuität des kynischen Münzfälschertopos besteht ihr Wirken darin, durch die Gier nach Zinsgewinn jegliche soziale Verbindlichkeit zu zersetzen: jene *fides*, die im Sinne Ciceros dafür zu sorgen hätte, dass geschehe, was gesagt worden sei (*quia fiat, quod dictum est*; Cicero, off. I, 7, 23): „Untriuwe izzet maniges mannes brôt, / Der güldîniu wort hât in dem munde / Und valschen hort in herzen grunde, / Der lachende ofte mit uns schimpfet / Und iedoch sîn herze rimpfet, / Swenne unser êre oder unser guot / Sich gemêrt: swer alsus tuot, / Der wart nie friunt von herzen grunde: / Er ist ein friunt mit valschem munde" (Hugo von Trimberg 1970, V. 4430–4438). Der *valsche hort* des Zinses bezieht sich dabei nicht auf Abgaben oder Tributzahlungen, sondern auf den Wucherzins (→ WUCHER), von dem Thomas von Aquin (um 1225–1274) schreibt: „Zins nehmen für geborgtes Geld ist an sich *ungerecht*; denn es wird verkauft, was nicht ist, wodurch ganz offenbar eine *Ungleichheit* gebildet wird, die der *Gerechtigkeit* entgegen ist" (summa theol. II–II, q. 78, a. 1, zit. n. Le Goff 1988, 35). Gewinne aus reinen Geldgeschäften (*ad usuram*) außerhalb eines Gabentauschs oder Produktionszusammenhangs sind – mit anderen Worten – weder materiell oder durch eine Gegenleistung noch spirituell gedeckt. Sie simulieren die *creatio ex nihilo*, die Erschaffung der Welt aus dem Nichts von Gottes Hand, ohne doch über den diabolischen Trug von Phantasmen der Allmacht hinauszukommen.

Jacques Le Goff hat die Geschichte der daraus folgenden Kopplung von „Wucherzins und Höllenqualen" im Zeichen der *avaritia* von ihren alttestamentlichen und neutestamentlichen Quellen über die frühen Konzilien bis in die scholastische Moraltheologie hinein rekonstruiert (Le Goff 1988). Die Verdammung des Wucherers (*usurarius, fenerator*) – so der Tenor seiner Recherchen – geht dabei auf ein Unrecht zurück, das im Operieren mit einer Ressource besteht, die nur Gott, dem Schöpfer, verfügbar ist: Zeit. Der Tatbestand des Diebstahls besteht beim Wucherer darin, dass er sich, unangepasst an die natürlichen Rhythmen von Tag und Nacht, Zeit nicht durch den Einsatz produktiver Arbeit aneignet, sondern sie unabhängig von Schlafen und Wachen stetig wachsende Wertansprüche generieren lässt, ohne dazu etwas Reales beizutragen. Literarische Spiegelungen jenes moralischen Verdikts, das auch die Erben oder Nachlassverwalter des Wucherers ins Visier nimmt und ihnen Höllenstrafen in Aussicht stellt, finden sich in den großen geistlichen Exempelsammlungen des Hochmittelalters: etwa bei Jacobus von Vitry (1160/1170–1240, *Sermones vulgares*), Caesarius von Heisterbach (um 1180 – nach 1240, *Dialogus miraculorum*) oder Stephan von Bourbon (1190–1261, *Tractatus de diversis materiis praedicabilibus*). In kleinerer Münze durchziehen Geldklagen wie diejenige Reinmars von Zweter (um 1200 – nach 1248) – „Her Phenninc, daz nû nieman lebet sô rîche, / ern tuo durch iuwern willen lasterlîche!" (Reinmar von Zweter 1887, 441, V. 7–8) – die satirische und moraldidaktische Spruchdichtung, die ihre oft zu Listen zusammengestellten Topoi durchweg auf antike Sentenzen (Horaz, Juvenal) und gängige Sprichwörter zurückführt (vgl. Kartschoke 2005). Wenn Walter von Châtillon (um 1135 – um 1190/1201) in der Formel *Christus vincit, Christus regnat, Christus cunctis imperat* das Subjekt durch *nummus* (die Münze) ersetzt, dann ruft er die byzantinischen und römischen Formeln der Herrscherakklamation auf und schlägt so – wenn auch in parodistischer Absicht – den Bogen zwischen Wirtschaft und Regentschaft (vgl. ebd., 183–184).

Vor dem Hintergrund des Bankwesens und der Wechselgeschäfte in Florenz greift Dante (1265–1321) im elften Gesang des *Inferno* jenes Zinsverdikt auf und setzt die Widernatürlichkeit des Wuchers, der sich keiner Technik und keines Handwerks bediene, um den Lebensunterhalt des *usuriere* zu bestreiten, von der *ars* ab, von der es bei Aristoteles heißt, sie folge imitierend der Natur wie ein Schüler seinem Lehrer (Aristoteles, phys. 192a–195a; vgl. Dante 2010 ff., Bd. 1, 172–175). Ein Jahrhundert später lässt sich an Geoffrey Chaucers (um 1342–1400) Traumvision *The House of Fame* beobachten, wie die chrematistische Metaphorik im Haushalt der Imagination um sich greift. Unter dem Ansturm der *fama* und ihrer ungefilterten Nachrichten vermag der Wahrnehmungsapparat die inflationäre Phantasmenproduktion nicht länger durch die Leistungen von *ratio* und *memoria* einzuhegen, sondern muss „mentalem Wucher und unnatürlicher Multiplikation" (W. Keller 2017, 350) der inneren Bilder freie Bahn auch da gewähren, wo es um die literarische Bearbeitung historischer Stoffe und antiken Wissens geht.

Chrematistische Intervention 2: Fortuna

Angesichts solcher Entgrenzung der *ars poetica* im Zeichen der χρήματα, des Geldes, seines Gebrauchs und seiner Zirkulation, tritt eine zusätzliche Instanz in den Vordergrund der Literatur: Fortuna, die mythologische oder astrologische Figuration von Glück und Zufall. Im siebten Gesang des *Inferno* agiert sie innerhalb des vierten Höllenkreises, umgeben von den Parteien der Geizigen und der Verschwender, die sich im gegenläufigen Reigentanz schimpfend ihre jeweilige Ausprägung der *avaritia* vorwerfen. Fortuna ist somit Teil eines Komplexes der Maßlosigkeit, durch die „jenes tugendhafte Maß der Mitte verfehlt wird, das als *libertate* oder *magnificenzia* [...] bei Dante wie bei Boccaccio die ökonomische Norm bezeichnet" (H. Pfeiffer 1995, 119–120). Zugleich handelt sie nicht als autonome Instanz, sondern eingebunden in die Ökonomie Gottes: Ihre raschen Wechselfälle sind Teil des Heilsplanes, der als notwendig vorsieht, was dem Menschen in Gestalt kontingenter Umschwünge zustößt.

In Giovanni Boccaccios (1313–1375) *Decamerone* verschärft sich der Erfahrungsgehalt einer von Fortuna verwalteten Welt. Denn die Protagonisten und die Erzählerstimmen seiner Novellen haben Anteil am kaufmännischen Milieu und an einer Urbanität, die vor dem Hintergrund ihrer kulturellen Zersetzung durch die Pest in Florenz Exempel schwankender und unbeständiger Werturteile entwickelt. So zeigt das Beispiel *Decamerone* II, 4, wie der reiche Bürger Landolfo Rufolo sein stabiles Geschäft durch Fehlinvestitionen in den Fernhandel zur See ruiniert, so dass der Hausvater alles auf die Karte Fortunas setzt und im staatsfreien Raum des Meeres zum Piraten mutiert, um nach erneutem Scheitern im Schiffbruch einerseits die bedingungslose Nächstenliebe seiner mitleidenden Retterin kennenzulernen, andererseits mit erneutem Glück eine Schatztruhe (→ SCHATZ) aus einer Beute zu retten, die ihn schließlich zu Hause zum anerkannten reichen Mann macht. Jenes Glück ist freilich nicht mehr das der ursprünglichen selbstgenügsamen Ökonomie: „Am Ende zeigt sich, daß der abstrakte Reichtum, der auf eine Welt der Gewalt, der Rechtlosigkeit und der Fortuna verweist, unter der Oberfläche der idyllischen Welt Ravellos zirkuliert. Diese lebt von und mit der Grenzenlosigkeit der *appetiti* und des fragwürdigen Reichtums. Der Anschein, den das anfangs entworfene idyllische Schema hervorgerufen hat, ist zum bloßen Schein geworden" (H. Pfeiffer 1995, 128).

Enzyklopädie und Exempel: Strategien der Bewältigung des Widerspruchs zwischen Ökonomie und Chrematistik an der Schwelle zur Frühen Neuzeit

Vor dem Hintergrund einer solchen Entwicklung, die das soziale Kapital der höfischen *âventiure* ins Risikokapital des kaufmännischen Abenteuers ummünzt (vgl. M. Schnyder 2006), entwickeln sich an der Schwelle vom späten Mittelalter zur Frühen Neuzeit zwei Strategien, mit der kaum beherrschbaren Spannung zwischen den Ordnungen des Hauses und des Geldes epistemisch und poetisch umzugehen: Zum einen kommt es im universitären Rahmen zu einer Rückorientierung auf die antiken Quellen der griechischen, römischen und patristischen Ökonomik. Konrad von Megenberg (1309–1374), der an den Stationen Erfurt, Paris, Wien und Regensburg entlang eine bewegte Gelehrtenkarriere zurücklegt, verfasst – nach den enzyklopädischen Werken des Vinzenz von Beauvais (nach 1184–1264) und des Aegidius Romanus (1243–1316), die das Wissen von der Haushaltung ihrer *Speculum*-Literatur eingliederten – als erster ein dreibändiges Sammelwerk, das sich ausschließlich der *Yconomica* widmet (vgl. S. Krüger 1964) und mit der Monastik und Politik eine Trilogie nach peripatetischem Vorbild bilden sollte. Der erste Traktat des ersten Buches widmet sich neben der allgemeinen Definition des Hauses speziell dem Verhältnis zwischen dem Hausvater und seiner Gattin. Spätere Abhandlungen über den Schaden oder Nutzen der Ehe – wie das *Ehebüchlein* des Albrecht von Eyb (1420–1475) – gehören entsprechend systematisch ins Wissensfeld der Ökonomik. Ihr bevorzugtes literarisches Reflexionsmedium ist und bleibt das *exemplum*.

Dessen Tendenz, abduktiv vom Bekannten auf das weniger Bekannte zu schließen, liegt auch der zweiten Strategie zugrunde, die besonders deutlich am *Fortunatus*-Roman (1509) zutage tritt. Sie besteht in einer forcierten Intention auf das Unbekannte, bisher Nicht-Gestaltete in der Erkenntnis des ökonomischen Verteilungsprozesses, für dessen literarische Darstellung nur die mittelalterlichen Muster des höfischen Romans zur Verfügung stehen. Seine eng begrenzte Ökonomie erscheint jedoch durch die wuchernden Quantitäten der Geldwirtschaft und des Fernhandels außer Kraft gesetzt, so dass die bekannten Schemata des Feenmärchens, der Brautwerbung oder der ritterlichen *âventiure* angesichts der Erfahrungen mit Geld ins Leere laufen. Stattdessen werden Fortunatus' märchenhafte Requisiten, *seckel* und *hüetelin*, in der Erzählung operationalisiert, als handele es sich um Verdinglichungen neuartiger Finanzinstrumente. So funktioniert das Geldsäcklein wie ein Girokonto: Es vermag wie aus dem Nichts heraus unter Verwendung der Ziffer Null (wie beim kaufmännischen ‚Rechnen mit der Feder') beliebige Werte in der benötigten Landeswährung zur Verfügung zu stellen, sobald Fortunatus in den leeren Beutel hineingreift und Summen in Zehnertranchen ‚abhebt'. Das Wunschhütlein besitzt zusätzlich die Eigenschaft, große raumzeitliche Distanzen im Nu zu überwinden. Denn es bringt seinen Besitzer mit der Behändigkeit des Wunsches an jeden vorgestellten Ort der Welt. Das entspricht im *Fortunatus* aber keiner magisch-telekinetischen, sondern einer mathematischen Operation: Die Annihilierung von Raum und Zeit lässt sich arithmetisch vollziehen als Multiplikation mit Null, die so erstmals als ökonomischer Operator in einer Romanpoetik zum Zuge kommt. Man kann eine solche Darstellung einerseits als „[m]ystifizierend" bezeichnen, „wenn es um die Darstellung der Geldwirtschaft als solcher geht" (B. Wolf 2013, 94). Man könnte andererseits aber auch von einer phantastischen Präzision der Umschrift konventioneller Topoi auf das Handels- und Finanzwesen sprechen. Vermittelt über die traditionelle Allegorie des Rades der Fortuna wird so die Geschichte vom Aufstieg des Fortunatus und vom Abstieg seiner Söhne Ampedo und Andolosia, modernen Ausprägungen des mittelalterlichen *avarus* in Gestalt des geizigen Rentiers und des verschwenderischen Hasardeurs, zum literarischen Typus einer neuen Erfahrung: des kapitalistischen Krisenzyklus. Darüber führt der Prosaroman als Geschichte einer Firma – Fortunatus & Söhne – Buch. Er dokumentiert die Auflösung des immerwährenden Schatzes, den christliche Ökonomik verwaltete, in die Zu- und Abflüsse von Geldströmen, denen nicht einmal Fortuna mehr gebieten kann: „Aber wol ist zu besorgen / die jungfraw des gelücks / die [...] Fortunato den seckel gegeben hat / sey auß unseren landen verjaget / und in dieser welt nit mer tzu finden" ([Anon.] 1996, 195).

III.3. Der frühneuzeitliche Kapitalismus
Urs Urban

Zu Beginn der Frühen Neuzeit entstehen zunehmend Erzähltexte, die, in je spezifischer Weise diskursiv codiert, Bezug nehmen auf die gesellschaftliche Wirklichkeit, aus der sie hervorgehen, und dabei auch Wissensbestände über wirtschaftliche Zusammenhänge zur Sprache bringen, die sich wesentlich durch das Marktförmigwerden der zwischenmenschlichen Beziehungen auszeichnen und daher als Ausdruck einer Frühform des Kapitalismus gelten können. In diesen Texten – in der Literatur ‚vor der Literatur' (vgl. Stöckmann 2001) und ‚vor der Ökonomie' (also bevor sich ‚Literatur' und ‚Wirtschaft' als spezifische Kommunikationsformen ausdifferenzieren) – treten nun zweierlei Typen von Figuren auf, die sich als frühe Verkörperungen des Wirtschaftsmenschen begreifen lassen. Da sind zum einen jene Unglücklichen, die unter prekären Bedingungen aufwachsen und sich gezwungen sehen, in die Welt hinaus zu gehen, um dort für ihren Lebensunterhalt aufzukommen. Sie tun dies, indem sie die eigenen Interessen auf Kosten anderer durchsetzen, und sind auf diese Weise ‚wirtschaftlich' mehr oder weniger erfolgreich, wenngleich ihr Handeln in moralischer Hinsicht illegitim bleibt. Zum anderen gibt es jene Glücklichen, die, wie Fortunatus im gleichnamigen Roman (1509), mit einem Vermögen begabt sind, das sie unabhängig von Raum und Zeit macht. Statt hier und jetzt auf die Widrigkeiten der ihnen entgegen gesetzten Welt reagieren zu müssen, ebnet ihnen ein Kapital, das sie schlicht als gegeben voraussetzen können, den Weg durch diese Welt und öffnet ihnen eine Perspektive in die Zukunft: Es produziert einen ‚glatten Raum' und stellt Kontinuität her. Das verleiht ihrem Handeln das Format eines ‚Projekts' (vgl. Defoe 1999) und erlaubt ihnen, mit dem Zufall zu rechnen und auf diese Weise, planend und kalkulierend, unternehmerisch tätig zu sein.

Beide Figuren, der mittellose Schelm und der mit finanziellen Mitteln reichlich ausgestattete Unternehmer, vertreten unterschiedliche Subjektpositionen, das heißt: Sie vermitteln auf unterschiedliche Weise zwischen Ordnung und Praxis. Der Schelm ist am unteren Ende einer Hierarchie positioniert, innerhalb derer der Stellenwert des Subjekts allein von Herkunft und Geburt abhängt und vor allem in der unterschiedlichen Ausstattung mit symbolischem und ökonomischem Kapital zum Ausdruck kommt. Wenn Hans Gerd Rötzer über Francisco López de Úbedas *Pícara Justina* (1605) sagt, die Leitdifferenz, die die hier dargestellte Gesellschaft strukturiere, sei der Unterschied zwischen Haben und Nicht-Haben (vgl. Rötzer 2009, 47), so gilt das für die pikareske und im weiteren Sinne die niedere Erzählliteratur der Frühen Neuzeit allgemein. Die Determiniertheit durch die feudale Gesellschaftsordnung ist nun kaum zu transzendieren – es sei denn durch

Strategien der Täuschung, die dem Subjekt kurzfristig Handlungsspielräume erschließen. Obschon das unabhängig von der hierarchischen Position und also für den Adeligen genauso wie für den → BETTLER gilt, so gilt es doch in besonderer Weise für denjenigen, der über kein Kapital verfügt, das ihm eine – wenn auch nur geringfügige – soziale Mobilität verleihen würde.

Der → KAUFMANN, als spezifisch ökonomische Verkörperung des Unternehmers, zeichnet sich gerade dadurch aus, dass sich mit ihm die Möglichkeit andeutet, die feudale Gesellschaftsordnung zu unterlaufen und mithin die strukturelle Determiniertheit durch Praktiken des Tausches zu transzendieren. Auch wenn in der Regel unklar bleibt, woher der (literarisch figurierte) Kaufmann sein Vermögen bezieht, so ist doch klar, dass er es nicht seiner gesellschaftlichen Stellung verdankt: dass es also nicht oder nicht allein auf die ‚ursprüngliche Akkumulation' zurückgeht, auf der die Macht der Privilegierten beruht; vielmehr resultiert dieses Vermögen offenbar aus einer Art und Weise des Handelns, genauer: einer ökonomischen Praxis, die Wertschöpfung weitgehend unabhängig von Standesvorteilen generiert. Ein solches Vermögen aber – vor allem da, wo es im Geld zum Ausdruck kommt und als solches verausgabt wird – verleiht dem Subjekt Mobilität: Es ermöglicht den sozialen Aufstieg und destabilisiert auf diese Weise die Ordnung der Gesellschaft mehr oder weniger nachhaltig.

Schelm und Unternehmer treten nebeneinander und aufeinander bezogen auf. Mit dem Aufeinanderverwiesensein von Pikaro und Kaufmann wird eine Figuration des literarischen Wissens vom ökonomischen Menschen emergent, die als spezifisch für die Literatur der Frühen Neuzeit gelten kann – und mit der diese auf den Widerspruch reagiert, der sowohl vom Pikaro als auch vom Kaufmann verkörpert wird: Denn obschon mit dem Kaufmann ein Tausch-Handeln und mithin eine in vieler Hinsicht emanzipative Praxis des Subjekts denkbar wird, so bleibt auch dieser mit seinem Handeln letztlich dem Verdacht der Illegitimität ausgesetzt – weil der Tausch immer schon vom Gebrauchskontext abstrahiert und also immer schon Täuschung wenn nicht voraussetzt, so doch wahrscheinlich macht (→ TAUSCH, TÄUSCHUNG). Von diesem Widerspruch lässt sich nicht absehen, er ist lediglich in unterschiedlichen Intensitäten denkbar, und indem diese, durch den Vergleich des Kaufmanns mit dem Pikaro, sichtbar gemacht werden, lässt sich ein weniger problematisches und weitgehend legitimes von einem äußerst verwerflichen und gänzlich illegitimen Handeln unterscheiden. Die Pikareske bildet mithin gewissermaßen eine negative Struktur aus, die sich als die Bedingung der Möglichkeit einer – wenn auch nur modellhaften – Verkörperung des *homo oeconomicus*, nämlich des Kaufmanns begreifen lässt, der auf den Pikaro, in seiner, wenn man so will: ‚parasitären' Funktion (vgl. Serres 2014), strukturell angewiesen ist.

Erst im 18. Jh. wird ein Modell denk- und sagbar, das es erlaubt, diesen Widerspruch aufzulösen, indem es, über eine → ‚UNSICHTBARE HAND' vermittelt, Eigeninteresse in Gemeinwohl übersetzt. Obwohl literarisch inspiriert (Bernard Mandeville), verbleibt diese Denkfigur doch weitgehend (wenn auch nicht gänzlich: man denke nur an die Figuren der Vorsehung etwa in den Robinsonaden) diesseits der Literatur. Diese macht sie nicht in nennenswerter Weise für sich produktiv – im Gegenteil: Hier bleibt das Eigeninteresse mit dem Makel des Unlauteren behaftet, wenn auch jetzt weniger aufgrund seiner Inkommensurabilität mit dem Gemeinwohl; vielmehr tritt man ihm nun mit dem (ästhetisch, pädagogisch, moralisch begründeten) Anspruch entgegen, die wahren Werte allein aus dem ‚interesselosen Wohlgefallen' des Menschen an seiner Umwelt ableiten zu wollen.

Die Literatur disponiert also in je unterschiedlicher Weise ebendiese Funktionen des Ökonomischen: ein Subjekt, das, mit dem Ziel des Austauschs und vermittelt über eine Praxis, die ihrerseits anhand von bestimmten Medien vollzogen werden kann, zu einem anderen in Beziehung tritt und so mehr oder weniger autonom über Raum und Zeit verfügt. In der pikaresken und generell der niederen Erzählliteratur ist dieser Austausch in der Regel nicht monetär vermittelt, sondern resultiert aus einer Praxis, die dem Subjekt wenig Handlungsspielraum erschließt und kaum in die Zukunft weist. Mit dem Kaufmann kommen (über Geld) mediatisierte Praktiken ins Spiel, die es dem Subjekt erlauben, zunehmend über Raum und Zeit zu verfügen und sich so von der „Gewalt des Zusammenhangs" (Negt und Kluge 1993), in den es sich eingelassen sieht, zu emanzipieren. Im Faust, dem „klassische[n] Unternehmer" (Sombart 1913, 75) mit diabolischer Handlungsvollmacht, kommt das moderne Subjekt zu sich – in einer Figur also, deren historisches Vorbild bezeichnenderweise zu Beginn der Frühen Neuzeit zu verorten ist.

Pikaros

In dem Anfang der 1550er Jahre erstmals erschienenen Prosaroman *Lazarillo de Tormes* begegnen wir einem Protagonisten niederster sozialer Herkunft, der aus der Retrospektive von seinem Werdegang als Diener vieler Herrn berichtet – mit dem Ziel, das prekäre Gleichgewicht seiner gegenwärtigen Stellung einem kritischen Leser gegenüber zu rechtfertigen. Legt man bei der Lektüre das Augenmerk einmal auf die ökonomischen Zusammenhänge, die hier zur Sprache kommen, so lässt sich bemerken, dass dieser Roman von Anfang an die wirtschaftlichen Schwierigkeiten seines Protagonisten thematisiert – ja dass diese seinen Werdegang recht eigentlich erst motivieren. Um am gesellschaftlichen – und das heißt hier eben zuallererst: am wirtschaftlichen – Leben teilhaben zu können, greift Lázaro auf Strategien der Täuschung zurück, die sich in vieler Hinsicht als theatrale Praktiken beschreiben lassen. Performative Kompetenz, so ließe sich also behaupten, erweist sich hier als die Grundlage ökonomisch erfolgreichen Handelns; → Tausch und Täuschung sind funktional miteinander verzahnt (vgl. Urban 2014).

Im fünften Kapitel – das auf eine Novelle von Masuccio Salernitano aus dem Jahr 1476 zurückgeht, die bereits von der spätmittelalterlichen Schwankliteratur immer wieder aufgegriffen wurde (vgl. [Anon.] 2006, 149, Anm. 78) – begegnet Lázaro einem Ablasskrämer, dessen Geschäft nur äußerst mäßigen Erfolg hat und der daher auf den Einfall kommt, seine Kundschaft mittels einer Inszenierung vom → Wert seiner Ware zu überzeugen. So hält ihm des Abends in der Schenke sein Gehilfe in Anwesenheit der Dorfbewohner vor, seine Ablassbriefe seien gefälscht. Als er am nächsten Morgen von der Kanzel herab für seine Ware wirbt, betritt der Gehilfe die Kirche und wiederholt die Anschuldigungen vom Vorabend. Daraufhin wendet der Ablasskrämer sich an Gott und bittet ihn, ein Wunder geschehen zu lassen, das entweder ihn selbst oder seinen Gehilfen als Betrüger entlarve. Sofort stürzt der Gehilfe zu Boden und windet sich in einem epileptischen Krampf. Um sein Wohlergehen besorgt, bitten die Kirchgänger den Ablasskrämer eindringlich um erneute Intervention an höherer Stelle. Dieser rät ihnen, sich selbst mit ihrem Anliegen an Gott zu wenden, woraufhin sie für den Gehilfen beten, der sich umgehend erholt. Der Ablasskrämer aber macht das Geschäft seines Lebens: „Y a tomar la bula hubo tanta priesa, que casi ánima viviente en el lugar no quedó sin ella" („Die Ablassbulle fand nun so reißenden Absatz, dass kaum eine Seele am Ort ohne blieb"; ebd., 146), und er teilt den Gewinn mit seinem Gehilfen.

Mit einem Betrug wird also hier der Betrugsverdacht ausgeräumt. Indem der, der die Wahrheit spricht, als Betrüger entlarvt wird, erscheint der wahre Betrüger als legitimer Vertreter des providentiellen Kreditwesens und kann auf diese Weise glaubhaft versichern, dass das Wertpapier, das er zum Kauf anbietet, valide und das heißt: künftig rücktauschbar ist in jenseitiges Seelenheil. Die Kirche beglaubigt diesen Vorgang als einen Akt, in dem sich die Präsenz Gottes offenbart – was ihn grundlegend unterscheidet vom Theater und der theatralen Logik der Repräsentation. Im sakralen Raum der Kirche wird die Täuschung nicht als solche erkannt, denn hier hat sie eigentlich keinen Platz: Die Täuschung ist das Kennzeichen der vor den Kirchentüren endenden Welt.

Indem der Autor des *Lazarillo* andeutet, dass mit Gott nicht zu rechnen ist, stellt er die Möglichkeit des göttlichen Schuldenerlasses selbst zur Disposition. Im *Lazarillo* wird auf diese Weise das Versprechen der providentiellen *oikonomia*, die – unter anderem im Medium des Ablassbriefes – feudale und göttliche Ordnung miteinander verschaltet, ausgehöhlt und unterlaufen von einer Gesellschaftslogik, die Tausch und Täuschung und also Markt und Spektakel miteinander korreliert. Der *Lazarillo* steht damit am Anfang einer Geschichte der literarischen Modellierung des ökonomischen Menschen, der erst in dem Moment ganz zu sich kommt, in dem er über die (intellektuellen und finanziellen) Mittel verfügt, mit deren Hilfe er uneingeschränkt über Raum und Zeit gebieten kann.

Der Pikaro, das sollte am Beispiel des vielleicht frühesten literarischen Vertreters dieser Zunft deutlich werden, bezieht in produktiver Weise Tausch und Täuschung aufeinander, nimmt dabei jedoch billigend in Kauf, die eigenen Interessen auf Kosten anderer durchzusetzen und handelt also in moralischer wie oft auch rechtlicher Hinsicht illegitim (was mit seiner illegitimen Herkunft bereits angelegt ist). Lazarillos literarische Nachfahren – *Guzmán de Alfarache* (Mateo Alemán, 1599/1604), die *Pícara Justina* (Francisco López de Úbeda, 1605), der *Buscón* (Francisco de Quevedo, 1626) – handeln in dieser Hinsicht ganz ähnlich, auch sie bekümmern sich wenig um die Interessen der anderen: Das gilt für die bekannten und weniger bekannten Pikaros der eigentlich pikaresken Romane (Petriconi [1969] zählt 37) genauso wie für die diesen verwandten Figuren, die sich (wie auch immer jeweils literarisch neu konstelliert) in anderen Spielarten der niederen Erzählliteratur, in Frankreich etwa im komischen Roman, wiederfinden (schon in Panurges „Lobred auf die Schuldner und Gläubiger" bei Rabelais wird im Übrigen geradezu blasphemisch der Sündenfall wie das „Glück" der Schulden als die „grosse Weltseel" adressiert, „wodurch [...] ein jedes Ding sein Leben hat"; Rabelais 1913 ff., Bd. 5, 42–50).

Nun ist der Pikaro keine literarische Erfindung – so wenig wie es die im Pikaroroman geschilderten Täuschungspraktiken sind. Bereits zeitgenössischen Texten lässt sich entnehmen, dass der Pikaro ein in den europäischen Gesellschaften des ausgehenden Mittelalters und der Frühen Neuzeit massiv vertretener Sozialtypus ist (vgl. P. Burke 1981; Hobsbawm 2007; Widder 2018). Die Gründe hierfür sind im sozialgeschichtlichem Kontext zu suchen (vgl. Cruz 1999; Maravall 1986): Seit Ende des 16. Jh.s sah Spanien sich wiederholt vom Staatsbankrott bedroht – eines von vielen Symptomen für eine (auch ökonomisch induzierte) Krise, aus der Hans Ulrich Gumbrecht eine Tendenz zur ‚Theatralisierung' der Gesellschaft ableitet (vgl. Gumbrecht 1990). Diese Krisendiagnose mag auf den ersten Blick erstaunen, profitierte Spanien doch in besonderer Weise von den Gold- und Silbervorkommen, die es aus den amerikanischen Kolonien abzog. Dass diese sich nicht nachhaltig in gesellschaftlichen Wohlstand übersetzen ließen, lässt sich nur zum Teil mit der maßlosen Verausgabung der Reichtümer für einen zunehmend hypertrophen Hofstaat und eine nicht minder verschwenderische Festkultur erklären. Bei näherem Hinsehen zeigt sich vielmehr, dass sich die Krise nicht trotz, sondern gerade wegen des massiven Vorhandenseins von Wertmetall manifestierte – weil mit der Geldmenge auch die Inflation zunimmt. Martín de Azpilcueta bringt das 1556 auf die folgende Formel: „El dinero vale más donde y cuando hay falta de él, que donde y cuando hay abundancia" („Das Geld ist mehr wert, wenn es an ihm mangelt, als wenn es im Überfluss vorhanden ist"; zit. nach Cavillac 2010, 95; eigene Übers.). Vor allem aber wurden Gold und Silber nicht oder kaum in produktive Wirtschaftszusammenhänge eingespeist.

Dieses Problem war bereits für die zeitgenössischen Ökonomietheoretiker nicht schwer zu erkennen. Die ‚Arbitristen', die sich darum bemühten, im Sinne des Gemeinwohls auf die Entscheidung (*arbitro*) des Souveräns Einfluss zu nehmen, ließen denn auch nichts unversucht, den politischen Entscheidungsträgern diese Einsicht nahezubringen. Im Jahr 1558 wandte sich Luis Ortiz mit einem Schreiben an Philipp II., in dem er über die Gründe für die Krise nachdenkt und einen Maßnahmenkatalog aufstellt, mit dem sich dieser begegnen ließe – und den politisch umzusetzen er seinem König nahelegt: das *Buch über die Frage, wie in Spanien dem Müßiggang Abhilfe zu schaffen und die Arbeit zu befördern sei* (vgl. Lluch 1998). Ortiz geht dabei von der Frage aus, wie es sich erklären lasse, dass ein mit natürlichen Ressourcen und eigenen wie fremden Bodenschätzen reich gesegnetes Land wie Spanien diesen Reichtum nicht in Wohlstand übersetzen könne; er beantwortet diese Frage mit dem Hinweis darauf, dass Spanien, weil es selbst nicht in der Lage sei, Rohstoffe zu verarbeiten, dazu gezwungen sei, diese günstig ins Ausland zu verkaufen und dann die verarbeiteten Produkte ebendort teuer einzukaufen, was dazu führe, dass Spaniens Reichtum unaufhaltsam ins Ausland abfließe. Daher gelte es, die Einfuhr von verarbeiteten Produkten aus dem Ausland mit hohen Zöllen zu belegen und in Spanien selbst die Voraussetzungen für die Produktion und Distribution ebendieser Güter zu schaffen, und das heißt: die Ausbildung von Handwerkern und Kaufleuten und die Einrichtung von Produktionsstätten (Manufakturen) zu fördern. Von allergrößter Wichtigkeit aber sei es in diesem Zusammenhang, Arbeit und Handel attraktiv zu machen und nicht länger als unehrenhaft zu stigmatisieren. Nur so, schreibt Ortiz, der nicht ohne Grund als „erster europäischer Merkantilist" (Schefold 2004, 162) gilt, sei nachhaltig der Wohlstand der Nation zu befördern – und die Armut, von der ein so großer Teil der Bevölkerung betroffen ist, zu bekämpfen: „Estando la gente toda ocupada en sus oficios, no abrá los ladrones, salteadores, bagamundos y perdidos que ay en el Reyno, [y] que [...] al presente ni cauen en el Reyno ni en las cárzeles. [...] Si fuesen oficiales se remediaría y escusaría este daño" („Wenn alle Leute in Handwerksbetrieben Beschäftigung finden, [wird es] keine Räuber, Wegelagerer, Vagabunden und Taugenichtse mehr geben, wie sie gegenwärtig hierzulande anzutreffen sind. [Es] wimmelt in diesem Reich nur so von solchem Gesindel, und die Gefängnisse platzen aus allen Nähten. Mit Handwerkern im Lande ließe sich diesem Mißstand Abhilfe schaffen"; zit. nach Álvarez 1957, 129; Übers. Ortiz 1998).

Von der Proliferation genau ‚solchen Gesindels' zeugt bereits das 1510 erschienene *Liber Vagatorum* – obschon hier ganz andere Formen der Bewältigung des prekären Lebens zur Sprache kommen. Das Buch dokumentiert ausführlich das „Leben der infamen Menschen" (Foucault 2003; Foucault selbst bezieht sich auf Prévosts *Manon Lescaut* von 1731), jener Namenlosen, für die Arbeit und Handel eben keine Option sind und die sich daher dazu gezwungen sehen, vitalste Bedürfnisse mithilfe von Täuschungsstrategien zu befriedigen. Im ersten Teil des Buches werden verschiedene Typen von → BETTLERN (→ ARMUT UND VERELENDUNG) dargestellt, die sich durch unterschiedliche Täuschungspraktiken auszeichnen und nahezu sämtlich auch in der pikaresken Literatur figurieren. Hier finden sich auch die Ingredienzen für den Täuschungsvorgang, dem Lazarillo in der Kirche beiwohnt, namentlich ‚Anmaßung von Priesterwürde' und ‚Simulation von Epilepsie'. Die ‚Schlepper', so heißt es im zehnten Kapitel, die also, „die sich für Priester ausgeben", bieten künftiges Seelenheil zum Kauf an: Wer „sich in den dreißig Frühmessen im Advent empfiehlt mit einem Opfer", so ihr Versprechen, „dem wird manche Seele aus seinem Geschlecht erlöst. Soviele Pfennige er gibt, soviele Seelen werden ihm erlöst." Und die ‚Grantner', von denen im achten Kapitel die Rede ist, „fallen [...] vor der Kirche [...] zu Boden [und] nehmen ein Stück Seife in den Mund, daß ihnen der Schaum faustdick herauskommt [...]. Und alles ist ein Bubenstück, [...] falsch und nicht richtig, [...] denn sie schwätzen dem, der ihnen Glauben schenkt, eine Nuß vom Baum, vor denen hüte dich und gib ihnen nichts" (zit. nach Boehncke und Johannsmeier 1987, 86–88). Mit dieser frühen und, wenn man so will, protosoziologischen Gebrauchsliteratur – zu der etwa auch *La vie généreuse des mercelots, gueux et bohémiens* des Pechon de Ruby aus dem Jahr 1596 zu zählen ist – ist die pikareske Literatur interdiskursiv mehr oder weniger eng verschränkt (vgl. Geremek 1998a, 90–105); und dieser Bezug ist da, wo man die Gattung in der Regel beginnen lässt, im *Lazarillo de Tormes*, kaum durch eine irgendwie literarische Codierung verstellt, sondern aufgehoben in einem Erzählkontext, in den weitere Bezüge eingehen – etwa Elemente aus der Tradition der satirischen oder solche aus der Konfessionsliteratur augustinischer Prägung.

Kaufleute

Der Pikaro, das wurde bereits angedeutet, kann nun den Determinismus, der ihm seinen gesellschaftlichen Ort zuweist, nicht transzendieren; die pikareske Literatur leistet daher letztlich keinen Beitrag zur Lösung des Widerspruchs, den der Pikaro verkörpert, besteht für ihn doch die einzige – moralisch diskreditierte – Möglichkeit eigenen Fortkommens darin, die anderen zu täuschen. Der Pikaroroman gibt keinerlei Aufschluss darüber, wie die in ihm zur Sprache gebrachte Gesellschaftsordnung dahingehend zu verändern sei, dass die Interessen aller

Berücksichtigung fänden; gerade durch die permanente Grenzüberschreitung stabilisiert der Pikaro letztlich die Grenze und mit ihr das von ihr hervorgebrachte System. Genau deshalb betrachtet Marx das Lumpenproletariat – jene „Vagabunden, [...] Gauner, Gaukler, [...] Taschendiebe, Taschenspieler, Spieler, Maquereaus, [...] Lastträger, Tagelöhner, Orgeldreher, Lumpensammler, [...] Bettler, kurz, die ganze unbestimmte, aufgelöste, hin und hergeworfene Masse, die die Franzosen la Bohème nennen" (Marx und Engels 1956 ff., Bd. 8, 68–69) und die ein Großteil des Personals auch der niederen Erzählliteratur der Frühen Neuzeit stellt – mit der allergrößten Skepsis. Denn diesen ‚infamen Menschen' mangelt es gänzlich an revolutionärer Energie, mittels derer sich ein Umbau der Gesellschaft ins Werk setzen ließe, der ihnen, als politische und ökonomische Subjekte, einen möglichst großen Handlungsspielraum erschlösse.

Dennoch zeichnet sich in der Literatur eine Perspektive ab, die über diese Aporien hinaus zu sehen erlaubt: wenn wir das Augenmerk vom Pikaro einmal abwenden und auf jene anderen Figuren richten, die erfolgreich am Marktgeschehen teilnehmen, ohne sich dabei in moralischer Hinsicht so offensichtlich zu kompromittieren wie dieser – und von denen die Literatur der Frühen Neuzeit eben auch zu berichten weiß. In der *Histoire comique de Francion*, einem in vieler Hinsicht der pikaresken Literatur verpflichteten Roman von Charles Sorel aus dem Jahr 1623 (letzte Fassung 1633), finden durchaus auch Kaufleute und Finanziers Erwähnung – obschon diese hier gerade aufgrund ihrer bürgerlichen Existenzweise nicht ernst genommen werden und also weder aus der Perspektive der Protagonisten, noch aus der Perspektive des Romans als positive Rollenvorbilder taugen (so wenig wie als Thema von Literatur). So sind ihre Söhne im Kreis der adligen *Libertins* nur dann willkommen, wenn sie Handel und Geldgeschäfte gering schätzen („pourvu que l'on blamât le trafic et les finances"; Sorel 1633, 284) und wenn sie sich in der Kunst der Verausgabung verstehen. Schon im *Guzmán de Alfarache* hingegen treten neben dem Pikaro und neben den vielen ebenso ehrlos wie dieser Handelnden auch durchaus ehrbare Kaufleute auf. In Kastilien, wo die ‚Weltmaschine' („la máquina del mundo") auf Hochtouren läuft, unterscheidet sich die kaufmännische Praxis dabei nicht wesentlich von den Taschenspieler- und Gauklerkunststücken der Pikaros. Hier werden Geschäfte, für die andernorts solide Bürgschaften nötig wären („para que sería necesario en otras partes mucho caudal"), ohne jede Kapitaldeckung („sin hacienda, sin fianzas ni abonos") und allein auf der Grundlage von Täuschungspraktiken getätigt, die so glaubwürdig vermittelt werden, dass sie in aller Regel gewinnbringend sind („con sólo buena maña para saber engañar a los que se fian dellos"); hat man damit einmal keinen Erfolg, so genügt das Ausstellen eines Wechsels, um jederzeit Liquidität herzustellen: Die Logik des Papiergeldes ist hier bereits präfiguriert (Alemán 2006 ff., Bd. 2, 374–375, eigene Übers.). Dieser illegitimen Praxis werden nun aber positive Beispiele entgegengestellt. In Barcelona etwa bürgt eine von Vertretern des Gemeinwesens ausgestellte Akkreditierung für die ‚Würde' des Kaufmanns: „[S]er uno mercader es dignidad, y ninguno puede tener tal título sin haberse primero presentado ante el Prior y Cónsules, donde lo abonan para el trato que pone" („Kaufmann sein ist eine Würde und niemand kann sich zu diesem Stand zählen ohne zuerst bei der Stadtverwaltung vorstellig zu werden, wo man für den von ihm ausgeübten Handel bürgt"; ebd.). Und aus Sevilla wird von einem Kaufmann berichtet, der reinen Bluts, reich und ehrbar ist („un mercader [...] limpio de linaje, rico y honrado"; ebd., 309).

Wenn es nun aber gute und schlechte, ehrbare und ehrlose Kaufleute gibt – dann stellt sich die Frage, was beide voneinander unterscheidet und was mithin den Unterschied zwischen einem legitimen und einem illegitimen Tauschvorgang ausmacht. Diese Frage steht implizit auch am Anfang des Romans von Mateo Alemán, dessen Protagonist, Guzmán, selbst Sohn eines (ehrlosen) Kaufmanns, feststellt: „Cambio es obra indiferente, de que se puede usar bien y mal" („Der Tausch ist eine neutrale Praxis, die man auf gute oder schlechte Weise vollziehen kann"; Alemán 2006 ff., Bd. 1, 131; eigene Übers.). Im weiteren Verlauf des Romans ist, wie gesehen, eine Antwort auf diese Frage bereits angedeutet: Der gute Kaufmann ist dem Gemeinwohl verpflichtet und er verfügt über ausreichend Eigenkapital, um mit dem Zufall rechnen und folglich sich gegen Risiken rückversichern zu können – vor allem aber ist er Christ und also kein Jude, und das heißt: kein Wucherer (→ WUCHER). Der schlechte Kaufmann hingegen handelt allein im eigenen Interesse und rechnet dabei mit künftigen Gewinnversprechen, die nicht durch aktuelle Werte gedeckt sind; er folgt mithin letztlich genau jener ökonomischen Logik, die auch der Wucherer mobilisiert: indem er die Zeit produktiv macht. Michel Cavillac (2010) zeigt seinerseits am Beispiel des *Guzmán*, wie die Finanzialisierung des Wirtschaftslebens dieses nicht nur zusätzlich diskreditiert, sondern die Realwirtschaft konkret belastet und so letztlich das schlechte Ansehen des Kaufmannsstandes und die Proliferation der Armut entscheidend mitverschuldet.

Die Frage nach dem rechten oder gerechten ökonomischen Handeln steht aber auch im Zentrum der frühneuzeitlichen Ökonomietheorie, etwa bei Luther oder bei den Vertretern der Schule von Salamanca, und dort kommen ganz ähnliche Aspekte zur Sprache wie die gerade genannten. Luther etwa fordert vom Tauschenden, dieser möge die „Kaufshandlung" ohne „Schaden und Nachtheil [für seinen] Naechsten" vollziehen, dabei „nichts denn [s]eine ziemliche Nahrung" zum Ziel haben und so „die Waare selbst setzen" (Luther 2009, 12, 14). Bei der Frage, ‚wie die Ware zu setzen sei', geht es um den ‚gerechten Preis', den *pretium iustum*. Für Martín de Azpilcueta, der sich in seinem *Comentario resulutorio de cambios* (1556) zu dieser Frage äußert, ist der Preis dann gerecht, wenn er einen

Ausgleich zwischen den Interessen des Gebenden und des Nehmenden („igualdad entre lo que la una parte da o haze, y entre lo que la otra da o haze"; zit. nach Strosetzki 2016, 309) herstellt. 1569 legt Tomas de Mercado unter dem Titel *Tratos y contratos de mercaderes y tratantes* seinerseits eine Schrift über die Grundsätze rechten ökonomischen Handelns vor, in der er den Tauschwert aus dem Gebrauchswert des in den Tausch eingebrachten Gegenstandes ableitet und im Geld auf allgemein verbindliche Weise zum Ausdruck gebracht sieht: „Inventaron el mercar y vender por su precio, apreciando y avaluando cada cosa por sí, según que podía servir al hombre, e hicieron precio común y general de todas la plata y el oro" („Sie [die Kaufleute] kauften und verkauften die Dinge zu ihrem jeweiligen Preis, indem sie jede Sache für sich und je nach ihrem Nutzen für den Menschen schätzten und bewerteten und dementsprechend einen allgemein verbindlichen Preis für jede von ihnen in Silber und Gold machten"; Mercado 1977, 20; eigene Übers.). Auf diese Weise bemühen sich die Theologen der Schule von Salamanca (und in ihrer Folge zahlreiche weitere Verfasser merkantilistischer Gebrauchsliteratur; man denke nur an Jacques Savary, 1675, oder Richard Cantillon, 1755) darum, das Geld aufzuwerten und es nicht nur als Medium des Messens und Speicherns, sondern auch als Produktionsmittel anzuerkennen (Geisler 1981, 40–45) und so zugleich den Handelnden selbst, den Kaufmann, als Prototyp bürgerlicher Subjektivität zu etablieren (vgl. Grice-Hutchinson 2012).

Hier wird deutlich, dass die Unterscheidung zwischen guten und schlechten Kaufleuten und also zwischen legitimem und illegitimem Tauschverhalten uneindeutig bleibt, weil sie abhängt von einem variablen Kriterium – denn „deine ziemliche Nahrung" (Luther), das also, was nötig ist, um die Lebensbedingungen zu reproduzieren, wird von den sehr unterschiedlichen Lebensbedingungen derjenigen bestimmt, die hier jeweils etwas in den Tauschvorgang einbringen, und ist mithin ein sehr unzuverlässiger Maßstab, um diesen Unterschied zu markieren. Tatsächlich ist da, wo der Tauschwert sich vom Gebrauchswert emanzipiert, „an den Rändern des Gemeinwesens", die Gefahr der Täuschung immer schon gegeben: „Den rücksichtslosen [...] Erwerb hat es zu allen Zeiten [...] gegeben [...]. Wie Krieg und Seeraub, so war auch der freie, nicht normgebundene Handel in den Beziehungen zu Stammfremden [...] unbehindert; es gestattete die ‚Außenmoral' hier, was im Verhältnis ‚unter Brüdern' verpönt war" (M. Weber 1984 ff., Bd. 18, 174–175). Die besondere Prekarität des Tauschvorgangs resultiert dabei aus der Tatsache, dass hier eben vom Gebrauchswert abstrahiert wird und der Tauschwert *anders*, d. h. medial übersetzt zum Ausdruck gebracht werden muss. Wenn aber diese Unterscheidung sich aufgrund eines letztlich beliebig großen Ermessensspielraums prinzipiell nicht machen lässt – dann lässt sie sich nur exemplarisch veranschaulichen. Die Frage, was ein guter Kaufmann sei, lässt sich mithin immer nur mit dem Hinweis auf den Unterschied zum schlechten

Wirtschaftsmenschen, zum verworfenen und schlechthin abscheulichen Subjekt beantworten, und dieser Unterschied muss möglichst deutlich sichtbar werden. Das genau ist das Thema von Shakespeares *Merchant of Venice* (1600): Hier, in der Konfrontation von Antonio und Shylock, findet sich das Nebeneinander von ehrbarem Kaufmann und ehrlosem Schurken dramatisch zugespitzt (→ III.5. ELISABETHANISCH-JAKOBÄISCHES THEATER).

Geld

Wenn der Tauschvorgang, wie ihn sowohl Pikaro als auch Kaufmann auf je unterschiedliche Weise vollziehen, überhaupt infrage steht (und zwar auch literarisch), so deshalb, weil er, Geben und Nehmen produktiv aufeinander beziehend, zwischen unterschiedlichen Interessen vermittelt und sich in dieser Vermitteltheit als prekär, als anfällig für Täuschung erweist. Denn in seiner Vermitteltheit ist der Tausch Ausdruck zunehmender Abstraktion, die es zunehmend schwierig macht, den Wert dessen, was hier aufs Spiel gesetzt wird, verbindlich zu messen (→ TAUSCH, TÄUSCHUNG). An dieser Stelle kommt das → GELD ins Spiel: als eben jenes Kommunikationsmedium, das zwischen unterschiedlichen Interessen und Wertvorstellungen vermittelt und dabei Individuen sowohl zueinander in Beziehung setzt, als auch, um diese Intersubjektivität überhaupt herstellen zu können, von diesen abstrahiert, sie trennt, zwischen sie hintritt (vgl. Sohn-Rethel 1978). Das Geld ist mithin, um mit Luhmann zu sprechen, ein generalisiertes Kommunikationsmedium, das symbolisch (verbindend) und diabolisch (trennend) zugleich funktioniert (vgl. Luhmann 1996a). Als ein solches ist es nicht allein Wertmaßstab, sondern auch Speichermedium, das den Zeitraum zwischen Gabe und Wiedergabe (oder Weitergabe) überbrückt – und wird schließlich in diesem Zeitraum selbst produktiv: wo es künftigen Gewinn verspricht (oder den Verzicht auf diesen in Rechnung stellt). In seiner Funktion als Messinstrument nun ist es in der Lage, das schlechthin Inkommensurable abzubilden auf einen allgemein gültigen Maßstab und so die in den Tauschvorgang eingebrachten Werte gleich gültig zu machen; auf diese Weise wird es zur Bedingung der Möglichkeit von Kommunikation und Gemeinschaft: „Geld also ist jenes Ding, das als Wertmesser Meßbarkeit durch ein gemeinsames Maß und somit Gleichheit schafft. Denn ohne Austausch gäbe es keine Gemeinschaft, ohne Gleichheit keinen Austausch und ohne Meßbarkeit keine Gleichheit" (Aristoteles, eth. Nic. 1133b). Insofern es aber Äquivalenz herstellt, macht Geld das Subjekt mobil, denn mit seiner Hilfe kann es alles Widerständige aus dem Weg räumen und sich so in Bewegung setzen durch einen Raum, in dem „[a]lles [...] glatt zu verlaufen" scheint (Sombart 1913,

129). Die gegebene Ordnung muss sich von der durch diese Vermittlungspraxis freigesetzten Dynamik in ihrer Statik nun freilich bedroht fühlen.

In der Literatur spielt Geld lange keine oder doch in der hier skizzierten ökonomischen Funktion nur eine untergeordnete Rolle. Wo es dennoch ins Spiel kommt, verhält sich (auch) die Literatur der Frühen Neuzeit dem Geld gegenüber konservativ: Geld figuriert hier in ökonomischer Hinsicht vor allem als moralisches Problem. Zugleich – und eben weil es ein ökonomisches Problem ist – kommt es jedoch auf andere Weise zur Sprache, da nämlich, wo es unabhängig von eigentlich ökonomischen Vorgängen (wie der Produktion) imaginiert wird und der Protagonist als ein glücklich beschenkter, man könnte auch sagen: allein als Konsument auftritt. So ebnet das Geld Fortunatus, dem Protagonisten des ersten deutschen Prosaromans von 1509, den Weg durch die Welt: Es ist Medium der Verknüpfung aller Akteure und Ereignisse, es figuriert als gleichsinnig mit Leben, Fruchtbarkeit, Fortzeugung und es verleiht eine Macht, die in Konkurrenz zu feudalen Abhängigkeiten tritt und sich zugleich gegen die christliche, scholastische, kirchenrechtliche Verbotskultur richtet. Dabei ist das Geld hier keinem ökonomischen Zusammenhang abgewonnen, sondern einem magischen – Fortunatus erhält es als Gabe von einer Fee. Das Geld ist also mit einem Mal und von da an jederzeit einfach vorhanden (und zwar in allen möglichen Lokalwährungen) und kann so – und nur so – zum zentralen Motiv einer Erzählung werden, deren Protagonist sich mit seiner Hilfe aus einer prekären Ausgangslage befreit und in Bewegung setzt, um den sozialen Raum zu durchschreiten (→ III.2. CHRISTLICHE ÖKONOMIK).

Auch in Sorels *Histoire comique de Francion* kommt das Geld zur Sprache. Es figuriert hier als eine von vielen Erscheinungsformen eines Reichtums, der Ausdruck von Standesvorteilen ist und sich allein in Geld nicht realistisch abbilden lässt. Von diesen Standesvorteilen profitiert auch Francion selbst: Für ihn ist immer schon gesorgt, er ist eingebettet in einen privilegierten Lebenskontext, der im Geld zum Ausdruck kommen kann, ihn aber auch dann zuverlässig umgibt, wenn kein Geld vorhanden ist. Francion unterscheidet sich von Fortunatus mithin letztlich nur dadurch, dass ihm in die Wiege gelegt ist, was dieser der Magie verdankt; auch hier wird der Reichtum nicht als durch Arbeit oder Tausch generierter Wert verhandelt. Obschon das Geld nun eine zunehmend wichtige kommunikative oder vermittelnde Funktion hat, weil es dem mit ihm begabten Subjekt Handlungsspielräume eröffnet, verbürgt es an und für sich keinerlei Wert, ist also selbst letztlich wertlos. Das wird auf besonders drastische Weise sichtbar, als der Dichter Musidor ein mit Versen beschriebenes *billet* ins Spiel bringt, das er am Hof in geldwerte Vorteile übersetzen zu können glaubt, dann aber versehentlich mit auf den Abort nimmt, wo er es mit seinem Kot besudelt: Deutlicher lässt sich die Gleichsetzung von Wertpapier und Exkrementen und also das Abjekte des Geldes wohl kaum veranschaulichen (vgl. Urban 2015). Zugleich wird so genau jene Analogie zwischen (literarischem) Text (dem *billet*) und Geld hergestellt, die eine zentrale medientheoretische Figur des New Economic Criticism ist (vgl. Woodmansee und Osteen 1999; Shell 1978). Auf diese Weise wird hier eine Reflexion über die Funktionsweise des Geldes angestoßen, die gerade deshalb interessant ist, weil das Geld keine wahren Werte verbürgt und deshalb immer schon im Verdacht steht, Falschgeld zu sein (vgl. Urban 2018). Mit dem in seiner Substanz korrumpierten Falschgeld ist aber der Weg zur gänzlichen Abstraktion vom Substanzwert und seiner Ablösung durch den Nennwert, der einen an anderer Stelle oder zu anderer Zeit imaginierten Reichtum lediglich bezeichnet, bereits angedeutet.

Ab der zweiten Hälfte des 17. Jh.s treten nun in der Literatur vermehrt Figuren auf, die aufgrund ihres wirtschaftlichen Erfolgs einen sozialen Aufstieg vollzogen haben, für den das Geld eine zentrale Rolle spielt: besonders prominent etwa bei Molière, im *Avare* (1668) oder, mehr noch, im *Bourgeois gentilhomme* (1670). In allen diesen Fällen steht außer Frage, dass der wirtschaftliche Erfolg des Bürgers unlauteren Praktiken geschuldet ist und sein Verhalten in moralischer Hinsicht problematisch bleibt. Allein als Geldgeber ist der Bürger für den seinerseits unproduktiven Adel, der seine Dienste diesbezüglich gern in Anspruch nimmt, von einigem Interesse: Die Adeligen in Alain-René Lesages Theaterstück *Turcaret ou le Financier* aus dem Jahr 1709 etwa fühlen sich keinerlei Ehrbegriff mehr verpflichtet, der sie daran hindern würde, sich auf jede nur erdenkliche Weise das Geld des Finanziers zu erschleichen, für das sie lediglich mit symbolischem Kapital bürgen können – und das sie mit vollen Händen ausgeben (oder im Wortsinn aufs Spiel setzen), ohne es dem Parvenü je durch die von diesem so ersehnte Anerkennung zu vergelten. Während der wirtschaftliche Erfolg des Bürgers diesen moralisch diskreditiert, verstrickt sich der Adel, ohne jedes moralische Bedenken, in libidinöse Tauschgeschäfte, die ihn wirtschaftlich endgültig ruinieren. Beide werden im Theater der Lächerlichkeit preisgegeben – wie das Dilemma, das aus der Unvereinbarkeit von ökonomisch erfolgreichem und moralisch legitimem Handeln resultiert, sich lösen ließe, ist nach wie vor nicht abzusehen.

Mit Adam Smith scheint dieses Problem in vieler Hinsicht gelöst. Der Bildungsroman unterscheidet sich denn auch vom Pikaroroman nicht zuletzt dadurch, dass der Protagonist hier lernt, zwischen eigenen Interessen und Gemeinwohl zu vermitteln. Von dieser Grundannahme geht Goethe in seinem *Meister*-Roman aus, ihr unterstellt er nicht nur die Darstellung der Ökonomie, sondern auch die Ökonomie der Bildung. Goethe, der Smith gelesen hatte, hat wiederholt darauf hingewiesen, dass er den Bildungsweg selbst als gelenkt von einer → UNSICHTBAREN HAND begreift (→ III.9. ENTWICKLUNGS- UND BILDUNGSROMAN) – etwa in seinem Vorwort zu *Der deutsche Gil Blas* von Johann Christoph Sachse: „Man glaubt doch zuletzt eine moralische Weltordnung zu erblicken, [...] wenn wir [...]

bemerken, daß eine höhere Hand sich vorbehalten hat, unsichtbar einzugreifen und dem [...] im Augenblick Hülflosen über einige Schritte hinweg auf eine glatte Bahn zu helfen" (Sachse 1987, 7). Die Interessen des Protagonisten sind nun hier jedoch keine ökonomischen, sondern beziehen sich auf Techniken der Lebenskunst. Damit Wilhelm diese unbehelligt von der Sorge um Subsistenz ausbilden kann, ist ihm das vom Vater erworbene Vermögen an die Hand gegeben – dessen Verwaltung indes dem Schwager Werner überlassen bleibt: Das Wirtschaftliche wird auf diese Weise vom Protagonisten dissoziiert.

Während das Ökonomische hier als Idyll zur Sprache kommt, in das die eigentliche Bildungserzählung eingelassen ist, bleibt jedoch das Geld ein Problem. Wer es, statt es zu horten (wie der Geizige) oder einzusammeln (wie Werner), in einem Tauschvorgang aufs Spiel setzt – in dessen Händen wird es zu einem ‚diabolischen' Medium (Luhmann), das das Subjekt zur totalen Beherrschung eines nur mehr rein immanent gedachten Zeit-Raumes ermächtigt: denn sein Abstraktionsvermögen verleiht genau diesem Subjekt Autonomie. Faust strebt wie Wilhelm Meister nach Vervollkommnung seiner selbst; insofern er dabei jedoch als toxisches Subjekt auftritt, das die eigenen Interessen rücksichtslos auf Kosten anderer (und des anderen: der Natur) durchsetzt, lässt er sich als dessen diabolische Verkörperung begreifen. Wenn hier die unsichtbare Hand offensichtlich nichts auszurichten vermag (wenn es also eben nicht stimmt, dass der, der stets das Böse will, letztlich stets das Gute schafft), dann deswegen, weil die ökonomische Logik, der diese Erzählung unterstellt ist, die des Geldes, genauer: des Papiergeldes ist. In diesem materialisiert sich der Wunsch, Reichtum zu generieren, ohne Arbeit zu investieren: ein Wunsch, der zu Beginn der Frühen Neuzeit in der Vorstellung zum Ausdruck kam, die ‚Substanz' selbst, das Gold, ließe sich finden (→ SCHATZ) oder herstellen (Alchemie), so wie etwa Tristan L'Hermites *Page disgracié* (1643) es tut (vgl. Sombart 1913, 49–52). Ebendiese alchemistische Logik (vgl. Binswanger 1985) prägt das (literarische) Imaginäre der Frühen Neuzeit ebenso wie die ökonomische Realität der Moderne – und wohnt dem Geldwesen inne, wo immer es allein die Zeit für sich arbeiten lässt.

III.4. Utopistische Ökonomien der Neuzeit
Alexander Mionskowski

Entwürfe utopischer Staatswesen oszillieren oftmals zwischen literarischer Fiktion und Lehrwerken wie dem Fürstenspiegel, zwischen bukolischer Idylle und Staatsroman, Sozialkritik und Sozialästhetik (vgl. Winter 1978; Biesterfeld 1982; Löwe 2012; Schölderle 2012; Hagel 2016; Voßkamp 2016). Sie sind ein Phänomen der → KRISE und entstehen meist vor dem Hintergrund metaphysischer und ökonomischer Herausforderungen der Gesellschaft (vgl. Nipperdey 1962, 362; Neusüss 1972, 62, Elias 1982, 103). Dies allerdings nicht rein kompensatorisch. Vielmehr handelt es sich um Inszenierungen anthropogener → KREATIVITÄT an einem Nicht-Ort (*u-topos*), die, durch Knappheit an Gütern oder bestehende soziale Ungleichheit motiviert, die Selbstbehauptung und Handlungsfähigkeit eines Kollektivs (bzw. eines Einzelnen in Robinsonade, Staatsroman wie auch im → BILDUNGSROMAN) zeigen. Die Probabilität solcher Entwürfe des besten oder jedenfalls: besseren Gemeinwesens wird – als Teil einer Imaginationsgeschichte des Politischen (vgl. Leucht 2016) – an einem fiktiven oder kaum erreichbaren Ort bzw. in künftiger Zeit beglaubigt. Insofern sie Gesellschaftssysteme als ganze imaginiert, ist jede Utopie per se ökonomisch (vgl. Ebert und Glaeser 2015). Der meist chiliastisch oder satirisch eingesetzte Mythos vom goldenen Zeitalter (etwa bei Hesiod) ist hingegen, auch in der neuzeitlichen Variante als Schlaraffenland (z. B. Sebastian Brants *Narrenschiff*, 1494), Ausdruck einer anarchistischen Sehnsucht nach dem Ende aller Ökonomie im Sinne einer notwendigen → SORGE und → ARBEIT für das Dasein (vgl. Gilomen 2004). Beide Vorstellungsräume bergen sozialkritisches Potential gegenüber den bestehenden Verhältnissen (vgl. Koselleck 1959, 9, 157; Schölderle 2016, 510–511).

In dem Maße, in dem christlich-paradiesische Transzendenzversprechen (z. B. die *Civitas Dei* des Augustinus) im Verlauf der Neuzeit an Überzeugungskraft einbüßten, begann das an Platons idealem Staat (*Politeia*, *Nomoi*), der hellenistischen Utopie (Theopompos, Euemeros, Jambulos) und Vergils Arkadien (vgl. Bloch 1978, 566–582; R. Günther und Müller 1987; Heyer 2009, 23–32) reaktivierte, noch von Leibniz' *Essais de Théodicée* (1710) zurückgewiesene utopische Verlangen nach der besten möglichen Welt sich immanent zu lokalisieren (vgl. Stockinger 1981, 137–138; Heyer 2006). Das vormals „mit Gebetsgewalt für die Welt erstrittene Interim füllt[e] sich mit Surrogaten der absoluten Gerechtigkeit" (Blumenberg 1974, 55). Als „Kontingenzformel" (Luhmann 1993, 214–237) war diesen Surrogaten folglich eine erhebliche soziale Sprengkraft zu eigen (ein Erbe des Urchristentums), die sich nicht mehr theologisch rückbinden ließ. Zwar ließen es vor allem frühe utopistische Autoren nicht an Verweisen auf die Gottergebenheit ihrer Gemeinschaften bzw. Figuren mangeln – im Gegenteil, in Campanellas *Sonnenstaat* (1623) wird per Ablöseverfahren ein kollektives ewiges Gebet abgehalten –, und mit den Eingriffen des Schicksals (wie etwa Schiffbrüchen) als Ausgangspunkten der Beschreibung schufen sich nicht zuletzt die Robinsonaden eine im Sinne protestantischer Ethik ‚prädestinative' Rückversicherung auf die Gottgefälligkeit des Geschehens. Dessen nun erkennbare *oikonomia* wurde zwar noch immer in den Erfolg eines göttlichen Heilsplanes projiziert, dieser aber gerann zur Auslegungssache des häufig nur als Herausgeber firmierenden Verfassers. Agens dieser *oikonomia* und damit Subjekt der Geschichte war nun der Mensch (vgl. Löwith 2004, 29–30, 222–223; Agamben 2010, 68), dessen Glück und Geschick der Regie des Autors oblag. Er avancierte damit folglich zuerst im Fiktiven zum „Urheber" seiner „eigenen gesellschaftlichen Einrichtungen" (Elias 1982, 144).

Die Metaphysik der klassischen Utopien seit Thomas Morus wurde somit unter zusehends erforschtem Himmel entworfen, der allerdings als Navigationssystem der Reisenden zu den entlegenen bzw. unmöglichen Orten arkane Bedeutung behielt (vgl. Blumenberg 1974, 46–47). Seine Erschließung mittels Astronomie versprach absolute Planbarkeit, die auch die Geometrie der entworfenen Gemeinwesen prägt. Gerade verbunden mit dem Anspruch sozialer Gerechtigkeit hat diese Begründung „eine[r] providentiellen Ordnung kontingenter Ereignisse" für den ökonomischen Diskurs der Moderne „mythopoietische Wirksamkeit" entfaltet (Vogl 2004a, 17): Die Überlegenheit des fremden, mehr oder weniger als ideal apostrophierten Staatswesens wurde nicht nur durch bessere Organisation und Tugendhaftigkeit des Soziallebens (meist durch Abschaffung des Geldes und Privateigentums) sowie zunehmend technische Fortschrittlichkeit (vgl. Affeldt-Schmidt 1991), sondern auch an einem allgemeinen höheren Wohlstand trotz geringerer Arbeitsbelastung bei oftmals strengem Sittenkodex belegt (vgl. Holland-Cunz 2017, 45–46). Das in den Entwürfen utopischer Staaten stets zentrale Moment der Ordnungsleistung hinsichtlich Raum, Zeit und Gemeinwesen (→ POLIZEY) erweist sich in der narrativen Konstitution des (U-)Chrono-Topos als Kern des eigentlichen Versprechens auf eine mögliche bessere bzw. perfekte Welt – in welcher das keineswegs restlos säkularisierte politisch-ökonomische Wissen (vgl. Agamben 2010, 71) wiederum seine optimale Darstellungsform findet (vgl. Vogl 2004a, 12–13, 221–222).

Einen ganz wesentlichen Aufwand haben utopistische Autoren daher zur Beschreibung jener Organisationsformen (z. B. das Verhältnis von Arbeit/Muße, Herr/Knecht etc.), Praktiken des gerechten Zusammenlebens (wie Allmende- bzw. Gemeineigentum vs. Privateigentum, Marktgesetze, Handel) und Verbote (z. B. → FAULHEIT, → GELD, → KREDIT, → LUXUS, → MELANCHOLIE) betrieben, die das Funktionieren einer ‚utopistischen' Ökonomie als Basis des idealen Gemeinwesens gewährleisten sollten.

Doch sind diese in den Diskurs der Moderne eingespeisten rationalen Weltbilder keineswegs selbstverständlich Elemente einer → OIKODIZEE. Literarisch vermittelt imaginieren sie eher selten „Idylle[n] des Marktes" (Vogl 2011, 31–52), in denen der transzendente Überschuss der liberalen Metaphysik seit Adam Smiths *Wealth of Nations* (1776) kondensiert (vgl. Kurnitzky 1994; Hörisch 2013). Vielmehr wird in den meisten Fällen eine Einfriedung des Marktes durch „gänzliche[ ] Trennung von der übrigen Erde" angenommen (etwa Philipp Balthasar Sinolds *Die glückseeligste Insul auf der gantzen Welt oder Das Land der Zufriedenheit*, 1723), in der die „Anarchie des Handels" samt Geldverkehr „aufgehoben" und durch subsidiäre Tauschwirtschaft ersetzt ist (Fichte 1845–1846, Bd. 3, 480, 452). In der Geschichte der literarischen Sozialutopien dominiert stattdessen eine oftmals kameralistisch oder klerikal imprägnierte Idylle des Kommunismus (zumeist nur der Güter), die der Harmonie halber fast immer auf → WACHSTUM verzichtete (vgl. Bloch 1978, 547–727).

Unbestreitbar haben solche Vorstellungen eines störungsfreien Sozialgebildes bei ungehemmter Verfügung über materielle wie humane Ressourcen häufig einen Zwangscharakter entwickelt, an dem sich die totalitären Züge des aufgeklärten Rationalismus am klarsten erweisen lassen (ironisiert und kritisiert schon von Rabelais, Diderot, Voltaire, Wieland und Sade bis hin zu Alfred Kubin und den großen Dystopien des 20. Jh.s); eine „archistische" (Voigt 1906, 6) Dimension, die Friedrich Engels 1880 als Notwendigkeit des kapitalistischen Zeitalters ausmachte: „In dem Maß, wie die Anarchie der gesellschaftlichen Produktion schwindet, schläft auch die politische Autorität ein" (Marx und Engels 1956 ff., Bd. 19, 177). Die chaotischen Energien des Marktes müssten so lange in Schach gehalten werden, bis der Staat der einzige Eigentümer an Produktionsmitteln sei – erst dann könne es zu einem herrschaftsfreien, ökonomisch entdifferenzierten Wohlergehen aller Bewohner kommen. Diese Auffassung ist dem ordnungsaffinen Modell der Sozialutopien (und Fichtes *Geschlossenem Handelsstaat*, 1800) also nahe, wenngleich diese eben nicht nach Aufhebung ihres Zustandes, sondern nach dessen absoluter Verstetigung streben. Das Vorhaben einer „Entwicklung von der Utopie zur Wissenschaft" (Marx und Engels 1956 ff., Bd. 19, 177) distanzierte sich von vorangegangenen Projekten des Frühsozialismus wie Robert Owens New Harmony (vgl. Marcuse 1972, 192–226) oder Étienne Cabets Ikarien (vgl. Saage 2001 ff., Bd. 3, 87–88), gleichwohl wurde ein Jahrhundert später der auf die anarchistische Spätphase folgende Zusammenbruch des real existierenden Sozialismus weithin als „Ende der Utopie" (vgl. Baudrillard 1992, 61; Saage 1997, 177; Fest 2007) verstanden, wohingegen Wolf Lepenies vom „Triumphdenken" einer „Utopie des Marktes" sprach (Lepenies 1998, XXV).

Im Folgenden wird die Literaturgeschichte utopistischer Ökonomien, die auch die benachbarten Genres Robinsonade und Staatsroman einbezieht, an einigen exemplarischen Werken vorgestellt. Die alte Diskussion um die Grenzen der Gattung, die sich weder auf die Romanform noch auf Literatur generell beschränkt (vgl. Mohl 1855, 165–166; Bloch 1978, 14; Schölderle 2012; Eco 2013; Hagel 2016), kann durch zusätzliche Differenzierungskriterien imaginierter Ökonomien zwar ergänzt, hier aber nicht referiert werden.

Das ‚klassische Modell': Abgeschiedenheit, Kontingenzausschluss, Symmetrie (Morus, Campanella, Andreae, Bacon)

Der spätere englische Lordkanzler und katholische Humanist Sir Thomas More oder – latinisiert – Morus gab mit dem fingierten Bericht des Raphael Hythlodaeus über den Inselstaat *Utopia* (1516) die wesentlichen (und vielfach von Platon übernommenen) Koordinaten der Gattung vor: die doppelsinnige Bezeichnung des Ortes und die Mehrdeutigkeit der Namen (vgl. z. B. Schölderle 2017, 29–30), die isolierte, kaum zugängliche Lage des fremden Staatswesens, den Bericht einer abenteuerlichen Reise dorthin (→ AVENTIURE), das hier vorgeschaltete kritisch vergleichende Gespräch über die eigene und die fremde Welt und deren weitgehende Kontingenzkontrolle per Geldlosigkeit und Gemeineigentum. Zunächst gibt der Berichtende eine ökonomisch informierte, äußerst scharfe Sachkritik des englischen Pauperismus (vgl. Morus 1960, 27). Dann folgt die Beschreibung jener besseren Welt, von deren Güter-Kommunismus sich der vorgebliche Herausgeber der *Utopia* jedoch distanziert (vgl. ebd., 15, 110). Im Gegensatz zur damals krisengeschüttelten englischen Monarchie ist der Inselstaat seit seiner Gründung durch den Eroberer Utopos vor über 1700 Jahren ein stabiles republikanisches Gemeinwesen mit 54 Städten. Regiert wird es durch einen vom Senat auf Lebenszeit gewählten Herrscher (vgl. ebd., 53), ihm sekundieren Verordnete sowie demokratisch gewählte Priester beiderlei Geschlechts, die vernunftkonforme Lehren eines naturrechtlich und deistisch begründeten, zuletzt christlich orientierten Strebens nach Glück vermitteln (vgl. ebd., 96–102); Opfer werden nicht dargebracht (vgl. ebd., 104), es gibt aber die Todesstrafe (z. B. für Ehebruch; vgl. ebd., 83). Wesentliche Konstanten sind eine allgemeine Arbeitspflicht, ein allgemeines Schulwesen (ebd., 68), die individuelle Berufswahl (nach Maßgabe der Vernunft; vgl. ebd., 54), wobei das Erlernen eines Handwerks obligatorisch ist und turnusmäßig ein Jahr Arbeit in der Landwirtschaft geleistet werden muss (vgl. ebd., 49). Gesetzlich (d. h. hausväterlich) geregelt sind auch das Geschlechterverhältnis und die Partnerwahl, um eine konstante Reproduktion der Bevölkerung zu gewährleisten (jede Familie soll zehn bis 15 Mitglieder haben), die bei Überschüssen Kolonien bildet. Die dort ansässige Bevölkerung muss sich den Prinzipien der Utopier vollständig unterwerfen. Andernfalls droht die Auslöschung (vgl. ebd., 81–83), denn „sie halten es für einen durchaus gerechtfertigten Kriegsgrund, wenn irgendein Volk" seinen „Grund und Boden" nicht nutzt und die Nutzung entgegen Naturrecht auch anderen vorenthält (ebd., 59). Kriege werden auch zugunsten befreundeter „Kaufleute" oder aus humanitären Gründen gegen „Tyrannen" geführt (ebd., 88).

Die Utopier werden durch eine zentrale Organisation mit allen benötigten Lebensmitteln und sonstigen Gütern täglichen Gebrauchs sowie durch ein hervorragendes öffentliches Gesundheitssystem (vgl. ebd., 60–61) versorgt, sofern sie (Männer wie Frauen) dafür mit täglich sechs Stunden Arbeit am gesamtwirtschaftlichen Produktionsprozess teilnehmen (vgl. ebd., 55): „[I]n der Mitte jedes Bezirkes liegt der Markt für Waren aller Art. Dort werden in bestimmte Gebäude die Erzeugnisse aller Familien zusammengebracht, und die einzelnen Warengattungen werden gesondert auf die Speicher verteilt. Aus diesen wieder fordert jeder Familienälteste an, was er selbst und die Seinigen brauchen, und erhält ohne Bezahlung, überhaupt ohne jegliche Gegenleistung, alles, was er verlangt" (ebd., 59; vgl. hierzu Voßkamp 2016, 79).

Diese das Marktgeschehen ersetzende Grundsicherung wird durch zusätzliche Sklavenarbeit ermöglicht (vor allem Jagen und Schlachten, alle „schmutzigen Arbeiten" und Bedienung; Morus 1960, 74). Versklavt werden einheimische Delinquenten (z. B. Faule, Ehebrecher) und Verurteilte fremder Völker, deren Migration – es ist die einzig gestattete Form der Zuwanderung – dem Gemeinwohl dient (vgl. ebd., 80–81). Daneben gibt es auch einen religiös verehrten freiwilligen ‚Sklavendienst' von Utopiern, die auf eine göttliche Entlohnung ihrer Fron hoffen (vgl. ebd., 101). Die durch die Mobilisierung fast des gesamten Potentials an arbeitsfähigen Bewohnern erwirtschafteten Überschüsse gehen im Tauschverfahren an die Nachbarstädte und nach Reservenbildung für zwei Jahre „zu mäßigem Preise" in den Außenhandel (ebd., 50, 64). Da die Wirtschaft trotz knapper Ressourcen und karger Böden ein weitgehend autarker Binnenmarkt ist und sie lediglich Eisen (sowie Gold und Silber als Devisen) importieren, haben die Utopier seit jeher eine stark positive Handelsbilanz, die sie zu Kreditoren ihrer Handelspartner werden ließ. Diese Außenstände werden aber in der Regel zinslos verliehen und nur im Ausnahmefall abgerufen, denn Zahlungsmittel und Privateigentum sind in dieser kollektiven Tauschwirtschaft „ohne jeden Geldumlauf" (ebd., 109) abgeschafft und werden neben dem Hochmut als Ursprung schwerster Lasterhaftigkeit angesehen (vgl. ebd., 44, 108) – eine Wirkung des Geldes, die in der Außenpolitik gegenüber feindlichen Mächten durch Bestechung bei Konflikten zur Anwendung kommt (vgl. ebd., 90–91). Die gemeinsame Wertschöpfung erfolgt in erster Linie aus der Landwirtschaft, an der turnusmäßig die gesamte Bevölkerung auf den Allmendegütern mitarbeitet (vgl. ebd., 49, 54), welche zu Morus' Zeit nicht nur in England an Viehzüchter und Textilunternehmer verkauft wurden (vgl. Kropotkin 2011, 174–182). Die daraus folgende Verarmung und Kriminalisierung davon abhängiger Bevölkerungsteile (→ BETTLER, → DIEBE, → RÄUBER) wird mit Hythlodaeus' Anklage der ‚gefräßigen Schafe' scharf kritisiert (vgl. Morus 1960, 23–28, 40).

In Utopia soll dagegen jeder im Rahmen seiner natürlichen Bedürfnisse am gemeinsamen Reichtum teilhaben können (verwiesen wird auf die urchristliche Gemeinschaft; vgl. ebd., 97). Daher ist → LUXUS verpönt. Die Anhäufung „überflüssiger Schätze" gilt als „falsche[r] Wahn" (ebd., 73), das Prinzip der Wertbildung aufgrund von Knappheit ist invertiert (vgl. ebd., 65): Aus dem importierten nutzlosen Gold fertigt man Nachttöpfe, die schweren Ketten der Sklaven und den stigmatisierenden Schmuck der Ehrlosen, die man an Goldringen um Finger, Handgelenke, Hals und Stirn erkennt. Diamanten und Edelsteine gelten als Kinderspielzeug (vgl. ebd., 66–67). Die Kleidung der freien Utopier ist dagegen uniform (vgl. ebd., 58) was ihrem ökonomischen Status entspricht – da „allen alles gehört [...] gibt [es] nämlich keine mißgünstige Güterverteilung [...], weder Arme noch Bettler [...], und obwohl niemand etwas besitzt, sind doch alle reich" (ebd., 106).

Strikt kollektiv und absolut rational durchorganisiert ist also der Gesamtaufbau der Inselgesellschaft um die Hauptstadt Amaurotum (‚Nebelstadt' oder ‚Luftschloss') – nicht zufällig wird auch das Meer von der sichelförmig angelegten Geographie der Insel so eingefasst (vgl. Contzen 2011, 38), dass „die ungeheure Weite [...] von allen Seiten von Land umgeben [...] vor Winden geschützt, wie ein riesiger See mehr still als stürmisch ist" (Morus 1960, 48). Insofern kann man angesichts der Überdeterminiertheit aller Verhältnisse (die → LEIDENSCHAFTEN unterliegen dem Gesetzeszwang und der Vernunft, Glücksspiel und Müßiggang sind verboten; vgl. ebd., 72, 63) und diverser satirischer Signale bereits bei diesem Ursprungstext der Gattung von einer Mischung aus Utopie und Utopiekritik sprechen (vgl. Isekenmeier 2010, 37–54) bzw. von einem Gedankenexperiment über die Folgen absoluter Effizienzorientierung und utilitaristischer → RATIONALITÄT (vgl. Schölderle 2012, 42–49). Verlust von „Adel", „Erhabenheit", „Glanz", „Würde" und aller sonstigen „wahre[n] Zierde[n] eines Staatswesens", den die Morus-Figur des Dialoges übrigens vor allem mit der Abschaffung des → GELDES begründet (Morus 1960, 109; vgl. ebd., 45), seien die Folge – Einwände, die die spätere sozialistische Rezeption tendenziell ausblendete (z. B. Kautsky 1888; Bloch 1978, 606–607). Dies gilt häufig auch für die satirischen Ansätze, die François Rabelais nur wenig später in seinem Roman *Gargantua* (1534) mit der Vision einer freien, im Wohlstand vereinten Gemeinschaft in der Abtei Thelema aufgegriffen haben könnte. Deren libertäres Motto „Tu was Du willst" (vgl. Heyer 2009, 490) kann mit Blick auf die reichlich kaserniert wirkende klösterliche Ordnung der *Utopia* als anarchistische Satire aufgefasst werden.

Tommaso Campanellas *Sonnenstaat* (1623) ähnelt Morus' Konzeption in vielerlei Hinsicht (birgt aber keine vergleichbaren Ironiesignale). Hier ist es ein Genueser Seefahrer, der einem höchst interessierten „Grossmeister" von der Insel Tapobrane (Sri Lanka) berichtet (Campanella 1960, 117) und immer wieder scharfe Kritik am europäischen Ständewesen übt (vgl. ebd., 126). Dort herrscht der souveräne Diktator Sol, der durch einen Philosophen- und Priesterrat auf Lebenszeit gewählt wird (vgl. ebd., 120). Ihm stehen drei „Würdenträger" zu Seite, die Macht, Weisheit und Liebe heißen (vgl. ebd.). Die „kaum glaubliche[ ] Vaterlandsliebe" der Solarier beruht unter anderem auch auf dem Glauben, dass die Bewohner „Glieder eines Körpers und der eine ein Teil des anderen" sind (ebd., 152). Als solches Kollektiv sind sie Gesamtinhaber eines Gemeineigentums, dessen gerechte Verteilung jedoch „in den Händen der Behörden" liegt, die nach Tugenden benannt sind, z. B. „Freigebigkeit" und „Wohltätigkeit" (ebd., 123–124): „Die echte Gemeinschaft aber mach[t] alle zugleich reich und arm: reich, weil sie alles haben, arm, weil sie nichts besitzen" (ebd., 136). Die Arbeitsbelastung ist entsprechend ebenso gerecht verteilt (vor allem in der Landwirtschaft) und so Grundstock der weithin egalitär konzipierten Welt des Sonnenstaates (vgl. ebd., 135); gerade einmal vier Stunden beträgt der Arbeitstag dort, die Utopier werden also noch unterboten – und das, obwohl es keine „sittenlose Sklaverei" gibt (ebd., 136). Der Rest des Tages wird genutzt zur Fortbildung an den mit lehrreichen Bildern bemalten sieben Mauerringen der Stadt (den sieben Planeten entsprechend), zum Spiel, zur Übung im Gespräch und im Waffengebrauch. Die Lebenserwartung im Sonnenstaat beträgt aufgrund eines hervorragenden medizinischen Systems oftmals zwischen 100 und 200 Jahren (vgl. ebd., 147).

Der Familienverband ist wie bei Platon als potentieller Störfaktor ausgeschaltet: „Denn um den Sohn zu Reichtum und Würden zu bringen [...], werden wir alle zu Räubern an dem Gemeinwesen" (ebd., 123); jede Form von → HEIRATS-MARKT ist untersagt. Partnerschaften werden von den Behörden geschlossen, die eine strenge Eugenik gemäß astronomischer Erkenntnis betreiben (vgl. ebd., 133). Uniformität ist verpflichtend: Frauen (über Männer wird nichts mitgeteilt), die sich durch Schminke, aufwendige Kleidung oder sonstige Freizügigkeiten exponieren, können zum Tod verurteilt werden (vgl. ebd., 134–135). Gleichzeitig gelten sie als (männlicher) Gemeinbesitz und müssen, vor allem bei Unfruchtbarkeit oder schon bestehender Schwangerschaft, wechselnden Partnern zur Verfügung stehen (nur Delinquenten sind davon ausgeschlossen; vgl. ebd., 123–124, 137). → PROSTITUTION gibt es nicht.

Stärker noch als bei Morus funktioniert das Gemeinwesen hier über eine Ökonomie der Anerkennung, in der Ehre und Wissen als höchster Sold gelten. Durchexerziert wird dies im Opferzeremoniell, das stets Freiwillige für die rituell versammelte Gemeinschaft erbringen. Es ist aber ein symbolischer Akt, insofern der vom Sol Auserwählte bis zu einem Monat fastend im Turm des Tempels zubringt, „bis der Zorn Gottes besänftigt" und das Volk entsühnt ist (ebd., 154). Aus diesen Erwählten setzt sich der regierende Priesterrat zusammen, der sehr asketisch lebt. Für die Massen gibt es jedoch zu verschiedenen Anlässen Feste von großartigem Ausmaß (vgl. ebd., 155). Der Handel steht im Sonnenstaat „nur in geringem Ansehen. Sie kennen jedoch den Wert des Geldes und prägen Münzen für die Kundschafter und Gesandten" (ebd., 144). Ihre überschüssigen Güter exportieren sie nicht selbst, sondern lassen sie von fremden Händlern im Tausch gegen benötigte Güter abholen. Diese im Vergleich zu *Utopia* etwas größere Zugänglichkeit kommt nicht zuletzt der Wissenschaft zugute, zumal die Solarier Forscher entsenden, die in anderen Ländern Erkenntnisse sammeln (ebd., 122). Es sind aber Ausnahmen innerhalb eines militanten Kirchenstaates, dessen atemlos-autoritären Entwurf Ernst Bloch als „Zwangsrausch" bezeichnet hat (Bloch 1978, 613).

Klerikal geprägt ist auch Johann Valentin Andreaes fast zeitgleich publizierte reformatorische Utopie *Christianopolis* (1619). Abermals wird von einer entlegenen, dreieckigen Insel berichtet: Capharsalama birgt eine Stadt mit quadratischem Grundriss, in deren Mitte ein kreisförmiger Tempelbezirk liegt (Andreae 1975, 20, 25). Der strikt geometrische Grundriss impliziert eine ebensolche (kontingenzaverse) Ordnung im Ständewesen der Gesellschaft (Campanellas Sonnenstaat gleicht einem Kegel), die sich von der sozial ungerechten, zum „Markt" der „Laster" (ebd., 9, 135) herabgekommenen zeitgenössischen Gesellschaft abhebt. Auch hier verhindert eine allgemeine Arbeitspflicht, dass „zehn Fleißige [...] einen Müßiggänger ernähren", so dass „dem Einzelnen auch Zeit zur Entspannung übrig bleibt" (ebd., 35–36). „Bettlern, Quacksalbern und Schaustellern, die Freude am Müßiggang haben" (ebd., 22), wird jedoch der Zutritt verwehrt. Es gibt nur einen Marktplatz, der zwar groß, aber eigentlich funktionslos ist, weil den Bewohnern alles Nötige in den Magazinen kostenlos zur Verfügung steht (vgl. ebd., 25, 35), Geld gibt es auch hier nur für die Außenbeziehungen.

Andreaes frühe Kombination von Elementen der Raum- und Zeitutopie (vgl. Voßkamp 2016, 151) setzt zudem auf die Perspektive individueller Vervollkommnung durch ein hoch entwickeltes Bildungssystem (der Entwurf ist zugleich Allegorie auf die innere Konstitution des christlichen Menschen; vgl. Biesterfeld 1982, 45). Zentrale Bedeutung kommt den Wissenschaften zu, den höchsten Wert haben die Erkenntnisse der Naturwissenschaft (Andreae 1975, 69). Die abgeschiedene Insel wird geradewegs zum archimedischen Punkt stilisiert, von dem aus eine lückenlose Beschreibung und Erforschung der Welt möglich wird (vgl. Lazardzig 2008, 117).

Darin geht Andreaes Entwurf Francis Bacons posthum veröffentlichtem Fragment *Nova Atlantis* (1627) voraus, der die Wissenschaften nun ganz ins Machtzentrum des entlang der typischen Elemente utopischer Narration (Reisebericht, Rettung aus Seenot, Inselfiktion) beschriebenen Idealstaats auf der Insel Bensalem stellt. Einer Ökonomie des Wissens – beständig akkumuliert und zum Fortschritt genutzt durch das herrschende Haus Salomon, dem „Auge dieses Reiches" (Bacon 1960, 185) – entspricht hier die Zulässigkeit von Geldwesen und Privateigentum (vgl. ebd., 183). Ein kritischer Vergleich mit der zeitgenössischen Realität unterbleibt weitgehend (nur die sittliche Zügellosigkeit der Europäer wird gerügt; vgl. ebd., 200), soziale Ungerechtigkeit gibt es nicht, die Repräsentation des (Wohlfahrts-)Staates (vgl. Fuz 1952) und seiner Vertreter ist aber prunkvoll (vgl. Bacon 1960, 203). Auch ist die Insel im Gegensatz zu Utopia mit fruchtbarem Land gesegnet (vgl. ebd., 192). Außenhandel betreibt Bensalem – anders als in seiner frühen Phase vor 1900 Jahren (vgl. ebd., 188, 191) – nicht mehr bzw. nur noch zum Zweck des Wissenstransfers. In die äußere Welt entsandte Agenten, „Lichthändler" (*mercatores Lucis*) genannt (ebd., 213), beschaffen Informationen über den dortigen Fortschritt (vgl. ebd., 194–195). Die Wissenschaften und ihre Erkenntnisse dienen einer maximalen Beherrschung und Ausnutzung der von Gott „verborgenen Kräfte der Natur" (ebd., 205); die Errungenschaften wie Züchtungen, Tierversuche in Laboratorien oder auch energetische Apparaturen sowie Automaten, U-Boote und Fernsprechanlagen werden als „der Reichtum des Hauses Salomon" bezeichnet (ebd., 209–213). Die Gesetze des Königs allerdings sind von der sonst so forcierten Fortschrittlichkeit ausgenommen. Dazu gehört ein generelles Einwanderungsverbot, da „Neuerungen und Sittenverwirrung" im Land der „Keuschheit" befürchtet werden (ebd., 192, 201). Die geretteten christlichen Seefahrer werden jedoch, nachdem sich ihre Würdigkeit erwiesen hat, vom Haus Salomon mit „ungefähr zweitausend Goldstücke[n]" und dem Wissen von einer überlegenen Welt beschenkt, wieder nach Hause geschickt (ebd., 215).

Bacons *Nova Atlantis* kommt gegenüber dem utopischen Muster einer rigiden Einfriedung bzw. funktionalen Abschaffung des → MARKTES im eigentumsfreien Kollektivstaat eine Sonderstellung zu. Die wirtschaftliche Dynamik ist hier nicht auf den Tausch reduziert, sondern folgt den Entwicklungen der Wissenschaft als dem dominierenden Sektor gesellschaftlicher Wertschöpfung. Wissen ist somit Hauptgegenstand der Produktion. Strikte Moralvorstellungen mitsamt der selbstverordneten Isolation sollen allerdings auch hier veränderungsbeständige Zustände schaffen, in denen jeder Bürger gemäß seiner Rechte und Pflichten nicht nur sein Auskommen finden, sondern zu Wohlstand gelangen kann. Anders als die vorherigen totalstaatlich oder ekklesiastisch formierten Welten Morus' und Andreaes war Bacons nachahmbares „Musterbild" (Bacon 1960, 175) von einem konkreten Verwirklichungsanspruch begleitet (zu Campanella vgl. Bloch 1978, 607–613). Die frühen Utopien wirkten zudem auf viele spätere fiktionale und nicht-fiktionale Entwürfe, so Gerrard Winstanleys *The Law of Freedom* (1652) oder James Harringtons *The Commonwealth of Oceana* (1656).

Das Glück im Wandel: Robinsonade und Eutopie (Defoe, Schnabel)

Präsentierte der klassische Typ bei prinzipiellem Outsourcing aller grundlegenden Veränderungen in eine erfundene Vorgeschichte in erster Linie eine polizierte soziale Statik, die erste Momente der funktionalen Ausdifferenzierung zurücknahm – worin ihm die utopischen Reiseberichte der Aufklärung mit ihren „Aristokraten des Urwalds" folgten (Kohl 1986, 21) –, so wandelt sich seit Grimmelshausens (satirisch quietistischer) *Continuatio* des *Simplicissimus* (1669), Gabriel de Foignys (anarchistischer, paradiesischer Welt der Zwitterwesen) *La terre australe connue* (1676), Denis Veiras' bzw. Vairasses *Histoire des Sévarambes* (engl. 1675; frz. 1677–1679) und François Fénelons *Les aventures de Télémaque* (1699) die Erzählform hin zu einer subjektivierten und damit auch dynamischeren (und zusehends umfangreicheren) Darbietung des Geschehens, das mit Daniel Defoes *Robinson Crusoe* (1719) aus den Entdeckern fremder Gemeinwesen deren Begründer macht. Die Protagonisten stoßen nicht auf eine schon vorhandene ideale Ordnung, diese entsteht vielmehr erst in der Erzählung einer Genese von Chaos zu Ordnung im Sinne gelingender Kontingenzkontrolle (oder besser: kybernetischer Kontingenznutzung) durch das Subjekt der Geschichte (vgl. Schlaeger 1982, 297–298; B. Wolf 2004b). Ganz wesentlich hierfür ist der Aufbau eines (eben auch narrativ) wachstumsorientierten *oikos* als Keimzelle der kommenden Gesellschaftsordnung, dessen Auftakt der Schiffbruch am *eutopos* und dessen Bedingung das utilitaristische Verhalten des Protagonisten ist. Es ist eine Ökonomie, die „ihren Ursprung in jenem gefährlichen Gebiet, in dem das Leben dem Tod gegenübersteht", findet (Foucault 1974, 315).

Die Aversion vieler Utopien gegen das Privateigentum wird in Defoes ‚Abenteuer des → Homo oeconomicus' (vgl. Watt 1994) aufgehoben, der wohl die Vorlieben der politischen Ökonomie für Robinsonaden begründete (vgl. Marx und Engels Bd. 23, 90) – der Überlebende kann über das nahe gelegene Schiffswrack seine Grundbedürfnisse stillen, gelangt per Landnahme schnell zu beträchtlichem Besitz (sogar am ‚Leibeigenen' Friday) und dehnt seine Herrschaft schließlich auf die ganze Insel und darüber hinaus aus (ermächtigt durch die Fiktion einer im Geheimen regierenden Hand der Vorsehung), die er als eine Art Versicherungsidyll gegen sämtliche Zufälle und möglichen Unfälle rüstet. Wenn man den Reiz des Genres Robinsonade vor allem im Szenario einer *creatio ex nihilo*, in das der Held durch den Schicksalsschlag versetzt ist, bestimmt, dann nimmt es nicht wunder, dass mit Defoe ein vormaliger Bankrottier (→ Bankrott) diese Narrative der Selbst-Wirksamkeit durch Selbst-Disziplin in höchster Potenz entsann (vgl. B. Wolf 2013, 127; Voßkamp 2016, 162; Sherman 1996). Dass sein Held fortwährend im Tagebuch Bilanz zieht, erfolgt daher nach dem Schema der Doppik: „[O]n the

Credit Side of the Account" (Defoe 1719, 77) sind zahlreiche Erwerbungen zu verbuchen – und nicht zuletzt der Umstand, dass er seinen heimatlichen beengten Lebensverhältnissen entronnen ist und nun die Chance hat, sich über „hard labour" (ebd., 100; → ARBEIT) zu bewähren und als gemachter Mann zurückzukehren. Zugleich wird dem Leser diese Rechnungslegung in einer erzählökonomischen Volte gewissermaßen zur Prüfung vorgelegt (vgl. Defoe 1994, 134), um das kreditierte Vertrauen in die Faktualität des Geschehens zu beglaubigen (vgl. B. Wolf 2013, 125).

Waren Defoes Held 28 Jahre auf der wohlgenutzten Insel vergönnt, wird Johann Gottfried Schnabels eutopische „Insel Felsenburg" für eine kleine Gruppe Schiffbrüchiger um Albert Julius zum dauerhaften ostindischen Asyl. In den vier Bücher füllenden *Wunderlichen Fata einiger See-Fahrer* (deren Publikation unter dem Pseudonym „Gisander" zwischen 1731 und 1743 erfolgte) wird ein „irdisch Paradieß" (Schnabel 1997, Bd. 1, 110) beschrieben, das mit einigem Fleiß binnen weniger Generationen zu einem uneinnehmbaren Refugium aus den zerrütteten Verhältnissen des europäischen Absolutismus avanciert (Ausgangspunkt der Rahmenhandlung ist ein unverschuldeter Bankrott des Vaters von Eberhard Julius und die Emigration beider; vgl. ebd., Bd. 1, 26). Hier finden die vornehmlich aus Sachsen stammenden „europamüden" (Voßkamp 2016, 175) Emigranten, fernab von grassierender Kriminalität und den Zumutungen eines verschwenderischen Adels, für ihre Arbeit (vor allem durch Fischfang, Landwirtschaft und Bergbau) ein sorgenfreies und weitgehend autarkes Auskommen. Sklaverei gibt es nicht, alle arbeiten gern und mit wenig Mühe über den eigenen Bedarf hinaus zugunsten des Gemeinwohls, schwere physische Arbeiten besorgen „zahmgemachte Affen und Hirsche" (Schnabel 1997, Bd. 1, 133). Privatbesitz wird zu Beginn ausgeschlossen (vgl. ebd., Bd. 1, 173), ist aber für Alltag und Arbeitsethos der Insulaner ohnehin wenig bedeutsam. Schon die Eberhard Julius übermittelte Einladung nach Felsenburg spricht von einem stetig wachsenden → SCHATZ an Gold und Perlen, den es zu verschenken gelte (vgl. ebd., Bd. 1, 44; erster Fund: Bd. 1, 215, Bd. 3, 335). Die familienbetriebsartige Führung durch den glückseligen „Souverain" (ebd., Bd. 1, 43) und Stammvater Albert Julius ist Basis eines pietistischen Glücksversprechens (vgl. Nenoff 2016, 26–27, 243–275). Dieses setzt nun nicht mehr auf statische Ordnung, sondern betont im Gegenteil die möglichen positiven Effekte von Wandel, Wachstum (auch durch Zuwanderung von Christen bzw. Getauften) und Zufall (vgl. Hagel 2009, 4–5). Der in den 27 Binnenerzählungen (bzw. „Avanturen"; Schnabel 1997, Bd. 1, 50, 73, 83) der Ausgewanderten zusammengesetzte soziale Kosmos menschlicher Tätigkeit führt im gemeinsamen unternehmerischen Handeln zum Modell einer protestantischen Tugendrepublik. Die in verschiedenen Wohnstädten (ebd., Bd. 1, 92) lebenden Bewohner unterwerfen sich zu ihrem eigenen Besten der patriarchalischen Zucht eines rigide und dynastisch gehandhabten Familien- und Ehemodells. Die *Wunderlichen Fata* sind in der Bündelung der Gewerke (vgl. ebd., Bd. 1, 118; mit Montanwirtschaft, vgl. ebd., Bd. 1, 172; Bd. 4, 391, 538–539) und in der uneingeschränkten Pastorenautorität die Kombination einer Kollektiv-Robinsonade mit phantastischen und utopischen Elementen (vgl. schon F. Brüggemann 1914, Fohrmann 1981, 59–140, Nenoff 2016, 404). Auf der Erzählebene gehört hierzu unter anderem die Vorgeschichte um den vorausgegangenen Siedler Don Cyrillo de Valaro und seine Untergebenen. Das Inselwesen ist bestens kartographiert und damit statistisch in seiner wachsenden Prosperität erfasst (vgl. Vogl 2004a, 192–193; Stockhammer 2007, 113–127), beglaubigt auch durch die immer größeren Summen und Schätze, die im ‚narrativen Umlauf' sind. Die Felsenburger, die in idyllischer Atmosphäre in der zuletzt auch militärisch aufgerüsteten „Capital-Vestung" (Schnabel 1997, Bd. 4, 250) inmitten eines Ozeans der Unsicherheit leben, senden schließlich nicht benötigte Erzeugnisse und Reichtümer ins kriselnde Europa (vgl. ebd., 539). Dabei verzichten sie jedoch möglichst auf Devisen, denn Geld ist qua gegenseitiger Hilfe faktisch nur in äußeren Angelegenheiten relevant (vgl. Grohnert 1997, 152, 331). Schnabel hat mit seinen abenteuerlichen Schicksalsberichten um das pietistische Kolonialunternehmen nicht nur die Grenzen der Gattungen verwischt, sondern auch das narrative Potential des Prinzips → WACHSTUM voll ausgeschöpft.

Fortschritt des Fiktiven: Zeitutopie und ironische Reflexion im Staatsroman (Mercier, Wieland)

Zeigten utopische Gemeinwesen bereits Ansätze einer gewissen Eigenzeitlichkeit, die dann, beim Genre der Robinsonade im schließlich auserzählten Paradies der Selbstwirksamkeit mündeten, so wird die seit Morus typische Vorgeschichte von Louis-Sébastien Mercier quasi in die Gegenwart, das (geträumte) utopische Gemeinwesen in die Zukunft verlegt. Die Brisanz dieser Idee passt gut in die Zeit einer von James Cook und anderen zunehmend kartographierten Welt und in die (Latenz-)Zeit der Französischen Revolution. Damit verbunden ist der Wechsel von der statischen *perfectio* zur prozesshaften *perfectibilité* (vgl. Koselleck 1985, 5) wie auch der initialen Bewegungsform der Reise des berichtenden Beobachters vom Raum in die Zeit. Vor dem Hintergrund des Fortschrittsoptimismus wird die Idee der Kontingenzbeherrschung von der fiktiven Landkarte auf die imaginierte Zukunft der zeitgenössischen Gesellschaft überschrieben (vgl. Jameson 2005), in der das gemäß Rousseaus *Discours sur l'origine et les fondements de l'inégalité parmi les hommes* (1755) ‚perfektibilisierte' Gemeinwesen verwirklicht ist (vgl. Schölderle 2012, 104; Voßkamp 2016, 106). Das gattungsgemäße Potential zur sozialen Kritik wird in *L'an deux mille quatre cent quarante* (1770/1771) durch die direkte Vergleichsmöglichkeit mit der gegenwärtigen Situation konkretisiert.

Ein aus dem Schlaf erwachter 700-jähriger Entdeckungsreisender erkundet das Paris der Zukunft, das vollständig nach Grundsätzen der Vernunft organisiert ist und ein harmonisches, symmetrisch geordnetes Szenario bietet. Armeen gibt es nicht mehr, das Verkehrswesen bedarf keiner polizeilichen Aufsicht, da die Teilnehmer sich sozial optimiert verhalten (vgl. Mercier 1989, 141, 198). Es gilt das Leistungsprinzip, wer nicht mitzieht, kann wegen Faulheit verbannt werden (vgl. ebd., 187). Allerdings hält sich durch die Verpflichtung aller das tägliche Pensum in Grenzen, die schwersten Arbeiten werden ohnehin von Automaten verrichtet, Sklaverei und Kolonien sind abgeschafft (vgl. ebd., 145–146, 258–259). Das Verhalten der Bewohner ist geprägt von Fleiß, gemäßigter Askese und Sparsamkeit (vgl. ebd., 259, 268, 270), sie können sozialpflichtiges Privateigentum erwerben, die Reichen sollen aber karitativ „nützliche Denkmäler" schaffen (ebd., 94, 128). Die meisten sind gemäß physiokratischem Denken (Boisguillebert, Richard Cantillon, insbesondere François Quesnays *Tableau économique*, 1758) in der Landwirtschaft als produktivstem Wirtschaftszweig tätig (vgl. ebd., 92). Früher, so erfährt der zeitreisende Erzähler, hätten „ein Pöbel von Königen" und der Klerus das Glück der Nation gefährdet, sie in ein „Volk von Sklaven" verwandelt und mit einem „Heer von Spitzeln, die man für Geld geworben hatte", kontrolliert (ebd., 21, 165, 101, 38). Nun gelte Gold als glückszerstörend, Schmuck wird im Meer versenkt, weil er Habgier erzeugen könnte, und auch der Kauf auf Kredit ist grundsätzlich untersagt (vgl. ebd., 261, 25). Merciers – immer wieder um Fußnoten einer anonymen Autorinstanz angereicherte – Utopie des zukünftigen Frankreichs ist als ‚geschlossener Handelsstaat' (Fichte) *avant la lettre* konzipiert, da wirtschaftlicher Austausch mit dem Ausland die Kontingenzkontrolle unterminieren (z. B. das Luxusverbot umgehen) könnte und nur zwecks eigener Bedarfsdeckung produziert wird. Wissenschaftlicher Austausch wird hingegen angestrebt, Astronomen und Physiker sind die Priester einer aufgeklärt deistischen Staatsreligion (vgl. ebd., 262–263), die sich dem Fortschritt verschrieben hat. Das Mantra dieser „Bienen-Republik" voller Harmonie lautet: „Alles ist gut!" (ebd., 130, 195)

Die Zeitutopie hat die weitere Gattungsgeschichte nachhaltig geprägt und zahlreiche Nachfolger gefunden (vor allem in Edward Bellamys marxistisch informiertem Roman *Looking Backward 2000–1887* von 1888). Mit dem Wechsel vom Raum zur Zeit vollzieht sich zudem ein weiterer Wandel der Gattung: In Christoph Martin Wielands Staatsroman *Der goldne Spiegel* (1772/1795) wird die Teleologie von Merciers Roman ironisch gebrochen (und damit im Aufklärungskontext selbstreflexiv; vgl. Schings 1977, 59–60; Löwe 2012, 131–132), der Fürstenspiegel zum Medium der Kritik an der Prunksucht des Herrschers aufgewertet (vgl. Titzmann 1993; Dittrich 2004; Jordheim 2007 183–184). Zu dessen Pflichten, die im narrativen Durchgang durch sämtliche Wissensgebiete des Staates im Land Scheschanien gleichsam angemahnt werden (vgl. Scattola 2001; Hagel 2010), zählt besonders der Bereich der Ökonomie. Schach-Gebal, der die Lehrerzählungen des weisen Danischmends mit wechselnder Aufmerksamkeit verfolgt, ist jedoch gerade kein Beispiel für einen guten Herrscher – er lebt verschwenderisch, Hof und Klerus pressen das Land aus, der Staatshaushalt gleicht einem Drahtseilakt: „Eine neue Spekulation war der kürzeste Weg, sich bei ihm in Gnade zu setzen [...]. Kein Monarch in der Welt hatte mehr Einkünfte auf dem Papier und weniger Geld in der Kasse" (Wieland 1794 ff., Bd. 6, 23–24). Dieser Monarch soll nun mittels Erzählungen über die desaströse Geschichte der Könige von Scheschian gebessert (vgl. ebd., Bd. 6, 218–220) und gleichzeitig in den Schlaf versetzt werden. Im Fokus stehen die verderblichen Folgen des → Luxus als „auszehrendes Fieber" (ebd., Bd. 7, 72–73), denn radikal verfolgtes Eigeninteresse führt keineswegs zu mehr Staatswohl (zum affektgetriebenen Tyrannen-Sultan Isfandiar vgl. ebd., Bd. 7, 72–73). Die Gegenbeispiele utopischer Humanität sind jedoch entweder in Rigorismus befangen – im bildungsfernen „Tal der Kinder der Natur" gibt es eine Selektion der Nicht-Glücklichen, die die arbeitsame „kleine[ ] Kolonie" (ebd., Bd. 7, 119) verlassen müssen –, oder werden, wie die Erzählung über den idealen Renovator und Volkskönig Tifan, der das zerrüttete Land mit einer kameralistischen Bevölkerungs- und Wirtschaftspolitik reformiert (vgl. ebd., Bd. 7, 125–126), von Schach-Gebal schließlich als Sozialkritik erkannt. Wenngleich ihm die Maßnahmen, von denen Danischmend berichtet – Reproduktionssteigerung (vgl. ebd., Bd. 7, 215–216), Steuersenkungen (vgl. ebd., Bd. 7, 293–294), merkantilistische Ausfuhrbeschränkungen, Festpreise für Grundnahrungsmittel, scharfe Reduktion von Luxus und Kunstgenuss (vgl. ebd., Bd. 7, 253–269) – teilweise imponieren, lässt Schach-Gebal den übermotivierten Berater eines Morgens ins Gefängnis werfen. Danischmends Bild des Herrschers als eines mitunter „namenlosen" (ebd., Bd. 7, 101) ‚unparteiischen Zuschauers', wie ihn Adam Smiths *Theory of Moral Sentiments* (1759) entwarf (vgl. Bachmann-Medick 1989, 272–289), dessen Wirken seinen Untertanen wie „die verborgene Hand des großen Urhebers der Natur" (Wieland 1794 ff., Bd. 6, 297, Anm. 13) kaum bewusst sei, fällt als Vorbild durch.

Harmonie im Zeitalter ihrer technischen Produzierbarkeit: Frühsozialistische Utopisten

Bereits die um 1800 von Fichte in seinem utopisch-autarken *Geschlossenen Handelsstaat* philosophisch begründete Planwirtschaft (vgl. Fichte 1845–1846, Bd. 3, 498) zeigt große Nähe zur Sozialkritik des klassischen Utopiemodells. Angesichts der nach der Französischen Revolution fortbestehenden Ungleichverteilung von Eigentum und Produktionsmitteln und deren Verschärfung in der Industrialisierung wurden dessen Prämissen wieder hoch aktuell (→ III.12. LITERATUR DES FRÜHSOZIALISMUS). Die Verwirklichung einer gerechteren, meist kollektivistisch gedachten Wirtschaftsverfassung wurde aber nicht mehr ins Jahr 2440 verschoben, sondern durch Aufrufe zum konkreten Handeln und zum (produktiven) Ausgang aus der „Geschichte des Mangels" (Foucault 1974, 317) möglichst schnell angestrebt. Robert Owens genossenschaftlich orientierte Publikationen wie *A New View of Society* (1813/1814) oder *The Book of The New Moral World* (1836) waren durch eigene Unternehmerschaft in der schottischen Baumwollindustrie (New Lanark) erfahrungsbasiert, eine eigene utopistische Gründung (New Harmony; → KOMMUNE) scheiterte allerdings. Im Gegensatz zu Mercier wird die Abschaffung von Geldumlauf und Privateigentum wieder zur zentralen Forderung. Frühsozialistische Autoren wie Fourier, Owen und Cabet übernahmen jedoch die Hoffnung auf die technische Entwicklung, deren ökonomisches Wachstumspotential nun zur Bekämpfung des grassierenden Pauperismus durch eine gerechtere Nutzung und Verteilung der industriellen Produktionsgewinne (Konsum) eingesetzt werden sollte, die in der kapitalistischen Konkurrenzwirtschaft zu oft verschwendet würden (vgl. Saage 1991, 159–160). Allerdings wurde das Unternehmertum als Eigentümer der Produktionsmittel nicht von allen als Teil der feindlichen besitzenden Klasse wahrgenommen, deren entscheidendes Kriterium eben im Müßiggang auf Kosten anderer gesehen wurde (vgl. Saint-Simon 1977, 351; → UNTERNEHMER). Charles Fourier, der sein Modell einer utopischen Planwirtschaft auf eine mechanische ‚Ökonomie der Leidenschaften' bezog (vgl. Barthes 1986, 8, 92, 117), richtete sich in erster Linie gegen die Zirkulationssphäre und damit vor allem gegen die Zwischenhändler und Zollbehörden, deren durch nichts gerechtfertigte Profitgier und Piraterie die aufwendig erzeugten landwirtschaftlichen Waren und „Wunder der Industrie" unerschwinglich mache (vgl. Fourier 1980, 65, 233, 290–297; 2012, 151). Stattdessen setzte er auf eine genossenschaftliche Organisation ganzheitlicher, attraktiver (d. h. den Leidenschaften entsprechender) Arbeit, die Arbeiter wie Unternehmer in industriell und agrarisch geprägten Phalanstèren (klosterähnlichen Gebilden) zusammenführte (vgl. Rancière 1978, 152–153). Und Étienne Cabet, der nach dem Erfolg seiner *Voyage et aventures de Lord W. Carisdall en Icarie* (1839/1840, dt. *Reise nach Ikarien*) seine literarische Utopie in Amerika zu verwirklichen suchte, geißelte zwar die bestehenden Klassenverhältnisse in scharfen Worten: „Jene [Klasse] hat die Erfindungen gemacht, diese hat sie genossen; jene hat produziert, diese konsumiert. Der Müßiggänger hat den Arbeitsamen geplündert und plündert ihn täglich; der Vergeuder preßt den Sparsamen aus" (Cabet 1979, 371). Doch nicht das Luxuswesen, sondern dessen Exklusivität zum Wohl der Trägen verstieß seines Erachtens gegen die Menschenrechte (vgl.

ebd., 92, 296). Die Propension zum → LUXUS sei hingegen ein anthropologisches Faktum, das es zur Steigerung der Produktivität und Kreativität zu nutzen gelte (vgl. ebd., 254). So auch Fourier, der die Leidenschaften als göttliche Gebote eines obersten Ökonomen (vgl. Fourier 2012, 68) für die im genossenschaftlichen Organismus vereinigte Menschheit auffasste. Ansonsten ist Cabets Inselrepublik in vielen Koordinaten dem Morus-Schema verpflichtet: Isolation, Homogenität per Gütergemeinschaft, Geldlosigkeit; der Wille der Einzelnen sollte allerdings ganz rousseauistisch mit dem des Kollektivs kongruieren (vgl. Prat Valdés 2010), um einen „gesunden, lebendigen Körper oder Gesellschaftsorganismus" zu bilden (Cabet 1979, 517), der in der völlig symmetrischen Architektur der Hauptstadt Ikar ein Pendant erhält. Die Gütergemeinschaft wird aus der ursprünglichen Gleichheit aller Menschen legitimiert (vgl. ebd., 375), die Republik ist Eigentümerin der Produktionsmittel und des Bodens (vgl. ebd., 13–18), Knappheit wird durch Verteilung der Überschüsse zwischen den Provinzen reguliert (vgl. ebd., 140). Cabet stellt seine (in der Realität ebenfalls gescheiterte) ikarische Republik als dynamische Kollektividylle auf industrieller Basis vor, die es immerfort zu verwirklichen gelte (vgl. ebd., 496).

Eine bedeutende Gegenposition vertrat der als ‚Herold der Moderne' von Goethe stark rezipierte Henri de Saint-Simon (vgl. M. Jaeger 2014, 482–483). Dabei stand weniger seine Haltung zum Eigentum im Fokus (vgl. Emge 1987, 135–136), das er als wichtigste Grundlage der Gesellschaft bezeichnete (vgl. Saint-Simon 1977, 266), sondern seine Bestimmung der Wirtschaft zum wichtigsten Inhalt der Politik, die sich an deren Gesetzmäßigkeiten zu orientieren habe (vgl. ebd., 201). Die Idee einer marktkonformen Staatsorganisation gewinnt hier erstmals dezidiertere Umrisse. In Verbindung damit findet sich bei Saint-Simon eine Hochschätzung der Wissenschaften und der Technik, ohne die die Nation ein überdies kopfloser „Körper ohne Seele" sei, ihr Glück hänge von ihnen ab (ebd., 41, 269–297). Anders als die Liberalisierung und Nobilitierung des Marktes ist die Entlastung von schwerer Arbeit durch Maschinen typisch für utopistische Ökonomien im 19. Jh. Noch Theodor Hertzkas „soziales Zukunftsbild" *Freiland* (1890; *Eine Reise nach Freiland*, 1893) zeigt mit den „von Dampf, Elektrizität und Wasser in Bewegung gehaltene[ ] Sklaven" (Hertzka 1890, 146; vgl. auch Cabet 1979, 90–94) die zunehmende Latenz der Gattung zur – hier nationalökonomisch informierten – Science-Fiction (vgl. Innerhofer 1996, 250–251).

Ausblick: Dystopische Ökonomien

Kritisiert schon in Edward Bellamys *Looking Backward* (vgl. Bellamy 1983, 43) und William Morris' *News from Nowhere* (1890), ist es gerade diese Technikaffinität, die dann in Kombination mit den überlieferten Vorstellungen der Zwangsbeglückung das Pandämonium totalitärer dystopischer Szenarien im 20. Jh. und ihrer teils kompensatorischen (Aldous Huxley, *Brave New World*, 1932), teils entropischen Ökonomien (George Orwell, *1984*, 1949) heraufbeschwören wird. Vor allem Huxleys von Aufsichtsräten durchwaltete Welt hat sich bis heute als gattungsprägend erwiesen (etwa in David Mitchells düsterem Zukunftspanorama *Cloud Atlas*, 2004). So wird in den dystopisch-ökonomischen Entwürfen poststaatlicher Souveränität seit der Jahrtausendwende der Blick auf die Konsequenzen einer alles erfassenden Gier der Märkte und der Aufteilung der Welt in Wirtschaftszonen (z. B. Eugen Ruges *Follower*, 2016) nicht nur jeglicher (neo-)liberaler Zukunftsoptimismus negiert. Vielmehr gerinnt, wie in Reinhard Jirgls interplanetarischem Zukunftsroman *Nichts von euch auf Erden* (2013), das kapitalistische ‚Prinzip Wachstum' selbst zum Ausgangspunkt der Untergangsvision der in „Imagosfären" (Jirgl 2013, 15, 342–343) geordneten Welt die einer feindlichen Übernahme durch Marsheimkehrer erliegt. Auf die totale Expansion folgt die Apokalypse des Marktes (und mit ihm der Menschheit) als jener in den frühen Utopien einstmals so restriktiv kontrollierten Zone neuzeitlicher Staatlichkeit.

III.5. Elisabethanisch-jakobäisches Theater
Verena Olejniczak Lobsien

Im ersten Jahrzehnt des 17. Jh.s, in den letzten Jahren elisabethanischer Regentschaft im Übergang zur Stuart-Herrschaft, lässt das Theater wie in einem Brennglas den epochalen Mentalitätswandel sichtbar werden, der das Schwinden paternalistisch-feudaler Strukturen und das Brüchigwerden von Ideologie und Geltung der Aristokratie (vgl. Stone 1965) und zugleich den Systemwechsel von Merkantilismus zu einem marktwirtschaftlich strukturierten → KAPITALISMUS begleitet und bestimmt. Beginnend ungefähr im ersten Drittel des 16. Jh.s, mit langem spätmittelalterlichem Vorlauf und beschleunigt durch Englands Aufstieg zur globalen Handelsmacht ereignet sich dieser Umbruch über mehr als hundert Jahre hinweg. Er markiert zugleich eine Etappe im großen, sich langsam und in regionalen Asynchronien vollziehenden Wandel von Hauswirtschaft zu Geldwirtschaft, *oikonomia* zu *chrēmatistikē*, damit zur „gewinnsüchtigen Erwerbskunst" (Aristoteles, pol. 1256b), und von der Ökonomik zu Ökonomie (vgl. Brunner 1950; 1968; Koslowski 1979). Spätestens ab 1600 wird auch in einem der ersten frühmodernen Massenmedien, auf dem Theater, offenkundig, was auf dem Spiel steht. Bühne und Rollenspiel erscheinen dabei in besonderer Weise geeignet, Prozesse des Austauschs und der Substitution, der Verhandlung und der Verstellung ebenso wie Dynamiken von Gewinn und Verlust vor Augen zu führen (vgl. Agnew 1986).

Im ersten Jahrzehnt nach der Jahrhundertwende geht mit dem Tod von Elisabeth I. und der Inthronisierung ihres Nachfolgers Jakob I. eine lange Periode relativer politischer und kultureller Stabilität zu Ende. Die Dramen dieser Dekade dokumentieren und perspektivieren nicht nur ein damit zusammenhängendes generelles Krisenbewusstsein, sondern auch ökonomische Veränderungsprozesse, die sich zu Beginn der neuen Regentschaft zu verschärfen scheinen. Gleichzeitig sind die Dramen selbst Produkte gewinnorientierter, in der Regel genossenschaftlich organisierter Unternehmen. Das kommerzielle Theater ist ein „joint stock venture" (Howard 2008, 267), finanziell getragen von Autoren und Schauspielern als Anteilseignern und in schwindendem Maße vom Mäzenatentum abhängig. Es hat teil an dem, wovon es handelt. Seine Produktionen thematisieren zunehmend Veränderungen wie den Aufstieg Londons zur Metropole (mit einer Vervierfachung der Bevölkerung zwischen 1550 und 1600), die Expansion des Handels und der Seefahrt, das Alltagsleben unter Bedingungen wachsender Kommerzialisierung, Monetarisierung und Kommodifizierung, die Ausbreitung der Geld-, Finanz- und Kapitalwirtschaft. 1571 wird in London die Royal Exchange, die Vorläuferinstitution der heutigen Börse, gegründet. Wertpapiere werden allmählich zum Gegenstand des institutionalisierten Handels. Das Versicherungswesen erlebt einen bemerkenswerten Aufschwung und wächst aus dem maritimen in andere Lebensbereiche hinein; mit ihm entsteht ein verändertes Risikobewusstsein. Fragen der Kredit- und Zinswirtschaft und des → WUCHERS (*usury*) werden intensiv diskutiert (neben vielen anderen: Thomas Wilson in *A Discourse upon Usury*, 1572, und Francis Bacon in *Of Usurie* aus seinen *Essayes or Counsels*, 1597–1625).

Der Kulturwechsel, der sich hier vollzieht, äußert sich darin, dass Gebrauchswerte (*use*) systematisch durch Tauschwerte (*exchange*) ersetzt werden (vgl. Hawkes 2010). Zugleich wird eine Kultur wechselseitiger materieller und ethischer Verpflichtung nach und nach verdrängt durch ein Verhaltensregime, in dem Verpflichtungen ebenso wie ursprünglich körpergebundene Austauschprozesse zunehmend abstrakter und anonymer werden. Sie werden in Schuldverschreibungen und Wertpapiere übersetzt, die ihrerseits zum Gegenstand des Handels und zu Medien einer eigenen Zirkulation gemacht werden können. Dass eine Kultur der Treue, der wechselseitigen, wertbesetzten, an Personen und deren Performanz in Handlung und (gesprochenem) Wort gebundenen Verpflichtung abgelöst wird von einer, in der die Geltung abstrakter, kontraktförmiger, schriftlich fixierter Transaktionen von überpersönlichen Institutionen reguliert und gewährleistet wird (→ VERTRAG, PAKT), schlägt freilich durch auf nahezu allen Ebenen bis in die alltäglichen Praktiken und Umgangsformen der Menschen. Soziale, rechtliche, politische Bindungen rücken an die Stelle der persönlichen und moralischen. Die reputationsbasierte Ethik des Vertrauens zwischen Individuen, von der die frühneuzeitliche ‚Kreditkultur' noch weitgehend bestimmt erscheint (vgl. Muldrew 1998, 2, passim), erodiert im gleichen Maße, in dem sie von persönlichen Beziehungen, moralischen und religiösen Qualitäten separiert und verallgemeinert wird. Ein entpersönlichtes Marktgeschehen, in dem individuelle Verantwortung und individuelles Handeln verschwinden, tritt mehr und mehr an ihre Stelle. Zugleich erscheinen Beziehungen immer marktförmiger, sie erscheinen analog zu Tauschvorgängen und werden zum Gegenstand von Verhandlungen. Deren Ziel ist individuelle Bereicherung, sie werden bestimmt von Möglichkeiten des Gewinns und Verlusts und begleitet vom Risiko der Übervorteilung. Das nehmen auch die Zeitgenossen wahr; so bemerkt John Wheeler 1601 in *A Treatise of Commerce*: „[A]ll the world choppeth and changeth, runneth & raueth after Marts, Markets and Merchandising, so that all thinges come into Commerce, and passe into traffique (in a maner) in all times, and in all places" (Wheeler 1601, 6; vgl. Netzloff 2003, 161–162).

Wird die allgegenwärtige Kommerzialisierung mit Faszination, aber auch einer gewissen Beklommenheit beobachtet, so erscheint die ökonomische Moral an der Spitze des Königreichs auf andere Weise fragwürdig. Die hohen Ausgaben der Krone zu Beginn der Regentschaft von Jakob I. erregen Aufsehen und Besorgnis. Dies umso mehr, als sich bereits unter Elisabeth ein kultureller Typus herausgebildet hatte, dem das königliche Verhalten jetzt beunruhigend zu entsprechen scheint: das Negativbild des *prodigal*, des Verschwenders (→ VERSCHWENDUNG, VERAUSGABUNG), biblisch präfiguriert im verlorenen, aber reuigen Sohn, der sein Erbe durchgebracht hat (vgl. Helgerson 1976). Das Klischee charakterisiert vor allem den verschwenderischen Lebensstil jüngerer Söhne aus dem verarmenden Adel, bietet aber auch gut ausgebildeten, oft vergeblich Beschäftigung suchenden jungen Intellektuellen eine Identifikationsfigur, die es erlaubt, das eigene soziale und wirtschaftliche Scheitern apologetisch zu beschreiben und der Hoffnung auf Anstellung bzw. erneute finanzielle Förderung Ausdruck zu verleihen. Im Konzept der *prodigality*, der ungezügelten monetären Extravaganz, erscheint die Kehrseite aristokratischer Großzügigkeit, Patronage und spektakulärer höfischer Verausgabung, versehen mit dem Index der Möglichkeit – und Notwendigkeit – der Reform.

Ökonomische Veränderungsprozesse und kulturelle Phänomene dieser Art werden im zeitgenössischen Theater registriert. Aber sie werden weder passiv widergespiegelt noch durchweg affirmativ vergegenwärtigt, vielmehr bearbeitet. Die Dramen richten dabei Perspektiven ein, die es ermöglichen, das Vorgeführte anders zu sehen. Ob Kommodifizierung, Kommerz oder Kreditklemme: In der ersten Dekade des 17. Jh.s stehen ihre Protagonisten auf einer Bühne, deren Agenten bereit sind zum Verlachen des Exzesses wie des Geizes, zugleich zur kritischen Inspektion selbstverständlich werdender Mentalitäten und ihrer Revision. Wie die nachfolgenden Lektüren exemplarischer Dramen aus dem Jahrzehnt zwischen 1594 und 1608 zeigen, wird diese Bereitschaft nicht nur darin sichtbar, wie die Texte ihre Kontexte thematisch aufnehmen und verarbeiten, sondern nicht zuletzt in der Sprache der Stücke – in der Semiotik, die sie einrichten, in den Interaktionsstilen ihrer Figuren, in ihren eigenen, textuellen Ökonomien.

Äquivalenzen und Zirkulationen: *The Merchant of Venice*

Shakespeare bietet das prominenteste Paradigma dramatischer Modellierung des Ökonomischen in der elisabethanisch-jakobäischen Kultur (vgl. Hawkes 2015; Lobsien 2015); am offenkundigsten in *The Merchant of Venice* (1598 im *Stationers' Register* eingetragen). Wucher ist hier ein Thema, aber nicht die Hauptsache. Die Aufmerksamkeit auf die Figur des Shylock mit seinem langen mittelalterlichen Schatten (vgl. Le Goff 1990) hat die kritische Wahrnehmung lange Zeit von seiner eigentlich ökonomischen Brisanz abgelenkt. Es geht in diesem *problem play* gar nicht in erster Linie um gewinnsüchtige Geldvermehrung und Zinsgeschäft eines einzelnen, sondern um die Monetarisierung aller Lebensbereiche: „[P]ractically all aspects of interpersonal relationships seem tainted by the scent of money" (Grav 2008, 84). Alles wird hier markt- und geldförmig, alles erscheint durchsetzt von Mechanismen des → TAUSCHES, damit von Strukturen der Äquivalenz und der Kommensurabilität – nicht zuletzt Freundschaft, Liebe und Ehe.

Seit seinen Anfängen hat sich der angelsächsische → NEW ECONOMIC CRITICISM vorzugsweise dem *Merchant of Venice* zugewandt (vgl. Shell 1978, Kap. 3; 1982, Kap. 3; Engle 1993, Kap. 4; Grav 2008, Kap. 3; im Überblick bei Grav 2012). Ein nicht geringes Verdienst dieser kritischen Aufmerksamkeit ist, dass deutlicher geworden ist, welcher Art die textuelle Ökonomie eines Textes ist, der bislang in einen Hauptplot (fokussiert auf die Interaktionen der venezianischen Kaufleute und die Schuldverschreibung – *bond* – zwischen Antonio und Shylock) und eine weniger relevante Liebeshandlung zu zerfallen schien (um die Beziehung zwischen Bassanio und Portia kreisend, auf die Kästchenwahl in Belmont fokussiert) und dessen letztem Akt es nach der Gerichtsverhandlung an dramatischer Notwendigkeit mangelte. Mit der Frage nach dem Ökonomischen lässt sich verstehen, weshalb die Handlung des Stückes mit ihrer Folge zahlreicher kurzer Szenen fortwährend zwischen Venedig und Belmont wechselt und weshalb sie mit Shylocks Verurteilung nicht zu Ende ist. Portias Anwesen ist keineswegs ein extraterritorialer Bereich, der mit dem Geschehen auf dem Rialto nichts zu tun hätte, im Gegenteil: Es geht genau um den Nexus zwischen beiden; darum, dass beide Orte durch textuell ausgemünzte merkantile Strukturen aufs Engste miteinander verwoben sind.

Schon diese topopoetische Verknüpfung auf der Ebene der Handlung verweist auf die durchgehende Ökonomisierung aller menschlichen Beziehungen. Das Stück, so hat es Lars Engle formuliert, „presents the world of human relations as a market of exchangeable values" (Engle 1993, 77). Affektive und finanzielle Diskurse überlagern einander bis zur Ununterscheidbarkeit. Zu- und Abneigung sind vor allem eines: geldwert, und die Art und Weise, wie von ihnen gehandelt wird, erscheint von Anfang an als Kommerz. Das Drama ist beherrscht von Figuren der Repräsentativität und Stellvertreterschaft, damit der Verrechenbarkeit nach dem Modell des geldvermittelten Tausches: Der erfolgreiche venezianische Handelsunternehmer Antonio steht als Bürge dem Geldverleiher Shylock gegenüber für den *prodigal* Bassanio ein. Bassanio, Anführer der in ständigen Geldnöten befindlichen *jeunesse dorée*, die Antonio mit finanziellem Interesse umwirbt, braucht das Geld, um im Wettbewerb um die reiche Erbin Portia angemessen repräsentieren zu können. Bei der Kästchenwahl treten die unterschiedlichen Materialitäten der *caskets* ein für unterschiedliche merkantile Semantiken, zu denen wiederum ihre Aufschriften und Inhalte in emblematischer Spannung stehen. Venedig und Belmont fordern als Orte städtischer und höfischer Kulturen zum Vergleich. Shylock lässt Antonios Fleisch als Bürgschaft für die bereitgestellte Summe gelten; er selbst sieht sich als Repräsentant jüdischer Frugalität und kluger Besitzmehrung in der Nachfolge des biblischen Erzvaters Jakob. Seine Tochter Jessica wechselt nicht nur die jüdische für die christliche Konfession, sondern tauscht auch den Ring seiner verstorbenen Gattin Leah gegen einen Affen. Portia und Nerissa treten als Anwälte für die Sache Antonios ein; in Verkleidung und Rollenspiel werden zusätzliche Äquivalenzen zwischen Person wie Geschlecht behauptet. Die Ringe, die sie ihren zukünftigen Gatten als Zeichen des Ehebundes geben und – verkleidet – sogleich wieder abhandeln, werden zu Metaphern permanenter Austauschbarkeit. In Bewahrheitung des Topos *pecunia est merx* erscheint Geld durchweg selbst als → WARE, mehr noch: als signifikante Figur für die Frage nach den Grenzen universaler Zeichenwirtschaft.

Ökonomische Thematik und textuelle Ökonomie verstärken einander dabei wechselseitig. So steht Bassanio „in money and in love" (Shakespeare 1993, 1.1.131) bereits tief in Antonios Schuld, wenn er ihn erneut anpumpt (vgl. Engle 1993, 84–85). Die umständliche und verblümte Diktion, mit der er sein Ansinnen vorträgt, kaschiert nur dürftig die Verschwendung, mit der er seine Mittel durchgebracht hat:

> 'Tis not unknown to you, Antonio,
> How much I have disabled my estate
> By something showing a more swelling port
> Than my faint means would grant continuance,
> Nor do I now make moan to be abridged
> From such a noble rate; but my chief care
> Is to come fairly off from the great debts
> Wherein my time something too prodigal
> Hath left me gaged. To you, Antonio,
> I owe the most in money and in love,
> And from your love I have a warranty
> To unburden all my plots and purposes
> How to get clear of all the debts I owe.
> (Shakespeare 1993, 1.1.140–152)

Seine eingestandene Prodigalität ist für den jungen Adeligen jedoch kein Grund zur Scham. Vielmehr rechtfertigt sie nicht nur den Versuch, Antonios besondere Zuneigung zu ihm weiter auszubeuten, sondern auch das Unternehmen Belmont und den hohen Einsatz, den es fordert. Bassanio muss Portias Hand gewinnen, um sich finanziell zu sanieren (vgl. Engle 1993, 85–86, 91). Um mit Portias Vermögen seine Schulden bei Antonio begleichen zu können, sieht er keine andere Möglichkeit, als Antonio gleichsam zu seinem Investor zu machen. Dabei lässt er keinen Zweifel daran, dass ihn an Portia in erster Linie ihre Mitgift interessiert. Auch sind ihm die Indirektheit und das Wagnis der Transaktion, durch die er Geld mit Geld zu kaufen sucht, durchaus bewusst. Portia ist in Bassanios erster Erwähnung vor allem „a lady richly left" (Shakespeare 1993, 1.1.161). Mögen unter ihren ‚Werten' (ebd., 1.1.167) auch Schönheit und Tugend sein (vgl. ebd., 1.1.), so gipfelt seine Schwärmerei in einem vielsagenden homerischen Vergleich, der das materielle Interesse herausstellt: „[H]er sunny locks / Hang on her temples like a golden fleece, / Which makes her seat of Belmont Colchis' strand, / And many Jasons come in quest of her" (1.1.170–173; vgl. auch ebd., 3.2.239).

Bassanio ist ein Abenteurer und Hasardeur (vgl. MacInnes 2008), dem zum Gewinn des Goldenen Vlieses nahezu jedes Mittel recht ist, allemal der Einsatz von Antonios Freundschaft. Er selbst schreibt sich die Spielernatur zu und drängt den Freund, ihre Beziehung ebenfalls nach den Regeln des riskanten Spiels zu definieren, bei dem der Edelmann Aussicht auf Gewinn hat und der Kaufmann Antonio das Risiko trägt:

> In my schooldays, when I had lost one shaft,
> I shot his fellow of the selfsame flight
> The selfsame way with more advisèd watch
> To find the other forth, and by adventuring both
> I oft found both. [...] [B]ut if you please
> To shoot another arrow that self way
> Which you did shoot the first, I do not doubt,
> As I will watch the aim, or to find both
> Or bring your latter hazard back again
> And thankfully rest debtor for the first.
> (Shakespeare 1993, 1.1.140–152)

Antonio nimmt weder Anstoß an diesem Ansinnen noch an der Art, wie es gerechtfertigt wird, denn er liebt Bassanio trotz, vielleicht sogar wegen dessen Prodigalität. Er willigt in dessen Plan ein, bevor er ihn noch genau kennt, und erscheint in seiner vorbehaltlosen Großzügigkeit nobler als der junge Aristokrat: „[B]e assured / My purse, my person, my extremest means, / Lie all unlocked to your occasions" (ebd., 1.1.137–139). Aber beide sprechen ja auch die gleiche Sprache. Ihr Diskurs, wie der aller anderen Figuren, behandelt Humanes und Monetäres als austauschbar. Die bis ins Phonetische reichende Äquivalenz von „My purse, my person" oder später, in Shylocks Klage über den Verlust Jessicas, „O my ducats! O my daughter!" (ebd., 2.8.15; vgl. 2.8.17, 24), bringt die Gleichsetzung in knappster Form auf den Punkt. Die Konfusion von Ökonomischem mit Persönlichem ist in diesem Drama ubiquitär. Das Pfund Fleisch, das Shylock von Antonio als Einsatz und Sicherheit verlangt, fungiert dabei als Radikalisierung und als Allegorie der Kommensurabilität zwischen Ungleichem. Nicht nur aus aristotelischer Sicht erscheint das widernatürlich (vgl. Spencer 2003). Shakespeares Drama zeigt, wie die Geldlogik alle Bereiche des Lebens affiziert und kontaminiert, und es macht deutlich, wie sich ihre Fähigkeit zur Abstraktion noch und gerade am scheinbar Konkretesten – ein Pfund Fleisch nahe dem Herzen – manifestiert. Nicht nur homosoziale Bindungen münzen sich in Schuldverschreibungen aus, selbst Fleisch und Blut lassen sich in Debit und Kredit übersetzen. Der Sitz des Lebens und der Gefühle wird als quantifizierbar ausgestellt (vgl. Grav 2008, 101) – messbar nicht nur nach seinem Gewicht, sondern nach seiner finanziellen Äquivalenz und deren völlig kontingenter Festsetzung. Hier ist dieses Pfund an Vitalkräften exakt die Annullierung einer Schuld von 3.000 Dukaten wert.

Nicht nur Leibliches erscheint käuflich: Dass wirklich restlos alle Transaktionen in *The Merchant of Venice* einer Rationalität des Kommerzes gehorchen, lässt sich auch an der Belmont-Handlung ablesen. Sie ist nur scheinbarer Gegenpol zu dem *bond* zwischen Shylock und Antonio, auf das Bassanio sein Risiko auslagert. Die Kästchenwahl ist ja eine mindestens zum Teil fürsorgliche paternalistische Maßnahme. Mit ihr sucht Portias Vater sicherzustellen, dass die große Mitgift seiner Tochter bei der Eheschließung in die richtigen Hände gerät. Der rechte Gatte hat die rechte ökonomische Vernunft mitzubringen. Bassanio wählt nicht nur deshalb richtig, weil Portia ihn zuvor als den Richtigen ausersehen hat und ihm eine Reihe von Hilfen gibt. Er unterhält auch von vornherein eine Affinität zu der Mentalität, die das Motto des bleiernen *casket* ihm abfordert: „Who chooseth me must give and hazard all he hath" (Shakespeare 1993, 2.7.9., passim). Portia weiß, dass der, den sie allen anderen vorzieht, ein Spieler ist, und sie sucht sein Risiko zu minimieren, indem sie sofort das Stichwort „hazard" ins Gespräch bringt (ebd., 3.2.2). Mehr noch, nach geglückter Wahl überlässt sie ihm ihre Person als Statthalterin sämtlicher Reichtümer von Belmont – „the full sum of me" (ebd., 3.2.157) –, begleitet von dem Wunsch, ihr ‚Brutto' („to term in gross"; 3.2.158) möchte sich verdreißigfachen, um schließlich jegliche Verrechenbarkeit sprengen zu können („Exceed account", 3.2.157).

Doch so überschwänglich Portias verliebte Buchhaltung hier auszufallen scheint, so nüchtern ist das Kalkül, das dahintersteht. Ihre Zusammenfassung benennt zwar ohne Umschweife die rechtliche Situation der verheirateten Frau: „Myself and what is mine to you and yours / Is now converted" (ebd., 3.2.166–167). Aber damit verzichtet sie keineswegs auf die aktive Bestimmung ihrer (und nunmehr auch Bassanios) finanziellen Angelegenheiten und auf das Handeln in ihrem eigenen Interesse. Der nachfolgende Verkleidungsplan zur Abwendung von Antonios tödlichem Bankrott hat auch das Ziel, eine Minderung von Bassanios Vermögen und damit eine erhebliche Verschlechterung ihrer eigenen Finanzsituation zu verhindern. Denn der Übergang des Patrimoniums der Frau in den Besitz des Mannes bei der Eheschließung ist nur die eine Seite der bei aristokratischen Geldheiraten üblichen Versorgungsregelungen. Während die Mitgift an den Mann geht, wird zugleich eine adäquate Witwenrente im Verhältnis zum Gesamtvermögen verhandelt und festgesetzt (*jointure* oder *portion*). Portia hat ein starkes Interesse daran, dass an dieser Stelle keine Minderung eintritt. Der Affekt, der sie mit Bassanio verbindet, bindet sie zugleich an ihrer beider Finanzen. Lars Engle hat darauf hingewiesen, dass der mit Portias und Bassanios Eheversprechen einsetzende Ring-Plot vor allem dazu dient, die mit ihm verbundene Kapitalzirkulation sicherzustellen (vgl. Engle 1993, 92–98). Am Schluss fließen dann auch tatsächlich alle eingesetzten Mittel wieder zurück nach Belmont. Portias Wortwahl lässt an ihrer Entschlossenheit zu solch effektivem Kapitalmanagement keinen Zweifel: „Since you are dear bought, I will love you dear" (Shakespeare 1993, 3.2.311).

Mit seiner Unterbindung ethnisch motivierter Rache, mit Portias berühmtem Gnadenplädoyer, mit der Rettung des generösen Kaufmanns und der Einlösung des Komödienschemas glückender Paarbildung könnte *The Merchant of Venice* eine Legitimierung und Feier des merkantilistischen Ethos sein. Indem das Drama aber die Kosten einer proliferierenden Geldlogik bilanziert, für die das ganze menschliche Leben aus Tauschwerten besteht, indem es die zugrunde liegende Mentalität, für die auch das nicht zu Beziffernde kommensurabel erscheint, bis in deren kapitalistische Verzweigungen verfolgt, entwirft es die Umrisse einer Unheilsökonomie. Dies wird ein letztes Mal pessimistisch pointiert in der nächtlichen Schlussszene, in der zwar Portias und Nerissas Verkleidung aufgedeckt wird und Antonios Handelsschiffe glücklich heimkehren, in der aber zuvor Lorenzo und Jessica sich in einem sinistren Überbietungsspiel an den unglücklichen Ausgang der Lieben Cressidas, Thisbes, Didos, Medeas erinnern (vgl. ebd., 5.1.1–24); die Szene, in der Musik vor allem melancholisch macht und die Harmonie der Sphären für unhörbar erklärt wird, in der Graziano und Bassanio beschämt werden und Portia eine skeptische Einsicht in radikale Relativität formuliert („Nothing is good, I see, without respect"; ebd., 5.1.99) – das alles lässt wenig Gutes hoffen.

Politisierung des Geldes: *The Jew of Malta*

The Merchant of Venice führt die konkreten Konsequenzen des ökonomischen Abstraktionsprozesses vor, der als Symptom des emergierenden frühmodernen Kapitalismus gelesen werden kann. Im Vergleich dazu bleibt Christopher Marlowes *The Jew of Malta* (1594) einerseits hinter der zeitgenössischen Aktualität zurück. Für die Hauptfigur, den Juden Barabas, seines Zeichens erfolgreicher

Handelsunternehmer, Geldverleiher und prominentes Opfer der Enteignungskampagne des Malteser-Staates im Krieg gegen türkische Abgabenforderungen, geht es um die Materialität des Reichtums, um Gold, Perlen und Juwelen, um Zählbares und Transportables. Er setzt nicht auf Papiergeld oder Schuldverschreibungen, sondern buchstäblich auf „Infinite riches in a little room" (Marlowe 2002, 1.1.37). Nur weil seine Schätze in ihrer stofflichen Wertigkeit so verdichtet sind, kann er sie vor dem Zugriff der Regierung verbergen und von seiner Tochter aus dem Fenster werfen lassen (vgl. ebd., 2.1). Andererseits aber gilt offenbar auch in diesem Drama die Äquivalenz von Geld und Person. Barabas betrachtet seine Tochter Abigail ebenso als sein Eigentum wie sein Gold, und wie bei Shakespeares Shylock signalisiert eine Alliteration in einem Moment höchster affektiver Intensität deren Verknüpfung: „Oh, girl, oh, gold, oh beauty, oh, my bliss!" (ebd., 2.1.53) Barabas' reifizierende Gleichsetzung von Mensch und Geld erfolgt nicht ohne die entsprechende Selbstreduktion – er sieht sich selbst als Geist, der an den Ort seines Reichtums gebunden ist („For whilst I live, here lives my soul's sole hope, / And when I die, here shall my spirit walk"; ebd., 2.1.29–30).

Die Verdinglichung des Humanen ist hier jedoch nur Teil eines umfassenderen Syndroms, das seinerseits eine andere Art von Aktualität anzeigt: eines Machiavellismus, der den Übergang zu Formen politischer Ökonomie markiert, für die Menschen in erster Linie Ziffern sind, quantifizierbar und berechenbar, verwertbar und einsetzbar, Mittel zur Durchsetzung wirtschaftlicher Ziele. In *The Jew of Malta* sehen wir noch keine politische Ökonomie im strengen Sinn; es geht nicht um die Verteilung von Gütern oder die staatswirtschaftliche Verwaltung von Ressourcen. Aber es geht um die politische Verzweckung des Ökonomischen. „Policy" (ebd., 1.1.180, passim) bezeichnet die Strategien, mit denen die Figuren in Marlowes Drama Gelder einsetzen und dirigieren, um Macht zu gewinnen und ihre Zwecke zu erreichen. Politische Handlungsmacht beruht auf finanzieller Potenz; Geld ist Mittel der Politik.

In der Figur Barabas werden dabei ethnische und ideologische Klischees auf besonders drastische Weise kombiniert. Er wird schon im Prolog in einer Kombination von Juden- und Italienerstereotyp als Protagonist machiavellistischer Interessensdurchsetzung eingeführt, dem jedes Mittel recht ist. Das Drama präsentiert ihn nicht nur als Künstler der Chrematistik (→ III.1. OIKONOMIA UND CHREMATISTIK), sondern vor allem als vollkommen skrupellosen Manipulator. Sein spektakulärer, ans Dämonische grenzender Einfallsreichtum im Täuschen, Tricksen, Lügen und Betrügen macht das eigentliche Faszinosum dieser Figur aus, die als Verkörperung eines unverwüstlich bösartigen Ingeniums präsentiert wird. Kaum hat Barabas eine Gemeinheit begangen, hat er schon die nächste in petto. Seine Teufeleien sind motiviert von Habgier, aber erscheinen mehr und mehr selbstzweckhaft. Weder scheut er davor zurück, seine eigene Tochter in einer

Heiratsintrige zu verschachern, damit die rivalisierenden Kandidaten einander umbringen, noch davor, ein ganzes Nonnenkloster (einschließlich seiner Tochter) mit einem Risotto ums Leben zu bringen, und mit besonderem Gusto vergiftet er seinen eigenen Diener und Komplizen, dessen Prostituierte und ihren Zuhälter in Vergeltung für eine Erpressung.

Je mehr Marlowes Stück allerdings den Unterhaltungswert des Schurkischen mit immer sensationelleren Machenschaften in den Vordergrund rückt, desto mehr wird aus seiner Analyse des ökonomischen Zynismus ein Theaterphänomen (vgl. Engle und Bevington 2002, 291), desto mehr erscheint Barabas als „virtuoso murderer" (ebd., 290) und als „genius of every kind of evil" (ebd., 292). Damit schwächt sich jedoch die politische Dimension seines profitorientierten Handelns ab. Zwar schwingt er sich am Ende sogar zum Gouverneur Maltas auf und ermahnt sich zu machiavellistischer Vorsicht (vgl. Marlowe 2002, 5.2.35–36); auch ruft er seine Prinzipien in einer letzten selbstgefälligen Adresse an das Publikum noch einmal auf: „Why, is not this / A kingly kind of trade, to purchase towns / By treachery and sell 'em by deceit?" (ebd., 5.5.46–48) Aber Barabas' Verschlagenheit und ökonomisches Raffinement („Making a profit of my policy", ebd., 5.2.112), die erstaunliche Energie, mit der er seine Opfer wieder und wieder gegeneinander ausspielt, mit mehreren Parteien gleichzeitig paktiert, um alle zu übervorteilen, sind eben am Schluss doch nicht viel mehr als das: exemplarische Praxis einer speziellen Art von bösartigem → GEIZ, die sich endlich gegen sich selbst wendet, indem ihr Protagonist als verratener Verräter buchstäblich in die Grube fällt, die er anderen gegraben hat – „a deep pit past recovery" (ebd., 5.5.36).

Prodigalität und kaufmännische Ordnung: *Eastward Ho*

In der *city comedy*, wie sie Ben Jonson, Thomas Middleton, John Marston und andere zwischen 1605 und 1630 produzieren (vgl. Wells 1981), werden ökonomische Verhaltensstrukturen verhandelt, die sich bei Shakespeare und Marlowe bereits abzeichnen, aber nun immer greller pointiert und schematisiert werden. Auch ein relativ frühes Beispiel des Genres wie Ben Jonsons, George Chapmans und John Marstons *Eastward Ho* (1605) befasst sich mit dem Ethos eines Mehrens des Vorhandenen und mit dem moralischen Umgang mit Knappheit wie mit Reichtum. Vor allem aber rücken Mechanismen des (un-)gleichwertigen Austausches, der Ver- und Abgeltung, des *do ut des* bzw. *quid pro quo* auf vielfältige Weise in den Vordergrund. Dies sind die Formeln des Merkantilen schlechthin, wie schon der Zeitgenosse John Wheeler hervorhebt: „*Do vt des, Facio vt facias*: the which words in effect comprehend in them all negotiations, or traffiques whatsoeuer, and are none other thing but meere matter of merchandise & Commerce" (Wheeler 1601, 7). Die Situierung in London hebt die Stadt nicht nur als Schauplatz ökonomischen Handelns und einer veränderten Soziabilität hervor, sondern verschärft auch auf neue Weise den Gegensatz zwischen *city* und *country*. Dabei wird das Land weniger pastoral denn als Gefilde der Entwertung, als eigentlicher Ort des verarmenden, vermehrt ins städtische Exil gedrängten Adels und einer Ambition sozialer und kultureller Überlegenheit wahrgenommen, der keine Substanz mehr entspricht. Dem höfischen Ethos der Ostentation und den prodigalen Manieren der → VERSCHWENDUNG und Verschuldung werden in *Eastward Ho* zudem Sittenstrenge, Tugendhaftigkeit, Geschäftssinn und Sparsamkeit des redlichen → KAUFMANNS gegenübergestellt.

So erscheint hier der Lobpreis des Merkantilismus mindestens ebenso stark moralisch wie ökonomisch begründet – erfolgreich ist (nicht erst am Ende) der Gute. Das Stück führt die Karrieren der zwei Lehrlinge des Goldschmieds Touchstone vor, des braven Golding und des großsprecherischen Nichtsnutzes Quicksilver, daneben die Geschicke seiner beiden Töchter, der bescheidenen Mildred und der ebenso hoffärtigen wie törichten Gertrude. Touchstone vermählt Mildred mit Golding und entlässt den ermahnungsresistenten Quicksilver. Gertrude, versessen darauf, eine Lady zu sein und in ihrer eigenen Kutsche zu fahren, und bestärkt darin von ihrer ebenso verblendeten Mutter, heiratet gegen den Widerstand ihres Vaters den mittellosen Adeligen Sir Petronel Flash, der vorgibt, ein Schloss auf dem Lande zu besitzen. Wie von diesem erhofft, überschreibt sie ihm sogleich ihre Mitgift – Landbesitz, den ihr ihre Großmutter vermacht hat und den sie damit entwertet, denn ihr Ehemann will ihn zu Geld machen. Sir Petronel schickt sie nach vollzogener Transaktion in der Kutsche zu seinem Luftschloss, während er selbst sich zusammen mit Quicksilver nach Virginia einschifft. Schon vor der Isle of Dogs erleiden sie jedoch Schiffbruch und werden vor Golding gebracht, der inzwischen zur einflussreichen Position eines Deputy Alderman aufgestiegen ist. Der verurteilt sie zu einer Gefängnisstrafe, setzt sich aber für ihre Begnadigung ein, als er Kunde von Quicksilvers spektakulärer Reue und Umkehr erhält. Es gelingt Golding, eine Aussöhnung mit Touchstone herbeizuführen. Der vergibt, bewegt von Quicksilvers Darbietung einer selbstverfassten Ballade über seine Missetaten, allen, auch der zerknirschten Gertrude und ihrem reuigen Ritter. Quicksilver wird mit der Prostituierten Sindefy verheiratet, und ihr Zuhälter, der Wucherer Security, sorgt für die Mitgift. So ist am Schluss eine gute Ordnung hergestellt, alle sind Teil bürgerlicher Ehrbarkeit, und es herrscht allseitige Harmonie. Touchstone spricht die Moral: „Now London, look about, / And in this moral, see thy glass run out: / Behold the careful father, thrifty son, / The solemn deeds which each of us have done; / The usurer punished, and from fall so steep / The prodigal child reclaimed, and the lost sheep" (Chapman u. a. 1981, 5.5.187–192).

Das Kaufmännische erscheint als das Gute, das Gute als das Kaufmännische: Die Rollen in diesem Spiel sind von Anfang an klar verteilt. Die Typisierung ist eindeutig, die Qualitäten der Figuren werden schon durch ihre sprechenden Namen annonciert und ihre symmetrischen Funktionen gleich in den ersten Zeilen bekanntgegeben. Touchstone, „citizen and tradesman" (ebd., 1.1.81–82), verkündet: „As I have two prentices: the one of a boundless prodigality, the other of a most hopeful industry: so have I only two daughters: the eldest, of a proud ambition and nice wantonness: the other of a modest humility and comely soberness" (ebd., 1.1.71–75). Die Handlung ist damit absehbar. Touchstone prophezeit in der ersten Szene Quicksilvers weiteren Lebenslauf nach biblischem Vorbild: „As for you, Master Quicksilver, think of husks, for thy course is running directly to the prodigal's hogs' trough, husks, sirrah" (ebd., 1.1.86–88). Auch die Motivationen der Figuren werden durchweg unmissverständlich angegeben und ihre Absichten in der Regel von ihnen selbst expliziert.

Prodigalität und Frugalität erscheinen eng verkoppelt mit einer Topikalität, die das Stück auf allen Ebenen prägt. Alle Szenen des ersten Aktes und die letzte des fünften Aktes enden mit einer paarweise gereimten Moral; Touchstone spart auch zwischendurch nicht mit handlicher Lebenshilfe und propagiert frugale Spruchweisheiten als Rezept zum ökonomischen Erfolg: „I hired me a little shop, fought low, took small gain, kept no debt book, garnished my shop for want of plate, with good wholesome thrifty sentences; as, ‚Touchstone, keep thy shop, and thy shop will keep thee'. ‚Light gains make heavy purses'. ‚'Tis good to be merry and wise'" (ebd., 1.1.42–46). Die Figuren geben sich durch wiederkehrende Phrasen zu erkennen – Touchstone als autoritärer, aber wohlmeinender Hausvater, an dem sich die Geister scheiden, durch die schroffe Aufforderung, die gerade erteilte Anweisung oder Belehrung zu bedenken: „Work upon that now" (ebd., 1.1.11, passim); Gertrude durch die Bekräftigung ihrer hochfliegenden Lebensplanung: „I must be a lady" (ebd., 1.2.4, passim); Security durch die kannibalistische Gier, die aus seinem Höflichkeitsklischee spricht: „I do hunger and thirst to do you good, sir" (ebd., 2.2.334–335, passim); und vor allem Quicksilver, dessen Kennspruch der Titel des Stückes ist, die Proklamation „Eastward ho" (ebd., 1.1.97, passim). *Commonplaces* funktionieren hier strukturbildend. Sie fassen zusammen und bestimmen, was geschieht und wie es ausgeht. Sie charakterisieren auch auf andere Weise die textuelle Ökonomie: „[T]hrifty sentences" bilden die didaktische Währung; sie sind die kleine Münze, die *Eastward Ho* auszahlt und die verspricht, Erfahrung zu ersparen.

In diesem Ensemble ist „Eastward ho" als Motto der Prodigalität die interessanteste Formel. Der Posten des *prodigal* ist ja gleich mehrfach besetzt – mit der volatilen Hauptfigur Quicksilver, dem jüngeren Sohn, der nichts erbt und es zu nichts bringt (vgl. ebd., 1.1.22–23), aber auch mit einem zweiten verlorenen (Schwieger-)

Sohn, dem „knight venturer" Sir Petronel Flash (ebd., 2.2.148), der wie Quicksilver nach seiner Umkehr am Schluss wieder in Ehren aufgenommen wird, und mit dessen weiblichem Pendant, seiner Gemahlin Gertrude. Vielfältig und suggestiv konnotiert ist dabei der proklamierte Aufbruch nach Osten: Im Titel des Stücks liegt eine Anspielung auf die ein Jahr zuvor gespielte City-Komödie von John Webster und Thomas Dekker, *Westward Ho*; beides sind Rufe der *watermen*, die Fahrgäste von einem Themse-Ufer zum anderen übersetzten, damit Anzeichen des *traffic*, damit der kommerziellen Geschäftigkeit der City. Auf die Bühnenrivalität macht schon der Prolog aufmerksam, indem er behauptet: „Eastward, Westwards still exceeds; / Honour the sun's fair rising, not his setting" (ebd., 9–10). „Westward" impliziert freilich auch eine andere, sinistre topische Orientierung in London, nämlich den Transport auf dem Henkerskarren zur Hinrichtung am Galgen in Tyburn („Sir, Eastward ho will make you go westward ho", ebd., 2.1.104). Dagegen bezeichnet die Wendung nach Osten von der City aus die Richtung zur Themse-Mündung, damit die Ausfahrt und hoffnungsfrohe Reise in die Neue Welt, in diesem Stück assoziiert allerdings nicht vordringlich mit globalem Warenaustausch, Sklavenhandel oder einträglichen Plantagen, sondern mit dem Gold und utopischen Reichtum Virginias (vgl. ebd., 3.3.22–31). In der dramatischen Topologie verweist das auf den Plan Sir Petronels und Quicksilvers mit ihren Kumpanen, die danach trachten, sich auf diese Weise ihren finanziellen und anderen Obligationen in London zu entziehen. Allerdings wird ihre Seefahrt komisch verkürzt, weil sie nur wenig ostwärts vorankommen. Ihre Pläne werden zunichte, denn das Schiff erreicht gar nicht erst das offene Meer: Die Kabale erleidet Schiffbruch – geschildert von einem Fleischerlehrling in einer klassischen Teichoskopie (vgl. ebd., 4.1) – an einem wiederum bedeutungsgeladenen Ort, dem Seezeichen mit dem sprechenden Namen Cuckold's Haven auf der Surreyseite der Themse, etwa eine Meile von Rotherhithe entfernt. Für Quicksilver markiert der Ausruf „Eastward ho" seine Entschlossenheit „[to] turn gallant" (ebd., 1.1.110). Auf Statuserhöhung zum Aristokratischen ist auch Gertrudes Ehrgeiz gerichtet, und so überrascht es nicht, dass auch das Luftschloss (ebd., 2.2.192–3), in das Sir Petronel sie aufbrechen lässt, „eastward" liegt (ebd., 2.2.191, vgl. 2.2.196–200, 4.3.14). Wer ostwärts geht, geht irre, verführt von einem Ehrgeiz, der jedes Maß verloren hat, von Gier und eitlen Phantasien, die ihren Ursprung in höfischen Romanzen haben (vgl. ebd., 5.1), aber den Erfordernissen des Lebens in der City nicht gewachsen sind.

Eastward Ho schwankt zwischen einer Verklärung des kommerziell-merkantilen Ethos und einer eigentümlichen Anhänglichkeit an aristokratische Werte und deren Orientierung an *generositas*. So erscheint Sir Petronel weniger bösartig als jämmerlich und lächerlich in seinem Abenteurertum; beide Lehrlinge sind ausdrücklich *gentlemen* von Geburt (vgl. ebd., 1.1.93, 2.1.102, 1.2.144); auch in Touchstones Familie befindet sich Landbesitz. Der Versuch, die Ideologien zusammenzuführen oder gar eine in die andere zu übersetzen, bleibt freilich so ungelenk wie die Sentenz, mit der Golding die erste Szene beschließt: „From trades, from arts, from valour honour springs, / These three are founts of gentry, yea of Kings" (ebd., 1.1.133–134; vgl. 3.2.97–99). Auch Touchstones Unterscheidung zwischen „a gentleman artificial and a gentleman natural" (ebd., 3.2.118) hält letztlich an der Standesqualität fest, indem er dem Geburtsadel das Naturwüchsige belässt. Letzterer mag zugleich damit als degeneriert („natural") bezeichnet sein, aber für den ‚Herzensadel' gibt es offenbar noch keine Bezeichnung außer der Zuschreibung des Künstlichen oder Gemachten. Die potentielle Austauschbarkeit beider Sorten von *gentlemen* bleibt zweifelhaft.

Spätestens an dieser Stelle erscheint das merkantile Prinzip, das die Standesgrenzen verwischen könnte, fragwürdig, und es bleibt unklar, welches der moralische Goldstandard sein könnte, der Quicksilvers zynisches „ka me, ka thee" (ebd., 2.2.13) in eine Äquivalenz von Tugenden und Werten und „these K's" tatsächlich in Schlüssel (*keys*) zum Glück (2.2.15–16) verwandeln könnte. Die City selbst jedenfalls sorgt nicht dafür, dass „the London highway to thrift" mehr ist als die ironische Formel für den breiten Weg des Lasters (auf dem „lechery" und „covetousness" ihre Begierden tauschen, ebd., 2.2.12) oder eine Angleichung von „court and country" in Praktiken der Übervorteilung (vgl., ebd., 2.2.21, 14). Als Ort des Aufbruchs anderswohin („eastward") ist die City bloße Möglichkeit und leeres Versprechen.

Das sentimentale Ende dieser Komödie, das soziale und monetäre Ambition, Gier nach Status und Vermögen durch die Rückkehr in eine althergebrachte patriarchale Ordnung kappt, erscheint daher ambivalent. Die poetische Gerechtigkeit, die Quicksilver bereuen und Frugalität siegreich an die Stelle von Prodigalität treten lässt, markiert eine ideologische mit einer dramatischen Verlegenheit. Dass der Bekehrte und zu einem „true gentleman" Gewandelte (ebd., 5.2.65–66) den erzürnten Meister obendrein mit einer gesungenen autobiographischen Moritat zu Tränen rührt, ja ihn geradezu entrückt („transported"; ebd., 5.5.66) und zum Mitleid hinreißt („I am ravished with his repentance"; ebd., 5.5.98–99), macht Touchstone zwar zum Inbegriff des barmherzigen Vaters und vervollständigt so das biblische Schema. Auch das topologisch-allegorische Muster geht glatt auf und wird moralisierend vereindeutigt: „Still Eastward ho was all my word: / But westward I had no regard" (ebd., 5.5.67–68). Aber die klischeehafte Abruptheit, mit der sich diese Konversion vollzieht, lässt sie weniger bewegend als komisch erscheinen. In dem von konservativer Topik durchdrungenen Stück wirkt sie zudem wie eine Affirmation der wertneutralen Austauschlogik des *quid pro quo*: Der alte, lasterhafte Quicksilver wird einfach durch einen neuen, wundersam gebesserten ersetzt. Der Schluss von *Eastward Ho* mag in seiner Ausstellung von

Reue und Rührung die Ästhetik des *sentimental drama* des späteren 17. Jh.s antizipieren; er mag in der Vergebung Touchstones ein bürgerlich-affektives Gegenstück zur adeligen Großzügigkeit anbieten: Strukturell bekräftigt er, was die Komödie zu kritisieren schien. In seiner Topikalität beteuert er eine Moral auf verlorenem Posten.

Bilanz

Die vorgestellten englischen Theaterstücke aus einer kritischen Dekade reflektieren und kommentieren die ökonomischen Veränderungen ihrer Epoche mit unterschiedlicher Radikalität. Sie thematisieren die Mechanismen der Ökonomisierung, sie imitieren sie in ihren textuellen Ordnungen, Strategien und Strukturen und sie bringen sie theatral zur Erfahrung. Zugleich bilanzieren sie die mit ihnen verbundenen Kosten. Emergierende Mentalitäten werden isoliert und analysiert, teils auf die Spitze getrieben, teils mit Alternativen konfrontiert. Die beobachteten Prozesse werden expliziert, befragt und noch in der komischen Übertreibung problematisiert. An Punkten formaler Inkohärenz – wie etwa am Ende von *Eastward Ho* – zeigen sich ideologische Bruchlinien und Verwerfungen. Nur um den Preis des affektiven Overkills lässt sich der Haushalt eines Touchstone wieder ins Lot bringen. An solchen Stellen kommt nicht nur die Kontingenz des Thematisierten zum Vorschein. Es erweist sich auch, welcher Art die Möglichkeiten des Ästhetischen sind, wenn es darum geht, im Feld des Ökonomischen mitzuspielen. Die Texte gehen dabei in ihren eigenen theatralen Ökonomien ganz verschiedene Wege. Während Shakespeares *Merchant of Venice* grundlegende Fragen der Kommensurabilität in den Mittelpunkt rückt, bringen die Vertreter der *city comedy* in ihrer Parade der Prodigalitäten und Begierden, der marktförmigen Beziehungen und einer radikalisierten und damit ins Komische getriebenen Tausch- und Abgeltungslogik eine ambivalente, potentiell moralistische Perspektive auf die vorgeführten Kommerzialisierungsprozesse. Mit den Mitteln einer bereits topisch gewordenen Chrematistik- und Wucherkritik wird das Scheitern der alten Ökonomik wie der mit ihr assoziierten Familien- und Freundschaftsbindungen an den neuen Dynamiken der Zirkulation und der Obligation drastisch gezeigt. Mögen dabei vor allem die Autoren der *city comedy* gelegentlich auf der Schwelle zu einer → OIKODIZEE balancieren, wie sie erst sehr viel später diskursiv artikuliert wird, so erscheint doch das elisabethanisch-jakobäische Theater insgesamt in seinem Verhältnis zum Ökonomischen eher als kulturkonservative Anstalt mit scharfem Blick auf die durch dessen Siegeszug angerichteten, vermutlich irreparablen Schäden.

III.6. Kolonialistische Ökonomien
Nadja Gernalzick

Seit dem 15. Jh. wird der Diskurs kolonialer Ökonomien in Europa von erklärenden und legitimierenden Narrativen bestimmt, die sich auf die christliche Missionierung, auf die gottgefällige Fruchtbarmachung von Boden, auf den Gewinn von Reichtümern für die Kirche und christliche Monarchen, auf Zivilisierung, Eigentumsrecht und Arbeitsethik beziehen. Deren Hintergrund bilden zunächst territoriale Expansionsinteressen der feudalistischen Wirtschaften an Lehnssystemen und am Handel mit raren Kolonialwaren wie Gewürzen, Rohrzucker oder Kakao – Luxusgütern aus europäischer Sicht – sowie merkantilistische und frühkapitalistische Interessen an münzbaren Edelmetallen zur Schatzgewinnung in der Finanz- und Geldpolitik der Herrscher (vgl. Vilar 1984). Später und in Zusammenhang mit der Landnahme in den kolonialisierten Gebieten Süd- und Nordamerikas, in der Karibik, in Afrika und in Asien verschiebt sich das expansionistische und imperiale Interesse auf die agrarkapitalistische, spätestens ab dem 18. Jh. auf die agrarindustrielle Produktion, vor allem von Rohrzucker und Baumwolle. In der frühen Kolonialzeit handelslogistisch bestimmend ist die Schifffahrt im atlantischen Dreieckshandel und der globalisierte Handel zwischen Europa, den Amerikas und Asien über die Schifffahrtswege um das Kap der Guten Hoffnung oder das Kap Hoorn, stark verkürzt und intensiviert schließlich durch die Fertigstellung des Suezkanals 1869 und des Panamakanals 1914.

Der Anbau und die Verarbeitung der → ROHSTOFFE und Nahrungsmittel wird im europäischen Kolonialsystem seit dem 15. Jh. fast ausnahmslos von versklavten Arbeitern geleistet (→ SKLAVEREI). Auf die Versklavung der Ureinwohner der kolonialisierten Gebiete in den Amerikas seit der Landnahme folgt ab dem frühen 16. Jh. die fortschreitend ausgeweitete Zwangsmigration von versklavten Afrikanern zur Gewinnung von Arbeitskräften in den Kolonialwirtschaften der europäischen Großmächte. Auch in den späteren deutschen Kolonien ist Zwangsarbeit unter inhumanen Bedingungen die Regel (vgl. Zeuske 2013, 468, 565). Die koloniale, vorwiegend agroindustrielle Sklaverei mit Zwangsmigration von Afrikanern endet 1791 auf Haiti durch eine Sklavenrevolution; seitens der Staatsmächte wird sie in den französischen Kolonien 1794 bzw. 1848 (nach einer Wiedereinführung durch Napoleon) beendet; 1834 in Großbritannien (mit Ausnahmen unter anderem im damaligen Ceylon und in Indien); in den unabhängigen Staaten Lateinamerikas in den 1850er Jahren bzw. in Brasilien 1888; 1863 in den Niederlanden; 1869 in den portugiesischen Kolonien sowie auf Kuba 1886; 1804 in allen Nordstaaten und 1865 in den Südstaaten der USA (vgl. ebd.). Im Anschluss an die graduelle Abschaffung der kolonialzeitlich-agroindustriellen Sklaverei und im Zuge einer durch den Imperialismus weiter intensivierten Globalisierung kommt es weltweit in den meisten von den Großmächten kontrollierten Gebieten zu einer mehr oder weniger freiwilligen Migration von Arbeitssuchenden nach dem Fronarbeitssystem der *indenture* (vgl. Tinker 1974; Galloway 2005; Damir-Geilsdorf u. a. 2016) und zu Arbeits- und Lebensbedingungen für die Verpflichteten, die sich von der Sklaverei und ihrer rassistischen Legitimierung kaum unterschieden. Diese von den kolonialen Literaturen und Narrativen mitgetragenen kolonialistischen Ökonomien und ihre Gegenbewegungen wirken bis heute, nach der Dekolonisation und im Neokolonialismus, strukturierend und bestimmend auf die Weltwirtschaft und ihre Akteure.

Als kulturelle Sinnstiftung und zur politischen Legitimation – selten zur Kritik – beschreiben die Literaturen der drei weitverbreiteten Kolonialisierungssprachen – Spanisch, Englisch, Französisch – die Auseinandersetzungen um ökonomische, politische, juristische und ethische Positionen aus der Perspektive der Kolonialmächte. Kolonisierte haben in diesen europäischen Narrativen keine eigene Stimme. Ihre Denkweisen und Erfahrungen sind in den Texten heuristisch nicht zuverlässig oder überhaupt nicht fassbar, und zwar trotz aller Bemühungen postkolonialer Lektüren, aus dem strategischen Vergessen und perspektivischen Überschreiben, das die Kolonialliteraturen praktizieren, die Sicht der Kolonialisierten und Ausgebeuteten früherer Jahrhunderte zu erschließen. Exemplarisch werden diese Zusammenhänge im Folgenden am Beispiel von Álvar Núñez Cabeza de Vacas *La Relación* (1542), James Graingers *The Sugar-Cane: A Poem in Four Books* (1764) und Jacques-Henri Bernardin de Saint-Pierres *Paul et Virginie* (1788) dargestellt. Geographisch umspannen die drei Werke den Raum des nord- und mittelamerikanischen Festlands um den Golf von Mexiko, die Karibikinsel St. Kitts (vormals St. Christopher) sowie die Insel Mauritius (vormals Île de France) im südlichen Indischen Ozean östlich von Madagaskar. Ihre Geschichten von wirtschaftlicher Ausbeutung und Kriegen spiegeln den nationalen und imperialen Wettstreit der Kolonialmächte wider.

Mauritius, in der Frühzeit eine unbesiedelte Insel und von Phöniziern, Indonesiern, Polynesiern und Arabern als Station für Überseefahrten genutzt, wird spätestens ab 1528 auch portugiesischer Ankerplatz. Ende des 16. Jh.s folgen niederländische Siedlungsversuche, aus welcher Zeit der Name Mauritius (nach Moritz von Oranien) stammt, und 1715 die französische Übernahme, die zum Zuckerrohranbau führt und unter Gouverneur Labourdonnais – der als Figur auch in *Paul et Virginie* eingeht – zum Aufbau erster Rohrzuckerfabriken Mitte der 1740er Jahre (vgl. Selvon 2018, 101). 1810 wird Mauritius britisch und mit der Dekolonisation 1968 unabhängig. Seither ist Mauritius Teil des Commonwealth of Nations. St. Kitts prägen Jäger-, Sammler- und Anbaukulturen, ehe es um 1300 von Kariben erobert wird. 1493 wird die Insel von Spaniern entdeckt und beansprucht; die

Kariben werden seit dem Ende des 15. Jh.s von Franzosen, Spaniern und Engländern ermordet oder versklavt. Seit den 1620er Jahren gehört die Insel wechselnd zu Großbritannien und zu Frankreich oder wird von den beiden Mächten geteilt; 1713 wird sie endgültig britisch. Mit der Dekolonisation wird St. Kitts 1983 unabhängig und kommt zugleich in den Commonwealth of Nations. Zuckerrohrpflanzen zur Rohrzuckerproduktion sind nach weiträumiger Abholzung sowohl auf Mauritius im Indischen Ozean wie auf St. Kitts in der Karibik hauptsächliches koloniales Anbau- und Wirtschaftsgut, in monokulturellen, agrarindustriellen Strukturen bis zum Anfang des 21. Jh.s. Zuckerrohr ist weder auf St. Kitts noch auf Mauritius indigen (vgl. Galloway 2005). Beide Inseln werden seit dem frühen 17. Jh. durch die niederländischen, französischen oder britischen Kolonisatoren mit zwangsmigrierten Afrikanern zur Sklavenarbeit auf den Zuckerrohrplantagen weiter besiedelt.

In den Gebieten um den nördlichen Golf von Mexiko entwickeln hingegen diverse indigene Gruppen seit frühester Zeit Jäger-, Sammler- und Maisanbaukulturen, in denen sie mit mittelamerikanischen Stämmen vor dem Kontakt mit Europäern weiträumigen Handel mit Baumwolle, Kakao und Bohnen in Tausch- und Tributwirtschaften treiben (vgl. Salvucci 2018; Ficker 2010). Die spanische Exploration und Landnahme in diesen Gebieten gilt ab dem frühen 16. Jh. der Suche nach Edelmetallvorkommen und nach Agrarressourcen zur Ernährung der Eroberer. Zu deren Erwirtschaftung und zur Minenarbeit werden die versklavten Ureinwohner gezwungen. Später werden in der Region vorwiegend Ackerbau und Viehzucht betrieben. Große Teile der spanischen nordamerikanischen Kolonialgebiete gehen im 19. Jh. an die Vereinigten Staaten von Amerika; die übrigen werden als Königreich von Mexiko unabhängig von Spanien. Die skizzierten frühen Wirtschafts- und Kolonialgeschichten sind in den drei Werken mehr oder weniger deutlich verzeichnet.

La Relación („Der Bericht") ist ein von Cabeza de Vaca 1542 veröffentlichter autobiographischer Text über seine achtjährige Wanderschaft um den westlichen Golf von Mexiko bis zum Pazifik und sein Leben mit verschiedenen Eingeborenenstämmen. Der Bericht detailliert die Versorgungs- und Wirtschaftsumstände der Ureinwohner am Golf von Mexiko, die bei ihrer Jäger- und Sammlertätigkeit jahreszeitlich bedingt oft längeren Hungerphasen ausgesetzt sind. Dagegen setzt der Autor die europäische, materialreiche Ausrüstung der Spanier und deren Interesse an Goldfunden, das die Vorgesetzten Cabeza de Vacas zu riskanten und verlustreichen Überlanderkundungen in noch nicht bekanntes Gebiet bewegt. Die Expedition scheitert an widrigen Wetterbedingungen, vor allem aber an der aufwendigen, aber erfolglosen Edelmetallsuche. Über dreihundert Spanier kommen um, alle bis auf Cabeza de Vaca und drei Gefährten. Der Autor setzt den skizzierten Beweggründen für die Landnahme der Konquistadoren seine eigene Wertschätzung für die Erfahrungen und Kenntnisse entgegen, die er im Zusammenleben mit den Ureinwohnern gewinnt. Im Vorwort zu seinem autobiographischen Rechenschaftsbericht an Kaiser Karl V. argumentiert er, dass auch diese Informationen wertvoll für die Krone seien:

> [Es] blieb mir keine Gelegenheit, Eurer Majestät einen größeren Dienst zu erweisen, als einen Bericht darüber zu liefern, was ich in den neun Jahren, die ich verloren und in Tierhäute gekleidet durch viele und sehr fremde Länder gewandert bin, erfahren und sehen konnte, sowohl die Lage der Gegenden und Provinzen und Entfernungen zwischen ihnen als auch die Nahrungsmittel und Tiere betreffend, die dort wachsen und leben, und die diversen Bräuche der vielen und sehr barbarischen Völker, mit denen ich gesprochen und zusammengelebt habe, [...] so dass Eurer Majestät auf irgendeine Weise damit gedient sei. [...] [D]er Bericht davon ist, wie mir scheint, keine geringfügige Bekanntmachung für diejenigen, die in Eurem Namen hingehen mögen, um diese Länder zu erobern und sie gleichzeitig zur Kenntnis des wahren Glaubens und des wahren Herrn [...] zu bringen. [...] [A]uch wenn darin einige sehr neuartige und für einige schwer zu glaubende Dinge zu lesen sind, [...] bitte ich, dass Ihr ihn als Dienst annehmt, denn dies allein ist es, was ein Mann, der nackt davonkam, mit sich nehmen konnte. (Cabeza de Vaca 1999, 18, 20; eigene Übersetzung unter Abgleich mit Skrziepietz 2015, 19–20)

Cabeza de Vaca schließt seinen Bericht unter Verweis auf die wirtschaftlich aussichtsreiche Kolonisation der Gebiete im heutigen Südkalifornien und nördlichen Mexiko, da dort Ackerbau treibende, vor allem Mais anbauende Stämme mit der Praxis der Vorratsspeicherung siedelten, von denen die Spanier Versorgung erhalten könnten. Indem er diesen Handel als eine friedliche Form der Kolonisation und Gelegenheit zur Christianisierung schildert und die Fruchtbarkeit der Gebiete für den Ackerbau und ihren Jagdtierbestand anpreist, setzt sich der Erzähler deutlich von der Praxis der ausbeuterischen Versklavung der Ureinwohner im Bauwesen und im Rohstoffabbau in neuen spanischen Kolonialsiedlungen in Mittel- und Südamerika ab. Er bezieht damit Stellung zu der Debatte unter den spanischen Kolonialbehörden und der Geistlichkeit, insbesondere angestoßen von Bartolomé de las Casas, über die angemessene politische Linie für die Kolonisation der Amerikas. Auf das Extrem der militärischen und kriegerischen Landnahme mit weitgehender Versklavung der Einheimischen folgt die Forderung nach einer wirtschaftlich nachhaltigeren und ethisch besser vertretbaren Niederlassung: die Ideologie des *peaceful conquest* (vgl. Rabasa 2000, 67). Die kaiserliche Richtlinie ersetzt im Verlauf des 16. Jh.s in den schriftlichen Weisungen und Erlassen der spanischen Kolonialpolitiker den Begriff *conquista* (‚Eroberung') durch die Termini *pacificación* (‚Befriedung') und *asentamiento* (‚Ansiedelung'), wiewohl die Gewaltsamkeit des europäischen Vorgehens dadurch nicht reduziert wird (vgl. ebd., 163). Das Problem, für die sich im Handel mit Europa schnell als profitabel erweisende Agrarwirtschaft (in der Karibik sowie in Südamerika) und für den Rohstoffabbau genügend Arbeitskräfte zu rekrutieren, lösen Portugal und

Spanien nach 1518 durch die Zwangsmigration von Afrikanern als Sklaven. Auch wenn diese Praxis von Spanien formell bald widerrufen wird, setzt sie sich bis zum 17. Jh. unter den spanischen Kolonisatoren und vor allem auch den anderen kolonialen Großmächten Europas schnell durch.

Am Ende von Cabeza de Vacas Bericht wird die Versklavung der Eingeborenen durch die spanischen Eroberer thematisiert. Der Text deutet damit auf die kolonialwirtschaftliche und wirtschaftspolitische Entwicklung hin, die in den acht Jahren von Cabeza de Vacas Wanderung um den Golf von Mexiko stattfindet, verzeichnet aber, trotz der Figur des aus Afrika stammenden Estevanico, die afrikanische Zwangsmigration im Kolonialzeitalter noch nicht direkt. Das Ideal einer eher merkantilen als agrarkapitalistischen Ausrichtung des europäischen Kolonialismus wird in *La Relación* mit der Figur des Cabeza de Vaca als reisender Händler und Heiler versinnbildlicht, welche Rollen ihm und seinen Gefährten das Leben retten. In beiden Rollen gelten für die Christen und für die verschiedenen Gruppen und Stämme der Eingeborenen jeweils transkulturell praktikable, mythisch und mystisch konsolidierte Rituale, die Kontakte und Austausch regeln. In Amerika vertritt der spanische Soldat und Edelmann umständehalber als Zivilist das praktische Ethos des Händlers.

The Sugar-Cane, James Graingers 1764 erschienenes „Poem in Four Books", entsteht zu einem Zeitpunkt, da die Agrarsklaverei von Afrikanern in der Karibik etabliert und die brutale Ausbeutung und Unmenschlichkeit des Systems bereits weitläufig bekannt sind. Das in vier Büchern und in jambischen Pentametern verfasste Langgedicht wird 1765 auch in Deutschland als Quelle von geographischen, botanischen und zoologischen Informationen über die Kolonialwirtschaft zur Kenntnis genommen (vgl. Weiße 1765, 383). Der Sprecher gibt sich in der Rolle eines Getreuen Britanniens, der als wohlwollender *master* in der karibischen Kolonie über seine Zuckerrohrplantage, seine Raffinerieanlage und die versklavten Arbeiter kritisch beobachtend wacht; seine Erfahrungen, Kenntnisse und Einsichten als Landwirt legt er den gebildeten Zeitgenossen in England in einem didaktischen Werk nach dem Muster von Vergils *Georgica* vor.

> What soil the Cane affects; what care demands;
> Beneath what signs to plant; what ills await;
> How the hot nectar best to christallize;
> And Afric's sable progeny to treat:
> A Muse, that long hath wander'd in the groves
> Of myrtle-indolence, attempts to sing.
> Spirit of Inspiration, that did'st lead
> Th'Ascrean Poet to the sacred Mount,
> And taught'st him all the precepts of the swain;
> Descend from Heaven, and guide my trembling steps

> To Fame's eternal Dome [...]: O may I join
> This choral band [of earlier British poets; N. G.], and from their precepts learn
> To deck my theme, which though to song unknown,
> Is most momentous to my Country's weal!
> So shall my numbers win the Public ear;
> And not displease Aurelius; him to whom,
> Imperial George, the monarch of the main,
> Hath given to wield the scepter of those isles,
> Where first the Muse beheld the spiry Cane,
> Supreme of Plants, rich subject of my song.
> (Grainger 2000, 92)

Der Sprecher beschreibt die wirtschaftlichen und sozialen Lebensumstände auf einer kolonialen Zuckerrohrplantage, und dies geordnet nach Bereichen: landwirtschaftliche Bodenkunde, Klima- und Wetterkunde, Pflanzenkunde, Schädlingskunde, Zuckerrohraufzucht, -ernte und -verarbeitung zu Melasse sowie afrikanische Herkunft, Eignung zur Landarbeit, Ernährung, Gesundheit, Arbeitsverwendung und Disziplinierung der Sklaven. Hinzu kommen poetische Elogen auf seine literarischen Vorgänger und auf Britannien oder eine Legende über die Liebe und den Tod zweier Abkömmlinge der Pflanzerkaste auf St. Kitts. Das lyrische Ich hält sich mit rhetorischen Bescheidenheitsformulierungen bedeckt und ordnet sich den Inhalten unter. Zum klassizistischen Stil des Gedichts in jambischen Pentametern tragen gelehrte Referenzen auf die antike Mythologie und ihre Figuren bei, rhetorische Mittel wie die Anrufung der Muse, Allegorien und Personifikationen sowie komplexe Hypotaxen. Die Beschreibung der zwangsmigrierten Afrikaner folgt den Vorstellungen und Kategorien der rassistischen Sklaverei. Der afrikanische Sklave kommt hier einem Nutztier gleich, auch wenn der Sprecher aufklärerisch an den Leser appelliert, die Humanität der Sklaven anzuerkennen, den Wert der Freiheit zu schätzen und das Schicksal der Angehörigen der Sklavenklasse empfindsam zu bedauern: „*Negroes should always be treated with humanity*" (Grainger 2000, 145). Da sich die Bewegung zur Abschaffung der Sklaverei in Großbritannien wie in den USA in der zweiten Hälfte des 18. Jh.s zu formieren beginnt, verhalten sich die ästhetisierende Form und der klassizistisch-preziöse Stil des Werks euphemistisch zum zusehends kontroverseren Stoff.

Agrarsklaverei in der Karibik wird mit dem Untertageabbau von bleihaltigen Erzen in England und der Abbauarbeit in Silber- und Goldminen in Südamerika verglichen, womit der Sprecher die Arbeit auf Zuckerrohrplantagen im Dienste Britanniens und nach Prinzipien des *agrarianism* des 18. Jh.s wie ein Leben unter gesundheitsfördernden Bedingungen erscheinen lässt, ein Vergleich, der den pragmatischen Hintergrund für bukolische und wirtschaftsgeschichtlich antikisierende Motive in Graingers Werk liefert:

Nor, Negroe, at thy destiny repine,
Tho' doom'd to toil from dawn to setting sun.
How far more pleasant is thy rural task,
Than theirs who sweat, sequester'd from the day,
In dark tartarean caves, sunk far beneath
The earth's dark surface [...].
With what intense severity of pain
Hath the afflicted muse, in Scotia seen
The miners rack'd, who toil for fatal lead?

How far more happy ye, than those poor slaves,
Who, whilom, under native, gracious chiefs,
Incas and emperors, long time enjoy'd
Mild government, with every sweet of life,
In blissful climates? See them dragg'd in chains,
By proud insulting tyrants [the Spanish conquistadors; N. G.], to the mines [...].
See, in the mineral bosom of their land,
How hard they toil! how soon their youthful limbs
Feel the decrepitude of age! how soon
Their teeth desert their sockets! and how soon
Shaking paralysis unstrings their frame! [...]

With these compar'd, ye sons of Afric, say,
How far more happy is your lot? Bland health,
Of ardent eye, and limb robust, attends
Your custom'd labour; and, should sichness seize,
With what solicitude are ye not nurs'd! –
Ye Negroes, then, your pleasing task pursue;
And, by your toil, deserve your master's care.
(Grainger 2000, 150–151)

Der Vergleich von Feldarbeit und Minenarbeit und weitere Details der die Sklaverei im Zuckerrohranbau rechtfertigenden Argumentation deuten auf zeitgenössische Diskussionen um die produktive Arbeitskraft des menschlichen Körpers hin, auf deren Stellung in der Ordnung der Klassengesellschaft und in den naturrechtlichen Debatten um Freiheit, Gleichheit und Eigentum (etwa bei John Locke und, vor allem, in Adam Smiths *The Wealth of Nations*, 1776, mit Konsolidierung der Arbeitswerttheorie → ARBEIT, ARBEITSLOSIGKEIT); diese Stellen im Text weisen voraus auf die Diskussionen um die wirtschaftswissenschaftliche Werttheorie zwischen Arbeits- und Nutzenwertbegriff und den Sozialismus im 19. Jh. Der schöne Schein des handwerklich gepflegten Gedichts steht ein für den der Sklavenarbeit abgezwungenen Reichtum und Lebensstil der britischen Pflanzerkaste und Kolonialwirtschaft, durch die das Kapital für die britische Industrialisierung (vgl. E. E. Williams 1994 [1944]) und für die hegemoniale Position Großbritanniens unter den Imperialmächten im 19. Jh. geschaffen wird. Graingers Gedicht unterstreicht die britischen Ansprüche mit vielen Wendungen, die sich gegen Spanien und Frankreich, als den Konkurrenzmächten zu Großbritannien, richten.

Während Graingers Werk die britischen Ansprüche auf wirtschaftliche und politische Überlegenheit zu konsolidieren und die Sklaverei zu verteidigen sucht, scheint Bernardin de Saint-Pierres 1788 veröffentlichter Roman *Paul et Virginie* eine kritische Haltung zur Sklaverei und zur kontinentalfranzösischen Gesellschaft zu vertreten. Angesiedelt ist die Handlung um 1744 (vgl. Bernardin de Saint-Pierre 1962, 114), also im beginnenden (agrar-)industriellen Zeitalter, publiziert aber wurde der Roman, als sich Smiths *Wealth of Nations* und dessen Arbeitswerttheorie verbreitete. Der kommentierende Rahmenerzähler, die Figur eines weisen, französischstämmigen Einsiedlers auf Mauritius, erklärt die → ARBEIT zum Garanten der gesellschaftlichen Freiheit und des individuellen Wohlbefindens. Paul, der Name einer der beiden Hauptfiguren des Romans, verweist auf die Paulinische Arbeitsethik (vgl. 2. Thessalonicher 3.6–15). Durch den Exotismus des Romans, der sich in ausgiebigen Beschreibungen der tropischen Natur auf Mauritius ergeht, bildet die Kolonie Île de France einen sozialen und kulturellen Experimentierraum für die Rousseau'sche Empfindsamkeit und die Naturrechtslehre. Als Selbstversorger sichern sich hier die (weibliche) Herrschaft und ein Sklavenpaar gemeinsam das Überleben mittels Land- und Gartenbau. Die weibliche Hauptfigur Virginie verteidigt eine andernorts entlaufene Sklavin gegen ihren Besitzer und wird selbst von einer Gruppe *maronnes* aus dem Wald gerettet. Die Sklaverei erscheint deshalb als ein zwar hierarchisches, aber nicht gewaltsam erzwungenes und legitimiertes soziales Verhältnis. Einerseits wird rassistisch betont, dass die beiden Sklaven auf die geistige Überlegenheit und Fürsorge der Herrinnen angewiesen seien. Andererseits behandeln die Sklavenbesitzerinnen ihre Untergebenen entgegen der geltenden Konventionen fast gleichberechtigt, was auf ihr eigenes Leiden als Frauen an gesellschaftlicher Diskriminierung zurückgeführt wird.

Obwohl der Roman verschiedene Elemente einer Sklavenwirtschaft und -gesellschaft thematisiert, werden Sklaven nicht individualisiert; afrikastämmige Freie oder Angehörige von indischstämmigen Gruppen, die zur Gesellschaft von Mauritius gehören, treten in der Erzählung nicht als eigenständige Figuren auf, sondern erhöhen für die europäischen Leser bestenfalls den Anteil an exotisierendem Lokalkolorit. Empfindsame Moral und aufklärerische Dynamiken zeigen sich an den Figuren, jedoch bleibt die Rassenlehre, damals diskursbildend, ungebrochen. Der idealisierte Raum der Familiarität und eines autarken, tauschwirtschaftenden Landguts nach dem Muster der präkapitalistischen *oikonomia* ohne Geldwirtschaft bleibt unberührt von den Profitinteressen der agrarkapitalistischen, sklavereibasierten und bereits globalisierten Wirtschaft und des interkontinentalen Handels. Reichtümer in Form von Geld dringen nur von außen, aus einer als dekadent beschriebenen kontinental-französischen Wirtschaft und Gesellschaft, in das pastorale, insuläre Idyll ein. Dort werden Tagesabläufe nach den Rhythmen der Natur und nicht – wie etwa in Graingers Werk – nach Gesichtspunkten der Produktivitätsrationalisierung bemessen:

> Ihr Europäer, die ihr von Kindheit an mit so vielen dem Glück feindlichen Vorurteilen erfüllt seid, habt keinen Begriff davon, daß die Natur so viel Erleuchtung und Freude gewähren kann. Euer auf einen kleinen Kreis menschlicher Erkenntnisse beschränktes Gemüt erreicht allzubald das Ziel seiner erkünstelten Genüsse; Natur und Herz aber sind unerschöpflich. Paul und Virginie besaßen weder Uhren noch Kalender, weder Chroniken noch Geschichtswerke, noch philosophische Bücher. Die Zeitabschnitte ihres Lebens richteten sich nach denen der Natur. (Bernardin de Saint-Pierre 1962, 53–54)

Das aristotelische rechte Maß des guten Lebens wird mit einem idealisierten Wert freiwilliger Arbeit verbunden und gegen Überfluss und Finanzreichtum gestellt. Sozialistische Motive deuten sich an, werden jedoch nicht entwickelt, und ebenso wenig werden etwa Konflikte zwischen Arbeitsethik, fortbestehender Sklaverei und einem klassenpolitischen Begriff von „niederer Arbeit" (Bernardin de Saint-Pierre 1962, 102) reflektiert. Vor einer revolutionären Position schreckt der Text zurück und überschreibt Gesellschafts- und Wirtschaftskritik mit Sentimentalisierung, melodramatischen Wendungen und populärphilosophischen Tendenzen. Virginie stirbt als junge Frau wegen ihrer tugendhaften Keuschheit, weil sie bei einem Schiffbruch vor der Küste nicht bereit ist, die Kleider abzulegen, um sich schwimmend an Land bringen zu lassen. Bernardin de Saint-Pierres Text wirkt didaktisch, indem er Ambiguitäten zwischen Erzählhaltung und Figurenhandlung stehen lässt, so dass es der Phantasie des Lesers überlassen ist, die gewagteren und lebenstüchtigeren Alternativen zu den geschilderten Verhaltensweisen zu entwickeln. Revolutionäre Diskurse scheinen dadurch auf, bleiben aber gegen die Zögerlichkeit und Fehlentscheidungen der Figuren chancenlos, so dass der Eindruck eines defensiven Rückzugs in ein bukolisches Idyll überwiegt, begleitet von larmoyantem Pendeln zwischen Scheitern und Anpassung. Die Lobreden des Erzählers auf eine naturgemäße und bescheidene Lebensweise stehen in krassem Kontrast zum Tod aller Figuren am Ende der Geschichte:

> Neben Virginien, unter demselben Gebüsch, wurde ihr Freund Paul beigesetzt, und rings um dieses Doppelgrab auch ihre Mutter nebst ihren treuen Dienern. Kein Marmorstein schmückt diese niedern Hügel, keine Inschrift preist die Tugend der hier Ruhenden; aber ihr Andenken ist in dem Herzen derer, denen sie Gutes getan, unauslöschlich geblieben. Ihre Schatten bedürfen nicht des Glanzes, den sie zu Lebzeiten mieden; aber wenn sie noch jetzt an den irdischen Vorgängen Anteil nehmen, so schweifen sie gewiß gern unter jenen Strohdächern umher, worin Tugend und Arbeitsfleiß wohnt, und trösten die verdrossene Armut, indem sie in der liebenden Jugend eine dauernde Flamme, den Sinn für die reinen

Gaben der Natur, die Liebe zur Arbeit und die Scheu vor dem Reichtum wachhalten. (Bernardin de Saint-Pierre 1962, 147)

Im kolonialistischen Kontext am progressivsten wirken von den Beschreibungen des Erzählers jene Passagen, die einen Diskurs der Kulturkomparatistik und des Hybriden anklingen lassen (vgl. Bernardin de Saint-Pierre 1962, 92). Diese Passagen betreffen etwa den Vergleich zwischen europäischer und afrikanischer Flora (vgl. ebd., 90), zwischen den Bevölkerungsgruppen der „Kreolen" und indischstämmigen „Malabaren" und deren Begräbnisritualen (ebd.) oder zwischen bürgerlichen und aristokratischen Protagonisten. Die aus Europa stammenden Figuren im Roman scheitern jedoch an der Praxis der Hybridität. In seinem Reisebericht über seine Erfahrungen während eines Aufenthalts auf Île de France von 1768 bis 1770, der auch die aus Asien, Afrika und Europa migrierten Gruppen auf der Insel ausführlich beschreibt, denunziert der Autor im zwölften Brief die Ausbeutung und Brutalität unter der Sklaverei ungleich deutlicher (vgl. Selvon 2018, 130–143) als im Roman *Paul et Virginie*.

Paul et Virginie wird bis ins 20. Jh. auch als Kinder- und Jugendbuch rezipiert. Cabeza de Vacas autobiographischer Bericht dagegen hat im 20. Jh. eine Reihe von Adaptionen und auch postkoloniale Bearbeitungen erfahren, angefangen mit Haniel Longs *Interlinear to Cabeza de Vaca* (1936), das die Humanität des Erzählers in seinen Beschreibungen der Eingeborenen und in seinem Verhältnis zum spanischen Monarchen aus religiöser und republikanischer, US-amerikanischer Perspektive hinterfragt, bis hin zu Andrés Serranos kolonialkritisch kommentierender fotografischer Adaption *Cabeza de Vaca* (1984) oder Laila Lalamis Umschrift des Textes aus dem 16. Jh. in den Roman *The Moor's Account* (2014). Estevanico, arabischsprechender, getaufter „negro" (Cabeza de Vaca 1999, 82) aus Azemmour in Marokko, der an der Expedition der Spanier teilnimmt und eine periphere Rolle in Cabeza de Vacas Bericht spielt, wird in Lalamis Version der Geschichte zum Sklaven mit muslimischem Glauben, zum Protagonisten und Erzähler, der mit ironischem Gestus Cabeza de Vaca – statt als Militär – als empfindsamen Denker und Literaten beschreibt und nicht mit den drei anderen, adeligen Überlebenden der Expedition nach Spanien zurückkehrt, sondern – *going native* – ein Leben unter den amerikanischen Ureinwohnern vorzieht, um sich damit dem Zugriff der christlichen Kolonisatoren und Sklavenhalter Europas zu entziehen. Seine Kindheit und Jugend als Muslim in Marokko bis zu seinem Selbstverkauf in die Sklaverei, mit dem er infolge des Kriegs zwischen den berberischen Wattasiden und in Marokko erobernden Portugiesen (Schlacht von Azemmour 1513) seine Freiheit gegen das materielle Überleben seiner Familie eintauscht, stellen historiographisch eine neue Vergangenheit für das kolonialspanische Narrativ und seine Figuren her. Der Roman schreibt den Bericht Cabeza de Vacas ein in einen vergleichenden, transkulturellen Diskurs des frühen 21. Jh.s, der auch eine andere Wirtschaftsethik und andere Vorstellungen vom wirtschaftlichen Wert mit sich bringt.

Für Graingers und Bernardin de Saint-Pierres Werke stehen solche Adaptionen aus der Sicht der kolonialistisch marginalisierten Figuren noch aus, obwohl die Folgen der kolonialen Wirtschaft und ihre Machtverhältnisse bis in die Gegenwart wirken. Denn bis heute ist der Rohrzuckerexport ein wichtiger Wirtschaftsfaktor für Mauritius: 2010 bis 2015 bezog die deutsche Südzucker AG jährlich einen beträchtlichen Teil der Ernten von Zuckerproduzenten auf Mauritius (vgl. Südzucker AG 2018). Auf St. Kitts dagegen wurde seit der Jahrtausendwende die Rohrzuckerproduktion, lange wichtigster und grundlegender Wirtschaftsfaktor für die Insel, in der Folge von durch Subventionen auf dem europäischen Zuckermarkt erreichten Dumpingpreisen eingestellt (vgl. Coote 1987; O'Connell 2004; Abbott 2009; MDG Gap Task Force 2015). Die Chronologie der in den drei Werken vorgestellten kolonialen Wirtschaftsszenarien und kolonialistischen Narrative verdeutlicht zwar, dass vom 16. bis zum 18. Jh. eine Gesellschaft von Freien und Gleichen ohne Sklaverei oder Fronknechtschaft denkbar wird. Allerdings sind die räumlichen und zeitlichen Fernwirkungen der sklavereibasierten Kolonialwirtschaften, ihre globalen Kapitalerträge und ihre transnationalen Zusammenhänge ebenso wie Theorien der Geldwirtschaft noch nicht oder kaum verzeichnet. Die gegenwärtige komparatistische Literaturkritik untersucht die kolonialistischen Ökonomien und Theorien der Ökonomie in ihrer narrativen Darstellung in den genannten und anderen Werken und vermag die Ergebnisse der kultur- und wirtschaftswissenschaftlichen Forschung zum Kolonialismus und zur Postkolonialität der vergangenen 70 Jahre aus der europäischen Perspektive des 21. Jh.s einzuholen und fortzuschreiben (vgl. Großklaus 2017).

III.7. Ökonomische Komödien
Daniel Fulda

Für die Darstellung ökonomischer Probleme und Modelle ist die Gattung Komödie sowohl von ihren typischen Sujets her als auch strukturell prädestiniert. Als niedere Gattung hat sie es mit Interessen und Konflikten des gewöhnlichen Lebens zu tun. Anders als die Tragödie bringt sie weder Heldentaten noch Grausamkeiten, weder unversöhnlichen Hass noch Liebe bis in den Tod auf die Bühne. Ihre Figuren entstammen traditionell den niederen und mittleren Ständen, maximal dem Landadel. Demgemäß haben sie keine politischen Ambitionen, sondern wünschen sich einen Gatten, ein angenehmes Leben – und da spielen häufig Geldfragen mit hinein oder sogar eine zentrale Rolle: weil einem Bräutigam die Mitgift wichtiger ist als die Braut, weil ein Kaufmann bankrott zu gehen droht, weil jemand sein Vermögen verschwendet oder ein anderer ein Erbe erschleichen möchte, weil ein Schatz gefunden wird, ein Lotterielos gewinnt oder ein Schuldschein zunächst angefochten, schlussendlich aber doch bezahlt wird (wie in Gotthold Ephraim Lessings *Minna von Barnhelm* von 1767). Exemplarisch geprüft werden Ethiken des Umgangs mit solchen materiellen Werten einerseits und immateriellen Werten wie Ehrlichkeit, Hilfsbereitschaft oder Maßhalten andererseits. ‚Falsches' Verhalten, das dem Verlachen preisgegeben wird, zeigen sowohl die komische Figur (in der Frühen Neuzeit der Hanswurst, Pickelhäring oder Harlekin) mit ihrer zivilisatorisch ungehemmten Sinnlichkeit und einem entsprechenden Haben- und Genießenwollen als auch die mit einem spezifischen Laster ausgezeichneten Haupt- oder Nebenfiguren. Ökonomische Laster wie → GEIZ oder → VERSCHWENDUNG spielen dabei eine prominente Rolle, neben oder sogar vor übertriebenem Stolz oder unangemessenem Liebesverlangen. Ökonomie stellt sich in der Komödie demnach als eng verbunden mit sozialen Beziehungen und moralischen Normen dar; das → GELD fungiert hier als „Chiffre des Sozialen" (Pape 1988, 47). Am Schluss gelangen das Geld oder ein Geldeswert regelmäßig an das junge Paar, mit dessen Heirat die meisten Komödien schließen.

Dramaturgisch sind ökonomische Motive außerdem wichtig, weil das Geld und andere Wertsachen schnell von Hand zu Hand gehen, dadurch rasche Glückswechsel bewirken und so die Turbulenzen unterstützen, aus denen die Komödie ihre Bühnenwirksamkeit gewinnt (vgl. Pape 1988, 51; → ZIRKULATION, KREISLAUF). Die ökonomischen Aktionen, die in der Komödie auf die Bühne oder zur Sprache kommen, sind allerdings nicht die alltäglichen, also Kauf und Verkauf mit ihren in der Regel relativ kleinen Gewinnspannen, sondern außerordentliche, plötzliche und (für die Betroffenen) großformatige Veränderungen, nicht selten auch betrügerische Machenschaften: eine Erbschaft oder Enterbung, hohe Spielschulden oder ein unvermuteter Gewinn, der Verlust einer ganzen Schiffsladung, ein Schatzfund, Wuchergeschäfte, Diebstahl und dergleichen, kurzum die außergewöhnlichen Varianten des Gewöhnlichen, das jedermann betrifft. Ökonomie in der Komödie ist keine Abbildung der historisch jeweils üblichen Wirtschaftspraktiken, sondern dient der Handlungsdynamik und stellt die Figuren auf die (Charakter-)Probe.

Die situativen Effekte des Geldes oder anderer materieller Werte sind darüber hinaus in besonderem Maße dazu geeignet, die charakteristische *Wirkung* der Komödie, das Lachen des Zuschauers, zu erzeugen. So bergen die raschen Wechsel, die Geld und Geldeswert ermöglichen, ein enormes Komikpotential. Dasselbe gilt für den Kontrast zwischen Haben und Sein, den das Geld wie nichts anderes zu verdeutlichen vermag, nämlich indem sein Verlust das Sein durch Abzug des Habens auf die Probe stellt. All dies berechtigt dazu, von einer Strukturhomologie von Geldfunktion und Komödienhandlung zu sprechen, die auch die komische Wirkung betrifft (vgl. Fulda 2005, 22–32). Der Scheincharakter des komödischen Spiels steht ebenfalls homolog zum ökonomischen Handeln: Wie der möglichst effektive Gelderwerb sich in kalkuliertem bis listigem Handeln vollzieht (das beginnt beim Feilschen auf dem Markt und reicht bis zur Börsenspekulation), so werden Handlungsstruktur wie komische Wirkung der Komödie wesentlich von scheinhaften und täuschenden Aktionen – Verkleidung, List, Intrige – getragen. Als Theaterspiel tritt die Komödie darüber hinaus insgesamt als scheinhaftes Spiel auf, so wie auch dem Geld und den durchs Geld vermittelten Gütern häufig Scheinhaftigkeit attestiert wird, teils unter religiösem oder moralischem Blickwinkel als Vorwurf, teils in positiver, simulationstheoretischer Wertung wie bei Jean Baudrillard (1991, 41–43).

In moralisch abwertender Perspektive bezieht schon die späthumanistische Berufsenzyklopädie *Piazza Vniversale, das ist: Allgemeiner Schauwplatz / oder Marckt / vnd Zusammenkunfft aller Professionen / Künsten / Geschäfften / Händlen vnd Handtwercken* (ital. 1585, dt. 1619) Geldsphäre und Komödie aufeinander. Geschäftliches Kalkül gilt dort als unerlaubte List (→ Tausch, Täuschung). Unter moralischen Vorbehalt ist nicht allein das unbegrenzte Geldstreben gestellt, sondern jeder Geldverkehr, der nicht nur der Befriedigung ‚natürlicher' Bedürfnisse dient. Das Misstrauen gegen den Markt als ‚Schauplatz' des Geldes geht so weit, dass die Preisermittlung über Angebot und Nachfrage nicht im Kapitel über die „Kauffleuthe", sondern im Kapitel über den Spekulanten (→ Spekulation, Spekulant) zur Sprache kommt. Wer Waren planvoll billig einkauft, um sie bei erhöhter Nachfrage teuer zu verkaufen, gilt als „Gauckeler", sein Handel als „Liegen / betriegen" (Garzonus 1619, 663; vgl. ebd., 419–426). Auch diejenigen, die ‚schlechte' Ware teuer verkaufen, brauchen Schauspielertalent, um „jre Wahren / vnd auch die Leute dermassen [zu] bezaubern / daß jnen [den Leuten] alles / was sie [solche Händler] haben vnd anschlagen / gemeinlich / ob es schon alt vnnd verlegen / mehr gilt / als wann es frisch / new / vnnd bey rechtschaffenen Kauffleuten gekaufft were" (ebd., 663).

Eine moderne, postsubstantialistische Sicht auf die zweifelhaften Werte der Ökonomie hat Georg Simmel in seiner *Philosophie des Geldes* (1900) entwickelt. Im Handel sieht er nicht das Vehikel der Entwertung aller wahren Werte, sondern das Paradigma jeglicher Wertbildung. In der ökonomischen Theorie ist das um 1900 nicht mehr brisant. Simmel geht jedoch entschieden weiter: Anders als die topischen Dichotomien von Geld und Liebe, Geld und Geist oder Geld und Gott vermuten lassen, sei die Wirtschaft der Musterfall kultureller Wertproduktion, nämlich „der allgemeinen Lebensform des Tausches, der Hingabe gegen einen Gewinn" (Simmel 1989 ff., Bd. 6, 67). Deutlichstes „Symbol" für die Konstituierung und das Funktionieren auch der „letzten Werte und Bedeutsamkeiten alles Menschlichen" im Tausch aber sei das Geld (ebd., 12): „Dies ist die philosophische Bedeutung des Geldes: daß es innerhalb der praktischen Welt die entschiedenste Sichtbarkeit, die deutlichste Wirklichkeit der Formel des allgemeinen Seins ist, nach der die Dinge ihren Sinn *aneinander* finden und die Gegenseitigkeit der Verhältnisse, in denen sie schweben, ihr Sein und Sosein ausmacht" (ebd., 136). Demnach repräsentiert das Geld nicht einen ‚wahren' Wert, der ihm voranginge, sondern verweist auf die Gesamtheit aller Werte, deren Wert sich aber erst aus ihrer geldvermittelten Relation bestimmt. Repräsentation im Sinne von Stellvertreterschaft für etwas anderes, das selbständig oder gar ursprünglich wäre, wird hier nicht (mehr) erwartet.

Literatur, die als autonome Fiktion begriffen wird, beruht ebenfalls auf einer solchen Performanz als Erzeugung des Repräsentierten im Repräsentationsakt (und nicht auf der Referenz etwa auf Realität; vgl. Hörisch 1996, 20). Die Komödie wiederum potenziert diese prinzipielle Performativität der Literatur: zum einen indem sie wie jedes Drama Handlungen inszeniert und den Schauspieler die Figur erst erschaffen lässt, die er darstellt (vgl. Fischer-Lichte 2002, 279, 291), zum anderen indem sie sich für den Zuschauer durchschaubare Performanzen – Intrigen, Verkleidungen – als typische Bauformen ihrer Handlungsverläufe aneignet. Insofern sieht der Zuschauer auf der Lustspielbühne dasselbe Performanzprinzip walten, das dem → MARKT bzw. dem Geldwesen zugeschrieben wird, teils kritisch, teils affirmativ. Die Komödie macht es durchschaubar, indem sie die dramatische Illusion durch Illusionsdurchbrechungen und das Spiel mit der Illusion ergänzt, und zwar weit häufiger als die auf Affekterregung ausgerichtete Tragödie, sei es in Gestalt der komischen Figur, die auf der Rampe agiert, das Publikum unmittelbar anspricht und Distanz zur vorgeführten Handlung schafft, sei es durch die komödientypische Bauform des Spiels im Spiel (vgl. Trautwein 1983, 90–91; vgl. auch Pape 1990, 236: „Comedy thus shows itself always being more or less self-referential, being theater on theater"). Deutlich wird die reflexive Doppelung, welche die Komödie auszeichnet, nicht zuletzt an ihrem Umgang mit dem materiellen Ausdruck von Verstellung wie Darstellung: der Verkleidung, denn die handlungsinterne Verkleidung potenziert das theatertypische Kostüm der Schauspieler, das ihnen bestimmte Rollen zuweist. Verkleidungsszenen stellen überdies einen Musterfall für den Wissensvorsprung des Zuschauers dar, der Voraussetzung des Verlachens ist (vgl. Kurth 1999, 31–32).

Die Komödie im Horizont der alteuropäischen Haus-Ökonomie: Einheit von Subsistenz, Sozialbeziehungen und Moral

Allgemeine Affinität zum Geld und zu Wirtschaftsfragen zeichnet das Lustspiel seit dem 4. Jh. v. Chr., seit der sogenannten Neuen Attischen Komödie, aus. Diese etablierte zudem das über Plautus (um 250 – um 184 v. Chr.) und Terenz (um 185–159 v. Chr.) an die neuzeitliche Komödie vermittelte Schema, dass sich die Konflikte des Lustspiels primär im ‚Haus' in dessen alteuropäischem Verständnis entspinnen, zentral zwischen den Generationen – denn die jungen Liebenden müssen den Widerstand vor allem des Vaters überwinden –, flankierend zwischen Herrschaft und Dienern, seltener zwischen den Ehegatten (vgl. Fuhrmann 1976). Die Ordnung des *oikos* wird zunächst infrage gestellt: von den jungen Liebenden produktiv, nämlich mit reproduktiver Perspektive, von geizigen, liebestollen oder hypochondrischen Alten hingegen destruktiv; destruktiv überdies auch durch eher junge Negativfiguren wie den Verschwender oder altersneutrale wie den Ehrsüchtigen oder den Scheinheiligen. Oder die Ordnung des Hauses zeigt sich dadurch in Gefahr, dass der Vater, der sie zu sichern hätte, abwesend ist – ein wichtiges Motiv z. B. in der *Pietisterey im Fischbein-Rocke* (1736) Luise Adelgunde Victorie Gottscheds (1713–1762), wo ein Erbschleicher die blinde Frömmigkeit der Mutter auszunutzen versucht. Im gattungstypischen Handlungsverlauf jedoch wird die Ordnung des Hauses gegen die Bedrohung durch lasterhafte Figuren verteidigt, während die Liebenden, die sie zunächst übertreten, am Ende in sie eintreten, um sie wieder mit Leben zu füllen, indem sie einen neuen Hausstand gründen.

Dem auf die ‚Ordnung des Hauses' bezogenen Ökonomiebegriff Alteuropas entsprechend, geht es in der Komödie um Sozialbeziehungen, um Moral, um Gottvertrauen und um Bedürfnisbefriedigung einschließlich des materiellen Auskommens zugleich. Und ihm weiterhin entsprechend, geht es häufig um Geldeswert, aber deutlich seltener um Geschäfte (aristotelisch gesprochen: die Chrematistik; → III.1. OIKONOMIA UND CHREMATISTIK). Wenn in Gottscheds *Der Verschwender*, *oder die ehrliche Betrügerinn* (1741) eine gewitzte Dienerin über den titelgebenden Verschwender, der sich durch Demonstrativkonsum ruiniert, bemerkt: „Hier [ist] das Geld in beständigem Umlaufe" (Gottsched 1972, 95), so wird ironisch auf das kameralistisch-merkantilistische Theorem angespielt, dass Geld nicht gehortet werden dürfe, wenn es der Wirtschaft nützen und Wohlstand schaffen soll („so roulliret das geld im lande und vermehret sich täglich"; Seckendorff 1972, 228). Die Komödie der Gottschedin macht es sich jedoch nicht zu eigen; die durch das Happy End approbierte Lösung für die selbstverschuldeten Geldprobleme des Verschwenders (→ VERSCHWENDUNG, VERAUSGABUNG) besteht vielmehr darin, dass eine liebende Frau – die *honnête friponne* des französischen Originals von Philippe Néricault Destouches (1737) – listig seine verschleuderten Besitztümer sammelt und ihm durch Heirat zurückerstattet. Der Bereich der Chrematistik ist entweder ausgeblendet oder negativ besetzt, etwa durch die Figur des Wucherers, der manchmal (berühmt in Shakespeares *Merchant of Venice*, 1600) noch zusätzlich als jüdisch pejorisiert wird. Eine auf die Finanzwirtschaft und zugleich auf den skrupellosen Eigennutz in allen Bereichen der Gesellschaft zielende Satire wie Alain-René Lesages *Turcaret* (1709) hat in der deutschen Literatur keine Entsprechung.

Eine durch intertextuelle Beziehungen relativ geschlossene Textgruppe sind Komödien mit Geizigen im Zentrum, die in ständiger Angst um ihr Vermögen leben. Bei Plautus, dessen *Aulularia* von ca. 190 v. Chr. den Archetext der Gruppe bildet, handelt es sich um einen → SCHATZ, ebenso in Christian Weises *Betrogenem Betrug* von 1690 (zur frz. Literatur vgl. Görschen 1937). Die Geizigen sind meist ältere Männer (bei Weise jedoch eine Frau); ihr → GEIZ kann sich sowohl als Habgier wie auch als Horten äußern. Sie schädigen damit sich selbst und ebenso ihre Familie – insbesondere das eigene Kind, dem sie die gewünschte Heirat verweigern – und mitunter auch das Wirtschaftsleben eines Staates oder einer Stadt. Geiz ist übertriebene, schädliche Liebe zum Geld, das für den Geizigen geradezu in die Position Gottes oder zumindest einer Geliebten rückt – „ma chère cassette" (Molière 1984, 178) ist das einzige Verlangen und sind die letzten Worte Harpagons in Molières *L'Avare* von 1668; daran knüpft 1911 Carl Sternheims *Kassette* an. Das Laster besteht hier wohlgemerkt nicht schon in der Beschäftigung mit dem Geld, sondern in dessen Verabsolutierung. Auch wenn die Komödie keiner primär auf Gewinnmaximierung ausgerichteten Wirtschaftsgesinnung das Wort redet, propagiert sie in aller Regel nicht den Rückzug aus der Welt und den Verzicht auf wirtschaftliche Tätigkeit. Das gilt auch und gerade für die Komödien des jesuitischen Schulschauspiels, die den Gegensatz zwischen Gott und dem Mammon akzentuieren (vgl. Mt 6,24; etwa in Jacob Bidermanns *Jacobus usurarius*, entstanden ca. 1615–1618, oder in Jacob Masens *Ollaria*, 1657). Merkantile Metaphorik kommt hier in durchaus positivem Sinne zum Einsatz, nämlich um zu einem ‚Handel' mit

Gott zu motivieren: Frömmigkeit und Karitas als Investition fürs Leben nach dem Tod. Gewinninteressen sollen damit nicht nur religiös umfunktioniert werden, sondern sie werden zugleich auch prinzipiell anerkannt, soweit sie sich auf ein standesgemäßes Auskommen beschränken.

In der Komödie der deutschen Aufklärung wird Geschäftsfähigkeit – verstanden sowohl als Achten auf die eigenen Interessen wie als Verbindlichkeit im gesellschaftlichen Umgang – zu einem Kriterium des sozialen Werts (etwa in Hinrich Borkensteins *Der Bookesbeutel*, 1742). In der französischen Komödie ist die Aufwertung des Kaufmanns noch auffälliger (etwa in Michel-Jean Sedaines *Le Philosophe sans le savoir*, 1765; vgl. Gerhardi 1983; zu England vgl. Volkmann 2003, 437–481). Die Frauenfiguren allerdings tun meist gut daran, tugendhaft abzuwarten, welche Wohltaten ihnen zuteilwerden (besonders ausgeprägt zeigen dies Sophia und Coelestina in Gryphius' *Horribilicribrifax*, 1663, entstanden kurz nach 1648). Dass Minna von Barnhelm proaktiv ihr Glück erstrebt, ist eine Ausnahme, aber auch sie kümmert sich ostentativ nicht um Geldfragen, obwohl sich ihr Bräutigam Tellheim deshalb an der Heirat gehindert sieht, weil er der Bestechlichkeit angeklagt ist. Ausschließlicher als die männlichen Figuren sind die weiblichen auf moralische Werte verpflichtet, auf „Schätze [...] in anderer Leute Herzen", wie es in Christian Fürchtegott Gellerts Lustspiel *Das Loos in der Lotterie* heißt (Gellert 1988 ff., Bd. 3, 186–187). Häufig indes erweist sich Desinteresse an materiellen Gütern als sicherster Weg, zu ihnen zu gelangen – ein Paradox, das die lange und mächtige Tradition des christlichen Tugendlohnversprechens hinter sich hat.

Der sich im 18. Jh. vollziehende Übergang von der alteuropäischen Ordnung zu einer Moderne, die sich als dynamisch begreift, veränderte das Verhältnis der Komödie zur Ökonomie im traditionellen Sinne der Wirtschaft des ‚ganzen Hauses'. Denn die Komödie blieb noch geraume Zeit in dessen motivischem und normativem Horizont, während sich der ökonomische Diskurs vom ‚Haus-Paradigma' löste und auf freie Konkurrenz und dadurch befördertes Wachstum statt Subsistenz umstellte. Ihre Ausrichtung auf Moralvermittlung verstärkte sich sogar, während der Ökonomiebegriff seine moralischen Elemente mehr und mehr abstreifte. In seiner *Compendieusen Haußhaltungs-Bibliotheck* erklärte Julius Bernhard von Rohr die „Pflicht und Schuldigkeit eines Haus-Vaters gegen seine Frau, Kinder und Gesinde, u.s.w." bereits 1716 zu „fremde[n] Materien" (Rohr 1716, 83). Wie es scheint, handelt es sich bei diesen vorderhand gegenläufigen Tendenzen um eine komplementäre Entwicklung. Die Komödie hätte demnach die von der modernen Ökonomiediskussion abgelegte Aufgabe übernommen, materielle und immaterielle Werte abzugleichen und zu harmonisieren (vgl. Fiederer 2002, 339). Die deutsche Komödie erlebte in der Aufklärung ihre Blütezeit, als – und wohl auch weil – die alteuropäische Ökonomik abstarb.

Auch die religiöse Dimension des alteuropäischen Ökonomiebegriffs – die göttliche Vorsehung mit der Austeilung des Heils und aller Güter – blieb der Komödie des 18. Jh.s erhalten, ja gewann sogar an Präsenz. Zunehmend wurden nicht nur Turbulenzen in den weniger edlen Schichten der Menschenwelt dargestellt, sondern zugleich Schauplätze der Providenz modelliert. Der gute Ausgang eines Dramas verwies nun auf die gute Ordnung der von Gott geschaffenen Welt und unterstrich christliche Heilsgewissheit. Damit niemand diese Bedeutungsmöglichkeit übersah, wurde sie dem Zuschauer bzw. Leser gerne explizit vorgegeben, sei es in der Dramenhandlung durch eine Figur, sei es im Text eines Nachredners. So avancierte die Komödie von der Belustigung zum Weltmodell, was ihrem Vergnügungswert nicht unbedingt zuträglich war (vgl. Neuhuber 2003). Bereits im 17. Jh. konnte eine Vaterfigur, die heimkehrt, die Ordnung wiederherstellt und alles bezahlt, für den fürstlichen Landesvater und darüber hinaus für den göttlichen Weltenlenker stehen (so Anselme in L'Avare). Sogar mit der tendenziell antipatriarchalischen Autoritätskritik und den emanzipatorischen Ansprüchen der Aufklärung war dieses Modell kompatibel: Im bereits erwähnten *Verschwender* der Gottschedin übernimmt eine Frau von Ehrlichsdorf die Gottesrolle – nicht mehr, weil sie hierarchisch über den anderen Figuren stünde, sondern vermöge ihrer überlegenen Einsicht und ihres taktisch-pädagogischen Geschicks im Dienst der schlussendlichen Rettung des von ihr geliebten Verschwenders.

Marktwirtschaftliche Interessenkonkurrenz und Providenzvertrauen in Komödien der mittleren deutschen Aufklärung

Ab der Mitte des 18. Jh.s lassen sich in der Komödie auch Spiegelungen einer modern *marktwirtschaftlichen* Mentalität beobachten (vgl. Fulda 2014). Ist die frühneuzeitliche Komödie zunächst von immer strengeren Moralforderungen geprägt, so gewinnen nun die spielerischen Momente wieder größeren Raum. Aktivität und Risiko werden belohnt; Lust und Lebensfreude dürfen nicht nur die Lustigmacher zeigen, d. h. die moralisch devianten und sozial inferioren komischen Figuren. Die hochkomplexe Handlungsstruktur einiger Komödien kann zudem als Übergang zu einem Verständnis gesellschaftlicher Interaktion verstanden werden, das keine Steuerung von einer überlegenen Position aus mehr erwartet – d. h. eine Steuerung, wie sie der Hausvater leisten sollte –, sondern die Eigendynamik von Interessenkonkurrenzen anerkennt, und zwar als produktiven Antrieb, nicht als destruktiv, weil amoralisch.

In den *Candidaten* (1748) von Johann Christian Krüger (1723–1750) konkurrieren drei Aspiranten um ein gut dotiertes Amt: Chrysander, ein bloß am Titel interessierter Nichtskönner, Valer, der es nicht wirklich haben, sondern im Erfolgsfall ausschlagen will, um den Grafen, der das Amt vergibt, zu düpieren, sowie Herrmann, der einzige qualifizierte Kandidat. Darüber hinaus kommen erotische Interessen ins Spiel: Der Graf möchte sich die Braut des Kandidaten Herrmann als Mätresse gefügig machen, während seine vernachlässigte Gattin davon lebt, „jungen Leuten die Aemter für Schmeicheleyen und Liebkosungen zu verkaufen" (Krüger 1986, 318). Eben darauf spekuliert Valer, und auch Herrmann sollte, nach Ansicht seiner Braut, diesen Umstand ausnutzen. Mit Handels- und Besitzmetaphern belegt sind die erstrebten Interessenabgleiche nicht nur an der zitierten Stelle, so dass sich das Stück als eine Studie über ökonomische Gewinnchancen verstehen lässt. Am Ende erhält Herrmann das Amt; das erfordert die Gattungskonvention des guten und gerechten Ausgangs. Wesentlicher Bedingungsfaktor des guten Ausgangs ist jedoch die Lust am Spiel. Entfesselte Dynamik ist geradezu das Programm von Krügers Komödie; bezeichnenderweise heißt der mit einer falschen Identität auftretende Valer eigentlich Wirbelbach. Dramen- und theaterästhetisch betrachtet, schlägt hier der Einfluss der Commedia-dell'Arte-Tradition durch. Krüger, der selbst Schauspieler war, war dieser Tradition stärker verpflichtet als die meisten anderen Autoren der deutschen Aufklärung (vgl. Hinck 1965, 234). Die Handlungslogik seines Stücks entspricht zugleich aber der Marktkonkurrenz und sein Ausgang der liberalen Hoffnung, dass Wettbewerb die bestmöglichen Ergebnisse hervortreibt. Das Gattungsschema der Komödie und die moderne ökonomische Mentalität konvergieren in der Erwartung, dass moralisch ungehemmte Betriebsamkeit zum bestmöglichen Ergebnis führt.

Die strukturelle Affinität mancher Komödien der Aufklärung zur modernen Ökonomie zog nicht automatisch nach sich, dass die Strukturanalogien zur Heilsökonomie zurücktraten. Im 79. Stück der *Hamburgischen Dramaturgie* bekräftigte Lessing das Prinzip, der Dichter habe durch die sinnvolle Lösung der von ihm geschaffenen Konflikte das Providenzvertrauen seiner Leser zu stärken (Lessing 1996ff., Bd. 4, 598), und *Minna von Barnhelm* bewährt dieses Prinzip. Wohlgemerkt handelt es sich um ein ‚Wirtschafts'-Stück im seinerzeit modernsten Sinne des Begriffs, denn es geht nicht bloß um Soll und Haben von Privatleuten – vor allem, aber nicht nur des unter Betrugsanklage stehenden Majors von Tellheim –, sondern zugleich um die Staatsfinanzen und die wirtschaftliche Situation ganzer Länder, nämlich Sachsens und Preußens im und nach dem Siebenjährigen Krieg. (Die semantische Ausweitung von ‚Wirtschaft' vom Haus auf ganze Länder bzw. ein soziales System hatte sich im zweiten Viertel des 18. Jh.s vollzogen; vgl. Burkhardt u. a. 1992, 550–552.) Und kein Geringerer als der Repräsentant des staatlichen Ganzen ermöglicht das gute Ende: Erst ein „Handschreiben" (Lessing 1996ff., Bd. 1, 680) des (selbst nicht auftretenden) Königs entlastet Tellheim von allen Untreuevorwürfen, so dass er seine Braut heiraten kann. Es sind nicht Minnas Liebe und Hilfswilligkeit, die das Happy End herbeiführen. Sogar der geldgierige Glücksritter, ja Betrüger Riccaut leistet dazu einen größeren Beitrag, indem er dem Feldjäger, der mit dem königlichen Handschreiben durch Berlin irrt, den Weg zu Tellheim weist. Der König, der Tellheim rehabilitiert, tritt jedoch nicht als eine überlegene Figur auf, die alles überblickte, fällt seine Entscheidung doch völlig unabhängig von der gezeigten Handlung, nämlich schon am Tag zuvor. Zunächst einmal verkörpert dieser König nicht mehr, aber auch nicht weniger als das systemische Funktionieren der Gesellschaft. Indem sein Eingriff nicht nur das Beste bewirkt, sondern darüber hinaus *ante festum* erfolgt (der König ermöglicht die Versöhnung Tellheims und Minnas, bevor sich die beiden überhaupt gestritten haben), erinnert sie zugleich aber an die göttliche Providenz. Tellheim kommentiert den königlichen Urteilsspruch dementsprechend mit Vokabeln, die hochgradig religiös besetzt sind: „O, mein Fräulein, welche Gerechtigkeit! – Welche Gnade! – Das ist mehr, als ich erwartet! – Mehr, als ich verdiene!" (Lessing 1996 ff., Bd. 1, 693) Auf komödienadäquate Weise materialisiert sich im erlösenden Handschreiben des unsichtbar bleibenden Königs nicht nur die „unsichtbare Hand", mit der Adam Smith wenige Jahre zuvor die Koordination der unendlich vielen individuellen Gewinninteressen in der Gesellschaft zum allgemeinen Besten ‚erklärt' hatte (Smith 1994, 316), sondern auch der religiöse Hintergrund dieser schon biblischen Metapher (vgl. Dtn 4,34).

Ausblick: Die Verbindung zwischen Komödie und Ökonomie lockert sich

Die Komödie der Frühen Neuzeit einschließlich der Aufklärung verbindet die mehr oder weniger scharfe Kritik an einer ausschließlichen Orientierung an materiellen Werten meist mit der optimistischen Erwartung, dass Mäßigung, Moral und Mitmenschlichkeit gut mit materiellem Wohlergehen zusammengehen können. In der Folgezeit findet man weit seltener so viel (zumindest am Schluss gewonnene) Harmonie. Auch die Bindung von Geldmotiven an die Gattung Komödie lockert sich. Zwar bleiben die moralischen Prüfungen, die vom Geld ausgehen, sowie die Heuchelei im Umgang mit ihm ein beliebtes Thema des Dramas. Stärker als in der Frühen Neuzeit wird dabei aber die Gesellschaft als insgesamt unter der Herrschaft des Geldes stehend dargestellt. Der pessimistischeren Einschätzung von Ökonomie, Moral und Gesellschaft entspricht poetologisch die Absetzung von der Gattung Komödie, die typischerweise ein Happy End produziert. In den Zauberstücken des Wiener Volkstheaters (→ III.11. Oikos und Ökonomie im Volksstück) braucht es Feen, um einen normgerechten Ausgang zu erreichen (etwa in Ferdinand Raimunds *Das Mädchen aus der Feenwelt oder Der Bauer als Millionär*, 1826, und *Der Verschwender*, 1834, oder in Johann Nestroys *Der böse Geist Lumpazivagabundus*, 1833; vgl. Pape 1988, 64–68). *Der Biberpelz*, Gerhart Hauptmanns vieraktige „Diebskomödie" von 1893, verweigert einen Schluss, der die Ordnung wiederherstellt. Sternheims bereits erwähnte *Kassette* zeigt die Anbetung des Geldes als Groteske und als nicht heilbar, weitere bedeutende Gelddramen des 20. Jh.s nehmen Tragödienzüge an (etwa Frank Wedekinds *Der Marquis von Keith*, 1901, und Friedrich Dürrenmatts *Der Besuch der alten Dame*, 1955) oder greifen wie Hugo von Hofmannsthals *Jedermann. Das Spiel vom Sterben des reichen Mannes* (1911) auf die vormoderne Gattung der Moralität zurück, deren allegorische Figuren ihre prinzipiell geldkritische Lehre direkt aussprechen. *Die Hebamme* von Rolf Hochhuth (1971) – die Titelfigur betätigt sich als Wohltäterin der Armen, die Kasseler Barackenbewohner zur Besetzung einer Neubausiedlung animiert – bleibt beim traditionellen Gattungsnamen, wohl wegen des zentralen Verkleidungsmotivs, wegen gelegentlicher Komik, als Bekenntnis zur Typenhaftigkeit der Figuren und weil die Parallele zum Austricksen der Herrschenden im *Biberpelz* gesucht wird.

III.8. Bürgerliches Trauerspiel
Steffen Martus

Das deutsche bürgerliche Trauerspiel verdankt sich einer Ökonomie des Überflusses – genauer: eines Überflusses an Tränen. Einer bekannten Anekdote zufolge besuchten Gotthold Ephraim Lessing und Moses Mendelssohn zu Beginn des Jahres 1755 eine Theateraufführung, die Mendelssohn tief bewegt haben soll. Lessing fühlte sich provoziert, bemerkte, es sei keine Kunst, „alte weiber zum heulen zu bringen", und schlug eine Wette vor: „in sechs wochen bringe ich ihnen ein solches stück". Am folgenden Morgen reiste er nach Potsdam ab, wo er sich in eine Dachstube einmietete. Sechs Wochen später kehrte er mit *Miß Sara Sampson* zurück (Basilius von Ramdohr zit. nach Nisbet 2008, 263; Fick 2016, 133). Das Kalkül ging auf. Lessing hatte ein höchst wirkungsvolles Drama verfasst. Karl Wilhelm Ramler berichtete von der Uraufführung des bürgerlichen Trauerspiels am 10. Juli 1755 in Frankfurt/Oder: „[D]ie Zuschauer haben drey und eine halbe Stunde zugehört, stille gesessen wie Statüen, und geweint" (zit. nach Fick 2016, 145–146). Weitere Rezeptionszeugnisse bestätigen diese für die Zeitgenossen offenbar überraschende Effektivität: Friedrich Nicolai berichtete von seiner Ergriffenheit in einer Berliner Aufführung, die ihn bis zum fünften Akt „öfters" zum Weinen bewegt habe, dann aber so stark gewesen sei, dass er „vor starker Rührung nicht habe weinen können". Andere Zeitgenossen notierten, die Lektüre habe ihnen „Thränen abgezwungen", sie seien während der Aufführung „erweicht" worden und „zerflossen" (zit. nach ebd., 146).

Dieser anekdotische Kontext ist für die Frage nach den Korrelationen von Literatur und Ökonomie in mehreren Hinsichten aufschlussreich: Die verzögerte Heirat zwischen Mellefont und Sara, die tödliche Konflikte und tugendhafte Vergebungsszenen sowie die Tränen der Zuschauer ermöglicht, verdankt sich Mellefonts Behauptung, er erwarte eine Erbschaft, die die finanzielle Grundlage für die Ehe bilde. Solche realhistorisch plausiblen Probleme der Heiratsökonomie (→ HEIRATSMARKT) und der Familienwirtschaft (vgl. Stollberg-Rilinger 2000, 147) zählen seit George Lillos *The London Merchant* zum Grundbestand des bürgerlichen Trauerspiels (vgl. Fiederer 2002, 69–85, 150–152; K.-D. Müller 2005, 147–148). Auf einer eher impliziten Ebene subvertiert das Drama jedoch solche pragmatischen Überlegungen, weil Lessings Mitleidsdramaturgie auf eine empfindsame Form der Anteilnahme und der sozialen Verschaltung von Personen setzt, die jenseits ihres Standes auftreten und interessieren sollen (vgl. Vogl 2004a, 92–138). In diesem Zusammenhang stehen sich die Bedingungslosigkeit der Liebesheirat und das finanzielle Kalkül der Geldheirat typischerweise alternativ gegenüber, so wie sich im bürgerlichen Trauerspiel anscheinend überhaupt

„der Anspruch universalistischer Tugend gegen die Forderungen ökonomischer Rationalität" der Tendenz nach durchsetzt (Eder 1993, 23, 30–34).

Die korrelierende Gefühlsökonomie wiederum, die die Affektdynamik von der Bühne in den Zuschauerraum übertragen sollte, gründete auf einer für die Zeitgenossen ungewöhnlichen Auffassung von Theater und Theaterbesuch. Zuschauer wurden demnach körperlich „wie Statüen" für mehrere Stunden arretiert, um innerlich umso bewegter zu empfinden. Die Voraussetzung für solche Theaterpraktiken bildeten hoch qualifizierte Schauspieler und anspruchsvolle Inszenierungen. Konzeptionell forderte die Mitleidsdramaturgie ‚stehende Bühnen' (vgl. Graf 1992, 278–335), für deren Betrieb jedoch neue Finanzierungsmodelle entwickelt werden mussten. Schließlich ist es zudem aufschlussreich, dass die Anekdote zur Entstehung von *Miß Sara Sampson* von einer Wette um die Tränenmenge der Zuschauer ausgeht, denn das bürgerliche Trauerspiel etablierte sich in einer literaturhistorischen Phase, in der das Schauspiel an die Ökonomie des Buchmarkts angeschlossen wurde (vgl. R. Meyer 2012, 10, 27–28). Lessing arbeitete zu dieser Zeit als freier Autor und befand sich in einer permanenten Konkurrenzhaltung. Diese komplexen Wechselwirkungen zwischen Ideen-, Sozial- und Diskursgeschichte, die die Abstimmung unterschiedlicher methodischer und theoretischer Zugänge erfordern, lassen sich im Folgenden nur in Ansätzen skizzieren.

Theaterökonomie, Dramenreform und Polizey

Die ersten Aufführungen von *Miß Sara Sampson* erfolgten 1755 in Frankfurt/Oder durch die ‚Ackermannsche', 1756 in Leipzig durch die ‚Kochsche' sowie im selben Jahr in Berlin durch die ‚Schuchsche' und in Hamburg durch die ‚Schönemannsche Truppe' (vgl. Fick 2016, 145–146). Es handelte sich um Wanderbühnen, die den Bemühungen um eine Theaterreform, also um eine ‚regelmäßige' Dramenkunst und entsprechende Aufführungspraktiken, nahestanden. Als Karoline Neuber um 1730 mit Johann Christoph Gottsched koalierte, zählte Heinrich Gottfried Koch ebenso zu ihrer Truppe wie Johann Friedrich Schönemann, bei dem rund ein Jahrzehnt später wiederum Konrad Ernst Ackermann seine Karriere begann. ‚Prinzipale' wie Ackermann, Koch, Schönemann oder Franz Schuch d. J. waren (konkurrierende) Unternehmer (→ UNTERNEHMEN, UNTERNEHMUNG), die finanziell vom Publikum abhingen. Für Spielgenehmigungen entrichteten sie Abgaben (nicht zuletzt an die Armenhäuser); sie hafteten mit ihrem Vermögen für die von ihnen organisierten ‚Entreprises'; Konjunkturschwankungen, Aufmerksamkeitsmoden und diverse regional spezifische Regeln im Umgang mit dem Theater beeinflussten je nach Gelegenheit die Handlungsoptionen; kriegerische

Konflikte schadeten dem Geschäft erheblich (vgl. R. Meyer 2012, 106–107). Wie sollte sich ein ‚regelmäßiges' Theater unter dem Einfluss dieser heterogenen und von Situation zu Situation wechselnden Bedingungen durchsetzen und vor allem finanziell tragen?

Zumal das Trauerspiel stellte für die vom zahlenden Publikum abhängigen Unternehmungen eine Herausforderung dar, weil es in den wechselnden Kontexten eine Konstante gab: Die Zuschauer waren auf belustigende Unterhaltung abonniert, so dass die ernste Gattung im Bühnenrepertoire des 18. Jh.s weit abgeschlagen hinter dem Lustspiel landete – die ‚Ackermannsche Truppe' etwa absolvierte in Hamburg 250 Vorstellungen und brachte dabei in 203 Aufführungen Komödien auf die Bühne (vgl. R. Meyer 2012, 114; zu den Repertoires vgl. ebd., 58–64, 344–394). Die Absicht auf mitleidsdramaturgische Maximalerregung der Zuschauer lässt sich mithin ebenso auf die literaturbetrieblichen Konkurrenzbedingungen zurückführen wie der starke Innovationsanspruch, den Lessing mit *Miß Sara Sampson* als prototypischem Gattungsvertreter erhob. Als er sich am 3. Mai 1755 in der *Berlinischen privilegirten Zeitung* selbst rezensierte, bemerkte er: „Ein bürgerliches Trauerspiel! Mein Gott! Findet man in Gottscheds critischer Dichtkunst ein Wort von so einem Dinge?" (zit. nach Guthke 2006, 7) Er verschwieg dabei, dass sein Lieblingsgegner in der neuesten Auflage der *Critischen Dichtkunst* (4. Aufl., 1751) immerhin vorgeschlagen hatte, die *comédie larmoyante* im Deutschen als ‚bürgerliches Trauerspiel' zu bezeichnen (vgl. ebd., 9–10).

Wegen dieser komplexen, nicht zuletzt finanziellen Abhängigkeitsverhältnisse zielte das Bemühen um die Innovation von Dramenkunst und Theater, für die insbesondere das bürgerliche Trauerspiel als grenzüberschreitende Gattung stand, auf eine konzertierte Veränderung bei Autoren, Schauspielern und Zuschauern sowie der korrelierenden Theaterökonomie: Das zahlungsfähige Publikum musste sich erst einmal auf Dramen einlassen, die sittsam unterhielten und vernünftig oder rührend zur soziomoralischen Ertüchtigung beitrugen und die so aufgeführt wurden, wie verantwortungsvolle Schriftsteller sie verfasst hatten. So wie die Theaterbesucher nach dem Begleichen der Eintrittskosten die Vorgaben der Schauspieler hinnehmen sollten, ohne den kontinuierlichen Ablauf der ‚natürlichen' und ‚wahrscheinlichen' Darbietung zu stören, so sollten sich die Schauspieler an den Vorgaben der Autoren orientieren, auf Stegreifeinlagen verzichten und momentane Publikumsstimmungen ignorieren. Die Inszenierung lief der Idee nach als glattes Gefüge über die Bühne und vermittelte damit immer auch den Eindruck von disziplinierter Verlässlichkeit im sozialen Verkehr (vgl. Martus 2015, 319–330). Das Publikum ließ sich dieser Idealvision zufolge auf das Ganze einer Inszenierung ein, organisierte seine Vorlieben und Neigungen passend zur Situation, zügelte störende Leidenschaften und entfesselte günstige Affekte. Die Reformprojekte bahnten damit konzeptionell eine „Literarisierung des Theaters" an (Fischer-

Lichte 1999, 88) und bewegten sich zugleich institutionell „von der Wanderbühne zum Nationaltheater" (ebd., 88–115). Mit dem avisierten Neuarrangement aller Akteure verband sich auch die Hoffnung auf die Verbesserung des sozialen Status und der ökonomischen Aussichten von Schauspielern und Dramenautoren.

Die Reformagenda beeinflusste den wirtschaftspolitischen Blick auf das Theater. Beiträge zur Kameralistik und → POLIZEY verteidigten vom 17. bis ins mittlere 18. Jh. zum einen die Kosten der Hofbühne, die angesichts der Repräsentationsaufgaben sowie des Erholungsbedarfs des Regenten prinzipiell gerechtfertigt erschienen. Zum anderen problematisierten sie die Wanderbühnen, und zwar sehr viel ausführlicher als das höfische Theater. Die Aufmerksamkeit galt der potentiellen Gefährdung von Sittlichkeit und guter Ordnung, dem Umgang mit der faktisch vorhandenen Vergnügungslust, außerdem der merkantilistischen Herausforderung durch umherziehendes Volk: Wie ließ sich verhindern, dass die Einnahmen gemeinsam mit den Wandertruppen aus dem Land gingen? Überlegungen zum sittlichen Nutzen des Theaters finden sich in diesen Schriften erst ab Mitte des 18. Jh.s, obwohl Autoren wie Christian Wolff oder Johann Christoph Gottsched über die pädagogische Funktion der Schaubühne an prominenten Stellen reflektiert hatten. Die kameralistischen Reflexionen waren insofern im Wesentlichen „defensiv" angelegt und auf die negativen Effekte der Theaterpraxis konzentriert (Martens 1981, 20; vgl. ebd., 20–28).

Ab der Jahrhundertmitte schalteten die Polizeylehren von Restriktion auf Förderung des Theaters um. Vorbildlich wirkten auch in dieser Hinsicht die Schriften Johann Heinrich Gottlob Justis. Er verwies auf die Attraktivität von Unterhaltungsinstitutionen, die die Bürger im Land hielten, Fremde ins Land zogen und dadurch für ökonomischen Verkehr sorgten. Die Verbesserung von Sitten und Geschmack war ein zusätzlicher Ertrag. Der Staat möge daher aus Bildungsinteresse, vor allem aber auch in ökonomischer Absicht die Schauspiele nicht einfach restriktiv kontrollieren, um die schädlichen Folgen zu begrenzen, sondern sie unterstützen und befördern. Diese positiven Argumente zählten von da an zum polizeylichen Standardrepertoire. Wurde das Theater somit als erheblicher Wirtschaftsfaktor behandelt, dann erschien es allmählich auch überlegenswert, ob Schauspieltruppen nicht fest auf stehenden Bühnen etabliert werden sollten, um Kapitalabwanderung zu verhindern. Die Nationaltheaterbewegung profitierte von diesen wirtschaftlichen Überlegungen, weniger von einem wie auch immer gearteten Engagement für die nationale Sache (vgl. Martens 1981, 30–39, 48).

Die Nationaltheater etablierten sich auch nicht als bürgerliche Institutionen, sondern konnten sich aufgrund von Finanzierungsproblemen nur als Hoftheater langfristig erhalten (R. Meyer 2012, 99–156): Die Truppe von Konrad Ernst Ackermann, die die Uraufführung von *Miß Sara Sampson* so eindrucksvoll inszeniert hatte, bildete 1767 den Grundstock für das Personal des ‚Hamburger Nationaltheaters'. Die Wandertruppe löste sich dafür von der Leitung ihres Prinzipals und wurde von einem Konsortium bürgerlicher Unternehmer getragen. Wie alle anderen vergleichbaren Projekte des 18. Jh.s scheiterte die Hamburger ‚Entreprise', weil sie auf bürgerliche Finanzierung setzte. Nur mit höfischer Unterstützung überlebten die ‚Nationaltheater' in Mannheim, München, Berlin und Weimar (vgl. Daniel 1995, 313). Diese Förderung wiederum verdankt sich der Finanznot fürstlicher Kassen. Deutsches Theater war kostengünstiger als französisches und selbstverständlich auch als die eigentlich höfische Schauspielkunst, die Oper. Die notwendigen Sparmaßnahmen der Staatskasse, kombiniert mit dem „Repräsentations- und Vergnügungsinteresse des Hofes" (R. Meyer 2012, 118), beförderten die anscheinende ‚Verbürgerlichung' des Theaters, das gegen Eintrittsgeld die Pforten öffnete und sich in ein Theater mit unterschiedlichen Geschäftsmodellen verwandelte (Aktiengesellschaften, Einzelunternehmungen, Hof- und Adelsintendanturen u. a.). „Der Hof kommerzialisierte sein Theater, das er anders nicht hätte finanzieren können, das dichtende Hofpersonal bediente sich der Distributionsmöglichkeiten des etablierten Buchhandels und paßte die Dramendrucke den Bedingungen des Buchmarkts an" (R. Meyer 2012, 40).

Als Teil des Hoftheaters realisierte sich für Schauspieler die Hoffnung auf jene bürgerlichen Karrieren, die die Bühnenreformen seit der Frühaufklärung für sie in Aussicht gestellt hatten: Sie konnten sesshaft werden und ihr Auskommen als Beamte sichern. Die gesteigerte soziale Anerkennung kam dem Theater zugute. „Mit der Etablierung des deutschen Hoftheaters", so formuliert es Reinhart Meyer pointiert, „wird die von Gottsched initiierte Reform des Theaters ‚von unten' als Eigeninitiative aufgeklärter Bürger in der ersten Hälfte des Jahrhunderts in eine Reform ‚von oben' verwandelt" (R. Meyer 2012, 119). Ihr soziales und politisches Profil gewann diese Theaterkunst ökonomisch mithin als Geschäftstheater, das von einem zahlungswilligen Publikum abhing, und als Hoftheater, dessen Existenz sich fürstlicher Förderung verdankte. Dieser sozial integrativen Wirtschaftslage korrelierte insbesondere das Ethos des Mittelstands, das die dramatischen Innovationen und dabei allen voran das bürgerliche Trauerspiel beförderte, denn das Attribut ‚bürgerlich' verstand sich dort primär als Hinweis auf allgemeinmenschliche Qualitäten, an denen im ständischen Sinn ‚Bürgerliche' wie ‚Adelige' gleichermaßen partizipierten (vgl. Guthke 2006, 7–15, 42–47).

Bürgerliche Trauerspiele als Wirtschaftsdramen

Eine repräsentative Stichprobe, die Margrit Fiederer bei 150 Dramen durchgeführt hat, gelangt zu dem Ergebnis, dass etwa die Hälfte der bürgerlichen Trauerspiele

Geldfragen und -sorgen verhandelt und dass dieses Thema bei immerhin 20 % der Dramen handlungskonstituierend oder -bestimmend wirkt. Nur eine verschwindend geringe Zahl von bürgerlichen Trauerspielen spart diesen Bereich ganz aus (vgl. Fiederer 2002, 20). Ökonomische Fragen werden dabei auf einer expliziten Ebene in zwei entgegengesetzten Richtungen thematisiert. Zum einen geht es – positiv – eher nebenbei um die finanzielle Grundlage der erstrebenswerten ‚Glückseligkeit', für die der Einzelne im Blick auf sich, seine nähere und weitere Umgebung auch ökonomisch Sorge zu tragen hat: Vermögen bedeutet Verantwortung (vgl. Eder 1993, 17, 23–30, 36). Zum anderen wird – negativ – sehr ausführlich die Verführungskraft des → GELDES inszeniert, denn „es ist im Grunde die übermäßige Gier nach Geld, die hinter den meisten Handlungen steht, sie ist das eigentliche Hauptmotiv der bürgerlichen Trauerspiele, die sich mit den Themen um Geld und Besitz beschäftigen" (Fiederer 2002, 132). Schematisierende Titel wie *Der Lüderliche* (Christoph Friedrich Bretzner, 1789) oder *Der Spieler* (Johann H. Steffens, 1755) finden sich dabei nur selten, sie stehen aber nicht allein für die grundsätzlich warnende Haltung gegenüber den Verlockungen des Geldes, sondern sind auch gattungsgeschichtlich aussagekräftig: Die Namen verweisen auf das Figurenrepertoire der Typenkomödie und signalisieren damit die Transformation der Gattungsnormen im bürgerlichen Trauerspiel, das die Ständeklausel abschwächt und damit etablierte generische und soziale Grenzen überschreitet.

Geld spielt im bürgerlichen Trauerspiel in bemerkenswert vielen Hinsichten eine Rolle: ‚Ungescheut' werden die Höhe von Erbschaften, der Ertrag oder die Kosten von Landgütern verhandelt; die Verwaltung der Rente oder der Umgang mit Spielschulden zählen ebenso zu den kanonischen Themen wie die Investition des Kaufmannskapitals, das ökonomisch kluge Aufgebot der Aussteuer, die richtige Dosierung von Geldgeschenken, der raffinierte Einsatz von Bestechungen u. a. (vgl. Altenhein 1952, 1, 4). Dass jedoch im Trauerspiel überhaupt von so prosaischen Aspekten des Lebens wie Geld oder Altersversorgung die Rede ist, bricht mit den poetologischen *Aptum*-Konventionen (vgl. Fulda 2005, 21). Man erkennt die gattungstypischen Vorbehalte noch daran, dass in der Komödie gern auf ‚Heller und Pfennig' abgerechnet wird, wohingegen diese Münzsorten im Trauerspiel nicht vorkommen (vgl. Fiederer 2002, 32). Auch die Art und Weise, wie Kaufleute ihr Alltagsgeschäft betreiben, wird im Lustspiel eher thematisiert als im Trauerspiel (→ III.7. ÖKONOMISCHE KOMÖDIEN). Dort werden zwar im Personenregister häufig die Berufe der Figuren genannt, aber ohne dass damit konkrete Folgen für die Handlung verbunden wären. Die Hauptpersonen der bürgerlichen Trauerspiele sind in der Regel Rentner oder leben von dem, was ihre Immobilien, ihr Landbesitz oder ihr Vermögen erwirtschaften. Als Erwerbsquellen dienen vorrangig lukrative Heiraten sowie Erbschaften, mit denen die Erben schamlos rechnen dürfen und deren Missbrauch breit thematisiert wird. (Lohn-)Arbeit hingegen kommt – mit Ausnahme einiger Kaufmannsstücke und in deutlichem Kontrast zu den ‚Schauspielen' – in der Welt des bürgerlichen Trauerspiels ebenso selten vor wie Armut, die häufig als schändlich und ehrlos aufgefasst wird. Auch der gesamte Bereich der Marktwirtschaft bleibt ausgespart (vgl. Altenhein 1952, 12–23, 100–112; Fiederer 2002, 25, 69–112, 126–131, 149, 206–209; K.-D. Müller 2005).

Das Verhältnis zu Geld und Besitz dient im Wesentlichen der Figurencharakterisierung. Ökonomische Einstellungen zeigen demnach besonders deutlich die Neigung zu Lastern wie → VERSCHWENDUNG (insbesondere im Zusammenhang mit dem Glücksspiel), Gier (eher im Trauerspiel) und → GEIZ (eher in der Komödie) sowie den daraus resultierenden negativen Eigenschaften wie Boshaftigkeit, Rücksichtslosigkeit oder Intriganz. Bei den wirtschaftlichen Tugenden steht die wohldosierte Wohltätigkeit im bürgerlichen Trauerspiel allen voran. Sie resultiert aus moralischer und religiöser (Selbst-)Verpflichtung (vgl. Fiederer 2002, 37–68, 173, teils gegen Altenhein 1952, 24–30, 49–99). Geld dient als „Gradmesser für die Tugend des Individuums" (Eder 1993, 13). Dabei bestehen keine prinzipiellen Unterschiede zwischen Bürgerlichen und Adeligen; Vertreter beider Stände erweisen sich bei Gelegenheit als habgierig, rücksichtslos, spielsüchtig oder wollüstig, so dass prinzipielle Konflikte, die die soziopolitische Ordnung infrage stellen könnten, in der Regel ausbleiben. Der Tugendkanon des bürgerlichen Trauerspiels erweist sich auch in dieser Hinsicht als verbindlich über die Grenzen von sozialen Schichten hinweg. Das normative System des bürgerlichen Trauerspiels wird nicht von Wertezusammenhängen geprägt, die sich aus Fleiß, Leistungsbereitschaft, Gewinnstreben oder Sparsamkeit zusammensetzen, in der Summe und als Tugendensemble ein sozial spezifisches Profil definieren und so etwa für das bürgerliche Wirtschaftsethos des 19. Jh.s an Bedeutung gewinnen (vgl. Fiederer 2002, 154–155, 159–161; zu den sozialhistorischen Hintergründen Eder 1993, 4–7, 24).

Besonders deutlich wird der Zusammenhang von ökonomischem Verhalten und moralischer sowie religiöser Einstellung bei der Annäherung an den Bereich der radikalen Aufklärung. Johann Adam Weiß bringt den breiten Konsens bereits im Titel eines Trauerspiels auf den Punkt: *Von Helm, Der Freygeist ein Heuchler* (1779). Der Freigeist in Joachim Wilhelm von Brawes gleichnamigem Drama (1757) geht rücksichtslos mit seinen Mitteln um und verletzt die Sorgfaltspflicht gegenüber seinem Vater: Clerdon verprasst nicht nur dessen Vermögen, sondern stürzt den alten Mann auch so in Schulden, dass dieser – verfolgt von Gläubigern mit den üblichen „niedrigen und pöbelhaften Gesinnungen" (Brawe 1934, 293) – im Kerker stirbt. Clerdons Freund Granville, der unnachgiebig um dessen Rettung bemüht ist, berichtet ihm von diesen Begebenheiten, um den *moral sense* des

Freigeistes durch das „Äußerste" zu reizen (ebd., 293–294). Diese wirkungsästhetische Extremstrategie beruht auch darauf, dass Verarmung zu den besonders erniedrigenden Erfahrungen zählte. Daher bildet das Bemühen um eine stabile ökonomische Existenzgrundlage in den bürgerlichen Trauerspielen eine mächtige Motivationsressource. Brawes Freigeist ist schließlich auch insofern typisch für die Gattung, als sich insbesondere „jugendliche, unverheiratete, adlige Männer ohne oder mit nur wenig Familienrückhalt" als anfällig für finanzielle Verführungen erweisen (Fiederer 2002, 48). Soziale Einbettung, ökonomische und moralische Verlässlichkeit bilden ein sich wechselseitig stabilisierendes Bedingungsverhältnis. Um diese Resonanzverhältnisse abzustimmen und einzuspielen, verfügt das Theater des bürgerlichen Trauerspiels die personale Ordnung mit der „Dynamik pathischer und sympathischer Bewegungen" (Vogl 2004a, 92).

Dramaturgische Ökonomie

Der historische Stand der Ökonomie, den das bürgerliche Trauerspiel thematisiert, rechnet nicht mit den Strukturen marktwirtschaftlicher, liberalistischer oder kapitalistischer Verhältnisse (vgl. Eder 1993, 46). Die Vermögen werden dynastisch verwaltet, Erbe und Aussteuer sind zentrale Erwerbsquellen, Arbeitsverhältnisse verharren im Hintergrund oder bleiben ausgespart. Dass Wohltätigkeit einen so hohen Stellenwert hat, verweist auf die selbstverständliche Geltung der vormodernen Okkupationstheorie des Eigentums, die in der Antike von Cicero kanonisch ausformuliert und relativ stabil tradiert wurde: Aufgrund der beschränkten Gütermenge müssen diejenigen, die vermögend sind, Verantwortung für die Bedürftigen übernehmen, weil sie anderen durch ihren Mehrbesitz Eigentum vorenthalten (vgl. Brocker 1992). Die von John Locke ausformulierte Arbeitstheorie des Eigentums, der zufolge die Menge an Gütern durch Arbeit vermehrt werden kann und daher jeder für seine ökonomische Situation selbst Verantwortung trägt, setzt sich in den Selbstbeschreibungen der Zeitgenossen zumal im ‚Alten Reich' ebenso langsam durch wie etwa Adam Smiths Überlegungen zur Selbstorganisation wirtschaftlicher Verhältnisse, die sich im Zusammenspiel eigennütziger Akteure wie von → UNSICHTBARER HAND geleitet zum allgemeinen Besten entwickeln. Erst in der zweiten Hälfte des 18. Jh.s zählen diese Ansätze, die auf dynamisches Wachstum durch Konkurrenz setzen, allmählich zum vertrauten Theorieinventar (vgl. Fulda 2014, 112, 114–117).

Insofern verhält sich das deklarative Wissen des bürgerlichen Trauerspiels wie der deutschen Literatur des 18. Jh.s überhaupt eher zurückhaltend gegenüber einer „Ethik oder Mentalität des gewinnorientierten Wirtschaftens" (Fulda 2014,

126). Gerade die vielen adeligen Protagonisten des bürgerlichen Trauerspiels leben in einer Welt, in der Arbeit mit den Wertvorstellungen ihres Standes nicht vereinbar ist. Und dem gehobenen Bürgertum, dem die Hauptfiguren ansonsten entstammen, wurde in einer einschlägigen Studie allenfalls attestiert, dass die „Abwesenheit von Berufstätigkeit" auf die „Trennung von Privatsphäre und Berufsleben" verweist, also auf den Prozess der Ausgliederung der Kleinfamilie aus den Zusammenhängen des ‚ganzen Hauses' (Fiederer 2002, 336–337; Eder 1993, 29). Gleichwohl ist genau deswegen bemerkenswert, wie sehr das Wirtschaftsleben über das Sujet des Geldes in mannigfacher Weise in das Familienleben hineinragt, einen mehr oder weniger unausgesprochenen Horizont aller Aktivitäten bildet und damit auf ein ‚Regierungswissen' verweist, das sich um die Ordnung der Dinge jenseits der Dichotomie von ‚privat' und ‚öffentlich' bemüht (vgl. Vogl 2004a, 132–134).

Wiederum auf Ebene der Selbstbeschreibung entspricht die eher konventionelle Auffassung des Ökonomischen dem Bekenntnis zu einer traditionellen Wirkungsästhetik: Die Habgierigen, die die zentralen Figuren bürgerlicher Wirtschaftsdramatik bilden, sind in der Regel keine gemischten Charaktere, sondern agieren skrupellos und uneinsichtig bis zum Ende. Allenfalls am Finale, als es für eine Umkehr zu spät ist, kehrt dann Reue ein, aber nicht einmal dies erfolgt konsequent. In dieser Hinsicht ist Lillos *London Merchant* prototypisch. Zwar verzichtet die deutsche Übersetzung auf die letzten Auftritte, aber gerade die Zusammenfassung der ausgelassenen Passagen demonstriert die Typisierung der Figuren: „Die in dem englischen Original folgende Scenen stellen den Richtplatz, den Nachrichter, die Zuschauer, und überhaupt alle zu Vollstreckung des Bluturtheils erforderliche Veranstaltungen vor Augen, bey dessen wirklicher Vollziehung Barnwell unter Beten, Milwoud aber in beständig fortdauernder Raserey, den Geist aufgiebt" (Lillo 1754, 112). Die Personen sind sich dabei ihrer jeweiligen Funktion bewusst. Barnwell deutet seine eigene Rolle vor der Exekution als Beweis für die „Gerechtigkeit des Himmels", der einen „Unglückseligen umkommen" lässt, „um durch ein so erschreckliches Exempel ein ganzes Volk dem Verderben zu entreissen" (ebd., 111). Die Figuren agieren häufig als beispielhaft positive oder negative Charaktere. Das Gros der Trauerspiele, in deren Handlung das Thema Geld eine Rolle spielt, bestätigt somit die These von Cornelia Mönch, dass in bürgerlichen Trauerspielen eher eine Abschreckungs- denn eine Mitleidsdramaturgie nach dem Vorbild Lessings vorherrscht (vgl. Mönch 1993; Fiederer 2002, 139–143, 147–148; Fick 2016, 144–145; dagegen Guthke 2006, v. a. 61–65; 2008).

Angesichts dieser konservativen Wirtschaftssemantik hat Daniel Fulda für die Komödie im Anschluss an Joseph Vogl (vgl. Vogl 2004a; Fulda 2005, 6–7) eine Perspektivverschiebung von der „Ebene der explizierten Normen" zur „dramatischen Struktur" vorgeschlagen: Zwar verhalten sich auch die Lustspiele des 18. Jh.s inhaltlich reserviert gegenüber modernen Wirtschaftskonzeptionen, ihre dramatische Dynamik aber basiert zumindest im Fall der „avanciertesten Komödien der Aufklärung" auf der Überzeugung, dass „normativ enthemmte Betriebsamkeit aus sich selbst heraus zum bestmöglichen Ergebnis führt" (Fulda 2014, 113, 127; vgl. Fulda 2005, 17–32, 44–45, 49–50). Im Vergleich zur Komödie fehlt dem Trauerspiel jedoch eigentlich der Glaube an den gewinnbringenden Ausgang (vgl. Fulda 2005, 14), auch wenn sich das bürgerliche Trauerspiel in einigen wenigen Fällen selbst in dieser Hinsicht dem Lustspiel annähert. So lebt beispielsweise die Handlung in Johann Jakob Duschs *Der Bankerot* (1763) von intriganten Verwicklungen, die den ehrbaren Kaufmann Erast durch die Pleite eines Geschäftspartners und den Untergang seiner Schiffe scheinbar in den Konkurs treiben (→ BANKROTT). Am Ende aber siegt – durch Zufälle und Irrtümer befördert – die Tugend. Der Weg ist frei für die Heirat auf der Ebene der jüngeren Generation und für die Versöhnung mit dem Intriganten: „Wir haben ihn gedemüthiget; diese Zucht war ihm heilsam: allein er muß nicht sagen können, daß er von uns betrogen sey. Das Laster ist bestraft; lassen Sie uns den Menschen erhalten!" (Dusch 1763, 111)

Auf einer subtileren Ebene gewinnen mit der Frage nach der dramaturgischen Ökonomie jedoch selbst im Kontext dieser eigentlich alteuropäischen Semantik unauffällige Signale an Bedeutung (zur Metaphorik in Schillers *Kabale und Liebe* vgl. Fiederer 2001; 2002, 143–148, kritisch gegen Graham 1974). So erläutert Sir William im Finale von *Miß Sara Sampson* dem Geliebten seiner Tochter, er hätte diesen „Sohn [...] teurer nicht erkaufen" können (Lessing 1996 ff., Bd. 2, 99). Es handelt sich zwar um einen weiteren familienökonomischen Irrtum des Patriarchen, weil Mellefont sich der väterlichen Umarmung und Aneignung durch Selbstmord entzieht. Aber „Arabella", auf die Sir William nun seine Adoptionsenergie konzentriert, bleibt das „Vermächtnis" Saras, die mit der Liebe ihres Vaters „als mit einem Erbteile" umgeht (ebd., Bd. 2, 98, 100). Entscheidend ist indes, dass diese versöhnlichen Geschäfte, die auf dem Austausch menschlicher Verhältnisse jenseits eines dynastischen Dispositivs beruhen (vgl. Wegmann 2002, 21–24), aus einer Dramaturgie hervorgehen, deren soziale Verhältnisse sich von keiner Figur mehr überschauen und kontrollieren lassen. So führt dann auch keine von langer Hand geplante Strategie dazu, dass Sara Sampson von ihrer Widersacherin ermordet wird, sondern die affektive Eigendynamik. Die von Sara gedemütigte Liebhaberin findet in ihrem letzten Monolog ungewollt angeregt durch Formulierungen Saras und erst nach einer Kaskade von Fragen, mit denen sie sich durch ihre Unsicherheiten manövriert, zu ihrem mörderischen Entschluss (vgl. Lessing 1996 ff., Bd. 2, 84). Eben dieses selbstungewisse Handeln unterscheidet Lessings Marwood bei aller Klangähnlichkeit der Namen fundamental von Lillos Milwoud.

Selbst mit maximaler strategischer Kompetenz also entziehen sich die Situationen der Kontrolle. Dies liegt nicht zuletzt daran, dass die Personen sich selbst intransparent werden, weil ihnen die „verborgensten Falten des […] Herzens" unzugänglich bleiben (Lessing 1996 ff., Bd. 2, 95). Der soziale Verkehr wird gerade auf der Grundlage empfindsamer, verführbarer und fehlerhafter Personen aufrechterhalten. In diesem Drama gibt es keine bewunderungswürdigen Vorbilder, sondern interessante und sympathische Identifikationsfiguren. Lessings Mitleidsdramaturgie inszeniert damit auf der Bühne jene „Subjektivierungsweisen" und „Steuerungsideen", die auch das „ökonomische Wissen" der avancierten Theoriebildung entwirft, und sie bewirtschaftet die sympathetischen Regungen eines Publikums, das sich entsprechend „passionieren" lässt (Vogl 2004a, 100). In einem so eingerichteten „Institut des Theaters", dessen Bühnenrealisierung lange Zeit vornehmlich an ökonomischen Schwierigkeiten scheiterte, wird damit eine „Begegnung des Publikums mit sich selbst inszeniert" (ebd., 103). Während dieser Selbstbetrachtung – und damit schließt sich der Kreis – lässt sich der Zuschauer einerseits äußerlich stillstellen und zugleich innerlich maximal bewegen, um dadurch für jene „indirekte[ ] Steuerung" disponiert zu werden, die anthropologische, soziale, politische und eben auch literarische sowie wirtschaftliche Verhältnisse aufeinander abstimmt. Damit knüpft das bürgerliche Trauerspiel jene „zarte[n] Bande", die „ökonomische Menschen" auf Gedeih und Verderben miteinander verbinden (ebd., 103–107, 132–138).

III.9. Entwicklungs- und Bildungsroman
Rolf Selbmann

„Denn das Ende solcher Lehrjahre besteht darin, daß sich das das Subjekt die Hörner abläuft, mit seinen Wünschen und Meinen sich in die bestehenden Verhältnisse und die Vernünftigkeit derselben hineinbildet, in die Verkettung der Welt eintritt und in ihr sich einen angemessenen Standpunkt erwirbt" (Hegel 1986, Bd. 14, 220). In seiner wirkungsmächtigen Definition des Entwicklungs- und Bildungsromans erkennt Hegel die ökonomische Realität nur als „bestehende[ ] Verhältnisse" an und lässt sie höchstens als „Verkettung der Welt" zu. Den Bildungsroman kennt er noch nicht. Auch Wilhelm Dilthey weicht bei seiner Verengung des Gattungsbegriffs („Ich möchte die Romane [...] Bildungsromane nennen") allem Ökonomischen aus: „[D]er spröde Stoff des Lebens ist ausgeschieden" (Dilthey 1870, 282). Die Ideologisierungen an der Wende zum 20. Jh. bestimmten dann den Bildungsroman als „Romanart, die ein ganz ausgesprochen nationales Gepräge trägt", und tilgten alles, was nur im Entferntesten an Ökonomisches erinnern könnte, bis auf „Arbeitstüchtigkeit" (ebd., 267). Ein solcher Bildungsromanheld hat einem wohlhabenden Elternhaus zu entstammen, dessen wirtschaftliche Grundlagen jedoch ausgeblendet bleiben; er durchläuft einen Bildungsweg, ohne zu arbeiten; wie seine Bildungsreisen finanziert werden, bleibt außerhalb jeder Betrachtung; am glücklichen Ende erringt er eine ihm angemessene Braut, deren gleich- oder gar höherwertiger sozialer Status ein weiteres Leben in gediegenem Komfort ermöglicht. Diese Bildungsroman-Ideologie stammt allerdings aus der Feder der Interpreten, den Romanen selbst wird sie nicht gerecht.

Schon Christoph Martin Wielands *Geschichte des Agathon*, der in diese Gattungsreihe gehört, lässt sich schwer in die Vorgaben seiner Deutung einpassen. Der Roman liegt bekanntlich in drei Fassungen vor (1766/1767; 1773; 1794). Zudem hat Wieland 1799 noch *Agathon und Hippias, ein Gespräch im Elysium* angefügt. Man hat in dieser vierstufigen Fortschreibung des *Agathon* Wielands Weg vom „unvollkommenen" über den „vollkommeneren" zum „vollkommenen" und schließlich zum „aufgeklärten" Bildungsroman sehen wollen (Kiehl 2008, 11). Schon 1774 hatte Christian Friedrich von Blanckenburg in seinem *Versuch über den Roman* Wielands *Agathon* sogar zum Muster der Gattung schlechthin erhoben, weil Wieland darin vornehmlich die „innre Geschichte" seines Helden als „das Wesentliche und Eigenthümliche eines Romans" dargestellt habe (Blanckenburg 1965, 392).

Die erste Fassung der *Geschichte des Agathon* eröffnet Wieland mit einer ins antike Griechenland versetzten Erzählwelt, in der Ökonomisches scheinbar keinen Platz hat, obwohl doch der Titelheld seinen sozialen Status als verkaufter

Sklave zunächst innerhalb einer Sklavenhaltergesellschaft zugemessen erhält. Die dortigen Lebensformen des „begüterten Müßiggangs" gründen auf einem einstmals erworbenen „Vermögen" und laufen nach geldorientierten Mechanismen ab, wenn es etwa für den Sophisten Hippias darum geht, „sich die Torheiten andrer Leute zinsbar zu machen" (Wieland 1983, 53). Dieser Wohlstand begnügt sich nicht nur mit der „Zauberkraft des Goldes" (ebd., 90), sondern gipfelt in der Enteignung anderer als „Kunst, reich zu werden"; sie ist „im Grunde nichts anders, als die Kunst, sich des Eigentums andrer Leute mit ihrem guten Willen zu bemächtigen" (ebd., 91) So wird auch Agathons Entdeckung seiner Familienvorgeschichte ökonomisch fundiert („daß ich der Erbe eines Königs sei"; ebd., 211), die ein „Vermögen" bereitstellt, um „desto freier und vollkommener nach meinen Grundsätzen leben zu können" (ebd., 232). Der Tod des Vaters bringt Agathon „in den Besitz eines großen Vermögens", das er sogleich sozialisiert („Mein Vermögen stand jedem zu Diensten, der dessen benötigt war"; ebd., 239), um sich dafür in Athen politisches Ansehen als symbolisches Kapital zu erkaufen. Agathons politische Entmachtung vollzieht sich dann auf der materiellen Grundlage einer Rücknahme des väterlichen Erbes: „daß also die Gesetze mir kein Recht an seine Erbschaft zugeständen" (ebd., 252).

Agathons Verbannung aus Athen und sein Aufenthalt in Smyrna stehen unter dem Zeichen des Zufalls, den der Erzähler als Lenkung einer höheren Hand ausgibt: „Ein glücklicher Zufall – Doch, warum wollen wir dem Zufall zuschreiben, was uns beweisen sollte, daß eine unsichtbare Macht ist, welche sich immer bereit zeigt, der sinkenden Tugend die Hand zu reichen?" (Wieland 1983, 297) Es ist nicht zufällig ein „Kaufmann von Syrakus" (ebd., 297), der Agathon den Weg in die Welt der Tyrannenherrschaft des Dionysius ebnet, wo er antritt, „Asiatische Verschwendung" gegen „philosophische Einfalt" auszutauschen (ebd., 327). Im Netzwerk höfischer Intrigen scheitert Agathon als „Schüler Platons" (ebd., 373), während er zunächst als Günstling und „Gehülfe in der Regierung" des wankelmütigen Herrschers aufsteigt (ebd., 379). So steht nach Agathons Verstrickung, „eine Empörung gegen den Dionysius zu erregen" (ebd., 420), und der ökonomischen Verlockung durch Hippias („du teilest alles was ich besitze mit mir, und bist, wenn ich ausgelebt habe, der Erbe meiner Talente und meiner ganzen Verlassenschaft"; ebd., 438) der Weg nach Tarent in das Haus des Archytas offen. Dort erlebt Agathon – als letzte Station seines ökonomischen Lehrgangs – das Ideal einer Staats- und Sozialordnung: Es „konnte jeder leben wie er wollte" (ebd., 454). Dieses Gemeinweisen ist gegründet auf ein prosperierendes System modernen Wirtschaftens („Fabrikanten und Handelsleute machten den größern Teil der Tarentiner aus"; ebd., 453) und eine republikanische Staatsverfassung, die von der lenkenden Hand Archytas' gesteuert wird, „alle häusliche und bürgerliche Tugenden" durch „Bescheidenheit" und „Mäßigung" anzuwenden. Obwohl sich

Archytas, „seines hohen Alters wegen, von den Geschäften zurückgezogen hatte", bestimmt dieser „Vater des Vaterlands" weiterhin die Richtlinien des Staates: „In der Tat fehlte ihm zum Könige nichts als die äußerlichen Zeichen dieser Würde" (ebd., 458). Diese „bessere Welt" ist kein individueller Glückszustand, sondern ein politisch-sozialer in der permanenten Erinnerung an die Lehrerfigur des Archytas, der bereits vorbildlich verkörpert hatte, was Agathon nur anstreben kann: „[S]o lange *Kritolaos* und *Agathon* lebten, glaubten die Tarentiner nichts dadurch verloren zu haben, daß *Archytas* in eine bessere Welt gegangen war" (ebd., 578). Dieses Gesellschaftssystem auf dem „höchsten Punkt der Vollkommenheit" (ebd., 544) lässt sich aus der „Darstellung der Lebensweisheit des Archytas" ableiten (ebd., 557) und mündet in eine Welterkenntnis der Sittlichkeit, von der sich diejenige der „Verderbnis" ökonomisch abgrenzt, weil in ihr „äußerste Armut, oder äußerster Reichtum" jeweils in Extremform vorherrscht (ebd., 576).

Welche Rolle die ökonomischen Grundierungen für den Lebensweg eines Bildungsromanhelden spielen, stellt Karl Philipp Moritz mit seinem *Anton Reiser. Ein psychologischer Roman* (4 Tle., 1785, 1786, 1790) drastisch zur Schau. Der Titelheld entstammt klein-, ja kleinstbürgerlichen Verhältnissen und zeigt seine Emanzipation aus diesen Verhältnissen als Geschichte einer Befreiung aus erdrückenden ökonomischen Defiziten. Die „ermüdende Einförmigkeit im Leben" (Moritz 1972, 60) kommt im Korsett einer „Ordnung" daher, die nur aus „Arbeiten, Essen, und Schlafen" besteht (ebd., 59), dazu, betulich religiös verbrämt, „ein Kreuz über das Brot und die Butter" schlagend (ebd., 63). Kindheit und Jugend des Helden sind geprägt von extremer → ARMUT, deren Auswirkungen bis zu körperlichen Schädigungen führen, weil sie dem Helden eine Arbeit abverlangen, „daß Anton beide Hände aufsprangen und das Blut heraussprützte" (ebd., 72).

Weniger drastisch, aber deutlich genug lässt sich auch das Muster des deutschen Bildungsromans, Goethes *Wilhelm Meisters Lehrjahre*, auf die ökonomische Realität ein. Seinen Bildungsromanweg tritt der betuchte Wilhelm Meister als „Kaufmannssohn" an (Goethe 1985 ff., Bd. 9, 361; → KAUFMANN, KAUFMANNSSOHN). Er entstammt einem familiären Umfeld, in dem das „Addieren und Bilanzieren das eigentliche Fazit des Lebens" darstellt, so dass die „doppelte Buchhaltung" als „eine der schönsten Erfindungen des menschlichen Geistes" erscheint" (ebd., Bd. 9, 389) – „Bildung als doppelte Buchführung" also (Wegmann 2002, 190–208); → KONTOR; → I.5. MEDIENTHEORIE UND MEDIENGESCHICHTE). Zwar wird Wilhelm später mit seiner programmatischen Selbstverpflichtung fürs Theater diese Haltung denunzieren und sich in seinem berühmten Bildungsbrief von dieser Unterwerfung unter ökonomische Prinzipien abkehren wollen. Doch noch später mündet dieser Lebensweg in das ökonomische Netzwerk der Turmgesellschaft. Genau zu dem Zeitpunkt verkündet der Erzähler: Wilhelms „Lehrjahre sind vorüber" (Goethe 1985 ff., Bd. 9, 876), kurz bevor der Held entdeckt, dass es ausgerechnet sein im Kaufmannsstand verbliebener Jugendfreund Werner ist, der mit dieser Turmgesellschaft „Güter in Gemeinschaft zu kaufen die Absicht hatte", woran auch Wilhelm beteiligt werden soll (ebd., Bd. 9, 878).

Denn nicht nur dieser Jugendfreund Werner setzt „Glück" mit „Zahlen" und „Gewinn" gleich (Goethe 1985 ff., Bd. 9, 392). Wer zu den „Unsern" gehören will, und Wilhelm gehört aufgrund seines Herkommens dazu, akzeptiert den „notwendigen Kreislauf" der Welt um „Spedition und Spekulation" (→ ZIRKULATION, KREISLAUF), aus dem allein der Genuss „des Geldes und Wohlbefindens" herrührt. Auch Wilhelm kann sich „dieser großen Zirkulation" nicht entziehen (ebd., Bd. 9, 390), unterliegt doch auch seine ästhetische Sozialisation den ökonomischen Vorgaben seines Elternhauses: „Der alte Meister hatte gleich nach dem Tode seines Vaters eine kostbare Sammlung von Gemälden, Zeichnungen, Kupferstichen und Antiquitäten ins Geld gesetzt, sein Haus nach dem neuesten Geschmacke von Grund aus aufgebaut und möbliert und sein übriges Vermögen auf alle mögliche Weise geltend gemacht" (ebd., Bd. 9, 392). Dass ein solches „Vermögen" vieles möglich macht, erfährt Wilhelm auch in der Welt des Wandertheaters, in der Geld eine Mangelware darstellt. Wilhelm hingegen hat immer „Geld genug" (ebd., Bd. 9, 418). Das merkwürdige Kind Mignon wird für „Hundert Dukaten" einfach „gekauft" (ebd., Bd. 9, 459), der singende Harfner reichlich für seine Sänger-Ballade belohnt, die nicht zufällig vom Gegenstück einer sich selbst genügenden, nicht bezahlbaren Kunst handelt („Ich singe wie der Vogel singt, / [...] / Ist Lohn, der reichlich lohnet"; ebd., Bd. 9, 484), während die anderen Mitglieder der Theatertruppe hinter diesem Auftritt durchaus eine Geschäftsstrategie zu erkennen glauben, dem Publikum Geld „durch ein Liedchen aus der Tasche zu locken" (ebd., Bd. 9, 486). Die notorische Geldknappheit der Schauspieltruppe wird wiederholt durch nicht rückzahlbare Zuschüsse Wilhelms ausgeglichen; jeden angerichteten „Schaden" lässt Wilhelm „auf seine Rechnung schreiben" (ebd., Bd. 9, 480).

Ohne sich dessen bewusst zu sein, sieht Wilhelm seine idealistisch verstandene Schauspielkunst als programmatische Abwendung von allen ökonomischen Prinzipien, wie dies sein berühmter Bildungsbrief in der Gegenübersetzung von Adel und Bürgertum kundgibt. Freilich ist dieser Brief als Reaktion aus dem „Geist des Widerspruchs" (Goethe 1985 ff., Bd. 9, 656) auf einen Werners Brief verfasst, so dass Wilhelm, ohne es selbst zu bemerken, ganz im Geist Werners mit betriebs- und volkswirtschaftlichen Denkfiguren argumentiert. Am Ende dieser Kette bürgerlicher Werte, nämlich „Einsicht", „Kenntnis" und „Fähigkeit", steht dann die entscheidende Frage: „wieviel Vermögen?" (ebd., Bd. 9, 658) Der Adelige mag „öffentliche Person" sein und sich durch „freien Anstand", „feierliche Grazie" und eine „personelle Bildung" auszeichnen (ebd., Bd. 9, 657–658). Letztlich geht es aber um ein unverrückbares ständisches Merkmal, das dem wirtschaftenden Bürgertum durch „Geburt versagt" bleibt (ebd., Bd. 9, 659). Die alle Einsprüche zurückweisende Geste Wilhelms wirft ihn auf seine bürgerliche Familienherkunft zurück, die den Anlass von Werners Brief bildete. Denn als Sohn seines soeben verstorbenen Vaters ist Wilhelm erstmals zu eigenem „Besitz" (ebd., Bd. 9, 654) gekommen. Werners „lustiges Glaubensbekenntnis" (ebd., Bd. 9, 655) enthält eben nicht nur ein ökonomisch-hedonistisches Prinzip: „Seine Geschäfte verrichtet, Geld geschafft, sich mit den Seinen lustig gemacht", sondern auch den darüber hinausgehenden Schritt zur lukrativen Geldanlage: „[E]in Teil wird geborgt, ein Teil kann stehenbleiben" (ebd., Bd. 9, 656). Was Wilhelm mit seinem Bildungsbrief und seiner Entscheidung für den Schauspielerberuf so heftig bekämpft hatte („gerade das Gegenteil"; ebd., Bd. 9, 657), nämlich künftig als Gutsverwalter mit dem Ziel der Vermögenssteigerung tätig zu sein (ebd., Bd. 9, 655–657), wird sich später im Verbund mit der Turmgesellschaft tatsächlich bewahrheiten.

Das Theaterleben, selbst das seriöse unter der Leitung Serlos, unterwirft sich hingegen bedingungslos den marktwirtschaftlichen Prinzipien von Angebot und Nachfrage: „Wer das Geld bringt, kann die Ware nach seinem Sinne verlangen" (Goethe 1985 ff., Bd. 9, 682). Abweichungen von dieser Geschäftsmaxime gibt es nur dann, wenn das System nicht mehr „beinahe idealisch" funktioniert, sondern „gemein" wird, so dass das Zusammenspiel mit dem „nötigen Aufwand von Zeit und Kräften" aus dem Gleichgewicht gerät: „Das Geschäft war lästig und die Belohnung gering" (ebd., Bd. 9, 715). So muss der mit solchen Theatergebräuchen nicht vertraute Wilhelm, der „während der Zeit seiner Regie das ganze Geschäft mit einer gewissen Freiheit und Liberalität behandelt" hat, erfahren, dass es bei einer kaufmännischen Berechnung „nach Abzug aller Kosten" nur darauf ankommt, „Schulden abzutragen" (ebd., Bd. 9, 720). Wenn Wilhelm nicht wieder wie früher diesen Negativsaldo aus seinem Privatvermögen ausgleicht, dann bleibt dem professionellen Theater nichts anderes übrig, als Konzept und Programm zu reformieren, um „mit derselben Mühe und denselben Kosten mehr Zufriedenheit erregen und ungleich mehr Geld als bisher gewinnen" zu können (ebd., Bd. 9, 721). Die geplante Umstellung vom Schauspiel auf die Oper beendet auch „Wilhelms pedantische Ideale" und seine „Anmaßung, das Publikum zu bilden"; das neue theatralische Wirtschaftsprogramm arbeitet mit einem „ganzen Register von Ersparnissen", vor allem mit Personalabbau („daß sie nur jener Personen los zu sein wünschten, die ihrem Plan im Wege standen"), der am Ende sogar Wilhelm selbst trifft („daß er ihn für bald entbehrlich halte"). Diese neue Zielvorstellung, „nur Geld einnehmen, reich werden und sich lustig machen" zu wollen (ebd.), ähnelt Werners kaufmännischem ‚lustigem Glaubensbekenntnis' aber nur an der Oberfläche. Denn während Werner es sich und den Seinen gut gehen lässt, nachdem er „seine Geschäfte verrichtet, Geld geschafft" hat, soziale Bindungen utilitaristisch beibehält, „als insofern man sie nutzen kann" (ebd., Bd. 9, 655), zeigen Serlo und Melina eine kaum verbrämte Rücksichtslosigkeit:

„Melina bedauerte, daß die schwächliche Gesundheit Aureliens ihr kein langes Leben verspreche, dachte aber das Gegenteil" (ebd., Bd. 9, 721). Folgerichtig vollzieht sich Wilhelms endgültiger Abschied vom Theater als ökonomische Neuorientierung: „Er erkundigte sich nach seinem Vermögen"; jetzt interessieren ihn auch „die äußeren Verhältnisse", gerade weil ihm an seiner „innern Bildung viel gelegen ist"; er erkennt, „daß er äußerer Hilfsmittel bedürfe, um nachhaltig zu wirken" (ebd., Bd. 9, 870).

In den Kreisen der Turmgesellschaft herrschen andere ökonomische Regeln, nämlich eine Lenkung durch eine „unsichtbare Hand", ein „Geflecht aus Zufällen und latenten Steuerungen" (Vogl 2004a, 36; → UNSICHTBARE HAND). Unter der Oberfläche dieses kameralistischen Denkens hat sich freilich der neue Wirtschaftsrationalismus (→ RATIONALITÄT, RATIONALISIERUNG) längst ausgebreitet (vgl. Lottmann 2011, 133–144). Lothario, bisheriger Lebemann und nach einer Duellverletzung auf sich selbst zurückgeworfen, plant einschneidende „Veränderungen" auf seinem Gutsbesitz. Dabei geht er von der Einsicht aus, „daß ich in vielen Stücken bei der Wirtschaft meiner Güter die Dienste meiner Landleute nicht entbehren kann und daß ich auf gewissen Rechten strack und streng halten muß" (Goethe 1985 ff., Bd. 9, 807) – was im Klartext des Historikers heißt: Feudalistische Gutsherrschaft funktioniert nur mittels der traditionellen Leibeigenschaft. Diese konservative Eindeutigkeit gerät allerdings auch ins Wanken, wenn Lothario erkennt, dass er für eine gewinnorientierte Wirtschaftstätigkeit („Werde ich meine Einkünfte nicht noch höher treiben?") vieles aus dem Konvolut altfeudaler Herrschaftsrechte der Erbuntertänigkeit nicht mehr braucht: „daß andere Befugnisse mir zwar vorteilhaft, aber nicht ganz unentbehrlich sind". Seine Schlussfolgerung, seinen Leibeigenen gar „Vorteile gönnen" zu wollen, ist freilich keinem Altruismus geschuldet; es ist „eine vorrückende Zeit", die nach solchen Veränderungen verlangt. Der Vorschlag Jarnos, diesen Plan wenigstens vorläufig „aufzuschieben" und „jetzt" noch keine so schwerwiegenden „Veränderungen" vorzunehmen, wird ausgesetzt (ebd.).

An späterer Stelle entfaltet Lothario sein Projekt der Ablösung der Leibeigenschaft ausgerechnet gegenüber Werner, der als Bürgerlicher durch die Zwischenschaltung einer „Handlung" (Goethe 1985 ff., Bd. 9, 878) mit der adeligen Turmgesellschaft in Konkurrenz um eine Gutswirtschaft tritt, dann aber mit ihr diesen Grundbesitz „in Gemeinschaft" erwirbt (ebd.). Werner gibt sich dabei ganz als profitorientierter Geldanleger im Sinne des neuen Liberalismus Adam Smiths zu erkennen, der immer nur an seinen eigenen Gewinn, „nie an den Staat gedacht" hat: „[M]eine Abgaben, Zölle und Geleite habe ich nur so bezahlt, weil es einmal hergebracht ist" (ebd., Bd. 9, 887). Ihm gegenüber entwickelt Lothario seine Position einer höheren „Rechtmäßigkeit" des Besitzes: „Mir kommt kein Besitz ganz rechtmäßig, ganz rein vor, als der dem Staate seinen schuldigen Anteil abträgt" (ebd., Bd. 9, 886). Lothario verficht die Ablösung der Leibeigenschaft durch Geldzahlungen der Grundherrn, damit „uns der Staat gegen eine billige, regelmäßige Abgabe das Lehns-Hokuspokus erlassen" möge, was dem Adel erlaube, mit seinen „Gütern nach Belieben zu schalten", vor allem ein freies Vererbungsrecht dieses Grundbesitzes jenseits von Indigenat und Fideikommiss auszuüben. Die persönliche Freiheit der Untertanen, die dann dem Staat als „bessere Bürger" und gute „Patrioten" zur Verfügung stehen (ebd., Bd. 9, 887), ergibt sich durch den Wegfall der Erbuntertänigkeit gleichsam als schöner Nebeneffekt. Denn Lothario geht es vor allem um die Sicherheit seines Besitzes (nach der preußischen Agrarreform 1806 stellte sich auch in den *Wahlverwandtschaften* das Problem einer betriebswirtschaftlichen Modernisierung des Gutshofs, und spätestens in den *Wanderjahren* wird Goethe auch hierfür eine ökonomische Lösung formulieren: mit dem Gut des amerikanischen Oheims, in dem Lustgarten und Park einer nach Thaers Prinzipien organisierten „rationellen Landwirthschaft" gewichen sind; Thaer 1809 ff.; vgl. Sagave 1952).

Was diese Sicherheit bedroht, wird nur angedeutet: nämlich ‚der Bauer' mit seiner dauerhaften Ungerechtigkeitserfahrung, dass sein eigener Grundbesitz steuerlich ‚belastet' wird, der des adeligen Grundherrn aber nicht. Erst später, als die Zukunftspläne der Turmgesellschaft geschmiedet werden, kommt man darauf zu sprechen, „daß uns große Veränderungen bevorstehn und daß die Besitztümer beinahe nirgends mehr recht sicher sind" (Goethe 1985 ff., Bd. 9, 944). Dieser Gefahr einer „Staatsrevolution" begegnet die Turmgesellschaft mit einer Diversifizierung, die sowohl die Mitglieder als auch das „Geld" betrifft: „[A]us unserm alten Turm soll eine Sozietät ausgehen, die sich in alle Teile der Welt ausbreiten, in die man aus jedem Teile der Welt eintreten kann" (ebd., Bd. 9, 944–945). Dass es sich hier um eine Art offenen Rückversicherungsfonds handelt, benennt Jarno ganz eindeutig: „Wir assekurieren uns untereinander unsere Existenz auf den einzigen Fall, daß eine Staatsrevolution den einen oder den andern von seinen Besitztümern völlig vertriebe" (ebd., Bd. 9, 945). Die Turmgesellschaft ist damit „vom Geheimbund zur Assekuranz und zu einem internationalen Konzern mutiert" (Vogl 2004a, 37).

Eine weitere „große Veränderung" ist ebenfalls eine ökonomische. Nach dem Tod des Oheims gilt es, „die hinterlassenen Güter in Besitz zu nehmen" und zu vergrößern. Der Tod des Oheims kommt nicht unerwartet: „[E]s war schon lange vorbereitet, und nun finden wir Geld und Kredit eben zur rechten Stunde" (Goethe 1985 ff., Bd. 9, 870). Konkurrenz wird durch Kooperation und Absprache ausgeschaltet; es gilt ein „auswärtiges Haus" – Wilhelm weiß noch nicht, dass es sich dabei um seinen Jugendfreund Werner handelt – einzubinden, mit ihm also „gemeinsame Sache zu machen", damit die Kaufpreise nicht „ohne Not und Vernunft hinaufgetrieben" werden (ebd.). Diese Kooperation des Turms mit Werner ist vertrackt, denn sie rückt Wilhelms bisherige Bildungsgeschichte, die so programmatisch aus dem „Geist des Widerspruchs" (ebd., Bd. 9, 656) gegen das bürgerliche Geschäftsleben verlaufen war, in eine zweideutige Beleuchtung. Es mag schon sein, dass Werner in der Zwischenzeit „ein arbeitsamer Hypochondriste" (ebd., Bd. 9, 878) geworden ist. Als Geschäftsmann hat man es hingegen „mit einem klugen Manne zu tun", der „Calculs und Anschläge" „ökonomisch überlegt", „so daß jeder ein schönes Besitztum erhält" (ebd., Bd. 9, 870). Für den Turm sind Werners „Vorschläge billig" und erlauben dem aus den Fängen des Theaters befreiten Wilhelm den Einstieg in ein lukratives Geschäft: „ob er das Gut annehmen und einen Teil seines Vermögens daran wenden will" (ebd., Bd. 9, 879). Auch dadurch sind in doppelter Weise Wilhelms „Lehrjahre geendigt" (ebd., Bd. 9, 881), weil er sich erstens mit Rücksicht auf seinen Sohn Felix auf diesen „Handel" einlässt („freute sich um des Knaben willen recht lebhaft des Besitzes") und weil er zweitens mit dem Blick über die Generationengrenze zu den (ökonomischen) Prinzipien des Bürgertums zurückkehrt: „In diesem Sinne waren seine Lehrjahre geendigt, und mit dem Gefühl des Vaters hatte er auch alle Tugenden eines Bürgers erworben" (ebd.). Dieser Satz ist nicht nur deshalb besonders gewichtig, weil er aus dem Munde eines in seinen Urteilen verlässlichen Erzählers stammt; er zeigt auch, wie stark das Bildungskonzept der *Lehrjahre* von ökonomischer Begrifflichkeit durchzogen ist, denn: Bildung wird ‚erworben'.

So endet und gipfelt dieses angebliche Muster des deutschen Bildungsromans in der Bekundung eines endgültig erreichten Glücks ganz auf den Spuren der Ökonomie: „‚Ich kenne den Wert eines Königreichs nicht', versetzte Wilhelm, ‚aber ich weiß, daß ich ein Glück erlangt habe, das ich nicht verdiene und das ich mit nichts in der Welt vertauschen möchte'" (Goethe 1985 ff., Bd. 9, 992). Alle drei darin gegebenen Aussagen Wilhelms sind nicht nur Negationen, sondern auch als unterschwellig ökonomisch bedingte Vorgänge bezeichnet: Wilhelm taxiert den „Wert" dieses Glücks, spricht von seinem Nicht-Verdienst und charakterisiert diesen seinen Glückszustand mit einem Begriff aus der Sphäre des Tauschhandels.

Noch stärker als Goethes *Wilhelm Meisters Lehrjahre* richten sich die großen Bildungsromane des 19. Jh.s an ökonomischen Denk- und Ordnungsfiguren aus, so dass man für die Bildungsromane ab der Mitte des 19. Jh.s sogar von einer „unvergleichlichen, geradezu irritierenden ästhetischen Produktivität" sprechen kann (Hörisch 1983, 107). Gustav Freytags Erfolgsroman *Soll und Haben* (1855) ist wie kein anderer Roman der Epoche vom Denken in ökonomischen Kategorien durchtränkt und vom bürgerlichen Arbeitsethos gesteuert, dessen „Erfüllung" das Romanende bescheinigt: Wer als „kluger Kaufmann" handelt, garantiert „Besitz und Wohlstand" (Freytag 1977, 835; → WACHSTUM). So folgt die Lebenslinie des Helden Anton Wohlfart einem Entwicklungsgang, der sich nach den Schwankungen der Konjunktur richtet, beginnend beim Vater mit der sprechenden Berufsbezeichnung „Kalkulator" (ebd., 11), zwischen den Gegenpolen des betrügerischen Juden Veitel Itzig und dem geschäftsuntüchtigen Adelsgeschlecht derer von Rothsattel. Bildung heißt Ausbildung zum → KAUFMANN, der im Handelshaus aufsteigt und bald „Kredit" genießt (ebd., 82, 143). Glück heißt das erfolgreiche Tummeln im Geldverkehr, Entwicklung der Aufstieg in der Hierarchie des Handelshauses, Bildung die Anpassung an die Mechanismen eines euphorisch verfochtenen → KAPITALISMUS. Wie einst Wilhelm Meister seine Selbstbildung postulierte, so feiert Wohlfart jetzt den missionarischen Auftrag des Romans: „[I]ch weiß mir gar nichts, was so interessant ist, als das Geschäft. Wir leben mitten unter einem bunten Gewebe von zahllosen Fäden, die sich von einem Menschen zum anderen, über Land und Meer, aus einem Weltteil in den anderen spinnen. Sie hängen sich an jeden einzelnen und verbinden ihn mit der ganzen Welt. Alles, was wir am Leibe tragen, und alles, was uns umgibt, führt uns die merkwürdigsten Begebenheiten aller fremden Länder und jede menschliche Tätigkeit vor die Augen; dadurch wird alles anziehend" (ebd., 239–240).

Soll und Haben versteht sich als Anwendung der an Goethes Bildungsroman abgelesenen Maximen auf die eigene Gegenwart. Daraus erwächst Aktionismus, der bis zum offenen Rassismus reicht, in dem sich das „arbeitsame Bürgertum" sonnt: „Und mit Stolz empfinden wir, auf unserer Seite ist die Bildung, die Arbeitslust, der Kredit" (Freytag 1977, 331, 624). Solche „Helden des Comtoirs" (ebd., 422; → KONTOR; → I.5. MEDIENTHEORIE UND MEDIENGESCHICHTE) pflegen einen ökonomisch begründeten Ehrbegriff („nach kaufmännischen Begriffen unehrenhaft"; ebd., 438) und lassen „Vernunft" nur aus der Sicht des Kaufmanns gelten (ebd., 522); der hoffnungsvolle Zuruf für zukünftiges Handeln heißt: „Gute Geschäfte" (ebd., 688). Wie Wilhelm Meister sich vom Theater emanzipiert, so Anton Wohlfart von seiner Kontortätigkeit. Doch während jener eine Etappe hinter sich lässt und in seiner Entwicklung voranschreitet, kehrt Anton Wohlfart an seinen Ausgangspunkt zurück („dort habe ich für den Freiherrn noch einige Geschäfte abzumachen, dann suche ich einen Stuhl in einem Comtoir"; ebd., 744). Nicht Fortschritt heißt die Devise, sondern Rückkehr und Bewahrung der altbewährten ökonomischen Grundsätze: „daß Sie geblieben sind, was die Welt einen ehrenwerten Geschäftsmann nennt" (ebd., 760). Die Lebensbilanz ist eine ökonomische („Er hatte Verluste gehabt, aber auch gewonnen"; ebd., 752), „in welcher das Soll und Haben der Menschen pünktlich und ohne alles Gefühl gebucht wird" (ebd., 757). In diesem Sinn ist aus Wilhelm Meisters Lehrbrief in *Soll und Haben* ein „Geheimbuch", ja sogar „ein Konto" geworden (ebd., 834), in dem allerdings keine Bildungsmaximen mehr stehen: „Dies Buch ist leer" (ebd., 835). Erst wenn der Name des Helden als „der neue Kompagnon" eingetragen ist, darf er auch seine „Geliebte" in den Arm nehmen (ebd.). Deshalb endet *Soll und Haben* mit einem Erzählerkommentar, der das kaufmannbürgerliche Glücksfindungsmodell nicht nur bestätigt, sondern es auch gleich zum erfolgreichen Erzählmodell („das alte Buch des Lebens") vertextet und dabei sakralisiert: „fortan ‚mit Gott' verzeichnet: sein neues Soll und Haben" (ebd., 836).

Wenn Adalbert Stifters *Der Nachsommer* (1857) mit dem Satz „Mein Vater war ein Kaufmann" beginnt (Stifter 1959, Bd. 2, 677), so scheint er an die geschäftsorientierte Grundierung von *Soll und Haben* nahtlos anzuschließen. Mit diesem sozioökonomischen Romanbeginn sendet Stifters *Nachsommer* jedoch auch ein anderes, ein doppeltes Signal aus. Zum einen gibt sich eine Anspielung auf das Familienherkommen Wilhelm Meisters zu erkennen, zum anderen scheint der Roman auf eine problemlos funktionierende Bildungsgeschichte innerhalb der bürgerlichen Welt des 19. Jh.s zuzulaufen. Denn der Bildungsgang des Helden Heinrich Drendorf verläuft jenseits aller ökonomischen Zwänge. So heißt zwar das erste Kapitel „Die Häuslichkeit"; von ihr erfahren wir jedoch wenig, etwa die gutbürgerliche Wohnungsausstattung mit wertvollen Möbeln („von feinem Glanze und eingelegter Arbeit"; ebd.), Münz-, Bücher- und Bildersammlungen, außerdem einem für die Kinder „unter mündelgemäßer Sicherheit" angelegten, mütterlicherseits ererbten Vermögen (ebd., Bd. 2, 683). Heinrichs Berufswahl muss nicht dem Sachzwang unterliegen, „sich Geld und Gut und Lebensunterhalt zu erwerben" (ebd., Bd. 2, 685). Seine ersten Erkundungen, seine Bekanntschaft mit dem Freiherrn von Risach und die Aufnahme als Hausfreund in dessen „Rosenhaus" (ebd., Bd. 2, 806) blenden jede ökonomische Überlegung aus. Die frühindustrielle Produktion wird dabei durchaus zur Kenntnis genommen, freilich in sprechender Verschiebung: Ihre Produkte gehören zu den „Gegenständen des Gewerbefleißes" (ebd., Bd. 2, 693), die „Fabrik" als Produktionsort und die „Maschinen" als Produktionsmittel werden daraufhin betrachtet, inwiefern sie „Umwandlungen" mit dem „einlangenden Rohstoffe" vornehmen; der Held beobachtet die „Wirkungen zu den einzelnen Zwecken" (ebd., Bd. 2, 694). Einsicht in das Wesen der Produktionsprozesse gewinnt er nicht.

Auf den weitläufigen Landgütern werden hingegen aufwendige gärtnerische, architektonische oder restauratorische Arbeiten ausgeführt, Anschaffungen getätigt, ohne dass je von deren Kosten die Rede wäre: „Ich habe ihn von dem früheren Besitzer samt allen Ländereien, die dazu gehören, gekauft, habe das Haus auf dem Hügel gebaut, und habe den Meierhof zum Wirtschaftsgebäude bestimmt" (Stifter 1959, Bd. 2, 768). Immer wieder stellt der Held freilich Vergleiche zwischen seinem Elternhaus und dem Rosenhaus seines adeligen Gastfreunds her, die meist zugunsten des Letzteren ausgehen. Mit zunehmendem Bildungsstand des Helden verändert sich aber das Verhältnis zu seinem Vater. Er entdeckt nun, „daß er bedeutendere Eigenschaften besitze, als ich geahnt hatte", gerade weil er durch seinen Kaufmannberuf „in Geschäfte der eintönigsten Art gezwungen" sei (ebd., Bd. 2, 1027).

Erst das Bekenntnis Risachs im Kapitel „Die Mitteilung" eröffnet den eigentlichen Nachsommer im Sinne des Wortes. Schließlich deutete schon der Titel des Romans nicht auf einen Entwicklungsvorgang hin, sondern auf einen Zustand, der am Ende eines abgelaufenen Prozesses steht. Welche Art Roman konnte da entstehen, wenn dieser um „der Schlechtigkeit der Welt willen gemacht" war, wie Stifter am 11. Februar 1858 an seinen Verleger schrieb (zit. nach M. Mayer 2001, 149)? Stifter richtete sich im Modus des doppelten Irrealis ein. Denn der *Nachsommer* ordnete die scheinbar vorrangige Lebensgeschichte des Protagonisten Heinrich Drendorf nicht nur erzählchronologisch der erst spät nachgetragenen Bildungsgeschichte des Freiherrn von Risach unter. Dessen Lebensentwurf zeichnete den erwartbaren Bildungsromanweg bis zu jenem Punkt nach, als Risach sich für den Willen der Eltern und gegen die Heirat mit Mathilde entschied (vgl. Stifter 1959, Bd. 2, 1265). Risachs weiterer Lebensweg, das Stürzen in Arbeit, der politische Erfolg und sein vorzeitiges Altern (vgl. ebd., Bd. 2, 1272), sein wachsendes Vermögen und die Ansiedlung im Rosenhaus entpuppt sich in seiner nachgetragenen Erzählung als ein kontinuierlicher und von ihm selbst so empfundener Verdrängungsprozess. Damit wäre eigentlich eine missglückte Bildungsgeschichte auf den Begriff gebracht („[n]ach mehreren mißglückten Versuchen"; ebd., Bd. 2, 1274), die der erzählende Freiherr jedoch nachträglich als erfolgreiche ausgibt, weil in ihr die gescheiterte „noch nachgespiegelt wird" (ebd., Bd. 2, 1275). So kommt ein „Nachsommer ohne vorhergegangenen Sommer" in Gang (ebd., Bd. 2, 1279), gleichsam ein zweiter Durchlauf, ein enterotisierter und die Ehe vermeidender „Bund" (ebd., Bd. 2, 1282), der mit diesem Begriff wörtlich das Ende von Gottfried Kellers zweiter Fassung des *Grünen Heinrich* aufnimmt. Doch im Gegensatz zu Keller, der damit seinen Roman abschließen wird, beginnt die eigentliche Erzählchronologie des *Nachsommers* erst jetzt. Obwohl die ganze Welt einem stetigen Wandel unterworfen ist („beständig geändert und umgewandelt"; ebd., Bd. 2, 1278), verficht Risach die Unveränderlichkeit des Menschen als zeitloses Bildungsziel: „Ihr werdet Euch nicht ändern, und sie wird sich auch nicht ändern" (ebd., Bd. 2, 1280). Dass dies ein Widerspruch ist, artikuliert nur der Roman, seinen Figuren fehlt diese Einsicht. Ökonomische Sachzwänge werden nicht nur ausgeblendet, sondern in ein rückwärtsgewandtes Familienideal übergeführt.

Die Lebensmaximen in Heinrichs Drendorfs Kaufmannsfamilie, das zeigt der Roman unter der Oberfläche seiner Autorintention, folgen hingegen den sozioökonomischen Vorgaben, die der erste Satz des Romans ausgelegt hatte. Heinrichs Mutter etwa verficht ganz andere Vorstellungen. Auf die Hoffnung der an ihrem Vater orientierten Natalie, „[e]r wird gewiß bleiben, wie er heute ist", antwortet sie ganz eindeutig: „Nein, [...] er wird nicht so bleiben" (Stifter 1959, Bd. 2, 1309). Auch Heinrichs Vater vertritt eine zukunftsoffene Lebenslinie des Werdens, nicht des Bleibens, wenn er seinem Sohn prognostiziert, „es werde recht viel aus dir werden" (ebd., Bd. 2, 1311). Auch Risachs Kunstvorstellungen werden demontiert. Im „Wettkampf" mit Heinrichs Vater (ebd., Bd. 2, 1314) erweist er sich als unterlegen; denn Heinrichs Vater führt ganz pragmatisch vor, dass wirkliche Kunst keine solche der Vergangenheit sein muss, sondern auch den „Künstler der Gegenwart" anerkennen kann (ebd., Bd. 2, 1313). Hier zeigen die kontrastiven Lebensläufe des *Nachsommers*: Es geht auch ganz anders. Während Risach seine Lebensform der gutsherrschaftlichen Bewahrung „bis zu seinem Tode" und „in der Art wie bisher" fortführen möchte (ebd., Bd. 2, 1321), entwickelt Heinrichs Vater einen (auch ökonomisch fundierten) Gegenentwurf, der ganz ohne Risachs Ideologie der Entsagung auskommt. Der bürgerliche Lebenszuschnitt erweist sich nicht nur ökonomisch als gleichwertig, denn der auf Heinrich übertragene Besitz „war der gesamten Habe Risachs ebenbürtig" (ebd., Bd. 2, 1321). Heinrichs Vater erläutert nicht ohne Ironie ein weniger pathetisches Lebensrezept, das ohne den Umweg über Risachs psychische Beschädigungen ebenfalls zu einem „Nachsommer" gekommen ist: „Ich habe auch meine heimlichen Freuden und Leidenschaften gehabt. Das oft verachtete bürgerliche Gewerbe eben bürgerlich und schlicht betrieben. Was unscheinbar ist, hat auch seinen Stolz und seine Größe. Jetzt aber will ich der Schreibstubenleidenschaft, die sich nach und nach eingefunden, Lebewohl sagen, und nur meinen kleineren Spielereien leben, daß ich auch einen Nachsommer habe wie dein Risach" (ebd., Bd. 2, 1321–1322). Vor diesem Hintergrund findet der *Nachsommer* einen Schluss, der vertrackt ist. Das „Glück", ja sogar „das größere Glück", das Heinrich Drendorf zufällt, zitiert dasjenige Wilhelm Meisters auf ganz andere Weise: ein Glück, das unerschöpflich scheint (ebd., Bd. 2, 1324).

Gottfried Keller legte die erste Fassung seines *Grünen Heinrich* (1854/1855) als zum Scheitern verurteilte Bildungsgeschichte an. Dieses Scheitern speiste sich nicht zum wenigsten aus ökonomischen Vorgaben. Der frühe Tod des Vaters schneidet „die überkommene goldene Lebensschnur" ab (Keller 1985 ff., Bd. 2, 73). Mit seinem Vater verliert der Held sowohl ein Vorbild gelungener sozialer Integration des Handwerkerstandes in das Stadtbürgertum als auch die ökonomischen Grundlagen einer sorgenfreien Existenz. Die Verelendung der Mutter mit ihrer „freiwilligen Aszese" (ebd., Bd. 2, 701) läuft parallel zur eigenen Verelendung in der Kunststadt und zum Scheitern als Künstler. So folgt Heinrichs Jugendgeschichte den Spuren des immer mangelnden Geldes. Schon die Kindheit wird aus solchen Erfahrungen gespeist, etwa in der Bekanntschaft mit dem „Meierlein", der Allegorie des gewissenlosen Schuldeneintreibers (ebd., Bd. 2, 177–179), an dem vorgeführt wird, dass Schuld und Moral auf eine fehlgeleitete Ökonomie zurückgeführt werden können (vgl. Wegmann 2002, 100). Heinrichs misslungene „Berufswahl" findet als Negation frühindustrieller Beschäftigungsmöglichkeiten statt. Beim Anblick des „Fabrikgebäudes" und der „rohen Grimassen" der dort arbeitenden Kinder (Keller 1985 ff., Bd. 2, 295) verweigert er den Weg in eine geregelte Arbeitstätigkeit. Stattdessen beginnt Heinrich eine Kunstausbildung bei einem „Maler, Kupferstecher, Lithograph und Drucker in *einer* Person" (ebd., Bd. 2, 296), der durch die serielle Massenproduktion mittels Kinderarbeit „Nachbildungen" nach „Vorlagen" (ebd., Bd. 2, 300–301) in quasi-industriellen Verfahren herstellt. Eine Korrektur dieser Verfehlung gelingt durch die Mitarbeit am gemeinschaftlichen Tell-Spiel im „Geist meines Vaters", vor allem aber durch die Aufräumarbeiten am Tag darauf, bei denen dem ziellos treibenden Jungkünstler eine Ahnung über die bisherige eigene „ungeleitete haltlose Arbeit" aufgeht (ebd., Bd. 2, 456). Dazu tritt dort die Figur des „Statthalters", der in seiner gesellschaftlichen Tätigkeit „das Schwerste gelöst" hatte, nämlich „eine gezwungene Stellung ganz so auszufüllen, als ob er dazu allein gemacht wäre, ohne mürrisch oder gar gemein zu werden" (ebd., Bd. 2, 423). Dann trifft Heinrich den echten Künstler Römer, der dem Kunstadepten beibringt, was „Arbeit" ist (ebd., Bd. 2, 491). Beide Vorbildfiguren enthüllen freilich auch ihre Schattenseiten. Der Statthalter ist „kein unabhängiger Mann" und „eine Art Entsagender" (ebd., Bd. 2, 416, 420); Römer driftet in den Wahnsinn ab und pumpt Heinrichs Mutter um ein „Darlehen" an (ebd., Bd. 2, 505).

Den Grundsatz des Schulmeisters, „[w]er essen will, der soll auch arbeiten" (Keller 1985 ff., Bd. 2, 423), nimmt Heinrich in die Kunststadt mit, wo seine schleichende Verelendung immer weiter fortschreitet. Keller hat für die Reflexionen seines Helden über das Wesen der Arbeit (ebd., Bd. 2, 703–710) in seiner zweiten Fassung des Romans 1879/1880 dem entsprechenden Kapitel die Überschrift „Lebensarten" gegeben (ebd., Bd. 3, 637). Heinrichs weiteres Leben „auf Borg" (ebd., Bd. 2, 719) verschärft sich bis zum „Leben um das tägliche Brot" (ebd., Bd. 2, 727) und endet, „arm wie eine Kirchenmaus", mit dem Verkauf seiner Skizzen (ebd., Bd. 2, 732) und der seriellen Nachahmung weiterer. Formuliert wird dieser Prozess im Jargon industrieller Produktion („fabrizierte"; „diese Industrie"; ebd., 741); und vor dem Hintergrund von Kellers Begegnung mit Ludwig Feuerbach in seiner Heidelberger Zeit ließe sich hier von einem narrativen ‚Materialismus' sprechen, der mit dem Einbruch ökonomischer Zwänge ein nationalökonomisches Erziehungs- und Bildungsprogramm exekutiert (vgl. Breyer 2019; → III.14. GELD- UND KREDITVERHÄLTNISSE IM REALISMUS). Den Umsprungpunkt liefert dann das Angebot des Trödlers, er solle „sogleich eine Arbeit beginnen, die sich sehen lassen kann", nämlich Fahnenstangen zum Einzug der „Braut unseres Kronprinzen" zu bemalen (Keller 1985 ff., Bd. 2, 742). Die Ironie wirkt doppelt, wenn der Schweizer „Republikaner" mit einem solchen „Unsinn" im Dienst der Monarchie erstmals handwerklich tätig wird und wenn der Kunstmaler auf das Niveau eines Anstreichers heruntergeschraubt wird (ebd., Bd. 2, 747). Heinrich zieht dabei seine in der Kindheit gekappte Lebenslinie als „Spirallinie" aus (ebd., Bd. 2, 743), vom Auftraggeber als „wahre Lebenslinie" kommentiert, vom autobiographischen Erzähler als eine neue, andere Form der malerischen Tätigkeit gewürdigt: „Und wirklich fand Heinrich in dieser einfachen und verachteten Arbeit allmählich einen solchen Reiz" (ebd., Bd. 2, 744). Die Kapitelüberschrift der zweiten Fassung, „Die Geheimnisse der Arbeit" (ebd., Bd. 3, 674), verstärkt diese bitter-ironische Perspektive noch. In der ersten Fassung kehrt Heinrich „ohne einen Pfennig in der Tasche" (ebd., Bd. 2, 786) nach Hause zurück.

In der zweiten Fassung hat Keller diese Erfahrungen seines Helden mit proletarischer Handarbeit erheblich ausgeweitet. Dort trifft er auf „junge Frauenzimmer", zugleich „Arbeitsgenossen" und „Standesgenossen", vor denen der grüne Heinrich seinen illusionären „etwas höheren Rang" hochhält (Keller 1985 ff., Bd. 3, 685–686). Unter diesen „Frauenzimmern des arbeitenden Standes" sticht die attraktive Hulda heraus: „[S]o erschien hier im Schatten der Armut ein Schatz von Reizen verborgen, wie ihn mancher Reichtum vergeblich wünschte" (ebd., Bd. 3, 686). Heinrich lernt in ihr einen ihm bisher völlig fremden Menschenschlag kennen. Hulda bestimmt ihren sozialen Status allein durch Arbeit: „Wo stehen Sie eigentlich in Arbeit?" (ebd., Bd. 3, 688) Ihre Selbstdefinition als „Arbeitsmädel" erlaubt ihr, ohne Selbstmitleid auf die eigene → ARMUT zu blicken („fast nur von Kartoffeln nähren"; ebd.). Heinrichs Erstaunen über „die freien Sitten dieses einfachen Völkchens" mit hochmütigem Blick von oben nach unten erledigt sich schnell, wenn ihm Hulda, die mit 17 Jahren „fast noch ein Kind ist", aber dennoch „ganz einzig in der Welt" dasteht, einen verlockenden weiblichen, proletarischen Lebensentwurf vorführt (ebd., Bd. 3, 692). Grundlage dafür ist ein eigenständiges Verhältnis zur „Arbeit" – „Darum lieb ich die Arbeit, sie ist mir Vater und Mutter!" –, die alle Lebensbereiche bestimmt: „Denn wer nicht arbeitet, soll nicht nur nicht essen, sondern braucht auch nicht zu lieben!" (ebd.; → ARBEIT, ARBEITSLOSIGKEIT; → PROLETARIER) Hulda malt sich ihre neue „Bekanntschaft" in ein Idyll zwischen Alltagsarbeit und Sonntag „im Stübchen" aus (ebd., Bd. 3, 693), während Heinrich das Bild eines proletarischen Glücks, „einem Quell klarster Lebenswonne, einem reichen Schatze goldenen Reizes" aufgeht, das den verlorenen väterlichen „Lebensgrund" ersetzen zu können scheint und das Wilhelm-Meister-Glück sinngemäß, jedoch in sprechender Veränderung aufgreift: „das schöne Glück, das ich so unverhofft gefunden habe" (ebd., Bd. 3, 694). Heinrichs Vision, er könne „untertauchen in diese glückselige Verborgenheit", „morgen wieder solcher Arbeit nachgehen", „Arbeiter unter Arbeitern sein", „[g]oldene Liebe bei zufriedenem Brot" finden, ist zunächst verführerisch und nährt die „Gewißheit", „in wenigen Tagen von einem Schatze geheimer Glücksgüter Besitz zu nehmen" (ebd., Bd. 3, 694–695). Doch das von anderen gemalte Bild der verelendeten Mutter, die „den ganzen Tag am Fenster" sitzt „und spinnt" (ebd., Bd. 3,

701), aber auch die Beobachtung, dass Hulda mit derselben Liebestheorie schon einen neuen „Sponsierer" aufgetan hat, veranlassen Heinrichs „Freisprechung" und die Heimkehr „mit erleichtertem Gewissen" (ebd., Bd. 3, 726). Damit sind die Spuren des Ökonomischen im Bildungsroman zwar eingegangen, werden dort aber nicht auf Dauer aufbewahrt.

III.10. Romantische Ökonomien
Joseph Vogl

Man hat das Erscheinen von Smiths *Wealth of Nations* (1776) als Einschnitt in der Geschichte des ökonomischen Wissens interpretiert, der die Vorgeschichte der politischen Ökonomie beendet und deren ‚klassische Situation' begründet – bis hin zur Entstehung einer deutschen Nationalökonomie (vgl. Tribe 1988, 133–170). Neben der Apologie von Freihandel und unternehmerischen Freiheiten lässt sich die Richtung dieser Veränderung auch an einer Seitenbemerkung Smiths erkennen, die sich mit dem Kreislaufmodell der Physiokraten (→ ZIRKULATION, KREISLAUF) auseinandersetzt. Smith schreibt: Wenn die Physiokraten jeden Eingriff in den Mechanismus der Naturbewegungen als Motiv ruinöser Abweichungen denunzieren, unterschätzen sie die Fähigkeit zur Selbstkorrektur des politischen wie natürlichen Körpers; und sie haben „offenbar nicht bedacht, daß im Körper eines Gemeinwesens das natürliche Bestreben eines jeden einzelnen, die eigene Lage ständig zu verbessern, ein Prinzip der Selbsterhaltung ist, das in vielerlei Hinsicht die negativen Auswirkungen einer Politischen Ökonomie [...] abzuwehren und zu korrigieren vermag" (Smith 2013, 570). Was sich hier als eine Paraphrase der notorischen → UNSICHTBAREN HAND andeutet, erhält seine Schärfe in Bezug auf das Konzept der ökonomischen Regulation. Denn diese entspricht nun nicht mehr der Mechanik eines stabilen Ausgleichs oder dem Auftrag einer von außen agierenden → POLIZEY; sie ist vielmehr im Innern des ökonomischen Prozesses selbst lokalisiert und bestimmt die Kommunikation seiner Agenten – Regulierung ist zur Selbstregulierung geworden.

Seit Ende des 18. Jh.s jedenfalls werden ökonomische Daten und Bewegungen, ein „Steigen" und „Fallen" bemerkt, deren Ursachen nicht von der Regierung abhängen und die ebenso wenig der Steuerung durch eine Regierung unterliegen (Krug 1808, 15). Entsprechend ist im Anschluss an Smith – bei Thomas Robert Malthus und David Ricardo, Jean-Baptiste Say und Jean-Charles-Léonard Simonde de Sismondi wie bei den deutschen Nationalökonomen – die Selbstregulierung mehr oder weniger explizit zum Kern ökonomischer Logik und zu einem neuen Kriterium für den Zusammenhang der verschiedenen ökonomischen Faktoren geworden. Als Prüfstein und Gegenstand erweist sich dabei eine Theorie der Preise, in der die Determinanten autoregulativer Prozesse wirksam werden. Während weder französische Physiokraten noch deutsche Kameralisten eine Steuerung über den Preis akzeptierten, und während noch bei Smith der Marktpreis der Waren um einen scheinbar konstanten ‚natürlichen Preis' als Ausdruck einer angemessenen Verteilung der Reichtümer gravitiert, ist seinen Nachfolgern diese Unterscheidung selbst fragwürdig geworden: Man folgt der erstaunlichen

Feststellung, dass gerade der – nominale und ‚fiktive' – Geldpreis das Verhalten von Kauf und Verkauf und die Folge ökonomischer Transaktionen reguliert.

Das bedeutet zunächst, dass das System der Ökonomie stets im Übermaß arbeitet und niemals zum Nullpunkt des Ausgleichs und einer geschlossenen Zirkulation zurückkehrt. Die Bestimmung von adäquaten Proportionen zwischen Ressourcen und Bedürfnissen, Geldmengen und Waren ist unmöglich und dem Prinzip der Nationalökonomie fremd; vielmehr durchlaufen die ökonomischen Prozesse fortwährend kritische Punkte und erzeugen jene oszillierenden Bewegungen, in denen der Markt die Tauschaktionen – und nicht umgekehrt – erklärt: eine Dynamik, die durch die Erzeugung von Knappheitsgrenzen angetrieben wird. Man hat dies als Auflösung ‚natürlicher' Wertstandards, als Schwinden des „Festen und Stätigen" beschrieben (Say in: Ricardo 1821, 95–96), das zugleich eine Destabilisierung in der repräsentativen Kraft der Zeichen provoziert. Der Wert von Dingen kann nicht gültig den Wert anderer Dinge bestimmen, und entsprechend realisiert sich die Funktion des Geldes weder im Zeichen für Reichtümer noch im Maßstab des Tausches; als Zeichen ist es nicht eindeutig referentialisierbar und als Maßstab unzuverlässig: „Wenn eine Elle sich mit jeder Stunde und mit jeder Veränderung ihrer Stelle verlängerte oder verkürzte, könnte sie wohl mit Recht ein Maßstab heißen?" (Say 1807, Bd. 1, 405)

Im → GELD treten nun repräsentative und funktionale Seiten auseinander, und es ist gerade diese pragmatische Ausrichtung – die Tatsache, dass Geld einen Maßstab darstellt, der sich im Gebrauch selbst modifiziert –, die die selbst regulierende Organisation des ökonomischen Prozesses garantiert. Der Preis der Dinge geht nicht auf eine Proportion von Geldmenge und Gütern zurück, er konstituiert sich vielmehr im Prozess einer offenen → ZIRKULATION: Geld repräsentiert nur, indem es selbst „weggetauscht" wird; der Preis ist ein Verhältnis von Zahlungen, das man durch Zahlungen misst; und jede ökonomische Transaktion wirkt über die „lebhafte Cirkulation" auf ihre Bedingungen zurück (Büsch 1780, Bd. 1, 153, 195). Geld wird damit als eine Art instituierter Selbstreferenz (vgl. Luhmann 1996a, 16) beschrieben, die weder einen Eigenwert ausdrückt noch eine Wertsubstanz repräsentiert, sondern ihre Funktion durch Verweis auf dasjenige System erhält, das Geldanwendungen ermöglicht und konditioniert: „Wer es [das Geld] als Zeichen oder Maasstab des Wehrts gebraucht, muß es sogleich in den Gebrauch an einen andern weggeben, daß er nun ferner es auf ähnliche Art gebrauche" (Büsch 1780, Bd. 1, 232).

Umschreibungen dieser Art belegen die Neuheit eines Konzepts in der Ordnung ökonomischen Wissens. Sie erkennen die Logik der Ökonomie in einem System der Preise, in diesem eine sich selbst regulierende Bewegung, die sich schließlich in Feedbackschleifen perfektioniert. Jede Zahlung beruht auf Wertbestimmungen, die auf Zahlungen beruhen; jeder Output des Systems wird zum

Input desselben Systems, und das heißt: Es geschieht eine Stabilisierung des Systems gerade durch ein konstitutives Ungleichgewicht, das die innere Geschlossenheit der Zirkulation aufbricht und eine Zukunft kontingenter Ereignisse, einen irreversiblen Zeitablauf eindringen lässt. Man mag daher das ökonomische Wissen um 1800 als einen Ursprungsort für die Genese modernen systemtheoretischen Wissens ansehen; für die politische Ökonomie jedenfalls hat dieser Zusammenhang von Regelkreis und Selbstoptimierung seither eine doppelte Bedeutung angenommen. Er wird als eine weitere – ‚liberalistisch' genannte – Rationalisierung des Regierens begriffen, die mit der Analyse ökonomischer Prozesse zugleich ein Testverfahren zur Überprüfung sozialer und institutioneller Wirklichkeiten bereitstellt; und er konstituiert sich als neue Physik des Sozialen, als Referenz- und Basiswissen, das nun als Argument und Grenze gegen das „Unheil" und die „Gierde" des „Viel-Regierens" effizient gemacht wird (Soden 1805 ff., Bd. 3, 6, und Bd. 7, 206–207; vgl. Foucault 2004b, 49–111).

Die Frage des Regierens macht also um 1800 heterogene Mächte und Gegenstandsbereiche geltend, die den Staat aus einer kohärenten Form heraustreiben und dessen Repräsentationen diversifizieren. Neben den Versuchen zur Beschreibung bzw. Begrenzung souveräner Gewalt und den Programmen kameralistischer Regierungspraxis hat sich ein Wissen um autoregulative Dynamiken formiert, die den Anspruch auf eine autonome Funktionsweise ökonomischer Systeme begründen. Die Teilung der Gewalten, von der man sich eine Kontrolle staatlicher Herrschaft versprach, hat sich um eine Teilung der Mächte verdoppelt, die eine Entortung der Macht und des Staates selbst abbildet und jene Entwürfe leitet, die das Ende einer Epoche der Staatlichkeit in Aussicht stellen oder umgekehrt nach einem „Mittelglied zwischen Adam Smith und Montesquieu" suchen (A. Müller 1922, Bd. 1, 58).

Vielleicht erklärt sich gerade aus dieser Situation die Schwierigkeit, jene Autoren, die man ‚romantische' nennt, politisch und theoretisch zu situieren. Ist ihre Tendenz restaurativ oder revolutionär? Sind sie der Flucht in eine (feudale) Vergangenheit oder einer Gegenwart unbedingter Modernität verpflichtet? Sind ihre Gesellschaftskonzepte prä- bzw. antikapitalistisch, oder muss man in ihnen einen Kapitalismus *avant la lettre* erkennen? Widersprüche und Unsicherheiten dieser Art sind sicher richtig beschrieben, wenn man sie als Verlust dezidierter Unterscheidungen und Verflüchtigung politischer Zentrierungen deklariert, in denen eine „occasionelle Welt" und *„the magic hand of chance"* regiert (C. Schmitt 1991, 25). Genauer noch aber antworten sie auf jene Entortung der Macht, die nun unterschiedliche, paradoxe und konkurrierende Zuschreibungen erhält.

Geht es auch um 1800 noch darum, dem „Staat eine solche Dauer zu geben, daß seine Existenz gegen alle möglichen Zufälle gesichert sein muß" (Bensen 1804, IX), so ist die Romantisierung des Politischen als Versuch zu verstehen, die widerstrebenden Wirklichkeiten und Funktionsbereiche des Regierens noch einmal in eine gemeinsame Form, in eine Staatsform zu fassen und jenen Punkt zu bezeichnen, an dem souveräne Repräsentation, Regierungspraxis und Selbstregulierung zusammentreffen. Entsprechend erscheinen so unterschiedliche Entwürfe wie Johann Gottlieb Fichtes *Geschlossener Handelsstaat*, Novalis' *Glauben und Liebe*, Adam Müllers *Staatskunst* oder Franz Baaders *Gesellschaftslehre* als Manifeste einer ‚romantischen Ökonomie', die die ‚occasionelle' Struktur, die proliferierenden Ereignis- und Zeichenketten begrenzen und im „Chaos durcheinander schweifender ökonomischer Atome" (A. Müller 1816a, 98) markante Unterscheidungen und Bezugspunkte des Regierens erkennen wollen. Der unsichere empirische Ort des staatlichen Wesens und der Appell an seine kohärente Idealstatur jedenfalls verfließen ineinander und erzeugen die hybride Gestalt eines Wissens vom Regieren und von der Ökonomie, und zwar mit folgenden Fragen: Wie lassen sich die divergierenden Kräfte durch eine zentrale Steuerung organisieren? Welche Operationen vermögen dynamische Systeme in stabile Strukturen überführen? Und welches Symbolsystem garantiert jene homogene Repräsentation, in der bloße Funktionsabläufe zugleich gesetzgebend sind?

Regelkreise

Vor diesem Hintergrund lässt sich, so Jochen Hörisch, zunächst ein „Paradox der achtungsvollen Geldverachtung" (Hörisch 2015, 25) verzeichnen, das einerseits – seit Heine oder Lukács – zur Beobachtung eines „romantischen Antikapitalismus" führte (Lukács 1962 ff., Bd. 7, 234; Heine 1968 ff., Bd. 3, 473; vgl. Gießmann 2006, 165; Saller 2007, 54–61; Eiden-Offe 2017, 27–31). Dies manifestierte sich in Motiven wie ‚Teufelspakt' und ‚kaltes Herz' (etwa in Adelbert von Chamissos *Peter Schlemihl*, 1813, Wilhelm Hauffs *Das kalte Herz*, 1827, oder Ludwig Tiecks *Der Runenberg*, 1804; vgl. M. Frank 1989), im Rückgriff auf das Gegenbild einer idyllischen, vormodernen und zünftischen Gesellschaftsordnung (wie in Tiecks *Der junge Tischlermeister*, 1836; vgl. Eiden-Offe 2017, 41–76), in der Denunziation von – jüdischen – Wucherfiguren (wie in den Reden der ‚christlich-deutschen Tischgesellschaft' seit 1811; vgl. Oesterle 1992, 60–61), in der Kritik an Industrialisierung und Pauperismus (wiederum in Tiecks *Tischlermeister* oder William Wordsworths *The Excursion*, 1814; vgl. C. Becker 2003, 147–155; Eiden-Offe 2017, 43) oder an der Kommerzialisierung des literarischen Marktes (etwa bei A. Müller 1816b; vgl. Matala de Mazza 1999, 324). Andererseits verweist das „lockend[e]" und „lustige Metall" des Geldes (Eichendorff 1985, 379) auf zeichentheoretische Versuche, die eine Pragmatik der Zeichen mit der selbstreferentiellen Struktur ökonomischer

Semiosen korrelieren. Erst dadurch werden Aussagen ermöglicht, die im Geld eine „Poetisierung der Finanzwissenschaften" erkennen und die „schöne liberale Ökonomie" wiederum als „Bildung einer poëtischen Welt" und „Dichten mit lebendigen Figuren" bestimmen (Novalis 1977 ff., Bd. 2, 647, und Bd. 3, 469). Dabei geht es um eine → ZIRKULATION, die feste Wertstandards auflöst und eine Destabilisierung von Referentialitätsansprüchen mit der autopoietischen Organisation des Systems kombiniert. Die Analogie von Geld und Sprache liegt nicht mehr in einer repräsentativen Kraft, sondern in der Fähigkeit, Fernwirkungen herzustellen, Übertragungen zu leisten und so eine universale Vermittlungsfunktion zu garantieren; → GELD ist nicht länger Zeichen oder Maß, es ist vielmehr zu einem Organ bzw. Medium geworden, zu einem Medium im engeren – systemtheoretischen – Sinn: Träger von Feedbackschleifen und rekursiven Effekten. So hat Novalis an so unterschiedlichen Beispielen wie galvanischer Kette oder Fliehkraftregler die Funktion von Regelkreisen als eine „indirekte Wirkung" beschrieben, deren Anwendung auf die Poesie einerseits, auf das Geld andererseits er selbst nahelegt. Während das bloße Instrument und die direkte Wirkung ein lokales Zweck/Mittel-Verhältnis und eine lineare mechanische Kausalität definieren, wird das „indirekte Werkzeug" zum „wunderthätigen" gerade dadurch, dass es am Beginn einer Kette von Effekten steht, von denen es am Ende selbst wiederum hervorgebracht wird (ebd., Bd. 2, 552–553; vgl. Stadler 1980, 130–137; Eikels 2011, 87–92). Auf diese Weise gerät das Medium selbst zum konstitutiven Teil dessen, worauf es wirkt; es wird aus einer Teleologie fester Ziele und Zwecke herausgelöst und in eine zyklische Umordnung von Kausalitätsserien integriert; es modifiziert, indem es selbst modifiziert wird; und es steht am Anfang und am Ende eines geschlossenen Kreislaufs, den es durch seine Selbstaffektion auf neuem Niveau öffnet. Wenn Novalis damit als einer der ersten Theoretiker des Regelkreises gelten kann, wenn er die Dynamik der Rückkopplung als allgemeines Funktionsmodell von natürlichen, technischen und sozialen Prozessen beschreibt und zugleich auf den Handel und den Geldkreislauf überträgt, so begreift auch er den Zusammenhang ökonomischer Faktoren nach Maßgabe der Selbstregulierung.

Gerade der *Heinrich von Ofterdingen* lässt sich als Manifest der neuen Regulationskonzepte begreifen, das dichterische Sprache und ökonomischen Verkehr analogisiert. Denn hier motivieren Sehnsüchte, „Verlangen", „Treiben" und die Träume von „unabsehlichen Fernen" (Novalis 1977 ff., Bd. 1, 195–196) gleichermaßen Dichterwunsch wie Handelsgeist, die beide um die geheime und komplexe Kommunikation der Dinge und Wesen wissen. Die Analogie ist genau gesetzt. Die Sprache des Dichters und die Zirkulation des Geldes erregen ein Leben, das alte Zeiten und moderne Infrastruktur zusammenbringt, und wie einst der „Klang wunderbarer Werkzeuge" des Dichters in „wüsten, verödeten Gegenden den todten Pflanzensamen erregt", „blühende Gärten hervorgerufen, grausame

Triebe gezähmt und verwilderte Menschen zur Ordnung und Sitte gewöhnt" hat, so werden durch die Wechselwirkungen von „Geld Thätigkeit und Waren" Länder und Städte zum „Aufblühen" gebracht und die „wilde Ausgelassenheit der Männer" zur „milden Lebendigkeit" und „sanften bescheidenen Freude" kultiviert (ebd., Bd. 1, 206, 211). Kunst wie Ökonomie rechtfertigen die große Prophezeiung des Romans, dass sich einst Natur wie Gesellschaft gleichermaßen und aneinander zivilisieren werden.

Die Zirkulation ist ein ‚Eudiometer', ein Wohlfahrtsmesser, und Novalis, eigentlich Friedrich von Hardenberg, hat in dieser Hinsicht keinen Zweifel gelassen: Seine ‚Natur' steht metonymisch für eine Zirkulation, die unter der Bedingung eines allgemeinen Äquivalents funktioniert. Als Kapital verweigert sie die Verwirklichung des Besitzes, als Tauschwert die Eigentümlichkeit des Eigentums. Sie liegt damit in der Nähe jener „gespenstischen Gegenständlichkeit", die Karl Marx als Auslöschung aller konkreten sinnlichen Qualitäten durch die Äquivalentform beschrieb (Marx und Engels 1956 ff., Bd. 23, 52; → III.13. DIE ENTDECKUNG DER WARE). Darum verwandelt bei Hardenberg diese Natur alles feststehende → EIGENTUM in „böses Gift", das die „Ruhe verscheucht", sie unterhöhlt den „Grund des Eigentümers", um endlich und für immer „aus Hand in Hand zu gehen, und so ihre Neigung, Allen anzugehören, allmählich zu befriedigen" (Novalis 1977 ff., Bd. 1, 245). Poesie und Geld sind damit keine Mittel im instrumentellen Sinn, oder sie wirken dort, wo sie es sind, bloß fatal: in der eingeschobenen Arion-Sage etwa, wo für einen Augenblick Kunst wie Reichtümer als Mittel für andere Zwecke eingesetzt und getauscht werden und das Geschehen darum nur durch ein Wunder dem Desaster entkommt (vgl. Stadler 1980, 137–145; Saller 2007, 96–129). Beide sind vielmehr Medien in dem genannten Sinn, dass sie die teleologischen Ketten in sich selbst zurückführen und nur die Fortsetzung der Operationen garantieren. Und beide, Kunst bzw. ‚Naturpoesie' wie Geld, sind darum nicht übersetzbar, sondern die Bedingung aller Übersetzungen, Verhältnisformen, die sich nicht auf Dinge beziehen, sondern Zeichen mit Zeichen, Diskurse mit Diskursen korrelieren (vgl. Kittler 1987, 78–80).

Ähnlich wie wenig später in Hegels *Jenaer Realphilosophie* wird hier eine Verselbständigung der Mittel virulent: Während die bloße Begierde zerstörerisch ist, wird nur durch die Ausrichtung auf die „Mitte" und die „Potenz" des Werkzeugs jene Hemmung erzeugt, die eine „Rückkehr" der Kräfte zu sich selbst und somit eine indirekte Wirksamkeit erzwingt (Hegel 1975, 297; vgl. Lyotard 1984, 317–318). Die Mittel – Sprache oder Geld – werden autonom. Wesentlich ist darum an den Zeichen nicht ihr direkter Verweis, sondern die Tatsache, dass sie verweisen und darum in einen Raum aus bloßen Ahnungen und Rätseln vorstoßen. Denn am Ende der Verweisketten steht nichts als ein Symbol der Symbolhaftigkeit und ein Wert der Werte, sei es die „blaue Blume" oder der „König Gold" in den Bergen

(Novalis 1977 ff., Bd. 1, 242, 250). Das Wort, das alles bewegt, und das Zeichen, das den Wert aller Dinge aussagt, sind das eigentliche Motiv des Erzählens, Poetisierung und Ökonomisierung der Welt sind die zwei Seiten desselben Prozesses. Hardenberg hat damit seinen Roman zugleich als einen Subtext geschrieben, der explizit wird nur in der Aussage von Bedeutsamkeit. Der Roman verwaltet Zeichen der Zeichenhaftigkeit, erzeugt eine Leere, die sich in „dunkle[r] Ahnung" und „Tiefsinn" erschöpft und wie ein „eigentümliche[r], zartgefärbte[r] Schleyer" über die Dinge legt (ebd., Bd. 1, 208, 257, 259). Das Postulat einer dichterischen Sprache, die nichts als sich selbst ausspricht, verfließt mit einer ökonomischen Funktion, die nur ein Sich-Entziehendes intensiviert. Der Text erscheint damit als konsequente Hypotypose einer Zeichen-Ökonomie: einer Sprache, deren Name ‚Natur', deren Subjekt Kapital, deren Objekt aber ein objektloses Wünschen ist.

Im Grunde sind es also drei Momente, in denen bei Hardenberg die Zeichenformen von Dichtung und Ökonomie übereinkommen oder besser: ein und dieselbe Angelegenheit darstellen. Besteht nämlich – erstens – die Effizienz des Poetischen auch bei Hardenberg in einer komplexen und dichten Verknüpfung aller Begebenheiten, so gilt dasselbe vom „merkantilischen Geiste": „Er ist der *großartige* Geist schlechthin. Er setzt alles in Bewegung und verbindet alles" (ebd., Bd. 1, 257; Bd. 3, 464). Beide Bereiche werden – zweitens – durch die Funktionsweise indirekter Werkzeuge und durch eine indirekte Wirksamkeit bestimmt. Die ‚Zauberkraft' von Geld wie Poesie besteht darin, dass sie Vermittlungen herstellen, dass sie starre Zweck/Mittel-Verhältnisse und lineare Kausalitäten auflösen, um sie in Regelkreise, in zirkuläre Kausalketten zu transformieren. Das heißt bei Hardenberg „Belebung", eine Belebung, die von den „wunderbaren Werkzeugen" der Dichter wie vom Geld in der neuen Nationalökonomie gewährleistet wird: Das Geld ist „zum Beleben" da (ebd., Bd. 2, 662; Bd. 1, 211; vgl. Stadler 1980, 194; Gießmann 2006, 178–180). Darum sind sie – drittens – schließlich auch durch eine konstitutive Selbstreferenz bestimmt. Stehen die Signifikanten ‚blaue Blume' und ‚Gold' im *Heinrich von Ofterdingen* für poetische wie ökonomische Symbolhaftigkeit, so liegt ihre strukturierende Funktion hier wie dort darin, dass sie sich als potenzierte Zeichen, als Zeichen von Zeichenhaftigkeit setzen und damit nichts als die Verknüpfungsbedingung der jeweiligen Semiosen definieren. Das Gold dieses goldenen Zeitalters ist keine Substanz, keine Kostbarkeit, kein verborgener Schatz, kein greifbarer Besitz. Und wie die ‚blaue Blume' die Sache ist, ohne die Sache zu sein, wie sie nur endlose Verweise, Verwandlungen und Substitutionen umschließt (vgl. Kittler 1986, 485; Phelan 1984, 312), so ist das Goldene am Gold nur ein Fließen und eine grundlegende Substitution, die alles mit allem verwechselbar macht. Das Symbol der Blume bewirkt ebenso wie das „Symbol des Goldes" – nach Friedrich Schlegels Diktum –, dass alles zusammenhängt und doch unverständlich bleibt; sie stehen im „Centrum" des

Romans (zit. nach Novalis 1977 ff., Bd. 1, 188), der selbst kein Zentrum hat. Das ist offenbar der Posten eines transzendentalen Signifikats: durch nichts zu ersetzen und doch Bedingung aller Ersetzungen; in die Mitte des Textes platziert und doch Ort unendlicher Mediationen. Dichter, Kaufleute und Bergmänner ahnen das und präsentieren sich auf unterschiedliche Weise als Vertreter desselben esoterischen Wissens. Hardenbergs *Heinrich von Ofterdingen* verhält sich in dieser Hinsicht als poetische wie ökonomische Programmschrift und damit als Manifest einer Regulationsidee, die auf universale Vermittlung, Selbststeuerung und Selbstreferenz setzt.

Durch diese Koinzidenz erklärt sich auch, wie dieser Roman sich als Überbietung von Goethes *Wilhelm Meisters Lehrjahre* versteht und diese Überbietung nicht zuletzt durch eine Kritik an dessen ‚Oeconomie' oder genauer: durch eine Kritik an dessen ökonomisch-poetischem Komplex motiviert (→ III.9. ENTWICKLUNGS- UND BILDUNGSROMAN). Auch diese Auseinandersetzung lässt sich keineswegs auf die notorische Gegenüberstellung von Dichtung und Wirtschaft reduzieren. Liegt nämlich der „poetische Effekt" in Goethes Roman gerade darin, dass Meister von seinen Theaterplänen abgebracht, aufs Ökonomische gelenkt und somit „indirect" gesteuert wird (Novalis 1977 ff., Bd. 3, 639), so ist eben diese Steuerung für Hardenberg noch nicht poetisch, d. h. indirekt, d. h. ökonomisch genug. Immer noch ist es das Kameral- oder Polizeykollegium der Turmgesellschaft (→ POLIZEY), das planend und intervenierend im Hintergrund steht, als eine Instanz also, die heimlich und unbemerkt wirkt, vermittelt und reguliert, selbst aber nicht wirklich reguliert und vermittelt wird (vgl. Stadler 1981, 152). Insgesamt ist *Wilhelm Meister* als Figur und Text durch sein Ende beschränkt, durch ein Ende, dem der *Ofterdingen* als Text und Figur schließlich Endlosigkeit und ein endloses Prozessieren entgegensetzt. Ein doppeltes, sowohl enzyklopädisches wie ökonomisches Projekt: Wo *Wilhelm Meisters Lehrjahre* als Roman unter Romanen sich in den Aktenschränken des Turms wiederfindet und vollendet, kann der Roman aller Romane selbst nicht weniger als „eine ganze Bibliothek, vielleicht die Lehrjahre einer Nation" (Novalis an Caroline Schlegel, 27. Februar 1799, zit. nach Beck 1976, 13) enthalten und somit nur unabschließbar sein.

Das „Evangelium der Ökonomie" (Novalis 1977 ff., Bd. 3, 647), das Hardenberg an Meisters Bildungsgang moniert, wird in der Bildung des Ofterdingen durch eine reformierte Ökonomie überboten, deren Begriff um 1800 erst im Begriff ist, sich zu bilden. Hardenberg spricht in seinen Notizen zu Goethe von *der* Ökonomie also stets in einem doppelten Sinn: von einer, die sich zuletzt durch Zweck/Mittel-Verhältnisse, egoistische Absichten, Resultatslogik und einen willkürlichen Plan definiert und sich im *Wilhelm Meister* als eine „poëtisirte bürgerliche und häusliche Geschichte" manifestiert („Sehr viel Oeconomie – mit prosaischen, wohlfeilen Stoff ein poëtischer Effect erreicht"; ebd., Bd. 3, 638–639); und von einer anderen Ökonomie, in der Zwecke und Mittel, Ursachen und Wirkungen ineinander übergehen, in der es keine ökonomische Teleologie, sondern nur eine Teleologie des Ökonomischen gibt. In dieser reformierten und neuesten Ökonomie vollzieht sich eine unendliche Vermittlung, in der jedes Resultat zu seinen Bedingungen, jeder Ausgangspunkt zu sich selbst und jeder Zweck als Funktion seiner Mittel zurückkehrt. Wie damit gerade das Geld als emanzipiertes, autonom gewordenes Mittel der → ZIRKULATION einen unendlichen Prozess unterhält, so ist ein Prozess dieser Art nichts anderes als ‚schön': „Jedes ächte Mittel ist das wesentliche Glied seines Zweckes, daher bleibend und unvergänglich wie dieser. Umgekehrter Proceß, wo das Mittel die Hauptsache und das Resultat die Nebensache wird: schöner Proceß" (ebd., Bd. 2, 561).

Entsprechend gibt es für den *Heinrich von Ofterdingen* weder Ende noch Ziel, weder wirkliche ‚Lehrjahre' noch ein ‚Wohin'. Er kennt keinen direkten Zugriff, kein Kalkül der Mittel und Zwecke, keine Teleologie, die sich nach einem Verhältnis von Absichten und erreichten Zielen bemisst. Der Held, der im Roman Zufällen und Begebenheiten erliegt und immer schon ein passiver war, ist noch passiver geworden, tritt selbst in den Regelkreis ein und erscheint handelnd nur als Leidender. Er wirkt nur, indem er bewirkt wird, er bewegt nur, indem er bewegt wird, er modifiziert nur, indem er modifiziert wird, er affiziert nur, indem er affiziert wird: Das ist die Regel seiner Hervorbringung und das, was man seine romantische Karriere oder Bildung nennen kann. Ganz konsequent gehört es darum zu einer neuartigen Definition des Romans, dass dieser selbst nirgendwo ankommt, kein Ende, kein Ziel, keinen Endzweck, keine Absicht und „kein bestimmtes Resultat" verrät; er ist nicht das „Bild und Factum eines *Satzes*", d. h. einer Setzung oder Fest-Stellung (Novalis 1977 ff., Bd. 2, 570). Nur auf diese Weise handelt er vom Leben, stellt er Leben selbst dar. Er realisiert sich darum *de jure* als „*eine unendliche Reihe* von Sätzen", die sich nicht von einem Ende, Ziel, Resultat oder Zweck her, sondern nur nach dem „Gesetz ihrer Fortschreitung", als fortschreitende Retardierung beurteilen lässt (ebd.). Der Roman wird darum keine wirkliche und abgeschlossene Handlung darstellen, er wird selbst vielmehr ein unabschließbares (diskursives, sprachliches) Handeln sein, ein Handeln nämlich, das nichts als die Ökonomie seiner Zeichenordnung realisiert: „[W]o viele Worte sind, müssen auch viele Handlungen sein – wie mit dem Geldumlauf" (ebd., 258). Das Romantische wird, ebenso wie eine „schöne liberale Ökonomie", zum Kriterium und Test für die autoregulative Kraft von Funktionssystemen überhaupt: Das gilt für ein Wissen von der Regierung ebenso wie für die Ordnung des Romans.

1797

Für die entstehende Nationalökonomie wie für eine romantische Ökonomie gilt also: Geld wird Geld nur durch Übertragungen, und es bewegt, sofern es selbst bewegt wird. Es sind gerade die Referenzlosigkeit des Wertzeichens und die Selbstreferenz des Systems, die unendliche Vermittlungen stiften und die Dynamik ökonomischer Prozesse motivieren. Dabei lässt sich der Augenblick einer Umstellung von repräsentativen zu funktionalen Qualitäten des Zeichens – und damit einer der Entstehungsorte romantischer Symbolordnung – zumindest rückblickend bestimmen, und zwar als ein Datum, das von den Zeitgenossen als „unglaublich", „beunruhigend" und „äußerst bedenklich" wahrgenommen wurde, als ein bestürzendes Ereignis, als das „Schrecklichste, was die Vorstellungskraft sich denken kann", zugleich aber auch als eine der „schönen Erfahrungen, die in diesem Jahrhundert im Fache der Nationalökonomie gemacht worden sind" – jedenfalls als ein Epochenwechsel hinsichtlich des ökonomischen Zeichengebrauchs ([Anon.] 1797, 1, 43, 48, 80; Say in: Ricardo 1821, 503; Thornton 1803, 511). Es handelt sich dabei um jenen für das europäische Finanzwesen denkwürdigen 26. Februar 1797, an dem die Bank von England per Parlamentsbeschluss von der Verpflichtung befreit wurde, Banknoten in Münzgeld einzuwechseln und damit eine beständige Deckung des umlaufenden Papiergelds zu garantieren (Bank Restriction Act).

Einerseits liegt das Unerhörte dieser ökonomischen und rechtlichen Operation für die zeitgenössischen Beobachter darin, dass die Weigerung, in Metallgeld zu zahlen, mit der Weigerung, überhaupt zu zahlen, zusammenzufallen scheint und somit eine konstitutive Insolvenz des Finanzsystems offenbart. Andererseits markiert sie eine neue Herausforderung für die ökonomische Analyse und eine Diskontinuität im Grundriss ökonomischen Wissens selbst: nämlich jene Differenz zu denken, dass man auf dem Anspruch auf ein Pferd nicht reiten, mit dem bloßen Anspruch auf Geld aber Zahlungen machen kann (vgl. Schumpeter 1965, Bd. 1, 406). Schließlich ist es gerade diese Differenz, die Autoren wie Adam Müller vor Augen haben, wenn sie in der Entscheidung der Bank von England eine „große" und noch nicht „hinlänglich bearbeitete und gewürdigte Weltbegebenheit", mithin eine Art fiskalischer Erhabenheit beobachten und diese gegen das System der französischen Assignaten absetzen (A. Müller 1922, Bd. 1, 434–435; vgl. A. Müller 1827).

Denn dies bedeutet zunächst, dass sich im ökonomischen Verkehr ein klarer Unterschied zwischen Wertrepräsentanz und Zeichengebrauch manifestiert. Während also im Umkreis der deutschen Romantik die Assignate – „unzertrennlicher Begleiter" der Französischen Revolution und Dokument der „Zerrüttung" – als repräsentatives Geldsystem begriffen, mit dem Repräsentativsystem der Nationalversammlung zusammengedacht und als „künstliche[r] Cement" des Staates interpretiert wird (Gentz in: d'Ivernois 1797, 377; E. Burke 1793, Bd. 1, 169, und

Bd. 2, 36–37), hängt mit Blick auf die englische Finanzreform der Wert der zirkulierenden Zeichen nicht an Vorstellungen von einer intrinsischen oder äußerlichen Wertsubstanz (Münzgeld, Boden oder Schatz), sondern an dem Vermögen, mit Zahlungen bloß weitere Zahlungen zu ermöglichen: „Das Geld ist nur Geld, indem es übertragen wird" (A. Müller 1931b, 55). Je lebendiger die Ökonomie, so heißt es bei Adam Müller, desto mehr schwindet die materiale Wertgarantie ebenso wie die repräsentative Kraft der Metalle, also die Dichotomie von Zirkulation und Akkumulation (A. Müller 1922, Bd. 2, 104–105). Gerade darum kann nun die Geldtheorie als Ort effektiver Fiktion und ‚Dichtung' formuliert werden, in der der Umlauf des Scheinhaften tatsächlich zur Determinante ökonomischer Relationen wird (vgl. Thornton 1803, 27–34). Zugleich unterbricht diese Ökonomie den geschlossenen Zyklus von Schuld und Tilgung und rekurriert auf einen virtuell unendlichen Aufschub, der die Zeit als dezentrierenden Faktor einführt. Und diese Macht einer stets offenen Zukunft markiert schließlich ein wesentliches Fehlen als das in sich verschobene Zentrum dieser Bewegung: Die → ZIRKULATION verläuft nicht über fortschreitende Kompensationen, sondern über die Proliferation einer uneinholbaren Schuld – eine Verzeitlichung, die sich bis auf weiteres als Unaufhörlichkeit des Systemverlaufs installiert.

Während das Metallgeld zum Zweck und zur Ware geworden ist und mit einem schwankenden Universum allgemeiner „Conkurrenz" eine der ruinösen „Haupttendenzen dieses zersprengten Geschlechts" repräsentiert, vollendet sich romantische Geldtheorie in Kredittheorie und basiert auf der kredittechnischen Paradoxie eines „sich selbst garantierenden Gelds" (A. Müller 1922, Bd. 1, 435, und 1816a, 97). Einerseits wird damit eine unausgeglichene Schuld zum Kriterium einer Kohärenz, die das ökonomische System, aber auch dessen soziale Bindungskräfte organisiert. Es ist, wie Adam Müller sagt, nicht die Gegenseitigkeit eines *contrat social*, sondern ein „freyes und unendliches Contrahieren und Wechselverpflichten der Personen unter sich", das den Zusammenhalt des Sozialen ausmacht und in dessen Mittelpunkt „das Wortgeld", der „Credit" und seine „unsichtbaren Kräfte", d. h. ein unerlösbarer Schuldzusammenhang stehen: Das macht die englische Banknote zum „vermittelnden Punkt", das ist das „im Gelde liegende große gesellschaftliche Verpflichtungs- und Glaubensband", das ist „die Kette der Gesellschaft" und das „Bindungsmittel des Staats" überhaupt (A. Müller 1816a, 28, 89–90, 163, 178, 252; ähnlich Gentz 1839, 280–281, 296–297; vgl. Palyi 1916; Wirtz 1998; Vogl 2004a, 255–288; → KREDIT UND SCHULD[EN]). Andererseits werden dadurch Mangel und Knappheit zum Angelpunkt sozialer wie ökonomischer Kohäsion. Romantische Ökonomie ist in dieser Hinsicht nicht nur auf eine Theorie des zirkulierenden (National-)Kredits aufgebaut, wie er auch bei Friedrich Schlegel als „Potenzierung des Staats" und glückliche „Antizipation der Zukunft" erscheint (Schlegel 1958 ff., Bd. 6, 77; in Tiecks *Fortunat* ist der Nationalkredit in Gestalt des unerschöpflichen

‚Glücksäckel' zum Wunschobjekt des stets bankrotten englischen Königs geworden; vgl. Bergengruen 2019a; → BANKROTT); und sie motiviert nicht nur eine Parallelisierung von Kreditgeld und poetischem Genius, wie sie etwa in der Papiergeld-Szene aus Goethes *Faust II* aufgeführt wird (vgl. Hamacher 1994; Vogl 2004a, 325–328). Sie versteht sich vielmehr als Libido-Ökonomie in einem prägnanten Sinn. Wenn es nämlich die Aufgabe des Regierens ist, fürs Begehren zu sorgen und die Wünsche zu lenken, so wird, nach Adam Müller, mit dem umlaufenden Kredit das neueste und wirksamste Mittel bereitgestellt.

Der Kredit repräsentiert das Unstillbare der Bedürfnisse, in ihm treffen sich ein „unendliches Verlangen der Aneignung" und ein „unendliches Versagen"; und wenn es gerade der „Credit" ist, wonach „sich jedermann sehnt", so deshalb, weil er als Objekt des Wünschens zugleich sein eigenes Fehlen umschließt (A. Müller 1816a, 82, 170–171, und 1931a, 88). Er ist das Ganze des Zusammenhangs, das ebenso gänzlich jedem und jeder fehlt und deshalb wiederum alle mit allen in der Gemeinsamkeit ihres Mangels kommunizieren lässt. Der Kredit verkörpert eine hemmende Realisierung der Begierden und verwandelt deren affirmative Kraft in eine Reserve, die das Vorhandensein des Nicht-Vorhandenen in den Dienst der Institutionen stellt. Als „Hypothek der Hypotheken" wie als „Produkt aller Produkte" (A. Müller 1816a, 82, und 1931a, 88) steht er für die Herstellung von Interdependenz und Verbindlichkeit schlechthin. Was nun eine Gesellschaft produziert, sind keine Überschüsse, sondern der Kredit, der sie zusammenhält, und das bedeutet: Jede gesellschaftliche (Selbst-)Produktion ist nun nichts anderes als ein Produzieren von Knappheit, Mangel und Schuld. Die romantische Ökonomie hat also eine Theorie öffentlichen Kredits zur Sozialtheorie gewendet und damit eine grundlegende Reform der Regierungstechnologie konzediert.

Wenn Adam Müller vor diesem Hintergrund die „Seele" des Gelds nicht im Tausch, sondern im Kredit, im öffentlichen Kredit wiederum die Seele des Staates und in der Bank von England schließlich dessen Verkörperung, die „Personalität aller Personen" erkennt (A. Müller 1922, Bd. 2, 98, und 1816a, 255–256), so reagiert er zumindest in diesem Punkt auf eine Veränderung der Macht und ihrer Transmissionen, die sich aus der Funktionsweise moderner Ökonomie ergibt. Denn dieser „Mittelpunkt des Staatswesens" kann weder durch eine handgreifliche Sache, noch durch einen „Universalmonarchen" oder einen Kodex von Rechten repräsentiert werden: „Hier gibt es weiter keine Repräsentation" (A. Müller 1816a, 94–95). Das leere Zentrum des Staats ist nicht durch ein Rechtsinstitut oder eine Polizeianstalt auffüllbar. An deren Stelle tritt vielmehr die unendliche Vermittlung selbst (vgl. Achermann 1997, 273–307), eine unendliche Mediation von Geld, Schuld und Kredit, die schließlich davon zeugt, dass die Zentren moderner Macht weniger als souveräne Instanzen oder Speicher einer rechtlich codierten *potestas*, sondern als Wechsler, Konverter und Oszillatoren der zirkulierenden Ströme funktionieren. Bei allen Seltsamkeiten seiner Staatstheorie hat Adam Müller also begriffen, dass die Zirkulation, das Kreditgeld und das neueste Bankwesen nicht nur eine Herausforderung für einen modernen Staatsbegriff darstellen, sondern dass diese Funktionen zugleich einen neuen und exemplarischen Fall für eine Analyse von Machtrelationen abgeben, für eine Machtanalyse also, die sich weder an der Rechtsförmigkeit souveräner Gewalt noch an der Steuerungsfähigkeit von Institutionen orientiert, sondern sich um die Wirksamkeit autoregulativer Prozesse dreht.

Organismus

Die Beobachtung ökonomischer Prozesse provoziert in der ‚romantischen Ökonomie' um 1800 also eine Beschreibung von Regelkreisen und selbstreferentiellen Strukturen, die eine grundlegende Transformation ökonomischen Wissens kennzeichnen und den Geltungsbereich von traditionellen Repräsentations- und Funktionsmodellen der politischen Regierung – Verfassungen, Gesetze, Institutionen – überschreiten. Politische Kybernetik stößt damit auf ein doppeltes Problem. Einerseits geht es darum, die deterritorialisierten Bewegungen zu reterritorialisieren, die decodierten Ströme zu recodieren und in der allgemeinen „Tendenz zum Zerfließen" feste Punkte, Orte und Formen aufzufinden, wie es in Novalis' *Glauben und Liebe* heißt: „So nöthig es vielleicht ist, daß in gewissen Perioden alles in Fluß gebracht wird, um neue, nothwendige Mischungen hervorzubringen, und eine neue, reinere Krystallisation zu veranlassen, so unentbehrlich ist es jedoch ebenfalls diese Krisis zu mildern und die totale Zerfließung zu behindern, damit ein Stock übrig bleibe, ein Kern, an den die neue Masse anschließe, und in neuen schönen Formen sich um ihn her bilde" (Novalis 1977 ff., Bd. 2, 490).

Andererseits geht es darum, den Widerstreit in den Konstitutionsbedingungen des Regierens – wie er etwa durch die unterschiedlichen Steuerungsformen von Recht, Polizei und ökonomischer Funktion gegeben ist – aufzulösen und in eine gemeinsame Form, in eine gemeinsame Staats-Form zu transformieren. Dies führt um 1800 zu der auf unterschiedliche Weise formulierten Frage, wie sich die Dynamik der Ökonomie in einer staatlichen Einheit recodieren lässt: sei es auf einem Territorium, auf dem – wie in Fichtes *Geschlossenem Handelsstaat* – die Grenzen souveräner Gewalt mit der Reichweite ökonomischer Operationen koinzidieren; sei es in ständischen Ordnungen, die – wie bei Adam Müller – funktionale Differenzierungen in Hierarchien überführen; sei es im Modell einer monarchischen Haushaltung, das – wie in Novalis' *Glauben und Liebe* – eine liberalistische Selbstorganisation mit den Strukturen des alten *oikos* überblendet; oder sei es schließlich – wie bei Wilhelm von Humboldt – im Versuch, die „Gränzen" von Staatlichkeit selbst zu bestimmen (Humboldt 1903). Ausgangspunkt dieser verschiedenen Spielarten von Staatsdenken ist also nicht eine Vertrags-, sondern eine Kräftelehre und in dieser wiederum ein Wissen von der Selbstreproduktion elementarer Prozesse. Die Seinsweise von Regierung und Staatsform jedenfalls ist ungewiss geworden und führt zu einer transzendentalpolitischen Frage, zur Frage etwa nach der „Auflösung des hauptpolitischen Problems": „Ist ein politisches Leben möglich? / oder / Sind Verbindungen der entgegengesetzten *politischen Elemente* a *priori* möglich?" (Novalis 1977 ff., Bd. 3, 287)

Die politische Romantik führt damit an das Problem heran, wie und wo das politökonomische Wissen einen Widerstreit des Regierens und damit eine unerledigte Option enthält. Während nämlich der Staat als repräsentatives und „rechtliches Institut" bzw. „Defensivanstalt" an den tatsächlichen Verbindungen und Interdependenzen vorbeigeht, verlangt umgekehrt die Anhebung des ökonomischen Verkehrs zur staatlichen Form eine „politische Quadratur des Zirkels" (ebd., 495). Und während das eine nicht in die tatsächlichen Funktionsweisen herabreicht, steigt das andere nicht zu einer wahrhaft gesetzmäßigen Vereinigung hinauf und ist in dieser Hinsicht „antisystematisch". Wie lässt sich die Deterritorialisierungsbewegung der „liberalen Oeconomie" begrenzen? Wie lässt sich ein einheitlicher Staatskörper erzeugen, in dem Funktionsweisen zugleich gesetzgebend sind? Wie kann das neueste ökonomische Wissen zur Gründungsszene souveräner Gewalt werden? Welche Zentralmacht kann die kontingenten Daten, die Regelkreise, die Proliferation von Zeichenketten und Leidenschaften organisieren? Und wo ist schließlich der Ort, an dem diese Verbindung als ‚Staat' erfahrbar wird? Es werden Gesetze gefordert, die Gesetze überflüssig machen, Konstitutionen, die nicht „papierner Kitt", sondern empfunden sind; und die „vollkommene Verfassung" umschließt „Staatskörper", „Staatsseele" und „Staatsgeist" zugleich: „Sind die Glieder genau bestimmt, verstehen sich die Gesetze von selbst" (ebd., 284; Bd. 2, 488).

Die (transzendentale) Synthesis des Staatskörpers verlangt demnach Bindungen, die die Regelung disparater Leidenschaften und Interessen unmittelbar repräsentativ machen, mithin ein Gesetz, das ökonomische Prozesse, libidinöse Energien und Rechtssätze zur Deckung bringt. Ausgehend von Überlegungen dieser Art lässt sich erkennen, dass gerade aus den neuesten – autoregulativen – Modellen der politischen Ökonomie der Impuls und die Notwendigkeit entstammt, die geläufigen Analogien zwischen politischem und natürlichem Körper mit dem Begriff des Organismus zu reformieren. Denn im Umkreis der romantischen Naturphilosophie – und im Verweis auf Kants Kritik der teleologischen Urteilskraft – erscheint die Differenz organischer Wesen zum Mechanismus gerade darin, dass sich dort Zwecke und Mittel, Ursachen und Wirkungen wechselseitig bestimmen, jedes Produkt zugleich ein Produzierendes ist und damit eine in sich selbst zurückgebogene Kausalität und eine autopoietische Organisation präsentiert. Damit erscheint der Lebensbegriff der Physiologie – im Brownismus etwa – durch eine Dauererregung definiert, die sich in einer sich selbst stimulierenden Bewegung begründet: ein System im Ungleichgewicht, das auf äußere Irritationen mit komplexen internen Verarbeitungen reagiert (vgl. J. Brown 1798, 40). Leben ist ein Reaktionsprinzip gegen seine eigene Zerstörung, ein Widerstand gegen das Absterben, es ist die „continuierliche Wiederherstellung und Störung des Gleichgewichts" und equilibriert sich schließlich nur im Tod (Schelling 1927, 579).

Wie die politische Ökonomie lässt sich auch die Physiologie um 1800 als ein Wissensgebiet fassen, das sich am Prinzip der Selbstregulierung konstituiert. Und der politische Rekurs auf das organologische Modell appelliert damit an eine neue Form sozialer bzw. politischer Kybernetik, die selbstregulierende Steuerungen in die Regierungsprozedur inokuliert und damit Systeme vorstellt, die nun „die Elemente, aus denen sie bestehen, durch die Elemente, aus denen sie bestehen, reproduzieren" (Luhmann 1989, 227). Der Organismus ist damit keine politische Metapher. Die Konjunktur seines Begriffs rührt vielmehr daher, dass er sich als Antwort auf die Frage begreifen lässt, wie man eine systematische Koinzidenz von dynamischen Prozessen und stabilen Strukturen auffinden kann. Da das Modell des Organismus nur der Organismus selbst sein kann und eine Unterscheidung von Organismus und Sozialem überhaupt wenig Sinn macht (vgl. Canguilhem 1975, 333; Matala de Mazza 1999, 144–161), ergibt sich angesichts der neuen Steuerungsprozesse die Selbstorganisation der *societas societans* nicht in bloßer Analogie zur organischen Natur, sondern durch die Beobachtung derselben Funktionsprinzipien. Hier wie dort geht es um den Zusammenhang von Teilen, die „von einander wechselseitig Ursache und Wirkung ihrer Form sind"; und hier wie dort geht es um ein Leben, das sich in der „Rückkehr seiner zu sich selbst" bestimmt (Kant 1956 ff., Bd. 5, 485).

Entsprechend zeigt sich der Staat bei Novalis und Adam Müller als die Fortzeugung selbstähnlicher Strukturen in der Figur des „Makroanthropos", der nicht eine Versammlung von einzelnen, nicht eine Repräsentation von Repräsentierten und nicht die Zusammensetzung der Teile zu einem Ganzen vollzieht, sondern sich in sich selbst abbildet, immer und überall zugleich ist und sich in jedem seiner Teile hervorbringt: „Anwendung des Systems auf die Theile – und der Theile auf das System und d[er] Theile auf die Theile. Anwend[ung] des Staats auf die Glieder und der Glieder auf den Staat und d[er] Glieder auf d[ie] Glieder. Anwend[ung] des ganzen Menschen auf die Glieder, der Glieder auf den Menschen – der Glieder und Best[and]th[eile] untereinander" (Novalis 1977 ff., Bd. 3, 333). Das ist schließlich die erwünschte „Transsubstantiation" des Staates zu dem einen, gesetzmäßigen, fühlbaren und sich selbst fühlenden Leib; zu einem sozialen Apriori, das das Ich zum Ich, den Menschen zum Menschen macht und ohne dessen Bedingung man „nicht hören, nicht sehen, nicht denken, nicht empfinden, nicht lieben kann" (A. Müller 1922, Bd. 1, 31); und das ist jenes autopoietische System, das Funktionsweisen zum Gesetz, Gesetze wiederum überflüssig macht und die Vollendung des Regierens dort erkennt, wo es sich nach wirksamen und zugleich unbewussten Prinzipien organisiert: Der Staat bestimmt sich nach den autoregulativen Prinzipien der Ökonomie und diese wiederum als „Lebens-Ordnungslehre" überhaupt (Novalis 1977 ff., Bd. 2, 606).

Zusammenfassend lässt sich sagen: An der Schwelle zum 19. Jh. hat sich in der politischen Ökonomie mit der Beschreibung von Wertbildung und Marktmechanismen ein Wissen von autoregulativen Prozessen verfestigt, das sich im Rekurs auf Regelkreise und Selbstreferenz von den Maximen älterer Regierungsmacht unterscheidet. Dieser Bruch dokumentiert eine Neuorganisation des Regierungswissens, in dem nun Ökonomie und Politik, Staat und Gesellschaft einander als unterschiedliche und unterschiedlich strukturierte Funktionssysteme gegenübertreten werden. Gerade vor diesem Hintergrund kann man die ‚romantische Ökonomie' als einen Versuch begreifen, die divergierenden Faktoren politischer Regierung noch einmal in ein einheitliches, kohärentes und ‚organisches' Modell zu integrieren, in dem Repräsentieren, Regieren und Begehren als Manifestationsweisen desselben Gesetzes erscheinen. Rückkopplungen, Selbstreferenz und die Zirkulation von Kredit, d. h. von Schuld und Mangel, stehen für eine Modernisierung von Steuerungstechniken, die die rechtliche wie polizeyliche Seite staatlicher Regierung unterlaufen und im Modell des Organismus eine reformierte Konkretion erfahren. Die politische Romantik oder die ‚romantische Ökonomie' sind in dieser Hinsicht weder prä- noch antikapitalistisch, sondern para-kapitalistisch, d. h. bereit, das neueste Wissen vom Stand ökonomischer Funktionssysteme in eine allgemeine Gesellschaftslehre zu integrieren. So ephemer oder wirkungsvoll diese Projekte auch gewesen sein mögen – gerade mit ihrer inneren Spannung zwischen autopoietisch und segmentär geordneten Systemelementen markieren sie eine exemplarische Problemlage für die Genealogie modernen Regierungswissens, und zwar in mehrfacher Hinsicht: in der Überlegung, dass der Staat nicht als autonome Quelle der Macht, sondern selbst nur als ein Prozess fortwährender ‚Durchstaatlichung' beschreibbar ist; in der Frage, durch welche Operationen nun rechtliche Codierung, disziplinäre Kontrolle und Selbstorganisation aufeinander bezogen sind und eine Effizienzsteigerung des Regierens garantieren; schließlich in der Notwendigkeit, Gesellschaftsmaschinen als Wunschmaschinen zu begreifen und damit die neuen politischen Fragestellungen als die einer politischen Anthropologie zu fassen, die rationale Subjekte und Automaten des Begehrens zugleich hervorbringt.

III.11. Oikos und Ökonomie im Volksstück
Caroline Forscht

Unter dem Begriff ‚Volksstück' firmieren verschiedene heterogene Untergattungen, die sich bis zum Ende des 19. Jh.s auch als Unterhaltungstheater fassen lassen. Im Kontext der Wiener Theatergeschichte, wo mit dem Kärntnertortheater bereits Anfang des 18. Jh.s eines der ersten stehenden deutschsprachigen Theater gegründet wurde, das ein breites Publikum, den ‚Pöbel' wie den Adel, unterhielt, ist damit eine bestimmte Theatertradition verbunden (vgl. Aust u. a. 1989, 114–149; T. Schmitz 1990). Als Gattungsbezeichnung taucht ‚Volksstück' erstmals prominent in Karl Friedrich Henslers Gelegenheitsstücken *Alles in Uniform für unsern König! Ein Volkslustspiel* (1794) und *Die getreuen Oesterreicher, oder das Aufgeboth. Ein Volkstück mit Gesang* (1797) auf. Vor dem Hintergrund der napoleonischen Kriege sendet das Unterhaltungstheater hier patriotische Appelle, die sich an das ‚Volk' richten.

Diesen patriotisch-nationalistischen Unterton beerbt dann eine Debatte, die 1840/1841 in der Wiener Theaterpresse geführt und in der das Volksstück geradezu zu einem programmatischen theaterkritischen Kampfbegriff wurde. Stein des Anstoßes dafür war die vermeintliche Überflutung heimischer Bühnen mit dem französischen Vaudeville, gegenüber der sich die lokale Tradition der Wiener Posse patriotisch zu erwehren hätte. Die Unkenrufe, die das ‚Volksstück' kontinuierlich vor seinem Niedergang warnten, wurden also schon laut, als das Programm ‚Volksstück' überhaupt erst entworfen wurde. 1841 empfahl die Theaterpresse den Wiener Unterhaltungsdramatikern, sich das „lokale Gepräge der Charaktere", die „Lokaloriginalität" und „Volksthümlichkeit" zum Vorbild zu nehmen, und verordnete dem Theater einmal mehr eine didaktische Funktion. Das Volk solle sittlich und moralisch gebildet werden, indem die „*Lächerlichkeit* unserer Zustände *niederkomisch* [...] *idealisir[t]*" werde (Saphir 1841, 50). Statt bloß das Zwerchfell kräftig durchzurütteln oder satirisch zu kritisieren, sollte sich nunmehr das „*Pöbelstück*" (ebd.) dank seiner gravitätischen Aufgaben – der Abbildung und Bildung des Volkes – unter der Hand zum Volksstück veredeln (vgl. Yates 1985; Hein 2001). Damit läutete die theaterpublizistische Debatte auch eine Wendung vom komischen Lachtheater zu ernsteren Formen des ‚Volksstücks' ein, die sich in der Geschichte der komischen Unterhaltungsformen niederschlagen sollte. Wo bei Autoren wie Friedrich Kaiser ab Mitte der 1840er Jahre und später bei Ludwig Anzengruber um 1870 moralisierende, idealisierende und schließlich tragische Elemente die komischen überwiegen sollten, beharrte Johann Nestroy auf einer bissigen Satire, für die ihn die Theaterkritik aburteilte.

Den publizistischen Volks- und Theatererziehern geriet in der Debatte selbstredend aus dem Blick, dass das Volk ein so konzipiertes belehrendes Volksstück nicht unbedingt goutieren wollte. Dass damit die ökonomische Grundlage der Vorstadttheater, die sich durch Kartenverkäufe finanzierten, auf dem Spiel stand, ignorierte man willentlich. Doch gerade jene ökonomischen Notwendigkeiten und die Abhängigkeit der Theater von einem finanzkräftigen Publikum, dessen Geschmack nicht notwendigerweise ‚verfeinert' war, das vielmehr abwechslungsreich und kurzweilig unterhalten werden wollte, war Teil des theaterkritisch diagnostizierten Übels. Gefiel ein Stück nicht, wurde es abgesetzt. Es musste schnell für Nachschub gesorgt werden, sonst blieben die Kassen leer. Die Unterhaltungsdramatiker, die sich über eine wenig lukrative Bezahlung pro Stück finanzierten, waren ihrerseits darauf angewiesen, zügig und *en masse* Stücke fertigzustellen. Eben deshalb übersetzten und adaptierten sie Vorlagen aus den europäischen Theatermetropolen, allen voran aus Paris. Dass der Ruf nach Novitäten groß war und die kommerziellen Theaterbetriebe unter Druck standen, konzedierte auch Moritz Saphir, Herausgeber des *Humoristen* und theaterkritischer Vorreiter der Volksstückdebatte. Nicht zugestehen wollte er aber, dass für die Theaterdirektoren daher der aktuelle Geschmack des Publikums im Austausch gegen Eintrittsgelder mehr galt als theaterkritische Programme. Saphir wetterte insbesondere gegen den vermeintlich nur von schnöder Wirtschaftlichkeit geleiteten Direktor Carl Carl – einer der wenigen kommerziell erfolgreichen und nicht ständig bankrotten Theaterdirektoren in der Vorstadt. Er entrüstete sich weniger über Carls harte, ebenso berühmte wie berüchtigte Personalwirtschaft. Saphir echauffierte sich vielmehr darüber, dass Carl das Unterhaltungs- und Abwechslungsbedürfnis seines Publikums bediente und einer ‚Schaubühne ohne höhere Ansprüche' frönte. Dabei gab Carl der Erfolg recht, sein Theater zog das ‚Volk' an.

Die Volksstückdebatte in der Wiener Theaterpresse verkannte nicht bloß unterhaltungs- und zeitökonomische Aspekte eines Theaterbetriebs, der ohne Subventionierung auskommen musste. Sie verkannte auch, dass ein alle Stände umfassendes Volks-Publikum, das für das Kärntnertortheater im 18. Jh. noch reklamiert werden konnte, im 19. Jh. längst nicht mehr existierte. Aufgrund der sozioökonomischen Lage und der Eintrittspreisgestaltung der Vorstadttheater konnte sich das ‚gemeine Volk' den Theaterbesuch selbst auf den ‚billigen Plätzen' nur ausnahmsweise leisten. Günstigere Unterhaltung fand es in Wien anderswo, Konkurrenz machten dem Unterhaltungstheater unterschiedliche Attraktionen vom Marionettentheater bis zum Wurstelprater. Das Publikum der Vorstadttheater wurde gerade zu jener Zeit, als das Volksstück das Volk belehren sollte, zunehmend bürgerlich und durch die Eintrittspreise ökonomisch selegiert (vgl. Hüttner 1986; Hein 1997, 93–106). Vor dem Hintergrund dieser sozioökonomischen Position des Publikums nimmt es nicht wunder, dass jene frühen, unter dem Sammelbegriff ‚Volksstück' etikettierten Possen bis Mitte der 1840er Jahre kaum einfache Leute aus dem Volk auf die Bühne brachten.

Vererbte Ökonomien der Komödie

Fragen der Ökonomie sind zunächst einmal durch die ökonomische Lage der Figuren allgegenwärtig. Zwar bevölkerten ab den 1840er Jahren neben Kleinbürgern, Handelsgehilfen, Handwerksgesellen und dem obligatorischen Dienstpersonal auch Arbeiterinnen und heruntergekommene arme Schlucker die Bühne. Es ist aber auffällig, dass die Possen vornehmlich in bessergestellten Milieus situiert sind und sich ein Gros des Personals aus finanziell gut abgesicherten Kreisen rekrutiert. Mal mehr, mal weniger schroff ausgeprägt, stehen sich reiche und arme Figuren gegenüber. Die Verteilung von → ARMUT und Reichtum dient dabei auch immer dazu, komische Kontraste zu erzeugen. Auf der doppelstöckigen Bühne von Johann Nestroys *Zu ebener Erde und erster Stock* (1835), wo die armen Schlucker im Parterre und die reichen Goldfüchse in der Beletage wohnen, ist dieses Verhältnis im Bühnenbild versinnbildlicht. Soziale Hierarchien sind in erste Linie als Besitz- und Wohnverhältnisse gefasst. Aber hier zeigt sich, dass gerade aufgrund der sozialen Bedeutung, die das Geld erhält, und der Beweglichkeit, die es ermöglicht, soziale Mobilität nunmehr in Reichweite scheint.

Statt dem Glück der Geburt gilt also das Glück des Geldes, anstelle des Blutadels steht ein Geldadel, der sich einen adeligen Habitus aneignet. → GELD scheint den reichen Bürgersleut' wie dem Adel in die Wiege gelegt. Bevorzugt ist man „gebohrner [sic] Millionär" (Nestroy 1977 ff, Bd. Stücke 9.2, 24) wie Goldfuchs aus *Zu ebener Erde und erster Stock*. Doch auch all die Rentiers, Kapitalisten, reichen Fabrikbesitzer, Spekulanten, Handels- und Kaufleute sind schlicht und bedingungslos reich. Geld wird in den Possen bis Ende der 1840er Jahre selten durch Arbeit verdient. Entweder man hat es, und dann im Überfluss, oder man hat keines. Eine Relation zwischen Wohlstand und Verdienst, Kapital, Gewinn und Geschäft eröffnen die Possen nicht. Und ein mittleres Maß des Wohlstandes gibt es selten.

Aus diesen Konstellationen geht bereits hervor, dass die komischen Volksstücke die Komödie und ihr Verhältnis zur Ökonomie beerben. Figurentypen – im Wiener Kontext bevorzugt Verschwender –, Dynamiken und dramaturgische Umschläge, die durch Erbschaften, Lottogewinne und andere glückliche finanzielle Zufälle ausgelöst werden, scheinen omnipräsent (→ III.7. ÖKONOMISCHE KOMÖDIEN). Nur allzu häufig entspinnt sich das Plotmuster der Heirat mit Hindernissen nun nicht länger anhand von sozialen, sondern finanziellen Mesalliancen. Um zum konventionellen Happy End zu kommen, mit dem die gesellschaftliche Reproduktion in Form von Verlobung oder Ehe in Aussicht gestellt und eine eigene Hauswirtschaft gegründet wird, muss umverteilt werden. Überall wird dann mit bereits vorhandenem Kapital gewirtschaftet, wird Handel getrieben, sei es mit Geld oder dem eigenen Glück oder aber mit zukünftigen Ehegatten und ihren Mitgiften. Konkrete Wirtschaftsweisen, die Wohlstand und Vermögen versprechen, stehen dabei zunächst im Hintergrund. Die Peripetien, die rasanten Verwandlungen von Armut zu Reichtum und *vice versa* sowie die Lösungen der Knoten bringen in der Regel nicht das wirtschaftliche Geschick der Figuren, sondern die soziale List, das Spiel oder das Glück, sei es in Gestalt der Fortuna oder in der Form moderner Kontingenz.

In den Zauberpossen, die noch bis Mitte der 1840er ein erfolgreiches und einträgliches Genre in Wien waren, sind solche Wechselfälle klassischer komischer Ökonomien zu beobachten. Hier betritt die Fortuna noch selbst in allegorischer Gestalt die Bühne oder schickt Feen und Zauberer als Handlanger aus. In Nestroys *Lumpazivagabundus* (1833) schüttet sie ihr „*Füllhorn*" (Nestroy 1977 ff, Bd. Stücke 5, 150) unter anderem über das lumpige Trio Knieriem, Zwirn und Leim aus, denen im Traum das große „Lotto-Loos" eingegeben wird. Reichtum scheint dann transzendenten Ursprungs, kann durch Zaubermacht gegeben, aber auch, wie Ferdinand Raimunds Bauer und Millionär Wurzel aus dem Stück *Das Mädchen aus der Feenwelt* (1826) erfahren muss, ebenso plötzlich genommen werden. In diesen Zauberpossen stehen Fragen der Mäßigung im Zentrum. Nestroys Trio, Raimunds Bauer, aber auch Flottwell aus Raimunds *Der Verschwender* (1834) sind so maßlos wie verschwenderisch (→ VERSCHWENDUNG, VERAUSGABUNG). Während die reichen Verschwender wie Wurzel oder Flottwell ihre Millionen verschleudern, verausgaben die armen ‚unsoliden' Vagabunden in Nestroys *Lumpazivagabundus* alles Geld, das ihnen in die Hände fällt, unverzüglich, ob für einen Schmaus, um den Mädeln den Hof zu machen, oder um sich zu betrinken.

Während die Komödie auf Mäßigung durch Einsicht oder Verlachen gesetzt hatte, bedürfen diese Figuren angesichts ihrer komischen Uneinsichtigkeit nun der Nachhilfe (→ III.7. ÖKONOMISCHE KOMÖDIEN). Das Happy End kann nur durch das beherzte Eingreifen und die zwangsweise verordnete Besserung von Feen und Zauberern gerettet werden. Erst nachdem er in einer zauberischen *tour de force* seine Jugend, seine Gesundheit und sein Vermögen verloren hat und sich als Aschenmann verdingen muss, sieht Raimunds Wurzel notgedrungen ein, dass er doch mit seinem früheren Bauerndasein zufrieden wäre. Flottwell zeigt sich ebenfalls erst einsichtig, nachdem er sein gesamtes Vermögen verschleudert und verspekuliert hat und so vom ‚Schicksal' zurechtgehobelt wurde (vgl. Fortmann 2014, 100).

Diese Mäßigung ist nicht nur brüchig, weil sie durch eine zauberische ‚Rosskur' erzwungen werden muss. Nestroys *Lumpazivagabundus* parodiert das Besserungsrezept der populären Zauberpossen mitsamt dem Zauberpersonal, das als Ordnungsmacht für Mäßigung sorgen soll. Schließlich versucht Fortuna, das maßlose Lumpentrio ausgerechnet dadurch zu bessern, dass sie es mit maßlosem Reichtum überschüttet. Diese Rechnung geht, wenig verwunderlich, nicht auf. Nur Leim, dem der Lottogewinn die Heirat mit der Tochter seines Handwerksmeisters ermöglicht, begibt sich ins eheliche und hauswirtschaftliche ‚Regiment' und wird ‚solid'. Die anderen beiden Lumpen muss Feenkönig Stellaris zwangsverheiraten und so zur Ordnung zwingen.

Komische Ökonomien und historische Verhältnisse

Diese stereotypen Versatzstücke komischer Ökonomien finden sich in der Volksstücktradition noch bis zu Ödön von Horváth. Wo in der Lokalposse mit Gesang – jener Untergattung, die an die Stelle der Zauberpossen tritt – kein Schicksal mehr das Glück und Unglück steuert, steht eine Handlungsentwicklung, durch die in unerwarteten Wendungen Betrügereien und geheime Erbschaften aufgedeckt, Verwandtschaftsverhältnisse umsortiert und so Vermögen umverteilt werden. Gar so viele verschollene Eltern oder Tanten und Onkel mit stattlichem Erbe werden aus dem Hut gezaubert, dass es den Figuren selbst unwahrscheinlich erscheint. So bemerkt Nestroys Weinberl am Ende von *Einen Jux will er sich machen* (1842) nur ironisch, es sei erstaunlich, „was 's Jahr Onkeln und Tanten sterben müssen!, bloß damit alles gut ausgeht –!" (Nestroy 1977ff., Bd. Stücke 18.1, 95)

Trotz ihres topischen Platzes in der Komödientradition ist auffällig, mit welcher Frequenz Verschwender, zusammen mit Schuldnern und Bankrotteuren in der ersten Jahrhunderthälfte über die Wiener Vorstadtbühnen gingen (→ BANKROTT). Der Grund dafür ist nicht nur das Komödienerbe des Volksstücks oder das biedermeierliche Faible für Mäßigung und Zufriedenheit. Die Häufigkeit der Figurenwahl ist auch im zeitgenössischen Kontext begründet. Nach den napoleonischen Kriegen, dem Staatsbankrott von 1811, der Papiergeldentwertung und Inflation war die Wirtschaftslage im Habsburgerreich prekär. Wenn Verschwender wie Flottwell ihren schier endlosen Reichtum durch Großzügigkeit, Prasserei, Spiel, aber auch durch Spekulationen verlieren, lagen solche Ereignisse im Rahmen dessen, was das zeitgenössische Publikum durch Berichte über spektakuläre Bankrotte aus der Presse kannte (vgl. Sandgruber 1995, 217–227). Angesichts dieser als unberechenbar wahrgenommenen wirtschaftlichen Situation propagierte das Possentheater Verhaltensweisen der Mäßigung und ökonomischen Sicherheit. Es gebrauchte dazu die tradierten Muster komischer Ökonomie, setzte sie jedoch so ein, dass sich Bezüge zur Gegenwart herstellen ließen. Insofern werden implizit Arten des Wirtschaftens abgewogen, die symptomatisch für ein Unbehagen gegenüber der gegenwärtigen ökonomischen Lage schienen (vgl. Klotz 1998, 26–35; Mansky 2015 und 2016).

Das zeigt sich gerade an Nestroys *Zu ebener Erde und erster Stock* – der ersten Posse, in der Nestroy sich der Zaubereien der Zauberposse zu entledigen begann. Märchenhafte Elemente und glückliche Handlungsfügungen bleiben zwar erhalten, wenn etwa am Ende die armen Schlucker durch einen Lottogewinn und eine Erbschaft aus dem Parterre in die Beletage umziehen. Goldfuchs dagegen ‚fällt' aus dem ersten Stock, weil er ohne Versicherung auf hoher See spekuliert, in bankrottierende Banken investiert und so alles verloren hat. Trotz der gängigen Glücksfälle überschreiten die Unglücksfälle im Detail doch stereotype komische Schicksalsschläge. Die Verweise darauf, dass sich Spekulationen versichern lassen, um Risiko zu minimieren, und Bankhäuser nicht auf einen Schlag bankrottgehen, lassen Goldfuchs weniger als bloßen Verschwender denn als unfähigen → SPEKULANTEN erscheinen. Schließlich rettet Hausherr Georg Michael Zins seine Investitionen vor dem Bankrott aus der gleichen Bank. Doch Zins ist auf der doppelstöckigen Bühne, auf der sich durch den Tausch von arm und reich soziale Beweglichkeit abbildet, ohnehin die einzige Figur, die sich durch ökonomische Stabilität auszeichnet, da sein Kapital, das Haus, im Gegensatz zum Geld eben buchstäblich immobil ist.

Dass Mietverhältnisse, die zeitgenössisch aufgrund der steigenden Einwohnerzahlen in Wien, der sozialen Umschichtungen und wirtschaftlichen Veränderungen brisant wurden (vgl. Sandgruber 1995, 211–213), auf die Bühne kommen und vor dem Hintergrund der Papiergeldinflation Geldwerte gegen immobile Werte ausgespielt werden, ist ein Verweis darauf, dass sich auch die Possen konkret auf die Ökonomie ihrer Gegenwart beziehen. Zwar verändern sich im Zuge des gesellschaftlichen und sozialen Wandels weniger die komischen Plotmuster und ihre Vehikel, wohl aber deren Details. Darüber hinaus wandeln sich ab den 1840er Jahren das Possenpersonal und die Schauplätze: Neben Miethäusern tauchen Fabriken auf, reiche Fabrikanten tummeln sich neben ‚Mädeln aus der Vorstadt' und Fabrikarbeitern, so dass sich Reaktionen auf die Umstrukturierungen der Arbeits- und Produktionsverhältnisse beobachten lassen. Wenn die Possen dennoch immer wieder im Handwerkermilieu spielen, wie Nestroys *Der Unbedeutende* (1846), ist dies angesichts des realhistorischen Bedeutungsverlustes des Handwerks eine nostalgisch-konservative Geste (vgl. Bruckmüller 2001). Handwerker erscheinen in den Possen als Inkarnation stabiler Wirtschaftlichkeit und eines moderaten, aber haltbaren Wohlstands. Gerade dass der kleingewerbliche Handwerksbetrieb noch eine Einheit im *oikos*, einen Zusammenhang der

Hauswirtschaft und (Re)Produktionsgemeinschaft, ein Verhältnis von ‚ehrlicher' Arbeit und Verdienst aufrechtzuerhalten schien, prädestinierte ihn als positives Gegenbild zu bloßer Geldwirtschaft oder Spekulationen.

Solche impliziten Wertungen und Muster übernahm Friedrich Kaiser, um den Übergang vom Handwerk zur Fabrik in seinem „Volksstück mit Gesang" *Die Industrie-Ausstellung* (1846) zu verhandeln. Darin werden auch Möglichkeiten eines sozialen Aufstiegs ausgelotet, der nicht nur durch Geld verschafft, sondern durch Arbeit und Fleiß verdient ist. Kaisers Volksstück spielt in einer Seidenfabrik – einem Gewerbe, das im Wien des 19. Jh.s paradigmatisch für die einsetzende Industrialisierung steht (vgl. Sandgruber 1995; → III.15. ROMAN UND INDUSTRIE). *Die Industrie-Ausstellung* entwirft die Seidenfabrik idealisierend als eine Einheit von Haus- und Produktionsgemeinschaft. Seidenfabrikant Ringelmann tritt als *pater familias* seiner Arbeiter auf, die er zur Aufrechterhaltung ihrer Arbeitskraft gleich in der ersten Szene mit Frühstück versorgt. Seine adoptiv-väterliche Patronage verhilft auch Leopold, dessen Bildung Ringelmann finanziert hat, zu einer Stellung als produktives Mitglied der Gesellschaft: Als Werksleiter steigert er dankbar die Leistung der Fabrik. Die Bildungsinvestition setzt sich so in Gewinn um, und der Fabrikbetrieb erscheint als harmonisiertes Geben und Nehmen. Was in der kleinen Welt der Seidenfabrik vorgeführt und so auf der Bühne als Volksstück *Die Industrie-Ausstellung* ‚ausgestellt' wird, zeigt sich auch in der großen Welt. Wie Ringelmann fördert der österreichische Kaiser als fürsorglicher Vater seines Volkes die Ausbildung jener Industrie, jenes Fleißes, der in der tatsächlichen Industrieausstellung, die die Figuren besuchen, als Glanz der Nation ausgestellt wird.

Die Übertragung von familiären Strukturen und das Überstülpen des *oikos*-Modells auf die Fabrik erlauben Friedrich Kaiser, Fabrik und Industrie als patriotische Konzepte positiv zu lancieren. So erscheint auch → ARBEIT nicht bloß als Möglichkeit individueller Bereicherung, sondern ist ein patriotisches Projekt im Dienste des Volkes. Das bürgerliche Arbeitsethos hat seinen Lohn nicht unbedingt im erwirtschafteten Geld, eröffnet aber soziale Anerkennung und Aufstiegsmöglichkeiten. Am Ende bringt Leopold allerdings nicht harte Arbeit, sondern die Heirat mit der reichen Kaufmannstochter den schnellen sozialen Aufstieg. Der Brautvater gibt seinen Segen erst, nachdem Leopold bewiesen hat, dass Liebe, nicht sozioökonomische Ambitionen, Grund seiner Avancen sind. Die anrüchige Nähe von Heirat und Geld scheint so aufgelöst. Kaisers *Industrie-Ausstellung* überschreibt so die Bedeutung ökonomischer Verhältnisse für soziale Hierarchien, Arbeit und Ehe gleichermaßen und harmonisiert die Spannungen, die sich aufgrund sozial- und wirtschaftshistorischer Veränderungen zu zeigen beginnen. Dieses Volksstück entspricht also ganz dem idealisierenden, gutmütig-harmlosen Gusto von Theaterkritiker Moritz Saphir.

Heiratsmärkte und die Kommerzialisierung der Beziehungen

Über das Geld als „Chiffre des Sozialen" (Pape 1988, 47) werden im komischen Genre vor allem eheliche Verbindungen sortiert (→ Heiratsmarkt). Die Heiratsplots führen laufend vor, dass Väter oder Vormünder insbesondere ihre Töchter und Schwiegertöchter möglichst opportun unter die Haube gebracht haben wollen, um Vermögen zu bewahren oder zu akkumulieren. Die Tugendprobe aufs ökonomische Interesse, wie sie sich in Friedrich Kaisers *Industrie-Ausstellung* findet, ist ein beliebtes Mittel, um einen Zusammenhang von Liebe und Geld zu negieren. Gleichzeitig gerät diese bürgerliche Abwehr ökonomischer Interessen im 19. Jh. durch den Bedeutungsgewinn des Geldes für das Soziale zunehmend unter Druck. Wo Kaisers Volksstück pekuniäre Interessen für die bürgerliche Heirat zu leugnen vermag, dramatisiert Anzengrubers *Das vierte Gebot* (1878) rund 20 Jahre später die Konsequenzen der Zersetzung sozialer Ordnungen durch das Geld. Hedwig sieht sich im *Vierten Gebot* dazu gezwungen, nicht ihren Geliebten, der arm ist, sondern den Reichsten zu heiraten. Ihr reicher Vater, der auf den unbedingten Gehorsam der Tochter setzt, sucht aus ihr symbolisches wie monetäres Kapital zu schlagen. Diese Verwicklung endet fatal. Zum Schluss ist Hedwig geschieden, ihr Kind tot, ihr Geliebter ermordet – und sein Mörder steht vor der Hinrichtung. Moralisierend wird das tragische Ende zum Schreckensszenario, das die Notwendigkeit bürgerlicher Werte und Moral bestätigt.

Doch bereits Nestroy lotete mit pessimistischer Schärfe die Konsequenzen aus, die aus einer Durchdringung des Sozialen mit Ökonomischem resultieren konnten. Er verwahrte sich dabei gegen den Anspruch der Theaterpresse, zu moralisieren oder zu idealisieren. Stattdessen legt Nestroy die Kommerzialisierung der Beziehungen schonungslos offen. Der enge (auch metaphorische) Zusammenhang von Liebe, Ehe und Geld, den Kaiser säuberlich auseinander hält, erscheint bei Nestroy als fixer Nexus. In *Heimliches Geld, heimliche Liebe* (1853) legt bereits der Titel nahe, dass Geld und Liebe austauschbar seien. Geld ist für die Figuren der Posse dann letztlich der einzige Beweggrund zu handeln. Es ist, wie Nestroy an anderer Stelle zuspitzt, zu einem „categorischen Imperativ" (Nestroy 1977 ff., Bd. 34, 49) geworden. Am radikalsten führt diesen Imperativ des Geldes Dickkopf vor. Dieser bankrottgegangene Krämer wuchert mit allen erdenklichen Methoden, es gibt keine Interaktion, von der er nicht profitiert. Der „geheime Capitalist" hat, wie Casimir, sein Stiefsohn, bemerkt, „durch zarte Intressenzucapitalschlagung auch mein mütterliches Erbtheil verdoppelt" (ebd., Bd. 32, 99), das er sich ebenso erschlichen hat, wie das Erbe seines Neffen. Seinen Stiefsohn verschachert er zudem gegen ein stattliches Bestechungsgeld in die Ehe mit einer Witwe, die Casimirs Zustimmung für einen *Fait accompli* hält, da sie schließlich reich sei. Die Bande der Familie gelten hier nur, sofern sie sich in Geld übersetzen lassen. Dickkopf ist jedoch keine Ausnahme. Der *categorische Imperativ* des Geldes gilt für alle Figuren, wenn auch in unterschiedlichem Maß: Ob für die reiche Witwe oder den Spekulanten Makler, der nicht nur mit Dickkopf schmutzige und profitable Geschäfte macht, sondern seine reiche Schwiegertochter *in spe* auch noch in der Not mit Wucherzinsen ausnimmt. Ehe ist hier ebenso käuflich wie die Liebe, und in jedem Fall ist das Geld beider Voraussetzung (vgl. Klotz 1996, 201–214; Pape 2002, 50–57; Bartsch 2005, 65–67). Der Handlungsverlauf der Posse zerrt diese heimlichen Geldgeschäfte zwar ins Licht der Bühne und legt die öffentliche wie geheime kapitalistische Funktionsweise der Possenwelt frei. Doch dass Casimir den betrügerischen Umtrieben und heimlichen Geschäften auf die Schliche kommt und sie vereitelt, scheint zufällig. Es findet sich keine Szene allgemeiner Empörung, Dickkopf wird nicht einmal sozial sanktioniert. Auch wenn am Ende geheiratet wird, so stellt doch das ‚Happy End' keine soziale Ordnung wieder her. Dass in dieser Possenwelt die bürgerlichen Verhältnisse als durch Geld durchsetzt und die Beziehungen kommerzialisiert erscheinen, bleibt ohne Lösung stehen. „Wie überall, heimliches Geld, und heimliche Liebe" (Nestroy 1977 ff., Bd. 32, 102), so Casimirs letzte Worte.

Volksstücke im 20. Jahrhundert

Den Konventionsbruch, die Posse nach „den unerbittlichen Gesetzen der kapitalistischen Gesellschaft […] enden" (Horváth 1983 ff., Bd. 1, 277) zu lassen, reflektiert Ödön von Horváth in der Posse *Rund um den Kongreß* (1929). Horváth radikalisierte, als er sich Ende der 1920er Jahre anschickte, eine „Erneuerung des alten Volksstücks" (ebd., Bd. 6, 218) vorzunehmen, jene komischen Heiratsmärkte und Ehegeschäfte vor dem Hintergrund der Weltwirtschaftskrise (→ Krise) zu einem ‚Fleisch- oder Frauenmarkt' mit unverheirateten Fräuleins (vgl. Kastberger 2006, 62–65). In *Rund um den Kongreß* soll ein namenloses Fräulein während eines Kongresses zur „Bekämpfung der internationalen Prostitution" (Horváth 1983 ff., Bd. 1, 238) nach Südamerika verkauft werden. Dem Fräulein könne „persönlich nicht geholfen werden" (ebd., Bd. 1, 276–277), darin stimmen alle Figuren überein. *Rund um den Kongreß* führt dann vor, dass alle Figuren, inklusive der Kongressteilnehmer und Advokaten der Prostituierten, nicht nur die → Prostitution perpetuieren, sie profitieren auch alle vom Verkauf weiblicher Körper. Während sich die Figuren fatalistisch in die „unerbittliche Wahrheit" (ebd., Bd. 1, 279) der scheinbar *unerbittlichen Gesetze* des Kapitals ergeben, setzt sich ein anderes Gesetz des Geldes durch. Ein „Vertreter des Publikums" betritt am Ende die Bühne und fordert ein Happy End, sonst lasse er sich sein „Geld herausbezahlen" (ebd.). Unter dem Druck der zahlenden Kundschaft wird der „*Heiratsmarsch*" (ebd., Bd. 1, 280) doch angestimmt und das Fräulein mit ihrem geschiedenen Ehemann wiederverheiratet. Mithilfe des Publikums als *deus ex machina* endet das Paar „glücklich, gesund und zufrieden" (ebd., Bd. 1, 279).

So viel Glück wie das Fräulein, das sich zwar für „[z]wölf Mark" (ebd., Bd. 1, 217) verkauft hat, aber dem Verkauf nach Südamerika doch noch entgeht, haben ihre werkgenetischen Nachfolgerinnen Marianne aus den *Geschichten aus dem Wiener Wald* (1931) und Elisabeth aus *Glaube Liebe Hoffnung* (1932) nicht mehr (vgl. Gartner und Streitler-Kastberger 2015, 1–4). Marianne muss sich nach ihrem Widerstand gegen das Wort ihres Vaters Zauberkönig in „Die Jagd nach dem Glück" als nacktes „Glück" (Horváth 1983 ff., Bd. 4, 181) auf offener Bühne verkaufen – eine zynische Anspielung auf das verlässliche Eingreifen des Glücks in den Zauberpossen des 19. Jh.s. Elisabeth dagegen verkauft ihren Körper nicht auf der Straße, versucht aber, ihn als Kredit auf ihren Tod gleich zu Beginn an den Präparator zu bringen, um einen Wandergewerbeschein zu kaufen und so arbeiten zu können (→ HAUSIERER). Ihr steht im Unterschied zu Marianne, die „als ungelernte Frau sonst nichts zu geben" (ebd., Bd. 4, 186) hat, ein Arbeitsmarkt jenseits des ‚Fleischmarktes' offen. Während für Elisabeth keine Möglichkeit bleibt, ihr Leben zu erhalten, und der Kredit auf ihren Körper – im übertragenen Sinn – am Ende im Tod abgelaufen ist, kapituliert Marianne. Sie verkauft sich gegen das Versprechen ökonomischer Sicherheit in eine Ehe mit Fleischhacker Oskar. *Die Geschichten aus den Wiener Wald* vollziehen so noch eine abgründig pervertierte Wendung zum ‚glücklichen' Ende, mit dem Marianne in eine gewaltsame bürgerliche Ordnung reintegriert wird (vgl. Haag 1978). Bei Horváth ist symptomatisch, dass die Hauswirtschaften der Väter – aus verschiedenen Gründen – so wenig Schutz vor ökonomischen Härten bieten, wie die Verlobten in der Lage oder willens scheinen, eine Versorgungsgemeinschaft aufrechtzuerhalten. Vor dem Hintergrund der Weltwirtschaftskrise scheinen alle sozialen Bande aufgelöst. Zurück bleibt eine kapitalistische und patriarchale Ordnung, in der den Fräuleinfiguren am wenigsten Spielraum bleibt. Die Darstellung realistischer Ökonomien entzieht so den Möglichkeiten komischer Ökonomien die Voraussetzungen.

III.12. Literatur des Frühsozialismus
Patrick Eiden-Offe

Georg Lukács hat in seiner Untersuchung *Deutsche Realisten des 19. Jahrhunderts* den „Anachronismus der deutschen Verhältnisse im Vergleich zur bürgerlichen Entwicklung in Westeuropa" und in dessen Folge den besonderen Anachronismus der deutschen Literatur im 19. Jh. hervorgehoben (Lukács 1962ff., Bd. 7, 187). Dieser macht sich schon im Vormärz bemerkbar: Während die industrielle Revolution in den Ländern Westeuropas – wenn auch in verschiedenem Maße – schon sehr weit vorangeschritten und die politische Revolution um 1830 mit der Wahlrechtrechtskampagne in England und der Julirevolution in Paris einen Höhepunkt erlebt, lässt die „deutsche Doppelrevolution" (Wehler 1996, 585) noch auf sich warten: In wirtschaftlicher, besonders industrieller Hinsicht wird Deutschland erst in der zweiten Hälfte des 19. Jh.s zur Entwicklungsstufe Westeuropas aufschließen; nach der gescheiterten politischen Revolution von 1848/1849 wird die liberale Bourgeoisie – sofern nicht geschlagen und exiliert – zu den Mächten der alten Welt überlaufen und mit dem neuen Hohenzollernreich jenen Klassenkompromiss von Bürgertum und Adel eingehen, der den ‚deutschen Sonderweg' bis zum Ersten Weltkrieg bestimmen wird. Prägnantester Ausdruck dieser späteren Epoche in der Literatur ist der ‚Hausroman' von Gustav Freytag über Theodor Fontane bis Thomas Mann, in dem die alteuropäische Formsemantik des ‚ganzen Hauses' auf neu entstehende Handelshäuser und restaurierte Adelshäuser gleichermaßen übertragen wird (vgl. Ghanbari 2011; → III.9. ENTWICKLUNGS- UND BILDUNGSROMAN).

Im Vormärz zeigt sich der Anachronismus der deutschen Entwicklung auch darin, dass nicht nur die ‚soziale Bewegung' selbst – die allgemeine Mobilisierung des sozialen Körpers durch Industrialisierung und Kapitalisierung – in Deutschland hinter der in Frankreich, England oder Belgien zurückbleibt, sondern auch die Theorien der sozialen Bewegung aus jenen Ländern erst nach Deutschland importiert werden mussten (vgl. A. Meyer 1977, 17).

Gleiches gilt auch für die Literatur des Vormärz und des Frühsozialismus; durch den Anachronismus der deutschen Entwicklung geraten aber auch die wesentlichen Stränge der westeuropäischen Literatur und Theorie des Frühsozialismus gewissermaßen rückwirkend, durch den Import in deutsche Zusammenhänge, vielfach erst zur Kenntlichkeit. Dabei ist ‚Anachronismus' nicht gleichbedeutend mit ‚zurückgeblieben': Die deutschen Schriftsteller der Zeit – jedenfalls die bedeutendsten – sind, so könnte man ein berühmtes Diktum aus Marx' „Einleitung" zur *Kritik der Hegelschen Rechtsphilosophie* entwenden, „die *literarischen* Zeitgenossen der Gegenwart, ohne ihre *historischen* Zeitgenossen zu sein" (Marx und Engels 1956 ff., Bd. 1, 383). Die bedeutendsten deutschen Schriftsteller der Zeit, das sind Heinrich Heine und Georg Büchner. Beide haben, wenigstens zeitweise, in Frankreich gelebt und dort den Stand der sozialen Bewegung – und konkret: der Klassenkämpfe der Gegenwart – kennengelernt. Gleiches gilt für Heines Widersacher Ludwig Börne und in noch stärkerem Maß für den ‚communistischen' Weltenwanderer Georg Weerth. Die Rede von der ‚literarischen Zeitgenossenschaft' gilt aber auch für Autoren minderen Ranges, etwa jene, die Marx und Engels als ‚wahre Sozialisten' verspottet haben: Ferdinand Freiligrath, Ernst Dronke oder Ernst Willkomm in der Literatur, Moses Heß oder Wilhelm Weitling in der Theorie. Sie alle haben die zeitgenössischen englischen und französischen Autoren gelesen und an ihnen ihre eigenen Fähigkeiten ausgebildet: von den englischen Romantikern über Eugène Sue bis hin zu den frühen Romanen Honoré de Balzacs. Allein, es fehlte den deutschen Autoren die lebendige Anschauung einer entwickelten kapitalistischen Gesellschaftsformation, die in den französischen und englischen Literaturen der Zeit bereits ihren Ausdruck fand. An dieser ‚Diskrepanz' von formaler Zeitgenossenschaft und historisch-sozialer Verspätung hatte sich die deutschsprachige Literatur des Frühsozialismus abzuarbeiten (vgl. Lukács 1962 ff., Bd. 7, 191–192). In ihren besten Momenten erzeugt der Anachronismus eine besondere Art von Abstand und Übersicht; in ihrer breiten Masse aber wird man auch ihre bis heute immer wieder festgehaltene mediokre ästhetische Qualität auf den Anachronismus zurückführen müssen (vgl. Rancière 2015).

‚Frühsozialismus': Arbeit und Armut

Immer wieder wurde darauf hingewiesen, dass der Begriff ‚Frühsozialismus' problematisch sei, weil damit entweder – in ‚antimarxistischer' Absicht – der Bezug der solcherart subsumierten Theorien auf die spätere, marxistisch dominierte Arbeiterbewegung gekappt werde, um sie religiös oder national vereinnahmen zu können, oder aber – ‚orthodox marxistisch' – die betreffenden Ansätze zu bloßen ‚Vorläufern' oder ‚Quellen' des Marxismus degradiert würden (vgl. A. Meyer 1977, 12–14). Behält man diese Gefahren (die womöglich ein Vierteljahrhundert nach dem Ende des Kalten Kriegs an Dringlichkeit ein wenig verloren haben) im Kopf, so lässt sich der Begriff heuristisch verwenden, um ein relativ stabiles Feld von Theorien (und durchaus auch zunächst theoriefernen politischen Bewegungsansätzen) zu umreißen. An zentralen Figuren sind hier Robert Owen, Charles Fourier und Claude-Henri de Saint-Simon zu nennen, an die sich jeweils eigenständige Bewegungen angeschlossen haben; etwas später, in den 1840er Jahren, betreten die Strömungen des Neobabouvismus (mit der später äußerst prominent werdenden Figur Louis-Auguste Blanqui im Zentrum) und der daraus hervorgehende frühe, noch ‚rohe Communismus' (Marx) von Étienne Cabet oder Théodore Dézamy die Bühne (vgl. Rancière 2013, 287–460). Der Frühsozialismus muss als Reaktionsbildung auf die sich in Frankreich und England seit dem späten 18. Jh. durchsetzende kapitalistische Produktionsweise begriffen werden. Diese produziere, so sind sich alle Frühsozialisten einig, eine neue Form von ökonomischer und politischer Ungleichheit, die das Soziale in verschiedene ‚Klassen' auseinanderfallen lasse, die sich dann wiederum in einem permanenten Kampf gegenüberstünden. Das Faktum der ‚Klassengesellschaft' und die soziohistorische Bewegungsform des ‚Klassenkampfs' sind die Grundfesten aller frühsozialistischen Theorie und Politik.

In geschichtsphilosophischer Hinsicht wird die Kapitalisierung des Sozialen von den Frühsozialisten als *Zerstörung* einer zuvor intakten Sozialform gefasst; die theoretische und praktische Kritik der kapitalistischen Gesellschaft hingegen zielt für die Frühsozialisten auf die (Wieder-)Herstellung einer erneuerten Integrität des Sozialen in der Zukunft. Der Frühsozialismus kann somit als Spielart des ‚romantischen Antikapitalismus' gelten (vgl. Löwy und Sayre 2001; (→ III.10. ROMANTISCHE ÖKONOMIEN); sozialaffektiv ist er ‚nostalgisch' strukturiert (vgl. Chrostowska 2016, 7–10). Und umgekehrt kann auch das später von Marx und Engels in despektierlicher Absicht gebrauchte Label des ‚utopischen Sozialismus' (vgl. Marx und Engels 1956 ff., Bd. 2, 2–224) – in der Wertung neutralisiert – als adäquate Beschreibung des Frühsozialismus aufgefasst werden (vgl. Chrostowska und Ingram 2017; Jameson 2005; → III.4. UTOPISTISCHE ÖKONOMIEN DER NEUZEIT).

In das diffuse theoretische Feld des Frühsozialismus lässt sich nun eine strukturgebende Schneise schlagen durch die Frage, wie genau und durch welches Merkmal jene Klasse ausgezeichnet ist, die als unterdrückte und ausgebeutete den Klassenkampf gegen ihre Unterdrücker und Ausbeuter führen und die anstehende Umwälzung der gesellschaftlichen Verhältnisse bewerkstelligen soll. Hier lassen sich idealtypisch zwei Antworten gegenüberstellen: Entweder wird die revolutionäre Klasse – das Proletariat (→ PROLETARIER) – durch ihre *Arbeitskraft* (→ ARBEIT, ARBEITSLOSIGKEIT) bestimmt oder durch ihre → ARMUT. Dass beides sich empirisch nicht trennen lässt, wird in den Debatten der Zeit zum Ausdruck gebracht im Schlagwort von den *working* oder *labouring poor* (vgl. A. Meyer 1999, 104–107). Worauf indes in dieser Wendung der Akzent gelegt wird, hat gravierende theoretische, politische und poetische, die Darstellbarkeit des Kollektivs betreffende Konsequenzen: Es macht in jedem Fall einen Unterschied, ob die unterdrückte und ausgebeutete Klasse als Figuration siechenden Elends (wie in Victor Hugos *Les Misérables*, 1862) oder in Gestalt schaffender Tatmenschen vorgestellt wird.

Heine und Büchner

In der französischen frühsozialistischen Debatte lässt sich die vorgeschlagene Differenz zwischen der saint-simonistischen Schule einerseits, der die Arbeiter als integraler Bestandteil der *classe industrielle* oder *classe laborieuse*, der tätigen oder arbeitenden Klasse (im Gegensatz zur *classe oisive*) galten, und der neobabouvistischen Bewegung andererseits markieren; für Letztere ist es nicht die Arbeit selbst, die die Angehörigen der proletarischen Klasse revolutionär werden lässt, sondern es ist der erst durch die Armut ausgeübte *Zwang* zur Arbeit. Heine und Büchner wiederum können – wenigstens idealtypisch – als Exponenten der beiden Richtungen in der deutschsprachigen Literatur der Zeit gelten: Heine wurde schon bei seiner Ankunft in Paris 1831 von den Saint-Simonisten begrüßt. Er war mit Barthélemy Prosper Enfantin, dem Anführer der Gruppe, befreundet und galt mit seinen Schriften lange als deren literarischer Botschafter, bevor es später zu einer Entfremdung kam, die nicht zuletzt in Heines Hinwendung zum revolutionären ‚Communismus' begründet lag (vgl. Bodenheimer 2014; Höhn 2004, 344–347). Büchner wiederum hatte schon als Student der Medizin in seinem Auslandssemester im (post-)revolutionären Straßburg im Winter 1831/1832 das dortige neobabouvistische Geheimbundwesen kennengelernt, unter anderem die lokale Sektion der ‚Société des droits de l'homme', einer Nachfolgeorganisation der von Blanqui gegründeten ‚Société des amis du peuple', die nach einem gescheiterten Aufstandsversuch verfolgt und aufgelöst worden war (vgl. H. Mayer 1972, 50–93). Zurück in Gießen, gründet Büchner dann seine eigene ‚Gesellschaft der Menschenrechte', die für den *Hessischen Landboten* verantwortlich zeichnen wird (vgl. Hauschild 2013, 21–41; T. M. Mayer 1987).

Heine nimmt in zweifacher Weise Bezug auf die Lehre Saint-Simons und des Saint-Simonismus seiner Zeit (vgl. Enfantin 1831). Zum einen propagiert Heine das saint-simonistische Programm einer „Rehabilitation des Fleisches" (Sternberger 1972, 296), das zeitgenössisch auch zahlreiche liberale, durchaus nicht-sozialistische Autoren des deutschen Vormärz fasziniert hat (vgl. E. M. Butler 1926). *Ökonomisch* steht hier der – bei Heine wie den Saint-Simonisten zumeist religiös verbrämte – Entwurf einer gesellschaftlichen Ordnung im Zentrum, in der nicht mehr bloßer Mangel verwaltet würde, sondern allseitiger Überfluss (vgl. O. Hildebrand 2001, 217–273). Prominentester Ausdruck dieses Programms bei Heine ist „Caput I" von *Deutschland. Ein Wintermärchen* (1844). Gegen das alte deutsche „Entsagungslied" stimmt Heine ein „politisches Manifest in *Versen*" (Höhn 2004, 117) an, das zugleich als ein ökonomisches gelesen werden muss:

> Ein neues Lied, ein besseres Lied,
> O Freunde, will ich Euch dichten!
> Wir wollen hier auf Erden schon
> Das Himmelreich errichten.
>
> Wir wollen auf Erden glücklich sein,
> Und wollen nicht mehr darben;
> Verschlemmen soll nicht der faule Bauch,
> Was fleißige Hände erwarben.
>
> Es wächst hienieden Brot genug
> Für alle Menschenkinder,
> Auch Rosen und Myrthen, Schönheit und Lust,
> Und Zuckererbsen nicht minder.
>
> Ja, Zuckererbsen für Jedermann,
> Sobald die Schoten platzen!
> Den Himmel überlassen wir
> Den Engeln und den Spatzen.
>
> Und wachsen uns Flügel nach dem Tod,
> So wollen wir Euch besuchen
> Dort oben, und wir essen mit Euch
> Die seligsten Torten und Kuchen.
> (Heine 1968 ff., Bd. 7, 578)

Was zunächst wie die kindliche Imagination eines Schlaraffenlandes wirken mag und wohl auch wirken *soll*, birgt in sich eine gestaffelte Reihe von durchaus polemischen Wendungen: Gegen die christliche Trennung von irdischem Jammertal und himmlischer Sphäre des Lohns, die zeitgenössisch noch vielfach den pauperisierten Unterschichten in Aussicht gestellt wurde, behauptet der Dichter des *Wintermärchens* die Einheit und die Immanenz des „Himmelreich[s]" schon „hier auf Erden". Hier wird sodann das *Glück* schlechthin als Ziel aller Bemühungen behauptet, und nicht etwa bloß eine Behebung des Mangels oder eine ausreichende Bedürfnisbefriedigung; das „Brot", als Inbegriff dieser Bedürfnisbefriedigung ist ohnehin ausreichend vorhanden, so wird unterstellt, um universell und universalistisch „alle Menschenkinder" zu versorgen (vgl. Perraudin 2014, 30–42; K. Füllner 2014, 155–157). Dass der Mensch nicht vom „Brot" allein lebt, wird mit den Chiffren „Rosen und Myrthen, Schönheit und Lust" und schließlich mit den „Zuckererbsen" statuiert. Gefordert werden, in der späteren Sprache der sozialistischen Frauenbewegung des frühen 20. Jh.s: „bread *and* roses" (Bock 1976, 53). Die „Torten und Kuchen" können vielleicht als späte Antwort auf Marie-Antoinette gelesen werden, die dem nach Brot schreienden, hungernden Volk angeblich entgegnet haben soll, dieses solle doch Kuchen essen, wenn es ihm an Brot mangele.

Neben der Feier des sinnlichen Genusses und der Fülle besitzt das erste Caput des *Wintermärchens* aber auch einen dezidiert politisch-ökonomischen, ja sogar einen klassenpolitischen Kern, der zur zweiten Art führt, in der Heine auf den Saint-Simonismus Bezug nimmt. Denn die Gegenüberstellung von „faule[m] Bauch" und „fleißige[n] Händen[n]" bringt die zentrale Unterscheidung der saint-simonistischen Klassentheorie ins Spiel. So steht der „faule Bauch" metonymisch für die *classe oisive*, in der die untätigen, unproduktiven ‚parasitären' Elemente der Gesellschaft versammelt sind; die „müßigen Hände", wie Heine in seiner Besprechung des Delacroix-Gemäldes *La Liberté guidant le peuple* schreibt (Heine 1968 ff., Bd. 5, 41; vgl. Vogt 2010): die Adeligen und all jene, die ihr Eigentum für sich arbeiten lassen, anstatt selbst tätig zu werden. Die „fleißige[n] Hände" hingegen, deren Wesen und Funktion es ist, zu ‚erwerben', stehen für die *classe industrielle* oder *classe laborieuse*, die *produktive Klasse* oder *Klasse der Produzenten* (vgl. D. Harvey 2006, 59–89). Der Saint-Simonismus zielt auf einen Umbau der Gesellschaft, der die Ausbeutung der „industriellen" durch die „untätige Klasse" beendet, um so eine Verbesserung der Lebensbedingungen der „zahlreichsten und ärmsten Klasse" zu erwirken (Enfantin 1831, 99). Dass diese im *Wintermärchen* wie in der ‚saint-simonistischen Religion' buchstäblich ihre Apotheose erlebt, hat unter anderem zur Folge gehabt, dass die spätere Arbeiterbewegung im programmatischen ersten Caput ihren „Leitgedanken" ausgedrückt finden konnte, wie Georgi Plechanow 1885 sagen wird; August Bebel wird das *Wintermärchen* 1893 bei einer Rede im Reichstag zitieren (vgl. Höhn 2004, 117).

Schon zu Beginn seiner Pariser Zeit, in den ersten Korrespondenzartikeln, die Heine für deutsche Zeitungen verfasst, adaptiert er die saint-simonistische Klassentheorie, um die Klassenkämpfe in der frühen Julimonarchie zu analysieren. In der Adaption aber zeigt er auch die Aporien dieser Theorie auf – ob bewusst und intendiert (vgl. Morawe 2010, Bd. 1, 27–76) oder gewissermaßen unter der Hand, muss hier dahingestellt bleiben. Denn zunächst einmal muss in Erinnerung gerufen werden, dass die saint-simonistische Klassenanalyse in einigen entscheidenden Punkten noch anders gelagert ist als die vorwiegend marxistisch geprägte der späteren Arbeiterbewegung. Denn die *classe laborieuse* umfasst in der saint-simonistischen Lehre mitnichten nur die ‚Arbeiter', wie sie die Arbeiterbewegung in der ‚Arbeiterklasse' zusammengefasst sehen wird, sondern auch die produktiven Kapitalisten (die späteren ‚Industriellen'). Diese beiden sozialen Segmente, die wenig später den wesentlichen Klassenantagonismus als solchen verkörpern werden, fasst der Saint-Simonismus noch in einer Klasse bzw. einem Klassensegment zusammen: Sie sind die *industriels* innerhalb der *classe industrielle* oder *classe laborieuse*. Zu dieser gehören des Weiteren noch die ‚Weisen' (die Wissenschaftler) und manchmal auch die Künstler. Gegenpol der *classe laborieuse* oder *classe industrielle* ist die *classe oisive*, die der Saint-Simonismus vorwiegend im alten ersten und zweiten Stand, im Klerus und im Adel, verkörpert sieht. Damit verfährt die zentrale klassenpolitische Abgrenzung des Saint-Simonismus gewissermaßen rückwärtsgewandt; sie operiert mit einer Größe, die historisch tendenziell schon überwunden ist, während sie den treibenden sozialen Antagonismus der künftigen Jahrzehnte, den Gegensatz von Kapital und Arbeit, noch in einer Klasse sozialontologisch versöhnt.

Heine birgt indes noch einen anderen Sprengsatz, der in der saint-simonistischen Klassentheorie mit ihrer Leitunterscheidung *tätig* vs. *müßig* verborgen liegt. Denn die Abgrenzung von den ‚müßigen Händen' wird nicht nur nach oben, gegen die alten Eliten, vorgenommen, sondern kann und muss vielleicht auch nach unten, zum ‚Pöbel', zu den mutmaßlich untätigen und faulen Unterschichten, vollzogen werden.

Anlässlich eines bewaffneten Aufstands, der im Anschluss an die Beerdigung des alten republikanischen Generals Maximilien Lamarque am 5. und 6. Juni 1832 ausbricht, nimmt der durchaus mit dem Aufstand sympathisierende Heine eine folgenreiche Differenzierung vor: „Es ist ein Irrtum, wenn man etwa glaubt, daß die Helden der Rue Saint-Martin zu den unteren Volksklassen gehören, oder gar zum *Pöbel*, wie man sich ausdrückt; nein, es waren meistens Studenten, schöne Jünglinge, von der École d'Alfort, Künstler, Journalisten, überhaupt Strebende, darunter auch einige Ouvriers, die unter der groben Jacke sehr feine Herzen trugen" (Heine 1968 ff., Bd. 5, 220).

Heine bezieht sich hier auf die heilige Dreieinigkeit der saint-simonistischen *classe laborieuse* – auf Wissenschaftler (‚Studenten'), Künstler und Arbeiter (‚Ouvriers') –, um alle drei über das Merkmal des Strebens von jenem sozialen Stratum abzusetzen, das offenbar keinen solchen Antrieb in sich verspürt. Das Streben der „Strebende[n]" aber kann als Heines Übersetzung von „ardeur" verstanden werden – jenem Grundimpuls, der für die Saint-Simonisten die Tätigen überhaupt erst zur Tätigkeit treibt (Enfantin 1831, 91; vgl. Tresch 2012, 191–221).

Um → ARBEIT bzw. Arbeitskraft als Merkmal der revolutionären Klasse festschreiben zu können, muss diese nach oben und nach unten als distinktes Merkmal sozial markiert werden. So wird die spätere Arbeiterbewegung die Arbeiter, die die Welt produzieren, sowohl von den untätigen Kapitalisten wie vom ebenfalls untätigen oder gar ‚arbeitsscheuen' Lumpenproletariat absetzen. Bei Heine schließt die ‚tätige' Klasse nach saint-simonistischer Manier noch ‚Ouvriers' und ‚Bürger' ein; die Mechanismen der Abgrenzung aber sind schon die gleichen. Über das Verhältnis von Adel und Pöbel heißt es: „Letzterer ist jenen Hochgeborenen wenigstens wahlverwandt; sie haben beide, der Adel und der Pöbel, den größten Abscheu vor gewerbfleißiger Tätigkeit" (Heine 1968 ff., Bd. 5, 205).

Aufgrund seiner Parteinahme für die *classe industrielle*, die schon den enormen Produktivkraftfortschritt der industriellen Revolution selbst – und damit die

Möglichkeit von Überflussökonomie und „Zuckererbsen für Jedermann" – zu verkörpern scheint, muss Heine die entscheidende andere Kraft des französischen Frühsozialismus von Anfang an ablehnen: die „Amis du peuple" um „Citoyen Blanqui" (Heine 1968 ff., Bd. 5, 126–127). Zwar beobachtet Heine die französische revolutionäre Szenerie durchaus in enger Vertrautheit mit den Begriffen und Praktiken der Neobabouvisten (vgl. Morawe 2010, Bd. 1, 189–202), deren revolutionäre Leitunterscheidung *arm* vs. *reich* aber – anstelle der saint-simonistischen von *tätig* vs. *untätig* – muss ihm als rückwärtsgewandt, als „retrograde" (Heine 1968 ff., Bd. 5, 126) erscheinen, und zwar nicht nur, weil diese mit ihrem Robespierre-Kult und ihrer „Guillotinomanie" (ebd., Bd. 5, 126) bloß die erste Französische Revolution von 1789 ff. nachspielen, sondern auch, weil die Orientierung an der Armut des Volks keine Fortschrittsperspektive zu eröffnen scheint.

Gerade von der ‚retrograden' Begeisterung der Neobabouvisten für die radikalen Ausformungen der Französischen Revolution war wiederum der um eine Generation jüngere Georg Büchner extrem fasziniert. Im September 1835 schreibt er an seinen Mentor Karl Gutzkow: „Die ganze Revolution hat sich schon in Liberale und Absolutisten getheilt und muß von der ungebildeten und armen Klasse aufgefressen werden; das Verhältniß zwischen Armen und Reichen ist das einzige revolutionäre Element in der Welt" (Büchner 2000 ff., Bd. 10.1, 71, und Bd. 10.2, 289–290). Einen „Krieg zwischen den Armen und den Reichen" sieht vor Büchner nicht nur bereits Ludwig Börne in seinem berühmten 60. *Brief aus Paris* toben, dieser Krieg ist auch „Grundkategorie Babeufs" (Glück 2012, 59; vgl. Hörmann 2012). Die Formel vom ‚Krieg der Armen gegen die Reichen' als Umschrift des modernen Klassenkampfs taucht in den 1840er Jahren auch bei Wilhelm Weitling wieder auf und schließlich bei Friedrich Engels (vgl. Eiden-Offe 2017, 252–253). Gerade in ihrer relativen Unbestimmtheit – etwa gegenüber der feineren Begrifflichkeit des Saint-Simonismus – hat sich die Rede von *den Armen* und *den Reichen* den ganzen Vormärz hindurch als universell applizierbar erwiesen im Hinblick auf eine selbst hochgradig dynamische soziale Lage.

Die Neobabouvisten knüpften an die sozialrevolutionäre Tendenz der Französischen Revolution, an die Sansculotten und vor allem an François Noël ‚Gracchus' Babeuf und seine Geheimgesellschaft der ‚Conjuration des Égaux' an; die Lehre Babeufs wurde nach dessen Hinrichtung 1797 durch seinen Freund und Schüler Filippo Buonarroti ins (post-)revolutionäre Paris der 1820er und 1830er Jahre gebracht (vgl. Buonarrotti 1975), wo sie in zahlreichen Geheimbünden und Arbeitervereinen verbreitet wurde. Die Neobabouvisten forderten nicht mehr bloß politische Partizipationsrechte oder eine gerechte Verteilung von Boden und Reichtum, sondern die Abschaffung allen Privateigentums; damit kann der Neobabouvismus innerhalb der verschiedenen frühsozialistischen Strömungen als eigentliche Keimzelle des ‚Communismus' gelten (→ Kommune).

Bei Büchner war die Entscheidung für den Neobabouvismus von Anfang an schon praktisch vollzogen: Bereits als junger Student schließt er sich in Straßburg den dortigen Geheimbünden an und lässt in seinen Briefen keinen Zweifel an seiner Entscheidung (vgl. T. M. Mayer 1987, 168). In seinem dann folgenden politischen und literarischen Schaffen schreibt sich Büchner gewissermaßen erst nachträglich an sein praktisches Engagement heran und legitimiert dieses. Im *Hessischen Landboten* stehen Büchner und seine Genossen – allen voran der Pfarrer Ludwig Weidig – noch im Kampf gegen den Anachronismus der deutschen Verhältnisse: Gegen das spätfeudale System in Hessen bietet Büchner hier unter anderem die neue politische Wissenstechnik der Sozialstatistik auf, um das Unrecht der politisch-sozialen Situation in den Blick zu heben. In einer Sprache, die zwischen Rechenschaftsbericht und biblischer Wucht changiert, legt Büchner buchstäblich eine „Abrechnung" (Schaub 1977, 362) mit den „Reichen" – nach Weidigs Umarbeitung: mit den „Vornehmen" (Dedner 2012, 85–86) – vor, die keine Zweifel an Büchners Verdammungsurteil über die Gesellschaft lässt. Der studierte Mediziner Büchner seziert die Gesellschaft mit quasi-anatomischer Genauigkeit (vgl. Fortmann 2013, 71–126; Meyzaud 2012, 174–180), wobei die Aufteilung der Gesellschaft, die er dabei mit statistischen Parametern freilegt, sich gerade dadurch auszeichnet, dass sie eben *nicht* aufgeht: Die Kollektivfiguren der Bauern, der Bürger, der Armen und des Volkes verrechnen sich nicht mehr zu einem Ganzen; der anatomische Nachvollzug der Konstitution des sozialen Körpers führt im *Hessischen Landboten* zu dessen irreversibler Destitution (vgl. Rancière 2014, 57–58; Eiden-Offe 2017, 137–148).

In seinem ersten großen Drama *Dantons Tod* steigt Büchner in eine entscheidende Phase der großen Französischen Revolution zurück, um dort in enger Auseinandersetzung mit historischen Quellen die Aporien einer *politischen* Revolution durchzuspielen, die sich nicht dazu durchringen kann, sich als *soziale* zu vollenden (vgl. Matala de Mazza 2009, 173–175). Robespierre, der Held der Neobabouvisten, kann denselben Rang in Büchners Drama wohl kaum beanspruchen; sein Ausspruch zu Beginn der sechsten Szene des vierten Akts: „Die sociale Revolution ist noch nicht fertig, wer eine Revolution zur Hälfte vollendet, gräbt sich selbst sein Grab. Die gute Gesellschaft ist noch nicht todt, die gesunde Volkskraft muß sich an die Stelle dießer nach allen Richtungen abgekitzelten Klasse setzen" (Büchner 2000 ff., Bd. 3.2, 24), wird man gleichwohl auch als Büchners politisches, als sein neobabouvistisches Credo lesen dürfen.

In *Leonce und Lena*, dem auf seine sozialhistorisch-politische Signatur wohl am schwierigsten zu durchschauenden Stück Büchners, wird in komödienhafter Verstellung mal melancholisch, mal fratzenhaft ein System vorgeführt, das Sinn überhaupt – und einen Sinn des individuellen Lebens zumal – nur durch Arbeit zuweisen kann, das aber der individuellen Arbeit selbst zugleich jeden nachvollziehbaren Sinn entzieht. Ein solches System muss ‚oben', beim Prinzen Leonce, wie ‚unten', beim Tunichtgut Valerio, ganz offensichtlich versagen: Beide sind – wir werden an Heines Bündnis von Adel und Pöbel erinnert – gesellschaftlich von der Arbeit freigestellt und geraten so in einen Leerlauf, der mal erlitten (Leonce), mal genossen wird (Valerio). Aber auch in der berüchtigten „Bauernszene" (Büchner 2000 ff., Bd. 6, 118–119) – der einzigen des Stücks, in der einfaches Volk auf die Bühne gebracht wird, wobei arme „Bauern im Sonntagsputz" dem vorbeifahrenden fürstlichen Brautpaar an der Straße ein „Vivat!" zurufen sollen und doch nur eine eselhaftes „Vi?" „Vat?" zustande bringen – werden Menschen vorgeführt, deren Leben aus nichts als → ARBEIT besteht (so wissen wir aus dem *Hessischen Landboten*), während Büchner dieses Leben aber – so jedenfalls souffliert es eine Volksszene aus *Dantons Tod* – wohl eher als fortgesetzten „Mord durch Arbeit" (ebd., Bd. 3.2, 41–42) beschreiben würde.

Wenn Leonce seinen Kumpanen Valerio schließlich mit dem Ausruf „Ein Lazzaroni! Valerio! Ein Lazzaroni! Wir gehen nach Italien!" (Büchner 2000 ff., Bd. 6, 109) aus der Apathie aufschreckt, dann kann das als Parole einer revolutionären Umwendung der im Stück vor- und ad absurdum geführten Arbeitsethik verstanden werden, standen doch die neapolitanischen Lazzaroni seit dem Aufstand des Masaniello von 1647 (und literaturhistorisch spätestens seit Goethes ersten Berichten über seine Italienreise 1788 in Wielands *Teutschem Merkur*) für die Möglichkeit eines anstrengungslosen Glücks ohne Arbeit (vgl. Voss 1987, 325–341). Die Bedrohung, die von dieser Sozialfigur für das herrschende System der sich durchsetzenden Arbeitsgesellschaft ausgeht, hat auch Hegel gespürt, wenn er die Lazzaroni im Zusatz seines berühmten Paragraphen 244 der *Rechtsphilosophie* erwähnt, der die „Erzeugung des *Pöbels*" zum Thema hat (Hegel 1986, Bd. 7, 389–390; vgl. Ruda 2011, 28–30). Die Lazzaroni sind jener Teil des Pöbels, der nicht bloß parasitär in den Nischen der Arbeitsgesellschaft leben will, sondern diese Form von Gesellschaft als solche zu überwinden trachtet. Die klandestine Organisationsform der Lazzaroni hat sich über die Carbonari-Zirkel der italienischen Revolutionszeit bis ins neobabouvistische Geheimbundwesen der Julimonarchie und so auch bis in die hessische ‚Gesellschaft der Menschrechte' erhalten (vgl. Dedner 2017; Eiden-Offe 2014b, 199–205).

Im *Woyzeck* schließlich sind die Armen gar nicht einmal mehr ein besonderer Gegenstand, dem sich das Stück an einzelnen Stellen ausweisbar in dieser oder jener Absicht widmet, sie sind vielmehr zum allgemeinen Milieu des Stücks überhaupt geworden. Es ist „das Leben des Geringsten" (Büchner 2000 ff., Bd. 5, 37), das Büchner hier in den Blick nimmt, das Leben eines Stratums, das sich sozialhistorisch ziemlich präzise ausbuchstabieren lässt: Es ist die „eigentumsarme oder -lose Klasse von Kleinstbauern, Tagelöhnern und nomadisierenden Landarbeitern", es sind „städtische Plebejer, deren Leben *Mord durch Arbeit* ist, nicht selten auf der Schwelle zum Alkoholismus oder zur Verrücktheit; zerlumpte Kleinbauern, Krämer, Handwerksburschen, Soldaten, Kutscher, Dienstboten, Wärter, Stiefelputzer, Schausteller, Scharfrichter, Prostituierte, Bettler, kleine Gauner" (Hauschild 2013, 236, 245). Daneben haben mit dem Arzt und dem Hauptmann nur zwei Repräsentanten höherer Klassen ihren Auftritt, die allerdings nicht in ihrer eigenen Welt vorgestellt werden, sondern bloß als direkte Kontrahenten der ‚Geringsten' auftreten und diese schikanieren. Im *Woyzeck* wird Armut weniger dargestellt, als dass sie sich im Text vollstreckt: als umfassende Entblößung, die auch den Leser immer wieder mit seinen eigenen Bildungsprivilegien und -dünkeln konfrontiert. In diesem Licht erscheinen die seit Publikation des Stücks bis in die Gegenwart geführten Debatten um Woyzecks Zurechnungsfähigkeit auch als Wiederholung des historischen Unrechts, das im Stück angeklagt wird. Wer Woyzeck zum Stoff für Gutachten macht, der schwingt sich in die Position des Gutachters auf, der allenfalls ein „Gegengutachten" verfassen kann, wohingegen sich Büchners Stück, so Michael Niehaus, „gegen Gutachten" überhaupt ausspricht (Niehaus 2012, 219; vgl. R. Campe 1998).

‚Wahrer Sozialismus'

Neben Heine und Büchner, deren Stellung innerhalb der Literatur des Frühsozialismus sich nicht zuletzt durch ihren Bezug auf die unterschiedlichen Strömungen der französischen Bewegung der Zeit erhellen lässt, müssen aber auch die zahlreichen, heute meist vergessenen Autorinnen und Autoren genannt werden, deren intellektuelles Bezugsfeld vor allem die deutsche Debatte der Zeit bleibt und die von Marx und Engels schon zeitgenössisch als ‚wahre Sozialisten' verspottet wurden. Vor allem Engels, der in jungen Jahren nicht nur selbst literarisch tätig war, sondern sich auch publizistisch vor allem als Literaturkritiker einen Namen gemacht hat, fand in den ‚wahren Sozialisten' eine bevorzugte Zielscheibe seiner Polemik.

Wenn der ‚wahre Sozialismus' in Politik und Theorie sich dadurch auszeichnet, dass hier das analytische Urteil über die kapitalistische Gesellschaft durch Moralisierung ersetzt wird (vgl. Marx und Engels 1956 ff., Bd. 4, 485–488), dann enthüllt sich diese Tendenz gerade in der Literatur des ‚wahren Sozialismus' vollkommen; ja, der ganze ‚wahre Sozialismus' wird als eigentlich literarische, als ‚schöngeistige' Tendenz kenntlich. Die Literatur des „wahren Sozialismus" zeichnet sich für Engels durch die „vollendete Ohnmacht zu erzählen und darzustellen" aus (ebd., Bd. 4, 217), weil die „wahren Sozialisten" unfähig seien, einen Zusammenhang in der Gesellschaft zu sehen und stattdessen nur Elend wahrnehmen könnten. Die Literatur begnüge sich nun damit, „einzelne Unglücksfälle und *soziale Casus* in ein trockenes und langweiliges Register einzutragen" (ebd.) und so bloß „Gemälde von Konflikten aus der modernen Gesellschaft" und „Jammerszenen" aneinanderzureihen (ebd., Bd. 4, 280–281). Marx wird seine *theoretische* Kritik an Pierre-Joseph Proudhon – die im Wesentlichen darauf hinausläuft, Proudhon eine vollendete Ohnmacht zur dialektischen Rekonstruktion des gesellschaftlichen Zusammenhangs vorzuwerfen – durch eine ätzende Kritik an Proudhons *literarischen* Adepten in Frankreich (Eugène Sue) und Deutschland (die „heilige Familie" der Bauer-Brüder) vorbereiten (vgl. ebd., Bd. 2, 172–221; Eiden-Offe 2017, 187–198).

Versucht man, die normative Abwertung aus Engels' Polemik herauszukürzen, so kann man in dieser eine durchaus adäquate Charakterisierung der Literatur des ‚wahren Sozialismus' erkennen: Tatsächlich findet diese ihre eigentliche Domäne und Stärke dort, wo sie sich auf die ausführliche und detailreiche Beschreibung (oder Schilderung) sozialen Elends verlegt. Erzählung – im Sinne einer narrativen Stiftung von historischen und Motivationszusammenhängen – ist ihre Stärke sicher nicht (vgl. Lukács 1962 ff., Bd. 4); hier fällt die Literatur des ‚wahren Sozialismus' vielmehr immer wieder ins Klischee und die bloße Imitation der französischen Erfolgsmuster der Zeit zurück. Wo diese Literatur aber ihrem Hang zur Beschreibung und Schilderung folgt – und, in Ernst Dronkes eigener Diktion, „Jammerbild[er]" produziert (Dronke 1981, 84) –, hat sie in ihren besten Momenten maßgeblich an der Ausbildung von dokumentarischen Literaturformen wie der Sozialreportage teil, an der Engels mit seinem Erstling *Die Lage der arbeitenden Klasse in England* 1845 ebenfalls beteiligt war (vgl. Hunt 2009, 25–28). Ernst Dronkes ‚sociale Novellen' seiner Sammlungen *Aus dem Volk* und *Polizei-Geschichten* müssen in dieser Hinsicht unbedingt zusammen mit seinem erfolgreichen Stadtbuch *Berlin* von 1846 gelesen werden; auch Friedrich Saß' ebenfalls 1846 erschienenes, zwar weniger bekanntes, dafür aber umso radikaleres *Berlin in seiner neuesten Zeit und Entwicklung* gehört in diese Reihe (vgl. A. Meyer 1999, 122).

Einen dokumentarischen Charakter nimmt die Literatur des ‚wahren Sozialismus' auch dann an, wenn sie von konkreten sozialen Auseinandersetzungen der Zeit berichtet, wie Ernst Willkomms ‚sociale Novelle' *Der Lohnweber*, oder wenn sie theoretische und politische Texte der Zeit inkorporiert, so etwa ganze Abschnitte aus den frühsozialistischen *Rheinischen Jahrbüchern zur gesellschaftlichen Reform*, die in Louise Otto-Peters Roman *Schloß und Fabrik* als Diskussionsprotokoll einer Versammlung streikender Arbeiter wiedergegeben werden (vgl. Otto-Peters 1996, 330–341; dazu Schößler 2014a, 68–71).

Dass über alle Polemik hinweg die Positionen von Marx und Engels auf der einen und die der ‚wahren Sozialisten' auf der anderen Seite so unterschiedlich nicht waren, lässt sich auch daran ersehen, dass in der Revolution 1848/1849 zuvor eifrig bekämpfte Literaten wie Dronke oder Freiligrath mit Marx und Engels in der Redaktion der *Neuen Rheinischen Zeitung* kollegial zusammenarbeiten werden.

‚Sociale Gedichte'

Ein zentrales Genre der Literatur des Frühsozialismus in Deutschland waren die ‚socialen Gedichte', die in keinem der zeitgenössischen Zeitschriftenprojekte (*Deutsch-Französische Jahrbücher*, *Deutsches Bürgerbuch*, *Gesellschaftsspiegel*, *Vorwärts!*) fehlen durften und die in Sammlungen hohe Auflagen erzielten. Die bedeutendsten Autoren dieser Art von Lyrik – Georg Herwegh, Ferdinand Freiligrath, Georg Weerth – traten vielfach auch als Organisatoren und als publizistische → Projektemacher in der frühen sozialistischen Bewegung hervor; und umgekehrt fühlten sich nicht wenige der vorrangig theoretisch und organisatorisch tätigen Propagandisten der Bewegung bemüßigt, auch ‚soziale Gedichte' zu verfassen und zu publizieren, so etwa Wilhelm Weitling oder Hermann Püttmann. Das Gedicht kann so als eines der wichtigsten Selbstverständigungsmedien des Frühsozialismus in Deutschland gelten (vgl. Fohrmann 1993, 66–69).

‚Sociale Gedichte' sind ‚sozial' in einem mindestens zweifachen Sinn. So behandeln sie gesellschaftlich relevante Stoffe und Themen und geben diesen zumeist eine kritische Wendung; in diesem ersten Sinn ist ein ‚sociales Gedicht' ein gesellschaftskritisches Gedicht. Schon zeitgenössisch wurden die ‚socialen Gedichte' denn auch vielfach als ‚Tendenzpoesie' inkriminiert: Sie kleideten, so wurde gesagt, eine politisch-soziale Tendenz, die immer schon vorausgesetzt und nie infrage gestellt würde, bloß in ein mehr oder weniger gelungenes poetisches Kostüm. In diesem Sinn etwa greift auch Engels die frühsozialistischen ‚Verseschmiede' an, ebenso wie Heine, der dieser Sorte von Poesie in seinem Gedicht *Die Tendenz* (Heine 1968 ff., Bd. 7, 422–423) eigens ein ironisches Denkmal setzt.

Die ‚socialen Gedichte' sind aber ‚sozial' auch in einem zweiten Sinn, in dem sie gerade in ihrer Machart durchaus an Heines frühe, noch präsozialistische Lyrik anknüpfen: Die ‚socialen Gedichte' sind nicht zum einsamen Lesen oder rezitieren gedacht, sondern wollen selbst Dichtung für soziale Gelegenheiten sein, Lyrik, die gemeinsam gelesen oder besser noch: gesungen wird. Sie nehmen sich selbst vielfach als ‚Lieder' wahr (und betiteln sich auch so), die in der Tradition des Volkslieds, des studentischen Freiheitslieds, schließlich des Wanderlieds der Handwerksburschen stehen, und knüpfen sowohl in ihrer Themenwahl wie in ihrer Formensprache daran an (vgl. Bosse 1999). Gerade den stilisierten ‚Handwerksburschenliedern', wie sie etwa Weerth im *Gesellschaftsspiegel* oder Weitling in seinen eigenen Zeitschriftenprojekten *Der Hülferuf der deutschen Jugend* oder *Die junge Generation* veröffentlicht hat, lässt sich sowohl die imaginäre Traditionsbildung wie die sozialhistorische Genealogie weiter Teile des neu entstehenden Proletariats ablesen (vgl. Eiden-Offe 2017, 84–105). Heines *Die schlesischen Weber* von 1844, eines der artistisch avanciertesten Gebilde der Zeit (vgl. Wehner 1980, 37 ff.), wurde zugleich zu einem eminenten sozialen Ereignis im skizzierten, zweiten Sinn: Es wird bei vielerlei Gelegenheit vervielfältigt und rezitiert und so zu einem wichtigen Bezugspunkt auch der politisch-sozialen Bewegung (vgl. B. Füllner u. a. 1985, 123–142).

In ihrem formalen Anklang an Volks- und Handwerksburschenlieder – einfache, leicht adaptierbare Strophen- und Reimformen, Refrain- oder anderweitig repetitive Strukturen, ‚volkstümliche', bemüht volkssprachliche Lexik – schlagen sich viele ‚sociale Gedichte' in ihrem Selbstverständnis auf die Seite des *Lebens*, des Lebens der *Lebendigen*, die sich gegen erstorbene Konventionen und abgelebte Formen des Sozialen erheben; sie stehen, forciert, aufseiten der lebendigen, nicht der toten Arbeit. Herweghs *Gedichte eines Lebendigen* von 1841 geben hier das Paradigma ab; sein *Frühlingslied* kann zur Illustration dienen:

> Noch ein Lied dem deutschen Bürger,
>   Noch ein ächtes Maienlied!
> Frühling sei es keinem Würger,
>   Der sein Volk zum Staube zieht;
> Frühling Jedem bis zum Tod,
> Frühling nie für den Despot!
> Selbst der Himmel, warm und rein,
> Der des Freien Brust erweitert,
> Eine Klippe, dran er scheitert,
>   Mög' er jedem Wütrich sein.
> (Herwegh 2006, 28)

Die allzu einfache Gegenüberstellung von Leben und Tod, von jung und alt, von fortschrittlich und reaktionär konterkariert indes das vorletzte Gedicht des Zyklus, das dem *Andenken an Georg Büchner, den Verfasser von Danton's Tod* gewidmet und mit „Zürich, im Februar 1841" gezeichnet ist, sich also schon durch die gleiche Wahl des Exilortes in ein direktes Filiationsverhältnis setzt: „Die Guten sterben jung, / Und deren Herzen trocken, wie der Staub / Des Sommers, brennen bis zum letzten Stumpf" (Herwegh 2006, 86).

Die Anthologie *Album. Originalpoesien*, 1847 von Hermann Püttmann herausgegeben, stellt neben deutsche ‚sociale Gedichte' von Friedrich Saß, Karl Beck, Wilhelm Weitling, Ferdinand Freiligrath, Anastasius Grün, Ludwig Seeger, Püttmann selbst und einigen noch weniger bekannten Dichtern auch *Die schlesischen*

Weber Heines und Gedichte von Weerth, der auf dem Titelblatt als „George" anglisiert wird. Dazu kommen solche von Percy Shelley, von „Miß Speridan Carrey" und „Edward P. Mead aus Birmingham", Letzterer einer der führenden Dichter der englischen Chartisten-Bewegung (vgl. Hughes 2010, 120; Loose 2014, 1–12). Damit stellt das *Album* die deutschen ‚socialen Gedichte' in einen übergreifenden transnationalen Kontext, in dem – zumal im Abgleich mit Shelley, vom dem zwei lange Abschnitte aus *Queen Mab*, der „Bibel der englischen Arbeiterklasse" (Linebaugh 2014, 96), wiedergegeben werden – ihr Anachronismus nur allzu deutlich zutage tritt (vgl. Schmid 2007, 72–74). Genau gegen die artifizielle Versiertheit Shelleys aber wird die Einfachheit der deutschen Gedichte und Lieder als besonderes Bestimmungsmerkmal hervorgehoben. Hier wird die programmatische Absage an rein künstlerische Qualitätskriterien, wie sie etwa Dronke im Vorwort seiner Sammlung *Aus dem Volk* vornimmt (vgl. Dronke 1981, 10), für einen historischen Moment ernst genommen. Die Ästhetik der späteren Arbeiterbewegung und des Marxismus, so wie Engels sie bereits in seinen Vormärzkritiken zum ersten Mal erprobt, wird mit der Vielfalt dieser heteronomieästhetischen Experimente nichts mehr anfangen können. Sie wird sich schnell wieder autonomieästhetisch refundamentalisieren und sich dabei dann auch im Einklang wissen mit der Poetik und Ästhetik des ‚bürgerlichen' oder ‚poetischen Realismus', so wie er programmatisch von Julian Schmidt und Gustav Freytag im Nachmärz durchgekämpft wird (Plumpe 1995, 245).

Im *Plan der Deutsch-Französischen Jahrbücher*, der gewissermaßen als Vor- oder Geleitwort der ersten (und einzigen) Ausgabe dieses ehrgeizigen Zeitschriftenprojekts voranstellt ist, formuliert Marx' Mitherausgeber Arnold Ruge einen ebenso ehrgeizigen Anspruch, der die *Form* der Kritik betrifft, die in den *Deutsch-Französischen Jahrbüchern* geübt werden soll: „Alles, was sich auf die grosse Umwälzung bezieht, die in der alten Welt vor sich geht, in möglichst prägnanter und künstlerisch abgerundeter Form zum allgemeinen Bewusstsein zu bringen, diese Aufgabe, welche die Franzosen schon so oft und mit so schlagendem Erfolge gelöst, gilt nun auch für uns" (Ruge 1844, 6). Die Frage, inwiefern dieser Anspruch, den so auch Marx hätte formulieren können, in den Beiträgen des jungen Marx selbst und auch in der weiteren immanenten Poetologie der marxistischen Theoriebildung verwirklicht werden konnte, wurde als Desiderat wiederholt aufgeworfen (vgl. Mehring 1960ff., Bd. 12, 199–202; zuletzt Steinfeld 2017, 118–133); überzeugend beantwortet wurde sie indes bisher noch nicht.

III.13. Die Entdeckung der Ware
Franziska Schößler und Bernd Blaschke

Ökonomie wird im 19. Jh. zu einem Leitdiskurs, der „als feste[r] Bestandteil des bürgerlichen Alltags" (Brock 2008, 16) die Umwelt der Autorinnen und Autoren bestimmt. Wirtschaftswissenschaftler wie Gustav Schmoller, Karl Knies, Albert E. F. Schäffle und Adolph Wagner, der sich mit der Problematik geistigen Eigentums auseinandersetzt (vgl. ebd., 20; → URHEBERRECHT; → I.3. NEW ECONOMIC CRITICISM), definieren Kunst entsprechend als kommodifizierten Gegenstand, der auf Angebot und Nachfrage zu reagieren hat, um erfolgreich zu sein. Der Germanist Wilhelm Scherer analysiert in seiner *Poetik* den „Tauschwerth der Poesie" und den „Verkehr der literarischen Waare": „Die Poesie ist also schon in alter Zeit eine Art von Waare. Ihr Werth regelt sich nach Angebot und Nachfrage, nach dem Verhältnis von Production und Consumtion" (Scherer 1977, 84–85; → WARE, WARENFETISCHISMUS, KONSUM). Als Mittler zwischen Literaturproduzierenden und ihren ‚Consumenten' betrachtet der Berliner Germanist Journalisten. Irritationen über die Warenförmigkeit von Literatur, über die Figur des Konsumenten und seine Auswahl- und Aneignungsweisen der Künste, über den Markt und das Publikum sind das gesamte lange 19. Jh. hindurch die produktive Triebfeder innovativer Reflexionen über Kunst und Literatur. Denn Autoren produzieren nicht mehr überwiegend für Mäzene oder ihresgleichen, sondern für ein größer und anonymer werdendes Publikum, von dessen Nachfrage im Buch- und Zeitungsmarkt sie leben. Literarische Texte von Honoré de Balzac, Émile Zola, Gustave Flaubert, Adalbert Stifter, Jeremias Gotthelf, Gustav Freytag und Gottfried Keller beobachten das Verhältnis von Markt und Kunst deshalb genau und analogisieren den Autor zuweilen mit dem Händler und (Modewaren-)Verkäufer (zu Flaubert vgl. Kleinert 1978, 468). Insbesondere zum Ausgang des 19. Jh.s ist der Vergleich von Dichter und Prostituierter beliebt (→ PROSTITUTION), um die Warenförmigkeit der Kunst zum Ausdruck zu bringen (vgl. Helduser 2008).

Literatur als experimenteller Reflexionsraum ökonomischer Prozesse entwirft darüber hinaus diverse Szenarien, um die Konsequenzen neuer Produktions- und Konsumptionsformen (vgl. Haupt 2003, 12–28) auszuloten. Besondere Herausforderungen für die Literaten sind die Käufer im großen Kaufhaus samt ihrer ‚warenfetischistischen' und insofern ‚künstlichen' Bedürfnisse, wie sie die industrialisierte Massenproduktion zu wecken scheint, bzw. ihre sogenannten Sekundärbedürfnisse, die durch Reklame zum Erlebnis gesteigert werden können (zur Unterscheidung von ‚Erlebnis'- und ‚Versorgungshandel' vgl. Löbbert und Lungershausen 2002, 46; → WERBUNG). Diesen Phänomenen begegnen die Texte in der Regel mit einer (topischen) Konsumkritik, wie sie Karl Marx in seiner

Manipulationstheorie bzw. seiner Analyse des Warenfetischs ebenfalls formuliert und die über Max Horkheimers und Theodor W. Adornos Untersuchungen der Kulturindustrie hinaus Konjunktur hat. Literarische Texte entwickeln gleichwohl auch ludische Konsumkonzepte (vgl. Böhme 2006, 344), untersuchen die komplexe Doppelstruktur von Waren, die seit der Romantik umkreist wird, setzen die Produktivität des Luxuskonsums (→ Luxus) in Szene und gehen der Soziabilität von Shopping nach. Hatte die frühere Forschung die Konsum- bzw. Kapitalismuskritik von Autorinnen und Autoren des 19. Jh.s in den Vordergrund gestellt (für Keller vgl. Kaiser 1980; Sautermeister 1973), so profilieren jüngere Studien die utopisch-konstruktiven Entwürfe der Texte, die beispielsweise die Wirtschaft an sittliche Normen binden. Vermag auch die Kunst dieses Ethos zu verbreiten, so können selbst die Massenproduktion und der Massenverkauf von Kunstwerken positiv besetzt werden (vgl. Brock 2008, 119–120). Im Folgenden werden zentrale Konsum- und Warenkonzepte sowie ihre literarische Inszenierung in der Romantik, im Realismus und im Naturalismus, hier mit Fokus auf das Genre des Kaufhausromans, exemplarisch vorgestellt und gedeutet.

Transzendent-ökonomischer Fetischismus und das Psychogramm von Konsumenten in romantischen Texten

Die Bedeutung der Romantik für die Entdeckung des Konsums hat Colin Campbell in seiner soziologischen Studie *The Romantic Ethic and the Spirit of Modern Consumerism* (1987) unterstrichen: Die romantische Strömung, der an einer Ästhetisierung des Ökonomischen gelegen ist (vgl. Saller 2007; → III.10. Romantische Ökonomien) und die deshalb die ästhetisch-sinnliche wie quasi-transzendente Struktur von Waren zu erfassen vermag, erfindet nach Campbell die von Sehnsüchten und Tagträumen umgetriebene Psyche von Käufern, deren phantasmatische Aktivitäten einerseits kultiviert, andererseits domestiziert werden müssen, um das anarchische Potential des Begehrens im Zaum zu halten (→ Wunsch, Begehren). Das moderne Subjekt als Konsument reguliere die Natur und Stärke seiner Gefühle, indem es durch symbolische Ressourcen und distanzierende Manipulationen „self-regulative control" entwickele (Campbell 1987, 70). Ausgestattet mit dieser Selbstkontrolle vermöge der Konsument der Verlockung von warenähnlichen Gegenständen zu begegnen, die romantische Texte in der Regel mit einer signifikanten Doppelstruktur ausstatten. Die Material Studies und die Dingforschung haben die grundlegende Bedeutung von Dingen in der romantischen Literatur sowie deren ambivalenten Status betont: Sie bewegen sich reflexiv zwischen Materialität und Semiotik (vgl. Weder 2011), Animismus und Industrialisierung, sind zudem häufig belebt (zu E. T. A. Hoffmann vgl. Liebrand 2011), während Menschen verdinglicht werden (vgl. H. Brüggemann 2011). Sie sind wandernde Dinge, *mobilia* zwischen Schicksalsrequisiten und Wunderdingen, wie zum Beispiel das Galgenmännlein aus Friedrich de la Motte Fouqués gleichnamiger Erzählung (vgl. Niehaus 2011), und weisen in vielerlei Hinsicht auf Waren und ihre → ZIRKULATION voraus.

Romantische Texte wie Ludwig Tiecks Kunstmärchen *Der blonde Eckbert* (1797) verfolgen entsprechend die Transformation schöner Dinge (die mit interesselosem Wohlgefallen betrachtet werden können und sinnliche Intensität entstehen lassen) in kommodifizierbare Objekte. Die unheilvolle Verwandlung der Preziosen in Tauschobjekte wird hier bezeichnenderweise auf die Lektüre der Protagonistin und die so initiierte Sehnsucht nach Neuem zurückgeführt (vgl. Tieck 1985 ff., Bd. 6, 137); die Forschung zur Wirtschaftsgeschichte hat festgehalten, dass die Dynamik des modernen Konsums bzw. der Mode auf dem Verlangen nach Neuem basiere (vgl. u. a. Sombart 1969, Bd. 2.1, 896). Schöne Dinge, die dem Markt entzogen sind, mit diesem gleichwohl in Verbindung stehen, spielen auch in Tiecks Novelle *Der Runenberg* (1804) eine Rolle (vgl. Tieck 1985 ff., Bd. 6, 184–209). Das Szenario zwischen Eucharistie und Striptease auf dem Runenberg, das Tieck als *rite de passage* entwirft, ist ebenso erotisch wie ästhetisch aufgeladen. Die nackte Frau zeigt dem Protagonisten eine geheimnisvolle, funkelnde Tafel, die sich tief in sein Inneres einprägt, oder anders formuliert: die dieses Innere als Welt der Wünsche und Begehren entstehen lässt. Die präsentierten Gegenstände weisen auf die anthropomorphisierten Waren von Karl Marx voraus und veranschaulichen denjenigen transzendent-ökonomischen Fetischismus, den Hartmut Böhme beschreibt (vgl. Böhme 2001; Kohl 2003; Weder 2007; → WARE, WARENFETISCHISMUS, KONSUM).

Böhme geht davon aus, dass Bedingung der Warenzirkulation die Unveräußerlichkeit bestimmter Dinge sei, die als Fetische erster Ordnung fungierten und damit Reliquiencharakter besäßen (vgl. Böhme 2006, 302). Diese exterritorialisierten Dinge würden in Tempeln, Kirchen, Museen oder Archiven als Jenseits des Tausches aufbewahrt, seien jedoch mit der Sphäre der Zirkulation eng verbunden (vgl. ebd., 304). Käufliche Waren enthalten nach Böhme „einen Abglanz des Fetischismus erster Ordnung", „weil nur so die Waren das Versprechen zu erfüllen vermögen, ‚Personen-Dinge' zu sein" (ebd., 305), d. h. Dinge, die das Ich adressieren sowie einen Mangel evozieren und zu kompensieren versprechen. Die Ware ist demnach ein „sinnlich übersinnliches Ding", „voll metaphysischer Spitzfindigkeit und theologischer Mucken", wie es Karl Marx formuliert hat (Marx und Engels 1956 ff., Bd. 23, 85). (Waren-)Fetische entspringen nach Böhme den Bedürfnissen, ermöglichen deren Erfüllung und binden affektive Energien, die Tiecks Novelle durch Metaphern der Innerlichkeit umschreibt. Romantische

Literatur umkreist also ästhetisch-erotische Ausnahmezustände und stattet ihre Protagonisten mit Phantasie bzw. Innerlichkeit aus, um Psychogramme von Konsumierenden (die noch nicht geschlechtlich ausdifferenziert sind) und Warenkonzepte zwischen Schönheit, Sakralität und Zirkulation zu entwerfen. Dass zwischen sinnlicher Wahrnehmung (als ästhetischer Erfahrung) und (Luxus-) Konsum ein enger Zusammenhang besteht, betont schließlich Werner Sombart zu Beginn des 20. Jh.s (vgl. Sombart 1922, 72–73). Sinnliche Intensität versuchen später auch die Luxuslandschaften der urbanen Warenhäuser zu evozieren – Norbert Mecklenburg stellt zwischen den anorganisch-ästhetischen Phantasien des *Runenberg* und den städtischen Paradiesträumen Baudelaires einen engen Zusammenhang her (vgl. Mecklenburg 1982, 72).

Am Übergang von Romantik zu Realismus stehen die Gedichte, Prosagedichte und Essays von Charles Baudelaire, der als Flaneur die Waren in Schaufenstern wie die zur Ware gewordenen Prostituierten allegorisch zur Signatur der modernen Metropole verdichtet. Walter Benjamin untersucht in seinen Fragment gebliebenen Baudelaire-Studien und dem *Passagen-Werk*, wie Baudelaire seine Texte als Waren auf dem neuen literarischen Markt der Feuilletons und Bücher platzieren muss und wie der Dichter die Warenförmigkeit des urbanen Lebens über allegorische Figuren wie den Lumpensammler oder die Prostituierte illustriert: „Die Umfunktionierung der Allegorie in der Warenwirtschaft ist darzustellen" (Benjamin 1972 ff., Bd. I.2, 671).

Benjamin begreift Baudelaire als modernen Allegoriker aufgrund folgender Annahme: „Die allegorische Anschauungsweise ist immer auf einer entwerteten Erscheinungswelt aufgebaut. Die spezifische Entwertung der Dingwelt, die in der Ware darliegt, ist das Fundament der allegorischen Intention bei Baudelaire. Als Verkörperung der Ware hat die Dirne in der Dichtung Baudelaires einen zentralen Platz" (Benjamin 1972 ff., Bd. I.3, 1151). Auch die Beobachter der kapitalistischen Dynamik der Warenwirtschaft werden von diesem Wandel ergriffen. So gehe der Niedergang der Passagen als Schauraum des Flaneurs mit dem Aufstieg der Warenhäuser einher, und im Zeitalter der Industrialisierung werde die Wandlung des Flaneurs zum Journalisten, der den Markt der Neuheiten beliefert, forciert (vgl. ebd., Bd. I.2, 557). Als Pionier, der die Zusammenhänge zwischen Entwicklungen der Warenwirtschaft und der Stadt-, Literatur- und Kunstgeschichte erkundet, versammelt Benjamin in seinem unvollendeten *Passagen-Werk* Exzerpte und Notizen zu Stichworten der Waren-, Werbe- und Konsumwelt wie etwa „Passagen, magasins de nouveautés", „Mode", „Ausstellungswesen, Reklame, Grandville", „Der Sammler", „Der Flaneur", „Prostitution, Spiel" (ebd., Bd. V.1, 83–132, 232–280, 612–642), um im Anschluss an Marx'sche Konzepte wie Fetischismus oder Phantasmagorie dessen Modellierung der kapitalistischen Warenwirtschaft in mannigfaltigen Phänomenen der Kultur und

Lebenswelt des 19. Jh.s Konkretisierung und Anschaulichkeit zu verleihen (vgl. Lindner 2006, 259, 279).

Kleinhandel, Sittlichkeit und mikroökonomische Analysen bei Freytag, Gotthelf und Keller

Die romantische Ästhetisierung der Ware hat im 19. Jh. Konjunktur und wird in Gustav Freytags viel gelesenem Kaufmannsroman *Soll und Haben* (1855) popularisiert (→ III.9. ENTWICKLUNGS- UND BILDUNGSROMAN; → III.14. GELD- UND KREDITVERHÄLTNISSE IM REALISMUS). Die ‚Bibel' des liberalistischen Bürgertums setzt, wie Irmtraud Hnilica gezeigt hat, die blaue Blume „als Symbol für die Sehnsucht des zum Künstler stilisierten Kaufmanns" ein (Hnilica 2012, 69). Die Warenlager, die Freytags Text im Anschluss an Johann Wolfgang von Goethes Roman *Wilhelm Meisters Lehrjahre* (1795/1796) detailreich beschreibt, bedienen sich des topischen romantischen Repertoires, um die Verkaufsgegenstände zu nobilitieren und mit der Aura des Religiösen zu versehen. Darüber hinaus zeichnen sich in Freytags Text, ähnlich wie in seiner Vorlage – Friedrich Wilhelm Hackländers Roman *Handel und Wandel* (1850) – Grundtendenzen einer realistischen Poetik der Ware ab: Beschworen wird eine Form von Handel bzw. ein Umgang mit Waren, der durch Stabilität, Überschaubarkeit (trotz globaler Vernetzung), Wissen (wie es beispielsweise die Warenkunde von Johann Beckmann um 1800 bereitstellt), durch die Personalisierung von wirtschaftlichen Interaktionen und die Berechenbarkeit von Konsumenten gekennzeichnet ist – Werner Sombart wird noch 1928 von dem ‚warmen', persönlichen Verhältnis des Händlers zu seinen Waren schwärmen und dieses der Anonymität des Warenhauses gegenüberstellen (vgl. Sombart 1928; 79–84; Schößler 2013a).

Wirtschaftliche Konzepte, die diesem Wirtschaftsmodell gemäß der Kritik anheimfallen, basieren hingegen auf Innovationen, ‚künstlichen' Bedürfnissen (Rakow 2013, 37), dem → KREDIT bzw. der → SPEKULATION, der Gewinnmaximierung und der Reklame, die Gustav Freytags *Soll und Haben* (einem aggressiven antijüdischen Diskurs entsprechend) als jüdische Praxis ausweist (vgl. auch Helm 2009, 41). Adalbert Stifter macht Reklame in seinem Text *Waarenlager und Ankündigungen* aus der Feuilletonsammlung *Wien und die Wiener* (1844) zum Gegenstand (vgl. Rakow 2013, 258; → WERBUNG). Der Kleinhandel wird also an sittliche Qualitäten der Akteure gebunden, so dass die Geschichte eines → KAUFMANNS als Bildungsroman erzählbar wird (zu den ‚economopoetics' in Freytags *Soll und Haben* und Stifters *Nachsommer* vgl. Helm 2009). Konsequent ausgespart bleiben in dem Entwurf eines sittlichen Handels, für den ‚exotische' Waren aus fernen

Ländern von großer Bedeutung sind, koloniale Asymmetrien und Ausbeutungsverhältnisse (vgl. Bayerdörfer und Hellmuth 2003; Bergmann 2017; → III.6. KOLONIALISTISCHE ÖKONOMIEN).

Besonders aussagekräftig für den kritischen Warendiskurs im 19. Jh. sind die moralisierenden bzw. ‚predigenden' Romane und Erzählungen von Jeremias Gotthelf (vgl. Holl 1985, 265–274), die harsch mit der Mode und dem Zeitgeist ins Gericht gehen, das Politisieren (ohne Religion) und das Beamtentum ebenso verdammen wie die Macht des Staates (zur vielfältigen Stoßrichtung seiner Kritik vgl. Gallati 1970) und zu den neuen Entwicklungen auch die (alten) ‚Sünden' der *luxuria*, der Habgier und des Stolzes rechnen. Die Texte geißeln Materialismus und Egoismus, also die Überzeugung, „daß der Wert eines Menschen nicht von dem abhänge, was er in sich trage, sondern von dem, was er außer sich habe", wie es im 1844 entstandenen Romanfragment *Der Herr Esau* heißt (Gotthelf 1922, Erg.-Bd. 2, 84). Gotthelf kritisiert damit den herrschenden Liberalismus bzw. sein Freiheitsversprechen, das allein der Steigerung von Konkurrenz diene, so sein Vorwurf. Mit Vorliebe werden ungebildete, schlecht beratene Landleute geschildert, die dem schönen Schein der Dinge, guten Kleidern und opulentem Essen erliegen und seelisch verkommen, wie beispielsweise in dem Roman *Die Käserei in der Vehfreude* (1850; vgl. Holl 1985, 232) oder in der Erzählung *Hans Berner und seine Söhne*. In seinem Roman *Der Geltstag oder Die Wirthschaft nach der neuen Mode* (1846) verweisen die Gegenstände, die das Ehepaar im Verlauf des Lebens erworben hat, um seine Identität zu stabilisieren, auf materialistische Persönlichkeiten, die sich allein über ihre Außenwirkung definieren; die Versteigerung der erworbenen Dinge, die Anlass zu anekdotischen Rückblicken liefert, führt entsprechend zu einer Zersplitterung von Identität, die sich auf narrativer Ebene wiederholt (vgl. Cimaz 1998, 359).

Der Roman legt die Verheißungen von Waren, ihr (trügerisches) Identitätsversprechen sowie die Labilität gesellschaftlicher Distinktion frei und unterzieht den materialistischen Habitus einer Kritik, wie sie für die zweite Hälfte des 19. Jh.s symptomatisch ist. Positives Gegenbild ist bei Gotthelf ein individualisierter wertschätzender Umgang, der die Dinge oder Waren mit den Spuren des persönlichen Gebrauchs versieht und sie als Erinnerungsmedium mit ‚Gefühlswerten' ausstattet sowie vergeistigt (vgl. Cimaz 1998, 360). Insbesondere das ländliche Hausieren (→ HAUSIERER) gilt als bevorzugte Handelsform, weil es einen persönlichen Bezug zu den Waren begünstigt, wie in *Das Erdbeeri Mareili* (1850) und *Der Besenbinder von Rychiswyl* (1851) deutlich wird. Die geschilderten Hausierer zeichnen sich nicht nur durch ein sorgendes Verhältnis zu den natürlichen Produkten aus, zu Erdbeeren und Weiden, sondern auch durch einen persönlich-verlässlichen Kontakt zu den Kunden. Im Idealfall befriedigen ihre Waren ein ‚schreiendes Bedürfnis', so die Formulierung Gotthelfs für ‚notwendige', kontinuierliche

Bedürfnisse, die nicht von Moden und Neuheit beeinflussbar sind (zur Historizität der Trennung von notwendigen und künstlichen Bedürfnissen vgl. Reith 2003, 10). Gotthelfs Texte lassen sich allerdings im Sinne einer Dialektik der Aufklärung lesen, denn der Versuch, falsche Lebensstile auszumachen und zu denunzieren, führt zu exzessiven, ‚schwelgerischen' Schilderungen sinnlichen Genusses wie in der frühen Erzählung *Wie fünf Mädchen im Branntwein jämmerlich umkommen* (1838; vgl. Andermatt 1997).

Auch Gottfried Keller spürt der sich verändernden Warenkultur sowie dem Habitus von Konsumenten nach und kritisiert den volatilen Markt sowie Kreditgeschäfte, trägt gleichwohl der ästhetischen Lust an Autonomisierungsprozessen (durch die Zahl) Rechnung, wie in der Meierlein-Episode aus dem Desillusionsroman *Der grüne Heinrich* (1854/1855; vgl. Rakow 2013, 301). Anders als Freytag und Gotthelf entwickelt Keller in seinen Romanen und Erzählungen eine polyperspektivische Struktur, die im Sinne mikroökonomischer Wirtschaftsanalysen die Motivationen und Interessen von Individuen freizulegen versucht und auch positive Aspekte des liberalistischen Wirtschaftens (wie Verhandeln und Tauschen) berücksichtigt (vgl. Seja 2007). Keller entwerfe, so Uwe Seja, keine utopischen Gegenmodelle, sondern lote Errungenschaften und Kosten des kapitalistischen Systems gleichermaßen aus. In der Regel seien es Verstöße gegen das liberalistische Wirtschaften, die zu Krisen und Katastrophen führten, zum Beispiel zu dem brutalen Konkurrenzkampf der drei Kammmacher, die nicht gegen die Habgier ihres Meisters abgesichert seien (vgl. Seja 2007, 113); umgekehrt sind es kapitalistische Produktionsweisen und der Warenmarkt mit seinen „Courszettel[n]", die auch in schweizerischen Textilfabriken Kinderarbeit und 13-Stunden-Arbeitstage erzwingen, wie Keller in einer Glosse über die Verarbeitung kolonialer Baumwolle zeigt (Keller 1985 ff., Bd. 7, 160–163; vgl. Breyer 2019; → PRODUKTION).

In *Die mißbrauchten Liebesbriefe* (1865) sowie im *Grünen Heinrich* geht Keller darüber hinaus dem Zusammenhang von Kunstwerk und Markt genauer nach. In seinem Desillusionsroman entwirft er Künstlerfiguren, die einem ungezügelten Subjektivismus frönen und damit den Publikumsgeschmack aus den Augen verlieren (vgl. Brock 2008, 159), er schildert den Unternehmer Habersaat, der Kunst zu Reklame (→ WERBUNG) depotenziert, und beobachtet in der Schiller-Episode wirtschaftliche Vertriebs- und Vervielfältigungsformen von literarischen Texten (→ VERLAGSWESEN UND LITERARISCHE PRODUKTION), die nicht nur zur Verbreitung von Gedankengut beitragen, sondern auch Arbeitsplätze schaffen und die Prosperität der Nation zu befördern vermögen. Der Roman versuche, einen „Zusammenhang zwischen ökonomischem Absatzmarkt, ästhetischer Qualität der Kunstwerke und sittlicher Grundhaltung des Künstlers herzustellen" (ebd., 211). Dem Protagonisten gelingt es nicht, sich diesem System anzupassen, das jedoch für sein Versagen nicht ursächlich ist.

Kellers Erzählungen wie Romane konstruieren einen wirtschaftsgeschichtlichen Paradigmenwechsel, der solide Arbeit und handwerklich hergestellte Gegenstände und Waren als Ausweis eines gelingenden Lebens der Spekulation und dem Kredit entgegenstellt (zur herausragenden Bedeutung von Banken und Kredit in Zürich vgl. Craig 1988, 120–126; zur späteren pessimistischen Einschätzung Kellers vgl. ebd., 124; → KREDIT UND SCHULD[EN]; → SPEKULATION, SPEKULANT). Die Texte verhandeln diesen Übergang häufig im Kontext von Liebesgeschichten, koppeln also Emotion, Ehepraktiken und Ökonomie; insbesondere das ‚Weibergut', die Mitgift, spielt für die spekulativen Operationen (beispielsweise der Kaufleute von Seldwyla) eine zentrale Rolle.

Keller befragt in diesem Zusammenhang die sich in der neuen Konsumkultur abzeichnende Überfülle der Dinge sowie die Funktion des Tauschwertes, der Reklame und der ‚künstlichen' Bedürfnisse und transponiert diese Phänomene zuweilen auf die Ebene der sprachlichen Zeichen. Die Fülle der Dinge (vgl. Böhme 2006, 17) veranschaulicht er etwa über die zahlreichen Waren- und Vorratslager, die in den Erzählungen aus *Die Leute von Seldwyla* (1856 und 1873/1874) beschrieben werden und deren Dinge, ähnlich wie in romantischen Texten, eine Doppelstruktur aufweisen: Das ‚Archiv' von Züs Bünzlin aus der Novelle *Die drei gerechten Kammacher* besteht (ähnlich wie ihre Rede) aus (religiösem) Nippes und zufällig zusammengekommenen Gegenständen (vgl. Keller 1985 ff., Bd. 4, 206–209), die zum einen auf ihren → WERT hin taxiert werden, zum anderen auf die religiöse Sphäre verweisen; sie werden in ihrer Materialität beschrieben und sind zugleich zeichenhaft. Diese Doppelstruktur wiederholt sich im zentralen Produkt der Erzählung, im Kamm, als spannungsreiches Nebeneinander von Tausch- und Gebrauchswert bzw. Notwendigkeit und Schmuck. Die Kammacher stellen einerseits die „notwendigen Hornstriegeln" (ebd., Bd. 4, 196) her, andererseits „die wunderbarsten Schmuckkämme für die Dorfschönen und Dienstmägde [...] aus schönem, durchsichtigem Ochsenhorn, in welches die Kunst der Gesellen [...] ein tüchtiges braunrotes Schildpattgewölke beizte, je nach ihrer Phantasie, so daß, wenn man die Kämme gegen das Licht hielt, man die herrlichen Sonnenauf- und Niedergänge zu sehen glaubte, rote Schäfchenhimmel, Gewitterstürme und andere gesprenkelte Naturerscheinungen" (ebd.).

Damit nimmt Keller im Kleinen vorweg, was Émile Zola in seinem Warenhausroman *Au bonheur des dames* (1883) breit vorführen wird: die Evokation einer zweiten, simulierten Natur durch serielle (Massen-)Produkte, die nach Karl Marx den Produktionszusammenhang, die menschliche Arbeit, verschleiert und die Phantasie der Käufer (als Medium der Identifikation) anregt. Darüber hinaus setzt sich Kellers Novelle mit dem Phänomen der Überproduktion, mit einem unausgewogenen Verhältnis von Angebot und Nachfrage, auseinander, das hier auf das Leistungsethos der Arbeitenden zurückgeführt wird: „Sie hatten nämlich des

Guten zu viel getan und so viel Ware zuweg gebracht, daß ein Teil davon liegen blieb" (Keller 1985 ff., Bd. 4, 216). Dieser (schlechte) Überfluss, der die industrielle Produktion von Waren antizipiert (vgl. W. König 2000, 47), kehrt sowohl in der erratischen Rede von Züs Bünzlin wieder als auch in einer bizarren Liebesphantasie, die die Angebetete vervielfältigt und doch Mangel erzeugt: Züs entwirft das Gedankenexperiment, dass jeder der Verliebten von drei gleichen Jungfrauen umgeben sei: „[D]a ihr in Eurer Einbildungskraft von neun solchen ganz gleich werten Personen umgeben seid und in diesem liebreizenden Überflusse dennoch Mangel in Eurem Herzen leidet, ermesset danach meinen eigenen Zustand" (ebd., Bd. 4, 227).

Dieser (ironisierte) Liebesdiskurs folgt einer ökonomischen Grundfigur: Der Überfluss durch serielle Vervielfältigung lässt Mangel entstehen. Die Frau fungiert dabei, wie in vielen Texten des 19. Jh.s, als Pendant zur Ware – in Kellers Novelle gilt es auch, „diese ausgezeichnete Person zu erwerben" (ebd., Bd. 4, 231). Ähnlich wie die schönen Dinge und Waren stellt die Frau in Kellers Novelle eine Verführung dar; „lieblich lockend" sitzt sie am Wegesrand (ebd., Bd. 4, 235). Die Erzählung *Spiegel, das Kätzchen* schließt mit dem Satz, dass Frauen „erhandelt" würden (ebd., Bd. 4, 279). Weiblichkeit initiiert, ähnlich wie in romantischen Erzählungen, die Sehnsüchte der Tagträumer und Konsumierenden; sie ist in realistischen Texten jedoch, insbesondere durch ihr ‚Weibergut', handfest in die ökonomische Praxis involviert. Das Frauenvermögen scheint sich dabei für spekulative Projekte besonders zu eignen und wird von Keller einem nicht durch Arbeit erwirtschafteten Wohlstand zugeordnet.

In der Novelle *Spiegel, das Kätzchen* thematisiert Keller künstliche Bedürfnisse, Tauschwert und Reklame im Gewand der Fabel. Der Kater verkauft sich selbst – eine Kommodifizierung des ‚Menschlichen', dem die Vermenschlichung von Dingen, zum Beispiel des Hauses, gegenübersteht (vgl. ebd., Bd. 4, 245). Der Pakt, den der hungernde Kater mit dem Zauberer schließt, besteht darin, dass er auf dessen Kosten fett werden darf, damit jedoch sein Leben verwirkt. Der Zauberer entwirft deshalb kunstvolle, spielerische Arrangements (vgl. ebd., Bd. 4, 246–247) – manche Mäuse können „zur Erhöhung des Vergnügens" durch einen Faden aus ihrem Versteck hervorgezogen werden (ebd., Bd. 4, 247). Die Nahrungsaufnahme erfolgt nicht, um den Hunger zu stillen, sondern es handelt sich um eine ästhetisch geadelte, mit Unterhaltungsmomenten angereicherte Tafel, die über das ‚natürliche' Bedürfnis hinaus zum (tödlichen) Essen anregen soll. Dass damit eine Form von Fülle gemeint ist, die keine Befriedigung bringt (sondern den Tod), bestätigt das Räsonnement des Katers, als er den Magen eines toten Vogels betrachtet: „Grüne Kräutchen, artig zusammengerollt, schwarze und weiße Samenkörner und eine glänzend rote Beere waren da so niedlich und dicht in einander gestopft, als ob ein Mütterchen für ihren Sohn das Ränzchen zur Reise gepackt hätte" (ebd.).

In diesem Sammelsurium, das den zahlreichen Warenlagern, Sammlungen und Archiven aus anderen Texten Kellers gleicht, hat die rote Beere den Vogel in die „Schlinge des Vogelstellers gelockt" (ebd., Bd. 4, 248), ein ästhetisch ansprechendes (Natur-)Produkt, das künstlich (als Falle) drapiert wird. In *Der Schmied seines Glückes* aus dem gleichen Novellenzyklus heißt es analog über das Motto des dubiosen Protagonisten, dass der rechte Mann sein Glück schmiede, „womit er nicht etwa die Erreichung bloß des Notwendigen, sondern überhaupt alles Wünschenswerten und Überflüssigen verstand" (ebd., Bd. 4, 333). Die Überfülle umfasst dabei auch die kolonialen Waren, die in Kellers Erzählungen wiederholt eine Rolle spielen, beispielsweise die Zigarren aus Smyrna, Damaskus und Virginia (vgl. ebd., Bd. 4, 295), die dem Schneider aus *Kleider machen Leute* zusammen mit einem „Warenlager" an Büchern, Schuhen und feiner Kleidung angeboten werden (ebd., Bd. 4, 302). Die Überfülle als Signum einer spekulativen Wirtschaft und eines fragwürdigen Materialismus wird in den Erzählungen zuweilen auf der Zeichenebene reproduziert: Die zerrütteten Verhältnisse können sich in „pompösen" Nachnamen zeigen (ebd., Bd. 4, 334), wie sie in *Der Schmied seines Glückes* ridikülisiert werden, oder an dem Auseinandertreten von Zeichen und Bedeutung, wie in den Emblemen der Häuser aus *Kleider machen Leute* (vgl. ebd., Bd. 4, 303–304). Der Namenspolitik der Seldwylaer, die auf den Schein bzw. den Tauschwert setzt, entsprechen auf vestimentärer Ebene die „roten Plüschwesten" (ebd., Bd. 4, 334), auf ökonomischer das kritisierte Spekulantenwesen (→ SPEKULATION, SPEKULANT).

Narzisstische und transzendente Versprechen im Kaufhaus

Die vielfach formulierte literarische Konsumkritik nimmt im 19. Jh., wie sich bei Keller andeutet, eine Diskurskopplung vor, die bis in das 20. Jh. hinein Geltung besitzen wird: Um die Verheißungen und Gefahren von Konsum sinnfällig zu machen, werden Gender- und Liebestopoi adaptiert, d. h. Weiblichkeit und Shopping (vgl. Felski 1995; Bowlby 1985) bzw. (romantische) Liebe und Konsum eng miteinander verknüpft (im Bereich der soziologischen Forschung zur Sattelzeit vgl. Campbell 1987; für die USA der 1920er Jahre vgl. Illouz 2003; für die Konsumkultur der 1990er Jahre vgl. D. Miller 1998). Insbesondere der Luxuskonsum und der sich industrialisierende Massenkonsum (vgl. W. König 2000; → LUXUS) wird als weibliche Sphäre in Szene gesetzt (zum binären Geschlechterdiskurs und der Trennung von Produktions- und Konsumptionssphäre vgl. Haupt 1997; Budde 1997); Zuschreibungen wie Willenlosigkeit, Irrationalität und Rauschhaftigkeit, also Hysterie, werden auf die Konsumierende übertragen (zum marginalisierten männlichen Käufer vgl. Breward 1999). Der neue Typus der Konsumentin, die ihren ‚künstlichen Bedürfnissen' scheinbar hilflos ausgeliefert ist, tritt bevorzugt im großen Kaufhaus in Erscheinung, das gegen Ende des 19. Jh.s auch deutsche Städte erobert (zur verzögerten Entstehung einer städtischen Konsumkultur in Deutschland vgl. Briesen 2001; Homburg 2016) und die Frau aus dem ‚Ghetto' des Privathauses entlässt.

Die französische Literatur geht dem Zusammenhang von Luxuskonsum und Weiblichkeit zunächst anhand der Kurtisane nach, wie etwa in Honoré de Balzacs *Splendeurs et misères des courtisanes* (1838 ff.; vgl. Blaschke 2011) und mit der Figur der Valérie Marneffe in *Cousine Bette* (1846/1847), favorisiert dann aber die (Klein-)Bürgerin wie in Gustave Flauberts *Madame Bovary* (1856). Vorbildlich für das Genre des Kaufhausromans des späten 19. und frühen 20. Jh.s (vgl. U. Lindemann 2015), der das Verhältnis von luxuriösen Gütern und Weiblichkeit ebenfalls behandelt, ist *Au bonheur des dames* von Émile Zola, der auch mit seinem Erfolgsroman *Nana* (1880) oder seiner Nebenfigur Fernande in *Travail* (1900, dt. *Arbeit*) den exzessiven, ostentativen Konsum der Kurtisanen und seine zerstörerische Wirkung auf Familien, Vermögen und Firmen schwelgerisch inszeniert und als Dekadenzphänomen kritisiert.

Zolas 1883 erschienener Roman *Au bonheur des dames* stellt das Kaufhaus einerseits als Ort der Entfremdung und eines ausbeuterischen Vampirismus dar (vgl. Zola 2002, 100, 405) und präzisiert andererseits die identitätsbildenden und sozialen Funktionen von Waren, den Warenfetischismus sowie die phantasmatischen Aktivitäten von Konsumentinnen (vgl. Schößler 2009, 284–290). Die schönen Stoffe mit ihren orientalisierenden Namen beispielsweise verheißen Exotik (vgl. U. Lindemann 2007, 254), wecken das Begehren nach dem Fremden und fungieren zugleich als Ganzheit versprechende Spiegel der eigenen Identität (vgl. Drügh 2011, 21), wie der aufgerufene Narziss-Mythos sinnfällig werden lässt (vgl. Zola 2002, 135–136). Die Waren der naturalistischen Literatur sind dabei ähnlich dual angelegt wie die der romantischen und realistischen Texte. Sie oszillieren zwischen Transzendenz und Materialität (vgl. ebd., 28) und werden nicht von ungefähr in Räumen präsentiert, die Sakralbauten zitieren (vgl. ebd., 65) – die Konsumkultur weist dem Numinosen und Sakralen einen neuen Ort zu (vgl. Leypoldt 2011). Die städtische Konsumkultur macht Zola bereits 1873 in seinem Roman *Le ventre de Paris* (dt. *Der Bauch von Paris*) über die Markthallen zum Gegenstand, wobei sich der Handel hier um Esswaren wie Fleisch, Fisch und Käse dreht, die von den Verkäufern und Verkäuferinnen verführerisch inszeniert und vom Erzähler exzessiv aufzählend beschrieben werden. Berühmt wurde Zolas symphonisch schwelgerische Schilderung eines Käsestands, an deren Ende zerfließender Brie und wimmelnde Maden die Dekadenzkritik des Naturalismusbegründers veranschaulichen.

Die deutschsprachigen, oftmals antisemitischen Kaufhausromane wie Erich Köhrers Bestseller *Warenhaus Berlin* (1909) und Max Freunds *Der Warenhauskönig* (1912) begegnen dem Kaufhaus mit Faszination, vor allem aber mit größten Vorbehalten, unter anderem deshalb, weil der einzelne Händler keinen emotionalen Bezug mehr zu der ‚anonymen' Warenpluralität zu entwickeln scheint. Eine Endstufe dieses Zerfallsprozesses zeigt Georg Heyms Novelle *Der Irre* (posthum 1913), wo sich das Delirium des Protagonisten in der Kathedrale eines Warenhauses vollendet. US-amerikanische Texte wie Theodore Dreisers früher Roman *Sister Carrie* (1900) hingegen entwerfen zuweilen einen alternativen Kaufhaus- und Konsumdiskurs. In Dreisers Roman fungieren Waren als „kulturelle Bedeutungsträger, die ihrerseits Zugang zu emotionalen Kategorien und Erfahrungen gewähren" (Illouz 2011, 50). Dreiser führt den Einkauf als dialogischen Akt vor, der „Erkenntnis, Affekt, Bewertung, Motivation und den Körper" umfasst (ebd., 55), und präsentiert das Warending als ein „multiples Gewebe aus visuellen, aber auch auditiven, taktilen, olfaktorischen, geschmacklichen wie semantischen *Repräsentationen*" (Böhme 2006, 348). Die Waren beleben sich, flüstern Liebesworte und treten mit den Käufern in einen Dialog, ohne dass diese manipuliert und verdinglicht würden. Der geschilderte Konsumakt stellt vielmehr ein „Schönheitshandeln" dar, das, „vermittelt über Wohlfühlen und Anerkennung", Identität stiftet (Degele 2004, 24).

Die Sehnsucht nach schönen Waren, die *Sister Carrie* ohne moralische Wertung in Szene setzt, steht entsprechend mit der Emanzipation, dem urbanen Lebensgefühl und der *agency* der Protagonistin in Zusammenhang. Das Äußere bzw. der Glanz der schönen (Waren-)Oberflächen fördert das Wohlgefühl sowie das Selbstbewusstsein beider Geschlechter und ist eine wesentliche Bedingung der Anerkennung. Konsum als Medium gesellschaftlicher Distinktion und Vernetzung macht den Einzelnen zu einem sozialen Wesen, das kollektiven Wertsetzungen bzw. Imaginationen folgt und den Blick der anderen antizipiert. In *Sister Carrie* herrschen die Aneignungsmimesis, die begehrt, was andere begehren, der Vergleich, der hierarchische Ordnungen entstehen lässt, die Nachahmung als (nur scheinbar paradoxe) Bedingung souveränen Handelns und die Empathie, die Bezugnahme und Verortung in einem gesellschaftlichen Netzwerk ermöglicht. Der Ethnologe Daniel Miller beschreibt das Konsumieren entsprechend als einen empathischen Akt, der soziale Beziehungen in Rechnung stellt und performativ reproduziert (vgl. Miller 1998, 27). In der Welt des Konsums und des → Luxus, die Dreiser entwirft, ist ein sozialer Mensch zu Hause, der sich in andere einfühlt, sie anerkennt und deren Habitus bzw. Begehren begehrt. Der Roman *Sister Carrie* veranschaulicht damit zugleich die ‚Gesetze' der Diffusion, in der Liebe wie in der Mode.

Diejenigen literarischen Texte, die der Sprache der Waren und den Psychogrammen von Konsumenten nachspüren, lassen mithin kenntlich werden, dass

Literatur ähnliche Ausnahmezustände wie die verlockenden Waren evoziert bzw. alternative Lebensentwürfe gestaltet und Wünsche initiiert, beispielsweise durch die Beschreibung von Mode und Interieurs. Waren ihrerseits ermöglichen eine „Welterweiterung", für die sie überzeugende Geschichten erzählen oder als Kunst gestaltet sein müssen (Priddat 2006, 11).

III.14. Geld- und Kreditverhältnisse im Realismus
Till Breyer und Veronika Thanner

Drückende Schulden, ausbleibende Zahlungen, gefälschte Wechsel oder mysteriöse Erbschaften: → GELD, häufig im Aggregatzustand fehlender Liquidität, erscheint als Dreh- und Angelpunkt, wenn nicht sogar als „the most common theme" (Vernon 1984, 7) realistischer Literatur im 19. Jh. Mit ihrem emphatischen Bezug auf den „Reichtum der Wirklichkeit" (Carriere 1985, 83) wenden sich literarische Realismen – in unterschiedlichen national-kulturellen Ausprägungen – neuen, gegenwartsbezogenen Problemen zu, ihren „materiellen Fragen" und „sozialen Rätsel[n]" (Fontane 1969, 236). Ihnen gegenüber wird der Schriftsteller, wie Balzac schreibt, zum „archéologue du mobilier social" (Balzac 1976 ff., Bd. 1, 8). Diese Wirklichkeit wird dabei als im Kern ökonomisch verfasste wahrgenommen, mit Geld als ihrem zentralen Medium. Das besondere Interesse von Marxismus und Kritischer Theorie (→ I.1. MARXISMUS UND KRITISCHE THEORIE) und Literatursoziologie (→ I.2. LITERATURSOZIOLOGIE) an der realistischen Literatur weist auf diesen Zusammenhang hin.

Das Währungs- und Finanzsystem wird im 19. Jh. staatenübergreifend zu einer sich rasant verändernden Schaltstelle mit weitreichender Auswirkung auf alle Bereiche des gesellschaftlichen Lebens. Dieser Wandel hat nicht nur eine ältere institutionengeschichtliche Dimension (Entstehung von Zentralbanken und Aktiengesellschaften, Etablierung neuer Geldformen und Formen des → KREDITS wie Assignate, Banknote, Buchgeld und Aktie), sondern auch eine alltagsgeschichtliche, indem die → ZIRKULATION der verschiedenen Geldformen einer Beschleunigung durch Börsen und Aktiengesellschaften unterliegt. Geld wird – und dies nicht allein im Kontext internationaler → KRISEN des Finanz- und Wirtschaftssystems im 19. Jh. – zu einem problematischen Gegenstand, der von epistemischen, ästhetischen und politisch-kritischen Fragen umgeben ist.

Realistische Literaturen weisen dem Geld in ihrer Wirklichkeitskonstruktion konsequent einen zentralen Ort zu und loten dessen Funktionsweise in sozialen Prozessen ebenso aus wie seine Erzählbarkeit. Dabei verdichtet sich die poetologische Bedeutung des Geldes immer wieder in der Ambivalenz gelingender und verfehlter Wirklichkeitsrepräsentation: Auf der einen Seite indiziert Geld – und seine Substitution als Kredit – die Dimension einer ‚harten' ökonomischen Realität von → WERT und PREIS, während es auf der anderen Seite mit der beunruhigenden Kontingenz und Instabilität von → SPIEL und → SPEKULATION verknüpft ist (vgl. Vernon 1984, 13–26; Goux 2000a, 87–117).

Diese Ambivalenz von Geld- und Kreditformen wird hier entlang exemplarischer Lektüren zu Balzac, Freytag, Keller, Dickens und Dostojewski verfolgt. Dabei spielen für den Realismus auch ältere Geld-Topoi eine zentrale Rolle, die aus dem 17. und 18. Jh. stammen und teils auf die Antike zurückweisen. Das betrifft erstens das Problem der Gelddeckung, das mit der wechselhaften Geschichte des Goldstandards im 19. Jh. verbunden ist und sich am inhärenten Fiktionscharakter (→ FIKTION, FIKTIONALISIERUNG) des Geldes entzündet, der durch Konvertierungs- und Reservereglements eingehegt werden soll (vgl. Michaels 1987; Van 2006; Vogl 2004a, 289–351). Ein zweiter zentraler Topos lässt sich in der normativen Opposition von wertschaffender Arbeit und chimärischer Spekulation, von ‚realer' und ‚künstlicher' Ökonomie erkennen, die im 19. Jh. fortgeschrieben wird. Sie schließt an den ökonomischen Begriff des Arbeitswerts an, der die klassische *political economy* und Nationalökonomie im 18. und frühen 19. Jh. dominiert (vgl. Stäheli 2007; Schößler 2009; Rakow 2013, 217–325). Diese Opposition wird wiederum mit Geschlechtercodierungen versehen, die teils ein unstillbares oder ‚monströses' Konsumbegehren, teils das scheinbar irrationale Wesen des Kredits – wie bereits in Daniel Defoes Figur der *Lady Credit* – als weiblich semantisieren (vgl. Schößler 2017, 145–172; U. Lindemann 2017; Roepstorff-Robiano 2017, Kap. 8). Drittens lässt sich in realistischen Erzähltexten eine Problematisierung des Geldes als Form autonomer Vermehrung beobachten, die auf die aristotelische Gegenüberstellung einer naturgemäßen *oikonomia* (Haushaltslehre) mit der unbegrenzten Erwerbskunst, der Chrematistik, zurückweist, die Geld aus Geld zeuge und damit den Raum des Natürlichen überschreite (→ WUCHER; → III.1. OIKONOMIA UND CHREMATISTIK). Diese Selbst-Vermehrung des Geldes wird schon in der frühneuzeitlichen Literatur teils problematisiert, teils in Analogie zu natürlichem → WACHSTUM naturalisiert und auch im Realismus – insbesondere anhand des Verhältnisses von Geld und Genealogie – kontinuierlich verhandelt (vgl. Hörisch 1983, 113–139; Vogl 2011, 115–140).

Dabei entfaltet realistische Literatur eine Aufmerksamkeit für konkrete Verhältnisse, an denen sich die monetären und kreditökonomischen Prozesse abzeichnen. Theoretische und sozialphilosophische Fragen, wie sie etwa bei Ricardo, Smith, Mill oder Marx und Engels diskutiert werden, werden innerhalb der Figurenkonstellationen gleichsam verdeckt aufgeworfen. Geld spielt dabei nicht mehr nur in seiner dinglichen Materialität als konkrete Münze oder → SCHATZ eine Rolle, sondern vor allem als intersubjektive Verhältnisbestimmung, als Zeitform von Ereignissen, als Raum der Kontingenz und als soziale und narrative Doppelbödigkeit: Kredite, Wechselbriefe und Aktien implizieren immer auch einen Aufschub und eine Absenz des Wirklichen und treiben Krisen der Repräsentation hervor, die zum einen mit kulturellen Denormalisierungsängsten und Krisennarrativen, zum anderen mit Reflexionsfiguren literarischer Fiktionalität und der Frage nach der Darstellbarkeit gekoppelt werden (vgl. Landfester 2011; Galke-Janzen 2016; Breyer 2017; Roepstorff-Robiano 2017, Kap. 7).

Mit Blick auf die narrativen Funktionen von Geld und Kredit lassen sich vielfältige Verknüpfungen zum nationalökonomischen Wissen der Zeit aufdecken (vgl. Breithaupt 2008, 157–178; Rakow 2013, 276–287). Auch die kritischen Einsätze sozialtheoretischer und historisch-materialistischer Diskurse spielen in realistische Erzähltexte hinein, wenn dort Geld- und Kapitalverhältnisse zu einem manifesten Problem der Darstellung und der Entzifferung werden (vgl. Breyer 2019). Realistische Darstellungsverfahren dokumentieren die inhärente Widersprüchlichkeit und Konfliktsättigung einer ökonomischen und kulturellen Dynamik, die zum einen als fortschrittlich und modern, zum anderen als hoch problematisch und bisweilen als diabolisch erscheint und die bereits im 19. Jh. als auf alle anderen sozialen Bereiche ausgreifend empfunden wird.

Wuchern und Erzählen: Honoré de Balzacs *Gobseck*

Die zentrale Bedeutung des Geldes für Balzacs Lebenswerk *La Comédie humaine*, zu dem er ab 1842 seine bisherigen und zukünftigen Romane zusammenfügt, wurde bereits früh herausgestellt (vgl. Curtius 1923, 82). Im Vorwort zur *Comédie* macht Balzac deutlich, dass es ihm mit dem Romanwerk um wissenschaftliche Erkenntnis, um eine „zoologie" des Sozialen geht (Balzac 1976 ff., Bd. 1, 8). Die Prämissen und die Poetik dieser literarischen Erkenntnis sind mit der Erzählung *Gobseck* eng verbunden, denn hier lässt sich eine Abkehr von den phantastischen Handlungselementen des ‚roman noir' beobachten, die etwa in *Melmoth reconcilié* (1835) oder *La Peau de chagrin* (1831) die Thematik von Tausch und Kredit bestimmen. *Gobseck* gilt demgegenüber als eine der ersten dezidiert realistischen Erzählungen Balzacs – und darüber hinaus als eine Erzählung, an der sich das Prinzip der seriellen und offenen Poetik der *Comédie* bereits ablesen lässt (vgl. Bardèche 1943, 288). Im zeitlich parallel entstehenden Roman *Père Goriot* (1834/1835) etwa tauchen Personen aus *Gobseck* aus neuem Blickwinkel wieder auf – ein für die weitere *Comédie* zentrales architektonisches Prinzip –, so dass die Erzählstränge der verschiedenen Texte ineinandergreifen. In dieser Erzählkonstruktion hat man den Ausdruck eines neuzeitlichen Wirklichkeitsbegriffs erkannt, der dem Kriterium innerer Kohärenz unterliegt (vgl. Blumenberg 2001, 67). Die Verbindungen zwischen den Romanfiguren, die die Klassengrenzen zwischen Adel, Geld- und Bildungsbürgertum und Arbeiterschicht durchlaufen und damit ein umfassendes Panorama der nachrevolutionären französischen Gesellschaft ermöglichen, sind eng an die Zirkulation des Geldes geknüpft. Der „Totalitätscharakter der Gesellschaft" wird, wie Adorno schreibt, „intensiv als Funktionszusammenhang" vorgeführt (Adorno 1970 ff., Bd. 11, 140). *Gobseck* lässt sich deshalb als paradigmatische Engführung von Geldbegriff, Realismus und sozialwissenschaftlicher Erkenntnis lesen.

In ihrer Aufmerksamkeit für die Dynamik des Geldes kommt der Erzählung *Gobseck* zunächst eine hohe sozialgeschichtliche Aussagekraft zu. Dass der Wucherer am Ende sinnlos Waren hortet und als kindischer Greis abtritt, hat schon Marx (in einer Fußnote in *Das Kapital*) als Ausdruck der neuen kapitalistischen Verwertungslogik gedeutet, in deren Zuge „Warenakkumulation im schatzbildnerischen Sinn reine Narrheit" (Marx und Engels 1956 ff., Bd. 23, 615) wird. Umgekehrt reflektiert das Sujet der Kreditvergabe den hohen Bedarf an Zirkulationsmitteln im Vorfeld der massenhaften Bankengründungen seit 1848 (vgl. Goux 2013, 80). Auf dieser sozialgeschichtlichen Ebene tritt aber auch der politische Einsatz der Erzählung hervor, die in verschiedenen Umarbeitungen zuerst als *L'Usurier* (1830), im selben Jahr als *Les dangers de l'inconduite*, dann 1835 als *Papa Gobseck* erscheint und schließlich 1842 als *Gobseck* in die *Comédie humaine* eingeht (vgl. Citron 1976). Die Bearbeitung der Gobseck-Figur, deren agrarkapitalistische Tätigkeit und deren schließlicher Tod als Handlungselemente sukzessive hinzutreten, reflektieren dabei Balzacs ambivalente Haltung zur nachrevolutionären bürgerlichen Gesellschaft, deren wirtschaftliche und soziale Liberalisierung zugleich eine „Herrschaft des sterilen Geldkapitals" (A. Schröder 1999, 182) ankündigt.

In *Gobseck* stehen, wie auch in der späteren Erzählung *La Maison Nucingen*, weder die drei in der klassischen Ökonomik definierten Geldfunktionen Wertmessung, -tausch und -aufbewahrung noch das konkrete Metallgeld selbst im Vordergrund, sondern Kreditformen, die über die Ordnung von Schrift und Signatur das Zeichenhafte der Geldzirkulation hervortreten lassen. Es sind Wechselbriefe (*lettres de change*) und Solawechsel (*billet à ordre*), Staatspapiere und Schuldscheine, die die erzählten Sozialverhältnisse prägen und in Bewegung setzen (vgl. Gomart 2004). Übt Balzacs Inszenierung der „Zirkulationssphäre" einerseits eine „Suggestion des Konkreten aus" (Adorno 1970 ff., Bd. 11, 153, 147), so handelt es sich andererseits um eine dematerialisierte, symbolische Ordnung des Geldes (vgl. Goux 2013, 79–80). Der Kredit impliziert dabei eine Verzeitlichung des bloßen Tauschs, die auf Fälligkeits- und Pfändungstermine zuläuft und der Narration einen ökonomischen Rhythmus, ein Spiel von Erzählanlässen und -perspektiven sowie intertextuelle Verknüpfungen innerhalb der *Comédie humaine* anbietet (vgl. Péraud 2012; Roepstorff-Robiano 2017, 107–119). Auf der anderen Seite stellt die Figur Gobseck immer wieder das Gold als eigentliche und zuverlässige Substanz der Gesellschaft heraus: „[L]'or contient tout en germe, donne tout en réalité" („Das Gold enthält den Keim von allem und kann alles verwirklichen";

Balzac 1976 ff., Bd. 2, 969; eigene Übers.). Ausgehend von dieser Perspektive wurde das Verhältnis von Kredit und Gold als implizites Modell des Balzac'schen Realismus selbst gedeutet, der im Medium der Signifikanten die objektive gesellschaftliche Wirklichkeit – gleichsam das ‚Gold' der Darstellung – zu repräsentieren beansprucht (vgl. Goux 2000a, 100–101).

Dabei kommt der Schwellenposition des Wucherers zwischen dem unmittelbaren Warenhandel (→ III.13. Die Entdeckung der Ware) auf der einen und den anonymisierten Transaktionen von Bank- und Börsengeschäften auf der anderen Seite eine epistemische Funktion zu, indem sie über die Zeitlichkeit des Kredits „ein System universaler Abhängigkeiten und Kommunikationen" (Adorno 1970 ff., Bd. 11, 144) erscheinen lässt, dabei jedoch stets – anders als der Bankier in *La Maison Nucingen* – den personellen Kontakt zwischen Schuldner und Gläubiger aufrechterhält (vgl. Goux 2013, 81–82). Gobseck ist zum einen individueller Charakter und hebt sich durch philosophisches Gelehrtentum und moralische Zuverlässigkeit vom kulturellen Stereotyp des ‚jüdischen Wucherers' ab (dessen Züge – das Geizige, das Exotische – ihm gleichwohl eingeschrieben sind; vgl. Hausmann 1989, 59–61; → Wucher). Zum anderen erscheint er selbst als Verkörperung des Geldes, als „homme-billet" (Balzac 1976 ff., Bd. 2, 965), ist also mit dem zentralen Medium der Erzählung metaphorisch-metonymisch verbunden. Darin deutet sich ein poetologischer Bezug an. Zum einen verkörpert der Junggeselle Gobseck ein sich selbst verwertendes Kapital im Sinne der Chrematistik und damit ein „filiatives Kapital" (Deleuze und Guattari 1974, 292), das das serielle Prinzip der *Comédie humaine* bereits enthält. Zum anderen beansprucht Gobseck die Position eines intimen All-Wissens von der Gesellschaft: „Rien ne m'est caché" („Nichts bleibt mir verborgen"; Balzac 1976 ff., Bd. 2, 965). Auch sein materialistischer, alle Illusionen durchschauender Blick macht Gobseck wenn nicht zum Alter Ego des Autors (vgl. Guyon 1967, 340), so doch zur Reflexionsfigur oder *mise en abyme* des realistischen Erzählers (vgl. Goux 2000a, 96–98). Gebrochen wird diese Reflexion womöglich durch den Umstand, dass Gobseck am Ende zum kindischen Greis wird und die Kontrolle über sein Handeln verliert. Kurz zuvor hatte die Erzählstimme, die eigentlich Derville zugeordnet ist, bereits von Ereignissen im Hause de Restaud berichtet, von denen weder Derville noch Gobseck Kenntnis haben konnten. So entkoppelt sich am Ende die Erzählinstanz vom Wucherer und wird unter der Hand zum allwissenden Erzähler (vgl. Citron 1976, 959–960).

Mächte des Kredits: Gustav Freytags *Soll und Haben*

Gustav Freytags Erfolgsroman *Soll und Haben* (1855) wurde bereits 1895 als „der gelesenste aller deutschen Romane" (Mehring 1960 ff., Bd. 11, 63) bezeichnet und zieht in den letzten Jahren wieder verstärkt das Interesse der Literaturwissenschaft auf sich. Bereits in der zeitgenössischen Rezeption wurde der Roman als exemplarische Umsetzung jener Literaturkonzeption wahrgenommen, die – unter anderem in der von Freytag herausgegebenen Zeitschrift *Die Grenzboten* – als ‚poetischer' oder ‚idealistischer Realismus' diskutiert wurde. Dass ein internationales Handelsunternehmen – das Handelscomptoir Schröter & Co. – das Zentrum der Romanhandlung darstellt, gehört zu dessen politischer Programmatik, die sich vom Hegel'schen Postulat einer Poesieferne der → BÜRGERLICHEN GESELLSCHAFT abgrenzt (vgl. Achinger 2007, 307–333). Im intertextuellen Rückbezug auf Goethes *Wilhelm Meisters Lehrjahre* (→ III.9. ENTWICKLUNGS- UND BILDUNGSROMAN) wird dessen Gegenüberstellung von ökonomischer und ästhetischer Bildung unterlaufen und der Kaufmannsstand als Ort gelingender Subjektbildung inszeniert (vgl. Bräutigam 1985, 401–403). Der „Roman" müsse, wie es im vorangestellten Zitat des *Grenzboten*-Publizisten Julian Schmidt heißt, „das deutsche Volk da suchen, wo es in seiner Tüchtigkeit zu finden ist, nämlich bei seiner Arbeit" (Freytag 1977, 6). Dass diese Beobachtung von Arbeit sich nicht einer Engführung von Roman und Industrie (→ III.15. ROMAN UND INDUSTRIE), sondern der Sphäre der → ZIRKULATION widmet, macht auch Geld- und Kreditverhältnisse zu zentralen Handlungselementen. Ihnen kommt in der sozialpolitischen Ausrichtung des Romans als nationalliberales ‚Volksbuch' (vgl. Köhnke 1989, 135), in seiner völkischen und über weite Strecken antisemitischen und antislawischen Semantik sowie in der poetologischen Selbstreflexion eine zentrale Funktion zu.

Der Titel des Romans korrespondiert mit der moralisierenden Aufteilung der Motive und Figuren in positiv und negativ bewertete (vgl. Rakow 2013, 301–305). Bereits das Handelshaus Schröter als Umschlagplatz konkreter Waren auf der einen und das Wohnhaus des jüdischen Finanzspekulanten Hirsch Ehrenthal auf der anderen Seite werden von Beginn an als zwei gegensätzliche Konzeptionen des ‚Hauses' als Orte sozialer Reproduktion eingeführt (vgl. Ghanbari 2011, 36–39; → III.13. DIE ENTDECKUNG DER WARE). Während der Wucherer Ehrenthal Kreditgeschäfte betreibt und diese – wie beim Kredit an den verschuldeten Freiherrn von Rothsattel – prinzipiell als Methode zur Aneignung fremden Eigentums versteht, erfährt Anton Wohlfart das Handelsleben beim Kaufmann Schröter als harmonischen Austausch zwischen entfernten Erdteilen, als „bunte[s] Gewebe von zahllosen Fäden, die sich von einem Menschen zu dem anderen, über Land und Meer von einem Weltteil in den anderen spinnen" (Freytag 1977, 239). Ehrenthal stellt – wie der Antagonist Veitel Itzig, der bei ihm in die Kaufmannslehre geht –

eine stereotype Figuration des ‚jüdischen Wucherers' dar; beide sind zudem durch ihre abweichende Aussprache als fremd markiert. In dieser völkisch-antisemitischen Codierung vertreten sie das unproduktive Geldgeschäft, das auf die aristotelische Unterscheidung von *oikonomia* und *chrēmatistikē* zurückweist (vgl. Twellmann 2013). In der Schröter'schen Handelstätigkeit hingegen bleibt das Geld auf seine Funktion als Wertmaßstab und Tauschmedium begrenzt. Tausch- und Gebrauchswert werden harmonisiert und an die ethisch-völkische Kategorie ‚deutscher Arbeit' zurückgebunden (vgl. Achinger 2007).

Diese Verknüpfung von wirtschaftlicher Tätigkeit und Nationalität gehört zum Programm einer „kalkulierte[n] Intervention in die zeitgenössische Normalitätskultur" (vgl. B. Wagner 2005, 17–18). Die Ordnung von Geld und Profit wird dabei als ein spezifisches Wahrnehmungsdispositiv der jüdischen Figuren vorgeführt, die neben dem Adel für eine falsche Wahrnehmung des Wirklichen stehen. Allein den Vertretern des deutschen Kaufmannsstands eignet eine positiv konnotierte, ‚realistische' Wahrnehmung, die weder der Oberfläche des Materiellen noch der ständischen Illusion erblicher Privilegien erliegen, sondern – wie der Roman selbst – das Wirtschaftsleben auf dessen tiefere Ordnung hin ‚durchschauen', die in der ehrlichen Arbeit einer nationalen Gemeinschaft bestehe (vgl. Berman 1986, 79–104; Achinger 2007, 291–300). Diese Ordnungsvorstellung, die auf nationalökonomische Topoi einer organischen ‚Wertegemeinschaft' verweist (vgl. Agethen 2018, 69–91), externalisiert auch die Logik des Selbst-Interesses auf bestimmte Gruppen (Juden, Amerikaner), während sich Antons Erfolgsgeschichte subjektiv stets aus Diensteifer, Empathie oder Liebe speist (vgl. Breithaupt 2008, 144–149).

In diesem politisch-ideologischen Rahmen ist Freytags Deutung der zeitgenössischen Entwicklung der Finanzsphäre zu verorten. Der Handlungsstrang um die adelige Familie Rothsattel reflektiert die Entstehung von Aktienbanken seit der Jahrhundertmitte und die finanzielle Lage insbesondere des schlesischen Grundbesitzes. Dieser könne sich, wie Freytag 1856 in den *Grenzboten* darlegt, nicht mehr wie gewohnt refinanzieren, weil das Finanzkapital sich der lukrativeren Sphäre der neuen Aktiengesellschaften zuwende. Die → FINANZ trete als „unabhängige Gewalt" hervor, die ein „unbegrenztes Terrain" für sich beanspruche und gleichwohl auf eine spekulative „Geldkatastrophe" zulaufe (Freytag 1856, 57, 63). Im Roman refinanziert sich der Freiherr von Rothsattel bei Ehrenthal und investiert das Kapital zuerst in ein ihm unbekanntes polnisches Gut sowie in eine Zuckerfabrik auf dem eigenen Gelände – zwei spekulative Unternehmungen, deren Risiko Ehrenthal mittels einer Verschwörung jüdischer Mittelsmänner verschleiert (vgl. Freytag 1977, 205–227, 275–299). Durch die Belastung mit Hypotheken droht das Gut der Rothsattels erst in die Hände Ehrenthals, dann Itzigs zu fallen, nachdem sich das polnische Kaufobjekt als Ruine und die Zuckerfabrik als desaströse Fehlinvestition erwiesen haben. Während das Comptoir Schröter ohne Kredit und Schulden auszukommen scheint, treten die Immobilienkredite, Hypothekeninstrumente und spekulativen Vorgriffe auf zukünftigen Reichtum im Roman zu ‚Mächten des Kredits' zusammen, die eine auktoriale Erzählstimme mitunter märchenhaft inszeniert: „Wehe aber dem Landwirt, dem der Grund unter seinen Füßen fremden Gewalten verfällt!" (ebd., 399) Die Restabilisierung dieser aus dem Gleichgewicht geratenen Ökonomie und ihre ‚Normalisierung' findet im Roman in den polnischen Gebieten statt, in denen Anton Wohlfart und die Rothsattels eine Kolonisierung der fremden Gebiete, eine Urbarmachung des Landes und zugleich eine Verbürgerlichung der adeligen Nebenfiguren betreiben (vgl. M. Neumann 2010).

Anhand von Antons Bildungsgeschichte, die durchaus einen Prozess der Repression durchscheinen lässt (vgl. L. Schneider 2003), wird die „Bildung eines Nationenkörpers" (A. Lemke 2014) modelliert. Geld- und Kreditformen stellen dabei implizit das soziale Problem dar, das der Roman mittels einer „Re-anthropomorphisierung des nackten Geld- und Selbst-Interesses" (Breithaupt 2008, 148) bearbeitet, verklärt und mit bestimmten Ressentiments verknüpft. Das unterscheidet ihn nicht nur von dem analytisch-ironischen Blick der Balzac'schen Erzähler, sondern auch vom kritischen Realismus bei Wilhelm Raabe, dessen Erzähltexte die verdeckte Gewalt globaler Kapitalakkumulation als konstitutive Dimension des nachrevolutionären Bürgertums vor Augen führt (vgl. Breyer 2019, 157–173).

Der Preis des Geldes bei Gottfried Keller

Kellers Roman *Der grüne Heinrich*, dessen erste Fassung (1854/1855) der Autor später zu einer zweiten tiefgreifend umarbeitet (1879/1880), teilt mit Freytags *Soll und Haben* die Thematik von Geld und Kredit, nicht jedoch dessen dichotomisierende Perspektive. Die Keller'sche Beobachtung des Geldmediums und seiner Funktionen und Effekte, die in der Forschung wiederholt beleuchtet wurde, verweist auf grundlegende Ambivalenzen und Aporien individueller Sozialisierung, die der Roman in Auseinandersetzung mit dem Erbe des klassischen Bildungsromans sukzessive anhand der Lebensgeschichte des Heinrich Lee aufwirft (→ III.9. ENTWICKLUNGS- UND BILDUNGSROMAN). Dass Heinrichs Ziel beruflicher und künstlerischer Selbstfindung trotz kurzer Episoden des Glücks letztlich scheitert, korrespondiert mit narrativen Figuren einer Ökonomie, die dem individuellen Bildungsprozess und dem Wunsch nach künstlerischer Entfaltung inkommensurabel zu sein scheint, während Geld und Kredit zugleich als Bedingung von Heinrichs Identität und Individuation lesbar werden (vgl. Hörisch 1983, 116–179; Breithaupt 2008, 149–156).

Kellers Roman stellt – wie auch der spätere Erzählzyklus *Die Leute von Seldwyla* sowie der Altersroman *Martin Salander* – die depersonalisierenden, auflösenden Effekte der Geldzirkulation aus. Mit dem Recht teilt das Geld die Abstraktionsleistung, die das Individuum aus seinen konkreten und ‚gewachsenen' Verhältnissen löst. Diese Dynamik tritt in der Margret-Episode deutlich hervor, in der die alte Geschichtenerzählerin Margret und ihr Schatz an Schaumünzen im Zentrum stehen, die sie mit persönlichen Erinnerungen und einer Praxis des Geschichtenerzählens verbindet. Die vom Ehemann geforderte Gütertrennung stellt dann einen Einbruch des Rechts dar, der mit dem späteren Verkauf der Erbschaft und ihrer Übertragung in abstrakten Geldwert endet (vgl. Rakow 2013, 288–300). Auch die Rückforderung der Summe, die Heinrich und seine Mutter dem bereits verarmenden Maler Römer ausgelegt hatten, geht „unter dem Scheine des äußeren Rechtes" (Keller 1985 ff., Bd. 2, 508) vonstatten, trägt dabei jedoch zur geistigen Umnachtung des bald verschollenen Malers bei. So wird das Medium des Geldes und die Zwänge des Kredits stets dort thematisch, wo das Individuum als einzelnes hervortritt. Darin hat man zum einen die Logik eines ‚Ich-Zwangs' des Geldes gesehen, der bei Keller im Sinne des materialistischen Denkens von Marx bis Alfred Sohn-Rethel bürgerliche Subjektivität erst hervorbringe (vgl. Hörisch 1983, 116–179). Als intradiegetische Reflexion des Verhältnisses von Geld und Ich lässt sich die Traum-Episode lesen, die den Helden kurz vor der Abreise aus München in ein geträumtes Gespräch mit einem fliegenden Goldfuchs über das Problem der Identität verwickelt. Zum anderen verweisen die ökonomischen Schulden des Keller'schen Protagonisten – insbesondere gegenüber der sorgenden Mutter Elisabeth – stets auf eine moralische Schuld, die sich subjektiv zum schlechten Gewissen verdichtet (vgl. Muschg 1977, 143–186; G. Kaiser 1981, 225).

Auch als Heinrich seine Heimat verlässt, wird die Substitution mütterlicher Fürsorge durch die stets knappe Ressource Geld zur neuen Lebensregel: Von nun an, so die Mutter, gilt es, „für jedes Fetzchen, das dir abgeht, bares Geld in die Hand [zu] nehmen" (Keller 1985 ff., Bd. 2, 19). Dieses Geld umgibt, obwohl es durch die Geldsendungen der Mutter fast nie ganz versiegt, den Bildungsprozess mit einem „Gewebe von Schuldbeziehungen" (ebd., Bd. 3, 640), das umgekehrt auf eine prekäre soziale Dynamik der Wertzirkulation verweist. Zum einen bringt die Orientierung an Märkten und Preisen eine doppelte Verarmung hervor, wie in der Habersaat-Episode, wenn sich in Habersaats Landschaftslithographie-Manufaktur, in der auch der junge Heinrich für Lohn arbeitet, sowohl eine Entleerung des Ästhetischen als auch eine soziale Proletarisierung vollzieht. Das dort „schlau entwendete[ ] Kinderleben", so vermerkt der Erzähler, macht Habersaats „Erzeugnisse um so wertvoller und begehrenswerter" (ebd., Bd. 2, 299). So scheinen bei Keller Momente eines narrativen Materialismus auf, die mit Marx' Kritik der politischen Ökonomie korrespondieren (vgl. Breyer 2019, 112–140).

Darüber hinaus sind die Figuren ökonomischer Abstraktion auch poetologische Reflexionsfiguren. Die Zirkulation des Geldes korrespondiert auf (produktions-)ästhetischer Ebene mit dem flüchtigen Reichtum einer idealistisch-allegorischen Malerei, die, so hält die Erzählstimme fest, „den Fleiß des wirklichen Lebens durch Wundertätigkeit" ersetzt, „anstatt zu ackern, zu säen, das Wachstum der Ähren abzuwarten, zu schneiden, dreschen, mahlen und zu backen" (Keller 1985 ff., Bd. 2, 558). Die darin angelegte Dichotomie wird allerdings vom Erzähler selbst infrage gestellt, wenn dieser anhand des vermeintlichen Heilmittels ‚Revalenta arabica' die Frage aufwirft, ob die durchaus arbeitsintensive Vermarktung des Produkts sich wirklich als ‚Schwindel' diffamieren lasse, man nenne schließlich „Schwindel und Betrug, was ohne Arbeit und Mühe Gewinn schaffen soll" (ebd., Bd. 3, 646).

Eine solche fingierte Wirklichkeit fabuliert Heinrich bereits als junger Knabe und kultiviert dabei einen Umgang mit ungedeckten Zeichen, zu deren Validierung er sich zuerst der Geldtruhe seiner Mutter, später des Kredits durch seinen kindlichen ‚Gläubiger' Meierlein bedient. Dieses quasi-ökonomische Verhältnis wird später zum offenen Streit und macht, perpetuiert als schlechtes Gewissen und böser Traum des Protagonisten, das Kreditverhältnis als verdecktes Gewaltverhältnis lesbar (vgl. Hörisch 1983, 126–130). Dabei wird allerdings weder Meierlein noch Heinrich die positiv oder negativ konnotierte Rolle zugeschoben; die Realität des Kredits erscheint vielmehr als gesellschaftlicher Niederschlag von Formen des Fingierens (vgl. Rakow 2013, 300–301).

In dem zweibändigen Erzählzyklus *Die Leute von Seldwyla* (1856 und 1873/1874), etwa in *Die mißbrauchten Liebesbriefe* oder *Das verlorene Lachen*, wird die Verselbständigung ökonomischer → ZIRKULATION und ihre Analogie zur poetischen Praxis aufgegriffen, entsprechend der Novellenform als ‚unerhörtes Ereignis' zugespitzt und schließlich – teilweise selbstironisch – aufgelöst (vgl. Swales 1994; Hörisch 1996, 96–112). In Kellers letztem Roman *Martin Salander* (1886), der als Gesellschafts- und Zeitroman konzipiert ist, tritt dann die Problematik von Repräsentation und ungedeckten Zeichen, von Staat und Wirtschaft und von konkreter Erfahrung und abstrakten Geschäfts- und Geldverhältnissen schärfer hervor und geht in teils groteske Figuren und Szenen ein (vgl. G. Kaiser 1981, 578–597; Pizer 1992; Landfester 2011). Das Begehren nach einem Gleichgewichts-Wissen und einem Wirklichkeitssinn der modernen und globalisierten Ökonomie, für das die – allerdings hoffnungslos naive – Hauptfigur steht, ist dem Roman ebenso eingeschrieben wie das Bewusstsein einer tiefgreifenden Krise bürgerlicher Sozial-, Wirtschafts- und Realitätsmodelle (vgl. Agethen 2018, 218–244; Breyer 2019, 173–188).

Roman der Verschuldung: Charles Dickens' *Little Dorrit*

In Anbetracht des sprunghaft wachsenden Kreditwesens in Großbritannien zur Mitte des 19. Jh.s und des prägenden Eindrucks internationaler ökonomischer → Krisen mit weitreichenden sozialen Folgen (vgl. Evans 1859; Holway 2009, 175) überrascht es wenig, dass Dickens' Romanwelten bevölkert sind von kleinen und großen Geschäftsleuten wie Solomon Gill in *Dombey and Son*, Mr. George in *Bleak House* oder William Dorrit in *Little Dorrit*. Diese leihen sich Geld, sei es um alte Verpflichtungen zu bedienen, sei es in der vagen Hoffnung, sich damit neue soziale Sphären zu erschließen. Private oder geschäftliche Verschuldung, bis hin zur kreditförmigen Zahlung von Gehältern, war weithin verbreitet und akzeptiert und als ‚Magie des → Kredits' (Holway 2009, 174) Teil einer symbolischen Ökonomie, die sichtbaren Wohlstand und sozialen Respekt erzeugte. Trotz oder gerade wegen seiner systemtragenden Rolle war das britische Kreditwesen im 19. Jh. weitgehend unreguliert. Die strittige Frage der juristischen Regulierung des Schuldsystems (z. B. der Maximalhöhe von Zinsen) war mehrfach Gegenstand von politischen Debatten, die 1854 zugunsten einer marktliberalen Auffassung entschieden wurde. Diese grundsätzliche viktorianische Ambivalenz gegenüber Verschuldung zeichnet sich auch bei Dickens ab (vgl. Dunlop 1990, 26–27). Weit davon entfernt, notorische Schuldner wie William Dorrit als unschuldig in finanzielle Bedrängnis Geratene in Schutz zu nehmen, entsprechen Figuren wie Mrs. Clennam, Scrooge oder Smallweed doch auch dem gängigen Bild des Gläubigers als *der* ‚viktorianischen Schreckgestalt' (vgl. Dunlop 1990, 37). Das sich aus diesem moralisch und rechtlich ambivalenten Schuldendiskurs ergebende Beziehungsgeflecht von wechselseitigen Abhängigkeiten und Gewaltpotentialen stellt einen zentralen Dreh- und Angelpunkt von Dickens' zwischen 1855 und 1857 veröffentlichtem Roman *Little Dorrit* dar.

Zum einen wird im Narrativ der Verschuldung bei Dickens die Dialektik von Armut und Reichtum sinnfällig (vgl. Vernon 1984, 74). Folgt man der Genese von Verschuldungsbeziehungen bei Dickens, zeichnet sich nicht selten eine zyklische Struktur ab: Anfangs reiche Unternehmer wie Dombey gehen → Bankrott, arme Schuldner wie die Dorrits kommen zu Geld, um später erneut alles zu verlieren. Dass → Armut und Verlustangst im viktorianischen Diskurs als ständige ‚Doppelgänger' (Letissier 2010, 258) von Reichtum etabliert sind, bildet *Little Dorrit* in Kippbildern ab, in denen beispielsweise Dorrit in Rom versehentlich eine reiche Dinnergesellschaft als Insassen des Schuldgefängnisses Marshalsea begrüßt oder Schuldhäftlinge und reiche Reisende gleichgesetzt werden: „Numbers of people seemed to come abroad, pretty much as people had come into the prison; through debt, through idleness, relationship, curiosity, and general unfitness for getting on at home. [...] They paid high for poor accommodation, and disparaged a place while they pretended to like it: which was exactly the Marshalsea custom" (Dickens 2012, 503). Komplexe Schuld- und Geldverhältnisse sind in *Little Dorrit* nicht nur Motor der Handlung, sondern übernehmen als ‚Zeitmaschine', die die zahlreichen, parallelen Erzählstränge des Romans über einen erzählerischen Horizont von 30 Jahren verknüpft, eine zentrale poetologische Rolle (vgl. Elam 1996, 158). Im System omnipräsenter, wechselseitiger Schuldverhältnisse ist Geld dabei gleichzeitig Chiffre für Reichtum wie für Armut und fungiert sowohl in negativer als auch positiver Form als symbolisches Kapital: Ist es im Schuldgefängnis die Höhe der Schuldsumme, die Dorrit sein hohes Ansehen als ‚Father of the Marshalsea' einbringt, so sichert ihm im zweiten Buch die Höhe seines Vermögens seine soziale Stellung. Das Begleichen von Schulden ist folglich ebenso obsolet wie eine ausgeglichene Buchführung: Erlittene finanzielle Verluste werden in *Little Dorrit* genauso wenig kompensiert, wie Mrs. Clennams Buchführung über ‚moralische Verfehlungen versus gute Taten' am Ende aufgeht.

Unzuverlässige Buchführungen und nicht ausgeführte Verträge ziehen sich durch den ganzen Roman und eröffnen, korrespondierend zu unsichtbaren Geld- und Kreditverhältnissen, spekulative – märchenhafte – Dimensionen des Wirklichen (vgl. Andrew Smith 2005). William Dorrit, der fast 20 Jahre im Schuldgefängnis eingesessen hat, weiß schließlich genauso wenig wie seine Gläubiger, wem er warum wie viel Geld schuldet. Vielmehr legt Dickens nahe, dass es weder für die Verschuldung noch für sein wiedererlangtes Vermögen eine ‚reale' Substanz gibt: „This Mr Dorrit [...] had incurred a responsibility to us, ages before the fairy came out of the Bank and gave him his fortune, under a bond he had signed for the performance of a contract which was not at all performed. [...] When [...] he wanted to pay us off, Egad we had got into such an exemplary state of checking and counter-checking, signing and counter-signing, that it was six months before we knew how to take the money, or how to give a receipt for it" (Dickens 2012, 555).

Das Verschuldungssystem funktioniert – nicht nur im Roman – völlig autark. Dorrits Nicht-Wissen ist dabei symptomatisch für das gesamte ökonomische System, das Dickens als unsichtbares, omnipräsentes Geflecht der Geldströme und Zwänge zeichnet (vgl. Letissier 2010, 259). Hier steuert keine Smith'sche marktordnende, ausgleichende → UNSICHTBARE HAND, keine höhere Vorsehung das Schicksal seiner Figuren, sondern die unberechenbaren und oft erratischen Bewegungen der viktorianischen Ökonomie der Verschuldung, einer „lottery of chances" (Dickens 2012, 420).

Die Verselbständigung eines Systems der Spekulation, mithin der sich selbst generierenden Geldmengen und dysfunktionalen Zirkulationen, für die in *Little Dorrit* die Figur Merdles einsteht, vor deren Hintergrund alle Darstellungs- sowie politischen und administrativen Regulationsversuche immer schon überholt, wenn nicht gar völlig dysfunktional erscheinen wie das ‚Circumlocution Office', stellt ein Hauptmotiv des Romans dar und deutet sich schon in Dickens' erstem Titelentwurf für den Roman, „Nobody's Fault", an. Gewinn und Verlust – z. B. durch Merdles Betrug und die resultierende Bankpleite – ereignen sich im Modus willkürlicher Wiederholung und konterkarieren damit ein – durch die Titelwahl der zwei Bände (*Poverty* und *Riches*) in Aussicht gestelltes – linear-progressives Narrativ, das als soziales Versprechen fester Bestandteil der viktorianischen ökonomischen Imagination war (vgl. Holway 1992, 110).

Ökonomie des Spiels: Fjodor Dostojewskis *Der Spieler*

Sei es durch überraschende Erbschaften oder als unerwartetes Geschenk: Geld, das entkoppelt von Arbeit, Handel oder Wertschöpfungsprozessen plötzlich ‚da' ist, begegnet in realistischen Romanen des 19. Jh.s häufig. In Fjodor Dostojewskis Roman *Igrok* (1866, dt. *Der Spieler*) haben solche Geldverhältnisse – im Kontext einer Ökonomie des → SPIELS – eine zentrale Rolle, umso mehr als sie tradierten, wertschaffenden Formen gegenübergestellt werden: „Warum wäre das Spiel schlechter als eine beliebige andere Art des Gelderwerbs, zum Beispiel der Handel?" (Dostojewski 1990, 360). Beide Verhandlungsformen von Geld – im Kontext einer mit der Hauptfigur Alexej Iwanowitsch assoziierten Ökonomie des Spiels einerseits, einer mit dem englischen Unternehmer Astley verbundenen Ökonomie der Wertschöpfung, sukzessiven Kapitalvermehrung und Sparsamkeit andererseits – werden dabei in ihrer epistemischen wie poetologischen Funktion differenziert.

Als Teilhaber der „bekannten Zuckerfabrik Lowell & Co" (Dostojewski 1990, 527) hat allein Astleys über jeden Zweifel erhabenes Vermögen im Roman einen klar benennbaren Ursprung innerhalb einer Wertschöpfungskette. Wenn Astley mit Geld hantiert, geschieht das immer in klar bezifferten Summen: Er leiht der Großtante nach deren Ruin am Spieltisch den Betrag von dreitausend Franken oder gibt Alexej bei ihrer letzten Begegnung in Homburg, ausführlich begründet, genau zehn Louisdor. Solches Geld – in Form konkreter Beträge und Zwecke – markiert im *Spieler* ein Reich der harten Fakten und ökonomischen Realitäten. Auch wenn die Großtante des Generals sich auf ihrem Rundgang durch die Hotelräume alle Ausstattungsgegenstände zeigen lässt und deren Wert genau taxiert, lässt sich dies als Referenz Dostojewskis an ein realistisches Beschreibungsverfahren verstehen, das alle Dinge mit einem Preisschild versieht (vgl. Christa 2002, 96; Vernon 1984, 7).

Dem stehen im Roman all die kleinen oder großen – und vor allem die vielen nur scheinbaren, mit einigem „Zweifel" (Dostojewski 1990, 356) verknüpften –

Vermögen gegenüber, deren Ursprung und Existenz höchst nebulös ist, wie im Falle de Grieux', oder die, wie im Falle Mlle. Blanches, anstößig beleumundet sind. Seine Quintessenz findet das von ‚realer Ökonomie' entkoppelte und gegen jede Wahrscheinlichkeit erworbene Geld im Glücksspiel. Dort wird die Idee, Geld repräsentiere Arbeit, einerseits suspendiert, andererseits hat das Spiel mit seinen immer nach demselben Muster automatisch wiederholten Handgriffen zugleich arbeitsähnliche Züge (vgl. Vernon 1984, 163). Dostojewski greift die paradoxe „Ernsthaftigkeit" (Dostojewski 1990, 362) und den „Respekt" (ebd.) der Spieler vor ihrer ‚Arbeit' mehrfach auf: Der disziplinierte, routinierte Gang der ‚Berufsspieler' ins Casino wird als Farce eines strukturierten Arbeitsalltags beschrieben. Dagegen unterstreicht die rauschhafte Darstellung der Spieltisch-Exzesse den antirationalen, kontingenten Charakter einer Ökonomie des Spiels, in der nachvollziehbare Kausalitäten zugunsten anarchischer und halluzinatorischer Elemente suspendiert werden und die damit gleichsam einen doppelten Boden in die von Arbeit und Wertschöpfung strukturierte Wirklichkeit einzieht (vgl. Vernon 1984, 161).

Nicht nur entzieht sich die Erwerbsweise dieses ‚Spiel-Geldes' jeder rationalen Kalkulation – ausführlich beschreibt der Erzähler Alexej die stets vergeblichen Versuche anderer Spieler, die Chancen auf einen Gewinn durch statistische Berechnungen zu erhöhen. Auch das gewonnene bzw. verlorene Geld selbst widersetzt sich allen Versuchen der exakten Zählung: „Schwarz gewann. Hier setzt mein Gedächtnis aus, nichts ist da von Berechnung und Ordnung meiner Einsätze. [...] Ich weiß nur noch, daß ich das Geld zu Tausenden einstrich" (Dostojewski 1990, 489). Bemerkenswerterweise – und abweichend von der detaillierten und funktionalen Darstellung von Geld, insbesondere auch der unterschiedlichen in Westeuropa gebräuchlichen Währungen bei Dostojewski (vgl. Christa 2002, 94) – wird Geld im *Spieler* dort, wo es in Zusammenhang mit dem Spieltisch steht, in der schieren Materialität seiner haptischen, akustischen und optischen Qualitäten beschrieben: Es „klirrt", „glänzt" und taucht nicht – oder nur als isolierte Momentaufnahme eines einzelnen Spieleinsatzes – als zählbarer Betrag auf, sondern als „Häufchen von brennender Glut" (Dostojewski 1990, 519). Für Astley, genau wie für Blanche, Polina oder den General ist Geld dagegen stets mit einem konkreten „Ziel" (ebd., 368) verbunden und hat als Mittel der Manipulation sozialer Prozesse eine klare Funktion: Es ermöglicht bzw. verhindert die Heirat des Generals mit Blanche, begründet oder „verkehrt" (Marx und Engels 1956 ff., Bd. 40, 566) soziale Hierarchien, oder stellt diese schlicht dar. Statt mit äußeren Zwecken ist das ‚Spiel-Geld' Alexejs dagegen allein mit dem „Wunsch" (Dostojewski 1990, 383), einem reinen Begehren assoziiert (vgl. Ollivier 1984, 115): „Sie fragen: wozu das Geld? Was heißt, wozu? Geld ist alles!" (Dostojewski 1990, 383)

In der Ökonomie des Spiels wird damit eine Realität des Verlangens vorgeführt, die Dostojewski im *Spieler* hervorhebt, indem er das Begehren nach der

Frau, Polina, und dem Roulette vom ersten Kapitel an parallel führt (vgl. Goes 2017, 245–246). John Vernon hat darauf verwiesen, dass dieses ‚Spiel-Geld', das man nicht dauerhaft besitzen kann (der Roman führt vor, wie jeder Gewinn sofort wieder verspielt wird), eine Präsenz verkörpert, der die Absenz immer schon eingeschrieben ist. Die Begierde zu verlieren ist für Alexej dabei genauso stark wie die zu gewinnen. Geld stellt mithin einerseits Chimäre und Fiktion dar, zugleich aber auch ein Reales, das diese Fiktion unterläuft und sabotiert, indem es der dynamischen Begehrensstruktur ein Widerständiges einfügt (vgl. Vernon 1984, 206).

Die harsche Kritik Alexejs an ‚deutscher Sparsamkeit' – gegenüber einer (An-)Ökonomie des Exzesses und der gegenleistungslosen Ausgabe (→ Verschwendung, Verausgabung) – fußt entsprechend darin, dass Geld hier der Zirkulation entzogen wird. Spiel und Sparsamkeit, Jillian Porter hat darauf hingewiesen, bedeuten dabei jeweils auch einen anderen Zugang zur (Erzähl-)Zeit: Während die Logik der Kapitalakkumulation auf Dauer rechnet und Zukunft und Vergangenheit genealogisch verbindet – „hundert- oder zweihundert Jahre lang von Geschlecht zu Geschlecht Arbeit, Geduld, Vernunft, Redlichkeit, Charakter, Standhaftigkeit, Berechnung, Storch auf dem Dach!" (Dostojewski 1990, 378) –, komprimiert das Spiel Zeit in Serien von Augenblicken zu einem nie eingelösten Möglichkeitsversprechen (vgl. Porter 2011, 47). Dieser Zyklik entspricht bei Dostojewski auch die Strukturebene seines Romans, der die Erzählung nach dem Schema Gewinn – Verlust – Gewinn – Verlust kreisförmig anlegt und konsequent sein Ende *ad ultimo* aufschiebt: „Morgen, morgen nimmt alles ein Ende" (Dostojewski 1990, 530).

III.15. Roman und Industrie
Till Breyer, Patrick Eiden-Offe, Dariya Manova, Annika Nickenig, Thomas Skowronek und Roman Widder

Erst im Laufe des 19. Jh.s hat der Begriff ‚Industrie' die moderne Bedeutung als spezifischer Wirtschaftszweig oder als Summe der Fabriken und Manufakturen angenommen, verbunden mit Rohstoffverarbeitung, Maschinisierung und Produktivitätssteigerung (vgl. Hölscher 1982). Die zentrale Frage, die sich den Akteuren ökonomischer Modernisierung stellte, bezog sich hingegen auf eine ältere Semantik von Fleiß, Arbeitsamkeit, Geschicklichkeit, Erfindungsgabe (lat. *industria*, frz. *industrie*, engl. *industry*), nämlich die Frage nach den „wirksamsten Mitteln, die Einwohner eines Landes zum Fleiße oder zu dem, was man im Französischen Industrie nennt, zu bewegen". So formuliert 1765 eine Preisfrage der Göttinger Universität, zu der Philipp Peter Guden in seiner Antwort bereits vermerkte, dass die Industrie insbesondere „den Fleiß in den Manufacturen und Fabriken" bezeichne (Guden 1768, 3–4). ‚Industrie' meint zunächst, so auch Johann Georg Krünitz' *Oeconomische Encyklopädie*, „das Genie und die Indüstrie (Arbeitsamkeit) einer Nation", die allen voran einen „große[n] Zusammenfluß von Arbeitern erfordert" (Krünitz 1773 ff., Bd. 29, 710). ‚Industrie' kann insofern als Schlüsselkonzept kapitalistischer Arbeitsdisziplinierung gelten (vgl. Pfeisinger 2006, 73–203), verbunden mit gewaltigen und gewaltsamen Eingriffen in die Form des Sozialen, die der sogenannten industriellen Revolution vorausgingen (vgl. Biernacki 1995, 313–347). Mit der moralischen Dimension des älteren Industriebegriffs war die Frage nach der Mobilisierung von Arbeitskraft gestellt, die dann in der materiellen Objektivität des neueren Industriebegriffs wieder verschwand.

Es ist dieser ältere Industriebegriff, der sich schon in die Urszenen des bürgerlichen Romans (vgl. Watt 2001) einschreibt, und zwar im Hinblick auf den → HOMO OECONOMICUS, so gleich zu Beginn von Daniel Defoes *Robinson Crusoe* (1719): „I [...] had a Prospect of raising my Fortune by Application and Industry, with a Life of Ease and Pleasure" (Defoe 1719, 2). Auch die Entstehung der modernen Romanform war mit einer ‚sozialen Frage' verbunden: Seiner mittelalterlichen Form als Prosaübersetzung antiker Versepen verdankt der Roman seinen auf das Volk bzw. die romanischen Volkssprachen verweisenden Namen (vgl. J.-D. Müller 2003). Seit der Hochindustrialisierung gerät vor diesem Hintergrund die kollektivsoziale Rückseite der Industrialisierung in den Blick. Titel wie *Arme Leute*, *Weisse Sclaven*, *Die armen Weber*, *Gequältes Volk* oder *The Shipbuilders* zeigen, dass sich der Roman dabei stets für die sozialen Voraussetzungen und Effekte der Industrialisierung interessierte. Insofern ist es symptomatisch, dass die Bezeichnung des ‚Industrieromans' im 19. Jh. mit der des ‚sozialen Romans' konkurrierte (vgl.

Edler 1977; 17–23; Adler 1980, 10–24; Adler 1990). Für die überlieferte Romankunst waren die Fabrikarbeit, der Pauperismus und die soziale Frage zunächst kaum darstellbar (vgl. R. Williams 1983, 87–109). Gerade deshalb jedoch löste die Begegnung der *fiction* mit der *factory* der industriellen Wirklichkeit literarische Transformationsversuche aus, die das realistische Paradigma überhaupt erst zur Entfaltung gebracht haben (vgl. Gallagher 1985).

Ernst Willkomms *Weisse Sclaven oder die Leiden des Volkes* (1845)

Ernst Willkomms Roman *Weisse Sclaven oder die Leiden des Volkes* von 1845 erzählt am Fallbeispiel der Textilproduktion in der Niederlausitz die Geschichte der „ursprünglichen Akkumulation" des Kapitals (vgl. Marx und Engels 1956 ff., Bd. 23, 741–791). Der umfangreiche Roman bringt dabei beide Seiten des historischen Transformationsprozesses ins Spiel: die Akkumulation von industriellem Kapital, das sich hier im Zusammenspiel von Dampfspinnerei, in Heimarbeit betriebener Weberei und transatlantischem Rohstoffhandel (→ ROHSTOFF) konfiguriert, und die von freier Arbeitskraft, die sich vor allem durch die ‚Freisetzung' ehemals leibeigener Bauern vollzieht. Der Roman erzählt den Transformationsprozess über eine lange Zeitspanne; zwei klare chronologische Schnitte – 1790 und 1832 – skandieren diesen Zeitraum und setzen in scharfem Kontrast einem ‚Vorher' ein ‚Nachher' gegenüber. So stellt der Roman in seiner narrativen Zeitstruktur fasslich vor Augen, wie die „Auflösung" der „ökonomischen Struktur der feudalen Gesellschaft" alle wesentlichen „Elemente" der neuen kapitalistischen Gesellschaft „freisetzt" (ebd., Bd. 23, 743).

Die Romanhandlung ist auf zwei Zeitebenen angesiedelt: die Haupthandlung setzt im September 1832 ein (vgl. Willkomm 2013, 7), eine lange Binnenerzählung blendet in das Jahr „179*" zurück (ebd., 141). Ende des 18. Jh.s beherrscht der Graf Erasmus von Schloss Boberstein seine leibeigenen Bauern. Vierzig Jahre später ist aus dem Schloss eine Fabrik geworden, welche von den drei Enkelsöhnen des alten Grafen betrieben wird. Aus den leibeigenen Bauern sind nun ‚freie' Lohnarbeiter geworden. Indem der Roman die beiden historischen Gesellschaftsformationen an teilweise personal, teilweise familiär identischen Figuren vorführt, gelingt es ihm nicht nur, zwei Formen von Herrschaft und Knechtschaft zu kontrastieren, sondern den „Formwechsel dieser Knechtung" (Marx und Engels 1956 ff., Bd. 23, 743) als solchen in den Blick zu bekommen. Der „Formwechsel" des Herrschafts- und Akkumulationsregimes vollzieht sich im Roman indes nicht in kontinuierlicher Metamorphose, sondern über einen gewaltsamen Bruch:

Die Bauern brennen bei einem Aufstand das Schloss nieder und vertreiben den Grafen.

Die bittere Pointe liegt nun darin, dass gerade die Revolte der Leibeigenen jenen Transformationsprozess in Gang setzt, der ihre eigene fortgesetzte „Knechtung" erlaubt: Erst durch die vorübergehende Vertreibung der Herrschaften müssen diese – nun in Gestalt der drei Enkelsöhne – sich um neue, zeitgemäße Formen der Akkumulation kümmern. Sie tun dies arbeitsteilig: Adrian wird zum technikbegeisterten „Fabrikherrn", der das alte Schloss als Dampfspinnerei wiederaufbaut und als geschickter „Diplomat der Industrie" verwaltet (Willkomm 2013, 108); Aurel kümmert sich als Hochseekapitän um den Fernhandel der Produkte und kauft zudem eine Baumwollplantage in Arkansas an, um vom Rohstoffmarkt unabhängig zu werden; Adalbert schließlich wird Teilhaber einer Fabrik in England und versorgt als Couponschneider die Firma mit frischem Kapital.

Dass die Verwandlung der leibeigenen Bauern in ‚freie' Lohnarbeiter jedoch nicht etwa durch freien Vertragsabschluss vonstattengeht, legt Willkomm durch den stolzen Mund Adrians offen: Durch günstige Kredite regte dieser die frisch befreiten Bauern zum Kauf kleiner Häuschen an, um sie dann durch gezielte Lohnkürzungen in die Verschuldung zu treiben, die sie an die Arbeit in der Spinnerei bindet (vgl. Willkomm 2013, 348–350). Die ‚freie' Lohnarbeit entpuppt sich als verdeckte Schuldknechtschaft. Dass diese Praktiken keine bloß literarisch besonders skandalisierbaren Ausnahmeerscheinungen darstellen, die bei Willkomm nur dazu dienen, vom kapitalistischen Regelvollzug abzulenken (vgl. Schauerte 1983, 107), sondern in der Frühindustrialisierung die Regel waren, lässt sich in den frühsozialistischen Zeitschriften des Vormärz nachlesen (vgl. Eiden-Offe 2014a, 194–197); in jüngster Zeit hat David Graeber diesen Sachverhalt in systematischer Absicht wieder in Erinnerung gerufen: „Der geheime Skandal des Kapitalismus ist, dass er nie hauptsächlich auf der freien Arbeit beruhte" (Graeber 2012, 368). Aufseiten der Arbeit gibt schon der Titel die Kontinuität der „Knechtung" im „Formwechsel" an: *Weisse Sclaven*. Der alte Leberecht, noch leibeigen geboren, um dann als Tagelöhner und Lohnweber sein Leben zu fristen, bringt dies konzise auf den Punkt, wenn er von einer „Sclaverei der Freiheit" (Willkomm 2013, 268) spricht; schon früher ist im Roman von der „Hungersklaverei" der Arbeiter die Rede (ebd., 101).

Willkomm spricht mit der Rede von den ‚weißen Sklaven' aber nicht nur die diachrone Kontinuität der wesentlichen Formen abhängiger Arbeit in Europa an (der Leibeigenschaft und der Lohnarbeit), sondern auch die synchron-systemische Verzahnung der ‚freien' Lohnarbeit mit der ‚direkten' Versklavung vornehmlich ‚schwarzer' Arbeitskraft auf den Baumwollplantagen der beiden Amerikas. Die → SKLAVEREI auf der firmeneigenen Plantage ist bei Willkomm nicht nur materielle Voraussetzung der heimischen Textilindustrie (vgl. dazu Marx und Engels

1956 ff., Bd. 4, 132), sondern auch des sozialpartnerschaftlichen Klassenkompromisses, der am Ende des Romans in der Lausitzer Baumwollspinnerei erzielt wird. Nach mehreren Streiks werden die Arbeiter vom philanthropischen Aurel zu Teilhabern der Fabrik gemacht, eine Lohnerhöhung und ein Entlassungsverbot festgeschrieben; der sprichwörtliche ‚Arbeiteraristokrat' Martell (ein illegitimer Halbbruder der drei Kapitalisten) exekutiert die neue Ordnung und nimmt so die Lenin'sche Imperialismustheorie wortwörtlich vorweg. Die schwarzen Sklaven, welche die Extraprofite erwirtschaften, ohne die die Abfederung des Lebens der metropolitanen Arbeiter nicht möglich wäre, bleiben schließlich auch bei Willkomm selbstverständlich ausgeschlossenen (vgl. Lenin 1960, 288–290).

Entscheidendes Kunstmittel in *Weisse Sclaven* ist die „Familiarisierung" (G. Frank 1998, 98). Der lange Prozess der ‚ursprünglichen Akkumulation' wird in die Generationenfolge und den Lebenszyklus der einzelnen Figuren eingeblendet, globale Wertschöpfungsketten in der kleinräumlichen Überschaubarkeit eines angelegenen Dorfes lokalisiert. Dieses Verfahren erlaubt es Willkomm, abstrakte ökonomische Strukturen überaus anschaulich vor Augen zu stellen; im Hinblick auf eine *„Problematisierung der Form"* (Adler 1980, 115) des sozialen Romans aber markiert es zugleich auch dessen unüberschreitbare Grenze: Denn mit der ‚Familiarisierung' geht nicht nur fast notwendig ein Hang zur Kolportage einher; der Roman muss auch just das abblenden, was die neuen sozialen Strukturen vor allem auszeichnet: die realabstrakte Auflösung persönlicher Beziehungen. Der paradoxen Aufgabe, authentische „Bericht[e] über den zermürbenden Arbeitsalltag" zu liefern, ohne der „narrativen Tendenz der Personalisierung" folgend eine Vereinzelung und Viktimisierung der arbeitenden Subjekte zu betreiben (Schößler 2014a, 63), zeigt sich kein Sozialroman des Vormärz gewachsen (→ III.12. LITERATUR DES FRÜHSOZIALISMUS).

Gaskells *Mary Barton* (1848) und Dickens' *Hard Times* (1854)

Als Autorinnen und Autoren von ‚Industrieromanen' (*industrial novels*) im engeren Sinne, die auch als *social-problem novels* oder *Condition-of-England novels* bezeichnet werden, machen sich im England des 19. Jh.s unter anderem Benjamin Disraeli, Harriet Martineau, Thomas Carlyle, Elizabeth Gaskell, Charles Dickens und George Eliot einen Namen, die zwischen den 1830er und den 1860er Jahren die mit der Industrialisierung einhergehenden sozialen Transformationen in den Mittelpunkt ihrer Romane stellen. Zu diesen Transformationen gehören die mit ökonomischen Krisen (wie den *Hungry Forties*) verbundene Verelendung in den neuen Industriearealen (Lancashire, Manchester, Preston u. a.), das Massenphänomen von industrieller Frauen- und Kinderarbeit sowie neue politische Bewegungen (wie die der Chartisten). Die *industrial novels* kehren zum einen immer wieder eine gemäßigte sozialreformerische Position hervor, die ihnen den Charakter politischer und engagierter Zeitromane verleiht. Zum anderen knüpft sich auf der Ebene der Poetik das sozialpolitische Problem an ein ästhetisches, indem spezifische Chronotopoi (der Markt, die Fabrik, die Maschine), Sozialfiguren (die Klasse, der Arbeiter, der Fabrikherr) und daran gekoppelte Diskurse (die breit diskutierte Frage nach der *Condition of England*, der von Disraeli geprägte Topos der *Two Nations*, die politökonomische *machinery question*) auf die Formelemente des bürgerlichen Romans treffen. Industrielle Arbeits- oder Produktionsprozesse bilden in den Romanen allerdings meist nicht den Gegenstand, sondern den narrativen Hintergrund, dem die Romane moralisch-humanistische Sinnangebote entgegenhalten (vgl. Gallagher 1985; Childers 2001; Breyer 2019).

Sowohl die romanpoetisch-erzählerischen Möglichkeiten als auch die kritische Reichweite des englischen Industrieromans lassen sich exemplarisch in der Gegenüberstellung von Elizabeth Gaskells *Mary Barton* und Charles Dickens' *Hard Times* skizzieren. Gaskells erfolgreicher Debütroman von 1848, dessen Untertitel *A Tale of Manchester Life* lautet, adressiert anhand einer der prominentesten Industriestädte der Zeit das soziale Konfliktpotential der „relations between Masters and workpeople" (Gaskell 1966, 55). Die wesentlichen Erzählereignisse sind Szenen der Grenzüberschreitung zwischen den *labouring poor* und der Bourgeoisie: die Konfrontation des Gewerkschafters und Arbeiters John Barton mit dem Reichtum der Fabrikherren, deren Aufeinandertreffen mit der Arbeiterdelegation, der Mord Bartons am Unternehmersohn Harry Carson und schließlich die Vergebungsszene zwischen Carson und Barton. Die Darstellung der proletarischen Lebensbedingungen ist dabei selbst bereits eine Überschreitung, die gegenüber dem weitgehend bürgerlichen Lesepublikum eine lebensweltliche Drastik hervorkehrt und an zeitgenössische Sozialreporte von James Phillips Kay-Shuttleworth, William Cooke Taylor oder Friedrich Engels erinnert (vgl. Poovey 1995, 144; Recchio 2011; → PROLETARIER). So schlägt das Hintergrundereignis einer britisch-kontinentalen „depression of trade", die zu Entlassungen führt, als medizinische „crisis" von Bartons kleinem Sohn oder als existentieller „shock" seiner Ehefrau in das Leben der Arbeiter durch (vgl. Gaskell 2005, 27). Die Erzählstimme positioniert sich immer wieder auf einer scheinbar neutralen Linie zwischen den kontrastreichen Perspektiven der Romanfiguren, ist dabei jedoch einer Gesellschaftskonzeption verpflichtet, in der Lohnarbeit, Arbeitsmarkt und Handelskrise als unhintergehbar erscheinen (vgl. Lucas 1977, 42–43). So zielt die Narration nicht auf eine neue Gesellschaftsordnung, sondern zunächst auf die Repräsentation der affektiven Disposition des Arbeiters: „[W]hat I wish to impress is what the workman feels and thinks" (Gaskell 2005, 26). Analog dazu bewegt sich die Narration im zweiten Teil des Romans von den sozialökonomischen Problemstellungen weg, um die Handlung entlang zwischenmenschlich-emotionaler sowie christlich-humanistischer Motivationen aufzulösen (vgl. Gallagher 1985, 62–87). Damit korrespondierend ist der sympathetische Blick der Erzählinstanz auf die Arbeiterklasse durchweg von deren Passivierung geprägt. Am Ende des Romans wird der weise, autodidaktisch gebildete Arbeiter Job Legh, dessen Name in der Hiob-Referenz auf die Tugend der Duldsamkeit hindeutet, im Gespräch mit dem Unternehmer Carson die Gültigkeit ökonomischer Marktgesetze bestätigen (vgl. Gaskell 2005, 317–320), während die Logik des Dialogs als einer harmonisierenden Zirkulation heterogener Perspektiven und Interessen – „I see the view you take of things from the place where you stand" (Gaskell 2005, 319) – sich der impliziten Übertragung (wirtschafts-)liberaler Ausgleichsmodelle verdankt (vgl. Bigelow 2007, 145–157; Breyer 2019, 219–239).

Charles Dickens wird 1854/1855 Gaskells zweiten Industrieroman *North and South* als Fortsetzungsroman in seiner Wochenzeitschrift *Household Words* herausbringen. Kurz zuvor erscheint dort nicht nur Dickens' Dokumentation *On Strike* (Dickens 1854), sondern auch, in wöchentlichen Fortsetzungen, sein eigener Industrieroman *Hard Times. For These Times*. Anders als bei Gaskell gehören hier die zentralen Romanfiguren der Erzählhandlung – abgesehen vom Arbeiter Stephen Blackpool sowie von einer Gruppe Zirkuskünstler – nicht der Arbeiterklasse, sondern dem Bildungsbürgertum und dem Unternehmermilieu an. Die Industrie selbst figuriert als Allegorie einer gefühllosen, denaturierten und monotonen Moderne. Die Problematik der Industrialisierung wird bei Dickens nicht anhand einer materiellen oder ökonomischen Dramatik, sondern anhand einer Korrumpierung und Beschädigung ethischer und ästhetischer Subjektivierung verhandelt. Ein zentraler Ort dieser Beschädigung ist die Bildungsinstitution der Schule (vgl. Childers 2001, 86–89), in der Gradgrind, der Schulleiter von Coketown, die Gleichförmigkeit industrieller Arbeitsprozesse auf der Ebene der Erziehung reproduziert: „He intended every child in it to be a model – just as the young Gradgrinds were all models" (Dickens 1995, 16). Angeklagt wird die viktorianische Arbeitsethik ebenso wie die Verkümmerung von Gefühl und Phantasie (vgl. Gallagher 2006, 62–66). Anders als Gaskells *Mary Barton* konzentriert sich Dickens' Roman nicht auf soziales Elend, sondern auf eine industrielle Verfertigung ethischer Dispositionen, die ausgehend vom Ort der Industrie und des Proletariats – das Fabrikviertel ist ein differenzloser ‚Fleck' („blotch"), die ein- und ausströmenden Arbeiter bloße „masses of darkness" (Dickens 1995, 115) – die bürgerliche Gesellschaft zu deformieren droht. Die Figur Blackpool ist dabei poetologisch besonders zentral. Selbst Teil der „masses of darkness", tritt Blackpool zugleich mit einer auffallenden Individualität und moralischen Integrität aus seinem sozialen Kontext heraus. In dieser Immunisierung gegen seine Umwelt wird eine für Dickens typische Logik der Metonymie, d. h. der Analogisierung von äußerem Kontext und Figurencharakter, unterbrochen (vgl. Spector 1984). Während Figuren wie Gradgrind am Ende des Romans vor einem Scherbenhaufen stehen, repräsentiert Blackpool von Beginn an eine tiefere Ebene substantieller menschlicher Qualitäten, die inmitten der entfremdenden Produktionsverhältnisse ein Reservoir genuiner Menschlichkeit bilden (vgl. R. Williams 1987). An beiden Romanen lässt sich somit das erzählpoetische Bemühen der viktorianischen *industrial novels* ablesen, in der Darstellung und Kritik der Industrialisierung zugleich die Erzählbarkeit des Menschlichen zu gewährleisten.

Émile Zolas *Germinal* (1885)

Mit seiner Thematisierung eines Bergarbeiterstreiks in Nordfrankreich knüpft Émile Zolas 1885 erschienener Roman *Germinal* an den englischen Industrieroman an und beschreibt die Industrialisierung ebenfalls im Hinblick auf ihre sozialen Effekte für das Proletariat. Nachdem Zola sich in früheren Texten bereits mit der Immobilienspekulation, dem Zusammenbruch der Banken, der Konsumwelt und dem Warenfetischismus befasst hat (→ III.13. Die Entdeckung der Ware; → III.14. Geld- und Kreditverhältnisse im Realismus), widmet er sich mit *Germinal* zum ersten Mal explizit der Arbeiterklasse als politischem Akteur und Romanfigur. Der Niederschrift geht ein akribischer Recherche- und Dokumentationsprozess voraus, Zola studiert aktuelle Pamphlete und Traktate über die Wirtschaftskrise, die soziale Frage und den Sozialismus sowie diverse Streikromane (vgl. Reffait 2011, 429–431). Seine Kenntnisse der Lebensbedingungen der Arbeiter, der technischen Anlagen und der inneren Architektur der Mine gewinnt er aus eigener Anschauung: Bei einem im Februar 1884 in Anzin ausbrechenden Bergarbeiterstreik dokumentiert Zola die Ereignisse vor Ort, besucht die Schauplätze, befragt die Beteiligten (vgl. Mitterand 2002, 50). In *Germinal* verbindet sich die naturwissenschaftlich angelegte Studie „des tempéraments et des milieux" (Zola 1960 ff., Bd. 1, 3) mit einer Analyse der veränderten sozialen und ökonomischen Verhältnisse im Zeitalter der Industrialisierung. Nicht mehr individuelle Gegensätze, sondern Klassenkonflikte stehen nunmehr im Zentrum des naturalistischen Romans (vgl. Schober 1990, 709). Bereits in seinem „Dossier préparatoire", das den Entstehungsprozess des Textes begleitet, formuliert der Autor als zentrale Idee des Werks, den ‚Kampf zwischen Kapital und Arbeit' („la lutte du capital et du travail"; Zola 2009, 36) darzustellen.

Der einfache Arbeiter, der in *Germinal* zum literarischen Helden avanciert, ist der junge Maschinist Étienne Lantier. Auf der Suche nach einer Beschäftigung gelangt er in das Städtchen Montsou und findet eine Anstellung in der Kohlengrube ‚Le Voreux'. Die überwiegend interne Fokalisierung auf den Protagonisten führt dazu, dass die Leser gemeinsam mit Lantier mit der Arbeits- und Sozialwelt der Bergarbeiter vertraut gemacht werden. Während Étiennes Aufenthalt verschlechtern sich die Arbeitsbedingungen in Montsou, die Direktion will die ohnehin miserablen Löhne weiter senken. Lantier wird zum Anführer einer Streikbewegung, die für mehrere Wochen ein ungeahntes Ausmaß an Entschlossenheit und Solidarität mobilisiert, schließlich aber mit Waffengewalt von Soldaten niedergeschlagen wird. Während der Streik und seine Folgen – Hunger, Militärgewalt, Grubenexplosion – am Ende zahlreiche Menschenleben kostet, verlässt Étienne Lantier im letzten Kapitel des Romans den Ort Montsou, um nach Paris aufzubrechen und sich dort der sozialistischen Bewegung anzuschließen. Trotz des fortwährend präsenten Elends und trotz des katastrophalen Grubenunglücks im letzten Teil des Textes findet der Roman also einen emphatischen, hoffnungsvollen Abschluss: Hier nämlich wird eine „armée noire, vengeresse" heraufbeschworen, „qui germait lentement dans les sillons […] et dont la germination allait faire bientôt éclater la terre" (ein „schwarzes Heer von Rächern", „deren Same langsam in den Furchen aufging […] – und bald würde dieses Keimen die Erde sprengen"; Zola 1960 ff., Bd. 3, 1591; Übers.: Zola 1983b, 735). Die Metaphorik der „germination", die auch für den Titel des Romans den Ausgangspunkt bildet, markiert zum einen das mit der Notwendigkeit eines Naturphänomens sich vollziehende ‚Aufkeimen' der sozialistischen Bewegung, zum anderen verweist sie, im Rückgriff auf die Bezeichnung des ersten Frühlingsmonats in der Terminologie des Revolutionskalenders, auf die Tradition der Massenerhebung und den Entwurf einer neuen, vom aufgeklärten Menschen entworfenen Zeitrechnung (vgl. Petrey 2007, 50).

Zolas poetologisches Programm, das eine Orientierung an den Lebenswissenschaften des 19. Jh.s (Claude Bernards *Introduction à l'étude de la médecine expérimentale*, 1865) und eine Übertragung der Prinzipien distanzierter Observation (Zolas *Roman expérimental*, 1880) auf die Literatur versucht, teilt die epistemologischen Prämissen der klassischen Nationalökonomie. Auch diese war seit Längerem an den experimentellen Wissenschaften wie der Physik (vgl. Mirowski 1989) orientiert und berief sich auf die aus ‚observation' und ‚expérience' gewonnene Experimentalmethode (vgl. Say 1966, 3). Für *Germinal* ergibt sich aus der engen Orientierung an den Naturwissenschaften die Tendenz, die kausalen Gesetzmäßigkeiten von historischen Ereignissen, Charakteren und Milieus hervorzuheben. Die für den *Rougon-Macquart*-Zyklus konstitutiven Überlegungen zur determinierenden Macht der Heredität, die in gleicher Weise wie die Schwerkraft den Naturgesetzen unterliegt (vgl. Zola 1960 ff., Bd. 1, 3), und die Inszenierung einer unbändigen ‚force vitale' lassen sich letztlich als Spiegel sozialdarwinistischer Positionen verstehen (vgl. Niess 1980). Indem in *Germinal* die streikenden Arbeiter im Moment der politischen Eskalation als entfesselte Naturgewalt oder als animalischer Mob gezeichnet werden, wird der Klassengegensatz punktuell entpolitisiert und als Inbegriff eines allgemeinen „débordement des appétits" (Zola 1960 ff., Bd. 1, 3), eines Überströmens der Begierden, gefasst.

Dem positivistischen Darstellungsmodus ist in *Germinal* insbesondere in der Darstellung der Grube eine poetische Mythisierung der Industrie an die Seite gestellt (vgl. Borie 1973, 116). Bereits zu Beginn des Textes wird die düstere Kulisse der Kohlemine vor dem nachtschwarzen Himmel in Gestalt einer „bête goulue" (Zola 1960 ff., Bd. 3, 1135), eines bösen, gefräßigen Tieres skizziert. Das Bild der menschenverschlingenden Bestie ist bereits im Namen der Grube angezeigt (‚Le Voreux' von frz. *dévorer*, ‚verschlingen') und erscheint umso eindringlicher, als es mit dem stetig wachsenden Hunger der Arbeiter kontrastiert. Zola findet in dem Bild des unsichtbaren Götzen eine Metapher für die Anonymität und Abstraktion des Kapitals (vgl. Zola 1960 ff., Bd. 3, 1141), zugleich ist die schlundartig geöffnete Erde, die sowohl Züge eines Labyrinths als auch der Unterwelt trägt, eine besondere Ausprägung des in seinen Texten omnipräsenten Phantasmas des Nicht-Räumlichen, des „trou" bzw. der „fêlure" (vgl. Warning 1999, 259). Nicht zuletzt aufgrund der mythopoetischen Fluchtlinie des Romans wurde Zola von prominenten Kritikern wie Engels, Lukács oder Brecht ein Mangel an sozialistischer Haltung und Popularisierung vorgeworfen (vgl. Gumbrecht 1978, 8–9). Bereits zu Lebzeiten des Autors entbrannte eine Diskussion um den sozialistischen Gehalt des Romans (Neuschäfer 1976, 168 ff.), und noch in rezenten Studien steht die Frage im Mittelpunkt, wie sich der naturalistische Roman Zolas zwischen einer sozialistischen Kritik an der Vorstellung ökonomischer Naturgesetzlichkeiten und dem Entwurf einer experimentellen, fortschrittsoptimistischen Poetik verorten lässt (vgl. Reffait 2011, 447). Die Naturalisierung der Klassengegensätze auf der einen und der dezidiert humanistische Anspruch auf eine Veränderbarkeit der bestehenden Verhältnisse auf der anderen Seite bleiben dem Roman als Widerspruch eingeschrieben.

Fjodor Gladkows *Zement* (1925)

Es ist jedoch gerade die romantische und mythopoetische Seite des Industrieromans, durch die derselbe mit seiner sowjetischen Erneuerung zu einer neuen Blüte gelangt. Fjodor Wassiljewitsch Gladkows (1883–1958) paradigmatischer Roman *Zement* nimmt den Aufbau des Sozialismus über eine Analogie von sozialer und industrieller Substanz in den Blick: „Zement ist eine starke Bindung. Durch

Zement werden wir einen mächtigen Aufbau der Republik zustande bringen. Wir sind der Zement, wir Arbeiterklasse, Genossen" (Gladkow 1992, 96). Am Leitfaden der Zementmetaphorik und am Beispiel der Schwerindustrie thematisiert Gladkow das politische Klima der ‚Neuen Ökonomischen Politik' und inszeniert einen Kampf um den Wiederaufbau von Wirtschaft und Gesellschaft.

Im Zentrum steht eine durch den Bürgerkrieg zerstörte Zementfabrik: Als der ehemalige Schlosser und Kommandant der Roten Armee Gleb Tschumalow aus dem Krieg in seine fiktive Heimatstadt ‚Gemütliche Kolonie' zurückkehrt, trifft er dort auf eine Welt der Resignation. Die Materialreste der Fabrik, die nun als Weide dient, werden gestohlen. Glebs Kampf um den Wiederaufbau – „Das Werk muß wieder leben, Gleb!" (Gladkow 1992, 36) – wird erzählerisch mit der Entfremdung von seiner Ehefrau Daša überblendet, die derweil zur autonomen Parteiarbeiterin geworden ist. Emotional gestählt und ideologisch beschlagen hat sie sogar Prostitution und Misshandlungen der Revolutionsjahre verkraftet, engagiert sich im Frauenkomitee und lässt die gemeinsame Tochter Njurka in einem Kinderheim erziehen. Während Gleb gegen renitente Bürokraten, kriminelle Übergriffe und technische Schwierigkeiten besteht und sogar Vertreter der alten technischen Intelligenzija überzeugt, scheitert er privat (vgl. Schattenberg 2002, 119). Und während er die Fabrik zum vierten Jahrestag der Oktoberrevolution wieder in Betrieb nimmt, stirbt die Tochter Njurka im Kinderheim, und es zeigt sich, dass Gleb und Daša inmitten der Sorgen der Arbeiterklasse nur ein „unsichtbares Stäubchen" (Gladkow 1992, 325) darstellen: „Nur eines ist notwendig: die Partei und die Arbeit für die Partei. Persönliches – gibt es nicht" (ebd., 390). Der Zement fungiert im Roman als Metapher für die sozialistische Bindung der Klasse; er hat dabei aber auch die Entfremdung des Paares einbetoniert: „Wir sind gut organisiert, fest zusammengeschweißt – und schrecklich fremd einander im persönlichen Leben" (ebd., 324).

Gladkows *Zement* verzeichnet nicht nur diese Asymmetrie zwischen Familie und Fabrik, sozialem und industriellem Aufbau, sondern vermittels einer Mythopoetik der industriellen Verwertung von Leben nimmt der Roman Mitte der 1920er Jahre zentrale Entwicklungen des Stalinismus vorweg: Das betrifft nicht nur die Figuren des Romans, die ganz enthusiastisch „selber zur Maschine" (Gladkow 1992, 35) werden. „Blut und Leiden der Kämpfe" (ebd., 205) kulminieren in einer religiösen Bildlichkeit, welche Maschinen als „Götzenbilder" auch „singen und tanzen" lässt (ebd., 33). Ein semantischer Kreislauf aus Opfermythologie und Auferstehungstopik erinnert an den biopolitischen Zug der sowjetischen „Sorge um den ‚unsterblichen Körper'" (Petzer 2015, 130) und zeigt sich vielfach in seiner Neigung zur Gewalt. Wenngleich selbst die Partei in Gestalt des leitenden Funktionärs Badijn im Roman durchaus kritisch dargestellt wird, plädiert auch Gleb schon früh dafür, inkompetente Personen „erschießen" zu lassen (Gladkow 1992,

73). Wenn er am Ende des Romans für eine „schonungslose[n] Reinigung" (ebd., 346) der Partei plädiert, dann lässt sich leicht erahnen, wie dieser Umbau aussehen könnte.

Zement war einer der ersten sowjetischen Industrieromane und zugleich ein äußerst populäres Buch mit über 30 Auflagen schon zu Lebzeiten des Autors. Da der Roman jedoch zum Architext des Produktionsromans und damit zum Wegbereiter des ‚sozialistischen Realismus' wurde (Clark 1981, 4, 27, 67), löste er auch Kontroversen aus. Ossip Brik kritisierte etwa den Schematismus und die fehlende Motivierung der Handlung um das „proletarische Rennpferd" (Brik 2000, 88). Maxim Gorki, Anatoli Lunatscharski und Stalin begrüßten hingegen Gladkows Bemühen um eine „die Wirklichkeit hypothetisch zuende denkende Gestaltung des Wünschenswerten" (Günther 1984, 37; vgl. Clark 1981, 28, 69–82). Ähnlich wie Gorkis Mutter (1906) erwies sich Zement als embryonale Form des sozialistisch-realistischen Romans, sein Plot wurde zu einem vielfach adaptieren Handlungsschema. Doch wie bei vielen neu aufgelegten Werken aus den 1920er Jahren (vgl. Busch 1978, 348; Guski 1995, 66) waren weitreichende Überarbeitungen im Sinne der stalinistischen „Verstaatlichung der Literatur" (Günther 1984) Voraussetzung hierfür. Die revisionistische Glättung von Zement, die an Stalins fotografische Retuschen erinnert (vgl. King 1997, 66–73, 164–165, 188–189) und bis hin zu expliziten Verweisen auf Lenin und Stalin führte, betraf sowohl die Charakterzeichnung als auch die Sprache des Romans (vgl. Busch 1978, 358; Hartmann 1992, 10; Clark 1981, 144). Gladkow reduzierte die Metaphorizität des Textes, seine fragmentarische Satzstruktur und seine dialektalen Einschübe (vgl. Clark 1981, 70–72); auf der Ebene des Plots wurde nicht nur die Darstellung der Partei überarbeitet, deren Gräuel und Ineffizienz gemildert wurden, sondern auch das Bild der Familie: Eine Vereinigung von Gleb und Daša in der Zukunft wurde nun wahrscheinlicher (vgl. Busch 1978, 351, 354) Damit wurde der Roman für eine stalinistische Familienpolitik funktionalisierbar, die in den 1930er und 1940er Jahren deutlich konservativer, reproduktionsorientierter und repressiver wurde, als dies noch kurz nach der Revolution möglich schien (vgl. Clark 1981, 204). Gladkows zweiter großer Industrieroman Energie (1933) erweist sich dann schon von Anfang an als reifes Zeugnis einer staatlich forcierten Romantisierung der Wirklichkeit: Im Vordergrund des Produktionsromans stand nun endgültig die Herstellung eines auf Linie getrimmten Bewusstseins, bei Helden wie Lesern gleichermaßen (vgl. Guski 1995, XXI, 84; Clark 1981, 256).

Gattungshistorisch steht die Erfolgsgeschichte von Zement stellvertretend für die Verdrängung kleinerer Formen wie der faktographischen ‚Skizze' (očerk) durch den Produktionsroman mit seiner panoramatischen Darstellung, in der das Ökonomische zur Kulisse privater Konflikte verkommt (vgl. Guski 1995, 320): „Gattungskampf ist daher Klassenkampf" (ebd., 248). Die dabei privilegierte

Romanästhetik zeichnete sich durch eine Tendenz nicht nur ins Epische, sondern auch zum Epos aus: „heroisch, erhaben, ursprünglich, ganzheitlich" (ebd., XX)· sollte die Darstellung der sowjetischen Wirklichkeit geraten. Dass der sozialistische Kontext dabei auch zum zentralen Schauplatz der modernen Romantheorie wurde (vgl. Zink und Schmid 2000), lässt sich ebenfalls mit Bezug auf den Doppelcharakter von Industrie- und Sozialroman deuten, insofern die von Stalin vorangetriebene, nachholende Industrialisierung Russlands ihr sozialpolitischer Kontext war. Georg Lukács hielt an der Wiederkehr des antiken Epos als dem Horizont des Romans, wie in seiner *Theorie des Romans* 1916 ausgearbeitet, auch als sowjetischer Literaturkritiker weiterhin fest und formulierte dabei nur vorsichtigen Widerspruch zur Episierung und Heroisierung des Arbeiterkampfs im ‚sozialistischen Realismus'. Michail Bachtin hingegen entwickelte seine Konzepte von Polyphonie und Dialogizität als Redevielfalt sozialer Sprachen in impliziter Konkurrenz zur sozialen Homogenisierung sowjetischer Romanliteratur insgesamt und zu Lukács insbesondere (vgl. Kaempfe 1985, 140–141) und widersprach dabei auch der geschichtsphilosophischen Dichotomie von Epos und Roman als solcher (vgl. Bachtin 1978).

Erik Regers *Union der festen Hand* (1931)

In Deutschland wird das literarische Interesse für Bilder, Schicksale und Figuren der Industrie im 20. Jh. oft mit der literarischen Produktion aus dem oder über das Ruhrgebiet gleichgesetzt (vgl. Schütz 1994, 7–8). Die dramatischen Ereignisse, die sich seit Anfang 1918 im Ruhrgebiet abspielten – der Januarstreik, an dem die Munitionsarbeiter im Kohlerevier teilnahmen, der Ruhraufstand im März 1920, die Besetzung des Gebiets durch französische Truppen 1923, aber auch die Weltwirtschaftskrise 1929 und die damit einhergehende Massenarbeitslosigkeit – lenkte die Aufmerksamkeit auf die Bedeutung der Kohleförderung und somit auf die neu urbanisierte Gegend zwischen Essen, Dortmund, Bochum und Gelsenkirchen. So wurde das industrielle Herz Deutschlands zu einem populären Reiseziel Berliner Feuilletonisten. Über dieses plötzliche Interesse für das Ruhrgebiet machte sich Erik Reger (d. i. Hermann Dannenberger) in seinen frühen journalistischen und theaterkritischen Arbeiten immer wieder lustig und stilisierte sich selbst zu dem Ruhrgebietsfeuilletonisten, der vor Ort schreibt und über Fachkenntnisse verfügt. Sein 1931 erschienener Romanerstling *Union der festen Hand* macht paratextuell und narratologisch ein ähnliches Versprechen, das von der Rezeption allzu buchstäblich verstanden wurde. Bis 1927 war Dannenberger als Buchhalter, Bilanzkritiker und Pressesprecher bei der Friedrich Krupp AG in Essen tätig. Selbst die Forschungsliteratur ließ sich dadurch zur Gleichsetzung von Romanhandlung und historischer Realität verleiten (vgl. Prümm 1979, 535 f.; Hallenberger 2000, 247–256). In der zeitgenössischen Rezeption wurde Regers Roman in die junge Richtung der Reportage und des Tatsachenromans eingeordnet – neue faktographische Gattungen, die eine antibürgerliche Alternative zum psychologischen Roman der Vorkriegszeit bieten sollten. Denn Reger schreibt keinen Familienroman, wie etwa Rudolf Herzogs mit seinem 1917 erschienenen Krupp-Buch *Die Stoltenkamps und ihre Frauen* (vgl. Hermand 1996, 22–23), aber auch keine „kommunistische[n] Seitenstücke" (Schütz 1994, 20) wie Karl Grünberg mit *Brennende Ruhr* (1929) oder Hans Marchwitza mit *Sturm auf Essen* (1930). Industriegeschichte ist bei ihm keine Familiengeschichte mehr und wird nicht anhand von Generationenwechseln, Hochzeiten und Geburten erzählt. Sie ist aber auch keine Geschichte der totalen Ausbeutung einer tapfer und anständig kämpfenden Arbeiterklasse. Industrie wird in diesem Gegenprojekt zur bisherigen Romanproduktion vielmehr als eine Vermengung von unternehmerischen Instinkten und staatlicher Macht, als eine Angleichung des privaten und öffentlichen Sektors und als eine Ehe zwischen kapitalistischer und bürokratischer Logik dargestellt (vgl. Steigerwald 2005, 254).

Szenen und Bilder der Arbeit, Beschreibungen der Räume, Maschinen, Rohstoffe, die in den industriellen Produktionsprozess eingegliedert sind (vgl. Steigerwald 2005, 251), finden sich in *Union der festen Hand* kaum. Eine Ausnahme stellt hier die stark ästhetisierte Beschreibung der Eisengießerei und des dort aufbewahrten Sandes dar: „Bald war er fein und samtig, bald derb und körnig; bald glashart und mager, bald wachsweich, fettig und abfärbend; ein tonhaltiger, luftdurchlässiger und glimmerreicher Sand, in allen Schattierungen lag er da, pulverig, faserig, blättrig, porös, marmorartig gefleckt und geadert wie eine Feuerwerksmischung" (Reger 1979, 19). So verschieden wie die Sanderscheinungen sind auch die Figuren Regers, selbst innerhalb einer Klasse. Er verzichtet auf Typen und setzt auf eine fast unleserliche, schwer nachzuverfolgende Vielzahl an Figuren (vgl. Marcuse 1931, 1064), in der sich Arbeiter und Industrielle unter einen gemeinsamen Nenner stellen lassen: Sie alle streben nach sozialem Aufstieg.

Regers auktorialer Erzähler verfügt über einen gewaltigen Überblick über das Kohlerevier-Imperium. Er überhört weder die geheimen Gespräche der Industriellen, die bald den titelgebenden ‚Interessenverband' gründen, um sich ein Monopol von der Förderung des Rohstoffs bis zum Verkauf der Ware zu sichern, noch die Proteste und Lieder der gewerkschaftlich organisierten Arbeiter und die Reden des ‚Kulturphilosophen' Jodoci. Dabei verzichtet Reger auf den zentralen Helden zugunsten einer Vielzahl von Anti-Helden, die nur im Zusammenspiel miteinander die Entwicklungen im Roman verantworten können. Er folgt so einer „kollektivistischen" Schreibweise (Hermand 1996, 24), die zwar an seine sowjetischen Kollegen aus der LEF (Levyi Front Iskusstv, dt. ‚Linke Front der Künste') erinnert, aber kein Klassenbewusstsein zum Ausdruck bringen soll, sondern eine komplexe Pluralisierung, die zu keiner Klasseneinheit mehr führen kann. Die Proletarier möchten, ähnlich wie in Siegfried Kracauers Sozialreportage *Die Angestellten* von 1930, Bürger werden und verlieren gerade darum jegliche Chance auf Emanzipation. Für die täuschende Verbürgerlichung des Proletariats dienen Adam Griguszies, ein gewerkschaftlich organisierter Kranführer, der später seinen bürgerlichen Träumen nachgeht, heiratet und seinen Namen zu Grieghöfer wechselt, und seine Schwester Paula, die mit einem höheren Angestellten eine Affäre hat, als Exempel. Ein Pendant dazu ist aber auch die Entwicklung der Industriellen selbst, über die Joseph Schumpeter bereits 1912 in seiner *Theorie der wirtschaftlichen Entwicklung* schrieb. Der ‚Kanonenfürst' Schellhase, der noch als technischer Erfinder gilt, wird allmählich von der jungen Generation von Risiko-Unternehmern verdrängt, die nichts mehr erfinden, aber umso abenteuerlicher kombinieren und ausprobieren. Zu dieser Transformation kommt die Entwicklung des Imperiums Risch-Zander hinzu, von einer Krisensituation in die nächste, vom Streik der Munitionsarbeiter über den Besuch des Kaisers und dessen Abdankung, den Kapp-Putsch, die Ruhrbesetzung, die hohe Arbeitslosigkeit und die niedrigen Löhne bis zur „Gewerkschaftsdämmerung" (Reger 1979, 447) und einer Verbündung mit dem „Sammelbecken für germanische Romantik" (ebd., 394), den hier noch Komik erzeugenden, nicht ernst zu nehmenden Nationalsozialisten.

Die dem Roman vorangestellte „Gebrauchsanweisung" widerspricht unmittelbar seinem Untertitel *Roman einer Entwicklung*: Dies sei erstens kein Roman und zweitens handele es sich hier nicht um den Werdegang einer Person, sondern um die Entwicklung einer „Sache", eines „geistigen Zustands" (Reger 1979, 6). Entwicklung und Verfestigung der Union selbst ist für Reger eng mit einer Öffentlichkeitsarbeit und Meinungssteuerung vonseiten der Industriellen (vgl. Schütz und Uecker 1995, 98 f.) sowie mit spezifischen Medienfunktionsweisen der Presse verbunden. Die einzelnen Kapitel enden jeweils mit einem Zeitungsbericht, der die Zeit rafft und chronologisch Ergebnisse und Fakten aufzählt, die sich in den Zwischenräumen der Episoden und zwischen den Zeilen der Dialoge ergeben haben, und der die Vielzahl an Geschichten in eine einzige Geschichte transformiert. Zum Verfassen des allerletzten Berichts werden schließlich die Leser explizit aufgefordert (vgl. Reger 1979, 6). Die Zeitungsberichte sind selbst nicht Teil der Propaganda der Union. Indem sie die profitbringenden Narrative der Monopolisten hinter den daraus entstehenden historischen Veränderungen kaschieren, besiegeln und verfestigen sie jedoch diese.

Mit dieser reflektierten Engführung von industriellem Sujet und experimenteller Darstellung in Regers *Union der festen Hand* wird das spannungsvolle Verhältnis von Industrie und Romanform indirekt selbst thematisiert, und zwar unter der Voraussetzung der Emanzipation vom Entwicklungs- wie vom Familienroman. Literaturhistoriker hatten am ästhetischen Wert des Industrieromans notorische Zweifel, aufgrund des angeblichen Verharrens in traditionellen Erzählmustern, der karitativen Moral der Erzähler, der sentimentalischen Anpassung an die Erwartungshaltung seiner Leserschaft oder der mythopoetischen Stilisierung der Industrie und der Arbeiterklasse. Diesem kritischen Urteil gegenüber steht jedoch die enorme historische Popularität vieler Industrieromane bei der Leserschaft. Analytisch wäre eine Grenze romanpoetischer Industrialisierungskritik wohl in dem Paradox zu suchen, dass die Romanform historisch selbst Prototyp literarischer Warenform war und insofern als Vehikel und Inbegriff der Industrialisierung von Literatur fungierte (vgl. R. Rosenberg 2010, 679). Versteht man die Sache der Industrie nicht nur als technisches Geschehen, sondern als Klammer disziplinierender Moral, sozialer Aktivierung und ökonomischer Form, so lässt sich jedenfalls beschreiben, weshalb sich Autoren und Publikum der Romane gerade in den Proletarisierungserfahrungen treffen konnten, die mit der Industrialisierung stets verbunden waren. In diesem Sinn bleibt zu fragen, ob etwa die „mythische Hervorbringung und Verdopplung der Klassen und ihres Kampfes" (Eiden-Offe 2017, 23, 333) im Roman nur als ästhetischer Mangel adressierbar ist, oder ob sie nicht viel grundsätzlicher mit der kapitalistischen Hervorbringung von Klassen zusammenhängt, die auch mit ästhetischen Mitteln nach Wegen ihrer Selbstaufhebung suchen.

III.16. Börsen-, Spekulations- und Inflationsroman

Alexandra Vasa und Philippe Roepstorff-Robiano

Während sich die zeitgenössische Ökonomik „dem Zählen der Engel auf den Spitzen neoklassischer Nadeln" (Simon 1999, 113), sprich der mathematischen Modellierbarkeit freier Märkte widmet, interessiert sich die Literatur seit Längerem für die Auswirkungen dessen, was bei Karl Polanyi unter dem Stichwort der *grand transformation* verhandelt wird, also die zuweilen äußerst gewalttätige Unterordnung der Gesellschaft und der Natur unter ökonomische Prinzipien (vgl. Polanyi 2001, Kap. 6). Freie Märkte und Finanzmärkte als ihre zentrale Schaltstelle garantieren nämlich laut der marginalistischen Doxa eine optimale Güter- und Informationsverteilung, weshalb es in ihr so gut wie keinen Begriff der Finanzialisierung und ihrer Auswirkungen gibt (vgl. Fine 2017, 97). Die ökonomischen Theorien des 18. und 19. Jh.s geben zwar ein anderes Bild ab, dennoch haben sie sich nicht vorrangig für Finanzmärkte interessiert. Die Erzählliteratur hingegen widmet sich spätestens seit dem 19. Jh. ganz dezidiert der → Spekulation und ihren Auswüchsen. Schon beim Händler, Spekulanten und Verfasser des Börsenratgebers *Confusión de confusiones* (1688) Joseph de la Vega klingt eine enge Nähe von Fiktion und Spekulation an, wenn er bemerkt, dass an der Börse die Erwartung von Tatsachen wichtiger sei als die Tatsachen selbst (vgl. Vega 1919, 65). Spekulieren heißt dementsprechend, „Wahrscheinlichkeiten zu erproben oder Unwahrscheinliches zu setzen" (Vedder 2008, 213), und demgemäß gehört in den Romanen von Honoré de Balzac, Herman Melville, Émile Zola, Heinrich Mann, Frank Norris und Felix Scherret der – oftmals antijüdisch gezeichnete – Spekulant, der sagenhafte Gewinne an der Börse erzielt, diese aber oft genug auch wieder verspielt, zum gängigen Figurenrepertoire. Dass sich diese Autoren überwiegend dem Realismus (→ III.14. Geld- und Kreditverhältnisse im Realismus) verpflichtet sahen, zeugt von einer grundlegenden Sorge: Im Zuge der Finanzspekulationen ihrer Figuren werden oft genug schlagartig Ressourcen umverteilt, womit immer wieder ihre Wirklichkeit selbst aus den Fugen gerät.

Börsenkrach

Bereits Honoré de Balzac wendet sich in seiner kleinen Spekulationsnovelle *La Maison Nucingen* (1837) der Börse zu. In ihrem Zentrum steht ein neuer Typus, der sich im gesellschaftlichen Biotop der *Comédie humaine* durchzusetzen beginnt:

der Bankier (→ BANK, BANKIER). Die Börse ist sein spezifisches Milieu, das als romantisch angehauchtes „énigme" (Balzac 1976 ff., Bd. 6, 369) daherkommt. Es lässt sich so zusammenfassen: Wie kann es sein, dass der Dandy Godefroid de Beaudenord sein Kapital in einem Börsenkrach verloren hat, während sich das Vermögen seines Bankiers, des Barons de Nucingen, in ebenjenem Börsenkrach um ein Vielfaches vermehrt hat? Mit diesem Enigma ist ein grundsätzlicheres Rätsel verbunden: Wie übersetzten sich die Handlungen einzelner Anleger in Ereignisse auf der Makroebene des Börsenparketts und wie lassen sich diese wiederum in Erzählereignisse ummünzen?

Balzac bringt diese Enigmata in einer ihnen angemessenen narrativen Form zur Darstellung. Wir befinden uns in einem Pariser Cabaret. Der anonyme Erzähler wartet auf das Dessert, als vier junge Journalisten und Parvenüs das Abteil nebenan besetzen, deren Gespräch ihn in den Bann zieht. Sie unterhalten sich hinter der dünnen Trennwand über die Pariser Hautevolee und unter anderem über Nucingen, einen jüdischen Bankier aus dem Elsass, bei dem viele Adelige aus dem Faubourg Saint-Germain ihr Geld angelegt haben, da die Grundrente nicht mehr genügend Zinsen abwirft.

In ihrem lebhaften und zum Teil sehr assoziativen Gespräch geben die vier jungen Männer direkte Reden von anderen wieder, und eine *mise en abyme* der Binnenerzählungen, die auf weitere Binnenerzählungen führen, tut sich auf. Der Status des Erzählten ist jedoch unsicher: Weder weiß der Leser, ob den Gerüchten Vertrauen zu schenken ist, noch weiß er, welches (Eigen-)Interesse den Erzähler anleitet; er gibt nur einen unbestimmten „désir" (Balzac 1976 ff., Bd. 6, 331) an, das Gehörte zu stenographieren (vgl. Balzac 1985, 408). Die Lektüre wird zu einer spekulativen Angelegenheit.

Aus der mitgehörten Unterhaltung geht fast nebenbei hervor, dass Nucingen – eine „figure composite" (Citron 1977, 323), die an verschiedene historische Akteure im Finanzwesen wie James de Rothschild, Gabriel-Julien Ouvrard und Beer Léon Fould angelehnt ist (vgl. Donnard 1961, 305–331; Lukács 1955, Kap. 1.3) – ein großer Manipulator von Information ist. Sein Betrugsschema ist der fingierte → BANKROTT. Gleich dreimal setzt er die „Liquidation" (Balzac 1985, 418) als Strategie ein, die für Balzacs physiokratisches Denken – also für seine Konzeption der Wirtschaft als Nullsummenspiel, in dem einer verliert, was der andere gewinnt – typisch ist (vgl. Orléan 2013, 138; Goux 2000a, 87–102): Sein Gesamtvermögen, das er an der Börse angelegt hat, konvertiert er in reale Güter, die er versteckt; anschließend erklärt er seine Zahlungsunfähigkeit gegenüber den Anlegern. Diese verkaufen ihre Nucingen-Papiere *en masse* und nehmen große Verluste in Kauf. Sobald sich herausstellt, dass Nucingen doch Kapitalien zur Verfügung stehen, möchten alle wieder sein Papier kaufen, und der Bankier streicht die Differenz ein. „Wenn Nucingen sein Gold fahrenläßt [...], dann könnt ihr sicher sein, daß er

Diamanten rafft" (Balzac 1985, 418): Der Bankier aus dem Elsass ist ein Künstler des Differentialverhältnisses (vgl. Deleuze und Guattari 1974, 307).

Während seines dritten Coups investiert der gewiefte Geldmann, der sich, wie die meisten Bankiers seiner Zeit, nicht nur auf Geldgeschäfte konzentriert, sondern auch mit Waren handelt (vgl. Balzac 1985, 419; Donnard 1961, 309), all seine Geldmittel in mexikanische Kanonen aus aztekischem Gold, die er verschiffen lässt, und stellt erneut seine Zahlungen ein. Das Schiff trifft genau zu dem Zeitpunkt im Hafen von Bordeaux ein, da die meisten seiner Anleger ihre Aktien bereits mit Verlust verkauft haben; augenblicklich steigt der Kurs wieder an, und der (un-)tote Baron erlebt eine Wiederauferstehung.

In Balzacs Novelle stechen finanzielle Sicherheiten in See, während aus einem Börsenkrach Profit geschlagen wird. Drei Dinge sind daran wichtig. Erstens schildert Balzac die Börse als selbstbezügliches System, das sich unter bestimmten Umständen von seiner realen Umwelt entkoppeln kann (vgl. hierzu Luhmann 1996a, 43–51). Zweitens kommt den vom Binnenerzähler wiedergegebenen Gerüchten jene wesentliche Rolle in Balzacs Börsengeschehen zu (vgl. Péraud 2012, 277–281), die ihnen auch von Soziologen seit dem 19. Jh. zugesprochen wurde (vgl. Mackay 1958; Merton 1948, 194–196; Rosnow und Fine 1976, 77–80). Das Wort ‚Börsenkrach' verweist im 19. Jh. im Übrigen auf den Krach, der am Börsenparkett herrscht, und dementsprechend realisiert Nucingen seinen Gewinn zu einer Zeit, als „die widersprüchlichsten Dinge" (Balzac 1985, 485) auf dem Börsenparkett verlautbart werden. Schließlich wird in Balzacs Narrativ das Kapital des Pariser Adels während einer Krisenzeit zentralisiert. Dazu passt, dass der → Kredit Marx zufolge der „mächtigste[ ] Hebel der Zentralisation von Kapital" (Marx und Engels 1956 ff., Bd. 23, 655) ist. Die Moral von Balzacs Geschichte verleiht dieser Dynamik noch eine für seine Zeit paradoxe Wendung: „Der Schuldner ist stärker als der Gläubiger" (Balzac 1985, 492).

Die Börse und der natürliche Wert

Während Nucingen als kühler Kopf agiert, der mit seinem elsässischen Akzent einer fremden Welt zu entstammen scheint, lässt Aristide Saccard die Spekulation nicht kalt. Als er zu Anfang von Émile Zolas Roman *L'Argent* (1891) die Pariser Börse umkreist und seine megalomanischen Pläne schmiedet, sind seine „Schläfen erhitzt vom Rausch des Börsenspiels" (Zola 1983a, 10). Zolas Roman erscheint ein halbes Jahrhundert nach Balzacs Börsennovelle, an die er in vielerlei Hinsicht anknüpft. Auch seine Hauptfigur und dessen ‚Banque Universelle' haben mehrere Vorbilder (vgl. Gomart 2004, 115–116; Mitterand 1967, 1235–1242; Bouvier 1960,

87–90), allen voran die von Paul Eugène Bontoux übernommene Union Générale, die 1882 Konkurs macht; und wie sein Vorgänger operiert auch Zolas Bankier an der Grenze der Legalität: Er tätigt illegale Eigenkäufe und zahlt, wie beim sogenannten Schneeballsystem üblich – das bei Balzac noch augenzwinkernd als „l'idée pyramidale et victorieuse" (Balzac 1976 ff., Bd. 6, 371), als ‚siegesreiches Pyramidalschema' apostrophiert wird – Dividenden aus, die dem Grundstock des Kapitals und nicht den Kapitalerträgen entnommen sind. Am Ende des Romans muss Saccard dafür dann auch ins Gefängnis.

Allerdings unterscheidet sich Zolas Roman auch stark von Balzacs Spekulationsnovelle. Sein Hauptschauplatz ist die Pariser Börse und deren Protagonist ist ein Spekulant, aus dessen Perspektive das Börsengeschehen geschildert wird. Während bei Balzac der Geldhändler einen fremdländischen Akzent hat, der den Text streckenweise unlesbar macht, und während bei Balzac die Börsengeschichte aus Hörensagen besteht und ein Stimmgewirr erzeugt, nimmt der Leser bei Zola das Geschehen an der Börse aus der Perspektive eines Bankiers wahr, der kein Jude ist. Die Handlungs- und Kommunikationsregeln der Börse sind Außenstehenden (und Lesern) allerdings nicht ersichtlich und lassen sich nur schwer in eine narrative Form gießen, die aufgrund ihrer zahlreichen Erläuterungen sowie der Börsenterminologie sperrig wirkt. Die ersten Rezensionen des Romans bemängelten vor allem dies (vgl. Mitterand 1967, 1274–1283).

Zudem steckt in der Figur des Saccard gebündeltes Wissen, das gemäß den naturalistischen Prinzipien des *roman expérimental* dynamisch in Szene gesetzt wird, um die Hypothese zu überprüfen (vgl. Zola 1880; dt. 1904), ob jemand ohne finanzielle Sicherheiten und ohne Anbindung an die ‚Realwirtschaft' an der Börse wie im Kasino ein Vermögen generieren kann.

Zolas Roman erhellt gerade dadurch, dass er abstrakte und unsichtbare Geldverhältnisse zum Sujet hat, die sich nur bedingt observieren und Figuren zuschreiben lassen, die blinden Flecken des Experimentalromans (vgl. Vedder 2008, 209–212). Vor allem dreht sich Zolas Roman um die Frage, wie die katholische ‚Banque Universelle' bei ihren Anlegern Glauben und Kredit mobilisiert. Es ist dabei unerheblich, dass sie die Infrastrukturprojekte im Nahen Osten, die sie vorgibt zu finanzieren, nie realisiert; die Vorstellung eines Einzugs des Papsts in Jerusalem bewegt vor allem weibliche Kunden zum Kauf von Aktien. Die astronomische Wertsteigerung des Papiers speist sich also aus einem illusorischen Vertrauen, und je mehr Anleger Saccard für sich gewinnen kann, desto mehr kommen hinzu. Aus Balzacs Enigma wird bei Zola also eine Hypothese, und zu ihrer Überprüfung führt Zola einen Rivalen von Saccard ein: den jüdischen Bankier Gundermann. Während Saccard seine Millionen erdichtet, besitzt der erfahrene Bankier – mit Anleihen an die historischen Rothschilds – ein Vermögen im Wert von ca. einer Milliarde Francs, das er *à la baisse* gegen Saccards kontinuierlich an Wert gewinnendes Papier einsetzt. Dieser Realist der Milliarde möchte den „Dichter der Millionen" (Zola 1983a, 166) mit seiner Wette auf den Wertverfall besiegen.

Der sich ausschließlich von Milch ernährende, kranke Milliardär lebt mit seiner Großfamilie in seinem Bankhaus. Ebenso wie sich sein Kapital ins Astronomische vermehrt hat, ist seine Familie angewachsen, womit die Fruchtbarkeit seines Kapitals und eine blasse Erinnerung an die Ordnung des *oikos* indiziert wird. Gundermann setzt sich am Ende des Romans gegen Saccard durch, und das, obwohl in Zolas Roman laut Hélène Gomart eine Kritik an der ‚Unnatürlichkeit' des Terminhandels steckt. Diese in Frankreich erst Ende des 19. Jh.s offiziell erlaubte Form des Aktienhandels beruht auf dem Prinzip einer flexiblen Zahlungsfrist bei Wertpapiergeschäften. Während der herkömmliche Aktienhandel mit seinen festgelegten periodischen Ausschüttungen dem Takt der Natur gefolgt sei, gelte dies laut Gomart nicht mehr für den Terminhandel bei Zola (vgl. Gomart 2004, 260). Und in der Tat scheint Saccards Bank zunächst Werte aus dem Nichts zu schöpfen, und die Kreise, die Saccard zu Anfang des Romans um die Börse zieht, um seinen Coup vorzubereiten, münden in „Aufschub und Erhitzung" (Vedder 2008, 210).

Trotzdem setzt sich am Ende des Romans so etwas wie ein natürlicher Wert oder Preis – ein zentraler Begriff der politischen Ökonomie von Adam Smith bis Karl Marx (vgl. Smith 1975 ff., Bd. 2.1, 72–81; Marx und Engels 1956 ff., Bd. 23, 557–564) – durch: Gundermanns Kapital. Der Roman impliziert also, dass der Finanzmarkt nicht völlig abgekoppelt ist von der Außenwelt, und selbst der fortgeschrittensten Form der → SPEKULATION, der Metaspekulation qua aufschiebbarer Zahlungsfristen, wird eine eigene Rationalität zugeschrieben.

Der Hoffnung eines endlosen → WACHSTUMS *ex nihilo* wird in Zolas Börsenepos ein Strich durch die Rechnung gemacht, und Saccards Papier landet schließlich in der Gosse. Den verschiedenen Typen von Wertpapieren im Roman, die Gomart im Hinblick auf ihre „qualités créatrices" (Gomart 2004, 227), also auf ihr schöpferisches Potential klassifiziert, ist die Fruchtbarkeit oder Unfruchtbarkeit eingeschrieben: Die wertlosen *papiers goudronnés* („Gossenpapiere"), *papiers déclassés* („deklassierten Papiere") und *papiers échus* („abgelaufenen Papiere") werden auf dem für die Pariser Börse sehr wichtigen Schattenmarkt der ‚Coulisses' im hinteren Teil des Palais Brogniart gehandelt. Sie bedecken die Stufen der Börse und stehen für den Tod, während die an der Börse gehandelten grünen Auftragszettel (oder *fiches de bourse*) die „Farbe der Hoffnung" annehmen und das Leben symbolisieren (Zola 1983a, 272).

Zola löst das mit der Börse verbundene Darstellungsproblem dadurch, dass er zwei Rivalen, die für zwei gänzlich verschiedene Wirtschaftsprinzipien stehen, gegeneinander ausspielt und denjenigen scheitern lässt, der der Hybris verfällt, nie seine eigenen Papiere verkaufen zu wollen (und zu können) und sich dem Prinzip eines schrankenlos steigenden (Selbst-)Werts verschreiben zu müssen (vgl. Gomart 2004, 165–226). In *L'Argent* wird zudem ein enger Nexus zwischen dem Börsen-, Massen- und Triebgeschehen etabliert: Der Roman erprobt, wie weit das Prinzip Hoffnung den Kurs nach oben treiben kann, trägt aber dann dazu bei, dass dem Markt selbstheilende Kräfte zugesprochen werden; er mutet daher wie ein Thesenstück an, über das eine Unterscheidung zwischen guter, d.h. fruchtbarer, und schlechter, d.h. zerstörerischer, Wirtschaft getroffen werden kann. Dies schlägt sich nicht zuletzt auch auf der motivischen Ebene des Romans nieder, insofern Saccards zwei Söhne entweder unfruchtbar oder degeneriert sind: Sein Sohn aus erster Ehe Maxime hat im 1871 veröffentlichten Vorläufer von *L'Argent* mit dem bezeichnenden Titel *La Curée* (dt. *Die Beute*) eine Affäre mit seiner Stiefmutter Renée und bleibt kinderlos, während der illegitime Sohn Victor verwahrlost im Armenviertel Klein-Neapel aufwächst und im Waisenhaus dann ein Mädchen brutal attackiert.

Spekulation wider die Natur

Der amerikanische Schriftsteller Frank Norris war ein großer Bewunderer Émile Zolas. Dass er sich mit seinem Börsenroman *The Pit. A Story of Chicago* (1903) einer ähnlichen Thematik wie sein Vorbild zuwendet, mag deshalb kaum erstaunen. Norris schildert in seinem posthum veröffentlichten Roman den Paketthandel an der Chicagoer Terminbörse. An dieser 1848 gegründeten Einrichtung wird bis heute vornehmlich mit Agrarrohstoffen gehandelt. Der Terminhandel mit Rohstoffen war und ist bis heute äußerst umstritten; in Deutschland beispielsweise führten die Diskussionen um den Börsenhandel mit Agrarrohstoffen dazu, diesen 1896 zu unterbinden.

Im Mittelpunkt von Norris' Roman steht der Spekulant Curtis Jadwin, der wie Zolas Protagonist mit Joseph Leiter ein reales Vorbild besitzt (vgl. Kaplan 1953, 75–83). Anfangs beteiligt sich Jadwin nur zögerlich an der Börsenspekulation, da er erkennt: „[T]he trouble is, not that I don't want to speculate, but that I *do* – too much. […] It isn't so much the money as the fun of playing the game" (Norris 1903b, 86). Nachdem seine erste größere → SPEKULATION in Weizen, die auf einem Insidertipp basiert hatte, erfolgreich verlaufen ist, verliert der Protagonist jedoch zunehmend jedes Maß, das Getreide ergreift buchstäblich von ihm Besitz. Das Ziel des Protagonisten ist es schließlich, nach Jahren der erfolgreichen Spekulation, den Weizen zu *cornern*, also im wirtschaftlichen Sinn weitestgehend die Kontrolle über diesen zu erlangen, um so die Preise an der Terminbörse zu bestimmen. Dies scheint zunächst zu gelingen, die Preise für Weizen steigen um ein Vielfaches. Jadwin etabliert sich als einflussreicher und außerordentlich wohlhabender Börsenteilnehmer. Wie im Fall der „Börsenbiographie[n]" erwächst in Norris' Roman aus dem „punktuellen Kontakt" zur Börse eine „kontinuierliche Kommunikation", die jedoch ein gewisses „Suchtpotenzial" birgt (Grzebeta 2007, 143).

Jadwins Ziel, den Weltmarkt für Weizen unter seine Kontrolle zu bringen, ist jedoch ein unmögliches Unterfangen, das der Roman, ähnlich wie bei Zola, als männliche Allmachtsphantasie entlarvt. Es sind hier weniger Jadwins Gegenspieler, die ihn ruinieren, als vielmehr die Naturgewalt in Form des Weizens selbst, die ihn in seine Schranken weist: „What were these shouting, gesticulating men of the Board of Trade, these brokers, traders, and speculators? It was not these he fought, it was that fatal New Harvest; it was the Wheat; it was [...] the very Earth itself" (Norris 1903b, 374). Unruhe und Schlaflosigkeit sind die Begleiterscheinungen dieses spekulierenden Subjektes, das, gemäß der Ikonographie der Börse als irrationale ‚Lady Credit', den männlichen Spekulanten zu überfordern droht (vgl. Stäheli 2007, 253–257, 265–268), der zunehmend jeden Bezug zur Realität und die notwendige Distanz zum Objekt verliert.

Jadwin steht schließlich in einer Reihe mit jenen gescheiterten Spekulanten, die den Roman bevölkern und als gespenstische Randfiguren weiterhin die Nähe zur Börse suchen. Auch Thomas Buddenbrooks Hoffnung, mit einer Spekulation auf Weizen am Halm, die er zunächst aus moralischen Gründen ablehnt, das angeschlagene Familienunternehmen zu sanieren, erfüllen sich nicht, die Fehlspekulation im Terminhandel besiegelt vielmehr den Niedergang der Dynastie. Ebenso wie Zola in seinem Börsenroman mit der Figur Caroline Hamelin etabliert auch Norris mit Charles Cressler eine moralische und zugleich warnende Instanz, die das Börsenspiel kritisch bewertet: „Those fellows in the Pit don't own the wheat [...]. But there are thousands upon thousands of farmers out here in Iowa and Kansas or Dakota who do, and hundreds of thousands of poor devils in Europe who care even more than the farmer. [...] It's life or death for either of them" (Norris 1903b, 129). In dieser Figurenrede scheint sich die Position des Autors zum Börsenhandel zu reflektieren, der sich bereits in seiner 1902 veröffentlichten Kurzgeschichte *A Deal in Wheat* (Norris 1903a) kritisch mit dem Terminhandel auseinandergesetzt hatte. In seinen Schilderungen des Börsenhandels gleicht der Roman sowohl zeitgenössischen Erzählungen als auch Beobachtungen, wie sie beispielsweise Max Weber festhält. In seiner Börsenschrift spricht Weber von einem „geradezu betäubenden donnerartigen Lärm" des Parketthandels, dem Beobachter bietet sich zudem der „Anblick zahlreicher Knäuels sich drängender, brüllender und gestikulierender Menschen" (Weber 1984 ff., Bd. 5.2, 622). Hektik, Unübersichtlichkeit und ohrenbetäubender Lärm bestimmen auch die Szenerie dieses Börsenromans.

The Pit unterscheidet sich insofern von Zolas Börsenepos, als Norris sich für eine eher konventionellere Erzählweise entscheidet, die parallel zu den Ereignissen an der Börse auch die Beziehung Jadwins zu seiner späteren Ehefrau Laura Dearborn schildert. Diese Erzählung lässt sich also auch als konventionelle Liebesgeschichte lesen, und erst nach dem finanziellen Bankrott findet das Ehepaar wieder zueinander. Der Exzess, der sich bei Zola nicht auf den Börsenplatz beschränkt, sondern sich auch im Privaten findet, bleibt bei Norris weitestgehend aus, der gleichfalls auf spezifisch ethnische oder religiöse Zuschreibungen seiner Spekulanten verzichtet. Der moralische Verfall, der bei Zola eben auch eine allgemeine Grenzüberschreitung markiert und damit letztlich den Börsenhandel innerhalb eines angemessenen Rahmens befürwortet, tritt bei Norris hinter eine generelle Kritik an der Spekulation zurück. Im Unterschied zu Zolas Differenzierung zwischen guter und schlechter Spekulation scheint es daher auch Norris' Anliegen zu sein, darauf hinzuweisen, dass die Akteure an der Börse stets alle Möglichkeiten ausreizen, Profit zu generieren, dass ihr Handeln also dem System der Börse entspricht. Preise, die die Wirklichkeit abbilden, lassen sich hier nicht generieren, und dies ist für große Teile der Bevölkerung verheerend.

Die Börsenspekulation als Gesellschaftssatire

Auch Heinrich Mann setzt sich in seinem Text *Im Schlaraffenland. Ein Roman unter feinen Leuten* (1900) mit der virulenten Thematik des Börsenhandels und der Spekulation auseinander. Doch anders als die Romanciers des Realismus und des Naturalismus wählt Mann einen satirischen Zugang zur Welt der Finanzen. Maßlosigkeit und Übertreibung – Kennzeichen der Satire als Gattung – dominieren die Verhaltensweisen der spekulierenden Akteure in Berlin. Um den jüdischen Bankier und einflussreichen Börsenspekulanten Türkheimer herum gruppiert sich die spekulierende Berliner Gesellschaft. Bereits die Namensgebung des Protagonisten weist ihn als Fremden aus und suggeriert, dass seine Geschäftspraktiken unsolide oder ‚getürkt' sind. Das Schlaraffenland ist darüber hinaus von Figuren mit sprechenden Namen bevölkert. Sie heißen Doktor Thunichgut, Doktor Bediener oder Schmeerbauch.

Der Bankier (→ BANK, BANKIER), der einmal mehr auf stereotype Weise geschildert wird, erscheint auch hier als eine systemrelevante Macht. Das spekulative Terrain beschränkt sich jedoch nicht nur auf den Einflussbereich der Börse, sondern hat bereits alle Bevölkerungsschichten erreicht und alle Sphären durchdrungen. Der Adelsstand unterwirft sich dem Finanzkapital, welches jenen finanziert, um sich mit Titel und Orden zu schmücken. Der Proletarier Matzke, der als „Säufer" und „gefährlicher Revolutionär" bezeichnet wird (Mann 1990, 246), stellt sich so lange gegen das herrschende Finanzsystem, bis sich auch ihm Möglichkeiten zur Vorteilsnahme bieten. Dies scheint mit dem geschlossenen Geschichtsverständnis des Autors zu korrespondieren, der in seiner Aufsatzsammlung *Macht und Mensch* festhält: „Ein Zeitalter scheidet sich nicht, es ist eins. Klassenkämpfe geschehen an der Oberfläche, in der Tiefe sind alle einig" (Mann 1919, 215). Ein eigentümlicher Zusammenhang zwischen Finanzspekulation und Kunstproduktion strukturiert Türkheimers Machenschaften. Dieser diktiert durch seinen Einfluss und mittels lancierter Falschmeldungen die Kursverläufe an der Berliner Börse, während bildende und darstellende Künstler für und nach dem Geschmack des Bankiers produzieren und arbeiten, um von diesem finanziert zu werden. Der Roman stellt die Bemühungen unterschiedlichster Gruppen aus, ihr jeweils verfügbares Kapital sozialer, kultureller oder symbolischer Prägung in ökonomisches Kapital zu konvertieren oder umgekehrt (vgl. Bourdieu 1983; → I.2. LITERATURSOZIOLOGIE).

Das gilt auch für den eigentlichen Protagonisten des Romans, Andreas Zumsee, der aus dem Rheinland nach Berlin übersiedelt ist, um dort zu studieren. Dieser etabliert sich zunächst erfolgreich in der Großstadt. Er wird der neue Geliebte Adelheids, der Ehefrau Türkheimers, und überwirft sich schließlich mit der Familie, als er auch ein Verhältnis mit der Freundin des mächtigen Finanzmannes beginnt; man könnte in diesem Fall mit René Girard von einer ‚mimetischen Rivalität' zwischen den beiden sprechen (vgl. Girard 1961, 11–57). Sie sind damit nicht in eine Binäropposition eingespannt, vielmehr ist die Figur des Andreas als satirische Variation des spekulierenden Romanpersonals angelegt, ja sie könnte sogar als ‚Luftmensch' gelten. Diese metaphorische Zuschreibung wurde im 19. Jh. auch negativ verwendet, um sowohl auf die Ortlosigkeit als auch die Finanzpraktiken der jüdischen Bevölkerung hinzuweisen (vgl. Berg 2008, 89–108, 153–178). Andreas lässt sich als Dramatiker von der Berliner Gesellschaft hofieren, zu der er durch den Einfluss der Familie Türkheimer Zugang erhält, obwohl er kein Theaterstück geschrieben hat. Und schließlich wird er von seiner Gönnerin sogar in den Glauben versetzt, dass er an der Börse spekulieren würde, während sie ihn in Wirklichkeit bloß aus eigener Tasche finanziert. Die Scheinspekulation ist dabei nur ein probates Mittel, um den Liebhaber mit ausreichenden finanziellen Mitteln auszustatten, ohne dass sich dieser gekränkt fühlt. Andreas wähnt sich jedoch in der Position eines aktiven Börsenteilnehmers und durchleidet die Kursentwicklungen der ‚Texas Bloody Gold Mounts'-Aktien, als wäre er aktiv daran beteiligt.

Mit seiner Figur des fiktiven Spekulanten schreibt sich Heinrich Mann in den intensiv und auch kontrovers geführten Diskurs über die Funktion und Notwendigkeit des Finanzsektors ein, indem er den fiktiven oder mangelnden Realitätsbezug des Börsenhandels auch auf die Ebene des Handlungspersonals überträgt.

So galt Max Weber beispielsweise als Befürworter des Börsenhandels, forderte aber für diesen strengere Regularien (vgl. Weber 1984 ff., Bd. 5.1, Bd. 5.2). Auch Manns Roman thematisiert den für das Sujet obligatorischen Börsenkrach, der sich jedoch als Inszenierung Türkheimers herausstellt. Dieser plant unmittelbar nach diesem Coup bereits ein neues Projekt. Ähnlich wie Zolas *L'Argent* zeichnet sich auch dieser Roman durch ökonomische Fertilitätssemantiken aus, biologische und monetäre Reproduktionspraktiken sind miteinander verwoben (vgl. Vogl 2011, 127–130, 138–140). So werden vermeintliche Erfolge beim Börsenspiel im Vokabular des biologischen Diskurses artikuliert. Adelheid beispielsweise berichtet Andreas folgendermaßen von seinen mutmaßlichen Gewinnen an der Börse: „Nun hat deine Banknote Junge gekriegt" (Mann 1990, 177). Mit dieser Formulierung scheint der Text direkt auf Aristoteles zu verweisen, der den Zins als *tokos* (Junges) und *tiktomenon* (das Geborene, das seinen Erzeugern gleicht) unterscheidet (Aristoteles, pol. 1258b).

Die endlos scheinende Geldreproduktion – nach Aristoteles gilt die Chrematistik als Kunst, schrankenlosen Reichtum zu erzeugen (→ III.1. OIKONOMIA UND CHREMATISTIK) – wird jedoch durch einen Virilitätsmangel der Berliner Gesellschaft eingeholt, deren biologische Reproduktionsfähigkeit erschöpft ist. Die Schlaraffen werden schließlich, so könnte man das offene Ende des Romans deuten, aussterben. Einen weiteren Hinweis auf ein mögliches Ende der Herrschaft des Finanzkapitals bietet die Figurenkonzeption Türkheimers, die an den erfolgreichsten Unternehmer der Gründerzeit Bethel Henry Strousberg angelehnt ist (vgl. Schößler 2009, 74, 91–94). Dieser jedoch wurde wegen Anstiftung zu Kreditvergehen angeklagt, seine Unternehmen gingen in Konkurs, und er starb verarmt in Berlin.

Werteverfall und Kursschwankungen

Während sich Balzacs ‚Realismus' noch für die Börse als Enigma interessierte, haben sich seine naturalistischen Nachfolger auf ihr Zusammenwirken mit der Gesellschaft oder der Natur konzentriert. Im Inflationsroman wird nun das Verhältnis umgekehrt, da es das Geld selbst ist, das an Wert verliert, und so überrascht es auch nicht, dass die Geldentwertung mit einem allgemeinen kulturellen Wandel einhergeht, den beispielsweise der 1930 veröffentlichte Roman *Der Dollar steigt* von Felix Scherret unter Beweis stellt. Scherret publizierte sein Buch im Verlagsprogramm des ‚Bücherkreises', der sich seit seiner Gründung im Jahr 1925 für die Herausgabe bezahlbarer Literatur sozialdemokratischer Orientierung einsetzte. Sowohl durch die Setzung des Untertitels *Inflationsroman aus einer alten*

Stadt als auch mit seinem Vorwort annonciert der Autor die Intention seiner schriftstellerischen Arbeit. Er nennt seine Erzählung den „Versuch [...], einen Querschnitt durch die Inflation zu legen und zu zeigen, wie sich die Menschen im Zusammenhang mit der Geldentwertung, d. h. letzten Endes mit der Aenderung der ökonomischen Verhältnisse, ihrerseits ändern" (Scherret 1930, 10). Dieser Wandel hatte auch den Kulturhistoriker Hans Ostwald dazu bewogen, sich in seiner *Sittengeschichte der Inflation* mit den Auswirkungen dieser Form ökonomischer Krisen auseinanderzusetzen. Er konstatiert, dass ein Währungsverfall zwangsläufig zum Verfall moralischer Werte und Normen führe, dieser aber mit dem Ende der Inflationsphase zugleich überwunden sei (vgl. Ostwald 1931, 8–9). Zentrale Merkmale dieser Degeneration wie illegales Glücksspiel, die Etablierung von Subökonomien, sexuelle Ausschweifung und ein gesteigertes Spekulationsfieber seien unabwendbare Folgen der Inflation. *Der Dollar steigt* wirkt wie ein literarisches Musterbild, welches all jene Elemente in sich versammelt.

Die erzählte Zeit des Romans umfasst die Sommermonate des Jahres 1923, in denen sich die Inflation im Deutschen Reich wie auch in der Freien Stadt Danzig zu einer Hyperinflation ausweitete, die schließlich in Danzig durch einen Generalstreik der Arbeiterschaft und mit der Durchsetzung ihrer Forderung nach stabilen Löhnen endete. Mit der Notverordnung des Reichspräsidenten Friedrich Ebert vom 22. Juni 1923 wurde der Devisenhandel im Deutschen Reich stark eingeschränkt, Termingeschäfte in ausländischen Währungen sowie in Edelmetallen und Waren wurden verboten. Diese Einschränkungen galten jedoch nicht in Danzig, so dass die Stadt für eine gewisse Zeit zu einem Zentrum der internationalen Währungsspekulation wurde (vgl. Ludewig 2016, 174–175). Der Devisenkurs der Reichsmark (zum Dollar) dominiert das Handlungsgeschehen, und auch die Dialoge im Roman, wenn sie einmal nicht um den Dollarstand kreisen, werden ständig von Kursmeldungen unterbrochen.

Die Auswirkungen der stetig fortschreitenden Geldentwertung werden hauptsächlich entlang der Entwicklungen innerhalb einer Familie und ihres Freundeskreises erzählt, die sich um Anpassung an die ökonomische Situation bemühen. Die Brüder Frehse haben sich mit den Umständen der Zeit arrangiert: Der Bankdirektor Franz betreibt illegale Geldgeschäfte, während sich sein Bruder Fritz als Händler im weitesten Sinn verdingt; und ob es sich dabei um Devisen oder um Kokain handelt, welches er zusammen mit seinem Cousin, Dr. Alfred Arp, nach Polen schmuggelt, ist unerheblich. Peter, ein Freund der Geschwister und arbeitsloser Literaturwissenschaftler, nimmt widerwillig eine Stellung als Abwickler für einen ortsansässigen Makler an. Es mutet zynisch und einfallsreich an, wenn der Geisteswissenschaftler in diesem Roman seine wissensvermittelnde Rolle aufzugeben gezwungen ist und zum Vermittler von Wertgegenständen und Devisen wird.

Der rapide Sturz der Währung ins Bodenlose bedingt den moralischen Verfall: „Diese verdammte Inflation unterminiert jedes Gewissen!" (Scherret 1930, 67) Begleitet wird dieser doppelte Werteverfall von Alkoholexzessen, Gewaltausbrüchen, Übergriffen und den Versuchen der Protagonisten, Tagesverluste durch Gewinne am Spieltisch auszugleichen. Am Ende des Romans sind die Frehses, die durchaus noch zu den sympathischeren Figuren im Roman zählen, gescheitert. Der Freund der Familie Eugen Lux begeht Selbstmord, da er sich außerstande sieht, seine Schulden zu begleichen. Mit seinem Suizid wiederholt sich die am Anfang des Romans stehende Selbsttötung eines Händlers, dem Lux wiederum einen Zahlungsaufschub verweigert hatte, so dass die beiden Selbstmorde den Text rahmen. Bankdirektor Frehse gesteht bei einer Filialprüfung die Annahme von Beteiligungsgeldern und wird daraufhin entlassen. Fritz wird beim Drogenschmuggel ertappt und verhaftet. Peter und seine Geliebte stehlen eine größere Summe Dollar und Goldmark und fliehen aus der Stadt.

Während die Rückkopplungseffekte der Börse in den Beschreibungen des Börsenhandels bei Balzac, Zola und Norris unterschiedlich stark ausfallen, tangiert die Inflation hier alle Gesellschaftsschichten, wobei deren Auswirkungen unterschiedlich sind. Zwei Gruppen sind von der Geldentwertung besonders betroffen: einerseits ältere Menschen, die sich von ihren Renten nicht mehr ernähren können; andererseits Arbeiter, deren Lohnniveau, trotz ständiger Anpassungen, mit der galoppierenden Inflation nicht Schritt hält.

Die „Vermehrung des Geldquantums" während einer Inflation, so Georg Simmel in seiner *Philosophie des Geldes* (1900), bedinge die Steigerung „des Lebenstempos", vermehre „die Versuchung zum Geldausgeben", bewirke „einen gesteigerten Warenumsatz" und führe schließlich zu einer „Beschleunigung und Vermannigfaltigung der ökonomischen Vorstellungen" (Simmel 1989 ff., Bd. 6, 696–697). Zur Beschleunigung des Lebenstempos in Scherrets Roman und dem damit einhergehenden doppelten Werteverfall kommt noch hinzu, dass „[d]as Geld [...] als einzig gültiges Äquivalent die soziale Ordnung der Inflationsgesellschaft" dominiert, da die Mitglieder dieser Gesellschaft „durch monetäre Verluste und Gewinne ständig neu gruppiert werden" (Hofeneder 2016, 158). In Scherrets Roman sind die eigentlichen Profiteure der Inflation jedoch nicht etwa die Schwarzhändler, Kleinganoven und freizügigen Frauen, denen es gelingt, vorübergehend einen gewissen Wohlstand zu generieren, sondern die längst etablierten einflussreichen Geschäftsmänner und Politiker der Stadt. Ihre Maßnahmen zur persönlichen Bereicherung bleiben straffrei. Hier gleicht der Roman jenen Börsenromanen, die zwischen Großaktionären und Kleinspekulanten unterscheiden. Die Risiken sind ungleich verteilt.

Lektüre als Spekulation

In der Literatur des 19. und frühen 20. Jh.s zeichnen sich Spekulationsgeschäfte durch einen mehrfach ruinösen Charakter aus: Erstens ruinieren sich Anleger oder Spekulanten selbst oder andere; zweitens suggerieren einige Romane, dass der Geldhandel sich verheerend auf die ‚Realwirtschaft' auswirkt, da die ökonomischen Sphären immer weniger voneinander zu trennen sind; drittens sind die Romane als Krisennarrationen angelegt, die eine Umverteilung von Ressourcen und Geldmitteln im hochkapitalistischen Zeitalter thematisieren. Vor dem Hintergrund derartiger Narrative kann von einer Moral offenbar nicht mehr die Rede sein; das ethische Fundament der Gesellschaft scheint in Gefahr zu sein und das Leben der Figuren gerät aus den Fugen. Dass die Literatur eine tendenziell moralisierende Kritik formuliert, überrascht indessen nicht, widmet sie sich doch den Verwerfungen und blinden Flecken der Ökonomisierung der Gesellschaft. Wenn man von dieser oftmals antijüdisch verpackten Botschaft von Spekulationsromanen aber absieht, dann lässt sich auch das von ihnen generierte spezifische Wissen bergen, das darin besteht, den gesellschaftlichen und kulturellen Kontext von Finanzgeschäften sichtbar zu machen.

Die Figur des Spekulanten fasziniert und erregt zugleich Furcht. Ein Text, der schon früh diese Ambivalenz genüsslich auslotet, ist Herman Melvilles kryptischer Roman *The Confidence-Man. His Masquerade* (1857). Dessen Hauptfigur, die auf einem Narrenschiff die Passagiere vielleicht betrügt, vielleicht auch nicht, lädt zu allerlei Spekulationen ein: Es ist nämlich nicht ausgemacht, wer der Protagonist ist und ob er eine einzige Figur ist, die sich verkleidet, oder eine Allegorie, die verschiedene Figuren in sich fasst; und daher lässt sich auch nicht sagen, welche Auswirkungen sein Handeln auf die ihn umgebende Gesellschaft hat. Die → SPEKULATION, die in den anderen Romanen im Zentrum der Handlung steht, ist hier auf der Darstellungs- und Rezeptionsebene angesiedelt, der Leser wird zum Spekulanten.

Letzterer ist dazu aufgefordert, den *confidence-man* auf dem Dampfschiff mit dem bezeichnenden Namen ‚Fidèle', das am 1. April (*April Fool's Day*) bei Tagesanbruch den Hafen von St. Louis in Richtung New Orleans verlässt, zu finden. Dort kommen eine Reihe von Begegnungen zwischen den Passagieren zustande, in denen Peggy Kamuf zufolge „one character, always a man, seeks to gain the confidence of his interlocutor and to recieve a token of this confidence, usually some money" (Kamuf 1997, 170). Zwischen den Sequenzen gibt es laut Kamuf nur Leerstellen, zwischen denen der Leser seine eigenen Verbindungen herstellen muss (vgl. Kamuf 1997, 207). Laut John G. Cawelti geht Melville sogar noch weiter, indem er „presents something for the reader to hold onto and then snatches it away by presenting the contrary" (Cawelti 1957, 281) und damit ein narrativ unsicheres Terrain konstruiert.

Konzentriert man sich auf eine Spekulationsszene im Roman, dann stellt sich auf der motivischen Ebene eine signifikante Verbindung zwischen Spekulieren und Betteln her. Einer der ersten Avatare des *confidence-man* ist nämlich der verkrüppelte → BETTLER Black Guinea. Er taucht plötzlich an Deck auf und bittet um Almosen. Trotz der Zweifel an seiner Identität, gewinnt er das Vertrauen eines Händlers, der ihm einen halben Dollar schenkt. Im nächsten Kapitel ist der *confidence-man* zum weißen *man with the weed* mutiert, der den Händler anspricht und wieder ein Almosen erhält. Letzterer bekommt vom *man with the weed* dann einen Insidertipp: Er solle Aktien der ‚Black Rapids Coal Company' erwerben, die aufgrund eines anhängigen Gerichtsverfahrens zwar gegenwärtig nicht viel wert seien, nach dem Prozess aber an Wert gewinnen werden: „[D]as Vertrauen [wird] mehr als wiederhergestellt sein" (Melville 2001, 50). Ein paar Kapitel später stößt dann der Händler zufällig auf ebenjenen Vertreter der ‚Black Rapids Coal Company', der von Ersterem regelrecht dazu überredet werden muss, ihm Aktien zu verkaufen.

Black Guinea, der *man with the weed* und der Vertreter der ‚Black Rapids Coal Company' könnten ein und dieselbe Person sein, nämlich der maskierte *confidence-man* selbst; oder aber es handelt sich wirklich um verschiedene Personen, und *den* confidence-man gibt es nicht. Alles in diesem Roman ist Konjektur. Ein *perpetuum mobile* der *bona fide*, des Vertrauens und des Kredits wird in Gang gesetzt, und der Leser blickt misstrauisch auf diesen Vorgang. Identität kann nur metonymisch hergestellt werden durch eine Verweisstruktur zwischen den einzelnen Figuren, durch ihr wiederholtes Auftreten in aufeinanderfolgenden Kapiteln und durch die Ähnlichkeit ihrer Versuche, Vertrauen herzustellen. Aber auf Schritt und Tritt wird der Leser verunsichert, selbst durch den Erzähler, der sich mehrmals, aber auf widersprüchliche Art und Weise an ihn wendet (vgl. Deleuze 2000, 111–117).

Das Vertrauen, das im Medium Geld besiegelt werden soll, setzt in Melvilles Roman Fremde miteinander für einige Augenblicke in eine intensive Beziehung, die entweder zum Abschluss einer Transaktion führt oder aber einen Bruch markiert. Laut Niklas Luhmann trägt Geld in einer komplexen Gesellschaft dazu bei, „die Verschiedenheit des Verschiedenen" (Luhmann 1996a, 233) und die Differenz von Ego und Alter zu überbrücken. Voraussetzung dafür sei die doppelte Kontingenz, also die Tatsache, dass beide Teilnehmer an einer potentiellen Geldtransaktion so oder auch anders handeln könnten. Wenn Transaktionen abgeschlossen werden, dann vereinige Geld das Verstreute, wie es beim *sýmbolon* der Fall ist, das sich auf ein in Stücke gebrochenes Erkennungszeichen bezieht (zum Beispiel die zwei Stücke eines Stocks, die die ersten Aktien – *stocks* – waren); kommt eine Transaktion aber aus irgendeinem Grund nicht zustande, werde die Verschiedenheit des Verschiedenen betont, dann stehe Geld wie das *diábolon* für Differenz (vgl. ebd., 257–260). Die Inkarnationen des *confidence-man* wurden dementsprechend immer wieder als Verkörperung des Teufels (vgl. J. E. Miller 1959) oder des Messias gelesen (vgl. C. West und Burnett 2007; Deleuze 2000, 119–123).

Von der Beantwortung der Frage nach der Identität des *confidence-man* hängt aber ab, welches ökonomische Weltbild man Melvilles Text unterstellt. Handelt es sich, wie der Untertitel suggeriert, nämlich um *eine* Person, dann gingen alle Einnahmen an diese eine Stelle, dann würde ein *con-man* profitieren und alle anderen verlieren; wenn es sich aber um jeweils unterschiedliche Figuren handelt, dann würde das Buch die spontane Umverteilung der Ressourcen an Bord darstellen, und zwar von den Punkten des Überflusses zu den Punkten des Mangels (vgl. Cole 2006). Eine kapitalismuskritische Lesart kann also konterkariert werden mit einer Lesart, die die selbstheilenden Kräfte des Marktes und seine optimale Güterverteilung anpreist.

III.17. Modernistische Ökonomien

Henning Teschke *(Proust und Gide)*, Alexander Mionskowski *(Hofmannsthal)*, Burkhardt Wolf *(Musil)* und Paul Stasi *(Joyce und Pound; übers. v. Burkhardt Wolf)*

Was der Börsen- und Inflationsroman des späten 19. Jh.s offenlegte, war eine galoppierende Krise der Akkreditierung (→ III.16. BÖRSEN-, SPEKULATIONS- UND INFLATIONSROMAN). Nicht nur in die – bei der Spekulation unverkennbar obsoleten – Moralsysteme hatte man das Vertrauen verloren, sondern auch in den ‚freien' Markt und seine Allokation von Werten und Gütern sowie in das Medium Geld, seine sozial verbindende und moderierende Kraft. Die Autoren der literarischen Moderne radikalisieren diesen Befund: Wovon sie ausgehen, ist eine allgemeine Kredit- und Glaubenskrise, die die Geltung sozialer Institutionen ebenso betrifft wie die referentielle ‚Deckung' von literarischen Formen oder sprachlichen Zeichen überhaupt. Doch weit davon entfernt, deshalb eine Domäne der ‚reinen' und nur mehr selbstbezüglichen Dichtung abzustecken, verbindet das modernistische Schreiben Entmoralisierung mit ethischen Perspektiven, die Inflation der Werte mit deren Neubegründung und die Kritik des Geldes mit einer neuen Ökonomie der Zeichen.

Die Ökonomie von Wunsch und Erinnerung: Proust und Gide

Großer Reichtum, immense Begabung, außergewöhnliche erotische Veranlagung, jüdische oder calvinistische Dissidenz: Marcel Proust (1871–1922) und André Gide (1869–1951), nur um zwei Geburtsjahre getrennt, hätten von ihren Voraussetzungen her leicht zum Ästhetizismus exzentrischer *décadence* aufschließen können, der die Belle Époque, die Phase der Arrondierung des französischen Kolonialbesitzes, auf ihrer hexagonalen Innenseite kennzeichnet. Beide haben diese Versuchungen gekannt und überwunden, als sie auf etwas stießen, was in Äquivalenzbegriffen nicht zu bewältigen war.

Den dritten Teil der *Recherche du temps perdu* (1913–1927) füllt die unvermeidlich komische Darstellung der Pariser Salons, unterschieden in eine bürgerliche (die Verdurins) und eine hochadelige *tranche*, die Guermantes, Nachfahren jener bis auf die Merowinger zurückgehenden Feudalität, die zu Beginn des 20. Jh.s ein offenkundiger Anachronismus sind. Was ihr Porträt mit der Bourgeoisie verbindet, deren Wertschöpfung auf anderen Prämissen beruht, ist die Aussparung der materiellen Bedingungen, die dem ostentativen Reichtum des

Salonlebens zugrunde liegen. Dass sie im Roman an keiner Stelle zur Sprache kommen, heißt nicht, dass Proust sie nicht reflektiert hätte. Sein Doppelgänger, das Roman-Ich Marcel, bezeugt in seinem *amor intellectualis* zum Dienstpersonal, zu Lakaien, Concierges und Kutschern, die Scham dessen, dessen sozialer Status ihn zeitlebens von Arbeit befreite. Charles Swann, Prousts gleichwie pränatales Inkognito des Erzählers, verfällt indes der ‚monde', da er aus dem Glanz des Faubourg Saint-Germain erotischen Mehrwert zu schlagen versucht und in der *mésalliance* mit Odette leer ausgeht. Als vollends irrational enthüllt sich der Ästhetizismus in der Dreyfus-Affäre um den zu Unrecht des Landesverrats angeklagten jüdischen Hauptmann der französischen Armee. Die Clans der Salonwelt ergreifen im kaleidoskopischen Wechsel für und wider ihn Partei, bei Abwesenheit eines Realgrundes depraviert das politische Unterscheidungsvermögen zum Geschmacksurteil. Prousts Fazit, die Salonwelt als ‚Königreich des Nichts', wirft die Frage nach der Negierbarkeit des Nichts auf und schafft damit Zugang zu einer Sphäre, wo Geben und Nehmen einander nicht mehr verpflichtet sind.

Wenn Sein Zeit ist, das Ich also nicht in der Zeit, sondern die Zeit im Ich, muss das die Zusammensetzung von Bewusstsein und Gedächtnis und damit die Poetologie der *Recherche* im Innersten betreffen. Die Differenzierung zweier Erinnerungsformen ist keine Erfindung Prousts, sie findet sich bereits in François-René de Chateaubriands *Mémoires d'outre-tombe* (1849) wie auch in Gérard de Nervals *Aurélia* (1855). Die *mémoire involontaire* jedoch nicht mehr zur Zuflucht, sondern zur Mitte von Werk und Welt zu machen, ist das unerhört Neue an Proust. Henri Bergson hatte einer mit Gewohnheit und Tätigkeit koordinierten *mémoire-action* die *mémoire pure* als spontanen Bewusstseinsakt gegenübergestellt (vgl. Bergson 2015). Diesen Gedächtnisdual verändert Proust entscheidend, sofern die Vergegenwärtigung des Vergangenen nicht mehr Sache freier Entschließung ist. Denn die unwillkürliche Erinnerung hat eine fremd und unassimilierbar gewordene Dingwelt zur sozialen Voraussetzung, auf die in der *Recherche* auch die impressionistische Malerei Elstirs reagiert.

Der kapitalinterne Zwang permanenter Innovation, deren erste Beschleunigungsphase in Prousts Kindheit fällt, entwertet das Jüngstvergangene, indem die Merkwelt und Lebenswelt einer Generation unaufhörlich umgewälzt wird. Während Charles Baudelaire noch im mystischen Schema der *correspondances* die Begegnung von Jetzt und Einst, Lebenden und Toten, heraufbeschwört, kennt Proust keinen Ausgriff mehr auf eine der eigenen Existenz vorgängige Geschichte. Saint-Simon hatte in seinen *Mémoires* das Zeremoniell am Hof von Versailles geschildert, um bei Tische einen Stuhl weiter hinauf zu rücken. Doch die eigene Karriere blieb eng mit der Chronik der Machtkämpfe und Intrigen unter Ludwig XIV. und Ludwig XV. verflochten. So sehr Proust Saint-Simons Stil bewunderte, so wenig vermag er ihm in diesem Chiasmus zu folgen. Das flüchtige Intervall des eigenen Lebens, diesseits dessen keine verlorene Zeit mehr zu suchen ist, begrenzt die Sphäre alles Erinnerbaren und wird damit gegen die Intention des Autors dem heraufziehenden Regime des Präsentismus kongruent. Der ausweglos private Charakter der Proust'schen Erinnerung manifestiert in seiner Form, nicht in seinen Inhalten, eine Temporalität, die sich in zweite Natur zurückbildet. Gesprengt sind zwei Zeitkontinua, der organische Zusammenhang der eigenen Erfahrung sowie ihr Einschluss in die kollektive. Eine Generation, die noch mit dem Pferdewagen zur Schule gefahren war, erlebt in den Schützengräben das Grauen des Ersten Weltkriegs, das Freuds Schocktheorie zugrunde liegt. Das bringt den Versuch zum Scheitern, sich im jederzeit verfügbaren Bildraum der willkürlichen Erinnerung restaurativ krisensicher einzurichten und Schatzbildung am Gewesenen zu betreiben; mit Nostalgie als Zins, dem ‚Noch einmal!' als Kredit und ‚Es war so schön' als Festanleihe. In der sich verlierenden Liebe zu Albertine macht Marcel die schmerzliche Erfahrung, dass das Spätere für das Frühere nicht gleichgültig ist, weshalb der unverlierbar geglaubte Gedächtnisbesitz in kontingente Vergangenheit umschlägt, deren Affektname Eifersucht und schlussendlich Indifferenz ist.

Die äußerst subjektivierte Aneignung der Zeit kennt jedoch ihre eigene Dialektik. Prousts Ich ist ein gläsernes, transparentes, ohne Lokalfarbe. Jeder kann in es ein- oder austreten wie in eine Kathedrale, das monumentale Modell seines Schreibens. Combray wird zur Chiffre aller glücklichen Kindheiten. Wie mesquin oder grandios es auch war, alles steht für das generische Ich am Kreuzweg von Einst oder Jetzt als Probe einer egalitären Gerechtigkeit. „On a mis de soi-meme partout, tout est fécond, tout est dangereux, et on peut faire d'aussi précieuses découvertes que dans les Pensées de Pascal dans une réclame pour un savon" („Überall hat man etwas von sich zurückgelassen, alles ist fruchtbar, alles gefährlich. In Pascals Gedanken lassen sich ebenso wertvolle Entdeckungen machen wie in einer Seifenreklame"; Proust 1987, Bd. 4, 124; eigene Übers.). Bei den seltenen, glücklichsten Momenten der unwillkürlichen, der Verfügung entzogenen und dem Zufall anheimgestellten Erinnerungen ist die Frage ohne Bedeutung, ob sie sich wirklich so zutrugen oder erfundene Epiphanien sind. Zwei durch Ähnlichkeit verschränkte Augenblicke schlagen blitzhaft in ein nie gesehenes Bild des Vergangenen um, mit der eine Zeit begönne, die nicht mehr vergeht, sondern als erfüllte sich der Aneignung entzieht. Sie steht so sehr in Gegnerschaft zum Haben, dass sie selbst die Besitztitel von Schrift und Buch transzendiert, weshalb Proust von den dreitausend Seiten der vollendeten *Recherche* als „menceur menteuse" (ebd., Bd. 3, 696), als äußerst unwahre Raffung spricht, denn ein Gebrauchswert dieser Gnaden, die integral wiederkehrende Zeit, war nicht zu erschreiben, nicht zu erarbeiten. Erst dieser Diskant an Heilslehre vervollständigt Marx' Satz von der

Ökonomie der Zeit, in die sich schließlich alle Ökonomie auflöst (vgl. Marx und Engels 1956 ff., Bd. 42, 89).

∗∗∗

So tief wie das autobiographische, erzählerische, dramatische und essayistische Werk André Gides hat kaum ein zweites auf das geistige Leben Frankreichs gewirkt. Er ist der große Unzeitgemäße im Bewusstsein ganzer Generationen. Doch selbst Nobelpreisträger (1951) fangen fehlerhaft an. Als Lektor beim Pariser Verlag Gallimard hat Gide das Manuskript von *Du coté de chez Swann*, den ersten Teil von Prousts Romanzyklus, zurückgewiesen und diesen Irrtum später als seinen schwersten bereut. Die Spannung von Ästhetizismus und moralischem Imperativ kennzeichnet sein nicht zuletzt an Kontrasten reiches Werk. Seine symbolistischen Anfänge liegen im Kreis Stéphane Mallarmés, wo er an den *mardis* in der *rue de Rome* zu den jüngsten Gästen zählte. Am Zenit hermetischer Lyrik, Mallarmés *Un coup de dés* (1897), kommunizieren die graphischen Spannungen des Gedichts mit denen der Werbeinschriften und Warenreklame, nachdem die Schrift das Buch als seinen privilegierten Ort verloren hatte. Gides Programmschrift *Le traité du Narcisse* (1891), eine aus Gesprächen mit Paul Valéry erwachsene Theorie des Symbols, gelangt hinsichtlich desselben Problems nur zu einer artistischen Lösung. Der Mythos des über sein Spiegelbild gebeugten Narziss ist Chiffre für die Kunst, einen verlorenen Urzustand wiederherzustellen, ohne den Bannkreis der Schau zu verlassen.

Bald darauf lässt Gide die Selbstbespiegelung des Salonschriftstellers und damit seine eigene Literatenexistenz hinter sich. Eine Fahrt nach Nordafrika, das Zusammentreffen mit Oscar Wilde und die Lektüre Nietzsches bringen den Durchbruch. Für Gide, der die Sünde noch immer im Fleisch vermutete, verband sich die dionysische Bejahung der entfesselten Sinnlichkeit mit dem Bekenntnis zur eigenen Homosexualität. Die lyrische Prosa der *Nourritures terrestres* (1897) ist der befreiende Nachhall der Maghreb-Reise, auch wenn Gide zu reflektiert war, um in den Grenzen des Hedonismus zu bleiben. „Comprendre, c'est se sentir capable de faire, ASSUMER LE PLUS POSSIBLE D'HUMANITÉ" („Erkennen, das heißt, sich fähig zu fühlen, SO VIEL MENSCHHEIT WIE MÖGLICH ANZUNEHMEN"; Gide 1897, 23; eigene Übers.) – so die ethische Formel des im Duktus der Bibel und Zarathustra verwandten neuen Evangeliums. Theologisch reformuliert lehrt Ménalque seinen Schüler Nathanael, Gott nirgendwo anders als überall zu suchen, denn jede Kreatur zeigt Gott an, keine enthüllt ihn. So wird der anthropologische Eigentumstitel des Ich, der es zu hohen Jahren und Ansehen gebracht hat, zum Ausgang einer pantheistischen Moral. Die Hingabe an das Geliebte transzendiert dieses stets aufs Neue, das unendliche Verlangen befriedet erst ein unendliches

Gegenüber, sei es Gott oder Menschheit. Gegen den Utilitarismus eines produktionsbasierten → WERTS steht die Werttheorie des unendlichen → WUNSCHS. Damit ist benannt, was das Auf-nichts-verzichten-Können über alles Private hinaushebt. Das Ungenügen am Partikularen, die Apologie der Bedürftigkeit bringt Gide in Opposition zur Eigentumsökonomie der bürgerlichen Gesellschaft. Welch tiefgreifende Konsequenz das Credo des ‚passer outre' (des Darüberhinweggehens) hatte, warum das Irreziprok von Gabe und Hingabe, Säkularform der Kenosis, nicht zu den Bedingungen des Ich gelöst, ja nicht einmal formuliert werden kann, zeigte sich in der Folge.

André Gide kannte und schätzte die vielfach neu aufgelegten *Principes d'économie politique* (1884) seines Onkels Charles Gide, der als Nationalökonom in den 1920er Jahren an der Sorbonne und am Collège de France lehrte und eine Synthese von christlichem Sozialismus und emanzipatorischer Genossenschaft zur Ablösung der Profitherrschaft mit Staatslenkung versuchte. Weil ihm der Kommunismus um Spuren zu rot erschien, plädierte er für den dritten Weg zwischen sozialblinder Religion und einem für die intelligible Dimension des Menschen ertaubten Sozialismus. *Les faux-monnayeurs* (1925), die Moritat einer Falschmünzerbande als *mise en abyme* der Romanform, stellt die Krise des literarischen Realismus in Beziehung zur Emergenz der Finanzökonomie und ihrem Gesetz permanenter Wertfluktuation (vgl. Goux 1984). Sobald die nationalen Währungen ihre Golddeckung verlieren, stürzt mit der monetären Ordnung auch die sprachlich-symbolische zusammen. Futurismus, Dadaismus und Surrealismus ziehen daraus als erste die Konsequenzen. In Abwesenheit eines realen Wertgrundes und allgemeinen Wertäquivalents werden echtes und falsches Geld so ununterscheidbar wie der moralische Wert, den das Subjekt sich zumisst, bodenlos erscheint. Grund und Abgrund konvergieren. Im *acte gratuit*, der Handlung ohne kausales Motiv, hat Gide dies in *Les caves du Vatican* (1914) eingearbeitet.

Les Nourritures terrestres litt an der widersprüchlichen Intention, die Form des Ich als Erfahrungsgrenze zu übersteigen, dabei aber an der traditionellen Form lyrisch gefärbter Bekenntnisprosa festzuhalten und somit wiederum die Selbstschau des Individuums zu bewirtschaften. Der harmonische Klassizismus Goethes war Gides bewundertes Vorbild, weil ihn selbst das Sinnliche als Exzess durchdrang, der sprachlich nicht zu bewältigen war. Ob symmetrisch oder asymmetrisch, die Ichbefangenheit löst sich erst, als Gide erneut nach Afrika aufbricht und im Kongo und Tschad mit dem Grauen des Kolonialregimes konfrontiert wird. Nun war es nicht mehr möglich, die Sicht auf sich selbst vom Anblick einer aussichtslosen Welt auszugliedern. Die 1935 erscheinenden *Nouvelles Nourritures* vollziehen den Bruch mit dem → KAPITALISMUS wie mit dem Prinzip literarischer Repräsentation. Die Aufforderung, das alte Buch wegzuwerfen, beendet den erzieherischen Gestus mit der Selbstreferenz der Wörter und adressiert ein

Futur, das ein Individuationsprinzip anbahnt, welches nicht mehr über das Ich verläuft. Das materiale Prinzip dazu identifizierte Gide mit der Oktoberrevolution, seine frühe Konversion zum Katholizismus gleicht sich durch die zum Kommunismus aus. Die Frohe Botschaft dekliniert sich fortan marxistisch, grundiert von mystischem Vokabular, worin das Glück aller zur Voraussetzung des eigenen wird. Solange das nicht erreicht sei, wird, so der Autor, ihm der Tod nicht viel aus den Händen nehmen. Erst die Reise in die Sowjetunion, die er wie Simone de Beauvoir, Jean-Paul Sartre, Walter Benjamin, Louis Aragon und André Malraux mit halbem Pilgerglauben unternimmt und in *Retour de l'U.R.S.S.* (1936) dokumentiert, desillusioniert ihn. Entschieden nüchterner als Ernst Bloch, dessen „ubi Lenin ibi Jerusalem" (Bloch 1978, 711) von der Gleichung zur Gleichheit überging, bleiben Gelobtes Land und Roter Platz für Gide dimensional verschieden, geschichtemachend nur als vertikale Spannung.

Geist und Geld: Hofmannsthal und Musil

Die oft betont antimoderne, barocke Atmosphäre im Werk des konservativen Repräsentativautors Hugo von Hofmannsthal (1874–1929) kann täuschen. Mit Stücken wie *Jedermann* (1911), *Der Rosenkavalier* (ebenfalls 1911) oder *Das Salzburger Große Welttheater* (1922) zählt er sicher zu den ‚unzeitgemäßen Verschwörern' gegen den positivistischen Fortschrittsglauben. Doch lässt sich seine kritische Modernität für den Bereich des Ökonomischen schnell belegen – gerade für das stark an Georg Simmels *Philosophie des Geldes* (1900) orientierte *Spiel vom Sterben des reichen Mannes*, das mit der Figur des Mammon eine antimonetäre (aber nur bedingt religiöse) Mythopoiesis zwecks Überwindung des ökonomischen Zeitgeistes vornimmt. Dessen Zurückweisung wird für den späten Hofmannsthal – der in Franziskanerkutte bestattet wurde – zu einem kulturpolitischen Leitmotiv: „Wirklichkeit des Überpersönlichen war verloren: oder war repräsentiert durch Geld = Chaos" (Hofmannsthal 1975 ff., Bd. 34, 326). Dieses Chaos wollte er in eine poetisch souverän gestiftete symbolische Ordnung des „Schrifttums als geistige[n] Raum" überführen (Hofmannsthal 1979, 24–41), aus dem wiederum eine kulturell rückversicherte *koinē* emanieren sollte, in der sich die Nation selbst besitze (vgl. T. Heinz 2009, 309–318; Mionskowski 2015, 153–161, 187–203).

In frühen Jahren allerdings hatte der Sohn des Direktor-Stellvertreters der Oesterreichischen Central-Boden-Credit-Bank und Urenkel des Unternehmers Isaak Löw Hofmann – dessen Eltern im Gründerkrach (1873) beinahe bankrottgegangen wären – eine Faszination für das Ökonomische gehegt und mit den *Versen, auf eine Banknote geschrieben* (1890) auch poetologisch – das lyrische Wort im Streit mit der Magie des Geldes – umgesetzt (vgl. Hörisch 1996, 72–73). Adam Smiths *Wealth of Nations* besaß er in einer vom Großvater geerbten englischen Ausgabe von 1875, wertphilosophisch interessierte Nietzsche-Lektüren sind früh belegt (vgl. Hofmannsthal 1975 ff., Bd. 40, 641, 513–514). Er sah den Dichter als Teil einer „Oekonomie des Ganzen" (ebd., Bd. 31, 12), unterschrieb einen Brief mit „Hugo, Dichter und Handelsmann" (Hofmannsthal 1937, 107), gestand Hermann Bahr jedoch die „Unsinnigkeit meines angespannten Denkens an Geld" (Hofmannsthal, Hofmannsthal und Bahr 2013, 239), das Stefan George schließlich zur finalen Belastung der Verbindung erklärte (vgl. George und Hofmannsthal 1953, 227). Die frühen Arbeiten kennzeichnet folglich häufig ein pragmatisch (z. B. Rezensionen, später auch Filmlibretti wie *Daniel Defoe*, 1922), vor allem aber poetologisch motiviertes ökonomisches Interesse. Dies gilt für Prosaversuche wie den fragmentarischen *Familienroman* (1893–1895) über die Wiener Familie Oppenheimer-Todesco und ihren Patriarchen („durch seinen ganzen Besitz fühlt er sich multipliciert"; Hofmannsthal 1975 ff., Bd. 37, 113) oder *Die Söhne des Fortunatus* (Fragment, 1900) und die zahlreichen Glücksritterfiguren in seinem Werk (vor allem den Komödien) – sowie für Hofmannsthals Lyrik und lyrische Dramen, etwa die Figur des ‚Erben' im *Lebenslied* (1896) oder die Krone als doppelte Währung des Souveräns in *Der Kaiser und die Hexe* (1897).

Das Werk dieser Jahre ist bestimmt durch das Spiel mit der fluiden bzw. liquiden Ästhetik eines Glissandos aller Subjekt- und Weltverhältnisse, das zugleich Symbol für den Warenverkehr ist (vgl. Wegmann 2011, 271). Literatur wird hier als Teil solcher Zirkulation reflektiert – z. B. in *Gute Stunde* (1896): „Sie tragen die Ware, die ihnen gefällt, / Unwissend, daß jede mein Leben enthält" (Hofmannsthal 1975 ff., Bd. 1, 64). Doch auch die „Chiffern" des Lord Chandos als sprachlich kurrente, ungelöste Symbole (ebd., Bd. 31, 52, 79) bezwecken solch arkane Präsenz des hervorbringenden und rezipierenden Subjekts in den „gewichtslose[n] Gewebe[n] aus Worten" (ebd., Bd. 32, 185) und weisen daher eine Analogie zur ‚Materialisierung' sozialer Austauschbewegungen im Geld-Schein auf.

Im *Gespräch über Gedichte* (1903/1904) wird diese dann ganz explizit mit der pekuniären Logik des Tier-Opfers enggeführt, wobei allerdings der basale Tauschgedanke als *tertium comparationis* für die Rezeption und Präsenz von bzw. in Symbolen dient. Das Ziel dieser Sprache ist eine poetische Deckung durch „die Sache selbst" (Hofmannsthal 1975 ff., Bd. 31, 77), also durch den Wert jener Dinge, die sie erschafft. Sie gleicht darin der von Simmel beschriebenen Wandlung des Geldes vom Mittel zum alles wertenden „Endzweck" (Simmel 1989 ff., Bd. 6, 303) und weist in ihrer Gegenstrebigkeit schon auf die nationalökonomisch informierte (Werner Sombart, Max Weber) spätere Diegese im Dienste der zusehends konservativen Kulturkritik Hofmannsthals voraus (vgl. L. Jäger 1991, 94–107;

N. C. Wolf 2014, 119–146; Mionskowski 2015, 18–27, 161–187). Hofmannsthal strebte nach Wertschöpfung mittels einer *coincidentia oppositorum* der Dinge in der Literatur anstelle deren restloser Nivellierung durch den „Generalnenner" Geld (Simmel 1989 ff., Bd. 7, 121). Diese Poetologie bezweckt also keine bloße Adaption sozialer Wirkungsprinzipien des Geldes, wie sie Simmel in der *Philosophie des Geldes* beschrieb, sondern die Inversion von deren Konsequenzen in der Moderne. Die Motivation ist somit durchweg antimonetär: Es ist die Dichtung, die die Werte setzt bzw. restauriert, wo diese in gespenstischer Gleichzeitigkeit im Medium Geld erodieren. Sie tritt damit auch in Konkurrenz zum „nüchterne[n] herbe[n] Geist der Marxschen Lehre", dessen „düstere[s] idealistische[s] Pathos" sich in „der durch Technik und kapitalistische Rücksichtslosigkeit ernüchterten, verbittert und finster gewordenen Seele der Besitzlosen" gegen die humaneren Konzepte des Anarchismus durchgesetzt habe (Hofmannsthal 1975 ff., Bd. 38, 1020).

Der Gegensatz von poetischer und ökonomischer Mengenlehre verschärft sich in den Krisenjahren ab 1917 zusehends (*Über die europäische Idee*, 1917, *Drei kleine Betrachtungen*, 1921, *Vermächtnis der Antike*, 1926). Doch zeugen schon die Lustspiele seit der „Schiffscapitänscomödie" *Cristinas Heimreise* von 1910 (Hofmannsthal 1975 ff., Bd. 11, 428), etwa *Der Unbestechliche* (1919), *Arabella* (Libretto 1929), *Timon der Redner* (Fragment, 1916/1925) oder *Das Hotel* (Fragment, 1929), von einer Inflation kultureller Werte. So auch sein Hauptwerk *Der Turm* (1901–1927), dessen Figur des „getauften Juden" Simon (ebd., Bd. 16.1, 24) nicht einfach als plump antisemitisches Klischee abzutun ist (vgl. C. König 2016a, 9). Hier teilt sich vielmehr profunde ökonomische Wissensbildung über die politischen Konsequenzen der Geldverschlechterung mit: „Was is Geld? Geld is Zutrauen [...]. Dem König sein Zutrauen is dahin. Dann ist in der ganzen Welt nichts geheuer" (Hofmannsthal 1975 ff., Bd. 16.1, 25–27). Und diese Prognose bewahrheitet sich schleunig: Das alsbald „entehrte[ ] Gesicht des Monarchen" (ebd., Bd. 16.1, 218) blickt seinen Untertanen von den wertlos gewordenen Münzen entgegen, die Befehle als deren sprachliches Äquivalent werden nicht mehr befolgt (vgl. Twellmann 2004, 107–136). Das Schicksal der diskreditierten Monarchie ist restlose Profanierung durch das ‚Prinzip Inkasso' der Moderne, das die in der sogenannten Bühnenfassung (1927) siegreiche Diktatorfigur Olivier verkörpert. Dieser Entwertungsfalle des ironisierenden Zeitgeistes entgeht auch nicht die Akkumulation sozialer Wechselwirkungen im utopischen Königtum Sigismunds, der am Ende zur Symbolgestalt von Otto von Gierkes „im Vertragsschluß gestorbene[m] Volk" (Vogl 2004a, 54) wird. Hofmannsthals Poetologie des Politischen ruht folglich der Adaption ökonomischer Prinzipien wie Tausch und Besitz auf, die den literarischen Leib des Herrschers als „Treffpunkt der Unzähligen" (Hofmannsthal 1975 ff., Bd. 16.1, 301), Wirklichkeit des Überpersönlichen und Angebot eines ‚Gesprächs aller mit allen' im geistigen Raum inauguriert – und in einem letzten Effekt poetischer Souveränität zugunsten der sakralen Wirkungsästhetik dieser Herrlichkeit opfert.

***

Nicht nur Ulrich, der ‚Mann ohne Eigenschaften' aus Robert Musils gleichnamigem Roman, hat mehrmals versucht, „ein bedeutender Mann zu werden" (Musil 1978 ff., Bd. 3, 35). Auch des Autors Ehrgeiz zielte weniger auf monetäres denn auf symbolisches Kapital: Wie seine Romanfigur versuchte sich Musil (1880–1942) zunächst als Militär, dann als Ingenieur und schließlich als Gelehrter. Weil er den institutionellen Rückhalt einer Beamtenkarriere verschmähte, brachte ihn die Inflation von 1923/1924 mit dem elterlichen Vermögen auch um alle Sicherheiten. Bis zu seinem Tod 1942 waren es dann Verlagszahlungen, Kulturförderungen und journalistische Gelegenheitsaufträge, mit denen er den Lebensunterhalt bestritt; seine obsessive Arbeit am Roman ermöglichten ihm aber letztlich nur die Zuwendungen unterschiedlicher Mäzene sowie die Berliner und die Wiener Musil-Gesellschaft (vgl. Fanta 2016, 89, 94–95).

Wie Musil erkennen musste, hatte der Literaturbetrieb (→ MARKT, LITERARISCHER MARKT) „die höchsten geistigen Güter [...] ganz dem kaufmännischen Getriebe" (Musil 1978 ff., Bd. 7, 678) übereignet, „wo der Urproduzent, der Schriftsteller" (ebd., Bd. 8, 1115), weitgehend leer ausging. Die ökonomischen Bedingungen geistiger und künstlerischer Produktion rückten daher zusehends ins Zentrum seines Schreibens. Kleinere, zum Teil satirische Arbeiten thematisierten etwa den „Intensismus" moderner Kunstströmungen als eine Funktion gestiegener Bodenrente (ebd., Bd. 7, 682), die „Psychotechnik der Reklame" im zeitgenössischen Theater (ebd., Bd. 7, 1118) oder das Ausmaß, in dem Bildung noch „organisatorisch geschützt", aber bereits „dem freien Markt überlassen worden" ist (ebd., Bd. 7, 1122). Dass die Bildung „dem Besitz nicht das Gleichgewicht gehalten" habe und sich deshalb gerade der Geistesmensch „mit dem Besitz beschäftigen" müsse (ebd., Bd. 3, 846), ist auch die Ausgangslage von Musils Großroman. Dessen Personal bildet daher nicht bloß ein Panoptikum der untergehenden k. k.-Monarchie, sondern liefert auch eine Figurenlehre des zeitgenössischen → HOMO OECONOMICUS (vgl. Blaschke 2004, 271–343).

Angesichts der Unwägbarkeiten eines Marktgeschehens, dem die Geschicke von Gesellschaft und Politik weitgehend ausgeliefert scheinen, entwickelt hier der preußische Großindustrielle Paul Arnheim eine Lehre der ‚Intuition' und verquickt – als ‚Großschriftsteller' – die unterschiedlichsten (etwa religiösen und mystischen, naturwissenschaftlichen und historischen) Diskurse. Doch nur, weil dieser Nabob (wie sein historisches Vorbild Walther Rathenau) erhaben ist „über

Geld und bürgerliche Auszeichnung" (Musil 1978 ff., Bd. 1, 108), verkörpert er für Wirtschaftsleute wie für Gelehrte die Einheit von Besitz und Bildung. Mit ihm, diesem Großkapitalisten des Geistes, scheint es endlich möglich geworden, „die unmeßbare Wirkung der Größe durch die meßbare Größe der Wirkung zu ersetzen" (ebd., Bd. 2, 433). Und wenn er „Geist in eine Sphäre bloßer Macht zu tragen" verspricht (ebd., Bd. 1, 271), zielt dies letztlich nur auf die Kapitalisierung ungebundener → KREATIVITÄT. Arnheim nimmt mithin die Managementmethoden der späteren *creative industries* vorweg, am deutlichsten, als er seinen Gegenspieler Ulrich gerade ob dessen wenig rentabler, aber renitenter Vergeistigung anzustellen versucht.

Für diesen Mann mit vielen Eigenschaften, der mit den unterschiedlichsten Interessengruppen in deren jeweiliger Sprache zu reden versteht, kommt Denken dem Buchen und Geist dem Gelde gleich: → GELD nämlich macht nicht nur das Inkommensurable in ein und derselben Währung verrechenbar, als ‚symbolisch generalisiertes Kommunikationsmedium' (vgl. Luhmann 1996a, 253, 259–260) sublimiert es die rohe Gewalt und präsentiert es den → KAPITALISMUS als „die größte und dabei noch humanste Ordnung" (Musil 1978ff., Bd. 2, 508). Diesem Lob des Geldes schließt sich auch der Bankier Leo Fischel an (→ BANK, BANKIER), nur dass dessen nüchterner Pragmatismus ohne ideelle Verbrämung auskommt und die funktionale Ausdifferenzierung der Wirtschaft auch begrifflich zu respektieren weiß. Ulrich wiederum, der selbst „kein Besitzer sein will" (ebd., 547), weder von Reichtümern noch von Eigenschaften, weiß die ökonomische Vernunft (→ RATIONALITÄT, RATIONALISIERUNG) der Kaufleute gerade wegen ihrer illusionslosen Präzision zu schätzen, die sie mit Wissenschaft und Technik verbindet.

„Der Kaufmann [...] ist der einzige Mensch des domestizierten Egoismus" (Musil 1978ff., Bd. 5, 602). Anthropologisch spekuliert er „à la baisse", denn: „Mit der Güte kannst du nicht rechnen. Mit den schlechten Eigenschaften kannst du rechnen" (ebd., Bd. 2, 413, und Bd. 5, 1624). Geld gilt ihm nicht als Ursache, sondern vielmehr als Folge dieser „Ichsucht" – und zugleich als „ein geniales Mittel, um diese Grundeigenschaft berechenbar u. regulierbar zu machen" (ebd., Bd. 5, 1610, 1624; vgl. Blaschke 2004, 279–280). Einerseits scheint Musil, im Stile Bernard Mandevilles und Adam Smiths, den größten gemeinsamen Nutzen aus dem egoistischen Nutzenkalkül Einzelner abzuleiten. Andererseits schildert sein Roman, dessen Linien ja alle „in den Krieg" münden (Musil 1978ff., Bd. 5, 1902), den Bankrott dieser Wirtschaftsauffassung – schließlich setzt der militärisch-industrielle Komplex an die Stelle der „guten Güte" nicht nur das „gute Böse" (ebd., Bd. 5, 1921), sondern, mit der synergetischen Verquickung von Gewalt und Geld, das ‚böse Böse'.

Als „noch humanste Ordnung" verliert die moderne Marktwirtschaft zuletzt ebenso ihre Glaubwürdigkeit wie das alte Reich. ‚Kakanien' und der ‚Kapitalismus' vergeben nur mehr faule Kredite, seitdem ihnen ihr existentielles *Credo*, der Glaube an ihre (politischen und wirtschaftlichen) Institutionen, verweigert wird (vgl. ebd., Bd. 2, 528–529; Mülder-Bach 2013, 326–330). Musils ‚Epochenroman' steht daher im Zeichen einer allgemeinen Kreditkrise, die er auf allen Ebenen durchdekliniert – von der Ebene des familialen *oikos*, wo der einst übermächtigen Vaterfunktion der Kredit entzogen wird, sobald Ulrich und seine Schwester Agathe das väterliche Testament und das damit befohlene Identitäts- und Eigentumskonzept verwerfen; bis hin zur makroökonomischen Ebene, wo die anfänglich noch produktive Zirkulation des Geldes bald dessen mangelnde Deckung offenbart und, im selben Zuge, die Sprache mit ihren Polysemien und Gleichnissen die prekäre Kreditstruktur des Symbolischen verrät.

Schienen ökonomische ‚Wirklichkeitsmenschen' anfänglich noch dadurch ausgezeichnet, dass sie „einen bestimmten Geldbetrag" nicht „in den Strumpf" stecken, sondern investieren, fördern sie nachgerade nicht mehr zutage als „im Durchschnitt immer die gleichen Möglichkeiten" (Musil 1978 ff., Bd. 1, 17). Gegen das *creative management* wiederum, das die unmessbaren Leistungspotentiale der *Human Resource* mobilisieren und abschöpfen will, setzt Ulrich zuletzt den konsequent ‚vermöglichten' Menschen: ein Wesen mit der Potenz, zu sein oder auch *nicht zu sein*; ein Wesen also, das sich von seinen Eigenschaften so sehr wie seinen Eignungen zu lösen vermag (vgl. B. Wolf 2017, 208, 210). Schlussendlich sucht Ulrich dort nach neuen Denk- und Lebensmöglichkeiten, wo man gemeinhin nicht mehr von Leistung spricht: statt in der Wirtschaft und der Kunst (vgl. Musil 1978 ff., Bd. 2, 559) in den Sphären der Mystik und der Liebe, des Wahnsinns und Verbrechens. Indem sich Ulrich und Agathe zu ihren ‚heiligen Gesprächen' (und womöglich unheiligen Handlungen) zurückziehen, erproben sie den Bruch mit dem Inzesttabu: mit jenem (um hier Rousseaus irrige Etymologie zu bemühen) *oiko-nomos*, der den exogam-zwischenfamiliären, den sozialen und globalen Austausch allererst begründet. Unvollendet geblieben ist Musils Roman an exakt jener Grenze, die die schöne Möglichkeit einer anökonomischen und nicht-possessiven Existenz (→ VERSCHWENDUNG, VERAUSGABUNG) von der rauen Wirklichkeit des Wahns und des Verbrechens trennt.

Zwischen Werbung und Wertung: Joyce und Pound

Ökonomische Probleme sind in Ezra Pounds (1885–1972) Schreiben allgegenwärtig – und dies nicht immer nur zu seinem Vorteil, wie etliche Kritiker bemängelt haben. James Joyce (1882–1942) hat dagegen fast nichts zu diesem Thema beigetragen. Und doch lag Pound nicht ganz falsch mit der Behauptung, Joyces Roman

Ulysses habe, indem er in einem „Irland unter britischer Herrschaft" angesiedelt ist, „das gesamte Abendland unter der Herrschaft des Kapitals vor Augen geführt" (Pound und Joyce 1972, 328–329). Viel wurde bereits geschrieben über Joyces schwieriges Verhältnis zum irischen Nationalismus. Im *Ulysses* nennt sich Stephen Dedalus den „Diener zweier Herren", und damit meint er den „imperialen groß-britannischen Staat [...] und die heilige römische katholische und apostolische Kirche" (Joyce 1969 ff., Bd. 3.1, 30–31). Von Joyce ist das bekannte Diktum überliefert, „daß ich nicht sehe, wozu es gut sein soll, gegen die englische Tyrannei zu wettern, solange die römische Tyrannei den Palast der Seele besetzt hält" (ebd., Bd. 4.1, 189). Statt hierin eine Absage an den irischen Nationalismus zu sehen, sollten wir Joyce allerdings eher in eine Linie mit postkolonialistischen Denkern wie Frantz Fanon und Aimé Césaire stellen, für die die psychologischen Auswirkungen des Kolonialismus nicht weniger tiefgreifend waren als dessen ökonomische und politische Folgen. Für Joyce sind beide aufs Engste miteinander verknüpft.

Man denke nur an den Auftakt der Kurzgeschichte *After the Race* aus den *Dubliners* (1914), in der es um die Geschichte Jimmy Doyles geht, eines jungen Mannes, dem eine Gruppe von Festlandeuropäern, welche er für seine Freunde hält, sein ganzes Geld aus der Tasche zieht: „Auf der Höhe des Hügels in Inchicore hatten sich Trauben von Schaulustigen angesammelt, um die Wagen heimwärts karriolen zu sehen, und durch diesen Kanal der Armut und der Untätigkeit jagte der Kontinent seinen Reichtum und seinen Gewerbefleiß. Hin und wieder brachen die Menschentrauben in die Hochrufe der dankbar Unterdrückten aus. Ihre Sympathie indessen gehörte den blauen Wagen – den Wagen ihrer Freunde, der Franzosen" (Joyce 1969 ff., Bd. 1, 41). Mit geradezu quälender Deutlichkeit fördert Joyce bereits an diesem Punkt der Erzählung deren Struktur zutage: → ARMUT befördert beim Unterdrückten eine eigentümliche Dankbarkeit, die sich wiederum, vermittelt über den irischen Nationalismus, mit dem Reichtum Kontinentaleuropas verknüpft. Nach dieser Logik müssen die Franzosen, wenn sie der Briten Feinde sind, unsere Freunde sein. Doch ist es niemand anderes als der Franzose Charles Ségouin, der Jimmy mit auf eine Ausfahrt nimmt und mit ihm „sein Glas auf die Menschheit" (ebd., Bd. 1, 45) hebt, so dass sich die gesamte Erzählung liest wie die Allegorie eines uniformen, aber zugleich auf Ungleichheit gebauten Weltsystems: Miteinander haben die Reichen aller Herren Länder viel mehr gemein als mit den Armen ihrer jeweiligen Heimat. *After the Race* ist somit ein frühes Zeugnis jener lebenslangen, wenn auch zumeist unausgesprochenen Sympathie, die Joyce für den Sozialismus hegte.

Stephen Dedalus ist da unverblümter. Auf dem Martello Tower, einer britischen Verteidigungsanlage an der irischen Küste, die einstmals der Abwehr französischer Revolutionstruppen dienen sollte, befindet sich mit Stephen und seinem Freund Buck Mulligan auch ein Engländer namens Haines. Selbst gerade auf einer Art ethnologischen Forschungsreise, um Irlands Sprache und Kultur zu studieren, tut er, nach einer von Stephens Witzeleien, die Absicht kund, „eine Sammlung Ihrer Aussprüche zu veranstalten", was zu Stephens eher taktloser Frage führt: „Würde Geld für mich dabei herausspringen?" (Joyce 1969 ff., Bd. 3.1, 24–25) Wie zu erwarten, zieht Haines seine Anfrage umgehend zurück, denn worauf Stephen offensichtlich verwiesen hat, ist die untergründige Verbindung zwischen dem britischen Imperialismus und Haines' verhohlenem kulturellen Imperialismus. Nachdem sie den Iren ihre Sprache genommen haben (wohlgemerkt ist Haines der einzige im Tower, der überhaupt Gälisch kann), wollen die Engländer nun auch ihre Kultur. Stephens Reaktion stellt somit Kultur, Ökonomie und Imperialismus in eine Reihe. Warum, so fragt er implizit, warum sollten die Briten von der irischen Kultur profitieren, während die Iren ihre Existenz weiterhin in Armut fristen?

Stephens Ziel, so wie er es im *Portrait of the Artist as a Young Man* (1916) ankündigt, lautet letztlich, an den „Netzen" von „Nationalität, Sprache, Religion [...] vorüberzufliegen" (Joyce 1969 ff., Bd. 2, 477). Und doch legt Joyce immer wieder nahe, Stephen sei ein direkter Abkömmling jener Gesellschaftsordnung, die er abzulehnen versucht. Nirgendwo wird das klarer als in jenen ästhetischen Überlegungen, die das Ende des *Portrait* (und das der posthum veröffentlichten Urfassung *Stephen Hero*) dominieren. Zum Großteil gehen Stephens Gedanken auf Thomas von Aquin zurück. Wenn er jedoch das Kunstwerk definiert „als etwas sich selbst Umgrenzendes, in sich selber Ruhendes vor dem unermeßlichen Hintergrund von Raum oder Zeit, welcher nicht *es* ist" (ebd., Bd. 2, 487), bestätigt er unwillkürlich Theodor Adornos Aphorismus, das Kunstwerk und die Ware seien „die auseinandergerissenen Hälften der ganzen Freiheit, die doch aus ihnen nicht sich zusammenaddieren läßt" (Adorno und Benjamin 1994, 171). Ganz in diesem Sinne ist die Warenform (→ WARE, WARENFETISCHISMUS, KONSUM; → III.13. DIE ENTDECKUNG DER WARE) jener Punkt, an dem Joyce mit seiner ökonomischen Kritik ansetzt.

Ulysses (1922) ist nämlich ein Buch, das von Waren nur so strotzt – von der Seife, die Bloom den ganzen Tag lang in seiner Hosentasche trägt, bis hin zu der Anzeige, die er für Alexander Keyes aufzugeben versucht und die, um Tee an den Mann zu bringen, mit jener Hoffnung auf Selbstverwaltung spielt, die die damaligen irischen Nationalisten hegten. Unverkennbar wird dies im Kapitel „Circe", das in Dublins Rotlichtviertel spielt und sich wie ein Theaterstück ausnimmt, in dem die erwähnte Seife ihren großen Auftritt hat:

Die Seife
Ein Pfundspärchen sind wir, der Bloom und ich;
Durch ihn Licht der Erde, dem Himmel durch mich.
(Joyce 1969 ff., Bd. 3.2, 614)

Was auf den ersten Blick aussieht wie ein unbedeutender, humoristischer Jingle, stellt zuletzt, wie sooft bei Joyce, tiefgründige Resonanzen her. Seife war nämlich eine der Waren, durch die das British Empire seine zugleich ökonomische und kulturelle Überlegenheit zur Geltung brachte. Tatsächlich wurde Joyces Epoche von → WERBUNG geradezu überflutet, nicht zuletzt von Reklame für Pears Soap, deren Illustrationen irgendwelche Urvölker zeigen, wie sie diesem beeindruckenden Zivilisationsprodukt huldigen; schließlich könnte es, wie unter der Hand suggeriert wird, ihnen dabei helfen, die dunkle Farbe von ihren ‚primitiven' Gesichtern abzuwaschen. Wenn man bedenkt, wie penetrant britische Magazine wie *Punch* die Iren als Neandertaler darstellten, erkennen wir die vielfältigen kolonialismuskritischen Konnotationen von Joyces Zweizeiler. Am sprechendsten ist er vielleicht dadurch, dass er Bloom und die Seife – das Subjekt und die Ware – gemeinsam unter dem Bann des Kapitals gestellt zeigt. An dieser Stelle drängt sich abermals Adorno auf, nämlich mit dem Satz: „Der Fetischcharakter der Ware ist keine Tatsache des Bewußtseins sondern dialektisch in dem eminenten Sinne, daß er Bewußtsein produziert" (Adorno und Benjamin 1994, 139). „[I]ndem er das Sammelsurium in den Griff zu bekommen suchte, das der Durchschnittsmensch seiner Zeit in seinem Kopf beherbergen mochte", zeigt Joyce – nach Ezra Pounds Beobachtung –, wie die Warenbeziehung, vermittelt durch den Imperialismus, das Bewusstsein seiner Figuren durchdringt (Pound und Joyce 1972, 324).

Pound selbst war es reichlich egal, was der Durchschnittsmensch seiner Epoche im Kopf gehabt haben mochte. Stattdessen wollte er dessen Geist mit jenen Werken füllen, die er für wertvoll hielt, was wiederum seine lebenslange Vorliebe für Anthologien erklärt. In der Tat könnte man sein Lebenswerk, *The Cantos* (seit 1915), eine Art Anthologie nennen, bestehen sie doch hauptsächlich aus Zitaten und Episoden aus der Renaissance-Geschichte, aus der griechischen Dichtung, Konfuzius' Schriften, den Briefen John Adams' und vielerlei anderem Bedeutenden. Bekanntlich hat Pound Mussolini bewundert, den → WUCHER (vor allem in den *Cantos* 40–50) angeprangert und sich als bösartiger Antisemit entpuppt. Dass er während des Zweiten Weltkriegs zugunsten der Achsenmächte etliche Sendungen fürs italienische Radio produzierte – und sei es nur, um bei dieser Gelegenheit seine Lieblingsdichter zu besprechen –, brachte ihm seitens der Vereinigten Staaten den Vorwurf des Verrats und die Verhaftung ein. Der Hinrichtung entkam er nur dadurch, dass er auf seinen Wahnsinn pochte; daraufhin wurde er ins Washingtoner St. Elizabeth's Hospital überstellt, wo er sich zwölf Jahre lang aufhielt und weiter an seinen *Cantos* arbeitete.

Von Pound selbst als eine Art Stammes-Sage („tale of the tribe") verstanden, setzen die *Cantos* mit Schlüsselepisoden der Vergangenheit ein – mit dem Italien der Renaissance, dem antiken Griechenland und schließlich dem chinesischen Reich –, in denen die Gesellschaft und ihre Einrichtung der künstlerischen Produktion noch förderlich war. Im weiteren Verlauf stoßen sie auf das Problem des Wuchers und zahlreiche andere politische und ökonomische Belange, die Pound nur mit größter Mühe in das Gedicht einzuarbeiten vermochte. Doch wäre es ein Fehler, die didaktischen und ökonomischen Elemente des Werks von seiner eigentlich ‚poetischen' Dimension abzutrennen, denn Pound selbst hat sich deutlich gegen solch eine Aufteilung ausgesprochen. „Wahrscheinlich kann man", wie er schrieb, „jedes westliche Kunstwerk daraufhin datieren, wie der Wucher zur Zeit seiner Entstehung ethisch eingeschätzt wurde [...]. Jene Denkweise, die in den Niederungen des Kaufmannswesens das Gute vom Bösen unterscheidet, macht sich auch dann geltend, wenn es um die Qualität des Pinselstrichs in der Malerei geht oder um die Erfassung des geschriebenen Worts" (Pound 1973, 76; Übers. B. Wolf). Pound vertritt an dieser Stelle eine kunsttheoretische Widerspiegelungstheorie, die selbst einen Vulgärmarxisten erröten lassen müsste.

Seine Hinwendung zu wirtschaftlichen Sachverhalten war also in der Gesamtstruktur der *Cantos* von jeher angelegt. Was ihn zu diesen Gesängen allererst motiviert hatte, war sein Abscheu vor einer Epoche, in der man aus dem Krieg Profit schlug und sich die Kultur zusehends provinzialisierte: „Mein Blutdurst rührt", wie er zu Protokoll gab, „aus dem her, was den Künsten in meiner Zeit angetan und gegen sie unternommen wurde" (Pound 1973, 229; Übers. B. Wolf). Schließlich sind es die Künste, die „den Löwenanteil jener bleibenden und unangreifbaren Zeugnisse [schaffen], die für das Wesen des Menschen stehen"; und schließlich ist „der Künstler einer der wenigen wirklich Produzierenden. Er, der Bauer und der Handwerker bringen Reichtum hervor; die übrigen übernehmen und konsumieren ihn" (Pound 1968, 42, 222; Übers. B. Wolf). Die → PRODUKTION (im Sinne der *oikonomia*, nicht der Chrematistik) zeigt sich hier als Basis von Pounds ökonomischem Konzept, doch geht es ihm nicht minder um die → ZIRKULATION, was schon seine Suche nach dem zeigt, was er „strahlende Einzelheiten" nannte – jene „flüchtigen und leicht übertragbaren" Gegebenheiten, die uns „eine unvermittelte Einsicht in die [...] herrschenden Bedingungen, ihre Ursachen und Effekte verschaffen" (Pound 1973, 22–23; Übers. B. Wolf). Dafür spricht auch Pounds Interesse an jenen Geldtheorien, Theorien des Sozialkredits oder Schwundgelds (etwa Odon Pors, C. H. Douglas' oder Silvio Gesells), auf die er im Umkreis der Zeitschrift *The New Age* stieß und die den Wucher durch den Umlauf größerer Geldmengen zu vermeiden suchten. Obwohl man Pound wiederholt als einen Physiokraten – der die Produktion in der Natur verwurzelt sieht – oder als einen Monetaristen – der geldpolitische Maßnahmen als Antwort auf allerlei ökonomische Missstände befürwortet – betrachtet hat, wird er treffender beschrieben als der Theoretiker eines doppelten, für die kapitalistische Moderne charakteristischen Wertdiskurses.

Dieser Diskurs geht davon aus, dass eine einst einheitliche Moralphilosophie in die getrennten Disziplinen der Ökonomik und Ästhetik aufzuteilen ist, um somit die heute unterschiedlichen Aspekte des Werts zu berücksichtigen, seine objektiven (ökonomischen) und subjektiven (ästhetischen) Momente. Allzu oft wurde in diesem Zusammenhang übersehen, dass sozial-utilitaristische Erwägungen für keinen der beiden Bereiche irgendeine Rolle spielen. Und das heißt nichts anderes, als dass die Ökonomik eine Autonomie erlangt, die ansonsten nur das Kunstwerk kennzeichnet: Sie wird zu einem selbstbezüglichen Diskurs, der sich niemals auf die Bedürfnisse konkreter sozialer Individuen bezieht (oder diese Bedürfnisse, entsprechend der geltenden diskursiven Ideologie, neu definiert, etwa durch Mystifizierungen wie die der → UNSICHTBAREN HAND). Produziert wird um der Produktion willen oder, genauer, um jener „Verwertung des Wertes" willen, von der Marx spricht (Marx und Engels 1956 ff., Bd. 26, 375).

Pound weist diese Trennung kurzerhand zurück, indem er konsequent die soziale Nützlichkeit der künstlerischen Produktion vertritt und von deren Einbettung in das ‚kulturelle Erbe' spricht – in „den Gesamtbestand menschlicher Erfindungen", der zu unserem kollektiven Leben gehört. „In unserer Zeit", schreibt Pound, „entsteht Wert vor allem aus dem kulturellen Erbe", denn „unleugbar ist der Überschuss dessen, was eine Gruppe Menschen im gemeinsamen Handeln erreichen kann, über die Summe dessen hinaus, was sie im individuellen Handeln erreichen" (Pound 1973, 275; Übers. B. Wolf). Der Wert übersteigt daher „die Grenzen des Privateigentums"; er ist kommunal, und der Künstler arbeitet für das Wohl der Allgemeinheit (ebd., 63; Übers. B. Wolf). Die Kunst wird zu einer Form der gesellschaftlichen Produktion, die der gemeinsamen Konsumtion gilt, und auch wenn Pound nicht selten den einzigartigen Genius bestimmter Künstler preist – oder bestimmter (vermeintlicher oder tatsächlicher) Denker wie Mussolini, Lenin oder Adams –, so tut er dies für gewöhnlich mit Verweis auf ihr (vermeintlich oder tatsächlich) nützliches Wirken. Mithin gründet für Pound sowohl die Ökonomie als auch die künstlerische Produktion in der Sphäre menschlicher Bedürfnisse.

Deshalb sind die Teile der *Cantos*, die am didaktischsten wirken, in gewisser Weise auch die innovativsten; schließlich missachten sie die Begrenzungen der etablierten Disziplinen, indem sie nahelegen, die – sei es künstlerische, sei es ökonomische – Produktion solle das umfassendere soziale Gut in Rechnung stellen. In diesem Sinne wird der Kaiser Hiao ouen ti in den China-Cantos mit den folgenden Versen gerühmt:

> [U]nd Kaiser HIAO OUEN TI ließ verkünden:
>> Die Erde ist die Nährmutter aller Menschen
>> Ich erlasse nun die Hälfte aller Steuern
> Ich will der Lehre der Weisen folgen und Gott mit meiner Pflugschar ehren
> Gebt dem Bauernvolk Werkzeuge für seine Arbeit
>> dafür halbier ich die besagten Steuern
> Gold ist ungenießbar.
> (Pound 2013, 431–433)
> Einige Zeilen später heißt es (aus dem Mund des Kriegsministers):
> Gold hält niemand am Leben noch kann man das Land
>> Mit Diamanten düngen ...
>> durch weisen Kreislauf. Brot ist die Basis aller Ernährung.
> (ebd., 433)

Der Ausdruck „durch weisen Kreislauf" („by wise circulation"; Pound ebd., 432) ist undurchsichtig, doch Carroll Terrell, der unermüdliche Kommentator der *Cantos*, bringt ein wenig Licht in das Dunkel: „Hsia Wen Ti [...] ordnete an, dass die klassischen Bücher wieder aufgestöbert und von den Gelehrten wieder studiert werden sollten" (Terrell 1993, 215; Übers. B. Wolf). Zur guten Regierung gehört, wie Pound (im Sinne des Konfuzianismus) nahelegt, die → ZIRKULATION des Wissens, damit die rationale, auf materiellen Reichtum und auf Wohlergehen ausgerichtete Produktion – und nicht die Verwertung des Werts – erleichtert werde. Natürlich hat sich Pound, was seine politische Kritik angeht, auf desaströse Weise geirrt, als er die Komplizenschaft zwischen Faschismus und Kapitalismus weitgehend unterschätzte, zugleich aber auf Mussolinis Versöhnung von Arbeit und Kapital hoffte. Dass er sich, ohne zu zögern, an den übelsten Formen antisemitischer Verunglimpfung beteiligt hat, vereitelte jedwede klarsichtige Kritik des Kapitalismus. Ungeachtet seines lebenslangen Interesses an der Hochkultur hat damit auch Pound enthüllt, was der Durchschnittsmensch seiner Zeit in seinem Kopf beherbergte.

III.18. Neue Sachlichkeit und Angestelltenliteratur

Thomas Wegmann und Erhard Schütz

Neusachliche Markenbildung

Unter dem Begriff ‚Neue Sachlichkeit' entsteht in den 1920er Jahren in Literatur, Malerei und Architektur eine eigenständige Ästhetik, die sich zu einem dominanten Stil der Zwischenkriegszeit entwickelte und vor allem in den späten 1920er und frühen 1930er Jahren tonangebend und debattenprägend war. Immer wieder wurde in diesem Zusammenhang auf die repräsentative Ausstellung „Die Neue Sachlichkeit. Deutsche Malerei seit dem Expressionismus" verwiesen, die Gustav Friedrich Hartlaub im Jahr 1925 in der Mannheimer Kunsthalle organisierte. Doch scheint dieser Hinweis ebenso unzureichend wie der Verweis auf typisch neusachliche Sujets. Zwar lassen sich für Artefakte der Neuen Sachlichkeit durchaus gemeinsame Kennzeichen wie „Antiexpressionismus, Antiästhetizismus, Nüchternheit, Präzision, Realismus, Naturalismus, Beobachtung, Berichtform, Funktionalisierung und Materialisierung, Dokumentarismus, Antipsychologismus, Entsentimentalisierung und Antiindividualismus" ausmachen (S. Becker 2002, 76). Gemeinsam ist ihnen vor allem aber ein gestalterisches Programm, das sich stärker der zeitgenössischen Alltagswirklichkeit als literatur- und kunstgeschichtlichen Traditionen verpflichtet weiß.

Bertolt Brechts viel zitierter Imperativ „Verwisch die Spuren!" (Brecht 1988 ff., Bd. 11, 157) aus seinem *Lesebuch für Städtebewohner* (1930) kann mit Blick auf Herkunft und Tradition als ästhetische wie anthropologische Verhaltensmaxime für zahlreiche neusachliche Akteure gelten. Damit verbunden ist eine emphatische, nicht notwendig unkritische Hinwendung zur Moderne, die sich im Bereich der Literatur nicht zuletzt in neuen Formen und Genres wie Dokumentarismus und Montage, Berichtstil und Reportage manifestiert. In diesem Zusammenhang ist überdies eine „Annäherung der Literatur an die Publizistik" konstatiert worden (S. Becker 2000, 38, 365), wobei sich vor allem die in den frühen 1920er Jahren neu gegründeten Zeitschriften wie *Der Querschnitt*, *Das Tage-Buch*, *Der Scheinwerfer* oder *Die literarische Welt* an der Neuen Sachlichkeit orientierten, wie sie umgekehrt diese prägten. Zeitgenössisch hatte Siegfried Kracauer sogar einen Wechsel der Positionen von Schriftstellern und Journalisten festgestellt: „Journalist und Schriftsteller vertauschen unter dem Druck der ökonomischen und sozialen Verhältnisse die Rollen. [...] [J]edenfalls ist die Möglichkeit freier journalistischer Meinungsäußerung innerhalb der bürgerlichen Presse heute fast beschränkter als zur Zeit der kaiserlichen Militärmacht" (Kracauer 1990, 344).

Im Umgang mit ökonomischen Themen zeichnen sich literarische Texte aus dem Umfeld der Neuen Sachlichkeit oftmals durch eine stärkere Beachtung der Konsumtionssphäre und – dem realwirtschaftlichen Strukturwandel folgend – des tertiären Sektors aus. Entsprechend zählt zu ihren sinnfälligen Besonderheiten auch der häufige Gebrauch von Markennamen (→ MARKE). Zwar tranken auch schon bei Theodor Fontane Romanfiguren nicht einfach Bier ohne weitere Epitheta, sondern Spatenbräu, Kulmbacher oder Löwenbräu (vgl. Seiler 1983, 282–285). Doch dienten solche und ähnliche Produktspezifizierungen vor allem der Klassifizierung der Figuren und sollten ihre jeweilige Lebenswelt möglichst glaubwürdig gestalten. Wenn indes die Protagonistin aus Irmgard Keuns Roman *Das kunstseidene Mädchen* (1932) ihrem Gegenüber attestiert, er habe „Ringe um die Augen wie Continentalreifen" (Keun 2005, 60), markiert dies einen signifikanten Unterschied gegenüber der Poetik des bürgerlichen Realismus. Während Fontane weitgehend mit einer vom Zeitgeist kaum korrumpierten Sprache zu erzählen glaubte, gilt für viele der um 1930 publizierten und für diese Jahre einschlägig gewordenen Romane vor allem der jüngeren Autorengeneration (Erich Kästner, Martin Kessel, Irmgard Keun, Gabriele Tergit u. a.) die Prämisse, dass die Kultur der Gegenwart auf unhintergehbare Weise medial und diskursiv vorgeformt ist – nicht zuletzt durch eine proliferierende Konsum- und Populärkultur (vgl. Matala de Mazza 2018), die man später pejorativ als ‚Kulturindustrie' (Horkheimer und Adorno) oder ‚Bewußtseinsindustrie' (Enzensberger) bezeichnet hat. Beide Termini verweisen auf einen komplexen Prozess, bei dem Kunst und Kultur von den Grundsätzen kapitalistischer Ökonomie durchdrungen und Artefakte vor allem als Waren wahrgenommen bzw. gehandelt würden (→ WARE, WARENFETISCHISMUS, KONSUM; → III.13. DIE ENTDECKUNG DER WARE).

Wie auch immer man sie bewerten mag, ist die Konsum- und Populärkultur indes Teil des Alltags von Keuns Protagonistin geworden, der ehemaligen Angestellten Doris, die nach Berlin geht, um dort ‚ein Glanz' zu werden, einen gestohlenen Pelzmantel trägt und ihren Lebensunterhalt über wechselnde Männerbekanntschaften finanziert (→ PROSTITUTION). Sie bietet zahlreiche Versatzstücke für die Erzählung ihrer urbanen Lebenswelt, welche poetologisch weniger der Authentifizierung zeitgenössischer Wirklichkeit dienen, als vielmehr in ihren Wirkungsmechanismen aufgezeigt werden und als Voraussetzungen wie als Bestandteile zeitgenössischer Rede fungieren. Sowohl die Ästhetik des Romans als auch das Leben seiner Protagonistin sind somit situiert in einer Welt des immer schon Gesagten, Gesehenen und Gehörten. Das rekurriert auf den Umstand, dass die moderne Welt in hohem Maße bereits vertextet und bebildert ist – nicht zuletzt durch Leuchtschriften, Werbetexte und -plakate, die damals zentralen Medien ökonomischer Kommunikation.

Entsprechend war Reklame (→ WERBUNG) in verschiedenen Medien und als signifikanter Teil der urbanen Sphäre omnipräsent, wie umgekehrt Schlagzeilen, Markennamen und Slogans Einzug in den literarischen Resonanzraum des Buches hielten – am prominentesten wohl in Alfred Döblins *Berlin Alexanderplatz* (1929). Döblins Roman reflektiert nicht nur den Auszug der Schrift aus dem Buch in die Stadt, er orientiert auch sein Erzählverfahren an der urbanen Semiosphäre, wenn er unter anderem Slogans und Markennamen, Annoncen und Schlagzeilen zu einem literarischen Text der Stadt montiert. Walter Benjamin hat diesen Prozess in der *Einbahnstraße* (1928) prägnant skizziert: „Die Schrift, die im gedruckten Buche ein Asyl gefunden hatte, wo sie ihr autonomes Dasein führte, wird unerbittlich von Reklamen auf die Straße hinausgezerrt [...]. Heuschreckenschwärme von Schrift [...] werden dichter mit jedem folgenden Jahre werden" (Benjamin 1972ff., Bd. IV.1, 103). Es ist somit nicht zuletzt die Zirkulation der Schrift selbst, die – von Reklame nachhaltig befördert – das Buch verlässt, die Städte buchstäblich überschreibt, um schließlich als eine durch die urbane und werbliche Semiosphäre hindurchgegangene wieder in das Buch zurückzukehren, welche die Poetik in Döblins Roman genauso nachhaltig, wenn auch durch sein konsequentes Montageverfahren auf andere Weise prägt wie Keuns Roman.

Ein solch neusachlicher, weitgehend berührungsangstfreier Umgang mit → MARKEN und → MÄRKTEN wurde rasch auch zum Gegenstand zeitgenössischer Kritik. So monierte etwa Joseph Roth 1930 in seinem programmatischen Text *Schluß mit der „Neuen Sachlichkeit"!* den medial erzeugten und unkritisch geglaubten Fetisch des Dokumentarischen, Authentischen und Wahrhaftigen, der die Literatur zur „Hilfswissenschaft der Geschichte" degradiere und die Dinge letztlich mit einer Glasur von Täuschung überziehe: „Niemals waren Plakate verlogener und suggestiver. Die furchtbare Verwechslung begann, die furchtbarste aller Verwechslungen: des Schattens, den die Gegenstände werfen, mit den Gegenständen" (Roth 1983, 653–654). Die Vorstellungen, die der moderne Leser von ebendiesen Gegenständen habe, vom Sport genauso wie von Maschinen oder Automobilmarken, gehen Roth zufolge in einem nicht unerheblichen Ausmaß auf die Inseratenteile der Zeitungen zurück. Doch konnten genau diese genau damit andernorts als Thesaurus für das Unbewusste ihrer Entstehungszeit fungieren. So konstatierte etwa Hermann von Wedderkop, Herausgeber des *Querschnitts*, im Jahr 1925: „Die Annoncen der Firmen, von Namenlosen mit echter Eingebung entworfen und erdacht in heißer Wallung nach Profit, geben besseren Einblick in die Seele als die Bemühungen, gegen europäische Vergangenheit aufzuholen" (Wedderkop 1981, 86). Gerade weil die kommerziellen Anzeigen mit Archivierung nicht kalkulieren, sondern ganz dem kurzfristigen ökonomischen Kalkül und einer ebenso breiten wie instantanen Rezeption verpflichtet sind, lässt sich an und mit ihnen offenbar beobachten, was sie selbst unbeobachtet und ungewollt archivieren, nämlich die spezifische Signatur ihrer Zeit – der Moderne. Nicht von ungefähr werden denn auch Warenfetischismus, Reklame- und Ausstellungswesen zu zentralen Interpretationsschemata von Walter Benjamins unvollendet gebliebenem *Passagen-Werk*, das eine materiale Geschichtsphilosophie des 19. Jh.s avisierte und das Betriebsgeheimnis moderner Ökonomie und Ästhetik anhand ihrer symbolischen Ablagerungen durch bewusst tendenziöse Montagen evident werden ließ.

Dass dabei werbliche und literarische Fiktionen amalgamieren und die Grenzen zwischen Literatur und Reklame porös werden können, lässt sich nicht zuletzt an einigen Spielarten neusachlicher Lyrik ablesen. In Lion Feuchtwangers Gedichtsammlung *PEP* etwa, die 1928 mit dem Untertitel *J. L. Wetcheeks amerikanisches Liederbuch* und mit Zeichnungen von Caspar Neher erschien, hat sich die Lyrik ganz dem Zeitgeist und Zeitgemäßen verschrieben. Neben Amerika- und Technikkult zählt auch Reklame zu jenen Topoi, mit dem sich schon bei flüchtiger Lektüre plakativ Aktualität signalisieren ließ: „Angenehm ist es, im Ford-Wagen durch die Landschaft zu fahren; / aber was mich anlangt, soll es kein *wildes* Rennen sein. / Die Plakate zu beiden Seiten, Schreibmaschinen, Seifen, Schokoladewaren, / sollen noch immer *deutlich* zu erkennen sein" (Feuchtwanger 1985, 235). In wenigen Zeilen verbinden sich nicht nur Amerika, Technik und Reklame zu einem provokativen Credo einer dezidiert zeitgemäßen Literatur; vielmehr wird auch *in nuce* eine an der Reklame geschulte Rezeptionsweise propagiert, die buchstäblich im Vorbeifahren die entscheidenden Botschaften der Werbeplakate aufzunehmen vermag. Feuchtwangers spezifische *PEP*-Poetik betreibt beschleunigte Mustererkennung und nimmt dafür die Unterkomplexität des eigenen Textes billigend in Kauf.

Ökonomien der Aufmerksamkeit

Angesichts der Möglichkeiten einer sich medial ausdifferenzierenden Kultur möchte Keuns Protagonistin Doris nun „schreiben wie Film" (Keun 2005, 10), und auch die spätere Lektüre des Geschriebenen solle wie Kino sein. Statt psychischer Befindlichkeiten soll die Schrift die Schreiberin als Leinwandheldin generieren. Das mag zum einen heißen, die eigene Realität – wie in der Forschung häufig betont – so illusionär wie kompensatorisch unter den Prämissen von Glanz und Schein zu entwerfen (vgl. Fleig 2005, 57–59). Zum anderen markiert dieses Schreiben wie im Film aber auch den Wunsch, zu sehen und gesehen zu werden und damit überhaupt in einer Welt vorzukommen, in der vor allem das Einkommen zählt – und zwar sowohl das finanzielle als auch das an medialer Beachtung. Ein Glanz werden zu wollen, ist dabei gleichbedeutend mit dem Wunsch, ein Star zu werden. Die Namen der Stars bündeln symbolisches Kapital und ihre kulturkritische Kommentierung verbindet sie mit der werbetreibenden Wirtschaft: „Die höchstbezahlten Stars gleichen Werbebildern für ungenannte Markenartikel. Nicht umsonst werden sie oft aus der Schar der kommerziellen Modelle ausgewählt. Der herrschende Geschmack bezieht sein Ideal von der Reklame, der Gebrauchsschönheit" (Adorno 1970 ff., Bd. 3, 179).

Auf dieser Basis entsteht ein eigenes Subgenre, der Kinoroman. Als Ausweg aus der Stupidität der Schreib- oder Verkaufstätigkeit erscheint der Weg zu Luxus und Glamour durch eine Karriere als Filmstar. Gegen solche Versprechen des Films oder der Illustriertenstories über Stars entwickelten wiederum nicht wenige Romane ihre Warn- und Mahngeschichten, so Max Barthel in *Aufstieg der Begabten* (1929), worin – unter vielfältigen Realitätssignalen durch zeitgenössische Namen und Daten – zwei Mädchen aus der Provinz nach Berlin gehen, um Kinostars zu werden, wobei der Aufstieg „durch das Tal der Erniedrigung, durch das Tal der Tränen, durch das finstere Tal der Käuflichkeit" (Barthel 1929, 76–77) geht. Während Flora sich verzweifelt prostituiert und am Ende zurückgeht, macht Marianne Karriere, freilich um den Preis, sich den „tyrannischen Gesetze[n]" (ebd., 79) der Männer zu unterwerfen und sich ummodeln zu lassen.

Doch beobachtet die Literatur der Neuen Sachlichkeit diese Melange aus künstlich erzeugten Idolen und real absorbierter Aufmerksamkeit nicht nur skeptisch oder affirmativ, sondern schlägt selbst ästhetisches Kapital daraus. Exemplarisch lässt sich das an Arnolt Bronnens Roman *Film und Leben Barbara La Marr* zeigen, der 1927 zunächst als Vorabdruck in der Ullstein-Illustrierten *Die Dame* und ein Jahr später als Buch im Rowohlt Verlag erscheint. Darin erzählt Bronnen die sensationelle Lebensgeschichte der verstorbenen Hollywoodschauspielerin Barbara La Marr in einer Mixtur aus Dokumentarischem und Fiktivem als das Schicksal einer Femme fatale, die die Männer reihenweise um den Verstand bringt, aber dabei selbst von der mörderischen Maschinerie des Films zu einem menschlichen Wrack gemacht und schließlich zugrunde gerichtet wird. Reklametechniken spielen in Bronnens Roman nicht nur auf der Handlungsebene eine Rolle, also bei der medialen Verwandlung einer Provinzschönheit „zu jenem Typ des ‚Vamps', des Vampyrs, der ihr eigentlich gar nicht lag" (Bronnen 2003, 221), aber dennoch zu ihrem Markenzeichen wurde, sondern auch bei der stilistischen Gestaltung: Oberhalb des eigentlichen Textes befindet sich eine Laufzeile, die den Inhalt der Geschichte als eine Art Treatment wiedergibt und schon Franz Hessel in seiner Rezension an die eingeblendeten Schriftzeilen von Stummfilmen erinnerten, mehr noch aber an die über die Großstädte gleitenden Leuchtreklamen.

Neusachlich nüchtern dagegen erzählt die Österreicherin Lili Grün in *Herz über Bord* (1933) stark autobiographisch grundiert von der Wienerin Elli, die in den Jahren der Weltwirtschaftskrise in Berlin Karriere machen will, bei Theater oder Film, notfalls auch im Kabarett. Sie ist aber keine der angesagten taffen, durchtrainiert-burschikosen Frauen, sondern ein eher zartes, kleines Wesen, das daher wiederum Männer anzieht, die sie mit Falladas Mutterlämmchen verwechseln. Sie ist begabt und fleißig, zärtlich und tolerant, will beruflich erfolgreich sein und als eigenständiger Mensch geliebt werden, aber die Männerwelt erweist sich als unfähig, ihren Wunsch zu akzeptieren.

Mit solchen Entwicklungen und Facetten ist Literatur wiederum maßgeblich beteiligt an jenen Geschichten und Theorien der Aufmerksamkeit, wie sie später etwa Jonathan Crary (2002) oder Georg Franck (1998; 2005) dargelegt haben. Aufmerksamkeit ist dabei *grosso modo* jenes spezifische Vermögen, das etwas Beliebiges zum Besonderen macht. Vor allem im Verlauf des 19. Jh.s wird zunehmend deutlich und am Ende dieses Jh.s auch von der Psychologie experimentell erforscht, dass Aufmerksamkeit notwendig „als eine Aktivität der Ausschließung, als teilweises Außerachtlassen eines Wahrnehmungsfelds" (Crary 2002, 30) verstanden werden muss. Weil Individuen schon wahrnehmungstechnisch nicht allem und jedem gleichermaßen und gleichzeitig Aufmerksamkeit widmen können, impliziert Aufmerksamkeit einen Selektionsprozess, der nach dem Schema von Inklusion und Exklusion verläuft. Mehr noch, als Teil neuronaler Wahrnehmungsprozesse wie der psychischen Ökonomie ist Aufmerksamkeit das zentrale Vermögen zur Selektion und verfügt in dieser Eigenschaft über wertende, sowohl wertschätzende als auch wertschöpfende Fähigkeiten (→ WERT), wie sie vor allem Georg Franck in seinen Arbeiten betont hat. Als eine solche Acht gebende und Beachtung (ungleich) verteilende Instanz stellt Aufmerksamkeit ein Vermögen dar, das unter anderem für medialisierte Märkte wie für das literarische Feld gleichermaßen relevant ist: In beiden Bereichen kann man Aufmerksamkeit bzw. Beachtung einnehmen, aber auch Aufmerksamkeit ausgeben. In dieser Eigenschaft fungiert Aufmerksamkeit als Schlüsselbegriff für das Verhältnis von Ökonomie und Literatur seit der klassischen Moderne. Aufmerksamkeit meint dabei jene Form von Beachtung, die als eine auch in ökonomisches Kapital konvertierbare Währung fungiert.

Der neusachliche Roman, der diesen Zusammenhängen und Prozessen wohl am detailliertesten nachgeht, stammt von Gabriele Tergit und erschien 1931 unter dem Titel *Käsebier erobert den Kurfürstendamm*. Darin findet sich ein Netzwerk disparater Figuren, die medientechnisch fast ausschließlich über das Telefonnetz und ansonsten vor allem durch die Beteiligung am Marketing für den Kleinkünstler Georg Käsebier verbunden sind, der allabendlich im Stadtteil Kreuzberg Arbeitern und Arbeitslosen, Dienstmädchen und Müttern einfache Lieder von

Liebe und Alltag präsentiert – und plötzlich zum Medienereignis wird. *In extenso* breitet der Roman die heterogenen Reaktionen diverser Presseerzeugnisse aus: Zusammen bescheren sie Käsebier ein Höchstmaß an Beachtung, also symbolisches Kapital unterschiedlichster Provenienz, und erheben ihn in den Status medialer Prominenz. Dabei zählt weniger die einzelne Bewertung von Inhalten, sondern „die Organisation des Geredes darüber" (Tergit 1997, 19). Dem kulturökonomischen Aufstieg des Sängers und seiner medialen Nobilitierung lässt der Roman einen ebenso jähen Abstieg folgen: Bei einem Gastspiel in London wird Käsebier als liebenswürdiger Dilettant von allenfalls lokaler Bedeutung entlarvt, die Eröffnung seines eigenen, viel zu groß dimensionierten Theaters am Kurfürstendamm gerät zu einem mittleren Fiasko, und das Ende des Romans sieht den einstigen Medienstar in einer schäbigen Provinzkneipe als Hintergrundsänger.

Was Tergits Roman zeigt, ist die allmähliche Verfertigung von Prominenz durch eine Variante von Reklame, die nicht Konsumgüter vermarktet, sondern eine Person als → MARKE etabliert. Künstlerische Qualität wird dabei mitsamt ihrer unscharfen, häufig aufwendige Kontroversen provozierenden Kritik ersetzt durch eine Kultur der Evidenz, deren zentrale, tendenziell messbare und von daher konsensfähigere Größe Aufmerksamkeit ist. Die Qualität bzw. der Wert von etwas wird somit durch Beachtung bzw. Erfolg legitimiert und Erfolg wiederum tautologisch begründet: Was beachtet wird, ist es wert, beachtet zu werden, eben weil es beachtet wird. Bezogen auf Tergits Roman heißt das: Wenn die Medien allesamt und auf einmal über Käsebier berichten und dieser sogar im Varieté Wintergarten auftritt, muss es dafür gute Gründe geben. Oder allgemeiner und mit den Worten Adornos: „Die Warenmarke Prominenz wird zur Autorität und verhindert die nähere Besinnung darüber, warum eine Komposition, oder ein Komponist, mit Grund gut oder schlecht zu nennen ist" (Adorno, 1970 ff., Bd. 17, 185). Die Orientierung an Prominenz steuert und verteilt das knappe Gut Aufmerksamkeit schneller und effizienter als es die Besinnung auf Qualität vermag, die Zeitung ist dabei „nur noch Teilsystem eines Projekts zur Erzeugung von Sensationen und Events" (Schütz 2003, 234).

Auffällig ist, wie wenig man zeitgenössisch in der Lage scheint, ökonomische Phänomene wie Medienkarrieren oder Bestseller anders als in den Kategorien von Schein, Manipulation und Betrug wahrzunehmen. Exemplarisch zeigt sich das an der Reaktion auf den Erfolg von *Im Westen nichts Neues* (1929) und der Autorschaftspose Erich Maria Remarques. Der Erfolg des Romans wurde als Ergebnis von Manipulation und Spekulation gedeutet. Manipulation durch pekuniär und politisch interessierte Kreise, Spekulation auf den niederen Masseninstinkt. Darin waren sich Linke, Rechte und Mitte weithin einig: Der Erfolg machte den Erfolg und der Erfolg war der größte Skandal. Wie der Autor, dem man absprach, ein

,Dichter' zu sein, mit seinem Erfolg umging, bestätigte alle Urteile über den Erfolg. Die ,Enttarnung' seines wahren Namens Erich Paul Remark gehörten zur Delegitimation ebenso wie die Herkunft aus der zwielichtigen Zone von Autorschaft: Werbetexter, Journalist, Redakteur – bei *Sport im Bild*, dem modischen Magazin, vor allem aber wie er sich selbst mit Monokel, Autos, Frauen und Alkohol in Homestories als Prominenz produzierte (vgl. Schütz 2002).

Angestelltenliteratur

1930 erschien in Buchform unter dem Titel *Die Angestellten. Aus dem neuesten Deutschland* eine soziologische Studie von Siegfried Kracauer, die ein Jahr zuvor bereits in der *Frankfurter Zeitung* publiziert wurde. Eher im Modus einer ethnographischen Feldstudie als in dem einer Reportage oder wissenschaftlichen Abhandlung entwirft Kracauer mit einer lockeren Montage von Zitaten, Gesprächen, Beobachtungen und Analysen das Bild einer Gesellschaftsschicht, die seinerzeit vor allem in den größeren Städten zunehmend an Bedeutung gewinnt und deren aufstiegsorientierte Mittelstandsideologie eine scharfe Trennlinie zum Proletariat zu ziehen versucht. Diese entlarvt Kracauer insofern als illusionär, als sich die „Masse der Angestellten" im Unterschied zum „Arbeiter-Proletariat [als] geistig obdachlos" (Kracauer 1971, 91) erweise. Am Sport als einer „Verdrängungserscheinung großen Stils", an Illustrierten und Filmen diagnostiziert er darüber hinaus eskapistische Tendenzen: „Die Flucht der Bilder ist die Flucht vor der Revolution und dem Tod" (ebd., 99).

Die von Kracauer in diesem Zusammenhang ebenfalls konstatierte soziale Deklassierung der Intelligenz durch gleichermaßen anspruchslose wie systemstabilisierende Tätigkeiten im proliferierenden Dienstleistungsbereich ist auch das Thema einiger etwa zeitgleich erschienener Angestellten- und Büroromane neusachlicher Provenienz. Im Kontext einer zunehmenden Professionalisierung von Kommunikation als Dienstleistung etwa müssen nicht nur die beiden Protagonisten aus Erich Kästners Romanen *Fabian* (1931) und *Drei Männer im Schnee* (1934) gesehen werden, die sich als Werbetexter bzw. Reklamefachleute versuchen, sondern auch ihr Autor selbst. Dieser wusste schon früh und versiert die massenmediale Klaviatur zu bedienen, verfasste für Zeitungen nicht nur kurze Erzählungen, Gedichte, Aphorismen sowie Theater-, Literatur- und Ausstellungskritiken, sondern vorübergehend auch Versreklamen; er schrieb für Buchverlage, für das Kabarett und das Theater und bediente auch die neuen Medien Film und Hörfunk. Seine Arbeiten sind geprägt vom raschen Wechsel zwischen diversen Medien und einem Potpourri unterschiedlichster Textsorten. Die Essenz von Kästners Roman *Fabian*, für den der Autor seinen eigentlich vorgesehenen Titel *Der Gang vor die Hunde* auf Drängen des Verlags abänderte (eine rekonstruierte Urfassung erschien 2013 unter diesem Titel), findet sich im vierten Kapitel, wenn der Protagonist als promovierter Germanist Schlagzeilen für fotomontierte Plakate verfassen soll. Eines davon zeigt den Kölner Dom neben einer genauso großen Zigarette, die es zu bewerben gilt: das Monument einer vergangenen sakralen Kultur neben dem Monument einer gegenwärtigen modernen Kultur. Es ist dies eine Schlüsselszene für das unentschiedene, sowohl Kritik als auch Affirmation zulassende Kulturverständnis dieses Romans (vgl. Jürgs 1995, 196): Auf der einen Seite bietet sie Raum für Kritik an der Uneigentlichkeit von Reklametechniken, die eine winzige Ware, eine Zigarette, zur Größe eines realiter größeren, älteren und vor allem bedeutenderen Bauwerks aufblasen; auf der anderen Seite bietet sie aber auch Gelegenheit zur Affirmation moderner Medientechniken, die eben das ermöglichen und dabei die alte Frage von Sein und Schein obsolet erscheinen lassen. Diesen Hiatus wird der Roman bewusst nicht entscheiden.

Ästhetisch und intellektuell avancierter erweist sich der ein Jahr nach *Fabian* erschienene Roman *Herrn Brechers Fiasko* von Martin Kessel. Ebenfalls als Büro- und Angestelltenroman in Berlin angelegt, zählt zu seinen zentralen Schauplätzen das Großraumbüro der UVAG, der ‚Universal-Vermittlungs-Aktien-Gesellschaft', wo neben einer großen Anzahl von Sekretärinnen und Büromädchen die beiden Freunde Max Brecher und Doktor Geist arbeiten, Konkurrenten um den Aufstieg an die Spitze der ‚Propagandaabteilung' des Unternehmens. Die mal mäandrierend ausschweifenden, dann wieder geschliffen aperçuhaften Dialoge, an denen fast alle Figuren – wenn auch mit unterschiedlichen Redeanteilen – partizipieren, bilden nicht nur quantitativ ein wichtiges Element des Romans. Sie bieten Einblick in ein soziales Milieu, das jeden Bezug zum Proletariat vermeidet; gebildete Menschen wie Brecher und Geist beherrschen mit ihren schlagfertigen Zitaten und Anspielungen die Unterhaltung. Mit dem Aufstieg des angepassten Doktor Geist in die Firmenspitze zerfällt nicht nur die Freundschaft mit Brecher, sondern auch die von partikularistischen Interessen und Rivalitäten durchsetzte Ideologie der ‚Büro-Familie'. Selbstmordversuche, Selbstmorde und Krankheit werden von ihr tabuisiert, politische Themen im Gespräch gemieden, obwohl Massenstreiks, Straßenkämpfe und sogar ein Attentat die UVAG selbst in die drohende Katastrophe einzubeziehen drohen. Am Ende verliert Brecher seinen Job und wird sich selbst zum deklassierten Gespenst.

So ironisch wie hellsichtig entwirft Kessel mit der UVAG einen mysteriösen Geschäftsapparat, dessen konkrete Arbeitsabläufe und Strukturen im Dunkeln bleiben und der es an Undurchschaubarkeit durchaus mit dem Schloss aus Franz Kafkas gleichnamigem Roman aufnehmen kann, an dem sich aber auch die wachsende ökonomische Bedeutung des tertiären Sektors ablesen lässt (→ UNTERNEH-

MER, UNTERNEHMEN). Denn die UVAG ist darauf spezialisiert, nicht spezialisiert zu sein; ihre Vermittlungstätigkeit ist universal, und bar jeglichen Essentialismus bestehen ihre Produkte zu einem nicht geringen Teil aus unterschiedlichsten Dienstleistungen, die sich zumeist durch einen Informations- bzw. Wissensvorsprung gegenüber den potentiellen Kunden auszeichnen. Sie reflektiert damit jenen modernen und unüberschaubarer werdenden Alltag mit seinem hohen Informationsbedarf, dem die UVAG Rechnung trägt, indem sie Orientierungswissen liefert. Kessel verwendet für diese ganz besondere Dienstleistung die Metapher des Schmierens: „Schmieren heißt reibungslos machen, und jeder wird ermessen können, was das bedeutet, jeder, der je in seinem Leben auf Beziehungen und Informationen angewiesen war" (Kessel 2001, 19).

Die auch literarisch beeindruckendste Darstellung der Problemlage weiblicher Angestellter liefert Marieluise Fleißer mit *Mehlreisende Frieda Geier* (1931). Der Roman, der mit seinem lakonisch-nüchternen Beschreibungsgestus als eines der gelungensten Beispiele neusachlicher Schreibweise gilt, trägt den Untertitel *Roman vom Rauchen, Sporteln, Lieben und Verkaufen*. Er handelt von Frieda Geier, die in der bayerischen Provinz als Vertreterin erfolgreich ist, einen eigenen Kleinwagen fährt, sich großstädtisch kleidet, Sport treibt sowie im Äußeren einen männlichen Habitus pflegt, und ihrer Beziehung zu dem Zigarettenhändler Gustl Amricht, Kleinstädter, Zigarrenladeninhaber und ‚Schwimmphänomen'. Frieda fühlt sich von seiner Vitalität angezogen, bewundert seine Sportlichkeit, in der sie zugleich die Möglichkeit einer gleichberechtigten Beziehung ohne tradierte Bindungsmuster sieht. Als er sich jedoch mit einem neuen Laden verkalkuliert, drängt er zur Heirat, um Friedas Finanz- wie Arbeitskraft ausbeuten zu können. Sie beharrt auf ihrer Selbständigkeit, wird nun aber – insbesondere über den Sportverein, der den zeitweilig trainingsabstinenten Gustel wiederaufnimmt – sozial isoliert. Der vermeintlich kameradschaftlich-egalitäre Sport erweist sich als ebenso patriarchal wie die Provinzgesellschaft emanzipationsfeindlich. Und die ‚neue Frau' als Versprechen der Angestelltenkultur lediglich als eine Schimäre.

Angelehnt an Kracauers *Die Angestellten*, wird auch Hans Falladas Roman *Kleiner Mann – was nun?* (1932) zu einem großen Bucherfolg. Der Roman schildert das Schicksal eines jungen Paares, des Buchhalters Johannes Pinneberg und der mit ihm verlobten Verkäuferin Emma Mörschel („Lämmchen"), zunächst in der Provinz, dann in Berlin. In der Provinz droht sein Arbeitgeber ihm mit Wegrationalisierung. Schließlich entlassen, ziehen er und die schwangere Emma nach Berlin zur leichtlebigen Mutter Pinnebergs. Pinneberg erhält eine Stelle als Konfektionär, wird wiederum Opfer verschärfter Rationalisierung und der Verwechslung von Film und Leben: Das Paar, inzwischen illegal in einer ‚Höhle' über einem Kino hausend, wird ins Kino eingeladen, wo die beiden einen melodramatischen

Angestelltenfilm sehen, dessen Star Schlüter Pinneberg besonders beeindruckt. Als dieser sich von Pinneberg in Kostümierungsfragen beraten lässt, Pinneberg ihn bedrängt, die Kleidung bei ihm zu kaufen, und ihn mit seinem eigenen Schicksal konfrontiert, beschwert sich Schlüter. Pinneberg wird erneut entlassen. Während er, als Arbeitsloser bald deklassiert, nur mehr an der mütterlichen Frau und dem Kind Halt findet, gelingt dem Protagonisten von Werner Türks kurz zuvor erschienenem, viel beachteten Roman *Konfektion* (1932) eine skrupellose Karriere bis zum Mitinhaber, indem er sich die Ausbeutungsstrategien des Inhabers zu eigen macht, während die sich vergeblich gewerkschaftlich organisierenden Kollegen arbeitslos werden.

Seit der Weltwirtschaftskrise, noch einmal verschärft ab 1931, ist Arbeitslosigkeit nicht nur ein fataler gesellschaftlicher und politischer Krisenherd, sondern dementsprechend auch ein zentrales Thema der Literatur (→ ARBEIT, ARBEITSLOSIGKEIT). Thorsten Unger hat für die Jahre 1927 bis 1932 über 50 Romane nachgewiesen, in denen Arbeitslosigkeit zumindest zentraleres Thema ist (vgl. Unger 2004, 291–305). Die betrifft freilich nicht nur Angestellte, sondern auch Arbeiter, Beamte und Akademiker, deren Zahl bis 1933 auf ca. sechs Millionen ansteigt, während das Einkommen der noch Beschäftigten auf ca. ein Drittel sinkt.

Die einschlägigen Romane befassen sich zum einen mit dem Weg in die Arbeitslosigkeit, zum anderen mit dem Umgang mit der Arbeitslosigkeit und dem Alltag der Arbeitslosen. „Es gibt keine Arbeit": Der Satz der jungen Anna Bönikes aus Slatan Dudows und Bertolt Brechts Film *Kuhle Wampe* (1932) hält einen Konsens fest – die Arbeitslosigkeit ist strukturell bedingt. Umso schärfer wird wahrgenommen, dass der Staat darauf ohnmächtig mit erhöhter Bürokratie antwortet, der wiederum die Arbeitslosen sich ohnmächtig ausgeliefert sehen – durch vergebliches Warten, absurd empfundene Regeln und obrigkeitliche Behandlung, die für die Arbeitslosen zur Quasi-Arbeit wird. Die Arbeitslosigkeit von Angestellten (und Beamten), deren Stellung im Vergleich mit den Arbeitern bis dahin als besonders sicher und privilegiert galt, ist dabei ein herausgehobener Aspekt. Auffällig ist, dass die Angestelltenfiguren in der Literatur ihre Entlassung und Arbeitslosigkeit oft als persönliches Scheitern wahrnehmen, was in den Texten meist kritisch gesehen wird. Zahlreiche der Protagonisten enden denn auch im Suizid. Ein weiterer Schwerpunkt liegt bei den Jugendlichen, die erst gar keine Chance haben, ins Erwerbsleben einzutreten. Hier steht – gerade von links – die Aufforderung zur kollektiven Organisation im Zentrum. Wie im Film *Kuhle Wampe*, so auch in den Romanen Rudolf Braunes. In *Junge Leute in der Stadt* (1932) bekommt der junge Emanuel Roßhaupt von seiner erzwungenen Untätigkeit ein „[K]ribbeln im Kopf" (Braune 1958, 19). Dagegen gebe es, so der Erzähler, drei Gegenmittel: Erstens Kartenspielen und Warten im Arbeitsamt, zweitens kriminell werden, drittens Arbeit woanders, zumal im Ausland, suchen.

Beim Jungkommunisten Braune kommt naturgemäß eine vierte, die wahre Möglichkeit hinzu: sich beim kämpfenden Proletariat einzureihen.

Nicht selten sind die Protagonisten, die in die Erwerbslosigkeit geraten, Akademiker, wie bei Kessel oder Kästner. Ein besonderes Exemplar ist Bruno Nelissen-Hakens *Der Fall Bundhund* (1930), dessen Autor in einem Arbeitsamt tätig war und nach der Veröffentlichung des heftig diskutierten Romans entlassen wurde. Unter der Überschrift „Abiturienten im Preis gefallen ..." beginnt er so: „Seht ihn an – Dunkelmann, ‚Doktorchen' Dunkelmann, zwölf Semester Jurisprudenz, Referendar gemacht –: Was hat er jetzt von seinem Studium, seinem Examen, seinen guten Verbindungen?" (Nelissen-Haken 1930, 1) Nach 36 Seiten Aufzählung seiner vergeblichen Arbeitssuche gelangt Dunkelmann als Sachbearbeiter ins Arbeitsamt. Dunkelmann begleitet den Fall Bundhund, eines im Krieg schwer verwundeten Nachtwächters, der entlassen wird. Nachdem Bundhund durch alle bürokratischen Instanzen hindurchgegangen ist und wegen seiner zunehmenden Erregung in eine Nervenheilanstalt eingeliefert werden soll, eskaliert das Ganze: Bundhund schießt aus seiner Wohnung heraus auf einen Polizisten und auf den Amtsarzt. Der Industriesyndikus Marten, Leutnant im Krieg, reißt im Chaos das Kommando an sich. Ein Betrunkener brüllt: „Bundhund, alter Junge: Sie machen Krieg gegen dich – Krieg machen sie jetzt gegen dich ..." (ebd., 235).

Symptomatisch ist hier die Erinnerung an den Krieg und die Wiederkehr des Krieges. Entsprechend reaktiviert die Entlassung bei älteren männlichen Figuren die Traumata des Kriegs und mehr noch des Nachkriegs, von Inflation und Dequalifikation. Die Wirtschaftskrise erscheint in diesen Romanen als Fortsetzung des Kriegs mit ökonomischen Mitteln. So ahnt der arbeitslose Protagonist von Rudolf Brunngrabers *Karl und das 20. Jahrhundert* (1933), ehedem hochdekorierter Fliegerheld, einen zukünftigen Krieg: „Zunächst allerdings wird der Krieg mit anderen Mitteln fortgeführt. Etwa, indem man einer Volkswirtschaft die Goldkapitalien, die man ihr zur Stützung der Währung und Kreditwürdigkeit geborgt hat, im dramatischsten Augenblick wieder entzieht. [...] [Z]umal die Goldstaaten ihre Ueberlegenheit nicht zur Sänftigung der Weltlage, sondern zur politischen Repression benutzen. Der Rationalisierungs- und Absatzkrise wächst noch die Kreditkrise zu" (Brunngraber 1999, 214). Brunngrabers Roman wartet noch einmal mit allen Zutaten der Neuen Sachlichkeit auf, Dokumentarisch-Informatorisches, Statistiken, Zeitungsmeldungen und dergleichen. Er beginnt denn auch nicht mit der Geburt des Protagonisten, sondern mit Frederick W. Taylor und dessen ‚wissenschaftlicher Betriebsführung', die Grundlage aller nachfolgenden Rationalisierungsmaßnahmen (→ RATIONALITÄT, RATIONALISIERUNG) wurde. Erst nach 15 Taylor gewidmeten Seiten wird Karl Lakner 1893 in Wien geboren und sofort in eine Welt der statistischen Zahlen ausgesetzt: „einer von den 40 Millionen schreienden Würmern, die damals geboren wurden" (ebd., 25).

Während Brunngraber die Überlegungen seines Protagonisten mit seitenlangen Datenkolonnen untermauert, folgt Richard Euringer, ehemalig Hauptmann und Chef der bayerischen Fliegerschule, dem Muster des katholischen Bekehrungsromans. In *Die Arbeitslosen* (1930), 1932 unter dem Titel *Metallarbeiter Vonholt* noch einmal aufgelegt, hat der Krieg erst gar nicht aufgehört. Nach Ruhrkampf und Kampf gegen die französische Ruhrbesetzung ist er jetzt in ein neues Stadium eingetreten: „Es ist Krieg. Wirtschaftskrieg. Bürgerkrieg der schaffenden Armut gegen Schieber und Schmarotzer. Wer sich nicht auf eine Front schlägt, wird zertrommelt zwischen den Fronten" (Euringer 1932, 192). Sein Protagonist schlägt sich auf die ‚richtige' Seite, die rechte, indem er erkennt, dass nur, wer sich nicht der ‚Zuchtlosigkeit' und ‚Wehleidigkeit' des ‚Faulheitsfürsorgedusels' der Republik hingibt, auch dann Arbeiter bleibt – dies ganz im Sinne von Ernst Jüngers *Der Arbeiter* (1932), einer Fusion aus Krieger, Techniker und Arbeiter –, wenn er erwerbslos ist. Weibliche Erwerbslose fallen dagegen kaum ins Gewicht; das spiegelt die angebliche Option wider, sich auf die Position von Hausfrau und Mutter zurückziehen zu können, wo realiter gerade in proletarischen Haushalten die Frauen durch niedere Dienste für die Familie sorgen mussten, wie etwa in Karl Aloys Schenzingers *Hitlerjunge Quex* (1932), und obendrein, wie in Falladas *Kleiner Mann – was nun?*, den Mann zu therapieren versuchten.

Arbeitslosigkeit wiederum ist in vielen neusachlichen Texten, vor allem bei Kessel, aber auch bei Keun oder Kästner, nicht nur kritischer Reflex auf die Realität der späten Weimarer Republik, sondern auch literarisches Symbol einer spezifischen Variante sozialanthropologischer Unbehaustheit und ökonomischer Ungewissheit. Doch in „ihrem Versuch, der zeitgenössischen Lebens- und Erfahrungswelt adäquate ästhetische Ausdrucksformen zur Seite zu stellen" (S. Becker 2000, 365), erzeugten diese Romane wie die Neue Sachlichkeit insgesamt nicht selten selbst wieder Irritationen, was sich an der zwischen 1933 und den 1970er Jahren fast gänzlich fehlenden Rezeption und danach an der häufig missverständlich, weil in erster Linie ideologiekritisch geführten Forschungsdiskussion ablesen lässt. Dass in ihnen „Konsum, auch in der gegeißelten Form des Konsumismus", nicht „in den ökonomischen Daten des Warentauschs aufgeht, sondern immer selbst schon Kultur" ist (Böhme 2006, 344–345), dürfte zu diesen Irritationen beigetragen haben. Doch auch den zwischenkriegszeitlichen „Verhaltenslehren der Kälte" (Helmut Lethen) lassen sich die Romane von Keun, Tergit oder Kessel nur bedingt subsumieren: Die von Lethen skizzierten und männlich konnotierten Pole der Panzerung auf der einen und der nackten Kreatur auf der anderen Seite (vgl. Lethen 1994, 41) sind für ihre Figuren keine Alternativen. Diese sind weder gepanzert noch nackt, sondern durch Anzüge, Kostüme oder einen gestohlenen Pelz auf zivile Weise maskiert; entsprechend werden die besagten Romane weniger durch eine Ästhetik der Uniformen, Schützengräben und Disziplin, sondern durch unübersichtliche Tauschverhältnisse grundiert, die noch in ökonomischen Krisenzeiten an dem kulturkonstituierenden Austausch von Beachtung, von Zeichen, Waren und Geld festhalten.

III.19. Literarische Produktion in der modernen Arbeitswelt

Dariya Manova *(B. Traven)*, Burkhardt Wolf *(Brecht)*, Carsten Gansel *(DDR)*, Gábor Palkó *(Esterházy)*

Von den 1920er Jahren bis weit in die 1970er Jahre rückt die Literatur der Arbeiterbewegung und sozialistischen Tradition in ein neues Verhältnis zur Ökonomie: Schreiben und Inszenieren dient nicht mehr vordringlich der Beobachtung und Analyse wirtschaftlicher Dynamiken wie der des Warenumschlags und Konsums. Vielmehr soll es an reale Produktionsprozesse anschließen und damit zu einer Neubewertung und Neuausrichtung des Literaturbetriebs führen. B. Traven etwa, dessen Karriere als ‚Avanturier' (→ AVENTIURE) sich schon in seinen zahlreichen Pseudonymen widerspiegelte, wurde durch seine Abenteuerromane zum Erfolgsschriftsteller, nicht aber ohne auf diesem Umweg die prekären Arbeits- und Lebensbedingungen der Moderne als → ROHSTOFF modernen Erzählens *und* moderner Industrieproduktion zu bestimmen. Für Bertolt Brecht sollte die Literatur nicht nur an den Produkten als vielmehr an den Mitteln der → PRODUKTION ansetzen, woher auch der experimentelle Charakter seiner Arbeiten rührt: auf Ebene der Textgattungen und Inszenierungsweisen, der Publikationsformate und Medien, aber auch des Produktionskollektivs und der ‚Produktionsmodelle'. Um einer entsprechenden Kulturpolitik willen wurden in der DDR auch Ökonomen einbezogen, und, um sie zu verwirklichen, neben den Intellektuellen auch Arbeiter als künftige Produzenten angesprochen. Dass hier wie in den anderen Staaten des Ostblocks die Frage kultureller Produktivität ebenso umstritten blieb wie die Funktion von Planung und ‚ideologischer' Steuerung, hat zu jener Krise des ‚sozialistischen Realismus' geführt, von der noch Péter Esterházys *Produktionsroman* (1979) zeugt: Wie zur Hochzeit des Modernismus (→ III.17. MODERNISTISCHE ÖKONOMIEN) verdichtet sich hier das Ökonomische in metapoetischen Figuren des Schreibprozesses und erscheint die literarische Produktion nur mehr als parasitäre Teilhabe an der ‚Realwirtschaft' und ihren derealisierenden Effekten.

B. Traven und das Abenteuer der Arbeit

B. Travens frühe sozialkritische Abenteuerromane *Die Baumwollpflücker* oder *Der Wobbly* (1925), *Das Totenschiff* (1926) und der 1948 in Hollywood sehr erfolgreich verfilmte *Schatz der Sierra Madre* (1927) wurden seit ihrer Erstpublikation und bis in die jüngste Zeit meist als bloße Wegweiser auf der Suche nach der wahren Identität hinter dem Pseudonym ‚B. Traven' (d.i. Ret Marut, d.i. Otto Feige) gelesen bzw. benutzt (vgl. Hauschild 2012). Dabei nehmen die Romane des Arbeitersohns, Publizisten, Anarchisten und Teilnehmers an der Münchener Räterepublik eine besondere Rolle in der Geschichte der Arbeiterliteratur einerseits und der Unterhaltungsliteratur der Weimarer Republik andererseits ein. Über ihre literaturhistorische Einordnung hinaus ist das Verhältnis zwischen den Konzepten → ARBEIT und ‚Abenteuer' für ihre Entstehung, Rezeption, Handlung und Figuren entscheidend.

B. Travens explizite Kritik am Bolschewismus und an autoritären Staatssystemen sowie das Fehlen klassenbewusster Proletarier in seinen Romanen verhinderte die spätere Kanonisierung seiner Werke in den Reihen der Arbeiterliteratur. Sein Einsatz für technischen Fortschritt und Rationalisierung, gegen wirtschaftliche Monopole und Börsenspekulation erschwerten seine Rezeption als Autor von Kinder- und Jugendromanen. Gerade die Mischung aus politischem Engagement und spannenden Abenteuerreisen brachte ihm aber in der Weimarer Zeit ökonomischen Erfolg. Diesen sowie die positiven Rezensionen verdankte B. Traven auch der Entscheidung, die Handlung der meisten seiner Romane nach Mexiko zu verlegen, dem Land, das nach seiner Flucht aus München zu seiner zweiten Heimat geworden war. Damit schrieb er über ein Land, das sich zwischen Militärregime und revolutionären Kämpfen, politischer Unabhängigkeit und US-amerikanischer Ausbeutung, indigener Kultur und rasanter Modernisierung bewegte (vgl. Zogbaum 1992). Gerade die Revolution barg für deutsche Linksintellektuelle und Avantgarden reichlich utopisches Potential und bot einen Ausweg aus ihrer Europamüdigkeit (vgl. Rössner 1988), so dass B. Travens Romane viel mehr versprachen als nur eine exotische Freizeitlektüre.

Nicht nur in *Land des Frühlings* (1928), seinem ethnographischen Bericht, sondern auch in seinen Briefen und Romanen stilisiert sich B. Traven als mittelloser Arbeiter, der ähnlich wie seine Figuren durch Dampfschiffe, Baumwoll- und Ölfelder zieht, schwerste körperliche → ARBEIT verrichtet und die grausame Ausbeutung einer profitorientierten Produktionsweise am eigenen Leib erfährt. So betont er gegenüber seinem Entdecker und Förderer John Schikowski, Feuilletonredakteur beim *Vorwärts*, mehrmals die „Nöte, die Entbehrungen, den Hunger, den Durst, die Nächte und die Schrecknisse", die er erlebt habe, „um den Rohstoff für den ‚Roman'" zu erhalten (Traven 1992, 21). ‚Roman' setzt B. Traven hier explizit in Anführungszeichen, denn er möchte seine Romane als wahre und selbst erlebte Geschichten verstanden und gelesen wissen. Verstärkt durch seine lange Zeit unbekannt gebliebene Identität präsentierte er sich nicht nur als Kenner Mexikos, sondern auch als professioneller Abenteurer.

Über seine Figuren kann man das genaue Gegenteil behaupten. B. Traven orientiert sich zwar an abenteuerlichen Topoi wie Seefahrt und Goldsuche, transformiert jedoch die Abenteuer zu solchen der Arbeit und (Selbst-)Ausbeutung. Seine Lumpenproletarier, die einem fünften Stand angehören und selbst von den Arbeitern verabscheut und gefürchtet werden (vgl. Traven 1983, 248), suchen weniger nach einem Ausbruch aus dem geregelten und einschränkenden Leben des Bürgertums, wie es Robinson Crusoe in Defoes Roman tat, sondern wollen vielmehr durch eine regelmäßige Beschäftigung und Arbeit in die Gesellschaft eingegliedert werden. Das gelingt jedoch den wenigsten von B. Travens ‚Helden'. Vielmehr ersetzt die harte und monotone Arbeit das Abenteuer und entmythologisiert die mit romantisierten Vorstellungen besetzten Berge, Wüsten und Seen (vgl. Boehncke 1989). Es entsteht eine neue Art des Arbeitsabenteuers, in dem das Überleben Ziel wird – jedoch nicht im Zweikampf, bei einem Schusswechsel oder einer Verfolgungsjagd, sondern bei der monotonen Arbeit unter inhumanen Arbeitsbedingungen.

Dabei sind die Arbeitsbedingungen und die daraus folgenden Abenteuer, die die Figuren auf Schiffen und Feldern erleben, auch Produkte einer technischen und industriellen Fortentwicklung. Schon zu Beginn des Seemannsromans *Das Totenschiff* erklärt der Ich-Erzähler, der amerikanische Seemann Gale, die Seemannsromantik zu einer literarischen Fiktion ohne jegliche reale Entsprechung. Gleichzeitig verweist er auf die dramatischen Veränderungen, die die Ablösung von Segelschiffen durch Dampfschiffe für die Seemänner nach sich zog: „Arbeiter braucht diese Maschine und Ingenieure" (Traven 1983, 11). Die technischen Neuerungen haben zu einer Veränderung auf dem Arbeitsmarkt geführt, der nur noch nach Fachkräften und Allgemeinarbeitern sucht (vgl. B. Wolf 2006, 438). Doch selbst die Stellung einer nicht eigens ausgebildeten Arbeitskraft bleibt für Gale unerreichbar, nachdem er sein Baumwollschiff, die ‚SS Tuscaloosa', in Antwerpen verpasst, das zusammen mit seinem Seemannsbuch zurück nach New Orleans fährt. Ohne Dokumente wird Gale zu einem Toten, zu einem „nackten Leben" (Traven 1983, 248). Diese im Roman beschriebene Auslöschung geschieht jedoch allmählich und nicht ohne Widersprüche. Gale gerät ohne Papiere in einen bürokratischen Teufelskreis, kann weder auf einem Schiff angeheuert werden noch sich legal an Land aufhalten. Niemand kann ihm helfen, selbst der amerikanische Konsul verabschiedet ihn papierlos und damit ohne Beweis für seine Herkunft, seinen Beruf oder auch nur seine biologische Existenz. Die Welt ist zwar bereits durch Telegraphennetze, Schiffsverkehr, Eisenbahnschienen und Autostraßen global vernetzt, doch gilt diese Durchlässigkeit nationaler Grenzen, wie B. Traven in seinem Ölroman *Die weiße Rose* (1929) zeigt, nur für Güter und Rohstoffe, für Handel und Spekulation. Für Staatenlose, zu denen sich Gale durch einen banalen Zufall gesellt, ist jede willkürlich gesetzte politische Grenze eine unüberwindbare, gefährliche Hürde.

In dieser bürokratischen Hölle, die durch ihre Forderungen (feste Adresse) den Bedürfnissen des Marktes (ungebundene, familienlose Arbeitskräfte) widerspricht und so die Schicht der allgemeinen Arbeiter auf Schiffen weiter prekarisiert, wird Gale auf der ‚Yorikke' angeheuert, einem ‚Totenschiff'. Das Bild des Totenschiffes, das, bereits alt und wertlos, nur die Havarie auf See zum Ziel hat, um den Eigentümern ihre Versicherungsprämie einzubringen, gibt dem Begriff des Abenteuers, der seit der Frühen Neuzeit als Schiffhandelsbegriff benutzt wurde, eine dunkle, thanatologische Seite (vgl. B. Wolf 2013, 89–90). Denn „Güter oder Waaren auf große Aventure legen" ([Anon.] 1751, 678) bedeutete, dass man seine Güter einem Schiffer anvertraut, damit dieser sie mit Profit in Übersee verkauft. Das Unternehmen war insofern risikoreich, als der Seemann im Falle eines Unglücks keinerlei Verantwortung für die Ware übernahm. Die Ware war also nicht versichert. Im Fall von B. Travens Totenschiff ist ausgerechnet die Versicherung, ebenfalls ein Konzept, das eng mit der Geschichte der Seefahrerei verknüpft ist (vgl. B. Wolf 2006, 443–444), das profitbringende Element. Das Abenteuer ist hier nicht die risikoreiche Erfolgsaussicht, sondern das sichere und für die meisten Seemänner tödlich ausgehende Unglück.

Die Aufgabe der Seemänner auf der ‚Yorrike' ist es, das Schiff genau dahin zu führen und im Kesselraum die Feuer der Dampfmaschine zügig zu versorgen – Arbeit, die der Erzähler mit der Dante'schen Unterwelt, Fabrikarbeit und den Schützengraben des Weltkriegs vergleicht (vgl. Traven 1983, 147, 163). Militärische Auseinandersetzungen stehen auch im Hintergrund der Auslöschung von B. Travens Figuren, denn erst diese lassen seine Proletarier zur Schicht der Lumpenproletarier hinabsinken. Von keiner Institution anerkannt, bleiben sie der Willkür der Bürokraten und Versicherungsspekulanten ausgeliefert.

Die höllischen Arbeits- und Lebensbedingungen auf der ‚Yorikke' verhindern jedoch nicht, dass Gale seine Situation allmählich anders wahrnimmt. Nach einem erfolglosen Versuch des Kapitäns, das Schiff zu versenken, landet die ‚Yorikke' im Hafen Dakars. Kurz bevor Gale zusammen mit seinem Freund Stanislaw, einem staatenlosen Polen, auf das englische Totenschiff ‚Empress of Madagascar' ‚geschanghait', also als illegaler Arbeiter entführt wird, bewertet er seinen Status neu. Das Heuerangebot, dem er bewusst zusagt, hat ihm die Möglichkeit gegeben, sich in eine Gemeinschaft Gleichgesinnter zu integrieren und einen Freund zu finden. Als Toter auf der ‚Yorikke' ist er lebendiger als an der Küste, wo sich zwar keiner um seine Papiere gekümmert hat, er aber auch nicht sozial oder funktional eingebunden war.

Gales Schicksal nach dem Sinken der ‚Empress' bleibt offen. Seinen Weg wiederholen die infamen Goldsucher Dobbs, Curtin und Howard in *Der Schatz der Sierra Madre*. Bei der mühevollen Suche nach Arbeit auf den Erdölfeldern findet Dobbs zunächst Aufträge als Arbeiter auf Zeit. Die gefährliche und schlecht bezahlte Tätigkeit der Ölarbeiter desillusioniert das Bild eines florierenden Industriezweigs in Mexiko. Die Ölförderung, die die wirtschaftliche und politische Entwicklung des Landes sowie sein Verhältnis zu den USA im ersten Drittel des Jahrhunderts maßgeblich bestimmte, beschreibt B. Traven mit einer ethnographischen, soziologischen und technischen Expertise, die die spätere geschichtswissenschaftliche Forschung dazu verleitete, seine Romane als authentische Zeitdokumente zu lesen (vgl. Santiago 2006). Die Ölbohrungen versprechen jedoch keine attraktiven Arbeitsplätze, sondern ähnlich wie im Schiffsverkehr besteht auch hier das Bedürfnis nach ausgebildeten Ingenieuren einerseits und einfachen Arbeitern andererseits. Der amerikanische Traum ist selbst hier eine Realität nur für wenige, die über Startkapital verfügen und Glück haben. Die Industrie, die sich durch das Öl entwickelt hat und für Dobbs im Hafen von Tuxpam überhaupt erst sichtbar wird, trennt mittels Geographie und Infrastruktur in Klassen, aber auch in körperliche und geistige Arbeit, in Produktion und Spekulation (vgl. Traven 1982, 24 ff.).

Öl, das führt B. Traven in *Die weiße Rose* anhand der Lebenswelt von Mr. Collins aus, ist der Spekulationsrohstoff schlechthin. Durch seine Förderungsweise und seine physikalische Konsistenz ermöglicht es seinen Förderern einen schnellen Reichtum, aber auch den unerwarteten → BANKROTT, und den Arbeitssuchenden überraschend auftauchende, aber auch schnell schwindende Angebote. B. Travens Interesse für Rohstoffe und deren Förderung, für die davon abhängige Entwicklung der Infrastruktur, die seine Romane im Umfeld von Sachbüchern, Zeitungsdebatten und Zukunftsromanen der Zeit und als Teil des daraus entstehenden Rohstoffdiskurses positionieren, erstreckt sich jedoch auch auf die Figuren. Die Anti-Helden B. Travens werden selbst zu Treib- und Rohstoffen für eine Industrie, von der sie nicht profitieren, sondern verdrängt werden (→ ROHSTOFF; vgl. Manova 2017).

Durch Zufälle wie einen Lotteriegewinn ergibt sich dagegen ganz spontan die Entscheidung, auf Goldsuche zu gehen. Über Dobbs und Curtin erfährt man so gut wie nichts, sie sind ungebunden und vergangenheitslos, ähnlich wie Gale ohne Familie und feste Adresse. Während die eigentliche Goldsuche sehr schnell vorbei und ein Vorkommen von Goldsand entdeckt ist, erstrecken sich der Aufbau des Lagers und der Wasseranlage sowie die Beschreibungen des monotonen Alltags über Seiten (vgl. Traven 1982, 68 ff.). Auch hier kehrt B. Traven durch seine Schreibweise, durch das Verhältnis zwischen erzählter und Erzählzeit, Inhalt und Form die Bedeutung von Routinen einerseits und außergewöhnlichen Ereignissen andererseits um (vgl. Boehncke und Kluge 1976, 342). Das Goldwaschen degradiert die teure Substanz und zeigt die Dysfunktionalität des Edelmetalls in der Wüste der Sierra Madre. Der Referenzrahmen, der dem Gold erst seinen Wert verleiht, fehlt, so dass der Erzähler hier erneut an die Schützengräben des Krieges und die Ford-Fabriken Detroits erinnert.

B. Travens Figuren fallen immer wieder aus dem Kreis von Produktion und Konsum heraus. Als ‚realistische' literarische Fiktionen werden die Romane jedoch erfolgreich kommerzialisiert, denn zwischen 1925 und 1930 wurde B. Traven zum unbestrittenen Starautor der Büchergilde Gutenberg, die seine Romane neben Titeln von Mark Twain, Jack London und Oskar Maria Graf verlegte. B. Traven erwies sich als ausgezeichneter Manager seiner Romane und seiner geheimen Identität, die zum verlegerischen Kapital der Büchergilde zählte. In der monatlich erscheinenden verlagseigenen Zeitschrift war er mit Vorankündigungen, Werbung, kürzeren Auszügen aus seinen Romanen, Briefen, aber auch Fotos, die er aus Mexiko schickte, omnipräsent. Seine Bücher durften zeitweise nur Mitglieder erwerben, eine Strategie, um die Exklusivität des Autors bzw. die Abonnementszahlen der Buchgemeinschaft zu erhöhen. Sogar kleine Artefakte aus Mexiko bot B. Traven dem Verlag an, der sie unter der Leserschaft verlosen sollte, um einen direkten Kontakt mit dem abenteuerlichen Autor zu suggerieren. Das Netzwerk von Verlegern, Redakteuren und Lesern, das sich B. Traven allmählich aufgebaut hatte, wusste er im Gegensatz zu seinen Figuren zu nutzen, wodurch die Figur des mittellosen schreibenden Arbeiters bald zur lukrativen Verkaufsfiktion wurde.

Bertolt Brecht und die Ökonomie literarischer Produktion

Anfänglich als Lyriker, seit den frühen 1920er Jahren auch als Dramaturg, Regisseur und Stückeschreiber, schließlich als Theoretiker, Essayist und Erzähler hat sich Bertolt Brecht unablässig mit den ökonomischen Aspekten des Literaturbetriebs beschäftigt. „Die Ökonomie", schreibt er 1930, „ist weder das Hauptstoffgebiet der Kunst, noch ist ihre Umformung oder Verteidigung eines ihrer Ziele: sie ist, sowohl mehr als auch weniger: ihre Voraussetzung" (Brecht 1988 ff., Bd. 21, 376). Thematisch und ideologisch ist für Brecht die Literatur also keineswegs auf die Wirtschaft und auf einen bestimmten ‚Klassenstandpunkt' festgelegt. Unweigerlich aber muss man sie als ein Erzeugnis kultureller oder künstlerischer Produktionsprozesse begreifen.

Im selben Moment, da in der politischen Ökonomie Adam Smiths der ältere, noch naturphilosophisch akzentuierte Begriff der → PRODUKTION an das Fabrikwesen und die industrielle Arbeit geknüpft worden war, hatte sich der kunst- und literaturtheoretische Produktionsbegriff des späten 18. Jh.s vom klassischen Paradigma der Naturnachahmung gelöst, um fortan mit Konzepten wie der ‚produktiven Einbildungskraft' und der künstlerischen ‚Originalität' gekoppelt zu werden. Für die literarischen Avantgarden nach 1900, etwa für die ‚Produktionskunst'

Sergei Tretjakows und Boris Arwatows, hatte die aristotelische Unterscheidung zwischen *poêsis*, *praxis* und *theôria* dann längst jede Triftigkeit eingebüßt (vgl. Zill 2003, 54–57, 69–70). Was man das ‚Erkenntnispotential' der Kunst und Literatur nennen könnte, ist auch für Brecht an deren Produktionsvermögen gekoppelt – daran, wie sie Theoreme (etwa der Wirtschaftswissenschaften) modellhaft zu überprüfen und konkret zu kritisieren erlauben, aber auch daran, wie sie ihre eigenen (Re-)Produktionsabläufe reflektieren und reorganisieren, wie sie überkommene Kategorien – etwa die des Werks oder Schöpfers – revolutionieren, die beteiligten Rituale und Institutionen, Techniken und Apparate umfunktionieren oder ihre Rezipienten mobilisieren.

Unter diesen Vorzeichen umfasst, wie Walter Benjamin zu Brecht festgestellt hat, die Arbeit des Autors „niemals nur die Arbeit an Produkten, sondern stets zugleich die an den Mitteln der Produktion" (Benjamin 1972 ff., Bd. II.1, 696). Beispielsweise verstand Brecht sein Hörspiel *Der Lindberghflug*, das 1929 bei den Baden-Badener Musiktagen als ‚Rundfunk-Kantate' uraufgeführt wurde, als ein Experimentalsystem, mit dem die ästhetische und politische Umfunktionierung des Radios zu einem wirklichen „Kommunikationsapparat" (Brecht 1988 ff., Bd. 21, 555) erprobt werden sollte; im Zuge dieses Unternehmens entwickelte er sein Konzept des experimentellen ‚Lehrstücks'; und zu seiner Fortführung begründete er die (thematisch und editorisch) ‚essayistische' Heftreihe der *Versuche*. In seinen Opernproduktionen sollte das Musiktheater nicht nur technisch und geschmacklich modernisiert werden, was ja ein Festhalten an alten Autor- und Werkkonzepten nicht verhindert hätte; vielmehr strebte er eine ‚Entauratisierung' und Politisierung des bislang bloß ‚kulinarischen' Kulturbetriebs an.

Brechts Filmproduktionen wiederum sollten die ‚Gebrauchsindustrie' des Kinos für experimentelle Ästhetiken und emanzipatorische Belange öffnen. Als er und Kurt Weill dieses Programm bei der Verfilmung ihrer *Dreigroschenoper* (1928) missachtet sahen, zog sich Brecht aus dem Projekt zurück und verklagte die Produktionsfirma Nero-Film AG. Diesen letztlich verlorenen Rechtsstreit interpretierte er dann im *Dreigroschenprozeß* (1932) als ein „soziologisches Experiment" (Brecht 1988 ff., Bd. 21, 449) mit den Produktionsagenturen der Filmbranche, Presse und Justiz, in dem die Funktionslogik des Kulturbetriebs untersucht und die Zweckentfremdung der neuen Produktionsapparate bewiesen worden sei.

Doch noch ehe Brecht hier zu dem Ergebnis kam, das Konzept des ‚geistigen Eigentums' sei unter den hoch technisierten Produktionsbedingungen der ‚Kulturindustrie' allenfalls dazu gut, deren Verwertungssystem zu beliefern, und lange bevor er dieses Ergebnis (als Koautor von Fritz Langs Hollywood-Film *Hangmen Also Die!*, USA 1943) auch unter US-amerikanischen Bedingungen bestätigt fand (vgl. Knopf 2001 ff., Bd. 3, 457–461), hatte er sich in der *Dreigroschenoper* mit dem Problem des Copyrights (→ URHEBERRECHT) auseinandergesetzt: Auf Alfred Kerrs

Vorwurf, er habe Karl Klammers Villon-Übertragungen in seinen *Dreigroschenoper*-Songs plagiiert, antwortete Brecht mit dem Eingeständnis seiner „grundsätzlichen Laxheit in Fragen geistigen Eigentums" (Brecht 1988 ff., Bd. 21, 316). Wohlgemerkt lag diese grundsätzliche Laxheit seiner Oper in mehrfacher Hinsicht zugrunde: Bereits John Gay, der Autor von Brechts Vorlage *The Beggar's Opera* (1728), war des Plagiats bezichtigt worden; doch hatte er seine Oper metapoetisch, nämlich durch ihren Titel und ihre Handlung, als ein Stück gekennzeichnet, das aus kurrenten Motiven und Melodien regelrecht zusammengeklaut war; und in genau diesem Sinne reflektierte Brecht von Anbeginn, nämlich mit der *Moritat von Mackie Messer*, die kommerziellen und räuberischen Grundlagen seiner Oper.

Dementsprechend hat Brecht niemals verhehlt, dass sich seine Revolution des Theaters etlichen Anregern verdankte: neben den Dramatikern Georg Kaiser, Arnolt Bronnen, Marieluise Fleißer oder Emil Burri etwa auch den Regisseuren Erich Engel und Erwin Piscator. Sie alle betrachtete er als (ungefragt) assoziierte Mitglieder eines Produktionskollektivs, das zwar unter seiner Führung (und unter seinem Namen), aber im Zuge wechselseitiger Anregung und Unterstützung zu neuen Arbeits- und Ausdrucksweisen gelangen sollte. Dass Brecht hinsichtlich seiner Mitarbeiterinnen zwischen Arbeits- und Liebesbeziehungen niemals klar unterscheiden wollte, hat ihm später, vor allem von feministischer Seite, den Vorwurf eingebracht, patriarchale Abhängigkeitsverhältnisse ausgebeutet zu haben. Als er schließlich seit 1948, ungeachtet seiner eigenen Freiheiten beim Bearbeiten und Zitieren, als verbindlich deklarierte Aufführungsskripte erarbeitete und, wegen der dortigen Missachtung des ‚Couragemodells', 1949 eine Inszenierung in Dortmund untersagte, wurden ihm gar NS-Methoden nachgesagt. Dabei hatte Brecht seine ‚Produktionsmodelle' (in Wort und Bild dokumentierte Muster von Kostümen und Kulissen, Bewegungsabläufen und Gesten) zum einen konzipiert, um den nach 1933 sukzessive unterbotenen dramaturgischen Standard der 1920er Jahre wiederherzustellen; zum anderen aber, um eine Problematisierung und Aktualisierung seiner eigenen Aufführungspraxis zu provozieren. Nicht nur bei fremden Stoffen, auch bei seinen eigenen Produktionen forderte er eine konsequente Dialektik zwischen Original und Nachahmung, Modell und Kopie (vgl. Brecht 1988 ff., Bd. 25, 386–389).

Brechts Stücke und Texte sollten ökonomische Entwicklungen wie die auf dem Feld der Arbeitswelt und des Marktgeschehens nicht nur stofflich aufgreifen. Für die neuesten Erkenntnisse und Erfahrungen von Marketing und Arbeitswissenschaft interessierte er sich mit Blick auf seine eigene Tätigkeit. Frederick Winslow Taylors und Henry Fords Methoden der industriellen → RATIONALISIERUNG prägten nachhaltig Brechts Anthropologie der Arbeit, wie sich thematisch am ‚ummontierten' Menschen im Stück *Mann ist Mann* (1926), aber auch praktisch in

Brechts eigenen Produktionszusammenhängen zeigte (vgl. Brecht 1988 ff., Bd. 2, 202). Die betriebswirtschaftliche Organisationslehre Frank und Lillian Gilbreths, der zufolge Produktivität durch adaptierte Arbeitsumgebungen und entsprechende mentale und emotionale Befindlichkeiten protokybernetisch gesteigert werden kann, stützte Brechts Dramenpoetik, die mit ihrer einfühlungskritischen Praxis der Verfremdung qua ‚Gestik' und ‚Haltung' eine gewisse Operationalisier- und Programmierbarkeit von Affekten und → LEIDENSCHAFTEN voraussetzt. *Emotional management* ist das Geschäftsgeheimnis von Peachums Bettlerbetrieb in der *Dreigroschenoper* ebenso wie jener philanthropischen ‚Gefühlsingenieure', die im Kostüm der Heilsarmee die *Heilige Johanna der Schlachthöfe* (1931) motivieren.

Henry Fords Idee, die Löhne zu steigern und die Waren zu verbilligen, damit seine eigenen Arbeiter seine eigenen Autos kaufen konnten, galt Brecht als ein Musterbeispiel für die kapitalistische Rückkopplung zwischen Massenproduktion und Massenkonsum, in deren Zuge sich Klassenidentitäten auflösten und sich die Arbeiter zusehends über Freizeit und Genuss definierten. In diesem Kontext interessierte sich Brecht auch für die behavioristischen und psychotechnischen Werbe- und Marketingkonzepte, die seit den 1920er Jahren zum konsumistischen „Fordschritt[ ]" (Brecht 1988 ff., Bd. 11, 176) beigetragen hatten: Einerseits vermarktete er seinen Autornamen als Markennamen (→ MARKE), indem er die eigenen Produktionen, im Stile der empirischen Konsumforschung, gemäß der erfassten ‚Kunden'- und Zuschauerreaktionen optimierte und den Bühnenerfolg der *Dreigroschenoper* für ein multimediales Merchandising (auf dem Feld des Theater-, Musik-, Film- und Romangeschäfts) nutzte; andererseits untersuchte Brecht die ökonomischen Konsequenzen des Reklame- und Marketingbetriebs in Texten wie dem *Dreigroschenroman* (1934) oder in Stücken wie dem Songspiel *Mahagonny* (1927). Den Schauplatz von Brechts gleichnamiger – programmatisch ‚kulinarischer' – Oper (1930) kann man als dystopisches Genießerparadies einer Spaß- und Erlebnisgesellschaft verstehen, für die Freizeit und Arbeit (unter der Bedingung, über Geld zu verfügen) ununterscheidbar geworden sind (vgl. Bolz 2004). Wenn die Ökonomie dieser „Netzestadt" (Brecht 1988 ff., Bd. 2, 336) auf bloßer Abschöpfung anderweitig erwirtschafteten Reichtums beruht, hat der Kaufakt die Produktion, das Gebot der (konsumistischen) Überschreitung (→ VERSCHWENDUNG, VERAUSGABUNG) die disziplinierende Norm und die Kundenstatistik die gesetzmäßige Ordnung ersetzt. Was bleibt, ist ein auf Dauer gestellter Ausnahmezustand, der im stets drohenden Kollaps der Geld- und Genusswirtschaft gründet (→ KRISE).

Inwiefern ‚klassische' Ökonomien auf Krediten und Schuldtiteln basieren und von der römischen Antike bis in die Moderne zu einer (genealogisch, ökonomisch und moralisch) verschärften Schuld- und Krisengeschichte geführt haben, untersuchte Brecht Ende der 1930er Jahre in seinem unvollendeten ‚antiken Roman' *Die Geschäfte des Herrn Julius Caesar* (vgl. B. Wolf 2019a; → KREDIT UND SCHULD[EN]; → III.16. BÖRSEN-, SPEKULATIONS- UND INFLATIONSROMAN). Die Krisenhaftigkeit spekulationsbasierter moderner Ökonomien markierte indes nicht weniger als den Ausgangspunkt von Brechts Theaterkonzeption: Inspiriert von Frank Norris' Roman *The Pit* (1903) sind seine seit 1923 entstandenen *Jae-Fleischhacker*-Fragmente auf den Getreidehandel Chicagos und die dortige Terminbörse zentriert, um die Versorgungskrise Nachkriegsdeutschlands im Rekurs auf die amerikanische Lebensmittelspekulation zu analysieren. Als Brecht, trotz intensiver Lektüre ökonomischer Literatur und zahlreicher Gespräche mit Soziologen und Wirtschaftswissenschaftlern, auf kein zureichendes Erklärungsmodell gestoßen war, verschrieb er sich – so zumindest die Legende – dem Studium des Marxismus und einem Theaterkonzept, das für die überkomplexe Welt des Ökonomischen mitsamt seinen obskuren Kausalitäten, Temporalitäten und *agencies* neue Darstellungstechniken erprobt (vgl. Dommann 2014a, 113–121). Insbesondere in der *Heiligen Johanna* hat Brecht die – makroökonomisch fatale – Bildung eines ‚Corners' ausbuchstabiert, um zweierlei Illusionen zu zerstören: die konservative Meinung, Wirtschaftsprozesse würden schicksalhaft ablaufen, und die reformistische Auffassung, der Einzelne sei gegenüber makroökonomischen Zusammenhängen tatsächlich handlungsfähig (vgl. Knopf 1986, 87–110).

Das Gangsterähnliche des Bourgeois und das Bürgerliche des Räubers hat Brecht in der *Dreigroschenoper* und im *Dreigroschenroman* vorgeführt, das Verbrecherische kapitalbasierter politischer Karrieren im *Caesar*-Roman und in *Der aufhaltsame Aufstieg des Arturo Ui* (1941). Doch steht in seinen Stücken wie in seiner Prosa das, was man als ‚Wirklichkeit der Ökonomie' bezeichnen mag, stets unter Darstellungsvorbehalt: So wie im *Caesar*-Roman die Untersuchung antiker Schuldökonomien von einer verschlungenen, ihrerseits durch zahllose ökonomische und politische Interessen geprägten Überlieferungslage erschwert wird, war auch die zeitgenössische Verquickung großkapitalistischer Strategien mit liberaldemokratischen oder faschistischen Machtinteressen kaum zu durchdringen. „Die eigentliche Realität ist in die Funktionale gerutscht", heißt es im *Dreigroschenprozeß* (Brecht 1988ff., Bd. 21, 469), weshalb sich ein zeitgemäßer Realismus nur mehr in der Umfunktionierung der Produktionsapparate zeige. Die Wirklichkeit der → PRODUKTION gibt sich nur noch in der fortgesetzten Produktion von Wirklichkeit zu erkennen und im Differential zwischen diversen, in sich widersprüchlichen Wirklichkeitsmodellen.

Die ‚ökonomische Poetik' Brechts ist so gesehen praktisch und zugleich theoretisch angelegt: Seine Lehrstücke sollten ein kollektiv ‚eingreifendes Denken' einüben und dabei eine fortwährende ‚Belehrung durch die Wirklichkeit' ermöglichen – bis zu dem Punkt, an dem man, wie im Fall der *Mutter Courage* (1938/1939), auch das Ausmaß der eigenen Unbelehrbarkeit erkannte. Das ‚epische Theater' wiederum war, deutlich in Brechts unablässiger Arbeit am *Messingkauf* (1939– 1955), als ein Forum diskursiver und darstellungslogischer Selbstreflexion konzipiert. Als solches ging es aber – wie von seiner Mitarbeiterin Elisabeth Hauptmann in ihrem Arbeitstagebuch festgehalten – auf Brechts Beschäftigung mit der Getreidebörse und auf die theoretische Verlegenheit der Wirtschaftswissenschaft zurück (vgl. Knopf 2001 ff., Bd. 1, 148). Hat sich Brecht wiederholt von Aristoteles abgegrenzt, dann nicht nur von dessen dramentheoretischen Lehrsätzen, sondern ebenso von dessen Trennung zwischen *poêsis, praxis* und *theôria* und allgemein von dessen Wissenschaftskonzeption. Diese ist nämlich auf konstante Gesetzmäßigkeiten fixiert, so dass ihr der konkrete und kontingente Fall entgehen muss. Innerhalb eines unüberschaubar komplexen ökonomischen Beziehungsfelds, das sich dauerhaft in Krisenlagen und Ausnahmezuständen befindet, kann es für Brecht jedoch keine rational handelnden Wirtschaftssubjekte mehr geben. An die Stelle eines typenhaften → HOMO OECONOMICUS rückt sein ‚antiaristotelischer Roman' deshalb komplexe Konstellationen zwischen Ausnahme und Regel, Ereignis und Serie (vgl. Brecht 1988 ff., Bd. 21, 538–539). Und an die Stelle eines ‚aristotelischen Theaters', das als Erlebnisstätte einen repräsentativ nachgeahmten und daher einfühlungsträchtigen Fall vorführt, tritt das „Theater des wissenschaftlichen Zeitalters" (ebd., Bd. 22, 695): der Schauplatz einer versuchsweisen „Vorahmung" (Blumenberg 2001, 45) anderer Ökonomien, auf und mit dem die Bühne zur Produktionsstätte umfunktioniert worden ist.

Ökonomie und Arbeit in der DDR-Literatur

Einen ersten Schritt in Richtung auf eine veränderte Funktionssetzung für Literatur bildete noch vor der Gründung der DDR die im Mai 1948 stattfindende Erste Zentrale Kulturtagung der SED, auf der Anton Ackermann grundlegende Aspekte der Kulturpolitik entwarf. Ackermann suchte die Rolle von Kunst und Literatur aus dem Verhältnis von Basis und Überbau abzuleiten (vgl. Ackermann 1948b). Er sah die Produktionsverhältnisse als entscheidende Grundlage für die Ausprägung einer Kultur. In diesem Sinne sei die Kultur der Antike die „Kultur der Sklavenhaltergesellschaft" gewesen, für die „Kultur der Zukunft" konstatierte Ackermann eine Auflösung der Klassengegensätze und die Aufhebung der Trennung zwischen den „Hand- wie den Kopfarbeitern" (ebd., 21 ff.). Ackermann ging dabei von einem Kulturverständnis aus, das Arbeiter wie Intellektuelle gleichermaßen als Schöpfer und Nutzer von Kultur sah. Für das nicht spannungsfreie Verhältnis zwischen Intellektuellen und Proletariat sah Ackermann die Notwendigkeit, dass die Intellektuellen auf „Gefühle der Überheblichkeit" verzichten, während es bei Arbeitern darum gehe, Vorstellungen von „Minderwertigkeit" abzubauen. Mit Blick auf ein anvisiertes „Bündnis" erging an die Intellektuellen der Vorschlag, „zu den Arbeitern in die Fabriken" zu gehen (ebd., 27). Bereits Ende der 1940er Jahre existierte also eine Orientierung, die dann mit dem Bitterfelder Weg zur kurzzeitigen kulturpolitischen Orientierung wurde (vgl. Gansel 1996).

Was im Mai 1948 noch ausdrücklich als Anregung formuliert war, wurde dann zunehmend zu einer gesellschaftlichen Funktionssetzung. Auf der Arbeitstagung sozialistischer Schriftsteller und Künstler vom 2. und 3. September 1948 präzisierte Ackermann in seinem Vortrag „Die Kultur und der Zweijahrplan" die Vorstellungen vom Verhältnis Kunst-Ökonomie (vgl. Ackermann 1948a). Erneut ging Ackermann von dem für die marxistische Theorie grundlegenden Basis-Überbau-Zusammenhang aus und bestimmte die Rolle der Kultur in diesem Rahmen. Für ihn galt als erwiesen: „[J]e mehr und je besser produziert wird, um so mehr können Bildung, Wissenschaft, Kunst und Literatur gefördert werden." Ackermann erwartete auf der anderen Seite, dass die Kultur einen neuen Menschentyp erzieht, für den die Arbeit nicht nur ein „bloßes hartes Muß" ist, sondern Erfüllung bedeutet und darum eine „freiwillig übernommene Verpflichtung" darstellt. Der „neue Mensch" bildete für Ackermann die Grundlage für eine „neue Ära der Menschheitsgeschichte", die er als identisch mit dem Aufbau des Sozialismus empfand (ebd., Bl. 3–4). Freilich könne „eine neue, höhere Stufe der Kultur" nur erreicht werden, wenn das „allgemeine Bildungsniveau" gesteigert würde. Daher plädierte er für eine „Neubildung und Vermehrung der Intelligenz in breitem Umfang" (ebd., Bl. 4). Dennoch ging Ackermann nicht soweit, eine direkte Entsprechung zwischen ökonomischer Planerfüllung und künstlerischen Leistungen anzunehmen. Für ihn war es „Unfug, nun in Analogie zum Zweijahresplan etwa eine 35 %ige Steigerung der Produktion von Gedichten, Bildern oder Plastiken zu fordern" (ebd., Bl. 9). Gleichwohl sollte die Arbeit als neuer Gegenstand zunehmend in Kunst und Literatur Gestalt finden. In diesem Rahmen wurde nunmehr auch das Problem realistischer Darstellung manifest, wobei zu diesem Zeitpunkt der Begriff ‚sozialistischer Realismus' noch nicht gebraucht wurde.

Mit der Gründung der DDR spielen für die Literatur Fragen des sogenannten neuen Gegenstandes eine zentrale Rolle, und dazu gehört zentral das Thema der → ARBEIT. In diesem Kontext lässt sich für die frühen 1950er Jahre eine Art Muster entwerfen: Die Figuren und die entworfenen Räume führen in die sogenannte Aufbauzeit und sind von der Vision bestimmt, in der DDR eine sozialistische Alternative zu schaffen. Dieser Umstand bestimmt die Schauplätze, auf denen sich die Figuren bewegen: Der Aufbau eines Betriebes oder gar der Aufbau einer ganzen Stadt steht *pars pro toto* für die DDR insgesamt und ist bewusst als eine Vorwegnahme von Zukünftigem angelegt. Zu denken ist an Großprojekte wie die Stalinallee in Berlin, das Eisenhüttenkombinat Ost (EKO) oder das Kombinat Schwarze Pumpe bei Hoyerswerda. Hinzu kommt eine weitere Besonderheit: Im Zentrum der Darstellung stehen zumeist junge Leute, weil sie es sind, die das utopische Projekt des Aufbaus einer neuen Gesellschaft in die Tat umsetzen müssen. Ein in der DDR erfolgreiches literarisches Muster dafür stellt bereits Eduard Claudius' Roman *Menschen an unserer Seite* (1951) dar, in dem die reale Geschichte um den Aktivisten Hans Garbe die Grundlage bildet. Garbe hatte 1949/1950 zusammen mit einer Brigade bei laufendem Betrieb den letzten funktionstüchtigen Ringofen im Ost-Berliner VEB „Roter Oktober" (Siemens-Plania) repariert. Auf diese Weise wurde ein Ausfall von vier Monaten verhindert sowie eine halbe Million Mark eingespart, und Garbe avancierte zum ‚Helden der Arbeit'.

In *Menschen an unserer Seite* sind es neben dem Protagonisten Hans Aehre früher unterprivilegierte Arbeiter, junge Männer und Frauen, Kommunisten und Heimkehrer, die eine Chance erhalten und in einem konflikthaften Prozess Fähigkeiten entwickeln, die sie zu Leitbildern vom ‚Neuen Menschen' machen. Auch und gerade in den nachfolgenden ‚Betriebsromanen' der frühen 1950er Jahre gerät mit der Darstellung des Aufbauprozesses der anvisierte ‚Neue Mensch' ins Zentrum. So macht Karl Mundstock in seinem Roman *Helle Nächte* (1952) junge Leute zum Motor beim Aufbau des EKO sowie der dazugehörigen Wohnstadt Stalinstadt (ab 1961 Eisenhüttenstadt). Von Beginn an zeichnet die Figuren ein geradezu vorbildlicher Aufbruchswille aus und die Überzeugung, dass ihnen die Zukunft gehört. So lautet es im Wechsel von der Nullfokalisierung zur Figurenrede: „Wo man hinhört, heißt es: das neue Werk. Jeden Tag steht etwas in der Zeitung darüber. Am Rathaus hängt ein Anschlag: ‚Arbeitskräfte gesucht'. Wofür? Für das neue Werk! Sie brauchen uns dort, und wir klauben hier Papierchen, verfassen Berichte, schleusen aus einer Sitzung in die andre! Mit zwanzig Jahren Schwielen am Hintern, mit dreißig Arterienverkalkung, mit vierzig Rentenempfänger! Nee, du, ich will noch mit siebzig die Axt schwingen wie jetzt die Füllfeder. Ich bin Zimmermann!" (Mundstock 1953, 21) In der Figurenrede wird das Selbstbewusstsein der Arbeiterklasse deutlich, die ihre ‚gesamtgesellschaftliche Bedeutsamkeit' vor allem aus der körperlichen Arbeit gewinnt. In Verbindung damit wird das Ideal des ‚Neuen Menschen' entworfen, für den die Arbeit erster Lebenszweck ist. Diese Auffassung, die durchaus dem entspricht, was man mit ‚Vereinbarungen' des sozialistischen Realismus als ‚sozialistische Perspektivgestaltung' bezeichnen kann, wird allerdings schon ab Mitte der 1950er Jahre infrage gestellt. Heiner Müllers *Der Lohndrücker* (1956) knüpft an den Garbe-Stoff an und gewinnt ihm neue Seiten ab. Im Vorspruch zum Stück heißt es: „Das Stück spielt 1948/49 in der Deutschen Demokratischen Republik. Die Geschichte des Ringofens ist historisch. Die Personen und ihre Geschichte sind erfunden" (H. Müller 1989, 6). Entsprechend wechselt der Blickpunkt von der ‚heldenhaften

Arbeitstat' auf die Reflexionen der Kollegen, die Garbe eben nicht als Aktivisten sehen, sondern als Lohndrücker.

Ein veränderter Zugriff auf Arbeit und Ökonomie findet sich in Siegfried Pitschmanns Romanprojekt, das den ironisch gemeinten Titel *Erziehung eines Helden* (entstanden 1959, posthum veröffentlicht 2005) trägt. Bei Pitschmann steht ein junger Mann im Zentrum, den es nach einer gescheiterten Beziehung in die materielle Produktion führt, nämlich das Kraftwerk Schwarze Pumpe bei Hoyerswerda. Dieser Protagonist, von Haus aus Musiker, gerät nun in eine gänzlich andere Welt, er stößt auf Produktionsarbeiter, die eigentlich schon dem Ideal des ‚Neuen Menschen' entsprechen sollen. Doch muss er schnell erkennen, dass in der Realität der materiellen Produktion wenig von den idealischen Vorstellungen umgesetzt ist. Die Dekonstruktion des bisherigen Modells von Arbeit erklärt, warum Pitschmann und sein Romanmanuskript in die Kritik geraten und der Text erst nach dem Ende der DDR erscheint. Dabei entsprach das Vorhaben eigentlich dem zeitgleich ins Leben gerufenen ‚Bitterfelder Weg', der unter der Losung „Greif zur Feder Kumpel! Die sozialistische Nationalliteratur braucht dich" stand, die am 24. April 1959 im Kulturpalast des Elektrochemischen Kombinats Bitterfeld öffentlich gemacht wurde.

Nach dem Mauerbau vom August 1961 entstand in der DDR eine veränderte politische Situation, und auch innerhalb der SED gab es keine Einigkeit über den veränderten Kurs. Walter Ulbricht setzte auf das ‚Neue Ökonomische System der Planung und Leitung der Volkswirtschaft', wollte angesichts der problematischen wirtschaftlichen Situation Reformen umsetzen, eine schrittweise Modernisierung in Gang bringen und dazu den volkseigenen Betrieben mehr Eigenverantwortung geben. Zu diesem Zweck hatte Ulbricht im Januar 1963 auf dem VI. Parteitag der SED eine Neuorientierung der Wirtschaftspolitik angekündigt, die nach dem „Grundsatz des höchsten ökonomischen Nutzeffekts" (Ulbricht 1963, 87) und der „materiellen Interessiertheit" ausgestaltet sein sollte (ebd., 83) und die sich auch daran zeigte, dass Wirtschaftsspezialisten ins Politbüro der SED aufrückten (vgl. Gansel 2014; Roesler 1998). In dieses Konzept von Ulbricht passte der Bitterfelder Weg, der sich auf den ersten Blick als eine kulturrevolutionäre Freisetzung von Kultur und Kunst ausnahm, aber in seinem Kern durchaus eine politisch-ideologische Absicherung des Wirtschaftsprogramms darstellte. Es ging nämlich darum, die Arbeiterklasse zu höheren Leistungen im Wettbewerb zu mobilisieren. Wo die Erhöhung der Eigenverantwortung eine zentrale Rolle spielte, bedurfte es einer zurückhaltenden Reform des politischen Systems, der Freisetzung kreativer Potentiale gerade der jüngeren Generation, mithin einer gewissen Liberalisierung. Und in der Tat: Wohl nur in diesem ausgesprochen kurzen Zeitfenster Anfang der 1960er Jahre drängten ausgewählte Vertreter der SED-Führung, Intellektuelle wie auch Teile der Bevölkerung gemeinsam auf Reformen.

In der Literatur wird diese Phase symbolisiert durch Erik Neutschs *Spur der Steine* (1964), dessen Erfolg durch die Verfilmung mit Manfred Krug in der Hauptrolle noch gesteigert wurde. Text wie Film führen auf eine Tagung, auf der der erfolgreiche Brigadier Balla über die positiven Erfahrungen seiner Brigade mit dem Dreischichtensystem und der neuen Technik berichten soll. Balla ist zwar ein ausgezeichneter Brigadier und Fachmann, allerdings hat er keinerlei Erfahrung mit der von ihm geforderten Textsorte eines Erfolgsberichts. Entsprechend unsicher ist er bei seinem Vortrag, in dem er dann – dies ist ihm eingeredet worden und bei derartigen Reden üblich – auf einen der Klassiker des Marxismus-Leninismus Bezug nimmt, nämlich Lenin. Balla scheitert in dem Bemühen, irgendwie einen Zusammenhang zwischen der konkreten Arbeitspraxis und der Ideologie herzustellen. Es nimmt daher nicht wunder, wenn ein Teil der Anwesenden den Widerspruch zwischen Inhalt und Form wahrnimmt und mit Lachen reagiert. In der Filmsequenz reagiert Balla irritiert, er legt sein Manuskript beiseite und redet Tacheles:

> Was gibt's denn da zu lachen. War jedenfalls gar nicht dumm, was Lenin da gesagt hat (Lachen im Publikum). War was gegen diese – Bleistiftanspitzer, die immer das große Zittern kriegen, wenn sie mal was – verantworten, entscheiden sollen. Also kurz und gut: Wir haben jedenfalls in Schkona tatsächlich mithilfe der modernen Technik schneller und billiger gebaut (Beifall). Was ist aber nun das Neue? Das Neue für uns war, dass wir, obwohl wir viel schneller und viel billiger gebaut haben, viel weniger Geld bekommen haben. Warum? Weil sich die Arbeitsproduktivität, ne, also die Arbeitsproduktivität, nicht nach dem Produkt errechnet, sondern danach, ob die Plansumme auch tatsächlich bis zum letzten Pfennig verbaut ist. Warum das so ist, versteht bei uns kein Mensch. Das wollte ich hier mal Sie fragen, Genossen. (*Spur der Steine*, Regie: Frank Beyer, DDR 1966, 1:22:28–1:24:14)

Auf die offenen Fragen, die Ökonomie und die Arbeit betreffend, können die Genossen nicht antworten, und nicht nur in dieser Hinsicht kommt der Rede Ballas symbolische Bedeutung zu. Für die Zuschauer des Films offensichtlich, wechselt der ‚sozialistische Selbsthelfer' Balla, der wie Erwin Strittmatters *Ole Bienkopp* (1963) agiert, nach dem anfänglich-stockenden Verlesen vorgestanzter parteipolitischer Plattitüden die Sprachebene und benennt – nunmehr im wahrsten Sinne des Wortes – freisprechend, das eigentlich Problem, die Organisation von Arbeit. Balla markiert auf seine Weise den Widerspruch zwischen der politischen Ermächtigung von oben (der ‚Plan') und der Eigenentwicklung im System Wirtschaft, in diesem Fall in einem Betrieb. Unpoetisch formuliert kann man sagen: Balla macht auf ein Modernisierungsproblem des ostdeutschen Staates aufmerksam, das freilich bis zum Ende der DDR nicht gelöst wurde. Das erklärt, warum der Film nach dem 11. Plenum des ZK der SED 1965 gar nicht erst in die Kinos kam und erst mit dem Ende der DDR gezeigt werden konnte.

Wirtschaftliche Mechanismen in Esterházys *Produktionsroman*

‚Der neue wirtschaftliche Mechanismus' war eine umfangreiche Reform des sozialistischen Ungarns, die 1968 eingeführt wurde und das frühere zentrale System der wirtschaftlichen Planung und Lenkung ablösen sollte (vgl. Rainer 2010, 40–42). Die Reformpläne beruhten auf der sich später als falsch herausstellenden Annahme, dass bürokratische und Marktkoordination in beliebigem Verhältnis, wenn nötig auch eins zu eins gemischt werden konnten (vgl. Kornai 2008, 35). Der Reformprozess war Auslöser ernster Debatten, viele hielten ihm die zentrale Planwirtschaft und das traditionelle sozialistische Modell entgegen. In Péter Esterházys *Termelési-regény* (1979, dt. *Ein Produktionsroman*) hallen zahlreiche Stimmen aus dieser Debatte nach. Die erste Hälfte des aus zwei Teilen bestehenden Romans spielt an einem Arbeitsplatz, an dem der Konflikt zwischen dem bürokratischen Apparat und dem auf der ökonomistischen, kalkulatorischen und informationstechnischen Modellierung basierenden Standpunkt der Wirtschaftssteuerung in Szene gesetzt wird.

Der Titel des Buches suggeriert – und dieses paratextuelle Angebot ist von der Kritik teilweise unreflektiert akzeptiert worden –, dass es sich bei dem Roman um eine Parodie der Gattung des Produktions- oder Betriebsromans handle, obwohl dem Text das bedeutsamste szenische Charakteristikum des ‚Betriebsromans' fehlt: die Darstellung der → PRODUKTION in der Praxis. Die Verhältnisse am Arbeitsplatz im Roman stammen aus dem ungemein komplizierten Erosionsprozess, den im Marktsozialismus die Vermischung des klassischen sozialistischen und des kapitalistischen Modells bedeutet. Im Zuge der Interpretation der Begriffe ‚Sozialismus' und ‚Arbeit' ist die Distanz nicht zu übersehen, die zwischen der öffentlichen (propagandistischen) Rede über die → ARBEIT und der gesellschaftlichen Praxis lag. Dieser Gegensatz bildet im *Produktionsroman* den Hintergrund für die Welt der Arbeit. Innerhalb Esterházys Romanwerk stellt dieser Text insofern einen Sonderfall dar, als allein hier der Diskurs des Arbeitsplatzes mit der Schreibtätigkeit (→ SCHREIBARBEIT) oder mit unterschiedlichen Figuren der Autorschaft verknüpft wird, was umso überraschender ist, als die Rolle des Schriftstellers in Esterházys Textwelten Gegenstand ständiger Reflexion ist.

Im *Produktionsroman* ist die Arbeit als Individualwert, als Einheit von Planung und Durchführung sowie als Analogie für Kreation und Produktion gleichermaßen von Bedeutung. Im Text des Romans und als ihn unterbrechende Bilder sind einige aus dem Prozess des Schreibens stammende Zettel präsent. Die „Spontanzettel" (Esterházy 2010, 372, 416) – als eine Montage der auf das Werk bezogenen Pläne des Autors und des fertigen Werks – machen die Aporie der logischen Trennung und der Gleichsetzung von Muster, Plan oder Gedanke und dem Endprodukt deutlich – das heißt, da der Plan (der Zettel, der Gedanke) und das fertige Werk (das Produkt, der Roman) niemals die gleiche Gattung oder Existenzform haben, kann es keine eindeutige Entsprechung zwischen ihnen geben; was entsteht, ist nie das, was geplant wurde, während die Techniken der Archivierung eine gleichzeitige Darstellung und ein Ineinanderwirken von Plan und Werk möglich machen. Die Produktion als ein sich von der Planung unterscheidender Prozess bestimmt, was überhaupt entstehen kann, und das trifft gleichermaßen auf die industrielle wie auf die künstlerische Produktion zu. Jedoch nicht in dem Sinne, dass die ‚Integrität' oder sogar die Aura des Werkes im Zuge der Produktion und Publikation Schaden nehmen würde. Viel eher wird im Roman die Unplanbarkeit und Unvorhersehbarkeit verhandelt, auf welche Weise der technische (drucktechnische), der persönliche (der Autor als Privatperson, der Schriftsetzer als Leser usw.) und der diskursive Faktor (Arbeitsplatz, Zensur, politische Macht) in ihrer gemeinsamen zeitlichen und räumlichen Bewegung den Prozess des Schaffens und des Lesens formen. Die Brüche, die auf allen Textebenen des *Produktionsromans* zu finden sind – von Dephraseologisierung über narrative Ebenenwechsel und absichtliche Anachronismen bis hin zu den Lesefluss unterbrechenden Fußnoten –, kennzeichnen die inszenierte Herstellung des Romans und die dadurch vorgeschriebene Lesepraxis zugleich. Das alles steht in einem paradoxen Verhältnis zu der im Lebenswerk oftmals betonten Berufung des Autors, seinem individuellen Arbeitsethos, das ausdrücklich kein pragmatisches Ziel hat (wie etwa Geld, Güter, Erfolg), sondern das künstlerische Schaffen als Selbstzweck darstellt. Das Pathos dieses Standpunktes wird gerade durch die fragmentarische, durch Brüche und Zufälle in einem Zusammenspiel heterogener Faktoren entstehende Textproduktion dekonstruiert.

Das „Außenstehen" des Schriftstellers – die „kleinen Blumenhändchen" (Esterházy 2010, 185, 322, 436), die den Stift halten, sind für körperliche Arbeiten nicht geeignet – sowie die Zweiteilung des Alltags von Schreiben und Arbeit in Esterházys Lebenswerk bedeuten nicht, dass das System der Wirtschaft und das der Kunst, das individuelle Werk und dessen Umgebung im *Produktionsroman* nicht eng miteinander verknüpft wären. Das Manuskript wird nach seinem Umfang bezahlt, die Beschäftigung am Arbeitsplatz und der Prozess des Romanschreibens sind ineinander verkeilt, das Verhältnis von Schreiben und Wirtschaft, von Autor und Gemeinschaft ist ein nicht aufzulösendes Zusammenspiel von Unterschieden und Ähnlichkeiten. So verhält es sich auch mit der Individualität des beruflichen Schreibens: Zwar handelt es sich um eine allein ausgeführte Tätigkeit, frei von pragmatischen gesellschaftlichen Zielen, die als solche Abstand von kommunistischen Arbeitsauffassungen nimmt, dennoch ist das Schreiben in mehrfacher Hinsicht gemeinschaftlich; es entsteht aus Fragmenten von Diskursen in der Familie und am Arbeitsplatz. Nicht nur thematisch betrachtet, sondern auch dadurch, wie die unterschiedlichen Diskurse sichtbare Spuren im

Romantext hinterlassen. Eine Metapher dessen ist im Roman das quasi private Zimmer am Arbeitsplatz, dessen Raum von Akten der medialen (Telefon, Radio, Zeitung) und informellen Kommunikation (Gerüchte, Streit) zerrissen wird, sowie das Arbeitszimmer der Wohnung, welches ein Vorhang vom Rest der Wohnung trennt (vgl. ebd., 403–404). Dieser Vorhang ist nicht eisern, er stellt eine leicht zu übertretende Grenze zwischen Schaffensraum und Familienleben dar: Er lässt Klänge hindurch, und obwohl er die Kommunikation beeinflusst, verhindert er sie nicht. Dieses Außenstehen ist nicht mehr als ein Anlass zur Betrachtung von Publikum und Selbst.

Im *Produktionsroman* wird das Beobachten zweiter Ordnung (vgl. Luhmann 1995, 92), etwa die Produktionssteuerung und die Reflexion derselben oder das Schreiben (der Meister) und dessen Beobachtung (EP), zum Paradigma der Entstehung und der Rezeption des Romans. Über die Inszenierung der Autorenrolle und des Diskurses dekonstruiert der *Produktionsroman* die traditionelle Auffassung von Arbeit. Die Arbeit des Schriftstellers ist an keinen bestimmten Ort oder Zeitraum gebunden, das ‚Produkt' entspricht nicht den Erwartungen eines im Vorfeld festgelegten (gattungsbezogenen oder anderweitigen) Programms, sondern kreiert sich demonstrativ selbst, der Autor widmet dem → URHEBERRECHT keine Aufmerksamkeit, sondern bemüht sich stattdessen als Textselektierer um Selbständigkeit. Dabei nimmt der Roman in höchstem Maße die Charakteristika des Parasitären (→ PARASIT) an, auf mehreren Ebenen. Im Sinne der kommunistischen Rhetorik: Seine Welt ist vom Szenario der stofflichen Produktion – wie zum Beispiel dem Bau(-wesen) des Sozialismus – so weit entfernt wie nur irgend möglich und skizziert einen intellektuellen Diskurs, der sich mit keinerlei Formen der fortschreitenden (Heils-)Geschichte identifiziert, sondern ausdrücklich als sich selbst erschaffendes Werk sogar alle Schemata zur Zielerreichung dekonstruiert. Nach der kommunistischen Theorie ist allerdings nicht nur der ‚arbeitslose' reiche Inhaber des Privateigentums, sondern auch der sich mit dem festgesetzten Ziel nicht identifizierende Intellektuelle ein Parasit am Körper der ‚Wertschöpfer', d.h. Arbeiter. Der *Produktionsroman* stellt dem gängigen Begriff von Arbeit eine Form der schöpferischen Arbeit gegenüber, die die Lebensumstände des Schaffenden ihrem eigenen (launenhaften und unberechenbaren) Takt unterordnet – und auch die Entstehung des literarischen Textes.

III.20. Liberalismus und Neo-Liberalismen in der Literatur

Ulrich Plass

Der vor wenigen Jahren noch inflationär verwendete Begriff der Globalisierung ist mittlerweile von dem mit ihm sachlich eng verwandten Begriff des Neoliberalismus abgelöst worden. Häufig wird damit der gegenwärtige globalisierte Kapitalismus schlechthin gemeint, mitunter seine spezifischen ökonomischen Erscheinungsformen wie Monetarismus, Deregulierung, Privatisierung von Gemeineigentum und öffentlicher Infrastruktur, Erfindung neuer Investitionsprodukte, Flexibilisierung von Arbeitsverhältnissen, Abbau des Sozialstaates, Profit- und Produktivitätssteigerung durch Automatisierung, Stellenabbau, Lohnkürzungen, effizientere Logistik und die Verlagerung der Produktion auf billigere Arbeitsmärkte. Dazu kommt eine auf Optimierung (Innovation, → Kreativität, Exzellenz) zielende Quantifizierung und Dauerbegutachtung des Handelns und Denkens. Die Ausweitung einer messbaren Markt- und Leistungslogik auch in jene Bereiche, in der bis dato der Tauschwert nur eine Nebenrolle spielte (z. B. Erziehung, Wissenschaft, Kunst, Gesundheit, Intimität), wird ermöglicht durch eine Verschärfung staatlicher Kontrollmechanismen (Polizei, Militär, Überwachungsorgane), durch Umverteilungstechniken (regressive Steuerpolitik, Reduzierung von Sozialausgaben, Sparpolitik), die Bereitstellung billigen Geldes (Niedrigzinspolitik, Aufkaufen von Staatsanleihen durch die Notenbanken) und die Versicherung großer Konzerne gegen Krisen durch die Garantie staatlicher *bailouts* – all dies geschieht vor dem Hintergrund der ‚Finanzialisierung' der Weltwirtschaft seit den 1980er Jahren (vgl. Vogl 2015, 199–248).

Mittlerweile ist der Begriff des Neoliberalismus auch in der Literaturwissenschaft angelangt (vgl. Chronister und Koepnick 2016; Johansen und Karl 2017; Huehls und Smith 2017; La Berge und Slobodian 2017). Dabei findet allerdings in der Regel nicht die ursprüngliche Intention des neoliberalen Denkens von Ökonomen wie Ludwig von Mises und Friedrich August Hayek Beachtung. Diese richtete sich auf die Notwendigkeit, die Ordnung der Weltwirtschaft (*catallactics*; vgl. Hayek 1973 ff.) durch die Schaffung transnationaler Regierungsinstitutionen wie des Internationalen Währungsfonds, der Weltbank und der Welthandelsorganisation zu fördern und vor nationalstaatlicher und demokratischer Intervention zu schützen (vgl. Slobodian 2018). Die *formal* selbstregulierende Kraft des Markts bedürfe eines *gemachten* globalen Rahmens, innerhalb dessen die Freiheit von Privateigentum und Wettbewerb garantiert sei. Damit steht die neoliberale Idee der absoluten Freiheit des Individuums im unvermeidbaren Widerspruch mit der ebenso gewichtigen Idee einer notwendigen ‚gouvernementalen' (Foucault 2004b) Manipulierbarkeit dieses Individuums (vgl. Plehwe 2015, 37). Im gängigen Verständnis des Neoliberalismus als Deregulierung wird diese ordnende und hegende (vgl. Slobodian 2018, 226) Dimension einer Politik der „Wachsamkeit" (Foucault 2004b, 188) häufig unterschlagen. Wo in der Literaturwissenschaft der Begriff des Neoliberalismus aufgegriffen wird, geschieht dies meist in kritischer Abgrenzung von Theorien, welche die spezifisch neoliberale Dezentralisierung und Unsichtbarmachung von Herrschaft und Gewalt ontologisieren und dadurch entpolitisieren (vgl. Nealon 2017, 73). In diesem Zusammenhang nennen Mitchum Huehls und Rachel Greenwald Smith Theorie-Marken wie „affect theory, biopolitics, ecocriticis, object oriented ontology, embodiment theory, actor-network theory, and animal studies" (Huehls und Smith 2017, 10). Einschlägig für die Kritik an diesen sind einerseits die gegen die marxistische These des Klassenkampfes als Triebkraft historischer Prozesse pointierte Interpretation von Michel Foucault, der mit dem Begriff des → HOMO OECONOMICUS – verstanden nicht als Tauschpartner, sondern als „Unternehmer seiner selbst" – die generative, kreative Seite neoliberaler Subjektivität betont (Foucault 2004b, 314), und andererseits die marxistischen Interpretationen Naomi Kleins (2007) und David Harveys (2007a; 2007b), die den Neoliberalismus als eine neue historische Qualität der krisenopportunen Wertschöpfung durch kreativ-destruktive Praktiken wie der ‚Akkumulation durch Enteignung' (vgl. Harvey 2007a, 178) interpretieren: Neoliberalismus ist forcierter Klassenkampf von oben, mit dem die herrschende Klasse ab Ende der 1960er Jahre auf das Ende des langen Nachkriegsaufschwungs zu reagieren beginnt (vgl. Brenner 2006; Harvey 2005; Streeck 2015; Crouch 2011).

Wendy Brown hat beide Ansätze vereint und Foucaults These des Neoliberalismus als Verwandlung des Liberalismus in ein antidemokratisches Programm interpretiert, das die Wert-Rationalität politischen Handels durch die ökonomische Zweck-Rationalität des Marktes ersetzt. Browns Begriff der ‚neoliberalen Rationalität' schließt an Max Weber und die Kritische Theorie an: Wenn sie den Neoliberalismus als jene → RATIONALITÄT beschreibt, die durch die Verwertung aller Dinge und Handlungen „am Ende die Menschheit verschlingt" (Brown 2015, 44), dann spinnt sie die Verdinglichungstheorie von Georg Lukács fort, auf der wiederum dessen spätere Theorie des literarischen Realismus als „ent-verdinglichende" Darstellungsform beruht (Lukács 1962 ff., Bd. 4; Bd. 2; → I.1. MARXISMUS UND KRITISCHE THEORIE). Die Beachtung, die Browns Kritik des Neoliberalismus in der Literaturwissenschaft gefunden hat, knüpft also an ältere Theoretisierungsversuche des Verhältnisses von Literatur und Ökonomie an. Der entscheidende Unterschied zu den Literaturdebatten des 19. und 20. Jh.s besteht allerdings darin, dass die neoliberale Rationalität Psyche und Gesellschaft so tiefgreifend umprogrammiert, dass die liberalen Unterscheidungen von → ARBEIT und Freizeit, von

Privatsphäre und öffentlichem Raum, von Individuum und Gesellschaft tendenziell verschwinden. Und damit steht auch das Schicksal der modernen Literatur, die ja ihrerseits ein Geschöpf der liberalen Ära des Kapitalismus war (vgl. Moretti 2014, Kap. 2), auf dem Spiel: Was für Geschichten kann sie noch erzählen? Von wem soll sie erzählen? Aus wessen Perspektive? Mit welchen narrativen Mitteln? Und: Was weiß sie, was andere Wissensformen nicht wissen?

„[E]very thing has its price." Mit dieser Feststellung legt Ralph Waldo Emerson (1940, 182) den Finger auf jene Stelle, an der Liberalismus und Neoliberalismus ununterscheidbar sind: Es gibt keinen verlässlicheren Mechanismus der ausgleichenden Gerechtigkeit als den des (formal gleichen) Warentausches. Während allerdings Emerson in der Mitte des 19. Jh.s diese Einsicht noch als ‚erhaben' feiern konnte, haben die Krisen und Kriege des 20. Jh.s die vermeintlich universale Einheit von Handel, Staat und Natur (vgl. ebd.) als ideologisches Wunschdenken entblößt. Der geschichtliche Erfolg des Neoliberalismus nach dem Zweiten Weltkrieg, vom bundesdeutschen Ordoliberalismus über Margaret Thatcher, Ronald Reagan, Tony Blair, Gerhard Schröder, Bill Clinton, Angela Merkel, Barack Obama bis zur techno-utopischen, libertären Neuerfindung des Menschen in den Labors von Silicon Valley lässt den irrationalen, fiktiven Kern der Rationalität des → MARKTES ans Licht treten, den Marx im ersten Band des *Kapitals* als Illusion „einer prästabilierten Harmonie der Dinge" oder einer „allpfiffigen Vorsehung" darzustellen versucht: Der Markt soll das verwirklichen, was ohnehin der Natur des Menschen und der Welt entspricht – „Freiheit, Gleichheit, Eigentum und Bentham [d. h. Eigennutz und Privatinteresse]" (Marx und Engels 1956 ff., Bd. 23, 189). Indem der Markt als natürlich angesehen wird, verschwinden die historisch gewordenen Herrschaftsverhältnisse, die ihn hervorgebracht haben und tagtäglich reproduzieren, aus dem Blick. Im Werk Emersons wird ökonomischer Reichtum nicht als gesellschaftliches, sondern als natürliches Produkt verehrt, das sich gewissermaßen von selbst schafft, solange die Arbeit des Einzelnen unter den von Marx genannten vier Begriffen erfolgt: „The basis of political economy is noninterference. The only safe rule is found in the self-adjusting meter of demand and supply. Do not legislate" (Emerson 1940, 705). Natur und Markt belohnen jene, die sich ihren Wohlstand durch Fleiß verdient haben – und bestraft die Faulen (→ FAULHEIT): „In a free and just common-wealth, property rushes from the idle and imbecile to the industrious, brave and persevering" (ebd.).

Im Anbetracht der Krise des Keynesianismus und dank des propagandistischen Geschicks der Chicago School of Economics und insbesondere Milton Friedmans wurde die liberale Ideologie der Naturgegebenheit des Marktes rhetorisch erneuert; im Werk Hayeks fand sie ihre wissenschaftliche Ausarbeitung: Das Wissen des Einzelnen sei konstitutiv begrenzt; der Wettbewerb fungiere als Prinzip des Entdeckens, ähnlich wie das Experiment in den Naturwissenschaften (vgl. Hayek 1973 ff., Bd. 3, 68); die Preise seien rationale Signale der inhärenten Logik des Gesamtsystems, das als solches nie erkannt werden kann – daher ist, wie schon bei Emerson, der Markt das Erhabene (vgl. Slobodian 2018, 225). In Hayeks nobelpreisgekrönter Theorie des Marktes als ‚Kommunikationssystem' (Hayek 1978, 34) wird aus Wissen Information und aus Vernunft evolutionäre Selbsterhaltung: „[C]ompetition will make it necessary for people to act rationally in order to maintain themselves" (Hayek 1973 ff., Bd. 3, 75).

Verwandt mit der Erhabenheit des Marktes bei Emerson und Hayek ist die ästhetisierende Personifizierung des Kapitals als heroischer, überall auf kleingeistige Widerstände stoßender Unternehmer, sowohl in der ökonomischen Theoriebildung (vgl. Schumpeter 1987, 298) als auch in der propagandistischen Ideenliteratur von Ayn Rands *Atlas Shrugged* (1957), in der die unternehmerischen Erfinder und Schöpfer die Tugend des Eigeninteresses gegen sozialistische ‚Schmarotzer' und ‚Plünderer' (Rand 1957, 410) vertreten. Sie tun dies beispielsweise in der Form didaktischer Proklamationen, die sich wahrscheinlich auch deswegen weiterhin großer Beliebtheit erfreuen, weil Rands Helden ökonomischen Gewinn als den authentischen Ausdruck moralischen Wertes interpretieren. Damit adeln sie nicht nur das Prinzip der ökonomischen Ungleichheit, sondern erweisen sich auch als Repräsentanten jener Moral, ohne die der → KAPITALISMUS nicht zu einer epochalen Produktionsform geworden wäre: Knappheit und Konkurrenzkampf sind der unaufhebbare Naturzustand menschlicher Existenz, der Mensch behauptet sich allein durch unermüdliche Arbeit und Produktion. Der Triumph des Profits als Belohnung für Produktivität ist bei Rand, die sich als radikale Atheistin stilisierte, die Kehrseite puritanischer Entsagung. Das Geldverdienen ist asketische Praxis und der Rand'sche ‚Objektivismus', zu dem sich zahlreiche Politiker und Unternehmer bekennen und den Rands Zögling Alan Greenspan in seinem Amt als Chef der US-Notenbank als Kultivierung des rationalen Eigeninteresse von Finanzinstitutionen praktizierte (vgl. Weiner 2016), ist die Apotheose des Prinzips der Produktion um der Produktion willen, denn nur darin drückt sich die Erwähltheit des Geistes aus. So heißt es über die Figur des industriellen → UNTERNEHMERS Franciso d'Anconia: „An Argentinian legend said that the hand of a d'Anconia had the miraculous power of the saints – only it was not the power to heal, but the power to produce" (Rand 1957, 93).

Im Zuge des „long downturn" (Brenner 2006, 143–236) der industriellen Produktivität und der daraufhin einsetzenden Finanzialisierung der Volkswirtschaften des Westens verschiebt sich das liberale Lob des kreativen Geistes von der Sphäre der Produktion in die → ZIRKULATION. In Donald Trumps *The Art of the Deal* (1987) wird unternehmerische Kreativität nicht mehr als Erfindung neuer Produkte dargestellt, sondern als instinktives Gespür dafür, wie und wo man billig kaufen und teuer verkaufen kann. Nicht Ayn Rand, sondern Trump ist der Held, den Patrick

Bateman, der Protagonist von Bret Easton Ellis' Roman *American Psycho* (1991), verehrt. Der Ich-Erzähler Bateman ist bei der Finanzfirma Pierce & Pierce angestellt, zeichnet sich aber nicht durch Geschick in Finanzgeschäften, sondern durch seine geradezu lückenlose Kennerschaft von Luxus-Konsumartikeln, angesagten Restaurants und populärer Kultur aus. Sein Ehrgeiz besteht fast ausschließlich in der Realisierung dieses Wissens durch Konsumakte, bleibt jedoch gesellschaftlich blind. Das Manhattan der 1980er Jahre, in dem sich Batemans Aktionsradius auf Büro, Bars, Restaurants, Fitnessclubs, Limousinen und die eigene Wohnung beschränkt, steht im unausgesprochenen, aber spürbaren Zeichen des finanziellen Bankrotts New Yorks in den 1970er Jahren und seiner Sanierung durch ein neoliberales Austeritätsprogramm, das aus der Stadt die Kommune mit dem größten Einkommensgefälle innerhalb der USA gemacht hat. Personen, die nicht zu Batemans sozioökonomischem Umfeld gehören, werden von ihm nur als minderwertige Fremde und Obdachlose wahrgenommen. Die totale Warenförmigkeit seines Handelns und Denkens reduziert alles auf die ewiggleiche Wiederholung von belanglosen Gesprächen und endlosen Aufzählungen von Marken-Konsumgegenständen (→ Marke; → Ware, Warenfetischismus, Konsum). Die Langeweile zeitigt einen Entwirklichungseffekt, den nicht nur der Leser, sondern auch der Ich-Erzähler spürt. Als Gegenmittel dienen ihm zunehmend brutalere Morde, doch verschaffen sie keinen Ausbruch aus der Monotonie, denn sie gehorchen demselben ‚Genre' der Serialität wie andere Konsumakte. Dieses Nebeneinander von Konsumroutine und Gewalt ist keine individuelle Perversion Batemans, sondern ein kulturelles Syndrom: „The Patty Winters Show this morning was in two parts. The first was an exclusive interview with Donald Trump, the second was a report on women who've been tortured" (Ellis 1991, 256).

Da nicht einmal der Extremfall der tödlichen Gewalt dem Protagonisten wenigstens das Gefühl individueller Sinnhaftigkeit verschaffen kann, spricht er am Ende von sich selbst als einem abstrakten Etwas: „[T]here is no real me, only an entity, something illusory, and though I can hide my cold gaze and you can shake my hand and feel flesh gripping yours and maybe you can even sense our lifestyles are probably compatible: *I simply am not there*" (Ellis 1991, 377; vgl. La Berge 2015, 145). Batemans Gefühl der Unwirklichkeit speist sich aus verschiedenen Quellen, wie etwa dem Bewusstsein der Nutzlosigkeit des Bildungswissens, das er sich an Harvard angeeignet hat, oder der Erfahrung des Verkennens – er und seine Bekannten und Kollegen ähneln einander so sehr, dass auch das Nicht-Erkennen von Personen serielle Form hat (vgl. Nilges 2017, 117; Finch 2015, 741): „‚[...] *[N]ow is that jerk Reed Robison?*' [...] ‚No, that's Nigel Morrison.' [...] ‚That's *not* Morrison,' Price says. ‚Who is it then?' Preston asks, taking his glasses off again. ‚That's Paul Owen,' Price says. ‚That's not Paul Owen,' I say. ‚Paul Owen's on the other side of the bar. Over there'" (Ellis 1991, 36).

Die Schwierigkeit, Personen als Individuen voneinander zu unterscheiden, allegorisiert auch die Schwierigkeit, wie (und ob!) literarisches Erzählen überhaupt die ‚Realität' der Datenströme jener unzählbaren digitalen Transaktionen darstellen kann, die zwar nominell an der Wall Street stattfinden, die aber, als rein quantitativer Kreislauf, eigentlich keinen geographischen Ort haben. Die tendenzielle Ununterscheidbarkeit von Wirklichkeit und → FIKTION, die sich in der Metonymie *Wall Street* ausdrückt, ist allerdings nur eine Seite der neoliberalen ‚Entsozialisierung', deren entscheidende Phase, die Ära Reagans und Thatchers („there is no such thing as society"), der Roman erzählt. Die andere Seite dieser Wirklichkeit erscheint flüchtig und gespenstisch in den Personen, die zum Opfer des Protagonisten werden und stellvertretend sind für die im Erzählten ausgesparte Realität der neoliberalen Produktionsverhältnisse. Denn während New York eines der globalen Zentren der finanziellen Zirkulation ist, werden die Waren, die Bateman konsumiert, vor allem in den Ländern der Peripherie produziert. Die Gewalttaten, die er verübt, sind metaphorisch übersetzt und metonymisch verschoben jene Gewalt, ohne welche die von Hayek gepriesene Rationalität der Preise nicht möglich wäre: Denn um in der globalen Konkurrenz um billigere Preise der Waren Rohstoff, Produktionsmittel und Arbeitskraft bestehen zu können, setzen die Unternehmer auf die Hilfe staatlicher Gewalt. Beispiele hierfür sind Staaten wie Mexiko und Chile. Pinochets Staatsstreich am 11. September 1973 markiert den genauen Zeitpunkt, an dem die neoliberale Agenda der Chicago School von der Theorie in die Praxis übertrat. Vermöge einer von Friedman und seinen Schülern empfohlenen ‚Schocktherapie' (vgl. K. Fischer 2009, 319) wurde Chile zum Prototypen neoliberaler Reformen, die vor allem in den durch den Internationalen Währungsfonds propagierten und implementierten ‚Strukturanpassungsmaßnahmen' in sogenannten Entwicklungsländern bestanden und bald darauf weltweite Verbreitung finden sollten.

Das Beispiel Chiles zeigte zudem, dass die Schaffung neuer Märkte die gezielte Zerstörung kollektivistischer politischer Errungenschaften bedeutete: Die Kreativität des Unternehmers und die Bestrafung des sozialistischen Dissidenten gehören unweigerlich zusammen (vgl. Riesco 2011). Der Neoliberalismus ist nicht bloß eine positive Ideologie der grenzenlosen Freiheit des Kapitals, sondern immer auch eine negative – im Falle Chiles: konterrevolutionäre – Ideologie der Abwehr solidarischen Lebens und Arbeitens. Diese Dimension des Neoliberalismus kommt besonders eindrucksvoll im Werk Roberto Bolaños zur Erscheinung; mit sarkastischem Gespür für die Benjamin'sche Dialektik von Kultur und Barbarei finden in seinem *Chilenischen Nachtstück* (2000; dt. 2010) literarische Salons und die Folter von Verhafteten in ein und demselben Haus statt. In Chile geboren und aufgewachsen, zog Bolaño 1968 nach Mexiko, kehrte aber 1973, gerade 20 Jahre alt, nach Santiago de Chile zurück, um dort an Salvador Allendes sozialistischer

Revolution teilzunehmen – nur um sich wenige Tage später im realen Albtraum von Augusto Pinochets *coup d'état* wiederzufinden.

Bolaño hat in seinem Werk verschiedentlich das Schicksal jener linken Künstler und Intellektuellen erzählt, die, wie die Figur des marxistischen Literaturwissenschaftlers Oscar Amalfitano, des eponymischen Helden des zweiten Teils von *2666* (2004; dt. 2009) und Protagonisten des Romanfragments *Die Nöte des wahren Polizisten* (2011; dt. 2013), durch den Militärputsch entweder in die selbstverleugnende Anpassung oder, wie Amalfinato, ins Exil gezwungen wurden. Amalfitano ist die prototypische Figur eines linken Intellektuellen, dem es nur um den Preis eines prekären Lebens und einer mittelmäßigen akademischen Karriere gelingt, seine marxistische Vergangenheit nicht zu verraten – was ihn allerdings nicht davor schützt, auch im mexikanischen Exil von den Gespenstern der Vergangenheit verfolgt zu werden. Doch scheint sein Verfolgungswahn nicht unbegründet, denn es gibt vor Ort eine illegale Müllkippe namens ‚El Chile', die von Figuren bewohnt wird, die mehr tot als lebendig sind und den ‚Muselmännern' der Nazi-Todeslager gleichen. Sie sind eine „überschüssige oder Zuschuß-Arbeiterbevölkerung", die Marx als „notwendiges Produkt der Akkumulation" bezeichnet hat (Marx und Engels 1956 ff., Bd. 23, 658, 661): „Nachts kommen diejenigen zum Vorschein, die nichts oder weniger als nichts besitzen. […] Sie sprechen ein unverständliches Kauderwelsch. […] Ihre Lebenserwartung ist gering. […] Ausnahmslos alle sind krank. […] Einem Toten von El Chile die Kleider auszuziehen heißt so viel wie ihn zu häuten" (Bolaño 2011, 492–493).

Die für die konsumistische Lebensgestaltung des globalen Nordens unerlässliche Expansion des Warenmarktes wäre unmöglich ohne Auslagerung der Produktion in die Länder der Peripherie, also dorthin, wo die Löhne gering und die Arbeiter gesetzlich ungeschützt sind – und dieser Externalisierungsmechanismus bedeutet auch eine Auslagerung des Elends (vgl. Lessenich 2016). Der Reichtum des Westens und die Müllkippe El Chile hängen ursächlich zusammen. Diese Einsicht in den globalen Charakter der neoliberalen Wirklichkeit liegt der Komposition von *2666* zugrunde, einem Werk, dessen Erzählskala sich zeitlich vom Kolonialismus bis zur Jahrtausendwende und räumlich von Europa nach Chile, Argentinien, Mexiko und in die USA erstreckt. Die epische Spanne von Bolaños Werk wird durch zwei Elemente konstruktiv gestützt: dem Motiv des Zusammenhangs von politischer Gewalt und literarischem Schreiben, personifiziert durch die fiktive Figur des Wehrmachtsoldaten und Schriftstellers Benno von Archimboldi, und dem Motiv der Grenze als gleichermaßen politisch reale wie auch symbolische Erscheinungsform der globalen Wirklichkeit des Neoliberalismus. Figuriert wird sie in *2666* vor allem durch die mexikanische Grenzstadt Santa Teresa, einer Fiktionalisierung von Ciudad Juárez, bekannt und berüchtigt nicht nur durch die verheerenden Drogenkriege der 2000er Jahre, sondern auch, insbesondere mit dem Inkrafttreten des Nordamerikanischen Freihandelsabkommens NAFTA 1994, als lukrativer Produktionsort transnational agierender US-amerikanischer Konzerne (vgl. Tuttle 2012, Kap. 7) sowie, damit verbunden, als horrende Stätte einer Industrialisierung der anderen Art, nämlich der seriellen Ermordung von jungen Frauen, vorrangig von migrantischen Arbeiterinnen in der *maquila*-Industrie.

Dem Zusammenhang zwischen neoliberalen Reformen und den Frauenmorden von Juárez geht der Journalist Sergio González Rodríguez – der unmaskiert auch in *2666* eine Rolle spielt – in seinem Buch *The Femicide Machine* nach, in dem er ein Porträt von Juárez als prototypischen Ort ‚neo-fordistischer Globalisierung' zeichnet (González Rodríguez 2012, 95): Reich und arm sind nicht nur ökonomisch, sondern auch räumlich getrennt, die Armen sind Opfer ständiger Gewalt, die Reichen konsumieren ihr Leben um den Preis radikaler Isolation. Die Gesellschaft regrediert zu einem asozialen Nebeneinander, und anstatt eines politischen Bewusstseins herrschen negative Gefühlslagen wie Terror, Mutlosigkeit und Wut (vgl. ebd., 37–38). Bolaño hat sich beim Schreiben seines Romans von Sergio González Rodriguez beraten lassen. Wo dieser, sich auf die Macht der Fakten und Daten stützend, aufklärerisch und anklagend berichtet, entwickelt jener eine narrative Vielfalt von Erzählsträngen, wobei jeder auf seine Weise eine Genealogie des Neoliberalismus der Jahrtausendwende darstellt. Erklärt wird wenig, aber es wird viel gezeigt durch Beschreibungen von Handlungen und Gedanken und durch die Wiedergabe von Dialogen. Den ‚totalen Roman', der ihm als literarisches Ideal vorschwebte (vgl. Deckard 2017, 206), hat Bolaño nicht als kohärentes Ganzes komponiert, sondern als Stückwerk, dessen einzelne Teile sich erst im Verlauf der Lektüre in ihren geographischen und historischen Zusammenhängen offenbaren.

Im Kontrast zur epistemischen Bescheidenheit („humility") des neoliberalen Denkens (Hayek 1948, 17, 28) hat Georg Lukács' Ästhetik der gesellschaftlichen Totalität (vgl. Lukács 1962ff., Bd. 4) wieder an Brisanz gewonnen. Der erfolgreiche Realismus Jonathan Franzens, der oft als wichtigster US-amerikanischer Romancier der Gegenwart bezeichnet wird, reflektiert allerdings den neoliberalen Rückzug aus der Gesellschaft in die Familie: Soziale Beziehungen, die sich nicht in der Form von Familienverhältnissen abbilden lassen, fallen aus dem Raster des Erzählbaren. Typisch für Franzens auf Transparenz von Form und Inhalt zielende Erzählweise ist die Personalisierung gesellschaftlicher Machtverhältnisse: Je abstrakter und undurchdringlicher diese erscheinen, desto intimer und abgründiger werden die Psycho-Biographien der Protagonisten, an deren voyeuristischer Auslotung sich der Roman abarbeitet. Die konkrete geschichtliche Entwicklung vom real existierenden Sozialismus zum neuen Überwachungsregime der sozialen Netzwerke, die Franzen in seinem Roman *Purity* (2015) erzählen möchte, wird abstrakt, weil sie als ewige Wiederkehr des Gleichen erfahren wird: „[F]ew things were more alike than one revolution to another" (Franzen 2015, 448). Seine unterschiedslose Kritik an Sozialismus und digitaler Vernetzung artikuliert *Purity* in Übereinstimmung mit der Angst vor der Verführungskraft des Totalitarismus, wie Hayek sie 1944 in seiner Streitschrift *The Road of Serfdom* (dt. *Der Weg zur Knechtschaft*) artikulierte. Vor diesem Hintergrund entpuppt sich Franzens „big social novel" (James Wood) als literarische Erscheinungsform des neoliberalen Glaubens, dass die „Intention auf die Totalität der Gesellschaft" (Lukács 1962 ff., Bd. 2, 358) die natürlichen Grenzen des Verstands überfordern und in die Katastrophe führen muss (vgl. Franzen 2015, 449–450). In eine ähnliche Richtung zielt der antiintellektuelle Spott von Franzens Roman *The Corrections* (2001), in dem der gescheiterte Literaturwissenschaftler Chip Lambert seine gesamte Bibliothek, von Adorno bis bell hooks, für einen lächerlich geringen Erlös im New Yorker Antiquariat ‚The Strand' verscherbelt, was kaum dafür hinreicht, im sadistischen Yuppie-Laden ‚Nightmare of Consumption' genug Essen für eine anständige Mahlzeit zu erstehen.

Während Franzens ‚realistische' Figuren bemitleidenswert isoliert sind, herrscht bei Thomas Pynchon, der gewöhnlich als postmodern klassifiziert wird, das Prinzip der totalen Verbundenheit. In seinen Werken ist potentiell *jede* Beziehung Teil einer ungreifbaren Totalität, die gerade in diesen Beziehungen besteht und sich daher nicht dinghaft feststellen lässt: „[E]verything fits together, connects" (Pynchon 2016, 26), bemerkt Miles Blundell, eine von 170 Figuren in Pynchons Roman *Against the Day*. Indem in Pynchons Werk Handlung und Verschwörung, Plot und Komplott ineinanderfließen, wird die Forderung nach Totalität in eine für neoliberale Verhältnisse charakteristische „structure of feeling" (R. Williams 1977) übertragen. Diese reproduziert unbewusst, könnte man sagen, die in Lukács' Realismustheorie beschriebene Doppelheit der kapitalistischen Realität (vgl. Lukács 1962 ff., Bd. 4, 319). Wo Lukács den realistischen Autoren im Zeitalter des Liberalismus die Fähigkeit zuschreibt, gesellschaftlichen Schein und ökonomisches Wesen erzählend zu unterscheiden, läuft die Pynchon'sche Paranoia Gefahr, im Beziehungswahn, dem alles zeichenhaft-bedeutungsvoll ist, die Unterscheidung von Wesen und Erscheinung gänzlich aus den Angeln zu heben. Dies wiederum macht aber Pynchons zeitgemäßen Realismus aus, denn nur das paranoische, gleichermaßen hyperrationale wie gefühlte Wissen kann der neoliberalen Erfahrung gerecht werden, dass die Welt aus zu vielen Wissensgegenständen besteht, als dass sie von einem Subjekt bewältigt werden könnte. Das ist der Grund der *zaniness* (‚Durchgeknalltheit') von Pynchons Texten: „Zaniness is essentially the experience of an agent confronted by – and endangered by – too many things coming at her at once" (Ngai 2012, 183). Nach Sianne Ngais Theorie ist *zaniness* die ästhetische Kategorie, die der Logik der postfordistischen, flexiblen Produktion entspricht: Pynchons Texte gestalten die – oft komische – Überforderung des einzelnen Subjekts, dessen Verhalten immer stärker vom Druck bestimmt wird, performativ produktiv sein zu müssen. Daher rührt aber auch das Verlangen, sich einen kartographischen Überblick zu verschaffen. So heißt es in *Against the Day* über die Figur des Göttinger Professors und Experten der ‚Ostfrage' Joachim Werfner: „[F]or him the primary geography of the planet is the rails, obeying their own necessity, interconnections, places chosen and bypassed, centers and radiations therefrom, grades possible and impossible, how linked by canals, crossed by tunnels and bridges either in place or someday to be, capital made material" (Pynchon 2016, 272). Im Beispiel aus Pynchons Roman bedeutet Infrastruktur sowohl ökonomische Vernetzung (Globalisierung) als auch militärische Eroberung (Kolonialisierung): „and flows of power as well, [...] massive troop movements, now and in the future" (ebd.).

Der Fortschrittsenthusiasmus und die Katastrophenahnung, die Pynchons 2006 veröffentlichter Roman auf den Anfang des langen 20. Jh.s zurückspiegelt (vgl. Clover 2011, 40), finden ihre Kehrseite in Romanen, die versuchen, den infrastrukturellen Öffnungen und Barrieren der neoliberalen Gegenwart auf die Spur zu kommen. Dies scheint besonders dort zu gelingen, wo die Literatur ihre poetischen Ambitionen herunterschraubt und sich der Sprache und den Figuren der Genrefiktion sowie dokumentarischer Materialen bedient. Stellenweise ist dies die Herangehensweise Bolaños, der die Frauenmorde im US-mexikanischen Grenzgebiet in der Sprache des Polizeiberichts und Hardboiled-Detektivromans beschreibt. In Merle Krögers Recherche-Kriminalroman *Havarie* (2015) erscheint Europas flüssige Grenze, das Mittelmeer, als infrastruktureller Raum, der den Verkehr von Waren, von Konsumenten (Touristen) und Arbeitskraft zwischen Europa, Afrika und dem Nahen Osten ermöglicht, aber gleichzeitig die Übersiedlung nach Europa zu einem lebensgefährlichen Risiko werden lässt: Es sollen Waren fließen, aber keine flüchtenden Menschenmassen mit Anspruch auf Bürgerrechte. In Krögers Roman erscheint das Mittelmeer nicht nur als ökonomischer, sondern auch als militärischer Raum, der dazu dient, strukturell koloniale Ausbeutung auch nach dem offiziellen Ende des Kolonialismus zu perpetuieren (→ III.6. KOLONIALISTISCHE ÖKONOMIEN). Krögers multiperspektivisch erzählter Roman funktioniert wie ein Prisma, durch das der Leser neoliberale Existenz- und Arbeitsformen als Fortführung kolonialer Ausbeutungsverhältnisse sehen lernen und über seine eigene Rolle, seine Teilhabe und Mitverantwortung, reflektieren kann.

Im räumlich engen, aufs Lokale beschränkten Rahmen nimmt Thomas Melle in seinem Roman *3000 Euro* (2014) dieses politisch-moralische Dilemma auf: Die Gedanken und Handlungen seiner zwei Protagonisten werden so dargestellt, dass man als Leser mit seinen eigenen alltäglichen Verhaltensweisen konfrontiert wird. Der eine Protagonist, Anton, ist aus dem Bürgertum in die Obdachlosigkeit gestürzt; sein persönlicher ‚Wert' bemisst sich an den Schulden, die dem Roman seinen Namen geben. Die andere Protagonistin, Denise, kommt aus dem Proletariat und träumt von einer Reise ins New York der 1980er Jahre, wie sie es aus Oliver Stones Film *Wall Street* kennt (vgl. Melle 2016, 11). Sie hat sich die dreitausend Euro Guthaben auf ihrem Konto, dessen Stand sie mehrmals am Tag einsieht, durch ihr Mitwirken an pornographischen Filmen verdient. Anders als der Krögers erhebt Melles Roman keinen Anspruch auf kartographische Übersicht: Er versucht, durch Milieustudien einen Eindruck davon zu geben, wie die neoliberale ökonomische Wirklichkeit sich im materiellen, aber auch im gedanklichen und emotionalen Leben seiner Figuren manifestiert. Dem Leser kommt dabei beinahe die Funktion eines Zeugen zu, denn was wir lesen, ist weniger die Geschichte eines Individuums als vielmehr eine statistische Wahrscheinlichkeit: Jeder könnte Anton sein. „Humpeln die Penner an uns vorbei, berührt uns das unangenehm. Nicht nur ist es eine ästhetische Belästigung, sondern auch ein moralischer Vorwurf. Wieso bitte ist dieser Mensch so tief gesunken, welche Gesellschaft lässt einen derartigen Verfall zu? Das ist schon kein Mensch mehr, das ist ein Ding" (Melle 2016, 15).

Im Unterschied zur kalten Groteske der Verhöhnung und Ermordung von Obdachlosen, durch die sich Bateman in *American Psycho* seines Werts zu versichern sucht, ist das Phänomen der Verdinglichung von Beziehungen eine beinahe tragische Erfahrung in Prosatexten, die die neoliberale Lebenswelt von innen zu beleuchten suchen. In Terézia Moras Erzählung *Die Liebe unter Aliens*, die wie Melles Roman im jung-erwachsenen Prekariat von Merkel-Deutschland spielt, herrscht daher auch nicht die Komik des Einander-nicht-Erkennens von verdinglichten, geradezu industriell standardisierten Figuren, wie in Ellis' Roman, sondern der Schrecken des Nicht-mehr-Erkennen-Könnens in der Intimität. Aus dem Liebesspiel des Protagonistenpaars, Tim und Sandy, wird plötzlich eine Szene der Entfremdung, über die beide keine Kontrolle haben: „Du bist ein Alien. [...] Sie versuchten, einander anzusehen. Es ging nicht. Sie rissen schnell den Kopf herum, er schaute eng an seine Schulter, sie verdeckte die Augen. Sie prusteten, aber sie hatten wirklich Angst. Vor Angst lachend und kreischend, saßen sie in der winzigen Küche" (Mora 2016, 28). Ähnlich wie in den Romanen von Ellis und Bolaño waltet auch in Moras Erzählung ein Gefühl der Entwirklichung; dieses ist kein Gefühl einer bestimmten Person – es ist strukturell, und dadurch widersetzt sich Moras Text dem einfühlenden Lesen. Indem nicht einmal mehr die Gefühle den Personen gehören und somit auch keine eigenständig fühlenden Individuen dargestellt werden, vermeidet Moras Erzählweise, anders als etwa Franzens, die zwanghafte Personalisierung neoliberaler Strukturen, die eben durch diese Entpersönlichung des Gefühls als gesellschaftliche Strukturen in den Blick geraten (vgl. R. G. Smith 2015, 48–60). Es ist nur folgerichtig, dass am Ende der Erzählung beide Protagonisten spur- und erklärungslos verschwunden sind: Was bleibt, ist nur der Eindruck, dass etwas nicht stimmt. Man kann diese Entpersönlichung, deren Gefühlsgehalt unbestimmt bleibt, als kritische Zuspitzung der für den Neoliberalismus charakteristischen Tendenz sehen, gesellschaftliche und ökonomische Widersprüche in individuelle Verantwortlichkeit zu übersetzen. Die ständige Überforderung, welcher sich der Einzelne durch die Individualisierung und Privatisierung vormals sozial-ökonomisch gesteuerter Praktiken wie Investition und Risiko ausgesetzt sieht, findet ihre literarische Gestaltung in den Prekariatsfiguren bei Melle und Mora ebenso wie in den Silicon-Valley-Millennials in Tony Tulathimuttes Roman *Private Citizens* (2016): In einer eloquenten Mischung aus technologischer Euphorie und zynisch aufgeklärter Vernunft, die sie an ihrer Alma Mater, der Stanford University, verinnerlicht haben, kommen die vier ehemals befreundeten, dann entfremdeten Protagonisten am Ende, gescheitert und kaputt, zufällig wieder zusammen (vgl. auch den Aufstieg und Fall des Protagonisten in Rainald Goetz' *Johann Holtrop*, 2012). Ähnlich wie in Jonas Lüschers Roman *Kraft* (2017), dessen Titelfigur – deutscher Rhetorikprofessor und Thatcher-Anhänger – sich im Silicon Valley am Nachweis der besten aller Wirtschaftswelten abarbeitet (→ OIKODIZEE), ist ihnen der neoliberale Diskurs des stets auf Optimierung hinarbeitenden unternehmerischen Selbst so in Fleisch und Blut übergegangen, dass sie erst dann die Kraft finden, zu sagen „I hate work" und „I'm quitting" (Tulathimutte 2016, 347, 348), als sie sich zu sehr an Leib und Seele zerstört haben, um noch konkurrenzfähig zu sein.

III.21. Finanz- und postindustrielle Arbeitswelt in der Gegenwartsliteratur
Felix Maschewski und Nina Peter

Mit dem Wandel der Industrie- zur Informationsgesellschaft rückt in der zeitgenössischen Literatur die Frage in den Mittelpunkt, wie sich die veränderten Bedingungen der Arbeitswelt literarisch beschreiben und reflektieren lassen. Gewinnen Information, Wissen und Dienstleistungen an Wichtigkeit gegenüber der Güterproduktion (vgl. Bell 1973), so hat dies grundlegende Auswirkungen darauf, wie → WERT hervorgebracht, Arbeitskraft eingesetzt und Produktivität verstanden wird. In diesen Zusammenhang gehört auch, dass der spekulative Sektor der Finanzwirtschaft, in dem Geld mit Geld verdient wird, und weniger Waren als vielmehr Wertpapiere, Anleihen, Derivate und somit Risiken zirkulieren, sich in den vergangenen vier Jahrzehnten deutlich ausgeweitet hat – nicht zuletzt unter den Voraussetzungen elektronischer Handelsplattformen und nach der Freigabe des World Wide Web für Börsen- und Finanzgeschäfte: Im Jahr 2000 etwa flossen Tag für Tag 1,9 Billionen Dollars durch die elektronischen Netze von New York City (vgl. Kurtzman 1993, 17; Rifkin 2000, 51). Durch die zunehmende ‚Finanzialisierung' des Wirtschaftsgeschehens, durch eine „Verschiebung der Bedeutung von Einkommen aus Produktion und Lohnarbeit hin zu Einkommen aus Finanzgeschäften" (Heires und Nölke 2011, 38), wird nicht nur die Reproduktion der Gesellschaft an die Reproduktion von Finanzkapital gebunden. Vielmehr scheint in der Welt des „Finanzmarkt-Kapitalismus" (Windolf 2005) auch das Individuum aufgerufen, beständig in das eigene ‚Humankapital', d. h. in Weiterbildung, Coachings und Trainings zu investieren. In der verallgemeinerten finanzökonomischen Dynamik werden Organisationsstrukturen dem Imperativ der Verflüssigung unterworfen oder Arbeitsverhältnisse unter den Stichworten Flexibilität, Agilität, Mobilität etc. einem permanenten Reengineering unterzogen; der Einzelne wird als „Unternehmer seiner selbst" (Foucault 2004b, 314) auf Marktförmigkeit abgerichtet: „Unternehmerisch sein", so Jan Masschelein und Maarten Simons, „ist der Ausgang des Menschen aus seiner selbst verschuldeten Unproduktivität" (Masschelein und Simons 2005, 84–85).

Die Literatur reflektiert spätestens mit dem Zusammenbrechen der Dotcom-Blase 2001 und dem Einbruch der Finanzmärkte in den Jahren seit 2007 diese Entwicklungen; zahlreiche Texte der Gegenwartsliteratur rücken das Thema der finanz- und postindustriellen Arbeitswelt in den Mittelpunkt. Mit der Finanzwirtschaft beschäftigen sich neben den hier behandelten unter anderem Prosatexte von

Kristof Magnusson (*Das war ich nicht*, 2010), Robert Harris (*The Fear Index*, 2011), John Lanchester (*Capital*, 2012), Jonas Lüscher (*Frühling der Barbaren*, 2013), Martin Suter (*Montecristo*, 2015) oder Ulrich Peltzer (*Das bessere Leben*, 2015); für das Theater produzierten z. B. Albert Ostermaier (*Erreger*, 2000), David Hare (*The Power of Yes*, 2009), Lucy Prebble (*Enron*, 2009), Elfriede Jelinek (*Rein Gold*, 2013), Ayad Akhtar (*Junk*, 2016) oder Andres Veiel (*Das Himbeerreich*, 2012; *Let Them Eat Money – Welche Zukunft?!*, 2018) einflussreiche Texte bzw. Vorlagen, während von Rimini Protokoll 2009 unter dem Titel *Hauptversammlung* kurzerhand die Aktionärsversammlung der Daimler AG zum Schauplatz und Bestandteil einer theatralen Aufführung gemacht wurde. Die postindustrielle Arbeitswelt thematisieren in Theatertexten unter anderem Urs Widmer (*Top Dogs*, 1996), John von Düffel (*Elite I.1*, 2002), Falk Richter (*Unter Eis*, 2004) oder René Pollesch (z. B. *Tod eines Praktikanten*, 2007); und Prosatexte von Autoren wie Ernst-Wilhelm Händler (*Wenn wir sterben*, 2002), Marlene Streeruwitz (*Jessica, 30*, 2004), Terézia Mora (*Der einzige Mann auf dem Kontinent*, 2009), Rainald Goetz (*Johann Holtrop*, 2012), Tom McCarthy (*Satin Island*, 2015) setzen sich inhaltlich, teilweise auch formal mit Firmenwelten, Managergeschicken oder der ‚Generation Praktikum' auseinander. Der Fokus liegt dabei zumeist auf den technisch aufgerüsteten Arbeitsweisen, ihren beschleunigten und flexibilisierten Kommunikationsformen sowie den Figurationen eines verabsolutierten Unternehmertums, das unter dem Diktat von Effizienz und Produktivität mehr oder weniger ‚schöpferische Zerstörungen' fabriziert.

Wenn die Autorinnen und Autoren als „Experten für die Zirkulation der Zeichen" (Vedder 2017, 64) die zeitgenössische Arbeitswelt fokussieren, fragen sie in ihren Texten häufig nach den Konsequenzen der Loslösung vom industriellen Produktionsparadigma. Sie beschreiben eine krisenhafte Finanzwirtschaft, eine „Zahlenwirklichkeit" (A. Kluge und Vogl 2009, 249), die durch das Fehlen materieller Produkte hohe Interpretationsanforderungen an ihre Akteure stellt. So verhandeln Elfriede Jelinek und Don DeLillo, wie im Folgenden herausgearbeitet werden wird, einen Zusammenhang zwischen finanzökonomischen und literarischen bzw. textuellen Semiosen, einschließlich der Frage nach der Stichhaltigkeit der Lektüre und Interpretation von Charts, von Preisbewegungen und Kursnotierungen auf den Märkten. Demgegenüber beziehen sich die im Anschluss besprochenen Texte von Kathrin Röggla und Philipp Schönthaler auf die kommunikative Konstruiertheit der Arbeitswelt und die gouvernementalen Prozeduren einer umfänglichen Mobilisierung, in der die individuellen Handlungsprogramme systematisch unentschieden bleiben. Gemeinsam ist allen vier Texten, dass in ihnen mit den Dynamiken der Finanzmärkte, mit einer von der Güterproduktion losgelösten Wirtschaft nicht nur verlässliche ökonomische Posten wie Produktivität und Rentabilität, sondern auch die Konsistenz und die Kohärenz erzählter bzw. erzählbarer Welten überhaupt auf dem Spiel stehen. Nicht zuletzt geht es um Erzählweisen, die sich einer gleichsam totalitären Ökonomisierung aller Lebensbereiche stellen.

Finanzwirtschaft als Deutungsökonomie: Elfriede Jelineks *Die Kontrakte des Kaufmanns* und Don DeLillos *Cosmopolis*

Wenn – vermeintlich – nicht mehr der Mensch, sondern das Geld arbeitet, und wenn nicht mit Gütern, sondern mit Wertpapieren und Derivaten gehandelt wird, herrscht häufig Unsicherheit darüber, wie Werte und Preise zustande kommen. In weit höherem Maße als die Güterwirtschaft basiert die Finanzökonomie auf den Deutungen, auf den Erwartungen und Erwartenserwartungen ihrer Akteure, zumal über Erfolg oder Misserfolg von Investitionen und spekulativen Geldanlagen nur eine ungewisse Zukunft entscheidet (vgl. Kraemer 2010, 180; Langenohl 2011). Die für den Finanzsektor charakteristische Dematerialisierung von Produkten und Zahlungsmitteln sowie die Komplexität sogenannter neuer Finanzinstrumente erschweren die Beschreibung und das Verständnis zeitgenössischer Wirtschaftsprozesse und werfen die Frage auf, ob und wie der spekulative Finanzmarkthandel jenseits seines ökonomischen Krisenpotentials zugleich auch eine „Krise der Repräsentation" (Vogl 2011, 84) auslöst. Sowohl in Jelineks 2009 uraufgeführtem Theatertext *Die Kontrakte des Kaufmanns* als auch in DeLillos 2003 erschienenem Roman *Cosmopolis* ist diese finanzmarkttypische „Ungewißheit über das ‚Objekt' und ‚Produkt' ökonomischer Transaktionen" (Stäheli 2007, 149) zum zentralen Darstellungsproblem geworden.

Jelineks „Wirtschaftskomödie" (Jelinek 2009, 207), so der Untertitel des Textes, thematisiert ausgehend von zwei österreichischen Finanzskandalen – der Verbindung zwischen der Immobiliengesellschaft Meinl European Land und der Julius Meinl AG sowie der Übernahme der BAWAG durch den US-amerikanischen Fonds Cerberus Capital Management – Prozesse von Wertkonstitution und Preisbildung an den Finanzmärkten. In langen chorischen Passagen kommen sowohl Kleinanleger als auch Vertreter von Banken, Unternehmen und Investmentgesellschaften zu Wort. Der Text liefert dabei weder eine sachliche Rekonstruktion wirtschaftlicher Ereignisse, noch entwirft er eine fiktionale Welt. An die Stelle individueller Protagonisten und Handlungen tritt – wie so oft bei Jelinek – die Entfaltung eines Sprachspiels, in dem sich geläufige sprachliche Wendungen über Wortspiele zu linguistischen ‚Derivaten' transformieren. Der „Schrecken" verwandelt sich in eine „Schrecke" (ebd., 212); semantische Differenzen – etwa „wiewohl beraten" und „wohlberaten" (ebd., 225) – werden durch Paronomasien verschleiert; „Erlös" kann nicht „eingelöst" werden und verhindert so eine – im Text immer wieder auch religiös durchgespielte – „Erlösung" (ebd., 219); wenn etwas oder jemand „stiften geht", entsteht eine „Stiftung" (ebd., 228–229); und mit der Kaskade von Fragen, ob Geld „normal weg", „ganz weg" oder „wirklich weg" sei (ebd., 216), wird am verlorenen Geld nur die Leere des Geld-Signifikanten vorgeführt. Bedeutungen und Referenzen werden durch solche Textoperationen systematisch verspielt.

Dieser dekonstruktive Sprachgebrauch (→ I.4. SEMIOTIK UND DEKONSTRUKTION) korrespondiert mit den von Jelinek buchstäblich ‚zur Sprache gebrachten' finanzökonomischen Zusammenhängen. Mit dem Wertpapierhandel thematisiert Jelinek „Transaktionspraktiken besonderer Art, werden doch keine Güter im eigentlichen Sinne, sondern Verträge gehandelt" (Athanassakis 2008, 24). Das Wertpapier steht als Zeichen für einen abstrakt definierten Unternehmensanteil sowie für die damit verbundenen Rechte und Gewinnbeteiligungen. Zugleich wird das Wertpapier selbst am Markt ‚notiert' und abhängig von Käufen und Verkäufen der Marktakteure zu einem variablen Kurs gehandelt. Wertpapiere erweisen sich also als höchst prekäre Zeichen, deren Gegenwert in Abhängigkeit von den kollektiven Interpretationen der ökonomischen Akteure hohen Schwankungen unterworfen sein kann. Jelineks in ihrer Referenzfunktion destabilisierte Sprache, die für die Uneindeutigkeit, Kontext- und Deutungsabhängigkeit sprachlicher Zeichen sensibilisiert, weist hier eine strukturelle Ähnlichkeit zu den Wertpapieren auf, die vergleichbaren Preis- bzw. Bedeutungsschwankungen unterworfen sind und von den Marktakteuren immer wieder neu ‚gelesen' und bewertet werden (→ WERT, PREIS).

Bezeichnenderweise ist es das Renommee eines → KAUFMANNS – des paradigmatischen Vertreters des produktionsbasierten Warenhandels –, das im von Jelinek aufgerufenen Meinl-Skandal eine zentrale Rolle spielt: Die Immobiliengesellschaft Meinl European Land Limited profitierte beim Verkauf von Wertpapieren von ihrer Namensgleichheit mit der traditionsreichen Julius Meinl AG, die 1862 in Wien als Kaffeeunternehmen gegründet wurde und sich später auch als Lebensmittelkonzern etablierte. Voller Vertrauen in den „guten alten Kaufmannsnamen" (Jelinek 2009, 242; → MARKE) erwarben Kleinanleger Wertpapiere der Immobiliengruppe, vermutlich ohne sich darüber bewusst zu sein, dass Meinl European Land zwar Lizenzgebühren für die Nutzung des Namens an die Julius Meinl AG zahlte, sonst aber von dieser unabhängig wirtschaftete. Bei Kursabstürzen verloren die Kleinanleger einen Großteil des investierten Geldes. Der „teure[ ] Name" (ebd.) wird zum „Kapital" (ebd., 250): Er ist verkäuflich und stiftet referentielle Verwirrung, obwohl er als bloßer Signifikant „idiotisch identisch" (ebd., 250) und sich selbst gleich bleibt – eine semiotische Konstellation, die der Text immer wieder durchspielt: „Eine Firma, die doch schließlich heißt wie wir, aber nicht wir sind und uns auch nicht gehört, obwohl der Name irreführend ist, als wären das wir, wir sind es aber nicht, wir heißen nur so" (ebd., 243).

Jelineks Text macht deutlich, dass der Handel mit Finanzprodukten eine hohe Lektürekompetenz erfordert. Werden zwar die Preise von Produkten sowohl in der Waren- als auch in der Finanzwirtschaft grundsätzlich immer neu „erkommuniziert" (Priddat 2008, 35), so basiert das Zeichenspiel im Handel mit Wertpapieren doch in besonderem Maße auf kollektiven Deutungsprozessen und konfrontiert seine Akteure mit einer „Hyperkomplexität" (Schimank 2011, 499), deren informationeller Charakter zunehmend intransparent und unlesbar wird.

Auch in DeLillos Roman *Cosmopolis* findet eine Fehllektüre der Marktzeichen statt. Der Text schildert den letzten Tag im Leben des Multimilliardärs Eric Packer, der sein Vermögen durch Finanzspekulationen begründet hat (→ SPEKULATION, SPEKULANT). Bei Einsetzen der Romanhandlung ist Packer mit einer Devisenspekulation, einem Currency Carry Trade, beschäftigt: Mit hohen, im japanischen Yen notierten Krediten erwirbt er hochriskante Dollarpapiere. Seine Spekulation setzt auf ein Sinken des Yen-Kurses. Packers ökonomische Aktivität ist aber nicht allein profitorientiert, vielmehr erhofft er sich von der Analyse des Yen-Kurses Einblick in allgemeingültige Gesetze, die nicht nur den Markt, sondern auch andere, Packers Annahme zufolge nur scheinbar zufällige Phänomene und Ereignisse lesbar, decodierbar und erklärbar machen: „Nothing applies. But it's there. It [the yen] charts. You'll see it. [...] You see this in fruit flies and heart attacks. Common forces at work" (DeLillo 2004, 37).

Als → CHARAKTERMASKE des Finanzkapitals glaubt Packer also nicht nur an die Les- und Prognostizierbarkeit des Kursverlaufs („The yen is making a statement. Read it"; ebd., 21), sondern ebenso an die Möglichkeit, die kontingenten Ereignisse, die Risiken und Zufälle (→ SORGE UND RISIKO) des Weltgeschehens mithilfe des Yen-Kurses auf eine grundlegende Ordnung zurückführen zu können: „,There's an order at some deep level,' he said. ,A pattern that wants to be seen. [...] But it's been elusive in this instance. My experts have struggled and just about given up. I've been working on it, sleeping on it, not sleeping on it. There's a common surface, an affinity between market movements and the natural world'" (ebd., 86).

Ökonomische Deutungskraft geht für DeLillos Protagonisten einher mit einer Einsicht in das, ,was die Welt im Innersten zusammenhält'. Dieser grundlegende ,ontologische Irrtum' lässt sich lesen als ein Kommentar zur neoliberalen → OIKODIZEE (vgl. Vogl 2011), der durch Krisen und Crashs immer wieder infrage gestellten Annahme, dass der Markt zum Gleichgewicht tendiert und einer ordnenden Tendenz folgt. Der Roman überzeichnet den Glauben an eine Ordnungsfunktion des Marktes und lässt seinen Protagonisten in den Marktzeichen nach Beweisen für eine Ordnung der Welt, eine ,Weltformel' suchen. Damit gewinnt der Markt für ihn einen Stellenwert, der dem Status einstiger theologischer oder jüngerer wissenschaftlicher Autoritäten entspricht. Hier findet allerdings keine moderne ‚Entzauberung' von Welt, sondern eine konsequente Wiederverzauberung statt, die sich im Traum des Finanzkapitalismus von einer radikalen und endgültigen Transsubstantiation manifestiert: im Traum vom Verlöschen der Gebrauchswerte, vom Schwinden der referentiellen Dimension, von der Alleinherrschaft des digitalen Codes, von der Spiritualität des Cyberkapitals, das sich ins ewige Licht, in das Leuchten und Flimmern der Charts auf den Bildschirmen überträgt. Der Markt hat für Packer metaphysischen Charakter gewonnen und paart sich mit seiner transhumanistischen Vision einer Digitalisierung und Immortalisierung des Bewusstseins, mit dem Wunsch, sich im Medium des Marktes selbst aufzulösen. Die Verknüpfung von ökonomischen Operationen, Zeichenlektüren und religiösen Motiven demonstriert in DeLillos Roman nicht nur die Hoffnung auf die Verwandlung von kontingenten Weltereignissen in Providenz; vielmehr wird am Beispiel des Protagonisten ein Programm der Liquidierung von – schwerfälligen, sozialen und physischen – Welten überhaupt vorgeführt. Anders als im mehr und mehr verschwindenden Parketthandel (vgl. Zaloom 2006), bei dem Transaktionen interaktiv und physisch ausgehandelt werden, bilden einzig die „körperlosen Transformationen" der Kurswerte (Deleuze und Guattari 1992, 115) den Richtwert für die Realisierung finanzökonomischer Existenz. Mit ihr endet die Odyssee des Protagonisten durch ein in Aufruhr geratenes Manhattan von Ost nach West, auf den Spuren des amerikanischen Traums: Packers Fehlinterpretation von Marktbewegungen und Devisenkursen prägt den ontologischen Irrtum wie den fiktionalen Kern des Romans und lässt ihn über den Bankrott seines Unternehmens am Ende unter die Augen seines künftigen Mörders geraten.

Im Schwellenraum der Nicht-Produktivität: Kathrin Rögglas *wir schlafen nicht* und Philipp Schönthalers *Das Schiff das singend zieht auf seiner Bahn*

Der Strukturwandel, der sich im Zuge der Etablierung neuer Informations- und Kommunikationstechnologien vollzieht, hat neben einer globalisierten Finanzwelt auch eine auf die Produktion von immateriellen Werten und auf die „totale Mobilmachung" (Bröckling 2000, 131) des Individuums ausgerichtete Arbeitswelt geschaffen. Realistische Erzählweisen thematisieren in diesem Zusammenhang insbesondere die Prozesse der Kommunikation, über die sich der ‚Produktivfaktor' Mensch in die „projektbasierte[ ] Polis" (Boltanski und Chiapello 2003, 152) einzupassen sucht, und befragen damit nicht nur die Konstruktionsbedingungen neuer Ökonomien, sondern auch ihre ‚systematische' Produktivität. Welche literarischen Perspektiven die veränderten Arbeitsweisen eröffnen und wie diese auch ästhetisch ‚verarbeitet' werden, lässt sich anhand der Romane *wir schlafen nicht* (2004) von Kathrin Röggla und *Das Schiff das singend zieht auf seiner Bahn* (2013) von Philipp Schönthaler zeigen.

Röggla fokussiert in *wir schlafen nicht*, einer als Roman markierten, fiktionalisierten Collage diverser Interviews mit Akteuren aus der Consulting-Branche, die Arbeitswelt der → NEW ECONOMY. Ohne einordnenden Erzählerkommentar oder erkennbare Chronologie präsentiert der Text, vornehmlich im Modus des Konjunktivs und der indirekten Rede, Reflexionen von sechs Teilnehmerinnen und Teilnehmern einer Handelsmesse und veranschaulicht dabei, wie sich sprachliche Äußerungen und soziale Machtverhältnisse wechselseitig durchdringen und (re-)produzieren.

Der Schauplatz der Messe erscheint hier als ein ‚Nicht-Ort' (vgl. Augé 1994), an dem sich die ökonomische Produktivität (vermeintlich) lokalisieren lässt. → WACHSTUM „beginnt nicht mehr bei der schmutzigen Reibung zwischen Produktivkräften und Produktionsverhältnissen, [...] sondern bei den Vermittlern, den Investorenberatern" (Röggla 2013, 185), und so bestimmt sich Rögglas ‚verdichtete' Feldstudie vor allem über die Darstellung einer Rhetorik des „strategischen Sprechens über Effizienz" (Biendarra 2011, 80).

Die vollständige Identifikation mit den ökonomischen Imperativen, die Affirmation von Schlaflosigkeit und permanenter Produktivität wird kontinuierlich – weniger performativ als diskursiv – beglaubigt. Für die Online-Redakteurin sind „leistung, effizienz und durchsetzungskraft [...] positiv besetzte Werte" (Röggla 2004, 144) und der Senior Associate betont immer wieder eine normalisierte Leistungsbereitschaft: „seine leistung überrasche ihn nicht, genausowenig wie seine leistungsfähigkeit, die habe er immer schon einkalkuliert, die wundere ihn nicht. daß er mehrere Tage durcharbeiten könne, auch das wundere ihn nicht wirklich, das sei nicht interessant. seine leistungsfähigkeit sei für ihn nicht interessant" (ebd., 34).

Die Repetition solcher Aussagen konsolidiert hier aber nicht die Tatsache selbst, sondern aktualisiert vielmehr etwas, das sich der Kontrolle entzieht. Röggla schildert, wie ihr bei der Recherche im Consulting-Milieu aufgefallen sei, „dass die Leute, wenn sie sich erklären müssen, oft anfangen, in Schleifen zu sprechen. Sie geben Glaubenssätze von sich, die sie drei Minuten später halb widerrufen, aber dann doch wieder bestätigen – wie um es sich immer wieder selber einzubläuen" (Röggla in: Brogi und Hartosch 2013, 497). In den gebetsmühlenartig wiederholten Aussagen des Senior Associate scheint sich ebendiese Praxis der Selbstdisziplinierung zu reflektieren; eine Praxis, in der sich die Begriffs- und Sinnzusammenhänge – dies gemahnt an Jacques Derridas Konzept der Iterabilität, der verändernden Wiederholung (→ I.4. SEMIOTIK UND DEKONSTRUKTION) – verschieben. Denn die Wiederholung wird hier zum Gerüst bedrückender Hermetik, da sich das Gesagte in seiner Nach- und Ausdrücklichkeit selbst demontiert. Der Senior Associate präzisiert: „all das short-sleeping, quick-eating und diese ganzen nummern. und das hotelgeschlafe, das business-class-gefliege, das first-class-gewohne. irgendwann könne man das alles nicht mehr sehen. man könne die minibar nicht mehr sehen. man könne die minibar nicht mehr sehen und die immergleichen gesichter an der rezeption. [...] und fliegen wie busfahren, das könne man auch nicht mehr haben. aber auch diese ewige wachstumslogik, die man irgendwann gegen sich selbst anwende" (Röggla 2004, 37–38).

Die Protagonisten geraten immer wieder in Zirkel der Wiederholung – des Sprechens und Lebens –, und so pointiert die kommunikative Überproduktion den unökonomischen, fast verschwenderischen Kern des Produktivitätsgedankens. Denn obgleich die Protagonisten als Folien des ‚flexiblen Menschen' (Sennett 1998) erscheinen, verkehrt sich der unbedingte Wunsch, produktiv und kreativ zu sein (→ PRODUKTION; → KREATIVITÄT), in das Gegenteil. Rögglas Charaktere schlafen nicht, werden unruhig, erscheinen getrieben und kreisen doch nur beständig um sich selbst. Der Wille zur Bewegung wird hier zu einer Geste der Erstarrung. Schon in der konstanten Kleinschreibung, die weniger Dynamik als vielmehr die Statik einer Entdifferenzierung (im Textbild) anzeigt, manifestiert sich diese paradoxe Mobilisierung und forciert – auch bei den Leserinnen und Lesern – eine gewisse Desorientierung (vgl. N. Moser 2016, 313). Sukzessive reden sich die Figuren also in einen „klaustrophobischen ‚Messekoller'" (Kormann 2006, 237): Während der Senior Associate von einem „permanenten kriegszustand" (Röggla 2004, 215) spricht, erlebt die Key Account Managerin an sich selbst eine unheimliche Verwandlung: „sie könne nur sagen: ‚wie das gespenst immer mehr stimmt, zu dem man verdonnert wurde, ja, wie das gespenst in einem immer mehr zunimmt'" (ebd., 197).

Die Gespensterhaftigkeit oder gefühlte „unlebendigkeit" (ebd., 198) der Akteure, die sich auch in der indirekten Rede spiegelt, die das Ich der Charaktere wie das der Erzählinstanz allenfalls schemenhaft durchscheinen lässt, kennzeichnet dabei einen Zustand zwischen Produktivität und Unproduktivität; einen Schwellenraum der Nicht-Produktivität und „unentschiedenheit" (ebd., 199), in dem sich die Akteure nicht aktiv verausgaben (→ VERSCHWENDUNG, VERAUSGABUNG), sondern sozusagen ‚verausgabt werden'. Dieses uneindeutige Handlungsprogramm wird nicht nur zur Chiffre der normativen Fluchtpunkte von Flexibilität, Mobilität und Leistungsdenken, sondern markiert bei Röggla zugleich den Scheitelpunkt einer Wiederholungsfigur, so dass der Roman selbst eine zirkuläre Struktur aufweist. Im Schlusskapitel „wiederbelebung (ich)" wird dies explizit: „die beiden partner trudeln wieder ein. [...] wieder da, das ganze bwler-deutsch. auch sie ist wieder da, die handy-telefonistin, die traurige handy-telefonistin, wie sie wieder ihr gerät bespricht. ja, wieder da, das ganze bwler-deutsch" (ebd., 219).

In Rögglas Darstellung der zwischen der „harte[n] bwl" (ebd., 55) und den gespenstischen Fiktionen pendelnden Sprechweisen des Ökonomischen artikuliert sich ein spezifischer Realismus; ein ‚diskursiver' Realismus, den die Autorin als die Anstrengung versteht, „die Machträume zu erfassen, die unsere Leben bestimmen" (Röggla 2014), als eine Methode also, die die narrativen Muster ökonomischer Realitäten und ihre kommunikative Konstruktion zu dechiffrieren, zu übersetzen – und damit zugleich auch zu verzerren und zu ent-setzen – versucht.

Eine ähnliche ‚realistische' Ausrichtung scheint auch die Erzählweise von Schönthalers multiperspektivisch angelegtem Roman *Das Schiff das singend zieht auf seiner Bahn* zu bestimmen. Denn auch dieser Autor sucht über die Integration dokumentarischer Elemente in den literarischen Text – hier eine Vielzahl von Zitaten aus der Managementliteratur, aus Handbüchern des Personalwesens, aus Studien der Kommunikationsforschung, aus Fragebögen etc. – die postindustriellen Arbeitsverhältnisse und die textuell-kommunikativen Verfahren zu durchdringen, die den ökonomischen Menschen als ‚unternehmerisches Selbst' (Bröckling 2007) hervorbringen. Die dokumentarischen Elemente erzeugen dabei nicht nur einen spezifischen Realitätseffekt, vielmehr wird das Sujet, die Ausweitung ökonomischer Erklärungsmodelle auf alle Lebensbereiche, hier schon formal – als ‚Ökonomisierung' des Literarischen – reflektiert.

Im Zentrum des Romans steht ein internationaler Kosmetikkonzern, dessen Angestellte von unternehmerischen Lehrsätzen, Informations- und Kommunikationspraxen umstellt, zur ‚selbständigen' Steigerung ihres ‚Humankapitals' angeleitet werden: „Nur wenn wir Sie prospektiv in die Pflicht nehmen, einen Vertrag aufsetzen, den Sie mit sich selbst schließen, werden Sie sich bessern, und zwar auf qualitativ belegbare Weise, die sich im operativen Geschäft des Konzerns niederschlägt" (Schönthaler 2013, 48–49). Die Interaktion der nur lose miteinander verbundenen Protagonisten begrenzt sich auf die transparent-nüchterne Evaluation, den Informationsaustausch, so dass die (metakommunikativen) Feedbackverfahren als zeitgenössische *conditio sine qua non* unternehmerischer Produktivität nicht nur den Erzähltopos, sondern die Erzählweise selbst prägen.

Obgleich es auch bei Schönthaler keine Zentralcharaktere gibt, treten die Figuren Erik Jungholz und Rike G. Njlhouz – schon ihre Namen bilden ein Anagramm – besonders hervor, da sich in ihnen sowohl die Systematik feedbacklogischer Kommunikation als gouvernementaler (Selbst-)Technologie als auch deren untergründige Ambivalenz abzeichnet. Während Erik als durchtrainierter, „erfolgssüchtiger Opportunist" (ebd., 48) vor dem nächsten Karriereschritt steht und ein Coaching nur als lästige, letztlich aber motivierende Aufgabe erfährt, scheitert Rike sukzessive an den Anforderungen und „erstarrt" (ebd., 6) zusehends. Dabei lässt sie nicht die Missachtung der (Erfolgs-)Regeln durchfallen; auch sie führt wie Erik ein ständiges Selbstgespräch, kontrolliert und diszipliniert sich, versucht Gelerntes anzuwenden. Unter Druck jedoch fängt sie an zu schwitzen, leidet in (Bewerbungs-)Interviews unter Logophobie, später unter Angststörungen, schließlich muss sich Rike mit Depressionen stationär therapieren lassen. In der entmaterialisierten Sphäre zeitgenössischer Ökonomie konfrontieren Rikes Körperlichkeit, ihre Psychosomatik sowie die Sperrigkeit der Materie die verschiedenen Produktivitätsimperative mit ihrem Anathema; mit einem renitenten Kern, der sich der ‚Informationsverarbeitung', dem Zugriff kybernetischer Steuerung im → WETTBEWERB versagt. Doch zugleich wird deutlich, dass sich in den ‚materiellen' Störungen kein dauerhafter Zu- oder Widerstand verbirgt, denn Rikes Therapie bedeutet keinen Ausweg, keine Ruhe oder Abschalten, nur eine Intensivierung von Optimierungsmaßnahmen, Gruppen- und Einzelsitzungen – einem werde, so eine Mitpatientin, „auch hier nichts geschenkt" (ebd., 255).

Über die feedbacklogische Formalisierung der Kommunikation, die Perpetuierung und Rekursivität der Prozeduren macht der Roman – als eine Art ‚Institutionenroman', der die Einschreibung der institutionellen Form ins Leben selbst verzeichnet (vgl. Campe 2005) – im Regelkreis eines ‚flexiblen Normalismus' (vgl. Link 1996) eine Entsubjektivierung lesbar: „The purpose of evaluation is not to prove, but to improve" (Schönthaler 2013, 144), und so werden die Individuen durch beständiges Monitoring – Erik wird zum „Quartalssieg-eeer" (ebd., 249) ernannt und von einem Headhunter abgeworben – kontinuierlich mobilisiert. Die Unproduktivität, dies wird an Rike deutlich, wird dabei einerseits durch die verabsolutierten Produktivitätsansprüche erst produziert und bildet andererseits eine essentielle Ressource, die das System in Bewegung hält. In der Doppelfigur Jungholz und Njlhouz, zwischen Gelingen und krisenhaftem Scheitern, wird so ein Zwischenzustand flagrant, ein systematischer Leerlauf, in dem sich die Kräfte, jenseits einer klaren Teleologie, neutralisieren.

In diesem Konnex formiert sich bei Schönthaler auch eine totalisierte Form der Unentschiedenheit, denn die Figuren entscheiden nichts, werden vielmehr von den ubiquitären Messverfahren und Evaluationen, vom „demokratisierten Panoptismus" (Bröckling 2000, 152) eines beständigen Feedbacks, das ihr Verhalten prä- und in-formiert, ‚systematisch' eingehegt. Auch Schönthalers deskriptiver Modus des Erzählens, der beständige Rückgriff auf wissenschaftliche Informationen, reflektiert diesen Umstand und dokumentiert, wie metrische und textuelle Kommunikationsweisen als rigide soziale Konstruktionsverfahren wirken und sowohl den Text als auch die Realität der Akteure formen. Doch indem der Autor die zitierten Auszüge aus den Managementbüchern und die Kommunikationsverfahren des ökonomischen Diskurses im Medium des Fiktionalen – wie bei Röggla fehlt auch hier der Erzählerkommentar – neu kontextualisiert, entsteht, gerade weil die Wissenschaftlichkeit an eine satirische Überspitzung gemahnt, ein widerständiges symbolisches Netzwerk, das ein kritisches Verhältnis zu ökonomischen Praxen und ihren ‚Produktivkräften' eröffnet.

Wie die Dynamiken der Finanzmärkte lassen sich also auch die Imperative der New Economy als Agenturen einer Ökonomisierung aller Lebensbereiche begreifen, in der nicht nur die Kategorien des ‚Ökonomischen', ‚Produktiven' oder ‚Effizienten' selbst fragwürdig werden. In dem Maße, in dem die literarische Verarbeitung finanzökonomischer Semiosen zu unlesbaren Zeichenmaterien und liquidierten Weltverhältnissen führen, bringen auch die narrativen Arrangements postindustrieller Arbeitswelten einen Diskurs hervor, der den Status, die Stabilität und die Konsistenz seiner Subjekte unterminiert: In deren (Selbst-)Zurichtung manifestiert er sich ‚hantologisch', als auszehrende und gespenstische Wiederkehr seiner ökonomischen und institutionellen Bedingungen.

IV. Gesamtbibliographie

Hinweis: Auf klassische griechische und lateinische Schriften wird im Text in der Regel unter der Kurzangabe von Autornamen und Werkabkürzung (nach *Der Neue Pauly*) verwiesen; bei Zitaten, für die es keine konventionalisierte Sigle gibt, findet sich eine gängige Übersetzung im folgenden Verzeichnis. Auf biblische Bücher wird – wie üblich gemäß der Loccumer Richtlinien – ebenfalls lediglich kurzverwiesen.

Aristophanes, Plut. = Plutus
Aristoteles, an. = de anima
Aristoteles, eth. Nic. = ethica Nicomachea
Aristoteles, gen. an. = de generatione animalium
Aristoteles, metaph. = metaphysica
Aristoteles, oec. = oeconomica (eigentlich: Pseudo-Aristoteles)
Aristoteles, phys. = physica
Aristoteles, poet. = poetica
Aristoteles, pol. = politica
Aristoteles, probl. = problemata
Aristoteles, rhet. = rhetorica
Augustinus, civ. = de civitate dei

Cicero, de or. = de oratore
Cicero, off. = de officiis

Diog. Laert. = Diogenes Laertios

Hesiod, op. = opera et dies
Horaz, ars = ars poetica

Platon, rep. = de re publica
Platon, apol. = apologia

Seneca, epist. = epistulae ad Lucilium
Sophokles, Ant. = Antigone

Thomas von Aquin, summa theol. = summa theologica

Xenophon, oik. = oikonomikos

[Anon.]: *Des in allen Vorfällen vorsichtigen Banquiers Zweyter Theil. Darinnen Die mehreste Europäische Wechsel-Ordnungen, Wie auch verschiedene Banco- und Handels-Berichts-Ordnungen nebst Einem Anhang zufinden seynd*, Frankfurt a. M. 1733.
[Anon.]: Art. „Avanture", in: Zedler, Johann Heinrich (Hg.): *Grosses vollständiges Universal-Lexicon Aller Wissenschafften und Künste*, Bd. 66, Supplemente Bd. 2, Leipzig 1751, S. 678.
[Anon.]: *Geschichte der Bank von England von ihrer Entstehung bis auf den heutigen Tag*, Bremen 1797.
[Anon.]: *Code Napoléon mit Zusäzen und Handelsgesezen als Land-Recht für das Großherzogthum Baden*, Karlsruhe 1809.
[Anon.]: „A Man Who Has Been One. Selling Talks with Clerks", in: *Trade: A Journal for Retail Agents* 23 (1916), S. 8–10.
[Anon.]: *Le Roman de Rou de Wace*, Bd. 1, hg. v. A. J. Holden, Paris 1970.
[Anon.]: „Historia von D. Johann Fausten" [1587], in: Jan-Dirk Müller (Hg.): *Romane des 15. und 16. Jahrhunderts. Nach den Erstdrucken mit sämtlichen Holzschnitten*, Frankfurt a. M. 1990, S. 829–986.
[Anon.]: Art. „bitten", in: *Etymologisches Wörterbuch des Deutschen*, digitalisierte und v. Wolfgang Pfeifer überarb. Version, in: *Digitalen Wörterbuch der deutschen Sprache*, 1993a. https://www.dwds.de/wb/betteln (30. Juni 2019).
[Anon.]: Art. „Tausch", in: Erwin Dichtl und Otmar Issing (Hg.): *Vahlens Großes Wirtschaftslexikon*, Bd. 2, München 1993b, S. 2065.
[Anon.]: *Fortunatus* [1509], hg. v. Hans-Gert Roloff, Stuttgart 1996.
[Anon.]: *Das Nibelungenlied und Die Klage. Nach der Handschrift 857 der Stiftsbibliothek St. Gallen*, hg. v. Joachim Heinzle, Berlin 2013.
[Anon.]: *Lazarillo de Tormes* [1554] / *Klein Lazarus vom Tormes. Spanisch/Deutsch*, hg. und übers. v. Hartmut Köhler, Stuttgart 2006.

Abbott, Elizabeth: *Sugar. A Bittersweet History*, London 2009.
Achermann, Eric: *Worte und Werte. Geld und Sprache bei Gottfried Wilhelm Leibniz, Johann Georg Hamann und Adam Müller*, Tübingen 1997.
Achinger, Christine: *Gespaltene Moderne. Gustav Freytags „Soll und Haben" – Nation, Geschlecht und Judenbild*, Würzburg 2007.
Ackermann, Anton: „Die Kultur und der Zweijahrplan", Vortrag auf der Arbeitstagung sozialistischer Schriftsteller und Künstler, 2./3. September 1948a, in: SAPMO, BArch, IV 2/101/96.
Ackermann, Anton: *Marxistische Kulturpolitik. Rede auf dem ersten Kulturtag der Sozialistischen Einheitspartei Deeutschlands am 7. Mai 1948*, Berlin 1948b.
Addison, Joseph: *The Spectator*, 2 Bde., hg. v. Donald F. Bond, Oxford 1965.
Adelung, Johann Christoph (Hg.): *Grammatisch-kritisches Wörterbuch der Hochdeutschen Mundart*, 4 Bde., Leipzig 1793 ff.
Adelung, Johann Christoph (Hg.): *Grammatisch-kritisches Wörterbuch der Hochdeutschen Mundart*, 4 Bde., Wien 1811.
Adler, Hans: *Soziale Romane im Vormärz. Literatursemiotische Studie*, München 1980.
Adler, Hans (Hg.): *Der deutsche soziale Roman des 18. und 19. Jahrhunderts*, Darmstadt 1990.
Adler, Hans: „Der soziale Roman", in: Gerd Sautermeister und Ulrich Schmid (Hg.): *Zwischen Revolution und Restauration, 1815–1848* (= Hansers Sozialgeschichte der deutschen Literatur vom 16. Jahrhundert bis zur Gegenwart, Bd. 5), München 1998, S. 195–209.

Adorno, Theodor W.: *Gesammelte Schriften*, hg. v. Rolf Tiedemann unter Mitwirkung von Gretel Adorno, 20 Bde., Frankfurt a. M. 1970 ff.
Adorno, Theodor W., und Walter Benjamin: *Briefwechsel 1928–1940*, hg. v. Henri Lonitz, Frankfurt a. M. 1994.
Adorno, Theodor W., und Alfred Sohn-Rethel: *Briefwechsel 1936–1969*, hg. v. Christoph Gödde, München 1991.
Affeldt-Schmidt, Birgit: *Fortschrittsutopien. Vom Wandel der utopischen Literatur im 19. Jahrhundert*, Stuttgart 1991.
Agamben, Giorgio: *Herrschaft und Herrlichkeit. Zur theologischen Genealogie von Ökonomie und Regierung*, übers. v. Andreas Hiepko, Berlin 2010.
Agamben, Giorgio: *Höchste Armut. Ordensregeln und Lebensform*, übers. v. Andreas Hiepko, Frankfurt a. M. 2012.
Agethen, Matthias: „Angeeignete Konzepte. Wilhelm Scherers Poetik (1888) und die Wirtschaftstheorie der Zeit", in: *Internationales Archiv für Sozialgeschichte der deutschen Literatur* 41.1 (2016), S. 122–145.
Agethen, Matthias: *Vergemeinschaftung, Modernisierung, Verausgabung. Nationalökonomie und Erzählliteratur in der zweiten Hälfte des 19. Jahrhunderts*, Göttingen 2018.
Aglietta, Michel: „Systèmes financiers et régimes de croissance", in: *Revue d'économie financière*, H. 61 (2001), S. 83–115.
Aglietta, Michel, und André Orléan (Hg.): *La monnaie souveraine*, Paris 1998.
Agnew, Jean-Christophe: *Worlds Apart. The Market and the Theater in Anglo-American Thought, 1550–1750*, Cambridge 1986.
Agricola, Georg: *Zwölf Bücher vom Berg- und Hüttenwesen*, München 1977.
Akhtar, Ayad: *Junk. A Play*, New York 2017.
Alberti, Leon Battista: „I libri della famiglia", in: ders.: *Opere volgari*, Bd. 1, hg. v. Cecil Grayson, Bari 1960, S. 1–341.
Albracht, Miriam, Iuditha Balint und Frank Weiher (Hg.): *Goethe und die Arbeit*, Paderborn 2018.
Alemán, Mateo: „Das Leben des Guzmán von Alfarache", übers. v. Rainer Specht, in: Horst Baader (Hg.): *Spanische Schelmenromane*, Bd. 1, München 1964, S. 66–848.
Alemán, Mateo: *Guzmán de Alfarache* [1599/1604], hg. v. José María Micó, Madrid 2006.
Alexander, Catherine, und Joshua Reno: „Introduction", in: dies. (Hg.): *Economics of Recycling. The Global Transformation of Materials, Values and Social Relations*, London 2012, S. 1–32.
Altenhein, Hans-Richard: *Geld und Geldeswert im bürgerlichen Schauspiel des 18. Jahrhunderts*, Diss., Univ. Köln, 1952.
Altenhein, Hans-Richard: „Geld und Geldeswert. Über die Selbstdarstellung des Bürgertums in der Literatur des 18. Jahrhunderts", in: Fritz Hodeige (Hg.): *Das Werck der Bucher. Von der Wirksamkeit des Buches in Vergangenheit und Gegenwart. Eine Festschrift für Horst Kliemann. Zu seinem 60. Geburtstag*, Freiburg i.Br. 1956, S. 201–213.
Althammer Beate, und Christina Gerstenmayer (Hg.): *Bettler und Vaganten in der Neuzeit (1500–1933). Eine kommentierte Quellenedition*, Essen 2013.
Althusser, Louis: „Der Gegenstand des *Kapital*", in: ders. und Etienne Balibar (Hg.): *Das Kapital lesen I–II*, übers. von Klaus-Dieter Thieme, Reinbek bei Hamburg 1972, S. 94–267.
Álvarez, Manuel Fernández: *El Memorial de Luis de Ortiz* [1558], in: *Anales de Economía* 17/63 (1957), S. 101–200.
Ampolo, Carmine: „Oikonomia. Tre osservazioni sui rapporti tra la finanza e l'economia greca", in: *AION* 1 (1979), S. 119–130.

Andermatt, Michael: „Jeremias Gotthelf als Volksschriftsteller: ‚Dialektik der Aufklärung'", *Schweizer Monatshefte* 77.10 (1997), S. 24–28.
Andersen, Peter Bøgh, und Berit Holmqvist: „Work", in: Roland Posner u. a. (Hg.): *Semiotik / Semiotics*, Bd. 4 (= HSK 13.4), Berlin/NewYork 2004, S. 3371–3380.
Anderson, Chris: *The Long Tail. Why the Future of Business is Selling Less of More*, New York 2006.
Anderson, John L.: „Piracy and World History. An Economic Perspective on Maritime Predation", in: C. R. Pennell (Hg.): *Bandits at Sea. A Pirates Reader*, New York/London 2001, S. 82–106.
Anderson, Parry: *Considerations on Western Marxism*, London 1976.
Andreae, Johann Valentin: *Christianopolis*, übers. und hg. v. Wolfgang Biesterfeld, Stuttgart 1975.
Andriopoulos, Stefan: „The Invisible Hand: Supernatural Agency in Political Economy and the Gothic Novel", in: *English Literary History* 66.3 (1999), S. 739–758.
Andriopoulos, Stefan: *Ghostly Apparitions. German Idealism, the Gothic Novel, and Optical Media*, New York 2013.
Andriopoulos, Stefan: *Gespenster. Kant, der Schauerroman und optische Medien*, übers. v. Uwe Hebekus, Göttingen 2018.
Angenendt, Arnold u. a.: „Gezählte Frömmigkeit", in: *Frühmittelalterliche Studien* 29 (1995), S. 1–71.
Anzengruber, Ludwig: „Das Vierte Gebot", in: *Ludwig Anzengrubers sämtliche Werke. Kritisch durchgesehene Gesamtausgabe in 15 Bänden*, hg. v. Rudolf Latzke und Otto Rommel, Bd. 5: *Alt-Wiener Stücke. 1. Sammlung*, Wien 1921, S. 145–236.
Appell, Johann W.: *Die Ritter-, Räuber- und Schauerromantik. Zur Geschichte der deutschen Unterhaltungs-Literatur*, Leipzig 1859.
Arendt, Hannah: *The Origins of Totalitarianism*, San Diego/New York/London 1966.
Arendt, Hannah: „Die verborgene Tradition", in: dies.: *Die verborgene Tradition. Acht Essays*, Frankfurt a. M. 1976, S. 46–73.
Arendt, Hannah: „Wir Flüchtlinge", in: dies.: *Zur Zeit. Politische Essays*, hg. v. Marie Luise Knott, übers. von Eike Geisel, München 1989, S. 7–21.
Arendt, Hannah: *Vita activa oder Vom tätigen Leben*, München 2002.
Ariès, Philippe: „Die Geschichte der Mentalitäten", in: Jacques Le Goff u. a. (Hg.): *Die Rückeroberung des historischen Denkens. Grundlagen der Neuen Geschichtswissenschaft*, übers. v. Wolfgang Kaiser, Frankfurt a. M. 1990, S. 137–165.
Arnim, Bettina von: *Werke und Briefe in vier Bänden*, Bd. 2: *Goethe's Briefwechsel mit einem Kinde*, hg. v. Walter Schmitz und Sibylle von Steinsdorff, Frankfurt a. M. 1992.
Arnim, Hans von (Hg.): *Stoicorum Veterum Fragmenta*, Bd. 3, Leipzig 1903.
Arrow, Kenneth: „Rationality of Self and Others in an Economic System", in: *The Journal of Business* 59.4 (1986), S. 385–399.
Artaud, Antonin: *Das Theater und sein Double*, übers. v. Gerd Henniger, München 1996.
Arvatov, Boris: *Kunst und Produktion*, hg. und übers. v. Hans Günther und Karla Hielscher, München 1972.
Aschheim, Steven E.: „Caftan and Cravat. The ‚Ostjude' as a Cultural Symbol in the Development of German Anti-Semitism", in: Seymour Drescher u. a. (Hg.): *Political Symbolism in Modern Europe. Essays in Honor of George L. Mosse*, New Brunswick, NJ 1982, S. 81–99.
Asholt, Wolfgang, und Walter Fähnders (Hg.): *Arbeit und Müßiggang 1789–1914. Dokumente und Analysen*, Frankfurt a. M. 1991.

Assmann, Aleida: *Erinnerungsräume. Formen und Wandlungen des kulturellen Gedächtnisses*, München 1999.
Assmann, Aleida: „Beyond the Archive", in: Brian Neville und Johanne Villeneuve (Hg.): *Waste-Site Stories. The Recycling of Memory*, Albany, NY 2002, S. 71–83.
Assmann, David-Christopher u. a. (Hg.): *Entsorgungsprobleme. Müll in der Literatur*, Berlin 2014.
Athanassakis, Irini: *Die Aktie als Bild. Zur Kulturgeschichte von Wertpapieren*, Wien/New York 2008.
Athenaeus: *The Deipnosophists or Banquet of the Learned*, 3 Bde., übers. v. C. D. Yonge, London 1854.
Attanucci, Timothy: *Stories from Earth. Adalbert Stifter and the Poetics of Earth History*, Diss. Univ. Princeton, NJ 2012.
Audring, Gert, und Kai Brodersen (Hg.): *Oikonomika. Quellen zur Wirtschaftstheorie der griechischen Antike*, eingel. und übers. von dens., Darmstadt 2008.
Auerbach, Erich: *Mimesis. Dargestellte Wirklichkeit in der abendländischen Literatur* [1946], 10. Aufl., Tübingen/Basel 2001.
Augé, Marc: *Orte und Nicht-Orte. Vorüberlegungen zu einer Ethnologie der Einsamkeit*, übers. v. Michael Bischoff, Frankfurt a. M. 1994.
Augel, Johannes: *Italienische Einwanderung und Wirtschaftstätigkeit in rheinischen Städten*, Bonn 1971.
Augustinus: *Über den Wortlaut der Genesis. De genesi ad litteram*, 2 Bde., übers. und hg. v. Carl Johann Perl, Paderborn 1961.
Augustinus: *De libero arbitrio*, übers. u. hg. v. Johannes Brachtendorf, Paderborn 2006.
Aust, Hugo u. a.: *Volksstück. Vom Hanswurstspiel zum sozialen Drama der Gegenwart*, München 1989.
Auster, Paul: *4321*, New York 2017.
Autorenkollektiv sozialistischer Literaturwissenschaftler Westberlin: *Zum Verhältnis von Ökonomie, Politik und Literatur im Klassenkampf. Grundlagen einer historisch-materialistischen Literaturwissenschaft*, Berlin 1971.

Bach, Olaf: *Die Erfindung der Globalisierung. Entstehung und Wandel eines zeitgeschichtlichen Grundbegriffs*, Frankfurt a. M./New York 2013.
Bachleitner, Nobert: *Der englische und französische Sozialroman des 19. Jahrhunderts und seine Rezeption in Deutschland*, Amsterdam/Atlanta, GA 1993.
Bachmann-Medick, Doris: *Die ästhetische Ordnung des Handelns. Moralphilosophie und Ästhetik in der Popularphilosophie des 18. Jahrhunderts*, Stuttgart 1989.
Bachmann-Medick, Doris: „Jenseits der Konsensgemeinschaft – Kulturwissenschaften im ‚socio-political turn'?", in: Till Breyer u. a. (Hg.): *Monster und Kapitalismus* (= Zeitschrift für Kulturwissenschaften 2/2017), Bielefeld 2017, S. 105–111.
Bachtin, Michail: „Récit épique et roman" [1941], in: ders.: *Esthétique et théorie du roman*, übers v. Daria Olivier, Paris 1978, S. 439–473.
Bachtin, Michail: „Epos und Roman" [1941], in: ders.: *Untersuchungen zur Poetik und Theorie des Romans*, hg. v. Edward Kowalski und Michael Wegner, übers. v. Michael Dewey, Berlin/Weimar 1986, S. 465–506.
Backhouse, Maria: „Ursprüngliche Akkumulation und Ideologie. Impulse von Stuart Hall", in: dies. u. a. (Hg.): *In Hörweite von Stuart Hall. Gesellschaftskritik ohne Gewähr*, Hamburg 2017, S. 49–66.

Bacon, Francis: „Neu-Atlantis", in: ders. u. a.: *Der utopische Staat*, übers. und hg. v. Klaus J. Heinisch, Reinbek bei Hamburg 1960, S. 171–215.
Bacon, Francis: „Of Usurie", in: ders.: *The Essayes or Counsels, Civill and Morall*, hg. v. Michael Kiernan, Oxford 1985, S. 124–129.
Baecker, Dirk: „Die Schrift des Kapitals", in: Hans Ulrich Gumbrecht und K. Ludwig Pfeiffer (Hg.): *Schrift*, München 1993, S. 257–272.
Baecker, Dirk (Hg.): *Kapitalismus als Religion*, Berlin 2003.
Baecker, Dirk: *Womit handeln Banken? Eine Untersuchung zur Risikoverarbeitung in der Wirtschaft*, 2. Aufl., Frankfurt a. M. 2008.
Baguley, David: *Fécondité d'Emile Zola. Roman à thèse, evangile, mythe*, Toronto 1973.
Bähr, Christine: *Der flexible Mensch auf der Bühne. Sozialdramatik und Zeitdiagnose im Theater der Jahrtausendwende*, Bielefeld 2012.
Bakunin, Michail A.: *Russische Zustände* [1849], Berlin 1996.
Balint, Iuditha: *Erzählte Entgrenzungen. Narrationen von Arbeit zu Beginn des 21. Jahrhunderts*, Paderborn 2017.
Balint, Iuditha, und Sebastian Zilles (Hg.): *Literarische Ökonomik*, Paderborn 2014.
Balke, Friedrich u. a. (Hg.): *Medien der Finanz* (= Archiv für Mediengeschichte 17), Paderborn 2017.
Balzac, Honoré de: *La Comédie humaine*, 12 Bde., hg. v. Pierre-Georges Castex u. a., Paris 1976 ff.
Balzac, Honoré de: „Das Bankhaus Nucingen", in: ders.: *Die Menschliche Komödie*. Bd. 12: *Szenen aus dem Pariser Leben*, übers. v. Tilly Bergner und Thorgerd Schücker, Berlin/Weimar 1985, S. 403–493.
Bandau, Anja: „Überlegungen zu einer transatlantischen Romanistik – Transatlantische Lektüren", in: Christine Felbeck u. a. (Hg.): *America Romana. Neue Perspektiven transarealer Vernetzungen*, Frankfurt a. M. 2015, S. 257–276.
Bandau, Anja u. a. (Hg.): *Reshaping Glocal Dynamics of the Caribbean. Reluciones y Desconexiones – Relations et Déconnexions – Relations and Disconnections*, Heidelberg 2018. Open-Access: https://heiup.uni-heidelberg.de/heiup/catalog/book/314 (30. Juni 2019).
Banita, Georgiana: „Antonionis Ölmalerei. Zum unbewussten Rohstoff einer materiellen Filmästhetik", in: Jörn Glasenapp (Hg.): *Michelangelo Antonioni. Wege in die filmische Moderne*, München 2012, S. 153–181.
Barberán Reinares, Laura: *Sex Trafficking in Postcolonial Literature. Transnational Narratives from Joyce to Bolaño*, New York/London 2015.
Bardèche, Maurice: *Balzac, romancier*, Paris 1943.
Barthel, Max: *Aufstieg der Begabten. Roman*, Berlin 1929.
Barthes, Roland: *Mythologies*, Paris 1957.
Barthes, Roland: „Die Bourgeoisie als anonyme Gesellschaft", in: ders.: *Mythen des Alltags*, übers. v. Helmut Scheffel, Frankfurt a. M. 1964a, S. 123–130.
Barthes, Roland: „Éléments de la sémiologie", in: *Communications* 4 (1964b), S. 91–135.
Barthes, Roland: *Système de la mode*, Paris 1967.
Barthes, Roland: *Sade. Fourier. Loyola*, übers. v. Maren Sell und Jürgen Hoch, Frankfurt a. M. 1986.
Barthes, Roland: *Am Nullpunkt der Literatur*, übers. v. Helmut Scheffel, Frankfurt a. M. 2006.
Bartl, Andrea, und Marta Famula (Hg.): *Vom Eigenwert der Literatur. Reflexionen zu Funktion und Relevanz literarischer Texte*, Würzburg 2017.

Bartsch, Kurt: „Nestroy und das Geld", in: Hans-Jörg Knobloch und Helmut Koopmann (Hg.): *Das verschlafene 19. Jahrhundert? Zur deutschen Literatur zwischen Klassik und Moderne*, Würzburg 2005, S. 53–68.
Baßler, Moritz: *Der deutsche Pop-Roman. Die neuen Archivisten*, München 2002.
Bataille, Georges: *Œuvres complètes*, 12 Bde., Paris 1970 ff.
Bataille, Georges: *Die Aufhebung der Ökonomie*, hg. v. Gerd Bergfleth, übers. v. Traugott König u. a., 2. Aufl., München 1985.
Baucom, Ian: *Specters of the Atlantic. Finance Capital, Slavery, and the Philosophy of History*, Durham, NC/London 2005.
Baudelaire, Charles: *Œuvres complètes*, 2 Bde., hg. v. Claude Pichois, Paris 1975–1976.
Baudrillard, Jean: *Pour une critique de l'économie politique du signe*, Paris 1972.
Baudrillard, Jean: *L'échange symbolique et la mort*, Paris 1976.
Baudrillard, Jean: *Der symbolische Tausch und der Tod*, übers. v. Gerd Bergfleth u. a., München 1991.
Baudrillard, Jean: *Die Illusion des Endes oder Der Streik der Ereignisse*, übers. v. Ronald Voullié, Berlin 1992.
Baudrillard, Jean: *Das System der Dinge. Über unser Verhältnis zu den alltäglichen Gegenständen* [1968], übers. v. Joseph Garzuly, Frankfurt a. M./New York 2007.
Baudrillard, Jean: *Die Konsumgesellschaft. Ihre Mythen, ihre Strukturen*, hg. v. Kai-Uwe Hellmann und Dominik Schrage, übers. v. Annette Foegen, Wiesbaden 2015.
Baudrillart, Henri: *Histoire de luxe privé et publique dépuis l'antiquité jusqu'à nos jours*, 4 Bde., Paris 1878.
Bauer, Franz J.: *Das lange 19. Jahrhundert. Profil einer Epoche*, Stuttgart 2004.
Bauer, Leonhard: „Zeichenkonzeptionen in der Ökonomie vom 19. Jahrhundert bis zur Gegenwart", in: Roland Posner u. a. (Hg.): *Semiotik / Semiotics*, Bd. 2 (= HSK 13.2), Berlin/ New York 1998, S. 1732–1743.
Bauer, Manuel: „Diesseits der Verklärung. Georg Weerths Kritik der kaufmännischen Arbeit", in: Iuditha Balint und Hans-Joachim Schott (Hg.): *Arbeit und Protest in der Literatur vom Vormärz bis zur Gegenwart*, Würzburg 2015, S. 33–49.
Bauer, Manuel: *Ökonomische Menschen. Literarische Wirtschaftsanthropologie des 19. Jahrhunderts*, Göttingen 2016.
Bauman, Zygmunt: *Flüchtige Moderne*, übers. v. Reinhard Kreissl, Frankfurt a. M. 2003.
Bauman, Zygmunt: *Retrotopia*, übers. v. Frank Jakubzik, Berlin 2017.
Bayer, Anja, und Daniela Seel (Hg.): *All dies hier, Majestät, ist deins. Lyrik im Anthropozän*, Berlin 2016.
Bayerdörfer, Hans-Peter, und Eckhart Hellmuth (Hg.): *Exotica. Konsum und Inszenierung des Fremden im 19. Jahrhundert*, Münster 2003.
Bebel, August: *Die Frau und der Sozialismus*, Stuttgart, 1910.
Beck, Hans-Joachim: *Friedrich von Hardenberg. „Oeconomie des Styls". Die „Wilhelm-Meister"-Rezeption im „Heinrich von Ofterdingen"*, Bonn 1976.
Becker, Andreas u. a. (Hg.): *Reste. Umgang mit einem Randphänomen*, Bielefeld 2005.
Becker, Christian: *Ökonomie und Natur in der Romantik. Das Denken von Novalis, Wordsworth und Thoreau als Grundlegung der Ökologischen Ökonomik*, Marburg 2003.
Becker, Florian u. a.: *Gramsci lesen! Einstieg in die Gefängnishefte*, Hamburg 2013.
Becker, Gary S.: *Der ökonomische Ansatz zur Erklärung menschlichen Verhaltens*, übers. v. Monika Vanberg und Viktor Vanberg, Tübingen 1982.

Becker, Sabina: *Neue Sachlichkeit*, Bd. 1: *Die Ästhetik der neusachlichen Literatur*, Köln/Weimar/Wien 2000.

Becker, Sabina: „Die literarische Moderne der zwanziger Jahre. Theorie und Ästhetik der Neuen Sachlichkeit", in: *Internationales Archiv für Sozialgeschichte der deutschen Literatur* 27.1 (2002), S. 73–95.

Beckert, Jens: *Imagined Futures. Fictionality in Economic Action* (= MPIfG Discussion Paper 11/8), Köln 2011. http://www.mpi-fg-koeln.mpg.de/pu/mpifg_dp/dp11-8.pdf (30. Juni 2019).

Beckert, Jens: *Imagined Futures. Fictional Expectations and Capitalist Dynamics*, Cambridge, MA 2016.

Beckert, Sven: *Empire of Cotton. A Global History*, New York 2014.

Behn, Aphra: *Oroonoko, or The Royal Slave. A True History* [1688], Auckland 2009.

Beigbeder, Frédéric: *99 francs*, Paris 2001.

Belfort, Jordan: *The Wolf of Wall Street*, New York 2007.

Bell, Daniel: *The Coming of Post-Industrial Society. A Venture in Social Forecasting*, New York 1973.

Bellamy, Edward: *Ein Rückblick aus dem Jahre 2000 auf 1887*, übers. v. Georg von Gizycki, hg. v. Wolfgang Biesterfeld, Stuttgart 1983.

Benjamin, Walter: *Gesammelte Schriften*, 7 Bde., hg. v. Rolf Tiedemann und Hermann Schweppenhäuser, Frankfurt a. M. 1972 ff.

Benjamin, Walter: *Werke und Nachlaß. Kritische Gesamtausgabe*, Bd. 9: *Rundfunkarbeiten. Texte/Entwürfe und Fassungen*, hg. v. Thomas Küpper und Anja Nowak, Berlin 2017.

Bensen, Heinrich: *Freimüthige Abhandlungen aus dem Gebiete der Polizei und Staatswirthschaft als Fortsetzung der Materialien für angehende praktische Staatsbeamten*, Erlangen 1804.

Bentham, Jeremy: *Vertheidigung des Wuchers*, hg. v. Johann August Eberhard, Halle 1788.

Benz, Ernst: *Das Recht auf Faulheit oder Die friedliche Beendigung des Klassenkampfs*, Stuttgart 1974.

Benz, Wolfgang: *Bilder vom Juden. Studien zum alltäglichen Antisemitismus*, München 2002.

Berg, Nicolas: *Luftmenschen. Zur Geschichte einer Metapher*, Göttingen 2008.

Bergengruen, Maximilian: „Ökonomisches Wagnis/Literarisches Risiko. Zu den Paradoxien des Kapitalerwerbs im Poetischen Realismus", in: Monika Schmitz-Emans u.a (Hg.): *Literatur als Wagnis / Literature as a Risk. DFG-Symposium 2011*, Berlin/Boston 2013, S. 208–238.

Bergengruen, Maximilian: „Der Schrei [recte: Schein] des Warenhaften. Zur Genealogie des Geldes in Novalis' ‚Ofterdingen' und Tiecks ‚Runenberg'", in: Gerhart von Graevenitz u. a. (Hg.): *Romantik kontrovers. Ein Debattenparcours zum zwanzigjährigen Jubiläum der Stiftung für Romantikforschung*, Würzburg 2015, S. 35–47.

Bergengruen, Maximilian: „Himmel und Hölle ökonomisch. Kredit und Bankrott in Adelbert von Chamissos ‚Peter Schlemihl'", in: Stephanie Waldow u. a. (Hg.): *Der Himmel als transkultureller ethischer Raum. Himmelskonstellationen im Spannungsfeld von Literatur und Wissen*, Göttingen 2016a, S. 167–192.

Bergengruen, Maximilian: „Schuld und Schulden. Zu einem ökonomischen Faustbuch-Rekurs in der Schwarzkünstler-Episode des ‚Simplicissimus Teutsch'", in: *Simpliciana* 38 (2016b), S. 75–97.

Bergengruen, Maximilian: „Vom ‚Glückseckel' zum Staatssäckel. Politische Schulden in den romantischen Fortunatus-Dramen (Chamisso, Tieck)", in: Christian Kirchmeier (Hg.): *Das Politische des romantischen Dramas*, Paderborn 2019, S. 89–106.

Bergengruen, Maximilian u. a (Hg.): *Kredit und Bankrott in der deutschen Literatur*, Berlin 2020 [im Druck].
Berghahn, Klaus L.: „‚Hitler und sein Jude'. Anmerkungen zu George Taboris ‚Mein Kampf'", in: *Modern Austrian Literature* 36.1/2 (2003), S. 1–16.
Berghahn, Klaus L., und Wolfgang Müller: „Tätig sein, ohne zu arbeiten? Die Arbeit und das Menschenbild der Klassik", in: Reinhold Grimm und Jost Hermand (Hg.): *Arbeit als Thema in der deutschen Literatur vom Mittelalter bis zur Gegenwart*, Königstein i.Ts. 1979, S. 51–73.
Bergmann, Franziska: „Der Duft der großen weiten Welt. Olfaktorik und exotisches Fernweh in Gustav Freytags ‚Soll und Haben' und Theodor Fontanes ‚L'Adultera'", in: Irmtraud Hnilica u. a. (Hg.): *Fernweh nach der Romantik. Begriff – Diskurs – Phänomen*, Freiburg i.Br. u. a. 2017, S. 39–52.
Bergson, Henri: *Materie und Gedächtnis. Eine Abhandlung über die Beziehung zwischen Körper und Geist*, übers. v. Margarethe Drewsen, Hamburg 2015.
Berlant, Lauren: *Cruel Optimism*, Durham, NC/London 2011.
Berman, Russell A.: *The Rise of the Modern German Novel. Crisis and Charisma*, Cambridge, MA 1986.
Bernard, Claude: *Introduction à l'étude de la médecine expérimentale* [1865], Paris 1966.
Bernardin de Saint-Pierre, Jacques-Henri: *Paul und Virginie* [1788], übers. v. Erich Marx nach Gottlob Finck, Leipzig 1962.
Bernoulli, Jakob: „Ars conjectandi" [1713], in: ders.: *Die Werke von Jakob Bernoulli*, hg. v. der Naturforschenden Gesellschaft in Basel, Bd. 3, Basel 1975, S. 107–286.
Besomi, Daniele: „‚Periodic Crises'. Clément Juglar between Theories of Crises and Theories of Business Cycles", in: *Research in the History of Economic Thought and Methodology* 28.A (2010), S. 169–286.
Besomi, Daniele: „Naming Crises. A Note on Semantics and Chronology", in: ders. (Hg.): *Crises and Cycles in Economic Dictionaries and Encyclopedias*, London/New York 2012, S. 54–132.
Bessing, Joachim: *Wir-Maschine. Roman*, Stuttgart/München 2001.
Bessing, Joachim u. a.: *Tristesse Royale: Das popkulturelle Quintett mit Joachim Bessing, Christian Kracht, Eckhart Nickel, Alexander von Schönburg und Benjamin von Stuckrad-Barre*, Berlin 1999.
Beyer, Johann Rudolf Gottlieb: „Über das Bücherlesen, in so fern es zum Luxus unserer Zeiten gehört", in: *Acta Academiae Electoralis Moguntinae Scientarum Utilium Quae Erfurti est*, Bd. 12, Erfurt 1794/1795.
Biendarra, Anke S.: „Prekäre neue Arbeitswelt. Narrative der New Economy", in: Julia Schöll und Johanna Bohley (Hg.): *Das erste Jahrzehnt. Narrative und Poetiken des 21. Jahrhunderts*, Würzburg 2011, S. 69–82.
Biernacki, Richard: *The Fabrication of Labor. Germany and Britain, 1640–1914*, Berkeley 1995.
Biesterfeld, Wolfgang: *Die literarische Utopie*, 2. Aufl., Stuttgart 1982.
Bigelow, Gordon: *Fiction, Famine, and the Rise of Economics in Victorian Britain and Ireland*, Cambridge 2007.
Bigo, Didier: „Security. A Field left Fallow", in: Michael Dillon und Andrew W. Neal (Hg.): *Foucault on Politics, Security and War*, London 2008, S. 93–114.
Bigo, Didier, und Anastassia Tsoukala: „Understanding Insecurity", in: dies. (Hg.): *Terror, Insecurity and Liberty. Illiberal Practices of Liberal Regimes After 9/11*, London/New York 2008, S. 1–9.

Binczek, Natalie u. a. (Hg.): *Handbuch Medien der Literatur*, Berlin/Boston 2013.
Binswanger, Hans Christoph: *Geld und Magie. Deutung und Kritik der modernen Wirtschaft anhand von Goethes Faust*, Stuttgart 1985.
Bischoff, Barabara: *Die Stabsstelle ‚Besondere Aufgaben' bei der Treuhandanstalt. Ein funktionales Konzept zur Bekämpfung von Wirtschaftskriminalität?*, Münster/New York 2016.
Bisson, Katy, und John Proops: „Introduction", in: dies. (Hg.) *Waste in Ecological Economics*, Cheltenham/Northampton 2002, S. 1–10.
Blanckenburg, Christian Friedrich von: *Versuch über den Roman* [1774], Stuttgart 1965.
Blasberg, Cornelia: *Erschriebene Tradition. Adalbert Stifter oder das Erzählen im Zeichen verlorener Geschichten*, Freiburg i.Br. 1998.
Blaschke, Bernd: *Der homo oeconomicus und sein Kredit bei Musil, Joyce, Svevo, Unamuno und Céline*, München 2004.
Blaschke, Bernd: „Luxus als Leidenschaft bei Honoré de Balzac", in: Christine Weder und Maximilian Bergengruen (Hg.): *Luxus. Die Ambivalenz des Überflüssigen in der Moderne*, Göttingen 2011, S. 192–216.
Blaschke, Bernd: „Faust als Wagender, Faust als Wagnis. Goethes riskantes Werk über riskante Unternehmungen", in: Monika Schmitz-Emans u.a (Hg.): *Literatur als Wagnis / Literature as a Risk. DFG-Symposium 2011*, Berlin/Boston 2013, S. 678–701.
Blaschke, Bernd: „Literarische Anthropologie im Zeitalter des Hochkapitalismus. Zolas Spekulationen zum notwendigen Exzess", in: Iuditha Balint und Sebastian Zilles (Hg.): *Literarische Ökonomik*, Paderborn 2014, S. 103–123.
Bloch, Ernst: *Thomas Münzer als Theologe der Revolution*, München 1921.
Bloch, Ernst: *Das Prinzip Hoffnung* [1938–1947], 2 Bde., Frankfurt a. M. 1978.
Blome, Eva u. a.: „Klassen-Bildung. Ein Problemaufriss", in: *Internationales Archiv für Sozialgeschichte der deutschen Literatur* 35.2 (2010), S. 158–194.
Bloomfield, Morton W.: *The Seven Deadly Sins. An Introduction to the History of a Religious Concept, with Special Reference to Medieval English Literature*, East Lansing, MI 1952.
Blumenberg, Hans: *Säkularisierung und Selbstbehauptung*, Frankfurt a. M. 1974.
Blumenberg, Hans: *Arbeit am Mythos*, Frankfurt a. M. 1978.
Blumenberg, Hans: *Die Sorge geht über den Fluß*, Frankfurt a. M. 1987.
Blumenberg, Hans: *Ästhetische und metaphorologische Schriften*, hg. v. Anselm Haverkamp, Frankfurt a. M. 2001.
Bobsin, Julia: *Von der Werther-Krise zur Lucinde-Liebe. Studien zur Liebessemantik in der deutschen Erzählliteratur 1770–1800*, Tübingen 1994.
Boccaccio, Giovanni: *Das Dekameron*, übers. v. Ruth Macchi, Berlin/Weimar 1986.
Bock, Gisela: *Die „andere" Arbeiterbewegung in den USA von 1905 bis 1922. Die Industrial Workers of the World*, München 1976.
Bodenheimer, Nina: *Heinrich Heine und der Saint-Simonismus (1830–1835)*, Stuttgart 2014.
Bodin, Jean: *Les six livres de la République*, 4. Aufl., Lyon 1579.
Boehncke, Heiner: „Arbeit und Abenteuer", in: Heinz Ludwig Arnold (Hg.): *B. Traven* (= Text + Kritik 102), München 1989, S. 6–16.
Boehncke, Heiner, und Rolf Johannsmeier: *Das Buch der Vaganten. Spieler, Huren, Leutbetrüger*, Köln 1987.
Boehncke, Heiner, und Alexander Kluge: „Die Rebellion des Stoffs gegen die Form und der Form gegen den Stoff: Der Protest als Erzähler", in: Johannes Beck u. a. (Hg.): *Das B.-Traven-Buch*, Reinbek bei Hamburg 1976, S. 338–347.

Boers, Klaus u. a. (Hg.): *Wirtschaftskriminalität und die Privatisierung der DDR-Betriebe*, Baden-Baden 2010.
Boesel, Whitney Erin: „Dating Games", in: *The New Inquiry*, H. 13 (Februar 2013), S. 40–47.
Bogdal, Klaus-Michael: *„Schaurige Bilder". Der Arbeiter im Blick des Bürgers am Beispiel des Naturalismus*, Frankfurt a. M. 1978.
Bogdal, Klaus-Michael: „Ein Interview mit Klaus-Michael Bogdal", in: *undercurrents. Forum für linke Literaturwissenschaft*, 21. Juli 2016, https://undercurrentsforum.wordpress.com/2016/07/21/ein-interview-mit-klaus-michael-bogdal/ (30. Juni 2019).
Bogost, Ian: *Alien Phenomenology, Or What It's Like to Be a Thing*, Minneapolis 2012.
Bohlender, Matthias: *Metamorphosen des liberalen Regierungsdenkens. Politische Ökonomie, Polizei und Pauperismus*, Weilerswist 2007.
Böhme, Hartmut: „Das Fetischismuskonzept von Marx und sein Kontext", in: Peter U. Hohendahl und Rüdiger Steinlein (Hg.): *Kulturwissenschaften – Cultural Studies. Beiträge zur Erprobung eines umstrittenen literaturwissenschaftlichen Paradigmas*, Berlin 2001, S. 133–184.
Böhme, Hartmut: *Fetischismus und Kultur. Eine andere Theorie der Moderne*. Reinbek bei Hamburg 2006.
Bolaño, Roberto: *Chilenisches Nachtstück. Roman* [2000], übers. v. Heinrich von Berenberg, München 2010.
Bolaño, Roberto: *2666. Roman* [2004], übers. v. Christian Hansen, Frankfurt a. M. 2011.
Bolaño, Roberto: *Die Nöte des wahren Polizisten. Roman* [2011], übers. v. Christian Hansen, München 2013.
Boltanski, Luc: *Rätsel und Komplotte. Kriminalliteratur, Paranoia, moderne Gesellschaft*, übers. v. Christine Pries, Berlin 2013.
Boltanski, Luc, und Ève Chiapello: *Der neue Geist des Kapitalismus*, übers. v. Michael Tillmann, Konstanz 2003.
Bolz, Norbert: „Die Marke Mahagonny. Über konsumistische Urbanität", in: *The Brecht Yearbook/Das Brecht-Jahrbuch* 29 (2004), S. 353–364.
Bonus, Holger: *Wertpapiere, Geld und Gold. Über das Unwirkliche in der Ökonomie*, Graz u. a. 1990.
Borges, Jorge Luis: *Die Bibliothek von Babel. Erzählungen*, übers. v. Karl August Horst u. Curt Meyer-Clason, Stuttgart 1974.
Borie, Jean: *Zola et les mythes ou De la nausée au salut*, Paris 1973.
Borneman, Ernest: *Psychoanalyse des Geldes. Eine kritische Untersuchung psychoanalytischer Geldtheorien*, übers. v. Eva Borneman und Eva Moldenhauer, Frankfurt a. M. 1973.
Bornstein, Roni Aaron: *Schnorrers. Wandering Jews in Germany 1850–1914*, übers. v. Benjamin Rosendahl, Tel Aviv 2013.
Borscheid, Peter: „Geld und Liebe. Zu den Auswirkungen des Romantischen auf die Partnerwahl im 19. Jahrhundert", in: ders. und Hans J. Teuteberg (Hg.): *Ehe, Liebe, Tod. Zum Wandel der Familie, der Geschlechts- und Generationsbeziehungen in der Neuzeit*, Münster 1983, S. 112–134.
Borst, Eugen: „Das Jahrhundert der Projekte", in: *Zeitschrift für deutsche Wortforschung* 11 (1909), S. 288–290.
Bosse, Heinrich: *Autorschaft ist Werkherrschaft. Über die Entstehung des Urheberrechts aus dem Geist der Goethezeit*, Paderborn 1981.
Bosse, Heinrich: „Zur Sozialgeschichte des Wanderliedes", in: Wolfgang Albrecht und Hans-Joachim Kertscher (Hg.): *Wanderzwang – Wanderlust. Formen der Raum- und*

Sozialerfahrung zwischen Aufklärung und Frühindustrialisierung, Tübingen 1999, S. 135–157.

Bosse, Heinrich: *Bildungsrevolution 1770–1830*, hg. v. Nacim Ghanbari, Heidelberg 2012.

Bote, Hermann: *Till Eulenspiegel* [1515], Frankfurt a. M. 1981.

Bourdieu, Pierre: „Champ intellectuel et projet créateur", in: *Les Temps Modernes*, H. 246 (1966), S. 865–906.

Bourdieu, Pierre: „Ökonomisches Kapital, kulturelles Kapital, soziales Kapital", in: Reinhard Kreckel (Hg.): *Soziale Ungleichheiten*, Göttingen 1983, S. 183–198.

Bourdieu, Pierre: „The Forms of Capital", in: Johan G. Richardson (Hg.): *Handbook of Theory and Research for the Sociology of Education*, New York u. a. 1986, S. 241–258.

Bourdieu, Pierre: *Sozialer Sinn. Kritik der theoretischen Vernunft*, übers. v. Günter Seib, Frankfurt a. M. 1993.

Bourdieu, Pierre: *Die Regeln der Kunst. Genese und Struktur des literarischen Feldes*, übers. v. Bernd Schwibs und Achim Russer, Frankfurt a. M. 1999.

Bourdieu, Pierre: *Meditationen. Zur Kritik der scholastischen Vernunft*, übers. v. Achim Russer, Frankfurt a. M. 2001.

Bouvier, Jean: *Le Krach de l'Union générale*, Paris 1960.

Bowlby, Rachel: *Just Looking. Consumer Culture in Dreiser, Gissing, and Zola*, New York/London 1985.

Bracciolini, Poggio: *Dialogus Contra Avaritiam (De avarita)* [um 1430], Livorno 1994.

Bradshaw, George (Hg.): *Bradshaw's Continental Railway, Steam Transit, and General Guide and General Handbook Illustrated with Local and Other Maps*, London 1966.

Bräker, Ulrich: „Lebensgeschichte und Natürliche Ebentheuer des Armen Mannes im Tockenburg" [1789], in: ders.: *Sämtliche Schriften*, hg. v. Andreas Bürgi u. a., Bd. 4: *Lebensgeschichte und vermischte Schriften*, München 2000, S. 355–559.

Brandes, Helga: „Frühneuzeitliche Ökonomieliteratur", in: Albert Meier u. a. (Hg.): *Die Literatur des 17. Jahrhunderts* (= Hansers Sozialgeschichte der Literatur vom 16. Jahrhundert bis zur Gegenwart, Bd. 2), München 1999, S. 470–484.

Brandes, Peter: *Goethes Faust. Poetik der Gabe und Selbstreflexion der Dichtung*, München 2003a.

Brandes, Peter: „Die Gewalt der Gaben – Celans ‚Eden'", in: Ulrich Wergin und Martin Jörg Schäfer (Hg.): *Die Zeitlichkeit des Ethos. Poetologische Aspekte im Schreiben Paul Celans*, Würzburg 2003b, S. 175–195.

Brandt, Harm-Hinrich: „Der Österreichische ‚Staatsbankrott' von 1811", in: Gerhard Lingelbach (Hg.): *Staatsfinanzen, Staatsverschuldung, Staatsbankrotte in der europäischen Staaten- und Rechtsgeschichte*, Köln/Weimar/Wien 2000, S. 55–66.

Brant, Sebastian: *Das Narrenschiff*, hg. v. Hans-Joachim Mähl, Stuttgart 1998.

Braudel, Fernand: *Das Mittelmeer und die mediterrane Welt in der Epoche Philipps II.*, 3 Bde., übers. v. Grete Osterwald u. a., Frankfurt a. M. 1990.

Braudel, Fernand: „Für eine historische Ökonomie", in: ders.: *Schriften zur Geschichte*, Bd. 1: *Gesellschaften und Zeitstrukturen*, übers. von Gerda Kurz, Stuttgart 1992, S. 122–131.

Bräuer, Helmut: *Kinderbettel und Bettelkinder Mitteleuropas zwischen 1500 und 1800. Beobachtungen, Thesen, Anregungen*, Leipzig 2010.

Braun, Christina von: „Das Geld und die Prostitution", in: Sabine Grenz und Martin Lücke (Hg.): *Verhandlungen im Zwielicht. Momente der Prostitution in Geschichte und Gegenwart*, Bielefeld 2006, S. 23–42.

Braun, Christina von: *Der Preis des Geldes. Eine Kulturgeschichte*, Berlin 2012.
Braun, Christina von: „‚Viel Fleisch ums Geld'. Shakespeare als Zeitgenosse neuer Wirtschaftsformen", in: *Shakespeare Jahrbuch*, Bd. 150: *Geld und Macht*, hg. v. Sabine Schülting, Bochum 2014, S. 11–29.
Braun, Christina von: *Blutsbande. Verwandtschaft als Kulturgeschichte*, Berlin 2018.
Braune, Rudolf: *Junge Leute in der Stadt. Roman* [1932], Berlin 1958.
Braungart, Wolfgang: „Eduard Mörike: ‚Mozart auf der Reise nach Prag'. Ökonomie – Melancholie – Auslegung und Gespräch", in: *Interpretationen. Erzählungen und Novellen des 19. Jahrhunderts*, Bd. 2, Stuttgart 1990, S. 133–202.
Bräutigam, Bernd: „Candide im Comptoir: Zur Bedeutung der Poesie in Gustav Freytags ‚Soll und Haben'", in: *Germanisch-Romanische Monatsschrift* 35.4 (1985), S. 395–411.
Brawe, Joachim Wilhelm von: „Der Freigeist" [1757], in: Fritz Brüggemann (Hg.): *Die Anfänge des bürgerlichen Trauerspiels in den fünfziger Jahren*, Leipzig 1934, S. 272–332.
Brecht, Bertolt: *Werke. Große kommentierte Berliner und Frankfurter Ausgabe*, 30 Bde., Berlin/Weimar/Frankfurt a. M. 1988 ff.
Breitenbach, Hans R.: Art. „Xenophon von Athen (6)", in: Konrat Ziegler (Hg.): *Paulys Realencyclopädie der classischen Altertumswissenschaft*, Reihe II, Bd. 9.2, Stuttgart 1967, Sp. 1569–2052.
Breithaupt, Fritz: „Homo Oeconomicus (Junges Deutschland, Psychologie, Keller und Freytag)", in: Jürgen Fohrmann und Helmut J. Schneider (Hg.): *1848 und das Versprechen der Moderne*, Würzburg 2003, S. 85–112.
Breithaupt, Fritz: *Der Ich-Effekt des Geldes. Zur Geschichte einer Legitimationsfigur*, Frankfurt a. M. 2008.
Breitschmid, Peter: „Das Erbrecht des 19. im 21. Jahrhundert. Der Konflikt zwischen Status, Realbeziehung und erblasserischer Freiheit", in: Werner Egli und Kurt Schärer (Hg.): *Erbe, Erbschaft, Vererbung*, Zürich 2005, S. 35–54.
Bremer, Thomas: Art. „Charakter / charakteristisch", in: Karlheinz Barck u. a. (Hg.): *Ästhetische Grundbegriffe*, Bd. 1, Stuttgart/Weimar 2000, S. 772–794.
Brenner, Robert: *The Economics of Global Turbulence. The Advanced Capitalist Economies from Long Boom to Long Downturn, 1945–2005*, London/New York 2006.
Breuer, Ulrich: *Melancholie und Reise. Studien zur Archäologie des Individuellen im deutschen Roman des 16.–18. Jahrhunderts*, Münster/Hamburg 1994.
Breward, Christopher: *The Hidden Consumer. Masculinities, Fashion and City Life 1860–1914*, Manchester/New York 1999.
Breydenbach, Bernhard von: *Peregrinatio in terram sanctam. Eine Pilgerreise ins Heilige Land*, hg. v. Isolde Mozer, Berlin/New York 2010.
Breyer, Till: „Der Realitätseffekt der Krise. Ökonomie und Offenbarung zwischen Marx und Zola", in: Nicole Mattern und Timo Rouget (Hg.): *Der große Crash. Wirtschaftskrisen in Literatur und Film*, Würzburg 2016, S. 77–92.
Breyer, Till: „Medien der Latenz. Zur Vorgeschichte der Konjunkturzyklen bei Zola und Juglar", in: Friedrich Balke u. a. (Hg.): *Medien der Finanz* (=Archiv für Mediengeschichte 17), Paderborn 2017, S. 79–90.
Breyer, Till: *Chiffren des Sozialen. Politische Ökonomie und die Literatur des Realismus*, Göttingen 2019.
Breyer, Till u. a.: „Einleitung", in: dies. (Hg.): *Monster und Kapitalismus* (= Zeitschrift für Kulturwissenschaften 2/2017), Bielefeld 2017, S. 9–14.
Brian, Éric: *Comment tremble la main invisible. Incertitude et marchés*, Paris 2009.

Briesen, Detlef: *Warenhaus, Massenkonsum und Sozialmoral. Zur Geschichte der Konsumkritik im 20. Jahrhundert*, Frankfurt a. M./New York 2001.
Briggs, Asa: „The Language of ‚Class' in early 19th Century England" [1960], in: ders.: *Word, Numbers, Places, People. Collected Essays*, Bd. 1, Brighton 1985, S. 3–33.
Brik, Osip: „Počemu ponravilsja ‚Cement'" [1929], in: Nikolaj F. Čužak (Hg.): *Literatura fakta*, Moskau 2000, S. 86–90.
Brittnacher, Hans Richard, und Magnus Klaue: „Perspektiven einer Poetik der Vagabondage. Zur Einleitung", in: dies. (Hg.): *Unterwegs. Zur Poetik des Vagabundentums im 20. Jahrhundert*, Köln/Weimar/Wien 2008, S. 3–8.
Broch, Hermann: *Die Schlafwandler. Eine Romantrilogie*, Frankfurt a. M. 1978.
Brock, Karolina: *Kunst der Ökonomie. Die Beobachtung der Wirtschaft in G. Kellers Roman „Der grüne Heinrich"*, Frankfurt a. M. u. a. 2008.
Brocker, Manfred: *Arbeit und Eigentum. Der Paradigmenwechsel in der neuzeitlichen Eigentumstheorie*, Darmstadt 1992.
Brockes, Barthold Heinrich: „Die Welt", in: ders.: *Irdisches Vergnügen in Gott, bestehend in physicalisch- und moralischen Gedichten*, 9 Tle., Nachdr. der 6. Aufl. Hamburg 1737, Bern 1970, Tl. 1, S. 490–496.
[Brockhaus] *Conversations-Lexikon oder kurzgefaßtes Handwörterbuch für die in der gesellschaftlichen Unterhaltung aus den Wissenschaften und Künsten vorkommenden Gegenstände mit beständiger Rücksicht auf die Ereignisse der älteren und neueren Zeit*, 7 Bde., Amsterdam 1809.
[Brockhaus] *Bilder-Conversations-Lexikon*, 4 Bde., Leipzig 1837 ff.
Brockhaus' Konversations-Lexikon, 17 Bde., Leipzig u. a. 1892 ff.
Bröckling, Ulrich: „Totale Mobilmachung. Menschenführung im Qualitäts- und Selbstmanagement", in: ders. u. a. (Hg.): *Gouvernementalität der Gegenwart. Studien zur Ökonomisierung des Sozialen*, Frankfurt a. M. 2000, S. 131–167.
Bröckling, Ulrich: Art. „Unternehmer", in: ders. u. a. (Hg.): *Glossar der Gegenwart*, Frankfurt a. M. 2004, S. 271–276.
Bröckling, Ulrich: *Das unternehmerische Selbst. Soziologie einer Subjektivierungsform*, Frankfurt a. M. 2007.
Brodbeck, Karl-Heinz: *Faust und die Sprache des Geldes. Denkformen der Ökonomie – Impulse aus der Goethezeit*, Freiburg i. Br. 2014.
Broeck, Sabine: „Mit der Autorin lesen oder mit dem Text? Zeugenschaft, Trauma und Kitsch in der Rezeption von Toni Morrisons Roman ‚Beloved'", in: Christine Solte-Gresser u. a. (Hg.): *Von der Wirklichkeit zur Wissenschaft. Aktuelle Forschungsmethoden in den Sprach-, Literatur- und Kulturwissenschaften*, Münster 2005, S. 95–108.
Brogi, Susanna, und Katja Hartosch: „‚Manage dich selbst oder stirb.' Die Autorin Katrin Röggla im Gespräch", in Susanna Brogi u. a. (Hg.): *Repräsentationen von Arbeit. Transdisziplinäre Analysen und künstlerische Produktionen*, Bielefeld 2013, S. 491–501.
Brompton, Johannis: „Chronicon Ab Anno Domini 588 quo S. Augustinus venit in Angliam usque mortem Regis Ricardi I scilicet Annum Domini 1198", in: *Historiae Anglicanae Scriptores X ex vetustis manuscriptis*, hg. v. Roger Twysden, London 1652, Sp. 721–1284.
Bronnen, Arnolt: *Film und Leben Barbara La Marr* [1928], hg. v. Claudia Wagner, Berlin 2003.
Brontë, Charlotte: *Jane Eyre* [1847], Oxford 2016.
Brown, August: „Perfect Strangers: Tinder and 21st Century Fiction", in: *Los Angeles Review of Books*, 24. Dezember 2013. https://lareviewofbooks.org/article/perfect-strangers-tinder-21st-century-fiction (30. Juni 2019).

Brown, John: *System der Heilkunde*, übers. v. Christoph Heinrich Pfaff, Kopenhagen 1798.
Brown, Wendy: *Undoing the Demos. Neoliberalism's Stealth Revolution*, New York 2015.
Bruck, Oliver u. a.: „Eine Sozialgeschichte der Literatur, die keine mehr sein will", in: *Internationales Archiv für Sozialgeschichte der deutschen Literatur* 24.1 (1999), S. 132–157.
Bruckmüller, Ernst: „,Unbedeutende' und ‚untere Stände' bei Nestroy", in: H. Christian Ehalt (Hg.): *Hinter den Kulissen von Vor- und Nachmärz. Soziale Umbrüche und Theaterkultur bei Nestroy*, Wien 2001, S. 19–36.
Brüggemann, Fritz. *Utopie und Robinsonade. Untersuchungen zu Schnabels Insel Felsenburg 1731–1743*, Weimar 1914.
Brüggemann, Heinz: „Mitgespielt: Vom Handeln und Sprechen der Dinge. Thema mit Variationen in Texten der Romantik", in: Christiane Holms und Günter Oesterle (Hg.): *„Schläft ein Lied in allen Dingen?" Romantische Dingkulturen in Text und Bild*, Würzburg 2011, S. 97–119.
Brunner, Otto: „Die alteuropäische ‚Ökonomik'", in: *Zeitschrift für Nationalökonomie* 13 (1950), S. 114–139.
Brunner, Otto: „Das ‚ganze Haus' und die alteuropäische ‚Ökonomik'", in: ders. (Hg.): *Neue Wege der Verfassungs- und Sozialgeschichte*, 2. Aufl., Göttingen 1968, S. 103–127.
Brunngraber, Rudolf: *Karl und das 20. Jahrhundert*. Roman [1933], Göttingen 1999.
Bruno, Giordano: „Vom Unendlichen, dem All und den Weltkörpern", in: ders.: *Heroische Leidenschaften und individuelles Leben*, hg. v. Ernesto Grassi, Hamburg 1957.
Brüns, Elke (Hg.): *Ökonomien der Armut. Soziale Verhältnisse in der Literatur*, München 2008.
Buchanan, James M., und Gordon Tullock: *The Calculus of Consent. Logical Foundations of Constitutional Democracy*, Ann Arbor, MI 1962.
Bucher, Anton: *Geiz, Trägheit, Neid & Co. in Therapie und Seelsorge. Psychologie der 7 Todsünden*, Berlin/Heidelberg 2012.
Büchner, Georg: *Sämtliche Werke und Schriften. Historisch-kritische Ausgabe mit Quellendokumentation und Kommentar* (= Marburger Ausgabe), 10 Bde., hg. v. Burghard Dedner, Darmstadt 2000 ff.
Budde, Gunilla-Friederike: „Des Haushalts ‚schönster Schmuck'. Die Hausfrau als Konsumexpertin des deutschen und englischen Bürgertums im 19. und frühen 20. Jahrhundert", in: Hannes Siegrist u. a. (Hg.): *Europäische Konsumgeschichte. Zur Gesellschafts- und Kulturgeschichte des Konsums (18. bis 20. Jahrhundert)*, Frankfurt a. M./New York 1997, S. 411–441.
Bühler, Benjamin: *Ecocriticism. Grundlagen – Theorien – Interpretationen*, Stuttgart 2016.
Bülow, Michael: *Buchmarkt und Autoreneigentum. Die Entstehung des Urhebergedankens im 18. Jahrhundert*, Wiesbaden 1990.
Bumazhnov, Dmitrij F.: „Die Grenzen der Gerechtigkeit. Einsiedlerethik des Isaak von Ninive", in: Reinhard Feldmeier und Monika Wine (Hg.): *Gottesgedanken. Erkenntnis, Eschatologie und Ethik in Religionen der Spätantike und des frühen Mittelalters*, Tübingen 2016, S. 175–181.
Buonarroti, Filippo: *Babeuf und die Verschwörung für die Gleichheit* [1828], übers. v. Anna und Wilhelm Blos, Nachdr. der Ausgabe Stuttgart 1909, Bonn/Bad Godesberg 1975.
Bürger, Christa: *Der Ursprung der bürgerlichen Institution Kunst. Literatursoziologische Untersuchungen zum klassischen Goethe*, Frankfurt a. M. 1977.
Bürger, Peter: *Studien zur französischen Frühaufklärung*, Frankfurt a. M. 1972.
Bürger, Peter: „Literarischer Markt und autonomer Kunstbegriff. Zur Dichotomisierung der Literatur im 19. Jahrhundert", in: ders. und Christa Bürger (Hg.): *Zur Dichotomisierung von hoher und niederer Literatur*, Frankfurt a. M. 1982, S. 241–265.

Bürger, Peter: „Adorno, Bourdieu und die Literatursoziologie", in: *Jahrbuch für internationale Germanistik* 17.1 (1985), S. 47–56.
Bürger, Peter: *Die Theorie der Avantgarde* [1974], Göttingen 2017.
Büring, Wilhelm: *Der Kaufmann in der Literatur*, Leipzig 1916.
Burke, Edmund: *Betrachtungen über die französische Revolution*, 2 Bde., übers., neu bearb., mit einer Einleitung, Anmerkungen, politischen Abhandlungen, und einem critischen Verzeichniß v. Friedrich Gentz, Berlin 1793.
Burke, Edmund: *Reflections on the Revolution in France* [1790], hg. v. Conor Cruise O'Brien, Harmondsworth 1986.
Burke, Peter: *Helden, Schurken und Narren. Europäische Volkskultur in der frühen Neuzeit* [1978], hg. v. Rudolf Schenda, übers. v. Susanne Schenda, Stuttgart 1981.
Burkhardt, Johannes: „Das Verhaltensleitbild ‚Produktivität' und seine historisch-anthropologische Voraussetzung", in: *Saeculum* 25 (1974), S. 277–289.
Burkhardt, Johannes u. a.: Art. „Wirtschaft", in: Otto Brunner u. a. (Hg.): *Geschichtliche Grundbegriffe. Historisches Lexikon zur politisch-sozialen Sprache in Deutschland*, Bd. 7, Stuttgart 1992, S. 511–594.
Büsch, Johann Georg: *Abhandlungen vom wahren Grunde des Wechselrechts*, Hamburg 1770.
Büsch, Johann Georg: *Abhandlung von dem Geldumlauf in anhaltender Rücksicht auf die Staatswirtschaft und Handlung*, 2 Bde., Hamburg/Kiel 1780.
Büsch, Johann Georg: *Sämtliche Schriften über Banken und Münzwesen*, Hamburg 1801.
Busch, Robert L.: „Gladkov's ‚Cement': The Making of a Soviet Classic", in: *The Slavic and East European Journal* 22.3 (1978), S. 348–361.
Butler, Eliza Marian: *The Saint-Simonian Religion in Germany. A Study of the Young German Movement*, Cambridge 1926.
Butler, Halle: *The New Me*, New York 2019.
Butler, Ronnie: „Dessous économiques dans ‚La Comédie humaine': Les Crises politiques et la spéculation", in: *L'Année Balzacienne* 2 (1981), S. 267–283.
Butterwegge, Christoph: *Armut in einem reichen Land. Wie das Problem verharmlost und verdrängt wird*, Frankfurt a. M. 2009.
Büttner, Urs: *Poiesis des „Sozialen". Achim von Arnims frühe Poetik bis zur Heidelberger Romantik (1800–1808)*, Berlin/Boston 2015.
Buzan, Barry u. a.: *Security. A New Framework for Analysis*, Boulder, CO 1998.
Bylow, Christina: „Hermann Broch und der Verleger Willi Weismann. Ein Beitrag zur Entstehungsgeschichte des Romans ‚Die Schuldlosen' 1946–1951", in: *Archiv für Geschichte des Buchwesens* 38 (1992), S. 191–255.

Cabet, Étienne: *Reise nach Ikarien*, übers. v. Dr. Wendel-Hipper (= August Hermann Ewerbeck), hg. v. Alexander Brandenburg und Ahlrich Meyer, Berlin 1979.
Cabeza de Vaca, Álvar Núñez: „The 1542 Relación (Account): Transcription and English Translation", in: Rolena Adorno und Patrick Charles Pautz: *Álvar Núñez Cabeza de Vaca. His Account, His Life, and the Expedition of Pánfilo de Narváez*, 3 Bde., Lincoln, NE/London 1999, Bd. 1, S. 13–279.
Calderon, Evaristo Correa: *Registro de arbitristas, economistas y reformadores españoles (1500–1936). Catalogo de impresos y manuscritos*, Madrid 1981.
Campanella, Tommaso: „Sonnenstaat", in: ders. u. a.: *Der utopische Staat*, übers. und hg. v. Klaus J. Heinisch, Reinbek bei Hamburg 1960, S. 111–169.

Campbell, Colin: *The Romantic Ethic and the Spirit of Modern Consumerism*. Oxford/New York 1987.
Campe, Joachim Heinrich: „Von den Erfordernissen einer guten Erziehung von Seiten der Eltern vor und nach der Geburt des Kindes", in: ders.: *Allgemeine Revision des gesammten Schul- und Erziehungswesens von einer Gesellschaft praktischer Erzieher*, Bd. 1, Hamburg 1785, S. 125–232.
Campe, Joachim Heinrich: Art. „Bankbrüchig", in: ders.: *Wörterbuch zur Erklärung und Verdeutschung der unserer Sprache aufgedrungenen fremden Ausdrücke*, Bd. 1, Braunschweig 1807, S. 376.
Campe, Rüdiger: „Die Schreibszene, Schreiben", in: Hans Ulrich Gumbrecht und Karl Ludwig Pfeiffer (Hg.): *Paradoxien, Dissonanzen, Zusammenbrüche. Situationen offener Epistemologie*, Frankfurt a. M. 1991, S. 759–772.
Campe, Rüdiger: „Johann Franz Woyzeck. Der Fall im Drama", in: Michael Niehaus und Hans-Walter Schmidt-Hannisa (Hg.): *Unzurechnungsfähigkeiten. Diskursivierungen unfreier Bewußtseinszustände seit dem 18. Jahrhundert*, Frankfurt a. M. u. a. 1998, S. 209–236.
Campe, Rüdiger: *Affekt und Ausdruck. Zur Umwandlung der literarischen Rede im 17. und 18. Jahrhundert*, Tübingen 1999.
Campe, Rüdiger: *Spiel der Wahrscheinlichkeit. Literatur und Berechnung zwischen Pascal und Kleist*, Göttingen 2002.
Campe, Rüdiger: „Robert Walsers Institutionenroman ‚Jakob von Gunten'", in: Rudolf Behrens und Jörg Steigerwald (Hg.): *Die Macht und das Imaginäre. Eine kulturelle Verwandtschaft in der Literatur zwischen Früher Neuzeit und Moderne*, Würzburg 2005, S. 235–250.
Campe, Rüdiger: „Danton's Tod", in: Roland Borgards und Harald Neumeyer (Hg.): *Büchner-Handbuch. Leben – Werk – Wirkung*, Stuttgart/Weimar 2009, S. 18–39.
Canevaro, Lilah Grace: *Hesiod's Works and Days. How to Teach Self-Sufficiency*, Oxford 2015.
Canguilhem, Georges: *Etudes d'histoire et de philosophie des sciences*, Paris 1975.
Cantillon, Richard: *Abhandlung über die Natur des Handels im allgemeinen* [1755], übers. v. Hella Hayek, Jena 1931.
Cardauns, Burkhart: „Zum Begriff der ‚oeconomia' in der lateinischen Rhetorik und Dichtungskritik", in: Theo Stemmler (Hg.): *Ökonomie. Sprachliche und literarische Aspekte eines 2000 Jahre alten Begriffs*, Tübingen 1985, S. 9–18.
Carlà, Filippo, und Maja Gori: „Introduction", in: dies. (Hg.): *Gift Giving and the ‚Embedded' Economy in the Ancient World*, Heidelberg 2014, S. 7–47.
Carriere, Moriz: „Idealistische und realistische Phantasie (1859)", in: Gerhard Plumpe (Hg.): *Theorie des bürgerlichen Realismus. Eine Textsammlung*, Stuttgart 1985, S. 83–87.
Carswell, John: *The South Sea Bubble* [1960], Gloucestershire 2001.
Carus-Wilson, Eleanora Mary: *Medieval Merchant Venturers. Collected Studies*, London 1954.
Castel, Robert: *Metamorphosen der sozialen Frage. Eine Chronik der Lohnarbeit* [1995], Konstanz 2008.
Castells, Manuel: *Das Informationszeitalter. Wirtschaft, Gesellschaft, Kultur*, Teil 1: *Der Aufstieg der Netzwerkgesellschaft*, übers. v. Reinhart Kößler, Opladen 2001.
Cavillac, Michel: „La figura bifronte el mercader en el ‚Guzmán de Alfarache'", in: ders.: *Guzmán de Alfarache y la novela moderna*, Madrid 2010, S. 93–110.
Cawelti, John G.: „Some Notes on the Structure of ‚The Confidence-Man'", in *American Literature* 29.3 (1957), S. 278–288.

Cervantes, Miguel de: *Novela de Rinconete y Cortadillo. Ecklein und Schnittel* [1612], übers. v. Friedrich Bralitz, München 2006.
Césaire, Aimé: *Une tempête. Adaptation pour un théâtre nègre* [1969], Paris 1997.
Cesana, Andreas: *Geschichte als Entwicklung? Zur Kritik des geschichtsphilosophischen Entwicklungsdenkens*, Berlin/New York 1988.
Champfleury, Jules: *Le réalisme*, Paris 1857.
Chapman, George, Ben Jonson und John Marston: „Eastward Ho", in: *The Complete Plays of Ben Jonson*, Bd. 2, hg. v. G. A. Wilkes, Oxford 1981, S. 351–431.
Chaucer, Geoffrey: *The Riverside Chaucer*, hg. v. Larry D. Benson, 3. Aufl., Boston 1987.
Childers, Joseph W.: „Industrial Culture and the Victorian Novel", in: Deirdre David (Hg.): *The Cambridge Companion to the Victorian Novel*, Cambridge 2001, S. 77–96.
Childress, Clayton: *Under the Cover. The Creation, Production, and Reception of a Novel*, Princeton, NJ 2017.
Chilese, Viviana: „Menschen im Büro: Zur Arbeitswelt in der deutschen Gegenwartsliteratur", in: Fabrizio Cambi (Hg.): *Gedächtnis und Identität. Die deutsche Literatur nach der Vereinigung*, Würzburg 2008, S. 293–304.
Chrétien de Troyes: *Le roman de Perceval ou Le Conte du Graal. Altfranzösisch/Deutsch*, übers. und hg. v. Felicitas Olef-Krafft, Stuttgart 1991.
Christa, Boris: „Dostoevskii and Money", in: William J. Leatherbarrow (Hg.): *The Cambridge Companion to Dostoevskii*, Cambridge 2002, S. 93–110.
Chronister, Necia, und Lutz Koepnick (Hg.): *Studies in 20th and 21st Century Literature* 40.2 (2016), Themenheft: *On 24/7. Neoliberalism and the Undoing of Time*.
Chrostowska, S. D.: „Critical Longing. On Nostalgia's Role in Critique", in: *Dandelion* 7.1 (2016), S. 1–12.
Chrostowska, S. D., und James D. Ingram (Hg.): *Political Uses of Utopia: New Marxist, Anarchist, and Radical Democratic Perspectives*, New York 2017.
Cimaz, Pierre: *Jeremias Gotthelf (1797–1854). Der Romancier und seine Zeit* [1979], übers. v. Hanns Peter Holl, Tübingen/Basel 1998.
Citron, Pierre: „Introduction", in: Honoré de Balzac: *La Comédie humaine*, Bd. 2: *Études de mœurs. Scènes de la vie privée*, hg. v. Pierre-Georges Casteux, Paris 1976, S. 945–960.
Citron, Pierre: „La Maison Nucingen. Introduction", in: Honoré de Balzac: *La Comédie humaine*, Bd. 6: *Études de mœurs. Scènes de la vie parisienne*, Paris 1977, S. 315–328.
Clark, Katerina: *The Soviet Novel. History as Ritual*, Chicago 1981.
Clay, Jenny Strauss: „Works and Days: Tracing the Path to Arete", in: Franco Montanari u. a. (Hg.): *Brill's Companion to Hesiod*, Leiden/Boston 2009, S. 71–90.
Clemens, Gabriele B.: „Einleitung: Die Omnipräsenz von westeuropäischen Kreditbeziehungen in Mittelalter und Neuzeit", in: dies. (Hg.): *Schuldenlast und Schuldenwert. Kreditnetzwerke in der europäischen Geschichte 1300–1900*, Trier 2008, S. 9–19.
Clover, Joshua: „Autumn of the System. Poetry and Financial Capital", in: *Journal of Narrative Theory* 41.1 (2011), S. 34–52.
Cole, Rachel: „At the Limits of Identity: Realism and American Personhood in Melville's ‚Confidence-Man'", in: *Novel. A Forum on Fiction* 39.3 (2006), S. 384–401.
Condillac, Étienne Bonnot de: „Cours d' études pour l'instruction du Prince de Parme" [1775], in: ders.: *Œuvres philosophiques*, Bd. 2, hg. v. George Le Roy, Paris 1948, S. 3–237.
Condorcet, Nicolas de: *Réflexions sur l'esclavage des nègres et autres textes abolitionnistes* [1781], Paris 2003.
Conrad, Joseph: *Heart of Darkness* [1899], New York/London 1988.

Contzen, Eva von: „Die Verortung eines Nicht-Ortes. Der fiktionale Raum in Thomas Morus' Utopia", in: *Neulateinisches Jahrbuch* 13 (2011), S. 33–56.
Conze, Werner: Art. „Proletariat, Pöbel, Pauperismus", in: Otto Brunner u. a. (Hg.): *Geschichtliche Grundbegriffe. Historisches Lexikon zur politisch-sozialen Sprache in Deutschland*, Bd. 5, Stuttgart 1984, S. 27–68.
Coote, Belinda: *The Hunger Crop. Poverty and the Sugar Industry*, Oxford 1987.
Cordie, Ansgar M.: *Raum und Zeit des Vaganten. Formen der Weltaneignung im deutschen Schelmenroman des 17. Jahrhunderts*, Berlin/New York 2001.
Craig, Gordon A.: *Geld und Geist. Zürich im Zeitalter des Liberalismus 1830–1869*, übers. v. Karl-Heinz Siber, München 1988.
Crary, Jonathan: *Suspensions of Perception: Attention, Spectacle, and Modern Culture*, Cambridge, MA 2001.
Crary, Jonathan: *Aufmerksamkeit. Wahrnehmung und moderne Kultur*, übers. v. Heinz Jatho, Frankfurt a. M. 2002.
Crosby, Alfred W.: *The Measure of Reality. Quantification and Western Society, 1250–1600*, Cambridge 1997.
Crouch, Colin: *Das befremdliche Überleben des Neoliberalismus. Postdemokratie II*, Frankfurt a. M. 2011.
Crutzen, Paul: „Geology of Mankind", in: *Nature* 415 (2002), S. 23.
Cruz, Anne J.: *Discourses of Poverty: Social Reform and the Picaresque Novel in Early Modern Spain*, Toronto 1999.
Csíkszentmihályi, Mihály: *Flow im Beruf. Das Geheimnis des Glücks am Arbeitsplatz*, übers. v. Ulrike Stopfel, Stuttgart 2004.
Cuonz, Daniel: *Die Sprache des verschuldeten Menschen. Literarische Umgangsformen mit Schulden, Schuld und Schuldigkeit*, Paderborn 2018.
Curtius, Ernst Robert: *Balzac*, Bonn 1923.

d'Ivernois, François: *Geschichte der französischen Finanzadministration im Jahr 1796*, übers. und bis zum Ende des April 1797 fortgeführt v. Friedrich Gentz, Berlin 1797.
Daase, Christopher: „Der erweiterte Sicherheitsbegriff", in: Mir A. Ferdowsi (Hg.): *Internationale Politik als Überlebensstrategie*, München 2009, S. 137–153.
Dainat, Holger: *Abaellino, Rinaldini und Konsorten. Zur Geschichte der Räuberromane in Deutschland*, Tübingen 1996.
Dale, Dareth: „Critiques of Growth in Classical Political Economy: Mill's Stationary State and a Marxian Response", in: *New Political Economy* 18.3 (2013), S. 431–457.
Damir-Geilsdorf, Sabine u.a (Hg.): *Bonded Labour: Global and Comparative Perspectives (18th–21st Century)*, Bielefeld 2016.
Daniel, Ute: *Hoftheater. Zur Geschichte des Theaters und der Höfe im 18. und 19. Jahrhundert*, Stuttgart 1995.
Danilina, Anna: „Kunst, Gesellschaft und Erfahrung. Die ästhetische Form als Kritik", in: Marcus Quent und Eckardt Lindner (Hg.): *Das Versprechen der Kunst. Aktuelle Zugänge zu Adornos Ästhetischer Theorie*, Wien 2014, S. 41–66.
Danker, Uwe: *Die Geschichte der Räuber und Gauner*, Düsseldorf 2001.
Danko, Dagmar: *Kunstsoziologie*, Bielefeld 2012.
Dante Alighieri: *La Commedia*, 3 Bde., hg. v. Anna Maria Chiavacci Leonardi, Mailand 1991 ff.
Dante Alighieri: *La Commedia. Die göttliche Komödie*, 3 Bde., übers. und hg. v. Hartmut Köhler, Stuttgart 2010 ff.

Danzig, Gabriel: „Why Socrates was Not a Farmer: Xenophon's ‚Oeconomicus' as a Philosophical Dialogue", in: *Greece & Rome* 50.1 (2003), S. 57–76.
Därmann, Iris: *Theorien der Gabe zur Einführung*, Hamburg 2010.
Darnton, Robert: *Die Wissenschaft des Raubdrucks. Ein zentrales Element im Verlagswesen des 18. Jahrhunderts*, München 2003.
Daston, Lorraine: *Classical Probability in the Enlightenment*, Princeton, NJ 1988.
David, Ephraim: *Aristophanes and Athenian Society of the Early Fourth Century B.C.*, Leiden 1984.
Davies, John Kenyon: „Classical Greece: Production", in: Walter Scheidel u. a. (Hg.): *The Cambridge Economic History of the Greco-Roman World*, Cambridge 2007, S. 333–406.
De Man, Paul: „Epistemologie der Metapher", in: Anselm Haverkamp (Hg.): *Theorie der Metapher*, Darmstadt 1983, S. 414–437.
Deckard, Sharae: „Peripheral Realism, Millennial Capitalism, and Roberto Bolaño's ‚2666'", in: *Modern Language Quarterly* 73.3 (2012), S. 351–372.
Deckard, Sharae: „Roberto Bolaño and the Remapping of World Literature", in: Nicholas Birns und Juan E. De Castro (Hg.): *Roberto Bolaño as World Literature*, New York u. a. 2017, S. 203–221.
Dedner, Burghard: „Zu den Textanteilen Büchners und Weidigs im ‚Hessischen Landboten'", *Georg Büchner Jahrbuch* 12 (2012), S. 77–142.
Dedner, Burghard: „Sozialrevolutionäre Gesellschaften in Frankreich", in: *Georg Bücher Portal*, Januar 2017. http://buechnerportal.de/aufsaetze/21-sozialrevolutionaere-gesellschaften-in-frankreich/ (30. Juni 2019).
Defoe, Daniel: *The Life and Strange Surprizing Adventures of Robinson Crusoe [...]*, London 1719.
Defoe, Daniel: *Street-Robberies Consider'd. The Reason of their being so Frequent [...]*, London 1728.
Defoe, Daniel: *The Works of Daniel Defoe*, Bd. 16: *The King of Pirates, being an account of the famous enterprises of Captain Avery [...]*, New York 1905.
Defoe, Daniel: *Robinson Crusoe. An Authoritative Text – Contexts – Criticism*, 2. Aufl., hg. v. Michael Shinagel, New York/London 1994.
Defoe, Daniel: *An Essay Upon Projects* [1697], hg. v. Joyce D. Kennedy, Michael Seidel und Maximillian E. Nowack, New York 1999.
Degele, Nina: *Sich schön machen. Zur Soziologie von Geschlecht und Schönheitshandeln*, Wiesbaden 2004.
Delebecque, Édouard: „Sur la date et l'objet de l'Économique", in: *Revue des études grecques* 64 (1951), S. 21–58.
Deleuze, Gilles: *Cinéma 1. L'Image-mouvement*, Paris 1983.
Deleuze, Gilles: *Cinéma 2. L'Image-temps*, Paris 1985.
Deleuze, Gilles: *Kritik und Klinik*, übers. v. Joseph Vogl, Frankfurt a. M. 2000.
Deleuze, Gilles, und Félix Guattari: *L'Anti-Œdipe*, Paris 1972.
Deleuze, Gilles, und Félix Guattari: *Anti-Ödipus. Kapitalismus und Schizophrenie I* [1972], übers. v. Bernd Schwibs, Frankfurt a. M. 1974.
Deleuze, Gilles, und Félix Guattari: *Tausend Plateaus. Kapitalismus und Schizophrenie*, übers. v. Gabriele Ricke und Ronald Voullié, Berlin 1992.
DeLillo, Don: *Cosmopolis* [2003], London 2004.
Demetz, Peter: *Marx, Engels und die Dichter*, Stuttgart 1959.
Demetz, Peter: „Die Romane und die Wirtschaft. Die Entwürfe des französischen Literatursoziologen Lucien Goldmann", in: *Die Zeit*, 19. Februar 1971.

Denis, Hector: „Die physiokratische Schule und die erste Darstellung der Wirtschafts-
Gesellschaft als Organismus", in: *Zeitschrift für Volkswirtschaft, Sozialpolitik und
Verwaltung* 6 (1897), S. 89–99.
Der Stricker: *Des Strickers Pfaffe Âmis*, hg. v. Kin'ichi Kamihara, Göppingen 1978.
Der Stricker: *Daniel von dem Blühenden Tal*, hg. v. Michael Resler, 2. Aufl., Tübingen 1995.
Derrida, Jacques: „De l'économie restreinte à l'économie générale: Un hegelianisme sans
réserve", in: ders.: *L'écriture et la différence*, Paris 1967, S. 369–407.
Derrida, Jacques: *Marges de la philosophie*, Paris 1972.
Derrida, Jacques: *Grammatologie* [1967], übers. v. Hans-Jörg Rheinberger und Hanns Zischler,
Frankfurt a. M. 1974.
Derrida, Jacques: „Economimesis", in: Sylviane Agacinski u. a.: *Mimesis des articulations*, Paris
1975, S. 57–93.
Derrida, Jacques: „Afterword. Toward an ethic of discussion." In: Jaqcques Derrida: Limited Inc.,
übers. v. Alan Bass und Samuel Weber, hg. v. Gerald Graff, Evanston 1988, S. 111–160.
Derrida, Jacques: „Economimesis", übers. v. R. Klein, in: *Diacritics* 11 (1981), S. 3–25.
Derrida, Jacques: *Die Schrift und die Differenz*, übers. v. Rodolphe Gasché, 4. Aufl., Frankfurt
a. M. 1989.
Derrida, Jacques: *Donner le temps 1. La fausse monnaie*, Paris 1991.
Derrida, Jacques: „Du ‚sans-prix', ou le ‚juste prix' de la transaction", in: Roger-Pol Droit (Hg.):
Comment penser l'argent?, Paris 1992, S. 386–401.
Derrida, Jacques: *Falschgeld. Zeit geben I* [1991], übers. v. Andreas Knop und Michael Wetzel,
München 1993.
Derrida, Jacques: „Die Signatur aushöhlen. Eine Theorie des Parasiten", in: Hannelore Pfeil
und Hans-Peter Jäck (Hg.): *Eingriffe im Zeitalter der Medien*, Bornheim-Roisdorf 1995,
S. 29–41.
Derrida, Jacques: „Nachwort: Unterwegs zu einer Ethik der Diskussion", in: ders.: *Limited Inc.*
[1988], übers. v. Werner Rappl und Dagmar Travner, Wien 2001a, S. 171–238.
Derrida, Jacques: *Von der Gastfreundschaft*, hg. v. Peter Engelmann, übers. v. Markus
Sedlaczek, Wien 2001b.
Derrida, Jacques: *Marx' Gespenster: Der Staat der Schuld, die Trauerarbeit und die neue
Internationale* [1993], übers. v. Susanne Lüdemann, Frankfurt a. M. 2004.
Derrida, Jacques: „Positionen – Gespräch mit Jean-Louis Houdebine und Guy Scarpetta"
[1972], in: Peter Engelmann (Hg.): *Positionen: Gespräche mit Henri Ronse, Julia Kristeva,
Jean-Louis Houdebine, Guy Scarpetta*, 2. Aufl., Wien 2009, S. 63–148, S. 152–171.
Descat, Raymond: „Aux origines de l',oikonomia' grecque", in: *Quaderni Urbinati di Cultura
Classica* 28 (1988), S. 103–119.
Despentes, Virginie: *Vernon Subutex 1–3*, Paris 2015 ff.
Deupmann, Christoph: „Narrating (new) economy. Literatur und Wirtschaft um 2000", in: Evi
Zemanek und Susanne Krones (Hg.): *Literatur der Jahrtausendwende. Themen, Schreib-
verfahren und Buchmarkt um 2000*, Bielefeld 2008, S. 151–161.
Diamanti, Jeff, und Brent Ryan Bellamy (Hg.): *Reviews in Cultural Theory*, 6.3 (2016),
Themenheft: *Energy Humanities*. http://reviewsinculture.com/archive/volume-6-issue-3/
(30. Juni 2019).
Dickens, Charles: *A Christmas Carol in Prose. Being a Ghost-Story of Christmas*, London 1843.
Dickens, Charles: „On Strike", in: *Household Words*, H. 203 (1854), S. 553–559.
Dickens, Charles: *Great Expectations*, 3 Bde., London 1861.
Dickens, Charles: *Dombey and Son* [1848], hg. v. Alan Horsman, Oxford 1974.

Dickens, Charles: *Hard Times. For These Times* [1854], hg. v. Kate Flint, London 1995.
Dickens, Charles: *The Old Curiosity Shop* [1840], Oxford 2008.
Dickens, Charles: *Little Dorrit* [1857], hg. v. Harvey Peter Sucksmith und Dennis Waldner, Oxford 2012.
Diderot, Denis, und Jean le Rond d'Alembert (Hg.): *Encyclopédie des sciences, des arts et des métiers*, 35 Bde., Paris 1751 ff.
Diederich, Silke: „Humor, Witz und Ironie in Varros Dialog ‚De re rustica'", in: Sabine Föllinger und Gernot Michael Müller (Hg.): *Der Dialog in der Antike*, Berlin/Boston 2013, S. 275–294.
Diehl, Ernst (Hg.): *Anthologia lyrica Graeca*, Leipzig 1954.
Diels, Hermann, und Walther Kranz (Hg.): *Die Fragmente der Vorsokratiker*, 3 Bde., 6., verb. Aufl., Berlin 1952.
Dierse, Ulrich: Art. „Ideologie", in: Reinhart Koselleck u. a. (Hg.): *Geschichtliche Grundbegriffe. Historisches Lexikon zur politisch-sozialen Sprache in Deutschland*, Bd. 3, Stuttgart 1982, S. 131–169.
Dihle, Albrecht: *Griechische Literaturgeschichte*, 2. Aufl., München 1991.
Dilcher, Lieselotte: *Der deutsche Pauperismus und seine Literatur*, Frankfurt a. M. 1957.
Dilthey, Wilhelm: *Leben Schleiermachers*, Bd. 1, Berlin 1870.
Diodor: *Griechische Weltgeschichte. Buch I–X*, übers. v. Gerhard Wirth, Stuttgart 1992.
Dischner, Gisela: *Wörterbuch des Müßiggängers*, Bielefeld 2009.
Dittrich, Andreas: „Utopien als denkbare mögliche Welten. Bausteine für ein textanalytisches Utopie-Modell anhand paradigmatischer Fallstudien zu Merciers ‚L'An 2440' (1770/71) und Wielands ‚Der goldne Spiegel' (1772)", in: *Recherches Germaniques* 34 (2004), S. 31–78.
Divjak, Paul: *Kinsky. Roman*, Wien 2007.
Dix, Bruno: *Lebensgefährdung und Verpflichtung bei Hobbes*, Würzburg 1994.
Djassemy, Irina: *Der „Productivgehalt kritischer Zerstörerarbeit". Kulturkritik bei Karl Kraus und Theodor W. Adorno*, Würzburg 2002.
Dobelli, Rolf: *Und was machen Sie beruflich? Roman*, Zürich 2004.
Döblin, Alfred: *Ausgewählte Werke in Einzelbänden*, Bd. 8: *Berlin Alexanderplatz* [1929], hg. v. Werner Stauffacher, Zürich/Düsseldorf 1996.
Döhner, Friedrich: *Des Aufruhrs schreckliche Folge, oder die Neger. Ein Original-Trauerspiel in fünf Aufzügen*, Wien 1792.
Dölemeyer, Barbara: „Nachwort / Postface", in: *Napoleons Gesetzbuch / Code Napoléon*. Faksimile-Nachdr. der Orig.-Ausg., Straßburg, Levrault, 1808. Hg. im Auftr. des Instituts für Textkritik e.V. von KD Wolff, Frankfurt a. M. 2001, S. 1056–1095.
Dominik, Hans: *Die Macht der Drei. Ein Roman aus dem Jahre 1955*, Leipzig 1922.
Dominik, Hans: *Atomgewicht 500*, Berlin 1935.
Dominik, Hans: *Vistra. Das weiße Gold Deutschlands*, Leipzig 1936.
Domizlaff, Hans: *Die Gewinnung des öffentlichen Vertrauens. Ein Lehrbuch der Markentechnik* [1939], 7. Aufl., Hamburg 2005.
Dommann, Monika: „Bühnen des Kapitalismus. Der Getreidehandel als Wissensobjekt zwischen den Weltkriegen", in: *Berichte zur Wissenschaftsgeschichte* 37.2 (2014a), S. 112–131.
Dommann, Monika: *Autoren und Apparate. Die Geschichte des Copyrights im Medienwandel*, Frankfurt a. M. 2014b.
Donnard, Jean-Hervé: *Balzac. Les réalités économiques et sociales dans „La Comédie humaine"*, Paris 1961.

Döring, Klaus: „Diogenes und Antisthenes", in: Gabriele Giannantoni u. a.: *La tradizione socratica. Seminario di studi*, Neapel 1995, S. 125–150.
Dorion, Louis-André: „Socrate oikonomikos", in: ders. u. a. (Hg.): *Xénophon et Socrate*, Paris 2008, S. 253–282.
Dostojewski, Fjodor: *Gesammelte Werke in 20 Bänden*, hg. v. Gerhard Dudek und Michael Wagner, Bd. 1: *Der Spieler. Frühe Prosa I*, übers. v. Werner Creutziger u. a., Berlin/Weimar 1990.
Dotzler, Bernhard J.: *Papiermaschinen. Versuch über COMMUNICATION & CONTROL in Literatur und Technik*, Berlin 1996.
Douglas, Alexander X.: *The Philosophy of Debt*, London/New York 2016.
Douglas, Mary: *Reinheit und Gefährdung. Eine Studie zu Vorstellungen von Verunreinigung und Tabu*, übers. v. Brigitte Luchesi, Berlin 1985.
Douglass, Frederick: *Narrative of the Life of Frederick Douglass, an American Slave, Written by Himself*, Boston 1845.
Douglass, Frederick: *My Bondage and My Freedom*, New York/Auburn 1855.
Douglass, Frederick: *Life and Times of Frederick Douglass*, Boston/Hartford 1881/1892.
Dreiser, Theodore: *Schwester Carrie* [1900], übers. v. Anna Nußbaum, Hamburg 1953.
Dronke, Ernst: *Aus dem Volk & Polizei-Geschichten. Frühsozialistische Novellen 1846*, hg. v. Bodo Rollka, Köln 1981.
Drügh, Heinz: „Einleitung: Warenästhetik. Neue Perspektiven auf Konsum, Kultur und Kunst", in: ders. u. a. (Hg.): *Warenästhetik. Neue Perspektiven auf Konsum, Kultur und Kunst*, Berlin 2011, S. 9–44.
Düffel, John von: *Ego. Roman*, Köln 2001.
Düffel, John von: „Elite I.1", in: Nils Tabert (Hg.): *Playspotting 2. Neue deutsche Stücke*, Reinbek bei Hamburg 2002, S. 265–300.
Dülmen, Richard van (Hg.): *Das Täuferreich zu Münster 1534–1535. Berichte und Dokumente*, München 1974.
Dunlop, C. R. B.: „Debtors and Creditors in Dickens' Fiction", in: *Dickens Studies Annual. Essays on Victorian Fiction* 19 (1990), S. 25–47.
Duras, Claire de: *Ourika* [1823], Paris 1979.
Dürbeck, Gabriele: „Das Anthropozän in geistes- und kulturwissenschaftlicher Perspektive", in: dies. und Urte Stobbe (Hg.): *Ecocriticism. Eine Einführung*, Köln/Weimar/Wien 2015, S. 107–119.
Dürbeck, Gabriele, und Urte Stobbe (Hg.): *Ecocriticism. Eine Einführung*, Köln/Weimar/Wien 2015.
Dürbeck, Gabriele u. a. (Hg.): *Ecological Thought in German Literature and Culture*, Lanham, MD 2016.
Durkheim, Émile: *Die Regeln der soziologischen Methode* [1895], hg. und übers. v. René König, Neuwied/Berlin 1961.
Dürnberger, Martin: „Am Rande dringlicherer Probleme. Über eine ‚Option für die Armen' in den Literaturwissenschaften", in: Clemens Sedmak (Hg.): *Option für die Armen. Die Entmarginalisierung des Armutsbegriffs in den Wissenschaften*, Freiburg i.Br. 2005, S. 107–130.
Dürrenmatt, Friedrich: *Werkausgabe in 30 Bänden*, Bd. 6: *Frank der Fünfte. Komödie einer Privatbank mit Musik von Paul Burkhard. Neufassung 1980*, Zürich 1980.
Dusch, Johann Jacob: *Der Bankerot, ein bürgerliches Trauerspiel*, Hamburg/Berlin 1763.
Dussel, Enrique: *Der Gegendiskurs der Moderne. Kölner Vorlesungen*, übers. v. Christoph Dittrich, Wien 2012.

Eagleton, Terry: *Ideologie. Eine Einführung*, Stuttgart 2000.
Easson, Angus: „‚Imprisonment for Debt in Pickwick Papers"", in: *The Dickensian* 64, H. 355 (1968), S. 105–112.
Ebert, Sophia, und Johannes Glaeser (Hg.): *Ökonomische Utopien*, Berlin 2015.
Ecker, Gisela: *‚Giftige' Gaben. Über Tauschprozesse in der Literatur*, München 2008.
Eco, Umberto. *Der Wald der Fiktionen. Sechs Streifzüge durch die Literatur*, übers. v. Burkhart Kroeber, München/Wien 1994.
Eco, Umberto: *Die Geschichte der legendären Länder und Städte*, übers. v. Martin Pfeiffer und Barbara Schaden, München 2013.
Edel, Edmund: „Kunst, Kultur und Reklame", in: *Morgen*, 8. Mai 1908, S. 601–605.
Eder, Jürgen: „‚Beati Possidentes'? Zur Rolle des ‚Geldes' bei der Konstitution bürgerlicher Tugend", in: Helmut Koopmann (Hg.): *Bürgerlichkeit im Umbruch. Studien zum deutschsprachigen Drama 1750–1800. Mit einer Bibliographie der Dramen der Oettingen-Wallersteinschen Bibliothek zwischen 1750 und 1800*, Tübingen 1993, S. 1–52.
Edler, Erich: *Die Anfänge des sozialen Romans und der sozialen Novelle in Deutschland*, Frankfurt a. M. 1977.
Edlinger, Karl A.: „Steckbrief der Räubergeschichte", in: ders. (Hg.): *Geld oder Leben. Räubergeschichten der europäischen Literatur*, Wien 1967, S. 7–14.
Eggers, Dave: *A Hologram for the King. Roman*, San Francisco 2012.
Ehrenberg, Victor: *Aristophanes und das Volk von Athen. Eine Soziologie der altattischen Komödie*, übers. v. Grete Felten, Zürich/Stuttgart 1968.
Ehrismann, Otfrid: „âventiure: Die ritterliche Bewährung", in: ders.: *Ehre und Mut, Âventiure und Minne. Höfische Wortgeschichten aus dem Mittelalter*, München 1995, S. 22–35.
Ehrlicher, Hanno: *Zwischen Karneval und Konversion. Pilger und Picaros in der spanischen Literatur der Frühen Neuzeit*, München 2010.
Eich, Armin: *Die politische Ökonomie des antiken Griechenland (6.–3. Jahrhundert v. Chr.)*, Köln/Weimar/Wien 2006.
Eichendorff, Joseph von: *Werke in sechs Bänden*, Bd. 2: *Ahnung und Gegenwart. Erzählungen I*, hg. v. Wolfgang Frühwald und Brigitte Schillbach, Frankfurt a. M. 1985.
Eichler, Martin: *Von der Vernunft zum Wert. Die Grundlagen der ökonomischen Theorie von Karl Marx*, Bielefeld 2015.
Eiden, Patrick: „Die Immobilienblase von Münsterburg. Gottfried Keller unterscheidet guten von bösem Kapitalismus", in: *Merkur. Zeitschrift für europäisches Denken*, 62/12 (2008), S. 1155–1159.
Eiden-Offe, Patrick: „Typing Class. Classification and Redemption in Lukács's Political and Literary Theory", in: Timothy Bewes und Timothy Hall (Hg.): *The Fundamental Dissonance of Existence. New Essays on the Social, Literary and Aesthetic Theory of Georg Lukács*, London 2011, S. 65–78.
Eiden-Offe, Patrick: „Dichter, Fürst und Kamarilla: Heinrich Heine berät Friedrich Wilhelm IV. Notiz zum *Wintermärchen*", in: Michael Niehaus und Wim Peeters (Hg.): *Rat geben. Zur Theorie und Analyse des Beratungshandelns*, Bielefeld 2014, S. 275–300.
Eiden-Offe, Patrick: „‚Weisse Sklaven', oder: Wie frei ist die Lohnarbeit? Freie und unfreie Arbeit in den ökonomisch-literarischen Debatten des Vormärz", in: Jutta Nickel (Hg.): *Geld und Ökonomie im Vormärz* (= Forum Vormärz Forschung, Jahrbuch 2013), Bielefeld 2014a, S. 183–214.
Eiden-Offe, Patrick: „Lazzaroni. Zu einer Poetik der verwischten Spur in Büchners ‚Leonce und Lena' und bei Brecht", in: *The Brecht Yearbook/Das Brecht-Jahrbuch* 39 (2014b), S. 196–217.

Eiden-Offe, Patrick: „Form-Kritik. Versuch über die Form der Partei bei Georg Lukács", in: Hanno Plass (Hg.): *Klasse – Geschichte – Bewusstsein. Was bleibt von Georg Lukács' Theorie?*, Berlin 2015, S. 79–103.

Eiden-Offe, Patrick: „Ein ‚leise anachronistisches air'. Über die Gegen-Zeitlichkeit des Klassenkampfs bei Adorno, Thompson, Balibar, Rancière und Badiou", in: *Historische Anthropologie* 3 (2016), S. 396–417.

Eiden-Offe, Patrick: *Die Poesie der Klasse. Romantischer Antikapitalismus und die Erfindung des Proletariats*, Berlin 2017.

Eikels, Kai van: „Freie Bereicherung, raffinierte Glückseligkeit: Das Virtuose im ökonomischen und politischen Denken der Romantik", in: Gabriele Brandstetter und Gerhard Neumann (Hg.): *Genie – Virtuose – Dilettant. Konfigurationen romantischer Schöpfungsästhetik*, Würzburg 2011, S. 67–98.

Eisenstein, Elizabeth L.: *The Printing Press as an Agent of Change. Communications and Cultural Transformations in Early-Modern Europe*, Cambridge/New York 1979.

Eke, Norbert Otto u. a. (Hg.): *„Zuckererbsen für Jedermann". Literatur und Utopie. Heine und Bloch heute*, Bielefeld 2014.

Elam, Diane: „‚Another Day Done and I'm Deeper in Debt': ‚Little Dorrit' and the Debt of the Everyday", in: John Schad (Hg.): *Dickens Refigured. Bodies, Desires and Other Histories*, Manchester 1996, S. 157–177.

Elias, Norbert: „Thomas Morus' Staatskritik", in: Wilhelm Voßkamp (Hg.): *Utopieforschung. Interdisziplinäre Studien zur neuzeitlichen Utopie*, 3 Bde., Stuttgart 1982, Bd. 2, S. 101–150.

Ellis, Bret Easton: *American Psycho*, New York 1991.

Elsmann, Thomas (Hg.): *Kaufmann und Contor in der deutschsprachigen Prosa seit 1750*, Bremen 2006.

Emerson, Ralph Waldo: *The Complete Essays and Other Writings*, hg. v. Brooks Atkinson, New York 1940.

Emge, Richard Martinus: *Saint-Simon. Einführung in ein Leben und Werk, eine Schule, Sekte und Wirkungsgeschichte*, München/Wien 1987.

Emmanuel, François: *La question humaine*, Paris 2000.

Enfantin, Barthélemy Prosper: *Religion Saint-Simonienne. Économie politique et politique. Articles extraits du Globe*, Paris 1831.

Engelsing, Rolf: *Analphabetentum und Lektüre. Zur Sozialgeschichte des Lesens in Deutschland zwischen feudaler und industrieller Gesellschaft*, Stuttgart 1973.

Engle, Lars: *Shakespearean Pragmatism. Market of His Time*, Chicago/London 1993.

Engle, Lars, und David Bevington: „The Jew of Malta" [Introduction], in: dies. u. a. (Hg.): *English Renaissance Drama*, New York/London 2002, S. 287–292.

Engler, Rudolf (Hg.), Ferdinand de Saussure: *Cours de linguistique générale*, fascicule 2, Wiesbaden 1967.

Engler, Rudolf: *Lexique de la terminologie saussurienne*, Utrecht 1968.

Engster, Frank: *Das Geld als Maß, Mittel und Methode. Das Rechnen mit der Identität der Zeit*, Berlin 2014.

Engster, Frank, und Jan Hoff: *Die Neue Marx-Lektüre im internationalen Kontext*. Reihe Philosophische Gespräche 28, Berlin 2012.

Enzensberger, Hans-Magnus: „Reminiszenzen an den Überfluß. Der alte und der neue Luxus", in: *Der Spiegel* 51/1996, S. 108–118.

Enzensberger, Hans Magnus: „Baukasten zu einer Theorie der Medien", in: Claus Pias u. a. (Hg.): *Kursbuch Medienkultur. Die maßgeblichen Theorien von Brecht bis Baudrillard*, 5. Aufl., Stuttgart 2004, S. 264–278.

Enzensberger, Ulrich: *Die Jahre der Kommune I. Berlin 1967–1969*, Köln 2004.

Eppers, Arne: „Between Biology and Economics. Goethe's Ideas about the Limits of Growth in the Didactic Poem ‚Athroismos'", in: *Zeitschrift für Germanistik* 23.3 (2013), S. 524–542.

Eribon, Didier: *Retour à Reims*, Paris 2009.

Erlin, Matt: *Necessary Luxuries: Books, Literature, and the Culture of Consumption in Germany, 1770–1815*, Ithaca, NY 2014.

Ernaux, Annie: *Regarde les lumières mon amour*, Paris 2016.

Esposito, Elena: *Die Fiktion der wahrscheinlichen Realität*, Frankfurt a. M. 2007.

Esterházy, Péter: *Ein Produktionsroman (Zwei Produktionsromane). Roman* [1979], übers. v. Terézia Mora, Berlin 2010.

Estermann, Monika, und Georg Jäger: „Geschichtliche Grundlagen und Entwicklung des Buchhandels im Deutschen Reich bis 1871", in: Georg Jäger (Hg.): *Geschichte des deutschen Buchhandels im 19. und 20. Jahrhundert*, Bd. 1: *Das Kaiserreich 1871–1918*, Teilbd. 1, Frankfurt a. M. 2001, S. 17–41.

Estermann, Monika und Georg Jäger: „Das Profil der Buchhandelsepoche", in: Georg Jäger (Hg.): *Geschichte des deutschen Buchhandels im 19. und 20. Jahrhundert*, Bd. 1: *Das Kaiserreich 1871–1918*, Teilbd. 3, Berlin/Boston 2010, S. 518–528.

Ette, Wolfram: „Arbeit in Hesiods ‚Werken und Tagen'", in: *Antike und Abendland* 60 (2014), S. 37–50.

Ette, Wolfram: „Kosmos Herakles. Zu einer Erzählung Alexander Kluges", in: *Jahrbuch Technikphilosophie* 4 (2018), S. 181–200.

Euringer, Richard: *Metallarbeiter Vonholt. Der Tag eines Arbeitswilligen*, Hamburg 1932.

Evans, David Morier: *The History of the Commercial Crisis, 1857–58, and the Stock Exchange Panic of 1859*, London 1859.

Ewald, François: „Insurance and Risk", in: Graham Burchell u. a. (Hg.): *The Foucault Effect. Studies in Governmentality*, Chicago 1991, S. 197–210.

Ewald, François: *Der Vorsorgestaat*, übers. v. Wolfram Bayer und Hermann Kocyba, Frankfurt a. M. 1993.

Eyb, Albrecht von: *Deutsche Schriften des Albrecht von Eyb*, Bd. 1: *Das Ehebüchlein*, hg. v. Max Herrmann, Berlin 1890.

Fabré, Sven: *Das Credo des Kaufmanns. Über Poetiken kreditökonomischen Wissens in der Prosa von Freytag und Keller*, Paderborn 2020 [im Druck].

Fähnders, Walter: „Zwischen Exklusion und Inklusion. Literarische Vagabundenfiguren", in: Johanna Rolshoven und Maria Maierhofer (Hg.): *Das Figurativ der Vagabondage. Kulturanalysen mobiler Lebensweisen*, Bielefeld 2012, S. 163–184.

Fallada, Hans: *Kleiner Mann – was nun? Roman*, Berlin 1932.

Falter, Matthias, und Saskia Stachowitsch: „Antisemitismus und jüdische Politik im Parlament", in: Saskia Stachowitsch und Eva Kreisky (Hg.): *Jüdische Identitäten und antisemitische Politiken im österreichischen Parlament 1861–1933*, Wien/Köln/Weimar 2017, S. 93–208.

Fama, Eugene F., und Merton H. Miller: *The Theory of Finance*, Hinsdale, IL 1972.

Fanta, Walter: „Zeitgenössischer Literaturbetrieb", in: Birgit Nübel und Norbert Christian Wolf (Hg.): *Robert-Musil-Handbuch*, Berlin/Boston 2016, S. 88–99.

Faraguna, Michele: „Alle origini dell'oikonomia. Dall'Anonimo di Giamblico ad Aristotele", in: *RAL* 9 (1994), S. 551–589.
Fauser, Jörg: *tophane. roman*, Gersthofen 1972.
Fauser, Jörg: *Rohstoff. Roman*, Frankfurt a. M./Berlin/Wien 1984.
Fauser, Jörg u. a. (Hg.): *Gasolin 23*, 1971–1986.
Febel, Gisela: „Postkoloniale Literaturwissenschaft. Methodenpluralismus zwischen Rewriting, Writing back und hybridisierenden und kontrapunktischen Lektüren", in: Julia Reuter und Alexandra Karentzos (Hg.): *Schlüsselwerke der Postcolonial Studies*, Wiesbaden 2012, S. 229–247.
Felfe, Robert: „Gold, Gips und Linienzug. Kostbare Materialien und Bilder ad vivum in der Kunst des 16. Jahrhunderts", in: Hartmut Böhme und Johannes Endres (Hg.): *Der Code der Leidenschaften. Fetischismus in den Künsten*, München 2010, S. 197–229.
Felski, Rita: *The Gender of Modernity*. Cambridge, MA 1995.
Felten, Franz Joseph: „Armut im Mittelalter. Zusammenfassung. Mit zwei Exkursen zu ‚starken Armen' im frühen und hohen Mittelalter und zur Erforschung der pauperes der Karolingerzeit", in: Otto Gerhard Oexle (Hg.): *Armut im Mittelalter*, Ostfildern 2004, S. 349–401.
Ferguson, Adam: *Versuch über die Geschichte der bürgerlichen Gesellschaft* [1767], übers. v. Hans Medick, Frankfurt a. M. 1986.
Ferguson, Frances: „Jane Austen, Emma, and the Impact of Form", in: *Modern Language Notes* 61.1 (2000), S. 157–180.
Ferguson, Niall: *The House of Rothschild. Money's Prophets 1798–1848*, New York 1998.
Ferguson, Niall: *Der Aufstieg des Geldes. Die Währung der Geschichte*, übers. v. Klaus-Dieter Schmidt, Bonn 2011.
Fest, Joachim: *Nach dem Scheitern der Utopien. Gesammelte Essays zu Politik und Geschichte*, Reinbek bei Hamburg 2007.
Feuchtwanger, Lion: *Gesammelte Werke in Einzelausgaben*, Bd. 14: *Erzählungen. Pep: J. L. Wetcheeks amerikanisches Liederbuch*, 2. Aufl., Berlin/Weimar 1985.
Fichte, Johann Gottlieb: *Sämmtliche Werke*, 8 Bde., hg. v. Immanuel Hermann Fichte, Berlin 1845–1846.
Fick, Monika (Hg.): *Lessing-Handbuch. Leben – Werk – Wirkung*, 4. Aufl., Stuttgart/Weimar 2016.
Ficker, Sandra Kuntz (Hg.): *Historia económica general de México. De la colonia a nuestros días*, México, DF 2010.
Fiederer, Margrit: „‚Wenn die Herzen im Preise steigen'. Ökonomische Motive in Schillers ‚Kabale und Liebe'", in: Lenka Vaňková und Pavla Zajícová (Hg.): *Aspekte der Textgestaltung. Referate der Internationalen Germanistischen Konferenz Ostrava 15.–16. Februar 2001*, Ostrava 2001, S. 353–364.
Fiederer, Margrit: *Geld und Besitz im bürgerlichen Trauerspiel*, Würzburg 2002.
Fielding, Henry: *An Enquiry into the Causes of the Late Increase of Robbers and with Some Proposals for Remedying this Growing Evil*, London 1751.
Figueira, Thomas J.: „Economic Thought and Economic Fact in the Works of Xenophon", in: Fiona Hobden und Christopher Tuplin (Hg.): *Xenophon. Ethical Principles and Historical Enquiry*, Leiden/Boston 2012, S. 665–688.
Finch, Laura: „The Un-real Deal. Financial Fiction, Fictional Finance, and the Financial Crisis", in: *Journal of American Studies* 49.4 (2015), S. 731–753.
Findeisen, Franz: *Die Markenartikel im Rahmen der Absatzökonomik der Betriebe*, Berlin 1924.

Fine, Ben: „Die untote Welt der Mainstream-Ökonomik", in: Till Breyer u. a. (Hg.): *Monster und Kapitalismus* (= Zeitschrift für Kulturwissenschaften 2/2017), Bielefeld 2017, S. 85–99.
Finley, Moses I.: „Aristotle and Economic Analysis", in: *Past & Present* 47 (1970), S. 3–25.
Finley, Moses I.: *Die antike Wirtschaft*, übers. v. Andreas Wittenburg, 3. Aufl., München 1993.
Finn, Margot: *The Character of Credit. Personal Debt in English Culture, 1740–1914*, Cambridge 2007.
Fiori, Guiseppe: *Das Leben des Antonio Gramsci. Eine Biographie*, Berlin 2013.
Fischer, Karin: „The Influence of Neoliberals in Chile before, during, and after Pinochet", in: Philip Mirowski und Dieter Plehwe (Hg.): *The Road from Mont Pèlerin. The Making of the Neoliberal Thought Collective*, Cambridge, MA/London 2009, S. 305–346.
Fischer, Paul: „Bankruptcy in Early Modern German Territories", in: Thomas Max Safley (Hg.): *The History of Bankruptcy. Economic, Social and Cultural Implications in Early Modern Europe*, London 2013, S. 173–184.
Fischer, Samuel, und Hedwig Fischer: *Briefwechsel mit Autoren*, hg. v. Dierk Rodewald und Corinna Fiedler, Frankfurt a. M. 1989.
Fischer, Susanne u. a.: *(Un-)Sicherheitswahrnehumg und Sicherheitsmaßnahmen im internationalen Vergleich*, Berlin 2014.
Fischer, Tilman: *Reiseziel England. Ein Beitrag zur Poetik der Reisebeschreibung und zur Topik der Moderne (1830–1870)*, Berlin 2004.
Fischer, Wolfram: *Armut in der Geschichte. Erscheinungsformen und Lösungsversuche der „Sozialen Frage" in Europa seit dem Mittelalter*, Göttingen 1982.
Fischer-Lichte, Erika: *Kurze Geschichte des deutschen Theaters*, 2. Aufl., Tübingen/Basel 1999.
Fischer-Lichte, Erika: „Grenzgänge und Tauschhandel. Auf dem Wege zu einer performativen Kultur", in: Uwe Wirth (Hg.): *Performanz. Zwischen Sprachphilosophie und Kulturwissenschaften*, Frankfurt a. M. 2002, S. 277–300.
Fisher, Mark: *Capitalist Realism. Is There No Alternative?*, Winchester u. a. 2009.
Fitzgerald, Penelope: *Die Buchhandlung. Roman*, übers. v. Christa Krüger, Frankfurt a. M./Leipzig 2010.
Flake, Otto: „Die Krise des Romans", in: *Die neue Bücherschau* 4 (1922), S. 87–94.
Flashar, Hellmut: *Aristoteles. Lehrer des Abendlandes*, 2. Aufl., München 2013.
Fleig, Anne: „Das Tagebuch als Glanz. Sehen und Schreiben in Irmgard Keuns Roman ‚Das kunstseidene Mädchen'", in: Stefanie Arend und Ariane Martin (Hg.): *Irmgard Keun 1905/2005. Deutungen und Dokumente*, Bielefeld 2005, S. 45–60.
Fleißer, Marieluise: *Mehlreisende Frieda Geier. Roman vom Rauchen, Sporteln, Lieben und Verkaufen*, Berlin 1931.
Flood, David, und Gunnar Hillerdal: Art. „Armut VI–VII", in: Gerhard Müller (Hg.): *Theologische Realenzyklopädie*, Bd. 4, Berlin/New York 1979, S. 69–121.
Flores, Ralph: „The Lost Shadow of Peter Schlemihl", in: *The German Quarterly* 47 (1974), S. 567–584.
Florida, Richard: *The Rise of the Creative Class. And How It's Transforming Work, Leisure, Community, and Everyday Life*, New York 2002.
Florida, Richard: *Cities and the Creative Class*, New York 2004.
Florida, Richard: *The Flight of the Creative Class. The New Global Competition for Talent*, New York 2007.
Fohrmann, Jürgen: *Abenteuer und Bürgertum. Zur Geschichte der deutschen Robinsonaden im 18. Jahrhundert*, Stuttgart 1981.

Fohrmann, Jürgen: „Die Lyrik Georg Weerths", in: Michael Vogt (Hg.): *Georg Weerth (1822–1856). Referate des 1. Internationalen Georg-Weerth-Colloquiums 1992*, Bielefeld 1993, S. 54–72.
Fohrmann, Jürgen: „Das Versprechen der Sozialgeschichte (der Literatur)", in: Martin Huber und Gerhard Lauer (Hg.): *Nach der Sozialgeschichte. Konzepte für eine Literaturwissenschaft zwischen Historischer Anthropologie, Kulturgeschichte und Medientheorie*, Tübingen 2000, S. 105–112.
Foigny, Gabriel de: „Eine neue Entdeckung der Terra Incognita Australis (Auszüge)", in: Marie L. Berneri (Hg.): *Reise durch Utopia. Reader der Utopien*, Berlin 1982, S. 171–186.
Föllinger, Sabine: „Dialogische Elemente in der antiken Fachliteratur", in: Thorsten Fögen (Hg.): *Antike Fachtexte*, Berlin/New York 2005, S. 221–234.
Föllinger, Sabine: „Ökonomische Literatur", in: Bernhard Zimmermann und Antonios Rengakos (Hg.): *Handbuch der griechischen Literatur der Antike*, Bd. 2: *Die Literatur der klassischen und hellenistischen Zeit*, München 2014, S. 584–590.
Föllinger, Sabine: *Ökonomie bei Platon*, Berlin/Boston 2016.
Föllinger, Sabine und Oliver Stoll: „Die wirtschaftliche Effizienz von Ordnung und personalen Beziehungen. Ein neuer Blick auf Xenophons *Oikonomikos*", in: Kai Ruffing und Kerstin Droß-Krüpe (Hg.): *Emas non quod opus est, sed quod necesse est*, Wiesbaden 2018, S. 143–158.
Fontaine, Laurence: *History of Pedlars in Europe*, Oxford 1996.
Fontane, Theodor: *Sämtliche Werke*, 24 Bde., hg. v. Edgar Gross u. a., München 1959 ff.
Fontane, Theodor: „Unsere lyrische und epische Poesie seit 1848" [1853], in: ders.: *Werke, Schriften und Briefe*, hg. v. Walter Keitel und Helmuth Nürnberger, Abt. III: *Aufsätze, Kritiken, Erinnerungen*, Bd. 1: *Aufsätze und Aufzeichnungen*, München 1969, S. 236–244.
Fontius, Martin: „Produktivkraftentfaltung und Autonomie der Kunst. Zur Ablösung ständischer Voraussetzungen in der Literaturtheorie", in: Günther Klotz u. a. (Hg.): *Literatur im Epochenumbruch. Funktionen europäischer Literaturen im 18. und beginnenden 19. Jahrhundert*, Berlin/Weimar 1977, S. 409–529.
Fortmann, Patrick: *Autopsie von Revolution und Restauration. Georg Büchner und die politische Imagination*, Freiburg i.Br. 2013.
Fortmann, Patrick: „,Geld, Geld. Wer kein Geld hat'. Ökonomien des Mangels und Dramatik der Knappheit im Vormärz (Raimund, Nestroy, Wiese, Büchner)", in: Jutta Nickel (Hg.): *Geld und Ökonomie im Vormärz* (= Forum Vormärz Forschung, Jahrbuch 2013), Bielefeld 2014, S. 95–112.
Foucault, Michel: *Wahnsinn und Gesellschaft. Eine Geschichte des Wahns im Zeitalter der Vernunft*, übers. v. Ulrich Köppen, Frankfurt a. M. 1969.
Foucault, Michel: *Die Ordnung der Dinge. Eine Archäologie der Humanwissenschaften*, übers. v. Ulrich Köppen, Frankfurt a. M. 1974.
Foucault, Michel: *Überwachen und Strafen. Die Geburt des Gefängnisses*, übers. v. Walter Seitter, Frankfurt a. M. 1977.
Foucault, Michel: *Der Wille zum Wissen. Sexualität und Wahrheit 1*, übers. v. Ulrich Raulff und Walter Seitter, Frankfurt a. M. 1983.
Foucault, Michel: *Die Sorge um sich. Sexualität und Wahrheit 3*, übers. v. Ulrich Raulff und Walter Seitter, Frankfurt a. M. 1989.
Foucault, Michel: *In Verteidigung der Gesellschaft. Vorlesung am Collège de France 1975–1976*, übers. v. Michaela Ott, Frankfurt a. M. 1999.

Foucault, Michel: „Das Leben der infamen Menschen" [1977], in: ders.: *Schriften in vier Bänden. Dits et Ecrits*, hg. v. Daniel Defert und François Ewald, übers. v. Michael Bischoff u. a., Bd. 3: *1976–1979*, Frankfurt a. M. 2003, S. 309–332.

Foucault, Michel: *Sicherheit, Territorium, Bevölkerung. Geschichte der Gouvernementalität I. Vorlesung am Collège de France 1977–1978*, hg. v. Michel Sennelart, übers. v. Jürgen Schröder, Frankfurt a. M. 2004a.

Foucault, Michel: *Die Geburt der Biopolitik. Geschichte der Gouvernementalität II. Vorlesung am Collège de France 1978–1979*, hg. v. Michel Sennelart, übers. v. Jürgen Schröder, Frankfurt a. M. 2004b.

Foucault, Michel: *Hermeneutik des Subjekts. Vorlesung am Collège de France 1981–1982*, übers. v. Ulrike Bokelmann, Frankfurt a. M. 2004c.

Foucault, Michel: „,Omnes et singulatim': Zu einer Kritik der politischen Vernunft" [1981], in: ders.: *Schriften in vier Bänden. Dits et Ecrits*, hg. v. Daniel Defert und François Ewald, übers. v. Michael Bischoff u. a., Bd. 4: *1980–1988*, Frankfurt a. M. 2005, S. 165–198.

Fourier, Charles: *Theorie der vier Bewegungen und der allgemeinen Bestimmungen*, hg. v. Theodor W. Adorno, übers. v. Gertrud von Holzhausen, Frankfurt a. M./Wien 1966.

Fourier, Charles: *Ökonomisch-philosophische Schriften. Eine Textauswahl*, übers. und hg. v. Lola Zahn, Berlin 1980.

Fourier, Charles: *Über das weltweite soziale Chaos. Ausgewählte Schriften zur Philosophie und Gesellschaftstheorie*, hg. v. Hans-Christoph Schmidt am Busch, Berlin 2012.

Franck, Georg: *Ökonomie der Aufmerksamkeit. Ein Entwurf*, München/Wien 1998.

Franck, Georg: *Mentaler Kapitalismus. Eine politische Ökonomie des Geistes*, München/Wien 2005.

Frank, Gustav: *Krise und Experiment. Komplexe Erzähltexte im literarischen Umbruch des 19. Jahrhunderts*, Wiesbaden 1998.

Frank, Manfred: *Der kommende Gott. Vorlesungen über die Neue Mythologie*, Frankfurt a. M. 1982.

Frank, Manfred: *Kaltes Herz, unendliche Fahrt, neue Mythologie. Motiv-Untersuchungen zur Pathogenese der Moderne*, Frankfurt a. M. 1989.

Frank, Manfred: *Die unendliche Fahrt. Die Geschichte des Fliegenden Holländers und verwandter Motive*, Leipzig 1995.

Frank, Manfred (Hg.): *Das kalte Herz. Texte der Romantik*, Frankfurt a. M. 2005.

Franklin, Benjamin: „Advice to a Young Tradesman, Written by an Old One [1748]", in: ders.: *The Papers of Benjamin Franklin*, Bd. 3, hg. v. Leonard W. Labaree, New Haven, CT 1961, S. 304–308.

Franklin, Benjamin: „The Busy-Body, No. 8, March 27, 1729", in: ders.: *Writings*, New York 1978, S. 111–118.

Franzen, Jonathan: *Purity*, London 2015.

Freese, Barbara: *Coal. A Human History*, New York 2003.

Freiligrath, Ferdinand: *Ça ira! Sechs Gedichte*, Herisau 1846.

Freiligrath, Ferdinand: „Requiescat!", in: C. Dräxler-Manfred (Hg.): *Rheinisches Taschenbuch auf das Jahr 1847*, Frankfurt a. M. 1847, S. 209–212.

Frenzel, Elisabeth: *Stoffe der Weltliteratur. Ein Lexikon dichtungsgeschichtlicher Längsschnitte*, Stuttgart 1962.

Frenzel, Elisabeth: *Stoff-, Motiv- und Symbolforschung*, Stuttgart 1963.

Frenzel, Elisabeth: *Stoff- und Motivgeschichte*, Berlin 1966.

Frenzel, Elisabeth: *Motive der Weltliteratur. Ein Lexikon dichtungsgeschichtlicher Längsschnitte*, 4. Aufl., Stuttgart 1992.

Freud, Sigmund: *Studienausgabe*, 11 Bde., hg. v. Alexander Mitscherlich u. a., Frankfurt a. M. 1969 ff.
Freytag, Gustav: „Die neuen Geldinstitute in Deutschland", in: *Die Grenzboten* 15.3 (1856), S. 55–63.
Freytag, Gustav: *Soll und Haben. Roman in sechs Büchern* [1855], München/Wien 1977.
Frick, Werner: *Providenz und Kontingenz. Untersuchungen zur Schicksalssemantik im deutschen und europäischen Roman des 17. und 18. Jahrhunderts*, Tübingen 1988.
Fritzsche, Peter: *Als Berlin zur Weltstadt wurde. Presse, Leser und die Inszenierung des Lebens*, Berlin 2008.
Fuest, Leonhard: *Poetik des Nicht(s)tuns. Verweigerungsstrategien in der Literatur seit 1800*, München 2008.
Fuhrmann, Manfred: „Lizenzen und Tabus des Lachens. Zur sozialen Grammatik der hellenistisch-römischen Komödie", in: Wolfgang Preisendanz und Rainer Warning (Hg.): *Das Komische*, München 1976, S. 65–101.
Fukuyama, Francis: „The End of History?" [1989], in: Simon Dalby u. a. (Hg.): *The Geopolitics Reader*, London 1998, S. 114–124.
Fulda, Daniel: *Schau-Spiele des Geldes. Die Komödie und die Entstehung der Marktgesellschaft von Shakespeare bis Lessing*, Tübingen 2005.
Fulda, Daniel: Art. „Fiktion", in: Helmut Reinalter und Peter J. Brenner (Hg.): *Lexikon der Geisteswissenschaften. Sachbegriffe – Disziplinen – Personen*, Wien/Köln/Weimar 2011, S. 181–188.
Fulda, Daniel: „Divergente Dynamiken? Wirtschaft, Wirthschafften und komödisches Spiel vom späten 17. bis zum mittleren 18. Jahrhundert", in: Sigrid Nieberle und Claudia Nitschke (Hg.): *Gastlichkeit und Ökonomie. Wirtschaften im deutschen und englischen Drama des 18. Jahrhunderts*, Berlin/Boston 2014, S. 111–136.
Fülleborn, Ulrich: *Besitzen, als besäße man nicht. Besitzdenken und seine Alternativen in der Literatur*, Frankfurt a. M./Leipzig 1995.
Füllner, Bernd u. a.: „‚Dieses Gedicht, in Deutschland hundertfach gelesen und gesungen …': Zur Aufnahme von Heines ‚Weberlied' in der frühen deutschen Arbeiterbewegung", in: *Heine-Jahrbuch* 1985, S. 123–142.
Füllner, Karin: „Heines Träume – ein ‚Träumen nach vorwärts'?", in: Norbert Otto Eke u. a. (Hg.): *„Zuckererbsen für Jedermann". Literatur und Utopie. Heine und Bloch heute*, Bielefeld 2014, S. 155–171.
Funder, Maria: *Soziologie der Wirtschaft. Eine Einführung*, München 2011.
Fuz, J. K.: *Welfare Economics in English Utopias. From Francis Bacon to Adam Smith*, The Hague 1952.

Gabriel, Gottfried: *Fiktion und Wahrheit*, Stuttgart/Bad Cannstatt 1975.
Gabriel, Gottfried: Art. „Fiktion", in: Klaus Weimar u. a. (Hg.): *Reallexikon der deutschen Literaturwissenschaft*, Bd. 1, Berlin/New York 1997, S. 594–598.
Galiani, Ferdinando: *De la monnaie* [1751], hg. v. G.-H. Bousquet und J. Crisafulli, Paris 1955.
Galke-Janzen, Patrick: „‚Das ist kein Geschäft, mein Lieber, das ist Schwindel'. Literarische Analysen des Gründerkrachs bei Karl Gutzkow, Friedrich Spielhagen und Michael Klapp", in: Nicole Mattern und Timo Rouget (Hg.): *Der große Crash. Wirtschaftskrisen in Literatur und Film*, Würzburg 2016, S. 113–128.
Gallagher, Christine: *The Industrial Reformation of English Fiction. Social Discourse and Narrative Form, 1832–1867*, Chicago u. a. 1985.

Gallagher, Catherine: *The Body Economic. Life, Death, and Sensation in Political Economy and the Victorian Novel*, Princeton, NJ/Oxford 2006.
Gallati, Ernst: *Jeremias Gotthelfs Gesellschaftskritik*, Bern 1970.
Galloway, J. H.: *The Sugar Cane Industry. An Historical Geography from Its Origins to 1914* [1989], Cambridge/New York 2005.
Gamper, Michael: *Masse lesen, Masse schreiben. Eine Diskurs- und Imaginationsgeschichte der Menschenmenge 1765–1930*, München 2007.
Gansel, Carsten: *Parlament des Geistes. Literatur zwischen Hoffnung und Repression 1945–1961*, Berlin 1996.
Gansel, Carsten: „,Arbeit als Selbstzweck – was für ein Leben'? Von den ‚Aufstörungen' des ‚neuen Menschen'", in: Karin Löffler (Hg.): *Der ‚neue Mensch'. Ein ideologisches Leitbild der frühen DDR-Literatur und sein Kontext*, Leipzig 2013, S. 133–150.
Gansel, Carsten: „Störfall im Literatursystem DDR. Werner Bräunigs Roman ‚Rummelplatz'", in: *Der Deutschunterricht* 66.4 (2014), S. 46–57.
Garber, Peter M.: *Famous First Bubbles. The Fundamentals of Early Manias*, Cambridge, MA 2000.
Gartner, Erwin, und Nicole Streitler-Kastberger: „Vorwort", in: Ödön von Horváth: *Wiener Ausgabe sämtlicher Werke. Historisch-kritische Edition*, Bd. 3.1: *Geschichten aus dem Wiener Wald*, hg. v. Erwin Gartner und Nicole Streitler-Kastberger, Berlin u. a. 2015, S. 1–37.
Garzonus, Thomas: *Piazza Vniversale, das ist: Allgemeiner Schauwplatz, oder Marckt, vnd Zusammenkunfft aller Professionen, Künsten, Geschäfften, Händlen vnd Handtwercken, so in der gantzen Welt geübt werden [...]*, Frankfurt a. M. 1619.
Gaskell, Elizabeth: *The Letters of Mrs Gaskell*, hg. v. J. A. V. Chapple und Arthur Pollard, Manchester 1966.
Gaskell, Elizabeth: „Mary Barton. A Tale of Manchester Life" [1848], in: dies.: *The Works of Elizabeth Gaskell*, Bd. 5, hg. v. Joanne Wilkes, London 2005, S. 1–325.
Gee, Sophie: *Making Waste. Leftovers and the Eighteenth-Century Imagination*, Princeton, NJ/Oxford 2010.
Gehlen, Dirk von: *Mashup. Lob der Kopie*, Berlin 2011.
Gehrlach, Andreas: *Diebe. Die heimliche Aneignung als Ursprungserzählung in Literatur, Philosophie und Mythos*, Paderborn 2016.
Gehrlach, Andreas: „Die Utopie der Diebe. Eine altägyptische Diebstahlsgesetzgebung und die moderne Idee des Privateigentums", in: ders. und Dorothee Kimmich (Hg.): *Diebstahl! Zur Kulturgeschichte eines Kulturgründungsmythos*, Paderborn 2018, S. 101–134.
Geigant, Friedrich u. a.: *Lexikon der Volkswirtschaft*, 6. Aufl., Landsberg am Lech 1994.
Geisler, Eberhard: *Geld bei Quévedo. Zur Identitätskrise der spanischen Feudalgesellschaft im frühen 17. Jahrhundert*, Bern/Frankfurt a. M. 1981.
Geistbeck, Michael: *Der Weltverkehr. Seeschiffahrt und Eisenbahnen, Post und Telegraphie in ihrer Entwicklung dargestellt*, Freiburg i.Br. 1895.
Gelesnoff, W.: „Die ökonomische Gedankenwelt des Aristoteles", in: *Archiv für Sozialwissenschaften und Sozialpolitik* 50 (1923), S. 1–33.
Gellert, Christian Fürchtegott: *Gesammelte Schriften. Kritische, kommentierte Ausgabe*, 6 Bde., hg. v. Bernd Witte, Berlin/New York 1988 ff.
Gemmel, Mirko, und Claudia Löschner (Hg.): *Ökonomie des Glücks. Muße, Müßiggang und Faulheit in der Literatur*, Berlin 2014.
Genet, Jean: *Werke in Einzelbänden*, Bd. 5: *Tagebuch des Diebes* [1949], hg. v. Friedrich Flemming, übers. v. Gerhard Hock, Gifkendorf 2017.

Gentz, Friedrich: "Ueber die österreichische Bank", in: *Schriften von Friedrich von Gentz. Ein Denkmal*, hg. v. Gustav Schlesier, Bd. 3: *Kleinere Schriften. Zweiter Theil*, Mannheim 1839, S. 283–299.

George, Stefan, und Hugo von Hofmannsthal: *Briefwechsel*, hg. v. Robert Boehringer, 2. Aufl., München/Düsseldorf 1953.

Geremek, Bronislaw: *Geschichte der Armut. Elend und Barmherzigkeit in Europa*, übers. v. Friedrich Griese, München/Zürich 1988.

Geremek, Bronislaw: *Les fils de Caïn. Pauvres et vagabonds dans la littérature européenne (XVe – VIIe siècle)*, Paris 1998a.

Geremek, Bronislaw: *Poverty. A History*, Oxford/Cambridge, MA 1998b.

Gerhardi, Gerhard C.: *Geld und Gesellschaft im Theater des Ancien Régime*, Heidelberg 1983.

Gerloff, Wilhelm: *Die Entstehung des Geldes und die Anfänge des Geldwesens*, Frankfurt a. M. 1940.

Gernalzick, Nadja: *Kredit und Kultur. Ökonomie- und Geldbegriff bei Jacques Derrida und in der amerikanischen Literaturtheorie der Postmoderne*, Heidelberg 2000.

Gernalzick, Nadja: "From Classical Dichotomy to *Differantial* Contract. The Derridean Integration of Monetary Theory", in: Nicole Bracker und Stefan Herbrechter (Hg.): *Metaphors of Economy*, Amsterdam/New York 2005, S. 55–67.

Gernalzick, Nadja: "Medium Geld", in: Jens Schröter u. a. (Hg.): *Media Marx. Ein Handbuch*, Bielefeld 2006, S. 85–103.

Gervinus, Georg Gottfried: "Prinzipien einer deutschen Literaturgeschichtsschreibung", in: ders.: *Schriften zur Literatur*, hg. v. Gotthard Erler, Berlin 1962, S. 3–48.

Ghanbari, Nacim: *Das Haus. Eine deutsche Literaturgeschichte 1850–1926*, Berlin/Boston 2011.

Gide, André: *Le traité du Narcisse*, Paris 1891.

Gide, André: *Les Nourritures terrestres*, Paris 1897.

Gide, André: *Les caves du Vatican*, Paris 1914.

Gide, André: *Les faux-monnayeurs*, Paris 1925.

Gide, André: *Les Nouvelles Nourritures*, Paris 1935.

Gide, André: *Retour de l'U.R.S.S.*, Paris 1936.

Gide, André: *Gesammelte Werke*, hg. v. Hans Hinterhäuser u. a., Bd. 11: *Lyrische und szenische Dichtungen*, hg. v. Raimund Theis, übers. v. Ernst Robert Curtius u. a., Stuttgart 1999.

Gide, Charles: *Principes d'économie politique* [1884], Paris 1931.

Giesecke, Michael: *Der Buchdruck in der frühen Neuzeit. Eine historische Fallstudie über die Durchsetzung neuer Informations- und Kommunikationstechnologien*, Frankfurt a. M. 1991.

Giesecke, Michael: *Von den Mythen der Buchkultur zu den Visionen der Informationsgesellschaft*, Frankfurt a. M. 2002.

Giesen, Bernhard: *Zwischenlagen. Das Außerordentliche als Grund der sozialen Wirklichkeit*, Weilerswist 2010.

Gießmann, Sebastian: "Die Romantik und das Unendliche. Grenzgänge zwischen Ästhetik und Ökonomie", in: *Weimarer Beiträge* 52.2 (2006), S. 165–190.

Gießmann, Sebastian: "Ein amerikanischer Standard. Kreditkarten als soziale Medien", in: Friedrich Balke u. a. (Hg.): *Medien der Finanz* (=Archiv für Mediengeschichte 17), Paderborn 2017, S. 55–68.

Gilibert, Giorgio: "François Quesnay (1694–1774)", in: Joachim Starbatty (Hg.): *Klassiker des ökonomischen Denkens*, 2 Bde., München 1989, Bd. 1, S. 114–133.

Gilomen, Hans-Jörg: "Das Schlaraffenland und andere Utopien im Mittelalter", in: *Basler Zeitschrift für Geschichte und Altertumskunde* 104 (2004), S. 213–248.

Gilroy, Paul: *The Black Atlantic. Modernity and Double Consciousness*, London 1993.
Gindner, Jette: „Realismus nach 2008. Kunst und die Krise des Kapitalismus", in: *Theater der Zeit* 72.5 (2017), S. 30–33.
Gindner, Jette: *New Realisms. Capitalist Crisis and Radical Political Imagination in German Literature and Cinema after 1989*, Diss., Cornell University, Ithaca, NY 2018.
Girard, René: *Mensonge romantique et vérité romanesque*, Paris 1961.
Girard, René: *Das Heilige und die Gewalt*, übers. v. Elisabeth Mainberger-Ruh, Frankfurt a. M. 1992.
Girnus, Werner u. a.: *Von der kritischen zur historisch-materialistischen Literaturwissenschaft. Vier Aufsätze*, Berlin 1971.
Gladkow, Fjodor: *Energie. Roman*, übers. v. Olga Halpern, Zürich 1935.
Gladkow, Fjodor: „Zement", in: Heiner Müller: *Zement. Vollständiger Abdruck des Romans „Zement" von Fjodor Gladkow*, hg. v. Schauspielhaus Bochum, Bochum 1992, S. 13–410.
Glagau, Otto: *Der Börsen- und Gründungs-Schwindel in Berlin. Gesammelte und stark vermehrte Artikel der „Gartenlaube"*, Leipzig 1876.
Glissant, Édouard: *Poétique de la relation*, Paris 1990.
Glissant, Édouard: *Le discours antillais* [1981], Paris 1997.
Glück, Alfons: „Über politische ‚Grundsätze' Georg Büchners. ‚Der Hessische Landbote' und Sätze axiomatischen Charakters in den Briefen", in: *Georg Büchner Jahrbuch* 12 (2012), S. 45–76.
Göcht, Daniel: *Mimesis – Subjektivität – Realismus. Eine kritisch-systematische Rekonstruktion der materialistischen Theorie der Kunst in Georg Lukács' „Die Eigenart des Ästhetischen"*, Bielefeld 2017.
Godbout, Jacques T.: *The World of the Gift*, Montreal 1998.
Godelier, Maurice: *Das Rätsel der Gabe. Geld, Geschenke, heilige Objekte*, übers. v. Martin Pfeiffer, München 1999.
Goebel, Eckart: Art. „Schwermut / Melancholie", in: Karlheinz Barck u. a. (Hg.): *Ästhetische Grundbegriffe*, Bd. 5, Stuttgart/Weimar 2003, S. 446–486.
Goes, Gudrun: „‚Tolles Geld': Geld, Unternehmertum und Kommerz in der russischen Literatur", in: Susanne Peters (Hg.): *Geld. Interdisziplinäre Sichtweisen*, Wiesbaden 2017, S. 223–261.
Goethe, Johann Wolfgang: *Sämtliche Werke. Briefe, Tagebücher und Gespräche* (= Frankfurter Ausgabe), 40 Bde., hg. v. Friedmar Apel u. a., Frankfurt a. M. 1985 ff.
Goetz, Rainald: *Johann Holtrop. Abriss der Gesellschaft. Roman*, Berlin 2012.
Goldmann, Lucien: *Soziologie des modernen Romans*, übers. v. Lucien Goldmann und Ingeborg Fleischhauer, Neuwied 1970.
Goldmann, Lucien: *Der verborgene Gott. Studie über die tragische Weltanschauung in den Pensées Pascals und im Theater Racines*, übers. v. Hermann Baum, Frankfurt a. M. 1985.
Goldschmidt, Alfons: „Union der festen Hand" [Rez.], in: *Die Weltbühne* 27.2 (1931), S. 20–23.
Gomart, Hélène: *Les opérations financières dans le roman réaliste. Lectures de Balzac et de Zola*, Paris 2004.
Gómez de Avellaneda, Gertrudis: *Sab* [1841], hg. v. José Servera, Madrid 1997.
Gömmel, Rainer: „Entstehung und Entwicklung der Effektenbörse im 19. Jahrhundert bis 1914", in: Hans Pohl (Hg.): *Deutsche Börsengeschichte*, Frankfurt a. M. 1992, S. 135–210.
Gontscharow, Iwan: *Oblomow*, übers. v. Josef Hahn, Frankfurt a. M. 1961.
González Rodríguez, Sergio: *The Femicide Machine*, übers. v. Michael Parker-Stainback, Cambridge, MA/London 2012.

Goodbody, Axel: „Ökologisch orientierte Literaturwissenschaft in Deutschland", in: Gabriele Dürbeck und Urte Stobbe (Hg.): *Ecocriticism. Eine Einführung*, Köln/Weimar/Wien 2015, S. 123–135.

Görschen, Fritz: „Die Geizkomödie im französischen Schrifttum", in: *Germanisch-Romanische Monatsschrift* 25 (1937), S. 207–224.

Gotthelf, Jeremias: *Sämtliche Werke in 24 Bänden*, Ergänzungsbde. 1 und 2: *Der Herr Esau*, Tl. 1 und 2, hg. v. Rudolf Hunziker und Hans Bloesch, Erlenbach/Zürich 1922.

Gottsched, Luise Adelgunde Victorie: „Der Verschwender, oder die ehrliche Betrügerinn. Ein Lustspiel in fünf Aufzügen" [1741], in: Johann Christoph Gottsched (Hg.): *Die deutsche Schaubühne*, 6 Bde., Faksimiledr. nach der Ausg. von 1741–1745, Stuttgart 1972, Bd. 3, S. 63–194.

Gouges, Olympe de: *L'esclavage des Noirs, ou l'heureux naufrage* (1792), hg. v. Ernest Gwénola und Paul Fièvre, Oktober 2015. https://www.theatre-classique.fr/pages/pdf/GOUGES_EXCLAVAGEDESNOIRS.pdf. (7. Oktober 2019)

Goux, Jean-Joseph: *Freud, Marx: Ökonomie und Symbolik* [1973], übers. v. Frieda Grafe, Frankfurt a. M. u. a. 1975.

Goux, Jean-Joseph: „Calcul de jouissances", in: ders.: *Les iconoclastes*, Paris 1978, S. 171–190.

Goux, Jean-Joseph: *Les monnayeurs du langage*, Paris 1984.

Goux, Jean-Joseph: „Cash, Check, or Charge?", in: Martha Woodmansee und Mark Osteen (Hg.): *The New Economic Criticsm: Studies at the Intersection of Literature and Economics*, London/New York 1999, S. 114–127.

Goux, Jean-Joseph: *Frivolité de la valeur. Essai sur l'imaginaire du capitalisme*, Paris 2000a.

Goux, Jean-Joseph: *L'argent, valeur sans fondement. Une lecture des „Nourritures terrestres" d'André Gide*, Paris 2000b.

Goux, Jean-Joseph: „L'or, l'argent et le papier, dans l'économie balzacienne", in: Alexandre Péraud (Hg.): *La Comédie (in)humaine de l'argent*, Lormont 2013, S. 77–93.

Goux, Jean-Joseph: „Speculations fatales", in: ders.: *Fractures du temps*, Paris 2014, S. 203–220.

Goux, Jean-Joseph: „D'où vient la valeur?", in: *Bitcoin.fr*, 8. Juni 2017. https://bitcoin.fr/jean-joseph-goux-dou-vient-la-valeur-video (30. Juni 2019).

Gradinari, Irina: *Genre, Gender und Lustmord. Mörderische Geschlechterfantasien in der deutschsprachigen Gegenwartsprosa*, Bielefeld 2011.

Graeber, David: *Schulden. Die ersten 5000 Jahre*, übers. v. Ursel Schäfer u. a., Stuttgart 2012.

Graf, Ruedi: *Das Theater im Literaturstaat. Literarisches Theater auf dem Weg zur Bildungsmacht*, Tübingen 1992.

Graham, Ilse: „Passions and Possessions in ‚Kabale und Liebe'", in: dies.: *Schiller's Drama, Talent and Integrity*, London 1974, S. 110–120.

Grainger, James: „The Sugar-Cane. A Poem" [1764], in: John Gilmore: *The Poetics of Empire. A Study of James Grainger's „The Sugar-Cane"*, London/New Brunswick, NJ 2000, S. 86–198.

Gramsci, Antonio: *Gefängnishefte. Kritische Gesamtausgabe*, 10 Bde., hg. v. Klaus Bochmann und Wolfgang Fritz Haug, Hamburg 1991 ff.

Grass, Günter: *Ein weites Feld. Roman*, Göttingen 1995.

Grav, Peter F.: *Shakespeare and the Economic Imperative. „What's aught but as 'tis valued?"*, New York 2008.

Grav, Peter F.: „Taking Stock of Shakespeare and the New Economic Criticism", in: *Shakespeare* 8.1 (2012), S. 111–136.

Gray, Richard T.: „Buying into Signs. Money and Semiosis in Eighteenth-Century German Language Theory", in: *The German Quarterly* 69.1 (1996), S. 1–14.
Gray, Richard T.: *Money Matters. Economics and the German Cultural Imagination 1770–1850*, Seattle 2008.
Greaney, Patrick: *Untimely Beggar. Poverty and Power from Baudelaire to Benjamin*, Minneapolis/London 2008.
Greenblatt, Stephen: *Verhandlungen mit Shakespeare. Innenansichten der englischen Renaissance*, übers. v. Robin Cackett, Frankfurt a. M. 1993.
Greenblatt, Stephen: *Wunderbare Besitztümer. Die Erfindung des Fremden: Reisende und Entdecker*, übers. v. Robin Cackett, Darmstadt 1994.
Gregor der Große: *Homiliae in Evangelia. Evangelienhomilien. Zweiter Teilband*, übers. u. eingel. v. Michael Fiedrowicz (= Fontes Christiani 28/2), Freiburg u. a. 1998.
Grice-Hutchinson, Marjorie: *Early Economic Thought in Spain, 1177–1740* [1978], London 2012.
Grimm, Jacob, und Wilhelm Grimm: *Deutsches Wörterbuch*, 33 Bde., Leipzig 1854 ff.
Grimm, Reinhold, und Jost Hermand (Hg.): *Arbeit als Thema in der deutschen Literatur vom Mittelalter bis zur Gegenwart*, Königstein i.Ts. 1979.
Grimmelshausen, Hans Jacob Christoffel von: *Werke in drei Bänden*, Bd. 1.1: *Simplicissimus Teutsch*, hg. v. Dieter Breuer, Frankfurt a. M. 1989.
Grohnert, Dietrich: *Aufbau und Selbstzerstörung einer literarischen Utopie. Untersuchungen zu Johann Gottfried Schnabels Roman „Die Insel Felsenburg"*, St. Ingbert 1997.
Gronemann, Sammy: *Schalet. Beiträge zur Philosophie des „Wenn schon"* [1927], Leipzig 1998.
Grossberg, Lawrence: „Raymond Williams und die fehlende Moderne", in: Roman Horak u. a. (Hg.): *Über Raymond Williams. Annäherungen. Positionen. Ausblicke*, Hamburg 2017, S. 36–55.
Grosse, Carl: *Der Genius. Aus den Papieren des Marquis C* von G*** [1791–1795], hg. v. Hanne Witte, Frankfurt a. M. 1982.
Großklaus, Götz: *Das Janusgesicht Europas. Zur Kritik des kolonialen Diskurses*, Bielefeld 2017.
Grubmüller, Klaus (Hg.): *Novellistik des Mittelalters. Märendichtung*, Frankfurt a. M. 1996.
Grubor, Petar: *Der Supermarkt. 100 Prinzipien, um erfolgreich zu sein*, Norderstedt 2015.
Grugel-Pannier, Dorit: *Luxus. Eine begriffs- und ideengeschichtliche Untersuchung unter besonderer Berücksichtigung von Bernard Mandeville*, Frankfurt a. M. u. a. 1996.
Grün, Lili: *Herz über Bord. Roman*, Berlin/Wien/Leipzig 1933.
Grunwald, Henning, und Manfred Pfister: *Krisis! Krisenszenarien, Diagnosen und Diskursstrategien*, München 2007.
Gryphius, Andreas: „Horribilicribrifax" [1663], in: ders.: *Dramen*, hg. v. Eberhard Mannack, Frankfurt a. M. 1991, S. 621–720.
Grzebeta, Sven: „Temporalisierungen der Börse", in: Andreas Langenohl und Kerstin Schmidt-Beck (Hg.): *Die Markt-Zeit der Finanzwirtschaft. Soziale, kulturelle und ökonomische Dimensionen*, Marburg 2007, S. 121–148.
Guattari, Félix: „Wert, Geld, Symbol. Der verallgemeinerte Tausch" [1976], in: ders.: *Schizoanalyse und Wunschenergie*, Bremen o. J., S. 59–66.
Guden, Philipp Peter: *Polizey der Industrie, oder Abhandlung von den Mitteln, den Fleiß der Einwohner zu ermuntern*, Braunschweig 1768.
Guillaume de Lorris und Jean de Meung: *Le roman de la rose*, hg. v. Daniel Poirion, Paris 1974.
Gumbrecht, Hans Ulrich: *Zola im historischen Kontext. Für eine neue Lektüre des Rougon-Macquart-Zyklus*, München 1978.

Gumbrecht, Hans Ulrich: „Verdrängung des Alltags / Theatralisierung der Welt", in: ders.: *Eine Geschichte der spanischen Literatur*, Bd. 1, Frankfurt a. M. 1990, S. 350–388.
Günter, Manuela: „Sozialistische Literaturtheorie im Wilhelminismus: Franz Mehring", in: York-Gothart Mix (Hg.): *Naturalismus, Fin de siècle, Expressionismus. 1890–1918* (= Hansers Sozialgeschichte der deutschen Literatur vom 16. Jahrhundert bis zur Gegenwart, Bd. 7), München 2000, S. 44–52.
Günther, Hans: *Die Verstaatlichung der Literatur. Entstehung und Funktionsweise des sozialistisch-realistischen Kanons in der sowjetischen Literatur der 30er Jahre*, Stuttgart 1984.
Günther, Rigobert, und Reimar Müller: *Sozialutopien der Antike*. Leipzig 1987.
Günther, Sven: „Zwischen Theorie und Praxis. Der Perserkönig als idealer Ökonom in Xenophons Schriften", in: ders. (Hg.): *Ordnungsrahmen antiker Ökonomien. Ordnungskonzepte und Steuerungsmechanismen antiker Wirtschaftssysteme im Vergleich*, Wiesbaden 2012, S. 83–96.
Gurk, Paul: *Berlin. Roman* [1927], Darmstadt 1980.
Guski, Andreas: *Literatur und Arbeit. Produktionsskizze und Produktionsroman im Rußland des 1. Fünfjahrplans (1928–1932)*, Wiesbaden 1995.
Guthke, Karl S.: *Das deutsche bürgerliche Trauerspiel*, 6. Aufl., Stuttgart 2006.
Guthke, Karl S.: „Rührstück oder ‚Schreckspiel'? Die Rezeption des deutschen bürgerlichen Trauerspiels im achtzehnten Jahrhundert", in: *Jahrbuch des Freien Deutschen Hochstifts* 2008, S. 1–80.
Guyon, Bernard: *La pensée politique et sociale de Balzac*, 2. Aufl., Paris 1967.
Gyasi, Yaa: *Homegoing*, London 2016.
Gymnich, Marion: „‚Writing Back' als Paradigma der postkolonialen Literatur", in: dies. u. a. (Hg.): *Kulturelles Wissen und Intertextualität. Theoriekonzeptionen und Fallstudien zur Kontextualisierung von Literatur*, Trier 2006, S. 71–86.

Haag, Ingrid: „Das ‚traurige Happy-End'. Zur Struktur der ‚Fräuleinstücke' Ödön von Horváths", in: *Austriaca* 4 (1978), S. 169–186.
Haberkamm, Klaus: „‚einfliessung der [...] planeten' und ‚kunst der nigromancia'. Der ‚Fortunatus' als astrologischer ‚Subtext' auf dem Hintergrund der Saturn-Vorstellung der Renaissance", in: Dieter Breuer und Gábor Tüskés (Hg.): *Fortunatus, Melusine, Genovefa. Internationale Erzählstoffe in der deutschen und ungarischen Literatur der Frühen Neuzeit*, Bern u. a. 2010, S. 235–265.
Habermas, Jürgen: „Zwischen Philosophie und Wissenschaft: Marxismus als Kritik", in: ders.: *Theorie und Praxis. Sozialphilosophische Studien*, Frankfurt a. M. 1978, S. 228–289.
Habermas, Jürgen: *Strukturwandel der Öffentlichkeit. Untersuchungen zu einer Kategorie der bürgerlichen Gesellschaft*, Neuaufl., Frankfurt a. M. 1990.
Habermas, Rebekka: *Diebe vor Gericht. Die Entstehung der modernen Rechtsordnung im 19. Jahrhundert*, Frankfurt a. M. 2008.
Hacking, Ian: *The Taming of Chance*, Cambridge 1990.
Hacking, Ian: *The Emergence of Probability* [1975], 2. Aufl., Cambridge 2006.
Hacks, Peter: *Der Geldgott. Komödie in drei Akten* [1993], hg. v. Jürgen Peltzer, Berlin 2017.
Haeckel, Ernst: *Generelle Morphologie der Organismen. Allgemeine Grundzüge der organischen Formen-Wissenschaft, mechanisch begründet durch die von Charles Darwin reformirte Descendenz-Theorie*, 2 Bde., Berlin 1866.

Haferkorn, Hans Jürgen: „Der freie Schriftsteller. Eine literatur-soziologische Studie über seine Entstehung und Lage in Deutschland zwischen 1750 und 1800", in: *Archiv für Geschichte des Buchwesens* 5 (1964), Sp. 523–711.
Hafner, Philipp: *Burlesken und Prosa. Mit Materialien zur Wiener Theaterdebatte*, hg. v. Johann Sonnleitner, Wien 2007.
Hagel, Michael Dominik: „‚Republic' und ‚Capital-Vestung'. Aufzeichnungen zu Wirtschaft und Gesellschaft in Johann Gottfried Schnabels ‚Wunderlichen FATA' (1731–1743)", in: *KulturPoetik* 9.1 (2009), S. 1–22.
Hagel, Michael Dominik: „Familie, Ökonomie, Bevölkerung. Modelle des Regierens in Christoph Martin Wielands ‚Der goldne Spiegel'", in: *Euphorion* 104 (2010), S. 121–149.
Hagel, Michael Dominik: *Fiktion und Praxis. Eine Wissensgeschichte der Utopie, 1500–1800*, Göttingen 2016.
Hager, Paul Sebastian: *Der Bankrott durch Organe juristischer Personen. Zugleich ein umfassender Beitrag zur historischen Entwicklung des Insolvenzstrafrechts*, Holzkirchen 2007.
Hahn, Alois: „Zur Soziologie der Beichte und anderer Formen institutionalisierter Bekenntnisse. Selbstthematisierung und Zivilisationsprozess", in: *Kölner Zeitschrift für Soziologie und Sozialpsychologie* 34 (1982), S. 407–434.
Hahn, Alois: „Risiko und Gefahr", in: Gerhart von Graevenitz und Odo Marquard (Hg.): *Kontingenz*, München 1998, S. 49–54.
Hahn, Hans Peter, und Jens Soentgen: „Acknowledging Substances. Looking at the Hidden Side of the Material World", in: *Philosophy and Technology* 24.1 (2011), S. 19–33.
Hallenberger, Dirk: *Industrie und Heimat. Eine Literaturgeschichte des Ruhrgebiets*, Essen 2000.
Hamacher, Werner: „Faust, Geld", in: *Athenäum. Jahrbuch für Romantik* 4 (1994), S. 131–187.
Hamilton, John T.: *Security. Politics, Humanity, and the Philology of Care*, Princeton, NJ/Oxford 2013.
Handke, Peter: *Der Hausierer. Roman*, Frankfurt a. M. 1967.
Handke, Peter: *Eine winterliche Reise zu den Flüssen Donau, Save, Morawa und Drina oder Gerechtigkeit für Serbien*, Frankfurt a. M. 1996.
Händler, Ernst-Wilhelm: *Wenn wir sterben. Roman*, Frankfurt a. M. 2002.
Hansen, Lis u. a. (Hg.): *Die Grenzen der Dinge. Ästhetische Entwürfe und theoretische Reflexionen materieller Randständigkeit*, Wiesbaden 2018.
Hansmann, Winfried: *Kontor und Kaufmann in alter Zeit. Das Büro des deutschen Kaufmanns vom 12. bis zum 18. Jahrhundert*, Düsseldorf 1962.
Hartmann von Aue: *Erec*, hg. v. Manfred Günter Scholz, übers. v. Susanne Held, Frankfurt a. M. 2004a.
Hartmann von Aue: *Gregorius. Der arme Heinrich. Iwein*, hg. u. übers. v. Volker Mertens, Frankfurt a. M. 2004b.
Hartmann, Alois: *Sinn und Wert des Geldes in der Philosophie von Georg Simmel und Adam (von) Müller. Untersuchungen zur anthropologisch sinn- und werttheoretischen und sozialpolitisch-kulturellen Bedeutung des Geldes in der Lebenswelt und der Staatskunst*, Berlin 2002.
Hartmann, Anne: „Zur Werkgeschichte von Gladkows ‚Zement'", in: Heiner Müller: *Zement. Vollständiger Abdruck des Romans „Zement" von Fjodor Gladkow*, hg. v. Schauspielhaus Bochum, Bochum 1992, S. 10–11.
Harvey, David: *The New Imperialism*, Oxford/New York 2005.

Harvey, David: *Paris. Capital of Modernity*, New York/London 2006.
Harvey, David: *A Brief History of Neoliberalism*, Oxford/New York 2007a.
Harvey, David: „Neoliberalism as Creative Destruction", in: *The Annals of the American Academy of Political and Social Science* 610 (2007b), S. 22–44.
Harvey, William: *Die Bewegung des Herzens und des Blutes* [1628], übers. v. Robert Ritter von Töply, Leipzig 1910.
Hasebrink, Burkhard: „Sermo profundissimus. Die Armutspredigt Meister Eckharts im Spiegel einer Handschrift aus der Kartause Erfurt", in: *figurationen* 8.1 (2007), S. 47–59.
Haselstein, Ulla: *Die Gabe der Zivilisation. Kultureller Austausch und literarische Textpraxis in Amerika, 1682–1861*, München 2000.
Hassl, Andreas: „Der klassische Parasit. Vom würdigen Gesellschafter der Götter zum servilen Hofnarren", in: *Wiener klinische Wochenschrift* 117 (2005), Suppl. 4, S. 2–5.
Haug, Wolfgang Fritz: „Die Einübung bürgerlicher Verkehrsformen bei Eulenspiegel", in: *Argument*, Sonderbd. 3: *Vom Faustus bis Karl Valentin. Der Bürger in Geschichte und Literatur* (1976), S. 4–27.
Haug, Wolfgang Fritz: *Kritik der Warenästhetik*, 8. Aufl., Frankfurt a. M. 1983.
Haug, Wolfgang Fritz: Art. „Charaktermaske", in: ders. (Hg.): *Historisch-Kritisches Wörterbuch des Marxismus*, Bd. 2: *Bank bis Dummheit in der Musik*, Hamburg 1995, Sp. 435–451.
Haupt, Heinz-Gerhard: „Konsum und Geschlechterverhältnisse. Einführende Bemerkungen", in: Hannes Siegrist u. a. (Hg.): *Europäische Konsumgeschichte. Zur Gesellschafts- und Kulturgeschichte des Konsums (18. bis 20. Jahrhundert)*, Frankfurt a. M./New York 1997, S. 395–410.
Haupt, Heinz-Gerhard: *Konsum und Handel. Europa im 19. und 20. Jahrhundert*, Göttingen 2003.
Hauschild, Jan-Christoph: *B. Traven. Die unbekannten Jahre*, Zürich 2012.
Hauschild, Jan-Christoph: *Georg Büchner. Verschwörung für die Gleichheit*, Hamburg 2013.
Hauser, Susanne: *Metamorphosen des Abfalls. Konzepte für alte Industrieareale*, Frankfurt a. M./New York 2001.
Hausmann, Frank-Rutger: „Rabelais und das Aufkommen des Absolutismus. Religion, Staat und Hauswesen in den fünf Büchern ‚Gargantua und Pantagruel'", in: Peter Brockmeier und Hermann A. Wetzel (Hg.): *Französische Literatur in Einzeldarstellungen*, Bd. 1: *Von Rabelais bis Diderot*, Stuttgart 1981, S. 13–76.
Hausmann, Frank-Rutger: „Juden und Judentum in der französischen Literatur des 19. Jahrhunderts", in: Hans Otto Horch und Horst Denkler: (Hg.): *Conditio Judaica. Judentum, Antisemitismus und deutschsprachige Literatur. Interdisziplinäres Symposion der Werner-Reimers-Stiftung Bad Homburg*, Tl. 2: *Vom 18. Jahrhundert bis zum Ersten Weltkrieg*, Tübingen 1989, S. 52–71.
Haverkamp, Anselm: „Shylock's Pun – Nicht nur Figur, nicht Zitat. Theorie der flüchtigen Figur", in: Martin Roussel (Hg.): *Kreativität des Findens. Figurationen des Zitats*, München 2012, S. 61–78.
Hawkes, David: *The Culture of Usury in Renaissance England*, New York 2010.
Hawkes, David: *Shakespeare and Economic Theory*, London 2015.
Haxthausen, August von: *Studien über die inneren Zustände, das Volksleben und insbesondere die ländlichen Einrichtungen Rußlands*, Teil 1, Hannover 1847.
Hayek, Friedrich A.: *Individualism and Economic Order*, Chicago 1948.
Hayek, Friedrich A.: *Der Wettbewerb als Entdeckungsverfahren*, Kiel 1968.
Hayek, Friedrich A.: *Law, Legislation and Liberty*, 3 Bde., Chicago 1973 ff.

Hayek, Friedrich A.: *Entnationalisierung des Geldes. Eine Analyse der Theorie und Praxis konkurrierender Umlaufsmittel*, übers. v. Wendula Gräfin von Klinckowstroem, Tübingen 1977.
Hayek, Friedrich A.: *New Studies in Philosophy, Politics, Economics, and the History of Ideas*, Chicago 1978.
Hegel, Georg Wilhelm Friedrich: *Gesammelte Werke*, hg. v. der Rheinisch-Westfälischen Akademie der Wissenschaften, Bd. 6: *Jenaer Systementwürfe I*, Hamburg 1975.
Hegel, Georg Wilhelm Friedrich: *Werke*, hg. v. Eva Moldenhauer und Karl Markus Michel, 20 Bde., Frankfurt a. M. 1986.
Heidegger, Martin: *Einführung in die Metaphysik*, Tübingen 1976.
Heidegger, Martin: *Sein und Zeit*, 17. Aufl., Tübingen 1993.
Heider, Fritz: *Ding und Medium*, Berlin 2005.
Heim, Tino: *Metamorphosen des Kapitals. Kapitalistische Vergesellschaftung und Perspektiven einer kritischen Sozialwissenschaft nach Marx, Foucault und Bourdieu*, Bielefeld 2014.
Heimburger, Susanne: *Kapitalistischer Geist und literarische Kritik. Arbeitswelten in deutschsprachigen Gegenwartstexten*, München 2010.
Hein, Jürgen: *Das Wiener Volkstheater*, 3. Aufl., Darmstadt 1997.
Hein, Jürgen: „Zur Rolle des ‚Humoristen' in der Volksstück-Debatte um 1840 oder ‚Die Kunst, in sechs Lektionen ein Volksstück zu schreiben'", in: Wolfgang Hackl und Kurt Krolop (Hg.): *Wortverbunden – Zeitbedingt. Perspektiven der Zeitschriftenforschung*, Innsbruck 2001, S. 41–52.
Heine, Heinrich: *Sämtliche Schriften*, 6 Bde., hg. v. Klaus Briegleb, München 1968 ff.
Heinisch, Klaus J. (Hg.): *Der utopische Staat. Morus: Utopia. Campanella: Sonnenstaat. Bacon: Neu-Atlantis*, übers. v. dems., Reinbek bei Hamburg 1960.
Heinrich von Neustadt: *„Apollonius von Tyrland" nach der Gothaer Handschrift. „Gottes Zukunft" und „Visio Philiberti" nach der Heidelberger Handschrift*, hg. v. Samuel Singer, Berlin 1906.
Heinrich von Veldeke: *Eneasroman. Die Berliner Bilderhandschrift mit Übersetzung und Kommentar*, hg. v. Hans Fromm, Frankfurt a. M. 1992.
Heinrich, Klaus: *Dahlemer Vorlesungen*, Bd. 2: *anthropomorphe. Zum Problem des Anthropomorphismus in der Religionsphilosophie*, Basel/Frankfurt a. M. 1993.
Heinsohn, Gunnar: „Muß die abendländische Zivilisation auf immer unerklärbar bleiben? Patriarchat und Geldwirtschaft", in: Waltraud Schelkle und Manfred Nitsch (Hg.): *Rätsel Geld*, Marburg, 1995, S. 209–270.
Heinsohn, Gunnar, und Otto Steiger: „Interest and Money: The Property Explanation", in: Philip Arestis und Malcolm Sawyer (Hg.): *A Handbook of Alternative Monetary Economics*, Cheltenham 2008, S. 490–507.
Heinz, Tobias: *Hofmannsthals Sprachgeschichte. Linguistisch-literarische Studien zur lyrischen Stimme*, Tübingen 2009.
Heinz, Wolfgang: Art. „Wirtschaftskriminalität", in: Günther Kaiser u. a. (Hg.): *Kleines Kriminologisches Wörterbuch*, 3. Aufl., Heidelberg 1993, S. 589–595.
Heinzelman, Kurt: *The Economics of the Imagination*, Amherst, MA 1980.
Heires, Marcel, und Andreas Nölke: „Finanzkrise und Finanzialisierung", in: Oliver Kessler (Hg.): *Die Internationale Politische Ökonomie der Weltfinanzkrise*, Wiesbaden 2011, S. 37–52.
Helduser, Urte: „Autorschaft und Prostitution in der Moderne", in: Elke Brüns (Hg.): *Ökonomien der Armut. Soziale Verhältnisse in der Literatur*, München 2008, S. 157–171.
Helgerson, Richard: *The Elizabethan Prodigals*, Berkeley u. a. 1976.

Helle, Lillian J.: „Andrej Belyj and Fedor Gladkov. An Example of Literary Transposition", in: *Scando-Slavica* 35.1 (1989), S. 5–16.
Heller-Roazen, Daniel: *Der Feind aller. Der Pirat und das Recht*, übers. v. Horst Brühmann, Frankfurt a. M. 2010.
Helm, Anna H.: *The Intersection of Material and Poetic Economy. Gustav Freytag's „Soll und Haben" and Adalbert Stifter's „Der Nachsommer"*, Oxford u. a. 2009.
Helmer, Étienne: *La part du bronze. Platon et l'économie*, Paris 2010.
Helmholtz, Hermann von: „Ueber die Wechselwirkung der Naturkräfte und die darauf bezüglichen neuesten Ermittelungen der Physik" [1854], in: ders.: *Populäre wissenschaftliche Vorträge. Zweites Heft*, Braunschweig 1871, S. 99–136.
Helmstetter, Rudolf: „Austreibung der Faulheit, Regulierung des Müßiggangs. Arbeit und Freizeit seit der Industrialisierung", in: Ulrich Bröckling und Eva Horn (Hg.): *Anthropologie der Arbeit*, Tübingen 2002, S. 259–279.
Hempel, Dirk: „Spieler, Spekulanten, Bankrotteure. Bürgerlichkeit und Ökonomie in der Literatur des Realismus", in: ders. und Christine Künzel (Hg.): *„Denn wovon lebt der Mensch?" Literatur und Wirtschaft*, Frankfurt a. M. u. a. 2009, S. 97–115.
Hénaff, Marcel: *Sade. L'invention du corps libertin*, Paris 1978.
Hénaff, Marcel: *Der Preis der Wahrheit. Gabe, Geld und Philosophie*, übers. v. Eva Moldenhauer, Frankfurt a. M. 2009.
Henderson, Willie: *Economics as Literature*. London/New York 1995.
Henke, Robert: *Poverty and Charity in Early Modern Theater and Performance*, Iowa City 2015.
Hennis, Wilhelm: „Die Vernunft Goyas und das Projekt der Moderne", in: ders.: *Politikwissenschaft und politisches Denken*, Tübingen 2000, S. 350–373.
Henry, Anne: *Marcel Proust. Théories pour une esthétique*, Paris 1981.
Hentschel, Volker: Art. „Produktion, Produktivität", in: Reinhart Koselleck u. a. (Hg.): *Geschichtliche Grundbegriffe. Historisches Lexikon zur politisch-sozialen Sprache in Deutschland*, Bd. 5, Stuttgart 1984, S. 1–26.
[Herder] *Herders Conversations-Lexikon. Kurze aber deutliche Erklärung von allem Wissenswerthen aus dem Gebiete der Religion, Philosophie, Geschichte, Geographie, Sprache, Literatur, Kunst, Natur- und Gewerbekunde, Handel, der Fremdwörter und ihrer Aussprache etc.*, 5. Bde., Freiburg i. Br. 1854 ff.
Hermand, Jost: *Grüne Utopien in Deutschland. Zur Geschichte des ökologischen Bewußtseins*, Frankfurt a. M. 1991.
Hermand, Jost: „Erik Regers ‚Union der festen Hand' (1931). Roman oder Reportage?", in: ders.: *Angewandte Literatur. Politische Strategien in den Massenmedien*, Berlin 1996, S. 21–41.
Hermand, Jost: *Das liebe Geld! Eigentumsverhältnisse in der deutschen Literatur*, Köln 2015.
Hermanns, Fritz: „Arbeit. Zur historischen Semantik eines kulturellen Schlüsselwortes", in: *Jahrbuch Deutsch als Fremdsprache* 19 (1993), S. 43–62.
Herrnstadt, Rudolf: *Die Entdeckung der Klassen. Die Geschichte des Begriffs Klasse von den Anfängen bis zum Vorabend der Pariser Julirevolution 1830*, Berlin 1965.
Hertzka, Theodor: *Freiland. Ein sociales Zukunftsbild*, Leipzig 1890.
Herwegh, Georg: *Werke und Briefe. Kritische und kommentierte Gesamtausgabe*, Bd. 1: *Gedichte 1835–1848*, hg. v. Ingrid Pepperle, Bielefeld 2006.
Herzen, Alexander: „Das russische Volk und der Sozialismus" [1851], in: ders.: *Ausgewählte philosophische Schriften*, Moskau 1949, S. 491–523.
Herzl, Theodor: *Altneuland. Roman*, Berlin/Leipzig 1902.

Herzog, Lisa, und Axel Honneth (Hg.): *Der Wert des Marktes. Ein ökonomisch-philosophischer Diskurs vom 18. Jahrhundert bis zur Gegenwart*, Berlin 2014.
Herzog, Werner: *Fitzcarraldo. Filmerzählungen*, München/Wien 1984.
Hesiod: *Works and Days*, hg. v. Martin L. West, Oxford 1978.
Hesiod: *Theogonie*, hg. und übers. v. Karl Albert, 3. Aufl., St. Augustin 1985.
Hesse, Hermann: *Die Kunst des Müßiggangs. Kurze Prosa aus dem Nachlaß*, Frankfurt a. M. 1973.
Hesse, Eva: „Anmerkungen", in: Ezra Pound: *Usura-Cantos XLV und LI. Texte, Entwürfe und Fragmente*, hg. u. komm. v. Eva Hesse, Zürich 1985a, S. 73–101.
Hesse, Eva: „Wachstum und Wucher. Die Aktualität von Pounds Usura-Begriff", in: Ezra Pound: *Usura-Cantos XLV und LI. Texte, Entwürfe und Fragmente*, hg. u. komm. v. Eva Hesse, Zürich 1985b, S. 103–156.
Hesse, Jan-Otmar: „Medienökonomie", in: Jens Schröter (Hg.): *Handbuch Medienwissenschaft*, Stuttgart/Weimar 2014, S. 466–471.
Hewitt, Elizabeth: „The Vexed Story of Economic Criticism", in: *American Literary History* 21.3 (2009), S. 618–632.
Heyer, Andreas: „Das Erdbeben von Lissabon im Jahre 1755. Die Idee der ‚besten aller möglichen Welten' und das Problem der Utopie", in: Axel Rüdiger und Eva-Maria Seng (Hg.): *Dimensionen der Politik: Aufklärung – Utopie – Demokratie. Festschrift für Richard Saage*, Berlin 2006, S. 255–272.
Heyer, Andreas: *Sozialutopien der Neuzeit. Bibliographisches Handbuch*, Berlin 2009.
Hildebrand, Bruno: „Natural-, Geld- und Kreditwirtschaft" [1864], in: ders.: *Die Nationalökonomie der Gegenwart und Zukunft und andere gesammelte Schriften*, Bd. 1, hg. v. Hans Gehrig, Jena 1922, S. 325–357.
Hildebrand, Olaf: *Emanzipation und Versöhnung. Aspekte des Sensualismus im Werk Heinrich Heines unter besonderer Berücksichtigung der „Reisebilder"*, Tübingen 2001.
Hilger, Marie-Elisabeth: Art. „Kapital, Kapitalist, Kapitalismus", in: Otto Brunner u. a. (Hg.): *Geschichtliche Grundbegriffe. Historisches Lexikon zur politisch-sozialen Sprache in Deutschland*, Bd. 3, Stuttgart 1982, S. 399–454.
Hill, Lisa: „The Hidden Theology of Adam Smith", in: Paul Oslington (Hg.): *Economics and Religion*, Bd. 1, Cheltenham u. a. 2003, S. 292–320.
Hiltbrunner, Otto: *Gastfreundschaft in der Antike und im frühen Christentum*, Darmstadt 2005.
Hinck, Walter: *Das deutsche Lustspiel des 17. und 18. Jahrhunderts und die italienische Komödie. Commedia dell'arte und Théâtre italien*, Stuttgart 1965.
Hinz, Almut: „Die ‚Seeräuberei der Barbareskenstaaten' im Lichte des europäischen und islamischen Völkerrechts", in: *Verfassung und Recht in Übersee* 39.1 (2006), S. 46–65.
Hirschi, Caspar, und Carlos Spoerhase: „Kommerzielle Bücherzerstörung als ökonomische Praxis und literarisches Motiv. Ein vergleichender Blick auf das vorindustrielle und digitale Zeitalter", in: *Kodex. Jahrbuch der Internationalen Buchwissenschaftlichen Gesellschaft* 3 (2013), S. 1–23.
Hirschman, Albert O.: *Leidenschaften und Interessen. Politische Begründungen des Kapitalismus vor seinem Sieg* [1977], übers. v. Sabine Offe, Frankfurt a. M. 1987.
Hnilica, Irmtraud: *Im Zauberkreis der großen Waage. Die Romantisierung des bürgerlichen Kaufmanns in Gustav Freytags „Soll und Haben"*, Heidelberg 2012.
Hobden, Fiona: „Xenophon's Oeconomicus", in: Michael A. Flower (Hg.): *The Cambridge Companion to Xenophon*, Cambridge 2017, S. 152–173.
Hobsbawm, Eric J.: *Die Banditen. Räuber als Sozialrebellen*, übers. v. Rudolf Weys und Andreas Wirthensohn, München 2007.

Hochgesand, Helmut: Art. „Spekulation", in: Willi Albers (Hg.): *Handwörterbuch der Wirtschaftswissenschaft*, 9 Bde., Stuttgart u. a. 1988, Bd. 7, S. 170–177.

Hochschild, Arlie Russell: *The Managed Heart. Commercialization of Human Feeling*, Berkeley 1983.

Hodgkinson, Tom: *How to Be Idle*, London 2005.

Hofeneder, Veronika: „Freier Fall der Werte oder Beziehungswahn: Inflationäre Verhältnisse in der Literatur der österreichischen Ersten Republik", in: Daniel Börner und Andrea Rudolph (Hg.): *Hans Fallada und die Literatur(en) zur Finanzwelt* (= Hans-Fallada-Jahrbuch 7), Berlin 2016, S. 149–170.

Hoffmann, E. T. A.: *Sämtliche Werke in sechs Bänden*, hg. v. Hartmut Steinecke u. a., Frankfurt a. M. 1985 ff.

Hoffmann, Julius: *Die „Hausväterliteratur" und die „Predigten über den christlichen Hausstand". Lehre vom Hause und Bildung für das häusliche Leben im 16., 17. und 18. Jahrhundert*, Weinheim/Berlin 1959.

Hoffmann, Stefan: *Geschichte des Medienbegriffs*, Hamburg 2002.

Hofmannsthal, Hugo: *Briefe 1900–1909*, Wien 1937.

Hofmannsthal, Hugo von: *Sämtliche Werke. Kritische Ausgabe sämtlicher Werke in achtunddreißig Bänden*, hg. v. Rudolf Hirsch u. a., Frankfurt a. M. 1975 ff.

Hofmannsthal, Hugo von: *Gesammelte Werke in zehn Einzelbänden*, Teilbd.: *Reden und Aufsätze III*, hg. v. Bernd Schoeller, Frankfurt a. M. 1979.

Hofmannsthal, Hugo von, Gerty von Hofmannsthal und Hermann Bahr: *Briefwechsel 1891–1934*, 2 Bde., hg. v. Elsbeth Dangel-Pelloquin, Göttingen 2013.

Hoggart, Richard: *The Uses of Literacy. Aspects of Working-Class Life*, London 1957.

Hohendorf, Andreas: *Das Individualwucherstrafrecht nach dem ersten Gesetz zur Bekämpfung der Wirtschaftskriminalität von 1976*, Berlin 1982.

Hohl, Peter: *Der Kaufmann als satirischer Typus. Untersuchung zu Prosawerken von Heinrich Mann, Kurt Tucholsky und Bertolt Brecht*, Wittlich 1988.

Höhn, Gerhard: *Heine-Handbuch. Zeit – Person – Werk*, 3. Aufl., Stuttgart/Weimar 2004.

Holbeche, Yvonne: „Die Firma Buddenbrook", in: Ken Moulden und Gero von Wilpert (Hg.): *Buddenbrooks-Handbuch*, Stuttgart 1988, S. 229–244.

Holl, Hanns Peter: *Gotthelf im Zeitgeflecht. Bauernleben, industrielle Revolution und Liberalismus in seinen Romanen*, Tübingen 1985.

Holland-Cunz, Barbara: „Vergesellschaftete Reproduktion, vermischte Sphären. Ein halbes Jahrtausend in Utopias Speisehäusern", in: Alexander Amberger und Thomas Möbius (Hg.): *Auf Utopias Spuren. Utopie und Utopieforschung. Festschrift für Richard Saage*, Wiesbaden 2017, S. 45–54.

Hölscher, Lucian: Art. „Industrie, Gewerbe", in: Otto Brunner u. a. (Hg.): *Geschichtliche Grundbegriffe. Historisches Lexikon zur politisch-sozialen Sprache in Deutschland*, Bd. 3., Stuttgart 1982, S. 237–304.

Holway, Tatiana: „The Game of Speculation: Economics and Representation", in: *Dickens Quarterly* 9.3 (1992), S. 103–114.

Holway, Tatiana: „Funny Money", in: Eileen Gillooly und Deirdre David (Hg.): *Contemporary Dickens*, Columbus, OH 2009, S. 169–188.

Homburg, Heidrun: „Wahrnehmungen der Konsummoderne und die deutsche Konsumlandschaft im 18. und 19. Jahrhundert", in: Michael Prinz (Hg.): *Die vielen Gesichter des Konsums. Westfalen, Deutschland und die USA 1850–2000*, Paderborn 2016, S. 43–59.

Hörisch, Jochen: „Charaktermasken. Subjektivität als Traum und Trauma bei Jean Paul und Marx", in: *Jahrbuch der Jean-Paul-Gesellschaft* 14 (1979), S. 79–96.
Hörisch, Jochen: *Gott, Geld und Glück. Zur Logik der Liebe in den Bildungsromanen Goethes, Kellers und Thomas Manns*, Frankfurt a. M. 1983.
Hörisch, Jochen: *Das Abendmahl, das Geld und die Neuen Medien. Poetische Korrelationen von Sein und Sinn*, Bremen 1989.
Hörisch, Jochen: *Brot und Wein. Die Poesie des Abendmahls*, Frankfurt a. M. 1992a.
Hörisch, Jochen: *Die andere Goethezeit. Poetische Mobilmachung des Subjekts um 1800*, München 1992b.
Hörisch, Jochen: *Kopf oder Zahl. Die Poesie des Geldes*, Frankfurt a. M. 1996.
Hörisch, Jochen: *Gott, Geld, Medien. Studien zu den Medien, die die Welt im Innersten zusammenhalten*, Frankfurt a. M. 2004.
Hörisch, Jochen: *Tauschen, sprechen, begehren. Eine Kritik der unreinen Vernunft*, München 2011.
Hörisch, Jochen: Art. „Münze", in: Günter Butzer und Joachim Jacob (Hg.): *Metzler Lexikon literarischer Symbole*, 2. Aufl., Stuttgart 2012a, S. 279–280.
Hörisch, Jochen: *Eine Geschichte der Medien. Vom Urknall zum Internet*, 5. Aufl., Frankfurt a. M. 2012b.
Hörisch, Jochen: *Man muss dran glauben. Die Theologie der Märkte*, München 2013.
Hörisch, Jochen: „Die belebende Kraft des Geldes oder: ‚Dichter brauchen immer Geld'. Drei Thesen und drei Texte zur romantischen Geldlehre", in: Gerhart von Graevenitz u. a. (Hg.): *Romantik kontrovers. Ein Debattenparcours zum zwanzigjährigen Jubiläum der Stiftung für Romantikforschung*, Würzburg 2015, S. 25–33.
Hörisch-Helligrath, Renate: *Reflexionssnobismus. Zur Soziogenese des Snobs und des Ästhetischen in Marcel Prousts „A la recherche du temps perdu"*, Frankfurt a. M./Bern 1981.
Horkheimer, Max, und Theodor W. Adorno: *Dialektik der Aufklärung. Philosophische Fragmente*, 16. Aufl., Frankfurt a. M. 2006.
Hörmann, Raphael: „‚Zum sogenannten, so gescholtenen Pöbel'. Die radikale Aufwertung der sozialen Unterschichten bei Börne und Büchner", in: *Georg Büchner Jahrbuch* 12 (2012), S. 143–164.
Horn, Eva: *Zukunft als Katastrophe*, Frankfurt a. M. 2014.
Horvath, Michael: *Das ökonomische Wissen der Literatur. Studien zu Shakespeare, Kleist und Kaiser*, Tübingen 2016.
Horvath, Michael, und Robert von Weizsäcker: „The Idea of Economic Laws. Some Considerations on Rationality, Historicity, and Objectivity in Economics", in: *European Review* 22.S1 (2014), S. 162–178.
Horváth, Ödön von: *Gesammelte Werke. Kommentierte Werkausgabe*, 14 Bde., hg. v. Traugott Krischke, Frankfurt a. M. 1983 ff.
Hösel, Gottfried: *Unser Abfall aller Zeiten. Eine Kulturgeschichte der Städtereinigung*, München 1987.
Houellebecq, Michel: *Ausweitung der Kampfzone* [1994], übers. v. Leopold Federmair, Berlin 1999.
Houellebecq, Michel: *Gesammelte Gedichte*, übers. v. Hinrich Schmidt-Henkel und Stephan Kleiner, Köln 2016.
Howard, Jean E.: „Afterword: Accommodating Change", in: Barbara Sebek und Stephen Deng (Hg.): *Global Traffic. Discourses and Practices of Trade in English Literature and Culture from 1550 to 1700*, New York 2008, S. 265–273.

Huber, Martin, und Gerhard Lauer: „Neue Sozialgeschichte? Poetik, Kultur und Gesellschaft – zum Forschungsprogramm der Literaturwissenschaft", in: dies. (Hg.): *Nach der Sozialgeschichte. Konzepte für eine Literaturwissenschaft zwischen Historischer Anthropologie, Kulturgeschichte und Medientheorie*, Tübingen 2000, S. 1–12.

Huehls, Mitchum, und Rachel Greenwald Smith (Hg.): *Neoliberalism and Contemporary Literary Culture*, Baltimore 2017.

Hufeland, Gottlieb: *Die Lehre vom Geld und Geldumlaufe*, Gießen 1819.

Hughes, Linda K.: *The Cambridge Introduction to Victorian Poetry*, Cambridge u. a. 2010.

Hugill, Peter J.: *Global Communications since 1844. Geopolitics and Technology*, Baltimore/London 1999.

Hugo von Trimberg: *Der Renner*, 4 Bde., Reprint der Ausgabe Heidelberg 1908–1911, hg. v. Gustav Ehrismann, Berlin 1970.

Hugo, Victor: *Bug-Jargal* [1826], Paris 2017.

Humboldt, Wilhelm von: „Ideen zu einem Versuch, die Gränzen der Wirksamkeit des Staates zu bestimmen" [1792], in: ders.: *Werke*, hg. v. Albert Leitzmann, Bd. 1, Berlin 1903, S. 97–254.

Hume, David: „Of Refinement of Arts" [1752], in: ders.: *Political Essays*, hg. von Knud Haakonssen, Cambridge 1994, S. 105–114.

Hunt, Tristram: „Introduction", in: Friedrich Engels: *The Condition of the Working Class in England*, hg. v. Victor Kiernan, London u. a. 2009, S. 1–31.

Huntington, Samuel P.: *Kampf der Kulturen. Die Neugestaltung der Weltpolitik im 21. Jahrhundert*, übers. v. Holger Fliessbach, München/Wien 1998.

Huster, Ernst-Ulrich u. a. (Hg.): *Handbuch Armut und soziale Ausgrenzung*, Wiesbaden 2008.

Hutter, Michael: „Literatur als Quelle wirtschaftlichen Wachstums", in: *Internationales Archiv für Sozialgeschichte der deutschen Literatur* 16.2 (1991), S. 1–50.

Hutter, Michael: *Neue Medienökonomik*, München 2006.

Hutter, Michael: *Ernste Spiele. Geschichten vom Aufstieg des ästhetischen Kapitalismus*, München 2015.

Hutter, Michael, und Gunther Teubner: „‚Der Gesellschaft fette Beute'. Homo iuridicus und homo oeconomicus als kommunikationserhaltende Fiktionen", in: Peter Fuchs und Andreas Göbel (Hg.): *Der Mensch – das Medium der Gesellschaft?*, Frankfurt a. M. 1994, S. 110–145.

Hüttner, Johann: „Volkstheater als Geschäft. Theaterbetrieb und Publikum im 19. Jahrhundert", in: Jean-Marie Valentin (Hg.): *Volk – Volksstück – Volkstheater im deutschen Sprachraum des 18. bis 20. Jahrhunderts*, Bern u. a. 1986, S. 127–149.

Huxley, Aldous: *Schöne neue Welt. Ein Roman der Zukunft*, übers. v. Herbert E. Herlitschka, Frankfurt a. M. 1985.

Huysmans, Joris-Karl: *À rebours*, Paris 1884.

Iber, Christian, und Georg Lohmann: Art. „Ware, Warencharakter, Warenfetischismus", in: Joachim Ritter u. a. (Hg.): *Historisches Wörterbuch der Philosophie*, Bd. 12, Darmstadt 2005, Sp. 320–325.

Illouz, Eva: *Der Konsum der Romantik. Liebe und die kulturellen Widersprüche des Kapitalismus*, übers. v. Andreas Wirthensohn, Frankfurt a. M./New York 2003.

Illouz, Eva: „Emotionen, Imagination und Konsum. Eine neue Forschungsaufgabe", in: Heinz Drügh u. a. (Hg.): *Warenästhetik. Neue Perspektiven auf Konsum, Kultur und Kunst*, Berlin 2011, S. 47–91.

Illouz, Eva: „Einleitung – Gefühle als Ware", in: dies.: (Hg.): *Wa(h)re Gefühle. Authentizität im Konsumkapitalismus*, übers. v. Michael Adrian, Berlin 2018, S. 13–50.
Immermann, Karl Leberecht: *Die Epigonen. Familienmemoiren in neun Büchern*, 3 Bde., Düsseldorf 1836.
Ingenkamp, Franz: *Der großstädtische Straßenhandel*, Köln 1928.
Ingold, Tim: „Materials Against Materiality", in: *Archeological Dialogues* 14.1 (2007), S. 1–16.
Innerhofer, Roland: *Deutsche Science Fiction 1870–1914. Rekonstruktion und Analyse der Anfänge einer Gattung*, Wien/Köln/Weimar 1996.
Innis, Harold A.: *Empire and Communications* [1950], Victoria, BC 1986.
Innis, Harold A.: „Die Presse, ein vernachlässigter Faktor in der Wirtschaftsgeschichte des 20. Jahrhunderts" [1952], in: ders.: *Kreuzwege der Kommunikation. Ausgewählte Texte*, hg. v. Karlheinz Barck, übers. v. Friederike von Schwerin-High, Wien/New York 1997, S. 233–264.
Iovino, Serenella, und Serpil Oppermann (Hg.): *Material Ecocriticism*, Bloomington, IN 2014.
Irigaray, Luce: *Das Geschlecht, das nicht eins ist*, Berlin 1979.
Isekenmeier, Guido: „Das beste Gemeinwesen? Utopie und Ironie in Morus ‚Utopia'", in: Ulrich Arnswald und Hans-Peter Schütt (Hg.): *Thomas Morus' Utopia und das Genre der Utopie in der Politischen Philosophie*, Karlsruhe 2010, S. 37–54.
Iseli, Andrea: *Gute Policey. Öffentliche Ordnung in der Frühen Neuzeit*, Stuttgart 2009.
Iser, Wolfgang: „Akte des Fingierens. Oder: Was ist das Fiktive im fiktionalen Text?", in: ders. und Dieter Henrich (Hg.): *Funktionen des Fiktiven*, München 1983, S. 121–151.

Jaeger, Hans: Art. „Unternehmer", in: Otto Brunner u. a. (Hg.): *Geschichtliche Grundbegriffe. Historisches Lexikon zur politisch-sozialen Sprache in Deutschland*, Bd. 6, Stuttgart 1990, S. 707–732.
Jaeger, Michael: *Wanderers Verstummen. Goethes Schweigen. Fausts Tragödie. Oder: Die große Transformation der Welt*, Würzburg 2014.
Jäger, Georg: „Verbindung des Verlagsbuchhandels mit herstellenden Betrieben – der ‚gemischte Betrieb' und der ‚Gesamtbetrieb'", in: ders. (Hg.): *Geschichte des deutschen Buchhandels im 19. und 20. Jahrhundert*, Bd. 1: *Das Kaiserreich 1870–1818*, Teilbd. 1, Frankfurt a. M. 2001, S. 311–325.
Jäger, Georg: „Keine Kulturtheorie ohne Geldtheorie. Grundlegung einer Theorie des Buchverlags", in: *IASLonline Diskussionsforum. Probleme der Geschichtsschreibung des Buchhandels*, 2005. http://www.iasl.uni-muenchen.de/discuss/lisforen/jaeger_buchverlag.pdf (30. Juni 2019).
Jäger, Lorenz: „Zwischen Soziologie und Mythos. Hofmannsthals Begegnung mit Werner Sombart, Georg Simmel und Walter Benjamin", in: Ursula Renner und Gisela Bärbel Schmid (Hg.): *Hugo von Hofmannsthal: Freundschaften und Begegnungen mit deutschen Zeitgenossen*, Würzburg 1991, S. 95–107.
Jahnke, Carsten: *Die Hanse*, Stuttgart 2014.
Jahnn, Hans Henny: *Fluß ohne Ufer. Roman in drei Teilen*, Hamburg 1994.
Jameson, Fredric: *Marxism and Form. Twentieth-Century Dialectical Theories of Literature*, Princeton, NJ 1974.
Jameson, Fredric: „The Antinomies of Postmodernity", in: ders.: *The Seeds of Time*, New York 1994, S. 1–71.
Jameson, Fredric: *Archeologies of the Future. The Desire Called Utopia and Other Science Fictions*, London/New York 2005.

Jannidis, Fotis u. a.: „Rede über den Autor an die Gebildeten unter seinen Verächtern. Historische Modelle und systematische Perspektiven", in: ders. u. a. (Hg.): *Rückkehr des Autors. Zur Erneuerung eines umstrittenen Begriffs*, Tübingen 1999, S. 3–35.
Japp, Uwe: „Die literarische Fiktion", in: Carola Hilmes und Dietrich Mathy (Hg.): *Die Dichter lügen, nicht. Über Erkenntnis, Literatur und Leser*, Würzburg 1995, S. 47–58.
Jasper, Willi: *Der Bruder Heinrich Mann. Eine Biographie*, München/Wien 1992.
Jastrow, Marcus, und Henry Malter: Art. „Begging and Beggar", in: Isidore Singer (Hg.) *Jewish Encyclopedia. A Descriptive Record of the History, Religion, Literature, and Customs of the Jewish People from the Earliest Times to the Present Day*, Bd. 1, London 1901, S. 639–640.
Jean Paul: „Vorschule der Ästhetik", in: ders.: *Sämtliche Werke*, Abt. I, Bd. 5, hg. v. Norbert Miller, München 1963, S. 7–456.
Jefcoate, Graham: *Deutsche Drucker und Buchhändler in London 1680–1811*, Berlin/Boston 2015.
Jelinek, Elfriede: *Die Liebhaberinnen. Roman*, Reinbek bei Hamburg 1975.
Jelinek, Elfriede: *Die Klavierspielerin. Roman*, Reinbek bei Hamburg 2006.
Jelinek, Elfriede: „Die Kontrakte des Kaufmanns", in: dies.: *Drei Theaterstücke. Die Kontrakte des Kaufmanns. Rechnitz (Der Würgeengel). Über Tiere*, Reinbek bei Hamburg 2009, S. 207–349.
Jelinek, Elfriede: *Rein Gold. Ein Bühnenessay*, Reinbek bei Hamburg 2013.
Jirgl, Reinhard: *Nichts von euch auf Erden*, München 2013.
Johann von Würzburg: *Wilhelm von Österreich. Aus der Gothaer Handschrift*, hg v. Ernst Regel, Berlin 1906.
Johansen, Emily, und Alissa G. Karl (Hg.): *Neoliberalism and the Novel*, London/New York 2017.
Jordheim, Helge: *Der Staatsroman im Werk Wielands und Jean Pauls. Gattungsverhandlungen zwischen Poetologie und Politik*, Tübingen 2007.
Jourde, Pierre: „Le cauchemar du pilon", in: *Le Nouvel Observateur*, 30. Oktober 2008.
Joyce, James: *Werke* (= Frankfurter Ausgabe), 7 Bde., hg. v. Klaus Reichert und Fritz Senn, Frankfurt a. M. 1969 ff.
Jung, Johann Heinrich: *Gemeinnütziges Lehrbuch der Handlungswissenschaft für alle Klassen von Kaufleuten und Handlungsstudierenden*, Leipzig 1785.
Jung-Stilling, Johann Heinrich: *Das Heimweh* [1794–1796], Bd. 4, 4. Aufl., Stuttgart 1826.
Jürgs, Britta: „Neusachliche Zeitungsmacher, Frauen und alte Sentimentalitäten. Erich Kästners Roman ‚Fabian. Die Geschichte eines Moralisten'", in: Sabina Becker und Christoph Weiß (Hg.): *Neue Sachlichkeit im Roman. Neue Interpretationen zum Roman in der Weimarer Republik*, Stuttgart/Weimar 1995, S. 195–211.
Jurt, Joseph: *Das literarische Feld. Das Konzept Pierre Bourdieus in Theorie und Praxis*, Darmstadt 1995.
Justi, Johann Heinrich Gottlob von: *Die Wirkungen und Folgen sowohl der wahren, als der falschen Staatskunst in der Geschichte des Psammitichus, Königes von Egypten und der damaligen Zeiten*, 2 Bde., Frankfurt a. M./Leipzig 1759–1760.
Justi, Johann Heinrich Gottlob von: „Sicheres Mittel, das Betteln in einem Lande gänzlich abzuschaffen", in: ders.: *Gesammlete Politische und Finanzschriften über wichtige Gegenstände der Staatskunst, der Kriegswissenschaften und des Cameral- und Finanzwesens*, Bd. 2, Kopenhagen/Leipzig 1761a, S. 226–235.
Justi, Johann Heinrich Gottlob von: „XIX. Gedanken von Projecten und Projectmachern", in: ders.: *Gesammlete Politische und Finanzschriften über wichtige Gegenstände der*

Staatskunst, der Kriegswissenschaften und des Cameral- und Finanzwesens, Bd. 1, Kopenhagen/Leipzig 1761b, S. 256–281.
Jütte, Robert: *Abbild und soziale Wirklichkeit des Bettler- und Gaunertums zu Beginn der Neuzeit. Sozial-, mentalitäts- und sprachgeschichtliche Studien zum Liber Vagatorum (1510)*, Köln/Wien 1988.
Jütte, Robert: *Poverty and Deviance in Early Modern Europe*, Cambridge 1994.
Jütte, Robert: *Arme, Bettler, Beutelschneider. Eine Sozialgeschichte der Armut*, Berlin 2000.

Kaempfe, Alexander: „Die Funktion der sowjetischen Literaturtheorie", in: Michail Bachtin: *Literatur und Karneval. Zur Romantheorie und Lachkultur*, übers. v. Alexander Kaempfe, Frankfurt a. M. 1985, S. 133–148.
Kafka, Franz: *Nachgelassene Schriften und Fragmente II*, hg. v. Jost Schillemeit, Frankfurt a. M. 1992.
Kafka, Franz: *Nachgelassene Schriften und Fragmente I*, hg. v. Malcolm Pasley, Frankfurt a. M. 1993.
Kafka, Franz: *Drucke zu Lebzeiten*, hg. v. Wolf Kittler u. a., Frankfurt a. M. 1994.
Kaibel, Georg: Art. „Eupolis 3", in: *Paulys Realencyclopädie der classischen Altertumswissenschaft. Neue Bearbeitung*, Reihe 1, Bd. 6.1, hg. v. Georg Wissowa u. a., Stuttgart 1907, Sp. 1230–1235.
Kaiser, Friedrich: *Die Industrie-Ausstellung. Volksstück mit Gesang in zwei Acten*, Wien 1846.
Kaiser, Georg: *Von morgens bis mitternachts. Stück in zwei Teilen*, hg. v. Walther Huder, Stuttgart 2008.
Kaiser, Gerhard: „Poesie und Kapitalismus. Zu Gottfried Kellers ‚Kleider machen Leute'", in: *Festschrift for E. W. Herd*, hg. v. August Obermeyer, Dunedin 1980, S. 107–115.
Kaiser, Gerhard: *Gottfried Keller. Das gedichtete Leben*, Frankfurt a. M. 1981.
Kaiser, Gerhard: *Mutter Natur und die Dampfmaschine. Ein literarischer Mythos im Rückbezug auf Antike und Christentum*, Freiburg i.Br. 1991.
Kaiser, Gerhard, und Friedrich Kittler: *Dichtung als Sozialisationsspiel. Studien zu Goethe und Gottfried Keller*, Göttingen 1978.
Kamuf, Peggy: *The Division of Literature: Or the University in Deconstruction*, Chicago/London 1997.
Kant, Immanuel: *Werke in sechs Bänden*, hg. v. Wilhelm Weischedel, Wiesbaden 1956 ff.
Kant, Immanuel: „Von der Unrechtmäßigkeit des Büchernachdrucks", in: *Kants Werke. Akademie-Textausgabe*, Abt. 1, Bd. 8: *Abhandlungen nach 1781*, 2. Aufl., Berlin 1969, S. 77–87.
Kaplan, Charles: „Norris's Use of Sources in ‚The Pit'", in: *American Literature* 25.1 (1953), S. 75–84.
Kartschoke, Dieter: „Armut in der deutschen Dichtung des Mittelalters", in: Otto Gerhard Oexle (Hg.): *Armut im Mittelalter*, Ostfildern 2004, S. 28–78.
Kartschoke, Dieter: „Regina pecunia, dominus nummus, her phenninc. Geld und Satire oder die Macht der Tradition", in: Klaus Grubmüller und Markus Stock (Hg.): *Geld im Mittelalter. Wahrnehmung – Bewertung – Symbolik*, Darmstadt 2005, S. 182–203.
Kastberger, Klaus: „Die Frau eine sprechende Ware, der Mann ein Fleischhauer. Zur Ökonomie der Geschlechter bei Ödön von Horváth", in: ders. und Nicole Streitler (Hg.): *Vampir und Engel. Zur Genese und Funktion der Fräulein-Figur im Werk Ödön von Horváths*, Wien 2006, S. 55–66.
Kastein, Josef: *Melchior. Ein hanseatischer Kaufmannsroman* [1927], hg. v. Jürgen Dierking und Johann Günther König, Bremen 1997.

Kastely, James L.: „Understanding the ‚Work' of Literature. B. Traven's ‚The Death Ship'", in: *Mosaic* 18.1 (1985), S. 79–96.
Kästner, Erich: *Werke in neun Bänden*, hg. v. Franz Josef Görtz, München/Wien 1998.
Kath, Dietmar: „Geld und Kredit", in: Dieter Bender u. a. (Hg.): *Vahlens Kompendium der Wirtschaftstheorie und Wirtschaftspolitik*, Bd. 1, München 1995, S. 175–218.
Katsiaficas, George: *Asia's Unknown Uprisings*, Bd. 2: *People Power in the Philippines, Burma, Tibet, China, Taiwan, Bangladesh, Nepal, Thailand, and Indonesia, 1947–2009*, Oakland, CA 2013.
Kaufmann, David: *The Business of Common Life. Novels and Classical Economics between Revolution and Reform*, Baltimore 1995.
Kautsky, Karl: *Thomas More und seine Utopie*, Stuttgart 1888.
Kautsky, Karl: *Vorläufer des neueren Sozialismus*, Bd. 2: *Der Kommunismus in der deutschen Reformation* [1895–1897], Berlin/Bonn-Bad Godesberg 1976.
Kavanagh, Thomas M.: *Enlightenment and the Shadows of Chance. The Novel and the Culture of Gambling in Eighteenth-Century France*, Baltimore/London 1993.
Kavanagh, Thomas M.: *Dice, Cards, Wheels. A Different History of French Culture*, Philadelphia 2005.
Kaye, Joel: *A History of Balance, 1250–1375. The Emergence of a New Model of Equilibrium and its Impact on Thought*, Cambridge 2014.
Keller, Gottfried: *Sämtliche Werke in fünf Bänden*, hg. v. Thomas Böning u. a., Frankfurt a. M. 1985 ff.
Keller, Vera, und Ted McCormick: „Towards a History of Projects", in: *Early Science and Medicine* 21.5 (2016), S. 423–444.
Keller, Wolfram: „Eingebildetes Wissen. Imaginationstheorie, Haushalt und Kommerz in spätmittelalterlichen britischen Traumvisionen", in: Judith Frömmer und André Otto (Hg.): *Humanistische Ökonomien des Wissens*, Frankfurt a. M. 2017, S. 339–359.
Kelly, Fred C.: *Why You Win or Lose. The Psychology of Speculation*, New York 1930.
Kempe, Michael: *Fluch der Weltmeere. Piraterie, Völkerrecht und internationale Beziehungen 1500–1900*, Frankfurt a. M./New York 2010.
Kennedy, Greg: *An Ontology of Trash. The Disposable and Its Problematic Nature*, Albany, NY 2007.
Kerviel, Jérôme: *L'Engrenage. Mémoires d'un trader*, Paris 2010.
Kessel, Martin: *Herrn Brechers Fiasko. Roman* [1932], Frankfurt a. M. 2001.
Keun, Irmgard: *Gilgi, eine von uns. Roman* [1931], München 2003.
Keun, Irmgard: *Das kunstseidene Mädchen. Nach dem Erstdruck von 1932, mit einem Nachwort und Materialien*, hg. v. Stefanie Arend und Ariane Martin, Berlin 2005.
Kevelson, Roberta: *Charles S. Peirce's Method of Methods*, Amsterdam/Philadelphia 1987.
Keynes, John Maynard: *The Collected Writings of John Maynard Keynes*, Bd. 7: *The General Theory of Employment, Interest and Money* [1936], London 1973.
Kiehl, Robert: *Das Experiment des aufgeklärten Bildungsromans. Ein Vergleich der Fassungen von Christoph Martin Wielands „Geschichte des Agathon"*, Würzburg 2008.
Kimmich, Dorothee: „Literaturwissenschaft", in: Stefanie Samida u. a. (Hg.): *Handbuch materielle Kultur. Bedeutungen, Konzepte, Disziplinen*, Stuttgart/Weimar 2014, S. 305–308.
Kindleberger, Charles P., und Robert Z. Aliber: *Manias, Panics, and Crashes. A History of Financial Crises*, New York 2011.
King, David: *Stalins Retuschen. Foto- und Kunstmanipulation in der Sowjetunion*, übers. v. Cornelia Langendorf, Hamburg 1997.

Kippenberg, Hans G. (Hg.): *Die Entstehung der antiken Klassengesellschaft*, Frankfurt a. M. 1977.
Kirchgässner, Gebhard: *Homo Oeconomicus. Das ökonomische Modell individuellen Verhaltens und seine Anwendung in den Wirtschafts- und Sozialwissenschaften*, Tübingen 1991.
Kirzner, Israel M.: *Wettbewerb und Unternehmertum*, übers. v. Erich Hoppmann, Tübingen 1978.
Kittler, Friedrich: „‚Heinrich von Ofterdingen' als Nachrichtenfluß" [1985], in: Gerhard Schulz (Hg.): *Novalis. Beiträge zu Werk und Persönlichkeit Friedrich von Hardenbergs*, Darmstadt 1986, S. 480–508.
Kittler, Friedrich: *Aufschreibesysteme 1800/1900*, 2. Aufl., München 1987.
Kittler, Friedrich: *Dichter, Mutter, Kind. Deutsche Literatur im Familiensystem 1760–1820*, München 1991.
Kittler, Friedrich: *Draculas Vermächtnis. Technische Schriften*, Leipzig 1993.
Kittler, Friedrich: *Musik und Mathematik*, Bd. 1: *Hellas*, Teil 1: *Aphrodite*, München 2006.
Klages, Ludwig: *Mensch und Erde. Ein Denkanstoß* [1913], hg. v. Jan Robert Weber, Berlin 2013.
Kleeberg, Bernhard: „Reisen in den Kontinent der Armut. Ethnographie des Sozialen im 19. Jahrhundert", in: Michael Neumann und Kerstin Stüssel (Hg.): *Magie der Geschichten. Weltverkehr, Literatur und Anthropologie in der zweiten Hälfte des 19. Jahrhunderts*, Konstanz 2011, S. 29–53.
Klein, Naomi: *The Shock Doctrine. The Rise of Disaster Capitalism*, New York 2007.
Kleinert, Annemarie: „Ein Modejournal des 19. Jahrhunderts und seine Leserin. ‚La Corbeille' und Madame Bovary", in: *Romanische Forschungen* 90.4 (1978), S. 458–477.
Kleist, Heinrich von: *Die Verlobung in St. Domingo* [1811], Ditzingen 2017.
Klibansky, Raymond u. a.: *Saturn und Melancholie. Studien zur Geschichte der Naturphilosophie und Medizin, der Religion und der Kunst* [1964], übers. v. Christa Buschendorf, Frankfurt a. M. 1990.
Kliemt, Hartmut: „Semiotische Aspekte der Wirtschaftswissenschaften: Wirtschaftssemiotik", in: Roland Posner u. a. (Hg.): *Semiotik / Semiotics*, Bd. 3 (= HSK 13.3), Berlin/New York 2003, S. 2904–2918.
Klopstock, Friedrich Gottlieb: „An Ebert, Hamburg, 5. Mai 1773", in: ders.: *Werke und Briefe*, hg. v. Horst Gronemeyer u. a., Abt. Briefe, Bd. VI.1, Berlin/New York 1998.
Klossowski, Pierre: „Nietzsche, Polytheismus und Parodie", in: Werner Hamacher (Hg.) *Nietzsche aus Frankreich*, Berlin/Wien 2003, S. 27–58.
Klotz, Volker: *Radikaldramatik. Szenische Vor-Avantgarde. Von Holberg zu Nestroy, von Kleist zu Grabbe*, Bielefeld 1996.
Klotz, Volker: *Dramaturgie des Publikums. Wie Bühne und Publikum aufeinander eingehen, insbesondere bei Raimund, Büchner, Wedekind, Horváth, Gatti und im politischen Agitationstheater*, 2. Aufl., Würzburg 1998.
Kluge, Alexander: *Chronik der Gefühle*, Bd. 1: *Basisgeschichten*, Frankfurt a. M. 2000.
Kluge, Alexander, und Joseph Vogl: *Soll und Haben. Fernsehgespräche*, Zürich/Berlin 2009.
Kluge, Friedrich: *Etymologisches Wörterbuch der deutschen Sprache*, 20. Aufl., Berlin/New York 1967.
Knight, Frank: *Risk, Uncertainty and Profit*, Boston/New York 1921.
Knopf, Jan (Hg.): Brechts „*Heilige Johanna der Schlachthöfe*", Frankfurt a. M. 1986.
Knopf, Jan (Hg.): *Brecht-Handbuch*, 5 Bde., Stuttgart/Weimar 2001ff.
Knorr Cetina, Karin: „Von Netzwerken zu skopischen Medien. Die Flussarchitektur von Finanzmärkten", in: Herbert Kalthoff und Uwe Vormbusch (Hg.): *Soziologie der Finanzmärkte*, Bielefeld 2012, S. 31–62.

Knortz, Heike, und Beate Laudenberg: *Goethe, der Merkantilismus und die Inflation. Zum ökonomischen Wissen und Handeln Goethes und seiner Figuren*, Berlin 2014.
Koehler, Benedikt: *Ästhetik der Politik. Adam Müller und die politische Romantik*, Stuttgart 1980.
Koenen, Elmar: „Bürgerliche Gesellschaft", in: Georg Kneer u. a. (Hg.): *Klassische Gesellschaftsbegriffe der Soziologie*, München 2001, S. 73–110.
Koenen, Gerd: *Die Farbe Rot. Ursprünge und Geschichte des Kommunismus*, München 2017.
Kohl, Karl-Heinz: *Entzauberter Blick. Das Bild vom Guten Wilden und die Erfahrung der Zivilisation*, Frankfurt a. M. 1986.
Kohl, Karl-Heinz: *Die Macht der Dinge. Geschichte und Theorie sakraler Objekte*, München 2003.
Köhler, Erich: „Einige Thesen zur Literatursoziologie", in: Peter Bürger (Hg.): *Seminar: Literatur- und Kunstsoziologie*, Frankfurt a. M. 1978, S. 135–144.
Kohler, Josef: *Shakespeare vor dem Forum der Jurisprudenz*, Würzburg 1883.
Köhnke, Klaus Christian: „Ein antisemitischer Autor wider Willen. Zu Gustav Freytags Roman ‚Soll und Haben'", in: Hans Otto Horch und Horst Denkler: (Hg.): *Conditio Judaica. Judentum, Antisemitismus und deutschsprachige Literatur. Interdisziplinäres Symposion der Werner-Reimers-Stiftung Bad Homburg*, Tl. 2: *Vom 18. Jahrhundert bis zum Ersten Weltkrieg*, Tübingen 1989, S. 130–147.
Kohut, Oswald: *Zeitungen und Zeitschriften als Handelsgut*, Wien 1930.
Kolb, Gerhard: *Ökonomische Ideengeschichte. Volks- und betriebswirtschaftliche Entwicklungslinien von der Antike bis zum Neoliberalismus*, 3. Aufl., Berlin/Boston 2017.
Kompert, Leopold: „Die ‚Schnorrer'. Aus dem böhmisch-jüdischen Leben", in: *Sonntags-Blätter* 5.7 (1846), S. 149–154.
Kondylis, Panajotis: *Die Aufklärung im Rahmen des neuzeitlichen Rationalismus*, Stuttgart 1981.
König, Christoph: „Judentum", in: Mathias Mayer und Julian Werlitz (Hg.): *Hofmannsthal-Handbuch. Leben – Werk – Wirkung*, Stuttgart 2016a, S. 9–11.
König, Christoph: „‚Der Turm' (1923/1925/1927)", in: Mathias Mayer und Julian Werlitz (Hg.): *Hofmannsthal-Handbuch. Leben – Werk – Wirkung*, Stuttgart 2016b, S. 213–218.
König, Wolfgang: *Geschichte der Konsumgesellschaft*, Stuttgart 2000.
Konrad: *Das Predigtbuch des Priesters Konrad. Überlieferung, Gestalt, Gehalt und Texte*, hg. v. Volker Mertens, München 1971.
Konrad von Megenberg: *Werke*, Stück 5: *Ökonomik (Buch I–III)*, hg. v. Sabine Krüger, Stuttgart 1973–1984.
Konstantinović, Zoran: „Das Unternehmerbild in der modernen Literatur", in: *Grundlagentexte der vergleichenden Literaturwissenschaft aus drei Jahrzehnten: Arbeiten von Zoran Konstantinović*, hg. v. Beate Burtscher-Bechter u. a., Innsbruck 2000, S. 351–378.
Kormann, Eva: „Jelineks Tochter und das Medienspiel. Zu Kathrin Rögglas ‚wir schlafen nicht'", in: Ilse Nagelschmidt u. a. (Hg.): *Zwischen Inszenierung und Botschaft. Zur Literatur deutschsprachiger Autorinnen ab Ende des 20. Jahrhunderts*, Berlin 2006, S. 229–245.
Kornai, János: *The Socialist System. The Political Economy of Communism*, Oxford 1992.
Kornai, János: *From Socialism to Capitalism. Eight Essays*, Budapest/New York 2008.
Koschorke, Albrecht: „Lesesucht / Zeichendiät. Die Weimarer Klassik als Antwort auf die Medienrevolution des 18. Jahrhunderts", in: Claus Pias (Hg.): *Neue Vorträge zur Medienkultur*, Weimar 2000, S. 115–136.
Koschorke, Albrecht: *Körperströme und Schriftverkehr. Mediologie des 18. Jahrhunderts*, 2. Aufl., München 2003.

Koschorke, Albrecht: „Götterzeichen und Gründungsverbrechen. Die zwei Anfänge des Staates", in: *Neue Rundschau* 115 (2004), S. 40–55.

Koschorke, Albrecht u. a.: *Vor der Familie. Grenzbedingungen einer modernen Institution*, Paderborn 2010.

Koselleck, Reinhart: *Kritik und Krise. Eine Studie zur Pathogenese der bürgerlichen Welt*, Frankfurt a. M. 1959.

Koselleck, Reinhart: Art. „Krise", in: ders. u. a. (Hg.): *Geschichtliche Grundbegriffe. Historisches Lexikon zur politisch-sozialen Sprache in Deutschland*, Bd. 3, Stuttgart 1982, S. 617–650.

Koselleck, Reinhart: „Zur Verzeitlichung der Utopie", in: Wilhelm Voßkamp (Hg.) *Utopieforschung. Interdisziplinäre Studien zur neuzeitlichen Utopie*, 3 Bde., Frankfurt a. M. 1985, Bd. 3, S. 1–22.

Koslowski, Peter: „Haus und Geld. Zur aristotelischen Unterscheidung von Politik, Ökonomik und Chrematistik", in: *Philosophisches Jahrbuch* 86 (1979), S. 60–83.

Koslowski, Peter: *Politik und Ökonomie bei Aristoteles*, 3. Aufl., Tübingen 1993.

Kott, Jan, „Kapitalismus auf einer öden Insel", in: Viktor Žmegač (Hg.): *Marxistische Literaturkritik*, Bad Homburg v.d.H. 1970, S. 259–273.

Kotzebue, August von: *Die Negersklaven. Ein historisch-dramatisches Gemälde in drey Akten* [1796], Wolfenbüttel 2017.

Kracauer, Siegfried: *Die Angestellten. Aus dem neuesten Deutschland* [1929], Frankfurt a. M. 1971.

Kracauer, Siegfried: „Über den Schriftsteller" [1931], in: ders.: *Schriften*, hg. v. Karsten Witte, Bd. 5.2: *Aufsätze 1927–1931*, hg. v. Inka Mülder-Bach, Frankfurt a. M. 1990, S. 343–346.

Kracauer, Siegfried: „Das Straßenvolk in Paris" [1927], in: ders.: *Werke*, hg. v. Inka Mülder-Bach und Ingrid Belke, Bd. 5.2: *Essays, Feuilletons, Rezensionen 1924–1927*, Berlin 2011, S. 575–579.

Kraemer, Klaus: „Propheten der Finanzmärkte. Zur Rolle charismatischer Ideen im Börsengeschehen", in: *Berliner Journal für Soziologie* 20 (2010), S. 179–201.

Krajewski, Markus (Hg.): *Projektemacher. Zur Produktion von Wissen in der Vorform des Scheiterns*, Berlin 2004.

Krajewski, Markus: *Restlosigkeit. Weltprojekte um 1900*, Frankfurt a. M. 2006.

Kramer, Dieter: *Fremde gehören immer dazu. Fremde, Flüchtlinge, Migranten im Alltag von Gestern und Heute*, Marburg 2016.

Krämer, Sybille: *Symbolische Maschinen. Die Idee der Formalisierung in geschichtlichem Abriß*, Darmstadt 1988.

Kraniauskas, John: „A Monument to the Unknown Worker. Roberto Bolaño's ‚2666'", in: *Radical Philosophy*, H. 200 (2016), S. 37–46.

Krapp, Peter: „Der Parasit des Parasiten", in: Hannelore Pfeil und Hans-Peter Jäck (Hg.): *Eingriffe im Zeitalter der Medien*, Bornheim-Roisdorf 1995, S. 43–53.

Kremer, Detlef, und Nikolaus Wegmann: „Geld und Ehre. Zum Problem frühneuzeitlicher Verhaltenssemantik im ‚Fortunatus'", in: Georg Stötzel (Hg.): *Germanistik. Forschungsstand und Perspektiven 1984*, Bd. 2, Berlin/New York 1985, S. 160–178.

Kreuzer, Helmut: „Biographie, Reportage, Sachbuch. Zu ihrer Geschichte seit den zwanziger Jahren", in: Benjamin Bennett, Anton Kaes und William J. Lillyman (Hg.): *Probleme der Moderne. Studien zur deutschen Literatur von Nietzsche bis Brecht*, Tübingen 1983, S. 431–458.

Kristeva, Julia: *Powers of Horror. An Essay on Abjection*, New York 1982.

Kroen, Sheryl: „Der Aufstieg des Kundenbürgers? Eine politische Allegorie für unsere Zeit", in: Michael Prinz (Hg.): *Der lange Weg in den Überfluss. Anfänge und Entwicklung der Konsumgesellschaft seit der Vormoderne*, Paderborn 2003, S. 533–564.

Kromphardt, Jürgen: „Die Konjunktur- und Krisentheorie der zweiten Hälfte des 19. Jahrhunderts", in: *Studien zur Entwicklung der ökonomischen Theorie*, Nr. 7 (1989), S. 9–34.

Kronauer, Martin: *Exklusion. Die Gefährdung des Sozialen im hoch entwickelten Kapitalismus*, 2. Aufl., Frankfurt a. M./New York 2010.

Kronenberg, Leah: *Allegories of Farming from Greece and Rome. Philosophical Satire in Xenophon, Varro and Virgil*, Cambridge 2009.

Kropotkin, Peter: *Gegenseitige Hilfe in der Tier- und Menschenwelt*, übers. v. Gustav Landauer, mit einem Vorwort v. F. M. Wuketits, Aschaffenburg 2011.

Krug, Leopold: *Abriß der Staatsökonomie oder Staatswirthschaftslehre*, Berlin 1808.

Krüger, Hans Joachim: Art. „Arbeit", in: Joachim Ritter u. a. (Hg.): *Historisches Wörterbuch der Philosophie*, 13 Bde., Basel 2007, Bd. 1, S. 480–487.

Krüger, Johann Christian: „Die Candidaten, oder: Die Mittel zu einem Amte zu gelangen", in: ders.: *Werke. Kritische Gesamtausgabe*, hg. v. David G. John, Tübingen 1986, S. 271–377.

Krüger, Sabine: „Zum Verständnis der Oeconomica Konrads von Megenberg. Griechische Ursprünge der spätmittelalterlichen Lehre vom Hause", in: *Deutsches Archiv für Erforschung des Mittelalters* 20 (1964), S. 475–561.

Krugman, Paul: „An Insurance Company With an Army", in: *New York Times*, 27. April 2011.

Krünitz, Johann Georg: *Oeconomische Encyklopädie oder allgemeines System der Staats-, Stadt-, Haus- und Landwirthschaft, in alphabetischer Ordnung*, 242 Bde., Berlin 1773 ff.

Kuchenbuch, Ludolf: „Abfall. Eine Stichwortgeschichte", in: Hans-Georg Soeffner (Hg.): *Kultur und Alltag*, Göttingen 1988, S. 155–170.

Kugler, Hartmut: „Artus in den Artushöfen des Ostseeraums", in: Matthias Däumer u. a. (Hg.): *Artushof und Artusliteratur*, Berlin/New York 2010, S. 341–354.

Kugler, Lena: „‚Lachs mit Mayonnaise'. Die Figur des Schnorrers und die Zeit des Nehmens", in: Michael Bies u. a. (Hg.): *Gabe und Tausch: Zeitlichkeit, Aisthetik, Ästhetik*, Hannover 2018, S. 129–151.

Kuhn, Axel: „Überlegungen zu einer systemtheoretischen Perspektive des Kulturbegriffs in der Verlagshistoriographie", in: Corinna Norrick und Ute Schneider (Hg.): *Verlagsgeschichtsschreibung. Modelle und Archivfunde*, Wiesbaden 2012, S. 113–135.

Kuhn, Helmut: *Gehwegschäden. Roman*, Frankfurt a. M. 2012.

Künzel, Christine: „Leben und Sterben in der ‚Wirtschaftswunder-Plünderwelt': Wirtschafts- und Kapitalismuskritik bei Gisela Elsner", in: dies. und Dirk Hempel (Hg.): *„Denn wovon lebt der Mensch?" Literatur und Wirtschaft*, Frankfurt a. M. u. a. 2009, S. 169–192.

Künzel, Christine: „Finanzen und Fiktionen: Eine Einleitung", in: dies. und Dirk Hempel (Hg.): *Finanzen und Fiktionen. Grenzgänge zwischen Literatur und Wirtschaft*, Frankfurt a. M./New York 2011, S. 9–24.

Künzel, Christine: „Imaginierte Zukunft: Zur Bedeutung von Fiktion(en) in ökonomischen Diskursen", in: Iuditha Balint und Sebastian Zilles (Hg.): *Literarische Ökonomik*, Paderborn 2014, S. 143–157.

Künzel, Christine: „‚Wirtschaft war endlich Kunst geworden'. Die Finanzkrise als ästhetisches Spektakel in Rainald Goetz' Roman ‚Johann Holtrop'", in: Nicole Mattern und Timo Rouget (Hg.): *Der große Crash. Wirtschaftskrisen in Literatur und Film*, Würzburg 2016, S. 337–352.

Künzel, Christine. „Stroh zu Gold spinnen: Zur möglichen Bedeutung und Funktion von Märchen im Kontext der Analyse von Finanzkrisen", in: Irmtraud Behr u. a. (Hg.): *Wirtschaft erzählen. Narrative Formatierungen von Ökonomie*, Tübingen 2017, S. 167–178.
Künzel, Christine, und Dirk Hempel (Hg.): *Finanzen und Fiktionen. Grenzgänge zwischen Literatur und Wirtschaft*, Frankfurt a. M./New York 2011.
Kunzelmann, Dieter: *Leisten Sie keinen Widerstand! Bilder aus meinem Leben*, Berlin 1998.
Küpper, Achim: „Ecocriticism. Ein Forschungsbericht", in: *Germanistische Mitteilungen* 42.1 (2016), S. 73–83.
Küpper, Achim: „Hitze. Johann Peter Hebels Kalendergeschichten im Kontext der Wissens- und Literaturgeschichte eines atmosphärischen Phänomens von der Antike bis zur Gegenwart", in: Urs Büttner und Ines Theilen (Hg.): *Phänomene der Atmosphäre. Ein Kompendium Literarischer Meteorologie*, Stuttgart 2017, S. 433–446.
Kurnick, David: „Comparison, Allegory, and the Address of ‚Global' Realism (The Part about Bolaño)", in: *boundary 2* 42.2 (2015), S. 105–134.
Kurnitzky, Horst: *Der heilige Markt. Kulturhistorische Anmerkungen*, Frankfurt a. M. 1994.
Kurth, Diana: *Maskerade, Konfusion, Komödie. Kleidung und Verkleiden in der deutschen Komödie von der Aufklärung bis zur Postmoderne*, Diss., Univ. Köln, 1999.
Kurtzman, Joel: *The Death of Money. How the Electronic Economy Has Destabilized the World's Markets and Created Financial Chaos*, New York 1993.
Kurz, Robert: „Eine Welt ohne Geld", in: *Neues Deutschland*, 15. Oktober 2004. www.neues-deutschland.de/artikel/61316.eine-welt-ohne-geld.html (30. Juni 2019).
Kuschel, Karl-Josef, und Heinz-Dieter Assmann: *Börsen, Banken, Spekulanten. Spiegelungen in der Literatur – Konsequenzen für Ethos, Wirtschaft und Recht*, Gütersloh 2011.
Kuske, Bruno: „Die Begriffe Angst und Abenteuer in der deutschen Wirtschaft des Mittelalters. Ein Beitrag zur Geschichte des Unternehmertums", in: *Zeitschrift für handelswissenschaftliche Forschung* 1 (1949), S. 547–550.

La Berge, Leigh Claire: *Scandals and Abstraction. Financial Fiction of the Long 1980s*, Oxford/New York 2015.
La Berge, Leigh Claire, und Quinn Slobodian: „Reading for Neoliberalism, Reading like Neoliberals", in: *American Literary History* 29.3 (2017), S. 602–614.
La Bruyère, Jean de: *Les Caractères ou les Mœurs de ce siècle*, hg. v. Robert Garapon, Paris 1962.
Laak, Dirk van: *Weiße Elefanten. Anspruch und Scheitern technischer Großprojekte im 20. Jahrhundert*, Stuttgart 1999.
Lacan, Jacques: *Schriften I*, hg. v. Norbert Haas, übers. v. Rodolphe Gasché u. a., Olten/Freiburg i.Br. 1973.
Lacan, Jacques: *Le séminaire, livre VI. Le désir et son interprétation*, Paris 2013.
Laclos, Pierre Ambroise Choderlos de: *Les liaisons dangereuses* [1782], Paris 1972.
Lafargue, Paul: *Das Recht auf Faulheit und andere Satiren*, 2. Aufl., Berlin 1991.
Lalami, Laila: *The Moor's Account. A Novel*, New York 2014.
Lampart, Fabian: „Zur Ökonomisierung natürlicher Räume in Erzähltexten des 19. Jahrhunderts", in: Claudia Schmitt und Christiane Solte-Gresser (Hg.): *Literatur und Ökologie. Neue literatur- und kulturwissenschaftliche Perspektiven*, Bielefeld 2017, S. 337–346.
Lamprecht: *Lamprechts Alexander*, hg. v. Karl Kinzel, Halle a.S. 1884.
Lanchester, John: *Capital*, London 2012.
Lande, Joel B.: *Persistence of Folly: On the Origins of German Dramatic Literature*, Ithaca, NY 2018.

Landfester, Ulrike: "Scheitern als Wertschöpfung. Die poetologische Ökonomie von Gottfried Kellers ,Martin Salander'", in: Sabine Schneider und Heinz Brüggemann (Hg.): *Gleichzeitigkeit des Ungleichzeitigen. Formen und Funktionen von Pluralität in der ästhetischen Moderne*, München 2011, S. 143–159.

Landsberg, Ernst, und Josef Kohler: "Fausts Pakt mit Mephistopheles in juristischer Beleuchtung", in: Klaus Lüderssen (Hg.): *"Die wahre Liberalität ist Anerkennung": Goethe und die Jurisprudenz*, Baden-Baden 1999, S. 69–87.

Langenohl, Andreas: "Die Ausweitung der Subprime-Krise: Finanzmärkte als Deutungsökonomien", in: Oliver Kessler (Hg.): *Die Internationale Politische Ökonomie der Weltfinanzkrise*, Wiesbaden 2011, S. 75–98.

Langner, Albrecht: "Zur konservativen Position in der politisch-ökonomischen Entwicklung Deutschlands vor 1848", in: ders. (Hg.): *Katholizismus, konservative Kapitalismuskritik und Frühsozialismus bis 1850*, München 1975, S. 11–73.

Laplace, Pierre Simon de: *Philosophischer Versuch über die Wahrscheinlichkeit* [1814], übers. v. H. Löwy, Frankfurt a. M. 1996.

Larsen, Neil: "Lukács sans Proletariat, or Can History and Class Consciousness Be Rehistoricized?", in: Timothy Bewes und Timothy Hall (Hg.): *Georg Lukàcs: The Fundamental Dissonance of Existence. New Essays on the Social, Literary and Aesthetic Theory*, London 2011, S. 81–100.

Larsen, Svend Erik: "Ferdinand de Saussure und seine Nachfolger", in: Roland Posner u. a. (Hg.): *Semiotik / Semiotics*, Bd. 2 (= HSK 13.2), Berlin/New York 1998, S. 2040–2073.

Latour, Bruno: *Das Parlament der Dinge. Für eine politische Ökologie*, übers. v. Gustav Roßler, Frankfurt a. M. 2001.

Latour, Bruno: "Drawing things together. Die Macht der unveränderlich mobilen Elemente", in: Andréa Belliger und David J. Krieger (Hg.): *ANThology. Ein einführendes Handbuch zur Akteur-Netzwerk-Theorie*, Bielefeld 2006, S. 259–307.

Latour, Bruno: *Eine neue Soziologie für eine neue Gesellschaft. Einführung in die Akteur-Netzwerk-Theorie*, übers. v. Gustav Roßler, Frankfurt a. M. 2007.

Lattre, Alain de: *La Doctrine de la réalité chez Proust 2: Les Réalités individuelles et la mémoire*, Paris 1981.

Lauer, Gerhard: "Offene und geschlossene Autorschaft. Medien, Recht und Topos von der Genese des Autors im 18. Jahrhundert", in: Heinrich Detering (Hg.): *Autorschaft. Positionen und Revisionen*, Stuttgart/Weimar 2004, S. 461–478.

Lauggas, Ingo: "Kunst und Kampf für eine neue Kultur. Antonio Gramscis Schriften zur Literatur", in: ders. (Hg.): *Antonio Gramsci. Literatur und Kultur*, Hamburg 2012, S. 10–19.

Lauggas, Ingo: *Hegemonie, Kunst und Literatur. Ästhetik und Politik bei Gramsci und Williams*, Wien 2013.

Laum, Bernhard: *Heiliges Geld. Eine historische Untersuchung über den sakralen Ursprung des Geldes*, Tübingen 1924.

Laurenson, Diana, und Alan Swingewood: *The Sociology of Literature*, London 1972.

Law, John: *Gedancken vom Waaren- und Geld-Handel, nebst dem erst in Schottland, hernach in Franckreich vorgestellten und angenommenen neuen Project und Systemate der Financen, wobey einige curieuse Fata des Autoris zu lesen*, Leipzig 1705.

Lazardzig, Jan: "Welthaltigkeit und Ortlosigkeit. Über die Architektur der Akademie im 18. Jahrhundert.", in: Katharina Bahlmann u. a. (Hg.): *Gewusst wo! Wissen schafft Räume. Die Verortung des Denkens im Spiegel der Druckgraphik*, Berlin 2008, S. 107–134.

Lazzarato, Maurizio: *Die Fabrik des verschuldeten Menschen. Ein Essay über das neoliberale Leben*, übers. v. Stephan Geene, Berlin 2012.
Le Goff, Jacques: *Wucherzins und Höllenqualen. Ökonomie und Religion im Mittelalter*, übers. v. Matthias Rüb, Stuttgart 1988.
Le Goff, Jacques: *Your Money or Your Life. Economy and Religion in the Middle Ages*, übers. v. Patricia Ranum, New York 1990.
Le Goff, Jacques: *Kaufleute und Bankiers im Mittelalter*, übers. v. Friedel Weinert, Frankfurt a. M. 1993.
Le Goff, Jacques: *Geld im Mittelalter*, übers. v. Caroline Gutberlet, Stuttgart 2011.
Le Trosne, Guillaume François: *De l'ordre social. Ouvrage suivi d'un traité élémentaire sur la valeur, l'argent, la circulation, l'industrie & le commerce intérieur & extérieur*, Paris 1777.
Lebsanft, Franz: „Die Bedeutung von altfranzösisch ‚aventure'. Ein Beitrag zu Theorie und Methodologie der mediävistischen Wort- und Begriffsgeschichte", in: Gerd Dicke u. a. (Hg.): *Im Wortfeld des Textes. Worthistorische Beiträge zu den Bezeichnungen von Rede und Schrift im Mittelalter*, Berlin/New York 2006, S. 311–337.
Leenhardt, Jacques: *Politische Mythen im Roman. Am Beispiel von Alain Robbe-Grillets „Die Jalousie oder die Eifersucht"*, übers. v. Jochen und Renate Hörisch, Frankfurt a. M. 1976.
Lefebvre, Joël: „Bemerkungen zur literatursoziologischen Forschung in Frankreich", in: *Jahrbuch fur Internationale Germanistik* 17.1 (1985), S. 8–24.
Legendre, Pierre: *Le désir politique de Dieu. Etude sur les montages de l'Etat du Droit (Leçons VII)*, Paris 1988.
Legendre, Pierre: „‚Die Juden interpretieren verrückt.' Gutachten zu einem Text", in: ders.: *Vom Imperativ der Interpretation*, übers. v. Sabine Hackbarth, Wien/Berlin 2010, S. 165–188.
Leggewie, Claus, und Harald Welzer: *Das Ende der Welt, wie wir sie kannten: Klima, Zukunft und die Chancen der Demokratie*, Frankfurt a. M. 2010.
Lehmann, Johannes F.: *Der Blick durch die Wand. Zur Geschichte des Theaterzuschauers und des Visuellen bei Diderot und Lessing*, Freiburg i.Br. 2000
Lehmann, Johannes F.: „Geld oder Leben. Bankrott und Rettung im 18. Jahrhundert und in Kotzebues ‚Der Opfertod'", in: Maximilian Bergengruen u. a. (Hg.): *Kredit und Bankrott in der deutschen Literatur*, Berlin 2020 [im Druck].
Lehnert, Katrin: „‚Der Streit um den Hausierer ist ein Kampf der durch seine Thätigkeit berührten Interessen' – Wanderhandel im Zeichen ländlicher Modernisierungsprozesse", in: *Volkskunde in Sachsen* 24 (2012), S. 141–163.
Leibniz, Gottfried Wilhelm: „Öffentliche Assekuranzen", in: ders.: *Sämtliche Schriften und Briefe* (= Akademieausgabe), Reihe IV: *Politische Schriften*, Bd. 3: *1677–1689*, Berlin 1986, S. 421–432.
Leibniz, Gottfried Wilhelm: *Philosophische Schriften*, Bd. 2: *Die Theodizee. Von der Güte Gottes, der Freiheit des Menschen und dem Ursprung des Übels*, hg. und übers. v. Herbert Herring, Frankfurt a. M. 1996.
Leidinger, Hannes: *Kapitalismus*, Wien u. a. 2008.
Leitherer, Eugen: „Geschichte der Markierung und des Markenwesens", in: Manfred Bruhn (Hg.): *Die Marke. Symbolkraft eines Zeichensystems*, Bern/Stuttgart/Wien 2001, S. 55–74.
Lejeune, Philippe: *Le pacte autobiographique*, Paris 1975.
LeMenager, Stephanie: *Living Oil: Petroleum Culture in the American Century*, Oxford/New York 2014.

Lemke, Anja: „Waren- und Kapitalzirkulation: Poetisierung der Arbeit als Bildung des Nationenkörpers in Gustav Freytags ‚Soll und Haben'", in dies. und Alexander Weinstock (Hg.): *Kunst und Arbeit. Zum Verhältnis von Ästhetik und Arbeitsanthropologie vom 18. Jahrhundert bis zur Gegenwart.* Paderborn 2014, S. 257–272.

Lemke, Anja, und Alexander Weinstock: „Einleitung", in: dies. (Hg.): *Kunst und Arbeit. Zum Verhältnis von Ästhetik und Arbeitsanthropologie vom 18. Jahrhundert bis zur Gegenwart*, Paderborn 2014, S. 9–22.

Lemke, Thomas: *Eine Kritik der politischen Vernunft. Foucaults Analyse der modernen Gouvernementalität*, Berlin 1997.

Lenclos, Ninon de: *Briefe der Ninon von Lenclos an den Marquis von Sevigne, nebst den Briefen der Babet an den Boursault*, übers. v. Louis Damours und Claude Prosper Jolyot de Crébillon, Leipzig 1751.

Lenhardt, Gero, und Claus Offe: „Staatstheorie und Sozialpolitik. Politisch-soziologische Erklärungsansätze für Funktionen und Innovationsprozesse der Sozialpolitik", in: Christian von Ferber und Franz-Xaver Kaufmann (Hg.): *Soziologie und Sozialpolitik* (= Kölner Zeitschrift für Soziologie und Sozialpsychologie, Sonderheft 19/1977) Opladen 1977, S. 98–127.

Lenin, Wladimir Iljitsch: „Ursprünglicher Entwurf der Thesen zur Agrarfrage", in: ders.: *Werke*, Bd. 31: *April – Dezember 1920*, hg. v. Institut für Marxismus-Leninismus beim ZK der SED, Berlin 1959, S. 140–152.

Lenin, Wladimir Iljitsch: „Der Imperialismus als höchstes Stadium des Kapitalismus", in: ders.: *Werke*, Bd. 22: *Dezember 1915 – Juli 1916*, hg. v. Institut für Marxismus-Leninismus beim ZK der SED, Berlin 1960, S. 189–309.

Lepenies, Philipp: *Die Macht der einen Zahl. Eine politische Geschichte des Bruttoinlandsprodukts*, Berlin 2013.

Lepenies, Wolf: *Melancholie und Gesellschaft. Mit einer neuen Einleitung: Das Ende der Utopie und die Wiederkehr der Melancholie*, Frankfurt a. M. 1998.

Lesage, Alain-René: *Turcaret* [1709], Paris 2003.

Lesky, Albin: *Geschichte der griechischen Literatur*, 3. Aufl., Bern/München 1971.

Lessenich, Stephan: *Neben uns die Sintflut. Die Externalisierungsgesellschaft und ihr Preis*, Berlin 2016.

Lessing, Gotthold Ephraim: *Werke*, 8 Bde., hg. v. Herbert G. Göpfert u. a., Darmstadt 1996 ff.

Lethen, Helmut: *Verhaltenslehren der Kälte. Lebensversuche zwischen den Kriegen*, Frankfurt a. M. 1994.

Letissier, Georges: „‚The Wiles of Insolvency': Gain and Loss in ‚Little Dorrit'", in: *Dickens Quarterly* 27.4 (2010), S. 257–272.

Leucht, Robert: *Dynamiken politischer Imagination. Die deutschsprachige Utopie von Stifter bis Döblin in ihren internationalen Kontexten, 1848–1930*, Berlin/Boston 2016.

Lévi-Strauss, Claude: „Einleitung in das Werk von Marcel Mauss", in: Marcel Mauss: *Soziologie und Anthropologie*, Bd. 1: *Theorie der Magie. Soziale Morphologie*, übers. v. Henning Ritter, Frankfurt a. M. 1989, S. 7–41.

Lévi-Strauss, Claude: *Die elementaren Strukturen der Verwandtschaft* [1949], übers. v. Eva Moldenhauer, Frankfurt a. M. 1993.

Lewe, Christiane u. a. (Hg.): *Müll. Interdisziplinäre Perspektiven auf das Übrig-Gebliebene*, Bielefeld 2016.

Leypoldt, Günter: „Don DeLillos auratische Dinge", in: Heinz Drügh u. a.: *Warenästhetik. Neue Perspektiven auf Konsum, Kultur und Kunst*, Berlin 2011, S. 225–247.

Lichtblau, Klaus: „Einleitung", in: Georg Simmel: *Soziologische Ästhetik*, Darmstadt 1998, S. 7–28.
Lichtblau, Klaus: *Das Zeitalter der Entzweiung. Studien zur politischen Ideengeschichte des 19. und 20. Jahrhunderts*, Berlin 1999.
Lichtblau, Klaus: Art. „Wert/Preis", in: Joachim Ritter u. a. (Hg.): *Historisches Wörterbuch der Philosophie*, Bd. 12, Basel 2007, S. 586–591.
Liebrand, Claudia: „Hoffmanns Dinge", in: Christiane Holms und Günter Oesterle (Hg.): *„Schläft ein Lied in allen Dingen?" Romantische Dingkulturen in Text und Bild*, Würzburg 2011, S. 165–175.
Liedtke, Rainer: *N M Rothschild & Sons. Kommunikationswege im europäischen Bankenwesen im 19. Jahrhundert*, Köln/Weimar/Wien 2006.
Lillge, Otto: *Das patristische Wort οἰκονομία. Seine Geschichte und seine Bedeutung bis auf Origines*. Diss., Univ. Erlangen, 1955.
Lillo, George: *Der Kaufmann von Londen, oder Begebenheiten Georg Barnwells. Ein bürgerliches Trauerspiel*, übers. v. H. A. B. (= Henning Adam von Bassewitz), Hamburg 1754.
Lindemann, Carmelita: „Verbrennung oder Verwertung: Müll als Problem um die Wende vom 19. zum 20. Jahrhundert", in: *Technikgeschichte* 59.2 (1992), S. 91–107.
Lindemann, Uwe: „Der Basar als Gebilde des hochkapitalistischen Zeitalters. Über das Verhältnis von Orientalismus, Geschlechterpolitik, Konsum- und Modernekritik zwischen 1820 und 1900", in: Klaus-Michael Bogdal (Hg.): *Orientdiskurse in der deutschen Literatur*, Bielefeld 2007, S. 243–271.
Lindemann, Uwe: *Das Warenhaus. Schauplatz der Moderne*, Köln/Weimar/Wien 2015.
Lindemann, Uwe: „Die Monstren des Konsums. Zur historischen Epistemologie der modernen Konsumsphäre", in: Till Breyer u. a. (Hg.): *Monster und Kapitalismus* (= Zeitschrift für Kulturwissenschaften 2/2017), Bielefeld 2017, S. 25–36.
Lindner, Burkhardt: „Die heilige Johanna der Schlachthöfe", in: Jan Knopf (Hg.): *Brecht-Handbuch*, Bd. 1: *Stücke*, Stuttgart/Weimar 2001, S. 266–288.
Lindner, Burkhardt (Hg.): *Benjamin-Handbuch. Leben – Werk –Wirkung*, Stuttgart/Weimar 2006.
Lindner, Rolf: *Die Entdeckung der Stadtkultur. Soziologie aus der Erfahrung der Reportage*, Frankfurt a. M. 1990.
Linebaugh, Peter: „Ned Ludd and Queen Mab. Machine-Breaking, Romanticism, and the Several Commons of 1811–12", in: ders.: *Stop, Thief! The Commons, Enclosures, and Resistance*, Oakland, CA 2014, S. 77–107.
Linebaugh, Peter, und Marcus Rediker: *Die vielköpfige Hydra. Die verborgene Geschichte des revolutionären Atlantiks*, übers. v. Sabine Bartel, Berlin 2008.
Link, Jürgen: *Versuch über den Normalismus. Wie Normalität produziert wird*, Wiesbaden 1996.
Link, Jürgen: „Diskursive Ereignisse, Diskurse, Interdiskurse: Sieben Thesen zur Operativität der Diskursanalyse, am Beispiel des Normalismus", in: Hannelore Bublitz u. a. (Hg.): *Das Wuchern der Diskurse. Perspektiven der Diskursanalyse Foucaults*, Frankfurt a. M./New York 1999, S. 148–161.
Link-Heer, Ursula: „Literatursoziologie: Und sie bewegt sich doch? Zur ‚Textsoziologie' von Peter V. Zima", in: *Internationales Archiv für Sozialgeschichte der deutschen Literatur* 14.1 (1989), S. 203–212.
Lipschutz, Ronnie D.: „On Security", in: ders. (Hg.): *On Security*, New York 1995, S. 1–23.
Lluch, Ernest: „Das Buch über die Frage, wie in Spanien dem Müßiggang Abhilfe zu schaffen und die Arbeit zu befördern sei", in Bertram Schefold (Hg.): *Vademecum zu zwei Klassikern des spanischen Wirtschaftsdenkens*, Düsseldorf 1998, S. 91–113.

Löbbert, Reinhard, und Helmut Lungershausen: „Entmaterialisierung und Rematerialisierung von Waren", in: Reinhard Löbbert (Hg.): *Der Ware Sein und Schein. Zwölf Texte über die Warenwelt, in der wir leben*, Haan-Gruiten 2002, S. 45–61.
Loberg, Molly J.: „The Streetscape of Economic Crisis: Politics, Commerce, and Urban Space in Interwar Berlin", in: *The Journal of Modern History* 85.2 (2013), S. 364–402.
Lobsien, Verena O.: *Shakespeares Exzess. Sympathie und Ökonomie*, Wiesbaden 2015.
Locke, John: *Two Treatises of Government* [1689], Cambridge 1988.
Loen, Johann Michael von: *Freie Gedanken zur Verbesserung der Menschlichen Gesellschaft. Zweyte Sammlung*, andere und verbesserte Aufl., Frankfurt a. M./Leipzig 1750.
Lohenstein, Daniel Casper von: *Cleopatra. Trauerspiel*, Breslau 1680.
Long, Haniel: *Interlinear to Cabeza de Vaca: His Relation of the Journey from Florida to the Pacific 1528–1536* [1936], Tucson, AZ 1985.
Loose, Margaret A.: *The Chartist Imaginary. Literary Form in Working-Class Political Theory and Practice*, Columbus, OH 2014.
López de Úbeda, Francisco: *Libro de entretenimiento de la pícara Justina* [1605], Madrid 2012.
Loraux, Nicole: *Die Trauer der Mütter. Weibliche Leidenschaft und die Gesetze der Politik*, übers. v. Eva Moldenhauer, Frankfurt a. M./New York 1990.
Lottmann, André: *Arbeitsverhältnisse. Der arbeitende Mensch in Goethes „Wilhelm Meister"-Romanen und in der Geschichte der Politischen Ökonomie*, Würzburg 2011.
Louis, Édouard: *Qui a tué mon père*, Paris 2018.
Löwe, Matthias: *Idealstaat und Anthropologie. Problemgeschichte der literarischen Utopie im späten 18. Jahrhundert*, Berlin/Boston 2012.
Löwenthal, Leo: *Erzählkunst und Gesellschaft. Die Gesellschaftsproblematik in der deutschen Literatur des 19. Jahrhunderts*, Neuwied 1971.
Löwenthal, Leo: *Literatur und Massenkultur. Schriften 1*, Frankfurt a. M. 1990.
Löwith, Karl: *Weltgeschichte und Heilsgeschehen. Die theologischen Voraussetzungen der Geschichtsphilosophie*, Stuttgart/Weimar 2004.
Lowry, S. Todd: *The Archaeology of Economic Ideas. The Classical Greek Tradition*, Durham, NC 1987.
Löwy, Michael, und Robert Sayre: *Romanticism Against the Tide of Modernity*, übers. v. Catherine Porter, Durham, NC/London 2001.
Lucas, John: *The Literature of Change. Studies in the Nineteenth-Century Provincial Novel*, New York 1977.
Ludewig, Peter: „„Haussedankfest" und „Mittelstandsküche": Felix Scherret und sein Inflationsroman ‚Der Dollar steigt'", in: Daniel Börner und Andrea Rudolph (Hg.): *Hans Fallada und die Literatur(en) zur Finanzwelt* (= Hans-Fallada-Jahrbuch 7), Berlin 2016, S. 170–187.
Ludovici, Carl Günther: *Eröffnete Akademie der Kaufleute, oder vollständiges Kaufmanns-Lexicon*, Bd. 5, 2. Aufl., Leipzig 1768.
Luhmann, Niklas: „Knappheit, Geld und bürgerliche Gesellschaft", in: *Jahrbuch für Sozialwissenschaft* 23 (1972), S. 186–210.
Luhmann, Niklas: *Vertrauen: Ein Mechanismus der Reduktion sozialer Komplexität*, 2. Aufl., Stuttgart 1973.
Luhmann, Niklas: *Gesellschaftsstruktur und Semantik. Studien zur Wissenssoziologie der modernen Gesellschaft*, Bd. 3, Frankfurt a. M. 1989.
Luhmann, Niklas: „Die Weltgesellschaft", in: ders.: *Soziologische Aufklärung*, Bd. 2: *Aufsätze zur Theorie der Gesellschaft*, Opladen 1991, S. 51–71.
Luhmann, Niklas: *Das Recht der Gesellschaft*, Frankfurt a. M. 1993.

Luhmann, Niklas: *Die Kunst der Gesellschaft*, Frankfurt a. M. 1995.
Luhmann, Niklas: *Die Wirtschaft der Gesellschaft*, Frankfurt a. M. 1996a.
Luhmann, Niklas: „Sinn der Kunst und Sinn des Marktes – zwei autonome Systeme", in: Florian Müller und Michael Müller (Hg.): *Markt und Sinn. Dominiert der Markt unsere Werte?*, Frankfurt a. M./New York 1996b, S. 195–207.
Luhmann, Niklas: *Die Gesellschaft der Gesellschaft*, Frankfurt a. M. 1997.
Luhmann, Niklas: *Liebe als Passion. Zur Codierung von Intimität*, Frankfurt a. M. 1999.
Luhmann, Niklas: *Organisation und Entscheidung*, Opladen 2000.
Luhmann, Niklas: *Die Realität der Massenmedien*, 5. Aufl., Wiesbaden 2017.
Luhmann, Niklas, und Peter Fuchs. „Die Weltflucht der Mönche. Anmerkungen zur Funktion des monastisch-aszetischen Schweigens", in: dies. (Hg.): *Reden und Schweigen*, Frankfurt a. M. 1989, S. 21–69.
Lukács, Georg: *Die Seele und die Formen*, Berlin 1911.
Lukács, Georg: *Der historische Roman*, Berlin 1955.
Lukács, Georg: *Schriften zur Literatursoziologie*, hg. v. Peter Ludz, Neuwied 1961.
Lukács, Georg: *Werke*, hg. v. Frank Benseler u. a., Neuwied/Berlin/Bielefeld 1962 ff.
Lüscher, Jonas: *Frühling der Barbaren. Novelle*, München 2013.
Lüscher, Jonas: *Kraft. Roman*, München 2017.
Luther, Martin: „Bedenken von Kaufshandlung" [1524], in: Johannes Burkhardt und Birger P. Priddat (Hg.): *Geschichte der Ökonomie. Texte und Kommentare*, Frankfurt a. M. 2009, S. 9–34.
Lüthi, Max: *Märchen*, 10. Aufl., Stuttgart/Weimar 2004.
Lutz, Daniel: „Navigationssinn. Zur literarischen Problemreflexion ökonomischen Wissens", in: Christine Künzel und Dirk Hempel (Hg.): *Finanzen und Fiktionen. Grenzgänge zwischen Literatur und Wirtschaft*, Frankfurt a. M./New York 2011, S. 251–266.
Lynch, Deidre: *The Economy of Character, Novels, Market Culture, and the Business of Inner Meaning*, Chicago 1998.
Lyotard, Jean-François: *Économie libidinale*, Paris 1974.
Lyotard, Jean-François: *Ökonomie des Wunsches / Économie libidinale*, übers. v. Gabriele Fricke u. Ronald Voullié, Bremen 1984.

Macdonald, Graeme: „The Resources of Fiction", in: *Reviews in Cultural Theory* 4.2 (2013), S. 1–24.
Macherey, Pierre: *Zur Theorie der literarischen Produktion: Studien zu Tolstoj, Verne, Defoe, Balzac*, Darmstadt/Neuwied 1974.
Machiavelli, Niccolò: *Discorsi sopra la proma deca di Tito Livio*, Turin 1983.
Machiavelli, Niccolò: *Der Fürst*, übers. v. Friedrich von Oppeln-Bronikowski, Frankfurt a. M. 1990.
MacInnes, Ian: „,Ill luck, Ill luck?': Risk and Hazard in *The Merchant of Venice*", in: Barbara Sebek und Stephen Deng (Hg.): *Global Traffic. Discourses and Practices of Trade in English Literature and Culture from 1550 to 1700*, New York 2008, S. 39–55.
Mackay, Charles: *Extraordinary and Popular Delusions and the Madness of Crowds*, New York 1958.
Mackinnon, Lee: „Love Machines and the Tinder Bot Bildungsroman", in: *e-flux Journal*, H. 74 (Juni 2016), S. 1–10.
Macpherson, Crawford B.: *Die politische Theorie des Besitzindividualismus. Von Hobbes bis Locke*, übers. v. Arno Wittekind, Frankfurt a. M. 1990.

Magnusson, Kristof: *Das war ich nicht. Roman*, München 2011.
Mahl, Bernd: *Goethes ökonomisches Wissen. Grundlagen zum Verständnis der ökonomischen Passagen im dichterischen Gesamtwerk und in den „Amtlichen Schriften"*, Frankfurt a. M. u. a. 1982.
Maier, Anneliese: *Das Problem der intensiven Größe in der Scholastik (De intensione et remissione formarum)*, Leipzig 1939.
Maier, Hans: *Die ältere deutsche Staats- und Verwaltungslehre (Polizeiwissenschaft). Ein Beitrag zur Geschichte der politischen Wissenschaft in Deutschland*. Neuwied/Berlin 1966.
Malinowski, Bronisław: *Argonauten des westlichen Pazifik*, übers. v. Heinrich Ludwig Herdt, Frankfurt a. M. 1979.
Mallarmé, Stéphane: *Œuvres complètes*, 2 Bde., hg. v. Bertrand Marchal, Paris 1998 (Bd. 1), 2003 (Bd. 2).
Malouet, Pierre-Victor: *Mémoire sur l'esclavage des nègres, dans lequel on discute les motifs proposés pour leur affranchissement, ceux qui s'y opposent et les moyens praticables pour améliorer leur sort*, Neufchâtel 1788.
Malsch, Katja: *Literatur und Selbstopfer. Historisch-systematische Studien zu Gryphius, Lessing, Gotthelf, Storm, Kaiser und Schnitzler*, Würzburg 2007.
Malthus, Thomas Robert: *An Essay on the Principle of Population. Or a View of Its Past and Present Effects on Human Happiness* [1798], Cambridge 1989.
Mandeville, Bernard: *The Fable of the Bees, or Private Vices, Publick Benefits* [1714], London 1729.
Mandeville, Bernard: *Die Bienenfabel oder Private Laster, öffentliche Vorteile* [1714], 6. Aufl., Frankfurt a. M. 2014.
Mankiw, N. Gregory, und Mark P. Taylor: *Grundzüge der Volkswirtschaftslehre*, übers. v. Adolf Wagner und Marco Herrmann, 5. überarb. und erw. Aufl., Stuttgart 2012.
Mann, Heinrich: *Macht und Mensch*, München 1919.
Mann, Heinrich: *Im Schlaraffenland. Ein Roman unter feinen Leuten*, Berlin 1990.
Mann, Thomas: *Gesammelte Werke in 13 Bänden*, hg. v. Hans Bürgin und Peter de Mendelssohn, Frankfurt a. M. 1974 ff.
Manova, Dariya: „Rohstoff für den ‚Roman': Ressourcen und Infrastruktur in B. Travens Abenteuerromanen", in: *Deutsche Vierteljahrsschrift für Literaturwissenschaft und Geistesgeschichte* 91.1 (2017), S. 51–71.
Mansfeld, Jaap, und Oliver Primavesi (Hg.): *Die Vorsokratiker. Griechisch / Deutsch*, Stuttgart 2011.
Mansky, Matthias: „Geld und Bankrott in den Parodien des Wiener Vorstadttheaters", in: Anne Feler u. a. (Hg.): *Dynamik und Dialektik von Hoch- und Trivialliteratur im deutschsprachigen Raum im 18. und 19. Jahrhundert*, Bd. 1: *Die Dramenproduktion*, Würzburg 2015, S. 233–253.
Mansky, Matthias: „Banknoten – Aktienpapiere – Falschgeld. Fatale Requisiten zwischen Unterhaltungsdramaturgie und sozioökonomischer Krise", in: *Nestroyana* 36.1–2 (2016), S. 44–54.
Manzano, Juan Francisco: *Autobiografía del esclavo poeta y otros escritos* [1835], Frankfurt a. M./Madrid 1997.
Maravall, José Antonio: *La literatura picaresca desde la historia social*, Madrid 1986.
Marazzi, Christian: *Verbranntes Geld*, Zürich 2011.
Marazzi, Christian: *Sozialismus des Kapitals*, Zürich 2012.
Marcuse, Ludwig: „Geschichtsdichtung", in: *Das Tage-Buch* 12 (1931), S. 1062–1064.

Marcuse, Herbert: *Kultur und Gesellschaft I*, Frankfurt a. M. 1972.
Marivaux: *Le Cabinet du philosophe*, Paris 1734.
Marivaux: *Journaux 2*, Paris 2010.
Markner, Reinhard: „Bürgerliche Gesellschaft", in: Wolfgang Fritz Haug (Hg.): *Historisch-kritisches Wörterbuch des Marxismus*, Band 2: *Bank bis Dummheit in der Musik*, Hamburg 1995.
Marlowe, Christopher: „The Jew of Malta", in: David Bevington u. a. (Hg.): *English Renaissance Drama*, New York/London 2002, S. 293–349.
Marperger, Paul Jacob: *Beschreibung der Messen und Jahrmärkte*, Leipzig 1710.
Marperger, Paul Jacob: *Die Beschreibung der Banquen*, Leipzig 1723.
Marshall, David: „Adam Smith and the Theatricality of Moral Sentiments", in: *Critical Inquiry* 10.4 (1984), S. 592–613.
Martens, Wolfgang: *Lyrik kommerziell. Das Kartell lyrischer Autoren 1902–1933*, München 1975.
Martens, Wolfgang: „Obrigkeitliche Sicht: Das Bühnenwesen in den Lehrbüchern der Policey und Cameralistik des 18. Jahrhunderts", in: *Internationales Archiv für Sozialgeschichte der deutschen Literatur* 6 (1981), S. 19–51.
Martus, Steffen: *Aufklärung. Das deutsche 18. Jahrhundert – ein Epochenbild*, 2. Aufl., Berlin 2015.
Marx, Karl, und Friedrich Engels: *Über Kunst und Literatur. Eine Sammlung aus ihren Schriften*, hg. v. Michail Lifschitz, 6. Aufl., Berlin 1953.
Marx, Karl, und Friedrich Engels: *Werke*, hg. v. Institut für Marxismus und Leninismus beim ZK der SED u. a., 44 Bde., Berlin 1956 ff.
Mason, Paul: *Postkapitalismus. Grundrisse einer kommenden Ökonomie*, übers. v. Stephan Gebauer, Berlin 2016.
Masschelein, Jan, und Maarten Simons: *Globale Immunität oder Eine kleine Kartographie des europäischen Bildungsraums*, übers. v. Annegret Klinzmann und Mechthild Ragg, Zürich/Berlin 2005.
Mataja, Viktor: *Die Reklame. Eine Untersuchung über Ankündigungswesen und Werbetätigkeit im Geschäftsleben*, Leipzig 1910.
Matala de Mazza, Ethel: *Der verfaßte Körper. Zum Projekt einer organischen Gemeinschaft in der Politischen Romantik*, Freiburg i. Br. 1999.
Matala de Mazza, Ethel: „Geschichte und Revolution", in: Roland Borgards und Harald Neumeyer (Hg.): *Büchner-Handbuch: Leben – Werk – Wirkung*, Stuttgart/Weimar 2009, S. 168–175.
Matala de Mazza, Ethel: *Der populäre Pakt. Verhandlungen der Moderne zwischen Operette und Feuilleton*, Frankfurt a. M. 2018.
Mattern, Nicole, und Timo Rouget (Hg.): *Der große Crash. Wirtschaftskrisen in Literatur und Film*, Würzburg 2016.
Matthies, Annemarie, und Alexander Preisinger: „Literarische Welten der Ökonomisierung. Gouvermentale Schreibweisen im Gegenwartsroman", in: Torsten Erdbrügger u. a. (Hg.): *Omnia vincit labor? Narrative der Arbeit – Arbeitskulturen in medialer Reflexion*, Berlin 2013, S. 137–150.
Mauss, Marcel: *Essai sur le don. Forme et et raison de l'échange dans les sociétés archaïques* [1923/1924], in: *Sociologie et anthropologie*, Paris 1950, S. 258–279.
Mauss, Marcel: *Die Gabe. Form und Funktion des Austauschs in archaischen Gesellschaften*, übers. von Eva Moldenhauer, Frankfurt a. M. 1990.

Mayer, Hans: *Georg Büchner und seine Zeit*, Frankfurt a. M. 1972.
Mayer, Mathias: *Adalbert Stifter. Erzählen als Erkennen*, Stuttgart 2001.
Mayer, Thomas Michael: „Die ‚Gesellschaft der Menschenrechte' und Der Hessische Landbote", in: Susanne Lehmann (Hg.): *Georg Büchner. Revolutionär – Dichter – Wissenschaftler 1813–1837*, Ausst.-Kat., Basel/Frankfurt a. M. 1987, S. 168–186.
Mayer-Maly, Theo: Art. „Vertrag", in: Adalbert Erler u. a. (Hg.): *Handwörterbuch zur deutschen Rechtsgeschichte*. Bd. 5, Berlin 1998, S. 841–842.
McCloskey, Donald N.: *The Rhetoric of Economics*, Madison, WI 1985.
McCloskey, Donald N.: *If You're So Smart. The Narrative of Economic Expertise*, Chicago 1990.
McCloskey, Donald N.: *Knowledge and Persuasion in Economics*, Cambridge/New York 1994.
McKendrick, Neil: „Die Ursprünge der Konsumgesellschaft. Luxus, Neid und soziale Nachahmung in der englischen Literatur des 18. Jahrhunderts", in: Hannes Siegrist u. a. (Hg.): *Europäische Konsumgeschichte. Zur Gesellschafts- und Kulturgeschichte des Konsums (18. bis 20. Jahrhundert)*, Frankfurt a. M./New York 1997, S. 75–107.
McLuhan, Marshall: *Understanding Media. The Extensions of Man*, New York/Toronto/London 1964.
McLuhan, Marshall: *Die Gutenberg-Galaxis. Das Ende des Buchzeitalters*, übers. v. Max Nänny, Düsseldorf/Wien 1968.
McLuhan, Marshall: *Die magischen Kanäle. Understanding Media*, übers. v. Meinrad Amann, 2. Aufl., Dresden/Basel 1995.
McMillan, John: *Reinventing the Bazaar. A Natural History of Markets*, New York 2002.
McNeill, William H.: *Seuchen machen Geschichte. Geißeln der Völker*, übers. v. Joachim von Richthofen, München 1978.
McNeill, William H.: *The Human Condition. An Ecological and Historical View*, Princeton, NJ 1980.
MDG Gap Task Force: *MDG Gap Task Force Report 2015: Taking Stock of the Global Partnership for Development. Millennium Development Goal 8*, New York 2015. https://www.un.org/en/development/desa/policy/mdg_gap/mdg_gap2015/2015GAP_FULLREPORT_EN.pdf (30. Juni 2019).
Meadows, Donella H. u. a.: *The Limits to Growth. A Report for the Club of Rome's Project on the Predicament of Mankind*, New York 1972.
Mechthild von Magdeburg: *Das fließende Licht der Gottheit. Nach der Einsiedler Handschrift in kritischem Vergleich mit der gesamten Überlieferung*, Bd. 1: *Text*, hg. v. Hans Neumann, München/Zürich 1990.
Mecklenburg, Norbert: „‚Die Gesellschaft der verwilderten Steine'. Interpretationsprobleme von Ludwig Tiecks Erzählung ‚Der Runenberg'", in: *Der Deutschunterricht* 34.6 (1982), S. 62–76.
Mehring, Franz: *Gesammelte Schriften*, hg. v. Thomas Höhle u. a., 15 Bde., Berlin 1960 ff.
[Meier, Georg Friedrich, und Samuel Gotthold Lange]: *Der Gesellige. Eine moralische Wochenschrift*, Bd. 1, Halle 1748.
Meier, Luise: *MRX Maschine*, Berlin 2018.
Meikle, Scott: „Aristotle and the Political Economy of the Polis", in: *The Journal of Hellenic Studies* 99 (1979), S. 57–73.
Meikle, Scott: *Aristotle's Economic Thought*, Oxford 1995.
Meillassoux, Claude: „*Die wilden Früchte der Frau". Über häusliche Produktion und kapitalistische Wirtschaft*, übers. v. Eva Moldenhauer, Frankfurt a. M. 1976.

Meister Eckhart: *Werke. Texte und Übersetzungen*, 2 Bde., hg. v. Niklaus Largier, übers. v. Joseph Quint, Frankfurt a. M. 1993.
Melle, Thomas: *3000 Euro. Roman*, Reinbek bei Hamburg 2016.
Melon, Jean-François: *Essai politique sur le commerce*, Amsterdam 1754.
Melville, Herman: „Bartleby, the Scrivener. A Story of Wall Street", in: ders.: *The Piazza Tales and Other Prose Pieces*, Chicago 1987, S. 39–74.
Melville, Herman: *Maskeraden oder Vertrauen gegen Vertrauen*, übers. v. Christa Schwenke, Bremen/Hamburg 2001.
Melville, Herman: *Moby-Dick; or, The Whale* [1851], New York/London 2002.
Melville, Herman: *Benito Cereno* [1855], hg. v. Wyn Kelley, Boston/New York 2006.
Menger, Pierre-Michel: *Kunst und Brot. Die Metamorphosen des Arbeitnehmers*, übers. v. Michael Tillmann, Konstanz 2006.
Menke, Christoph, und Juliane Rebentisch (Hg.): *Kreation und Depression. Freiheit im gegenwärtigen Kapitalismus*, Berlin 2012.
Mercado, Tomás de: *Suma de tratos y contratos* [1569], hg. v. Nicolás Sánchez-Albornoz, Madrid 1977.
Mercier, Louis-Sébastien: *Motion d'ordre et Discours sur le rétablissement d'une loterie nationale*, Paris 1796.
Mercier, Louis-Sébastien: *Das Jahr 2440. Ein Traum aller Träume*, übers. v. Christian Felix Weiße, hg. v. Herbert Jaumann, Frankfurt a. M. 1989.
Mercier, Louis-Sébastien: *Le Tableau de Paris* [1781/1788], hg. v. Jean-Claude Bonnet, 2 Bde., Paris 1994.
Merkel, Rainer: *Das Jahr der Wunder. Roman*, Frankfurt a. M. 2001.
Merleau-Ponty, Maurice: *Die Abenteuer der Dialektik*, Frankfurt a. M. 1968.
Merton, Robert K.: „The Self-Fulfilling Prophecy", in: *The Antioch Review* 8.2 (1948), S. 193–210.
Meschnig, Alexander: „Unternehme dich selbst! Anmerkungen zum proteischen Charakter", in: ders. und Mathias Stuhr (Hg.): *Arbeit als Lebensstil*, Frankfurt a. M. 2003, S. 26–43.
Metscher, Thomas: *Shakespeares Spiegel*, Bd. 2: *Klassik, Romantik und Aufklärung*, Hamburg 1998.
Metz, Christian: „Das Kino: ‚Langue' oder ‚Langage'?", in: ders.: *Semiologie des Films*, übers. v. Renate Koch, München 1972, S. 51–129.
Meurer, Dieter: *Fiktion und Strafurteil. Untersuchungen einer Denk- und Sprachform in der Rechtsanwendung*, Berlin/New York 1973.
[Meyer] *Meyers Großes Konversations-Lexikon. Ein Nachschlagewerk des allgemeinen Wissens*, 6., gänzlich neubearbeitete und vermehrte Aufl., 20 Bde., Leipzig/Wien 1905.
Meyer, Ahlrich: *Frühsozialismus. Theorien der sozialen Bewegung 1789–1848*. Freiburg i.Br. 1977.
Meyer, Ahlrich: *Die Logik der Revolten. Studien zur Sozialgeschichte 1789–1848*, Berlin/Hamburg 1999.
Meyer, Carla u. a. (Hg.): *Krisengeschichte(n). „Krise" als Leitbegriff und Erzählmuster in kulturwissenschaftlicher Perspektive*, Stuttgart 2013.
Meyer, Klaus: „Erläuterungen", in: Xenophon: *Oikonomikos*, übers. u. komment. v. Klaus Meyer, Westerburg 1975, S. 89–177.
Meyer, Reinhart: *Schriften zur Theater- und Kulturgeschichte des 18. Jahrhunderts*, hg. v. Matthias J. Pernerstorfer, Wien 2012.
Meyer, Ulrich: *Soziales Handeln im Zeichen des ‚Hauses'. Zur Ökonomik in der Spätantike und im früheren Mittelalter*, Göttingen 1998.

Meyzaud, Maud: *Die stumme Souveränität. Volk und Revolution bei Georg Büchner und Jules Michelet*, München 2012.
Michaels, Walter Benn: *The Gold Standard and the Logic of Naturalism*, Berkeley/Los Angeles/London 1987.
Michler, Werner: *Kulturen der Gattung. Poetik im Kontext, 1750–1950*, Göttingen 2015.
Mick, David Glen: „Contributions to the Semiotics of Marketing and Consumer Behavior (1985–1988)", in: Thomas A. Sebeok und Jean Umiker-Sebeok (Hg.): *The Semiotic Web*, Berlin 1988, S. 535–584.
Mignolo, Walter D.: *The Darker Side of the Renaissance: Literacy, Territoriality and Colonization*, Ann Arbor, MI 1995.
Mignolo, Walter D.: *Epistemischer Ungehorsam: Rhetorik der Moderne, Logik der Kolonialität und Grammatik der Dekolonialität*, übers. v. Jens Kastner und Tom Waibel, Wien 2012.
Mill, John Stuart: *The Collected Works of John Stuart Mill*, Bd. 2–3: *Principles of Political Economy. With some of their Applications to Social Philosophy*, hg. v. John M. Robson, London 1965.
Mill, John Stuart: „Essays on Some Unsettled Questions of Political Economy" [1844], in: ders.: *Essays on Economics and Society*, Toronto 1967, S. 229–340.
Miller, Christopher L.: *The French Atlantic Triangle: Literature and Culture of the Slave Trade*, Durham, NC/London 2008.
Miller, Daniel: *A Theory of Shopping*, Cambridge 1998.
Miller, James E., Jr.: „,The Confidence-Man': His Guises", in: *PMLA* 74.1 (1959), S. 102–111.
Miller, Peter, und Nikolas Rose: „Governing Economic Life", in: *Economy and Society* 19.1 (1990), S. 1–31.
Millett, Paul C.: *Lending and Borrowing in Ancient Athens*, Cambridge 1991.
Minder, Robert: „Das Bild des Pfarrhauses in der deutschen Literatur von Jean Paul bis Gottfried Benn", in: ders.: *Kultur und Literatur in Deutschland und Frankreich. Fünf Essays*, Frankfurt a. M. 1977.
Minsky, Hyman P.: *Instabilität und Kapitalismus*, hg. v. Joseph Vogl, übers. v. Michaela Grabinger und Florian Oppermann, Zürich 2011.
Mionskowski, Alexander: *Souveränität als Mythos. Hugo von Hofmannsthals Poetologie des Politischen und die Inszenierung moderner Herrschaftsformen in seinem Trauerspiel „Der Turm" (1924/25/26)*, Wien/Köln/Weimar 2015.
Mirowski, Philip: *More Heat than Light. Economics as Social Physics, Physics as Nature's Economics*, Cambridge/New York 1989.
Mises, Ludwig von: *Nationalökonomie. Theorie des Handels und Wirtschaftens*, Genf 1940.
Mitchell-Innes, Alfred: „The Credit Theory of Money", in: *The Banking Law Journal* 31 (1914), S. 151–168.
Mitterand, Henri: „L'Argent. Étude", in: Émile Zola: *Les Rougon-Maquart. Histoire naturelle et sociale d'une famille sous le second empire*, Bd. 5, Paris 1967, S. 1225–1289.
Mitterand, Henri: „Au œeur de ‚Germinal': les mineurs d'Anzin – Émile Zola", in: Sophie Béroud und Tania Régin (Hg.): *Le Roman social. Littérature, histoire et mouvement ouvrier*, Paris 2002, S. 47–58.
Mohl, Robert von: „Die Staatsromane", in: ders.: *Die Geschichte und Literatur der Staatswissenschaften. In Monographien dargestellt*, Bd. 1, Erlangen 1855, S. 165–214.
Mohnkern, Ansgar: „Ordnung, Wachstum, Zins. Zu Stifters ‚Nachsommer'", in: *Weimarer Beiträge* 59.3 (2013), S. 416–430.

Molière: *L'Avare. Comédie en cinq actes / Der Geizige. Komödie in fünf Aufzügen. Französisch / Deutsch*, übers. v. Hartmut Stenzel, Stuttgart 1984.
Molière: *L'Avare* [1668], Paris 1999a.
Molière: *Le Bourgeois gentilhomme* [1670], Paris 1999b.
Mollat, Michel: *Die Armen im Mittelalter*, übers. v. Ursula Irsigler, München 1984.
Möllers, Nina: „Stoffbilanzen", in: Stefanie Samida u. a. (Hg.): *Handbuch materielle Kultur. Bedeutungen, Konzepte, Disziplinen*, Stuttgart/Weimar 2014, S. 256–259.
Mölling, Karin: *Supermacht des Lebens. Reisen in die erstaunliche Welt der Viren*, München 2015.
Mönch, Cornelia: *Abschrecken oder Mitleiden. Das deutsche bürgerliche Trauerspiel im 18. Jahrhundert. Versuch einer Typologie*, Tübingen 1993.
Montchrestien, Antoine de: *Traité de l'Œconomie politique* [1615], hg. v. Th. Funck-Brentano, Paris 1930.
Montesquieu, Charles de Secondat: *Esprit des lois*, Paris 1845.
Mora, Terézia: *Die Liebe unter Aliens. Erzählungen*, München 2016
Morawe, Bodo: *Citoyen Heine. Das Pariser Werk*, 2 Bde., Bielefeld 2010.
Moretti, Franco: *Modern Epic. The World System from Goethe to García Márquez*, übers. v. Quintin Hoare, London/New York 1996.
Moretti, Franco: *Kurven, Karten, Stammbäume. Abstrakte Modelle für die Literaturgeschichte*, übers. v. Florian Kessler, Frankfurt a. M. 2009.
Moretti, Franco: *Distant Reading*, London/New York 2013a.
Moretti, Franco: *The Bougeois. Between History and Literature*, London 2013b.
Moretti, Franco: *Der Bourgeois. Eine Schlüsselfigur der Moderne*, übers. v. Frank Jakubzik, Berlin 2014.
Morgan, Kenneth: *Slavery, Atlantic Trade and the British Economy, 1660–1800*, Cambridge 2000.
Morii, Ryo: *André Gide, une oeuvre à l'épreuve de l'économie*, Paris 2017.
Mörike, Eduard: *Werke und Briefe*, 20 Bde., hg. v. Hubert Arbogast u. a., Stuttgart 1967 ff.
Moritz, Karl Philipp: *Anton Reiser. Ein psychologischer Roman*, hg. v. Wolfgang Martens, Stuttgart 1972.
Morris, Charles W.: *Signs, Language, and Behavior*, New York 1946.
Morris, William: *Kunde von Nirgendwo. Eine Utopie der vollendeten kommunistischen Gesellschaft und Kultur aus dem Jahre 1890. Mit einem Vorwort von Wilhelm Liebknecht*, hg. v. Gert Selle, Köln 1974.
Morrison, Susan Signe: *The Literature of Waste. Material Ecopoetics and Ethical Matter*, New York 2015.
Morrison, Toni: *Beloved* [1987], London 2010.
Morus, Thomas: „Utopia", in: ders. u. a.: *Der utopische Staat*, übers. und hg. v. Klaus Heinisch, Reinbek bei Hamburg 1960, S. 7–110.
Moser, Christian: „,Throw me away'. Prolegomena zu einer literarischen Anthropologie des Abfalls", in: *Archiv für das Studium der neueren Sprachen und Literaturen* 157.2 (2005), S. 318–337.
Moser, Natalie: „Angebot ohne Nachfrage. Die strukturelle Endlosigkeit des Krisen-Diskurses am Beispiel von Kathrin Rögglas ,der übersetzer' (2010)", in: Nicole Mattern und Timo Rouget (Hg.): *Der große Crash. Wirtschaftskrisen in Literatur und Film*, Würzburg 2016, S. 305–320.
Möser, Justus: *Harlekin. Texte und Materialien*, hg. v. Henning Boetius, Bad Homburg v.d.H./ Berlin/Zürich 1968.

Möser, Justus: „Der Bauernhof als eine Actie betrachtet", in: ders.: *Politische und juristische Schriften*, hg. v. Karl H. L. Welker, München 2001, S. 143–156.
Moussa, Sarga (Hg.): *Littérature et esclavage XVIIIe–XIXe siècles*, Paris 2010.
Mülder-Bach, Inka: *Robert Musil, Der Mann ohne Eigenschaften. Ein Versuch über den Roman*, München 2013.
Muldrew, Craig: *The Economy of Obligation. The Culture of Credit and Social Relations in Early Modern England*, Basingstoke 1998.
Müller, Adam: *Versuche einer neuen Theorie des Geldes. Mit besonderer Rücksicht auf Großbritannien*, Leipzig 1816a.
Müller, Adam: *Zwölf Reden über die Beredsamkeit und deren Verfall in Deutschland*, Leipzig 1816b.
Müller, Adam: Art. „Londoner Bank", in: *Allgemeine deutsche Real-Encyklopädie für die gebildeten Stände (Conversations-Lexikon)*, 12 Bde., Leipzig 1827, Bd. 6, S. 656–661.
Müller, Adam: „Versuch über den Kredit", in: *Adam von Müller's gesammelte Schriften*, Bd. 1., hg. v. Georg Franz, München 1839, S. 173–185.
Müller, Adam: *Die Elemente der Staatskunst* [1809], 2 Bde., hg. v. Jakob Baxa, Wien/Leipzig 1922.
Müller, Adam: „Vom Nationalkredit" [1810], in: ders.: *Ausgewählte Abhandlungen*, hg. v. Jakob Baxa, Jena 1931a, S. 86–88.
Müller, Adam: „Zeitgemäße Betrachtungen über den Geldumlauf" [1816], in: ders.: *Ausgewählte Abhandlungen*, hg. v. Jakob Baxa, Jena 1931b, S. 50–60.
Müller, Ernst, und Falko Schmieder: *Begriffsgeschichte und historische Semantik. Ein kritisches Kompendium*, Berlin 2016.
Müller, Heiner: „Der Lohndrücker", in: ders.: *Stücke*, hg. v. Frank Hörnigk, Leipzig 1989, S. 5–38.
Müller, Heiner: „Ich wünsche mir Brecht in der Peep-Show. Betrachtungen zum Genuß", in: ders.: *„Jenseits der Nation". Heiner Müller im Interview mit Frank M. Raddatz*, Berlin 1991, S. 59–78.
Müller, Jan-Dirk: „‚Curiositas' und ‚erfarung' der Welt im frühen deutschen Prosaroman", in: Ludger Grenzmann und Karl Stackmann (Hg.): *Literatur und Laienbildung im Spätmittelalter und in der Reformationszeit. Symposion Wolfenbüttel 1981*, Stuttgart 1984, S. 252–271.
Müller, Jan-Dirk: Art. „Prosaroman", in: ders. u. a. (Hg.): *Reallexikon der deutschen Literaturwissenschaft*, Bd. 3, Berlin/New York 2003, S. 174–177.
Müller, Klaus-Detlef: „Kaufmannsethos und Kaufmannsstand im deutschen Drama des 18. Jahrhunderts", in: Ariane Martin und Nikola Roßbach (Hg.): *Begegnungen. Bühne und Berufe in der Kulturgeschichte des Theaters*, Tübingen 2005, S. 143–158.
Müller, Lothar: *Weiße Magie. Die Epoche des Papiers*, München 2014.
Müller, Maria E.: „Die Gnadenwahl Satans. Der Rückgriff auf vormoderne Pakttraditionen bei Thomas Mann, Alfred Döblin und Elisabeth Langgässer", in: Werner Röcke (Hg.): *Thomas Mann. Doktor Faustus 1947–1997*, Bern u. a. 2001, S. 145–165.
Müller-Dietz, Heinz: *Recht und Kriminalität in literarischen Spiegelungen*, Berlin 2007.
Müller-Fraureuth, Carl: *Die Ritter- und Räuberromane. Ein Beitrag zur Bildungsgeschichte des deutschen Volkes*, Halle 1894.
Mumford, Lewis: *Technics und Civilization*, New York 1934.
Münch, Ingo von, und Georg Siebeck: *Der Autor und sein Verlag*, Tübingen 2013.
Mundstock, Karl: *Helle Nächte* [1952], Halle 1953.

Münz, Rudolf: *Das „andere" Theater. Studien über ein deutschsprachiges teatro dell'arte der Lessingzeit*, Berlin 1979.
Muray, Philippe: *Désaccord parfait*, Paris 2000.
Muschg, Adolf: *Gottfried Keller*, München 1977.
Musil, Robert: *Gesammelte Werke*, 9 Bde., hg. v. Adolf Frisé, Reinbek bei Hamburg 1978 ff.

Nahnsen, Otto: *Der Straßenhandel mit Zeitungen und Druckschriften in Berlin*, Gießen 1922.
Natali, Carlo: „Aristote et la chrématistique", in: Günther Patzig (Hg.): *Aristoteles „Politik". Akten des XI. Symposium Aristotelicum, 1987*, Göttingen 1990, S. 296–324.
Natali, Carlo: „,Oikonomia' in Hellenistic Political Thought", in: André Laks und Malcolm Schofield (Hg.): *Justice and Generosity*, Cambridge 1995, S. 95–128.
Natali, Carlo: „Socrate dans l'Économique de Xénophon", in: Gilbert Romeyer Dherbey und Jean-Baptiste Gourinat (Hg.): *Socrate et les socratiques*, Paris 2001, S. 263–288.
Natali, Carlo: „L'oikonomikos nella tradizione stoica", in: Carlos Lévy u. a. (Hg.): *Ars et ratio. Sciences, art et métiers dans la philosophie hellénistique et romaine*, Brüssel 2003, S. 75–88.
Naumann, Friedrich: *Mitteleuropa*, Berlin 1915.
Nealon, Jeffrey T.: „Realisms Redux; or, Against Affective Capitalism", in: Mitchum Huehls und Rachel Greenwald Smith (Hg.): *Neoliberalism and Contemporary Literary Culture*. Baltimore 2017, S. 70–85.
Negt, Oskar: *Die Faust-Karriere. Vom verzweifelten Intellektuellen zum gescheiterten Unternehmer*, Göttingen 2006.
Negt, Oskar, und Alexander Kluge: *Geschichte und Eigensinn*, Bd. 3: *Gewalt des Zusammenhangs*, Frankfurt a. M. 1993.
Nelissen-Haken, Bruno: *Der Fall Bundhund. Ein Arbeitslosenroman*, Jena 1930.
Nenoff, Heidi: *Religions- und Naturrechtsdiskurs in Johann Gottfried Schnabels „Wunderliche FATA einiger Seefahrer"*, Leipzig 2016.
Nerlich, Michael: *Kritik der Abenteuer-Ideologie. Beitrag zur Erforschung der bürgerlichen Bewußtseinsbildung 1100–1750. Teil 1 und 2*, Berlin 1977.
Nerlich, Michael: *Abenteuer oder das verlorene Selbstverständnis der Moderne. Von der Unaufhebbarkeit experimentellen Handelns*, München 1997.
Nesselhauf, Jonas: „SpielGeldSpiel. Der Spekulant als Reflektionsfigur in der deutschen Gegenwartsprosa", in: *Germanica* 55 (2014), S. 81–96.
Nestroy, Johann: *Sämtliche Werke. Historisch-kritische Ausgabe*, 52 Bde., hg. v. Jürgen Hein u. a., Wien 1977 ff.
Netzloff, Mark: „The Lead Casket: Capital, Mercantilism, and *The Merchant of Venice*", in: Linda Woodbridge (Hg.): *Money and the Age of Shakespeare: Essays in New Economic Criticism*, New York 2003, S. 159–176.
Neuffer, Moritz: „Elend", in: Falko Schmieder und Georg Töpfer (Hg.): *Wörter aus der Fremde. Begriffsgeschichte als Übersetzungsgeschichte*, Berlin 2017a, S. 81–86.
Neuffer, Moritz: *Arbeit am Material. Die Theorie-Dokumentationen der Zeitschrift alternative*, Berlin 2017b.
Neuhuber, Christian: *Das Lustspiel macht Ernst. Das Ernste in der deutschen Komödie auf dem Weg in die Moderne: von Gottsched bis Lenz*, Berlin 2003.
Neumann, Almut: *Verträge und Pakte mit dem Teufel. Antike und mittelalterliche Vorstellungen im „Malleus maleficarum"*, St. Ingbert 1997.

Neumann, John von, und Oskar Morgenstern: *Theory of Games and Economic Behavior*, Princeton, NJ 1944.
Neumann, Michael: „Die Legitimität der Transgression. Zur Rationalität hegemonialer Gewalt in Gustav Freytags Roman ‚Soll und Haben'", in: *Zeitschrift für Deutsche Philologie* 129 (2010), S. 265–280.
Neumann, Peter: „Industrielle Buchproduktion", in: Georg Jäger (Hg.): *Geschichte des Deutschen Buchhandels im 19. und 20. Jahrhundert*, Bd. 1: *Das Kaiserreich 1870–1918*, Teilbd. 1, Frankfurt a. M. 2001, S. 170–181.
Neumeyer, Karl: *Historische und dogmatische Darstellung des strafbaren Bankerotts*, München 1891.
Neuschäfer, Hans-Jörg: *Populärromane im 19. Jahrhundert. Von Dumas bis Zola*, München 1976.
Neusüss, Arnhelm: „Schwierigkeiten einer Soziologie des utopischen Denkens.", in: ders. (Hg.): *Utopie. Begriff und Phänomen des Utopischen*, Neuwied/Berlin 1972, S. 13–112.
Newhauser, Richard: *The Early History of Greed. The Sin of Avarice in Early Medieval Thought and Literature*, Cambridge 2004.
Ngai, Sianne: *Ugly Feelings*, Cambridge, MA/London 2005.
Ngai, Sianne: *Our Aesthetic Categories. Cute, Zany, Interesting*, Cambridge, MA/London 2012.
Ngai, Sianne: „Theory of the Gimmick", in: *Critical Inquiry* 43 (2017), S. 455–505.
Nicolas, Nicholas Harris: *A History of the Royal Navy, from the Earliest Times to the Wars of the French Revolution*, Bd. 1, London 1847.
Nicolaus, Ute: *Souverän und Märtyrer. Hugo von Hofmannsthals späte Trauerspieldichtung vor dem Hintergrund seiner politischen und ästhetischen Reflexionen*, Würzburg 2004.
Niehaus, Michael: „Wandernde Dinge – in der Romantik und anderswo", in: Christiane Holms und Günter Oesterle (Hg.): *„Schläft ein Lied in allen Dingen?" Romantische Dingkulturen in Text und Bild*, Würzburg 2011, S. 177–189.
Niehaus, Michael: „Gegen Gutachten. Büchners ‚Woyzeck'", in: *Georg Büchner Jahrbuch* 12 (2012), S. 219–238.
Niehoff, Lydia: „Kaufmannsgeist und Handelswelt: Das Bild des bremisch-hanseatischen Kaufmanns in Spiegel ausgewählter Prosaliteratur", in: Thomas Elsmann (Hg.): *Kaufmann und Contor in der deutschsprachigen Prosa seit 1750. Sammlung und Bibliografie von Albert Di Gallo*, Bremen 2006, S. 29–46.
Niehues-Pröbsting, Heinrich: *Der Kynismus des Diogenes und der Begriff des Zynismus*, München 1979.
Niess, Robert J.: „Zola et le capitalisme: le darwinisme social", in: *Les Cahiers naturalistes* 54 (1980), S. 57–67.
Nietzsche, Friedrich: *Sämtliche Werke. Kritische Studienausgabe*, 15 Bde., hg. v. Giorgio Colli und Mazzino Montinari, Berlin/New York 1980 ff.
Nietzsche, Friedrich: *Sämtliche Briefe. Kritische Studienausgabe*, 8 Bde., hg. v. Giorgio Colli und Mazzino Montinari, München/New York 1986 ff.
Nilges, Mathias: „Fictions of Neoliberalism. Contemporary Realism and the Temporality of Postmodernism's Ends", in: Mitchum Huehls und Rachel Greenwald Smith (Hg.): *Neoliberalism and Contemporary Literary Culture*, Baltimore 2017, S. 105–121.
Nipperdey, Thomas: „Die Funktion der Utopie im politischen Denken der Neuzeit", in: *Archiv für Kulturgeschichte* 44.3 (1962), S. 357–378.
Nisbet, Hugh Barr: *Lessing. Eine Biographie*, übers. v. Karl S. Guthke, München 2008.
Nolte, Peter: *Der Kaufmann in der deutschen Sprache und Literatur des Mittelalters*, Diss., Univ. Göttingen, 1909.

Nonnenmacher, Kai: „Frédéric Beigbeder", in: Gerhard Wild (Hg.): *Kindler Kompakt: Französische Literatur, 20. Jahrhundert*, Stuttgart 2016, S. 201–203.
Norris, Frank: *A Deal in Wheat and Other Stories of the New and Old West*, New York 1903a.
Norris, Frank: *The Pit. A Story of Chicago*, New York 1903b.
North, Michael: *Kleine Geschichte des Geldes. Vom Mittelalter bis heute*, München 2009.
Novalis: *Schriften. Die Werke Friedrich von Hardenbergs*, 6 Bde., hg. v. Paul Kluckhohn und Richard Samuel, Darmstadt 1977 ff.
Nugent, Teresa Lanpher: „Usury and Counterfeiting in Wilson's ‚The Three Ladies of London' and ‚The Three Lords and Ladies of London', and in Shakespeare's ‚Measure for Measure'", in: Linda Woodbridge (Hg.): *Money and the Age of Shakespeare. Essays in New Economic Criticism*, New York 2003, S. 201–217.

O'Connell, Sanjida: *Sugar. The Grass that Changed the World*, London 2004.
O'Gorman, Francis: *Victorian Literature and Finance*, Oxford/New York 2007.
Obendiek, Harald: *Konturen des Kaufmanns. Die Entstehung eines beruflichen Leitbildes in der belletristischen Literatur des 19. Jahrhunderts*, Gelsenkirchen 1984.
Oesterle, Günter: „Juden, Philister und romantische Intellektuelle. Überlegungen zum Antisemitismus in der Romantik", in: *Athenäum. Jahrbuch der Friedrich Schlegel-Gesellschaft* 2 (1992), S. 55–89.
Oexle, Otto Gerhard: „Armut, Armutsbegriff und Armenfürsorge im Mittelalter", in: Christoph Sachße und Florian Tennstedt (Hg.): *Soziale Sicherheit und soziale Disziplinierung. Beiträge zu einer historischen Theorie der Sozialpolitik*, Frankfurt a. M. 1986, S. 73–100.
Oexle, Otto Gerhard: „Potens und Pauper im Frühmittelalter", in: Wolfgang Harms und Klaus Speckenbach (Hg.): *Bildhafte Rede in Mittelalter und früher Neuzeit. Probleme ihrer Funktion und ihrer Legitimation*, Tübingen 1992, S. 131–149.
Ollivier, Sophie: „Argent et révolution dans ‚Les Démons'", in: *Dostoevsky Studies* 5 (1984), S. 101–115.
Ong, Walter J.: *Orality and Literacy. The Technologizing of the Word*, 30th Anniversary Edition, London/New York 2012.
Oring, Elliott: *The Jokes of Sigmund Freud. A Study in Humor and Jewish Identity*, Philadelphia 1984.
Orléan, André: *Le pouvoir de la finance*, Paris 1999.
Orléan, André: „Le modèle balzacien de la monnaie", in: Alexandre Péraud (Hg.): *La Comédie (in)humaine de l'argent*, Lormont 2013.
Ort, Claus-Michael: „‚Sozialgeschichte' als Herausforderung der Literaturwissenschaft. Zur Aktualität eines Projekts", in: Martin Huber und Gerhard Lauer (Hg.): *Nach der Sozialgeschichte. Konzepte für eine Literaturwissenschaft zwischen Historischer Anthropologie, Kulturgeschichte und Medientheorie*, Tübingen 2000, S. 113–128.
Ortiz, Luis: „Auszugsweise Übersetzung aus Luis Ortiz' ‚Buch über die Frage, wie in Spanien dem Müßiggang Abhilfe zu schaffen und die Arbeit zu befördern sei'", in: Bertram Schefold (Hg.): *Vademecum zu zwei Klassikern des spanischen Wirtschaftsdenkens*, Düsseldorf 1998, S. 115–178.
Orwell, George: *Neunzehnhundertvierundachtzig. Ein utopischer Roman*, übers. v. Kurt Wagenseil, Zürich 1950.
Óskarsson, Guðmundur: *Bankster. Roman* [2009], Frankfurt a. M. 2011.
Oslington, Paul (Hg.): *Adam Smith as Theologian*, London 2011.

Oslington, Paul: „God and the Market: Adam Smith's Invisible Hand", in: *Journal of Business Ethics* 108 (2012), S. 429–438.
Osteen, Mark: *The Economy of Ulysses. Making Both Ends Meet*, Syracuse, NY 1995.
Osten, Esther von der: „Arme Erinyen. Armut bei Hesiod und Aischylos", in: Elke Brüns (Hg.): *Ökonomien der Armut. Soziale Verhältnisse in der Literatur*, München 2008, S. 21–42.
Osterhammel, Jürgen: *Die Verwandlung der Welt. Eine Geschichte des 19. Jahrhunderts*, München 2009.
Ostwald, Hans: „Höker und Hausierer", in: ders.: *Die Berlinerin: Kultur- und Sittengeschichte Berlins*, Berlin 1921, S. 347–366.
Ostwald, Hans: *Sittengeschichte der Inflation. Ein Kulturdokument aus den Jahren des Marktsturzes*, Berlin 1931.
Ostwald, Hans: *Berlinerisch*, München 1932.
Oswald, Georg M.: *Alles was zählt. Roman*, München/Wien 2000.
Oswald, Marion: *Gabe und Gewalt. Studien zur Logik und Poetik der Gabe in der frühhöfischen Erzählliteratur*, Göttingen 2004.
Ottmann, Henning: *Geschichte des politischen Denkens. Von den Anfängen bei den Griechen bis auf unsere Zeit*, 8 Teilbde., Stuttgart/Weimar 2001 ff.
Otto-Peters, Louise: *Schloß und Fabrik. Roman. Erste vollständige Ausgabe des 1846 zensierten Romans*, Leipzig 1996.
Ottwalt, Ernst: „‚Tatsachenroman' und Formexperiment. Eine Entgegnung an Georg Lukács", in: *Die Linkskurve* 4.10 (1932), S. 21–26.
Oved, Yaacov: *Two Hundred Years of American Communes*, New Brunswick, NJ 1988.
Ovid: *Metamorphosen. Lateinisch / Deutsch*, übers. und hg. v. Michael von Albrecht, Stuttgart 1994.

Pacioli, Luca: *Abhandlung über die Buchhaltung* [1494], übers. v. Baluin Penndorf, Stuttgart 2009.
Packard, Vance: *Die geheimen Verführer. Der Griff nach dem Unbewußten in jedermann*, übers. v. Hermann Kusterer, Düsseldorf 1958.
Pahl, Hanno: *Das Geld in der modernen Wirtschaft. Marx und Luhmann im Vergleich*, Frankfurt a. M./New York 2008.
Paine, Ralph D.: *The Book of Buried Treasure. Being a True History of the Gold, Jewels, and Plate of Pirates, Galleons, etc., Which are Sought for to This Day*, London 1911.
Pallach, Ulrich-Christian: *Materielle Kultur und Mentalitäten im 18. Jahrhundert. Wirtschaftliche Entwicklung und politisch-sozialer Funktionswandel des Luxus in Frankreich und im Alten Reich am Ende des Ancien Régime*, München 1987.
Palumbo-Lui, David u. a. (Hg.): *Immanuel Wallerstein and the Problem of the World. System, Scale, Culture*, Durham, NC/London 2011.
Palyi, Melchior: *Romantische Geldtheorie*, Diss., Univ. Tübingen, 1916.
Pankoke, Eckart: *Die Arbeitsfrage. Arbeitsmoral, Beschäftigungskrisen und Wohlfahrtspolitik im Industriezeitalter*, Frankfurt a. M. 1990.
Pape, Walter: „Symbol des Sozialen. Zur Funktion des Geldes in der Komödie des 18. und 19. Jahrhunderts", in: *Internationales Archiv für Sozialgeschichte der Literatur* 13 (1988), S. 45–69.
Pape, Walter: „Comic Illusion and Illusion in Comedy: The Discourse of Emotional Freedom", in: ders. und Frederick Burwick (Hg.): *Aesthetic Illusion. Theoretical and Historical Approaches*, Berlin/New York 1990, S. 229–249.

Pape, Walter: „,Der Schein der Wirklichkeit'. Monetäre Metaphorik und monetäre Realität auf dem Wiener Volkstheater und am Burgtheater: Nestroy und Bauernfeld", in: Hans-Peter Ecker und Michael Titzmann (Hg.): *Realismus-Studien. Hartmut Laufhütte zum 65. Geburtstag*, Würzburg 2002, S. 45–59.

Pareto, Vilfredo: *System der allgemeinen Soziologie* [1916], übers. und hg. v. Gottfried Eisermann, Stuttgart 1962.

Pareto, Vilfredo: *Manuel d'économie politique* [1906], Genf 1966.

Pariente, Jean-Claude: „Présentation", in: Jean-Claude Pariente (Hg.): *Essais sur le langage*, Paris 1969, S. 9–35.

Parks, Lynn A.: *Capitalism in Early American Literature. Texts and Contexts*, New York u. a. 1996.

Pascal, Blaise: *Œuvres complètes*, 2 Bde., hg. v. Michel Le Guern, Paris 1998.

Pasolini, Pier Paolo: *Freibeuterschriften. Die Zerstörung der Kultur des Einzelnen durch die Konsumgesellschaft*, übers. v. Thomas Eisenhardt, Berlin 2016.

Pauli, Johannes: *Schimpf und Ernst* [1522], hg. v. Johannes Bolte, Bd. 1, Berlin 1924.

Pechon de Ruby: *La vie généreuse des mercelots, gueux et bohémiens* [1596]. Paris 1999.

Pellegrin, Pierre: „La theorie aristotélicienne de l'esclavage. Tendances actuelles de l'interprétation", in: *Revue philosophique de la France et de l'étranger* 172 (1982), S. 345–357.

Péraud, Alexandre: *Le crédit dans la poétique balzacienne*, Paris 2012.

Perinbanayagam, Robert: „The Coinage of the Self: Money, Signs, and the Social Self", in: Norman K. Denzin (Hg.): *Blue Ribbon Papers: Interactionism. The Emerging Landscape*, Bingley 2011, S. 107–136.

Perraudin, Michael: „Heines vielfältige Zukünfte", in: Norbert Otto Eke, Karin Füllner und Francesca Vidal (Hg.): *„Zuckererbsen für Jedermann": Literatur und Utopie. Heine und Bloch heute*, Bielefeld 2014, S. 21–44.

Perthes, Friedrich Christoph: *Der deutsche Buchhandel als Bedingung des Daseins einer deutschen Literatur* [1816], hg. v. Gerd Schulz, Stuttgart 1967.

Peter, Nina: „Kollabierende Sprachsysteme. Zwei Strategien sprachlicher Verarbeitung der Geldwirtschaft", in: Christine Künzel und Dirk Hempel (Hg.): *Finanzen und Fiktionen. Grenzgänge zwischen Literatur und Wirtschaft*, Frankfurt a. M./New York 2011, S. 137–154.

Peters, Karin: *Der gespenstische Souverän. Opfer und Autorschaft im 20. Jahrhundert*, München 2013.

Pethes, Nicolas: *Zöglinge der Natur. Der literarische Menschenversuch des 18. Jahrhunderts*, Göttingen 2007.

Petrey, Sandy: „Zola and the Representation of Society", in: Brian Nelson (Hg.): *The Cambridge Companion to Zola*, Cambridge 2007, S. 39–52.

Petriconi, Helmut: „Zur Chronologie und Verbreitung des spanischen Schelmenromans" [1928], in: Helmut Heidenreich (Hg.): *Pikarische Welt. Schriften zum europäischen Schelmenroman*, Darmstadt 1969, S. 61–78.

Petsch, Robert: *Deutsche Literaturwissenschaft. Aufsätze zur Begründung der Methode*, Berlin 1940.

Petty, William: *Economic Writings*, hg. v. Charles Henry Hull, Bd. 1, New York 1963.

Petzer, Tatjana: „Auferweckung als Programm. Entgrenzung des Lebendigen in der russischen Moderne", in: Katrin Solhdju und Ulrike Vedder (Hg.): *Das Leben vom Tode her. Zur Kulturgeschichte einer Grenzziehung*, Paderborn 2015, S. 117–137.

Pfeiffer, Georg Wilhelm: *Actenmäßige Nachrichten über das Gaunergesindel am Rhein und Main und in den an diese Gegenden grenzenden Ländern*, Frankfurt a. M. 1828.

Pfeiffer, Helmut: „Glück und List. ‚Decameron' II 4 und II 9", in: Walter Haug und Burghart Wachinger (Hg.): *Fortuna*, Tübingen 1995, S. 110–142.

Pfeiffer, Johann Friedrich von: *Lehrbegrif sämmtlicher oeconomischer und Cameralwissenschaften*, 4 Bde., Mannheim 1777–1779.

Pfeisinger, Gerhard: *Arbeitsdisziplinierung und frühe Industrialisierung 1750–1820*, Wien/Köln/Weimar 2006.

Phelan, Anthony: „‚Das Centrum das Symbol des Goldes': Analogy and Money in ‚Heinrich von Ofterdingen'", in: *German Life and Letters* 37.4 (1984), S. 307–321.

Piaget, Jean: *Le structuralisme*, 3. Auflage, Paris 1968.

Picht, Georg: *Kunst und Mythos. Vorlesungen und Schriften*, Stuttgart 1986.

Picquenard, Jean-Baptiste: „Adonis, ou le bon nègre, anecdote coloniale" [1798], in: Youmna Charara (Hg.): *Fictions coloniales du XVIIIe siècle*, Paris 2005, S. 173–191.

[Pierer] *Pierer's Universal-Lexikon der Vergangenheit und Gegenwart*, 19 Bde., Altenburg 1857.

Piketty, Thomas: *Le capital au XXIe siècle*, Paris 2013.

Pirenne, Henri: *Les villes du Moyen Âge. Essai d'histoire économique et sociale*, Paris 1992.

Pizer, John: „Duplication, Fungibility, Dialectics and the ‚Epic Naiveté' of Gottfried Keller's ‚Martin Salander'", in: *Colloquia Germanica* 25 (1992), S. 1–18.

Plass, Ulrich: „Nach Lukács: Realistische Schreibweisen in Krachts ‚Imperium' und Sebalds ‚Die Ringe des Saturn'", in: Veronika Thanner u. a. (Hg.): *Die Wirklichkeit des Realismus*, Paderborn 2018, S. 239–254.

Plehwe, Dieter: „Introduction", in: Philip Mirowski und D. Plehwe (Hg.): *The Road from Mont Pelerin: The Making of the Neoliberal Thought Collective*, Cambridge 2015, S. 1–41.

Plumpe, Gerhard: „Eigentum – Eigentümlichkeit. Über den Zusammenhang ästhetischer und juristischer Begriffe im 18. Jahrhundert", in: *Archiv für Begriffsgeschichte* 23 (1979), S. 175–196.

Plumpe, Gerhard: *Epochen moderner Literatur. Ein systemtheoretischer Entwurf*, Wiesbaden 1995.

Plumpe, Gerhard: „Vorbemerkung", in: Edward McInnes und ders. (Hg.): *Bürgerlicher Realismus und Gründerzeit: 1848–1890*, München 1996, S. 7–15.

Plumpe, Gerhard, und Niels Werber: „Umwelten der Literatur", in: dies. (Hg.): *Beobachtungen der Literatur. Aspekte einer polykontexturalen Literaturwissenschaft*, Opladen 1995, S. 9–33.

Plutarch: *Lebensbeschreibungen. Gesamtausgabe*, 6 Bde., übers. v. Johann Friedrich Kaltwasser, bearb. v. Hanns Floerke, rev. v. Ludwig Kröner, München 1964 ff.

Poe, Edgar Allan: *Unheimliche Geschichten*, hg. v. Charles Baudelaire, übers. v. Andreas Nohl, München 2017.

Pohl, Hans: „Banken und Bankgeschäfte bis zur Mitte des 19. Jahrhunderts", in: ders. (Hg.): *Europäische Bankengeschichte*, Frankfurt a. M. 1993, S. 196–217.

Pohl, Hans und Jachmich, Gabriele: „Einführung", in: Hans Pohl (Hg.): *Europäische Bankengeschichte*, Frankfurt a. M. 1993, S. 13–30.

Polanyi, Karl: *The Great Transformation. Politische und ökonomische Ursprünge von Gesellschaften und Wirtschaftssystemen*, übers. v. Heinrich Jelinek, Frankfurt a. M. 1990.

Polanyi, Karl: *The Great Transformation. The Political and Economic Origins of Our Time*, Boston 2001.

Poley, Jared: *The Devil's Riches. A Modern History of Greed*, New York/Oxford 2016.

Pomeroy, Sarah B.: *Families in Classical and Hellenistic Greece. Representations and Realities*, Oxford 1997.

Ponzio, Augusto: „Von der Semiotik des gerechten Tauschs zu einer Kritik des Zeichenprozesses", in: *Zeitschrift für Semiotik* 10 (1988), S. 33–43.
Poovey, Mary: *Making a Social Body. British Cultural Formation, 1830–1864*, Chicago/London 1995.
Poovey, Mary: *A History of the Modern Fact: Problems of Knowledge in the Science of Wealth and Society*, Chicago 1998.
Poovey, Mary: *Genres of the Credit Economy: Mediating Value in Eighteenth- and Nineteenth-Century Britain*, Chicago 2008.
Porter, Jillian: *Money and Mad Ambition. Economies of Russian Literature 1830–1850*, Diss., Univ. of California, Berkeley, 2011. digitalassets.lib.berkeley.edu/etd/ucb/text/Porter_berkeley_0028E_11639.pdf (30. Juni 2019).
Porter, Jillian: „The Double, the Ruble, the Real: Counterfeit Money in Dostoevsky's ‚Dvoinik'", in: *Slavic and East European Journal* 58.3 (2014), S. 378–393.
Pound, Ezra: *Literary Essays*, hg. v. T. S. Eliot, New York 1968.
Pound, Ezra: *Selected Prose, 1909–1965*, New York 1973.
Pound, Ezra: *Usura-Cantos XLV und LI. Texte, Entwürfe und Fragmente*, hg. und komm. v. Eva Hesse, Zürich 1985.
Pound, Ezra: *Die Cantos. Zweisprachige Ausgabe*, hg. und komm. v. Heinz Ickstadt und Manfred Pfister, übers. v. Eva Hesse, 2. Aufl., Zürich 2013.
Pound, Ezra, und James Joyce: *Die Geschichte ihrer Beziehung in Briefen und Dokumenten*, hg. v. Forrest Read, übers. v. Hiltrud Marschall und Kurt Heinrich Hansen, Zürich 1972.
Prat Valdés, Blanca E.: „Morus und Rousseau: Sehnsucht nach einer moralisierenden Welt?", in: Ulrich Arnswald und Hans-Peter Schütt (Hg.): *Thomas Morus' Utopia und das Genre der Utopie in der Politischen Philosophie*, Karlsruhe 2010, S. 55–74.
Prawer, Siegbert S.: *Karl Marx und die Weltliteratur*, übers. v. Christian Spiel, München 1983.
Prell, Marcus: *Sozialökonomische Untersuchungen zur Armut im antiken Rom. Von den Gracchen bis Kaiser Diokletian*, Stuttgart 1997.
Prévost, Antoine-François: „Le discours de Moses Bom-Saam, chef des nègres révoltés", in: *Le Pour et Contre*, Bd. VI (1735), S. 337–360.
Prévost, Antoine-François: *Histoire du Chevalier Des Grieux et de Manon Lescaut* [1731], Paris 1972.
Prévost, Pierre: *De l'économie des anciens gouvernemens comparée à celle des gouvernemens modernes*, Berlin 1783.
Priddat, Birger P.: *Produktive Kraft, sittliche Ordnung und geistige Macht. Denkstile der deutschen Nationalökonomie im 18. und 19. Jahrhundert*, Marburg 1998.
Priddat, Birger P.: „Moral als Kontext von Gütern. Choice and Semantics", in: ders. und Peter Koslowski (Hg.): *Ethik des Konsums*, München 2006, S. 9–22.
Priddat, Birger P.: „Güter und Werte sind Interpretation: Sprache und Ökonomie", in: Alihan Kabalak u. a. (Hg.): *Ökonomie, Sprache, Kommunikation. Neuere Einsichten zur Ökonomie*, Marburg 2008, S. 21–51.
Priddat, Birger P.: „Ökonomie als Produktion der Literatur? Wissen und Nichtwissen im Literatur-Ökonomie-Spannungsfeld", in: Iuditha Balint und Sebastian Zilles (Hg.): *Literarische Ökonomik*, Paderborn 2014, S. 159–178.
Primavesi, Oliver: „Tetraktys und Göttereid bei Empedokles: Der pythagoreische Zeitplan des kosmischen Zyklus", in: Friedrich Kittler u. a. (Hg.): *Götter und Schriften rund ums Mittelmeer*, Paderborn 2017, S. 229–316.
Proust, Marcel: *À la recherche du temps perdu*, 4 Bde., hg. v. Jean-Yves Tadié, Paris 1987.

Prümm, Karl: „Nachwort", in: Erik Reger: *Union der festen Hand*, Reinbek bei Hamburg 1979, S. 509–568.
Psomiades, Kathy Alexis: „The Marriage Plot in Theory", in: *Novel. A Forum on Fiction* 43.1 (2010), S. 53–59.
Pudelek, Jan-Peter: Art. „Werk", in: Karlheinz Barck u. a. (Hg.): *Ästhetische Grundbegriffe*, Bd. 6, Stuttgart/Weimar 2010, S. 520–588.
Pugliatti, Paola: *Beggary and Theatre in Early Modern England*, Burlington, VT 2003.
Purtschert, Patricia u. a.: „Einleitung", in: dies. (Hg.): *Gouvernementalität und Sicherheit. Zeitdiagnostische Beiträge im Anschluss an Foucault*, Bielefeld 2008, S. 7–18.
Püttmann, Hermann (Hg.): *Album. Originalpoesien*, Borna 1847.
Pynchon, Thomas: „Sloth", in: *New York Times*, 6. Juni 1993.
Pynchon, Thomas: *Against the Day*, London 2016.

Quent, Marcus: „Bewegliches Denken – Kunst, Philosophie, Gesellschaft", in: ders. und Eckardt Lindner: *Das Versprechen der Kunst. Aktuelle Zugänge zu Adornos Ästhetischer Theorie*, Wien 2014, S. 21–40.
Quesnay, François: *Tableau économique*, Berlin 1965.
Quesnay, François: „Das ökonomische Tableau" [1758], in: ders.: *Ökonomische Schriften*, Bd. 1, hg. und übers. v. Marguerite Kuczynski, Berlin 1971, S. 337–352.
Quevedo, Francisco de: *El Buscón* [1626]. Madrid 2005.

Raabe, Wilhelm: „Pfisters Mühle. Ein Sommerferienheft", in: ders.: *Sämtliche Werke* (= Braunschweiger Ausgabe), Bd. 16, hg. v. Karl Hoppe und Jost Schillemeit, Göttingen 1970, S. 5–178.
Rabasa, José: *Writing Violence on the Northern Frontier. The Historiography of Sixteenth-Century New Mexico and Florida and the Legacy of Conquest*, Durham, NC/London 2000.
Rabelais, François: *Œuvres. Édition critique*, hg. v. Abel Lefranc, 6 Bde., Paris 1913 ff.
Rabelais, François: *Gargantua und Pantagruel* [1532 ff.], Berlin 2013.
Rabinbach, Anson: *The Human Motor. Energy, Fatigue, and the Origins of Modernity*, Berkeley 1992.
Raff, Thomas: „Das Bild der Armut im Mittelalter", in: Otto Gerhard Oexle (Hg.): *Armut im Mittelalter*, Ostfildern 2004, S. 9–25.
Raimund, Ferdinand: *Das Mädchen aus der Feenwelt oder Der Bauer als Millionär* [1826], hg. im Auftr. der Raimundgesellschaft von Gottfried Riedl, Wien 2003.
Raimund, Ferdinand: *Der Verschwender* [1834], hg. im Auftr. der Raimundgesellschaft von Gottfried Riedl, Wien 2005.
Rainer, János M.: *A Kádár-korszak 1956–1989*, Budapest 2010.
Rakow, Christian: *Die Ökonomien des Realismus. Kulturpoetische Untersuchungen zur Literatur und Volkswirtschaftslehre 1850–1900*, Berlin/Boston 2013.
Rammstedt, Otthein: „Zur List der kapitalistischen Vernunft. Soziologische Überlegungen zum Kriminalroman im ‚Geiste' des Kapitalismus", in: Bruno Franceschini und Carsten Würmann (Hg.): *Verbrechen als Passion. Neue Untersuchungen zum Kriminalgenre*, Berlin 2004, S. 257–268.
Rancière, Jacques: „Utopisten, Bürger und Proletarier", in: Karl Markus Michel und Harald Wieser (Hg.): *Kursbuch 52: Utopien I. Zweifel an der Zukunft*, Berlin 1978, S. 146–158.

Rancière, Jacques: *Die Nacht der Proletarier. Archive des Arbeitertraums*, übers. v. Brita Pohl, Wien/Berlin 2013.

Rancière, Jacques: *Kurze Reisen ins Land des Volkes*, hg. v. Peter Engelmann, übers. v. Richard Steurer-Boulard, Wien 2014.

Rancière, Jacques: „Der Begriff des Anachronismus und Wahrheit des Historikers", in: Eva Kernbauer (Hg.): *Kunstgeschichtlichkeit. Historizität und Anachronie in der Gegenwartskunst*, Paderborn 2015, S. 33–50.

Rand, Ayn: *Atlas Shrugged. A Novel*, New York/London 1957.

Raphael, David D.: *Adam Smith*, übers. v. Udo Rennert, Frankfurt a. M./New York 1991.

Raphael, Max: *Marx Picasso. Zur Renaissance des Mythos in der bürgerlichen Gesellschaft*, Frankfurt a. M. 1989.

Rapisarda, Cettina: „Eine Heimat für die Dinge. Zu einigen Motiven bei Nelly Sachs", in: Irmela von der Lühe u. a. (Hg.): *Wechsel der Orte. Studien zum Wandel des literarischen Geschichtsbewußtseins*, Göttingen 1997, S. 23–38.

Rarisch, Ilsedore: *Das Unternehmerbild in der deutschen Erzählliteratur der ersten Hälfte des 19. Jahrhunderts. Ein Beitrag zur Rezeption der frühen Industrialisierung in der belletristischen Literatur*, Berlin 1977.

Rau, Karl Heinrich: *Ueber den Luxus*, Erlangen 1817.

Raunig, Gerald, und Ulf Wuggenig (Hg.): *Die Kritik der Kreativität*, Wien 2007.

Rautenberg, Ursula, und Dirk Wetzel: *Buch*, Tübingen 2001.

Raynal, Abbé G. Th.: *Histoire philosophique & politique des deux Indes. Avertissement et choix des textes par Yves Bénot* [1770 ff.], Paris 2001.

Real Ramos, César: „‚Fingierte Armut' als Obsession und die Geburt des auktorialen Erzählers in der Picaresca", in: Gisela Smolka-Koerdt (Hg.): *Der Ursprung von Literatur. Medien, Rollen, Kommunikationssituationen zwischen 1450 und 1650*, München 1988, S. 89–110.

Recchio, Thomas: „Melodrama and the Production of Affective Knowledge in Mary Barton", in: *Studies in the Novel* 43.3 (2011), S. 289–305.

Reckwitz, Andreas: *Unscharfe Grenzen. Perspektiven der Kultursoziologie*, Bielefeld 2008.

Reckwitz, Andreas: *Die Erfindung der Kreativität. Zum Prozess gesellschaftlicher Ästhetisierung*, Berlin 2012.

Reder, Christian (Hg.): *Lesebuch Projekte. Vorgriffe, Ausbrüche in die Ferne*, Wien/New York 2006.

Redi, Francesco: *Osservazioni intorno agli animali viventi che si trovano negli animali viventi*, Florenz 1684.

Reeve, Clara: *The Old English Baron. A Gothic Story* [1778], London 1967.

Reffait, Christophe: „Libéralisme et naturalisme: remarques sur la pensée économique de Zola à partir de ‚Germinal'", in: *Romanic Review* 102.3-4 (2011), S. 427–448.

Reger, Erik: *Union der festen Hand. Der große Schlüssel- und Industrieroman der Weimarer Republik*, Reinbek bei Hamburg 1979.

Reheis, Fritz: *Die Kreativität der Langsamkeit. Wohlstand durch Entschleunigung*, Darmstadt 2008.

Reich, Robert B.: *Die neue Weltwirtschaft. Das Ende der nationalen Ökonomie*, übers. v. Hans-Ulrich Seebohm, Frankfurt a. M. 1993.

Reichert, Ramón: *Amateure im Netz. Selbstmanagement und Wissenstechnik im Web 2.0*, Bielefeld 2008.

Reichert, Ramón: *Das Wissen der Börse. Medien und Praktiken des Finanzmarktes*, Bielefeld 2009.
Reichlin, Susanne: *Ökonomien des Begehrens, Ökonomien des Erzählens. Zur poetologischen Dimension des Tauschens in Mären*, Göttingen 2009.
Reinhardt, Dirk: *Von der Reklame zum Marketing*, Münster 1993.
Reininghaus, Wilfried: „Wanderhandel in Deutschland. Ein Überblick über Geschichte, Erscheinungsformen und Forschungsprobleme", in: ders. (Hg.): *Wanderhandel in Europa. Beiträge zur wissenschaftlichen Tagung in Ibbenbüren, Mettingen, Recke und Hopsten vom 9. bis 11. Oktober 1992*, Dortmund 1993, S. 31–45.
Reinmar von Zweter: *Die Gedichte Reinmars von Zweter*, hg. v. Gustav Roethe, Leipzig 1887.
Reith, Reinhold: „Einleitung. ‚Luxus und Konsum' – eine historische Annäherung", in: ders. und Torsten Meyer (Hg.): *„Luxus und Konsum" – eine historische Annäherung*, Münster u. a. 2003, S. 9–27.
Renner, Ursula: „Hofmannsthals ‚Jedermann'. ‚Die Allegorie des Dieners Mammon' zwischen Tradition und Moderne", in: Peter Csobádi u. a. (Hg.): *Welttheater, Mysterienspiel, rituelles Theater. „Vom Himmel durch die Welt zur Hölle". Gesammelte Vorträge des Salzburger Symposions 1991*. Anif/Salzburg 1992, S. 435–448.
Reulecke, Anne-Kathrin: „Ohne Anführungszeichen. Literatur und Plagiat", in: dies. (Hg.): *Fälschungen. Zu Autorschaft und Beweis in Wissenschaften und Künsten*, Frankfurt a. M. 2006, S. 265–290.
Reulecke, Anne-Kathrin: *Täuschend, ähnlich. Fälschung und Plagiat als Figuren des Wissens in Literatur und Wissenschaften. Eine philologisch-kulturwissenschaftliche Studie*, Paderborn 2016.
Rexer, Andrea: „Die Schuld für die Schulden. George Soros zur Euro-Krise", in: *Süddeutsche Zeitung*, 11. April 2013. http://www.sueddeutsche.de/wirtschaft/george-soros-zur-euro-krise-die-schuld-fuer-die-schulden-1.1645930 (30. Juni 2019).
Rexroth, Frank: *Das Milieu der Nacht. Obrigkeit und Randgruppen im spätmittelalterlichen London*, Göttingen 1999.
Rheinheimer, Martin: *Arme, Bettler und Vaganten. Überleben in der Not 1450–1850*, Frankfurt a. M. 2002.
Rhys, Jean: *Wide Sargasso Sea* [1966], New York/London 2016.
Ribov, Georg Heinrich: *De oeconomia Patrum et methodo disputandi kat' oikonomian*, Göttingen 1748.
Ricardo, David: *On the Principles of Political Economy and Taxation*, London 1817.
Ricardo, David: *Die Grundsätze der politischen Oekonomie oder der Staatswirthschaft und der Besteuerung. Nebst erläuternden und kritischen Anmerkungen von J. B. Say*, übers. v. Christian August Schmidt, Weimar 1821.
Ricardo, David: *Über die Grundsätze der politischen Ökonomie und der Besteuerung*, übers. v. Gerhard Bondi, Berlin 1959.
Richard, Jean-Pierre: *Proust et le monde sensible*, Paris 1990.
Richarz, Monika: Art.: „Hausierer", in: Dan Diner (Hg.): *Enzyklopädie jüdischer Geschichte und Kultur*, Bd. 2: *Co–Ha*, Darmstadt 2012, S. 556–558.
Richter, Falk: *Unter Eis. Stücke*, Frankfurt a. M. 2005.
Richter, Gerhard: *Oikonomia. Der Gebrauch des Wortes Oikonomia im Neuen Testament, bei den Kirchenvätern und in der theologischen Literatur bis ins 20. Jahrhundert*, Berlin/New York 2005.

Richter, Sandra: *Mensch und Markt. Warum wir den Wettbewerb fürchten und ihn trotzdem brauchen*, Hamburg 2012.
Ridder, Klaus: *Mittelhochdeutsche Minne- und Aventiureromane. Fiktion, Geschichte und literarische Tradition im späthöfischen Roman: ‚Reinfried von Braunschweig', ‚Wilhelm von Österreich', ‚Friedrich von Schwaben'*, Berlin/New York 1998.
Riedel, Adolph Friedrich: *Nationalöconomie oder Volkswirthschaft*, 3 Bde., Berlin 1838 ff.
Riedel, Manfred: Art. „Bürger, Staatsbürger, Bürgertum", in: Otto Brunner u. a. (Hg.): *Geschichtliche Grundbegriffe. Historisches Lexikon zur politisch-sozialen Sprache in Deutschland*, Bd. 1, Stuttgart 1972, S. 672–725.
Riehl, Wilhelm Heinrich: *Naturgeschichte des Volkes als Grundlage einer deutschen Social-Politik*, Bd. 2: *Die bürgerliche Gesellschaft*, 6. Aufl., Stuttgart 1866.
Riesco, Manuel: „Neoliberalism, a Counter-Revolution in Chile", in: Ximena de la Barra (Hg.): *Neoliberalism's Fractured Showcase. Another Chile is Possible*, Leiden/Boston 2011, S. 13–45.
Riese, Hajo: „Geld – das letzte Rätsel der Nationalökonomie", in: Waltraud Schelkle und Manfred Nitsch (Hg.): *Rätsel Geld: Annäherungen aus ökonomischer, soziologischer und historischer Sicht*, Marburg 1995, S. 45–62.
Riess, Werner: *Apuleius und die Räuber. Ein Beitrag zur historischen Kriminalitätsforschung*, Stuttgart 2001.
Rifkin, Jeremy: *The End of Work. The Decline of the Global Labor Force and the Dawn of the Post-Market Era*, New York 1995.
Rifkin, Jeremy: *Access. Das Verschwinden des Eigentums. Warum wir weniger besitzen und mehr ausgeben werden*, übers. v. Klaus Binder und Tatjana Eggeling, Frankfurt a. M./New York 2000.
Rink, Elisabeth: *„Arbeit" und „Proletariat" im deutschen und französischen Roman vor 1848*, Essen 2014.
Rinke, Moritz: „Republik Vineta. Ein Stück in vier Akten", in: ders.: *Trilogie der Verlorenen. Stücke*, Reinbek bei Hamburg 2002, S. 153–235.
Rist, Charles: *Geschichte der Geld- und Kredittheorien von John Law bis heute*, Bern 1947.
Rist, Gilbert: *The Delusions of Economics. The Misguided Certainties of a Hazardous Science*, übers. v. Patrick Camiller, London/New York 2011.
Ritthaler, Eva: *Ökonomische Bildung. Wirtschaft in deutschen Entwicklungsromanen von Goethe bis Heinrich Mann*, Würzburg 2017.
Roepstorff-Robiano, Philippe: *Kreditfiktionen. Der europäische Realismus und die Kunst, seine Schulden zu erzählen*, Diss., HU Berlin, 2017 [erscheint 2020 im Fink Verlag].
Roesler, Jörg: „Demokratische und technokratische Wirtschaftsreformer in der DDR: Die politischen Schicksale von Fritz Behrens und Wolfgang Berger", in: *WeltTrends. Zeitschrift für internationale Politik und vergleichende Studien*, H. 18 (1998), S. 115–130.
Röggla, Kathrin: *wir schlafen nicht. roman*, Frankfurt a. M. 2004.
Röggla, Kathrin: „Beitrag zu einem kleinen Wachstumsmarathon", in: dies.: *Besser wäre: keine. Essays und Theater*, Frankfurt a. M. 2013, S. 185–208.
Röggla, Kathrin: „Das Erzählen in der Zukunft", in: *Hundertvierzehn. Das literarische Online-Magazin des S. Fischer-Verlags*, 2014. http://www.hundertvierzehn.de/artikel/kathrin-röggla-das-erzählen-der-zukunft_475.html (30. Juni 2019).
Rohr, Julius Bernhard von: *Compendieuse Haußhaltungs-Bibliotheck. Darinnen nicht allein Die neuesten und besten Autores, Die so wohl Von der Haußhaltung überhaupt, Als vom Ackerbau, Viehzucht, Jägerey, Gärtnerey, Kochen, Bierbrauen, Weinbergen, Wäldern,*

Bergwercken u.s.w. geschrieben, recensiret und beurtheilet, Sondern auch überall Des Autoris eigene Meditationes, Nebst andern curieusen Observationen aus den Antiquitæten, der Physic und Mathematic eingemischet werden, Leipzig 1716.
Rohrbacher, Stefan, und Michael Schmidt: *Judenbilder. Kulturgeschichte antijüdischer Mythen und antisemitischer Vorurteile*, Reinbek bei Hamburg 1991.
Roover, Raymond de: *L'Évolution de la lettre de change, XIVe-XVIIIe siècle*, Paris 1953.
Roper, Katherine: *German Encounters With Modernity. Novels of Imperial Berlin*, London u. a. 1991.
Rorty, Richard: „Introduction: Metaphilosophical Difficulties of Linguistic Philosophy", in: ders. (Hg.): *The Linguistic Turn. Recent Essays in Philosophical Method*, Chicago/London 1967, S. 1–39.
Roscalla, Fabio: „La letteratura economica", in: Giuseppe Cambiano u. a. (Hg.): *Lo spazio letterario della Grecia antica*, Rom 1992, S. 473–491.
Roscher, Wilhelm: „Ueber den Luxus" [1841], in: ders.: *Ansichten der Volkswirthschaft aus dem geschichtlichen Standpunkte*, Bd. 1, Leipzig/Heidelberg 1878, S. 103–203.
Roscher, Wilhelm: *Grundlagen der Nationalökonomie. Ein Hand- und Lesebuch für Geschäftsmänner und Studierende*, 5. Aufl., Stuttgart 1964.
Rosenberg, Hans: *Große Depression und Bismarckzeit. Wirtschaftsablauf, Gesellschaft und Politik in Mitteleuropa*, Frankfurt a. M. u. a. 1976.
Rosenberg, Rainer: Art. „Literarisch / Literatur", in: Karlheinz Barck u. a. (Hg.): *Ästhetische Grundbegriffe*, Bd. 3, Stuttgart/Weimar 2010, S. 665–694.
Rosenshield, Gary: *The Ridiculous Jew. The Exploitation and Transformation of a Stereotype in Gogol, Turgenev, and Dostoevsky*, Stanford, CA 2008.
Rosnow, Ralph L., und Gary Alan Fine: *Rumor and Gossip. The Social Psychology of Hearsay*, New York u. a. 1976.
Rossi-Landi, Ferruccio: *Sprache als Arbeit und als Markt* [1968], München 1972.
Rossi-Landi, Ferruccio: *Linguistics and Economics*, Den Haag 1977.
Rossi-Landi, Ferruccio: *Between Signs and Non-Signs*, hg. v. Susan Petrilli, Amsterdam/ Philadelphia 1992.
Rössner, Michael: „‚La fable du Mexique' oder vom Zusammenbruch der Utopien. Über die Konfrontation europäischer Paradiesprojektionen mit dem Selbstverständnis des ‚indigenen' Mexiko in den 20er und 30er Jahren", in: Karl Hölz (Hg.): *Literarische Vermittlungen: Geschichte und Identität in der mexikanischen Literatur. Akten des Kolloquiums Trier 5. bis 7. Juni 1987*, Tübingen 1988, S. 47–60.
Roth, Joseph: „Schluß mit der ‚Neuen Sachlichkeit'!" [1930], in: Anton Kaes (Hg.): *Manifeste und Dokumente zur deutschen Literatur: 1918–1933*, Stuttgart 1983, S. 653–655.
Roth, Joseph: „Juden auf Wanderschaft", in: ders.: *Werke*, Bd. 2: *Das journalistische Werk, 1924–1928*, hg. v. Klaus Westermann, Köln 1990, S. 827–893.
Rothe, Matthias: „Sohn-Rethel, das Theoriekunstwerk", in: *Merkur*, H. 801 (2016), S. 32–45.
Rothschild, Emma und Amartya Sen: „Adam Smith's Economics", in: Knut Haakonssen (Hg.): *The Cambridge Companion to Adam Smith*, Cambridge 2006, S. 319–365.
Rotman, Brian: *Die Null und das Nichts. Eine Semiotik des Nullpunkts*, übers. von Petra Sonnenfeld, Berlin 2000.
Rötscher, Heinrich Theodor: *Die Kunst der dramatischen Darstellung. In ihrem organischen Zusammenhange wissenschaftlich entwickelt*, Berlin 1841.
Rötzer, Hans Gerd: *Picaro – Landstörtzer – Simplicius*, Darmstadt 1972.
Rötzer, Hans Gerd: *Der europäische Schelmenroman*, Stuttgart 2009.

Rousseau, Jean-Jacques: *Œuvres complètes*, 5 Bde., hg. von Bernard Gagnebin und Marcel Raymond, Paris 1959 ff.
Rousseau, Jean-Jacques: „Abhandlung über politische Ökonomie" [1755], in: ders.: *Politische Schriften*, Bd. 1, übers. v. Ludwig Schmidts, Paderborn 1977, S. 9–57.
Rousseau, Jean-Jacques: *Discours sur l'inégalité / Diskurs über die Ungleichheit*, hg. und übers. v. Heinrich Meier, 2. Aufl., Paderborn 1990.
Rüb, Renate: „Müll und Städtehygiene um 1900. Über Entstehung und Entsorgung eines neuen Problems", in: dies. und Susanne Köstering (Hg.): *Müll von gestern? Eine umweltgeschichtliche Erkundung in Berlin und Brandenburg*, Münster/New York/München/Berlin 2003, S. 19–29.
Rübel, Dietmar u. a. (Hg.): *Materialästhetik. Quellentexte zu Kunst, Design und Architektur*, Hamburg 2005.
Rubin, Alfred P.: *The Law of Piracy*, 2. Aufl., Irvington-on-Hudson, 1998.
Rubiner, Ludwig: *Die Gewaltlosen. Drama in vier Akten*, Potsdam 1919.
Ruchatz, Jens: „Realitätsbezug. Implikationen des Stoffbegriffs", in: Gerald Echterhoff und Michael Eggers (Hg.): *Der Stoff, an dem wir hängen. Faszination und Selektion von Material in den Kulturwissenschaften*, Würzburg 2002, S. 107–118.
Rücker, Sven: *Das Gesetz der Überschreitung. Eine philosophische Geschichte der Grenzen*, München 2013.
Ruda, Frank: *Hegels Pöbel. Eine Untersuchung der „Grundlinien der Philosophie des Rechts"*, Konstanz 2011.
Ruge, Arnold: „Plan der Deutsch-Französischen Jahrbücher", in: ders. und Karl Marx (Hg.): *Deutsch-Französische Jahrbücher. 1ste und 2te Lieferung*, Paris 1844, S. 3–16.
Rüstow, Alexander: *Die Religion der Marktwirtschaft*, Münster u. a. 2002.
Rutherford, Ian: „Hesiod and the Literary Traditions of the Near East", in: Franco Montanari u. a. (Hg.): *Brill's Companion to Hesiod*, Leiden/Boston 2009, S. 9–35.
Rutka, Anna: „Literarische Imaginationen des Endes im Umfeld der globalen Finanzkrise 2008", in: Aneta Jachimowicz u. a. (Hg.): *Imaginationen des Endes*, Frankfurt a. M. 2015, S. 447–465.

Saage, Richard: *Politische Utopien der Neuzeit*, Darmstadt 1991.
Saage, Richard: *Utopieforschung. Eine Bilanz*, Darmstadt 1997.
Saage, Richard: *Utopische Profile*, 4 Bde., Münster 2001 ff.
Sablowski, Thomas: Art. „Krisentheorien", in: Wolfgang F. Haug u. a.(Hg.): *Historisch-kritisches Wörterbuch des Marxismus*, Bd. 8.1, Hamburg 2012, S. 2121–2146.
Sachs, Hans: *Sämtliche Fabeln und Schwänke. In Chronologischer Ordnung nach den Originalen*, 6 Bde., hg. v. Edmund Goetze, Halle a.S. 1893 ff.
Sachs, Nelly: „Der Hausierer [G. F.]", in: dies.: *Werke. Kommentierte Ausgabe in vier Bänden*, Bd. 1: *Gedichte 1940–1950*, hg. v. Matthias Weichelt, Frankfurt a. M. 2010, S. 26.
Sachse, Johann Christoph: *Der deutsche Gil Blas oder Leben, Wanderungen und Schicksale Johann Christoph Sachses, eines Thüringers* [1822], hg. v. Jochen Golz, Nördlingen 1987.
Sachße, Christoph, und Florian Tennstedt (Hg.): *Bettler, Gauner und Proleten. Armut und Armenfürsorge in der deutschen Geschichte. Ein Bild-Lesebuch*, Reinbek bei Hamburg 1983.
Sachße, Christoph, und Florian Tennstedt: *Geschichte der Armenfürsorge in Deutschland*, Bd. 1: *Vom Spätmittelalter bis zum 1. Weltkrieg*, 2. Aufl., Stuttgart u. a. 1998.

Sagave, Pierre-Paul: „L'économie et l'homme dans ‚Les années de voyage de Wilhelm Meister'", in: *Études Germaniques* 7 (1952), S. 88–104.
Sahlins, Marshall: *Stone Age Economics*, London 1972.
Saint-Lambert, Jean-François de: Art. „Luxe", in: Denis Diderot und Jean-Baptiste le Rond d'Alembert (Hg.): *Encyclopédie, ou dictionnaire raisonné des sciences, des arts et des métiers*, Bd. 9, Paris 1765, S. 763–771.
Saint-Lambert, Jean-François de: „Ziméo" [1769], in: Youmna Charara (Hg.): *Fictions coloniales du XVIIIe siècle*, Paris 2005, S. 49–63.
Saint-Simon, Claude-Henri de: *Ausgewählte Schriften*, hg. und übers. v. Lola Zahn, Berlin 1977.
Saller, Reinhard: *Schöne Ökonomie. Die poetische Reflexion der Ökonomie in frühromantischer Literatur*, Würzburg 2007.
Salvucci, Richard: „The Economic History of Mexico", in: *EH.net Encyclopedia*, 27. Dezember 2018. https://eh.net/encyclopedia/the-economic-history-of-mexico/ (30. Juni 2019)
Samjatin, Jewgenij: *Wir. Roman*, übers. v. Gisela Drohla, Köln 1984.
Sandgruber, Roman: *Ökonomie und Politik. Österreichische Wirtschaftsgeschichte vom Mittelalter bis zur Gegenwart*, Wien 1995.
Santiago, Myrna I.: *The Ecology of Oil. Environment, Labor, and the Mexican Revolution, 1900–1938*, Cambridge 2006.
Saphir, Moritz: „Revue der Vorstadt-Theater", in: *Der Humorist* 5.13 (18. Januar 1841), S. 49–51.
Sauder, Gerhard: „‚Sozialgeschichte der Literatur': ein gescheitertes Experiment?", in: *KulturPoetik* 10.2 (2010), S. 250–263.
Sauer-Kretschmer, Simone: *Bordelle. Grenzräume in der deutschen und französischen Literatur*, Berlin 2015.
Sauermann, Eberhard: „Die Wirtschaft als Faktor der Gesellschaftskritik in Kriminalromanen", in: Sieglinde Klettenhammer (Hg.): *Literatur und Ökonomie*, Innsbruck u. a. 2010, S. 162–183.
Saussure, Ferdinand de: *Grundfragen der allgemeinen Sprachwissenschaft* [1905–1911], hg. v. Charles Bally und Albert Séchehaye, übers. v. Herman Lommel, 2. Aufl., Berlin 1967.
Saussure, Ferdinand de: *Cours de linguistique générale. Edition Critique*, hg. und komm. v. Tullio de Mauro, Paris 1972.
Sautermeister, Gert: „Gottfried Keller – Kritik und Apologie des Privateigentums. Möglichkeiten und Schranken liberaler Intelligenz", in: Gert Mattenklott und Klaus R. Scherpe (Hg.): *Positionen der literarischen Intelligenz zwischen bürgerlicher Reaktion und Imperialismus* (= Literatur im historischen Prozeß, Bd. 2), Kronberg i.Ts. 1973, S. 39–102.
Savary, Jacques: *Le parfait négociant ou instruction générale pour ce qui regarde le commerce des marchandises de France et des pays étrangers* [1675], Genf 2011.
Savigny, Friedrich Carl von: *System des heutigen Römischen Rechts*, Bd. 1, Berlin 1840.
Say, Jean-Baptiste: *Abhandlung über die National-Oekonomie oder einfache Darstellung der Art und Weise, wie die Reichthümer entstehen, vertheilt und verzehrt werden* [1803], 2 Bde., übers. v. Ludwig Heinrich Jakob, Halle/Leipzig 1807.
Say, Jean-Baptiste: *Traité d'économie politique ou simple exposition de la manière dont se forment, se distribuent et se consomment les richesses* [1803], Osnabrück 1966.
Scanlan, John: *On Garbage*, London 2005.
Scattola, Merio: „Politisches Wissen und literarische Form im ‚Goldnen Spiegel' Christoph Martin Wielands", in: *Scientia Poetica* 5 (2001), S. 90–121.

Schabacher, Gabriele: *Topik der Referenz. Theorie der Autobiographie, die Funktion ‚Gattung' und Roland Barthes' „Über mich selbst"*, Würzburg 2007.
Schade, Richard E.: „Junge Soldaten, alte Bettler. Zur Ikonographie des Pikaresken am Beispiel des ‚Springinsfeld'-Titelkupfers", in: Gerhart Hoffmeister (Hg.): *Der deutsche Schelmenroman im europäischen Kontext*, Amsterdam 1987, S. 93–112.
Schäfer, Armin, und Joseph Vogl: „Feuer und Flamme. Über ein Ereignis des 19. Jahrhunderts", in: Henning Schmidgen u. a. (Hg.): *Kultur im Experiment*, Berlin 2004, S. 191–211.
Schäfer, Martin Jörg: *Die Gewalt der Muße. Wechselverhältnisse von Arbeit, Nichtarbeit, Ästhetik*, Berlin/Zürich 2013.
Schalk, Fritz: „Otium im Romanischen", in: Brian Vickers (Hg.): *Arbeit, Musse, Meditation. Studies in the Vita activa and Vita contemplativa*, Zürich 1991, S. 225–256.
Schaps, David M.: „Socrates and the Socratics. When Wealth Became a Problem", in: *The Classical World* 96.2 (2003), S. 131–157.
Scharrer, Adam: *Der große Betrug. Geschichte einer proletarischen Familie*, Berlin/Wien 1931.
Schattenberg, Susanne: *Stalins Ingenieure. Lebenswelten zwischen Technik und Terror in den 1930er Jahren*, München 2002.
Schaub, Gerhard: „Statistik und Agitation. Eine neue Quelle zu Büchners ‚Hessischem Landboten'", in: Herbert Anton u. a. (Hg.): *Geist und Zeichen. Festschrift für Arthur Henkel zu seinem 60. Geburtstag*, Heidelberg 1977, S. 351–375.
Schauerte, Heinrich: *Die Fabrik im Roman des Vormärz*, Köln 1983.
Scheffczyk, Adelhard: „Zeichenkonzeptionen in der Allgemeinen Philosophie vom 19. Jahrhundert bis zur Gegenwart", in: Roland Posner u. a. (Hg.): *Semiotik / Semiotics*, Bd. 2 (= HSK 13.2), Berlin/New York 1998, S. 1428–1465.
Schefold, Bertram: „Spanisches Wirtschaftsdenken zu Beginn der Neuzeit", in: ders.: *Beiträge zur ökonomischen Dogmengeschichte*, hg. v. Volker Caspari, Düsseldorf 2004, S. 159–180.
Scheller, Benjamin: „Risiko – Kontingenz, Semantik und Fernhandel im Mittelmeerraum des Hoch- und Spätmittelalters", in: Frank Becker u. a. (Hg.): *Die Ungewissheit des Zukünftigen. Kontingenz in der Geschichte*, Frankfurt a. M. 2016, S. 185–210.
Schelling, Friedrich Wilhelm Joseph: „Von der Weltseele, eine Hypothese der höheren Physik zur Erklärung des allgemeinen Organismus" [1798], in: ders.: *Werke*, hg. v. Manfred Schröter, Hauptbd. 1: *Jugendschriften*, München 1927, S. 413–651.
Schenzinger, Karl Aloys: *Der Hitlerjunge Quex. Roman*, Berlin/Leipzig 1932.
Schenzinger, Karl Aloys: *Anilin. Roman*, Berlin 1936.
Scherer, Wilhelm: *Poetik. Mit einer Einleitung und Materialien zur Rezeptionsanalyse*, hg. v. Gunter Reiß, Tübingen 1977.
Scherret, Felix: *Der Dollar steigt. Inflationsroman aus einer alten Stadt*, Berlin 1930.
Scheuer, Hans Jürgen: „Gegenwart und Intensität. Narrative Zeitform und implizites Realitätskonzept im ‚Iwein' Hartmanns von Aue", in: Reto Sorg u. a. (Hg.): *Zukunft der Literatur – Literatur der Zukunft. Gegenwartsliteratur und Literaturwissenschaft*, München 2003, S. 123–138.
Scheunemann, Dietrich: *Romankrise. Die Entstehungsgeschichte der modernen Romanpoetik in Deutschland*, Heidelberg 1978.
Schildmann, Mareike: *Poetik der Kindheit. Literatur und Wissen bei Robert Walser*, Göttingen 2019.

Schiller, Friedrich: *Werke und Briefe in zwölf Bänden*, hg. v. Otto Dann u. a., Frankfurt a. M. 1988 ff.
Schimank, Uwe: „Die ‚Hyperkomplexität' des Finanzmarkts und die Hilflosigkeit der Kleinanleger", in: *Leviathan* 39.4 (2011), S. 499–517.
Schindler, Norbert: *Widerspenstige Leute. Studien zur Volkskultur in der frühen Neuzeit*, Frankfurt a. M. 1992.
Schings, Hans-Jürgen: *Melancholie und Aufklärung. Melancholiker und ihre Kritiker in Erfahrungsseelenkunde und Literatur des 18. Jahrhunderts*, Stuttgart 1977.
Schings, Hans-Jürgen: „Der Staatsroman im Zeitalter der Aufklärung", in: Helmut Koopmann (Hg.): *Handbuch des deutschen Romans*, Düsseldorf 1983, S. 151–169.
Schirmer, Alfred: *Wörterbuch der Kaufmannssprache*, Straßburg 1911.
Schlaeger, Jürgen: „Die Robinsonade als frühbürgerliche ‚Eutopia'", in: Wilhelm Voßkamp (Hg.): *Utopieforschung. Interdisziplinäre Studien zur neuzeitlichen Utopie*, Bd. 2, Stuttgart 1982, S. 279–298.
Schlaffer, Heinz: *Faust Zweiter Teil. Die Allegorie des 19. Jahrhunderts*, Stuttgart 1981.
Schlageter, Johannes: Art. „Armut", in: Walter Kasper (Hg.): *Lexikon für Theologie und Kirche*, Bd. 1, Freiburg i.Br. u. a. 1993, S. 1006–1016.
Schlegel, Friedrich: *Kritische Friedrich-Schlegel-Ausgabe*, hg. v. Ernst Behler u. a., Paderborn u. a. 1958 ff.
Schlumbohm, Jürgen: „Zur Einführung", in: ders. (Hg.): *Soziale Praxis des Kredits, 16.–20. Jahrhundert*, Hannover 2007, S. 7–14.
Schmandt-Besserat, Denise: „The Earliest Precursor of Writing", in: *Scientific American* 238.6 (1978), S. 50–59.
Schmandt-Besserat, Denise: „The Emergence of Recording", in: *American Anthropologist* 84.4 (1982), S. 871–878.
Schmandt-Besserat, Denise: *Before Writing*, Bd. 1: *From Counting to Cuneiform*, Austin, TX 1992.
Schmandt-Besserat, Denise: *How Writing Came About*, Austin, TX 1996.
Schmandt-Besserat, Denise: „Accounting with Tokens in the Ancient Near East", 1999. http://archive.li/8SMqN (30. Juni 2019).
Schmelzer, Matthias: *The Hegemony of Growth. The OECD and the Making of the Economic Growth Paradigm*, Cambridge 2016.
Schmid, Susanne: *Shelley's German Afterlives, 1814–2000*, New York/Hampshire 2007.
Schmidt, Christopher: *The Poetics of Waste. Queer Excess in Stein, Ashbery, Schuyler, and Goldsmith*, New York 2014.
Schmidt, Dietmar: „Das verschuldete Geschlecht. Geld und sexuelle Differenz in Arthur Schnitzlers Novelle ‚Spiel im Morgengrauen'", in: Simone Sauer-Kretschmer (Hg.): *Körper kaufen. Prostitution in Literatur und Medien*, Berlin 2016, S. 37–66.
Schmidt, Harald, und Marcus Sandl (Hg.): *Gedächtnis und Zirkulation. Der Diskurs des Kreislaufs im 18. und frühen 19. Jahrhundert*, Göttingen 2002.
Schmidt, Jochen: *Goethes Faust. Erster und Zweiter Teil. Grundlagen – Werk – Wirkung*, 2. Aufl., München 2001.
Schmidt, Jochen: *Die Geschichte des Genie-Gedankens in der deutschen Literatur, Philosophie und Politik 1750–1945*, Bd. 1, 3. Aufl., Heidelberg 2004.
Schmidt, Jochen: „Goethes *Novelle* vor dem Hintergrund der romantischen Rückwendung zum Mittelalter", in: Hee-Ju Kim (Hg.): *Wechselleben der Weltgegenstände. Beiträge zu Goethes kunsttheoretischem und literarischem Werk. Festschrift für Günter Saße*, Heidelberg 2010, S. 403–422.

Schmidt, Sarah (Hg.): *Sprachen des Sammelns Literatur als Medium und Reflexionsform des Sammelns*, Paderborn 2016.
Schmidt, Siegfried Josef: *Die Selbstorganisation des Sozialsystems Literatur im 18. Jahrhundert*, Frankfurt a. M. 1989.
Schmitt, Carl: *Politische Romantik*, unveränd. Nachdr. der 2. Aufl. München 1925, Berlin 1991.
Schmitt, Carl: *Die Tyrannei der Werte*, 3. Aufl., Berlin 2011.
Schmitt, Claudia, und Christiane Solte-Gresser (Hg.): *Literatur und Ökologie. Neue literatur- und kulturwissenschaftliche Perspektiven*, Bielefeld 2017.
Schmitt, Hans-Jürgen: „Zum Problem der Funktionsübertragung von Literaturtheorie in kulturpolitische Strategie. Die ‚Expressionismus-Realismus-Debatte' und der Streit mit Georg Lukács", in: ders. (Hg.): *Der Streit mit Georg Lukács*, Frankfurt a. M. 1978, S. 216–236.
Schmitt, Hans-Jürgen, und Godehard Schramm (Hg.): *Sozialistische Realismuskonzeptionen. Dokumente zum I. Allunionskongreß der Sowjetschriftsteller*, Frankfurt a. M. 1974.
Schmitz, Thomas: *Das Volksstück*, Stuttgart 1990.
Schmitz, Winfried: *Nachbarschaft und Dorfgemeinschaft im archaischen und klassischen Griechenland*, Berlin 2004.
Schmitz-Emans, Monika: „Literatur und Wissenschaft. Einleitung", in: dies. (Hg.): *Literature and Science / Literatur und Wissenschaft*, Würzburg 2008, S. 35–57.
Schnaas, Dieter: *Kleine Kulturgeschichte des Geldes*, München 2010.
Schnabel, Johann Gottfried: *Insel Felsenburg. Wunderliche Fata einiger Seefahrer* [1731–1743], 3 Bde., hg. v. Günter Dammann, Frankfurt a. M. 1997.
Schneider, Almut: „Zwischen ‚avaritia' und ‚curiositas'. Wahrnehmungsweisen von Geld in Mittelalter und Früher Neuzeit", in: Susanne Peters (Hg.): *Geld. Interdisziplinäre Sichtweisen*, Wiesbaden 2017, S. 175–201.
Schneider, Lothar: „‚Das Gurgeln des Brüllfrosches'. Zur Regelung des Begehrens in Gustav Freytags ‚Soll und Haben'", in: Anne Fuchs und Sabine Strümper-Krobb (Hg.): *Sentimente, Gefühle, Empfindungen. Zur Geschichte und Literatur des Affektiven von 1770 bis heute. Tagung zum 60. Geburtstag von Hugh Ridley im Juli 2001*, Würzburg 2003, S. 121–134.
Schneider, Manfred: „Die Entdeckung der Zukunft des Staates", in: Horst Wenzel (Hg.): *Gutenberg und die Neue Welt*, München 1994, S. 327–348.
Schneider, Ute: „Profilierung auf dem Markt – der Kulturverleger um 1900", in: Roland Berbig (Hg.): *Zeitdiskurse. Reflexionen zum 19. und 20. Jahrhundert als Festschrift für Wulf Wülfling*, Heidelberg 2004, S. 349–362.
Schnyder, Mireille: „Âventiure? waz ist daz? Zum Begriff des Abenteuers in der deutschen Literatur des Mittelalters", in: *Euphorion* 96 (2002), S. 257–272.
Schnyder, Mireille: „Sieben Thesen zum Begriff der âventiure", in: Gerd Dicke u. a. (Hg.): *Im Wortfeld des Textes: Worthistorische Beiträge zu den Bezeichnungen von Rede und Schrift im Mittelalter*, Berlin/New York 2006, S. 369–376.
Schnyder, Peter: *Alea. Zählen und Erzählen im Zeichen des Glücksspiels 1650–1850*, Göttingen 2009a.
Schnyder, Peter: „Ökonomie", in: Roland Borgards und Harald Neumeyer (Hg.): *Büchner-Handbuch: Leben – Werk – Wirkung*, Stuttgart/Weimar 2009b, S. 182–187.
Schnyder, Peter: „Satire in saturierter Zeit. Heinrich Manns Roman ‚Im Schlaraffenland' und die Poesie des Geldes", in: Maximilian Bergengruen und Christine Weder (Hg.): *Luxus. Zur Ambivalenz des Überflüssigen in der Moderne*, Göttingen 2011, S. 217–232.

Schnyder, Peter: „Abenteurer oder Automat? Der Dichter als Glücksspieler im 19. Jahrhundert", in: Monika Schmitz-Emans (Hg.): *Literatur als Wagnis / Literature as Risk. DFG-Symposium 2011*, Berlin/Boston 2013, S. 328–349.
Schober, Rita: „Emile Zolas ‚Germinal'", in: *Weimarer Beiträge* 36.5 (1990), S. 709–734.
Schofield, Malcolm: „Plato on the Economy", in: Mogens H. Hansen (Hg.): *The Ancient Greek City-State*, Kopenhagen 1993, S. 183–196.
Schölderle, Thomas: *Geschichte der Utopie. Eine Einführung*, Köln/Weimar/Wien 2012.
Schölderle, Thomas: „Ikonografie der Utopie. Bilderwelten und ihr Symbolgehalt im utopischen Diskurs der Frühen Neuzeit", in: Herbert Jaumann und Gideon Stiening (Hg.): *Neue Diskurse der Gelehrtenkultur in der Frühen Neuzeit. Ein Handbuch*, Berlin/Boston 2016, S. 507–562.
Schölderle, Thomas: „Thomas Morus und die Herausgeber – Wer schuf den Utopiebegriff?", in: Alexander Amberger und Thomas Möbius (Hg.): *Auf Utopias Spuren. Utopie und Utopieforschung. Festschrift für Richard Saage*, Wiesbaden 2017, S. 17–44.
Scholochow, Michail: *Neuland unterm Pflug* [1932/1959], 2 Bde., übers. v. Juri Elperin, Köln 1961.
Scholz, Joachim J.: „Der Kapitalist als Gegentyp. Stadien der Wirtschaftswunderkritik in Walsers Romanen", in: Jürgen E. Schlunk und Armand E. Singer (Hg.): *Martin Walser. International Perspectives*, New York u. a. 1987, S. 71–80.
Schönert, Jörg: *Erzählte Kriminalität. Zur Typologie und Funktion von narrativen Darstellungen in Strafrechtspflege, Publizistik und Literatur zwischen 1770 und 1920*, Tübingen 1991.
Schönert, Jörg: *Perspektiven zur Sozialgeschichte der Literatur. Beiträge zu Theorie und Praxis*, Tübingen 2007.
Schönthaler, Philipp: *Das Schiff das singend zieht auf seiner Bahn. Roman*, Berlin 2013.
Schönthaler, Philipp: *Porträt des Managers als junger Autor. Zum Verhältnis von Wirtschaft und Literatur. Eine Handreichung*, Berlin 2016.
Schößler, Franziska: *Börsenfieber und Kaufrausch. Ökonomie, Judentum und Weiblichkeit bei Theodor Fontane, Heinrich Mann, Thomas Mann, Arthur Schnitzler und Émile Zola*, Bielefeld 2009.
Schößler, Franziska: „Blutzauber, Magie und Spekulation. Die ‚unproduktiven' Wirtschaftspraktiken im ‚jüdischen' Kaufhaus", in: dies. und Nicole Colin (Hg.): *Das nennen Sie Arbeit? Der Produktivitätsdiskurs und seine Ausschlüsse*, Heidelberg 2013a, S. 67–86.
Schößler, Franziska: „Ökonomie", in: Roland Borgards u. a. (Hg.): *Literatur und Wissen. Ein interdisziplinäres Handbuch*, Stuttgart/Weimar 2013b, S. 101–105.
Schößler, Franziska: „Frühsozialistische Kapitalismuskritik und die (literarische) Ausbeutung von Weiblichkeit. Zu Ernst Willkomm und Louise Otto", in: Jutta Nickel (Hg.): *Geld und Ökonomie im Vormärz* (= Forum Vormärz Forschung, Jahrbuch 2013), Bielefeld 2014a, S. 57–75.
Schößler, Franziska: „Massenkonsum und romantische Liebe: Zu Gustave Flauberts ‚Madame Bovary', Theodore Dreisers ‚Sister Carrie' und Erich Köhrers ‚Warenhaus Berlin'", in: Henriette Herwig und Miriam Seidler (Hg.): *Nach der Utopie der Liebe? Beziehungsmodelle nach der romantischen Liebe*, Würzburg 2014b, S. 65–81.
Schößler, Franziska: *Femina Oeconomica: Arbeit, Konsum und Geschlecht in der Literatur. Von Goethe bis Händler*, Frankfurt a. M. u. a. 2017.
Schriefl, Anna: *Platons Kritik an Geld und Reichtum*, Berlin/Boston 2013.

Schröder, Achim: „Geld und Gesellschaft in Balzacs Erzählung ‚Gobseck'", in: *Germanisch-Romanische Monatsschrift* 49.2 (1999), S. 161–190.
Schröder, Gerhart: *Die Kunst, anzufangen. Philosophie und Literatur in der Frühen Neuzeit*, München 2013.
Schröder, Rainer: „Der Funktionsverlust des bürgerlichen Erbrechts", in: Heinz Mohnhaupt (Hg.): *Zur Geschichte des Familien- und Erbrechts. Politische Implikationen und Perspektiven*, Frankfurt a. M. 1987, S. 281–294.
Schröder, Winfried u. a.: Art. „Vertrag", in: Joachim Ritter u. a. (Hg.): *Historisches Wörterbuch der Philosophie*, Bd. 11, Basel 2001, S. 962–983.
Schroeder, Friedrich-Christian (Hg.): *Die peinliche Gerichtsordnung Kaiser Karls V. und des Heiligen Römischen Reichs von 1532 (Carolina)*, Stuttgart 2000.
Schröter, Jens u. a. (Hg.): *Media Marx. Ein Handbuch*, Bielefeld 2006.
Schrott, Raoul: „Die Namen der Wüste. Essay", in: ders.: *Khamsin*, Frankfurt a. M. 2002, S. 29–61.
Schubert, Ernst: „Novgorod, Brügge, Bergen und London: Die Kontore der Hanse", in: *Concilium medii aevi* 5 (2002), S. 1–50.
Schulte-Sasse, Jochen: Art. „Trivialliteratur", in: Werner Kohlschmidt und Wolfgang Mohr (Hg.): *Reallexikon der deutschen Literaturgeschichte*, 5 Bde., 2. Aufl., Berlin/New York 2001, Bd. 4, S. 562–583.
Schülting, Sabine: „‚A Squalid and Debilitated Race': ‚Social Body' und ‚nacktes Leben' im englischen Armutsdiskurs um 1800", in: Hansjörg Bay und Kai Merten (Hg.): *Die Ordnung der Kulturen. Zur Konstruktion der ethnischer, nationaler und zivilisatorischer Differenzen 1750–1830*, Würzburg 2006, S. 313–330.
Schulze, Gerhard: „Vom Versorgungs- zum Erlebniskonsum. Produktentwicklung und Marketing im kulturellen Wandel", in: *GDI IMPULS. Wissensmagazin für Wirtschaft, Gesellschaft und Konsum* 10.3 (1993), S. 15–29.
Schulze, Gerhard: *Die beste aller Welten. Wohin bewegt sich die Gesellschaft im 21. Jahrhundert?*, München/Wien 2003.
Schulze, Ingo: *Peter Holtz. Sein glückliches Leben erzählt von ihm selbst*, Frankfurt a. M. 2017.
Schulze, Winfried: „Vom Gemeinnutz zum Eigennutz. Über den Normenwandel in der ständischen Gesellschaft der Frühen Neuzeit", in: *Historische Zeitschrift* 243.3 (1986), S. 591–626.
Schumann, Jochen: „Wegbereiter der modernen Preis- und Kostentheorie", in: Otmar Issing (Hg.): *Geschichte der Nationalökonomie*, 3. Aufl., München 1994, S. 163–192.
Schumpeter, Joseph A.: *Ökonomie und Psychologie des Unternehmers. Vortrag in der 10. Ordentlichen Mitgliederversammlung des Zentralverbandes der deutschen Metallwalzwerks- und Hütten-Industrie e.V. in München, 22. Mai 1929*, Leipzig 1929.
Schumpeter, Joseph A.: *Kapitalismus, Sozialismus und Demokratie* [1942], Bern 1946.
Schumpeter, Joseph A.: *Geschichte der ökonomischen Analyse*, 2 Bde., hg. v. Elisabeth B. Schumpeter, Göttingen 1965.
Schumpeter, Joseph A.: „Unternehmerfunktion und Arbeiterinteresse" [1927], in: ders.: *Aufsätze zur Wirtschaftspolitik*, hg. v. Wolfgang F. Stolper und Christian Seidl, Tübingen 1985, S. 160–172.
Schumpeter, Joseph A.: *Theorie der wirtschaftlichen Entwicklung. Eine Untersuchung über Unternehmergewinn, Kapital, Kredit, Zins und den Konjunkturzyklus* [1911], Berlin 1987.

Schumpeter, Joseph A.: *History of Economic Analysis* [1954], New York 1994.
Schumpeter, Joseph A.: *Schriften zur Ökonomie und Soziologie*, hg. v. Lisa Herzog und Axel Honneth, Berlin 2016.
Schürmann, Volker: „Das gespenstische Tun von Charaktermasken", in: Kurt Röttgers und Monika Schmitz-Emans (Hg.): *Masken*, Essen 2009, S. 132–146.
Schuster, Peter-Klaus: *Melencolia I. Dürers Denkbild*, Bd. 1, Berlin 1991.
Schütrumpf, Eckart: „Erläuterung" und „Anmerkungen", in: Aristoteles: *Werke in deutscher Übersetzung*, Bd. 9.1: *Politik – Buch I. Über die Hausverwaltung und die Herrschaft des Herrn über Sklaven*, hg. v. Hellmut Flashar, übers. v. Eckart Schütrumpf, Berlin 1991, S. 37–170 und S. 171–384.
Schütz, Erhard: „Die ordentlich geheilte Welt. Bergbau- und Industrieromane zum Ruhrgebiet", in: Walter Gödden und Winfried Woesler (Hg.): *Literatur in Westfalen. Beiträge zur Forschung 2*, Paderborn 1994, S. 7–28.
Schütz, Erhard: „Romantik der Sachlichkeit. Die Marke Remarque, Ernst Jüngers Lehren und die rechten Konsequenzen daraus", in: Edward Bialek u. a. (Hg.): *Literatur im Zeugenstand. Beiträge zur deutschsprachigen Literatur- und Kulturgeschichte. Festschrift zum 65. Geburtstag von Hubert Orłowski*, Frankfurt a. M. u. a. 2002, S. 283–302.
Schütz, Erhard: „Von Fräulein Larissa zu Fräulein Dr. Kohler? Zum Status von Reporterinnen in der Weimarer Republik – das Beispiel Gabriele Tergit", in: Walter Fähnders und Helga Karrenbrock (Hg.): *Autorinnen der Weimarer Republik*, Bielefeld 2003, S. 215–237.
Schütz, Erhard (Hg.): *Das BuchMarktBuch. Der Literaturbetrieb in Grundbegriffen*, Reinbek bei Hamburg 2005.
Schütz, Erhard: „Literatur – Museum der Arbeit?", in: Dagmar Kift und Hanneliese Palm (Hg.): *Arbeit – Kultur – Identität. Zur Transformation von Arbeitslandschaften in der Literatur*, Essen 2007, S. 13–32.
Schütz, Erhard, und Matthias Uecker: „,Präzisionsästhetik'? Erik Regers ‚Union der festen Hand' – Publizistik als Roman", in: Sabina Becker und Christoph Weiß (Hg.): *Neue Sachlichkeit im Roman. Neue Interpretationen zum Roman der Weimarer Republik*, Stuttgart 1995, S. 89–111.
Schwarz, Winfried: Art. „Wert, ökonomischer", in: Hans Jörg Sandkühler (Hg.): *Europäische Enzyklopädie zu Philosophie und Wissenschaften*, Bd. 4, Hamburg 1990, S. 801–805.
Schweiger, Günter, und Gertraud Schrattenecker: *Werbung. Eine Einführung*, 8. Aufl., München 2013.
Schwenger, Hannes: „Buchmarkt und literarische Öffentlichkeit", in: Ludwig Fischer und Rolf Grimminger (Hg.): *Literatur in der Bundesrepublik Deutschland bis 1967*, München 1986, S. 99–124.
Seckendorff, Veit Ludwig von: *Christen-Stat*, Leipzig 1685.
Seckendorff, Veit Ludwig von: *Teutscher Fürsten-Staat. Samt des sel. Herrn Autoris Zugabe Sonderbarer und wichtiger Materien. Vor itzo aber Mit Fleiß verbessert, und mit dienlichen Anmerckungen samt dazu gehörigen Kupffern, Summarien und Register versehen, durch Hn. Andres Simson Biechling*, Nachdr. der Ausg. Jena 1737, Aalen 1972.
See, Hans: *Wirtschaft zwischen Demokratie und Verbrechen. Grundzüge einer Kritik der kriminellen Ökonomie*, Frankfurt a. M. 2014.
Seelentag, Gunnar: „Biene oder Borstenschwein? Lebenswelt und Sinn des Weiberiambos (Semonides frg. 7D)", in: *Historische Anthropologie* 22 (2014), S. 114–135.
Segeberg, Harro (Hg.): *Vom Wert der Arbeit. Zur literarischen Konstitution des Wertkomplexes ‚Arbeit' in der deutschen Literatur (1770–1930)*, Tübingen 1991.

Seidl, Conrad, und Werner Beutelmeyer: *Die Marke ICH. So entwickeln Sie Ihre persönliche Erfolgsstrategie*, Wien/Frankfurt a. M. 1999.
Seidenspinner, Wolfgang: *Mythos Gegengesellschaft. Erkundungen in der Subkultur der Jauner*, Münster u. a. 1998.
Seiler, Bernd W.: *Die leidigen Tatsachen. Von den Grenzen der Wahrscheinlichkeit in der deutschen Literatur seit dem 18. Jahrhundert*, Stuttgart 1983.
Seja, Uwe: „‚Seldwyla' – a Microeconomic Inquiry", in: ders. und Hans-Joachim Hahn (Hg.): *Gottfried Keller, „Die Leute von Seldwyla". Kritische Studien – Critical Essays*, Oxford u. a. 2007, S. 93–116.
Sekora, John: *Luxury: The Concept in Western Thought, Eden to Smollett*, Balimore/London 1977.
Selbmann, Rolf (Hg.): *Zur Geschichte des deutschen Bildungsromans*, Darmstadt 1988.
Selbmann, Rolf: *Der deutsche Bildungsroman*, 2. Aufl., Stuttgart/Weimar 1994.
Selbmann, Rolf: *Gottfried Keller. Romane und Erzählungen*, Berlin 2001.
Selbmann, Rolf: „Lauter letzte Sätze. Auch eine Geschichte des Bildungsromans", in: *Germanisch-Romanische Monatsschrift* 60 (2010), S. 405–432.
Selvon, Sydney: *A New Comprehensive History of Mauritius*, Bd. 1: *From Prehistory to the Birth of Parliament in 1886*, 2. Aufl., o.O. 2018.
Sennebogen, Waltraud: „Von jüdischer Reklame zu deutscher Werbung. Sprachregelung in der nationalsozialistischen Wirtschaftswerbung", in: dies. und Albrecht Greule (Hg.): *Tarnung – Leistung – Werbung. Untersuchungen zur Sprache im Nationalsozialismus*, Frankfurt a. M. u. a. 2004, S. 173–219.
Sennett, Richard: *Verfall und Ende des öffentlichen Lebens. Die Tyrannei der Intimität*, übers. v. Reinhard Kaiser, Frankfurt a. M. 1990.
Sennett, Richard: *Der flexible Mensch. Die Kultur des neuen Kapitalismus*, übers. v. Martin Richter, Berlin 1998.
Serres, Michel: *Der Parasit*, übers. v. Michael Bischoff, Frankfurt a. M. 1987.
Serres, Michel: *Atlas*, Paris 1994.
Serres, Michel: *Le parasite* [1980], Paris 2014.
Shaftesbury, Anthony Earl of: *Characteristiks of Men, Manners, Opinions, Times, etc.* [1711], Bd. 1, hg. v. John M. Robertson, London 1900.
Shakespeare, William: *The Merchant of Venice*, hg. v. Jay L. Halio, Oxford 1993.
Shakespeare, William: *The Tempest* [1611], Preetz 2017.
Sheehan, Jonathan, und Dror Wahrman: *Invisible Hands. Self-Organization and the Eighteenth Century*, Chicago/London 2015.
Shell, Marc: *The Economy of Literature*, Baltimore/London 1978.
Shell, Marc: *Money, Language, and Thought. Literary and Philosophical Economies from the Medieval to the Modern Era*, Berkeley u. a. 1982.
Shell, Marc: *Art & Money*, Chicago 1995.
Shellens, Max Salomon: „Die Beurteilung des Geldgeschäftes durch Aristoteles", in: *Archiv für Rechts- und Sozialphilosophie* 40 (1952), S. 426–435.
Sherman, Sandra: *Finance and Fictionality in the Early Eighteenth Century. Accounting for Defoe*, Cambridge 1996.
Shiller, Robert J.: *Irrational Exuberance*, Princeton, NJ 2000.
Shiller, Robert J.: *The New Financial Order. Risk in the 21st Century*, Princeton, NJ 2003.
Shonkwiler, Alison, und Leigh Claire La Berge (Hg.): *Reading Capitalist Realism*, Iowa City 2014.
Shteir, Rachel: *The Steal: A Cultural History of Shoplifting*, London 2011.

Sieber, Cornelia: *Die Gegenwart im Plural. Postmoderne/postkoloniale Strategien in neueren Lateinamerikadiskursen*, Frankfurt a. M. 2005.
Sieferle, Rolf Peter: *Bevölkerungswachstum und Naturhaushalt. Studien zur Naturtheorie der klassischen Ökonomie*, Frankfurt a. M. 1990.
Sieg, Paul Eugen: *Detatom. Ein Zukunftsroman*, Berlin 1936.
Siegert, Bernhard: *Relais. Geschicke der Literatur als Epoche der Post 1751–1913*, Berlin 1993.
Siegert, Bernhard: *Passage des Digitalen. Zeichenpraktiken der neuzeitlichen Wissenschaften 1500–1900*, Berlin 2003.
Siegrist, Hannes: „Geschichte des geistigen Eigentums und der Urheberrechte. Kulturelle Handlungsrechte in der Moderne", in: Jeanette Hofmann (Hg.): *Wissen und Eigentum. Geschichte, Recht und Ökonomie stoffloser Güter*, Bonn 2006, S. 64–80.
Sievers, Kai Detlev: *Die Parabel vom reichen Mann und armen Lazarus im Spiegel bildlicher Überlieferung*, Kiel 2005.
Silber, Ilana F.: „Beyond Purity and Danger. Gift-Giving in Monotheistic Religions", in: Antoon Vandevelde (Hg.): *Gifts and Interests*, Leuven 2000, S. 115–132.
Silbermann, Alphons: *Empirische Kunstsoziologie. Eine Einführung mit kommentierter Bibliographie*, Stuttgart 1973.
Simmel, Georg: *Gesamtausgabe*, 24 Bde., hg. v. Otthein Rammstedt, Frankfurt a. M. 1989 ff.
Simon, Herbert A.: *Reason in Human Affairs*, Stanford, CA 1983.
Simon, Herbert A.: „The Potlatch Between Economics and Political Science", in: James E. Alt u. a. (Hg.): *Competition and Cooperation: Conversations with Nobelists about Economics and Political Sciences*, New York 1999, S. 112–119.
Simpson, Gerry: „Enemies of Mankind", in: Jennifer Gunning und Søren Holm (Hg.): *Ethics, Law and Society*, Bd. 2, Aldershot/Burlington 2006, S. 85–94.
Singer, Kurt: „Oikonomia: an Inquiry into Beginnings of Economic Thought and Language", in: *Kyklos* 11.1 (1958), S. 29–57.
Skrziepietz, Andreas (Hg.): *Schiffbrüche. Bericht des Alvar Nuñez Cabeza de Vaca darüber, was in den Westindischen Inseln mit der Flotte des Gouverneurs Panfilo de Narvaez geschah*, übers. v. dems., o.O. 2015.
Slobodian, Quinn: *Globalists. The End of Empire and the Birth of Neoliberalism*, Cambridge, MA/London 2018.
Slyke, Marshall van: „Taking Profit at the First Point", in: *Business. A Magazine for Office, Store and Factory* 27 (1911), S. 179–183.
Smith, Adam: *The Glasgow Edition of the Work and Correspondence*, 8 Bde., hg. v. R. H. Campbell u. a., Oxford 1975 ff.
Smith, Adam: *Theorie der ethischen Gefühle* [1759], hg. und übers. v. Walther Eckstein, Hamburg 1994.
Smith, Adam: *Der Wohlstand der Nationen. Eine Untersuchung seiner Natur und seiner Ursachen* [1776], hg. und übers. v. Horst Claus Recktenwald, 13. Aufl., München 2013.
Smith, Andrew: „Dickens' Ghosts: Invisible Economies and Christmas", in: *Victorian Review* 31.2 (2005), S. 36–55.
Smith, Rachel Greenwald: *Affect and American Literature in the Age of Neoliberalism*, Cambridge 2015.
Soden, Julius Graf von: *Die Nazional-Oekonomie. Ein philosophischer Versuch, über die Quellen des Nazional-Reichthums, und über die Mittel zu dessen Beförderung*, 8 Bde., Leipzig 1805 ff.

Soentgen, Jens: „Buna-N/S: Betrachtungen über einen deutschen Stoff", in: *Merkur*, H. 782 (2014), S. 587–597.
Sohmer Tai, Emily: „Marking Water: Piracy and Property in the Pre-Modern West", in: Jerry H. Bentley, Renate Bridenthal und Kären Wigen (Hg.): *Seascapes: Maritime Histories, Littoral Cultures, and Transoceanic Exchanges*, Honolulu 2007, S. 205–220.
Sohn-Rethel, Alfred: *Geistige und körperliche Arbeit. Zur Theorie der gesellschaftlichen Synthesis*, Frankfurt a. M. 1972.
Sohn-Rethel, Alfred: *Warenform und Denkform*, Frankfurt a. M. 1978.
Sohn-Rethel, Alfred: *Das Geld, die bare Münze des Apriori*, Berlin 1990.
Sombart, Werner: *Der moderne Kapitalismus*, Bd. 1: *Die Genesis des Kapitalismus*, Leipzig 1902.
Sombart, Werner: „Die Reklame", in: *Morgen*, 8. Mai 1908, S. 281–286.
Sombart, Werner: *Die Juden und das Wirtschaftsleben*, Leipzig 1911.
Sombart, Werner: *Der Bourgeois. Zur Geistesgeschichte des modernen Wirtschaftsmenschen*, München/Leipzig, 1913.
Sombart, Werner: *Luxus und Kapitalismus*, 2. Aufl., München/Leipzig 1922.
Sombart, Werner: „Das Warenhaus, ein Gebilde des hochkapitalistischen Zeitalters", in: Verband Deutscher Waren- und Kaufhäuser (Hg.): *Probleme des Warenhauses. Beiträge zur Geschichte und Erkenntnis der Entwicklung des Warenhauses in Deutschland*, Berlin 1928, S. 77–88.
Sombart, Werner: *Der moderne Kapitalismus. Historisch-systematische Darstellung des gesamteuropäischen Wirtschaftslebens von seinen Anfängen bis zur Gegenwart*, 3 Bde., Reprint der 2. Aufl. München/Leipzig 1916/1927, Berlin 1969.
Sonnenfels Joseph von: *Briefe über die wienerische Schaubühne*, hg. v. Hilde Haider-Pregler, Graz 1988.
Sorel, Charles: *Histoire comique de Francion* [1623–1633], hg. v. Fausta Garavini u. a., Paris 1996.
Sorokin, Wladimir Georgijewitsch: Голубое Сало [dt. *Der himmelblaue Speck*], Moskau 1999.
Sorokin, Wladimir Georgijewitsch: Теллурия [dt. *Telluria*], Moskau 2013.
Soverini, Luca: *Il sofista e l'agorà. Sapienti, economia e vita quotidiana nella Grecia classica*, Pisa 1998.
Spahn, Peter: „Die Anfänge der antiken Ökonomik", in: *Chiron* 14 (1984), S. 301–323.
Spahn, Peter: „Sophistik und Ökonomik", in: Karen Piepenbrink (Hg.): *Philosophie und Lebenswelt in der Antike*, Darmstadt 2003, S. 36–51.
Spang, Rebecca L.: *Stuff and Money in the Time of the French Revolution*, Cambridge, MA 2015.
Spann, Michael: *Der Haftungszugriff auf den Schuldner zwischen Personal- und Vermögensvollstreckung. Eine exemplarische Untersuchung der geschichtlichen Rechtsquellen ausgehend vom Römischen Recht bis ins 21. Jahrhundert unter besonderer Berücksichtigung bayerischer Quellen*, Münster 2004.
Spector, Stephen J.: „Monsters of Metonymy: ,Hard Times' and Knowing the Working Class", in: *English Literary History* 51.2 (1984), S. 365–385.
Spellerberg, Gerhard: „Lohensteins ,Sophonisbe': Geschichtliche Tragödie oder Drama von Schuld und Strafe?", in: ders. und Gerald Gillespie (Hg.): *Studien zum Werk Daniel Caspers von Lohenstein*, Amsterdam 1983, S. 375–401.
Spencer, Eric: „Taking Excess, Exceeding Account: Aristotle Meets *The Merchant of Venice*", in: Linda Woodbridge (Hg.): *Money and the Age of Shakespeare: Essays in New Economic Criticism*, New York 2003, S. 143–158.
Spiekermann, Uwe: *Basis der Konsumgesellschaft: Entstehung und Entwicklung des modernen Kleinhandels in Deutschland 1850–1914*, München 1999.

Spielhagen, Friedrich: *Hammer und Amboss. Roman in fünf Bänden*, Schwerin 1869.
Spielhagen, Friedrich: *Sturmflut* [1877], Rostock 1996.
Spivak, Gayatri Chakravorty: „Limits and Openings of Marx in Derrida", in: ders.: *Outside in the Teaching Machine*, New York/London 1993, S. 97–133.
Spivak, Gayatri Chakravorty: „Ghostwriting", in: *Diacritics* 25.2 (1995), S. 65–84.
Stadermann, Hans-Joachim: „Tabu, Gewalt und Geld als Steuerungsmittel", in: Waltraud Schelkle und Manfred Nitsch (Hg.): *Rätsel Geld: Annäherungen aus ökonomischer, soziologischer und historischer Sicht*, Marburg 1995, S. 145–172.
Stadler, Ulrich: „Die Auffassung vom Gelde bei Friedrich von Hardenberg (Novalis)", in: Richard Brinkmann (Hg.): *Romantik in Deutschland. Ein interdisziplinäres Symposion*, Stuttgart 1978, S. 147–156.
Stadler, Ulrich: *Die theuren Dinge. Studien zu Bunyan, Jung-Stilling und Novalis*, Bern 1980.
Stadler, Ulrich: „Novalis: ‚Heinrich von Ofterdingen' (1802)", in: Paul Michael Lützeler (Hg.): *Romane und Erzählungen der deutschen Romantik. Neue Interpretationen*, Stuttgart 1981, S. 141–162.
Staël, Anne-Louise-Germaine Necker Madame de: „Mirza, ou Lettre d'un voyageur" [1795], in: Dies.: *Trois Nouvelles*, hg. v. Martine Reid, Paris 2009.
Stäheli, Urs: *Spektakuläre Spekulation. Das Populäre der Ökonomie*, Frankfurt a. M. 2007.
Stäheli, Urs: „Der Spekulant", in: Stephan Moebius und Markus Schroer (Hg.): *Diven, Hacker, Spekulanten. Sozialfiguren der Gegenwart*, Berlin 2010, S. 353–365.
Stäheli, Urs: „Der Ladenhüter", in: *Pop. Kultur & Kritik* 8 (2016), S. 65–71.
Stanitzek, Georg: „Der Projektmacher. Projektionen auf eine ‚unmögliche' moderne Kategorie", in: *Ästhetik & Kommunikation* 17 (1987), H. 65/66, S. 135–146.
Starbatty, Joachim (Hg.): *Klassiker des ökonomischen Denkens*, 2 Bde., München 1989.
Starkey, David J.: „Pirates and Markets", in: C. R. Pennell (Hg.): *Bandits at Sea. A Pirates Reader*, New York/London 2001, S. 107–124.
Starobinski, Jean: *Gute Gaben, schlimme Gaben. Die Ambivalenz sozialer Gesten*, übers. v. Horst Günther, Frankfurt a. M. 1994.
Stedman Jones, Gareth: „Sprache und Politik des Chartismus", in: ders.: *Klassen, Politik, Sprache. Für eine theorieorientierte Sozialgeschichte*, hg. v. Peter Schöttler, übers. v. Barbara Hahn u. a., Münster 1988, S. 133–229.
Stedman Jones, Gareth: *Karl Marx. Die Biographie*, übers. v. Thomas Atzert und Andreas Wirthensohn, Frankfurt a. M. 2017.
Steigerwald, Jörn: „Das imaginäre Kapital der Industrie. Erik Regers ‚Union der festen Hand'", in: ders. und Rudolf Behrens (Hg.): *Die Macht und das Imaginäre. Eine kulturelle Verwandtschaft in der Literatur zwischen Früher Neuzeit und Moderne*, Würzburg 2005, S. 251–270.
Steil, Armin: *Krisensemantik. Wissenssoziologische Untersuchungen zu einem Topos moderner Zeiterfahrung*, Opladen 1993.
Stein, Lorenz von: *System der Staatswissenschaft*, Bd. 2: *Die Gesellschaftslehre*, Stuttgart/ Augsburg 1856.
Steinbrenner, Jakob: Art. „Wertung/Wert", in: Karlheinz Barck u. a. (Hg.): *Ästhetische Grundbegriffe*, Bd. 6, Stuttgart/Weimar 2010, S. 588–616.
Steiner, Harald: *Das Autorenhonorar – seine Entwicklungsgeschichte vom 17. bis 19. Jahrhundert*, Wiesbaden 1998.
Steiner, Helmut: *Einführung in die Theorie der wirtschaftlichen Werbeleistung*, Berlin 1971.
Steinfeld, Thomas: *Herr der Gespenster. Die Gedanken des Karl Marx*, München 2017.

Stephani, Heinrich: *Grundlinien der Rechtswissenschaft oder des sogenannten Naturrechts*, Bd. 1, Erlangen 1797.
Stern, Ludmila: *Western Intellectuals and the Soviet Union, 1920–40. From Red Square to the Left Bank*, London/New York 2006.
Sternberger, Dolf: *Heinrich Heine und die Abschaffung der Sünde*, Düsseldorf/Hamburg 1972.
Sterne, Laurence: *Das Leben und die Ansichten Tristram Shandys* [1759 ff.], übers. v. Rudolf Kassner, Leipzig 1964.
Stevenhagen, Lovis: *Atomfeuer. Der Roman eines Weltunterganges*, Leipzig 1927.
Stevenson, Robert Louis: *Treasure Island*, Boston 1895.
Stichweh, Rudolf: *Der frühmoderne Staat und die europäische Universität. Zur Interaktion von Politik und Erziehungssystem im Prozeß ihrer Ausdifferenzierung (16.–18. Jahrhundert)*, Frankfurt a. M. 1991.
Stichweh, Rudolf: *Die Weltgesellschaft. Soziologische Analysen*, Frankfurt a. M. 2000.
Stierle, Karlheinz: Art. „Fiktion", in: Karlheinz Barck u. a. (Hg.): *Ästhetische Grundbegriffe*, Bd. 2, Stuttgart/Weimar 2001, S. 380–428.
Stifter, Adalbert: *Sämtliche Werke*, 3 Bde., hg. v. Hannsludwig Geiger, Berlin/Darmstadt/Wien 1959.
Stingelin, Martin: „Schreiben", in: ders. (Hg.): *„Mir ekelt vor diesem tintenkleksenden Säkulum". Schreibszenen im Zeitalter der Manuskripte*, München 2004, S. 7–21.
Stirner, Max: *Der Einzige und sein Eigentum* [1844/1845], hg. v. Karl-Maria Guth, Berlin 2016.
Stobbe, Urte: „Literatur und Umweltgeschichte/Environmental Studies", in: dies. und Gabriele Dürbeck (Hg.): *Ecocriticism. Eine Einführung*, Köln/Weimar/Wien 2015, S. 148–159.
Stock, Markus: „Von der Vergeltung zur Münze: Zur mittelalterlichen Vorgeschichte des Wortes ‚Geld'", in: ders. und Klaus Grubmüller (Hg.): *Geld im Mittelalter. Wahrnehmung – Bewertung – Symbolik*, Darmstadt 2005, S. 34–51.
Stockhammer, Robert: *Kartierung der Erde. Macht und Lust in Karten und Literatur*, München 2007.
Stockinger, Ludwig: *Ficta Respublica. Gattungsgeschichtliche Untersuchungen zur utopischen Erzählung in der deutschen Literatur des frühen 18. Jahrhunderts*, Tübingen 1981.
Stöckmann, Ingo: *Vor der Literatur. Eine Evolutionstheorie der Poetik Alteuropas*, Tübingen 2001.
Stoker, Bram: *Dracula* [1897], London 1966.
Stollberg-Rilinger, Barbara: *Europa im Jahrhundert der Aufklärung*, Stuttgart 2000.
Stolleis, Michael: *Pecunia nervus rerum. Zur Staatsfinanzierung in der frühen Neuzeit*, Frankfurt a. M. 1983.
Stolleis, Michael (Hg.): *Policey im Europa der Frühen Neuzeit*, Frankfurt a. M. 1996.
Stone, Lawrence: *The Crisis of the Aristocracy, 1558–1641*, Oxford 1965.
Storm, Theodor: *Sämtliche Werke in vier Bänden*, hg. v. Karl Ernst Laage und Dieter Lohmeier, Frankfurt a. M. 1987 ff.
Stowe, Harriet Beecher: *Uncle Tom's Cabin* [1852], New York 2016.
Strange, Susan: *Casino Capitalism*, Oxford 1986.
Strätling, Susanne: „Rohe Stoffe der Literatur: Von der Faktographie zur Biophilologie", Vortrag HU Berlin, gehalten am 29. Juni 2016, unveröff. Manuskript.
Strauss, Leo: *Xenophon's Socratic Discourse. An Interpretation of the Oeconomicus* [1970], South Bend, IN 1998.
Streeck, Wolfgang: *Gekaufte Zeit. Die vertagte Krise des demokratischen Kapitalismus. Frankfurter Adorno-Vorlesungen 2012* [2013], Berlin 2015.

Streeruwitz, Marlene: *Jessica, 30. Roman*, Frankfurt a. M. 2004.
Streeruwitz, Marlene: *Kreuzungen. Roman*, Frankfurt a. M. 2010.
Strohschneider, Peter: „âventiure-Erzählen und âventiure-Handeln. Eine Modellskizze",
 in: Gerd Dicke u. a. (Hg.): *Im Wortfeld des Textes. Worthistorische Beiträge zu den Bezeichnungen von Rede und Schrift im Mittelalter*, Berlin/New York 2006, S. 377–383.
Strosetzki, Christoph: „Zum Kaufmann bei Aristoteles und im Spanien der Frühen Neuzeit", in: ders. u. a. (Hg.): *Ethik und Politik des Aristoteles in der Frühen Neuzeit*, Hamburg 2016, S. 303–311.
Studemund, P.: *Die Stellung des Christen zum Luxus*, Stuttgart 1898.
Stuhr, Mathias: „Popökonomie. Eine Reformation zwischen Lifestyle und Gegenkultur", in: ders. und Alexander Meschnig (Hg.): *Arbeit als Lebensstil*, Frankfurt a. M. 2003, S. 162–184.
Sudeck, Elisabeth: *Bettlerdarstellungen vom Ende des XV. Jahrhunderts bis zu Rembrandt*, Straßburg 1931.
Sue, Eugène: *Les Mystères de Paris*, hg. v. Judith Lyon Caen, Paris 2009.
Südzucker AG: „Unternehmen / Geschichte. 2008: Werkschließungen in Europa / Partnerschaft mit Mauritius", in: Unternehmenswebsite der Südzucker AG, 2018. www.suedzucker.de/de/Unternehmen/Geschichte_1/Geschichte/Mauritius/ (30. Juni 2019).
Sulzer, Johann Georg: Art. „Schwulst", in: ders.: *Allgemeine Theorie der Schönen Künste*, Bd. 4, 2. Aufl., Leipzig 1794, S. 349–352.
Susteck, Sebastian: „Kinderwille, Elternwille. Arrangiertes Eheglück bei Georg Wilhelm Friedrich Hegel, Arthur Schopenhauer, in der Sozialgeschichte und Literatur des 19. Jahrhunderts", in: *Österreichische Zeitschrift für Geschichtswissenschaft* 18.3 (2007), S. 62–80.
Suter, Martin: *Montecristo. Roman*, Zürich 2015.
Sutherland, Edwin H.: „White-Collar Criminality", in: *American Sociological Review* 5.1 (1940), S. 1–12.
Swales, Erika: *The Poetics of Scepticism. Gottfried Keller and „Die Leute von Seldwyla"*, Oxford/Providence, RI 1994.
Swift, Jonathan: *Travels Into Several Remote Nations of the World. By Lemuel Gulliver, First a Surgeon, and Then a Captain of Several Ships* [1726], Köln 1995.
Szondi, Peter: *Studienausgabe der Vorlesungen in fünf Bänden*, Bd. 1: *Die Theorie des bürgerlichen Trauerspiels im 18. Jahrhundert. Der Kaufmann, der Hausvater und der Hofmeister*, hg. v. Gert Mattenklott, Frankfurt a. M. 1973.
Szondi, Peter: „Theorie des modernen Dramas (1880–1950)", in: ders.: *Schriften 1*, hg. v. Jean Bollack, Frankfurt a. M. 1978, S. 9–148.

Tacitus: *Germania*, hg. und übers. v. Alfons Städele, Düsseldorf/Zürich 1999.
Taleb, Nassim: *Fooled by Randomness. The Hidden Role of Chance in Life and in the Markets*, New York 2001.
Taleb, Nassim: *The Black Swan. The Impact of the Highly Improbable*, New York 2007.
Tarde, Gabriel: *Les lois de l'imitation*, Paris 1890.
Tatarinov, Juliane: *Kriminalisierung des ambulanten Gewerbes. Zigeuner- und Wanderpolitik im späten Kaiserreich und in der Weimarer Republik* (= Inklusion/Exklusion. Studien zu Fremdheit und Armut von der Antike bis zur Gegenwart, Bd. 19), Frankfurt a. M. u. a. 2015.
Taylor, Frederick Winslow: *The Principles of Scientific Management*, London 1911.
Teipel, Jürgen: *Verschwende deine Jugend. Ein Doku-Roman über den deutschen Punk und New Wave*, Frankfurt a. M. 2001.

Tergit, Gabriele: *Käsebier erobert den Kurfürstendamm. Roman* [1931], Berlin 1997.
Terrell, Carroll F.: *A Companion to the Cantos of Ezra Pound*, Oakland, CA 1993.
Thaer, Albrecht Daniel: *Grundsätze der rationellen Landwirthschaft*, 4 Bde., Berlin 1809 ff.
Theisohn, Philipp: „Eruv. Herkunft und Spiel an den Grenzen der Aufklärung. Karl Emil Franzos' ‚Der Pojaz'", in: Barbara Thums u. a. (Hg.): *Herkünfte: historisch – ästhetisch – kulturell. Beiträge zu einer Tagung aus Anlaß des 60. Geburtstags von Bernhard Greiner*, Heidelberg 2004, S. 171–190.
Theisohn, Philipp: *Plagiat. Eine unoriginelle Literaturgeschichte*, Stuttgart 2009.
Theophrast: *Charaktere*, hg. und übers. v. Dietrich Klose und Peter Steinmetz, Stuttgart 1970.
Thompson, E. P: *Das Elend der Theorie. Zur Produktion geschichtlicher Erfahrung*, übers. v. Peter Huth, Frankfurt a. M./New York 1980.
Thompson, E. P.: *E. P. Thompson and the Making of the New Left. Essays and Polemics*, hg. v. Cal Winslow, New York 2014.
Thompson, Edward H.: „Socio-Economic Analysis of Christianopolis", in: Johann Valentin Andreae: *Christianopolis*, übers. v. Edward H. Thompson. Dordrecht u. a. 1999, S. 93–132.
Thompson, Michael: *Mülltheorie. Über die Schaffung und Vernichtung von Werten*, hg. v. Michael Fehr, übers. v. Klaus Schomburg, Essen 2003.
Thornton, Henry: *Der Papier-Credit von Großbritannien. Nach seinen Wirkungen untersucht*, übers. v. Ludwig Heinrich Jakob, Halle 1803.
Thukydides: *Der Peloponnesische Krieg*, übers. v. Georg Peter Landmann, Düsseldorf/Zürich 2002.
Thumfart, Alexander: „Von Dieben und Räuberbanden. Wiedergänger in der politischen Theorie der Moderne", in: Andreas Gehrlach und Dorothee Kimmich (Hg.): *Diebstahl! Zur Kulturgeschichte eines Kulturgründungsmythos*, Paderborn 2018, S. 41–65.
Thums, Barbara: „Vom Umgang mit Abfällen, Resten und lebendigen Dingen in Erzählungen Raabes", in: *Jahrbuch der Raabe-Gesellschaft* 48 (2007), S. 66–84.
Thums, Barbara, und Annette Werberger (Hg.): *Was übrig bleibt. Von Resten, Residuen und Relikten*, Berlin 2009.
Thüring von Ringoltingen: „Melusine", in: Jan-Dirk Müller (Hg.): *Romane des 15. und 16. Jahrhunderts. Nach den Erstdrucken mit sämtlichen Holzschnitten*, Frankfurt a. M. 1990, S. 9–176.
Tieck, Ludwig: *Schriften in zwölf Bänden*, hg. v. Manfred Frank u. a., Frankfurt a. M. 1985 ff.
Tietz, Manfred: „Das spanische Theater des Siglo de Oro: Ein sich selbst organisierendes ökonomisches System", in: Beatrice Schuchardt und Urs Urban (Hg.): *Handel, Handlung, Verhandlung. Theater und Ökonomie in der Frühen Neuzeit in Spanien*, Bielefeld 2014, S. 35–58.
Tietzel, Manfred: „Die Rationalitätsannahme in den Wirtschaftswissenschaften oder Der homo oeconomicus und seine Verwandten", in: *Jahrbuch für Sozialwissenschaft* 32.2 (1981), S. 115–138.
Tietzel, Manfred: *Literaturökonomik*, Tübingen 1995.
Tilg, Stefan: „‚Grosser Narr' und ‚göttlicher Spross' (Μέγα νήπιε πέρση V. 286, 633; Πέρση, δῖον γένος V. 299): Zur Arbeitsparainese in Hesiods ‚Werken und Tagen'", in: *Hermes* 131.2 (2003), S. 129–141.
Timm, Uwe: *Kopfjäger. Bericht aus dem Innern des Landes*, 6. Aufl., München 2010.
Tinker, Hugh: *A New System of Slavery. The Export of Indian Labour Overseas 1830–1920*, London 1974.

Titzmann, Michael: „Wielands Staatsromane im Kontext des utopischen Denkens der Frühen Neuzeit", in: Stefan Krimm u. a. (Hg.): *Utopia und die Wege dorthin. Vom Schicksal der großen Entwürfe*, München 1993, S. 99–120.
Tobin, Patricia: *Time and the Novel. The Genealogical Imperative*, Princeton, NJ 1978.
Toepfer, Georg: *Historisches Wörterbuch der Biologie. Geschichte und Theorie der biologischen Grundbegriffe*, Bd. 2: *Gefühl – Organismus*, Darmstadt 2011.
Toller, Ernst: *Die Maschinenstürmer. Ein Drama aus der Zeit der Ludditenbewegung in England in fünf Akten und einem Vorspiel*, Leipzig u. a. 1922.
Trautwein, Wolfgang: „Komödientheorien und Komödie. Ein Ordnungsversuch", in: *Jahrbuch der Deutschen Schillergesellschaft* 27 (1983), S. 86–123.
Traven, B.: *Der Schatz der Sierra Madre* [1927], Frankfurt a. M. 1982.
Traven, B.: *Das Totenschiff* [1926], Frankfurt a. M. 1983.
Traven, B.: *Ich kenne das Leben in Mexiko. Briefe an John Schikowski 1925 bis 1932*, Frankfurt a. M. 1992.
Tresch, John: *The Romantic Maschine. Utopian Science and Technology after Napoleon*, Chicago 2012.
Trever, Albert A.: *A History of Greek Economic Thought*, Chicago 1916.
Tribe, Keith: *Governing Economy. The Reformation of German Economic Discourse 1750–1840*, Cambridge u. a. 1988.
Tristan L'Hermite: *Le Page disgracié* [1643], Paris 1994.
Troßbach, Werner: „‚Klee-Skrupel'. Melancholie und Ökonomie in der deutschen Spätaufklärung", in: Karl Eibl (Hg.): *Die Kehrseite des Schönen* (= Aufklärung 8.1), Hamburg 1994, S. 91–120.
Tubach, Frederic C.: „Einleitung", in: Leo Löwenthal: *Erzählkunst und Gesellschaft. Die Gesellschaftsproblematik in der deutschen Literatur des 19. Jahrhunderts*, Neuwied 1971, S. 13–22.
Tucholsky, Kurt [unter dem Ps. Ignaz Wrobel]: „Handelsteil", in: *Die Weltbühne*, 15. Oktober 1929, S. 603.
Tucholsky, Kurt [unter dem Ps. Theobald Tiger]: „Betriebsunfall", in: *Die Weltbühne*, 24. November 1931, S. 795.
Tulathimutte, Tony: *Private Citizens. A Novel*, New York 2016.
Türcke, Christoph: *Vom Kainszeichen zum genetischen Code. Kritische Theorie der Schrift*, München 2005.
Türcke, Christoph: *Mehr! Philosophie des Geldes*, München 2015.
Turgot, Anne Robert Jacques: *Écrits économiques*, Paris 1970.
Turin, Guido: *Der Begriff des Unternehmers*, Zürich 1947.
Türk, Werner: *Konfektion. Roman*, Berlin/Wien 1932.
Tuschling, Anna: „Die Witzarbeit. Aus dem unbekannten Vokabular der Psychoanalyse", in: dies. und Erik Porath (Hg.): *Arbeit in der Psychoanalyse. Klinische und kulturtheoretische Beiträge*, Bielefeld 2012, S. 159–168.
Tuttle, Carolyn: *Mexican Women in American Factories. Free Trade and Exploitation on the Border*, Austin, TX 2012.
Twain, Mark: *The Adventures of Tom Sawyer*, Hartford, CT u. a. 1876.
Twellmann, Marcus: *Das Drama der Souveränität. Hugo von Hofmannsthal und Carl Schmitt*, München 2004.
Twellmann, Marcus: „Das deutsche Bürgerhaus. Zum oikonomisch Imaginären in Gustav Freytags ,Soll und Haben'", in: *Deutsche Vierteljahrsschrift für Literaturwissenschaft und Geistesgeschichte* 87.3 (2013), S. 356–385.

Twellmann, Marcus: „Was war Modernisierung? Für eine allgemeine Geschichte situierter Erzählungen", in: Michael Neumann u. a. (Hg.): *Modernisierung und Reserve. Zur Aktualität des 19. Jahrhunderts*, Stuttgart/Weimar 2017, S. 5–22.

Ueckmann, Natascha, und Romana Weiershausen (Hg.): *Die Revolution der Anderen – Grenzen des Eigenen. ‚Sklavenaufstände' in der deutsch- und französischsprachigen Literatur*, Wiesbaden 2019 [im Druck].
Uexküll, Johann Jakob von: *Umwelt und Innenwelt der Tiere*, Berlin 1909.
Uhl, Karsten: *Humane Rationalisierung? Die Raumordnung der Fabrik im fordistischen Jahrhundert*, Bielefeld 2014.
Ulbricht, Walter: *Das Programm des Sozialismus und die geschichtliche Aufgabe der Sozialistischen Einheitspartei Deutschlands. Schlußwort des Genossen Walter Ulbricht zur Diskussion über die schriftlich vorgelegten Berichte, über das Programm und über das Referat Programm des Sozialistischen Einheitspartei Deutschlands. VI. Parteitag der Sozialistischen Einheitspartei Deutschlands, Berlin, 15. bis 21. Januar 1963*, Berlin 1963.
Unger, Thorsten: *Diskontinuitäten im Erwerbsleben. Vergleichende Untersuchungen zu Arbeit und Erwerbslosigkeit in der Literatur der Weimarer Republik*, Tübingen 2004.
Ungern-Sternberg, Wolfgang von: „Schriftsteller und literarischer Markt", in: Rolf Grimminger (Hg.): *Deutsche Aufklärung bis zur Französischen Revolution*, München 1980, S. 133–185.
Ungern-Sternberg, Wolfgang von: „Dieß ist mein Simulakrum", in: Gerhard Schuster und Caroline Gille (Hg.): *Wiederholte Spiegelungen. Weimarer Klassik 1759–1832. Ständige Ausstellung des Goethe-Nationalmuseums*, Ausst.-Kat., München/Wien 1999, S. 83–93.
Unseld, Siegfried: *Der Autor und sein Verleger*, Frankfurt a. M. 1985.
Urban, Urs: „Tausch und Täuschung. Performative Kompetenz als Grundlage ökonomisch erfolgreichen Handelns im spanischen Pikaro-Roman", in: ders. und Beatrice Schuchardt (Hg.): *Handel, Handlung, Verhandlung. Theater und Ökonomie in der Frühen Neuzeit in Spanien*, Bielefeld 2014, S. 195–215.
Urban, Urs: „Romans d'apprentissage. Compétence performative et réussite économique dans l'Histoire comique de Francion et dans la théorie de l'homme économique du XVIIe siècle", in: *Romanesques* 7 (2015), S. 105–120.
Urban, Urs: „Falschgeld und Täuschungspraktiken: Die ‚Histoire comique de Francion'", in: ders.: *Die Ökonomie der Literatur. Zur literarischen Genealogie des ökonomischen Menschen*, Bielefeld 2018, S. 65–73.

Valéry, Paul: *Regards sur le monde actuel* [1945], Paris 1988.
Valk, Thorsten: *Melancholie im Werk Goethes. Genese – Symptomatik – Therapie*, Tübingen 2002.
Van, Annette: „Realism, Speculation, and the Gold Standard in Harriet Martineau's ‚Illustrations of Political Economy'", in: *Victorian Literature and Culture* 34.1 (2006), S. 115–129.
Vance, J. D.: *Hillbilly-Elegie. Die Geschichte meiner Familie und einer Gesellschaft in der Krise*, übers. v. Gregor Hens, Berlin 2017.
Vatin, Francois: „Arbeit und Ermüdung. Entstehung und Scheitern der Psychophysiologie der Arbeit", in: Philipp Sarasin und Jakob Tanner (Hg.): *Physiologie und industrielle Gesellschaft. Studien zur Verwissenschaftlichung des Körpers im 19. und 20. Jahrhundert*, Frankfurt a. M. 1998, S. 347–368.
Veblen, Thorstein Bunde: *The Theory of the Leisure Class. An Economic Study in the Evolution of Institutions*, New York 1899.

Vedder, Ulrike: „Spekulieren und Ruinieren. Die Börse als Siedepunkt von Geld und Literatur", in: Ulrike Bergermann u. a. (Hg.): *Überdreht. Spin doctoring, Politik, Medien*, Bremen 2006, S. 105–118.
Vedder, Ulrike: „Aktien und Akten. Zolas Übertragungen im Feld von Wissenschaft und Roman", in: Caroline Welsh und Stefan Willer (Hg.): *„Interesse für bedingtes Wissen". Wechselbeziehungen zwischen den Wissenskulturen*, München 2008, S. 207–224.
Vedder, Ulrike: *Das Testament als literarisches Dispositiv. Kulturelle Praktiken des Erbes in der Literatur des 19. Jahrhunderts*, München 2011.
Vedder, Ulrike: „Der Fluch als Schuld und Übertragung", in: Thomas Macho (Hg.): *Bonds. Schuld, Schulden und andere Verbindlichkeiten*, München 2014, S. 509–520.
Vedder, Ulrike: „Arbeitswelten und Ökonomie: Zur literarischen Kritik der Gegenwart", in: dies. und Corina Caduff (Hg.): *Gegenwart schreiben. Zur deutschsprachigen Literatur 2000–2015*, Paderborn 2017, S. 63–73.
Vega, Don Joseph de la: *Die Verwirrung der Verwirrungen. Vier Dialoge über die Börse in Amsterdam* [1688], übers. v. Otto Pringsheim, Breslau 1919.
Vergès, Françoise: *L'homme prédateur. Ce que nous enseigne l'esclavage sur notre temps*, Paris 2011.
Verne, Jules: *Le Tour du monde en quatre-vingts jours* [1873]. https://www.ebooksgratuits.com/pdf/verne_tour_du_monde_80_jours.pdf (30. Juni 2019).
Vernon, John: *Money and Fiction. Literary Realism in the Nineteenth and the Early Twentieth Centuries*, Ithaca, NY/London 1984.
Veyne, Paul: „Vie de Trimalcion", in: *Annales, histoire, sciences sociales* 16.2 (1961), S. 213–247.
Victor, Ulrich: *[Aristoteles]: Oikonomikós. Das erste Buch der Ökonomik – Handschriften, Text, Übersetzung und Kommentar – und seine Beziehungen zur Ökonomikliteratur*, Königstein i.Ts. 1983.
Vief, Bernhard: „Digitales Geld", in: Florian Rötzer (Hg.): *Digitaler Schein. Ästhetik der elektronischen Medien*, Frankfurt a. M. 1991, S. 117–146.
Vilar, Pierre: *Gold und Geld in der Geschichte: Vom Ausgang des Mittelalters bis zur Gegenwart* [1969], übers. v. Helga Reimann und Manfred Vasold, München 1984.
Viner, Jacob: *The Role of Providence in the Social Order*, Philadelphia 1971.
Vinken, Barbara: *Unentrinnbare Neugierde. Die Weltverfallenheit des Romans: Richardsons „Clarissa", Laclos' „Liaisons dangereuses"*, Freiburg i.Br. 1991.
Virno, Paolo: *Grammatik der Multitude. Öffentlichkeit, Intellekt und Arbeit als Lebensformen. Mit einem Anhang: Die Engel und der General Intellect. Individuation bei Duns Scotus und Gilbert Simondon*, übers. v. Klaus Neundlinger, Wien 2005.
Vives, Juan Luis: „De subventione pauperum / On the Relief of the Poor, or of Human Need" [1526], in: ders.: *The Origins of Modern Welfare*, hg. und übers. v. Paul Spicker, Oxford 2010, S 1–100.
Vogl, Joseph: „Homogenese. Zur Naturgeschichte des Menschen bei Buffon", in: Hans-Jürgen Schings (Hg.): *Der ganze Mensch. Anthropologie und Literatur im 18. Jahrhundert*, Stuttgart 1994, S. 80–95.
Vogl, Joseph: „Die zwei Körper des Staates", in: Jan-Dirk Müller (Hg.): *„Aufführung" und „Schrift" in Mittelalter und früher Neuzeit*, Stuttgart/Weimar 1996, S. 562–574.
Vogl, Joseph: „Für eine Poetologie des Wissens", in: Karl Richter u. a. (Hg.): *Die Literatur und die Wissenschaften 1770–1930*, Stuttgart 1997a, S. 107–127.
Vogl, Joseph: „Ökonomie und Zirkulation um 1800", in: *Weimarer Beiträge* 43.1 (1997b). S. 69–79.

Vogl, Joseph: „Nomos der Ökonomie. Steuerungen in Goethes ‚Wahlverwandtschaften'", in: *Modern Language Notes* 114 (1999), S. 503–527.
Vogl, Joseph: „Staatsbegehren. Zur Epoche der Policey", in: *Deutsche Vierteljahrsschrift für Literaturwissenschaft und Geistesgeschichte* 74.4 (2000), S. 600–626.
Vogl, Joseph: Art. „Luxus", in: Karlheinz Barck u. a. (Hg.): *Ästhetische Grundbegriffe*, Bd. 3, Stuttgart/Weimar 2001a, S. 694–708.
Vogl, Joseph: „Medien-Werden: Galileis Fernrohr", in: ders. und Lorenz Engell (Hg.): *Mediale Historiographien* (= Archiv für Mediengeschichte 1), Weimar 2001b, S. 115–123.
Vogl, Joseph: „Fausts Arbeit", in: Ulrich Bröckling und Eva Horn (Hg.): *Anthropologie der Arbeit*, Tübingen 2002, S. 17–34.
Vogl, Joseph: *Kalkül und Leidenschaft. Poetik des ökonomischen Menschen*, 2. Aufl., Zürich/Berlin 2004a.
Vogl, Joseph: „Regierung und Regelkreis. Historisches Vorspiel", in: Claus Pias (Hg.): *Cybernetics – Kybernetik. The Macy-Conferences 1946–1953. Essays & Documents*, Zürich/Berlin 2004b, S. 67–79.
Vogl, Joseph: „Kreisläufe", in: Anja Lauper (Hg.): *Transfusionen. Blutbilder und Biopolitik in der Neuzeit*, Zürich/Berlin 2005, S. 99–117.
Vogl, Joseph: „Epoche des ökonomischen Menschen", in: Dirk Hempel und Christine Künzel (Hg.): *„Denn wovon lebt der Mensch?" Literatur und Wirtschaft*, Frankfurt a. M. u. a. 2009, S. 19–36.
Vogl, Joseph: *Das Gespenst des Kapitals*, 2. Aufl., Zürich 2011.
Vogl, Joseph: *Der Souveränitätseffekt*, Zürich/Berlin 2015.
Vogl, Joseph: „Poetologie des Wissens", in: Ralf Simon (Hg.): *Grundthemen der Literaturwissenschaft: Poetik und Poetizität*, Berlin/Boston 2018, S. 460–474.
Vogt, Margrit: „Wertende Kunstworte: oder Heinrich Heines Salonkritik ‚Die Französischen Maler' (1831)", in: *German Life and Letters* 63.2 (2010), S. 122–132.
Vogt, Michael (Hg.): *Georg Weerth und das Feuilleton der Neuen Rheinischen Zeitung. Georg-Weerth-Kolloquium zum 175. Geburtstag*, Bielefeld 1999.
Vogt, Michael (Hg.): *Karrieren eines Lyrikers: Ferdinand Freiligrath*, Bielefeld 2012.
Voigt, Andreas: *Die sozialen Utopien. Fünf Vorträge*, Leipzig 1906.
Volkmann, Laurenz: *Homo oeconomicus. Studien zur Modellierung eines neuen Menschenbildes in der englischen Literatur vom Mittelalter bis zum 18. Jahrhundert*, Heidelberg 2003.
Volkmann, Laurenz: „Entstehung eines neuen Menschenbildes: Der Homo oeconomicus in der Frühen Neuzeit", in: Vera Nünning (Hg.): *Kulturgeschichte der englischen Literatur. Von der Renaissance bis zur Gegenwart*, Tübingen/Basel 2005, S. 23–35.
Voltaire: *An Essay Upon the Civil Wars of France*, London, 1728.
Voltaire: *Œuvres complètes*, Bd. 10, hg. v. Louis Moland, Paris 1877.
Vondung, Klaus: „‚Wunschräume und Wunschzeiten'. Einige wissenschaftsgeschichtliche Erinnerungen", in: Árpád Bernáth u. a. (Hg.): *Vom Zweck des Systems. Beiträge zur Geschichte literarischer Utopien*, Tübingen 2006, S. 183–190.
Voss, E. Theodor: „Arkadien in Büchners ‚Leonce und Lena'", in: Burghard Dedner (Hg.): *Georg Büchner. Leonce und Lena. Kritische Studienausgabe*, Frankfurt a. M. 1987, S. 275–436.
Voßkamp, Wilhelm: „Gattungen als literarisch-soziale Institutionen. Zu Problemen sozial- und funktionsgeschichtlich orientierter Gattungstheorie und -historie", in: Walter Hinck (Hg.): *Textsortenlehre – Gattungsgeschichte*, Heidelberg 1977, S. 27–44.

Voßkamp, Wilhelm: „Literatursoziologie: Eine Alternative zur Geistesgeschichte? ‚Soziallite-rarische Methoden' in den ersten Jahrzehnten des 20. Jahrhunderts", in: Christoph König und Eberhard Lämmert (Hg.): *Literaturwissenschaft und Geistesgeschichte 1910 bis 1925*, Frankfurt a. M. 1993, S. 291–303.

Voßkamp, Wilhelm: *Emblematik der Zukunft. Poetik und Geschichte literarischer Utopien von Thomas Morus bis Robert Musil*, Berlin/Boston 2016.

Wackernagel, Wilhelm (Hg.): *Altdeutsche Predigten und Gebete aus Handschriften*, Basel 1876.

Wadauer, Sigrid: „Ins Un/Recht setzen. Diffamierung und Rehabilitierung des Hausierens", in: Nicole Colin und Franziska Schößler (Hg.): *Das nennen Sie Arbeit? Der Produktivitäts-diskurs und seine Ausschlüsse*, Heidelberg 2013, S. 103–124.

Wadle, Elmar: „Entwicklungsschritte des Geistigen Eigentums in Frankreich und Deutschland. Eine vergleichende Studie", in: Hannes Siegrist und David Sugarman (Hg.): *Eigentum im internationalen Vergleich (18.–20. Jahrhundert)*, Göttingen 1999, S. 245–263.

Wadle, Elmar: „Der langsame Abschied vom Privileg: Das Beispiel des Urheberrechts", in: ders.: *Geistiges Eigentum. Bausteine zur Rechtsgeschichte*, Bd. 2, München 2003, S. 101–116.

Wagner, Alexander: „Armenfürsorge in (Rechts-)Theorie und Armenfürsorge der frühen Neuzeit", in: Sebastian Schmidt und Jens Aspelmeier (Hg.): *Norm und Praxis der Armenfürsorge in Spätmittelalter und früher Neuzeit*, Stuttgart 2006, S. 21–60.

Wagner, Benno: „Verklärte Normalität. Gustav Freytags ‚Soll und Haben' und der Ursprung des ‚Deutschen Sonderwegs'", in: *Internationales Archiv für Sozialgeschichte der Literatur* 30.2 (2005), S. 14–37.

Wagner, Benno: „Zur Geburt des Deutschseins aus dem semitischen Wüstensturm. ‚Der Jude' als ‚Razziant an arischem Geistesgut'", in: Wolfgang Bialas (Hg.): *Die nationale Identität der Deutschen. Philosophische Imaginationen und historische Mentalitäten*, Frankfurt a. M. u. a. 2002, S. 249–264.

Wagner, Benno: „‚[...] zuerst die Mauer und dann den Turm'. Der Widerstreit zwischen Biopolitik und Ethnopolitik als berufliches Problem und schriftstellerischer Einsatz Franz Kafkas", in: *brücken. Germanistisches Jahrbuch Tschechien – Slowakei* 15.1–2 (2007), S. 41–70.

Wagner, Benno: „Die Versicherung des Übermenschen. Kafkas Akten", in: Friedrich Balke u. a. (Hg.): *Für Alle und Keinen. Lektüre, Schrift und Leben bei Nietzsche und Kafka*, Zürich/Berlin 2008, S. 257–292.

Wagner, Benno: „Kafkas Poetik des Unfalls", in: Christian Kassung (Hg.): *Die Unordnung der Dinge. Eine Wissens- und Mediengeschichte des Unfalls*, Bielefeld 2009, S. 421–454.

Wagner, Benno: „Beim Bau der Chinesischen Mauer", in: Manfred Engel und Bernd Auerochs (Hg.): *Kafka-Handbuch. Leben – Werk – Wirkung*, Stuttgart/Weimar 2010, S. 250–259.

Wagner, Hedwig: *Die Prostituierte im Film. Zum Verhältnis von Gender und Medium*, Bielefeld 2007.

Wagner, Monika: Art. „Material", in: Karlheinz Barck u. a. (Hg.): *Ästhetische Grundbegriffe*, Bd. 3, Stuttgart/Weimar 2001a, S. 866–882.

Wagner, Monika: *Das Material der Kunst. Eine andere Geschichte der Moderne*, München 2001b.

Wagner, Thomas: „Vom ‚Ende' der Armut und der ‚Entdeckung' der Exklusion. Des Königs neue Kleider oder ‚neue' Qualitäten der Ungleichheit?", Vortrag, gehalten am 13.04.06 an der Evangelischen Fachhochschule Ludwigshafen und am 09.01.07 an der Bergischen Universität Wuppertal (Forschungskolloquium Schaarschuch/Sünker WS 06/07). http://www.sozialarbeit.ch/dokumente/ende%20der%20armut.pdf (30. Juni 2019).

Wagner-Hasel, Beate: *Der Stoff der Gaben. Kultur und Politik des Schenkens und des Tauschens im archaischen Griechenland*, Frankfurt a. M. 2000.
Wailes, Stephen L.: *The Rich Man and Lazarus on the Reformation Stage. A Contribution to the Social History of German Drama*, London u. a. 1997.
Wallerstein, Immanuel: *The Modern World System*, 3 Bde., New York u. a. 1974 ff.
Wallerstein, Immanuel: „Semi-Peripheral Countries and the Contemporary World Crisis", in: *Theory and Society* 3.4 (1976), S. 461–483.
Wallerstein, Immanuel: *Historical Capitalism*, London/New York 1983.
Wallerstein, Immanuel: *Das moderne Weltsystem*, Bd. 2: *Der Merkantilismus. Europa zwischen 1600 und 1750*, übers. v. Gerald Hödl, Wien 1998.
Wallerstein, Immanuel: *The Modern World-System IV*, Berkeley u. a. 2011.
Wallraff, Günter: *Industrie-Reportagen. Als Arbeiter in deutschen Großbetrieben*, Köln 1970.
Walpole, Horace: *The Castle of Otranto. A Gothic Tale* [1764], hg. v. Robert L. Mack, London 1993.
Walser, Martin: „Warum brauchen Romanhelden Berufe?", in: ders.: *Werke in zwölf Bänden*, Bd. 12: *Leseerfahrungen, Liebeserfahrungen. Aufsätze zur Literatur*, hg. v. Helmuth Kiesel, Frankfurt a. M. 1997, S. 672–687.
Walser, Robert: *Aus dem Bleistiftgebiet. Mikrogramme aus den Jahren 1924–1933*, Bd. 3: *Der Räuber-Roman, Felix-Scenen*, neu entziffert und hg. v. Bernhard Echte und Werner Morlang, Frankfurt a. M. 1986.
Walter von Châtillon: *Moralisch-satirische Gedichte Walters von Châtillon aus deutschen, englischen, französischen und italienischen Handschriften*, hg. v. Karl Strecker, Heidelberg 1929.
Walzer, Dorothea: *Arbeit am Exemplarischen. Poetische Verfahren der Kritik bei Alexander Kluge*, Paderborn 2017.
Wandel, Eckhard: *Banken und Versicherungen im 19. und 20. Jahrhundert*, München 1998.
Warning, Rainer: *Die Phantasie der Realisten*, München 1999.
Washof, Wolfram: *Die Bibel auf der Bühne der Reformation. Exempelfiguren und protestantische Theologie im lateinischen und deutschen Bibeldrama der Reformationszeit*, Münster 2007.
Wassermann, Jakob: *Das Gold von Caxamalca. Erzählung*, Stuttgart 2001.
Watt, Ian: *Der bürgerliche Roman: Aufstieg einer Gattung. Defoe, Richardson, Fielding*, übers. v. Kurt Wölfel, Frankfurt a. M. 1974.
Watt, Ian: „Robinson Crusoe as a Myth", in: Daniel Defoe: *Robinson Crusoe. An Authoritative Text – Contexts – Criticism*, 2. Aufl., hg. v. Michael Shinagel, New York/London 1994, S. 288–302.
Watt, Ian: *The Rise of the Novel. Studies in Defoe, Richardson, and Fielding* [1957], Berkeley/Los Angeles 2001.
Weber, Georg Michael von: *Ueber das Baierische Credit- und Schuldenwesen*, Sulzbach 1819.
Weber, Jan Robert: „,Mensch und Erde' – das vergessene Manifest der Ökologie", in: Ludwig Klages (Hg.): *Mensch und Erde – ein Denkanstoß*, Berlin 2013, S. 35–61.
Weber, Max: *Wirtschaft und Gesellschaft. Grundriß der verstehenden Soziologie* [1921–1922], hg. v. Johannes Winckelmann, 5. Aufl., Tübingen 1972.
Weber, Max: *Gesamtausgabe*, Abt. I: *Schriften und Reden*, 25 Bde., hg. v. Horst Baier u. a., Tübingen 1984 ff.
Weber, Max: *Gesammelte Aufsätze zur Religionssoziologie*, Bd. 1 [1920], 9. Aufl., Tübingen 1988.
Weber, Max: *Die protestantische Ethik und der „Geist" des Kapitalismus. Textausgabe auf der Grundlage der ersten Fassung von 1904/05 mit einem Verzeichnis der wichtigsten*

Zusätze und Veränderungen aus der zweiten Fassung von 1920, hg. v. Klaus Lichtblau und Johannes Weiß, 3. Aufl., Weinheim 2000.

Weber, Samuel: *Geld ist Zeit. Gedanken zu Kredit und Krise*, übers. v. Marion Picker, Zürich 2009.

Weber, Ulrich, und Rudolf Probst: „‚Das ist natürlich ein ziemliches Abenteuer'. Zur genetischen Edition von Friedrich Dürrenmatts ‚Stoffen'", in: Michael Stolz u. a. (Hg.): *Literatur und Literaturwissenschaft auf dem Weg zu den neuen Medien. Eine Standortbestimmung*, Bern 2007, S. 164–178.

Weber, Wolfgang: „Im Kampf mit Saturn. Zur Bedeutung der Melancholie im anthropologischen Modernisierungsprozeß des 16. und 17. Jahrhunderts", in: *Zeitschrift für Historische Forschung* 17.2 (1990), S. 155–192.

Wedderkop, Hermann von: „Jahresbilanz" [1925], in: Christian Ferber (Hg.): *Der Querschnitt. ‚Das Magazin der aktuellen Ewigkeitswerte' 1924–1933*, Frankfurt a. M./Berlin 1981, S. 85–88.

Weder, Christine: *Erschriebene Dinge. Fetisch, Amulett, Talisman um 1800*, Freiburg i.Br. 2007.

Weder, Christine: „Die (Ohn-)Macht der Objekte: Romantische Dinge zwischen Magie und Profanität in Heinrich v. Kleists ‚Michael Kohlhaas' und E.T.A. Hoffmanns ‚Der Zusammenhang der Dinge'", in: Christiane Holms und Günter Oesterle (Hg.): *„Schläft ein Lied in allen Dingen?" Romantische Dingkulturen in Text und Bild*, Würzburg 2011, S. 145–163.

Weder, Christine, und Maximilian Bergengruen (Hg.): *Luxus. Die Ambivalenz des Überflüssigen in der Moderne*, Göttingen 2011.

Weerth, Georg: „Der Kornhandel in Köln", in: *Neue Rheinische Zeitung*, Nr. 111, 24. September 1848, S. 1–2.

Weerth, Georg: *Fragment eines Romans*, hg. v. Siegfried Unseld, Frankfurt a. M. 1965.

Weerth, Georg: „Humoristische Skizzen aus dem deutschen Handelsleben", in: ders.: *Werke*, 2 Bde., ausgew. und eingel. v. Bruno Kaiser, 2. Aufl., Berlin/Weimar 1967, Bd. 2, S. 5–121.

Wegener, Mai: „Why should Dreaming Be a Form of Work? On Work, Economy and Enjoyment", in: Samo Tomšič und Andreja Zevnik (Hg.): *Jacques Lacan Between Psychoanalysis and Politics*, New York 2016, S. 164–179.

Wegera, Klaus-Peter: „‚mich enhabe diu âventiure betrogen': Ein Beitrag zur Wort- und Begriffsgeschichte von âventiure im Mittelhochdeutschen", in: Vilmos Ágel u. a. (Hg.): *Das Wort. Seine strukturelle und kulturelle Dimension. Festschrift für Oskar Reichmann zum 65. Geburtstag*, Tübingen 2002, S. 229–244.

Wegmann, Thomas: „Wertpapiere und Zettelwirtschaften: Zur Poiesis und Mediologie gehandelter Drucksachen", in: Heinz Drügh u. a. (Hg.): *Warenästhetik. Neue Perspektiven auf Konsum, Kultur und Kunst*, Frankfurt a. M. 2001, S. 296–326.

Wegmann, Thomas: *Tauschverhältnisse. Zur Ökonomie des Literarischen und zum Ökonomischen in der Literatur von Gellert bis Goethe*, Würzburg 2002.

Wegmann, Thomas (Hg.): *Markt literarisch*, Bern u. a. 2005.

Wegmann, Thomas: *Dichtung und Warenzeichen. Reklame im literarischen Feld 1850–2000*, Göttingen 2011.

Wehler, Hans-Ulrich: *Deutsche Gesellschaftsgeschichte*, Bd. 2: *Von der Reformära bis zur industriellen und politischen „Deutschen Doppelrevolution" 1815–1845/49*, 3. Aufl., München 1996.

Wehner, Walter: *Heinrich Heine, „Die schlesischen Weber" und andere Texte zum Weberelend*, München 1980.

Weigel, Sigrid: „‚Shylock' und ‚Das Motiv der Kästchenwahl': Die Differenz von Gabe, Tausch und Konversion im ‚Kaufmann von Venedig'", in: Hartmut Böhme und Klaus R. Scherpe

(Hg.): *Literatur und Kulturwissenschaften. Positionen, Theorien, Modelle*, Reinbek bei Hamburg 1996, S. 112–133.
Weigel, Sigrid: *Genea-Logik. Generation, Tradition und Evolution zwischen Kultur- und Naturwissenschaften*, München 2006.
Weihe, Richard: *Die Paradoxie der Maske. Geschichte einer Form*, München 2004.
Weiner, Annette B.: *Inalienable Possessions. The Paradox of Keeping-While-Giving*, Berkeley/ Los Angeles/Oxford 1992.
Weiner, Adam: *How Bad Writing Destroyed the World. Ayn Rand and the Literary Origins of the Financial Crisis*, New York 2016.
Weingart, Brigitte: „Parasitäre Praktiken. Zur Topik des Viralen", in: Claudia Benthien und Irmela Marei Krüger-Fürhoff (Hg.): *Über Grenzen. Limitation und Transgression in Literatur und Ästhetik*, Stuttgart/Weimar 1999, S. 207–230.
Weiße, Christian Felix (Hg.): *Neue Bibliothek der schönen Wissenschaften und der freyen Künste*, Bd. 12.1, Leipzig 1765.
Weiße, Christian Felix: „Der Projektmacher", in: ders.: *Lustspiele*, Bd. 2: *Amalia. Der Naturaliensammler. Der Projektmacher*, Leipzig 1783, S. 203–346.
Weißinger, Klaus: *Goethes Faust: Ökonom – Landesplaner – Unternehmer*, Frankfurt a. M. u. a. 2016.
Weitling, Wilhelm: „Bitten, Betteln und Fechten", in: *Der Hülferuf der deutschen Jugend*, hg. und redigirt v. einigen deutschen Arbeitern, H. 2 (September – November 1841), S. 18–25.
Wells, Susan: „Jacobean City Comedy and the Ideology of the City", in: *English Literary History* 48.1 (1981), S. 37–60.
Welzig, Werner: „Der Wandel des Abenteuertums", in: Helmut Heidenreich (Hg.): *Pikarische Welt. Schriften zum europäischen Schelmenroman*, Darmstadt 1969, S. 438–454.
Wennerlind, Carl: „Money Talks but What Is It Saying? Semiotics of Money and Social Control", in: *Journal of Economic Issues* 35.3 (2001), S. 557–575.
Wentz, Ludwig: *Kurze doch Vollständige Demonstrative Einleitung zur Gemeinen Practischen Rechenkunst*, Basel 1748.
Wenzel, Siegfried: *The Sin of Sloth. Acedia in Medieval Thought and Literature*, Chapel Hill, NC 1967.
Werber, Niels: „Der Markt der Musen. Die Wirtschaft als Umwelt der Literatur", in: ders. und Gerhard Plumpe (Hg.): *Beobachtungen der Literatur. Aspekte einer polykontexturalen Literaturwissenschaft*, Opladen 1995, S. 183–216.
Werber, Niels: „Die Zukunft der Weltgesellschaft. Über die Verteilung von Exklusion und Inklusion im Zeitalter globaler Medien", in: ders. und Rudolf Maresch (Hg.): *Kommunikation. Medien. Macht*, Frankfurt a. M. 1999, S. 414–444.
Werber, Niels: *Liebe als Roman. Zur Koevolution intimer und literarischer Kommunikation*, München 2003.
Werber, Niels: *Die Geopolitik der Literatur. Eine Vermessung der medialen Weltraumordnung*, München 2007.
Werber, Niels: „Das Planetarische. Weltverkehr als Technik und als Semantik des Globalen", in: Ulrike Bergermann u. a. (Hg.): *Das Planetarische. Kultur – Technik – Medien im postglobalen Zeitalter*, München 2010, S. 237–245.
Werber, Niels: „Geopolitik und Globalisierung", in: Jörg Dünne und Andreas Mahler (Hg.): *Handbuch Literatur & Raum* (= Handbücher zur kulturwissenschaftlichen Philologie 3), Berlin/Boston 2015, S. 126–137.

Werner, Henry: *Geschichte des Geldes*, Berlin 2015.
Werner, Renate: „Lucien Goldmann: Pour une sociologie du roman", in: *Monatshefte* 95.3 (2003), S. 377–386.
Werner, Ute: „Geschäftsleben", in: Roland Posner u. a. (Hg.): *Semiotik / Semiotics*, Bd. 4 (= HSK 13.4), Berlin/New York 2004, S. 3421–3436.
West, Cornel, und D. Graham Burnett: „Metaphysics, Money & the Messiah. A Conversation about Melville's ‚The Confidence-Man'", in: *Daedalus* 136.4 (2007), S. 101–114.
West, Martin L.: „Wisdom Literature", in: Hesiod: *Works and Days*, hg. v. Martin L. West, Oxford 1978, S. 33–40.
West, Martin L. (Hg.): *Iambi et elegi Graeci ante Alexandrum cantati*, Bd. 1, 2. Aufl., Oxford 1989.
Westermann, Andrea: „Substanzen", in: Stefanie Samida u. a. (Hg.): *Handbuch materielle Kultur. Bedeutungen, Konzepte, Disziplinen*, Stuttgart/Weimar 2014, S. 259–263.
Westermann, Hartmut, und Martin Dehli: Art. „Wachstum", in: Joachim Ritter u. a. (Hg.): *Historisches Wörterbuch der Philosophie*, Bd. 12, Basel 2004, Sp. 6–11.
Westphal, Bärbel: „Affären und Karrieren – Familienbildung im Wirtschaftswunderjahrzehnt in der Bundesrepublik: Martin Walsers Roman ‚Ehen in Philippsburg'", in: *Moderna språk* 109.1 (2015), S. 78–101.
Wetzel, Michael, und Jean-Michel Rabaté (Hg.): *Ethik der Gabe. Denken nach Jacques Derrida*, Berlin 1993.
Wheeler, John: *A Treatise of Commerce, Wherein are shewed the Commodities arising by a well ordered and ruled Trade, such as that of the Societie of Merchants Aduenturers is proued to be*, London 1601.
Whitehead, Colson: *Underground Railroad – A Novel*, New York 2016.
Wickram, Georg: „Von guten und bösen Nachbarn", in: ders.: *Werke*, Bd. 2, hg. v. Johannes Bolte, Hildesheim 1974, S. 117–263.
Widder, Roman: *Pöbel, Poet und Publikum. Figuren arbeitender Armut 1600–1800*, Diss., HU Berlin, 2018.
Widmer, Urs: *Der Geliebte der Mutter. Roman*, Zürich 2000.
Wieland, Christoph Martin: *Sämmtliche Werke*, 39 Bde., Leipzig 1794 ff.
Wieland, Christoph Martin: *Geschichte des Agathon*, hg. v. Friedrich Beißner, München 1983.
Wiemann, Renate: *Die Erzählstruktur im Volksbuch „Fortunatus"*, Hildesheim u. a. 1970.
Wiemeyer, Joachim: „Zins und Wucher in der Christlichen Sozialethik", in: Matthias Casper u. a. (Hg.): *Was vom Wucher übrigbleibt: Zinsverbote im historischen und interkulturellen Vergleich*, Tübingen 2014, S. 95–109.
Wietschorke, Jens: *Arbeiterfreunde. Soziale Mission im dunklen Berlin 1911–1933*, Frankfurt a. M./New York 2013.
Wietschorke, Jens: „Die Soziale Arbeitsgemeinschaft Berlin-Ost und der bürgerliche Blick auf das moderne Massenvergnügen", in: ders. und Esther Sabelus (Hg.): *Die Welt im Licht. Kino im Berliner Osten 1900–1930*, Berlin 2015, S. 11–39.
Wiggershaus, Rolf: *Die Frankfurter Schule. Geschichte, theoretische Entwicklung, politische Bedeutung*, München 1987.
Wilde, Oscar: „Die dekorativen Künste" [1882], in: ders.: *Sämtliche Werke*, Bd. 6: *Essays 1*, hg. v. Norbert Kohl, Frankfurt a. M. 1982.
Wilke, Matthias: *Geiz ist dumm. Wege zu einer Ökonomie der Menschlichkeit*, Berlin 2007.
Willer, Stefan u. a. (Hg.): *Erbe. Übertragungskonzepte zwischen Natur und Kultur*, Frankfurt a. M. 2013.

Williams, Eric Eustace: *Capitalism and Slavery* [1944], Chapel Hill, NC/London 1994.
Williams, Raymond: *The Long Revolution*, London 1961.
Williams, Raymond: *Gesellschaftstheorie als Begriffsgeschichte. Studien zur historischen Semantik von „Kultur"*, München 1972.
Williams, Raymond: *The Country and the City*, London 1973.
Williams, Raymond: *Marxism and Literature*, Oxford/New York 1977.
Williams, Raymond: *Culture and Society, 1780–1950* [1958], New York 1983.
Williams, Raymond: „The Industrial Novels: ‚Hard Times'", in: Harold Bloom (Hg.): *Modern Critical Interpretations. Charles Dickens' „Hard Times"*, New York 1987, S. 11–15.
Williams, Ulla (Hg.): *Die „Alemannischen Vitaspatrum". Untersuchungen und Edition*, Tübingen 1996.
Willkomm, Ernst: *Eisen, Gold und Geist. Ein tragikomischer Roman. Erster Theil*, Leipzig 1843.
Willkomm, Ernst: *Weisse Sclaven oder die Leiden des Volkes. Ein Roman* [1845], Reprint, Berlin 2013.
Wilson, Thomas: *A Discourse upon Usury* [1572], hg. v. R. H. Tawney, New York 1963.
Winckler, Lutz: *Kulturwarenproduktion. Aufsätze zur Literatur- und Sprachsoziologie*, Frankfurt a. M. 1973.
Windmüller, Sonja: „Zeichen gegen das Chaos: Kulturwissenschaftliches Abfallrecycling", in: *Zeitschrift für Volkskunde* 99 (2003), S. 237–248.
Windmüller, Sonja: *Die Kehrseite der Dinge. Müll, Abfall, Wegwerfen als kulturwissenschaftliches Problem*, Münster 2004.
Windolf, Paul: „Was ist Finanzmarkt-Kapitalismus?", in: ders. (Hg.): *Finanzmarkt-Kapitalismus. Analysen zum Wandel von Produktionsregimen* (= Kölner Zeitschrift für Soziologie und Sozialpsychologie, Sonderheft 45), Wiesbaden 2005, S. 20–57.
Winkler, Hartmut: *Diskursökonomie: Versuch über die innere Ökonomie der Medien*, Frankfurt a. M. 2004.
Winter, Martin (Hg.): *Staatsbankrott! Bankrotter Staat? Finanzreform und gesellschaftlicher Wandel in Preußen nach 1806*, Ausst. des Geheimen Staatsarchivs Preußischer Kulturbesitz in Zusammenarbeit mit der Kunstbibliothek der Staatlichen Museen zu Berlin, 12. Mai bis 28. Juni 2006, Berlin 2006.
Winter, Michael: *Compendium Utopiarum. Typologie und Bibliographie literarischer Utopien*, Bd. 1: *Von der Antike bis zur deutschen Frühaufklärung*, Stuttgart 1978.
Winter, Michael: „Don Quijote und Frankenstein. Utopie als Utopiekritik: Zur Genese der negativen Utopie", in: Wilhelm Voßkamp (Hg.): *Utopieforschung. Interdisziplinäre Studien zur neuzeitlichen Utopie*, 3 Bde., Stuttgart 1982, Bd. 3, S. 86–112.
Wirtz, Thomas: „‚Vom Geiste der Speculation'. Hermeneutik und ökonomischer Kredit in Weimar", in: *Athenäum. Jahrbuch für Romantik* 8 (1998), S. 9–32.
Wittmann, Reinhard: *Geschichte des deutschen Buchhandels*, 3. Aufl., München 2011.
Wohlrab, Klaus: *Armut und Staatszweck. Die politische Theorie der Armut im deutschen Naturrecht des 18. und 19. Jahrhunderts*, Goldbach 1995.
Wolf, Burkhardt: *Die Sorge des Souveräns. Eine Diskursgeschichte des Opfers*, Zürich/Berlin 2004a.
Wolf, Burkhardt: „Zukunftssteuerung. Ein utopisches Projekt von Morus bis Lem", in: ders. und Anja K. Maier (Hg.): *Wege des Kybernetes. Schreibpraktiken und Steuerungsmodelle von Politik, Reise, Migration*, Münster 2004b, S. 61–92.
Wolf, Burkhardt: „‚Es gibt keine Totenschiffe'. B. Travens *sea change*", in: *Deutsche Vierteljahrsschrift für Literaturwissenschaft und Geistesgeschichte* 80.4 (2006), S. 435–455.

Wolf, Burkhardt: „Das Gefährliche regieren. Die neuzeitliche Universalisierung von Risiko und Versicherung", in: Lorenz Engell u. a. (Hg.): *Gefahrensinn* (= Archiv für Mediengeschichte 9), München 2009, S. 23–33.

Wolf, Burkhardt: „Kap der Stürme. Der Fliegende Holländer und die Irrfahrten maritimer Globalisierung", in: Hannah Baader und Gerhard Wolf (Hg.): *Das Meer, der Tausch und die Grenzen der Repräsentation*, Zürich/Berlin 2010, S. 357–377.

Wolf, Burkhardt: *Fortuna di Mare. Literatur und Seefahrt*, Zürich/Berlin 2013.

Wolf, Burkhardt: „Space Oddities. Der Mensch in Musils Möglichkeitsräumen", in: Claudia Emmert und Ina Neddermeyer (Hg.): *Möglichkeit Mensch. Körper – Sphären – Apparaturen. Künstlerische und wissenschaftliche Perspektiven*, Berlin 2017, S. 205–211.

Wolf, Burkhardt: „Die Schulden des Herrn Julius Caesar. Brechts Historie der Kreditökonomie", in: *The Brecht Yearbook/Brecht-Jahrbuch* 44 (2019a), S. 158–177.

Wolf, Burkhardt: „Das Risiko des Lebens. Angst in Kafkas ‚Bau'", in: Heiko Christians und Georg Mein (Hg.): *Gefahr oder Risiko? Zur Geschichte von Kalkül und Einbildungskraft*, Paderborn 2019b, S. 121–143.

Wolf, Norbert Christian: *Eine Triumphpforte österreichischer Kunst. Hugo von Hofmannsthals Gründung der Salzburger Festspiele*, Salzburg 2014.

Wolfe, Cary: *What Is Posthumanism?*, Minneapolis/London 2010.

Wolfe, Tom: *The Bonfire of Vanities*, New York 1987.

Wolfram von Eschenbach: *Parzivâl. Studienausgabe. Mittelhochdeutscher Text nach der sechsten Ausgabe von Karl Lachmann*, übers. v. Peter Knecht, mit Einführungen zum Text der Lachmannschen Ausgabe und in die Probleme der ‚Parzival'-Interpretation von Bernd Schirok, 2. Aufl., Berlin/New York 2003.

Woodmansee, Martha, und Mark Osteen: „Taking Account of the New Economic Criticism. An Historical Introduction", in: dies. und ders. (Hg.): *The New Economic Criticism: Studies at the Intersection of Literature and Economics*, London/New York 1999, S. 3–50.

Wright, Melissa W.: *Disposable Women and Other Myths of Global Capitalism*, New York/London 2006.

Wunderli, Peter: „Umfang und Inhalt des Semiologiebegriffs bei Saussure", in: *Cahiers Ferdinand de Saussure* 30 (1976), S. 33–68.

Wycherley, George: *Buccaneers of the Pacific*, Indianapolis 1928.

Wyder, Margrit: „Vorhof zum Tempel. Der Anfang von Stifters ‚Nachsommer'", in: *Sprachkunst* 20 (1989), S. 149–175.

Xenophon: *Scripta Minora*, übers. v. E. C. Marchant, Cambridge, MA 1925.

Xenophon: *Oikonomikos*, übers. und komment. v. Klaus Meyer, Westerburg 1975.

Yates, W. Edgar: „The Idea of the ‚Volksstück' in Nestroy's Vienna", in: *German Life and Letters* 38.4 (1985), S. 462–473.

Young, Edward: *Gedanken über die Original-Werke*, hg. v. Gerhard Sauder, übers. v. H. E. von Teubern, Heidelberg 1977.

Young-Bruehl, Elisabeth: *Hannah Arendt. Leben, Werk und Zeit*, übers. v. Hans Günther Holl, Frankfurt a. M. 2013.

Zaloom, Caitlin: *Out of the Pits: Traders and Technology from Chicago to London*, Chicago 2006.

Zanetti, Sandro: „Einleitung", in: ders. (Hg.): *Schreiben als Kulturtechnik*, Berlin 2012, S. 7–34.

Zangwill, Israel: *Der König der Schnorrer. Roman*, übers. v. Trude Fein, Zürich 2006.
Zapf, Hubert (Hg.): *Kulturökologie und Literatur. Beiträge zu einem transdisziplinären Paradigma der Literaturwissenschaft*, Heidelberg 2008.
Zapf, Hubert: *Literature as Cultural Ecology: Sustainable Texts*, London 2016.
Zelter, Joachim: *Schule der Arbeitslosen. Ein Roman*, Tübingen 2006.
Zeuske, Michael: *Handbuch Geschichte der Sklaverei. Eine Globalgeschichte von den Anfängen bis zur Gegenwart*, Berlin/Boston 2013.
Zeuske, Michael: *Sklavenhändler, Negreros und Atlantikkreolen. Eine Weltgeschichte des Sklavenhandels im atlantischen Raum*, Berlin/Boston 2015.
Zhadan, Serhij: *Hymne der demokratischen Jugend* [2006], übers. v. Juri Durkot und Sabine Stöhr, Frankfurt a. M. 2009.
Zierenberg, Malte: *Stadt der Schieber. Der Berliner Schwarzmarkt 1939–1950*, Göttingen 2008.
Zill, Rüdiger: Art. „Produktion / Poiesis", in: Karlheinz Barck u. a. (Hg.): *Ästhetische Grundbegriffe*, Bd. 5, Stuttgart/Weimar 2003, S. 40–86.
Zima, Peter V.: *Kritik der Literatursoziologie*, Frankfurt a. M. 1978.
Zima, Peter V.: *Roman und Ideologie. Zur Sozialgeschichte des modernen Romans*, München 1986.
Zimmer, Carl: *Parasitus Rex. Die bizarre Welt der gefährlichsten Kreaturen der Natur*, übers. v. Monika Curths, Frankfurt a. M. 2001.
Zimmermann, Bénédicte: *Arbeitslosigkeit in Deutschland. Zur Entstehung einer sozialen Kategorie*, übers. v. Manuela Lenzen und Martin Klaus, Frankfurt a. M./New York 2006.
Zincke, Georg Heinrich: „Vorrede, worinnen von Projecten und Projecten-Machern gehandelt wird", in: *Peter Krezschmers [...] Oeconomische Vorschläge, wie das Holz zu vermehren, Obst-Bäume zu pflanzen, die Strassen in gerade Linien zu bringen, mehr Aecker dadurch fruchtbar zu machen, die Maulbeer-Bau-Plantagen, damit zu verknüpffen und die Sperlinge nebst den Maulwürffen [...]*, Leipzig 1746, S. 5–48.
Zink, Andrea, und Ulrich Schmid: „Theorien des Romans: Lukács und Bachtin", in: *Zeitschrift für Slawistik* 45.1 (2000), S. 33–48.
Zinsmaier, Thomas: Art. „Fiktion", in: Gert Ueding (Hg.): *Historisches Wörterbuch der Rhetorik*, Bd. 3, Tübingen 1996, S. 342–347.
Zipfel, Frank: *Fiktion, Fiktivität, Fiktionalität. Analysen zur Fiktion in der Literatur und zum Fiktionsbegriff in der Literaturwissenschaft*, Berlin 2001.
Zischka, Anton: *Wissenschaft bricht Monopole*, Leipzig 1936.
Zoepffel, Renate: „Einleitung" und „Kommentar", in: Aristoteles: *Werke in deutscher Übersetzung*, Bd. 10.2: *Oikonomika. Schriften zu Hauswirtschaft und Finanzwesen*, hg. v. Christof Rapp, übers. und erl. v. Renate Zoepffel, Berlin 2006, S. 49–402 und S. 403–702.
Zogbaum, Heidi: *B. Traven. A Vision of Mexico*, Wilmington, DE 1992.
Zola, Émile: *Le Roman experimental*, Paris 1880.
Zola, Émile: *Der Experimentalroman. Eine Studie*, Leipzig 1904.
Zola, Émile: *Les Rougon Macquart. Histoire naturelle et sociale d'une famille sous le Second Empire*, 5 Bde., hg. v. Armand Lanoux und Henri Mitterand, Paris 1960 ff.
Zola, Émile: *Das Geld*, hg. v. Rita Schober, übers. v. Wolfgang Günther, Berlin 1983a.
Zola, Émile: *Germinal*, hg. v. Rita Schober, übers. v. Johannes Schlaf, Berlin 1983b.
Zola, Émile: *Das Paradies der Damen. Roman*, übers. v. Hilda Westphal, 2. Aufl., Berlin 2002.
Zola, Émile: *La Fabrique des Rougon-Maquart. Édition des dossiers préparatoires*, Bd. 5, hg. v. Colette Becker, Paris 2009.
Zweig, Stefan: *Die Welt von gestern. Erinnerungen eines Europäers*, Frankfurt a. M. 1952.

V. Register

V.1. Namensregister

A
Abel, Jakob Friedrich von 250
Ackermann, Anton 622 f.
Ackermann, Konrad Ernst 457 ff.
Adams, John 594, 596
Addison, Joseph 137
Adelung, Johann Christoph 104
Ade, Maren 217
Adenauer, Konrad 207
Adorno, Theodor W. 8 f., 11 f., 17, 19, 27, 72, 159, 195, 335, 524, 539 f., 593 f., 599, 602, 604, 638
Aegidius Romanus 387
Agamben, Giorgio 111, 224, 332, 373 f., 376, 379, 404
Akhtar, Ayad 188, 643
Aksakow, Konstantin Sergejewitsch 173
Alberti, Conrad 169
Alberti, Leon Battista 144
Albertinus, Aegidius 113
Alcott, Louisa May 172
Alemán, Mateo 113, 295, 393, 396 f.
Allende, Salvador 635
Althusser, Louis 16 f., 120
Andreae, Johann Valentin 410 f.
Anzengruber, Ludwig 154, 498, 505
Apuleius 250, 293
Aragon, Louis 586
Arendt, Hannah 265
Aristophanes 189, 368
Aristoteles 41, 48, 53, 56 f., 61, 143, 168, 182, 198, 202, 237, 317, 321, 339, 347, 355, 363 ff., 384, 386, 420, 443, 575
Arnaud, Georges 257
Arnim, Achim von 250
Arnim, Bettina von 244
Artaud, Antonin 315
Arwatow, Boris 239, 618
Assmann, Aleida 219 f.
Athenaios 228
Auerbach, Berthold 169, 173

Augustinus von Hippo 122, 143, 202, 375, 403
Austen, Jane 27, 87
Auster, Paul 194
Azpilcueta, Martin de 393, 397

B
Baader, Franz von 485
Babeuf, François Noël 244, 515
Bachmann, Ingeborg 331
Bachtin, Michail Michailowitsch 26, 293, 562
Bacon, Francis 410 f., 421
Badiou, Alain 17
Bahr, Hermann 587
Bakunin, Michail Alexandrowitsch 173
Balibar, Étienne 17
Balzac, Honoré de 6, 23 f., 106, 127, 137 ff., 142, 145 f., 166, 170, 173, 176, 191, 238, 254, 273, 282, 303, 311, 314, 341 f., 344, 346, 350, 509, 523, 533, 536 ff., 543, 566 ff., 575, 577
Barthel, Max 602
Barthes, Roland 50, 115, 239, 417
Baßler, Moritz 207
Bataille, Georges 59, 130, 142, 166, 204, 288, 314 ff.
Baudelaire, Charles 58, 100, 130, 142, 204, 219, 247, 287, 314, 526, 582
Baudrillard, Jean 48, 60 f., 73, 166, 204, 293, 343 f., 405, 447
Baudrillart, Henri 204
Bauer, Bruno 6, 519
Bauer, Edgar 519
Bauman, Zygmunt 269
Beauvoir, Simone de 586
Bebel, August 247, 513
Becker, Gary S. 162, 256
Beckert, Jens 133, 135
Beckett, Samuel 12, 219
Beck, Karl 5, 521
Beckmann, Johann 527
Behn, Aphra 275

Beigbeder, Frédéric 96, 183, 222
Békessy, Imre 338
Belfort, Jordan 139
Bellamy, Edward 172, 415, 419
Benjamin, Walter 8, 11, 17, 72, 100, 130, 167f., 216, 219, 239, 247, 279, 287, 289f., 334, 526, 586, 593f., 600f., 618, 635
Bensen, Heinrich 484
Bentham, Jeremy 99, 340, 632
Bergson, Henri 55, 582
Bernard, Claude 558
Bernardin de Saint-Pierre, Jacques-Henri 436, 442ff.
Bernhardin von Siena 144
Bernoulli, Jakob 286
Bernstein, Aaron 155
Beyer, Frank 626
Beyer, Johann Rudolf Gottlieb 203
Bezos, Jeff 304
Bhabha, Homi K. 276
Bidermann, Jacob 450
Bigo, Didier 270
Bin Laden, Osama 233
Bjørnson, Bjørnstjerne 170
Blair, Tony 183, 632
Blake, William 15
Blanckenburg, Christian Friedrich von 467
Blankfein, Lloyd 138
Blanqui, Louis-Auguste 510f., 515
Bleichröder, Gerson von 106
Bloch, Ernst 17, 171, 403, 405f., 408, 410f., 586
Bloch, Marc 64
Blumenberg, Hans 89, 237, 277, 403f., 538, 622
Boccaccio, Giovanni 106, 150, 165, 168, 250, 386
Bodin, Jean 115, 231f.
Böhme, Hartmut 324f., 524f., 530, 534, 610
Böhm von Bawerk, Eugen 333
Boisguillebert, Pierre Le Pesant de 415
Bolaño, Roberto 635ff., 639f.
Böll, Heinrich 142
Bontoux, Paul Eugène 569
Bonus, Holger 133f.
Borchardt, Rudolf 334, 338

Borges, Jorge Luis 316
Borkenstein, Hinrich 451
Börne, Ludwig 169, 509, 515
Bost, Pierre 109
Bourdieu, Pierre 20, 28ff., 32, 73, 122, 140, 167, 212, 306, 309, 311, 334, 574
Bracciolini, Poggio 144
Bräker, Ulrich 97, 114
Brant, Sebastian 98, 168, 277, 341, 403
Brathwaite, Edward K. 273
Braune, Rudolf 608f.
Brawe, Joachim Wilhelm von 462f.
Brecht, Bertolt 17, 71f., 106f., 113, 149, 159, 169, 172, 176, 191, 201, 239, 246, 255, 258, 283f., 295, 307, 335, 338, 559, 598, 608, 612, 617ff.
Brentano, Clemens 169, 250
Bretzner, Christoph Friedrich 461
Breydenbach, Bernhard von 102
Brik, Ossip Maximowitsch 561
Brinkmann, Rolf Dieter 331
Broch, Hermann 335
Brockes, Barthold Heinrich 180
Brompton, Johannes 232
Bronnen, Arnolt 602, 619
Brontë, Charlotte 276
Brooks, Mel 251
Browne, Thomas 228
Brown, John 496
Brown, Wendy 631
Brunner, Otto 355f.
Brunngraber, Rudolf 255, 258, 609f.
Bruno, Giordano 347
Büchner, Georg 100, 130, 509, 511, 515ff., 521
Bunyan, John 167
Buonarroti, Filippo 515
Bürger, Christa 12, 19, 27
Bürger, Peter 9, 12, 19, 27, 29f.
Burke, Edmund 15, 286
Burri, Emil 619
Butler, Judith 191

C

Cabet, Étienne 405, 417f., 510
Cabeza de Vaca, Álvar Núñez 436ff., 444
Caesarius von Heisterbach 385

Calvino, Italo 219
Campanella, Tommaso 404, 409 ff.
Campbell, Colin 524
Campe, Joachim Heinrich 108, 203
Cantillon, Richard 302, 398, 415
Carl, Carl [d.i. Karl Andreas von Bernbrunn] 499
Carlyle, Thomas 191, 554
Caudwell, Christopher 15
Cavillac, Michel 397
Cawelti, John G. 578
Celan, Paul 142
Cervantes, Miguel de 84, 251, 295
Césaire, Aimé 276, 592
Chamisso, Adelbert von 86, 149, 186, 485
Champfleury, Jules 344
Chapman, George 429 f.
Chateaubriand, François-René de 172, 582
Chaucer, Geoffrey 378, 386
Chrysipp 371
Chrysostomos [d.i. Johannes von Antiochia] 168
Cicero 144, 202, 231, 253, 384, 463
Claudius, Eduard 624
Cleland, John 248
Clinton, Bill 632
Cobbet, William 15
Conrad, Joseph 152, 180, 278, 315
Considerant, Victor 172
Cook, James 414
Cooper, James Fenimore 154, 261
Cortés, Hernán 315
Crary, Jonathan 73, 603
Crutzen, Paul 296
Cuonz, Daniel 89

D

Dante 107, 144, 165 f., 340, 385 f., 615
Darwin, Charles 122
Daudet, Alphonse 170
David, [bibl.] König von Juda und Israel 377
Defoe, Daniel 69, 116, 123, 137, 160, 166 f., 169, 225, 246, 254, 262, 279, 341, 412 f., 537, 551, 614
Dekker, Thomas 432
Delacroix, Eugène 513

Deleuze, Gilles 50, 122, 344, 540, 568, 579 f., 647
DeLillo, Don 133 f., 139, 192, 217, 219, 222, 284, 338, 346, 643 f., 646 f.
De Man, Paul 338
Demokrit von Abdera 359
Derrida, Jacques 48, 55 ff., 61, 122, 124, 140 ff., 204, 227 f., 238, 263, 648
Despentes, Virginie 100, 222
Destouches, Philippe Néricault 450
Dézamy, Théodore 510
Dickens, Charles 94, 100, 127, 145, 149, 170, 176, 191, 238, 282, 342, 537, 546 ff., 554 ff.
Diderot, Denis 182, 228, 405
Diederichs, Eugen 309
Dilthey, Wilhelm 467
Ding Ling 173
Diodor 123
Diodorus von Sinope 228
Diogenes Laertios 375
Diogenes von Sinope 356, 375
Disney, Walt 251
Disraeli, Benjamin 191, 554 f.
Dobelli, Rolf 100
Döblin, Alfred 246, 290, 320, 338, 600
Döhner, Friedrich 274
Dominik, Hans 257
Domizlaff, Hans 205, 325
Dommann, Monika 307
Dos Passos, John 304
Dostojewski, Fjodor Michailowitsch 89, 100, 148, 180, 288, 342, 537, 548 ff.
Dotzler, Bernhard J. 68
Douglas, Clifford Hugh 595
Douglas, Mary 218, 220
Douglass, Frederick 275
Drach, Albert 156
Dreiser, Theodore 44, 304, 534
Dreyfus, Alfred 582
Dronke, Ernst 509, 519 f., 522
Droste-Hülshoff, Annette von 124, 127 f., 250
Drucker, Peter 256
Ducasse, Jean 233
Dudow, Slatan 608
Düffel, John von 222, 643
Duimchens, Theodor 169

Dumas, Alexandre 78, 247, 261, 268
Duras, Claire de 275
Dürer, Albrecht 215
Durkheim, Émile 12
Dürrenmatt, Friedrich 156, 188, 267, 455
Dusch, Johann Jakob 109, 465

E

Ebers, Georg 169
Ebert, Friedrich 576
Eco, Umberto 134, 311, 406
Edel, Edmund 330
Edschmid, Kasimir 330
Eichendorff, Joseph von 129, 485
Eliot, George 191, 554
Elisabeth I., Königin von England 420, 422
Ellis, Bret Easton 107, 201, 212, 634, 640
Elsner, Gisela 323
Elwenspoek, Curt 250
Emerson, Ralph Waldo 632 f.
Empedokles 347
Enfantin, Barthélemy Prosper 511, 513 f.
Engel, Erich 619
Engels, Friedrich 3 ff., 8 f., 18, 20, 23, 71, 132, 152, 162, 172, 237, 243, 246, 304, 340, 350, 405, 412, 509 f., 515, 518 ff., 522, 537, 555, 559
Engle, Lars 423 f., 427, 429
Enzensberger, Hans Magnus 72, 204, 599
Epicharm 228
Erasmus von Rotterdam 168
Eribon, Didier 245
Ernaux, Annie 346
Esterházy, Péter 612, 627 f.
Euemeros 403
Euklid 253
Eupolis 228
Euringer, Richard 610
Ewald, François 279
Eyb, Albrecht von 387

F

Falke, Gustav 169
Fallada, Hans 191, 603, 607, 610
Fanon, Frantz 592
Fauser, Jörg 258
Febvre, Lucien 64

Fénelon, François 412
Ferguson, Adam 116 f.
Feuchtwanger, Lion 155, 601
Feuerbach, Ludwig 479
Fichte, Johann Gottlieb 115, 235 f., 305, 405, 415 f., 485, 494
Fiederer, Margrit 460 f.
Fielding, Henry 341
Finley, Moses I. 355
Fischer, Samuel 309
Fitzgerald, Penelope 197
Flaubert, Gustave 29 f., 89, 106, 170, 239, 326, 350, 523, 533
Fleißer, Marieluise 607, 619
Foigny, Gabriel de 412
Fontane, Theodor 106, 128, 151, 170, 176, 187, 207, 508, 599
Ford, Henry 255, 619 f.
Foucault, Michel 52, 74, 80 ff., 88, 97, 116 f., 123 f., 129 f., 157, 163, 208, 222, 233 f., 237, 253, 269, 277, 313, 336, 395, 412, 417, 484, 631, 642
Fould, Beer Léon 567
Fouqué, Friedrich de la Motte 525
Fourier, Charles 164, 172, 174, 417 f., 509
Franck, Georg 73, 603
Franck, Sebastian 168
Franklin, Benjamin 55, 261, 313, 321, 341
Franzen, Jonathan 637 f., 640
Franz I., König von Spanien 185
Franzos, Karl Emil 155
Franz von Assisi 98, 122, 334
Freiligrath, Ferdinand 94, 243 ff., 509, 520 f.
Frenzel, Elisabeth 258 f., 287
Freud, Sigmund 86, 146, 264, 343 f., 583
Freund, Max 534
Freytag, Gustav 69, 89, 162, 169, 176, 181, 238, 270 f., 282, 322, 341 f., 350, 474 f., 508, 522 f., 527, 529, 537, 541 ff.
Friedman, Milton 632, 635
Friedrich Carl, Fürst zu Wied 216
Friedrich Wilhelm IV., König von Preußen 243 f.
Fritsch, Ulrich 193
Fronsperger, Leonhard 112
Fulda, Daniel 464

G

Gaddis, William 79, 192
Gallas, Helga 17
Galsworthy, John 341
Garbe, Hans 624 f.
Gaskell, Elizabeth 162, 191, 554 ff.
Gast, Peter 267
Gay, John 113, 295, 619
Gellert, Christian Fürchtegott 158, 165, 225, 310, 451
Gelli, Giovan Battista 143
Genet, Jean 124
Gentz, Friedrich 491 f.
George, Stefan 314, 333, 587
Gerloff, Wilhelm 382
Gesell, Silvio 595
Gide, André 45 f., 192, 345 f., 581, 584 ff.
Gide, Charles 345, 585
Gierke, Otto von 588
Giesecke, Michael 308
Gilbreth, Frank Bunker 255, 620
Gilbreth, Lillian Evelyn 255, 620
Gilroy, Paul 273
Girard, René 574
Girnus, Werner 8
Gladkow, Fjodor Wassiljewitsch 559 ff.
Glissant, Édouard 273, 276
Goethe, Johann Wolfgang von 21, 41, 69, 77 f., 87, 110, 118, 141 f., 147, 149 f., 161 f., 165 f., 169, 191, 211, 216, 226, 231, 236, 238, 240, 247, 251, 257, 270, 279, 282, 301, 304, 316, 319, 321 f., 328, 349, 401, 418, 469 ff., 489, 493, 517, 527, 541, 585
Goetz, Rainald 109, 201, 219, 223, 338, 643
Gogol, Nikolai Wassiljewitsch 282, 341
Goldmann, Lucien 20, 24 ff., 28 f., 165
Gomart, Hélène 568, 570 f.
Gómez de Avellaneda, Gertrudis 275
Gontscharow, Iwan Alexandrowitsch 130
González Rodríguez, Sergio 637
Goody, Jack 67
Gorki, Maxim 258, 561
Gotsche, Otto 173
Gottfried von Straßburg 168
Gotthelf, Jeremias 350, 523, 527 ff.
Gottsched, Johann Christoph 457 ff.
Gottsched, Luise Adelgunde Victorie 109, 449 f., 452
Gouges, Olympe de 275
Gournay, Vincent de 254
Goux, Jean-Joseph 44 ff., 60 f., 86, 191 f., 344, 346, 536, 539 f., 567, 585
Graeber, David 185 f., 553
Graf, Oskar Maria 617
Grainger, James 436, 439 ff., 445
Gramsci, Antonio 8 f., 13 ff.
Grass, Günter 193, 304, 338
Greenblatt, Stephen 142
Greenspan, Alan 633
Gregor I., Papst 377
Greimas, Algirdas Julien 26
Grieg, Nordahl 172
Grigorowitsch, Dmitri Pawlowitsch 173
Grimmelshausen, Hans Jakob Christoffel von 99, 108, 113, 246, 251, 268, 412
Grimm, Jacob 294
Grimm, Wilhelm 294
Gronemann, Sammy 265
Grosse, Carl Friedrich August 300
Grotius, Hugo 232
Grün, Anastasius 521
Grünberg, Karl 563
Grün, Lili 603
Gryphius, Andreas 451
Guattari, Félix 60 f., 122, 344, 540, 568, 647
Guden, Philipp Peter 551
Guibert von Nogent 171
Guilford, Joy Paul 183
Guillaume de Lorris 144
Gutzkow, Karl 515
Gyasi, Yaa 276

H

Haas, Wolf 331
Habermas, Jürgen 193, 291
Hackländer, Friedrich Wilhelm 169, 180, 527
Hacks, Peter 189
Haeckel, Ernst 296
Hall, Stuart 14
Hamacher, Werner 57
Hamann, Johann Georg 182
Handke, Peter 156, 209, 304
Händler, Ernst-Wilhelm 222 f., 643

Hare, David 643
Harrington, James 411
Harris, Robert 643
Hartlaub, Gustav Friedrich 598
Hartmann von Aue 101, 383
Harvey, David 631
Harvey, William 348
Hasenclever, Walter 219
Hauff, Wilhelm 149, 485
Haug, Wolfgang Fritz 119 f., 330
Hauptmann, Gerhart 94, 170, 176, 455
Havelock, Eric A. 67
Haxthausen, August Franz von 173
Hayek, Friedrich August von 175, 226, 630, 632 f., 635, 637 f.
Hebel, Johann Peter 154
Hegel, Georg Wilhelm Friedrich 6, 18, 20, 41, 59, 113, 115 ff., 125, 236, 253, 300, 467, 487, 517, 541
Hegemann, Helene 307
Heidegger, Martin 55 f., 136, 279
Heine, Heinrich 128, 166, 169, 180, 485, 509, 511 ff., 517 f., 520 ff.
Heinrich von Neustadt 381
Heinrich von Veldeke 383
Heinsohn, Gunnar 53, 55
Heinzelman, Kurt 34 ff.
Hénaff, Marcel 204
Henderson, Willie 37
Hensler, Karl Friedrich 498
Heraklit 40
Herder, Johann Gottfried 210
Herrnstadt, Rudolf 244
Hertzka, Theodor 418
Herwegh, Georg 520 f.
Herzen, Alexander Iwanowitsch 173
Herzl, Theodor 155
Herzog, Rudolf 563
Herzog, Werner 315
Hesiod 141, 357 f., 361, 364, 403
Hessel, Franz 602
Heß, Moses 509
Heym, Georg 534
Heyse, Paul 170
Hippolyt von Rom 374
Hirschman, Albert O. 86, 117
Hitler, Adolf 156, 207

Hnilica, Irmtraud 527
Hobbes, Thomas 115, 262, 270, 348
Hobsbawm, Eric J. 249 f., 393
Hochhuth, Rolf 455
Hoffmann, E. T. A. 106, 127, 154, 211, 219, 236, 257, 297, 333, 525
Hoffmann von Fallersleben, August Heinrich 169
Hofmann, Isaak Löw 586
Hofmannsthal, Hugo von 169 f., 316, 455, 586 ff.
Hoggart, Richard 15
Homer 140 f., 357, 364
hooks, bell [d.i. Gloria Watkins] 638
Horaz 202, 340, 385
Hörisch, Jochen 82, 120, 485
Horkheimer, Max 72, 159, 524, 599
Horváth, Ödön von 502, 506 f.
Houellebecq, Michel 158, 248, 346
Huehls, Mitchum 630 f.
Hugo, Victor 100, 149, 275, 297
Hugo von Trimberg 384
Humboldt, Wilhelm von 495
Hume, David 203, 340
Husserl, Edmund 55
Huxley, Aldous 419
Huysmans, Joris-Karl 204
Hyginus 277, 279

I

Ibsen, Henrik 106, 170, 278
Immermann, Karl 94, 169, 304
Innis, Harold Adams 67
Isaak von Ninive 376
Iser, Wolfgang 132, 134 f.

J

Jacobus von Vitry 385
Jäger, Georg 311
Jägersberg, Otto 207
Jahnn, Hans Henny 316
Jakob I., König von England 420, 422
Jambulos 403
James, Henry 127
Jameson, Fredric 9, 13, 167, 414, 510
Jean de Meung 144
Jean Paul 106, 120, 254, 311

Jelinek, Elfriede 159, 189, 193, 222, 248, 643 ff.
Jesus von Nazaret 98, 372, 376
Jevons, William Stanley 35, 84, 344 f.
Jirgl, Reinhard 212, 419
Jobs, Steve 304
Johann von Würzburg 101
Jonson, Ben 429
Jourde, Pierre 196 f.
Joyce, James 38, 330, 591 ff.
Jung, Alexander 5
Jünger, Ernst 280, 610
Jung-Stilling, Johann Heinrich 86, 203, 235 f.
Justi, Johann Heinrich Gottlob von 113, 235 f., 241, 459
Juvenal 340, 385

K
Kafka, Franz 12, 25, 106, 111, 169, 180, 236, 271 f., 280, 606
Kaiser, Friedrich 498, 504 f.
Kaiser, Georg 176 f., 257, 338, 619
Kamuf, Peggy 578
Kant, Immanuel 41, 76, 182, 198, 204, 235, 238, 293, 306, 495 f.
Kapp, Ernst 71
Karl V., Kaiser des Heiligen Römischen Reiches 438
Kastein, Josef 181
Kästner, Erich 191, 207, 290, 599, 605 f., 609 f.
Kaufmann, David 35
Kaufringer, Heinrich 378
Kay-Shuttleworth, James Phillips 555
Keller, Gottfried 21, 23 f., 76, 88 f., 128, 176, 187, 192, 211, 297, 322, 350, 477 ff., 523 f., 527, 529 ff., 537, 543 ff.
Kerr, Alfred 618
Kerviel, Jérôme 139
Kessel, Martin 207, 255, 328, 599, 606 f., 609 f.
Keun, Irmgard 159, 191, 207, 246, 326, 330, 599 ff., 610
Keynes, John Maynard 53 ff., 57, 62, 284, 335
Kierkegaard, Søren 279
Kirzner, Israel M. 302 f.

Kittler, Friedrich 66, 70, 74, 82, 157 f., 319, 487 f.
Klabund [d.i. Alfred Henschke] 207
Klages, Ludwig 298
Klammer, Karl Anton 619
Klein, Naomi 631
Kleist, Heinrich von 124, 250, 274
Klopstock, Friedrich Gottlieb 210, 307
Klossowski, Pierre 139
Knies, Karl 523
Koch, Heinrich Gottfried 457
Kohn, Salomon 155
Köhrer, Erich 534
Kompert, Leopold 155, 264
Konfuzius 594
Konrad von Megenberg 387
Konrad von Würzburg 168
Kopernikus, Nikolaus 347
Kotzebue, August von 109, 274
Kracauer, Siegfried 255, 564, 598 f., 605, 607
Kracht, Christian 331
Kraus, Karl 338
Kretzer, Max 169
Kristeva, Julia 26, 220
Kröger, Merle 639 f.
Krüger, Johann Christian 452 f.
Krug, Manfred 626
Krugman, Paul 269
Krünitz, Johann Georg 108, 258, 551
Kubin, Alfred 405
Kuhn, Axel 311
Kuhn, Helmut 100

L
La Bourdonnais, Bertrand-François Mahé de 436
La Bruyère, Jean de 145
Lacan, Jacques 124, 344
Laclos, Pierre-Ambroise-François Choderlos de 157
Lafargue, Paul 130
Lalami, Laila 444
Lamarque, Jean Maximilien 514
La Marr, Barbara 602
Lamprecht, gen. Pfaffe Lamprecht 383
Lanchester, John 137, 193, 643
Lang, Fritz 618

Langgässer, Elisabeth 320
Laplace, Pierre-Simon de 286
Las Casas, Bartolomé de 438
Lasker-Schüler, Else 155
Latour, Bruno 70f., 220, 268
Lauer, Gerhard 305
Lavater, Johann Caspar 310
Law, John 78, 137, 191, 240, 279, 282
Lazzarato, Maurizio 89
Leblanc, Maurice 124
Le Clézio, Jean-Marie Gustave 346
Legendre, Pierre 224
Le Goff, Jacques 102f., 105, 165, 339, 342, 385, 422
Leibniz, Gottfried Wilhelm 67, 206, 224, 279, 403
Leiter, Joseph 571
Lenin, Wladimir Iljitsch 173, 554, 561, 586, 596, 626
Lepenies, Wolf 405
Lesage, Alain-René 251, 401, 450
Lessing, Gotthold Ephraim 23f., 41, 85, 109, 118, 137, 157, 169, 191, 201, 287, 294, 318f., 446, 453f., 456ff., 464ff.
Lethen, Helmut 8, 610
Le Trosne, Guillaume François 224
Levi, Primo 142
Lévi-Strauss, Claude 55, 141
Lewin, Kurt 255
Lewis, Sinclair 303
Lichtenberg, Georg Christoph 254
Lifschitz, Michail Alexandrowitsch 3
Lillo, George 86, 169, 200, 456, 464f.
Lindgren, Astrid 252
List, Friedrich 322
Locke, John 93, 116, 305, 340, 441, 463
Lohenstein, Daniel Casper von 318
Loher, Dea 219
London, Jack 617
Long, Haniel 444
López de Úbeda, Francisco 389, 393
Louis, Eduard 245
Löwenthal, Leo 16, 18, 21, 23f.
Lubarsch, Rudolf 99
Ludwig XIV., König von Frankreich 582
Ludwig XV., König von Frankreich 254, 348, 582

Luhmann, Niklas 28, 30, 58, 63, 65f., 72f., 75ff., 88, 125, 136, 149, 152, 157, 165, 199, 253, 256, 278, 312, 325, 328, 332, 376, 399, 402f., 483, 496, 568, 579, 590, 629
Lukács, Georg 8ff., 17f., 20f., 23ff., 28, 119, 165, 334, 485, 508f., 519, 559, 562, 567, 631, 637f.
Lunatscharski, Anatoli Wassiljewitsch 561
Lüscher, Jonas 106, 137, 193, 226, 641, 643
Luther, Martin 112, 143, 168, 292, 340, 397f.
Lyotard, Jean-François 60

M
Macherey, Pierre 17, 239
Machiavelli, Niccolò 145, 318
Mackay, Charles 284
Magnusson, Kristof 133, 643
Maimon, Salomon 122
Malcolm X [d.i. Malcolm Little bzw. El Hajj Malik el-Shabazz] 276
Malinowski, Bronisław 140
Mallarmé, Stéphane 345, 584
Malouet, Pierre-Victor 274
Malraux, André 586
Malthus, Thomas Robert 162, 321, 482
Mandeville, Bernard 145, 161, 199, 203, 391, 590
Mann, Heinrich 106, 109, 169, 342, 566, 573ff.
Mann, Thomas 89, 127, 150, 152, 162, 169f., 176, 181, 245, 247, 283, 320, 338, 508
Manzano, Juan Francisco 275
Marchwitza, Hans 563
Marie-Antoinette von Österreich-Lothringen, Königin von Frankreich 512
Marivaux, Pierre de 137
Marlowe, Christopher 427ff.
Marston, John 429
Martineau, Harriet 554
Marx, Karl 3ff., 14, 16, 18, 20, 23, 25, 50f., 57, 61f., 71, 84, 94, 99, 116, 118ff., 124, 129, 132, 152f., 162, 164, 166, 171ff., 192ff., 237, 243, 260, 262, 301, 322, 324f., 330, 333, 335, 340, 344, 348, 350,

366, 396, 412, 487, 508 ff., 518 ff., 522 f., 525 f., 530, 537, 539, 544, 568, 570, 583, 596, 632, 636
Masaniello [d.i. Tommaso Aniello d'Amalfi] 517
Masen, Jacob 450
Masschelein, Jan 642
Mauro, Tullio de 61
Mauss, Marcel 122, 140 f., 160, 204, 263, 314 f.
May, Karl 122, 338
Mayo, Elton 255
McCarthy, Tom 183, 643
McCloskey, Deirdre 36 f.
McLuhan, Marshall 60, 67, 70, 72 f., 75, 350
McNeill, William Hardy 230
Mead, Edward P. 522
Mechthild von Magdeburg 376
Mecklenburg, Norbert 526
Mehring, Franz 10, 18, 23 f., 270, 522, 541
Meister Eckhart 376
Melle, Thomas 100, 639 ff.
Melon, Jean-François 203
Melville, Herman 130, 152 f., 166, 180, 254, 274, 314, 334, 337, 566, 578 ff.
Mendelssohn, Moses 456
Menger, Carl 84, 333, 344
Mercado, Tomas de 398
Mercier, Louis-Sébastien 285, 414 f., 417
Merkel, Angela 632, 640
Merkel, Rainer 222, 331
Meyer, Reinhart 460
Meyrink, Gustav 106
Michaels, Walter Benn 42 ff., 537
Middleton, Thomas 429
Mignolo, Walter D. 273
Miller, Daniel 532, 534
Mill, John Stuart 253, 322, 340, 355, 537
Mises, Ludwig von 303, 333, 630
Mitchell, David 419
Mitchell-Innes, Alfred 185
Moctezuma II. 315
Molière [d.i. Jean-Baptiste Poquelin] 145, 401, 450
Mönch, Cornelia 464
Montchrestien, Charles de Secondat, baron de 224

Montesquieu, Charles-Louis de Secondat, baron de la Brède et de 231, 484
Mora, Terézia 640 f., 643
Moretti, Franco 32, 65, 115, 161, 632
Morgenstern, Oskar 350
Mörike, Eduard 21, 216
Moritz, Karl Philipp 97, 469
Moritz, Prinz von Oranien 436
Morris, Charles W. 48
Morrison, Toni 275
Morris, William 419
Morus, Thomas 123, 203, 236, 404, 406 ff., 411, 414, 418
Möser, Justus 118, 234
Mozart, Wolfgang Amadeus 216 f.
Müller, Adam Heinrich 187 f., 322, 344, 484 f., 491 ff., 496 f.
Müller, Heiner 204, 307, 624
Müller, Otto 169
Mundstock, Karl 624
Münsterberg, Hugo 255
Müntzer, Thomas 171
Münz, Rudolf 120
Muray, Philippe 346
Musil, Robert 27, 204, 247, 256, 316, 586, 589 ff.
Musk, Elon 304
Mussolini, Benito 594, 596 f.

N
Napoleon I., Kaiser von Frankreich 435
Neher, Caspar 601
Nelissen-Haken, Bruno 609
Nerval, Gérard de 582
Nestroy, Johann 127, 170, 455, 498, 500 ff., 505 f.
Neuber, Karoline 457
Neumann, John von 350
Neurath, Otto 255
Neutsch, Erik 626
Ngai, Sianne 638
Nicolai, Friedrich 456
Niehaus, Michael 518
Nietzsche, Friedrich 70, 84, 139, 186, 204, 267, 271, 314 ff., 320, 333, 345, 584, 587
Nixon, Richard 76
Nodier, Charles 251

Norris, Frank 566, 571ff., 577, 621
Novalis [d.i. Friedrich von Hardenberg] 169, 236, 243f., 293, 485ff., 494ff.
Nyerere, Julius 174

O
Obama, Barack 632
Olivi, Petrus Johannis 340
Órkasson, Guðmundur 137
Ortiz, Luis 394
Orwell, George 15, 419
Osteen, Mark 33ff., 40, 44, 46, 401
Ostermaier, Albert 643
Ostwald, Hans 289, 576
Oswald, Georg M. 107
Otto-Peters, Louise 95, 519
Ouvrard, Gabriel-Julien 567
Ovid 106, 141
Owen, Robert 172, 174, 405, 417, 509

P
Pacioli, Luca 70, 166
Packard, Vance 330
Palyi, Melchior 492
Pareto, Vilfredo 51f., 61, 333
Pascal, Blaise 25, 145, 285f., 583
Pasolini, Pier Paolo 14
Paulus von Tarsus 143, 373f.
Paulus von Theben [d.i. Paulus Eremita] 375
Pechon de Ruby 395
Peirce, Charles Sanders 48, 50f.
Peltzer, Ulrich 643
Perec, Georges 346
Perthes, Friedrich Christoph 310
Petronius 165, 314
Pfeiffer, Johann Friedrich von 348
Philipp II., König von Spanien 394
Picquenard, Jean-Baptiste 275
Pierer, Heinrich August 104f.
Piketty, Thomas 273
Pinochet, Augusto 635f.
Piscator, Erwin 245, 258, 619
Pitaval, François Gayot de 250
Pitschmann, Siegfried 625
Platon 40f., 56, 168, 182, 202, 356, 360, 363f., 367f., 403, 406, 409, 468

Plautus 143, 449f.
Plechanow, Georgi Walentinowitsch 10, 513
Plumpe, Gerhard 31
Plutarch 232, 371
Poe, Edgar Allan 124, 251, 261
Polanyi, Karl 138, 566
Pollesch, René 643
Polo, Marco 77
Poovey, Mary 85, 87
Popper, Leo 12
Por, Odon 595
Pound, Ezra 342, 591f., 594ff.
Prawer, Siegbert S. 3
Prebble, Lucy 643
Preußler, Ottfried 252
Prévost, Antoine-François 274, 395
Priddat, Birger 135, 188, 535, 646
Proudhon, Pierre-Joseph 6, 519
Proust, Marcel 129, 581ff.
Prudentius 144
Pufendorf, Samuel von 115
Püttmann, Hermann 520f.
Pynchon, Thomas 129, 638f.

Q
Quesnay, François 348, 415
Quevedo, Francisco de 393
Quijano, Aníbal 273
Quintilian 371

R
Raabe, Wilhelm 170, 219, 238, 297, 337, 543
Rabelais, François 185, 228, 393, 405, 408
Racine, Jean 25
Raimund, Ferdinand 314, 455, 501
Ramler, Karl Wilhelm 456
Rand, Ayn 166, 633
Raphael, Max 16
Rathenau, Walther 589
Rau, Karl Heinrich 204
Rautenberg, Ursula 307
Reagan, Ronald 35, 632, 635
Redi, Francesco 229
Reeve, Clara 299
Reger, Erik 255, 562ff.
Reich, Philipp Erasmus 310
Reinmar von Zweter 385

Remarque, Erich Maria 604
Rhys, Jean 276
Ricardo, David 83f., 94, 164, 190, 321, 333, 344, 349, 355, 482f., 491, 537
Richter, Falk 222, 643
Richter, Gerhard 373
Riehl, Wilhelm Heinrich 245
Rilke, Rainer Maria 100, 111, 334
Rimbaud, Arthur 172
Robbe-Grillet, Alain 27, 248
Robespierre, Maximilien de 515f.
Rogers, Woodes 233
Röggla, Kathrin 163, 223, 643, 647ff., 652
Rohr, Julius Bernhard von 451
Rohwedder, Detlev 338
Rollenhagen, Georg 111
Roscher, Wilhelm 204
Rothe, Friedrich 8
Roth, Joseph 155, 600
Rothschild, James de 106, 567
Rothschild, Nathan 138
Rötscher, Heinrich Theodor 120
Rötzer, Hans Gerd 389
Rousseau, Jean-Jacques 116, 122, 125, 203f., 224, 262, 348, 356, 414, 418, 442, 591
Rowohlt, Ernst 309
Rubiner, Ludwig 334
Rudolf von Ems 168
Ruge, Arnold 522
Ruge, Eugen 419
Ruhumbika, Gabriel 174
Ruppius, Otto 154

S

Sachse, Johann Christoph 401
Sachs, Hans 168
Sachs, Nelly 155
Sade, Donatien Alphonse François, Marquis de 84, 204, 248, 405
Said, Edward 276
Saint-Lambert, Jean-François de 203, 274
Saint-Simon, Henri de 164, 418, 509, 511, 582
Salernitano, Masuccio 392
Samuely, Nathan 155
Saphir, Moritz Gottlieb 498f., 504
Sartre, Jean-Paul 586
Saß, Friedrich 519, 521

Saussure, Ferdinand de 48, 50ff., 57, 60f.
Savary, Jacques 398
Savigny, Friedrich Carl von 126
Say, Jean-Baptiste 190, 349, 482f., 491
Schäffle, Albert E. F. 523
Scharrer, Adam 338
Schelling, Friedrich Wilhelm Joseph 496
Schenzinger, Karl Aloys 257, 610
Scherer, Wilhelm 22, 239, 523
Scherret, Felix 566, 575ff.
Schikowski, John 613
Schiller, Friedrich 106, 117, 123, 128, 141, 169, 236, 250, 300, 465
Schlaffer, Heinz 120
Schlaf, Johannes 169
Schlegel, Caroline 489
Schlegel, Friedrich 130, 158, 239, 488, 492
Schmandt-Besserat, Denise 66
Schmidt, Julian 238, 522, 541
Schmitt, Carl 484
Schmoller, Gustav 523
Schnabel, Johann Gottfried 225, 236, 261, 413f.
Schnitzler, Arthur 247
Schober, Johann 338
Scholochow, Michail Alexandrowitsch 173
Schönemann, Johann Friedrich 457
Schönthaler, Philipp 256, 643, 647f., 650f.
Schopenhauer, Arthur 279
Schröder, Gerhard 632
Schrott, Raoul 298
Schuch, Franz, d. J. 457
Schulenburg, Werner von der 169
Schulze, Gerhard 328
Schulze, Ingo 201
Schumpeter, Joseph 52ff., 57, 303, 344f., 355, 491, 564, 633
Scott, Walter 154, 172
Scribe, Eugène 170
Sedaine, Michel-Jean 451
Seeger, Ludwig 521
Seja, Uwe 529
Seneca 202
Sennett, Richard 163, 222, 290, 649
Serrano, Andrés 444
Serres, Michel 130, 229f., 264, 266, 390
Servius Tullius 244

Shaftesbury, Anthony Ashley-Cooper, 3rd Earl of 203
Shakespeare, William 7, 56, 106, 126, 142, 147, 150, 154, 160, 168, 180, 276, 314, 317f., 341, 399, 422, 424ff., 434, 450
Shelley, Percy Bysshe 238, 522
Shell, Marc 34f., 39ff., 44, 50, 57, 401, 423
Sieg, Paul Eugen 257
Siegrist, Hannes 305
Silbermann, Alphons 27
Simmel, Georg 18, 24, 26, 53, 75, 89, 204, 246ff., 324, 333f., 343, 448, 577, 586ff.
Simon, Herbert A. 253
Simons, Maarten 642
Sinclair, Upton 170, 257, 304
Singer, Kurt 355
Sinha, Shumona 100
Sinold von Schütz, Philipp Balthasar 405
Sismondi, Jean-Charles-Léonard Simonde de 482
Skinner, Burrhus Frederic 174
Smith, Adam 53, 62, 68, 85, 105, 117, 158, 161, 163, 169, 175, 188, 190, 199f., 203, 224f., 238, 292, 299ff., 321, 333, 340, 344, 349, 401, 405, 416, 441f., 454, 463, 472, 482, 484, 537, 547, 570, 587, 590, 617
Smith, Rachel Greenwald 630f., 640
Soden, Julius Graf von 484
Sohn-Rethel, Alfred 11, 74, 76, 399, 544
Sokrates 98, 356, 358ff.
Solon 358, 364
Sombart, Werner 68, 106, 136, 157, 166, 204, 253, 302ff., 329f., 391, 399, 402, 525ff., 587
Sonnenfels, Joseph von 234
Sophokles 164
Sorel, Charles 396, 400
Sorge, Reinhard 111
Sorokin, Wladimir Georgijewitsch 258
Soros, George 186
Spielhagen, Friedrich 170, 192, 282, 304
Spivak, Gayatri Chakravorty 58, 276
Staël, Germaine de, gen. Madame de Staël 18, 275
Stalin, Josef Wissarionowitsch 561f.
Starobinski, Jean 140f.

Steele, Richard 137
Steenstrup, Japetus 229
Steffens, Johann Heinrich 461
Steiger, Otto 55
Steinaecker, Thomas von 280
Stein, Lorenz von 118, 244
Stendhal [d.i. Marie-Henri Beyle] 23
Stephani, Heinrich 350
Stephan von Bourbon 385
Sterne, Laurence 349
Sternheim, Carl 450, 455
Stevenhagen, Lovis 257
Stevenson, Robert Louis 261
Stifter, Adalbert 127f., 170, 297, 322, 350, 476f., 523, 527
Stirner, Max 314
Stoker, Bram 74
Stone, Oliver 640
Storm, Theodor 109, 297
Stowe, Harriet Beecher 274
Strauss, Leo 360f.
Streeruwitz, Marlene 134, 222, 643
Stricker 378, 380
Strittmatter, Erwin 626
Strousberg, Bethel Henry 575
Stuckrad-Barre, Benjamin von 331
Sudermann, Hermann 170, 279
Sue, Eugène 6, 94, 99, 509, 519
Sulzer, Johann Georg 204
Suter, Martin 137, 643
Sutherland, Edwin H. 337
Swift, Jonathan 137, 241
Szondi, Peter 9, 117, 127, 200

T

Tabori, George 142, 156
Tacitus 285
Tarde, Gabriel 204, 327
Taylor, Frederick Winslow 255, 609, 619
Taylor, William Cooke 555
Terenz 449
Tergit, Gabriele 599, 603f., 610
Terrell, Caroll 597
Tertullian 374
Thackeray, William Makepeace 106, 170
Thaer, Albrecht Daniel 473
Thales von Milet 365

Thatcher, Margaret 632, 635, 641
Theophrast 143, 145
Theopompos 403
Thierry, Augustin 172
Thiess, Frank 330
Thomas von Aquin 144, 202, 321, 385, 593
Thompson, Edward P. 4, 16
Thompson, Michael 220
Thornton, Henry 491 f.
Thukydides 231
Thüring von Ringoltingen 102
Tieck, Ludwig 110, 297, 485, 492, 525
Timm, Uwe 338
Tindal, Matthew 232
Tocqueville, Alexis de 254
Toller, Ernst 335
Tolstoi, Lew Nikolajewitsch 23, 106, 180
Torrance, Ellis Paul 183
Traven, B. [d.i. Otto Feige] 257, 278, 612 ff.
Travers, Pamela Lynwood 106
Tretjakow, Sergei Michailowitsch 239, 258, 618
Trever, Albert A. 355
Tristan L'Hermite, François 402
Trump, Donald J. 633 f.
Tschernyschewski, Nikolai Gawrilowitsch 172 f.
Tsoukala, Anastassia 270
Tucholsky, Kurt 107
Tulathimutte, Tony 641
Turgot, Anne Robert Jacques 203, 340
Türk, Werner 608
Twain, Mark 122, 261, 617

U

Uexküll, Johann Jakob von 296
Ulbricht, Walter 625
Unger, Thorsten 608

V

Valéry, Paul 137, 584
Varoufakis, Yanis 193
Veblen, Thorstein 166, 204, 314, 327
Vega, Joseph de la 278, 284, 566
Veiel, Andres 193, 643
Veiras, Denis 412
Vergès, Françoise 273

Vergil 165, 403, 439
Verne, Jules 151
Vernon, John 42 f., 45, 536, 546, 548 ff.
Vialardi, Francesco Maria 145
Villon, François 126, 250, 619
Vinzenz von Beauvais 387
Vives, Juan Luis 112
Vogl, Joseph 82, 84 ff., 133 f., 137, 139, 224, 464
Voltaire 137, 203, 226, 405
Voßkamp, Wilhelm 19
Vulpius, Christian August 251

W

Wace 171
Wagner, Adolph 523
Wagner, Richard 314
Walcott, Derek 273
Walpole, Horace 299
Walras, Léon 84, 345
Walser, Martin 106, 168, 304, 323
Walser, Robert 252
Walter von Châtillon 385
Washington, Irving 261
Wassermann, Jakob 332
Watt, Ian 21, 116, 165, 412, 551
Weber, Max 58, 70, 106, 130, 137, 160, 166 f., 171, 204, 254 f., 313, 332, 335, 398, 572, 575, 587, 631
Webster, John 432
Wedderkop, Hermann von 600
Wedekind, Frank 106, 247, 329, 455
Weerth, Georg 15, 95, 106, 132, 180, 304, 509, 520 ff.
Weidig, Friedrich Ludwig 516
Weill, Kurt 618
Weise, Christian 450
Weiß, Johann Adam 462
Weitling, Wilhelm 15, 114, 509, 515, 520 f.
Welles, Orson 217
Werber, Niels 31
Wheeler, John 421, 429 f.
Whitehead, Colson 275
Wickram, Jörg 180
Widmer, Urs 222, 643
Wieland, Christoph Martin 204, 225, 310, 349, 405, 415 f., 467 f., 517

Wieser, Friedrich von 333
Wilde, Oscar 204, 584
Williams, Raymond 9, 14 ff., 552, 557, 638
Willkomm, Ernst 94, 169, 337, 509, 519, 552 ff.
Wilson, Thomas 421
Winstanley, Gerrard 411
Wolfe, Tom 201
Wolff, Christian 459
Wolff, Kurt 309
Wolfram von Eschenbach 168, 379
Wood, James 638
Woodmansee, Martha 33 ff., 40, 44, 46, 401
Wordsworth, William 15, 485

X
Xenophon 224, 277, 355, 358 ff., 369, 371

Y
Young, Edward 182, 306

Z
Zangwill, Israel 264 f.
Zelter, Joachim 222
Zhadan, Serhij 159
Zille, Heinrich 246
Zima, Peter V. 20, 24, 26 f.
Zischka, Anton 257
Žižek, Slavoj 17
Zoepffel, Renate 370
Zola, Émile 94, 100, 106, 124, 127, 134, 149, 158, 162, 170, 172, 176, 180, 191 f., 211, 247, 257, 282, 284, 297, 303, 323, 326, 337, 341, 345, 350, 523, 530, 533, 557 ff., 566, 568 ff., 575, 577
Zschokke, Heinrich 251
Zuckmayer, Carl 252
Zweig, Stefan 248

V.2. Sachregister

A

Abfall 218 ff., 297
Adel 95, 129, 300, 322, 401, 470, 473, 508, 514, 517, 538, 542, 568
Affekt 198 ff., 234, 256, 313, 534
Akkumulation 55, 57, 99, 164, 214, 309, 348, 381, 390, 492, 539, 552 ff., 588, 631, 636
Aktie 78, 137, 537, 568 ff., 574, 579
Aktiengesellschaft 536, 542
Alchemie 148, 402
Allegorie 211, 362, 388, 440, 526
Almosen 111, 263, 579
Alphabet 66 f., 77, 136
Alphabetisierung 67, 75, 309
Anarchismus 588
Angebot 175, 209, 333
Angestelltenliteratur 598, 605
Angestellter 180, 337
Angst 117, 195 f., 279 f., 450, 546, 638, 640, 651
Anökonomie 141, 204, 263, 376, 591
Antisemitismus 106, 155, 185, 265, 270 f., 282, 341 f., 541 f., 566, 578, 594, 597
Äquivalenz 150, 158, 314, 319, 324, 348, 376, 382, 399, 422 ff., 428, 433, 581
Arbeit 61, 93, 113, 115 f., 118, 129, 162, 165, 192, 217, 221 f., 238 f., 253 f., 257, 280, 292, 316, 324 f., 333, 339, 341, 344 f., 378, 385, 395, 402 f., 463 f., 469, 476 f., 479 f., 500, 509 ff., 514, 516 f., 521, 537, 541 f., 545, 548 ff., 613
– Fabrikarbeit 503, 552, 615
– Frauenarbeit 555
– Industriearbeit 238
– Kinderarbeit 95, 479, 529, 555
– Lohnarbeit 95, 100, 244, 248, 266, 268, 324, 340, 462, 553
– Minenarbeit 437, 441
– Zwangsarbeit 113, 435
Arbeiter 94 ff., 191, 255 f., 271, 304, 511, 513 f., 519, 538, 553, 555
Arbeiterbewegung 114, 509, 513 f., 522, 612
Arbeiterliteratur 222, 245
Arbeitsethik 130, 334, 435, 443, 474, 517

Arbeitskraft 94, 164, 279, 324, 551
Arbeitslosigkeit 93, 95 f., 191, 222, 562, 564, 576, 603, 608 ff.
Arbeitsprozess 221 f., 257, 266 f.
Arbeitswelt 100, 131, 176, 612, 619, 642 f., 647 f.
– postindustrielle Arbeitswelt 96, 642 f., 650, 652
Arbeitswerttheorie 60, 442
Arbeitswissenschaft 255, 619
Arbeitszeit 234, 372
Arbitrarität 51, 54 f., 60 f.
Archiv 220, 316, 525, 530, 532
Aristokratie 157, 314
Armut 31, 97, 111 ff., 155, 176, 244, 249 f., 263, 337, 359, 395, 397, 462, 469, 480, 500, 509 ff., 515 ff., 546 f., 592 f.
Askese 98, 111, 146, 375
Assignate 78, 87, 279, 491, 536
Ästhetik 41, 182, 332, 334, 344 f., 522, 587, 596
Ästhetizismus 581 f., 584
Aufklärung 192, 216, 234, 260, 273, 286
Ausbeutung 95, 257, 337, 436, 439, 444
Autobiographie 97, 122, 156, 437, 444
Autopoiesis 78, 335, 486, 496 f.
Autor 210 f., 216, 239, 256, 259, 267 f., 305 ff., 310 f., 315
Avantgarde 99 f., 266, 334, 613, 617
Aventiure 101, 160, 293, 378, 383, 387 f., 406, 612

B

Bank 104, 186 f., 278, 284, 494, 530
– Aktienbank 542
– Bank von England 137, 491, 493
– Deutsche Bank 187
– Dresdner Bank 187
– Privatbank 105
– Zentralbank 536
Bankier 104, 186, 342, 567 ff., 573 f., 590
Banknote 87, 491 f.
Bankrott 108, 187 f., 282, 546, 567, 573
– Staatsbankrott 110, 319, 393, 502

Barock 108, 120, 211, 268
Basis-Überbau 4, 6, 8 f., 12, 14, 622 f.
Bauerntum 171, 173, 212, 348, 369, 516 ff., 552 f.
Baumwolle 435, 437, 529
Beamter 179, 240, 254, 460, 528, 608
Bedeutung 48, 51, 54, 57
Bedürfnis 192, 199, 214, 292 f., 324, 343, 525, 527, 529, 533, 585
Begehren 84, 86, 88, 202, 343, 378, 497, 524 f., 533 f., 549 f.
Begierde 198, 256, 343, 493
Beruf 88, 168, 217, 476, 478
Besitz 214, 279, 345, 462, 472 f., 478, 587 ff.
Betrug 98, 101, 108, 132, 143, 168, 338, 545, 548
Bettelei 112 ff., 246, 579
Bettler 98 ff., 111 ff., 263, 295, 302, 390, 395 f., 408, 410, 518, 579, 620, 798
Beute 101, 250
Bevölkerung 162, 200, 234 f., 269, 277, 320 f., 406, 636
Bibliothek 316
Bilanz 48, 160, 383, 412, 434, 469, 475
Bildung 93, 96, 118, 334 f., 401, 467, 469 f., 472, 474 ff., 486, 489 f., 541, 543 f., 589 f.
Biographie 258, 304
Biopolitik 129, 277, 279, 374, 560
Bitcoin 47, 79
Blaue Blume 487 f., 527
Boden 83, 173 f., 272, 281, 298, 407, 418, 492, 515, 589
Börse 109, 137, 186 f., 211, 284, 345, 536, 566 ff., 577
Börsenkrach 284, 566 ff., 575
Börsenspiel 572, 575
Bourgeoisie 5, 23, 115, 118, 243, 508, 555, 581, 621
Branding 207 f.
Bretton-Woods-Abkommen 76, 138
Brief 137
Brot 142, 469, 479 f., 512, 597
Buch 197, 209 f., 213, 305 ff.
Buchdruck 64 f., 67, 69 f.
Buchführung 160, 165 f., 179, 547
Buchhaltung 136, 215, 254, 278
Buchhandel 196 f., 210, 213, 309, 311, 460

Buchmesse 310
Buchpreisbindung 213, 310
Bürger 115, 126, 171, 181, 234, 401
Bürgertum 21, 32, 94 f., 157, 168, 171, 238, 344, 468, 470 f., 475, 478, 508, 538
Büro 179, 181
Bürokratie 254

C
Calvinismus 160, 167, 581
Casino 288, 549
Charaktermaske 119 ff., 143, 160, 166, 284, 302, 646
Chrematistik 53, 56 f., 106, 198, 214, 321 f., 336, 339, 355, 449 f., 537, 540, 575
Christentum 98, 263, 271, 339 f.
Commedia dell'Arte 143, 145, 453
Computer 46, 65, 79, 256
Copyright 305, 351, 618, 629
Cultural Studies 8 f., 14 f., 33, 37

D
Dadaismus 585
Dampfschiff 151 f., 243, 578, 613 f.
Dandy 130, 204, 567
Darstellung 81 f., 85, 119 f., 449
DDR 338, 612, 622 ff.
DDR-Literatur 622
Deckung 279, 581, 587, 591
Defizit 89, 469
Dekonstruktion 33, 48, 50, 54 ff., 74, 76, 227, 625, 645
Demokratie 56, 58
Deponie 219 f.
Depression 214, 217, 346
Devise 186, 576
Dialog 556, 562
Dichter 22 f., 98, 134, 168, 244, 259, 287 f., 330, 333 f., 453, 486, 488 f., 523, 526, 570, 587
Dieb 122 ff., 127, 246, 251, 302, 336, 358, 372, 408
Diebstahl 74, 122 ff., 127, 154, 246, 249, 338 f., 385, 447
Dienstleistung 205, 221
Différance 55 ff., 60 f.
Digitalisierung 138, 213, 221, 308

Diskursanalyse 22, 80 ff., 88
Disziplinierung 234, 271, 551
Doppelte Buchführung 85, 253 f., 469
Dorf 173 f.
Dorfgeschichte 173 f.
Drama 21, 200, 318
- Elisabethanisches Drama 277, 341
- Erbschaftsdrama 127
- Lazarus-Drama 111 f.
- Reformationsdrama 111
Droge 258, 577, 636

E
Effizienz 153, 255, 363
Egoismus 177, 528
Ehe 157 f., 246, 248, 477
Eigennutz 86, 112, 158, 264, 365, 450, 632
Eigentum 31, 49, 55, 116 f., 122 f., 125, 172, 210, 306 f., 336, 339, 463, 487, 513, 523
- geistiges Eigentum 22, 128, 305 ff.
Einsiedler 111, 442
Eisenbahn 151 f., 282, 614
Elend 95, 322, 510, 519, 554
Emotion 86, 141, 256, 524, 530, 534, 620, 640
Empathie 534, 542
Entfremdung 176 f.
Enzyklopädie 83, 387
Episches Theater 201, 622
Epos 168, 562
Erbe 125, 172, 180
Erbschaft 125 ff., 372, 446, 456, 461, 468, 500, 502 f., 536, 544, 548
Erfahrung 103, 287
Erinnerung 181, 581 ff.
Erotik 84, 147 ff., 157, 247, 294, 453, 525 f., 581 f.
Erwerb 94 f., 288, 384
Erzählbarkeit 225, 536
Essay 12
Euergetismus 313 f.
Eutopie 412 f.
Exempel 370, 380, 385, 387
Exotik 180, 533
Expressionismus 17, 176

F
Fabrik 94 f., 244, 255, 304, 325, 479, 560
Fabrikant 239, 302
Falschmünzerei 384, 585
Familie 126, 217, 409, 477, 560
Faschismus 138, 597, 621
Faulheit 129 ff., 404, 415, 514, 610, 632
Faust-Stoff 41, 102, 110, 120, 141, 145, 147, 150, 162, 185, 216, 231, 279, 304, 316, 319, 322, 344, 349, 391
Fetischismus 166 f., 207, 260, 290, 324 f., 524 ff.
Feudalismus 152, 435
Fiktion 49, 58, 132, 134 f., 138 f., 191, 448, 492, 537, 550, 566
Fiktionalität 57, 102, 538
Finanz 46, 136, 167, 335 f., 536, 542
Flaneur 526
Flexibilität 131, 221, 268, 303, 630, 642 f., 649
Flucht 100, 155, 265
Form 9 ff.
Fortschritt 300, 303, 322, 586
Fortuna (Mythologie) 137, 144, 246, 386
Frau 95, 247 f., 533, 555
Freizeit 96, 131, 217
Frieden 138, 231, 235
Fruchtbarkeit 570 f., 575
Furcht 117, 279, 578
Fürsorge 99, 279
Fürstenspiegel 202, 381, 403, 415
Futurismus 585

G
Gabe 57, 98, 122 f., 140, 180, 204, 217, 263 f., 292, 294, 314, 317, 320, 381 f., 585
Gast 57, 140 f., 180, 227 f., 230, 382, 476
Gedächtnis 582 f.
Gefahr 270 f., 278
Geheimbund 244, 511, 517
Geiz 42, 143 ff., 198, 214 f., 340, 384, 429, 446, 450, 462
Geld 31, 39, 42 ff., 48 ff., 60 f., 65, 74 ff., 79, 83, 86, 89, 132 ff., 136, 143, 147 ff., 157, 159, 164 f., 169, 176 f., 186, 188, 191 f., 214 f., 223, 238, 246 ff., 260, 262, 266 ff., 282 f., 285, 293 f., 297, 302, 309, 313,

324, 332 ff., 339 ff., 344, 366 f., 375,
384 ff., 388, 398 ff., 407 f., 423 f., 428,
443, 446 ff., 454 f., 461 f., 464, 470 f.,
473, 476, 483, 485 ff., 490 ff., 500, 505 f.,
536 ff., 567, 575, 577, 579, 581, 585 ff.,
590 ff., 595
- Falschgeld 58, 142, 192, 401
- Goldgeld 42, 45
- Kreditgeld 87, 279
- Münzgeld 214
- Notengeld 87
- Papiergeld 42 f., 69, 110, 133, 151, 191,
283, 396, 402
Geldfiktion 133
Geldgeschäft 102, 104, 136, 179, 344, 356,
365, 368 f., 383, 385, 396, 506, 542,
568, 576
Geldillusion 76
Geldtheorie 53, 55, 58 f., 62, 492
Geldwirtschaft 53 f., 56, 58, 61, 164
Gelehrter 589 f.
Gemeinschaft
- Generationengemeinschaft 180
- Gütergemeinschaft 171, 173, 418
- Leidensgemeinschaft 95
Gemeinwesen 111, 144, 157, 244, 281, 317,
367, 374, 403 f., 406, 409, 414, 482
Gemeinwohl 234, 293, 300
Gender 180, 247, 532
Genie 182 ff., 266, 306
Genieästhetik 182, 266
Genuss 253, 279, 346, 513
Gerechtigkeit 56, 263 f., 367, 385
Geschäftsmann 109, 474 f.
Geschmack 196, 203
Gesellschaft
- bürgerliche Gesellschaft 20 f., 93, 115, 161,
191, 282, 306, 313 f., 336, 539, 541, 556
- Dienstleistungsgesellschaft 131
- Erlebnisgesellschaft 328, 620
- industrielle Gesellschaft 140, 190 f.
- kapitalistische Gesellschaft 149, 552
- Leistungsgesellschaft 221
- moderne Gesellschaft 99, 209, 324
- Spaßgesellschaft 221, 620
- ständische Gesellschaft 115, 191
- Tauschgesellschaft 314

- vormoderne Gesellschaft 149
- Zivilgesellschaft 14, 115
Gesundheit 235, 277
Gewalt 313, 542 f., 546, 577, 590
- souveräne Gewalt 484, 494 f.
Gewinn 101 ff., 282, 295, 303, 309, 340 f.,
448, 470, 472, 545, 548 ff.
Gewinnstreben 95 f., 143, 162, 225, 462
Ghettoliteratur 155
Gier 143, 192, 270, 333, 384
Glaube 149, 569, 574
Gläubiger 108 f., 132, 148 f., 185 ff., 320, 339,
341, 393, 462, 540, 545 ff., 568
Globalisierung 100, 133, 138, 151 ff., 176,
183, 436
- Globalisierungskritik 151, 153
Glück 103, 386 f., 470, 474 f., 478, 480, 512
Glücksspiel 271, 285 ff., 408, 462, 576
Gold 42, 44, 76 f., 82, 106, 134, 146, 191,
260 ff., 314, 332 f., 344, 367, 382, 393 f.,
398, 402, 407 f., 413, 415, 428, 432, 437,
440, 468, 487 f., 539 f., 567 f., 597, 616
Goldstandard 42 f., 45 f., 537
Gouvernementalität 98, 163, 222, 253, 374,
631, 643, 650
Grammatologie 49, 55
Grenznutzen 51, 84, 89
Gründerkrach 190, 586
Gründerzeit 31, 282, 575
Güter 229, 313, 324, 334, 338

H

Habgier 143, 198, 214, 339 f., 367, 384, 528 f.
Habitus 29, 32
Handel 48, 57, 104, 109, 151 f., 203, 209, 231,
233, 254, 270, 288, 292, 301, 341, 366 f.,
395, 448, 450
- Aktienhandel 109, 286
- Börsenhandel 278, 282, 571 ff., 577
- Devisenhandel 576
- Fernhandel 253
- Hausierhandel 154 f., 289
- Ladenhandel 289 f.
- Risikohandel 279
- Seehandel 102 f., 231, 278
- Straßenhandel 289 ff.
Händler 205 f., 302, 527

Handwerk 115, 239, 266, 478, 521
Haushalt 235, 277, 343, 374, 377
Hausierer 154 ff., 240, 289, 528
Hausvater 115, 125 f., 371, 373, 387
Hausväterliteratur 157, 355, 357, 362, 370
Hedonismus 157, 222, 362, 471, 584
Hegemonie 13, 273
Heirat 157 ff., 446, 450 f., 456, 461, 465, 477, 500, 502, 504 f., 549, 607
Heldenepik 381
Herrschaft 84, 188, 214, 300 f., 362 f., 372, 374, 484, 552
Hochstapler 127
Homologie 19 f., 24 ff., 29 f.
Homo oeconomicus 21, 69, 83, 86, 89, 116 f., 160, 215, 253, 256, 390, 412, 589, 631
Hymne 182
Hypertext 316, 350
Hypothek 40 f., 105, 188, 493, 542 f.

I
Ich-AG 221, 303
Identität 88, 94 ff., 152 f., 171, 271, 273, 316, 325, 579 f.
Ideologie 7, 9, 12, 19 f., 23 f., 26 f., 31, 80
Idylle 11, 130, 403, 405, 418
Imagination 34, 102, 269, 290, 326, 386, 548
Imperialismus 436, 593 f.
Individualität 88, 119 ff., 123, 158, 184, 306, 556, 628
Industrialisierung 94, 218, 237, 243, 257, 279, 282, 296 ff., 329, 337, 417, 441, 485, 551, 553 f., 556 f., 562, 565
Industrie 83, 326, 541, 551
– Kommunikationsindustrie 131
– Schwerindustrie 560
– Unterhaltungsindustrie 294
Industrielle Revolution 93, 99, 296, 344, 508, 514, 551
Inflation 78, 221, 245, 283, 576 f., 581, 589
Information 49, 72, 78, 138, 162, 221 f., 269, 312, 566, 633, 642, 646, 650 f.
Infrastruktur XII, 63, 67, 70, 78, 282, 290, 486, 569, 616, 630, 639
Ingenieur 589, 616
Inklusion 116 f.

Innovation 95, 303, 582
Interesse 85 ff., 175, 199
Internet 221, 308, 316
Investition 281, 306
Inzest 381, 591
Irrationalität 147, 532
Islam 263

J
Journalismus 137, 523, 526
Jude 107, 146, 154 f., 185, 263, 270, 341 f., 485, 527, 540 ff., 567, 569, 573 f., 588
Judentum 106, 155 f., 264 f., 323
Junges Deutschland 5 f.
Junggeselle 341, 540

K
Kakao 435, 437
Kalendergeschichte 154
Kalkül 67, 69, 161 ff., 269, 286, 345, 472
Kalkulation 56 f., 59, 148, 195, 253, 278, 383, 549
Kälte 149, 485
Kameralistik 216, 235, 277, 321
Kannibalismus 152 f., 431
Kapital 95, 164, 214, 246, 260, 262, 269, 302, 322, 325, 340 f., 343, 345, 360, 487 f., 514, 540, 567 f., 570, 574, 592, 594
– fiktives Kapital 132 f.
– Hortkapital 381
– Humankapital 162, 280, 303, 642
– kulturelles Kapital 212, 310
– Risikokapital 103
– soziales Kapital 212, 306, 387
– symbolisches Kapital 310 f., 333, 547
Kapitalakkumulation 552 f.
Kapitalismus 25, 44, 68, 70 f., 73, 119, 121, 132, 164, 222 f., 239, 253 f., 256, 268, 279, 295, 299, 303, 322 ff., 331, 336, 340 f., 388 f., 417, 420, 475, 484, 509 f., 518, 553, 585, 591, 597
– Agrarkapitalismus 435, 439, 442
– bürgerlicher Kapitalismus 287
– Finanzmarktkapitalismus 138
– frühneuzeitlicher Kapitalismus 389
– Informationskapitalismus 221

- Konsumkapitalismus 344, 346
- Monopolkapitalismus 25
- Plattformkapitalismus 221
- Protokapitalismus 99
- romantischer Kapitalismus 510
- Spätkapitalismus 330
- urbaner Kapitalismus 219
Kapitalismuskritik 106, 132, 192, 325, 342
Kapitalist 95, 129, 164, 212, 254, 260, 302, 325, 343
Karibik 435, 437 ff.
Katastrophe 270 f.
Käufer 290, 524, 534
Kaufhaus 162, 523, 532 ff.
Kaufmann 68, 102, 104, 108, 115, 168, 179 f., 200, 227, 232, 253 f., 281 ff., 302, 341 f., 383, 390, 397 ff., 430, 451, 461, 468 f., 474 ff., 527, 541 f., 645
Kinderliteratur 252
Kino 217, 601 f., 607, 618, 626
Kirche 188, 285, 328, 339, 374, 435
Klasse 510 f., 513 ff., 519, 560, 565
- Arbeiterklasse 513, 522
Klassenkampf 8, 13, 173 f., 176, 509 f., 513, 515, 561, 574, 631
Klassenkonflikt 557
Klassische Nationalökonomie 345, 349, 558
Klerus 415 f., 514
Klimawandel 100, 298
Knappheit 83 f., 175, 313 ff., 408, 429
Knechtschaft 552 f.
Kollateralschaden 108, 151, 178, 224
Kollektivierung 173
Kolonialisierung 180
- Dekolonisation 174, 436 f.
Kolonialismus 165, 273 f., 276, 315, 435 ff., 444 f., 528 f., 585, 592, 594
Kolonialliteratur 436
Kolportage 99, 290, 554
Komik 143, 145
Kommerz 312, 421, 423
Kommune 171 f., 174, 417, 515
- Pariser Kommune 172
Kommunikation 57, 69, 151, 227, 328, 330
Kommunismus 171, 174, 322, 405 f., 585 f.
Komödie 143, 145, 227 f., 446 f., 450 ff., 454, 458, 500 f.

Konkurrenz 164, 175 ff., 472 f., 528
Konkurs 187, 313, 338, 465, 569, 575
Konsum 62, 83, 88, 246 f., 255, 283, 313, 324 ff., 334, 346, 524 ff., 530, 532 ff.
Konsument 209, 290, 325, 328 f., 344, 346, 523 f., 527, 529, 534
Konsumentin 326, 524, 533
Konsumkritik 523 f., 532
Kontingenz 101, 278, 300
Konto 388, 475
Kontor 68, 179 ff., 254, 469, 475
Kooperation 267
Körper 222, 230, 234, 246 f., 269
- Sozialkörper 234
Krach 137, 148, 190, 567 f., 575, 586
Kreativität 163, 182 ff., 208, 238, 403, 418, 590
Kredit 53, 55 ff., 87, 109 f., 132, 136, 166, 185 ff., 278, 311, 340 f., 473, 475, 492 ff., 497, 527, 530, 536 ff., 543 ff., 553, 579, 581, 591
Kreislauf 68, 83, 161, 166, 219, 347 f., 470, 486, 635
Krieg 153, 231, 590, 595
- Dreißigjähriger Krieg 246
- Erster Weltkrieg 245, 255, 271, 583, 609, 615 f.
- Seekrieg 231
- Zweiter Weltkrieg 245, 258, 323, 594
Kriminalität 106 f., 123 f., 191, 290
- Wirtschaftskriminalität 79, 106 f., 297, 336 ff.
Kriminalliteratur 236, 250
Krise 88, 133, 164, 190 ff., 241 f., 283 f., 322, 372, 388, 403, 420, 506 f., 536, 546, 620
- Finanzkrise 46, 87, 133, 191, 280, 282
- Schuldenkrise 87, 339
- Währungskrise 191
- Wirtschaftskrise 191, 282 f., 337, 554
Kritische Theorie 3, 8, 11, 536, 631
Kultur 9, 13, 15
Kulturindustrie 71 f., 251, 524, 599, 618
Kulturkritik 152, 587
Kultursemiotik 50
Kulturtheorie 3 f., 9, 11, 13, 15 ff.
Kunde 205, 324, 345

Kunst 93, 247 f., 268, 334, 342, 345, 468, 470, 478 f., 487, 523 f., 529 f., 535, 543
Künstler 513 f., 527, 568, 574, 595 f.
Kunsttheorie 8, 11 ff.
Kunstwerk 529
Kurtisane 533
Kynismus 375, 384

L

Ladenhüter 194 ff.
Landwirtschaft 174, 238, 270, 362, 370, 407, 415
Lausanner Schule 51
Leben 89, 486, 490, 496
Leibeigenschaft 472, 552 f.
Leidenschaft 85 ff., 146, 161, 163, 198 ff., 216, 256, 262, 300, 408, 458, 620
Lektüre 57 f., 567, 578
Liberalismus 224, 270, 299, 322, 332, 338, 340, 630
Libertinage 204, 216, 396
Liebe 157 f., 480 f., 583, 591
Linguistik 50 f., 55, 60 f.
Literarisches Feld 28
Literatur 27, 57, 129, 291, 523, 526, 533, 535
Literaturkritik 5, 445, 562
Literatursoziologie 18 ff., 24, 26, 29 ff., 207, 536
Lohn 60, 94, 247, 292, 512
Lüge 135, 328
Lumpensammler 219, 396, 526
Lustspiel 157, 170, 448 f., 451, 458, 461, 464 f., 588
Luxus 83, 166, 202 ff., 248, 300, 314, 326, 334, 408, 416, 418, 524, 526, 532, 534

M

Macht 87, 214 f., 222, 300, 313 f., 371, 375, 484, 492 ff., 497
– seigniorale Macht 105, 336
Management 255 f.
Mangel 246, 279, 378 f., 492 f., 497, 511 f., 525, 531, 580
Männlichkeit 246
Märchen 134, 250, 323
Marginalismus 84

Marke 205 ff., 209, 221, 309, 325, 330, 599 f., 602, 604, 620, 634, 645
Marketing 49, 72, 146, 194 ff., 206, 221, 309, 330, 603, 619 f.
Markt 37, 121, 164, 175, 177, 199, 201, 209 ff., 223, 230, 233, 273, 292, 303, 324 f., 328, 332, 336, 345, 392, 405, 411, 421, 448, 523, 525 f., 529, 581, 589, 600
– Arbeitsmarkt 167, 221, 273, 507, 555, 614, 630
– Buchmarkt 19, 195 f., 210, 212 f., 268, 457, 460, 523
– Finanzmarkt 133, 139, 280, 340, 566, 570
– Heiratsmarkt 157 ff., 409, 456, 505 f.
– Jahrmarkt 210 f.
– Literaturmarkt 21, 30, 37, 65, 209, 485
– Wochenmarkt 210
Marktplatz 209, 329
Marktschreier 209
Marktwirtschaft 175, 209
Marxismus 3 f., 9 f., 12, 17 f., 24, 60, 192 f., 324, 509, 522, 536
Maschine 94, 130, 418
Massenproduktion 479, 523 f.
Mäzen 28, 210, 240, 420, 523
Medien 221, 261, 290, 293, 305 f., 308, 328, 333
– Massenmedien 17, 312
– Printmedien 329
– technische Medien 82, 326
Mediengeschichte 63 ff., 77 f.
Medientheorie 63, 72, 229 f.
Medium 148, 486
– Leitmedium 74 f., 97, 307
Medizin 190, 247
Melancholie 214 ff.
Merkantilismus 67, 82, 394, 398, 416, 420, 427, 430, 435, 450, 459, 488
Metapher 50, 334
Migration 273, 436
Mitleid 86, 199 ff., 456 ff., 466
Mitleidspoetik 85, 118
Mode 204, 525 f., 528, 534 f.
Moderne 278, 285 ff., 334, 484, 581, 588, 596
Monastik 375, 387
Mönch 111, 249, 375, 377

Monopol 44, 46f., 186, 269, 284, 303, 310, 365, 563, 613
Moral 202, 234f., 247, 271
Mörder 212, 251
Müll 218ff., 257
Münze 147f., 375, 385, 537
Muße 130, 268
Müßigkeit 95, 513f.
Mutualität 269, 271f.
Mystik 334, 376f., 582, 586, 591

N
Nachahmung 237f., 327, 534, 617, 619
Nachfrage 175, 209, 212, 248, 292, 333, 523, 530
Nächstenliebe 97, 263
Narziss (Mythologie) 533, 584
Nationalismus 592
Nationalsozialismus 257f., 320, 328, 564, 619
Natur 237, 297, 322, 340f., 487f., 496
Naturalismus 24, 43f., 97, 176, 219, 297, 524
Naturgesetz 48, 119, 121, 224, 558f.
Naturrecht 99, 116
Naturwissenschaft 48, 133, 229, 410, 557f., 632
Naturzustand 116, 233, 262, 633
Neobabouvismus 509, 511, 515ff.
Neoklassische Theorie 343, 345f.
Neoliberalismus 280, 299, 630ff., 635ff., 641
Neue Sachlichkeit 191, 207, 255, 326, 598ff., 602, 609f.
New Economic Criticism 33ff., 42, 44, 47, 58, 60ff., 192, 401, 423, 523
New Economy 109, 167, 221ff., 648
Nibelungenlied 260, 382
Not 246, 248, 292
Novelle 216f., 247
Nutzen 145, 161, 333, 335, 345, 362
Nutzentheorie 52, 61f.
Nutzlosigkeit 195ff.

O
Ode 182
Odysseus (Mythologie) 141, 293
Oikodizee 224ff., 405, 434, 641, 646

Oikonomia 214, 321, 342, 355
Oikos 28, 56f., 202, 296, 356, 359, 378, 412, 449, 494, 498, 503f., 570, 591
Ökologie 296, 298
Ökonomie
 – Informationsökonomie 73
 – kolonialistische Ökonomie 435f., 439, 441, 445
 – liberale Ökonomie 486
 – Medienökonomie 72f.
 – modernistische Ökonomie 581
 – narrative Ökonomie 225
 – Nationalökonomie 482f., 488, 491, 537
 – politische Ökonomie 224, 428, 482, 484, 495ff., 537
 – romantische Ökonomie 482, 485, 491ff., 497
 – theologische Ökonomie 374
 – utopistische Ökonomie 332
 – Zeichenökonomie 59f.
Ökonomik 48f., 52, 55f., 61, 355
 – christliche Ökonomik 371
Oper 71, 171, 460, 471, 618ff.
Opfer 147f., 204, 228, 313ff., 382, 409
Organismus 494ff.

P
Pakt 185f., 279, 317, 319f., 421, 485
Paradies 123, 130, 187, 225, 377, 414, 526
Parasit 130, 227ff., 244, 264, 629
Passage 526
Pauperismus 99, 264, 406, 417, 485, 552
Pauperismusliteratur 99
Phantasie 129, 134, 182, 349, 526, 530
Phantasmagorie 166, 301, 526
Physiokratie 321
Physiologie 496
Pikaro 112f., 293, 295, 391, 393, 395f., 399
Pilger 111, 113
Pirat 227, 231ff., 260ff.
Planwirtschaft 416f., 627
Pöbel 32, 113, 243, 415, 498, 514, 517
Poesie 236, 340, 346, 523
Poetik 36, 41, 118, 141, 158, 166, 182, 192, 200, 202, 214, 237ff., 271, 364, 381, 388, 522f., 527, 538, 555, 559f., 599, 620f.

Politik 58, 337, 371
Polizeistaat 234, 236
Polizey 111 f., 124, 202, 234 ff., 249, 459, 494, 497
Polizeywissenschaft 234 f., 277
Popularkultur 13, 15
Pornographie 247, 640
Posse 121, 127, 498, 500 ff., 505 ff.
Post 70
Postkoloniale Theorie 142
Poststrukturalismus 48, 50, 58, 62
Potenz 150
Potlatsch 140, 313
Predigtliteratur 168, 377 f.
Preis 48, 50 ff., 190, 248, 281, 292, 316, 332, 339, 397, 482 f., 536
- Preistheorie 51 ff., 60 f.
Prekariat 240, 242, 245, 640 f.
Presse 137, 268, 291, 329, 498 f., 505, 564, 599, 604, 618
Prestige 101 f., 204
Privateigentum 249, 407, 411, 417
Probabilistik 269 ff., 278, 285 f.
Produkt 95, 221, 237, 239, 257, 266
Produktion 83 f., 96, 182, 192, 212, 218 f., 221 f., 234 f., 237 ff., 255, 257, 267, 283, 292, 309, 315, 324, 339, 345, 589, 595 ff., 617
- Buchproduktion 309
- literarische Produktion 259, 309, 612
- Massenproduktion 212, 221, 255
Produktionsmittel 253, 417 f.
Produktivität 238, 277, 322, 341
Produzent 205 f., 209, 212, 227, 229, 239, 255, 324, 329
Profit 253, 321 f., 325, 338, 568, 573
Profitmaximierung 212, 299
Projekt 240 ff.
Projektemacher 216, 240 ff., 279, 340, 520
Proletariat 94 ff., 193, 239, 243 ff., 480, 521, 555 ff., 564 f., 605
- Lumpenproletariat 396, 514
Proletarier 32, 155, 243 ff., 564, 573, 613 ff.
Proletkult 245
Prometheus (Mythologie) 122, 238
Prosimetrum 346

Prostitution 177, 246 ff., 290, 294, 409, 430, 506, 523, 526, 560, 599
Protest 6, 130 f., 178
Providenz 101, 103, 224 ff., 254, 299 f., 375
Psychoanalyse 264, 343
Psychologie 183, 217
Publizistik 70, 137, 598

R
Radio 594, 629
Rassenlehre 442
Rassismus 275, 440, 475
Rational Choice 162
Rationalisierung 175 f., 253 ff., 313, 333
Rationalität 67, 86, 160, 167, 199, 253 f., 256, 313, 325, 333, 335, 372, 408, 590
Rationierung 253
Raub 107, 227, 230 ff., 250 ff.
Räuber 123, 249 ff., 408
Rausch 258, 288, 326, 410, 532, 549, 568
Realismus 11, 21, 23 f., 31 f., 42, 45 f., 71, 93, 176, 191, 239, 297, 337, 344, 524, 526, 536 ff., 543, 552, 566, 575, 585
- bürgerlicher Realismus 115, 522, 599
- englischer Realismus 191
- magischer Realismus 219
- poetischer Realismus 522
- sozialistischer Realismus 561 f., 623 f.
Recht 49, 58, 109, 125, 127, 231, 233, 494, 544
- Erbrecht 125 f.
- Gastrecht 140 f.
- Menschenrecht 116
- römisches Recht 108
- Strafrecht 108 f.
Recycling 218 f.
Reformation 99, 215
Regelkreis 68, 484 ff., 488, 490, 494 f., 497, 651
Regieren 269, 375, 482, 484 f., 490, 493 ff.
Regulierung 80, 87, 213, 234, 236, 271 f., 299, 483, 489
Reichtum 82 f., 98 f., 111, 198, 202, 214 f., 235, 237, 260, 262, 297, 304, 321 f., 332, 339, 359, 368, 373, 384, 387, 400 ff., 409, 428 f., 500, 515 f., 536, 543, 545 ff., 581, 592, 595, 597

Reisebericht 99, 411 f., 444
Reklame 328, 523, 526 f., 529 ff., 584, 589, 594
Religion 148, 181, 235, 324
Reportage 258, 563
Repräsentation 45 f., 84, 202, 448, 483, 485 f., 491 f., 494, 496 f., 537, 545, 585
Reproduktion 157, 541
Ressource 259, 296, 303
Revolte 314, 553
Revolution 172, 193, 244, 484, 508, 515 f.
- Französische Revolution 116, 172, 244, 286, 414, 417, 491, 515 f.
- Glorious Revolution 137
- Julirevolution 508
- Oktoberrevolution 560 f., 586
- Revolution 1848/49 520
Rhetorik 36, 53, 56, 202
Risiko 101 ff., 135, 160, 217, 269, 277, 281, 283, 286, 302, 313, 341, 397, 452
Ritter 101, 168, 251, 380
Rivalität 175, 574
Robinsonade 116, 160, 277, 403 f., 412, 414
Rohrzucker 435 ff., 439 ff., 445
Rohstoff 183, 257 ff., 296, 309, 394, 435, 438, 476, 551 ff., 563, 571, 612, 614, 616, 635
Roman 89, 165, 207, 216 f., 223, 236, 238, 256, 346, 467, 487 ff., 541, 551, 562
- Abenteuerroman 154
- Angestelltenroman 255
- Artusroman 101, 380
- Bildungsroman 68, 88, 118, 401, 403, 467, 469, 474 f., 477, 481, 527, 543
- Börsenroman 109, 278, 284, 566, 571 f., 577, 581
- bürgerlicher Roman 115 f., 551, 555
- Detektivroman 124, 251, 639
- Entdeckerroman 278
- Entwicklungsroman 68, 467, 565
- Fabrikroman 94
- Familienroman 565
- Gesellschaftsroman 170, 545
- Gothic Novel 299 ff.
- Gralsroman 379
- Hausroman 508
- historischer Roman 154 f.
- höfischer Roman 101, 277, 293, 381, 387
- Industrieroman 257, 551, 554 ff., 559, 561 f., 565
- Inflationsroman 566, 575, 581
- Inselroman 278
- Kaufhausroman, Warenhausroman 524, 530, 533 f.
- Kaufmannsroman 169 f., 283
- komischer Roman 145
- Kriminalroman 337
- Künstlerroman 182
- moderner Roman 326
- naturalistischer Roman 191, 557, 559
- Pikaroroman 112 f., 293, 393, 395, 401
- Produktionsroman 561
- psychologischer Roman 563
- Raubritterroman 251
- realistischer Roman 42 f., 344, 346, 548
- Schelmenroman 98, 112, 170, 201, 251
- sozialer Roman 94, 99, 323, 551, 554, 562
- Spekulationsroman 87, 284, 566, 578
- Spionageroman 154
- Staatsroman 403, 414
- Tatsachenroman 563
- Unternehmerroman 283, 304
- Zeitroman 545
- Zukunftsroman 257
Romantik 99, 239, 243 f., 288, 297, 322, 326, 346, 484, 490 ff., 495, 497, 509, 524 ff., 532
Ruin 282, 285, 313, 326

S
Sachbuch 258
Sachsenspiegel 123
Saint-Simonismus 511, 513 ff.
Sakralität 526
Salon 581 f.
Sammler 196, 526
Sammlung 476, 532
Satire 11, 113, 145, 211, 360, 408, 450, 498, 573
Scham 114, 582
Schatz 74, 110, 214, 260 ff., 314, 382, 386, 388, 435
Schaufenster 325, 526

Schauspieler 120, 200, 295, 420, 448 f., 457 ff., 470 f.
Schelm 123, 129, 294, 389 f.
Schicksal 101 f., 113, 138 f., 160, 250, 301, 371, 404, 501, 525, 621
Schifffahrt 151 f., 231, 435, 614
Schlaflosigkeit 572, 648
Schlaraffenland 130, 403, 512, 573
Schmarotzer 130, 228 f., 610, 633
Schnorrer 114, 155, 263 ff.
Schönheit 335, 526, 602
Schreibarbeit 22, 254, 260, 266, 268, 316, 627
Schrift 54 ff., 58, 66 f., 69, 136, 147, 539
Schuld(en) 77, 87, 89, 108, 110, 185 ff., 217, 319, 322, 373, 376, 378, 471, 478, 492 f., 497, 544, 546 f., 553
Schuldner 108 f., 148 f., 185 f., 320, 393, 502, 540, 546, 568
Schuldschein 186 f., 192, 446, 539
Schundliteratur 291
Schwank 156, 340, 377 f., 380, 392
SED 622, 625 f.
Sekretärin 179, 267
Selbstbewusstsein 96, 193
Selbstmord 109, 282, 465, 577, 606
Selbstorganisation 496 f.
Selbstreferenz 483, 488 f., 491, 497
Selbstregulierung 161, 299, 482, 484 ff., 489 f., 494 ff.
Selfpublishing 311 f.
Semiose 48, 54 ff., 486, 488
Semiotik 48 ff., 52 ff., 56, 59, 61 f., 272
- Wirtschaftssemiotik 48, 50
Sexualität 149 f., 246 ff., 313
Shoahliteratur 155
Shopping 524, 532
Sicherheit 269, 277
Signifikant 45, 55, 57, 60 f., 203, 238, 488, 540, 645
Signifikat 57, 60 f., 138, 489
Silber 77, 82, 260, 349, 393 f., 398, 407, 440
Sittlichkeit 459, 469, 527
Sklaverei 95, 273 ff., 298, 322, 407 f., 413, 435 ff., 468, 553
Sociales Gedicht 520 ff.
Sonne 315

Sorge 216, 269, 277, 313, 362, 373, 403
Souverän 216, 279, 317
Souveränität 115, 269, 272, 277, 313 f., 336, 372
Sozialbandit 249
Soziale Frage 99 f., 169, 191, 551 f., 557
Soziale Netzwerke 207
Sozialismus 171, 239, 405, 518 f., 558 f., 585, 592
- christlicher Sozialismus 585
- Frühsozialismus 508 ff., 515, 518 ff.
- utopischer Sozialismus 510
Sozialreportage 519
Sparsamkeit 143, 146, 415, 430, 462, 548, 550
Spekulant 109, 281 f., 284, 302, 342, 503, 532, 566, 569, 571 ff., 578
Spekulation 56, 87, 102, 190 ff., 281 ff., 302, 332, 335, 338, 527, 530, 532, 536 f., 547, 566, 568, 570 ff., 578 f., 581
Spiel 101, 106, 282, 285, 526, 536, 539, 548 ff., 577
Spieler 102 ff., 106, 109, 111, 281 f., 285, 287 f., 396, 425 f., 548 f.
Sport 177, 600, 605, 607
Sprache 49 f., 52 f., 55 f., 61, 80, 486 ff., 591
Sprachwissenschaft 54 f.
Staat 231, 234 f., 269 ff., 277, 279, 285, 336, 405, 459, 484, 491, 493, 495 ff.
- moderner Staat 115
- Sozialstaat 100
- Vorsorgestaat 278, 280
Stalinismus 4, 560
Start-up 148, 221, 242
Statistik 68, 269 ff., 277 f., 286 f., 321, 516
Status 202, 246 f.
Steuern 230, 233
Steuerung 482, 485, 489, 496
Storytelling 49, 256
Strafe 108, 231, 233, 313
Streik 191, 519, 554, 557 ff., 562, 564, 576, 606
Strukturalismus 48, 50 f., 53 ff., 60
Sturm und Drang 182
Subjektivität 10, 43, 88 f., 119, 198, 207, 398, 544, 631
Sünde 198, 202, 313, 340, 393, 528, 584

Supplement 227
Surrealismus 585
Symbol 210, 487 f., 491
Symbolismus 584
Sympathie 86, 199 f.
System 28, 48, 51 f., 54, 483 f., 486, 491, 496
Systemtheorie 48, 63, 72, 484, 486

T
Tagelöhner 244, 396, 517, 553
Talmud 123
Tausch 39, 53 f., 60, 83 f., 112, 140 ff., 292 ff., 313, 324, 333, 335, 339, 378, 390, 392 f., 397 ff., 423, 448, 587
Tauschgeschäft 199, 205, 209, 227, 229, 247 f., 263 f.
Tauschmittel 53, 260, 333
Täuschung 101, 112, 191 f., 292 ff., 390, 392 f., 395, 398 f.
Tausendundeine Nacht 168
Technik 95, 419, 588, 590
Technisierung 176, 180, 257, 298
Telefon 603, 629
Telegraphie 70, 78 f., 151 f., 614
Tempel 77, 105, 148
Terminhandel 570 ff.
Territorialisierung 171, 494 f.
Teufel 149, 185, 285, 319 f., 485, 580
Theater 89, 117 f., 120 f., 200 f., 234 ff., 239, 290, 294 f., 457 ff., 466, 469 ff., 474 f.
– Elisabethanisches Theater 165, 278, 420, 434
– Hoftheater 459 f.
– Nationaltheater 459 f.
– Wandertheater 470
Theodizee 224, 226
Tod 84, 126, 279, 293, 378
Todsünde 129, 143 f., 202, 384
Trader 139, 572
Tragédie classique 277
Trägheit 113, 129
Tragödie 164, 364, 446, 448, 455
Transaktion 133, 135, 253, 579
Transgression 315
Trauerspiel
– barockes Trauerspiel 216, 277

– bürgerliches Trauerspiel 115, 117, 157, 169, 200 f., 341, 456 ff., 460 ff.
Trieb 343, 571
Trivialliteratur 28, 246

U
Überfluss 83, 346, 531
Überproduktion 194, 284, 530
Umwelt 296
Umweltzerstörung 153
Unfall 271 f.
Unruhe 116, 161, 297, 572
Unsichtbare Hand 85, 161, 190, 225 f., 293, 299 ff., 391, 401 f., 454, 463, 472, 482, 547, 596
Unterhaltungsliteratur 334, 613
Unternehmen 197, 240, 242, 302, 337, 457
Unternehmer 88, 282, 302, 342 f., 389 ff.
Urbanisierung 218, 296 ff.
Ureinwohner 435, 437 ff., 444
Urheberrecht 21 f., 128, 267 f., 305 ff., 310, 338
Utopie 61, 123, 178, 236, 240, 277, 364, 384, 403 ff., 408, 410 ff., 415 ff., 419

V
Verausgabung 59, 94, 204, 288, 313 ff., 376, 380, 383, 422, 450
Verbraucher 227, 229, 325 f., 328
Verbrechen 112 f., 231, 249 f., 299, 336, 338, 591
Verelendung 97, 99, 111, 176, 244, 284, 395, 478 ff.
Verkehr 151 f.
Verlagswesen 19, 268, 307, 309
Verleger 210 f., 309, 333
Verlogenheit 112, 600
Verlust 548, 550
Vermögen 468, 470, 472, 476 f., 547 ff.
Vernunft 280, 287 f., 300
Verpackung 206
Verschwendung 38, 42, 106, 143, 216, 313 ff., 333, 373, 422, 446, 450, 462, 501 f., 620
Versicherung 118, 160, 269 ff., 278 ff., 286, 421, 503, 615, 630
– Sozialversicherung 271 f., 279

Versicherungsbetrug 278, 615
Vertrag 58, 317, 341, 421
Vertrauen 103, 106, 567, 569, 579
Verzeitlichung 54 ff., 59 f., 385
Vieh 164, 260, 366, 368, 437
Volkslied 250, 520
Volksstück 454, 498 ff., 502, 504 ff.
Vormärz 176, 508, 511, 515, 522
Vorsehung 224 ff., 299
Vorsorge 236, 277 ff., 313

W

Wachstum 193, 217, 221, 303, 321 ff., 413, 537, 570
Wahnsinn 148, 479, 591, 594
Wahrscheinlichkeit 103, 132, 135, 285 f., 549, 566
Ware 28, 48, 50, 52, 54, 61, 65, 164, 205 ff., 209 ff., 232, 246, 248, 257, 260 f., 290, 292, 301, 324, 328, 330, 333 f., 342, 344 ff., 366, 424, 523 ff., 565, 587, 593 f.
– exotische Ware 527
– Massenware 248
Warenfetischismus 7, 325, 334, 525, 533, 594
Warenhaus 526 f., 534
Warenlager 527, 532
Wechsel 136 f., 278, 537, 539
Weiblichkeit 124, 326, 531 ff.
Weimarer Republik 289 f., 328, 338, 610, 613
Weizen 571 f.
Werbeagentur 222, 329, 331
Werbung 49, 205 f., 210, 326, 328, 346, 523, 526, 584, 591, 594, 600
Werk 266 f., 316
Wert 28, 48, 51 f., 54, 57 f., 60 ff., 65, 82, 164, 260, 279, 283, 293, 295, 303, 309, 316, 324, 332, 342, 344 ff., 373, 392, 448, 483, 487 f., 492, 536, 568 ff., 575, 579, 581, 585, 587 f., 596 f., 603, 644 f.
– Gebrauchswert 60 f., 94, 324, 330, 333 f., 398
– Mehrwert 94, 164, 292, 295, 340
– Nennwert 401
– Tauschwert 27, 60 f., 83, 292, 324, 330, 332, 334, 344 f., 398, 487, 531 f., 542
– Warenwert 94, 345
Werteverfall 575, 577

Wertpapier 104, 109, 133 f., 186, 400, 421
Werttheorie 52, 60 f., 121
Wettbewerb 175 ff., 221, 226, 246, 335, 423, 453, 625, 630, 632, 651
Wette 240, 285, 287, 319, 456 f., 570
Wirklichkeit 71, 79, 101, 125, 134, 181, 188, 237 ff., 258, 278, 344, 389, 448, 484 f., 536, 538, 540, 545, 549, 552, 561, 566, 573, 586, 588, 599, 621, 635 f., 640, 643
Wirt 227, 230
Wirtschaft
– Geldwirtschaft 388, 420
– Tauschwirtschaft 407
Wirtschaftstheorie 49, 51 ff., 61
Wirtschaftswissenschaft 48, 51, 60, 62, 133, 150, 162, 193, 618
Wissenschaft 285, 410 f.
Wissenspoetik 80
Witz 264
Wohlfahrtsstaat 235, 271
Wohlstand 248, 303, 321
Wohltätigkeit 265, 462 f.
Wucher 77, 102, 136, 144, 164 f., 168, 278, 321, 336, 339 f., 366, 369, 384 f., 397, 421 f., 485, 506, 537 ff., 594 f.
Wucherer 146, 340 ff., 344, 369, 385, 397, 430, 450
Wunsch 84, 202, 343, 488, 493, 497, 524, 581, 585

Z

Zahlung 483, 491 f.
Zauberer 102, 250, 501, 531
Zeichen 45, 48 ff., 55 ff., 61, 191 f., 205 f., 219, 272, 316, 331, 340, 483, 485 ff., 492, 539, 581
Zeichentheorie 48, 50 f., 53, 60 f., 87, 485
Zeitung 70, 137, 290, 334, 523, 564, 600, 604 f., 609, 616, 629
Zins 53 f., 56, 60, 74, 77, 79, 104, 136, 145, 149, 165, 168, 254, 321, 337, 339 ff., 347, 366, 369, 384 f., 421, 423, 506, 546, 567, 575, 583, 630
Zinsverbot 136 f., 340
Zirkulation 237, 260, 262, 269, 322, 341, 347, 350, 470, 483 f., 486 f., 490, 492,

494, 497, 525 f., 536, 538 f., 541, 545, 550, 587, 591, 595, 597
Zivilisation 152 f., 227 f., 231, 233, 257, 272
Zocker 281
Zoll 203, 233, 348, 394, 472
Zucker 542, 548
Zufall 103, 117, 160, 224, 258, 285 f., 288, 300, 302, 386, 389, 397, 413, 468, 583, 614
Zuhälter 159, 369, 429 f.
Zukunft 132, 134 f., 138, 270
Zwangsmigration 435, 437, 439 f.

VI. Autorinnen und Autoren

Andriopoulos, Stefan, Professor of German am Department of Germanic Languages der Columbia University. – Forschungsschwerpunkte: u. a. Wechselwirkungen zwischen Literatur und Wissenschaft seit 1750; Mediengeschichte; deutsche und europäische Literatur. Publikationen: u. a. *Ghostly Apparitions. German Idealism, the Gothic Novel, and Optical Media* (2013; dt. 2018); *Possessed. Hypnotic Crimes, Corporate Fiction, and the Invention of Cinema* (2009). → II. UNSICHTBARE HAND.

Assmann, David-Christopher, wissenschaftlicher Mitarbeiter am Institut für deutsche Literatur und ihre Didaktik der Goethe-Universität Frankfurt a. M. – Forschungsschwerpunkte: u. a. Müll und Literatur; Literaturbetriebsszenen; Mündlichkeit/Schriftlichkeit. Publikationen: u. a. *Poetologien des Literaturbetriebs* (2014); *Entsorgungsprobleme. Müll in der Literatur* (Hg. zus. m. N. O. Eke und E. Geulen, 2014). → II. MÜLL, ABFALL.

Attanucci, Timothy, wissenschaftlicher Mitarbeiter an der Johannes Gutenberg-Universität Mainz. – Forschungsschwerpunkte: Wissens- und Literaturgeschichte; Literatur, Umwelt und Ökonomie. Publikationen: u. a. „Wer hat Angst vor der Geologie? Zum Schicksal der ‚geologischen Kränkung' in der Literatur des 20. Jahrhunderts", in: *Literatur für Leser* 39.1 (2016); „Atmosphärische Stimmungen. Landschaft und Meteorologie bei Carus, Goethe und Stifter", in: *Zeitschrift für Germanistik* 24.2 (2014). → II. MELANCHOLIE.

Balint, Iuditha, Leiterin des Fritz-Hüser-Instituts für Literatur und Kultur der Arbeitswelt in Dortmund. – Forschungsschwerpunkte: Literarische Ökonomik; Metapherntheorie; Erzähltheorie; deutsche Literatur im 18. Jh.; Gegenwartsliteratur. Publikationen: u. a. *Erzählte Entgrenzungen. Narrationen von Arbeit zu Beginn des 21. Jahrhunderts* (2017); *Krisen erzählen* (Hg. zus. m. T. Wortmann, 2019); *Literarische Ökonomik* (Hg. zus. m. S. Zilles, 2014). → II. BANK, BANKIER; → II. KONTOR.

Bergengruen, Maximilian, Professor für neuere deutsche Literatur am Institut für Germanistik des Karlsruher Instituts für Technologie (KIT). – Forschungsschwerpunkte: Literatur und Wissen; Literatur und Recht von der Frühen Neuzeit bis in die Moderne; Literaturtheorie. Publikationen: u. a. *Verfolgungswahn und Vererbung. Metaphysische Medizin bei Goethe, Tieck und E.T.A. Hoffmann* (2018); *Mystik der Nerven. Hugo von Hofmannsthals literarische Epistemologie des „Nicht-mehr-Ich"* (2010). → II. BANKROTT; → II. KREDIT UND SCHULD(EN).

Blaschke, Bernd, Privatgelehrter in Berlin. – Forschungsschwerpunkte: Literatur und Ökonomie; Komödien, Lachtheorien und Wissenschaftssatiren; Reiseliteratur und Interkulturalität. Publikationen: u. a. *Der „homo oeconomicus" und sein Kredit bei Musil, Joyce, Svevo, Unamuno und Céline* (2004); „Luxus als Leidenschaft bei Honoré de Balzac", in: C. Weder und M. Bergengruen (Hg.): *Luxus. Die Ambivalenz des Überflüssigen in der Moderne* (2011). → III.13. DIE ENTDECKUNG DER WARE.

Brandes, Peter, Privatdozent und Heisenberg-Stipendiat am Lehrstuhl für Komparatistik der Ruhr-Universität Bochum. – Forschungsschwerpunkte: u. a. Literatur- und Kulturtheorie; Medienästhetik; Poetik der Gabe. Publikationen: u. a. *Goethes „Faust". Poetik der*

Gabe und Selbstreflexion der Dichtung (2003); *Leben die Bilder bald? Ästhetische Konzepte bildlicher Lebendigkeit in der Literatur des 18. und 19. Jahrhunderts* (2013). → II. GABE, GASTFREUNDSCHAFT.

Breithaupt, Fritz, Provost Professor für Germanic Studies und Kognitionswissenschaften und Leiter des Experimental Humanities Lab an der Indiana University Bloomington. – Forschungsschwerpunkte: Empathie, narratives Denken und Ideengeschichte um 1800. Publikationen: u. a. *The Dark Sides of Empathy* (2019; dt. 2017); *Kultur der Ausrede: Eine Narrationstheorie* (2012); *Der Ich-Effekt des Geldes* (2008). → I.6. DISKURSANALYSE UND WISSENSPOETIK.

Breuer, Ulrich, Professor für Neuere deutsche Literaturwissenschaft mit den Schwerpunkten Klassik und Romantik sowie Ästhetische Theorien an der Johannes Gutenberg-Universität Mainz. – Forschungsschwerpunkte: Melancholie; Autobiographie; Friedrich Schlegel. Publikationen: *Melancholie und Reise* (1994); *Bekenntnisse* (2000). → II. MELANCHOLIE.

Breyer, Till, wissenschaftlicher Mitarbeiter am Germanistischen Institut der Ruhr-Universität Bochum. – Forschungsschwerpunkte: u. a. Literatur und Ökonomie; Realismus; Wissensgeschichte. – Publikationen: u. a. „Medien der Latenz. Zur Vorgeschichte der Konjunkturzyklen bei Zola und Juglar", in: *Archiv für Mediengeschichte* 17 (2017); *Monster und Kapitalismus* (Hg. zus. m. R. Overthun, P. Roepstorff-Robiano und A. Vasa, 2017). → I.2. LITERATURSOZIOLOGIE; → II. KRISE; → II. PRODUKTION; → II. WACHSTUM; → III.14. GELD- UND KREDITVERHÄLTNISSE IM REALISMUS; → III.15. ROMAN UND INDUSTRIE.

Brüns, Elke, Privatdozentin am Institut für Deutsche Philologie der Universität Greifswald und Lehrbeauftragte an der NYU Berlin. – Forschungsschwerpunkte: u. a. populäre Kulturen und Bilderwelten; Repräsentationen des Sozialen und Diskurse über Armut, Schichten und Klassen; Fantasy. Publikationen: u. a. *unbehaust. Ein Essay* (2017); *Ökonomien der Armut. Soziale Verhältnisse in der Literatur* (Hg., 2008); *Nach dem Mauerfall – Eine Literaturgeschichte der Entgrenzung* (2006). → II. ARMUT UND VERELENDUNG.

Bühler, Jill, wissenschaftliche Assistentin am Institut für Germanistik des Karlsruher Instituts für Technologie (KIT). – Forschungsschwerpunkte: Verhältnis von Literatur und Wissen; Ästhetik und Poetik des Lustmords sowie Formen literarischer Interaktion (Fanfiction). Publikationen: u. a. *Vor dem Lustmord. Sexualisierte Gewalt in Literatur und Forensik um 1800* (2018). → II. BANKROTT; → II. KREDIT UND SCHULD(EN).

Cuonz, Daniel, Privatdozent für Neuere deutsche Literatur und Lehrbeauftragter für Kulturwissenschaften an der Universität St. Gallen. – Forschungsschwerpunkte: deutsche Literatur von der Goethezeit bis zur Gegenwart; Literatur und Ökonomie; Erzähltheorie. Publikationen: u. a. *Reinschrift. Poetik der Jungfräulichkeit in der Goethezeit* (2006); *Die Sprache des verschuldeten Menschen. Literarische Umgangsformen mit Schulden, Schuld und Schuldigkeit* (2018). → I.3. NEW ECONOMIC CRITICISM.

Eder, Antonia, akademische Mitarbeiterin am Institut für Germanistik des Karlsruher Instituts für Technologie (KIT). – Forschungsschwerpunkte: Literatur, Ästhetik und Kultur um 1800 und 1900; Antikerezeption und Mythostheorie; Literatur und Wissen (Recht, Psychologie). Publikationen: u. a. *Der Pakt mit dem Mythos. Hugo von Hofmannsthals zerstörendes Zitieren* *von Nietzsche, Bachofen, Freud* (2013); *Das Unnütze Wissen (in) der Literatur* (Hg. zus. m. J. Bühler, 2015). → II. BANKROTT.

Eiden-Offe, Patrick, wissenschaftlicher Mitarbeiter am Leibniz-Zentrum für Literatur- und Kulturforschung (ZfL) in Berlin; Leiter des Forschungsprojekts „Theoriebildung im Medium von Wissenschaftskritik". – Forschungsschwerpunkte: Literatur des 18. bis 21. Jh.s; Theoriegeschichte; deutscher Idealismus als Kulturtheorie. Publikationen: u. a. *Die Poesie der Klasse. Romantischer Antikapitalismus und die Erfindung des Proletariats* (2017); *Hegels Logik lesen. Ein Selbstversuch* (2020 [i.V.]). → I.1. MARXISMUS UND KRITISCHE THEORIE; → II. PROLETARIER; → III.12. LITERATUR DES FRÜHSOZIALISMUS; → III.15. ROMAN UND INDUSTRIE.

Forscht, Caroline, Doktorandin am Institut für deutsche Literatur der Humboldt-Universität zu Berlin. – Forschungsschwerpunkte: Unterhaltungstheater des 19. Jh.s; Geschichte und Theorie der Komödie; Zeitdarstellung in der Literatur. Publikationen: u. a. „Gegenwart als beste aller Zeiten?", in: H. Hühn und S. Schneider (Hg.): *Eigen-Zeiten der Moderne* (2019 [i.V.]); *Ökonomien der Zeit in der Wiener Unterhaltungskomödie (1810–1860)* ([i.V.]). → III.11. OIKOS UND ÖKONOMIE IM VOLKSSTÜCK.

Fuchs, Tobias, Redakteur bei der *Saarbrücker Zeitung*. – Forschungsschwerpunkte: u. a. Praktiken des Publizierens; Autorschaft im 18. Jh.; Geschichte des Urheberrechts. Publikationen: u. a. *Schreibekunst und Buchmacherei. Zur Materialität des Schreibens und Publizierens um 1800* (Hg. zus. m. C. Ortlieb, 2017); *Büchermachen. Autorschaft und Materialität des Buches in Jean Pauls „Leben Fibels"* (2012). → II. URHEBERRECHT.

Fulda, Daniel, Professor für Neuere deutsche Literaturwissenschaft an der Universität Halle-Wittenberg und Leiter des dortigen Interdisziplinären Zentrums für die Erforschung der Europäischen Aufklärung. – Forschungsschwerpunkte: das lange 18. Jh.; Geschichtspoetiken; Kulturmuster. Publikationen: u. a. *Schau-Spiele des Geldes. Die Komödie und die Entstehung der Marktgesellschaft von Shakespeare bis Lessing* (2005); *Die Geschichte trägt der Aufklärung die Fackel vor. Eine deutsch-französische Bild-Geschichte* (2017). → III.7. ÖKONOMISCHE KOMÖDIEN.

Gansel, Carsten, Professor am Institut für Germanistik der Justus-Liebig-Universität Gießen. – Publikationen: u. a. *Realistisches Erzählen als Diagnose von Gesellschaft* (Hg. zus. m. M. Maldonado Alemán, 2018); Heinrich Gerlach: *Odyssee in Rot. Bericht einer Irrfahrt* (Hg., 2017); *Gotthold Ephraim Lessing im Kulturraum Schule. Aspekte der Wirkungsgeschichte im 19. Jahrhundert* (Hg. zus. m. N. Ächtler und B. Siwczyk, 2017). → III.19. LITERARISCHE PRODUKTION IN DER MODERNEN ARBEITSWELT.

Gehrlach, Andreas, wissenschaftlicher Mitarbeiter am Institut für Kulturwissenschaft der Humboldt-Universität zu Berlin. – Forschungsschwerpunkte: u. a. Literatur und Kriminalität; Ökonomiegeschichte, Infrapolitik und Kulturtheorie. Publikationen: u. a. *Diebe. Die heimliche Aneignung als Kulturgründungserzählung in Literatur, Philosophie und Mythos* (2016); *Diebstahl! Zur Kulturgeschichte eines Gründungsmythos* (Hg. zus. m. D. Kimmich, 2018). → II. DIEB, DIEBSTAHL.

Gernalzick, Nadja, Gastprofessorin für Anglistik und Amerikanistik an der Universität Wien (2018–2020) sowie Adjunct Faculty am Obama Institute for Transnational American Studies der Johannes Gutenberg-Universität Mainz. – Forschungsschwerpunkte: Kultursemiotik und Medienphilosophie; Auto/Biographie und Life Narratives; Postkolonialität, Transnationalität und Planetarität. Publikationen: u. a. *Kredit und Kultur: Ökonomie- und Geldbegriff bei Jacques Derrida und in der amerikanischen Literaturtheorie der Postmoderne* (2000); *Temporality in American Filmic Autobiography: Cinema, Automediality and Grammatology with „Film Portrait" and „Joyce at 34"* (2018); *Developing Transnational American Studies* (Hg., 2019). → I.4. SEMIOTIK UND DEKONSTRUKTION; → III.6. KOLONIALISTISCHE ÖKONOMIEN.

Heimes, Alexandra, wissenschaftliche Mitarbeiterin am Leibniz-Zentrum für Literatur- und Kulturforschung (ZfL) in Berlin. – Forschungsschwerpunkte: Formtheorien seit dem 18. Jh.; Zeitstrukturen literarischen Erzählens; Literatur und Technikdiskurse. Publikationen: u. a. „Form, Zeit und Funktion: Goethe und Ernst Cassirer", in: C. Jany und R. Villinger (Hg.): *Formen der Zeit* (2019); *Literatur und Technizität seit den 1950er Jahren* ([i.V.]). → II. HEIRATSMARKT.

Hinsch, Moritz, wissenschaftlicher Mitarbeiter am Institut für Geschichtswissenschaften (Lehrbereich Alte Geschichte) der Humboldt-Universität zu Berlin. – Forschungsschwerpunkte: Griechische Wirtschafts- und Sozialgeschichte; die römische Komödie als historische Quelle; Rezeption der antiken politischen Theorie. Publikationen: u. a. „Hauswirtschaft im klassischen Griechenland. Strukturen und Strategien", in: I. Därmann und A. Winterling (Hg.): *Oikonomia und Ökonomie im klassischen Griechenland* ([i.V.]); „Private Debts in Classical Greece. Bond of Friendship, Curse of Hatred?", in: J. Weisweiler (Hg.): *Debt: The First 3000 Years.* ([i.V.]). → III.1. OIKONOMIA UND CHREMATISTIK.

Höfler, Elke, Fach- und Mediendidaktikerin. – Forschungsschwerpunkte: u. a. Mediendidaktik; Fiktions- und Gattungstheorie. Publikationen: u. a. „Vom furchterregenden Räuber zum Lehnstuhlhelden. Die Entwicklung einer Populärfigur", in: C. Hoffmann und J. Öttl (Hg.): *Renaissancen des Kitsch* (2016); „Mit YouTube-Stars Fremdsprachen lernen. Eine interdisziplinäre Annäherung", in: A. Corti und J. Wolf (Hg.): *Romanistische Fachdidaktik. Grundlagen – Theorien –Methoden* (2017). → II. RÄUBER.

Hommer, Gerhard, wissenschaftlicher Mitarbeiter im Forschungsprojekt „Theoriebildung im Medium von Wissenschaftskritik" am Leibniz-Zentrum für Literatur- und Kulturforschung (ZfL) in Berlin. – Forschungsschwerpunkte: Literatur und Großstadt; Kulturgeschichte der Weimarer Republik; Wahrnehmung und Klasse. Publikationen: „Flugblätter 1919. Kleine Rohstoffkunde eines politischen Mediums", in: *Augenblick. Konstanzer Hefte zur Medienwissenschaft* (2017); „Sich in ein Verhältnis setzen. Direkte Rede bei Kracauer um 1930", in: S. Biebl u. a. (Hg.): *Siegfried Kracauers Grenzgänge. Zur Rettung des Realen* (2019). → II. STRASSENHANDEL.

Hörisch, Jochen, Professor em. für Neuere Germanistik und Medienanalyse an der Universität Mannheim. – Forschungsschwerpunkte: Literatur und Wissen; Medien des Verstehens. Publikationen: u. a. *Kopf oder Zahl – Die Poesie des Geldes* (1996); *Bedeutsamkeit. Über den Zusammenhang von Zeit, Sinn und Medien* (2009); *Man muss dran glauben. Die Theologie der Märkte* (2013). → I.5. MEDIENTHEORIE UND MEDIENGESCHICHTE; → II. GELD.

Horvath, Michael, Research Associate am Lehrstuhl für Volkswirtschaftslehre an der Technischen Universität München. – Forschungsschwerpunkte: Politische Ökonomie und Finanzwissenschaft; Wirtschaftstheorie und Politische Philosophie; Literatur und Ökonomie. Publikationen: *Das ökonomische Wissen der Literatur. Studien zu Shakespeare, Kleist und Kaiser* (2016); „Vielfalt der Deutungen statt exakter Modelle? Möglichkeiten und Grenzen des interdisziplinären Dialogs zwischen Ökonomik und Kulturwissenschaft", in: C. Künzel u. D. Hempel (Hg.): *Finanzen und Fiktionen. Grenzgänge zwischen Literatur und Wirtschaft* (2011). → II. Konkurrenz, Wettbewerb; → II. Spekulation, Spekulant.

Howe, Jan Niklas, Leiter der Nachwuchsforschergruppe „Kreativität und Genie" an der Ludwig-Maximilians-Universität München. – Forschungsschwerpunkte: Funktionsweisen ästhetischer Superlative; Verfahren des Übertrags ästhetischer Paradigmen auf ästhetikferne Felder und die Geschichte von Rhetorik und Poetik. Publikationen: u. a. *Monstrosität. Abweichungen in Literatur und Wissenschaften des 19. Jahrhunderts* (2016); *Poetik. Historische Narrative, aktuelle Positionen.* (Hg. zus. m. A. Avanessian, 2014). → II. Kreativität.

Krajewski, Markus, Professor für Mediengeschichte an der Universität Basel. – Forschungsschwerpunkte: u. a. Wissensgeschichte der Genauigkeit; Kulturtechnik Programmieren. Publikationen: u. a. *The Server. A Media History from the Present to the Baroque* (2018); *Bauformen des Gewissens. Über Fassaden deutscher Nachkriegsarchitektur* (2016). → II. Projektemacher.

Krčal, Katharina, Doktorandin an der Ludwig-Maximilians-Universität München; Thema der Promotion: „Nachahmen und Täuschen. Der antisemitische Diskurs der ‚jüdischen Mimikry' in der Literatur des 19. und 20. Jahrhunderts". – Publikationen: u. a. „‚... ein kleiner Tropfen aus dem Meer des Geschehens' – Marseille-Beschreibungen als ästhetische Reflexionstexte bei Joseph Roth und Siegfried Kracauer", in: S. Pesnel u. a. (Hg.): *Joseph Roth – Städtebilder* (2016). → II. Hausierer.

Kugler, Lena, wissenschaftliche Mitarbeiterin am Institut für deutsche Literatur und ihre Didaktik der Goethe-Universität Frankfurt a. M. – Forschungsschwerpunkte: Wissens- und Darstellungsgeschichte der Tiere; Geschichte und Theorie der Psychoanalyse. Publikationen: u. a. *Tiere und Geschichte*, Band 2: *Literarische und historische Quellen einer „Animate History"* (Hg. zus. m. A. Steinbrecher und C. Wischermann, 2017); *Freuds Chimären. Vom Narrativ des Tieres in der Psychoanalyse* (2011). → II. Schnorrer.

Künzel, Christine, Privatdozentin am Institut für Germanistik der Universität Hamburg. – Forschungsschwerpunkte: u. a. Literatur und Ökonomie; Recht und Literatur. Publikationen: u. a. Begründerin und Mitherausgeberin der Publikationsreihe „Literatur – Kultur – Ökonomie" im Peter Lang Verlag (Bd. 1, 2017); *Finanzen und Fiktionen. Grenzgänge zwischen Literatur und Wirtschaft* (Hg. zus. m. D. Hempel, 2011); *Tauschen und Täuschen: Kleist und (die) Ökonomie* (Hg. zus. m. B. Hamacher, 2013). → II. Fiktion, Fiktionalisierung.

Küpper, Achim, Adjoint de recherche an der Université du Luxembourg. – Forschungsschwerpunkte u. a.: deutsch- und anderssprachige Literatur von Lessing bis zur Gegenwart; Bildungsentwicklung; Medien. Publikationen: u. a. *„Poesie, die sich selbst spiegelt, und nicht Gott". Reflexionen der Sinnkrise in Erzählungen E.T.A. Hoffmanns* (2010); *Seenöte, Schiffbrüche, feindliche Wasserwelten. Maritime Schreibweisen der Gefährdung und des Untergangs* (Hg. zus. m. H. Brittnacher, 2018). → II. Umwelt, Ökologie.

Lande, Joel, Assistant Professor am Department of German der Princeton University. – Forschungsschwerpunkte: u. a. deutsche Literatur- und Kulturgeschichte des 17. bis 20. Jh.s; Wissenschaftsgeschichte; politische Philosophie. Publikationen: u. a. *Persistence of Folly* (2018). → II. Polizey.

Lickhardt, Maren, Assistenzprofessorin am Institut für Germanistik der Universität Innsbruck. – Forschungsschwerpunkte: Kultur und Literatur der Weimarer Republik; pikareske Erzählverfahren; Zeitgenössische Popkultur und Fernsehserien. Publikationen: u. a. *Irmgard Keuns Romane der Weimarer Republik. Studien zum modernen Diskursroman* (2009); *Pop in den 20er Jahren. Leben, Schreiben, Lesen zwischen Fakt und Fiktion* (2018). → II. Prostitution.

Lobsien, Verena Olejniczak, Professorin für Neuere Englische Literatur/Allgemeine und Vergleichende Literaturwissenschaft an der Humboldt-Universität zu Berlin. – Forschungsschwerpunkte: Literatur und Kultur der Renaissance; Antiketransformation; Geschichte der Sympathie. Publikationen: u. a. *Transparency and Dissimulation. Configurations of Neoplatonism in Early Modern English Literature* (2010); *Shakespeares Exzess. Sympathie und Ökonomie* (2015). → III.5. Elisabethanisch-jakobäisches Theater.

Manova, Dariya, Doktorandin an der Humboldt Universität zu Berlin. – Forschungsschwerpunkte: u. a. Materialismen; Populärliteratur; Literatursoziologie. Publikationen: u. a. „Rohstoff für den ‚Roman': Ressourcen und Infrastruktur in B. Travens Abenteuerromanen", in: *Deutsche Vierteljahrsschrift für Literaturwissenschaft und Geistesgeschichte* 91.1 (2017). → II. Rohstoff; → III.15. Roman und Industrie; III.19. Literarische Produktion der modernen Arbeitswelt.

Martus, Steffen, Professor für Neuere deutsche Literatur an der Humboldt-Universität zu Berlin. – Forschungsschwerpunkte: Literaturgeschichte vom 18. Jh. bis zur Gegenwart; Wissenschaftstheorie und -geschichte der Literaturwissenschaft. Publikationen: u. a. *Die Brüder Grimm. Eine Biographie* (2009); *Aufklärung. Das deutsche 18. Jahrhundert – ein Epochenbild* (2015). → III.8. Bürgerliches Trauerspiel.

Maschewski, Felix, wissenschaftlicher Mitarbeiter am Institut für Wirtschaftsgestaltung, Berlin; Doktorand an der Humboldt-Universität zu Berlin; freier Autor. – Forschungsschwerpunkte: ökonomisches Wissen der Gegenwartsliteratur; Poetologie der Verhaltensökonomie und Technologien des *homo oeconomicus*. Publikationen: u. a. „Das Erzählen von Krisen. Die Dynamik des Zögerns in Jonas Lüschers Novelle ‚Frühling der Barbaren'", in: I. Balint u. a. (Hg.): *Krisen erzählen* (2019 [i.V.]). → II. Homo oeconomicus; → II. New Economy; → III.21. Finanz und postindustrielle Arbeitswelt in der Gegenwartsliteratur.

Mionskowski, Alexander, Assistant Professor am Lehrstuhl für deutsche Philologie an der Universität Vilnius. – Forschungsschwerpunkte: v.a. politische Signifikanz der Literatur – Inszenierungen von Autorität und Charisma; ästhetische Figuration von Kollektiven. Publikationen: u. a. *Souveränität als Mythos. Hugo von Hofmannsthals Poetologie des Politischen und die Inszenierung moderner Herrschaftsformen im Trauerspiel „Der Turm"* (2015). → II. Wert, Preis; → II. Wirtschaftskriminalität; → III.4. Utopistische Ökonomien der Neuzeit; → III.18. Modernistische Ökonomien.

Nickenig, Annika, wissenschaftliche Mitarbeiterin am Institut für Romanistik der Humboldt-Universität zu Berlin. – Forschungsschwerpunkte: u. a. Literatur und Ökonomie; Novellistik in der Frühen Neuzeit; Poetologien des Wissens. Publikationen: u. a. *Poetiken des Scheiterns. Formen und Funktionen unökonomischen Erzählens* (Hg. zus. m. A. Komorowska, 2018); *Devianz als Strategie. Aneignung und Subvertierung pathologisierter Weiblichkeit bei Autorinnen des 20. Jahrhunderts* (2014). → III.15. Roman und Industrie.

Nosthoff, Anna-Verena, freie Autorin und Doktorandin am Institut für Soziologie der Universität Freiburg. – Forschungsschwerpunkte: Kritische Theorie, digitale Demokratie und die Geschichte der Kybernetikkritik. Publikationen: u. a. „Beckett, Adorno and the Hope for Nothingness as Something", in: *Critical Research on Religion* 6.1 (2018); „Versuch, das Ende des Endspiels zu verstehen", in: D. Braunstein u. a. (Hg.): *Der Schein des Lichts, der ins Gefängnis selber fällt. Religion, Metaphysik, kritische Theorie* (2018). → II. New Economy.

Oels, David, Schulleiter in Berlin. – Forschungsschwerpunkte: u. a. Buchhandelsgeschichte im 20. Jh.; Sachbuch; Fälschungen. Publikationen u. a. *Rowohlts Rotationsroutine* (2013); *Rowohlts deutsche Enzyklopädie. Wissenschaft im Taschenbuch 1955–1968* (Hg. zus. m. J. Döring u. S. Lewandowski, 2017); „Plagiarizing Nonfiction. Legal Cases, Aesthetic Questions, and the Rules of Copying", in: D. Hudson u. a. (Hg.): *The Aesthetics and Ethics of Copying* (2016). → II. Verlagswesen und literarische Produktion.

Palkó, Gábor, Co-Direktor des Centre for Digital Humanities der Eötvös Loránd Universität Budapest. – Forschungsschwerpunkte: Digital Humanities; Niklas Luhmanns Kunsttheorie; ungarische Literaturgeschichte des 20. Jh.s. Publikationen: u. a. *A modernség alakzatai* (2004); *Esterházy-kontextusok. Közelítések Esterházy Péter prózájához* (2007); „Helyretolni azt". *Tanulmányok Örkény Istvánról* (Hg. zus. m. Péter Szirák, 2016). → III.19. Literarische Produktion in der modernen Arbeitswelt.

Peter, Nina, Assistentin am Institut für Germanistik der Universität Bern. – Forschungsschwerpunkte: u. a. Poetiken der Ökonomie; Finanzwirtschaft und Spekulation in der Gegenwartsliteratur (Promotionsvorhaben). Publikationen: u. a. „Kollabierende Sprachsysteme: Zwei Strategien sprachlicher Verarbeitung der Geldwirtschaft", in: C. Künzel u. D. Hempel (Hg.): *Finanzen und Fiktionen. Grenzgänge zwischen Literatur und Wirtschaft* (2011). → III.21. Finanz und postindustrielle Arbeitswelt in der Gegenwartsliteratur.

Pfeiffer, Helmut, Professor für Romanische Literaturen und Allgemeine Literaturwissenschaft am Institut für Romanistik der Humboldt-Universität zu Berlin. – Forschungsschwerpunkte: u. a. Literatur und Anthropologie; Literaturgeschichte der Renaissance, der Aufklärung und des 19. und 20. Jh.s. Publikationen: u. a. *Montaignes Revisionen. Wissen und Form der „Essais"* (2018); *Aufklärung* (Hg. zus. m. R. Galle, 2007). → II. Geiz.

Plass, Ulrich, Professor of Letters and German Studies an der Wesleyan University in Middletown, Connecticut, USA. – Forschungsschwerpunkte: Geschichte der Kritischen Theorie; Darstellbarkeit ökonomischer Verhältnisse. Publikationen: u. a. „From Left-Wing to Communist Melancholy: Traverso's Wager", in: *History and Theory* 58.1 (2019); „Fragment und klassische Form: Brechts ,Das Manifest'", in: A. Oesmann und M. Rothe (Hg.): *Brecht und das Fragment* (2019). → III.20. Liberalismus und Neo-Liberalismen in der Literatur.

Rink, Elisabeth, Wissenschaftskommunikatorin. – Forschungsschwerpunkte: u. a. Arbeit; Proletariat; 19. Jh. Publikationen: u. a. *„Arbeit" und „Proletariat" im deutschen und französischen Roman vor 1848* (2014); „Fremdbestimmte Identität? Das Bild der Arbeit bei Georg Weerth und Émile Zola", in: F. Heidenreich (Hg.): *Arbeit neu denken. Repenser le travail* (2009); *Sieben Säulen DaF. Aspekte einer Transnationalen Germanistik* (Hg. zus. m. D. Kühndel und K. Naglo, 2013). → II. ARBEIT, ARBEITSLOSIGKEIT.

Roepstorff-Robiano, Philippe, Doktorand an der Humboldt-Universität zu Berlin. – Forschungsschwerpunkte: u. a. Kredit in der Literatur des 19. Jh.s; Naturwissen und Literatur; Ekphrasis. Publikationen: René Crevel: *Umwege* (Übers. zus. m. M. Gilleßen, 2018); *Monster und Kapitalismus* (Hg. zus. m. T. Breyer, R. Overthun und A. Vasa, 2017). → III.16. BÖRSEN-, SPEKULATIONS- UND INFLATIONSROMAN.

Rücker, Sven, Dozent für Philosophie an der Freien Universität Berlin; Arbeit als freier Autor für Deutschlandradio, u. a. Format „Lange Nacht". – Publikationen: u. a. *Das Gesetz der Überschreitung. Eine philosophische Geschichte der Grenzen* (2013); „Transgression und Immanenz des Abenteuers. Über Selbstvermehrung und Selbstvernichtung" (zus. m. A. Sakai), in: S. Grätzel und J. Schlimme (Hg.): *Psycho-Logik. Jahrbuch für Psychotherapie, Philosophie und Kultur*, Bd. 10: *Abenteuer und Selbstsorge* (2015); *Vom Sog der Massen und der neuen Macht der Einzelnen* (zus. m. G. Gebauer, 2019). → II. VERSCHWENDUNG, VERAUSGABUNG.

Schäfer, Armin, Professor für Neugermanistik, insbes. Literatur des 18. Jh.s bis zur Gegenwart an der Ruhr-Universität Bochum. – Forschungsschwerpunkte: Lyrik; Literatur und Wissenschaftsgeschichte; Literatur- und Mediengeschichte des 20. Jh. Publikationen: u. a. *Biopolitik des Wissens. Hans Henny Jahnns literarisches Archiv des Menschen* (1996); *Die Intensität der Form. Stefan Georges Lyrik* (2005); *Null, Nichts und Negation. Beckets Becketts No-Thing* (Hg. zus. m. K. Kröger, 2016). → II. LEIDENSCHAFTEN.

Schäfer, Martin Jörg, Professor für Neuere deutsche Literatur an der Universität Hamburg. – Forschungsschwerpunkte: u. a. Arbeit und Nichtarbeit; das politische Imaginäre; Theatralität und Ästhetik. Publikationen: u. a. *Das Theater der Erziehung. Goethes „pädagogische Provinz" und die Vorgeschichten der Theatralisierung von Bildung* (2016); *Die Gewalt der Muße. Wechselverhältnisse von Arbeit, Nichtarbeit, Ästhetik* (2013). → II. FAULHEIT.

Scharbert, Gerhard, Assistant Researcher im Exzellenzcluster „Bild Wissen Gestaltung" der Humboldt-Universität zu Berlin und Lektor an der Karl-Franzens-Universität Graz. Forschungsschwerpunkte: Sprachwissenschaft und Psychiatrie/Psychoanalyse; Natur- und Mediengeschichte der Poesie; Literaturgeschichte des Wissens. Publikationen: u. a. *Dichterwahn. Über die Pathologisierung der Modernität* (2010); *Götter und Schriften rund ums Mittelmeer* (Hg. zus. m. F. Kittler u.a., 2017). → II. ZIRKULATION, KREISLAUF.

Scheuer, Hans Jürgen, Professor für deutsche Literatur des späten Mittelalters und der Frühen Neuzeit an der Humboldt-Universität zu Berlin. – Forschungsschwerpunkte: Imaginationstheorie; religiöse Kommunikation in der Literatur des Mittelalters und der Frühen Neuzeit; Präsenz vormoderner Formen in den modernen Künsten. Publikationen: u. a. „Am Beispiel des Esels. Denken, Wissen und Weisheit in literarischen Darstellungen der ‚asinitas'", in: *Zeitschrift für Germanistik* 25.1 (2015); *Paramente in Bewegung. Bildwelten liturgischer Textilien* (Hg. zus. m. U. Röper, 2018). → III.2. CHRISTLICHE ÖKONOMIK.

Schnyder, Mireille, Ordinaria für deutsche Literatur (von den Anfängen bis 1700) an der Universität Zürich. – Forschungsschwerpunkte: u. a. Wahrnehmung des Fremden; Poetologie und Medialität; Literatur und Episteme. Publikationen: u. a. *Staunen als Grenzphänomen* (Hg. zus m. N. Gess u. a., 2016); *Topographie des Schweigens* (2003). → II. AVENTIURE.

Schnyder, Peter, Professor für Neuere deutsche Literaturwissenschaft an der Université de Neuchâtel. – Forschungsschwerpunkte: u. a. Literatur und Politik; Rhetorik; Wissenspoetologie. Publikationen: u. a. *Alea. Zählen und Erzählen im Zeichen des Glücksspiels 1650–1850* (2009); *Dramatische Eigenzeiten des Politischen im 18. und 19. Jahrhundert* (Hg. zus. m. M. Gamper, 2018). → II. SPIEL, WETTE, WAHRSCHEINLICHKEIT.

Schößler, Franziska, Professorin für Neuere deutsche Literaturwissenschaft an der Universität Trier. – Forschungsschwerpunkte: Ökonomie und Literatur; Drama und Theater; Gender Studies. Publikationen: u. a. *Börsenfieber und Kaufrausch: Ökonomie, Judentum und Weiblichkeit bei Theodor Fontane, Heinrich Mann, Thomas Mann, Arthur Schnitzler und Émile Zola* (2009); *Femina Oeconomica: Arbeit, Konsum und Geschlecht in der Literatur* (2017). → III.13. DIE ENTDECKUNG DER WARE.

Schütz, Erhard, Professor em. für Neuere deutsche Literatur an der Humboldt-Universität zu Berlin, Mitglied des PEN-Zentrums Deutschland. – Forschungsschwerpunkte: u. a. Mediengeschichte; Literaturmarkt; Literatur der Weimarer Republik. Publikationen: u. a. *Willkommen und Abschied der Maschinen* (1988); *literatur.com. Tendenzen im Literaturmarketing* (Hg. zus. m. T. Wegmann, 2002); *Die Eleganz des Feuilletons. Literarische Kleinode* (Hg. zus. m. H. Kernmayer, 2017). → III.18. NEUE SACHLICHKEIT UND ANGESTELLTENLITERATUR.

Selbmann, Rolf, apl. Prof. für Neuere deutsche Literatur an der Ludwig-Maximilians-Universität München. – Forschungsschwerpunkte: Deutsche Literatur vom Mittelalter bis zu Gegenwart. Publikationen: u. a. *Die Wirklichkeit der Literatur. Literarische Texte und ihre Realität* (2016); *Literarische Geschwister. Praktiken des Textvergleichs* (2017). → II. KAUFMANN, KAUFMANNSSOHN; → III.9. ENTWICKLUNGS- UND BILDUNGSROMAN.

Siegert, Bernhard, Professor für Geschichte und Theorie der Kulturtechniken an der Bauhaus-Universität Weimar; Co-Direktor des Internationalen Kollegs für Kulturtechnikforschung und Medienphilosophie (IKKM) in Weimar. – Publikationen: u. a. *Relais. Geschicke der Literatur als Epoche der Post (1751–1913)* (1993); *Passage des Digitalen. Zeichenpraktiken der neuzeitlichen Wissenschaften 1500–1900* (2003); *Cultural Techniques. Grids, Filters, Doors, and Other Articulations of the Real* (2015). → II. PARASIT; → II. PIRATEN; → II. SCHATZ.

Skowronek, Thomas, Forschungsdatenmanager am Leibniz-Institut für Geschichte und Kultur des östlichen Europa (GWZO) in Leipzig und Studierender an der Deutschen Universität für Verwaltungswissenschaften in Speyer (Wissenschaftsmanagement). – Schwerpunkte: kulturökonomische Umbrüchen im Postsozialismus (2013); Gouvernementalität und Philologie (1450–1750); Kulturökonomie der Gegenwart; Poetiken des Digitalen. Publikationen: u. a. *Potential regieren. Zur Genealogie des möglichen Menschen* (Hg. zus. m. A. Lucci, 2018); *Marktgestalten in Sorge. Kunstgalerien und ökonomische Ordnungen in Polen und Russland (1985–2007)* (2018). → III.15. ROMAN UND INDUSTRIE.

Stäheli, Urs, Professor für allgemeine Soziologie an der Universität Hamburg. – Forschungsschwerpunkte: Gesellschaftstheorie; Systemtheorie; Entscheidungsstrukturen. Publikationen: u. a. *Spektakuläre Spekulation. Das Populäre der Ökonomie* (2007); *Media-Marx. Ein Handbuch* (Hg. zus. m. G. Schwering und J. Schröter, 2006). → II. LADENHÜTER.

Stasi, Paul, Associate Professor of English an der University at Albany, The State University of New York. – Forschungsschwerpunkte: Moderne; Marxismus; Postkolonialismus. Publikationen: u. a. *Modernism, Imperialism and the Historical Sense* (2012); *Ezra Pound in the Present. New Essays on Pound's Contemporaneity* (Hg. zus. M. J. Park, 2016). → III.17. MODERNISTISCHE ÖKONOMIEN.

Teschke, Henning, Professor für Gesellschafts- und Literaturtheorie an der Universität Campinas, Brasilien. – Forschungsschwerpunkte: Unsterblichkeit; metaphysischer Materialismus; εἱμαρμένη – das historische Naturgesetz Brasiliens. Publikationen: u. a. *Französische Literatur des 20. Jahrhunderts* (1998); *Sprünge der Differenz – Literatur und Philosophie bei Deleuze* (2008); „Sobre as formas contemporâneas do absoluto", in: *Alea* 16 (2014). → III.17. MODERNISTISCHE ÖKONOMIEN.

Thanner, Veronika, Wissenschaftliche Referentin in der Leibniz-Gemeinschaft – Forschungsinteressen: Deutsche Literatur des 19. Jahrhunderts; Theorie des Realismus; Wissen und Literatur. Publikationen: u. a. „‚Gefährliche Gestalten' im Innersten. Literarische und kriminologische Investigationen um 1850", in: *Trieb. Poetiken einer modernen Letztbegründung* (2014), hg. v. Jan Niklas Howe und Kai Wiegandt; *‚Tückische Oberflächen' und ‚Höllische Gestade' im Inneren. Topologien der Gefahr im 19. Jahrhundert* (2016); *Die Wirklichkeit des Realismus* (2018), hg. mit Joseph Vogl und Dorothea Walzer. → III.14. GELD- UND KREDITVERHÄLTNISSE IM REALISMUS.

Thomalla, Erika, wissenschaftliche Mitarbeiterin am Institut für deutsche Literatur der Humboldt-Universität zu Berlin; Promotion zum Thema „Anwälte des Autors. Zur Geschichte und Theorie der Herausgeberschaft im 18. und 19. Jahrhundert". – Forschungsschwerpunkte: Wissensgeschichte der Literatur; Medien- und Kulturtechnikforschung; Praxeologie. Publikationen: u. a. *Die Erfindung des Dichterbundes. Die Medienpraktiken des Göttinger Hains* (2018); „Wahrscheinliche Welten. Johann Karl Wezels Erzählexperiment Belphegor", in: Graduiertenkolleg Literarische Form (Hg.): *Formen des Wissens. Epistemische Funktionen literarischer Verfahren* (2017). → II. PAKT, VERTRAG.

Twellmann, Marcus, wissenschaftlicher Koordinator des Exzellenzclusters „Kulturelle Grundlagen der Integration" der Universität Konstanz. – Forschungsschwerpunkte: Literatur und Recht; Literatur und Anthropologie; Weltliteratur. Publikationen: u. a. *Das Drama der Souveränität. Hugo von Hofmannsthal und Carl Schmitt* (2004), *„Ueber die Eide". Zucht und Kritik im Preußen der Aufklärung* (2010). → II. KOMMUNE (SOZIALISMUS, KOMMUNISMUS).

Ueckmann, Natascha, wissenschaftliche Mitarbeiterin am Institut für Romanistik der Martin-Luther-Universität Halle-Wittenberg. – Forschungsschwerpunkte: Karibik- und Diasporaforschung; postkoloniale Literatur- und Kulturtheorien; Rezeption der Aufklärung im transatlantischen Raum. Publikationen: u. a. *Ästhetik des Chaos in der Karibik. ‚Créolisation' und ‚Neobarroco' in franko- und hispanophonen Literaturen* (2014); *Reshaping Glocal Dynamics of the Caribbean* (Hg. zus. m. A. Bandau u. A. Brüske, 2018). → II. SKLAVEREI.

Urban, Urs, wissenschaftlicher Mitarbeiter am Institut für Romanistik der Friedrich-Schiller-Universität Jena (Lehrstuhl für Romanische Literaturwissenschaft; Spanische, Lateinamerikanische und Französische Literatur). – Forschungsschwerpunkte: Literatur und Ökonomie; Literatur und Film im Argentinien der Post-Krise; Jean Genet. Publikationen: u. a. *Texte zur Theorie der Arbeit*. 2015 (Hg. zus. m. J. Grimstein u. T. Skrandies); *Die Ökonomie der Literatur. Zur literarischen Genealogie des ökonomischen Menschen* (2018). → II. TAUSCH, TÄUSCHUNG; → III.3. DER FRÜHNEUZEITLICHE KAPITALISMUS.

Vasa, Alexandra, Doktorandin an der Humboldt-Universität zu Berlin; Promotion zum Thema „Players. Der Spekulant als literarische Figur". – Forschungsschwerpunkte: deutsche und amerikanische Literatur ab dem 19. Jh.; Geschichte der Wirtschaftstheorie und Wirtschaftssysteme; Soziologiegeschichte. Publikationen: u. a. „Eine libidinöse Ökonomie. Tausch und Gabe in Fassbinders ‚Berlin Alexanderplatz'", in: *Text + Kritik* (2015); „Hauptstadtspekulanten. Agenten des Geldes in Gustav Freytags ‚Soll und Haben' und Heinrich Manns ‚Schlaraffenland'", in: D. Börner u. A. Rudolph (Hg.): *Hans Fallada und die Literatur(en) zur Finanzwelt* (2016). → II. UNTERNEHMER, UNTERNEHMEN; → II. WUCHER; → III.16. BÖRSEN-, SPEKULATIONS- UND INFLATIONSROMAN.

Vedder, Ulrike, Professorin am Institut für deutsche Literatur der Humboldt-Universität zu Berlin. – Forschungsschwerpunkte: Literatur und materielle Kultur; Genealogie und Gender; Narrationen an der Grenze des Todes. Publikationen: u. a. *Handbuch Literatur & Materielle Kultur* (Hg. zus. m. S. Scholz, 2018); *Herausforderungen des Realismus. Theodor Fontanes Gesellschaftsromane* (Hg. zus. m. P. U. Hohendahl, 2018). → II. EIGENTUM, ERBE, ERBSCHAFT.

Vogl, Joseph, Professor für Neuere deutsche Literatur, Literatur- und Kulturwissenschaft/ Medien an der Humboldt-Universität zu Berlin und Permanent Visiting Professor an der Princeton University, USA. – Publikationen: u. a. *Der Souveränitätseffekt* (2015); *Das Gespenst des Kapitals* (2010); *Soll und Haben. Fernsehgespräche* (mit A. Kluge, 2009); *Über das Zaudern* (2007); *Kalkül und Leidenschaft. Poetik des ökonomischen Menschen* (2002). → VORWORT; → II. LUXUS; → II. OIKODIZEE; → II. ZIRKULATION, KREISLAUF; → III.10. ROMANTISCHE ÖKONOMIEN.

Volkening, Heide, wissenschaftliche Mitarbeiterin am Institut für deutsche Philologie der Universität Greifswald. – Forschungsschwerpunkte: Aufklärung/Romantik; Literarische Moderne/ Gegenwartskultur; Gender Studies. Publikationen: u. a. *Farben der Prosa* (Hg. zus. m. E. Eßlinger u. C. Zumbusch, 2016); „Über europäische Arbeit und die orientalische Kunst der Passivität. Friedrich Schlegels ‚Idylle über den Müßiggang'", in: T. Unger u. a. (Hg.): *Arbeit und Müßiggang in der Romantik* (2017). → II. CHARAKTERMASKE.

Waelti, Slaven, Oberassistent am Französischen Seminar der Universität Basel. – Forschungsschwerpunkte: Poetik der Ökonomie im 18. Jh.; Theorien der literarischen Kommunikation; Literatur und optische Medien. Publikationen: u. a. *Klosswoski l'incommunicable. Lectures complices de Gide, Bataille et Nietzsche* (2015); F. Kittler: *Médias optiques. Cours berlinois 1999* (Mitübers., 2015). → II. FINANZ; → II. WUNSCH, BEGEHREN.

Wagner, Benno, Full Professor an der School of International Studies, Zhejiang University, China. – Forschungsschwerpunkte: Literatur als Akteur-Netzwerk; Spatial Humanities; Literary Data Mining. Publikationen: u. a. F. Kafka: *Amtliche Schriften* (Hg. zus. m. K. Hermsdorf, 2003); F. Kafka: *The Ghosts in the Machine* (zus. m. S. Corngold, 2011). → II. SICHERHEIT UND VERSICHERUNG.

Wegmann, Thomas, Professor am Institut für Germanistik der Universität Innsbruck. – Forschungsschwerpunkte: u. a. Literatur und Ökonomie; Paratextualität; Autorschaft und Inszenierung. Publikationen: u. a. *Dichtung und Warenzeichen. Reklame im literarischen Feld 1850–2000* (2011); *Markt literarisch* (Hg., 2005); *Fallgeschichte(n) als Narrativ zwischen Literatur und Wissen* (2016). → II. MARKE; → II. MARKT, LITERARISCHER MARKT; → II. WARE, WARENFETISCHISMUS, KONSUM; → II. WERBUNG; → III.18. NEUE SACHLICHKEIT UND ANGESTELLTENLITERATUR.

Werber, Niels, Professor für Neuere deutsche Literaturwissenschaft an der Universität Siegen. – Forschungsschwerpunkte: Geopolitik der Literatur; Soziale Insekten; Selbstbeschreibung der Gesellschaft. Publikationen: u. a. *Geopolitik* (2014); *Handbuch Erster Weltkrieg* (zus. m. S. Kaufmann u. L. Koch, 2014); *Ameisengesellschaften. Eine Faszinationsgeschichte* (2013). Hg der Zeitschrift *LiLi – Zeitschrift für Literaturwissenschaft und Linguistik*. → II. GLOBALISIERUNG, GLOBALISIERUNGSKRITIK.

Widder, Roman, wissenschaftlicher Mitarbeiter am Institut für Neuere deutsche Literatur der Humboldt-Universität zu Berlin. – Publikationen: u. a. Andrej Platonov: *Frühe Schriften zur Proletarisierung* (Hg. zus. m. K. Kaminski, 2019); *Pöbel, Poet und Publikum. Figuren arbeitender Armut in der Frühen Neuzeit* (2020 [i.V.]). → II. BETTLER; → II. BÜRGERLICHE GESELLSCHAFT; → III.15. ROMAN UND INDUSTRIE.

Wolf, Burkhardt, Professor für Neuere deutsche Literatur/Literatur- und Medientheorie an der Universität Wien. – Forschungsschwerpunkte: Diskursgeschichte von Gewalt und Risiko; Poetik des Affekts; Kultur- und Mediengeschichte des Meeres; Bürokratie und Archiv. Publikationen: u. a. *Die Sorge des Souveräns. Eine Diskursgeschichte des Opfers* (2004); *Fortuna di mare. Literatur und Seefahrt* (2013). → VORWORT; → I.5. MEDIENTHEORIE UND MEDIENGESCHICHTE; → II. KAPITAL, KAPITALISMUS; → II. RATIONALITÄT, RATIONALISIERUNG; → II. SORGE UND RISIKO; → II. WUCHER; → III.17. MODERNISTISCHE ÖKONOMIEN; → III.19. LITERARISCHE PRODUKTION IN DER MODERNEN ARBEITSWELT.

Zanetti, Sandro, Professor für Allgemeine und Vergleichende Literaturwissenschaft an der Universität Zürich. – Forschungsschwerpunkte: u. a. künstlerische Produktionsprozesse; Poetiken der (Un-)Wahrscheinlichkeit; literarische Ästhetik. Publikationen: u. a. *Improvisation und Invention* (Hg., 2014); *Schreiben als Kulturtechnik* (Hg., 2012). → II. SCHREIBARBEIT, SCHREIBEN ALS ARBEIT.

www.ingramcontent.com/pod-product-compliance
Lightning Source LLC
Chambersburg PA
CBHW022131300426
44115CB00006B/141